ዘይተነግረ ገድሊ

ተመኩሮ ክፍሊ ማሕበራዊ ጉዳያት ህግሓኤ

ዘይተነግረ ገድሊ

ተመኩሮ ክፍሊ ማሕበራዊ ጉዳያት ህግሓኤ

ብማሕበር ተጋደልቲ ክፍሊ ማሕበራዊ ጉዳያት ህግሓኤ

መጽናዕትን ምስንዳእን፡
ሰለሙን በርሀ
ተስፋኣለም የማነ

ኣሕተምቲ ሕድሪ
ኣስመራ 2025

ኣሕተምቲ ሕድሪ
178 ጐደና ተጋደልቲ
ቍ.ገዛ 35
ቍ.ሳ. ጸ. 1081
ተሌ. 291-1-126177
ፋክስ 291-1-125630

ኣስመራ፡ ኤርትራ

ኣከፋፋሊ፡ ኣብያተ-መጽሓፍ ኣውገት
ተሌ. 291-1-124190
ፋክስ 291-1-122359
ቍ.ሳ. ጸ. 1291

ኣስመራ፣ ኤርትራ

ዘይተነግረ ገድሊ

ተመኩሮ ክፍልታት ሰውራዊ ደጀን ሳሕል - ቅጺ 1

ንድፊ መጽሓፍን ገበርን፤ ሪታ ብርሃነ

መሰል-ድርሰት © 2025 ኣሕተምቲ ሕድሪ

ISBN - 978-99948-0-181-7

ብኣገልግሎት ማሕተም ሳቡር ኣብ ኣስመራ እተሓትመ።

ትሕዝቶ

ምስጋና i
መቕድም. iii
ቃል ኣሕታሚ viii
መእተዊ 1
ሓጺር ሌላ፡ ደጀን ህ.ግ.ን ክፍልታቱን 5

ቀዳማይ ክፋል፡ 1975 – 1978

1

ምቛም ክፍሊ ማሕበራዊ ጉዳያት 19
ቀዳማይ ውድባዊ ጉባኤን ወተሃደራዊ ምዕባለታትን 19
ምምስራት ክፍሊ ማሕበራዊ ጉዳያት 20

2

ድሕረ ባይታ ምስረታ መደበር ዕቑባት 25
ናይ ፈለማ ፈተነታት ምቛም መደበር ዕቑባት 25
ቀዳማይ ሃቐነ ምምላስ ስደተኛታትን ምጥያስ ኣብ ሓራ ቦታታትን 30
ህይወት ኣብ መደበር ዕቑባት ደብዓት 31
ዕማማት ምንቃሕን ምውዳብን 35
ዕቑባት ኣብ ውድባዊ ንጥፈታት . . . .
36
መድረኽ ሓራ ከተማታት 40

3

ምቛም ጨንፈር ስንኩላን ኲናት 59

ካልኣይ ክፋል፡ መድረኽ ስትራተጂያዊ ምዝላቕን ምክልኻል ወራራትን
1978 - 1982

1

ስትራተጂያዊ ምዝላቕን ተኸታታሊ ወራራትን 69
ህጹጽ ንቕሎ ካብ ደብዓት 81
ዳግም-ውደባ ንዳግማይ ንቕሎ 84
ነፈርቲ ውግእ ኣብ ሰማያት ናቕፋ 86
ምዝላቕ ካብ ደብዓትን ናቕፋን ናብ ሱዳን 89
መገሲ ሀንደዳ ጸላኢ . - ጸረ-መጥቃዕቲ ግንባር ናቕፋ 95
መንብር ዓየትን ገረግር-ሱዳንን 96

2

ህይወት ጀልሃንቲ፡ ካብ ሚያዝያ 1979 ሓምለ 1981 107
መስተንክር ቅያ ስንኩላን 113
ምእራም ኣሉታዊ ዝንባሌ 116
ምምዳብ ስንኩላን 125
ፖርት-ሱዳን፡ ክሊኒክ ከቢድ ስንክልና 126
ህይወት ዕቑባት ኣብ ጀልሃንቲ 131
ወፍሪ ኣጄታት ናብ ካልአት ኣህዱታት 135
ምንባይ ዘኽታማት - እቲ ዝበርትዐ ጾር 136
ናብዮት ነብሰጾራት ተጋደልትን ደቀንን 140

3

ምልሶት ናብ ዓንኬል ተኹሲ 147
ናይ መወዳእታ ኣኼባ ጀልሃንቲ 150
ካብ ጀልሃንቲ ናብ ጸግኢ ግንባርት 152
ናብራ ኣብ ትሕቲ ከቢድ ሰግኣት 154
ዓሬብ፡ ናይ መጨርሻታ መዓልቦ 161

ሳልሳይ ክፋል 1982 - 1991

1

ውድባዊ ምዕባለታት 1982-1991 ዓ.ም. ዳግም ምውዳብ
ክፍሊ ማሕበራዊ ጉዳያት 171
ሻድሻይ ወራር 172

2

ጨንፈር ስንኩላን 1982 - 1991 185
ጉዳያት ዓይነ-ስውራን 189
ትምህርቲ ዓይነ-ስውራን 192

ምትእትታው ብረይል 194
ትምህርቲ ሌላ፡ ምንቅስቓስን ንጥፈታት ዕለታዊ ህይወትን 198
መደብ ምእላይን ምሕጋዝን ስንኩላን 202
ሓፈሻዊ ገምጋም ስንክልና ኣብ ህዝባዊ ግንባር 205

3

መደበር ዕቑባት ሰለሙና 215
ብድሆታት መነባብሮ ኣብ ከስረት (ዓሬርብ) 216
ምቛም ህዝባዊ ባይቶ መደበር ሰለሙና 218
ሽማግለታት ባይቶ መደበር ሰለሙና 222
ምንጋር መሰዋእቲ በዓል-ቤት 224
ዘይሃስስ ስምብራት ዝገደፈ መጥቃዕቲ ኣየር 231
ዝክሪ ኣባላት ጨንፈር ዕቑባት ኣብታ ተካል ዕለት 233
ዋሕዚ ዕቑባትን ምድኳን ሓደስቲ መደበራትን . . . .
238
ብዝሕን ምቅይያርን ህዝቢ መደበር ዕቑባት . . . .
247

4

መናበዪ ህጻናት 255
መናበዪ ህጻናት ክፍላተ-ስራዊትን ክፍልታትን 276
ናብዮት ህጻናት ዘመሓየሸ ምርምር 282

5

መጽናዕቲን ሓበሬታን 293
ግፍዕታት ኢትዮጵያን ዓይነታቱን 306
ረድኤታዊ ዕማማት ክፍሊ ማሕበራዊ ጉዳይ 358
መጽናዕትን ምዕዳል ረድኤትን 370
ደርቂ ንምግጣም ዝተኻየደ ስራሕ 373
ጉዳይ ስድራቤት ተጋደልቲ 386

6

መርዓ ኣብ ህዝባዊ ግንባር 399
ፍትሕ ኣብ መንጎ ተጋደልቲ 415
ፍትሕ ተጋደልቲ ምስ ሲቪል 423
ገምጋም ቃል-ኪዳን ተጋደልትን ጽንዕነቱን 429

7

ጨንፈር መኸዘንን ዕደላን 441
ቀረብ ጸዓት - ሰውራ ዕንጸይቲ 446

8

ርእስ-ምርኩሳ ኣብ ገድላዊ መድረኽ 451
ፕሮጀክት ኣሕምልትን ስጋን 455
ኢ.ደ-ስርሓትን ኢ.ደ-ጥበብን 460
ቤት-ስእሊ መደበር ሰለሙና 469
መደባት መሃይምነትን ኣካዳምያዊ ትምህርትን 470

9

ሕክምናን ምክትታል ጥዕናን 479

10

ባህሊ፣ ስነ-ጥበብን ስፖርትን 483
ጉጅለ ባህሊ ክፍሊ ማሕበራዊ ጉዳይ 488
ጉጅለ ባህሊ ኣደታት (ባና ሓርነት). 492
ጉጅለ ባህሊ ዓይነ-ስዉራን 494
ቀባእትን ቀረጽትን 498
ስፖርትን ምዝንጋዕን. 501
ኣባላት ክፍሊ ማሕበራዊ ጉዳይ. 506

መደምደምታ 515
ጥብቆታት 518
መወከሲታት 542

መዘከርታ

እዚ መጽሓፍ'ዚ፡ ንቶም ኣብ እዋን ሓርነታዊ ቃልሲ፡ ትሕዝቶን ዓቕሚን ሰውራ፡ ከይደረቶም፡ መዘና ኣልቦ ተወፋይነት፡ ኒሕን ሓልዮትን ዓጢቖም፡ ብሰንኪ መግዛእቲ ኣብ ሕሰም ንዝወደቐ ህዝቢ ኣብ ሓራ ቦታታት ብምዕቋብን ብምሕብሓብን፣ ኣብ ኲናት ንዝሰንከሉ ተጋደልትን ኣላዩ ዘይነበሮም ህጻናትን ብምንባይ፣ ብሓድግታት ኲናትን ደርቅን ዝተሸገሩ፡ ዝተመዛበሉን ዝተሰዱን ዜጋታት ብምርዳእ ጥራይ ዘይኮነ፡ ነብሶም ክኢሎም ኣፍረይቲ ክኾኑን ማሕበራዊ ንቕሓቶም ክብ ከብሉን ባይታ ብምፍጣር፡ ኣብዚ መጽሓፍ'ዚ ሰፊሩ ዘሎ ብዙሕ ዘይተነግረሉ ድንቂ ታሪኽ ዝሰርሑ፡ ህልዋትን ስውኣትን ኣባላት ክፍሊ ማሕበራዊ ጉዳያት ህዝባዊ ግንባር መዘከርታ ይኹነልና።

ማሕበር ተጋደልቲ ክፍሊ ማሕበራዊ ጉዳያት ህ.ግ.

ቃል ኣሕታሚ

በዚ ሎሚ ንሓትሞ ዘሎና፡ ተመክሮ ክፍሊ ማሕበራዊ ጉዳያት ህዝባዊ ግንባር ዝትርኽ 'ዘይተነግረ ገድሊ' ዘርእስቱ ቀዳማይ ቅጺ፡ 'ተመክሮ ክፍልታት ሰውራዊ ደጀን ሳሕል' ዝተሰምየ፡ ተኸታታሊ ቅጽታት ምሕታም ፈሊምና ኣለና። ናይ'ዚ ተኸታታሊ ቅጽታት ቀንዲ ዕላማ፡ ነቲ ከም ኩሉ ዓውድታት ታሪኽ ሰውራና ዛጊት ዘይተጻሕፈ ተመክሮ ኩለን ክፍልታት ደጀን ህዝባዊ ግንባር፡ ብዝተኻእለ መጠን ኣብ መበቀላዊ ሰነዳትን ዝኽርታት ሰራሕቱን ብምምርኳስ ታሪኹ ብምጽሓፍ፡ ብሰፊሑ ኣውራ ድማ ብመንእሰያትና ከምዝፍለጥን መበገሲ ንቐጻሊ ምርምርን ዕዮታትን ከምዝኸውንን ምግባር እዩ።

ሰውራዊ ደጀን ሳሕል፡ ኣብ ታሪኽ ሓርነታዊ ምንቅስቓሳት 20 ክፍለ ዘመን ሒደት መወዳድርቲ ዝነበሮ፡ ኣብ ዝለዓለ ደረጃ ውዳበን ርቀትን ዝበጽሐ ብኩሉ መስፈሪታት ኣዝዩ ምዕቡል ደጀን እዩ ነይሩ። እዚ ደጀን'ዚ፡ ምስ ምፍላይ ህዝባዊ ሓይልታትን ኩናት ሓድሕድን ኣብ መጀመርያ 1970'ታት ብደፋእታ ዝተቐልቀለ እዩ። ምስ ፖለቲካውን ወተሃደራውን ምዕባለታት ብረታዊ ቃልስን ዝኣተዎ ሃገር-ለኸ መድረኽ ህዝባዊ ኩናትን፡ ምስላፍ ኣሽሓት ናይ በበይኑ ዓውድታት ሞያውያንን ክኢላታትን ምሁራትን ዝርከብዎም መንእሰያትን ድማ፡ ኣብ መፋርቕ 1970'ታት መልክዕ ዝሓዘ፣ ኣብ መወዳእታ ከኣ ድሕሪ ስትራተጂያዊ ምዝላቕ ካብ 1979-1991 ኣብ ዝለዓለ ብርኪ ምዕባለ ዝበጽሐ፣ በዚ ሰለስተ መድረኻት ሓሊፉ ኣብ ዓወት ሓርነታዊ ብረታዊ ቃልስና ወሳኒ ግደ ዘበርከተ እዩ።

ሰውራዊ ደጀን ሳሕል፡ ኣብ'ቲ ዝነውሐ ናይ ድሕሪ ምዝላቕ ዕምሩ፡ ቀንዲ መደበር መሪሕነትን መዋፈርን ብምዃኑ፡ ዓሰርተታት ናይ ሕክምና፡ መጓዓዝያ፡ ኣጽዋር፡ ታዕሊም፡ ህንጻ፡ ትምህርቲ፡ ምንቕቓሕን ምውዳብን፡ ባህሊ፡ ምርምር፡ ሰነዳ፡ መራኸቢታት፡ ዜና፡ ማሕተም፡ ፈነወ ሬድዮ ... ትካላት፣ ናይ ኣፋውስ፡ መግቢ፡ ሳእኒ፡ ጽርየት፡ ሓጺንን ጣውላን... ፋብሪካታት፣ ናይ ዕቑባትን ቆልዑን፡ ስንኩላን፡ ምሩኻት፡ ዓበይቲ መደበራት፣ ዝነበሮ ብኣደናቒ ጥበብን ምብልሓትን ብዝተሃንጸ በረኽቲ ኣኽራናት ዝሰንጥቕ ናይ ኣማኢት ኪሎሜተራት መርበብ ጽርግያታት ንሓድሕዱን ምስ ቅድመ-ግንባራትን ዝተኣሳሰር፣ ብለይቲ ብዝንቀሳቐስ ናይ ትሕተ-መሬት ሰፈራታት ዝቖመ፣ ንእሽቶ ሓራ ኤርትራ'ዩ ነይሩ። ስለ'ዚ ከኣ እዩ ታንዛንያዊ ተቓላሳይ ዓብዱራሕማን ባቡ ድሕሪ ሳሕል ምብጽሑ "መጻኢት ኣፍሪቃ ኣብ ኤርትራ ርእየያ" ዝበለ።

እዚ ብሰለስተ ንልዕሊ 600 ኪ.ሜ ብዝዝርጋሕ ቀንዲ ግንባራት – ሰሜናዊ ምብራቕ ሳሕል፡ ናቕፋ፡ ሓልሓል-ባርካ – ዝተሓጸረ ሰውራዊ ደጀን'ዚ፡ ሓንቲ ውርይቲ ደርፊ፡ "ካብ ሳሕል ጀሚርና እናጸረና፡ ሓርነት ክጉናጸፍ ህዝብና" ኢላ ከም ዝተነበየቶ፡ መበገሲ ሓርነት መላእ ኤርትራ ኮይኑ'ዩ። ከምዚ ክኸውን ዝበቕዐ፡ በቲ ተኣምራት ክፈጥር ዝኽእለ ናይ ኣሽሓት ሓርበኛታት ሞያውያንን ክኢላታትን ምሁራትን ተጋደልቲ ጽንዓትን ተወፋይነትን ምብልሓትን እዩ። ኣብ ሳሕል ነብሱ ረሲዑ ንዕላማ ዝተወፈየ ኤርትራዊ ተጋዳላይ ዝፈጸሞ መስተንክር ኣብ ታሪኽ ሓርነታዊ ቃልስና ዓቢ ምዕራፍ ዝሕዝ እዩ።

ኣብ 'ዘይተነግረ ገድሊ'፡ እቲ ብክፍሊ ማሕበራዊ ጉዳያት ህዝባዊ ግንባር፡ ካብ ምምስራቱ ክሳብ ናጽነት ዝተሓልፈ ብዙሕ ዝመልክዑ ተመክሮ ብምልኣት ንምስናዱ ዕዉት ስራሕ ተገይሩ ኣሎ። ህዝባዊ ግንባር ኣብ ምህናጽን ምምዕባልን መደበራት ዕቑባትን ስንኩላንን ቀልዑን፣ ብመሰረት ሕጊ መርዓ ኣብ መንጎ ተጋደልቲ ንዝምስረት ሓዳር ኣብ ምክትታል፣ ናይ ማሕበራዊ ሕቶታት መጽናዕትን ምዕዳል ረድኤት ንጽጉማትን ኣብ ምክያድ፣ ትምህርትን ስልጠናን ንስንኩላንን ዕቑባት ቀልዑን ኣብ ምሃብ ዝተሓልፈ ተመክሮ፡ ኣብ መበቀላዊ ሰነዳት ናይ'ቲ ክፍልን ሰፊሕ ዘተ ምስ ሓለፍትን ኣባላትን ብምምርኳስ ብሰፊሑ ተተሪኹ ኣሎ። ኣብ'ዚ ቅጺ'ዚ እቲ ተመክሮ ከምቲ ዝነበሮ፡ ብወድዓውን ሚዛናውን ኣጠማምታ ተገሊጹ ኣሎ። ብተወሳኺ፡ ኣብ ተመክሮ ተሓኤን ሳግምን ንዝነበራ መደበራት ዕቑባትን ስንኩላንን ዝምልከት ሓበሬታ'ውን ተተንኪፉ ኣሎ። በዚ መሰረት፡ እዚ ቀዳማይ ቅጺ'ዚ፡ ነቲ ዝስዕብ ናይ ካልኦት ክፍልታት ደጀን ተመክሮታት ዝምልከት ቅጽታት ጽቡቕ መበገሲ ከምዝኸውን እምነትና እዩ።

ምስናድ ተመክሮ ክፍልታት ሰውራዊ ደጀን ሳሕል፡ ብቐጻምነት ንዓና ንኤርትራውያን ብፍላይ ከኣ ንመጻኢ ወለዶታት፡ ንምህናጽን ንቀጻልነትን ስልጥንቲ ኤርትራ መሰረት ስለ ዝኾነ ክውንዘፍ ዘይግባእ ኣገዳሲ ዕማም'ዩ። ኻባና ሓሊፉ ከኣ ታሪኽ ሓርነታዊ ሰውራናን ደጀኑን ንካልኦት ህዝብታት፡ ኣውራ ንህዝብታት ኣፍሪቃ ተመክሮ ስለዝኾነ፡ ብግቡእ ተሰኒዱን ናብ ካልኦት ቋንቋታት ተተርጒሙን ክዝርጋሕ ኣድላዪ እዩ። ብተወሳኺ፡ እዚ ክሕተም ዝጀምር ዘሎ ተኸታታሊ ቅጽታት ተመክሮ ክፍልታት፡ ንዘያዳ ዝርግሐ ስለ ዝጠቅም ብሰነዳዊ ፊልምታት ምቕራቡ'ውን ከድሊ'ዩ።

ማሕበር ተጋደልቲ ማሕበራዊ ጉዳያት ብሓፈሻ፡ ብፍላይ ከኣ ኣብ ምስንዳእ ዝተሳተፉ ኣባላቱ፡ በዚ ዝወሰድዎ ኣብነታዊ ታሪኽ ናይ ምስናድ ተበግሶን ንምስላጡ ዝገበሩዎ ወፍርን መጉስ ይግብኦም፣ እንቋዕ ፍረ ጻዕርኹም ርኤኹም ድማ ንብሎም። ካልኦት ማሕበራት ተጋደልቲ ተመሳሳሊ ተበግሶ ንክወስዳ ከኣ ንምሕጽን።

ኣሕተምቲ ሕድሪ
ኣስመራ፡ ጥሪ 2025

ምስጋና

እዚ መጽሓፍ'ዚ ብቐንዱ ብተበግሶን ሓልዮትን "ማሕበር ተጋደልቲ ክፍሊ ማሕበራዊ ጉዳያት ህ.ግ." ዝተሰናደአ ኮይኑ፡ ሰነዳት ናይቲ ክፍሊን ካልእን ብደቂቕ ፈቲሽምን መርሚሮምን፡ ትረኻ ኣባላት ክፍሊ ማሕበራዊ ጉዳያት ብጽሞና ሰሚዖም፡ ኣብ መጽሓፍ ክሰፍር ዝኽእል ትሕዝቶ ብምምማይ፡ ከቢድ ጻዕሪ ዝሓለፎ ስራሕ ዝፈጸሙ ኣሰናዳእቲ ሰለሙን በርሀን ተስፋኣለም የማነን ልዑል ምስጋና ዝግብኦም እዩ። ብሓፈሻ ኣባላት ማሕበር ተጋደልቲ ክፍሊ ማሕበራዊ ጉዳያት (ካብ ውሽጢ ሃገርን ወጻኢ.ን)፡ ብፍላይ ድማ ኣካያዲት ኮሚተ ማሕበር፡ ዝኽርታቶም ብምግላጽ፡ መወከሲ ጽሑፋት ኮነ ስእልታት ብምቕራብ፡ ነቲ ቀዳማይ ንድፌ ብምንባብ፡ ክመሓየሽን ክእረምን ኣብ ዘለዎ መዳያት ዕቱብን ኣድካሚን ስራሕ ብምዕማም፡ ትሕዝቶን ጽባቐን ናይዚ መጽሓፍ'ዚ ኣብ ምምዕራግ ዓቢ ኣበርክቶ ገይሮም እዮም። ከምኡ'ውን ኣሪማን ቅጥዒ መጽሓፍን ገበርን ዝትሓዘት ሪታ ብርሃነ ነመስግና።

ሚኒስትሪ ዕዮን ማሕበራዊ ድሕነትን፡ ነዚ መጽሓፍ'ዚ ዘድሊ ኵሉ ዓይነት ሰነዳት ብናጻ ክንጥቀመሉ፡ ዝተፈላለየ ናይ ቤት-ጽሕፈት መሳለጥያታት ክንግልገለሉ ኣብ ርእሲ ምፍቃዱ፡ ዝገበረልና ሞራላውን ፊናንሲያውን ሓገዝ ረዚን እዩ። ማእከላይ ቤት ጽሕፈት ህግደፍ፡ ኣቶ ዘምህረት ዮሃንስን ኣቶ ተስፋይ ቀለታን ኣብ መስርሕ ምድላው ናይዚ መጽሓፍ ንኣተሓሕዛኡ ኣመልኪቶም ብዝሃቡና ኣንፈቲ ምኽሪ፡ ምስጋና ይግብኦም። ሓላፊ ክፍሊ ማሕበራዊ ጉዳያት ነበር፡ ተጋዳላይ የማነ ዳዊት፡ ኣብ ምውዳብን ምእላይን ዕማም ምስንዳእ ናይ'ዚ መጽሓፍ ዝነበሮ ልዑል እጃም ልዑል እዩ። ኣስመሮም ጸጋብርሃን ተድላ ኣብ ምብግጋስ መስርሕ ምስናድእ መጽሓፍ ንዝገበሮ ኣበርክቶ ነመስግን። ሃገራዊ ማሕበር ሓርበኛታት ስንኩላን ኲናት ኤርትራ'ውን፡ እዚ መጽሓፍ'ዚ ተጀሚሩ ክሳብ ኣብ መፈጸምታኡ ዝበጽሕ፡ ኮምፕዩተር፡ ፕሪንተር፡ ስተሽነሪን ካልእ መሳለጥያታትን ዘለዎ ናጻ ክፍሊ

ብምፍላይ፡ ከምኡ'ውን መጓዓዝያን ካልእ ነገራትን ብምቕራብ ዘፈጸምዎ ምትሕብባር ዓቢይ እዩ። ብዘይካ'ዚ፡ ሚኒስትሪ ዜና፡ ንኩለንተናዊ ንጥፈታት ክፍሊ ማሕበራዊ ጉዳያት ኣብ ሜዳ ዘንጸባርቕ ስእልታት ብምቕራብ፡ ማእከል ሰነዳን ምርምርን መጽሔታት ናይ ብረታዊ ቃልሲ ክንውከስ ብምፍቃድን ዘድሊ ቅድሓት ብምሃብን፡ ማእከል ካርታን ሓበሬታን ቤት ጽሕፈት ፕረዚደንት ካብ 1975-1991 ጨናፍር ክፍሊ ማሕበራዊ ጉዳያት ምስ ምቅይያር ወተሃደራውን ፖለቲካውን ኩነታት ኣብ ዝተፈላለየ ከባቢታት ኤርትራን ሱዳንን ሰፈረንእ ዝነበራ ቦታታት ዝሕብር ካርታ ብምድላው፡ ነዚ ስራሕ'ዚ ኣብ ምዕዋት ዝነበሮም እጃም ቀሊል ኣይኮነን። በዚ ኣጋጣሚ'ዚ ንኩሎም ኣብ ምስንዳእ ናይዚ መጽሓፍ'ዚ ዝተሳተፉ ኣሰናዳእቲ፡ ኣዘንተውቲ፡ ኣሰነቕቲ ሓበሬታ፡ ሰነዳትን ስእልታትን፡ ኣቕረብቲ መሳለጥያታትን ወሃብቲ መአረምታን ስለ'ቲ ልዑል ተገዳስነቶም ምስጋናና ነቕርበሎም።

ነዚ መጽሓፍ'ዚ ኣብ ምስንዳእ ንማሕበር ብምውካል፡ ከም ኣባላት ቦርድ ስነዳ ኮይኖም ብዘለዓለ ተወፋይነትን ትግሃትን ዘገልገሉን ምስ ኣሰናዳእቲ እናተወሃሃዱ ካብ መጀመርታ ክሳብ መወዳእታ ዝተረባረቡን እዞም ዝስዕቡ ኣባላት ፍሉይ ምስጋና ይግብኦም፥-

1. ገብረብርሃን እያሱ ገብረገርግስ (መምህር)
2. ብርሃነ ዘርአ ሓጎስ (ጣውላ)
3. የማነ ዳዊት ግደ (ወዲ ዳዊት)
4. መሓመድኑር እድሪስ ማሕሙድ
5. ወልደሚካኤል ተኽለ ገብረስላሴ (ቀይሕ)
6. ዘግባ ገ/እግዚኣብሔር ዑቕባሚካኤል (ጓል ባሻይ)
7. ተስፋ ሰሎሞን ንጉስ (ወዲ ሰሎሞን)
8. ገብረገርግስ ወልደጼን ደብረጼን (ጆርጆ)
9. ዮሴፍ ተስፋይ ፍስሓጼን (ማንጋለ)

ስለ'ቲ ኩሉ ጻዕሮምን ተገዳስነቶምን፡ ደጊምና ምስጋናና ነቕርበሎም።

ኣባላት ኮሚቴ ስነዳ ዘይኮኑን፡ መጽሓፍ ወይ ክፋላቱ ብምንባብ ዝውሰኹን ዝኣረሙን፥

1. የማነ ገብረስላሰ ጊላሚካኤል
2. ዓንደማርያም ኣስገዶም በሪህ
3. ጸሃየ ኪዳነ ኢሳቕ
4. ወይዘሮ ኪዳን ተስፋሚካኤል
5. ዘርኣይ በኹሩ ሕድሩ

የቐንየልና!

ማሕበር ተጋደልቲ ክፍሊ ማሕበራዊ ጉዳይ

መቕድም

ብረታዊ ቃልሲ ኤርትራ ኣብ መፈጸምታኡ ንክበጽሕን እቲ መሪር ወተሃደራዊ ግጥማት ብዓወት ክዛዘምን ዘክኣለ፡ ማሕበራዊ መዳያት ናይቲ ነዊሕ ገድሊ ንናጽነት ዘዘንቱ መጽሓፍ፡ እነሆ ተዳልዩ ኣሎ። ታሪኽ ቃልሲ ህዝቢ ኤርትራ ንናጽነት ምስ ካልኦት ሓርነታዊ ምንቅስቓሳት ብምንጽጻር፡ ፍሉይን ብርቂን ተሞኩሮ እዩ። ፍሉይነቱ፡ ሓደ ውሑድ ህዝቢ፡ ብዘይ ዝጠቅም ግዳማዊ ሓገዝ፡ ኣብ ገዛእ ዓቕሙ ተሞርኪሱን ተኣማሚኑን፡ መሰል ርእሰ ውሳነኡ ክድህክ ዘንቀደ ግሎባዊ ስትራተጂን ዘሰነየ ገዚፍ ወተሃደራዊ ዕንደራን ኣብ ነዊሕ ኩናት ጸሚዱ ብኣንጸባራቒ ዓወት ዝወጻሉ ታሪኽ ምዃኑ እዩ። ኣብ ኣፍሪቃ፡ ብክብደቱን ምረቱን መዘና ዘይርከቦ ነዊሕ ቃልሲ ኣካዪዱ፡ ናጽነቱን ልኡላውነቱን ዝተጓናጸፈ ህዝቢ ኤርትራ፡ ነቶም ዘይተቘጠበ ፖለቲካውን ወተሃደራውን ደገፍ ርእሰ-ሓያል ኣመሪኻን መሻርኽታን፡ ድሓር ድማ ሕብረት-ሶቭየትን ደምበኣን ሰኒቖም፡ ግዝኣቶም ንምርጋእ ዝተረባረብዎ ስርዓታት ኢትዮጵያ፡ ካብ መሬቱ ሓግሒጉ ክጸርጎም ዘሕለፎ ተጋድሎ፡ ምስጢር ሓይሉን ተዓዋትነቱን ብልክዕ እንታይ ምንባሩ፡ ኣብዚ መጽሓፍ'ዚ ንእሽቶ ክፋሉ ተንጸባሪቑ ኣሎ።

ብዙሓት “ኣይክኣልን'ዩ” ዝበልዎ ቃልሲ ህዝቢ ኤርትራ ንናጽነት መሪሑ ናብ ዓወት ዘብቅዐ መሪሕ ውድብ ህዝባዊ ግንባር፡ ንድሩት ዓቕምን ጸጋታትን ሃገር ብዝለዓለ እምነትን ተወፋይነትን ናብ ዝለዓለ ጥርዚ ኣዕሪጉ፡ ብዓወት ንምውጻእ ዝተኸተሎ ስትራተጂ፡ ሕመረቱ “ርእሰ-ምርኮሳ” ዝብል ፍልስፍና እዩ። ኣብ ተዋጋኢ ሰራዊት ዝነበሩ ተጋደልቲ፡ ጭርሖኦም “ንጸላኢ ብብረቱ ብጥይቱ!” ዝብል እዩ ነይሩ። ብግብሪ ድማ፡ ኩሉ'ቲ ተጋዳላይ ዝዓጠቖን ብልዑል ምልከት ዝተጠቐመሉን ወተሃደራዊ ንዋት እንተላይ ምዕቡልን ዘመናዊን መካናይዝድ ኣጽዋራት ብምሉኡ ካብ ጸላኢ ዝተመንዘዐ'ዩ ነይሩ። ኣብ ዝተፈላለየ ክፍልታት ህዝባዊ ግንባር

ዝነበሩ ተጋደልቲ ብወገኖም፡ “ርእሰኻ ምኽኣል” ዝብል ኒሕ ማእገር ኩሉ ንጥፈታቶም እዩ ዝነበረ። በዚ ድማ፡ ኣብቲ ቀንዲ ደጀን ሳሕል ይኹን ኣብ ድሕሪ መስመር ጸላኢ ኣብ ዝነበረ ካልእ ስልታዊ ደጀናት፡ ኣብ ትሕቲ ከቢድ ጸቕጢ ነፈርቲ ውግእ፡ ብውሽጣዊ ዓቕሚን ክእለትን ብልዑል ብልሓትን መሃዝነትን ክሃንጹዎ ዝከኣሉ በብዓይነቱ፡ ትካላት፣ ጋራጃት፣ ኣብያተ-ዕዮ፣ ፋብሪካታት፣ መክዘናት፡ ሆስፒታላት፣ መደበር ዕቑባት፡ መእለዩ ስንኩላንን መናበዩ ህጻናትን፣ ኣብያተ-ትምህርቲ፣ ማእከላት ስልጠና፡ ምርምርን መጽናዕቲን፣ መርበባት መራኸቢታትን ናይ መጓዓዝያ ትሕተ-ቅርጺታትን፡ ነቲ ኣይክኣልን'ዩ ዝተባህለ ቃልሲ ከምዝከኣል ዝገበሩ እዮም።

ክፍሊ ማሕበራዊ ጉዳያት ሓደ ካብቶም፡ ኣብ ደጀንን ድሕሪ መስመር ጸላእን ምስ ሓድጊታት ኩናት ክገጥም ከቢድ ሓላፍነት ተሰኪሙ፡ ክትኣምኖ ዘጸግም ስርሓት ዘሰላሰለ መሓውራት ህዝባዊ ግንባር እዩ። እዛ “ዘይተነግረ ገድሊ” ዘርእስታ መጽሓፍ እምበኣር፡ ተጋደልቲ ክፍሊ ማሕበራዊ ጉዳያት ህዝባዊ ግንባር፡ ኣብ ደጀን ሳሕል ኮነ ኣብ ንኡሳን ደጀናት ድሕሪ መስመር ጸላእን ኣብ ውሽጢ ህዝብን እናኣተዉ ዘሰላስልዎ ዝነበሩ ንጥፈታት ማሕበራዊ ድሕነትን ርእሰኻ ምኽኣልን ንምንጽብራቕ ዝዓለመት እያ። ኣባላት ክፍሊ ማሕበራዊ ጉዳያት በቲ ዝርካቡ ትሕዝቶ ውድብ፡ ነቶም ብሰንኪ መግዛእቲ ኣብ ሕሰም ዝወደቑ ዜጋታት፣ ምእንቲ ድሕነት ሃገር ኣብ ኲናት ኣካሎም ዝሰንከሉ ተጋደልትን ናባዩ ዝሰኣኑ ህጻናትን ስድራ-ቤታት ተጋደልቲ፣ ብሰንኪ ኲናትን ደርቕን፡ ካብ መረበቶም ዝተመዛበሉን ዝተሰዱን ዜጋታት ሰብኣውነት ብዝመልአ ኣገባብ ንምርዳእ ጥራይ ዘይኮነ፡ ነብሶም ክኢሎም ኣፍረይቲ ክኾኑን መነባብሮኦም ከደላድሉን ባይታ ብምፍጣር፡ ከምኡ'ውን ነቲ ስራሕ ብስነ-ፍልጠታዊ መገዲ ንምምራሕ ዝሕግዝ ዝተፈላለየ መጽናዕቲን ምርምራትን ብምክያድ፡ ብልዑል ተወፋይነትን ኒሕን ተባላሓትነትን ዝተቓለሱ እዮም።

መጽሓፍ “ዘይተነግረ ገድሊ” ብሓሳብን ባህግን ናይቶም ድሕሪ ናጽነት ማሕበር ተጋደልቲ ክፍሊ ማሕበራዊ ጉዳያት ህ.ግ. ዝመስረቱ እዩ ተበጊሱ። ትሕዝቶ'ዚ መጽሓፍ'ዚ ብቐንዱ፡ ኣብ ሚኒስትሪ ዕዮን ማሕበራዊ ድሕነትን፡ ኣብ ቤት-ጽሕፈት ማሕበር ስንኩላን ኲናት ተጋደልቲ ኤርትራ ካብ ዝተረከቡ ናይ እዋን ቃልሲ ወግዓዊ ሰነዳት፡ ብምውኻስ ዝተጻሕፈ እዩ። ኣሰናዳእቲ ናይዚ መጽሓፍ፡ ነቲ ብደረጃ ክፍሊ፡ ጨናፍርን ኣሃዱታትን ታሪኽ እናተፈጸመ ብውዑዩ ዝተጻሕፈ ናይ ክፍሊ ማሕበራዊ ጉዳያት ዓመታዊ ገምጋማት፡ ናይ ዝተፈላለያ ጨናፍር ወርሓዊ ወይ ርብዒ-ዓመታዊ ዝተሰነደ ጸብጻባት፡ መምርሒታት፡ ደብዳቤታትን ካልእ በበዓይነቱ ወረቓቕቲን ከም መበገሲን ቀዳማዊ ምንጪን (Primary Source) ብምውሳድ እዮም ነቲ ናይ ፈለማ ንድፊ ናይዚ መጽሓፍ

ዝሃነጽዎ። ማዕረ ማዕረ'ዚ እቲ ክሳብ 100 ሰዓታት ዝግመት ብስእልን ድምጽን ዝተቐድሐ ቃለ-መጠይቃትን ህሉዋት ኣባላት ብኣኼባ ዘካየድዎ ዘተን፣ ነቲ ሰነዳዊ ምንጭታት ዘሀብትም ዝኸርታት ብጥንቁቕ ኣገባብ ኣብ ምስንዳእ'ዚ መጽሓፍ ኣበርክቶ ከምዝሀልዎ ተገይሩ እዩ። ኣብ ርሑቕን ቀረባን ዝርከቡ ሓለፍትን ኣባላትን ነቲ ኣብ ፍሉይ ኣርእስታት ኣዳቒቖም ዝፈልጥዎ ክፋላት ታሪኽ ክምልኡሉን ክእርሙን ብምዕዳም፣ ድምር ዝከሪ ናይ ብዙሓት ኣባላት ናይቲ ክፍሊ ብምጥቕላሉ ድማ፣ ከም ርጡብን ተኣማኒን ታሪኽ ክኸውን ክኢሉ ኣሎ። እታ ድሮ ኣባላታ ዝተዘርዘሩ፣ ብሓለፍቲ ክፍሊ፣ ጨናፍርን ኣሃዱታታትን ዝቐመት "ቦርድ-ሰነዳ" ምስ ኣሰናዳእቲ እናተሓባበረት፣ እዚ መጽሓፍ'ዚ ዝተጻረዩን ናብ ሓቂ ዝቐረበን ሓበሬታ ጥራይ ክሕዝን ካብ ምዝንባዕን ምድግጋምን ክድሕንን ብቐጻልነትን ብዕቱብነት ስለዝተረባረበት፣ ንሚዛናውነት ናይቲ ትረኻ ሓጋዚ ኮይኑ እዩ።

ኣብ ሰነዳት ክፍልን ዝኽርታት ኣባላትን ጥራይ ዝተሓጽረ ግን ኣይኮነን። እቲ ታሪኽ ምስቲ ዝተፈጸመሉ ገድላዊ መድርኻት ተኣሳሲሩ መታን ክርአ፣ ንታሪኽ ህዝባዊ ግንባርን ፖለቲካውን ወተሃደራውን ምዕባለታትን ንተመኩሮታት ገድሊ ዝጠቕሱ ኣቐዲሞም ዝተዘርግሑ መጽሓፍትን ናይ እዋን ቃልሲ መጽሔታትን መወከሲ ኮይኖም ኣለዉ። ኣብዚ ታሪኽ'ዚ ኣገደስቲ መመላእታ ዝውስኹ ዝተፈላለዩ ናይ ኢትዮጵያውያንን ካልኦት ጽሑፋትን'ውን ከም ካልኣዊ ምንጪ ኣብ ጥቕሚ ውዒሎም ኣለዉ። ኣብ መወዳእታ ገጻት ናይዚ መጽሓፍ'ዚ፣ ዝተሓትሙን ዘይተሓትሙን መወከሲታት ተዘርዚሮም ኣለዉ። ብምሉኡ ሰነዳትን ወረቓቕትን ናይቲ ክፍሊ ምዝርዛሩ ስለዘይተኻእለ ግን፣ ነቶም በብመድርኹ ዝተሰነዱ ጥሙራት ገምጋማትን ዓመታዊ ጸብጻባትን ጥራይ ምዝርዛር ከም እኹል ተወሲዱ ኣሎ።

እዚ መጽሓፍ፣ ነቲ ክፍሊ ማሕበራዊ ጉዳያት ካብ 1977 ክሳብ 1991 ዘካየዶ ንጥፈታት ዝግምግም'ኳ እንተኾነ፣ ቅድሚኡ ንምስረታ መደበር ዕቑባት ዝደረኽ ግፍዕታት ጸላእን፣ ህዝቢ ዝተዓቕበሉ ናይ ፈለማ ኩነታትን ብኣዝዩ ዝተጸምቈ ኣቀራርባ ሰፊሩ ኣሎ። እቲ ቀንዲ ትሕዝቶ ናይዚ መጽሓፍ'ዚ፣ ንጥፈታት ክፍሊ ማሕበራዊ ጉዳያት ኣብ ግዜ ቃልሲ በብጨናፍሩ፣ ኣብ ሰለስተ ገድላዊ መድረኻት ብምክፍፋል ዝገልጽ መጽናዕታዊ ጽሑፍ እዩ። ታሪኽ ናይቶም ኣብ ደጀን ሳሕል ይኹን ኣብ ድሕሪ መስመር ጸላኢ እናተንቀሳቐሱ፣ እንተላይ ኣብ ቅድመ-ግንባር ማዕረ ተዋጋኢ ሰራዊት ብምስላፍ፣ ብዙሕ ዝዓይነቱን ኣዝዩ ኣገዳስን ዕዮታት ዘሰላስሉ ዝነበሩ ተጋደልቲ ክፍሊ ማሕበራዊ ጉዳያት፣ ብምልኣት ክግለጽ ዝከኣል ኣይኮነን። ክፍሊ ማሕበራዊ ጉዳያት ንሳዕቤናት ኩናትን ግፍዕታትን ብኹሉ መዳዩ ንምቅላል ከቢድ ጾር ዝተሰከመ ክፍሊ እዩ

ነይሩ። እቲ ግሉጽን ረቂቕን ጽልዋኡ ኣብ ተጋደልትን ህዝብን ምዕቃኑ'ኳ እንተዘይተኻእለ፡ ኣብ ብረታዊ ቃልስና ኣዝዩ ሕሉፍ ግደ ከም ዝነበሮ ግን ማንም ክስሕቶ ዝኽእል ኣይኮነን።

"ሓደ እኳ ታሪኽ ክጽሕፍ ዝኽእል የልቦን" ዝብል ኣገላልጻ ኣሎ። እዚ ኣበሃህላ'ዚ፡ ታሪኽ ወዲ-ሰብ ወይ ዛንታ ሓደ ሕብረተ-ሰብ ወይ ሃገር፡ ብዝኾነ ክእለትን ጥበብን ኣብ ሓደ መጽሓፍ ብምልኣት ክግለጽ ዝኽእል ኣይኮነን ንምባል እዩ። ታሪኽ ሓደ ትካልን ሓደ ውሱን ግዜን እውን እንተዀነ ከምኡ እዩ። ምኽንያቱ ዝኾነ ታሪኽ፡ ኣብ ውሽጡ ዘሎ ዝርዝራት መወዳእታ የብሉን። ክፍሊ ማሕበራዊ ጉዳያት፡ ኣብ ኣባላቱ፡ ኣብ ተናበይቲ ስድራቤታት ዕቑባት፡ ኣብ ስንኩላን ተጋደልትን ግዳያት ዝኽትምና ዝኾኑ ህጻናትን ዝርከብ ዛንታታትን ተምኩሮታትን ኣዝዩ ብዙሕ ብምዃኑ ኣብ ሓደ መጽሓፍ ክተጠቓለሎ ዝከኣል ኣይኮነን። የግዳስ፡ እዚ መጽሓፍ'ዚ፡ ንዕማማትን ኣበርክቶን ክፍሊ ማሕበራዊ ጉዳያት ኣብ ምዕዋት ቃልሲ ንናጽነት ብሓፈሻ፡ ከምኡ'ውን ንጻዕርን ተወፋይነትን ብልሓትን ኣባላት ናይቲ ክፍሊ ድማ ብፍላይ ወኻሊን ገላጺን ክኸውን ትጽቢት ኣሰናዳእቱ እዩ።

ርግጽ እዩ፡ ታሪኽ ናይ ሓደ ትካልን ኣመዓባብላኡን፡ ብቐደም ተኸተል ናይ ግዜን ምዕባለታትን ብጾብጻባዊ ኣቀራርባ ምቕማጡ ኣሸጋሪ ኣይኮነን። ናይ እኩባት ዛንታን ኣበርክቶን፡ ካብ ጾብጻባዊ ኣቀራርባ ፍልይ ብዝበለ፡ እሞ ከኣ ፈጠራዊ ታሪኽ ክይወሰኽኻ፡ ህይወት ኣልቢስካ ምጽሓፉን ተነባቢ ምግባሩን ግን ልዑል ጻዕሪን ብልሓትን ዝሓትት እዩ። ክንዲ ዝኾነ፡ ነዚ መጽሓፍ'ዚ ኣብ ምድላዉ፡ ኣብ ደቂቕ ዝርዝራትን ጾብጻባትን ከይተኣትወ፡ ከም ኣብነት ክገልግሉ ይኽእሉ እዮም ዝተባህሉ ጭብጢታትን ውሑድ ኣሃዛትን ብምምራጽ፡ ብዝተጸምቄ መልክዕ ንምቕራቡ፡ ብማዕረኡ ድማ፡ ጻዕሪን ተወፋይነትን ኣባላት ክፍሊ ማሕበራዊ ጉዳያት ንምጉላሕ ዝተኻየደ ስነ-ጽሑፋዊ ስራሕ ቀሊል ኣይነበረን። ሓቀኛ ታሪኽ ስለዝኾነ ድማ፡ ንስለ ስነ-ጽሑፋዊ ጽባቐን ጣዕሚን ተባሂሉ፡ ንታሪኽ ዘዘንብዕ ወይ ዘይመልክዑ ዝህብ፡ ዘይኮነ ሓበሬታን ዝተጋነነ መግለጺታትን ከይህልዎ ልዑል ጥንቃቐ ተገይርሉ ኣሎ።

ነዚ መጽሓፍ'ዚ ድሕሪ ምንባብ፡ ርእይቶ፡ ሓበሬታ ወይ መኣረምታ ዘለኩም ኣንበብቲ፡ ኣብ መእተዊ ናይዚ መጽሓፍ'ዚ ብዘሎ ኣድራሻ ሓሳባትኩም ክትልእኩልና ብኣኽብሮት ንምሕጸን።

ማሕበር ተጋደልቲ
ክፍሊ ማሕበራዊ ጉዳያት ሀ.ግ.

መእተዊ

“መጻኢት ኣፍሪቃ ኣብ ኤርትራ ርእየያ።”

እዚ ቃላት’ዚ፡ ውሩይ ታንዛንያዊ ናይ ታሪኽ ተመራማሪን ፖለቲከኛን ነፍስሄር ዓብዱራሕማን መሓመድ ባቡ፡ ቅድሚ ናጽነት ኣብ ሳሕል ዝነበረ ደጀን ህዝባዊ ግንባርን ንጥፈታቱን ምስ ተዓዘበ፡ ኣድናቖቱ ንምግላጽ ዝተዛረቦ እዩ።

ኣብ ዓለምና፡ ሓርነታዊ ኲናት ዘካየዱ ሰውራታት፡ ብመጠን ዝገጠምዎ ብድሆታትን ውሽጣዊን ግዳማዊን ረቛሒታትን ናናቶም ፍሉይነታት ዘለዎም እዮም። ከምቲ ኣብ መቕድም ተገሊጹ ዘሎ ድማ፡ ሓደ ካብ ፍሉይነት ሰውራ ኤርትራ፡ ህዝባዊ ግንባር ሓርነት ኤርትራ ዝተኸተሎ ኣብ ቍጠባዊ መዳይ “ርእሰ-ምርኮሳ”፡ ኣብ ወተሃደራዊ መዳይ ድማ “ንጸላኢ ብብረቱ ብጥይቱ” ዝብል ዕዉት ስትራተጂ እዩ።

በዚ ስትራተጂ’ዚ ህ.ግ.፡ ኣብ ደጀኑ ሳሕል ዝሃነጾ፡ ነዋሕቲ ኣኽራናት ሰናጢቑ ዝዝርጋሕ ናይ መጓዓዝያ ትሕተ-ቅርጺታት፣ ኣብ ትሕቲ መሬት ዝተደኰኑ ጠላባት ውድብን ሓፋሽ ህዝብን ዘማልኡ መስንዓትን ፋብሪካታትን፣ ዝተራቐቐ መብጣሕቲ ዘካየደሎም ሆስፒታላት፣ ብሰንኪ ኲናት ካብ መነባብሮኡ ተመዛቢሉ ኣብ ትሕቲ ውድብ ዝተዓቚበ ህዝቢ ዝሰፈረሉን ስንኩላን ዝእለይሉን መደበራት፣ ደቂ ተጋደልትን ዕቑባትን ናባዩ ዘይብሎም ዝተረፉ ህጻናትን ዝመሃርሉ ቤት-ትምህርቲ፣ ፖለቲካውን ወተሃደራውን ስርሓት ዘወሃህዱ ኣብያተ-ጽሕፈትን መርበባት መራኸብን፣ ታንክታት፡ መካይንን ዝተፈላለየ ከበድቲ ኣጽዋርን ዝጽገንሉ፡ ብውሽጣዊ ዓቕሚ ምህዞታትን ሰንዓታትን ዘካየደሉ ጋራጃት፣ ዓቢ ክፋል ጠላባት ውድብን ህዝብን ዘማልእ ናይ ሓጺንን ዕንጸይቲን ትካላት ወዘተ. ንሰውራ ኤርትራ ፍሉይ ይገብሮ።

እዚ ብብዙሓት ናይ ታሪኽ ጸሓፍቲን ተመራመርቲን ኣድናቖት ዘትረፈ፡ ንሰውራ ኤርትራ ኣብ ገዛእ-ርእሱን ውሽጣዊ ዓቕምታቱን ተሞርኲሱ ዝተናውሐ ኲናት ክገጥም ዘኽኣሎ ደጀን'ዚ፡ ህዝባዊ ግንባር፡ ካብ ባዶ ተበጊሱ፡ ብኣዝዩ ድሩት ዓቕሚ፡ ብጽፍሩ፡ ብልዑል ተወፋይነትን ተባላሓትነትን ተጋደልቱ ዝፈጠሮ እዩ። ሓደ ካብቶም ነዚ መስተንክር ደጀን'ዚ ዝፈጠሩ ዓበይቲ ክፍልታት ህዝባዊ ግንባር ድማ ክፍሊ ማሕበራዊ ጉዳያት እዩ።

ክፍሊ ማሕበራዊ ጉዳያት፡ ምስቲ ገዛእቲ ኢትዮጵያ፡ ቃልሲ ህዝቢ ኤርትራ ንምጭፍላቕ፡ ኣብ ልዕሊ ብረት ዘይዓጠቐ ሰላማዊ ህዝቢ ዝፍጽምዎ ዝነበሩ ሰፊሕ ባርባራዊ ግፍዕታት፡ ከምኡ'ውን ከቢድ ሳዕቤናት ኲናት (ስንክልና፡ ምምዝባል፡ ስደት፡ ምብትታን ስድራ-ቤታት፡ ዝኽትምና፡ ደርቂ፡ ጥሜት ወዘተ.) ተኣሳሲሩ፡ ብድሩት ዓቕሚ ነቲ ዝነበረ ጥንግናግ ማሕበራዊ ብድሆታት ንምግጣምን ንምቁጽጻርን ዓሊሙ፡ ኣብ መፋርቕ 1970ታት ዝቖመ ኣሃዱ እዩ። ነዚ ሰፍ ዘይብል ተልእኾ'ዚ ሒዙ ድማ፡ እቲ ክፍሊ ኣብ መስርሕ ናይቲ ቃልሲ፡ ደረጃ ብደረጃ ተሞኩሮ እናደለበ፡ ውዳበኡን ንጥፈታቱን እናሰፍሐን እናማዕበለን፡ ሓደ ካብ ዓበይቲ ትካላት ሓርነታዊ ቃልስና ክኸውን በቒዑ።

እዚ መጽናዕታዊ መጽሓፍ'ዚ እምበኣር፡ ብቐንዱ ንታሪኽ ኣመሰራርታን ኣመዓባብላን ክፍሊ ማሕበራዊ ጉዳያት ህዝባዊ ግንባርን ተራኡ ኣብ እዋን ሓርነታዊ ቃልሲን ዝገልጽ እዩ።

ድሕረ ባይታ ክፍሊ ማሕበራዊ ጉዳያት ህ.ግ. ንምንጻር፡ ፈለማ ሰውራ ኤርትራ ክሳብ ምቛም ናይቲ ክፍሊ ዝሓለፎ መድረኻትን መልክዕ ደጀን ህ.ግ. ምስ ኩለን ክፍልታቱ እንታይ ከም ዝመስልን ብሕጽር ዝበለ ምጥቃሱ ኣገዳሲ ይኸውን።

ድሕረ-ባይታ ክፍልታት ህ.ግ.ሓ.ኤ. ምቛም ህዝባዊ ሓይልታት

ከም ኩሉ ሰውራታት ዓለም፡ ሰውራ ኤርትራ ካብ ፈለማኡ ምዕቡል ኮይኑ ኣይተወልደን። ህዝቢ ኤርትራ ኣብ 40ታትን 50ታትን ንመሰል ርእሰ-ውሳነኡ ዘካየዶ ፖለቲካውን ሰላማውን ቃልሲ ሰማዒ እዝኒ ምስ ሰኣነን ብቋንቋ ሓይሊ ምስ ተመለሰሉን፡ ብተበግሶ ቀዳሞት ሓርበኛታት ሓምድ እድሪስ ዓዋተን ብጾቱን ኣብ ትሕቲ ጽላል ተጋድሎ ሓርነት ኤርትራ፡ ኣብ መስከረም 1961 ብረት ምልዓሉ፡ ሕድገት ዘየፍቅድ ቍርጺ ውሳነኡ ንምሉእ ናጽነት ዘነጸረ ተበግሶ ነበረ።

እዚ ይኹን'ምበር፡ እቶም ንተ.ሓ.ኤ. ዝመስረቱ ፖለቲካውያን መራሕቲ፡ ኣብ 40ታትን 50ታትን ብዝነበረ ጸቢብ ሃይማኖታውን ትሕተ-ሃገራዊን ፖለቲካ ምሒር ዝተጸልዉ ነበሩ። በዚ ምኽንያት'ዚ ኣመራርሓ ተ.ሓ.ኤ. ካብ ፈለማ መድረኽ ኣትሒዙ፡ ንሃገራዊ ምትእኽኻብን ምምዕባል ትካላት ሓርነታዊ ቃልሲን ዝሕግዝ ኣይነበረን። የግዳስ፡ ናይ ህዝቢ ኤርትራ ባህጊ ንናጽነትን ናይ ቃልሲ መንፈስን፡ ምዕቡል መሪሕነት ብምስኣኑ ኣይተዓግተን። ዋሕዚ ኤርትራውያን መንእሰያት ካብ ውሽጢ ሃገርን ወጻኢን ናብ ሜዳ ብረታዊ ቃልሲ እናዓመረ፡ ብኡ መጠን፡ ተ.ሓ.ኤ. ምስ ኩሉ ናይ ኣመለኻኽታ ድሕረቱን ፖለቲካውን ትካላውን ድኻማቱን ከም ውድብ እናዓበየ ከደ።

ኣብ መፋርቕ 1960ታት ቊጽሪ ተጋደልቲ እናበዝሐ ብዝኸደ፡ መሪሕነት ተ.ሓ.ኤ. ኣብ ክንዲ ሓደ ሓያል ሃገራዊ ሰራዊት ዝፈጥር፡ ነቲ ዝነበረ ተጋዳላይ፡ ብቀቢላዊን ኣውራጃውን ረቋሒታት ከፋፊሉ ብሓሙሽተ ክፍልታት ኣቐሞ። እዚ ምክፍፋል'ዚ፡ ነቲ ዝጸንሐ ትሕተ-ሃገራዊ ኣተሓሳስባታት ዝያዳ ብምዕማቑ፡ ነቲ ሓርነታዊ ኩናት ኣብ ጥርናፈ ዘይብሉ ንኣሽቱን ዝተነጻጸለን ወተሃደራዊ ስርሒታት ተሓጺሩ ከምዝተርፍ ገበሮ። ካብ 1961 ክሳብ 1968 ኣብ ዝነበረ ዓመታት ከኣ፡ ላዕለዋይ ባይቶ ተ.ሓ.ኤ. ንጹር ሃገራዊ ፕሮግራም ከይሓዘ፡ ፍሉጥ ውድባዊ፡ ፖለቲካውን ምምሕዳራዊን ቅርጺ ከየቘመ፡ ፋይናንስያዊን ንዋታዊን ዓቕሚ ዝቈጻጸር ትካላትን ኣገባባትን ከየተኣታተወ፡ ንጸጋታት ናይቲ ውድብ ኣብ ናይ ገዛእ-ርእሱ ጸቢብ ፖለቲካዊ ጸወታታት የውዕሎ ነበረ።

እዚ ኩነታት'ዚ፡ ነቲ ቃልሲ ኣብ ርእሲ ምድኻሙ፡ ስርዓት ሃይለስላሰ ንድኻም ናይቲ ሰውራ መዝሚዙ፡ ብፍላይ ኣብ ዓመተ 1967፡ ኣብ ገጠራት ኤርትራ፡ ኣብ ልዕሊ ህዝቢ ዘይተኣደነ ግፍዕታትን ጃምላዊ ህልቂትን ክፍጽም ኣኽኣሎ። ብሰንኪ'ዚ ግፍዕታት'ዚ ድማ ካብ ምዕራባዊ መታሕት ኤርትራ ኣስታት 30 ሺሕ ህዝቢ ንሱዳን ተሰደ።

እቲ ሽዑ ኣብ ህዝቢ ዝወረደ ጃምላዊ መቕተልቲ፡ ከቢድ ግፍዒን ስደትን፡ ኣብቶም ተቓለስቲ ናጽነት፡ ዓሚቝ ጓሂን ናይ ምረት ስምዒትን ኣኸተለ። ሰውራ፡ ነቲ ዝሕብሕቦ ዝነበረ ህዝቢ ክከላኸለሉ ብዘይምኽኣሉ፡ ድኻም መሪሕነት ተ.ሓ.ኤን ምክልባት ህዝብን ዘይተቐበልዎ መንእሰያት ተጋደልቲ፡ ንኣመራርሓ ተ.ሓ.ኤ. ተሪሮም ክብድህዎ ጀመሩ። ንጸቢብ ትሕተ-ሃገራዊ ምምቕቃል ነጺጎም ድማ፡ ቅጽበታዊ ስምረት ናይ ኩለን ክፍልታት ውድብ ጠለቡ። ከም ውጽኢት ናይዚ ድርኺት'ዚ፡ ኣብ መስከረም 1968 ነቲ ዝነበረ ድኽመታት ንምፍዋስ ስሉሳዊ ዋዕላ ዓንሰባ ተኻየደ።

ዋዕላ ኣዶብሓ፡ ኣብ ሓሙሽተ ክፍልታት ተመቓቒሉ ዝነበረ ሰራዊት ክሰምር፡ ዝጸንሐ ድኽመታት ንምእራም ተበግሶ ክውሰድ፡ ኣብ ውሽጢ

ሓደ ዓመት ጉባኤ ክግበር፡ ሓድሽ ጠቕላሊ መሪሕነት ክቐውም ዝብልን ካልእን ኣገዳሲ ውሳነታት ዘሕለፈ ነበረ። እዚ ንተ.ሓ.ኤ. ናብ ሃገራዊ ደሞክራሲያዊ ውድብ ንምቕያር ዝዓለመ ፖለቲካዊ ምዕባለ ግን፡ ላዕለዋይ ባይቶ ተ.ሓ.ኤ. ኣይደገፎን። በዚ ድማ፡ ደድሕሪ'ቲ ጉባኤ ንብዙሓት ተቓለስቲ ክኣስርን ክቕንጽልን ጀመረ። እዚ ብቐንዱ ኣብ ልዕሊ'ቶም ንምእራም ዝተንቀሳቐሱ ባእታታት ዝቐንዐ ሃድንን ቅንጸላን፡ ናይ ብዙሓት ተጋደልቲ ህዳማ ኣኸተለ። ገለ ተጋደልቲ ካብ ሜዳ ኤርትራ ናብ ጎረባብቲ ሃገራት ክሃድሙ ከለው፡ ውሑዳት ድማ ካብቲ ውድብ ተነጺሎም ኣብ ሜዳ ኤርትራ ክንቀሳቐሱ ጀመሩ። ኣብቲ እዋን'ቲ ጠቕላሊ መሪሕነት ተ.ሓ.ኤ. (ቅያዳ ኣልዓማ) ዝወሰዶ ናይ ቅንጸላ ስጉምቲ ድማ እዩ፡ ኣብ 1970 ካልኣይ ውድብ ናይ ምምስራት ውጽኢት ኣኸቲሉ፥ ንህዝባዊ ሓይልታት ሓርነት ኤርትራ ዝወለደ።

ህዝባዊ ሓይልታት ኣብ ፈለማ መድረኽ ቃልሲ

ህዝባዊ ሓይልታት ሓርነት ኤርትራ፡ ካብ ተ.ሓ.ኤ. ኣምሊጦም ካብ ሜዳ ኤርትራ ናብ ጎረባብቲ ሃገራት ብዝወጹ፡ ከምኡ'ውን ኣብ በረኻታት ኤርትራ ተፈልዮም ብዝነበሩ ሰለስተ ጉጅለታት ተቓለስቲ ምትእኽኻብ ማለት ህዝባዊ ሓይልታት፡ ሰልፊ ናጽነት ኤርትራን ሓይልታት ሓርነት ኤርትራን (ዑበል) ዝተፈጥረ ኮይኑ፡ እተን ቀዳሞት ክልተ ወገናት ኣብ መስከረም 1973 ክሰምራ ከለዋ ዑበል ኣብ ሰነ 1974 ተጸንበረተን። መሪሕነት ተ.ሓ.ኤ.፡ ከሎ ገና ነዞም ሓድሽ ውድብ ንምምስራት ዝተንቀሳቐሱ ተጋደልቲ ንምህዳን ኣብ ሜዳ ኤርትራ ሰፊሕ ዳህሳስ ክገብር ምስ ጀመረ ድማ፡ ካብ መሬት ሱዳን ክሳብ ሰሜናዊ ሳሕል ናይ ኤርትራ ኣብ ዝነበረ ቦታታት ኩናት ሓድሕድ ተወልዐ። ኢትዮጵያ እውን እንተኾነ፡ ነዚ ሓድሽ ሓይሊ ንምጭፍላቕ ተንቀሳቐሰት። በዚ ድማ፡ ህዝባዊ ሓይልታት፡ ካብ ዝተመስረተሉ ክሳብ መፋርቕ ሰብዓታት ኣብ ዝነበረ ሒደት ዓመታት ብሰራዊት ኢትዮጵያን ተ.ሓ.ኤ.ን እናተሃድነ፡ ህላወኡ ከረጋግጽ ብኣዝዩ መሪርን ጽንኩርን ግዜ ክሓልፍ ተገደደ።

ሰውራ ኤርትራ ኣብ ከምዚ ዝተጠቕሰ ናይ ምስግጋር መድረኽ እናሃለወ፡ ኣብ 1974፡ ከም ውጽኢት፡ ምሕያል ሰውራ ኤርትራ ብሓፈሻ ምዕኳክ ህዝባዊ ሓይልታት ድማ ብፍላይ ኣብ ልዕሊ መግዛእታዊ ሰራዊት ኢትዮጵያ ከቢድ ክሳራታት ከወርድ ስለጀመረ፡ ኣብ ውሽጢ ሰራዊት ኢትዮጵያ፡ ንስርዓት ሃጸይ ሃይለስላሰ ዝቃወም ናዕቢ ተላዕለ። እቲ ናይ ሰራዊት ናዕቢ፡ ኣብ ዝተፈለላየ ከተማታት ኢትዮጵያ ብሕልፊ ኣብ ኣዲስ-ኣበባ ሓያል ተቓውሞን ኣድማን ሲቪል ሰራሕተኛታትን ተማሃሮን ተደሪብዎ ድማ፡ ውድቀት ስርዓት ሃይለስላሰ ኣኸተለ።

ምስ ውድቀት ስርዓት ሃይለስላሰን ምሕያል ሰውራ ኤርትራን ተኣሳሲሩ፡ ካብ 1975 ጀሚሮም ብዙሓት መንእሰያት ንሜዳ ናብ ክልቲኦን ውድባት ክውሕዙ ጀመሩ። ኣብ 1977-1978 ግን እቲ ዋሕዚ ብቐንዱ ናብ ህዝባዊ ሓይልታት ዛዘወ። በዚ ድማ፡ ሰራዊት ህዝባዊ ሓይልታት ኣብ 1975 ካብ ደረጃ ሓይልታት ሰጊሩ ብደረጃ ቦጦሎኒታት ተወደበ። ወተሃደራዊ ምንቅስቓሳቱ ብምጥንኻር ድማ፡ መጥቃዕቲታቱ ኣንጻር ሰራዊት መግዛእቲ ኢትዮጵያ ኣሐየሎ። ተ.ሓ.ኤ. እውን ብተመሳሳሊ ኣንጻር ሰራዊት ኢትዮጵያ ስርሒታት የካይድ ነበረ። በዚ ድማ፡ ዳርጋ ኩሉ ገጠራት ኤርትራ ኣብ ትሕቲ ቁጽጽር ሰውራ ኣትዩ፡ ሰራዊት መግዛእቲ ኢትዮጵያ ኣብ ከተማታት ጥራይ ተሓጺሩ ተረፈ።

ሓጸር ሌላ
ምስ ደጀን ህ.ግ.ን ክፍልታቱን

ደጀን፡ ንኩሉ ዓይነት ሰውራዊ ንጥፈታት ማእከልን መበገስን ዝኾውን፡ ጸላኢ ብቐሊሉ ዘይበጽሖን ዘየዕንዎን ጽኑዕ ዕርዲ ማለት እዩ። ከምዚ ዝኣመሰለ ደጀን፡ ነቲ ሰውራ ዘካይድ ዘሎ ሓይሊ፡ ጸጋታቱን መክሰባቱን ብዝግባእ ክዕቅብን ኣንጻር ጸላኢ ብኣድማዕነት ክጥቀመሉን የክእሎ።

ኣብ ፈለማ 70ታት እቶም በብወገኖም ካብ ተ.ሓ.ኤ ተፈልዮም ዝተኣኻኸቡ ተጋደልቲ፡ (ቀዳማይን ካልኣይን ወገን ህዝባዊ ሓይልታትን ዑብልን) ካብ መጥቃዕቲታት ተ.ሓ.ኤን ሰራዊት ኢትዮጵያን ንምክልኻል ዝመረጽዎ ቦታ፡ ኣኽራናት ሰሜናዊ ምብራቕ ሳሕል ነበረ። እዞም ንህዝባዊ ሓይልታት ዘቖሙ ሰለስተ ጉጅለታት መስርሕ ውህደት ንምስላጥ ካብ 16-28 ጥቅምቲ 1972 ኣብ ገህተብ ኣብ ዘካየድዎ ኣኼባ ዝተሰማምዕሉ ብዙሕ ጉዳያት ነበረ። ኣብቲ ናይ ስምምዕ ሰነድ፡ ኣብ ትሕቲ 'ወተሃደራዊ መዳይ' ዝብል ኣርእስቲ ከምዚ ዝስዕብ ጽሑፍ ሰፊሩ ይርከብ፦

'ወተሃደራዊ ስርሓትና፡ ኣብ ዝተናውሐ ኩናት በብቕሩብ መሬት ሓራ ምውጻእ ኣብ ዝብል ስትራተጂ ዝምስረት ኮይኑ፡ ንግዚኡ እቲ ምስ ናይ ምንባርና ሕቶ ዝሰማማዕን ዝጥዕምን፡ ምስ ግዜ ክነስፋሕፋሓሉ እንክእል ቦታ ሰሜናዊ ሳሕል እዩ'።

በዚ ኣመላኻኽታ'ዚ እዩ እምበኣር፡ ህዝባዊ ሓይልታት፡ ካብ 1973-74 ጀሚሩ፡ መሰረት ናይቲ ደሓር ንሰፊሕ ክፋል ሰሜናዊ-ሳሕል ዝጠቓለለ ዓቢ ሰውራዊ ደጀን ዝኾነ ንኡስ-ደጀን ኣብ ብሌቓት ዝመስረተ። ኣብዚ ቦታ'ዚ ኮይኑ ድማ፡ እቲ ዝዓኩክ ዝነበረ ውድብን ተጋደልቱ ኣብ ሓደ ፖለቲካውን ስነ-ሓሳባውን ኣረኣእያ ዘምጽእ ፖለቲካዊ ትምህርቲ፡ መሃይምነት ናይ ምጥፋእ መደባትን ወተሃደራዊ ስልጠናታትን ክህብ ጀመረ።

ስትራተጂ፡ 'ዘተናወሐ ኩናት' ህዝባዊ ግንባር ወተሃደራዊ፡ ፖለቲካውን ቁጠባውን መዳያት ዝሓቖፍ እዩ። እዚ ስትራተጂ'ዚ፡ ኣብ ፖለቲካዊ መዳይ፡ ንሓፋሽ ህዝቢ እናወደብኻ፡ እናንቃሕኻን እናዕጠቕኻን ሰውራኡ ንኸዐውት ኣብ ዘኽእሎ ዝለዓለ ደረጃ ሱታፌን ጥምረትን ከምዝበጽሕ ምግባር፣ ኣብ ወተሃደራዊ መዳይ፡ ብደባይን ተንቀሳቃሲን ስልቲ ኩናት ጀሚርካ፡ ደረጃ ብደረጃ ናይ ተኹሲ ጉልበትን ቴክኖሎጂን ምዕባይ፣ ኣብ ቍጠባዊ መዳይ ድማ፡ ምስ ምዕባለ ናይቲ ሰውራ ዝኸይድ ሎጂስቲካዊን ምምሕዳራዊን ብቕዓት ምጥራይ ማለት ኮይኑ፡ በዚ መገዲ'ዚ ኣብ ዝተናውሐ ግዜ ጸብለልታ ተጓናጺፍካ፡ ኣብ መወዳእታ ጸላኢኻ ምስዓርን መሰረታት ናይቲ ክትሃንጾ እትሕልን ስርዓት ምንጻፍን ማለት እዩ።

በዚ ኣመለኻኽታ'ዚ ህዝባዊ ሓይልታት ክሳብ 1974 ኣብ ዝነበረ ግዜ፡ ብውሕዱ ኣብ ዕማማት ዜናን ምንቅቓሕን፡ ሕክምና፡ ስንቂ፡ ወተሃደራዊ ታዕሊምን ዕቃብ ብረትን ዝነጥፉ ክፍልታት ኣብ ደጀኑ ሰሜናዊ-ሳሕል ከቕውም ከኣለ። መድረኽ 1975-76 ድማ ህዝባዊ ሓይልታት፡ ጽኑዕ ደጀን ፈጢሩ፡ ጽልዋኡ ናብ ሰፊሕ ገጠራት ከስፋሕፍሕ ዝጀመረሉ ካልኣይ መድረኽ ናይቲ ዝተናውሐ ህዝባዊ ቃልሲ ነበረ።

ኣብ ጥሪ 1977 ዝተኻየደ ቀዳማይ ውዳባዊ ጉባኤ ህዝባዊ ግንባር ሓርነት ኤርትራ፡ ነቲ ካብ ፈለማ መድረኽ ኣትሒዙ ዝነበረ ጽኑዕ ደጀን ናይ ምምስራት ዕላማ ደጊሙ ኣድሚቑዎ። ሓድሽ ውድባዊ ቅርጺ ብምጽዳቕ ድማ፡ ዕማማት ኣቓዲመን ዝተመስረታ ናይ ደጀን ኣኻላት ክሰፍሕን ሓደስቲ ክፍልታት ክምስረታን ወሰነ። እዚ ውሳነ'ዚ፡ ንጥፈታት ደጀን ብዝተዓጻጸፈ ክዓቢን ክሰፍሕን ድርኺት ዝፈጠረ እዩ።

ድሕሪ ቀዳማይ ውድባዊ ጉባኤ ዝነበረ መድረኽ 1977-1978፡ ከተማታት ሓራ ናይ ምውጻእ ወተሃደራዊ ስርሒታት ብናህሪ ዝቐጸለሉ፡ ሰፊሕ ገጠራትን ዝበዝሓ ከተማታትን ኣብ ትሕቲ ቁጽጽር ሰውራ ኤርትራ ኣትየን ናብ ኣፍ-ደገ ምሉእ ሓርነት ዘገምገም መድረኽ ዝተበጽሓሉ እዩ ነይሩ። የግዳስ ኣብ መፋርቕ 1978 ብምኽንያት ግዙፍ ምትእትታው ሕብረት-ሶቭየት፡ ወተሃደራዊ ሚዛን ሓይሊ ካብ ሰውራ ኤርትራ ናብ ስርዓት ደርግ ስለዝዝበለ፡ ሰውራ ኤርትራ ካብ ሰፊሕ ከባቢታት ኤርትራ ከዝልቕ ተገደደ። በዚ ድማ ተ.ሓ.ኤ. ናብ ባርካ (1979-1981)፡ ህ.ግ ድማ ናብቲ ደጀኑ ዝኾነ ሰሜናዊ ሳሕል ተመልሱ። እዚ ምዕባለታት'ዚ፡ ህዝባዊ ግንባር ኣብቲ 'ዝተናወሐ ህዝባዊ ኩናት' ዝብል ስትራተጂኡ ዝያዳ ጸቒጡ ቃልሱ ክቕጽል ዝድርኽ ነበረ። ድሕሪ ምዝላቕ፡ ህ.ግ.ኣብ ዝተፈላለየ ከባቢታት ኤርትራ መስሪትዎ ዝነበረ ትካላት ናብ ሳሕል ስለዘግዓዞ፡ ከምኡ'ውን፡ ብዙሕ ሰላማዊ ህዝቢ ምስቲ ሰራዊት ናብ ሳሕል ስለዝኣተወ፡ ሰውራዊ ደጀን ሳሕል ካብቲ ዝነበሮ ክሰፍሕ ግድን ኮነ።

ኣብቲ ዳሕረዋይ መድረኽ ናይ ቃልሲ፡ ደጀን ህዝባዊ ግንባር፡ ኣብ ሳሕል ከይተሓጸረ ጨናፍሩ ክሳብ ሓልሓልን ባርካን ድሕሪ መስመርን ይዝርጋሕ ነበረ። ኣራግ፡ ዓምበርበብ፡ ህምቦልን ዓሬርብን ድማ ማእከል ናይዚ ሰፊሕ ደጀን ነበራ። ብዘይካ'ዚ፡ ኣብ ድሕሪ መስመር ጸላኢ ደባይን ተንቀሳቓስን ውግኣትን ካልእ ዕማማትን ዘኻይዳ ኣሃዱታት፡ ኣብ ከም ጾሮና፡ ሰሜናዊ ባሕሪን ፎሮን ጠለባተን ብቐረባ ዘማልእ ስልታዊ ደጀን ነበረን። ዕላማ ናይዚ ኣብ ድሕሪ መስመር ዝቖመ ስልታዊ ደጀናት፡ ህዝባዊ ስልጣናት ምድልዳል፣ ህዝቢ በብማሕበራዊ ጉጅለኡ ምውዳብን ሱታፌኡ ኣብ ሰውራ ምዕዛዝን፣ ህዝባዊ ምልሻ ብምምስራት ደረጃ ብደረጃ ናብ ዞባዊ ሰራዊት ከም ዝዓቢ ምግባር፣ ከምኡ'ውን ነቲ ኣብ ድሕሪ መስመር ጸላኢ ዝነጥፍ ሰራዊትን ህዝብን ሎጂስቲኻዊ ቀረባት ምርግጋጽን ማሕበራዊ ኣገልግሎታት ምሃብን ነበረ።

ክፍልታት ህዝባዊ ግንባር 1977-1991

ኣብ ቀዳማይ ጉባኤ (1977) ህ.ግ. በዞም ዝስዕቡ 11 ክፍልታት ቆመ። 1.ፖለቲካዊ ምንቅቓሕ ትምህርትን ባህልን፣ 2.ህዝባዊ ምምሕዳር፣ 3.ዜናን ፕሮፖጋንዳን፣ 4.ሓለዋ-ሰውራ፣ 5.ዝምድናታት ወጻኢ፣ 6.ወተሃደራዊ ታዕሊም፣ 7.ስለያን ምልክትን፣ 8. ዕቃብ ኣጽዋር 9.ቁጠባ 10. ሕክምና 11.ማሕበራዊ ጉዳያት።

በዚ ኣወዳድባ'ዚ፡ ካብ ቀዳማይ ክሳብ ካልኣይን ሓድነታዊን ጉባኤ 1987 ኣብ ዝነበረ ዓሰርተ ዓመታት ብዙሕን ኣድማዕን ስርሓት ክዕመም ከሎ፡ ናይ ኩለን ክፍልታት ንጥፈታት ድማ እናዓበየን እናሰፍሐን ይኸይድ ነበረ። ዕማም ናይዘን ክፍልታት ኣብ ትሕቲ ትንፋስ ዘይህብ ቀጻሊ ውግኣትን፡ ኵሉ መዳያዊ ሕጽረታትን ዝሰላሰል ብምንባሩ፡ ነቲ ዝነበረ ብድሆታት ኣብ ምግጣም፡ ሃብታም ተሞኵሮ ንምቕሳም ዘክኣለ እዩ ነይሩ።

ኣብ ካልኣይን ሓድነታውን ጉባኤ (1987) ኣብ ቅርጺን ኣቃውማን ክፍልታት ውድብ መጠናዊ ለውጢታት ተገብረ። በዚ ሓድሽ ቅርጺ ድማ ዓሰርተ ሓደ ክፍልታት ከምዝህልዋ ተገብረ። 1.ሃገራዊ መርሓ፣ 2.ህዝባዊ ምምሕዳር፣ 3.ሓለዋ-ሰውራ፣ 4.ዝምድናታት ወጻኢ፣ 5.ወተሃደራዊ ታዕሊም፣ 6.ስለያን ጸጥታን፣ 7.ዕቃብ ኣጽዋር 8.ኮምሽንን ቁጠባ 9.ሕክምና 10.ማሕበራዊ ጉዳይ 11.ፍትሒ። ወተሃደራዊ ኩነታት ዘወሃህድ "ጠቕላሊ ስታፍ ወተሃደራዊ ስርሒታት" ድማ ቆመ።

ኣብ ውሽጢ'ዘን ዝተጠቕሳ ክፍልታት፡ ገለ ገለ ሓደስቲ ጨናፍር ክውሰኻ ከለዋ፡ ገሊኣን ድማ ጥርናፈኣን ካብ ሓደ ክፍሊ ናብቲ ካልእ

ክፍሊ ከምዝቐየር ተገብረ። እዘን ክፍልታት ኣብ ሳሕልን ካልእ ሓራ ቦታታትን ከይተሓጽራ፡ ኣብ ሓውሲ-ሓራን ድሕሪ-መስመር ጸላእን ካብ ዞባ ጀሚሩ ክሳብ ንኡስ-ዞባን ወረዳን ዘወርድ ትካላውን ምምሕዳራዊን ቅርጺታትን ኣወዳድባን ነበረን።

ከምዚ ኣብ ላዕሊ እተገልጸ፡ ኣብ ቀዳማይን ካልኣይን ጉባኤ ዝጸደቐ ቅርጺ፡ ኣቃውማ፡ ተልእኾን ዕማማትን ክፍልታት ህዝባዊ ግንባር ዳርጋ ተመሳሳሊ ኮይኑ፣ ምስ ግዜን ምዕባለታትን ዝኸይድ መጠናዊ ምቅይያራት እናተገብረሉ ዝመጸ እዩ። ስዒቡ ዝቐርብ ጽሑፍ እምበኣር፡ ንክፍልታት ህዝባዊ ግንባርን ስርሐንን ብናይ 1987 ኣቃውማኣን ዘላሊ እዩ።

ክፍሊ ህዝባዊ ምምሕዳር (ጀማሂር)

ተልእኾ ክፍሊ ህዝባዊ ምምሕዳር ህዝባዊ ስልጣን ምድልዳል፣ ህዝቢ ብብማሕበራዊ ቀጸላኡ ዝጥርንፉ ሃገራውያን ማሕበራት ምምስራትን እጃመን ኣብ ቃልሲ ከምዘበርክታ ምግባርን፣ ኣብ ወጻኢ ሃገራት ማሕበረ-ኮማት ምምስራትን ጸገማት ኣብ ስደት ዝርከብ ህዝቢ ንምፍታሕ ኣበርክቶ ምግባርን፣ ፖለቲካዊ፡ ባህላውን ማሕበረ-ቁጠባውን ምዕባለ ህዝቢ ዝድርኹ መደባት ምትግባር፣ ቍጠባዊ ትካላት ህዝቢ ምምዕባል፣ ተራድኣዊ ጥርናፈታት ምቛምን ምምዕባልን፣ ህዝቢ ግርጭታቱ ባዕሉ ከምዝፈትሕ ምግባር፣ ኣብ ኩሉ ዓውድታት፡ ጸገማት ህዝቢ ብቐረባ ክፈትሑ ዝኽእሉ ሞያውያን ንምፍራይ ዝተፈላለየ ስልጠናታት ምሃብ ወዘተ. ዝብል ነበረ። ነዚ ንምትግባር፡ ክፍሊ ህዝባዊ ምምሕዳር ኣብ ሽዱሽተ ዞባታት ኤርትራ (ሳሕል፡ ባርካ፡ ምዕራብ፡ ማእከላይ ምብራቕ፡ ምብራቕ፡ ደቡብ)፡ ኣብ ወጻኢ ከኣ ኤርትራውያን ኣብ ዝነበርሉ ሃገራት ህዝባውያን ማሕበራት ከምዝምስረቱን ዜጋታት በብማሕበራዊ ቦታኦም ከምዝውደቡን ኣብ ምግባር ይነጥፍ ነበረ።

ክፍሊ ህዝቢ ኣብ ሓራን ሓውሲ ሓራን መሬት ኮነ ኣብ ውሽጢ መስመር ጸላኢ፡ ካብ ዋህዮ ጀሚሩ ብደረጃ ዓዲ፡ ወረዳ፡ ንኡስ ዞባን ዞባን ሓያል ውዳበታት ህዝቢ ክፈጥር ዝኸኣለ ክፍሊ እዩ። ኣብ ሓራ መሬት ብፍላይ ብምርጫ ህዝቢ ዝምስረቱ ህዝባዊ ባይቶታት፡ ህዝባዊ ሽማግለታት፡ ሽማግለታት ብድሆ ወዘተ. ዝተሰምዩ ምምሕዳራዊ ኣኻላት ብምቛም ኩሉ መዳያዊ ዕማማት ምሕደራ ህዝቢ የሰላስል ነበረ። ክፍሊ ህዝባዊ ምምሕዳር ጨንፈር ወጻኢ፡ ሃገራውያንን ሞያውያንን ህዝባዊ ማሕበራትን ማሕበረ-ኮማትን ብምቛም፡ ሓያል ፍቕሪ ሃገርን ናይ ቃልሲ መንፈስን ኣብ ምኹስኳስ፡ ዓቕሚ ዜጋታት ብምትሕብባር ማሕበረ-ቍጠባዊ ሽግራት ህዝቢ

ኣብ ምፍታሕ፡ ስደተኛ ህዝቢ ዘጋጥሞ ዝነበረ ናይ ተነጽሎ ስምዒት ኣብ ምስዓር፡ ባህሊ ኣብ ምዕቃብ፡ በዚ መገዲ'ዚ ግደ ናይቶም ብስደትን ካልእ ኩነታትን ኣብ ወጻኢ ዝቐመጡ ዝነበሩ ኤርትራውያን ንምዕባይ ኣድማዒ ውዳበታት ፈጢሩ፡ ኣብ ጎድኒ ሰውራኦም ደው ክብሉ ዘኽኣለ፡ ኣብ ምዕዋት ሓርነታዊ ቃልሲ ዓቢ ግደ ዝተጻወተ ክፍሊ እዩ።

ክፍሊ ሃገራዊ መርሓ

እዚ ክፍሊ'ዚ፡ መላእ ህዝቢ ኤርትራ፡ ኣብቲ ኣንጻር መግዛእቲ ዝካየድ ዝነበረ ቃልሲ ሱታፌኡ ክዕዘዝ፣ ውሽጣዊ ሓድነቱ ክደልድል፣ ባህሉን ክብርታቱን ክዕቅብን ክማዕብልን፣ ካብ ጎዳኢ ልምድታት ወጺኡ፡ ብስነ-ፍልጠታዊ ኣገባብ መነባብሮኡ ከመሓይሽ፣ ካብ ሕማምን ድንቁርናን ድሕረትን ክገላገል፣ ወናኒን ምዕሩይ ተሻራኺን ጸጋታቱ ክኸውን፣ ኣብ ዓለማዊ ኵነታት ረብሓታቱ ፈልዩ ክፈልጥ፣ ንቕሓት ህዝብን ተጋደልትን ዘዕቢ ፖለቲካውን ጎስጓሳዊን ስራሕ ዘካይድ ዝነበረ ክፍሊ እዩ። ኣብ ትሕቲ እዚ ክፍሊ'ዚ፡ ዜና፡ ትምህርቲ፡ ምንቕቓሕ፡ ባህሊ፡ ቤት ትምህርቲ ካድር፡ ማሕተም፡ ሳግም ነበሩ። ንፖለቲካዊ ትምህርቲ ዝኸውን መጽሔታት፡ ዝተፈላለየ ጽሑፋትን እዋናዊ ሓበሬታን ምስንዳእ፣ መድረኻት ፖለቲካዊ ትምህርትን ስሚናራትን ምውዳብን ምክያድን፣ ብሬድዮን መጽሔታትን ፊልምታትን ስሩዕ ዜናዊ ስራሓት ምስልሳል፣ ኣካዳምያዊ ትምህርትን ዘመተ ምጥፋእ መሃይምነትን ምክያድ፣ ካድራት ምምልማል፣ ካብ ብዙሓዊ ኣቃውማ ህዝቢ ኤርትራ ሓደን ስሙርን ሃገራዊ ባህሊ ምምዕባል ወዘተ. ከኣ ዓበይቲ ተልእኾታት ናይቲ ክፍሊ ኮይኑ፡ ነቲ "ክልሰ-ሓሳብ ኣብ ሓፋሽ ምስ ዝሰርጽ ናብ ነገራዊ ሓይሊ ይቕየር" ዝብል ጭርሖ ናብ ተግባር ንምልዋጥ፡ ኣድማዒ ስርሓት ዘካየደ ክፍሊ እዩ።

ክፍሊ ቁጠባ

ክፍሊ ቁጠባ ሓደ ካብ ዓበይቲ ክፍልታት ህዝባዊ ግንባር እዩ። ካብ 1987 ንደሓር ብዝነበሮ ኣቃውማ ርእሶም ዝኽኣሉ ዓሰርተ ኮሚሽናት የመሓድር ነበረ። 1.ሕርሻ 2.ምስናዕ (ኢደ-ስርሓት) 3.ህንጻ 4.መጓዓዝያ፡ 5.ንግዲ 6.ፋይናንስ 7.መፍረ-መድሃኒት 8.ስንቂ 9.ንብረትን ዕደላን 10. ቤት-ትምህርቲ ስነ-ኪነት።

ተልእኾን ዕማማትን ናይ'ዚ ክፍሊ'ዚ፡ ቍጠባዊ ዓቕሚ ውድብ ዝሕይሉ ብዙሕ ዝዓይነቱ ስርሓት ምስልሳልን ምምዕባልን፡ ጎድኒ-ጎድኒ ናይቲ ቃልሲ ድማ፡ ንመጻኢት ኤርትራ ዝኸውን ድልዱል መሰረት ምንጻፍ

ነበረ። ነዚ ዕላማ'ዚ ክውን ንምግባር ክፍሊ ቁጠባ፡ በቲ "ርእሰኻ ምኽኣል" ዝብል ፍልስፍና ህዝባዊ ግንባር እናተመርሐ፡ ንኩሉ ኣኻላት ናይቲ ውድብ ዘድሊ ቀረባት ንምምላእ ጥራይ ዘይኮነ፡ ብዙሕ ካብቲ ናይ ወጻኢ ሸርፌ ዝጠልብ ሃለኽቲ ብውሽጣዊ ዓቕሚ ንምፍራይ፡ በብዓይነቶም ትካላት፡ ፋብሪካታትን መስንዓትን ብምቛም፣ ኣብ ዝተመርጸ ቦታታት ሕርሻዊ ንጥፈታት ብምክያድ፣ ንመትከል ርእሰኻ ምኽኣል ብግብሪ ዝተርጎመ፡ ኣብቲ ኣሸጋሪ ቅርጺ መሬት ሳሕል ይኹን ካልእ ከባቢታት ኤርትራ፡ ብዙሕ ጽርግያታት ዝሃነጸ፡ ንብረት ሰውራ ዝዕቀበሉን ዝጽገኑሉን ዓበይቲ ኣደራሻትን መኽዘናትን ብምውዳድ ዝተፈላለየ ኣገልግሎታት ዝህብ ዝነበረ ዓቢ ክፍሊ እዩ። ጎድኒ ጎድኑ ድማ ኣብ ዝተፈላለየ ዓውድታት ቁጠባ ብዙሕ መጽናዕቲታትን ምርምራትን የካይድ ነበረ።

ክፍሊ ጥዕና

ኲናትን ባህርያዊ ተጻብኦን፡ ድኽነትን ድሕረትን ኣብ ጥዕና ህዝቢ ዘውርድዎ ሃስያ ብቐሊል ዝግመት ኣይኮነን። ህዝባዊ ግንባር፡ ነቲ ብሰንኪ ባህርያዊ ተጻብኦ፡ ድሕረትን ድኽነትን ግዳይ ዝተፈላለየ ሕማማት ዝኾውን ዝነበረ ሓፋሽ ህዝብን፡ ነቶም ኣንጻር ጸላኢ ኣብ ዝካየድ ዝነበረ ብርቱዕን ደማዊን ኲናት ዝቘሰሉ ተጋደልትኢ ን ህዝብን ብቑዕ ኣገልግሎት ጥዕና ኣብ ምቕራብ ዘሰላስሎ ዝነበረ ስርሓት፡ ንሰውራ ኤርትራ ፍሉይ ካብ ዝገብርዎ መለለዪታት ሓደ እዩ። ህዝባዊ ግንባር ኣብቲ ፈለማ መድረኽ ናይ ቃልሱ፡ ኣብ ሰራዊት፡ ክሳብ ብደረጃ ጋንታታት ተመዲቦም፡ ከምኡ'ውን ኣብ ህዝቢ ዝርከቦ ቦታታት እናተንቀሳቐሱ ዝሰርሑ ኣጋር ሓካይም ብብዝሒ ብምስልጣን፡ መባእታዊ ኣገልግሎት ጥዕና ንህዝቡን ተጋደልቱን ኣብ ምብጻሕ ኣድማዒ ሰራሕ ክሰርሕ ክኢሉ እዩ። ክፍሊ ጥዕና ኣብ ዝተፈላለየ መድረኻት ናይቲ ቃልሲ፡ ሰብኣዊን ንዋታዊን ዓቕሙ እናዕበየ ብምኻድ፡ ኣብ ደጀንን ድሕሪ መስመር ጸላእን ክሊኒካትን መደበራት ጥዕናን ብምቛም፡ ዓበይቲ ሆስፒታላት ብምምስራት፡ ብዝተፈላለየ ሞያታት ጥዕና ዓቕሚ ሰብ ብምስልጣን፡ ዘመናዊ መመርመሪ መሳርሒታት ብምትእትታው፡ ዝተራቐቐ መብጣሕቲታት ኣብ ዘካይደሉ ደረጃ ዝበጽሐ ሓደ ካብ ኣገረምቲ ክፍልታት ህዝባዊ ግንባር እዩ። እዚ ክፍሊ'ዚ "ካብ ሓሚምኻ ሕክምና፡ ተኸላኺልካ ጥዕና" ብዝብል መርሓ፡ ሕማማት ንምክልኻል ኣገልግሎት ክታበት ኣብ ምስፋሕ ኮነ፡ ስሩዕ መጽሔት እናዳለወ፡ ኣብ ህዝብን ተጋደልትን ብቐጻሊ ጎስጓሳት ብምክያድ፡ ጥዕናዊ ንቕሓት ሕብረተ-ሰብ ኤርትራ ክብ ኣብ ምባል ዓቢ ተራ ዝተጻወተ ክፍሊ እዩ።

ክፍሊ ዝምድናታት ወጻኢ

ክፍሊ ዝምድናታት ወጻኢ፡ ቃልሲ ህዝቢ ኤርትራ ንናጽነት፡ ኣካል ቃልሲ ህዝብታት ዓለም ስለዝኮነ፡ ህዝባዊ ግንባር፡ ማዕረ ማዕረ'ቲ ዘካይዶ ዝነበረ ፖለቲካውን ወተሃደራውን ቃልሲ፡ ጉዳይ ህዝቢ ኤርትራን ምዕባለታት ሰውራኡን ምስ ዓለም ንምፍላጥ፡ ፖለቲካውን ካልእን ደገፋት ንምርካብ፡ ኣዕሩኽ ሰውራን ሸማግለታት ደገፍን ናይ መጽናዕቲ ኣኻላትን ብምምስራት፡ ኣብ መዳይ ዲፕሎማሲ ብዙሕ ስርሓት የሰላስል ነበረ። ማሕበረ-ሰብ ዓለም ምስ ፍትሓዊ ቃልሲ ህዝቢ ኤርትራ ከምዘደናገጽ ንምግባር፡ ናብ ውድብ ሕቡራት ሃገራትን ካልኦት ዞባዊን ኣህጉራዊን ውድባትን መዘክራት፡ ጥርዓናትን ጻውዒትን ብቐጻሊ እናቕረበ፡ ምስ ዝተፈላለያ ሃገራት ክልተኣዊ ዝምድናታት ንምምዕባልን ደገፍ ንምርካብን ዘይሕለል ጻዕርታት ዘካይድ ዝነበረ ክፍሊ እዩ። ብሰንኪ ኲናትን ደርቅን ህዝቢ ኤርትራ ዘጋጥሞ ዝነበረ ሰብኣዊ ቅልውላው፡ ኣቓልቦ ማሕበረ-ሰብ ዓለም ንክረክብ ዘካየዶ ጻዕሪ ድማ ካብቲ ጽቡቕ ዘድምዓሉ ንጥፈታት ሓደ እዩ። በቲ ዝካየድ ዝነበረ ዘይተሓለለ ጻዕሪ፡ ጉዳይ ኤርትራ ሰላማዊ ፍታሕ ክርከበሉ ዝጽውዕ ድምጺታት ምስ ግዜ እናሰፍሐ ይኸይድ ነበረ። ካብ ሓያሎ ዘይመንግስታውያን ውድባትን ማሕበራት ረድኤትን ድሓን ደገፍ ክርከብ ምኽኣሉ፡ ብዙሓት ኣዕሩኽ ቃልሲ ህዝቢ ኤርትራ፡ ጋዜጠኛታት፡ ወከልቲ ሰልፍታትን መንግስታትን ምስ ቃልሲ ህዝቢ ኤርትራ ክደናገጹ ምብቅያም ድማ ውጽኢት ናይቲ በዚ ክፍሊ'ዚን ኣብ ወጻኢ ዝነበሩ ኤርትራውያንን ዝካየድ ዝነበረ ቃልሲ እዩ።

ብዘይካ'ዚ፡ ህዝባዊ ግንባር፡ ምስ ዝተፈላለዩ ኣንጻር ስርዓት ደርግ ዝቃለሱ ዝነበሩ ተቓውምቲ ውድባት ኢትዮጵያ፡ ኣብ ንጹር ኣረኣእያ ዝተመርኰሰ፡ ንሓዋሩ ኣብ ዞባና ሰላምን ምትሕግጋዝን ዝሰፈኖ ሃዋህው ንምፍጣር ዝዕላማኡ፡ ዕውት ናይ ምትሕግጋዝ ዝምድና ክፈጥር በቒዑ እዩ።

ክፍሊ ወተሃደራዊ ታዕሊም

ህዝባዊ ግንባር፡ ኣብ ሃገራዊ ደሞክራስያዊ ፕሮግራሙ 'ብርቱዕ ህዝባዊ ሰራዊት ምቛም' ኣብ ትሕቲ ዝብል ኣርእስቲ፡ "ብፖለቲካ ዝበሰለ፡ ብጸያዊ ዝምድና ዘለዎ፡ ብሰውራዊ ዲሲፕሊን ዝተሃንጸ፡ ቀራጽነትን መስዋእትነትን ዝባህርያቱ፡ ዘመናዊ ብልሓትን ዕጥቅን ክእለትን ዘውንን ሰራዊት ምህናጽ" ዝብል ዕላማ ኣስፊሩ ነበረ። በዚ ዕላማ'ዚ መሰረት፡ እዚ ክፍሊ'ዚ፡ ጎድኒ ጎድኒ ወተሃደራዊ ታዕሊም፡ ንሓደስቲ ተሰለፍቲ ምስ ዕላማ ገድልን ተመኲሮ ሰውራ ኤርትራን ዘላሊ፡ ሃገራዊን ዓለማዊን ንቕሓቶም ክብ ኢሉ፡ ንማሕበረ-ቍጠባዊ ለውጢ ክቃለሱ ዘድርኽ ፖለቲካዊ ትምህርቲ ይህብ ነበረ። ተዓለምቲ ኣብ ርእሲ ፖለቲካውን ወተሃደራውን ትምህርቲ

ኣብ ማእቶታውን ባህላውን ንጥፈታት ከምዝሳተፉ ብምግባር ድማ፡ ኣብ ምስራሕ ጽርግያታት፡ መኻዚኖታት፡ ኣባይቲ ወዘተ. ዓቢ ኣበርክቶ ዝገበረ ክፍሊ እዩ። እዚ ክፍሊ'ዚ ብቕዓት ኣመራርሓ ሰራዊትን ምልከት ኣጽዋርን ንምዕባይ፡ ዘመናዊ ትምህርቲ ኣጽዋር፡ ወተሃደራዊ ስልቲን ካርታን ኣመራርሓ ውግእን ብምትእትታው፡ በብጽፍሑ ንኣዘዝቲ ሰራዊት ስልጠና ይህብ ነበረ። ፍሉይ ስርሒታት ዘኻይዱ ኮማንዶ ወይ ፍሉይ ሓይልታት ምስልጣን እውን ሓደ ካብ ዓበይቲ ስርሓቱ ነበረ። እቲ ብ21 ግንቦት 1984 ኣብ መዓርፎ ነፈርቲ ኣስመራ ዝተኻየደ፡ 33 ዝተፈላለያ ነፈርቲ ኩናት ዘዕነወ ታሪኻዊ ስርሒት ሓደ ካብ ጉሉሕ ውጽኢታታት ናይዚ ታዕሊም'ዚ ኮይኑ ብሓፈሻ እቲ ክፍሊ ምልከት ኣጽዋርን ጥበባት ውግእን ኣብ ምምዕባል ዝተጻወቶ ግደ ዓቢ እዩ።

ክፍሊ ዕቃበ ኣጽዋር

ንጸላኢ "ብብረቱ ብጥይቱ" ዝብል መትከል ተጋዳላይ ህዝባዊ ግንባር ብግብሪ ኣብ ምትርጓም ዓቢ ስራሕ ዝሰርሐ ክፍሊ እዩ። እዚ ክፍሊ'ዚ፡ ኣብ ማእከላይ ቦታ፡ ኣብ ኩሉ ግንባራትን ድሕሪ መስመር ጸላእን፡ ኣብ ውሽጢ መሳርዕ ሰራዊት ክሳብ ናብ ደረጃ ቦጦሎኒ ዝወረደ ኣቃውማ ብምፍጣር፡ ብኣድማዒ ምሕደራ ካብ ጸላኢ ዝተሰልበ ብረትን ተተኳሲን ኣንጻር ጸላኢ ከምዝቐንዕ ብምግባር፡ ህዝባዊ ሰራዊት ምስ ግዜ ዓቕሚ-ተኹሱ ኣዕብዩ ላዕለዋይ ኢድ ንክሕዝ ዓቢ እጃም ዘበርከተ እዩ። በዚ ድማ፡ ብዘይካ ሒደት ካብ ደገ ዝዕደግን ብሓገዝ ዝርከብ ዝነበረን፡ ኩሉ ዕጥቂ ህዝባዊ ግንባር ካብ ጸላኢ ዝተሰልበ ነበረ። እዚ ክፍሊ'ዚ፡ ኣጽዋር ኣብ ምክዛን፡ ምግዕዓዝ፡ ምክፍፋልን ምቁጽጻርን ዝነጥፉ ኣኻላት ከምኡ'ውን ጽገናን ምርምራትን ዘካይደሉ ቤት-ዕዮ ነበሮ። ስነ-ፍልጠታዊ ኣጠቓቕማ ኣጽዋር ብምጽናዕን ኩሉ ዓይነት ጽገና ብውሽጣዊ ዓቕሚ ብምክያድን ከኣ፡ ዝተፈላለየ ምህዞታት እናወሰኸ፡ ዝተሰልበ ኣጽዋር ብኣድማዕነት ኣብ ጥቕሚ ከምዝውዕል ዝገበረ እዩ። ከም ውጽኢቱ፡ እቲ ብኣቡ-ዓሸራ፡ ኣልበኒ፡ ምንሽር፡ ግንጽል... ዝጀመረ ሰውራ ኤርትራ ኣብ ዝተፈላለየ መድረኻት ሓደስቲ ኣጽዋር እናሰለበ፡ ወናኒ ወንጫፊ ሮኬት ሚሳይላት ቢኤም 21ን 24ን፡ ከበድቲ መዳፍዕን፡ ታንክታት ቲ-55 ቲ-62፡ ዝተፈላለየ ዓይነት ጸረ-ነፈርቲ ኸውን በቒዑ እዩ።

ክፍሊ ስለያን መራኸቢታትን

ህዝባዊ ግንባር፡ ኣንጻር'ቶም ገዚፍ ደገፍ ርእሰ-ሓያላን ዝነበሮም ገዛእቲ ስርዓታት ኢትዮጵያ ኣብ ዝቃለሰሉ ዝነበረ እዋን፡ ርቀቱን ብቕዓቱን ማዕረ'ቲ ብድሆ ክዕብዮ ግድን ነበረ። ስርዓታት ኢትዮጵያ ካብ ደገፍቶም፡ ናይ

ኣጽዋር ደገፍ ጥራይ ኣይኮነን ዝነበሮም። ዝወሃቦም ስለያዊ ሓበሬታታት እውን ቀሊል ኣይነበረን። በዚ ምኽንያት፡ ህዝባዊ ግንባር ንሰራዊት ኢትዮጵያ ብብቕዓት ክምክት ሓያል ትካላት ስለያን ጸጥታን ሃኒጹ እዩ። ነዞም ኣድማዕቲን ኣደነቕቲን ትካላት ዘመሓድር ዝነበረ ድማ ክፍሊ ስለያን መራኸቢታትን እዩ። እዚ ክፍሊ'ዚ፡ ብዝተራቐቐ ሜላታት፡ ኣብ ውሽጢ ሰራዊት ጸላኢ ሰሊኹ እናኣተወ ሓበሬታታት ብምእካብ፡ ምስጢራት ብስነ-ፍልጠታዊ መንገዲ ብምትንታን፡ ኣብቲ ሰውር ኲናት ብብቕዓት ንትካላት ስለያ ኢትዮጵያን ዘራያቶምን ስዒሩዎም እዩ። ንጥፈታት ክፍሊ ስለያን መራኸቢታትን ህዝባዊ ግንባር ኣድማዒ ክኸውን ካብ ዘኽኣሎ ረቛሒታት፡ እቲ ዝዓበየ ሓያል ደገፍ ናይ ህዝቢ ምንባሩ ድማ ከይተጠቕሰ ክሕለፍ ኣይግባእን። እዚ ክፍሊ'ዚ ብተወሳኺ ንጨንፈር መራኸቢታት እውን ዘጠቓለለ ነበረ። ጨንፈር መራኸቢታት ካብ ጸላኢ ብዝተሰልበ ሬድዮታትን ካልእ መሳርሒታትን ካብ ግዜ ናብ ግዜ ዓቕሚ ውድብ ከምዝዕብል እናገበረ፡ ሓያል ናይ መራኸቢታት መርበብ ክምስርት ዝበቕዐ፡ ኣድማዒ ናይ ጠለፉን ትካልን ሞያውያንን ከማዕብል ዝኸኣለ ጨንፈር እዩ።

ክፍሊ ሓለዋ-ሰውራ

ዝኾነ ሰውራ ውሽጣዊ ጽሬቱ ብምሕላዉ፡ ሓድነቱ ኣትሪሩ፡ ንኩሉ ተጻብኦታት ጸላኢ ክምክን ዘኽእሎ ብቕዓት ክህልዎ የድሊ። ዕላማ ክፍሊ ሓለዋ ሰውራ ድማ፡ ሽርሒታት ጸላኢ ብንቕሓት እናተኸታተልካ ምምኻን፣ ኣብ ውሽጢ ውድብ ዝፍጸሙ ጉድለታት ምእራምን፡ ንግጉያት ናይ ተሃድሶ ትምህርቲ ምሃብን፣ ብመገዲ መጽሔትን ካልእ ዝተፈላለየ ኣገባባት ትምህርትን፡ ኣብ ተጋደልትን ሓፋሽ ህዝብን ንድሕነት ዝምልከት ኣፍልጦን ንቕሓትን ምኹስኳስ፣ ኣብ ውግእ ዝተማረኹ ወተሃደራት ጸላኢ ብሰብኣውነት ሒዝካ፡ ታሪኽን ዕላማታትን ሰውራ ኤርትራ ከምዝርድኡ፡ እንታይነት ስርዓት ደርግ ከምዝፈልጡ ምግባር፡ ፖለቲካዊ ንቕሓቶም ክብ ምባል፡ ኣካዳምያውን ባህላውን ስፖርታውን ንጥፈታት ከምዝካይዱ ምግባር ነበረ። ሓደ ካብ ዓበይቲ ዓወታት ናይዚ ክፍሊ'ዚ፡ ነቶም በብግዜኡ ዝማረኹ ዝነበሩ ወተሃደራት ኢትዮጵያ (ክሳብ ግዜ ናጽነት ክሳብ 150,000 ወተሃደራት ከምዝተማረኹ ይፍለጥ) ኣብ ምንቃሕ፡ ጥራይ ዘይኮነ ኣብ ተቓወምቲ ውድባት ኢትዮጵያ ተጸንቢሮም ኣንጻር ስርዓት ደርግ ከምዝቃለሱ ብምግባር ዝተጻወቶ ተራ እዩ። ብዙሓት ኢትዮጵያውያን ወተሃደራት ናጻ ምስ ተለቐቑ፡ ኣብ ጎድኒ ህዝባዊ ግንባር ክሰለፉ ይመርጹ ምንባሮም፡ ብዙሓት ካልኦት ድማ ኣብ ጎድኒ ተቓውምቲ ውድባት ኢትዮጵያ ኮይኖም ኣንጻር ስርዓት ደርግ ምቅላሶም፡ ገለ ካብኣቶም እውን ኣብ ፖለቲካውን ወተሃደራውን ትካላት ኢትዮጵያ ኣብ ዝለዓለ ጽፍሒ ሓላፍነት ክበጽሑ

ምብቅያም፡ እቲ ክፍሊ ዝሰርሖ ዝነበረ ስራሕ ክሳብ ክንደይ ዓቢን ኣደናቒን ምንባሩ ዝምስክር እዩ።

ክፍሊ ማሕበራዊ ጉዳያት

ሰውራ ኤርትራ ብደገፍ ህዝቢ ኣብ ውሽጥን ወጻኢን ሓይሊ እናደለበ ኣብ ዝኸደሉ ዝነበረ ዝተፈላለየ ናይ ቃልሲ መድረኻት፡ ገዛእቲ ኢትዮጵያ፡ ንቃልሲ ህዝቢ ኤርትራ ንምጭፍላቕ ኣብ ልዕሊ ሰላማዊ ህዝቢ ዝፍጽምዎ ግፍዕታት እናዛየደ ይኸይድ ነበረ። በደላት ስርዓታት ኢትዮጵያ፡ ካብቲ ፈለማ እግሮም ዝረገጹሉ 40ታት ዝጀመረ'ኳ እንተኾነ፡ እናሰፍሐን፡ ጃምላዊ መልክዕ እናሓዘን ዝኸደ ምስ ምሕያል ብረታዊ ቃልሲ እዩ። ስራዊት ኢትዮጵያ ንፈለማ ብግሁድን ደይ መደይ ኢሉን ናብ ሰላማዊ ህዝቢ ዝቐንዐ ሰፊሕ ናይ ራዕድን ሽበራን ተግባራትን ጃምላዊ ህልቂትን ክፍጽም ዝተራእየሉ ዓመት ድማ 1967 ነበረ። ዕላማ ናይቲ ወፍራ፡ "ተጋደልቲ የዕቁባ እየን" ዝተባህላ ዓድታት እናቃጸልኻ፡ ተቐማጦአን ብኣዝዩ ዘሰኻሕክሕ ጭኻነ እናቐተልኻ፡ ጥሪት ብምህላቕን ንብረት ብምርሳይን ህዝቢ ከም ዝሰደድ ወይ ኣብ ትሕቲ ቁጽጽር ስራዊት ኢትዮጵያ ናብ ዝነበራ ዓድታት ከም ዝጥርነፍ ምግባር እዩ ዝነበረ። እዚ "ዓሳ ንምጽናት ባሕሪ ምንጻፍ" ብዝብል እኩይ ብልሓት ሰላማዊ ህዝቢ ንምርዓድ ዝተኻየደ ወተሃደራዊ ወፍርታት፡ መልክዓቱን ዓይነቱን ይቀያየር እኳ እንተነበረ፡ ስራዊት ኢትዮጵያ ካብ ኤርትራ ተሓግሒጉ ክሳብ ዝወጽእ ክሳብ ናጽነት ቀጺሉ እዩ።

ቀልዓ ሰበይቲ ኣብ ዝበዝሕዎ ዓድታት፡ ስራዊት፡ ብግብረ-መልሲ ኣብ ዘይሰግኣሉን ዝብድሆ ሓይሊ ኣብ ዘይረክበሉን ንበይኑ ኣብ ዝትኩሰሉን ናይ ቅትለት ዘመተ ዝፍጠር ዕንወት ምምዛኑ ዝከኣል ኣይኮነን። እዚ ስለዝኮነ እዩ ድማ ኣብ ርእሲ መስዋእቲ ናይቲ ብረት ዝዓጠቐ ተጋዳላይ፡ እቲ ኣብ ልዕሊ ብረት ዘይዓጠቐ ንጹህን ሰላማውን ኤርትራዊ ዝወረደ ማህሰይቲ እውን ቀሊል ኣይነበረን።

ህዝቢ ኤርትራ ንናጽነቱ ዘካይዶ ሓርነታዊ ኩናት፡ ኣብ ኣፍሪቃ ዝነውሐን፡ ክልቲኦም ዓበይቲ ናይ ዓለምና ሓያላት፡ ኣመሪካን ሕብረት ሶቭየትን ኣንጻሩ ዝተሰለፉሉን ብምንባሩ፡ ብጽንኩርነቱን ምረቱን ኣብ ዓለም ሒደት መዳርግቲ ዘለዎ እዩ። ተጋደልቲ ኤርትራ፡ ኣንጻር ብዕስራ ኢድ ዝተዓጻጸፎምን ዘመናዊ ኣጽዋራት ዝዓጠቐን ስራዊት ኢትዮጵያን ተሓባበርቱን ክገጥሙ፡ ዝኸፈልዎ መስዋእቲ፡ ዝገጠሞም ስንክልናን ኣዝዩ ከቢድ እዩ። ክሳብ 1975፡ ኣብ ሜዳ ኤርትራ ሕክምናን ካልእ መሰረታዊ ማሕበራዊ ኣገልግሎታት ዝተተኽሎ ብቑዕ ደጀን ስለዘይነበረ፡ ብቐሊል

መውጋእቲ ናብ መስዋእቲ ዝበጽሑ ተጋደልቲ ውሑዳት ኣይነበሩን። ብከቢድ ዝተሃሰዩ ስንኩላን ኩናት'ውን ብቑዕ ኣላዪን ጠዋርን ኣይረኸቡን። ስለዚ ድማ እዩ፡ ህዝባዊ ሓይልታት፡ ኩናት ሓድሕድ ደው ምስ በለ፡ ንምዕባለ ሰውራ መሰረታዊ ዝኮነ ሕክምናዊ ኣገልግሎትን ካልእ ቁጠባዊን ማሕበራዊን ንጥፈታትን ዝሰፍሓሉ ቀዋሚ ደጀን ንምህናጽ ዝተቃለሰ።

ቀዳማይ ፍርቂ ብረታዊ ቃልሲና፡ ብድሩትነት ዓቕሚ ሰውራ፡ ብጉድለት ውዳበን ስእነት ብቑዕ መሪሕን፡ ኣብ መወዳእታ ድማ ብፖለቲካዊ ፍልልያት ዝሰዓበ ኩናት ሓድሕድ፡ እቲ ግዳይ ጃምላዊ ህልቂትን ምምዝባልን ስደትን ዝኮነ ህዝቢ ኤርትራ ካብ ሰውራኡ ሓገዝን ኣልያን ክረክብ ኣይከኣለን። ስርዓት ኢትዮጵያ፡ ብረታዊ ቃልሲ ህዝቢ ኤርትራ ንምድምሳስ፡ በቲ ኣብ ልዕሊ ሰላማዊ ህዝብን ንብረቱን ዘካየዶ ሰፊሕ ናይ 'ቅተል ኣዕኑ" ፖሊሲ፡ ነቲ ሕብረተሰብ ብፍላይ ህዝቢ ገጠር፡ ኣዝዩ ከቢድ ሃስያ ኣውሪዱሉ እዩ። ብኩናት ዝሰዓበ ገዚፍ ቁጠባዊ ዕንወት፡ ኣብ ማእቶትን ኣፍራዩነትን ከቢድ ጽልዋ ስለዝፈጠረ ድማ፡ እቲ ኣብ ህዝቢ ኤርትራ ዘጋጠመ ማሕበራዊ ሽግራት፡ ጥሜት፡ ድኽነት፡ ስደት፡ ምምዝባል ስድራቤታት፡ ዝክትምና ቀልዑ ወዘተ. ዝያዳ ዝተሓላለኸ ከምዝኸውን ገይሩዎ እዩ። መንግስታዊ ስልጣን ዝሓዘ ገዛኢ ስርዓት፡ ኣንጻር ህዝቢ ብቕሉዕ ኣብ ዘወፈረሉን፡ ነቲ ሳዕቤን ንምንኻይ ዓቕሚ ሰውራ ኣብ ዘይደልደለሉን፡ ዝደናገጻን ረድኤታዊ ሓገዝ ዝገብራ ሃገራትን ማሕበራትን ኣብ ዘይነበራሉን፡ ኣብ ህዝቢ ኤርትራ ዝወረዶ ዕንወትን ማህሰይትን ከቢድ እዩ። በዚ ድማ፡ ብግፍዕታት ጸላኢ ጥራይ ዘይኮነ፡ ብባህርያዊ ድርቂ ዝተመዛበሉ ስድራቤታት፡ ዘዘክተሙን ኣላዪ ዝሰኣኑን ህጻናትን ቀልዑን፡ ንብረቶምን ጥሪቶምን ዝበረሶም ዜጋታት፡ ናይ ምእላይን ምሕጋዝን ሓላፍነት ኣብ ልዕሊ ሰውራ ኤርትራ ክወድቕ ግድን ኮነ። ክንዲ ዝኮነ ህዝባዊ ሓይልታት፡ ነዚ ሓላፍነት'ዚ ብምስካም፡ ህዝቢ ካብ ስደት ዝተርፈሉ፡ ነንሕድሕዱ ዝተሓጋገዘሉ፡ ርእሱ ዝኽእለሉን ዝጣየሰሉን ኩነታት ክፈጥርን እቶም ኣዝዮም ህሱያት ዝዕቁቡሉን ዝናበዩሉን ስፈራታት ክሃንጽን ሓደ ካብ ዕማማት ቃልሱ ገይሩ ተተሓሒዙ።

ንምምስራት ክፍሊ ማሕበራዊ ጉዳይ፡ ህዝባዊ ግንባር ሓርነት ኤርትራ ዝደረኸ ኩነት እምበኣር፡ እቲ ብስርዓት ኢትዮጵያ፡ ኣብ ልዕሊ ሰላማዊ ህዝቢ ዝወርድ ዝነበረ ግፍዕታትን፡ ብሳዕቤኑ ዝተፈጥረ ናይ ህዝቢ ስደትን ምምዝባልን ዝፈጥሮ ሓድግታት ኩናት እዩ። ክሳብ መፋርቕ ሰብዓታት፡ ጉዕዞ ሰውራ ንምቕናዕ፡ ካብ ተጋድሎ ሓርነት ኤርትራ ተፈልዩ ዝተመስረተ ህዝባዊ ሓይልታት፡ ካብ ሃድን ተሓኤን ሰራዊት ኢትዮጵያን ነብሱ እናተኸላኸለ፡ ኣብ ምርግጋጽ ህላወኡን ቀጻልነቱን እዩ ዝነበረ። በዚ ምኽንያት'ዚ ኣብዚ ዝተጠቕሰ ኣርባዕተ ሓሙሽተ ዓመታት፡ ንጥፈታት ማሕበራዊ ድሕነት ክሰላሰል ዓቕሚ ኣይነበሮን። ነዊሕ ራእይ ዝነበሮ ውድብ ብምኻኑ ግን፡

ምስ ምቁራጽ ሓድሕድ ኲናት ትንፋስ ኣብ ዝረኸበሉ 1975፡ ነዚ ሃንፍ'ዚ ብዝለዓለ ቀዳምነት ክፈትሕ ተጓይዩ። ምቛም ማሕበር ረድኤት ኤርትራ ከምኡ'ውን ማሕበራዊ ሽግራት ህዝቢ ንምቅላል ኣብ 1975 ዝቖመ መደበር ዕቑባትን ቤት ትምህርቲ ሰውራን ድማ ፈላሚ ውጽኢት ናይቲ ብልዑል ቀዳምነት ዝተጠመተ ህዝቢ ናይ ምሕጋዝ መደባት እዮም። እቲ ድሓር ብክፍሊ ማሕበራዊ ጉዳያት ክሰላሰል ዝጀመረ ዕማማት ማሕበራዊ ድሕነት እምበኣር፡ ብቐንዱ ካብ ዓመተ 1975 ንድሓር ብድሩት ዓቕሚ ዝተበገሰ እዩ።

ክፍሊ ማሕበራዊ ጉዳያት ህ.ግ.፡ ነቲ ኣብ እዋን ቃልሲ ብሰንኪ ኣዕናዊን ግፍዐኛን ፖሊሲ መግዛእቲ፡ ኲናትን ተፈጥሮኣዊ ሓደጋታትን ዝኸሰት ዝነበረ ከቢድ ሰብኣዊ ሽግራት ንምቅላል፡ ብልዑል ሓላፍነታዊ መንፈስ ዝሰርሕ ዝነበረ፡ ሓደ ካብ ዓበይቲ ክፍልታት ህዝባዊ ግንባር እዩ። ክፍሊ ማሕበራዊ ጉዳያት ዓድታቱ ዝነደደን ካብ ጃምላዊ ህልቂት ዘምለጠን ህዝቢ ዝዕቀበሉ መደበር ዕቑባት ደኲኑ፡ በቲ ዝርካቡ ትሕዝቶ መነባብሮኦም ንምምሕያሽ እናጸዓረ፡ መሃይምነት ናይ ምጥፋእ ዘመተን ካልእ ዝተፈላለየ ንጥፈታትን እናሰላሰለ፡ ዕቑብ ህዝቢ ፖለቲካዊ፡ ማሕበራዊን ባህላውን ንቕሓቱ ክብ ዘብለሉ መደባት የተግብር ነበረ። ኣብ ደጀንን ፖርት-ሱዳንን ስንኩላን ዝዕቀብሉ መደበራት ብምኽፋት ድማ፡ ኣብ ኲናት ዝተፈላለየ ስንክልና ዘጋጠሞም ተጋደልቲ ሕክምናዊ ክንክን ከምዝረክቡ ኣብ ርእሲ ምግባር፡ ምስ ዓይነት ስንክልናኦም ዝሰማማዕ፡ ኣካዳምያዊን ሞያዊን ትምህርቲ ከምዝቐሰሙ ይገብር ነበረ። እዚ ክፍሊ'ዚ ብዘካየዶ ሓያል ስራሕ፡ ስንኩላን ርእሶም ክኢሎም ኣፍረይቲ ዜጋታት ክኾኑ በቒዖም እዮም።

ደቂ ተጋደልቲ ከምኡ'ውን ዘኽታማት ህጻናትን ቈልዑን ብክንክን ምዕባይ፡ ኤርትራውያን ስደተኛታት ሰብኣዊ መሰላቶም ከምዝክበርን ካብ ኣህጉራውያን ትካላት ሓገዝ ዝረክብሉ ባይታ ምፍጣርን እውን ዕማማት ናይቲ ክፍሊ ነበረ። ምስዚ ክፍሊ'ዚ ተኣሳሲሩ ዝሰርሕ ዝነበረ፡ ማሕበር ረድኤት ኤርትራ፡ ብሰንኪ ኲናትን ተፈጥሮኣዊ ሓደጋን ኣብ ሽግር ዝወደቑ ዜጋታት ረድኤት ንክረክቡ ኣበርቲዑ ይጽዕር ነበረ። እቲ ዝርከብ ዝነበረ ደገፋት፡ ምስቲ ዝነበረ ጸገም ዝዳረግ እኳ እንተዘይነበረ፡ ክፍሊ ማሕበራዊ ጉዳያት ምስ ኵሉ ዝነበረ ሕጽረታት፡ ንጽጉማት ረድኤት ኣብ ምቕራብ፡ ናይ መጽናዕቲ ጉጅለታት ናብ ሓራን ሓውሲ ሓራን ቦታታት ብምውፋር፡ ሽግራት ህዝቢ ናይ ምጽናዕን ግፍዕታት ጸላኢ ናይ ምስናድን፡ ረድኤት ናይ ምዕዳልን ዝተፈለላየ ፍታሕ ናይ ምንዳይን ዓበይቲ ስርሓት ዘሰላስል ዝነበረ ክፍሊ እዩ።

ቀዳማይ ክፋል

1975-1978

1

ምቋም ክፍሊ ማሕበራዊ ጉዳያት

ቀዳማይ ውድባዊ ጉባኤን ወተሃደራዊ ምዕባለታትን

1975-1976፡ መንእሰያት ኤርትራ ንሃገራዊ ናጽነት ክቃለሱ ናብ ህዝባዊ ሓይልታትን ተጋድሎ ሓርነት ኤርትራን ብብዝሒ ዝውሕዝሉ ዝነበረ መድረኽ እዩ። እዚ ድማ፡ ህዝባዊ ሓይልታት ብዓቕሚ ሰብ እናደልደለ ትካላዊ ዓቕሙ ክብ እናበለ ክኸይድ ዝድርኽ ነበረ። ምስዚ ምዕባለታት'ዚ ተኣሳሲሩ ኣብ 1975 ተዋጋእቲ ኣሃዱታት፡ ካብ ደረጃ ሓይልታት ሰጊረን ብደረጃ ቦጦሎኒታት ተወደባ። ብኡ መጠን ወተሃደራዊ ምንቅስቓስ ሰፊሑ፡ መጥቃዕቲታት ኣንጻር ሰራዊት መግዛእቲ ኢትዮጵያ ተበራትዐ። እዚ ዝተጠቕሰ መድረኽ'ዚ፡ ጎድኒ ጎድኒ ወተሃደራዊ ምዕባለታት፡ እተን ድሓር ናብ ደረጃ ክፍልታት ዝዓበያ ናይ ደጀን ትካላት ከም ሕክምና፡ ቍጠባ፡ ዜና ወዘተ. ኣብ ሳሕል ብደረጃ ጨናፍር ቀይመን፡ መሓውረን ኣብ መላእ ውድብ እናዘርግሓ ብዓቕሚ ሰብን መሳርሒታትን ትሕዝቶን ቀስ ብቐስ እናዓበያ ዝኸዳሉ ግዜ ነበረ።

ኣብ ጥሪ 1977፡ ህዝባዊ ሓይልታት ሓርነት ኤርትራ ቀዳማይ ጉባኤኡ ኣኻየደ። ስሙ ድማ ናብ "ህዝባዊ ግንባር ሓርነት ኤርትራ" ለወጦ። ህዝባዊ ግንባር ኣብዚ ጉባኤ'ዚ ኣብ ወተሃደራዊ መዳይ "ሰብን መሬትን በብቕሩብ ሓራ ምውጻእ" ዝብል ወተሃደራዊ ስትራተጂ ብምሕንጻጽ፡ ንጸላኢ ካብ መላእ ኤርትራ ናይ ምጽራግ ተኸታታሊ መጥቃዕቲታት ክካየድ ታሪኻዊ ውሳነ ኣሕለፈ።

በዚ ስትራተጂ'ዚ መሰረት፡ ኣብ ጥሪ 1977 ተጋደልቲ ህ.ግ. ነታ ኣብ ሳሕል፡ ሰሜናዊ ጫፍ ኤርትራ እትርከብ ከተማ ቅሮራ ተቘጻጺሩዋ። ርእሰ ከተማ ኣውራጃ ሳሕል ናቕፋ ድማ፡ ድሕሪ ናይ 6 ወርሒ ከባባ ኣብ መጋቢት 1977 ሓራ ወጸት። ደድሕሪ ናቕፋ፡ ኣብ ሚያዝያ 1977 ኣፍዓበት ኣብ ትሕቲ ቁጽጽር ሰራዊት ህዝባዊ ግንባር ኣተወት። ምስዚ ምዕባለታት'ዚን ምብዛሕ ሓደስቲ ተሰለፍቲ መንእሰያትን ተኣሳሲሩ፡ ኣብ ግንቦት 1977 ህዝባዊ ግንባር፡ ንኣወዳድባ ሰራዊቱ ናብ ደረጃ ብርጌዳት ኣሰጋገሮ።

ድሕሪ ሓርነት ቅሮራን ናቕፋን ኣፍዓበትን፡ ስርዓት ደርግ ሰራዊቱ ኣብ ከረን ከጠናክር ወሰነ። (ነቲ ኣብ ምዕራብ ኤርትራ ዝነበረ ሰራዊት ግን ኣተኩሮ ኣይገበረሉን።) በዚ ድማ፡ ሓይልታት ተጋድሎ ሓርነት ኤርትራ፡ ኣብ ሚያዝያ 1977 ንወርሒ ዝኣክል ኣብ ተሰነይ ደብዳብ ከቢድ ብረትን መጥቃዕቲን ብምክያድ ንተሰነይ ተቘጻጸርኣ።

ኣብ ሓምለ 1977፡ ህዝባዊ ግንባር ኣብ ከረንን ደቀምሓረን ብርቱዕ ማንታ ውግእ ብምክያድ፡ ኣብ ሓደ እዋን ንክልቲኣን ከተማታት ተቘጻጸረን። ድሕሪ ሓርነት ከረንን ደቀምሓረን፡ ኣቑርደትን መንደፈራን ብሓይልታት ተጋድሎ ሓርነት ኤርትራ ሓራ ክወጻ እንከለዋ፡ ኣብ ዓዲ-ኳላ ዝነበሩ ወተሃደራት ኢትዮጵያ ሩባ መረብ ሰጊሮም ናብ ራማ ትግራይ ስለዝኣተዉ፡ ዓዲ-ኳላ ኣብ ትሕቲ ቁጽጽር ሰራዊት ተ.ሓ.ኤ. ኣተወት። ኣብ መጀመርታ ነሓሰ 1977 ከኣ፡ ሰራዊት ህዝባዊ ግንባር ንድግሳን ሰገነይቲን ኣጥቂዑ ተቘጻጸረን።

ኣብ ጥቅምቲ 1977፡ ተጋደልቲ ህ.ግ.፡ ኣብ ኣውራጃ ሰምሃር ከባቢ ድግድግታን ማይ-ኣጣልን ብርቱዕ መጥቃዕቲ ብምፍናዉ፡ ነቲ ቀንዲ መስመር ሎጂስቲክስ ሰራዊት ደርግ በተክዎ። እቲ ውግእ ቀጺሉ ኣብ ታሕሳስ 1977 ባጽዕ ሓራ ንምውጻእ ኣብ ዝተኻየደ መጥቃዕቲ ከኣ፡ ብዘይካ ጥዋለት፡ ርእሲ ምድሪ፡ ግራርን ናቫልበይዝን ዝተረፈ ክፋል ባጽዕ ኣብ ትሕቲ ቍጽጽር ሰራዊት ህ.ግ. ኣተወ። ድሕሪ'ዚ፡ ኣብ ጥሪ 1978 ደንጎሎ፡ ግንዳዕ፡ ማይ-ሓባር፡ ነፋሲትን ክሳብ ሰይድቺ ዘሎ ቦታታትን ሓራ ኮነ።

ኣብዚ ንልዕሊ ሓደ ዓመት ብቐጻሊ ዝተኻየደ ወተሃደራዊ መጥቃዕቲታት፡ ብዘይካ ገለ ክፋል ባጽዕ፡ ከምኡ'ውን ዓሰብ፡ ዓዲ-ቐይሕ፡ ባረንቱን ኣስመራን፡ ዝተረፈ መሬት ኤርትራ ኩሉ ኣብ ቁጽጽር ሓይልታት ሰውራ ኣተወ። ባረንቱ ሓራ ንምውጻእ ኣቐዲሙ ብተ.ሓ.ኤ.፡ ጸኒሑ ከኣ ብሓይልታት ህዝባዊ ግንባርን ተ.ሓ.ኤን ዝተኻየደ ሓባራዊ ፈተነ ከምኡ'ውን ዓዲ-ቐይሕ ንምሕራር ብወገን ህ.ግ. ዝተገብረ በይናዊ ፈተነ ግን ኣይተዓወተን።

ምምስራት ክፍሊ ማሕበራዊ ጉዳያት

ህዝባዊ ሓይልታት፡ ካብ ፈለማ መድረኽ ናይ ቃልሱ ጀሚሩ፡ ጎድኒ

ጎድኒ ዕጥቃዊ ቃልሲ፡ ፖለቲካዊ፡ ማሕበራዊ፡ ቁጠባውን ባህላውን ለውጢታት ንምምጻእ ዝዓለመ፡ ኣብ ሃገራዊ ደሞክራስያዊ ፕሮግራሙ ዝሰፈሮ ፖሊሲታት ብኣድማዕነት ንምትግባር ዝኽእሎ ውድባዊ መዋቕር ሃኒጹ እዩ። ኣብቲ ንህላወኡ እናተቓለሰ ናይ ደባይ ኩናት ዘካይደሉ ዝነበረ ፈለማ መድረኽ ከይተረፈ፡ ዓቕሚን ትሕዝቶን ውድብ ብዝፈቕዶ ከከም ኩነታቱ ጠለባት ተጋደልትን ህዝብን ዘማልእ ብኣዝዩ ንኡስ ዓቕሚ ዝሰርሓ ክፍለ-ስራሓት ሕክምና፡ ስንቂ፡ ኣጽዋርን ዜናን ጥራይ እየን ዝነበራ።

ኩናት ሓድሕድ ኣብ 1975 ደው ኢሉ፡ ህዝባዊ ሓይልታት ህላወኡ ምስ ኣረጋገጸ ግን፡ እታ ዓመት ከይተወድአት፡ ንመስርሕ ሰውራ ዓቢ ዝላ ዝገበሩ ዓበይቲ ፖለቲካዊ፡ ወተሃደራዊ፡ ቁጠባውን ማሕበራውን ስጉምታት ንምውሳድ ኣይተደናጎዩን። ኣብዚ ዝተጠቕሰ ዓመት፡ ንዓቕሚን ኣድማዕነትን ናይቲ ውድብ ናብ ዝለዓለ መድረኽ ዘደየቡ ናይ ትሕተ-ቅርጺ መሰረታት ክህነጹ ክኢሎም እዮም። እተን ዝተጠቕሳ ክፍልታት ብዝተዓጻጸፈ ደረጃ ከም ዝዓብያ ኣብ ርእሲ ምግባር፡ ንህዝቢ ዘነቓቕሕ ፖለቲካውን ህዝባውን ምምሕዳራት ምትካል፡ ውድብ ነብሱ ዝኽእሎ ቁጠባዊ ንጥፈታት ከም ህንጻን መጉዓዝያን፡ ኢደስራሓት ሓጺንን ዕንጸይትን፡ ጽገና-ብረትን ኤለትሪክን ብምምስራት፡ ንዓቕሚ ገድሊ ኤርትራ ናብ ዝለዓለ መድረኽ ኣሰጋጊርዎ እዩ።

ጉድኒ-ጉድኒ ምዕባይ ወተሃደራውን ትካላውን ዓቕሙ፡ ህዝባዊ ግንባር "ሓፋሽ ይንቃሕ! ይወደብ! ይተዓጠቕ!" ኣብ ትሕቲ ዝብል መርሓ፡ ኣብቲ ሓራ ዘውጽኦ ቦታታት፡ ክፉት ደሞክራሲያዊ ሃዋህው ፈጢሩ፡ ህዝቢ ናይ ምንቃሕን ምውዳብን፡ ዝተፈላለዩ ህዝባዊ ማሕበራትን ባይቶታትን ናይ ምቛም ሰፊሕ ፖለቲካዊ ስርሓት እናካየደ፡ ተሳትፎ መላእ ህዝቢ ዘረጋግጽ፡ ንዓወት ሰውራን ውድቀት መግዛእቲን ዘቀላጥፍ ኩነታት ኣብ ምፍጣር ይርከብ ነበረ።

በዚ ምዕባለታት'ዚ ዝተሰናበዱ ገዛእቲ ኢትዮጵያ በቲ ሓደ ሸነኽ ንጉዳይ ኤርትራ ብሰላም ክፈትሕዎ ከም ዝድልዩ ዝገልጽ ናይ ምትላል ፕሮፖጋንዳ እናነዝሑን መጸዋዕታ እናቕረቡን፡ በቲ ካልእ ሸነኽ ኣብ ከተማታት፡ "ምስ ሰውራ ትደጋገፉ ኢኹም" ብዝብል ኣንጻር ሰላማውያን ሰባት ሰፊሕ ናይ ቅንጸላን ቅትለትን ማእሰርትን ስጉምትታት ይወስዱ፡ ኣብቲ ሓራ ዝወጸ ገጠራት ኤርትራ ድማ፡ ብነፈርቲ ከቢድ ሽግራትን ማሕበራዊ ሕሰምን ዘኸተለ ደብዳብን ዕንወትን ይፍጽሙ ነበሩ። ህዝባዊ ሓይልታት ድማ፡ ኣዝዩ ድሩት ዓቕሚ እንከለዎ፡ ብግፍዕታት መግዛእቲ ንዝተዘናበለ ህዝቢ ካብ ስደት ንምድሓን፡ ኣብ መፋርቕ 1975 ጀሚሩ መደበር ዕቑባት ምምስራቱ፡ ናይቲ ውድብ ራእይን ሓልዮትን ዝመስከረ ታሪኻዊ ፍጻመ እዩ።

ኣብ ጥሪ 1977፡ ኣብ ዝተኻየደ ቀዳማይ ውድባዊ ጉባኤ ህዝባዊ ግንባር፡ ጉዳይ ናይቶም ቍጽሮም ካብ ግዜ ናብ ግዜ እናተዓጻጸፈ ዝኸይድ

ዝነበረ ግዳያት ኲናትን ግፍዕታት ጸላእን፡ ተመዛበልትን ስደተኛታትን ኤርትራውያን ዓቢ ዛዕባ ኮይኑ፡ ብዕምቈት ተዘተየሉ። ተመዛበልቲ ወገናት ኣብ ምዕቋብን ጽጉማት ኣብ ምርዳእን ዝጸንሐ ድሩት ተሞኲሮ ብምግምጋም ከኣ፡ ኲናትን ተፈጥሮኣዊ ጸገማትን ዘኸትሎ ዝነበረ ማሕበራዊ ጸገማት ብምጽናዕ፡ ኣብ ምቅላሉን ምፍትሑን ዝነጥፍ ርእሱ ዝኸኣለ ክፍሊ ምቛም ኣገዳስነቱ ዕዙዝ ኮይኑ ተረኺቡ። በዚ ድማ፡ ክፍሊ ማሕበራዊ ጉዳያት፡ ሓደ ካብተን 11 ክፍልታት ህዝባዊ ግንባር ኮይኑ ክቘውም ኣብቲ ጉባኤ ተወሰነ። በዚ ውሳነ'ዚ መሰረት፡ ክፍሊ ማሕበራዊ ጉዳያት ኣብ ፈለማ 1977 ቈይሙ፡ ነዞም ዝስዕቡ ዕላማታት ሒዙ ንስራሕ ተበገሰ፡-

ድሕሪ ቀዳማይ ውድባዊ ጉባኤ፡ እቲ ግዜ ዘይህብ ዕማማት ብቐጥታ ክጅመር ስለዝነበሮ፡ ኣባል ፖለቲካዊ ቤት-ጽሕፈት ኮይኑ ዝተመርጸ መሓመድ-ስዒድ ባርህ፡ ሓላፊ ክፍሊ ማሕበራዊ ጉዳያት ክኸውንን፡ ቅርጹን ኣወዳድባኡን ክእምምን ተመዘዘ። ነቲ ብጉባኤ ዝተዘርዘረ ዕማማት ንምፍጻም ዘኽእል ኣሃዱታት ክቘውም ምስ ተወሰነ ድማ፡ ነቲ ዝርዝር ዕማማት ብዝተኸተለ ኣገባብ ኣርባዕተ ጨናፍር ቈመ።

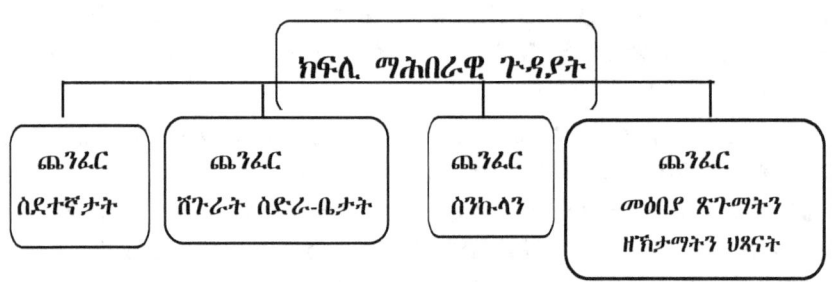

ተልእኾ ክፍሊ ማሕበራዊ ጉዳያት፡ ኣብዚ ጽንኩር እዋን ኣብ ኣሽሓት ስድራ-ቤታት ኤርትራ ዝሰዓበ ጸገማት ንምቅላል ስለዝነበረ፡ ኲሎም'ዞም ጨናፍር ብዝተሓተ ደረጃ መግቢ፡ ክዳውንቲ፡ ማይ፡ ዝዕቐብሉ ገዛ፡ ጥዕናዊ ክንክን፡ ትምህርትን ተስፋን ኣብ ዝረክብሉ ውሑስ ከባቢን ኲነታትን ከምዝሰፍሩ ክገብሩ ግዴታ ነበሮም። እቲ ክፍሊ፡ ትካላዊ ቅርጹ ተሳኢሉ ኣብ መጋቢት 1977 ንስራሕ ክብገስ እንከሎ፡ ብዘይካ'ቶም ኣብ ደብዓት ዝነበሩ ዕቑባትን ንዓኣቶም ዝኣልዩ ብኣጻብዕ ዝቝጸሩ ኣባላትን፡ ካልእ ዓቕሚ ሰብ ይኹን መሳለጥያታት ኣይነበሮን። እቲ ካብ ዝምስረት ሳልሳይ ዓመቱ ሒዙ ዝነበረ መደበር ዕቑባት ድማ፡ ክሳብ 300 ዝበጽሑ ዕቑባት ነበሩዎ።

ቅድሚ'ዚ ግዜ'ዚ፡ መደበር ዕቑባት ኣብ ሳሕል ገለ ኣባላት ክፍሊ ሓለዋ ሰውራ ተመዲቦምሉ እዩ ዝካየድ ዝነበረ። ኣብ ዝተፈላለየ ከባቢታት፡ ብሰንኪ ኲናትን ግፍዕታት ገዛእቲን ንዝፍጠር ዝነበረ ዝተፈላለየ ጸገማት ናይ ምቅላል ሓላፍነት ድማ፡ ኣብ እንግድዓ ኣሃዱታት ሰራዊትን ኣብተን በብቦታኡ ዝነበራ መሳርዕ ህዝባዊ ምምሕዳራትን ካልኦት ክፍልታት ውድብን ወዲቑ

ኣብ 1ይ ውድባዊ ጉባኤ ዝተነጸረ
ዕላማታት ክፍሊ ማሕበራዊ ጕዳያት

- ኣብ ጉረባብቲ ሃገራት ተዓቚቦም ከርፋሕ ናብራ ኣብ ምሕላፍ ዝርከቡ ኣማኢት ኣሽሓት ኤርትራውያን ስደተኛታት፡ ናይ ስደተኛ መሰሎም ንክሕሎ፡ ካብ ኣህጉራውያን ውድባት ሰብኣዊ ሓገዝ ንክምጠወሎምን ማሕበራዊ መነባብሮኦም ንክመሓየሽን ምጽዓር፣

- ናብ ሃገሮም ተመሊሶም ኣብቲ ዝካየድ ሓርነታዊ ቃልሲን ዝሰላሰል ልምዓትን ተኻፊልቲ ኪኾኑ ንዝደልዩ ስደተኛታት ባይታ ምጥጣሕ፣

- ብሰንኪ መግዛእቲ መረበቶም ሓዲጎም ኣብ ሕሰም ንዝወደቑ ኤርትራውያን ኣብ ሓራ ቦታታት ምዕቋብ፡ ኣብ ማእቶታዊ ንጥፈታት እናተዋፈሩ ንሰውራኦም ዘገልግልሉን ርእሶም ዝኽእልሉን ኵነታት ምፍጣር፣

- ንዝተሸገሩ ስድራቤት፡ ህሉዋትን ስዉኣትን ተጋደልቲ ኣድላዩ ዘበለ ረዲኤትን ሓልዮትን ምግባር፣

- ምእንቲ ድሕነት ሃገርን ሓፋሽ ህዝብን ኣብ ዝካየድ ዕጥቃዊ ቃልሲ ኣካሎም ንዝጐደሉ ተጋደልቲ ዘድሊ ማሕበራዊ ሓልዮትን ክንክንን ምግባር፡ ነብሶም ክኢሎም ኣብ ሰውራኦምን ህንጸት መጻኢት ሓራ ኤርትራን ምእንቲ እጃሞም ከበርክቱ፡ መምስ ኵነታቶም ዝሰማማዕ ትምህርትን ሞያን ከም ዝቐስሙ ምግባር፣

- ንደቂ ተጋደልቲ፡ ናባዩ ንዘይብሎም ዘኽታማትን ጽጉማትን ህጻናት ብሓድሽ ሰውራዊ ኣገባብ ከም ዝዓብዩ፡ ከም ዝመሃሩን ካልእ ዘድሊ ክንክን ከም ዝረክቡን ምግባር፣

ነበረ። ክፍሊ ማሕበራዊ ጉዳያት፡ ገና ዝተማልአ ትካላት ከይሃነጸ እንከሎ፡ እቲ ወተሃደራዊ ኩነታት ቅልጡፍ ለውጢ ስለዝገበረ፡ እቲ ክፍሊ ዘለዎ ዓቕሚ ወዲቡ ሰራሕ ክጅምር ግድን ኮነ።

ኣብ 1977፡ ሰብን መሬትን በብቑሩብ ሓራ ምውጻእ ብዝዝበል ስትራተጂ ህዝባዊ ኩናት ዝተመርሐ ተኸታታሊ መጥቃዕቲታት ህዝባዊ ሰራዊት፡ ነቲ ካብ ቅሮራን ናቕፋን ዝጀመረ ምትሓዝ ከተማታት፡ ብዝሰፍሐ ብምቕጻል ንኣፍዓበት፡ ከረንን ደቀምሓረን ኣብ ትሕቲ ቍጽጽሩ ኣእተወን። ክፍሊ ማሕበራዊ ጉዳያት ድማ፡ ብውሱን ዓቕሙ፡ ነቲ ኣብ ኩናት ዝፍጠር ዝነበረ ማሕበራዊ ሽግራት ህዝቢ ንምቅላል ሓላፍነቱ ክስከም ተገደደ። እቲ ኣብ ላዕሊ ዝተጠቕሰ ቅርጺ ጨናፍሩ ከይቀመ እንከሎ ድማ፡ ነቲ ክፍሊ ዘውክሉ

ዞባዊ ኣብያተ-ጽሕፈትን ናይ ስራሕ መዓስከራትን ንምምስራት ተንቀሳቐሰ። ኣብ መፋርቕ 1977፡ ኣብ ዞባታት ሰሜን፡ ደቡብን ምብራቕን ከምኡ'ውን ኣብ ከተማታት ከረንን ደቀምሓረን ወከልቲ ክፍሊ ማሕበራዊ ጉዳያት ከም ዝቘማ ገበረ።

ሓደ ካብቲ ዝዓበየ ዕማማት ናይ'ዚ ክፍሊ፡ ምእላይ ስንኩላንን ኣፍረይቲ ንምግባሮም ዝድለ ሞያዊ ስልጠና ምሃብን እኳ እንተነበረ፡ ክሳብ እኹል ምድላዋት ዝገብር፡ ስንኩላን ኣብ ዝተፈላለዩ ክፍልታት ውድብ ኲይኖም ከም ዘገልግሉ እዩ ዝግበር ነይሩ። ሓራ ከተማታት ኣብ ዝሰፍሓሉ፡ እቶም ሀሱያት ስንኩላን ኣብ ሕክምና፡ እቶም ኣብ ዕማማት ውድብ ክተሓጋገዙ ስንክልናኦም ዘፍቅደሎም ድማ ኣብ ክፍልታት ውድብ ክሰርሑ ዝኽእልሉ ባይታ ተጣጢሑሎም ነበረ። ሞያዊ ስልጠና ዝወሃበሉ ቤትትምህርትን ካልእ መሰልጠኒ ኣብያተ-ዕዮን ንምስራሕ ዝነበረ ውጥን ናብ ትግባረ ንምስግጋር'ውን፡ ኣብ ናቕፋ ምድላዋት ይቕጽል ነበረ።

ኣብ መፋርቕ 1978 ግን፡ ንኩሉ መደባት ዝገማጠለ ወተሃደራዊ ምዕባለታት ተኸሰተ። ሶቭየትሕብረትን ተሓባበርታን ምሉእ ብምሉእ ኣብ ጉድኒ ስርዓት ደርግ ምስላፈን፡ ንዓይነትን ዓቐንን ናይ ጸላኢ ኣጽዋራት ብመሰረቱ ዝቐየረ ነበረ። ጸላኢ ብታንክታት፡ ነፈርትን መራኽብን ዝትኩሱ በብዓይነቶም መዳፍዓት፡ ክሳብ 40 ቦምባታት ብሓንሳብ ዝድርበዩ ሮኬታትን ክሳብ 40 ኪሎ ሜተር ዝውንጨፉ ሚሳይላትን ዘጠቓለለ ማእለያ ዘይብሉ ብዝሒ ኣጽዋር ክጥቀም ስለዝጀመረ፡ እቲ ሚዛን ሓይሊ ክዘናበል ግድን ነበረ። ብኻልእ ወገን፡ እቲ ሓድሽ ወተሃደራዊ ምዕባለ ኣብ ብዝሕን ክብደትን መውጋእቲ ተጋደልቲ ርኡይ ለውጢ ስለዝገበረ፡ ሕክምናታት ህዝባዊ ግንባር ቅድሚኡ ዘይረኣየኦ ጾር መውጋእቲ ተሰከማ። በዚ ከኣ እቲ መውጋእቲ እናወሰኸ ምስ ከደ፡ እቶም ዝተመሓየሹን ኣቍሳሎም ዝሓወየን ስንኩላን ናይ ሕክምና ቦታ ክለቁን ናብ ማሕበራዊ ጉዳያት ክመጹን ግድን ነበረ። ስለዝኾነ'ዩ ድማ፡ ኣብ ናቕፋ፡ እቲ ዝተወጠነ ማእከል ስልጠና ከይተዛዘመ፡ ጨንፈር ስንኩላን ክምስረትን ኩሎም ስንኩላን ኣብ ናቕፋ እናተኣለዩን ኣብ ምምስራት ናይቲ ትካል እናተሓጋገዙን ክነብሩ ዝተወሰነ።

ክፍሊ ማሕበራዊ ጉዳያት ከም መበገሲ ነዚ ብኣርባዕተ ጨናፍር ዝቘሞ ቅርጺ ሒዙ፡ ነቲ ዝነበረ ከቢድ ማሕበራዊ ጸገማት ክገጥም እኳ እንተ'ንቀደ፡ ምስቲ ዝነበረ ወተሃደራዊ ኩነታት፡ ዘድልይዎ ብዝሒ ኣባላት ስለዘይተመደብዎ፡ እተን ጨናፍር ከም ቅርጺ ድኣ ቈይመን እምበር ቀልጢፈን ስርሐን ኣይጀመራን። ተጋዳሊት ኣስኻሉ መንቀርዮስ እትመርሖም ካብ ሽዱሽተ ዘይበዝሑ ኣባላት ናይቲ ክፍሊ ከኣ፡ ነቲ ድሮ ቈይሙ ዝነበረ መዓስከር ዕቍባት ደብዓት፡ ካብ ሓለዋ ሰውራ ተረኪቦም ስርሖም 'ሀ' ኢሎም ብምጅማር፡ ነቲ ብጉባኤ ዝተዋህበ ናይቲ ክፍሊ ዕማማት ንምፍጻም ተበገሱ።

2

ድሕረ ባይታ ምስረታ መደበር ዕቝባት

ናይ ፈለማ ፈተነታት ምድኳን መደበር ዕቝባት

ከምቲ ኣብ ምዕራፍ'ቲ ሓደ ዝተገልጸ፡ ኣብ መጀመርታ 1975፡ ኵናት ሓድሕድ ደው ምስ በለ፡ ክልቲኤን ተቓለስቲ ውድባት ኤርትራ ብሓባር ወይ ጐድኒ ንጐድኒ ኣንጻር ጸላኢ ክሰለፋሉ ዝኽእላ መድረኽ ዝተቐልቀለሉ ግዜ እዩ። ብኻልእ ወገን፡ ወተሃደራዊ ስርዓት ደርግ ንሃጸይ ሃይለስላሰ ተኪኡ ስልጣን ምስ ጨበጠ፡ ንጉዳይ ኤርትራ ብሰላም ንምፍታሕ ዘልዓሎ ጭርሖ፡ ግዜ ንምዕዳግ ጥራይ ምዃኑ ዘረጋገጸሉን ንሰውራ ኤርትራ ሓንሳእን ንመወዳእታን ንምድምሳስ መጠነ ሰፊሕ ፈተነ ዘካየደሉን ተኣፋፊን ከቢድን እዋን እዩ ዝነበረ። ሰራዊት ጸላኢ ከምቲ ዝሓሰቦ ስለዘይኮነሉ ድማ፡ ኣብ ልዕሊ ህዝቢ ጃምላዊ ቅትለት ናይ ምፍጻምን ዓድታት ናይ ምንዳድን ሰፊሕ ዘመተ ኣካየደ። ኣብ ልዕሊ ተቐማጦ ከተማ ኣስመራን ወኪድባን ኣብ ጥሪ ዝጀመሮ ጃምላዊ ቅትለት፡ ንኣቑርደት፡ እምበረሚ፡ ሕርጊጎን፡ ካልኦት ሓያለ ዓድታትን ብምንዳድ፡ ህዝቢ ግዳይ ሞት፡ መቑሰልቲ፡ ስንክልናን ምዝንባልን ክኸውን ፈረደ። ህዝባዊ ሓይልታት ገለ ሒደት ካብቲ ግፍዕታት ዝሃደማ ብኣጻብዕ ዝቝጸራ ስድራ-ቤታት ኣብ ብሌቓት ኣዕቍቡ'ኳ እንተነበረ፡ እቲ ንመጀመርታ እዋን ህዝቢ ብብዝሒ ዝተዓቝበሉ ግን፡ ድሕሪ ጃምላዊ ህልቂት ህዝቢ ሕርጊጎ ኣብ ሚያዝያ 1975 ነበረ።

ወተሃደራት ኢትዮጵያ፡ ሰንበት 6 ሚያዝያ 1975 እዮም ብዝተፈላለየ

መአዝን መጺኦም ንተቐማጦ ሕርጊጎ ሓደጋ ወዲቐሞም። ነታ ዓዲ ብምክባብ ድማ ዝረኸቡዎ ሰብ ብተመልከተለይ እናተኲሱ ክቐትሉን ኣባይቲ ከንድዱን ጀመሩ። ኣብታ መዓልቲ እቲኣ፡ ኣስታት 500 ዝኾኑ ነበርቲ ሕርጊጎ ብጭካነ ተቐቲሎምን ቈሲሎምን፡ ሬሳታት ተቓማጦ፡ ኣብ ፈቐዶ ቅርዓትን መገዲታትን ናይታ ዓዲ ተዛሕዚሑ ወዓለ።

ካብዚ ኣረሜናዊ ተግባር'ዚ ብዕድል ዝደሓኑ ደቂ ሕርጊጎ፡ እቶም ወተሃደራት ተመሊሶም ከይመጹ ብምስጋእ፡ ብሃታሃታ ምውታቶም ደፊኖም፡ ገለ ብኣግማሎም ገለ ብእግሮም ናብ ዝተፈለላየ ኣንፈት ነፊጹ። ብዙሓት ናብ ዓጋምቡሳን ገደምን ከምርሑ እንከለዉ፡ ካልኦት ከኣ ናብ ሱዳን ኣቕንዑ።

ኣብ መእተዊ ናይዚ ጽሑፍ'ዚ ከምእተገልጸ፡ ኣብቲ እዋን'ቲ፡ ህዝባዊ ሓይልታት፡ ንመጥቃዕቲታት ኢትዮጵያን ናይ 1974 ኩናት ሓድሕድን መኪቱ ብምፍሻል፡ ህላወኡን ቀጻልነቱን ከረጋግጽ ክኢሉ እኳ እንተነበረ፡ ብግፍዕታት ጸላኢ ዝተመዛበለ ህዝቢ ከዕቍብን ክሕግዝን ዘኽእሎ ትካላውን ሎጂስቲካዊን ዓቕሚ ኣይነበሮን። የግዳስ፡ ወጽዓ ህዝቢ እናርኣየ፡ ዓቕሚ የብለይን ኢሉ ሰቕ ክብል ህዝባዊ ዕላማኡን መትከሉን ዘፍቅደሉ ኣይነበረን። በቲ ዝነበሮ ውሑድ ትሕዝቶ፡ ነቶም ካብ መረበቶም ዝተመዛበሉ ዜጋታት ንምርዳእ ገለ ነገር ክገብር ግድነት ኮነ። ነቶም ዝብላዕ ይኹን ዝስተ ከይሓዙ፡ ምስ ከቢድ ሓዘኖም ብኣጻምእ በረኻታት ሰምሃር ንሱዳን ገጾም ዘኳሕ ዝብሉ ዝነበሩ ቈልዓ ሰበይቲን ኣረጋውያንን ዝርከብዎም ዜጋታት፡ ኣብ መገዲ እናተቐበለ፡ ቀድሚ ዝኣገረ ናይ መግብን ሕክምናን ሓገዝ ገበረሎም። ድሕሪ'ዚ፡ ንሓያሎ ካብኣቶም ናብቲ ደጀኑ ዝኮነ ኣውራጃ ሳሕል ከምዘምርሑ ብምግባር፡ ንግዜኡ ኣብ ትሕቲ ኣግራብ ስንጭሮ ብሌቓት ከምዘጽልሉ ገበረ።

ወረ ናይቲ ኣብ ሕርጊጎ ብወተሃደራት ኢትዮጵያ ዝተፈጸመ ጃምላዊ ቅትለት ምስ ተሰምዐ፡ ኩነታት ናይቶም ንገደምን ዓጋምቡሳን ገጾም ዝሃደሙ ዜጋታት ንምፍላጥ፡ ኣብ ድርፎ ሰሜናዊ ባሕሪ ካብ ዝነበራ ኣሃዱታት ህዝባዊ ሓይልታት፡ ክልተ መሳርዕ ብህጹጽ ናብቲ ቦታ ተንቀሳቐሳ። ኣብቲ ከባቢ ኣብ ጎቦታታት ተሓቢኦም ዝጸንሑወን ግዳያት ኣኻኺበን ድማ ናብ ብሌቓት ሳሕል ለኣክኦም።

እዞም ኣብ ትሕቲ ዑቕባ ህዝባዊ ሓይልታት ዝኣተዉ ዜጋታት፡ ንዝተወሰነ መዓልታት ኣብ ብሌቓት ድሕሪ ምዕራፎም፡ መሪሕነት ህዝባዊ ሓይልታት፡ ናብ ዝሓሸ ቦታ ግዒዞም ኣብ ቀዋሚ መዓስከር ንክእለዩ፡ ኣብ ዜሮ መደበር ዕቑባት ክምስርት ወሰነ። ክፍሊ ሓለዋ ሰውራ ድማ፡ ነቲ ካብ ብሌቓት ናብ ዜሮ ዝግዓዝ ህዝቢ ናይ ምንባይ ሓላፍነት ወሰደ።

ኣብ ብሌቓት፡ ኣቑዲመን ካብ ኣስመራን ካልእ ከባቢታትን ምስ ደቀን ንሳሕል ዝወረዳ ውሑዳት ኣንስቲ ተጋደልቲ ነበራ። ነዘን ኣንስቲ ተጋደልቲ ምስ'ቶም ናይ ሕርጊጎ ተመዛበልቲ ብምጽንባር ከኣ፡ መደበር ዕቑባት ንፈለማ ግዜ ኣብ ዜሮ ኣስታት 200 (49 ኣደታት፡ 135 ህጻናትን 35 ኣቦታትን) ዝኾኑ ተኣለይቲ ሒዙ ተመስረተ። ቴንዳታት ተተኺሉ፡ ነፍሲ-ወከፍ ስድራ ነናታ ገዛ ከምዝህልዋ ተገብረ። ካብቲ ዝርካቡ መቑንን ተጋደልቲ፡ ከም ሓርጭ ወዲዓከር፡ ሓርጭ ጾባ፡ ብርስን፡ ዘይቲ፡ ወዘተ. ወርሓዊ መሳርፍ እናተዋህቦም ድማ ናብራ መደበር ዕቑባት ተጀመረ።

እቶም ዕቑባት ነዊሕ ኣብ ዘይኮነ ግዜ፡ ባርባራዊ ግፍዒን ምፍንቓልን ዘውረደሎም ስነ-ኣእምሮኣዊ ማህሰይቲ ብመጠኑ ተቓሊሉ፡ ኣብቲ መዓስከር እፎይ ኢሎም ረጊኦም ክቕመጡ፡ በብቑሩብ ድማ ነቲ ከባቢ እናተለማመድዎ ክኸዱ ጀመሩ። ኣብ መንጎ'ዞም ካብ ሕርጊጎ ዝመጹ ስድራቤታት ብሄረ ትግረን ካብ ከበሳ ዝወረዳ ኣንስቲ ተጋደልቲ ብሄረ ትግርኛን፡ ኣብ ሓጺር ግዜ ድልዱል ምሕዝነት ተፈጥረ። እናተጸዋወዕካ ብሓንሳብ ምምጋብ፡ እቲ ቦታ ሃሩር ብምዃኑ፡ ምሸት ምሸት ካብ ተቴንዳኻ ወጺእካ ኣብ ሓደ ተኣኪብካ ወጻዕ እናበልካ ምምሳይ፡ ልምዲ ናይተን ስድራቤታት ኮነ።

ዓመተ 1975፡ ስርዓት ደርግ፡ ኣብ ሕርጊጎ ጥራይ ዘይኮነ፡ ካብ ኣስመራ ጀሚርካ ኣብ ሓያሎ ከተማታትን ገጠራትን ኤርትራ ኣረሜናዊ ግፍዕታት ዝፈጸመሉ ዓመት ነበረ። በዚ ግፍዕታት'ዚ፡ ካብ መነባብሮኦን ዝተፈናቐላ ስድራቤታት ከምኡ'ውን ንህይወተንን ህይወት ደቀንን ዝሰግአ ገለ ኣንስቲ ተጋደልቲ፡ ናብ መደበር ዕቑባት ዜሮ ክውሕዛ ምስ ጀመራ፡ ብዝሒ ዕቑባት እናሰሰነ ከደ። ምምስራት ናይቲ መዓስከር ዝሰምዑ ሰብ ሓዳር ተጋደልቲ፡ ጸገም መንብሮ ዘጋጠሞም ኣንስቶምን ደቆምን ናብቲ መዓስከር መጺኦም ክዕቌብሎም ንሓለፍቶም ክሓቱ ጀመሩ።

ኣብቲ እዋን'ቲ፡ ዓቕሚ መጓዓዝያ ውድብ ትሑት ብምንባሩ፡ ሙብዛሕትኦን እተን ናብ መደበር ዕቑባት ህዝባዊ ሓይልታት፡ ዝመጻ ዝነበራ ኣደታት፡ ካብ ማሙቕ ገዛኦን ምስ ወጻ፡ ህጻናት ሓዚለን እግሪ ተክሊ ቈልዑ ኣኺቲለን ብእግረን ንመዓልታት ተጓዒዘን ናብቲ መደበር ይበጽሓ ነበራ።

ዜሮ፡ ደጀን ናይተን ድሓር ዓበይቲ ክፍልታት ዝኾና ፡ ገና ኣብ ምብግጋስን እግሪ ምትካልን ዝነበራ ሓለዋ ሰውራ፡ ዜና፡ ቍጠባ፡ ምልክት (መራኸቢታት)፡ ቤት-ትምህርቲ ሰውራ፡ ዝኣመሰላ ንኡሳን ኣሃዱታት ህዝባዊ ሓይልታት ዝተደኮነሉ ቦታ ብምንባሩን፡ ብዙሓት ተጋደልቲ ስለዝነበሩን ከኣ፡ እቶም ዕቑባት ኣይጸመዎምን።

ኣብ መወዳእታ 1975 እዩ። ሓንቲ ካምቤራ ዝዓይነታ ነፋሪት ውግእ ስርዓት ደርግ፡ ኣብ ሰማያት ዜሮ እናዘንበየት ተፍትሽ ኣብ እተካይደሉ ዝነበረት ህሞት፡ ንቴንዳታት ናይቲ መደበር ዕቑባት ረኣየቶ። ተመላሊሳ እናተነቘተት ድማ ብጠያይት ፋክረስ ተሰሃለቶ። ቅድሚኡ ነፈርቲ ውግእ ኢትዮጵያ ሓሓሊፈን ኣብቲ ከባቢ ደብዳብ የካይዳ ብምንባረን፡ ተጋደልቲ ነቶም ዕቑባት ነፈርቲ ክመጻ ከለዋ እንታይ ክገብሩ ከምዘለዎም ነጊረሞምን ዝሕብእሉ ጎዳጉዲ ኣርእየሞምን ብምንባሮም ግና፡ በቲ ደብዳብ ኣብ ልዕሊ'ቲ ዕቑብ ህዝቢ ይኹን ኣብቶም ተጋደልቲ ዝወረደ ጉድኣት ኣይነበረን። ይኹን'ምበር፡ ኣርዓዲ ድምጺ ነፋርቲ ውግእን ደብዳብን ነቶም ሰላማውያን ሰባት ሓድሽ ብምንባሩ፡ ከቢድ ስንባደ ምፍጣሩ ኣይተረፈን። ደድሕሪ'ዛ ፍጻመ'ዚኣ፡ ሓያሎ ካብቶም ዕቑባት (ዝበዝሑ ካብ ደቂ ሕርጊጎ) ካብቲ መዓስከር ወጺኦም ንሱዳን ከምዘምርሑ ይፍለጥ። በዚ ድማ ኣብቲ መዓስከር ካብ 28 ዘይበዝሓ ስድራቤታት ጥራይ ተረፉ።

ድሕሪ'ቲ ደብዳብ፡ ብመምርሒ ኣባላት ሓለዋ ሰውራ፡ እቲ ህዝቢ ካብቲ መዓስከር ርሒቑ ቀትሪ ኣብቲ በረኻ ፋሕ'ኢሉ ከም ዝውዕል ተገብረ። ኣደታት፡ ብለይቲ መግቢ ኣዳልየን ወጋሕታ ደቀንን ሰብኡተንን ድሕሪ ምዕንጋል፡ ንምሳሕ ዝኸውን እኽለ-ማይ ጸይረን ምስ ቈልዑተን ጸሓይ ቅድሚ ምብራቓ ናብ መውዓሊኣን ይግስግሳ። ኣብ ትሕቲ ጽላል ሓጸርቲ ቈጥቋጢ ተሸጕጦም ድሕሪ ምውዓል ድማ፡ ዕራርቦ ንቦታኦም ይምለሱ። እዞም ናይ ፈለማ ተቐማጦ መደባር ዕቑባት፡ ብኽምዚ ንኣስታት ወርሕን ፈረቓን ምስ ቀጸሉ፡ እቲ መደበር ከም ብሓድሽ 'ቀጣን' ተባሂሉ ናብ ዝጽዋዕ ካልእ ቦታ ክግዕዝ ተወሰነ።

ኣብ ፈለማ 1976፡ ናይ ህዝባዊ ሓይልታት ወኪል ጉዳያት ወጻኢ ዝነበረ ዑስማን ሳልሕ ሳበ፡ ብምኽንያት ፖለቲካዊ ፍልልያት ካብቲ ውድብ ስለዝተኣልየ፡ እቲ ብመገዱ ካብ ደገ ዝርከብ ዝነበረ ሓገዛት ኣቋረጸ። ከም ሳዕቤኑ ከኣ፡ ኣብ ምሉእ ውድብ ንዝተወሰነ እዋን ናይ ስንቂ፡ መድሃኒታትን ካልእን ሕጽረታት ኣጋጠመ። እቲ ኩነታት፡ ነቶም ዕቑባት እውን ዝጸለወ ነበረ። ኣብ ዜሮ ዝቐረበሎም ዝነበረ፡ እኹልን ዝተመጣጠነን መቑንን፡ ኣብ ቀጣን ክረክብዎ ኣይከኣሉን። በዚ ድማ፡ ኣብ መኽዘን ነዊሕ ዝገበረ ዝነቐዘን ዝሓሰኸን ሓርጭ ወድዓከር ክሳብ ዝምገብሉ ኣጸጋሚ ደረጃ ተበጺሑ ነበረ።

ኣብ ቀጣን፡ ምናልባት ደብዳብ ነፈርቲ ከየጋጥም እቲ ቴንዳታት ተፈናቲቱ ከምዝትከል እዩ ተገይሩ። እቲ ቴንዳታት ተተኺሉሉ ዝነበረ ጎልጎል ግን፡ ውሕጅ ዝሓልፈሉ ቦታ ብምንባሩ። ኣብ እዋን ኣዝመራ ናይ 1976፡ ሓደ መዓልቲ ኣብ ርሑቕ ቦታ ብዝሃረመ ብርቱዕ ዝናብ፡ ጋሻ

ውሕጅ መጺኡ ንብዙሕ ካብቲ ቴንዳታት ምስ ኣቑሑቱ ደማሲሱዎ ሓለፈ። እቲ ሓደጋ፡ ምስቲ ቅድሚኡ ዘጋጠመ ደብዳብ ነፈርቲ ተደሚሩ፡ ኣብተን ኣደታትን ቈልዑን ስምባደ ፈጠረ። ካብኡ ዝሓይሽ ካልእ መዕቀቢ ቦታ ክሳብ ዝርከብ ግን፡ ንሒደት ኣዋርሕ ብጥንቃቐ ኣብቲ ቦታ ከም ዝቕመጡ ተገብረ። ድሕሪ ሒደት ኣዋርሕ ከኣ፡ ብውሳነ ላዕለዋይ መሪሕነት እቲ መደበር ኣብ ሰሜናዊ ምብራቕ ሳሕል ናብ ዝርከብ ሩባ ደብዓት ግዓዘ።

በዚ ድማ ኣብ ግንቦት 1976 መደበር ዕቑባት ኣብ ሩባ ደብዓት ተደኮነ። ሩባ ደብዓት ዝተፈላለያ ትካላት ውድብ (ሕክምና፡ መጓዓዝያ፡ መኽዘን ስንቂ ወዘተ.) ዝነጥፋሉ ዝነበራ ቦታ ነበረ። እቶም ዕቑባት ካብ ቀጣን ናብ ደብዓት ኣብ ዝገዓዙሉ እዋን፡ ኣባላት ሓለዋ ሰውራ፡ ኣቐዲሞም ቴንዳታትን ንብረትን ናይቶም ዕቑባት ወሲዶሞ ስለዝነበሩ፡ ብቐጥታ ተተኺሉ ኣብ ዝጸንሐ ቴንዳታት እዮም ኣትዮም። ብሰንኪ ግፍዕታት ጸላኢ ካብ እምበረሚ ዝመጹ ተመዛበልቲ እውን ኣቐድም ኣቢሎም ኣብቲ ቦታ ሰፊሮም ነበሩ። ክሳብ መጨረሽታ 1976 ኣብ ዝነበረ ግዜ ድማ፡ ብሰንኪ ግፍዕታት ጸላኢ ካብ ማይሓባር፡ ንካልኣይ ግዜ ካብ ሕርጊጎ ዝተመዛበሉ ስድራቤታት፡ ከምኡ'ውን ካብ ዓድታትን ከተማታትን ከበሳ ንሳሕል ዝወረዳ መብዛሕትአን ኣንስቲ ተጋደልትን ውፉያት ሓፋሽ ውድባት ኣንስቲን ናብቲ መዓስከር ተጸንበሩ። በዚ ከኣ ቍጽሪ ናይቶም ኣብ ትሕቲ ህዝባዊ ሓይልታት ክዕቈቡ ኢሎም ኣብ መደበር ዕቑባት ደብዓት ዝኣተዉ ዜጋታት ኣስታት 600 በጽሐ።

ካብ መንጎ'ዞም ዕቑባት'ዚኣቶም፡ ኣብ ወጻኢ ሃገራት ኣዝማድ ዝነበሩዎም ስድራቤታትን ውልቀ ዜጋታትን፡ በብግዜኡ "ኣሰናብቱና" ዝብል ሕቶ የቕርቡ ብምንባሮም፡ ብመሰረት ሕቶኦም ከምዝፋነዉ ይግበር ነበረ። ክፋነዉ ከለዉ፡ ብኣንጻሩ ካልኦት ሓደስቲ ዕቑባት ይመጹ ስለዝነበሩ ድማ፡ ብዝሒ ናይቶም ዕቑባት ይውስኽን ይጉድልን ነበረ።

ዕቑባት ብቝጽሪ እናበዝሑ ምስ ከዱ፡ ንምምሕዳሮም ክጥዕምን ካብ ደብዳብ ነፈርቲ ንምጥንቃቕን ተባሂሉ፡ ኣብ ኣርባዕተ ዝተፈናተታ ዞባታት ተኸፋፊሎም ከምዝቕመጡ ተገብረ። እተን ዞባታት፡- "ሓድነት"፡ "ናጽነት"፡ "ማዕርነት"፡ "ሓርነት" ብዝብል ፖለቲካዊ ኣምራት ዝተሰየማ ነበራ። ካብ ውሽጠን ነናተን ኣነባበርቲ መሪጸን ድማ ክመሓደራ ጀመራ። ንብምሉኡ ንጥፈታት ናይቲ መደበር ዝከታተሉ፡ ሰለስተ ኣካየድቲ ስራሕን ኣብ ትሕቲኦም ዝነጥፉ ሾሞንተ ኣነባበርቲን ዝሓዘት 11 ዝኣባላታ ሸማግለ እውን ቈመት።

እዛ ሸማግለ'ዚኣ፡ ምስ ዲሲፕሊን ዝተተሓሓዘ ካብ ዓቕማ ንላዕሊ ጸገማት ከጋጥም እንከሎ፡ ኣባላት ሓለዋ ሰውራ ኣራሚ ስጕምቲ እናወሰዱ

ነቲ ጸገማት ይኣልዩዎ ነበሩ። እቲ ምምሕዳራዊ ጉዳያት ግን በታ ሽማግለ ይፍጸም ነበረ። ኣብቲ ከባቢ ዝነበረ፡ ጨንፈር ዕጥቂን ስንቂን ህዝባዊ ሓይልታት፡ ነቲ ህዝቢ ዘድሊ ቀረባት ስንቂ፡ ኮቦርታን ክዳውንቲን፡ ናይ ክሽነ ኣቑሑን ካልእን ከማልኣሉ እንከሎ፡ ናይ ጥዕናኡ ኩነታት ድማ ኣብቲ ከባቢ ዝነበረት ክሊኒክ ናይ ተጋደልቲ ብቐረባ ትከታተሎ ነበረት። ኣብ መጀመርታ 1977፡ ቀዳማይ ውድባዊ ጉባኤ ህዝባዊ ግንባር ሓርነት ኤርትራ ተኻይዱ፡ ብኡ መሰረት ክፍሊ ማሕበራዊ ጉዳያት ቈይሙ ነቲ መደበር ክሳብ ዝርከቦ ድማ፡ ኣባላት ሓለዋ ሰውራ ምስታ ናይ ህዝቢ ሽማግለ እናተላዘቡ ነቲ መደበር ዕቝባት የመሓድርዎ ነበሩ።

ቀዳማይ ሃቐነ
ምምላስ ስደተኛታትን ምጥያስን ኣብ ሓራ ቦታታት

ብመሰረት ኣብ 1ይ ውድባዊ ጉባኤ ዝተነጸረ ዕላማታት ክፍሊ ማሕበራዊ ጉዳያት፡ ዕቝባት ናይ ምእላይ ሓላፍነት ኣብ ርእሲ ምስካም፡ ኩነታት ናይቶም ብስደት ኣብ ሱዳን ዝነበሩ ክከታተል ስለዝነበሮ፡ ኣብ መጋቢት 1978፡ ምስ ማሕበር ረድኤት ኤርትራ (ነቲ ግዳይ ኲናትን ተፈጥሮኣዊ ጸገማትን ዝኾነ ህዝቢ፡ ካብ ማሕበረ-ሰብ ዓለም ሰብኣዊ ሓገዛት ንምንዳይ ኣብ ወጻኢ ብዝነብሩ ግዱሳት ኤርትራውያን ብ1975 ዝቘመ ማሕበር እዩ) ከምኡ'ውን ምስ ክፍሊ ቍጠባ ብምትሕብባር፡ ኣብ መደበር ስደተኛታት ወደልሒሎ (ሱዳን) ተዓቝቦም ዝነበሩ 35 ኤርትራውያን ስድራቤታት (ብንጽል 110 ዜጋታት) ናብ መዓስከር ደብዓት ከምዝኣትዉ ገበረ። ኣብቲ እዋን'ቲ፡ ዝበዝሐ ገጠራትን ከተማታትን ኤርትራ ሓራ ወጺኡ ስለዝነበረ ድማ፡ እቲ ክፍሊ ወርሓዊ 100 ስደተኛታት እናመለሰ ክጣይስ መደብ ሓንጸጸ።

እቶም ካብ ወደልሕለው ናብ ደብዓት ዝተመልሱ ዜጋታት፡ መትከሊ እግሪ ሓገዝ ምስተዋህቦም፡ ጉልበት ዝነበሮም ሰብኡት ኣብቲ መዓስከር ነዊሕ ከይጸንሑ፡ ኣብ ሰሜናዊ ባሕሪ ኣብ ከባቢ ሰለሙናን ፋጌናን ብውድብ ህዝባዊ ግንባር ኣብ ዝካየድ ዝነበረ ናይ ሕርሻ ቦታታት ተዋፊሮም ብደሞዝ ከምዝሰርሑ ተገብረ። እዞም ስደተኛታት ናብ ሃገሮም ብምምላሶም ኣዝዮም ሕጉሳት ነበሩ። በዚ ድማ ንሓጺር ግዜ ኣብ ደብዓት ኣብ ዝተቐመጥሉ፡ ነቲ መደበር ዕቝባት ህይወት ዘሪኣምሉ እዮም። ብተበግሶኦም ነተን ኣብኡ ዝጸንሓኦም ኣደታት ዘገልግል ናይ ዕንጸይቲ ዓራት፡ መንበርን ጽላልን ይሰርሑ፡ ንዝፈረሰ ህድሞታት ይጽግኑ፡ ዝተቐደደ ቴንዳታት ይሰፍዩ፡ ዒላታት ይኹዕቱ፡ ኮታስ ንጸገማት ናይቲ ህዝቢ ንምቅላል ዝያዳ'ቶም ካልኦት ሓኹትኰት ክብሉ ይውዕሉ ነበሩ። ክሳብ'ቲ ካብ መዓስከር ዝወጽኡሉ ግዜ ድማ፡ "ንሕና ኣብዚ ጾር ውድብና ክንከውን ኢልና ኣይመጻእናን፣ በጃኹም ሰሪሕና ክንበልዕ ስራሕ ናብ ዘለዎ ቦታ ኣፋንዉና"

እናበሉ ንኣባላት ክፍሊ ማሕበራዊ ጉዳያት ድቃስ ከሊኦሞም ነበሩ።

ክፍሊ ማሕበራዊ ጉዳያት ነቶም ካብ ሱዳን ዝተመልሱ ስደተኛታት ጥራይ ዘይኮነ፡ ነቶም ዓድታቶም ሓራ ዝወጸ ዕቑባት መዓስከር ደብዓት እውን መትከል እግሪ ሓገዝ እናሃበ ናብ ዓድታቶም ክፋኑ መዲቡ ነበረ። እቲ መደብ ነቶም ዕቑባት ኣብ ዝተገልጸሉ፡ እቲ ክፍሊ ክሳብ እግሪ ዝተክሉ ናይ ሕርሻ መሬት ኣብ ምርካብ ኮነ ካልእ ዘድልዮም ነገራት ኣብ ምቕራብ ክተሓጋገዞም ምዃኑ ተሓበረ። እንተኾነ፡ ብዙሓት ካብቶም ዕቑባት፡ ካብ ሕቝፌ'ቲ ዘሐንቀቖም ውድብ ክፍለዩ ኣይደለዩን። ብፍላይ እተን ኣደታት ዝተፈላለየ ምኽንያት እናምጽኣ ክፋነዋ ቅሩባት ኣይነበራን። እቲ ምክንያታት፦"እንዳ ሓሞይ ድኻታት ስለዝኾኑ ክሕግዙኒ ኣይኽእሉን እዮም፣ ሓሞይ ምውት እዩ፡ ዝሓርሰለይ የብለይን፣ ሓማተይ ምሳይ ኣይትሰማማዕን እያ፡ ኣብ እንዳ መን ገዛ ክኣቱ፧ ወዘተ." ዝብል ነበረ።

ነቲ መደብ፡ ብዙሓት ኣደታት ክሳብ ላዕለዋይ መሪሕነት ንምጥራዕ ክቃወምኦ ተደናዲነን ነበራ። እቲ "ንዓድኹም ክትከዱ ኢኹም" ዝብል መምርሒ ናይ ኣባላት ማሕበራዊ ጉዳያት እምበር፡ ኣፍልጦ ናይቲ ውድብ ዘለዎ ኮይኑ ኣይተሰምዐንን። እዚ ዝሰምዑ ኣንስቶምን ደቀምን ኣብቲ መዓስከር ተዓቚቦም ዝነበሩ ገለ ተጋደልቲ እውን፡ ክሳብ ናብ ክፍሊ ማሕበራዊ ጉዳያት ብምምጻእ፡ ስድራቤቶም ናብ ዓዲ ክምለሱ ከምዘይደልዩ ገለጹ። እቲ መምርሒ ግን ግድን ክትግበር ዝነበሮ እዩ። ብመሰረት'ቲ ዝወጸ መደብ ድማ፡ መብዛሕትአን ኣንስቲ ተጋደልቲ ዝኾና 181 ቈልዑ ዝነበሩወን 76 ስድራቤታት፡ መትከል እግሪ ዝኸውን መሳርፍ ተዋሂቡወን ኣብ ዓድታት ካርነሽም፡ ከምኡ'ውን ኣብ ከተማታት ግንዳዕ፡ ማይሓባር፡ ነፋሲትን ከረንን፣ 87 ስድራቤታት (ብንጽል 216 ዜጋታት) ከኣ ኣብ ናቕፋ ከምዝጣየሳ ተገብረ። ካልኦት 45 ቈልዑ ዝነበሩወን 26 ዝኾና ስድራቤታት ድማ፡ ኣብ ወጻኢ ቤተ-ሰብ ኣለውና ኢለን ብምርጫአን ናብ ሱዳን ኣምርሓ። ኣብቲ ግዜ'ቲ ገለ ተጋደልቲ ምፍናው ናይ ኣንስቶም ምስ ሰምዑ፡ ብሕርቃን ናብቲ መዓስከር መጺኦም ዘዕገርግሩ ነበሩ። ድሕሪ ምፍናው ናይ'ዘን ኣደታት፡ ኣብ መዓስከር ደብዓት 104 ስድራቤታት ጥራይ ተረፋ። ካብአን ድማ እተን 53 ኣንስቲ ተጋደልቲ ነበራ።

ህይወት ኣብ መደበር ዕቑባት ደብዓት

ናብ ክፍሊ ማሕበራዊ ጉዳያት ዝምደቡ ተጋደልቲ ብቑጽሪ እናበርከቱ ምስ ከዱ፡ ናይ መጀመርታ ኣቃውማኦም ኣብ ክልተ መስርዕ ተኸፍለ።

እታ ቀዳመይቲ መስርዕ፡ ካብ ወጻኢ ሃገር ብማሕበር ረድኤት ኤርትራ ከምኡ'ውን ብመንገዲ ወኪል ጨንፈር ዕጥቂን ስንቂን ህዝባዊ ግንባር

ኣቢሉ ዝልኣክ ዝነበረ ስንቂን ኣልባሳትን ካልእ መተዓየዪ ኣቑሑን ተቐቢላ ትክዝን፡ ትሕዝቶ ናይቲ ህዝቢ እናጽንዐት ድማ ተመቃርሕ። እታ ካልኣይቲ መሰርዕ ድማ፡ ህዝቢ ናይ ምንቃሕን ምውዳብን ፖለቲካዊ ስራሕ ከምኡ'ውን መሃይምነት ናይ ምጥፋእ ዕማማት ተሰላስል።

ቅድሚ ምቛም ማሕበራዊ ጉዳያት፡ ብዙሕ ዝዕደል ናውቲ ክሸነ ስለዘይነበረ፡ እቲ ዕቑብ ህዝቢ ነቲ ዝዋሃቦ መቑንን ኣብሲሉን ሰንኪቱን ክምገቦ ብዙሕ ይጽገም ነበረ። ሓንቲ ድስቲ እንተሃልያ፡ ንግሆ ብኣኣ ሻሂ ይፈልሕ፡ ቀትሪ ጸብሒ ይሰርሓላ። ጸብሒ ምስ ዝሓለ፡ ኣብ ሑጻ ሸያክ መሳሊ ጉድጓድ ፍሒርካ ጉማ ወይ ፊስታል ኣብ ልዕሊኡ ብምንጻፍ ናብኡ ይግምጠል። ብድሕሪ'ዚ ድስቲ ንላፋ ይውዕል። ዝሰንከት ሕሩጭ እውን ኣብ ከምዚ ዓይነት ጎማ ይልወስን ይበኩዕን ነበረ። መቐሎ ኣይነበረን። ቅጫ ኣብ ልሙጽ ጽንጽሕለ ኣእማን ይስንከት። እቲ ኣእማን ኣቦታት ኣኻውሕ ጨዲዶም ዘምጽእዎ እዩ። ድሓር ግን፡ እተን ኣንስቲ ካብ ገሊኣን ምኩራት መገገ ምስራሕ ተላመዳ'ሞ፡ ካብ ናቕፋ መስርሒ መገገ ዝኸውን ምሩጽ ሓመድ ብመኪና ተጻዒኑ ክመጸን ጀመረ። እቲ ዝሰርሕኦ መገገታት፡ ካብኣን ሓሊፉ ኣብቲ ከባቢ ናብ ዝነበሩ ተጋደልቲ ይዝርጋሕ ነበረ። ሓደ ምህዞ ካልእ እናፈጠረ፡ እተን ኣንስቲ ኣብ ከባቢኣን ዝርከብ ዒቃ ጽሒገን ጊባቦ፡ ሰፍኢ፡ ወዘተ. እናሰፈያ፡ ንኑብሰን ኩይነን ንተጋደልቲ ክዕድላ ከኣላ። ካብ ተሞኩሮ ኣደታት ናሮ ከኣ፡ ተንከብት፡ መሸረፈት፡ መኹስተርን ካልእ ናይ ላኻ ስርሓትን ተማህረ።

እቲ ናይ ፈለማ መድረኽ ብኸምዚ ዓይነት ጸገማትን ምብልሓትን ድሕሪ ምስጋሩ፡ ምስ ምምጻእ ኣባላት ማሕበራዊ ጉዳያት ብዙሕ ጸገማት እናተቓለለ ከደ። ኣብ ዓይነት መግቢ እውን፡ እቲ ቅድም ሓርጭ ወድ-ዓከር፡ ሽኮር፡ ዘይትን ዓደስን ጥራይ ዝነበረ፡ ከም ሽጉርትን ስጋን ዝኣመሰለ ኣስቤዛ ብገንዘብ ናይቲ ክፍሊ ካብ ዕዳጋ ተገዚኡ ከምዝመጾም ይግበር ነበረ። ዝኣክል ሓርጭ ስለዝነበረ ድማ፡ ስዋ ምጽማቕ እውን ተለምደ። ብተወሳኺ ሳሙና፡ ዘይቲ ርእሲ፡ ንወልፈኛታት ከኣ ትምባኾ ይዕደል ነበረ። ብሓጺሩ ካብ መፋርቕ 1977 ንድሓር ናብራ እናመቸአ ከደ። እዘን ክሳብ ሸሞንተ - ትሽዓተ ቁልዑ ሒዘን ዝተዓቑባ ኣደታት፡ ብዘይካ ናፍቖትን ሻቕሎትን ናይቶም ኣብ ቅድመ ግንባር ዝነበሩ ሰብኡተን፡ ናይ መነባብሮ ሽግር ኣይነበረንን።

ኣብ ደብዓት፡ ኣብቲ ፈለማ እዋን፡ ድሕሪ ሰዓት 6:00 ናይ ምሸት ናብ መደበር ዕቑባት ምእታው ክልኩል ነበረ። ብፍላይ ወዲተባዕታይ ናብ ሰፈር ደቀንስትዮ ክኣቱ ፍጹም ይፍቀድ ኣይነበረን። ኣንስቶም ክርእዩ ካብ ርሑቕ ቦታ ዝመጹ ተጋደልቲ እውን እንተኾኑ፡ “ሰዓት ኣኺሉ'ዩ”

ተባሂሉም ብኣባላት ክፍሊ ማሕበራዊ ጉዳያት ይክልከሉ ነበሩ። ክኣትዉ እንተኾይኖም ድማ፣ ናብ ፋሕ ከይዶም ካብ ክፍሊ ሓለዋ ሰውራ ወረቐት ክምጽኡ ይግደዱ። ምኽንያቱ፣ ኣብቲ እዋን'ቲ ኦርጊክ ናይቶም ዕቑባት ምስ ሓለዋ ሰውራ ይተሓዝ ስለዝነበረ። ሰበይቱን ደቁን ክርኢ ካብ ሓላዋ ሰውራ ወረቐት ሒዙ ዝመጸ ተጋዳላይ እንተዘይኮይኑ፣ ዝኾነ ጋሻ ብደገ መጺኡ ኣብኡ ክሓድር ይፍቀዶ ኣይነበረን።

ኣብ መደበር ዕቑባት ደብዓት፣ ካብ ደብዳብ ነፈርቲ ንምክልኻል፣ ኣብ ጉድኒ'ቲ ቴንዳታት ዝተሃንጸ ሓያለ ናይ ትሕቲ መሬት ኣባይቲ ነበረ። ኣደታት ውሽጡ ብጭቃ እናለመጻ ብስርዓት መቐመጢ ኣቕሑ ክብሕታትን ኮፍ መበሊ መደብን ስለዝገበራሉ፣ ውቁብ ህድሞ'ዩ ዝመስል። ኣብ ግዜ ሃሩር ኣብኡ ይውዕላ። መሕደሪአን ግን ኣብ ቴንዳታት እዩ። ብዘይካ ሓደ ክልተ ኣደታት ተደሪበን ዝተቐመጣ፣ ኩለን ነናተን ቴንዳ ነበረን።

ደብዓት ንሕርሻ ዝኸውን ሰፊሕ መሬት እኳ እንተዘይብሉ፣ እቶም ዕቑባት፣ ኣብ ገገደናኦም ከም ጉዕ-በርበረ፣ ኮሚደረን ቀስጣን ዝኣመሰለ ኣሕምልቲ የፍርዩ ነበሩ። ብፍላይ ናይ ወደልሒሎ (ሱዳን) ሰደተኛታት ምስ መጽኡ፣ ተሞኩሮታቶም ነቲ ንጥፈት ዝያዳ ኣማዕቢልዎ፣ ክሳብ ካሮትን ሽጉርትን ኣብ ምፍራይ ተበጺሑ ነበረ። ብዘይካ'ዚ፣ ብሓባር ከፍርዩወን ዝጀመሩ ደርሁ፣ ምስ ግዜ በርኪተን ክሳብ ጠለባት ሕክምና ናይቲ መደበር ዘማልኣሉ ደረጃ በጽሓ። ኣጣል'ውን ብውልቂ ክፈርያ ጀመራ። እዘን ኣጣል፣ ካብቶም ኣብቲ ከባቢ ዝነብሩ ገባር ዝተዓደጋ እየን። ካብተን ኣጣል እናሓረድኻ ብሓባር ምምጋብ ድማ ኣብቲ መዓስከር ልሙድ ኮነ። እቲ ህዝቢ ኣስላማይ ክስታናይ ዘይብሉ፣ ብሓባርን ብፍቕሪን እዩ ዝነብር። ጤል መን ጠቢሑዋ ብዙሕ የገድሶም ኣይነበረን - ዘርከበ'ዩ ዝሓርድ። ብሓባር ኣብ መኣዲ ከቢቦም ድማ ይምገቡ። ኣብ ግዜ ጾመ-ሮመዳን፣ እቶም ክርስትያን ነቶም ጸወምቲ ከይጨንዎም ብምሕላይ ቡን ከይቀለዉን ሃነን ዝብል ጥዑም መግቢ ከይከሸኑን ይውዕሉ። ምሸት ከኣ ምስኦም የፍጥሩ፣ ብሓባር ቡኖም ይሰትዩን መግቦም ይበልዑን።

ካብ ሱዳን ነቲ ህዝቢ ዘድሊ ተወሳኺ ሽቐጣት ቡን፣ ሽኮር፣ ቀጠፍ፣ ላማ፣ ሳሙና፣ ሽጋራ፣ ወዘተ. እናምጽአ ዝሸይጥ ሓደ ገባር ተቐማጢ ናይቲ ከባቢ ነበረ። ኪመጽእ ከሎ፣ እተን ኣደታት ኩፍየት ሰሪሐን ይህባኦ'ሞ፣ ንሱ ድማ ኣምሳያ ናይቲ ኩፍየት ዝደለያኦ ነገራት ይህበን። ነቲ ብረድኤት ዝዕደለን ዝነበረ ዝኣረገ ወይ ምስቲ ሃሩር ክክደንኦ ዘይክእላ ኀልፎታት እናዘርዘራ እየን ኩፍየት ዝኣልማ። ከምኡ እናገበራ ቡንን ካልእ ዘድልየን ኣስቤዛታትን ይኸታ።

ተቐማጦ መደበር ዕቑባት፡ ኣብ ግዜ ቀትሪ ምንቅስቓሶም ኣዝዩ ጥንቁቕ ነበረ። እቲ ህዝቢ ብነፋሪት ክርአ ዘይክእል ምስቲ ከባቢ ዝመሳሰል ሓውሲ ቈጽለዋይ ወይ ሓመዳዊ ክዳን እዩ ዝኸደን። ነፈርቲ ክመጻ ይኽእላ'የን ተባሂሉ ዝጥርጠረሉ እዋናት፡ ቀትሪ ምድሪ ካብ ቴንዳ ወጺእካ ዘወር ምባል፡ ሓዊ ኣጕድካ ትኪ ምትኻክ ፍቑድ ኣይነበረን። ማይ ንምውራድ ወይ ዕንጸይቲ ንምእራይ ግድን ምንቅስቓስ ምስ ዘድሊ፡ ንትርኢት ብዘየቃልዕ መገዲ እዩ ዝፍጸም። ኣባላት ማሕበራዊ ጉዳያት፡ ድሕነት ናይቲ ህዝቢ ኣብ ሓደጋ ከይወድቕ፡ ንግሆ ንግሆ ናብ ብርኽ ዝበለ ቦታ እናደየቡ ብነፋሪት ክርአ ዝኽእል ነገራት ወይ ምንቅስቓሳት ከይህሉ ብጥብቂ እዮም ዝከታተሉ።

ኣብቲ መደበር ነቲ ህዝቢ ሕክምናዊ ኣገልግሎት እትህብ ክሊኒክ ነበረት። ካብ መፋርቕ 1977 ንደሓር ከኣ፡ ቑጽሪ ኣባላታ ወሲኹ፡ 20 መደቀሲ ዓራውቲ ናብ እትሕዝ ትካል ዓበየት። እዛ ክሊኒክ ንነብሰ-ጾር ኣደታት ኣብ ርእሲ ምክትታል፡ ኣብቲ ቦታ ብቐጻሊ ዝኸሰት ዝነበረ ሕማም ዓሶ፡ ውጽኣት፡ ዋሕዲ-ደምን ሰዓልን ዝኣመሰለ ዝተፈላለየ ቀሊልን ከቢድን ሕማማት ትፍውስ ነበረት። ነቲ ካብ ዓቕማ ንላዕሊ ድማ፡ ናብ ማእከላይ ሕክምና ሰቐርቀጠ ተመሓላልፎ። ዶክተር ንርኣዮ ተኽለሚካኤል ድማ፡ ካብ ሕክምና ሰቐርቀጠ ኣብ ሰሙን ሓደ ግዜ እናመጽአ ነቶም ደቂሶም ዝሕከሙ ሕሙማት ይከታተሎም ነበረ። ካብተን ኣደታት እውን ገለ ልምዳውያን መሕረስቲ ምስ'ቶም ሓካይም ይተሓጋገዛ ነበራ።

ደብዓት ወሰናወስን ሩባኡ ብኣግራብ ዝተጠቕጠቐ፡ ምዉቕን ዓሳውን ቦታ እዩ። ቀቅድሚ'ቶም ዕቑባት ኣብቲ ቦታ ዓስኪራ ዝነበረት "ሓይሊ ናቶ" ተባሂላ እትጽዋዕ ሓንቲ ኣሃዱ፡ ተጋደልታ ብለበዳ ዓሶ እናተጠቕዑ ምስ ተሸገሩ ንሰቐርቀጠ ከምዝግዓዘት ይፍለጥ። ነዚ ተሞኩሮ'ዚ ኣብ ግምት ብምእታው ድማ፡ እቶም ዕቑባት ንደብዓት ካብ ዝኣተውሉ ግዜ ጀሚሩ፡ ጣንጡ ንምርሓቕ፡ ኣብ ገገዛኦም ሓዊ እናንደዱ ትኪ ከዕግጉ፡ ኣብቲ ከባቢ ዝነበረ መፋረዪ ጣንጡ ዝኾነ ማይ ዘዕቍር ጉዳጉዲ፡ ናይ ምድፋን ንጥፈታት ከኻይዱ ይሕብሮም ነበረ።

መደበር ክሊኒክ ደብዓት፡ ካብ መዓስከር ሓሊፋ ኣብቲ ከባቢ ንዝነበሩ ገባር እውን ኣገልግሎት ትህብ ነበረት። ኣብ ርእሲኡ ድማ፡ ዘኽታማትን ደቂተጋደልትን ዝኾኑ 14 ህጻናት ብኣባላት እታ ክሊኒክ ይናበዩ ነበሩ። ቊጽሪ ናይቶም በዛ ክሊኒክ ዝእለዩ ዘኽታማትን ወለዶም ኣብ ዓውደ-ውግእ ዝነበሩን ቈልዑ፡ ኣብ ድሮ ምዝላቕ ከባቢ 40 በጺሑ ነበረ። ሓደ ካብ ዕላማታት ናይቲ ክፍሊ ዝነበረ ዘኽታማት ናይ ምንባይ ስርሓት ከኣ፡

በዚ መገዲ'ዚ ምስ ሕክምናዊ ኣገልግሎት ተኣሳሲሩ ዝተበጋገሰ እዩ።

ዕማማት ምንቃሕን ምውዳብን

ኣባላት ማሕበራዊ ጉዳያት፡ ነቶም ኣብ ደብዓት ክእለዩ ዝጸንሑዎም ዕቑባት ካብ ሓለዋ ሰውራ ምስ ተረከቡዎም፡ ቀዳምነት ካብ ዝሃብዎ ዕማማት ሓደ፡ ከም ኣካል ናይቲ ኣብ ሰፊሕ ገጠራትን ሓራ ዝወጻ ከተማታትን ኤርትራ ዝካየድ ዝነበረ ህዝቢ ናይ ምንቃሕ፡ ምውዳብን ምዕጣቕን ፖለቲካዊ ስራሕ፡ ነቲ ኣብ መደበር ዕቑባት ዝተኣከበ ህዝቢ ምንቃሕን ምውዳብን ደቀም ዝመሃርሉ ዕድል ምፍጣርን ነበረ። በዚ ድማ ጽዑቕ ፖለቲካዊ ጉስጓሳትን ኣካዳምያዊ ትምህርትን ንምክያድ መደባት ሓንጸጹ። ምስ ሓለፍቲ ናይቲ ኣብ መፋርቕ 1976 ኣብ ዜሮ ብምቛም ስርሑ ጀሚሩ ዝነበረ ቤት ትምህርቲ ሰውራ ብምርድዳእ ከኣ፡ መማህራን ኰይኖም ዘገልግሉ ኣርባዕተ ተጋደልቲ ከምዝምደቡሎም ተገብረ።

እዞም መምሃራን ደብዓት ምስ ኣተዉ፡ "ዞባ ሓርነት" ተባሂሉ ኣብ ዝጽዋዕ ክፋል ናይቲ መደበር፡ ንመምሃሪ ዝኸውን ቤት ትምህርቲ ንምድላው ምስ'ቶም ዕቑባት ኣቦታት ተሓጋጊዞም ሓደ ዓቢ ቴንዳ ተኸሉ። ጽንጽሕለ ኣእማን ተጠቒሞም ከኣ ኮፍ መበልን መጽሓፍን ዝኸውን ሰደቃታት ሰርሑ። ኣደታት ነቲ ዝሰርሑዎ ብጭቃ እናጠፍዓን እናለመጻን ኣዝዩ ውቁብ ክፍሊ ገበራኦ።

እቶም ካብ ቤት ትምህርቲ ሰውራ ዝመጹ መማህራን ቀንዲ ዕላማኦም ነቶም ቈልዑ ምምሃር እዩ ዝነበረ። እንተኾነ፡ ዓበይቲ እውን መሃይምነት ከጥፍኡ ከምዘለዎም በቲ ክፍሊ ተገልጸሎም።

ንፖለቲካዊ ምንቅቓሕን ጎስጓስን ክጥዕም፡ ተቐማጦ ናይቲ መደበር በብዞባኡ ብዋህዮታት (ነፍሲወከፍ ዋህዮ 7 – 8 ዝኣባላታ) ከምዝውደቡ ተገብረ። ኣርእስቲታት ፖለቲካዊ ትምህርቲ ተመሪጹ ድማ፡ ክልሰ ሓሳባዊ ትምህርቲ ተጀመረ። ህዝቢ ዘገድሱዎ ጉዳያት ኣልዒሉ ዝዘትየሉ ናይ ልዝብ መድረኽ እውን ተፈጥረ። እቲ ውድብ ኣብ መንጎ ተጋደልቱ ጌጋታት ንምእራም ዝጥቀመሉ ዝነበረ ስርዓተ-ነቐፌታን ነብሰ-ነቐፌታን እውን ኣብቶም ህዝቢ ተኣታተወ። እቶም ዕቑባት ዝበዝሑ መሃይምነት ዘየጥፍኡ ብምንባሮም፡ ጐድኒ ጐድኒ ፖለቲካዊ ትምህርቲ፡ ኣብ ሰሙን ሓሙሽተ መዓልቲ መባእታዊ ኣካዳምያዊ ትምህርቲ ክወሃቦም ጀመረ።

እቲ ሽዑ ዝወሃብ ዝነበረ ፖለቲካዊ ትምህርቲ፡ እቶም መማህራን ካብቲ ተጋደልቲ ዝምሃርዎ ከምኡ'ውን ባዕላቶም ካብ ዘንበብዎን ዝፈልጥዎን

ዘዋጽእዎ ነበረ። ብዛዕባ ታሪኽ ሕብረተ-ሰብ ኤርትራ፡ ብሄራት ኤርትራ፡ ታሪኽ ባዕዳውያን ገዛእቲ ኣብ ኤርትራ፡ ሃገርነትን ዶባትን ኤርትራ፡ ህልዊ ኩነታት ሃገር፡ ትርጉም ሓርነት፡ መሰዋእቲ፡ ዝክረ-ሰማእታት፡ ነቐፌታን ነብሰ-ነቐፌታን፡ ትርጉም ደሞክራሲያዊ መስመርን ስነ-ሓሳብን፡ ፈተውትን ጸላእትን፡ ኣብ መጻኢት ሓራ ኤርትራ ዝትከል መንግስቲ፡ ከምኡ'ውን ትርጉም ዴስነት፡ ማሕበርነት፡ ርእሰ-ማልነት፡ ወዘተ. ዝገልጽ፡ ብኣባላት እቲ ክፍሊ ዝተዳለወ ጽሑፋት ድማ ንትምህርቲ ይቐርብ ነበረ።

ኣብቲ ፈለማ፡ ሓያሎ ካብቶም ሰብኡት ብፍላይ ኣብ መንጎኦም ዝነበሩ መራሕቲ ሃይማኖት፡ እቲ ትምህርቲ ንባህልን ሃይማኖትን ዝጻረር ኮይኑ ይስምዖም ብምንባሩ፡ "ኣንስቲ ካብ ገዛ ክወጻ ሓራም እዩ" እናበሉ፡ ኣብ መኣዲ ትምህርቲ ክሳተፉ ይፈትዉ ኣይነበሩን። ገሊኦም እውን ዝኽልክልወን ነበሩ። እዚ ግን ግዝያዊ ብድሆ ጥራይ ነበረ። ሓለፍቲን ኣባላትን ናይቲ መዓስከር ብዘሰላሰልዎ ዘይሕለል ስራሕ ኣፍልጦ ናይቲ ህዝቢ እናሰፍሐ፡ ደቀንስትዮ ንቕሓተን እናበረኽ ክኸይድ ጀመረ። ኣብ መፋርቕ 1978 ኣብ ከረንን ኣፍዓበትን ተጠርኒፈን ማሕበር መንእሰያት ኣቍመን ዝነበራ ደቀንስትዮ፡ ምዕባለታት ሳሕል ንምዕዛብ ናብቲ ቦታ ኣብ ዝበጽሓሉ ድማ፡ ኣብቲ መዓስከር ዝነበራ መንእሰያት ደቀንስትዮ፡ ብቕዱስ ቅንኢ ተወዲበን ናይ ገዛእ ርእሰን ማሕበር መንእሰያት ኣቘማ።

ካብ ዋዛታት መደበር ዕቍባት

ኣብ መደበር ዕቍባት ደብዓት፡ ኣኼባታት ክካየድን ፖለቲካዊ ትምህርቲ ክወሃብን ኣብ ዝጀመረሉ ፈለማ እዋን ዘጋጠመ እዩ። እተን ኣንስቲ ኣብ ኣኼባታት ብተገዳስነት ክሳተፋ፡ ሕቶታትን ርእይቶታትን ክቕርባ እንከለዋ፡ እቶም ሰብኡት ብዙሕ ርእይቶ ይህቡን ሕቶታት የቕርቡን ኣይነበሩን። ነዚ ዝተዓዘቡ ገለ ተጋደልቲ፡ "ስለምንታይ ኢኹም ኣብ ኣኼባ ከም'ተን ኣንስትኹም ዘይትሳተፉ?" ኢሎም ሓተቱዎም።

"ከመይ ጌርና? ሓደ መዓልቲ፡ ኣብ ኣኼባ ሓደ ብጫይና ርእይቶ ምስ ሃበ፡ ኣስኻሉ ትቕብል ኣቢላ፡ 'ነጥቢ ስርዓት!' ኢላቶ። ክሳብ ሕጂ ከኣ 'ይሰልሰለልኻ' ኣይበለቶን፣" ኢሎም መለሱሎም።

ዕቍባት ኣብ ውድባዊ ዕማማት

ኣብ ተልእኾ ክፍሊ ማሕበራዊ ጉዳያት ካብ ዝተነጸሩ ዕማማት ሓደ፡ "ብሰንኪ መግዛእቲ መረበቶም ሓዲጎም ኣብ ሕሰም ንዝወደቑ ኤርትራውያን

ኣብ ሓራ ቦታታት ብምዕቋብ፡ ኣብ ማእቶታዊ ንጥፈታት እናተዋፈሩ ንሰውራኦም ዘገልግልሉን ርእሶም ዝኽእልሉን ኵነታት ምፍጣር፡" ዝብል ነበረ።

ኣባላት እቲ ክፍሊ፡ ነዚ ዕላማ'ዚ ንምውቃዕ፡ ኣብ መደበር ዕቑባት ህዝባዊ ግንባር ዝሰፈሩ ዜጋታት፡ ኣብ ማእቶት ተዋፊሮም ኣፍረይቲ ዝኾኑሉ ኩነታት ክፈጥሩ ተበገሱ። እንተኾነ፡ ኣብ በረኻ ደብዓት፡ ክሕረስ ዝኽእል መሬት ወይ ካልእ እቲ ህዝቢ ርእሱ ዝኽእለሉ ናይ ስራሕ ባይታ ኣይነበረን። ዝተፈላለየ ሞያ ቀሲሙ ዝምዕብለሉ ዕድላት'ውን ኣይነበረን። እቶም ዕቑባት፡ ምሉእ መዓልቲ ብዘይ ስራሕ ኮፍ ኢሎም ይውዕሉ ብምንባሮም፡ እቲ ኩነታት ዓቕሊ ዘጽብብ ነበረ። በዚ ድማ፡ ዋላ ዘፍርይሉን ርእሶም ዝኽእልሉን ስራሕ፡ ብዓቕሞም ነቲ ቃልሲ ኣበርክቶ ዝገብርሉን ዝተሓጋገዙሉን ባይታ ክፍጠረሎም ኣለዎ ተባሂሉ፡ ኣደታት ብብጉጅለ ተኸፋፊለን ኣብ ውሽጢ'ቲ መደበርን ካብኡ ወጻኢን ኣብ ዝተፈላለየ ስርሓት ክዋፈራ ተወሰነ።

ብመሰረት'ዚ ውሳነ፡ ንፈለማ ግዜ ቈልዑ ዘይነበሩወን 86 ደቀንስትዮ ተመሪጸን፡ ናብቲ ኣብ ዜሮ ዝነበረ ቤት ትምህርቲ ሰውራን ኣብ ሰቸርቀጠ ዝነበረ ማእከላይ ሕክምና ውድብን ክምዝዋፈራ ተገብረ። ጎድኒ ጎድኒ'ቲ ስራሕ፡ ትምህርቲ ምጥፋእ መሃይምነት ክቕጽል ስለዝተደልየ ድማ፡ ካብ መምህራን ሓሓደ ምስኣን ተበገሱ። ኣብዚ ናይ ፈለማ ተበግሶ፡ እቲ መደብ ዘይተዋሕጠሎም፡ ኣንስቶም ካብኦም ርሒቐን ክኸዳ ከም ነውሪ ጠሚቶም ተቓውሞኦም ዘስምዑ ሰብኡት ነበሩ። ካብ መንጎኦም፡ ዝሓሸ ኣረኣእያን ልቦናን ዝነበሮም ሓደ ሽኽ፡ "ስምዑ'ንዶ ኣሕዋት! ሰበይቲ ሰብኣያ ገዲፋ፡ ዘይቅቡል ስራሕ ክትሰርሕ ባህልናን ሕጊ ሸሪዓን ከም ዘየፍቅደላ ንፈልጥ ኢና። ደቃ ናብ ዝመሃርሉን ጀጋኑና ዝሕከምሉን ቦታታት ከይዳ ከይትሕግዝ ዝኽልክል ሕጊ ግን የብልናን፡" ምስ በሉ ግዳ ቍሩብ ለዘቡ።

በዚ መደብ'ዚ፡ ናብ ቤት-ትምህርቲ ሰውራ ዜሮ ዝተላእካ ኣደታት፡ ነቶም ተማሃሮ ቈልዑ ኣብ ምእላይ፡ ነብሶም፡ ክዳውንቶምን መናጽፎምን ኣብ ምሕጻብ፡ መግቦም ኣብ ምድላው ክዋፈራ ኸለዋ፡ እተን ናብ ሰቸርቀጠ ዝተመደባ ብተመሳሳሊ ንውጉኣት ተጋደልቲ ዝኸውን መግቢ ኣብ ምድላው፡ ክዳውንቶምን መናጽፎምን ኣብ ምሕጻብን ካልእን ተዋፈራ። ኣብቲ እዋን'ቲ ንጸላኢ ካብ መላእ ኤርትራ ንምጽራግ ኣብ ዝካየድ ዝነበረ ዘየቋርጽ ግጥማት፡ ብዙሓት ውጉኣት ተጋደልቲ ንሰቸርቀጠ ይመጹ ነበሩ።

እዚ ፈላሚ ናይ ማእቶት መደብ ንሰለስተ ወርሒን ልዕሊኡን ቀጸለ። ብድሕሪኡ፡ እተን ኣብ ስራሕ ዝጸንሓ ጕጅለታት ብካልኦት ተተክኣ።

እቲ ናይ ቤት ትምህርቲ ሰውራ ማእቶት፡ ክልተ ጉጅለ በብእብረ ምስ ተሳተፉ ኣይቀጸለን። ናይ ሰቓርቀጠ ማእቶት ግን ክሳብ እዋን ስትራተጂያዊ ምዝላቕ መወዳእታ 1978 ቀጸለ። ብዘይካ እተን ናብ ቤት ትምህርቲ ሰውራን ሕክምናን ዝተዋፈራ ጉጅለታት፡ ንስንኩላንን ንተማሃሮ ቤት-ትምህርቲ ካድርን ክምገባ ናብ ናቕፋ ዝተላእካ ካልኦት ጉጅለ ኣደታት እውን ነበራ።

ኣብቲ መደበር ዝተርፋ፡ ቁልዑ ዝነበሩወን ኣደታት እውን፡ ክሳብ ሪጋኦን ኣኺሉ ንሰቓርቀጠ፡ ናቕፋን ካልእ ቦታታትን ዝብገሳ፡ ኣብ ቦታኦን ዝተፈላለየ ማእቶታዊ ንጥፈታት የካይዳ ነበራ። ግዛውተን ብጭቃ ይልምጻን መደቀሲ ንእዲ ይሰርሓን፡ ኣብ ክሊኒክ ናይቲ መደበር ዝርከቡ ሕሙማት ይኣልያ፣ ኣብ ውሽጢ'ቲ መደበር ናብ ዝነበረት ኣጋይሽ እትቕበል 'ፍሉይ ጉዳይ' ተባሂላ እትጽዋዕ ኣሃዱ በብተራ እናወፈራ እንጀራ ይስንክታን ጸብሒ ይሰርሓን። ካብዚ ሓሊፈን'ውን፡ ኣብ መክዘናት ዝተቐመጠ ናይ ረድኤት ክዳውንቲ፡ በብዓይነቱን ኣገልግሎቱን ይሰርዓን ይእርንባን፣ ብደም እተዓለሰ ክዳውንቲ ውጉኣት ካብ ሕክምና ሰቓርቀጠ ብመኪና ተጻዒኑ ክመጸን እንከሎ ተቐቢለን ክሓጽባኦ ይቕንያ።

እተን ኣደታት ኣብ ትሕቲ ኣግራብ ዓዳይ ሰውራዊ ደርፌታት እናደረፋ፡ እናተጫረቓን እናሰሓቓን እየን ክሰርሓ ዝውዕላ። ኣብቲ ዘዕርፋሉ ግዜ ከኣ፡ ጓይላ ተኺለን ሂር ይብላ ነበራ። ብፍላይ ነታ "ሎሚ ሳሕል - ጽባሕ ኣስመራ" እትብል፡ ደርፊ እታ ብብዝሒ ዘዝይማኣ ህብብቲ ደርፊ ነበረት። ዝያዳ ኩሉ ግን፡ ኣብ ጽባሕ ናይታ ኣርባዕተኣን ዞባታት ናይቲ መደበር ብሓባር ወርሓዊ ኣኼባ ዘካይዳላ ዕለት እትመጽእ ናይ ምዝንጋዕ መደብ ተናፋቒት ነበረት። ኣብቲ ከባቢ ዝነበሩ ናይ ካልኦት ኣሃዱታት ተጋደልቲ እውን ነዚ ናይ ምዝንጋዕ መደባት ይሳተፍዎ ነበሩ።

እቲ ናይ ማእቶት መደብ፡ ብምዝንጋዕ ዝተሰነየ ብምንባሩ በተን ኣደታት ኣዝዩ ፍቱው ነበረ። ኑብሰ-ጾር ዝኾና ኣደታት ናብ ማእቶት ክወፍራ ስለዘይክእላ፡ ካብ ሳንዳታተን ተፈልየን ኣብ ግዛአን ንበይነን ክተርፋ ከለዋ፡ ይብሳጨዋ ነበራ። ልክዕ ከም ባህርይ ተጋደልቲ ደቀንስትዮ ድማ፡ ናይ ጥንሲ ጽልኣት ስለዘሕደራ፡ ሕሉፍ ሓሊፈን መደሃኒት ናይ ዓሶ ጥንሲ ይንጽል'ዩ ዝሰምዓ ገለ ኑብሰ-ጾራት፡ "ዓሶ ሓሚመ" እናበላ ከኒና ክውሕጣ ይፍትና ነበራ።

ንማእቶት ዝወፍራ ኣደታት፡ ቤት-ትምህርቲ ሰውራ እንተበጺሑወን ኣመና ይሕጉሳ ነበራ። "ማእቶት ኣብ ዜሮ እንተዝበጽሓኒ" እናበላ'የን

ዝጽልያ። ምኽንያቱ፡ ደቀን ሸውዓተ ዓመት ምስ ኣእከሉ ክማሃሩ ናብ ዜሮ ይኸዱ ስለዝነበሩ፡ እቲ ናይ ማእቶት ግዜአን ምስ ደቀን ክሕልፋኦ ዝያዳ መቐረት ነበሮ። ናይ ሕክምና ማእቶት ግን ብተዛማዲ ክብድ ዝበለ ነበረ። ክዳውንቲን መናጽፍን ውጉኣት ክሓጽባ ውዒለን፡ ከየዕረፋ ምሉእ ለይቲ ብዒግታ ትኪ. ተዓብሊኹን እንጀራ ክሰንክታ እየን ዝሓድራ። ዝበዝሐ ግዜ፡ ሰዓት 6፡00 ናይ ምሸት ዝኣጕዳአ መጎጎ፡ ሰዓት 7፡00 ወይ 8፡00 ንግሆ እየን ዝውድኣ። ዝተፈላለየ ደርፍታት እናደረፋ ስለዝሰንክታኦ ግን፡ እቲ ሃልክን ምረትን ኣይፍለጠንን። ለይቲ ዘዳለዋኦ መግቢ ቀትሪ ባዕለን እየን ነቶም ውጉኣት ኣብ መዳቕስኦም እናኸዳ ዝቐርባሎም። ነቶም ናይ ኢድ ማህረምቲ ዝነበሮም እናኹለሳ የዐንግላኦም። ዝረስሐ ክዳውንቶም ኣውጺአን ይቕይራሎም። ልክዕ ከም ደቀንን ኣሕዋተንን ኣብ ትርኣሶም ኮፍ ኢለን የዘናግዓኦምን ሞራል ይህባኦምን። ንሳቶም'ውን ስድራኦም ዝረኸቡ ኮይኑ ይስምዖም። መዓልታዊ ደሃየን ክሰምዑ ወይ ገጸን ክርእዩ እምበረ-መጠን ይሕጉሱ ነበሩ። ኣብቲ ሕክምና፡ ተወጊኦም ዝመጹ ደቀን፡ ሰብኡተን፡ ወይ ኣሕዋተን ዘጋጥሙወን ኣደታት ነበራ። ኣብቲ ፈለማ ይሰንብዳ እኳ እንተነበራ፡ ድሓር ግን ይተብዓ፡ ርዝነት ዋጋ ሓርነት የስተንትና፡ ብረት ኣልዒለን ኣሰሮም ክስዕባ ከአ ይብህጋ። በዚ ስምዒት'ዚ እናተደረኻ ካብ መደበር ዕቑባት ናብ ታዕሊም ብምኻድ ብረት ዓጢቐን ተጋደልቲ ዝኾና መንእሰያት ኣደታት ብርኽት ዝበላ እየን።

ኣደታት ናብ ማእቶት ክኸዳ ከለዋ፡ ንኣሽቱ ደቀን ኣብቲ መዓስከር እየን ዝገድፋኦም። ናይ ምንባዮም ሓላፍነት ከኣ ኣባላት ማሕበራዊ ጉዳያትን እተን ኣብኡ ዝተርፋ ኣደታትን ይስከሙዎ ነበሩ። እቶም ህጻናት ኣደታቶም ክሳብ ዝምለሳ፡ ምእንቲ ከየስተማስሉ ብዙሕ ክንክን'ዩ ዝግበረሎም ዝነበረ።

ኣብ ናቕፋ ንዝነበሩ ስንኩላን ክኣልያን ኣብ ቤት ትምህርቲ ካድር ዝምሃሩ ዝነበሩ ተጋደልቲ ክምግባን ዝተዋፈራ ኣደታት እውን ከቢድ ስራሕ ይዓማ ነበራ። ካብ በረኻ ምሩጽ ሓመድ (ጉላ) እናምጽኣ ንቤት ትምህርቲ ካድር ዝኸውን ብብዝሒ. መጎጎታት ብምስራሕ፡ መነባብሮ ናይቲ ቤት-ትምህርቲ ኣብ ምምችቻእ ዓቢ. ግደ ኣበርኪተን እየን። ምስዘን ናይ መደበር ዕቑባት ደብዓት ኣደታት ካብ ከረን ዝመጸ ካልኦት ኣደታት'ውን ኣብ ተመሳሳሊ. ስራሕ ተዋፊረን ነበራ።

መፋርቕ 1978፡ ወተሃደራዊ ኩነታት ኣብ ዝቀያየረሉ ዝነበረ እዋን፡ እዘን ኣደታት በቲ ሓሓሊፉ ኣብ ናቕፋ ዝካየድ ዝነበረ ደብዳብ ነፈርቲ ብዙሕ ይሸገራ ነበራ። እናሰንከታ ከለዋ ቦምባታት ነፈርቲ ኣብ ከባቢአን ይወድቕ ብምንባሩ፡ ምስ ደቀን ግደ መስዋእቲን መውጋእቲን ዝኾና

ኣደታት ነበራ። ደብዳብ ነፈርቲ ኣብቶም መዓንጣ ዘይቁጸሩ ህጻውንቲ ደቀን ዝፈጥሮ ዝነበረ ስንባደ መግለጺ ኣይነበሮን። ንሳተን ኵብርታ ተጉልቢበን ይኹርመያ። ቈልዑ ኣብ ትሕቲ ቀምሽን ተሸጕጦም ይውጭጩ። ምድሪ ከም ኣፍ-ዕንቍ ትጸቦም። እቲ ኣርዓዲ ደብዳብ ምስ ጸሓየ፡ እተን ኣደታት እንደገና ትንፋስ መሊሰን ዝተዋህበን ዕማም ይቕጽላ።

ገለ ካብተን ኣደታት፡ ሰብኡተን ምስ'ቶም ተማሃሮ ቤት-ትምህርቲ ካድር ነበሩ። ደብዳብ ነፈርቲ ቅድሚ ምጅማሩ ኣብ ዝነበረ ኣዋርሕ፡ ተማሃሮ ቤት-ትምህርቲ ካድር፡ ኣንስቲ ዘለዋኦም ስለምንታይ እቲ ናይ ዕረፍቲ ግዜ ምስአን ዘየሕልፍዎ ዝብል ሕቶ ኣልዓሉ። በዚ ድማ፡ ድሕሪ ሰዓት 1:00 ድ.ቀ (ካብ ትምህርቶም ምስ ተፈደሱ) ምስ ኣንስቶም ክዕልሉ ተፈቕደሎም። ኣብታ ከተማ ካብ ዝነበረ ብርኽት ዝበለ ዑናታትን ኣጕዶታትን ድማ ነተን ሰብ ሓዳር ተፈልየለን። ብሳላ'ቲ ሽው ዝተፈጥረ ዕድል ጥንሲ ዝትረፋ ኣንስቲ ውሑዳት ኣይነበራን። ገለ ካብኣተን ሽዓ ሓድጊ ምስ ኣትረፉ ምስ ሰብኡተን ዳግም ኣይተራኸባን።

ኣብ ናቕፋ ዝነበሩ ዕቑባት፡ ኣንስቶም ኣብ ከምዚ ዝተጠቕሰ ዕማም ክዋፈራ ከለዋ፡ ሰብኡት ብግደኦም ኣብ ብዙሕ ንጥፈታት ይሳተፉ ነበሩ። ስንቂ ይኸውን ኣቕሑ የራግፉ፣ ዝከፋፈል መሳርፍ ኣብ መካይን ይጽዕኑ፣ ዒላታት ይኹዕቱ፣ ጽርግያ ይጸርጉን ይጽግኑን፣ ገዛውቲ ይሃንጹ፣ ዝተቐደደ ቴንዳታት ይልግቡን ሓደስቲ ቴንዳታት ይተክሉን፣ ካብ ነፋሪት ንምኽዋል ቴንዳታትን ንብረትን የመሳስሉ። ካብኡ ሓሊፎም'ውን፡ ኣብ መወዳእታ ናይ 1978 ኣብ ጥቓ'ቲ ዝኧዓቱዎ ዒላ ስፍሕ ዝበለ መሬት ብምቑጥቋጥ፡ እቲ መዓስከር ብዘምጽኣሎም ሓንቲ ሞተር ማይ ተሓጊዞም ጀርዲን ከልምዑ ፈቲኖም ነበሩ። ምስቲ ዝሰዓበ ወተሃደራዊ ኩነታት ደኣ ክቕጽል ዕድል ኣይተረኸበን እምበር።

መድረኽ ሓራ ከተማታት
ምስፋሕ ዕማማት ክፍሊ ማሕበራዊ ጉዳያት

ክፍሊ ማሕበራዊ ጉዳያት ኣብቲ ፈለማ ትካላዊ ቅርጺ ስኢሉ ንስራሕ ዝተበገሰሉ መጋቢት 1977፡ ብቑጽሪ እኹላት ኣባላትን መሳለጥያን ከምኡ'ውን ናይ ከምኡ ዓይነት ስራሕ ተሞኩሮ ስለዘይነበሮ፡ ክሳብ 1978 ንጥፈታቱ ዝያዳ ኣብ መደበር ዕቑባት ደብዓት ዝተሓጽረ ነበረ። ነቲ ካብ ነዊሕ ዓመታት ጀሚሩ፡ ብሰንኪ ኩናትን ግፍዕታት ገዛእቲን ግዳይ

ማሕበረ-ቍጠባዊ ጸገማት ዝኸውን ዝነበረ ህዝቢ ናይ ምርዳእ ሓላፍነት ከኣ፡ ብድሩት ዓቕሚ ኣብ እንግድዓ ክፍሊ ህዝባዊ ምምሕዳርን ካልኦት ኣኻላት ውድብን ወዲቑ ነበረ።

ኣብ 1977፡ "ሰብን መሬትን ብብቕሩብ ሓራ ምውጻእ፡" ብዝብል ስትራተጂ፡ ኣንጻር ሰራዊት መግዛእቲ ኢትዮጵያ ብዝተኻየደ ተኸታታሊ መጥቃዕቲታት፡ ክፍሊ ማሕበራዊ ጉዳያት ገና ዝተማልአ ቅርጺን ዓቕሚ ሰብን ከይሓዘ፡ ሰፊሕ ገጠራት ኤርትራ ሓራ ወጺኡ ብዙሓት ከተማታት ኣብ ትሕቲ ቍጽጽር ህዝባዊ ግንባር ኣትየን ነበራ። ኣብዚ ናይ ኩናት እዋን፡ ብሰንኪ ኩናት ኮነ ካልእ ባህርያዊ ጸገማት ዘጋጥም ዝነበረ ማሕበራዊ ሽግራት ቀሊል ኣይነበረን። በዚ ድማ ክፍሊ ማሕበራዊ ጉዳያት፡ ኣብ ፈለማ 1978 ነቲ ኣብ መደበር ዕቑባት ዝካይዶ ዝነበረ ስርሓት ከም ተሞክሮ ወሲዱ፡ ማሕበራዊ ሽግራት ህዝቢ ኣብ ሓራን ሓውሲ ሓራን ቦታታት ንምቅላል ተበገሰ። ኣብ ኣርባዕተ ዞባታት ኤርትራ - ኣብቲ እዋን ክፍሊ ህዝባዊ ምምሕዳር ንስርሑ ክጥዕሞ ኢሉ ዘቖሞ ዞባታት እዩ - ድማ ጨናፍር ክኸፍት ወሰነ። በዚ መሰረት፡ ኣብ ዞባ ምዕራብ፡ ዞባ ሰሜን፡ ዞባ ምብራቕን ዞባ ደቡብን ጨናፍር ኣቘመ።

ከረን፡ ተቐባሊት ተመዛበልቲ

ከረን ብ8 ሓምለ 1977 ሓራ ድሕሪ ምውጽኣ፡ ክፍሊ ህዝባዊ ምምሕዳር ህ.ግ.(ጀማሂር)፡ ኣብታ ከተማ ዝነበረ ማሕበራዊ ሽግራት ንምፍታሕ ተበግሶታት ክወስድ ጀመረ። እንተኾነ፡ እቲ ክፍሊ ካልእ ሰፊሕ ዕማማት ነበሮ። እቲ ጉዳይ እውን ብቐጥታ ዝምልከቶ ኣይነበረን።

ካብ ጥቅምቲ ክሳብ ታሕሳስ 1977፡ ባጽዕን ከባቢኣን ሓራ ንምውጻእ፡ ህዝባዊ ሰራዊት ኣብ ጉላጉል ሰምሃር መጥቃዕቲ ብምፍናው ከቢድ ውግእ የካይድ ነበረ። በቲ መጥቃዕቲ ብዘይካ ጥዋለት፡ ርእሲ ምድሪ፡ ግራርን ናቫልበይዝን ዝተረፈ ክፋል ባጽዕ ሓራ ኮነ። ደንጎሎ፡ ግንዳዕ፡ ማይሓባር፡ ነፋሲትን ክሳብ ሰይድቺ ዘሎ ቦታታትን ድማ ኣብ ጥሪ 1978 ኣብ ትሕቲ ቍጽጽር ህዝባዊ ግንባር ኣተወ። ውግእ ሰምሃር ሰፊሕ ቦታ ዝሸፈነን ጽንኩርን ብምንባሩ፡ ኣብ ህዝቢ ዘኸተሎ ምምዝባልን ጸገማትን ቀሊል ኣይነበረን።

ከረን ኣብ ርእሲ'ቶም ዝነበሩዋ ናይ ገዛእ ርእሳ ሽጉራት፡ ብዙሓት ካብ ሰምሃርን ካልእ ከባቢታትን ንብረቶም ራሕሪሖም ዝሃደሙ ዜጋታት ኣዕለቕለቕዋ። ኩነታት ናይዞም መጸግዒ ዘይብሎም ኣብታ ከተማ ዘወን

ዝብሉ ዝነበሩ ጽጉማት ህጹጽ ፍታሕ የድልዮ ስለዝነበረ ድማ፡ ክፍሊ ማሕበራዊ ጉዳያት ብ1 ለካቲት 1978 ኣብ ከረን ጨንፈር ዕቍባት ኣቘመ።

እንተዀነ ግና፡ ንጽጉማት ከመቃርሖ ዝተመደበሉ ወርሓዊ መቑንን ካብ 120 ኲንታል ዘይሓልፍ ሓርጭ ወድዓከር፡ ከዳውንቲ፡ ኮበርታታትን ሒደት ገንዘብን ጥራይ ነበረ። ክንድ ዝዀነ፡ ክፍሊ ማሕበራዊ ጉዳያት ብቐዳምነት ነቶም ኣዝዮም ሽጉራት ክረድእ ወሰነ። በቶም ዝነበሩዎ ሓሙሽተ ኣባላት - ኲሎም ዝተፈላለየ ኣካላዊ ስንክልና ዝነበሮም - ምስ ኣባላት ክፍሊ ህዝባዊ ምምሕዳርን ካብ ሽዱሽተኣን ዞባታት ናይታ ከተማ ዝተዋጽኡ ሽማግለታትን ብምትሕብባር ከኣ፡ ዳህሳሳዊ መጽናዕቲ ኣኻየደ። በቲ ዘካየዱዎ መጽናዕቲ፡ ካብ ባጽዕ መጺኦም ኣብታ ከተማ ዝተዘርዉ 1,053 ሰባት ነበሩ። ካብኣቶም 20% ጥራይ እዮም ንቕሩብ መዓልታት ዘሳልዮም ስንቂ ሒዞም ዝመጹ። ዝተረፉ ድራር ዕለት ኣይነበሮምን። ብዘይካ'ዚ፡ ካብ ዝተፈላለየ ከባቢታት ዝመጸ ዓሰርተታት ኣንስቲ ተጋደልቲ እውን ኣብታ ከተማ ኣብ ሕማቕ ኩነታት ወዲቖን ከምዝርከባ ኣረጋገጹ። እዞም ብመጽናዕቲ ህጹጽ ረድኤት ከምዘድልዮም ዝተረጋገጸ ሽጉራት፡ ቀዳምነት ተዋሂቡዎም፡ ሓርጭ፡ ኣልባሳትን ገንዘብን ከምዝዕደሎም ተገብረ። ብድሕሪ'ዚ ክፍሊ ማሕበራዊ ጉዳያት፡ ኣብ ልማኖ ንዘተዋፈሩ ኣዝዮም ሽጉራት፡ ከምኡ'ውን ፍሉይ ጸገም ንዝነበረን ኣደታት ብፍላይ ሓራሳትን ነብሰ-ጾራትን ደቂ-ከረን ክረድእ መደበ። ምጡን ሓገዛት ድማ ኣመቃርሐ።

እቲ ዝወሃብ ዝነበረ ረድኤት እኹል ኣብ ርእሲ ዘይምንባሩ፡ ቍጽሪ ጽጉማት እውን መመሊሱ ይውስኽ ነበረ። ምስ ምብዛሕ ጽጉማት ከኣ፡ እቲ ዝወሃብ ረድኤት ውሑድን ትርጉም ዘይብሉን እናኾነ ከደ። ኣንስቲ ተጋደልቲ ኣብ ከረን ዝነበራ ሓገዝ ይግበረለን ከምዘሎ ወረ ምስ ተናፈሰ ድማ፡ ቍጽሪ ናብታ ከተማ ዝውሕዛ ስድራቤታት ተጋደልቲ በርከተ። ሓያሎ ተጋደልቲ፡ ነቲ ወረ ሰሚዖም፡ ውድቦም ስድራቤታት ክኣሊ እኹል ዓቕሚን ትሕዝቶን ዘለዎ እናመሰሎም፡ ኣንስቶም ዋላ እተን ኣብ ዓደን ብዙሕ ጸገም ዘይነበረን ምስ ደቀን ኣንጠልጢሎም ናብታ ከተማ እናምጽኡ ተወሳኺ ጸቕጢ ፈጠሩ። እዚ ኩነታት'ዚ ንኣባላት ክፍሊ ማሕበራዊ ጉዳያት ኣጨናቒ ነበረ።

ክፍሊ ማሕበራዊ ጉዳያት ጨንፈር ከረን፡ ዝነበሮ ናይ ስራሕ ጸቕጢ ኣብ ግምት ብምእታው፡ ተወሰኽቲ ኣባላት እናተመደብዎ ነዊሕ ኣብ ዘይኮነ ግዜ ቍጽሪ ኣባላቱ 17 በጽሐ። እቲ ብክፍሊ ህዝባዊ ምምሕዳር (ጀማሂር) ዝካየድ ዝነበረ ጽጉማትን ዘይጽጉማትን ናይ ምጽናዕ ስራሕ ድማ ምሉእ ብምሉእ ብኣባላት ክፍሊ ማሕበራዊ ጉዳያት ክዕመም ጀመረ።

ኣብ መጀመርታ 1978፡ ኣስመራ ብኩሉ መኣዝን ብሓይልታት ሰውራ ተኸቢባ ነበረት። እዚ ኩነታት'ዚ ኣብ ተቐማጦ ኣስመራ ከቢድ ማሕበረ-ቍጠባዊ ጸገማት ኣኸተለ። ገለ ስድራ-ቤታት ነዛ ኩብዶም ምዕንጋል ተጸገሙ። በዚ ድማ ብዙሓት ካብ ኣስመራ ወጺኦም ናብ ሓራ ቦታታት ወሓዙ። ገሊኦም ኣብ መበቈል ዓድታቶም ክሰፍሩ ከለዉ፡ ገለ ድማ "ህዝባዊ ግንባር ሽጉራት ትረድእ ኣላ" ዝብል ወረ ሰሚዖም ከረን ኣተዉ። መብዛሕትኦም ቈልዓ ሰበይቲ እዮም። ገሊኦን ኣንስቲ፡ ኣብ ኣስመራ ዝነበሩ ሰብኡተን ካብተን ዘይጠቕማ ደሞዞም ነክዮም ይልእኩለን'ኳ እንተነበሩ፡ ካብ ተጸባይነት ዘናግፍ ኣይነበረን። ደገፍ ዘይብሎም ከኣ ኣብ ልመና ወደቑ። እዞም ሽጉራት ከረን ኣብ ዝኣተውሉ እዋን፡ ክፍሊ ማሕበራዊ ጉዳያት ዝኣክል እኹል ስለዘይነበሮ ክረድኦም ተጸገመ። እዞም ሓደስቲ ጽጉማት፡ ነቶም ካብ ባጽዕ ዝተፈናቐሉ ካልኦት ጽጉማትን ነበርቲ'ታ ከተማን ዘዋህቦም ዝነበረ ሓርጭ፡ ክዳውንትን ካልእን ብምርኣይ፡ "ንሕናኸ ህዝብኹምዶ ኣይኮናን፧ ንምንታይ ትጓንዩና፧" እናበሉ ኣማረሩ። ድሕሪ ቍሩብ ሰሙናት ግዳ፡ እቶም ኣዝዮም በተኻት ብመጽናዕቲ ተመምዮም ሓገዝ ክግበረሎም ጀመረ።

ኣብ ርእሲ'ዚ፡ ኣብ ከረን ዝነበራ ኣብ ውግእ ናይ ዝተማረኹ ኤርትራውያን ወተሃደራት ኢትዮጵያ (ኮማንድስን ፖሊስን) ኣንስቲ፡ "ሰብኡትና ምሳኹም ተሰሊፎም ኪቃለሱ ጀሚሮም ከለዉ፡ ኣብ ረድኤት ትጓንዩና ዘለኹም ምኽንያት እንታይ እዩ፧" ኢለን ይጠርዓ ነበራ። ክፍሊ ማሕበራዊ ጉዳያት ነዚኣን እውን ሰብኡተን ብምግዳሎም ጥራይ ዘይኮነ፡ ከም ዜጋታት መጠን ትሕዝቶኣን ኣጽኒዖም ጸገማተን ክፈትሑለን ወሰኑ። ኣስታት 50 ዝኾና ድማ ረድኤት ክወሃበን ጀመረ። ረድኤት ክወስዳ ንበይነን ኣስማተን ኣብ ዝጽውዓሉ ዝነበራ ግን፡ እቲ ህዝቢ "ኣንስቲ ምሩኻት" እናበለ የሕሸኩሽኩ ብምንባሩ ኣስተማሰላ።

እኽሊ ውሑድ ብምንባሩ ንኩሉ ሽጉር ምርዳእ ኣጸጋሚ እኳ እንተነበረ፡ ክዳውንቲ ግን ንኹሉ ክባጻሕ ዝኽእል ነበረ። ናይ ጸብሒ ጸገም ንምፍታሕ እውን፡ ሓሓሊፍኻ ድንሽ ካብ ዕዳጋ እናተገዝአ ምዕዳል ተጀመረ። ጉድለት መኣዛዊ መግቢ ኣብ ህጻናት ንምቅላል፡ ጸባ ናይ ታኒካ ካብ ድኳናት እናዓደግካ ንምምቕራሕ እውን ተፈተነ። ንቑሩብ ግዜ ብኽምኡ ምስ ቀጸለ ግን፡ ዝዕደግ ጸባ ኣብ ዕዳጋ ስለዘተሳእነን ዝሕገዙ ህጻናት ኣመና ስለዝበዝሑን፡ ተቛረጸ። ከም ሳዕቤኑ፡ ብዙሓት ህጻናት ብጉድለት ቫይታሚናትን መኣዛታትን ዓጸቦ የጋጥሞም ነበረ። ኣብ ርእሲ'ዚ፡ ከረን ሓራ ቅድሚ ምውጽኣ ዓባይ መዓስከር ወተሃደራት ኢትዮጵያ ስለዝነበረት፡

ኣብታ ከተማ ሓገዝ ዝጽበያ ብዙሓት ፋይቶት ነበራ።

እዚ ከምዚ ኢሉ እንከሎ፡ ኣብ ከባቢ ከረን እትርከብ ዓድሓባብ ሓደጋ ባርዕ ኣጋጠማ። በዚ ሓደጋ'ዚ ዝተሃሰዩ 88 ስድራቤታት ናይ ምሕጋዝ ሓላፍነት እውን ኣብ ክፍሊ ማሕበራዊ ጉዳያት ወደቐ።

ካብ ባጽዕን ካልኦት ዝተፈላለየ ከባቢታት ኤርትራን ዝመጹ ተመዛበልቲ ዝዓበየ ሽግሮም መዕቈቢ ገዛ ነበረ። ውሑዳት ዓቕሚ ዝነበሮም ገዛ ዝተኻረዩ ገዲፍካ፡ ዝበዝሑ ገበላታት ኣብ ዘለዎ ኣባይቲ መንግስቲ ተጨቓጨቖም ይቕመጡ ነበሩ። ኣብ ሓደ በራንዳ ካብ 20–25 ስድራ-ቤታት ምስ ደቀን ይውዕላን ይሓድራን። ክፍሊ ማሕበራዊ ጉዳያት ጨንፈር ከረን፡ ናይ መንግስቲ ኣባይቲ እናናደየ፡ ነዚ ናይ መዕቈቢ ሽግር ክፈትሖ ይፍትን'ኳ እንተነበረ፡ ከምቲ ዝድለ ፍታሕ ኣየምጽኣን። ውሑዳት መንበሪ ገዛ ዝተፈትሓለን ስድራ-ቤታት ግን ነበራ።

ክፍሊ ማሕበራዊ ጉዳያት ጨንፈር ከረን፡ ንገለ ካብቶም ዝረድኦም ዝነበረ ስኡናት፡ ኣብ ዝተፈላለያ ኣብያተ-ዕዮ ተዋፊሮም ዝሰርሕሉ ኩነታት ክፈጥር እውን ሃቂኑ ነበረ። በዚ ሓሳብ'ዚ ኣብ ጥቅምቲ 1978 ብጠቕላላ ን173 ኣንስቲ ተጋደልቲ ምስ ደቀን ኣብ ከረን፡ ናቕፋን ኣፍዓበትን ንስራሕ ኣዋፈረን። ናይ ውጉኣት ክዳውንቲ ይሓጽባ፡ እንጌራ ይስንክታ ወዘተ። ካልኦት 68 ድማ ኣብ ሕዳይ ናብ ዝነበረ ሕክምና ህዝባዊ ግንባር ለኣኸን። እቶም ኣብ ከረን ዝነበሩ ዝበዝሑ ጽጉማት ከኣ፡ በብዝነብረሉ ከባቢታት ተወዲቦም ኣብ ማእቶታዊ ንጥፈታት ከምዝሳተፉ፡ ኣብ ሰሙን ክልተ ግዜ ሓፈሻዊ ፖለቲካዊ ትምህርቲ ከምዝምሃሩ ይግበር ነበረ። መንእሰያት ደቀንስትዮን ደቂተባዕትዮን፡ ኣብ ኣብያተ-ትምህርቲ ከምዝኣትዉ ክግበር እንከሎ፡ ኣብቶም ዓበይቲ ድማ መሃይምነት ናይ ምጥፋእ ኣስተምህሮ ይወሃብ ነበረ።

ክፍሊ ማሕበራዊ ጉዳያት ጨንፈር ከረን፡ ካብ ለካቲት 1978 ክሳብ ጥቅምቲ 1978 ኣብ ዝነበረ ኣዋርሕ ንልዕሊ 4,500 ሽጉራት፡ ከም ጥሑን እኽሊ፡ ጸባ፡ ዘይቲ፡ ኣሕምልቲ፡ እንጣጢዕ ዝኣመሰለ ሓገዛት ከምዝዓደለ ጸብጻባት ናይቲ ክፍሊ ይሕብሩ።

ኣብ መፋርቕ 1978፡ ኣብ ደቡባዊ ኤርትራ ወተሃደራዊ ኩነታት ክቀያየር ምስ ዝጀመረ፡ ኣስታት ሓደ ሽሕ ዝኾና ካብ'ተን ኣብ ደቀምሓረ ብዝነበረ ጨንፈር ክፍሊ ማሕበራዊ ጉዳያት ዝሕገዛ ዝነበራ ሽጉራት ስድራ-ቤታት (መብዛሕትአን ኣንስቲ ተጋደልቲ ምስ ደቀን) ብኣባላት ማሕበራዊ ጉዳያት ተጠርኒፈን ብግንዳዕ - ሰለሙና - ሰረጀቃ ኣቢለን ናብ ከረን እየን

ግዒዘን። ምምጻእ ናይ'ዘን ሽጉራት ድማ፡ ንጨንፈር ዕቑባት ከረን ተወሳኺ ጾር ነበረ።

* * *

ከረን፡ ተቐባሊት ተመዛበልቲ ኣብ ርእሲ ምንባራ፡ ናባዪ ዘይብሎም ግዳም ሓደር ቈልዑ ዝበዝሑዋ ከተማ ነበረት። እቶም ቈልዑ፡ ገሊኦም ወለዶም ብጸላኢ ዝተቐትሉዎም፡ ገሊኦም ብዝተፈላለየ ምኽንያት ዝሞቱዎም ወይ ዝተፈልዩዎም እዮም። እዞም ኣላዪ ዘይነበሮም ቈልዑ፡ ገሊኦም ኣብ ከተማ ኮለል እናበሉ ንኽብደም ክልምኑ ይውዕሉ፣ ዝተረፉ ድማ፡ ኣብ ፈቐዶ፣ ጉደናታትን ባራትን ተዋፊሮም መሮር፡ ፋል፡ ማስቲካ፡ ካራሜላ፡ ሽጋራ፡ ወዘተ. እናሸጡ ይነባበሩ። ከም ሳዕቤኑ ከኣ ሓያሎ ካብኣቶም ሽጋራ ምትኻክን ካልእ ዘይቅቡል ጠባያትን ዘማዕበሉ ነበሩ።

ክፍሊ ማሕበራዊ ጉዳያት ጨንፈር ዕቑባት ከረን፡ እቶም ቈልዑ ብግቡእ ተኹስኲሶም እንተዓብዮም፡ ንመጻኢ ጥዑያት ዜጋታት ከምዝኾኑ ብምእማን፡ ኣብ ሓደ ቦታ ጠርኒፉ ክናብዮም ወሰነ። ኣብ ግንቦት 1978 ከኣ ዝዕቈቡሉን ዝመሃርሉን ስፍራ ኣዳልዩ ንምእኻቦም ተበገሰ።

ነዚ ዕማም'ዚ ከተግብሩ ሓላፍነት ዝተዋህቦም ሸዱሽተ ኣባላት ናይቲ ክፍሊ፡ ድሕረ-ባይታ'ዞም ግዳምሓደር ቈልዑ እናጽንዑ ክእክቡዎም ጀመሩ። ዝተዳለወሎም ስፍራ፡ ኣብ ጥቓ ካልኣይ ደረጃ ቤት ትምህርቲ ኣጼ ዳዊት ነበረ። መግቢ፡ ክዳውንቲ፡ ዓራውቲ፡ ጥራውዝትን ካልእ ንመነባብሮን መምሃርን ዘድሊ ነገራት ተቐሪቡ፡ ኣብቲ ፈለማ ልዕሊ 50 ዘኽታማትን ደቂ ድኻታትን ቈልዑ ኣብቲ መዕቈቢ ከምዝኣትዉ ተገብረ። ገለ ካብቶም ቈልዑ፡ ምስቲ ዝነበረ ናይ ኲናት ሃዋህው ንበይኖም ካብ ኣስመራ ዝመጹ እዮም። ኣብታ ከተማ ተዓቚበን ካብ ዝነበራ ኣንስቲ ተጋደልቲ፡ መግቢ ዘዳልዋን ጽሬት ዘኻይዳን ሰራሕተኛታት ብደሞዝ ተቘጽራ። ምስ ኣባላት ቤት ትምህርቲ ሰውራ ብምትሕብባር ድማ ስሩዕ ትምህርቲ ተጀመረ። እቶም ቈልዑ፡ ካብ 5 ክሳብ 14 ዓመት ዝዕድመኦም ነበሩ። ካብ መንጎኦም ኣብ ኣስመራ 3ይን 4ይን ክፍሊ ዝበጽሑ ነበሩዎም። ዝበዝሑ ግን ዕድል ትምህርቲ ዘይረኸቡ እዮም።

ኣብቲ ፈለማ ገለ ናይ ደቂሹቕ ጠባይ ዝነበሮም፡ ናይ ጉደና ህይወት (ሽጋራ ምስሓብ፡ ስርቂ፡ ልመና፡ ምሕሻሽ፡ ወዘተ.) ዝናፈቑ ቈልዑ ካብቲ መናበዪ ክሞልቁ ጀሚሮም እኳ እንተነበሩ፡ ኣተሓሕዛኦም ንምምሕያሽ ብዝተገብረ ጻዕሪ፡ ከምኡ'ውን እኹልን ዝተመጣጠነን መግቢ ይቕረበሎም፡ በብዓይነቱ ክዳውንቲ ይክደኑ ስለዝነበሩ፡ ካልኦት ግዳም-ሓደር ቈልዑ

ንዕኦም ርእዮም ባዕሎም ናብታ ኣሕዳሪት ቤት ትምህርቲ ክመጹ ጀመሩ። ክሳብ ጥቅምቲ 1978 ከኣ ብዝሖም 75 በጽሐ። ክፍሊ ማሕበራዊ ጉዳያት ጨንፈር ከረን፡ ብዘይካ'ዚኣቶም፡ ክሳብ ሓምለ 1978 ኣብ ዝነበረ ኣዋርሕ፡ 370 ናይ ትምህርቲ ድሌት ዝነበሮም ቈልዑ ናብ ቤት ትምህርቲ ሰውራ ሳሕል ከልእኽ ክኢሉ'ዩ።

ክፍሊ ማሕበራዊ ጉዳያት ጨንፈር ከረን፡ ብተወሳኺ፡ ኣላዪ ስኢኖም፡ ጉልባቦም ቀሊዖም ኣብ ልመና ተዋፊሮም ዝነበሩ ዕድመ ዝደፍኡ ሰኡናት ኣረጋውያን፡ ኣብ ሓደ ቦታ ኣኪቡ ንክናብዮም መደብ ኣውጺኡ ነበረ። እቲ መደብ ኣብ መጽናዕቲ እንከሎ ወተሃደራዊ ኩነታት ተቐያይሩ ናይ ምዝላቕ ኩነታት ስለዘርከበ ግን ኣይተተግበረን።

ውግእ ሰምሃር ዘስዓቦ ምምዝባል

ኣብ መወዳእታ ወርሒ ናይ 1978፡ ህዝባዊ ሰራዊት ንሰፊሕ ከባቢታት ሰምሃር ሓራ ኣውጺኡ፡ ዓቢ ክፋል ከተማ ባጽዕ ኣብ ዝተቘጻጸረሉ ወቕቲ፡ ጸላኢ ሕን-ሕነ ናይቲ ዝወረዶ ከቢድ ስዕረት፡ ብነፈርትን ከቢድቲ ኣጽዋርን ኣብቲ ከባቢ ንዝርከባ ዓድታት ክድብድበን ስለዝጀመረ፡ ብዙሕ ህዝቢ እንተላይ ካብ ህዝቢ ባጽዕ ህይወቱ ንምድሓን ናብ ዶጎሊን ካልኦት ቁሸታትን ሃደመ። ገለ ድማ ኣብ በረኻ ኣብ ዝረኸቦ ቢንቶታትን ቈጥቋጣትን ተሸጐጠ። ካብ ገዛኡ ጥራይ ኢዱ ስለዝወጸ፡ ብቕጽሪ ውሑድ ዘይኮነ ህዝቢ ብስእነት መግቢ ኣዝዩ ተሸገረ። ገሊኦም ብፍላይ ኣብ ኣፈፌት ሞት ዝበጽሑ ነበሩ።

ተጋደልቲ ህዝባዊ ግንባር፡ ኣብ ጽንኩር ውግእ እናሃለዉ፡ ብዓቕሞም ነቲ ፈቐዶኡ ፋሕ ዝበለ ህዝቢ ክረድእዎን ካብ መድሃኒቶም ከማቕልዎን ድሕሪ ምጽናሕ፡ ኣብ ጥሪ 1978 ከተማታት ደንጎሎ፡ ግንዳዕ፡ እምባትኻላን ነፋሲትን ሓራ ስለዝወጻ፡ ህዝቢ እስትንፋስ ረኺቡ ናብኣተን ኣምርሐ። በዚ ከኣ ክፍሊ ማሕበራዊ ጉዳያት፡ ኣብ ለካቲት 1978 ኣብ ምሉእ'ቲ ዞባ እናተንቀሳቐሰ ተመዛበልቲን ጽጉማትን ዝረድእ ጨንፈር ኣብ ግንዳዕ ኣቘመ።

እዚ ጨንፈር ከም መበገሲ ብክፍሊ ቍጠባ ዝተዋህቦ 500 ኩንታል ሓርጭ ወድ-ዓከርን ሒደት ገንዘብን ነበሮ። እዚ ግን ምስቲ ኣብ ግንዳዕን ካልኦት ከተማታትን ቁሸታትን ዝነበረ ብኣሸሓት ዝግመት ሽጉር ህዝቢ ፍጹም ዘመጣጠን ኣይነበረን። ካብታ ብኩሉ መኣዝን ተኸቢባ ዝነበረት ኣስመራ እውን ዝበላዕ ዝሰኣነ ብዙሕ ሰብ ጥራይ ኢዱ ንግንዳዕ ይወርድ ስለዝነበረ፡ ቍጽሪ ተመዛበልቲን ሽጉራትን ዕለታዊ እናወሰኸ ኸደ። ኣብ ርእሲኡ፡ ኣብ ዓድታት እቲ ኸባቢ እውን፡ ስእነት ስለዝነበረ፡ ቍሩብ ትሕዝቶ

ዘለዎ ይኹን በተኽ፡ ኵሉ ከም ሸገር ኮይኑ እናቐረበ፡ "በጃኹም ርድኡና" እናበለ ይጣራዕ ብምንባሩ፡ ቅልጡፍ ሓገዝ ዘድልዮን ድሓን ዘኮነን ምልላዩ ኣሸጋሪ ነበረ።

ኣብ ከምዚ ዓይነት ውጡር ሃዋህው፡ ክፍሊ ማሕበራዊ ጉዳያት ጨንፈር ምብራቕ፡ ነቶም ውሑዳት ኣባላቱ ናብ ግንዳዕ እምባትኻላ፡ ደንጎሎ፡ ነፋሲት፡ ማይሓባር፡ እምበረሚ፡ ዙላ፡ ፎሮ፡ ኣፍታን ካልኦት ቁሸታትን እናንቀሳቐሰ፡ ዓቐንን ስፍሓትን ዘጽበዮ ዕማማት ንምፍላጥ ህጹጽ መጽናዕቲ ኣኻየደ። ኣብ ቀዳማይ እግሩ ድማ፡ ብግፍዒ ጸላኢ ኣባይቶም ምስ ምሉእ ንብረቱ ዝነደዶም፡ ጥሪት ዝተዘምትኦም፡ ካልእ ፍልይ ዝበለ ሓደጋ ዘጓነፎም፡ ኣንስቲ ተጋደልቲ፡ ካብ ዓድታቶም ዝተመዛበሉን በታኻት ደቂዓዲን ዝርከቡዎም 10 ሽሕ ህዝቢ መዝገበ። ኣብ ሰለስተ ደረጃታት ድማ ከፋፈሎም።

በዚ መሰረት፡ ነቶም ኣዝዮም ስኡናት (በታኻት) ምሉእ መቐነን፡ ነቶም ቍሩብ ትሕዝቶ ዘለዎም ከኣ ፍርቂ መቐነን ዓደሎም። ዝበዝሑ ካብዚኣቶም ኣብ መዓሽት ጥቓ እምበረሚ ተዓቚቦም ዝነበሩ ኹይኖም፡ ናብቲ ቦታ ሓርጭ ብኣግማል ክይተረፈ ጽዒኑ ከብጽሓሎም ጀመረ። ብመሰረት ናይ ሽው ጸብጻብ ክፍሊ ማሕበራዊ ጉዳያት፡ ሓንቲ 6 -7 ቈልዑ ዘለዉዋ ስድራቤት ወርሓዊ ብገምጋም ሓደ ኩንታል ሓርጭ ትወስድ ነበረት። የግዳስ፡ ኣብቲ ከባቢ ናይ መጥሓን ሸግር ስለዝነበረ፡ ዝበዝሓ ስድራ-ቤታት ነቲ ዝወሃበን መሸላ ወድዓከር ብጥሪኡ ኣብ ማይ ጠጢቐን ወይ ቀልየን ክምገባኦ ይግደዳ ነበራ። ናይ ዕንጸይቲ ጸገም እውን ነበረ። ኣብቲ ቦታ ብዘይካ ኤርትራውያን፡ ኣብ ወደብ ባጽዕን ካልእን ዝሰርሑ ዝነበሩ ብዙሓት ኢትዮጵያውያን ስድራቤታት እውን ነበሩ። ክሳብ'ቲ ንዓዶም ዝተፋነውሉ እዋን ድማ፡ ካብቲ ንኤርትራውያን ስድራቤታት ዝወሃበን መቐነን ዝትሕት ረድኤት ተዓዲሎም ኣይፈልጡን።

ክፍሊ ማሕበራዊ ጉዳያት ጨንፈር ምብራቕ፡ ነቶም ኣብ ሳልሳይ ደረጃ ዝሰርያም "ርእሶም ይኽእሉ እዮም" ዝበሎም፡ ገንዘቦም እናንቀሳቐሱ ናብራኦም ክመርሑ ዝኽእልሉ ናይ ስራሕ ባይታ ከመቻችኣሎም እዩ ወሲኑ። ብቑጽሪ ውሑዳት ስለዝነበሩ ከኣ፡ ምስ ኣባላት ጨንፈር ንግዲን ሸቐጥን ብምርድዳእ፡ ንኹሎም ናይ ንግዲ ፍቓድ ኣውሂቡ ኣብ ንኣሽቱ ሸቐጣት ኣዋፈሮም። የግዳስ፡ ምስቲ ድሒሩ ዘጋጠመ ወተሃደራዊ ኵነታት፡ ንግዳዊ ምንቅስቓሳቶም ከይዓመረ ኣብ መንን ስለዝተኹልፈ፡ ንሳቶም እውን ከም ሰቦም ጽግዕተኛታት ናይቲ ውድብ ኮኑ።

ካልእ ከም መቃለሊ ሸግር ዝተፈተነ ሜላ፡ ነቶም ደቂተባዕትዮ ጽርግያታት ኣብ ምስራሕን ንሕክምና ውድብ ዝኸውን ዕንጸይቲ ኣብ

ምእራይን ከምዝዋፈሩ፡ ደቀንስትዮ ድማ ነቶም ናብ ማእቶት ዝወፍሩ ሰብኡትን ኣብ ድፋዕ ዝነበሩ ተጋደልትን መግቢ ከምዘዳልዋ ምግባር ነበረ።

ኣብቲ ፈለማ፡ እቲ ጨንፈር ን35 ኣንስቲ ተጋደልቲ ኣብ ግንዳዕ ገዛ ኣውሂቡ ክሕግዘን ምስ ጀመረ፡ "ውድብና ንኣንስቲ ተጋደልቲ ትኣልየን ኣላ" ብምባል፡ ብዙሓት ተጋደልቲ ኣንስቶምን ደቆምን ሒዞም ናብ ግንዳዕ ብምምጻእ፡ ነቲ ክፍሊ ጸቕጢ ይፈጥርሉ ምንባሮም፡ ኣብ ጸብጻባት ጨንፈር ዕቑባት ዞባ ምብራቕ ተጠቒሱ ይርከብ።

ብተወሳኺ፡ ተልእኾን ኣገዳስነትን ክፍሊ ማሕበራዊ ጉዳያትን ኣበርክቶኡ ኣብ ምቅላል ጸገማት ህዝብን ብዕምቈት ዘይተገንዘቡ፡ ኣብ ተዋጋኢ ሰራዊትን ካልእ ንጥፈታትን ዝነበሩ ተጋደልቲ፡ ንኣባላት ክፍሊ ማሕበራዊ ጉዳያት "ሰፈርቲ ሓርጭ" እናበሉ የቈናጽብዎም ምንባሮም፡ ኣባላት ክፍሊ ህዝባዊ ምምሕዳር ድማ፡ ኣሰራርሓን ኣገባብን ናይቲ ክፍሊ ከይተኸተሉ፡ "እዚኣቶም ጽጉማት እዮም፣ ሃየ መሻርፍ ሃብዎም" እናበሉ ብዘይ መጽናዕቲ ሰባት የምጽእሎም ምንባሮም ኣባላት ክፍሊ ማሕበራዊ ጉዳያት የዘንትዉ። ከምዚ ዓይነት ጸቕጢን ምንሻውን ምስ በዝሖም ሓደ ግዜ፡ ኣብቲ ዞባ ናብ ዝነበረ ኣባል ፖለቲካዊ ቤትጽሕፈት ከይዶም ከምዝጠርዑ እውን ይገልጹ። እቲ መረረ ልክዕ ስለዝነበረ፡ ነቲ ጉዳይ ኣብ ኣኼባታት ብምልዓል፡ ኣገዳስነት ናይቲ ስራሕ እናበርሀ ምስ ከደ ድማ፡ ኣባላት ክፍሊ ማሕበራዊ ጉዳያት በብቑሩብ ክብረት ክረክቡ ጀመሩ። ኣብ ክፍሊ ማሕበራዊ ጉዳያት ዝምደቡ ዝነበሩ ተጋደልቲ፡ ብዘይካ'ቶም ብምኽንያት ስንክልና ኣብቲ ክፍሊ ዝተመደቡ፡ እቶም ካልኦት ጥዑያት ከም ኩሉ ተጋዳላይ ድሌቶም ኣብ ተዋጋኢ ሰራዊት ተመዲብካ ምስ ጸላኢ ምግጣም እዩ ዝነበረ። በዚ ድማ፡ ኣብቲ ፈለማ፡ እቲ ስራሕ ግዴታ ከይንዎም እንተዘይኮይኑ ይፈትውዎን ይቕበልዎን ኣይነበሩን።

ጎድኒ ጎድኒ'ቲ ናይ ረድኤት ንጥፈቱ፡ ክፍሊ ማሕበራዊ ጉዳያት ንምጥፋእ መሃይምነት ኣተኩሮ ሂቡ ዝሰርሓሉ ዝነበረ ንጥፈት እዩ። በዚ ድማ ኣብ ግንዳዕ ቤት ትምህርቲ ብምኽፋት፡ ነቲ ካብ ባጽዕ ተፈናቒሉ ዝመጸ ህዝቢ መሃይምነት ናይ ምጥፋእ ዘመተ ጀመረሉ። ኣብቲ ፈለማ ናይ ጥራዝን መጻሓፍን ሕጽረት እኳ እንተነበረ፡ ብሓገዝ ቤት-ትምህርቲ ሰውራ ከምዝማላእ ስለዝተገብረ፡ እቲ ዘመተ ብመጠኑ ዕዉት ነበረ።

ክፍሊ ማሕበራዊ ጉዳያት ጨንፈር ዞባ ምብራቕ፡ በቲ ዝነበረ ኣዝዩ ድሩት ዓቕሚ፡ ንኣሽሓት ተመዛበልቲን ጽጉማትን ሓጊዙ ኢሉ'ኻ ክትዛረብ ኣዝዩ ኣጸጋሚ እዩ። ሸጉራት ከለዉ ብሰንኪ ዋሕዲ መቑንን ከይተዓደሉ ዝተረፉ ኣሽሓት ዜጋታት ነይሮም እዮም። ሓደ ካብ መሰረትቲ ኣባላት

ክፍሊ ማሕበራዊ ጉዳያት ጨንፈር ምብራቕ ተጋዳላይ ሃብቶም ስዩም (ኢባ)፡ ሽዑ ኣብ ዝጸሓፎ ጸብጻብ፡ እቲ ናይ ረድኤት ንጥፈት፡ "ሓንቲ ለሚን ን350 ሰብ ከተኻፍል ከም ምፍታን'ዩ" ክብል ገሊጽዎ ይርከብ።

ኣብ መወዳእታ 1978፡ ብዝሒ ኣባላት ክፍሊ ማሕበራዊ ጉዳያት ጨንፈር ምብራቕ 18 በጺሑ ነበረ። መብዛሕትኦም ኣቐዲሞም ኣብ ተዋጋኢ ሰራዊት ዝነበሩ ኩይኖም፡ ስንክልና ምስ ኣጋጠሞም ናብቲ ጨንፈር ዝተመደቡ እዮም።

* * *

ኣብ ነሓሰ 1978፡ ክፍሊ ማሕበራዊ ጉዳያት፡ ረድኤት ዘድልዮ ጽጉም ህዝቢ ዞባ ምብራቕ፡ ከም ብሓድሽ ብዝጸፈፈ ኣገባብ መጽናዕቲ ኣካየደሉ። ኣብ ግንዳዕ፡ ካብ ወተሃደራት ኢትዮጵያ ዝተወልዱ ኣደታቶም ዝገደፉኦም ቈልዑን ክልምኑ ዝውዕሉ ካልኦት ዘኽታማትን ኣለልዩ ድማ ኣብ ሓደ ኣከቦም። ኣብ ባጽዕ እውን፡ ወለዶም ሓዲጎሞም ናብቲ ጸላኢ ዝነበሮ ዉሽጢ ከተማ ምስ ኣተዉ፡ ዝተኸርደኑን ኣብቲ ሓራ ዝወጸ ክፋል ናይታ ከተማ ንበይኖም ብዘይ ኣላዪ ዝተረፉን ቈልዑ ነበሩ። ነዚኣቶም ጠርኒፉ ኣብ ደንጎሎ ላዕላይ ኣሰፈሮም። ገለ ካብቶም ቈልዑ፡ ቀልቀሎም እኳ ክቈጻጸሩ ዘይኽእሉ፡ ኣዝዮም ንኣሽቱ ነበሩ። እታ ዝነኣሰት ስድራኣ ዘይተፈልጡ ቈልዓ፡ ኳል 6 ወርሒ ነበረት። ኣደኦም ኣብ ውሽጢ ባጽዕ ምስ ተኸርደነት፡ ብዘይ ናባዪ ዝተረፉ 6 ኣሕዋት እውን ኣብ መንጎኦም ነበሩ።

ኣባላት ክፍሊ ማሕበራዊ ጉዳያት ጨንፈር ምብራቕ፡ ካብ ጨንፈር ዕቑባት ከረን ብዝተረኽበ ተሞኩሮ፡ ነዞም ቈልዑ፡ ንእሽቶ ኣሕዳሪት ቤት-ትምህርቲ ኣብ ደንጎሎ ላዕላይ ከፊቶም ክምህሩዎምን ክናብዩዎምን ጀመሩ። እታ ቤት ትምህርቲ ንመመገቢኦም፡ መምሃሪኦምን መደቀሲኦምን ዝኸውን 7 – 8 ክፍልታት ነበራ። ካብተን ኣብ ግንዳዕ ዝነበራ ጽጉማት ኣንስቲ ብደሞዝ (እኽሊ) ቈጺሮም ድማ ከም ዝናብይኦም ገበሩ። እቶም ቈልዑ፡ ዘዝበለጸ መግቢ ይቐረበሎምን ካብ ግንዳዕ ከይተረፈ ኣሕምልቲን ፍረታትን ይመጾምን ስለዝነበረ፡ ኣብ ሓጺር ግዜ ብዙሕ ለውጢ ኣርኣዩ። ብዝሒ ናይ'ዞም ኣብ ኣሕዳሪት ቤት ትምህርቲ ደንጎሎ ዝናበዩ ዝነበሩ ቈልዑ፡ 32 ነበረ።

ሰሜን፡ ግዳይ ተኸታታሊ ወፍሪታት ጸላኢ

ካብ ኣስመራ ንሰሜን ዝርከብ፡ ብኣጸዋውዓ ተጋደልቲ፡ ዞባ ሰሜን ዝበሃል፡ ሰሜናዊ ክፋል ኣውራጃ ሓማሴን፡ ንገለ ክፋል ኣውራጃታት

ሰንሒት፡ ሰምሃርን ሰራየን ዘጠቓልል ኮይኑ፡ ድሕሪ 1975 ቐጸለ ወተሃደራዊ ግጥማት ዝካየደሉ ዓውደ ኲናት ኮይኑ ነበረ። ሚዛን ወተሃደራዊ ሓይሊ ናብ ሓይልታት ሰውራ እናዛዘወ ምስ ከደ ግና፡ ጸላኢ ኣብቲ ከባቢ ኣብ ፈቐዶ ዓድታትን በረኻታትን ኣዋፊሩዎ ዝነበረ ሰራዊትን ሓይሊ ፖሊስን ብምስሓብ፡ ኣብ ዓዲተከለዛን፡ በለዛን ማይሑጻን ጠርነፎ። ከሳብ'ቲ ከረን ሓራ ወጺኣ ሰራዊት ጸላኢ ኣብ ኣስመራን ከባቢኣን ጥራይ ዝሕጸር ዝተኻየደ ብዙሕ ወፍሪታት ጸላእን ግጥማትን ግና፡ ነቲ ህዝቢ ግዳይ ገይሩዎ ነበረ። ወፍርታት ጸላኢ ዘበዝሕ ግዜ ኣብ እዋን ቀውዒን ክረምትን ይካየድ ብምንባሩ፡ ህዝቢ ግራውቱ ንኸይሓርስን ምህርቱ ከይእክብን ዓንቃጺ ነበረ። ብተወሳኺ ኣብ ዓድታት ወኪድባ፡ ሃዘጋ፡ ዓዲገብሩ፡ ዓዲተኽላይ፡ ዓዲወርሒ ሰብ፡ ዓዲንኣምን፡ ጉሽ፡ ሓድሽ ዓዲ፡ ዓዲሃብተስሉስ፡ ሸንጅብሉቕ፡ ዓዲሸማግለ፡ ዓዲመርዓዊ፡ ዓዲቐንጺ፡ ዓዲ-ያቀብ፡ ወዘተ ዜጋታት ብቐጻሊ ይቕተሉን ይግፍዑን፡ ኣደራሻትን ዘራእትን ይነድድን ብዙሓት ጥሪት ይበርሳን ምንባረን ድማ ይፍለጥ።

ኣብ ሓምለ 1977፡ ከረን ብህዝባዊ ግንባር ሓራ ድሕሪ ምውጻኣ፡ ምንቅስቓስ ጸላኢ ካብ ኣስመራ ናብ በለዛ ጥራይ ክሕጸር ተገደደ። እዚ ኩነታት'ዚ፡ ነቲ መረበቱ ራሕሪሑ እናሻዕ ናብ በረኻታት ዝሃድምን ኣብ ፈቐዶ ብዓቲታትን ቈጥቋጥን ዝሰፍርን ዝነበረ ህዝቢ እፎይታ ስለዝፈጠረሉ፡ ናብ ዓድታቱ ኣትዩ፡ ውራይ ሕርሻኡ ክገብር ዕድል ሃቦ። ቀቅድሚ ስትራተጂያዊ ምዝላቕ ኣብ ዝነበረ እዋን ከኣ፡ ጸላኢ ንሓይልታት ሰውራ ካብ ከባቢ ኣስመራ ንምርሓቕ ሰራዊቱ ናብ ወኪድባ፡ ዓዲ-ቐንጺ፡ ጽዓዘጋ፡ ዓዲተኽላይ፡ ዓዲ-ገብሩን ሕምብርትን ሓደ ወፍሪ ኣኻይዱ ነበረ። ኣብቲ ወፍሪ፡ ታንክታት፡ መዳፍዕን ነፈርቲን ተጠቒሙ ንብዙሓት ዓድታት ሓመደን ንላዕሊ ገበረን። እቲ ናብ ዓድታቱ ብምእታው መነባብሮኡ ክኻይድ ጀሚሩ ዝነበረ ህዝቢ ከኣ፡ ህይወቱ ንምድሓን ዳግማይ ክሃድም ተገደደ።

እዚ ወተሃደራዊ ኩነታት'ዚ፡ ንምሉእ ህዝቢ ዞባ ሰሜን ኣረኻኺብሉ እኳ እንተኾነ፡ ብዝያዳ ግን ነተን ሓልፉይ ዘይነበረን ሰብኡተን ኣብ ቃልሲ ዝተሰለፉ ኣንስቲ ተጋደልቲ ብኸቢድ ሃሰየን። ገለ ካብተን ኣንስቲ ተጋደልቲ ምስ ደቀን ካብ ኣስመራ ወጺኣን ኣብ ዓድታተን ዝተዓቚባን ናብራ ገጠር ከቢዱወን ኣብ ከቢድ ሕሰም ዝወደቓን እየን ነይረን። ገሊኣን ድማ፡ ደቂ ገጠር ክንሰን ኣብዑር፡ ጉልበት ይኹን ገንዘብ ስለዘይነበረን፡ ግራውተን ዝሓርስለን ስኢነን ምስ መዓንጣ ዘይቈጸሩ ደቀን ብጥሜት ዝተጠቕዓ ነበራ። ነዚ ጸገማት'ዚ ዝርኣዩ ኣባላት ክፍሊ ህዝባዊ ምምሕዳር ኮነ፡ ኣብቲ ኸባቢ ዓሪዶም ዝነበሩ ተጋደልቲ ሓይልታት፡ ካብቲ ዝወሃቦም ዝነበረ ዘይጠቅም መሻርፍ እናነከዩ፡ ነተን ኣዘየን ሽጉራት ክሕግዘወን ይፍትኑ ነበሩ። ሓልፉይ

ንዘይብሎም ሸማግለታት፡ ሕሙማት፡ በተኻትን መበላልትን እውን እቶም ተጋደልቲ ግራውቶም ባዕሎም ሓሪሶም ባዕሎም ይዓጽዱሎም፡ ምህርቲ ይእከቡሎምን ሰርወታቱ ነዲዱ ዝዓነወ ኣባይቶም ከአ ይጽግንሎምን ነበሩ።

ክፍሊ ህዝባዊ ምምሕዳር (ጀማሂር) ጨንፈር ዞባ ሰሜን፡ ሸግር ናይቲ ህዝቢ ብቐረባ ይፈልጦ ስለዝነበረ፡ ንገለ ካብተን ሽጉራት ኣንስቲ ተጋደልቲ ደብዳበ ሂቡ ናብ ደብዓት የፋንወን ነበረ። እዚ ግን ፍታሕ ዘምጽእ ኣይነበረን። እቲ ህዝቢ ኣብ ዓድታቱ ኮይኑ ሓገዝ ዝረክበሉ ኩነታት ክፍጠር ነይሩዎ። በዚ ድማ እኽሊን ብርኽት ዝበለ ክዳውንትን ጠለበ። እቲ ዝተዋህቦ እኽሊ ውሑድ ብምንባሩ ግና፡ ንኣዝየን ጽጉማት ኣንስቲ ብምስጢር ከምዝዕደለን ገበረ። እቲ ክዳውንቲ ከአ ንጽጉማት ተማሃሮ ተዓደለ። እዚ ሓገዛት'ዚ ግን፡ ምስ ዕብየትን ስፍሓትን ናይቲ ሸግር ትርጉም ኣይነበሮን። ነተን ኣዝየን ዝተጸገማ ኣንስቲ ተጋደልቲ እናጽንዐ ድማ፡ ናብ ደብዓት ምፍናወን ቀጸለ። ክሳብ ፈለማ 1978፡ ካብቲ ዞባ ብጀማሂር ዝተላእካ ብርኽት ዝበላ ኣንስቲ ተጋደልቲ ደብዓት ከምዝአተዋ ይፍለጥ።

እዚ ከምዚ ኢሉ እንከሎ፡ ኣብ መጋቢት 1978፡ ክፍሊ ማሕበራዊ ጉዳያት ኣብቲ ዞባ ብህጹጽ ሓደ ጨንፈር ብምቛም፡ ሸግር ናይቲ ህዝቢ ንምፍታሕ ሓላፍነት ተሰኪሙ፡ ኣብ ዛግር ስርሑ ጀመረ። ቀዳሚ ሓገዝ ምሃብ፡ እቲ ህዝቢ ቀጠባዊ ትሕዝቶኡ ተጸኒዑ በብደረጃኡ ክስራዕ ስለዝነበሮ ከአ፡ ብኣባላት ክፍሊ ማሕበራዊ ጉዳያት ጨንፈር ዞባ ሰሜን ዳህሳሳዊ መጽናዕቲ ተኻየደ። ኣብ ወረዳታት ካርንሽምን ደምበዛንን ጥራይ ብዝካየዱዎ መጽናዕቲ፡ 463 ሽጉራት ኣንስቲ ተጋደልቲ ምስ 1,283 ደቀን ከምዝነበራ ኣረጋገጹ። ካብ መንግ'ቲ ህዝቢ እውን ብዙሓት ሓገዝ ዘድልዮም ሽጉራት ከምዘለው ተገንዘቡ። ድሕሪ'ዚ መጽናዕቲ'ዚ፡ ኣብ ሚያዝያ ናይቲ ዓመት'ቲ ንኣዝዮም ጽጉማት ረድኤት ምዕዳል ተጀመረ። እቲ ዕደላ፡ ኣብቲ ፈለማ ንሓደ ሰብ 20 ኪሎ ነበረ። ድሓር ግን ሽጉራት ብምብዝሖም፡ እቲ መጠን ናብ 12 ኪሎ፡ ጸኒሑ'ውን ናብ ሸሞንተ ኪሎ ወረደ። ሓራሳት፡ ሕሙማት፡ ህጻውንትን ካልእ ፍሉይ ጸገም ዘለወን ኣንስቲን ከአ ዝተመጣጠነ መግቢ ንክረክባ ተባሂሉ ብመጠኑ ገንዘባዊ ሓገዝ ይግበረለን ነበረ።

ብዘይካ'ዚ፡ ክፍሊ ማሕበራዊ ጉዳያት ምስ ክፍሊ ህዝባዊ ምምሕዳር ዞባ ሰሜን ብምርድዳእ፡ ንኣንስቲ ተጋደልትን ካልኦት ኣዝዮም ጽጉማትን፡ ካብ ህዝቢ ብሓገዝ ዝተዋጽአ ዘርኢ ሂቡ፡ ግራውቶም ብናይ ዓዲ ኣብዑር ከም ዝሕረሰሎም ገበረ። ኣብ ገለ ዓድታት ድማ፡ ጽጉማት ኣንስቲ ኣብ እዋን ዋሬዳ ናይ ሓባር መሬት ተዋሂቡወን ብሓባር ከምዝሓርሳኦ ገበረ። ዓድታተን ኣብ ትሕቲ ጸላኢ ንዝነበረ ገለ ኣንስቲ ተጋደልቲ እውን፡ ኣብ ዛግር ካብ ገባር ገዛውቲ (ህድሞታት) ለሚኑ ኣውሃበን። እዚ ይኹን'ምበር፡ ክፍሊ ማሕበራዊ ጉዳያት ጨንፈር ዞባ ሰሜን፡ ብሰንኪ'ቲ ዝነበሮ ዋሕዲ

ኣባላትን ትሕዝቶን፡ ከምኡ'ውን ብሰንኪ'ቲ ኣብቲ እዋን'ቲ ተ.ሓ.ኤ እትፈጥሮ ዝነበረት ምትዕንቃፋት፡ ራሕቂ ቦታ፡ ወዘተ. ነቲ ኣብ ወረዳታት ጽልማ፡ ሎጎ-ጭዋ፡ ደቀተሸም፡ ሚናበ-ዘርኣይ፡ ዓንሰባ፡ ሰለባን መንሳዕን ዝነበረ ሸጉር ህዝቢ ይትረፍ ክረድኦ ከጽንዕ እውን ኣይከኣለን።

ኣብ ሕዳር 1978፡ እዚ ጨንፈር፡ ሸግር ናይቲ ሓረስታይ ህዝቢ ንምፍታሕ መጽናዕቲ ክካይድ ጀመረ። ሽዑ፡ ኣባላቱ ሰሲኖም ብቑጽሪ ትሽዓተ በጺሖም ነበሩ። ብቐዳምነት ድማ ነቲ ዓድታቱ ገዲፉ ኣብ ፈቐዶ ሰንጭሮታትን ኩርባታትን ቈሺቱ ኣብ ሕማቕ መንብሮ ወዲቑ ዝነበረ ህዝቢ ወረዳታት ሚናበ-ዘርኣይን ደቀተሸምን ከጽንዕ ተበገሰ። እንተኾነ፡ ኣባላቱ ናብተን ዓድታት ከይዶም መጽናዕቶም ክጅምሩን፡ ወተሃደራዊ ኩነታት ክቀያይርን ሓደ ኮነ። እቲ ሓፈሻዊ ስትራተጂያዊ ምዝላቕ ዘኸተለ መጠነ ሰፊሕ ወራር ድማ ኣርከበ።

ክፍሊ ማሕበራዊ ጉዳያት ጨንፈር ዞባ ሰሜን፡ ካብ መጋቢት 1978 ክሳብ ሕዳር 1978 እዋን ምዝላቕ ን4,758 ሸጉራት ናይ እኽሊ፡ ክዳውንቲ፡ ኮቦርታን ገንዘብን ሓገዝ ከምዝገበረ ናይቲ ግዜ'ቲ ሰነዳቱ የመልክት።

ንጥፈታት ጨንፈር ማሕበራዊ ጉዳያት ዞባ ደቡብ

ብኣጸዋውዓ ተጋደልቲ፡ ዞባ ደቡብ፡ ንዝዓበየ ክፋል ኣውራጃ ኣከለጉዛይ፡ ገለ ክፋል ኣውራጃ ሰራየ፡ ደቡባዊ ክፋል ኣውራጃታት ሓማሴንን ሰምሃርን ዘጠቓልል እዩ። ኣብ 1977-1978 መድረኽ ሓርነት ከተማታት ከኣ፡ ደቀምሓረ ቀንዲ መዋፈሪት ናይቲ ዞባ ነበረት።

ድሕሪ ሓርነት ደቀምሓረ፡ ኣብ ድቡባዊ ኣስመራ ካብ ጸሎትን ዓዲ-ሓውሻን ክሳብ ሰላዕ-ዳዕሮን ክንዮኡን ዝዝርጋሕ ከቢድ ምርብራብ ዝተኻየደሉ ግንባር እዩ ተመስሪቱ። ከም ሳዕቤን ናይቲ ዝካየድ ዝነበረ ኩናት፡ ስድራ-ቤታት ተጋደልቲ ዝርከቡዎም ብዙሓት ነበርቲ ናይቲ ከባቢ ኣብ ደቀምሓረ ተኣኪቦም፡ ንከቢድ ማሕበራዊን ቁጠባውን ሸግራት ተቓሊዖም ነበሩ። ብሰንኪ ግፍዕታት ጸላኢ ካብ ኣስመራ፡ ባጽዕን ጾሮናን ሃዲሞም ብምምጻእ ኣብታ ከተማ ኣብ ትሕቲ ውድብ ዝተዓቘቡን፡ ብሰንኪ ሕሰም ናይ መነባብሮ ካብ ዓድዋ(ትግራይ) ተሰዲዶም ዝመጹ ተጋሩን እውን ነበሩ።

ክፍሊ ማሕበራዊ ጉዳያት፡ ነቲ ዝነበረ ሸግር ንምፍታሕ ኣብ ፈለማ 1978 ክልተ ዝኣባላታ ጨንፈር ኣብ ደቀምሓረ ኣቐሙ ክንቀሳቐስ ጀመረ። በቲ ዝነበረ ድሩት ዓቕሚ ድማ፡ ንስድራ-ቤት ተጋደልቲ፡ ሓራሳትን ፍሉይ ሸግር ዘለወን ስድራ-ቤታትን ውሱን ገንዘባዊ ሓገዝ ክገብር ከሎ፡ ነቲ ካብ

ዝተፈላለየ ቦታታት ዝተመዛበለን ኣብ መረበቱ እናሃለወ ስእነት ዘጋጠሞን ሽጉር ህዝቢ እኽሊን ክዳውንቲን ከመቃርሕ ፈተነ። ምስ ጨንፈር ስንቂ ብምርድዳእ ከኣ፡ ስሒት እናበለ ከም ጨውን ሽሮን ዝኣመሰለ ንጸብሒ ዝኸውን ኣስቤዛታት ይዕድል ነበረ። ኣባላት ክፍሊ ህዝባዊ ምምሕዳርን ኣሃዱ 06ን ድማ፡ ነቲ ኣብ ዝተፈላለየ ዓድታት ዝነበረ ሽጉር ህዝቢ ንምጽናዕ ኣብ ዝካየድ ዝነበረ ስራሕ ምስ ክፍሊ ማሕበራዊ ጉዳያት ይተሓጋገዙ ነበሩ።

እዚ ጨንፈር'ዚ፡ ክሳብ'ቲ ወተሃደራዊ ኲነታት ተቐያይሩ ህዝባዊ ግንባር ካብ ዞባ ደቡብ ዘዝለቐሉ ሓምለ 1978፡ ንልዕሊ 2,300 ሽጉራት ናይ ገንዘብ፡ እኽሊ፡ ክዳውንትን ኮበርታታትን ሓገዝ ከመቃርሕ ከሎ፡ ካብ ደቡባዊ ግንባር ኣብ ዘዝለቐሉ፡ እቲ ጨንፈር፡ ኣብ መኽዘኑ ዝነበረ፡ መጠኑ ዘይተነጸረ ሓርጭን ክዳውንትን ነቲ ህዝቢ ዓዲሉ ናብ ደንጎሎ ኣንሰሓበ። ምስቲ ናይ ዞባ ምብራቕ ጨንፈር ዕቑባት ድማ ተጸንበረ። እቲ ብኡ ዝጥወር ዝነበረ ሓፋሽ ህዝቢ ገለኡ ምስኡ ናብ ደንጎሎን ግንዳዕን ክኸይድ ከሎ፡ እቲ ዝተረፈ ድማ ናብ ከረን ኣምርሐ።

ጉዕዞ ተመዛበልቲ ህዝቢ ናብ ደጀን ህዝባዊ ሓይልታት ሓርነት ኤርትራ
ሱ ዳ ን
ኤ ር ት ራ
ቓጣን
01-05/1976
መደበር ዑቑባት ደብዓት
05/1976 - 01/1979
ዜሮ
06-12/1975
ቀርጸት
ቅብር ወእት
ሕሸክብ
ብሊቓት
ደብዓት
ዓገት
ናቕፋ
ባቕላ
እንድላል
ቃምጨዋ
ኩብኩብ
አፍዓበት
ቀልሃመት
ሓልሓል
ቆጋይ
ገለብ
ሽዕብ
ሓጋዝ
ከረን
ኤደን
ምራራ
ሰለሙና
ደቀምሓረ
ጋሕቴላይ
እምበረሚ
ምጽዋዕ
ሕርጊጎ
ወቐሮ
ማርሳ ተኽላይ
ማርሳ ጉልቡብ
መሕበሪ
0 5 10 20 30 40

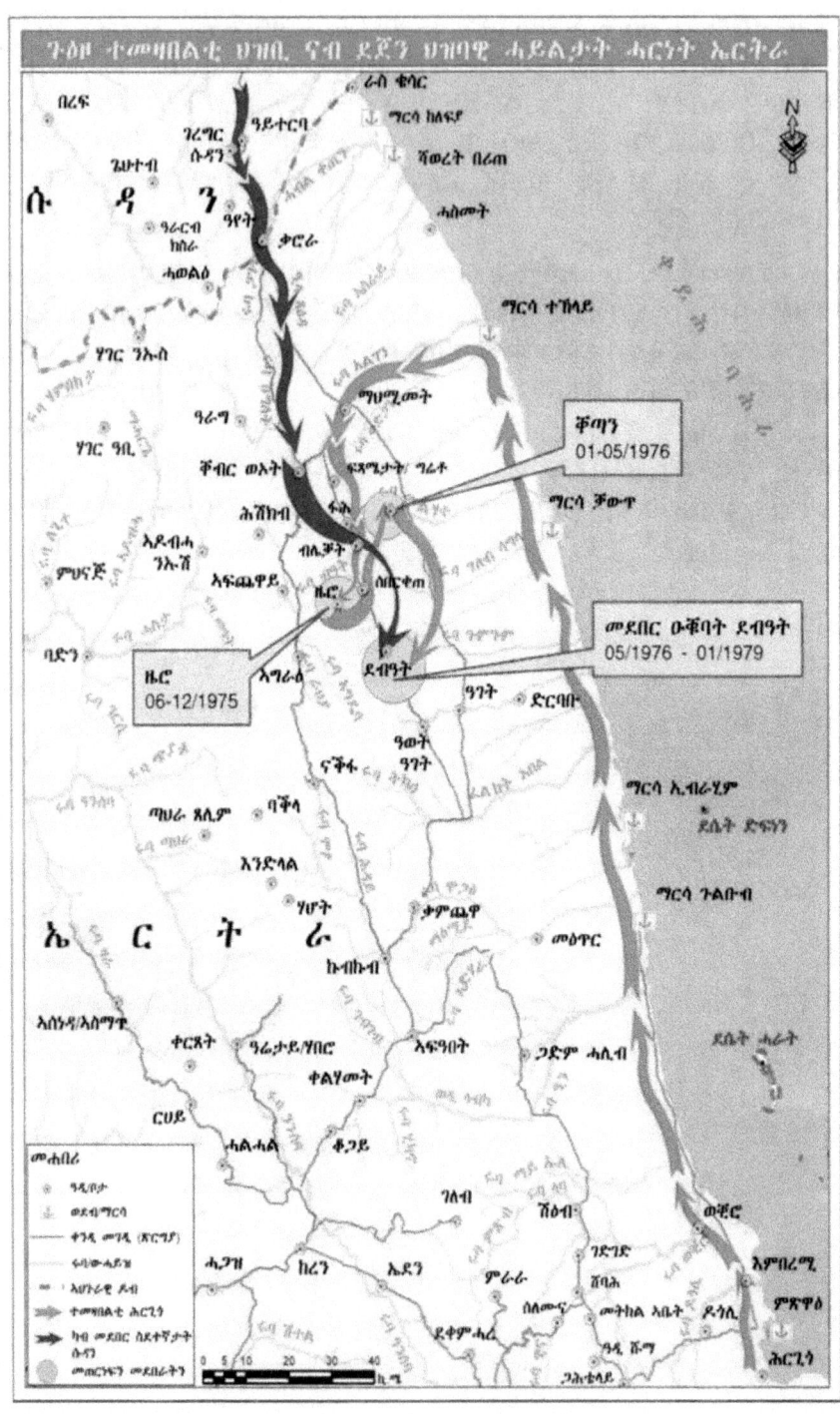

ጉዕዞ ተመዛበልቲ ካብ ከባቢታት ዛግርን ደቀምሓረ ናብ መእከቢ ፍልፍል ስለሙና
N
ሽባሕ
ምራራ
ፍሽይ
መትከል ኣቤት
ስለሙና
ዓሱስ
መዓልዲ
ፋጌና
ፍልፍል
ደቀምሓረ
ሳብር
ዳንጉራ
ወኪ
ዛግር
ዓዲ ሹማ
ባሕሪ ባራ
ፈረስገ
ጋሕቴላይ
ዓዜን
ሳብር ስጊ
ስረጀቓ
ገረሚ
ጼዜን
ግራት ኣውሊዕ
ደንጎሎ ታሕታይ
ደማስ
ርእሲ ዓዲ
ጊንዳዕ
እምባ ደርሆ
ድርፎ
ደንጎሎ ላዕላይ
ሃዘጋ
ዓዲ ንፋስ
እምባትካላ
ወኪዱባ
ዓርበሮብዕ
ነፋሲት
ሞጎት
ኣስመራ
ቁሸት
ጸሎት
ማይ ሓባር
ዓዲ ጓዕዳድ
ዓዲ ሓወሻ
ላምዛ
ዓዲ ሮሶ
ስላዕ ዳዕሮ
እምበይቶ
በለስቶ
ሓኪር
ጋዴን
ዓላ
ወቐርቲ
ሸከቲ
ድባርዋ
ኣድግና
ኣፈልባ
ኮርባርያ
ደቀምሓረ
ማዕረባ
ሰገነይቲ
ትኹል
እንዳደቆ
ጉራዕ
0 2.5 5 10 15 20 ኪ.ሜ
መሓበሪ
ዋና ከተማ
ከተማ/ዓዲ/ቦታ
ቀንዲ ጽርግያ(መገዲ)
ሩባ/ውሒጅ
ጉዕዞ ተመዛበልቲ
መእከቢ ቦታ

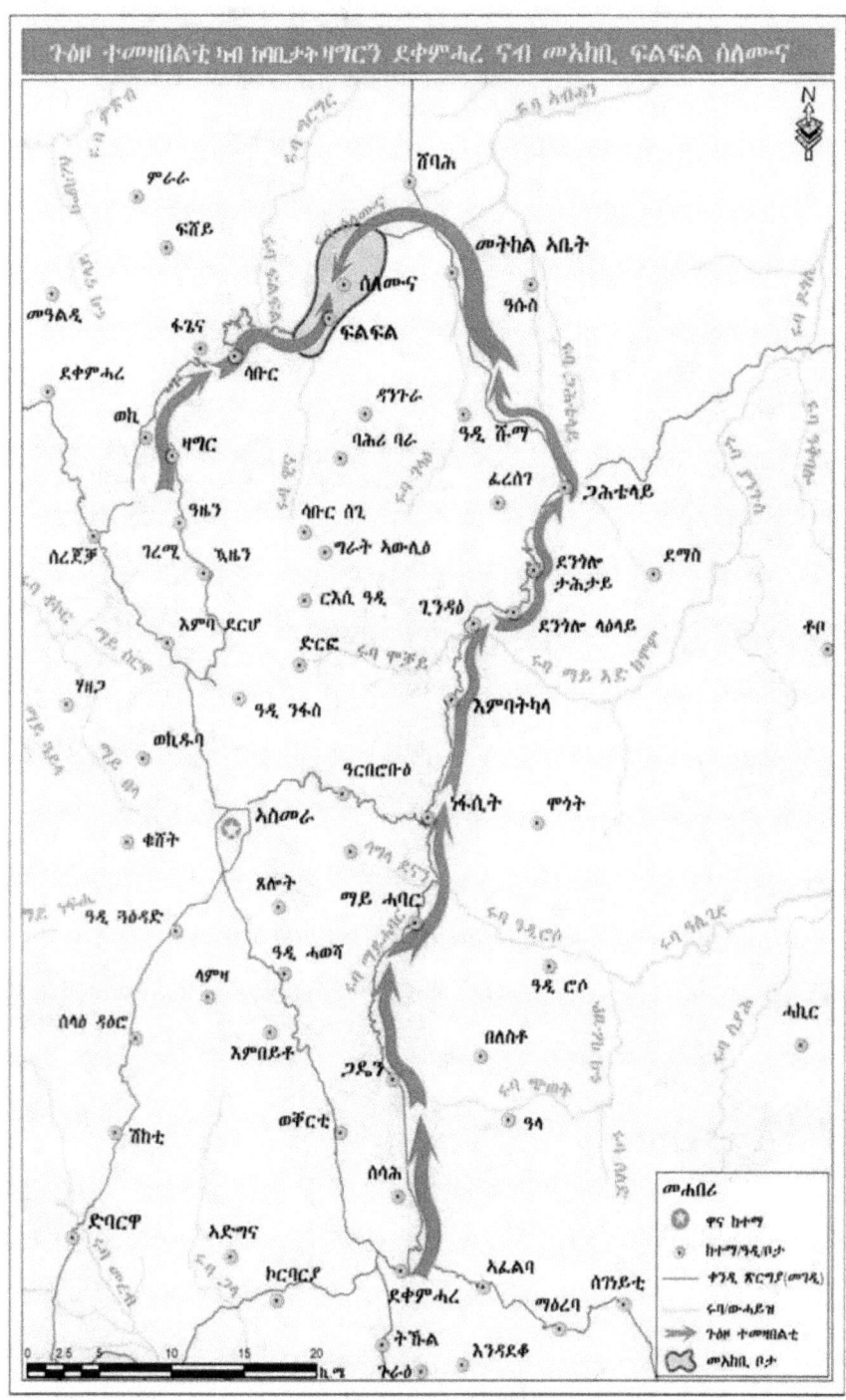

ዘይተነግረ ገድሊ

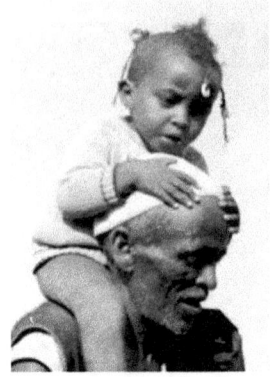

ሓድጊ ኲናት፡ ስደትን ምክልባትን ህዝቢ

ህይወት ኣብ መደበር ዕቝባት

ድሕረ ባይታ ምስረታ መደበር ዕቁባት

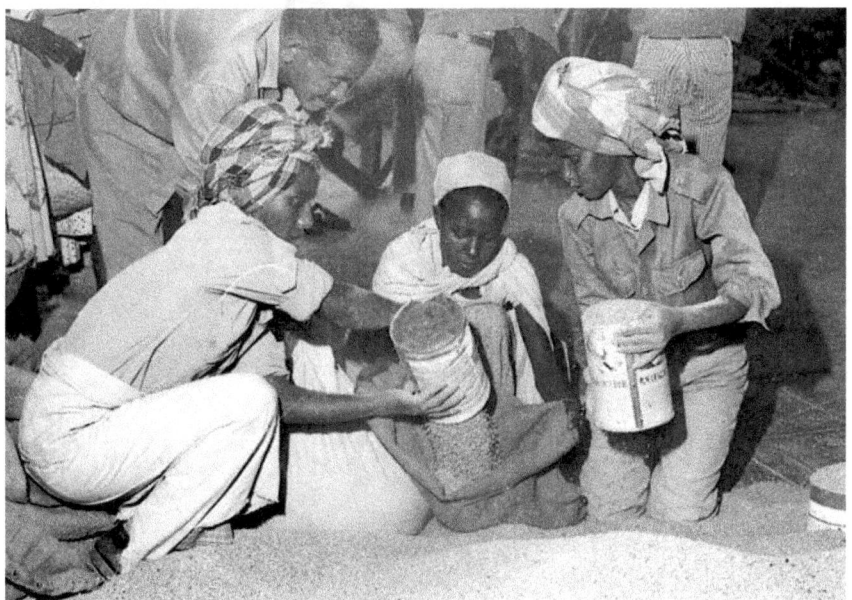

ምዕዳል መቑነን

ዘይተነግረ ገድሊ

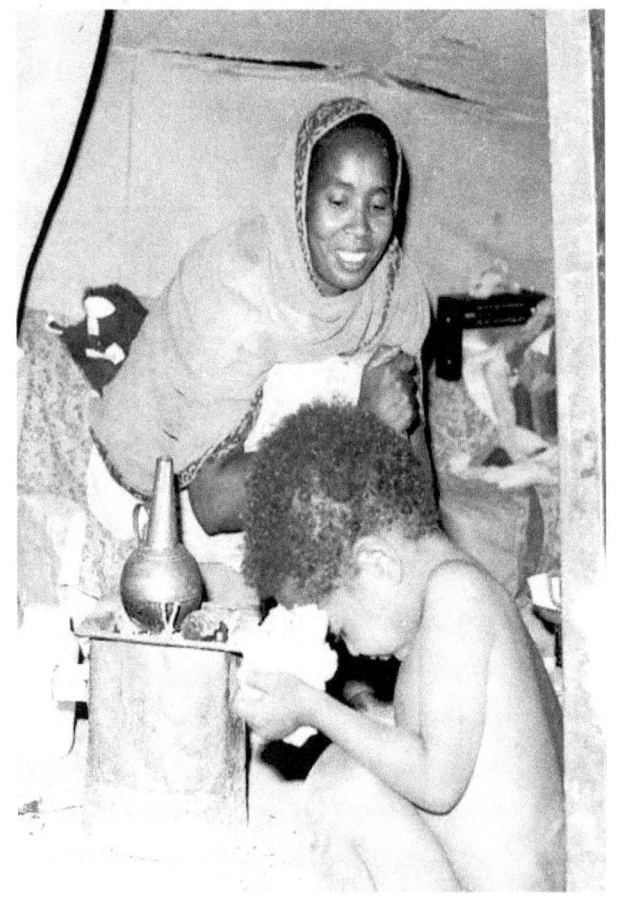

3

ምቛም ጨንፈር ስንኩላን ኲናት

"ምእንቲ ድሕነት ሃገርን ሓፋሽ ህዝብን ኣብ ዝካየድ ዕጥቓዊ ቃልሲ ኣካሎም ንዝጉደሉ ተጋደልቲ፡ ዘድሊ ማሕበራዊ ሓልዮትን ክንክንን ምግባር፡ ኑብሶም ክኢሎም ኣብ ሰውራኦምን ህንጸት መጻኢት ሓራ ኤርትራን እጃሞም ከበርክቱ ዝኽእልሉ፡ መምስ ኩነታቶም ዝሰማማዕ ትምህርትን ሞያን ከም ዝቐስሙ ምግባር።"

ካብ ውሳነታት ቀዳማይ ጉባኤ ህዝባዊ ግንባር ሓርነት ኤርትራ

ክፍሊ ማሕበራዊ ጉዳያት፡ ብመሰረት ውሳነታት ቀዳማይ ጉባኤ ህዝባዊ ግንባርን ዝቑመሉ ዕላማታትን፡ ኣብ ሓርነታዊ ቃልሲ ስንክልና ንዝጋጠሞም ተጋደልቲ ኮነ፡ ብግፍዒ ጸላኢ ይኹን ብባህርያዊ ሓደጋ ዝሰንከሉ ዜጋታት፡ ዘድሊ ክንክን እናገበረ ዝዕቍቡሉን ዝመሃሩሉን ውሑስ ባይታ ምጥጣሕ፡ ሓደ ካብ ቀንዲ ዕማማቱ ነበረ።

የግዳስ፡ ካብ 1975 ክሳብ 1978 ኣብ ዝነበረ እዋን፡ ብኣማኢት ኣሽሓት ዝግመት ህዝቢ ብሰንኪ ኲናትን ግፍዕታት ጸላእን ናብ ፈቐዶኡ ተዘርዩ፡ ኣብ ጸገም ወዲቑ ህጹጽ ሓገዝ ኣብ ዝጽበየሉ ኩነታት ብምንባሩ፡ ክፍሊ ማሕበራዊ ጉዳያት ምስቲ ዝነበሮ ድሩት ዓቕሚ ነቲ ሽጉር ህዝቢ ብቐዳምነት ክረድኦ እዩ ወሲኑ። ክሳብ'ቲ ግዜ'ቲ ድማ፡ ጾር ስንኩላን ኲናት ክሳብ ክንዲ'ቲ ከቢድ ኣይነበረን።

ኣብቲ ፈለማ መድረኽ ናይ ቃልሲ ኣብ ዝካየድ ዝነበረ ደባይን ተንቀሳቃሲን ኩናት ዘጋጥም ዝነበረ ስንክልና ብቑጽሪ ውሑድ እዩ። በዚ ምኽንያት፡ እቶም ከቢድ ስንክልና ዘጋጠሞም ናብ ወጻኢ ሃገር እናተላእኩ፡ ሕክምናዊ ክንክን ክግበረሎም ከሎ፡ እቶም ማእከላይን ፈኲስን መውጋእቲ ዘጋጠሞም ድማ ኣብ ሜዳ ይሕከሙ ነበሩ። ሕክምናዊ ክትትል ወዲኦም ዝወጹ ተጋደልቲ፡ ዝበዝሑ ናብ ኣሃዱታቶም ክምለሱ ከለዉ፡ እቶም ወተሃደራዊ ብቕዓት ዝጎድሎም ስንኩላን ከኣ፡ ናብ ዝተፈላለያ ክፍልታትን ኣብያተ-ዕዮን ናይቲ ውድብ እናተመደቡ፡ ቃልሶም ከምዝቕጽሉ ይግበር ነበረ።

ካብ 1977 ንደሓር ግን፡ ህዝባዊ ሰራዊት ሓርነት ኤርትራ፡ ንጸላኢ ካብ መላእ ኤርትራ ሓግሒጉ ንምጽራግ፡ ኣብ ልዕሊ መዓስከራት ጸላኢ ቀጻሊ መጥቃዕቲታት ክኻይድ ስለዝጀመረ፡ ብኡ መጠን ቍጽሪ ስንኩላን ኩናት ተጋደልቲ ክበዝሕ ግድን ነበረ። ብፍላይ ኣብ ውግእ ሰምሃር፡ ሰራዊት ኢትዮጵያ ምስ ሕብረት ሶቭየት ዝምድናታት ጀሚሩ ከበድቲ ዘመናዊ ኣጽዋራት ክጥቀም ስለዝጀመረ፡ ካብቲ ቅድሚኡ ዝነበረ ሃዋህው ብዝተፈልየ መውጋእቲን ስንክልናን ብተዓጻጻፊ ዛየደ። በዚ ድማ ጉዳይ ስንኩላን፡ ከቢድን ህጹጽ ፍታሕ ዘድልዮን ሕቶ እናኮነ መጸ። ምስቲ ኣብ መፋርቕ 1978 ዝተኸሰተ ምቅይያር ወተሃደራዊ ሚዛን ሓይሊ ከኣ፡ ስንኩላን ኩናት፡ ጸላኢ ከረኻክበሉ ኣብ ዘይክእል ውሑስ ቦታ ዝዕቈብሉ መደበር ምምስራት ግድን ነበረ። ክፍሊ ማሕበራዊ ጉዳያት፡ ነቲ ኣቐዲሙ እውን ኣብ መደቡ ዝነበረ ስንኩላን ናይ ምእላይ ዕማም ከቀላጥፎ ዘገደዶ ረቛሒ ብቐንዱ እምበኣር፡ እቲ ንውድብ ህ.ግ. ዝጸበዮ ዝነበረ ነዊሕ ኩናት እዩ። በዚ መሰረት፡ ኣብ ፈለማ ነሓሰ 1978፡ ነቶም ኣብ ሓራ ቦታታት፡ ኣብ ዝተፈላለያ ክፍልታት ውድብ (ቍጠባ፡ ምልክት፡ ህዝባዊ ምምሕዳር፡ ዜናን ፕሮፓጋንዳን፡ መጓዓዝያ፡ ኢደ-ስርሓት፡ ህንጻ፡ ሕርሻ፡ ወተሃደራዊ ዕጥቅን ስንቅን፡ ንግድን ሸቐጥን፡ ወዘተ.) ተመዲቦም ዝሰርሑ ዝነበሩ ስንኩላን ኣብ ሓደ ቦታ ክጥርንፎም ወሰነ።

ኣብ ቀዳማይ ሰሙን ናይ ነሓሰ 1978፡ ኣብ ግንዳዕ ኣብ ጨንፈር ንግድን ሸቐጥን ተመዲቡ ዝሰርሕ ዝነበረ ሓንቲ እግሩ ቈራጽ ተጋዳላይ መሓመድ-ኑር እድሪስ፡ ብፖለቲካዊ ቤት-ጽሕፈት ናብ ከረን ተጸውዐ። ንስንኩላን ኩናት ኣብ ናቕፋ ተታሒዞሎም ዘሎ መደብ ተሓቢሩዎ ከኣ፡ ሓላፊ ኮይኑ ጠርኒፉዎም ንናቕፋ ክኸይድ ምዃኑ ተነግሮ። ንጽባሒቱ፡ ኣብታ ከተማ ዝነበሩ ስንኩላን፡ ኣገዳሲ ኣኼባ ከምዘሎ ተሓቢሩዎም፡ ኣብ

ኣደራሽ ሲነማ ከረን ተኣከቡ። ከባቢ 60 ዝኾኑ ስንኩላን ኲናት እዮም። መግለጺ ዝሃቦም፡ ኣባል ፖለቲካዊ ቤት-ጽሕፈትን ሓላፊ ክፍሊ ማሕበራዊ ጉዳያትን ተጋዳላይ መሓመድ-ስዒድ ባርህ (ወድ-ባረ) ነበረ። ነዞም ልዑል ናይ ቃልሲ ወኒ ዝነበሮም ስንኩላን፡ ድፍር ኢልካ ኣብ ሓደ ተጠርኒፍኩም ክትእለዩ ኢኹም ክትብሎም ኣጸጋሚ ስለዝነበረ፡ መሓመድ ስዒድ ባርህ ነቲ መደብ ብሜላ እዩ ገሊጹሎም። ካብ ትሕዝቶ ናይቲ መግለጺ ከምዚ ዝበለ ነበረ፦

"......ኣብ ናቕፋ ሞያዊ ስልጠና (industrial education) ዝህብ ዓቢ ቤት-ትምህርቲ ንምክፋት መደብ ተታሒዙ ስለዘሎ፡ ዝርዝር ናይቲ መደብ ብክፍሊ ቍጠባ ተዳልዩ ንክፍሊ ማሕበራዊ ጉዳያት ተዋሂቡ ኣሎ። ንስኻትኩም ከኣ ሞያን ፍልጠትን ዓጢቕኩም ኣብዚ ቃልሲ ኮነ ድሕሪ ናጽነት ኣብ ዝህሉ ህንጻት ሃገር እጃምኩም ክተበርክቱ፡ ቀዳሞት ተጠቀምቲ ናይዚ ሞያዊ ትምህርቲ'ዚ ክትኰኑ ተወሲኑ ኣሎ። ስለዚ፡ ጽባሕ ንግሆ ኲላትኩም ተጠርኒፍኩም ናብ ናቕፋ ክትብገሱ ኢኹም። መካይን ተዳልየን ኣለዋ።"

ነቲ መግለጺ ዳርጋ ኩሎም ስንኩላን ኣይተቐበሉዎን። ካብቲ ርሱን ሓርነታዊ ቃልሲ ዝእለዩ ዘለዉ ኰይኑ ተሰምዖም። ብጾቶም ምስ ጸላኢ እናተሓናነቑ፡ ንሳቶም ኮፍ ኢሎም ክመሃሩ ምውሓጥ ኣበዮም። ትእዛዝ ውድብ ምንጻግ ነውሪ ስለዝነበረ ግን፡ ባህ ከይበሎም ተቐበሉዎ። ኣብ ሰለስተ ጋንታታት ተጠርኒፎም ከኣ፡ ኣብተን ተቐሪበን ዝሓደራ ሰለስተ ናይ ጽዕነት መካይን (ኤነትረ) ተሰቒሎም ንናቕፋ ተበገሱ። ገለ ካብተን ኣብ ከረን ተዓቚበን ዝነበራ ኣደታት'ውን ኣብ ምግብና ክተሓጋገዛኦም ምስኦም ተሳፊረን ንናቕፋ ነቐላ። ሓጉጽጒጽ ዝመልአ ጉዕዞ ሩባ ሕዳይ ሓሊፎም ናቕፋ ብዝኣተዉ፡ ክፍሊ ማሕበራዊ ጉዳያት፡ ነቲ ኣቐዲሙ ኣብ ቅርጺ ናይቲ ክፍሊ ተነጺሩ ዝነበረ ጨንፈር ስንኩላን ኲናት ብ12 ታሕሳስ 1978 ኣብ ናቕፋ ኣቘሞ።

ዓበይቲ ዕላማታት ጨንፈር ስንኩላን

- ኣብ ጉዕዞ ሓርነታዊ ቃልሲ ስንክልና ንዘጋጥሞም ኮነ፡ ብዝተፈላለዩ ሕማማት ካብ ቃልሲ ንዝተሰናኸሉ ተጋደልትን ካልኦት ብዝተፈላለየ ምኽንያት ኣካሎም ዝጉደሉ በርጌስን ብምጥርናፍ ዘድሊ ማሕበራዊ ኣገልግሎታት ምቕራብ፣

- ምስ ኩነታት ስንክልናኦምን ዘምባለኦምን ዝሰማማዕ ሞያዊ ስልጠናን ኣካዳምያዊ ትምህርትን ብምሃብ፡ ፍልጠትን ክእለትን ዓጢቖም ኣብቲ ዝቕጽል ሓርነታዊ ቃልሲ እጃሞም ከምዘበርክቱ ምግባር፣
- ታሪኽ ህይወቶም ዝገልጽ መዝገብ ምሓዝ፡ ንንጥፈታቶምን ኩነታቶምን ብዝምልከት፡ ብስሩዕ ጸብጻብ ምቕራብ።

ድሕሪ ምቛም ጨንፈር ስንኩላን፡ ዝተፈላለየ ዓይነት ስንክልና ዘለዎም ተጋደልቲ፡ ካብቲ ዝነጥፍሉ ዝነበሩ ኣሃዱታት ንናቕፋ ክልኣኹ ጀመሩ። ኣብ ጥቅምቲ 1978 ድማ፡ ቁጽሮም 154 በጽሐ። እቶም ስንኩላን፡ መሓውሮም ዝተቖርጹን ዝቖረዩን፡ ርእሶም፡ መንጋጋኦም፡ ከብዶም፡ ኣፍልቦም፡ ዓንዲሕቖኦም ዝተሃርሙ፡ ዝጸመሙ፡ ብሰንኪ ሕዱር ውሽጣዊ ሕማም ስቅያትን ኣካላዊ ድኻምን ዝነበሮም እዮም።

ካብ ጥቅምቲ ንደሓር፡ ወተሃደራዊ ብቕዓት ዝጉደሎም ውጉኣት፡ ካብ ዝተፈላለየ ሆስፒታላት ውድብ ብቐጥታ ናብ ጨንፈር ስንኩላን ክለኣኹ ስለዝጀመሩ፡ ኣብ መወዳእታ 1978፡ ኣብ ፈላሚ መደበር ናቕፋ ዝተኣከቡ ስንኩላን ብዝሖም ናብ 500 ተጸግዐ። ቅድሚኡ ኣብ ትሕቲ ሓልዮት ሆስፒታላት ዝነበሩ ዑረትን ምሉእ መልመስቲ ኣኻላትን ዝነበሮም ተጋደልቲ እውን፡ ናይ ምእላዮም ሓላፍነት ንጨንፈር ስንኩላን ተዋህበ። ኣብቲ ግዜ'ቲ፡ ጨንፈር ስንኩላን ከባቢ 20 ኣባላት ነበሩዎ።

እቶም ብጉሁይ መንፈስ ናቕፋ ዝኣተዉ ስንኩላን፡ ኣብ ከባቢ መስጊድ ናይታ ንእሽቶ ከተማ ኣብ ዝርከብ ሰብ ዘይብሉ ኣባይቲ ምስ ኣተዉ፡ ዘድልዮም መሰረታዊ ነገራት ተቐሪቡ፡ ዝድቅስሉ ዓራውቲ ምስ ፍርናሹ፡ ኣንሶላኡን ኮበርታኡን ተዳልዩ፡ ዝምገብሉ ክሽነ ምስ ኣቝሑቱ ተዳልዩ ምስ ጸንሖም ብመጠኑ ተረሳረሱ። ወኪል ማሕበራዊ ጉዳያት ተጋዳላይ መሓመድኑር እድሪስ ድማ፡ ምስ ኮሚሳር ፖለቲካ ተጋዳላይ ተኽላይ ኪዳነ ብምኻን፡ ድሕሪ ቁሩብ መዓልታት ነቶም ስንኩላን ኣኪቦም መግለጺ ሃብዎም። ሕመረት ትሕዝቶ ናይቲ መግለጺ ከምዚ ዝብል ነበረ፡-

"......ከም እትፈልጥዎ፡ ቃልስና ነዊሕን መሪርን እዩ። ኣብቲ ዝቕጽል ሓርነታዊ ቃልሲ ማዕረ'ቶም ጥዑያት ብጾትኩም እጃምኩም ከተበርክቱ ስለዘለኩም ድማ፡ ሞያዊ ትምህርቲ ክትቀስሙ ኢኹም። ጽገና ሰዓት፡ ሬድዮ፡ ኤለክትሪክን ካልእ ቴክኒኻዊ ትምህርትን ከምኡ'ውን ትምህቲ ሕርሻ ክትምሃሩ ኢኹም። ጎድኒ ጎድኒ

ድማ ኣካዳምያዊ ትምህርቲ ክህሉ እዩ። እቲ ዘይተማህረ ክመሃር፡ እቲ ዝተማህረ ድማ ብጾቱ ክምህር እዩ. . . .”

በዚ መግለጺ'ዚ፡ ዝበዝሑ ካብቶም ስንኩላን ተረጋግኡ። እንተዀነ፡ እቲ ዝተባህለ ትምህርቲ ምድላዋት የድልዮ ስለዝነበረ፡ ብኡ ንብኡ ኣይጀመረን። መነባብሮኦም ጽቡቕ እኳ እንተነበረ፡ ኣብቲ ቦታ ብዘይቁምነገር ምርጣጥ ምስ ነውሒ፡ ምዕዝምዛማት ኣኽተለ። ሓያሎ ካብቶም ስንኩላን፡ ምስ ምሉእ ጥዕናኦም ከለዉ፡ ኣብ ዝተፈላለያ ኣሃዱታት ተዋጋኢ ሰራዊት ብሓላፍነት ዝሰርሑ፡ ገዳይምን ምኩሓትን ተጋደልቲ ነበሩ። ኣብ ሓራ ኸተማታት ምስ ዝተፈላለያ ኣሃዱታት ዝሰርሑ ዝነበሩ፡ ዋዕ-ዋዕ ዝለመዱ ገለ ስንኩላን ድማ፡ እቲ ንጹል ህይወት ናይ ናቕፋ ኣይተፈተዎምን። ንግዜኡ መጻሕፍቲ እናንበቡ ኣእምሮኦም ዘሐድሱሉ ቤትንባብ ኮነ ዝዘናግዕሉ መሳለጥያታት ኣይተቐረበን። በዚ ድማ፡ “ኣብ በረኻ'ባ ጕሒፎምና!” እናበሉ ጣዕሳኦም ዝገልጹ በዝሑ። ሕሉፍ ሓሊፎም ነቲ መዓስከር፡ “ደፖዚቶ” ዝብል ስም ኣውጽእሉ። ሒደት ስንኩላን እውን፡ ነቲ መደብ ካብ ፈለማ ስለዘይተቐበሉዎ፡ ብኡ ንብኡ ምስተን መካይን ንከረን ዝተመልሱ ነበሩ።

በዚ ምኽንያት፡ ነዚ ስምዒታት'ዚ ንምውጋድ ጥራይ ዘይኮነ፡ እቶም ስንኩላን ከም ኩሉ ተጋዳላይ ስሩዕ ፖለቲካዊ ትምህርቲ ክወስዱ ግቡእ ስለዝነበረ፡ ፖለቲካዊ ትምህርቲ ብቕልጡፍ ክምዝጅመር ተገብረ። እቲ ትምህርቲ፡ ነተን ብክፍሊ ፖለቲካዊ ምንቕቓሕን ካልኦት ክፍልታት ውድብን ዝዳለዋ ዝነበራ መጽሔታት (ማሕታ፡ መሪሕ፡ ፍጻመታት፡ ሓለዋ፡ ጨራ ጥዕና፡ ዕዮ ወዘተ.) ምንባብን ሓድሕድ ምክታዕን እዩ ዝነበረ። መምሃሪ ቦታ፡ “እንዳ ማሞ” ተባሂሉ ዝፍለጥ ቦታ ነበረ። (ኰለኔል ማሞ፡ ናቕፋ ብህዝባዊ ሓይልታት ተኸቢባ ኣብ ዝነበረትሉ፡ ኣዛዚ ናይቲ ኣብ ናቕፋ ዝዓስከረ ሰራዊት ኢትዮጵያ ዝነበረ እዩ) ንግሆን ምሸትን ድማ ኩሎም ኣኻላ-ስንኩላን መራኸሶም ሒዞም ናብኡ ክመላለሱ ጀመሩ።

ጕድኒ ጕድኒ ፖለቲካዊ ትምህርቲ፡ ኣካዳምያዊ ትምህርቲ እውን ተጀመረ። ብዙሓት ካብኣቶም መሃይምነት ዘየጥፍኡ ብምንባሮም፡ ካብ ንግሆ ክሳብ ፋዱስ ክመሃሩ ይውዕሉ። መምህራኖም ብጾቶም ኲይኖም፡ ዝመሃርዎ ዓይነት ትምህርቲ ትግርኛ፡ እንግሊዝ፡ ስነ-ፍልጠት፡ ቍጽሪን ጂኦግራፍን ነበረ። ተወሳኺ ድማ፡ በቶም ቋንቋ ዓረብ ዝፈልጡ ንኩሉ ተጋዳላይ ናይ ዓረብ ትምህርቲ ይወሃብ ነበረ። ቍሩብ ጸኒሑ እውን፡ ሓንቲ ቤት-ንባብ ኣብ ማእከል'ታ ከተማ ተኸፍተት። እታ ቤትንባብ፡ ነቶም ኣብ

መበል 10ይ ዙርያ ትምህርቲ ካድር ከመሃሩ ናብ ናቕፋ ዝመጹ ተባሂላ ብክፍሊ ፖለቲካዊ ምንቅቓሕ ዝቘመት ነበረት።

ንስንኩላን፡ ምስ ኵነታት ስንክልናኦምን ዝምባለኦምን ዝሰማማዕ ሞያዊ ስልጠናን ኣካዳምያዊ ትምህርትን ብምሃብ፡ ፍልጠትን ክእለትን ዓጢቖም ኣብቲ ዝቕጽል ሓርነታዊ ቃልሲ እጃሞም ከም ዘበርክቱ ምግባር፡ ጨንፈር ስንኩላን ክፍሊ ማሕበራዊ ጉዳያት ክቐውም እንከሎ ዝሓንጸጾ መደብ እዩ ነይሩ። እንተዀነ ቤት ትምህርቲ ቴክኒክ ምድላው ቀሊል ኣይነበረን። ቅድም ቀዳድም ንዕኡ ዝኸውን ትሕተ-ቅርጺን መሳርሒታትን የድልዩ። ክንዲ ዝኾነ፡ እቲ ንስንኩላን ዝተነግሮም ሞያዊ ትምህርቲ ብቕልጡፍ ክጅምር ዝኽእል ኣይነበረን።

ድሓር ግን፡ ካብ ቤት ትምህርቲ ሰውራ ሓለፍቲን ሰብ ሞያን መጺኦም፡ ቤት ትምህርቲ ዝድኮነሉ ቦታን ዘድልዩ መሳርሒታትን ብዝምልከት መጽናዕቲ ኣኻየዱ። በቲ ዝተገብረ መጽናዕቲ፡ ጽርበት ዕንጸይትን ሓጺንን፡ ጽገና ሬድዮን ሰዓትን፡ ስፌት ቈርበትን ክዳንን፡ ስርዓተ-ምዝርጋሕ ኤለክትሪክን ትምህርቲ ሕርሻን ዘስተምህር ዓቢ ቤት-ትምህርቲ ኣብ ወሰን ከተማ ናቕፋ ክህነጽ ተወሰነ። ኣባላት ጨንፈር ኢደ-ስርሓት (ራሕባ) መጺኦም ድማ፡ ኣብቲ ከባቢ ንዝነበሩ ተጋደልቲ ብምትሕብባር፡ ኣብ ውሽጢ ሓጺር ግዜ ብዙሕ ክፍልታት ሃኒጾም ንስራሕ ድሉው ገበሩዎ። ነዚ ዝተጠቕሰ ሞያታት ዝምህሩ ክኢላታት ተጸኒዖም ካብ ዝተፈላለያ ኣሃዱታት ውድብ እናተሳሕቡ ክመጹ ምኽኖም ከኣ ነቶም ስንኩላን ተሓበሮም።

ኣብቲ ግዜ'ቲ፡ ብዝሒ ስንኩላን ናብ ኣስታት 600 ደይቡ ብምንባሩ፡ ምግብና ከከም ዓይነት ስንክልናኦም ኣብ ክልተ ካፈተርያታት (ላዕላይን ታሕታይን) ተኸፍለ።

ኣብቲ ግዜ'ቲ ናቕፋ ኣገልግሎት ኤለትሪክ ኣይነበራን። እቲ ቤት ትምህርቲ ክጅምር እንተኾይኑ ግን፡ ግድን ሓይሊ ኤለትሪክ የድሊ ነበረ። ሰለስተ ዓበይቲ ጀነረይተራት መጺኣን ኣብ ከባቢ እምባልቆ ክትከላ ምኽነን ድማ ንጨንፈር ስንኩላን ሓበሬታ በጽሖ። ብዘይካ'ዚ፡ ኣብቲ ከባቢ ዝርከብ ህዝቢ እንተላይ እቲ ኣብ ደብዓት ዝነበረ ዕቝብ፡ ጠቕሊሉ ንናቕፋ ክመጽእ፡ ኣብታ ከተማ ክትከላ ተሓሲበን ኣብ ዝነበራ ኣብያተ-ዕዮ እናሸቀለ ርእሱ ክኢሉ መነባብሮኡ ክመርሕ፡ መሪሕነት ህ.ግ. መደብ ኣወጺኡ ነበረ። ኣባል ፖለቲካዊ ቤትጽሕፈትን ሓላፊ ክፍሊ ፖለቲካዊ ምንቅቓሕን ተጋዳላይ ሃይለ ወልደትንሳኤ ከኣ፡ ተወኻሊ ክፍሊ ማሕበራዊ ጉዳያት

መሓመድኑር እድሪስ ንዝርከቦም ወከልቲ ክፍልታት ማሕበራዊ ጉዳያት፣ መጓዓዝያ፣ ህዝባዊ ምምሕዳርን ሓለዋ ሰውራን ጸዊዑ፣ ከም ግዚያዊ ባይቶ ኹይኖም ነታ ኸተማ ኸመሓድሩዋን ኣብኡ ንዝካየድ ማሕበራዊ ንጥፈታት ከወሃህዱን መዘዞም።

ብዘይካ'ዚ፣ ኣብ ናቕፋ ዝነበሩ ኣባላት ክፍሊ ማሕበራዊ ጉዳያት፣ ብ11 ሕዳር 1978፣ ኣብ ዘካየዱዎ ኣኼባ፣ ተልእኮታት ናይቲ ክፍሊ ንምትግባር ሰለስተ ጉጅለታት (ጉጅለ መጽናዕቲ፣ መኽዘን፣ መርዓን ቈልዑን) ኣቘሙ። ጉጅለ መጽናዕቲ፣ ካብቲ ቦታ እናተንቀሳቐሰት ኣብ ሽግር ዝወደቑ ዜጋታት (እንተላይ ስድራ-ቤታት ተጋደልቲ) ከምኡ'ውን ስንኩላን ዜጋታት በብዓዶም ከተጽንዕ መምርሒ ተዋህባ። ጉጅለ መርዓን ቈልዑን፣ ስነዳት ስነ-ስርዓት መርዓ ናይ ዝፍጽሙ ተጋደልቲ (መርዓ ዝሓተትሉ ዕለት፣ ክምርዓዉ ዝተፈቐደሎም ዕለትን ዝፍቀደሎም ሓላፍን፣ ዝተመርዓውሉ ዕለትን ቦታን፣ ወዘተ. ዝገልጽ) መዝገብ ክትሕዝ፣ ታሪኽ ህይወት ናይ ዝውለዱ ህጻናትን ጸብጻብ ናብ ቤት ትምህርቲ ሰውራ ናይ ዝልኣኹ ቈልዑን ንክትሰንድ ስራሕ ተዋህባ። ጉጅለ መኽዘን ድማ፣ ዝኣቱን ዝወጽእን ስንቂን ኣልባሳትን ዝተፈላለየ ናውቲን ክትከታተል ሓላፍነት ወሰደት።

ኣብ ናቕፋ፣ ንተማሃሮ ቤት ትምህርቲ ካድርን ስንኩላንን ክምግባ ተባሂለን ካብ ደብዓትን ከረንን ዝመጻ ዕቝባት ኣደታት ኣብ ርእሲ ምንባረን፣ ኣብ ግዜ ስትራተጂያዊ ምዝላቕ፣ "ምስ ውድብና ይሕሸና" ኢለን ካብ ደቀምሓረን ከረንን ዝመጻ ይውሰኽኣን ስለዝነበራ፣ ኣብ መወዳእታ 1978 ብዝሒን 310 (ምስ ሰብኡተንን ደቀንን 838) በጺሑ ነበረ። ምዝላቕ ኮይኑ ጨንፈር ዕቝባት ከረን ናብ ናቕፋ መጺኣ ነቲ ህዝቢ ክሳብ ትርከቦ ከኣ፣ ጨንፈር ስንኩላን ናይ ምክትታለን ሓለፍነት ተሰኪሙ ነበረ።

እተን ኣደታት ንስንኩላን ኣብ ምግብና ብዙሕ ይተሓጋገዛኦም'ኳ እንተነበራ፣ ንሳቶም እውን ዕለታዊ ናብራኦም ንምምራሕ በብዓቕሞም ሓኹትኰት ካብ ምባል ኣየዕረፉን። ቍራጻት ብዅፎም ብሒቝ ይለውሱ፣ ካልኦት ሞጎጎ ኣጉዶም እንጀራ ይስንክቱ። ክዳውንቶምን መናጽፎምን ባዕላቶም እናተሓገጋዙ ይሓጽቡ፣ መንበሪኦም እውን የጽርዩ ነበሩ።

ኣብ ጨንፈር ስንኩላን፣ ሓደ ዓቢ ጉድለት ዝነበረ ሕክምናዊ ኣገልግሎት እዩ። ንዓኦም ተባሂሉ ኣብ ናቕፋ ብፍሉይ ዝተዳለወ ሕክምና ኣይነበረን። ስንኩላን ብምዃኖም ድማ፣ ገሊኦም ቃንዛን ኣጸቢቑ ዘይሓወየ ቍስሊን ዝነበሮም እዮም። ኣብቲ ከባቢ ዝነበራ ናይ ካልኦት ኣሃዱታት ሕክምናታት

ከኣ፡ ትሕዝቶኣን ድሩት ነበረ። ብፍላይ ናይ መትንታት ጸገም ዝነበሮም ስንኩላን፡ ድርዕቶ እውን ደራሪብኻ ክትጸሮ ንጋዳ ዝኾነ ቍሪ ናቕፋ ዘሰዕበሎም ቃንዛ ምጽዋሩ ስኣኑ።

እቲ ዝነበረ ጸገም ንላዕለዋይ ኣካል ምስ ተሓበረ፡ ክፍሊ ሕክምና፡ ሓካይም፡ መሳርሒታትን መድሃኒትን ብምልኣኹ፡ ሓንቲ ንስንኩላን ተጋደልቲ፡ ሓንቲ ድማ ንህዝቢ ዘገልግላ ክልተ ክሊኒክ ኣብ ናቕፋ ከፊቱ። ክሊኒክ ጨንፈር ስንኩላን በዚ መገዲ'ዚ ኣብ መወዳእታ 1978 ተመስረተት።

ካልኣይ ክፋል

መድረኽ ስትራተጂያዊ ምዝላቕን ምክልኻል ወራራትን 1978-1982

1

ስትራተጂያዊ ምዝላቕን ተኸታታሊ ወራራትን

"ኣብ ኩናት፣ ክትደፍእ ክትድፋእ ዝነበረን ዘሎን እዩ፣ ድሕሪ ሓጺር ናይ ምርብራብ ግዜ ግን፡ እቲ ኩነታት ናብ ረብሓ ሰውራ ኤርትራ ክምዝልወጥ ኣየጠራጥርን።"

ተጋዳላይ ኢሳይያስ ኣፈወርቂ

ምክትል ዋና ጸሓፊ ህ.ግ.ሓ.ኤ. -- 1978

"ኦ ሓፋሽ ህዝቢ ኤርትራ.... ፋሺስታዊ ደርግ፡ ቃልሲ ህዝቢ ኤርትራ ንምጭፍላቕ ገዚፍ ወተሃደራዊ ሓይሊ ኣኪቲቱ ወራር ድሕሪ ወራር የካይድ ኣሎ። ተጋዳላይ፡ ንወራራት ጸላኢ ኣብ ዝጥዕም ግዜን ቦታን እናመከተ፡ ኣብ መወዳእታ ሳሕል፡ መቃብር ሰራዊት ፋሺስታዊ ስርዓት ደርግ ክገብራ ምኳኑ ክሎ ገና ነረጋግጸልኻ..."

ድምጺ ሓፋሽ ኤርትራ ጥሪ 1979

መድረኽ 1977-78፡ ወተሃደራዊ ዓቕሚ ሰውራ ኤርትራ፡ ብብዝሒ ሰብ፡ ኣወዳድባን ናይ ውግእ ተሞኩሮን እናሓየለ ዝመጸሉ፡ ሰፊሕ ገጠራትን ዝበዝሓ ኸተማታትን ኤርትራ ሓራ ዝወጻሉ፡ ናጽነት ኤርትራ ተቃሪቡ ዝበሃለሉ እዋን ነበረ። ብኣንጻሩ ኣብ ኤርትራ ዝነበረ ሰራዊት መግዛእቲ ኢትዮጵያ፡ ምስቲ ኣብ 1974 ዓ.ም ኣብ ውሽጢ ኢትዮጵያ ዝመጸ ንስርዓት ሃጸይ ሃይለስላሰ ካብ ስልጣኑ ዝገለፈ ለውጢ ተኣሳሲሩ፡ ካብ ምዕራባውያን ሃገራት ዝረክቦ ዝነበረ ደገፍ ስለዝሓጸሮን ብሓይልታት ሰውራ ኤርትራ

ቀጻሊ መጥቃዕቲታት ይወርዶ ስለዝነበረን፡ ኣዝዩ ተዳኺሞሉ ዝነበረ መድረኽ እዩ።

ኣብ እዋን ስርዓት ሃይለስላሴ፡ ኣብ ህንጸት ሰራዊት ኢትዮጵያ ብዕጥቅን ስልጠናን ዓቢ ተራ ዝተጻወተት ሕቡራት መንግስታት ኣመሪካ እያ። ካልኦት ምዕራባውያን ሃገራትን እስራኤልን እውን ኣበርክቶኦን ቀሊል ኣይነበረን። ወተሃደራዊ ጉጅለ ደርግ፡ ንንጉስ ሃይለስላሰ ዓልዩ ናብ ስልጣን ድሕሪ ምምጽኡ ግን፡ ዝምድና ኢትዮጵያ ምስ ምዕራባውያን ሃገራት ዛሕተለ። ደርግ፡ ፈለማ ናብ ስልጣን ኣብ ዝመጸሉ ካብ ኣመሪካ ወተሃደራዊ ሓገዝ ይሓትት እኳ እንተነበረ፡ ግብረ-መልሲ ኣመሪካ ከም ትጽቢቱ ኣይኮነሉን። እንተኾነ፡ ዘመኑ እዋን ዝሑል ኲናት ነበረ። መወዳድርቲ ኣመሪካ ዝነበረት ሕብረት-ሶቭየት፡ ነቲ ኩነታት ብምምዝማዝ፡ ንታ ኣብ ኣፍሪቃን ቀይሕ ባሕሪን ከም ኣዝያ ስትራተጂያዊት ሃገር እትጥመት ኢትዮጵያ ኣብ ደምበኣ ንምእታው ተቐዳደመት። ካብ 1976 ጀሚራ ድማ፡ ምስ ስርዓት ደርግ ምስጢራዊ ርክባት ክተኻይድ ጀመረት። ኣብ መወዳእታ 1976፡ ስርዓት ደርግ፡ ማሕበርነታዊ ስነ-ሓሳብ ከምዝክተል ብወግዒ ምስ ኣፍለጠ ከኣ፡ ኣብ መንጎ ሕብረት-ሶቭየትን ኢትዮጵያን ወተሃደራዊ ስምምዕ ተኸተመ።

ከም ውጽኢት ናይዚ ስምምዕ'ዚ፡ ሕብረት-ሶቭየት ነቲ ተዳኺሙ ዝነበረ ሰራዊት ኢትዮጵያ ህይወት ክትዘርኣሉ፡ ተተኳሲን ፌኩስቲ ብረታትን ዘጠቓለለ መጠናዊ ወተሃደራዊ ሓገዝ ወፈየትሉ። ኣብዚ ዝተጠቕሰ መድረክ፡ ስርዓት ደርግ ኣብ ኤርትራ ጥራይ ዘይኮነ፡ በቲ ኣብ ኦጋዴን - ደቡባዊ ምብራቕ ኢትዮጵያ ዝካየድ ዝነበረ ኩናት እውን ተዋጢሩ ነበረ። ስርዓት ስያድ ባረ ናይ ሶማል፡ ሰራዊቱ ኣብ ጎድኒ ተቓለስቲ ግንባር ሓርነት ምዕራብ ሶማል ብምስላፍ፡ ኣንጻር ሰራዊት ኢትዮጵያ መጥቃዕቲ ምስ ፈነወ ድማ፡ ሕብረት-ሶቭየት ንወራር ሶማል ኣመክንያ፡ ኣብ ኢትዮጵያ ቅድሚኡ ኣብ ታሪኽ ጸሊም ኣፍሪቃ ተራእዩ ዘይፈልጥ ገዚፍ ወተሃደራዊ ምትእትታው ክትገብር ወሰነት።

በዚ ምትእትታው'ዚ፡ ካብ መፋርቕ 1977 ክሳብ ለካቲት 1978 ኣብ ዝነበረ ወርሓት ጥራይ (ድሕሪኡ በብግዜኡ ዝውሰኽ ዝነበረ ኣጽዋርን ተተኳስን ከይደመርኻ)፡ ልዕሊ 1 ቢልዮን ዶላር ዝዋጋኡ ዝተፈላለየ ዓይነት ኣጽዋር፡ ማለት 80 ዘመናውያን ነፈርቲ ውግእ፡ ልዕሊ 600 ታንክታት፡ ልዕሊ 300 ድሩዓት መካይን፡ ኣስታት 1000 ወተሃደራዊ መካይን፡ ኣስታት 700 መዳፍዕ፡ ብኣማኢት ኣሽሓት ዝቑጸር ፌኩስቲ ብረታትን ሚልዮናት ተተኳሲን ናብ ኢትዮጵያ ከምእተጓረተ ጸብጻባት የመልክቱ። ጎኒ ጎኒ'ዚ ንሰራዊት ኢትዮጵያ ዘሰልጥኑን ዘማክሩን ኣማኢት መኰንናት

ሕብረትሶቭየት፡ ኩባ፡ ምብራቕ ጀርመንን የመንን ናብ ኢትዮጵያ ክኣትው ከለው፡ ንመንግስቲ ኣንጎላ ዝሕግዙ ዝነበሩ 17,000 ኩባውያን ወተሃደራት ንሰራዊት ኢትዮጵያ ኣብ ኩናት ሶማል ንምሕጋዝ ካብ ኣንጎላ ናብ ኢትዮጵያ ግዓዙ።

ከምዚ ዝኣመሰለ ገዚፍ ወተሃደራዊ ምትእትታው፡ ኣብ ኣፍሪቃ ድሕሪ ካልኣይ ኩናት ዓለም ናይ ፈለማ ነበረ። በዚ ገዚፍ ምትእትታው፡ ኣብ ሓጺር ግዜ ሚዛን ወተሃደራዊ ሓይሊ፡ ካብ ሰውራ ኤርትራ ናብ ስርዓት ደርግ ተቐየረ። ደርግ በቲ ዝረኸቦ ደገፍ፡ ኣብ ሒደት ኣዋርሕ ንብዝሒ ተዋጋኢ ሰራዊት ኢትዮጵያ፡ ሓይልታት ምድሪ፡ ባሕሪን ኣየርን ናብ 300,000 ክብ ብምባል፡ ክሳብ ዓንቀሩ ዝዓጠቐ፡ ኣብ ጸሊም ኣፍሪቃ እቲ ዝዓበየ ሰራዊት ሃነጸ። ኣብ ሓጺር ግዜ፡ ካብ ምክልኻል ወጺኡ መጥቃዕቲ ክፍኑ ናብ ዝኽእለሉ ደረጃ ብምስግጋሩ ድማ፡ ኣብ ምብራቕ ኢትዮጵያ፡ ብምድርን ኣየርን መጠነ ሰፊሕ መጥቃዕቲ ኣኻይዱ፡ ኣብ ውሽጢ ሰሙናት ወሳኒ ዓወት ብምትንጻፍ፡ ብሓይልታት ግንባር ምዕራብ ሶማልን ሰራዊት ሶማልን ተታሒዙ ዝነበረ መሬት ኣምለሰ። እዚ ኣብ ሶማል ዝተጓናጸፎ ዓወት፡ ንፍናን ሰራዊት ደርግ ኣብ ዝለዓለ ጥርዙ ኣብጽሖ። ድሕሪ ምዝዛም ናይቲ ኩናት፡ ሰራዊት ደርግ፡ “ምስራቅ ድል በሰሜን ይደገማል” (ዓወት ምብራቕ ኣብ ሰሜን ክድገም እዩ) ብዝብል እዝኒ ዘጽምም ፈኸራን ዳንኬራን ኣንፈቱ ናብ ኤርትራ ኣዞረ።

ኣብዚ ዝተጠቕሰ መድረኽ'ዚ፡ ኣብ ሜዳ ኤርትራ፡ ነዚ ገዚፍ ወራሪ ሰራዊት'ዚ ክምክት ተዳልዩ ዝነበረ ሓይሊ ብቐንዱ ሰራዊት ህ.ግ. ነበረ። ኣብቲ እዋን'ቲ መሪሕነት ተ.ሓ.ኤ. ብውሽጣዊ ፖለቲካዊ ቅልውላው ይሕመስ ብምንባሩ፡ ኣብ ንጡፍ ወተሃደራዊ ምንቅስቓስ ኣይነበረን። ህዝባዊ ወያነ ሓርነት ትግራይ ከኣ ብቕጽሪ ሒደት ተጋደልቲ ዝነበርዎ፡ ናይ ውግእ ተሞኩሮ ዘይነበሮ፡ ገና ኣብ ምትካል እግሪ ዝነበረ ምንቅስቓስ ነበረ። በዚ ምኽንያት ደርግ፡ ቀንዲ ዕላማኡ ኣብ ምድምሳስ ሰራዊት ህ.ግ. ኣቕንዖ። ኣብቲ ግዜ'ቲ ዓቕሚ ተዋጋኢ ሰራዊት ህ.ግ. ካብ 15,000 ዝበዝሕ ኣይነበረን። ዓቕሚ ኣጽዋር ተተኳስን ድማ ፈጺሙ ኣብ ሚዛን ክኣቱ ዝኽእል ኣይነበረን። ዕጥቂ ሰራዊት ህ.ግ.፡ ካብ ፈኩስን ማእከላይን ብረት ዝሓልፍ ኣይነበረን። ሰራዊት ህ.ግ. ብድሕሪኡ ዝኮነ ትጽቢት ዝገበረሉ ናይ ወጻኢ ሓገዝ ኣይነበሮን። በዚ ምኽንያት፡ እቲ ዝሰዕብ ኩናት፡ ግጥም ጻጸን ሓርማዝን ነበረ።

መሪሕነት ህ.ግ.ሓ.ኤ.፡ ነቲ ኣብ ሓጺር ግዜ ንሰውራ ኤርትራ ሓንሳብን ንሓዋሩን ካብ ገጽ መሬት ንምድምሳስ ዘንቀደ ዓርሞሾሽ ሓይሊ ስርዓት

ደርግን ተሓባበርቱን ተገቲርኻ ክትምክቶ ከምዘይክእል ብምግምጋም፡ ድሕነት ንቀጻልነትን ሰውራ ንምርግጋጽ ተባዕን ታሪኻዊን ውሳነ ክወስድ ተገደደ። ውሳነ ስትራተጂያዊ ምዝላቕ። በዚ መሰረት፡ ነዚ ገዚፍ ዓቕሚ ጸላኢ ኣብ ዝጥዕም ግዜን ቦታን እናገጠምካ፡ ኣብ ዝተናውሐ ኩናት ንምርብራቡ፡ ቃልሲ ህዝቢ ኤርትራ ንናጽነት ክናዋሕ ግድነት ኮነ። "ቃልስና መሪርን ነዊሕን፡ ዓወትና ግን ናይ ግድን እዩ" ብዝብል መሪሕ ጭርሖ ድማ፡ ተጋዳላይን ህዝብን ኣብ ውሳነ ስትራተጂያዊ ምዝላቕ ዘለዎ መረዳእታ ከዕቢን ንዝተናውሐ ስነ-ኣእምሮኣዊ ኩናት ድልውነት ክህልዎን ሰፊሕ ጐስጓሳት ተኻየደ። ኣብቲ እዋን'ቲ ምክትል ዋና ጸሓፊ ህ.ግ. ዝነበረ ተጋዳላይ ኢሳይያስ ኣፈወርቂ፡ ግዜ ይንዋሕ ይሕጸር፡ ዓወት ሰውራ ኤርትራ ኣብ ልዕሊ ወራሪ ሰራዊት ደርግ ዘይተርፍ ምዃኑ ብምሉእ ርእሰ ምትእምማን ብምርግጋጽ፡ "ክትደፍእ ክትድፋእ ዝነበረን ዘሎን እዩ፣ ድሕሪ ሓጺር ናይ ምርብራብ ግዜ ግን፡ እቲ ኩነታት ናብ ረብሓ ሰውራ ኤርትራ ከምዝልወጥ ኣየጠራጥርን፡" ክብል ምግላጹ ይዝከር።

ቀዳማይ ወራር - ምዝላቕ ካብ ዘባ ደቡብ

ሰራዊት ደርግ፡ ብውጥን ጀነራላት ሕብረትሶቭየት እናተመርሐ፡ ኣብ ሰነ 1978፡ ብኩሉ ኣንፈታት ሓያል መጥቃዕቲታት ፈነወ። በቲ መጥቃዕቲ፡ ሰራዊት ተ.ሓ.ኤ.፡ ብዘይ ብርቱዕ ተቓውሞ፡ ኣብ ሓጺር ግዜ፡ ካብ ሰፊሕ ቦታታት ምዕራብ ኤርትራ ክለቅቕ እንከሎ፡ ኣብ ግንባር መረብ ግን ንኣስታት ወርሒ ዝኣክል ድሕሪ ምርብራብ መከላኸሊ መስመሩ ብሰራዊት ደርግ ተፈንጠሰ። ሰራዊት ህ.ግ. ብወገኑ፡ ኣቐዲሙ ሓንጺጽዎ ብዝጸንሐ ናይ ምክልኻል ውጥን፡ ነቲ ካብ ትግራይ ዝተበገሰ ህንዱድ ወራሪ ሰራዊት ጸላኢ፡ ኣብ ግርሁ ሰርናይ ዓጊቱ፡ ንሰሙናት ዝቐጸለ ሓያል ምርብራብ ብምክያድ፡ ኣብ ልዕሊ ጸላኢ ሰፍ ዘይብል ከቢድ ክሳራ ድሕሪ ምውራድ፡ ጸላኢ ንግንባር መረብ ሰይሩ፡ ብዓዲ-ኳላ ናብ ኣስመራ ገጹ ምስ ገስገሰ፡ ካብ ብምሉኡ ደቡባዊ ግንባር ኣዝለቐ።

ጎድኒ ጎድኒ'ዚ፡ ጸላኢ ካብ ኣስመራ ንሰሜንን ምዕራብን ዝፈነዎ ሓያል መጥቃዕቲ፡ ብተሪር መኸተ ተጋደልቲ ህ.ግ.፡ ብዘይ ገለ ፋይዳ ተሓምሺሹ ተረፈ። ኣብ ግንባር ባጽዕ፡ ኣብ ዝተኻየደ ኣዝዩ ብርቱዕ ግጥም ድማ፡ ሰራዊት ህ.ግ.፡ ኣብ ልዕሊ ጸላኢ ከቢድ ክሳራ ድሕሪ ምውራድ፡ ካብ ውሽጢ ከተማ ባጽዕ ኣዝሊቑ ኣብ ዶጎሊ ዓረደ። ኣብዚ ካብ ወርሒ ሰነ ጀሚሩ ክሳብ መወዳእታ ሓምለ 1978፡ ብብዙሕ ኣንፈታት ዝተኻየደ ቀዳማይ መጠነ ሰፊሕ ወራር፡ ጸላኢ ንሰፊሕ ክፋል መሬት ኤርትራ

(ደቡባዊን ምዕራባዊን ኤርትራ) ክቈጻጸር እኳ እንተከኣለ፡ እቲ ውግእ ግን ከምቲ ዝሓሰቦ ቐሊል ኮይኑ ኣይጸንሖን። ኣዝዩ ከቢድ ዋጋ እዩ ከፊሉ።

ህዝባዊ ሰራዊት ካብ ደቡባዊ ኤርትራ ኣብ ዝዝለቐሉ እዋን፡ ኣብቲ ዞባ ዝነበራ ክፍልታት ህዝባዊ ግንባር ብምሉኣን ሰበንን ንብረተንን ጠርኒፈን፡ ገለ ኣባላተን ብመካይን ገለ ድማ ብኣጋር፡ ናብ ግንዳዕ፡ ሰሜናዊ ባሕሪን ከረንን ኣዝለቓ። ጨናፍር ክፍሊ ማሕበራዊ ጉዳይ ዞባ ደቡብ ድማ ብተመሳሳሊ። ብዙሓት ካብቶም ዝኣልዮም ዝነበረ ኣንስቲ ተጋደልቲ ምስ ደቀን ከምኡ'ውን ካልኦት ኣብ ትሕቲ ዕቝቡኡ ዝነበሩ ጽጉማት ድማ፡ ሕማቕ ይኹን ጽቡቕ ምስ ውድብና ኢሎም፡ ምስ ተጋደልቲ ናብቲ ዝተጠቕሰ ቦታታት ኣዝለቑ።

ኣብቲ ወራር'ዚ፡ ጸላኢ ብክልቲኡ ማእዝን ደቡባዊን ምዕራባውን ኤርትራ ምስ ኢትዮጵያ ዘራክብ ዝነበረ መስመራት ከፊቱ፡ ንከተማታት ዓዲ'ኳላ፡ መንደፈራ፡ ዓዲቐይሕ፡ ሰገነይቲ፡ ደቀምሓረ ዳግም ተቘጻጺሩ ኣስመራ ይእቶ ደኣምበር፡ በቲ ዝረኸቦ ዓወት ዕጉብ ኣይነበረን። ምኽንያቱ፡ ካብቲ ናይ ኦጋዴን ተሞኩሮኡ ተበጊሱ፡ ንሓይልታት ሰውራ ኤርትራ ሓንሳብን ንሓዋሩን ካብ ገጽ መሬት ንምድምሳስ ዘውጽኦ ናይ ግዜ ሰሌዳ ካብ ክልተ ሰለስተ ወርሒ ዝሓልፍ ኣይነበረን። እንተኾነ ኣብ ቀዳማይ ወራር ጥራይ ንክልተ ኣዋርሕ ዝኣክል ኣብ ከቢድ ግጥም ተጸሚዱ ኣሕለፎ። በዚ ድማ ጀነራላት ሕብረትሶቭየትን ደርግን እቲ ኩነታት ናብ ዝተናውሐ ናይ ምርብራብ ኩናት ከየምርሕ ከቢድ ስግኣት ፈጠረሎም። ከንዲ ዝኾነ፡ ድሕሪ ቀዳማይ ወራር ኣብ ዝቐጸለ ክልተ ኣዋርሕ፡ ተወሰኽቲ ሶቭየታውያን ወተሃደራውያን ኣማኸርቲ ናብ ኢትዮጵያ ብምእታው፡ ንካልኣይ መጠነ ሰፊሕ መጥቃዕቲ ሓድሽ ውጥን ኩናት ክሕንጽጹ ተገደዱ።

ካልኣይ ወራር - እቲ ዝነውሐ ምዝላቕ

ሰራዊት ህ.ግ.፡ ኣብ ሰለስተ ግንባራት ማለት፡ ኣብ ግንባር ምብራቕ (ከባቢ ዶጋሊ)፡ ግንባር ምዕራብ (ከባቢ እንገርነ) ከምኡ ድማ ኣብ ግንባር ሰሜን (ካብ ከባቢ ድርፎ ጀሚሩ ብሰሜን ኣስመራ ተጠውዩ ንምዕራብ ክሳብ ዓዲያቆብ ዝተዘርግሐ ሰፊሕ ግንባር) ዓሪዱ ኣብ ዝነበረሉ እዋን፡ ሰራዊት ደርግ፡ ኣብ ሕዳር 1978፡ ብገዚፍ ደገፍ ናይ ሕብረትሶቬትን ሰዓብታ ሃገራትን ተሓጊዙ፡ ቀድሚኡ ዘይተራእየ መጠነ ሰፊሕ መጥቃዕቲ ፈነወ። ብ18 ሕዳር ካብ ባጽዕ ተበጊሱ እናጥቀዐ ንዶጎሊ፡ እምበረሚን ሸዕብን ገስገሰ። ብባሕሪ ድማ መራኽብ ውግእ ናብ ማርሳ ጉልቡብ ኣዋፈረ። በዚ

ኣቢሉ ከአ ኣዝሃራን ኣፍዓበትን ንምእታውን ንመስመር ናቕፋ ንምብታክን ፈተነ። ብ19 ሕዳር ድማ፡ ካብ ኣቑርደትን እንገርነን ዝተበገሰ ገዚፍ ሓይሊ ጸላኢ ናብ ከረን ገጹ ገስገሰ። እንደገና ብ21 ሕዳር፡ ኣብ ግንባር ሰሜን - ክንፊ ዓዲያቀብ ብዘካየዶ ሰፊሕ መጥቃዕቲ፡ ንመዛግብ ሰራዊት ህዝባዊ ግንባር ክሰብሮ ስለዝኸኣለ፡ ሰራዊት ህዝባዊ ግንባር ካብ ምብራቓዊ፡ ሰሜናውን ምዕራባውን ግንባራት ከዝልቕ ተገደደ። ህዝባዊ ሰራዊት፡ ንጸላኢ ኣብ ዒላበርዒድ ኣብ ዘዳለዎ ሰፊሕ ድብያ ኣእትዩ ኣብ ሰቡን ኣጽዋራቱን ገዚፍ ክሳራ ኣውረደሉ። እዚ ይኹን'ምበር፡ ሚዛን ሓይሊ ብቕልጡፍ ናብ ጸላኢ እናዛዘወ ይኸይድ ስለዝነበረ፡ ሰራዊት ህዝባዊ ግንባር ካብ ኩሉ ዝዓረደሉ ግንባራት ከዝልቕን፡ ህላወ ህዝቡ፡ ደጀኑን ኣጽዋራቱን ዘውሕስ ናይ ኣተሓሕዛ ቦታ ምቕይያር ክገብርን ግድን ነበረ። ስለዚ ድማ፡ ኣብ ምብራቕን ሰሜንን ዝነበረ ትኻላቱ፡ ንብረቱን ዝተዘናበሉ ሲቪል ህዝብን ብምሉኡ፡ ጽርግያ ኣፍዓበትን ናቕፋን ከይተዓጽወ ከም ዝሰግር ንምግባር ዘኽእሎ ጽኑዕ መዛግብ ሓዘ።

በቲ ኣቐዲሙ ኣብ ወርሒ ሰነ ዝጀመረ፡ ምዝላቕ ካብ ደቀምሓረን ካልኦት ከባቢታት ዞባ ደቡብን፡ ብዙሕ ዝተዘናበለ ህዝቢ ናብ ግንዳዕ፡ ከረንን ካልኦት ቦታታትን ብምውሓዙ፡ ኣብዘን ከተማታት ዝተኣከበ ብህዝባዊ ግንባር ዝእለ ብዙሕ ህዝቢ ነበረ። ኣብ ወርሒ ሕዳር፡ ካብ ግንባራት ምብራቕን ሰሜንን ምዝላቕ ኣብ ዝጀመረሉ ግዜ ድማ፡ ካብዘን ከተማታትን ከባቢኤንን ዘዝለቐ ህዝቢ ስለዝተወሰኾ፡ እቲ ናይ ምእላይ ጸር ኣዝዩ ከቢድ ኮነ። ብኻልእ ወገን፡ ካብ ግንባር ሰሜን ዘዝለቃ ክፍልታት ውድብን ዝተመዛበለ ህዝብን፡ መገዲ ኣስመራ - ከረን ስለዝተዓጽዎም፡ ናብ ሰሜናዊ ባሕሪ ገጾም ኣንቀልቀሉ። ጸላኢ ኣብ መዓሚደ ስለዝዓስከረ ግን፡ ካብ ፍልፍል ሰለሙና ናብ ሳሕል ዘወስድ ጽርግያ ተዓጽዩ ነበረ። እዚ ከምዚ'ሉ እንከሎ፡ ካብ ከረንን ከባቢኣን፡ ካብ ኣፍዓበትን ከባቢኣን እውን ብዙሓት ዕቑባትን ትካላት ውድብን የዝልቃ ነበራ። እቲ ካብ ደቡብ ጀሚሩ ክሳብ ስግረ-ዶብ ሱዳን ዝተኻየደ ኣማኢት ኪሎሜተራት ዝሸፈነ ነዊሕን ኣድካሚን ጉዕዞ ናይ ህዝቢ፡ ኣብ ናይ ጭንቂን መከራን መሪር ኩነት ዝተሰግረ ናይ ምዝላቕ ታሪኽ ኮይኑ፡ ንጽንዓት ተጋደልትን ህዝቢ ኤርትራን ዝምስክር ፍሉይ ተርእዮ ስለዝነበረ፡ ብሕጽር ዝበለ ንምግላጹ ክፍተን'ዩ።

ኩሉ ንሳሕል

መሪሕነት ህዝባዊ ግንባር፡ ኣቐዲሙ ህዝቡን ተጋደልቱን ንምዝላቕ ዝምልከት ሰፊሕ ምድላዋት ስለዝገበረ፡ ናይ ከረን ምዝላቕ ምስ ኣጋጠመ፡

ኩለን ክፍልታት ውድብ ናብ ሳሕል ከዝልቃ ህጹጽ ትእዛዝ ኣመሓላለፈ። ኣባላት ማሕበራዊ ጉዳያት ጨንፈር ዞባ ሰሜን ከኣ፡ ነተን ኣቐዲሞም ኣብ ዓድታተን ዘጣየሰወን ኣንስቲ ተጋደልትን ካልኦት ዝተዘናበሉን ጠርኒፎም፡ ምስ'ተን ኣብ ዛግር ዝነበራ ካልኦት ክፍልታት ውድብ ናብ ሰሜናዊ ባሕሪ ወረዱ።

ክፍልታት ውድብ ናብ ሰሜናዊ ባሕሪ ዝወረዳሉ ወቕቲ፡ ክራማት ባሕሪ ነበረ። ተጋደልቲ፡ ዝተፈላለያ ክፍልታት ርያኦም ኣብ መካይን ጠርኒፎም ምስ ብዙሕ ጋዕገልጠሞም ሞጉኦ ክበጽሑ ከለዉ፡ ብርቱዕ ዝናብ ይዘንብ ብምንባሩ፡ ኣብ መንጎ ሳቡርን መድሓኒትን ሓደ ኩጀት ሃሚሙ ብምፍራስ ነቲ መገዲ ምሉእ ብምሉእ ዓጽዩዎ ጸንሖም። በቲ ዝነበረ ወተሃደራዊ ኩነታት ምሒር ጉህዩን ሓንሒኑን ዝነበረ ናይቲ ኸባቢ ገባር ግን ብቕልጡፍ ካብ ሞጉኦ፡ ፋገና፡ ሳቡር፡ መድሓኒት፡ ፍልፍል፡ ዉራይ ማሕረሱ ኣወንዚፉ፡ ኣፍራዛኡን ባዴላኡን ሒዙ ብምትእኸኻብ፡ ምስ'ቶም ተጋደልቲ ተሓባቢሩ ዝተዓጽወ መገዲ ንምክፋትን ጽርግያ ንምጽጋንን ንመዓልታት ተረባረበ። እዚ እናኮነ ዝበዝሐ ካብቲ ዕቑብ ህዝብን ገለ ተጋደልትን መገዲ ቅድሚ ምክፋቱ ብእግሮም ፍልፍል ኣተው። እቶም ንብረት ዝሓዙ ድማ፡ መገዲ ምስ ተኸፍተ ኣርከቡዎም።

* * *

ኣብ ግንዳዕን ደንጎሎን ዝነበሩ ኣባላት ክፍሊ ማሕበራዊ ጉዳያት ጨንፈር ዞባ ምብራቕ ብወገኖም፡ ነቶም ኣብ ትሕቲኦም ኣብ ደንጎሎ ዝእለዩ ዝነበሩ ዘኽታማትን ስኡናትን ቈልዑን ከሎ ገና ኣውቶቡሳት ኣስቂሎም ገሊኦም ንደብዓት ገሊኦም ንኸረን ኣፋንዮሞም ነበሩ። ነቲ ብጸላኢ ከይህደን ዝፈርህ 250 ዝበጽሕ ዕቑብ ህዝቢ ጠርኒፎም ድማ፡ ካባቢ ሰዓት 4:30 ወጋሕታ ብእግሮም ተበገሱ። ኣብ መክዘኖም ዝነበረ ስንቅን ክዳውንትን ንህዝቢ ናይቲ ከባቢ ክዕድልዎ ምስ ወሰኑ፡ ብድሮኡ ሰዓት 3:00 ኣጋ-ምሸት ዝጀመርዎ ናይ ምዕዳል ስራሕ ስለዘደናጎዮም፡ ካብ ግንዳዕ ክወጹ ከለዉ፡ ብዘይካ ኣብ ሕክምና ግንዳዕ ዝጸንሑ ገለ ውጉኣት ተጋደልቲ፡ ኣብቲ ከባቢ ዝነበራ ካልኦት ኣሃዱታት ውድብ ኩለን ጸሪረን ነበራ። ኣብ መገዲ ነቲ ህዝቢ ዝኸውን ቀለብን ካልእ ኣገዳሲ ዝበሉዎ ንብረትን ኣብ ኣግማል ጽዒኖም፡ ነቲ ክዕድልዎ ወይ ከውጽእዎ ዘይከኣሉ ንብረት ኣቃጺሎም ድማ፡ ጸላኢ ከየርክቦም ተብተብ እናበሉ፡ ነተን ዘይክእላ ኣደታት ኣብ ኣግማልን ኣእዱግን ሰቒሎም፡ ነተን ሸከም ዘክበዳ ጾረን ተኻፊሎም፡ ነቶም ብእግሮም ክስጉሙ ዘይኽእሉ ህጻናት ኣብ ርእሲ ዕጥቆም ሓንጊሮም ጉዕዞ ተታሓሓዙዎ። ገና ኣጸቢቑም ከየርሓቑ፡ ጸላኢ ብድሕሪኦም መጺኡ ነቲ

ዝነበሩዎ ቦታ (ግንዳዕ) ተቛጻጸሮ። ንስክላ እዩም ወጺኦም።

እቲ ካብ ግንዳዕ ዝጀመረ ናይ ዝተዘናበሉ ህዝቢ ጉዕዞ፡ ብትኻዘን ምስቁርቋርን ዝተመልአ ክኸውን ንቡር እዩ። ኣባላት ክፍሊ ማሕበራዊ ጉዳያት፡ ኣብ መገዲ ንዘደኸሙ ቈልዓ ሰበይቲ ኣብ ምእላይ፡ ተሰፋ ንዝቈረጹ ኣብ ምትብባዕ፡ ንዘደኸሙ ኣብ ምስላይ ብዙሕ ላዕልን ታሕትን ነበሮም። ኣብ ህይወቶም ንመጀመርታ ግዜ ኣብ እግሪ ጉዕዞ ዝተሳተፉ ደቂ ኸተማን፡ በቲ ዝተፈጥረ ኩነታት ዝተሰናበዱን ቀሳነት ዘይነበሮምን ስድራ-ቤታት ብዙሓት ስለዝነበሩ፡ እቲ ክሳብ 40 ኪሎሜተር ዝግመት መገዲ ነዊሕን ኣድካሚን ክኸውን ግድን ነበረ። ስለሙና ምስ በጽሑ ግን፡ ንግዜኡ ሩፍታ ተሰምየም። ሽዑ፡ ጸላኢ ድሮ ንጽርግያ ፍልፍል ሰለሙና-ሳሕል ኣብ መዓሚደ ከም ዝዓጸዎ ስለዝተፈልጠ፡ ካብ ሰለሙና ጉዕዞ ምቕጻል ኣይተኻእለን። ጸላኢ በቲ ዝረኸቦ ግዚያዊ ዓወታት፡ ከቢድ ራዕዲ ብምፍጣር ንህዝቢ ኤርትራ ክንበርክኽ ዕረፍቲ ዘይብሉ ደብዳባት ነፈርቲ ኣብ ሰሜናዊ ባሕሪ የካይድ ስለዝነበረ፡ እቲ ዝተዘናበለ ህዝቢ ዘሕልፎ ዝነበረ ስቓይ ኣዝዩ ከቢድ ነበረ።

ኣብ ፍልፍል ኣዕሪፎም ንዳግማይ ጉዕዞ እናተጸበዩ ከለዉ፡ ካብ ናይ ሽዑ ኣባል ፖለቲካዊ ቤት ጽሕፈትን ሓላፊ ክፍሊ ህዝባዊ ምምሕዳርን ስብሓት ኤፍሬም፡ "ካብ'ዞም ዝተዘናበሉ ህዝቢ ምሳና ንሳሕል ክኸዱ፡ ንዓዶም ክምለሱ ወይ ንወጻኢ ሃገር ክኸዱ ዝደልዩ እንተሃልዮም ኣምርጽዎም፡" ዝብል መምርሒ መጽአ። ካብቲ 250 ዝግመት ህዝቢ ድማ፡ 11 ስብኡት ናብ ጀዛን - ስዑድያ ክፋነዉ ስለዝሓተቱ፡ ብሕቶኦም መሰረት ክይወዓሉ ክይሓደሩ ተፋነዉ። እቲ ዝተረፈ ህዝቢ ግን፡ ምስ ህዝባዊ ግንባር ክቕጽል መረጸ። ክሳብ መገዲ ተኸፊቱ ናይ ጉዕዞ ኩነታቶም ዝፍለጥ ድማ፡ ኣብ ፍልፍል ከም ዝቕንዩ ተገብረ። ጸላኢ ካብ መዓሚደ ናብ ኣፍዓበት ንምእታው ዘካየዶ ተደጋጋሚ መጥቃዕቲ፡ ንዕርዲ ተጋደልቲ ክሰብሮ ኣይክኣለን። ኣብ መወዳእታ ድማ፡ ህዝባዊ ሰራዊት ዳግም ተወዳዲቡ ብሓደ ታሕሳስ ሰፊሕ ጸረ-መጥቃዕቲ ብምውሳድ፡ ንጸላኢ ናብ ርሑቕ ጎላጉል ስለዘርሓቖ፡ እቲ ምስ ደጀን ሳሕል ዘራክብ ጽርግያ ሰሜናዊ ባሕሪ ተኸፍተ። መካይን ህዝባዊ ግንባር ድማ ናብ ሰሜናዊ ባሕሪ እናተመላለሳ፡ ነቲ ዝተዓግተ ዕቑብ ህዝብን ካልኦት ክፍልታት ህዝባዊ ግንባርን ናብ ደጀን ሳሕል ከግዕዛ ዕድል ረኸባ። እቲ ኣብ ፍልፍል ሰለሙና ተዓጊቱ ዝነበረ ህዝብን ኣባላት ማሕበራዊ ጉዳያትን ድማ፡ ምስ ንብረቶም ብሰላም ናብ ደብዓት ኣተዉ።

* * *

ስትራተጂያዊ ምዝላቕን ተኸታታሊ ወራራትን

ኣብ ከረን ብዙሕ ህዝብን ህጻናትን ሒዙ ዝነበረ ጨንፈር ክፍሊ ማሕበራዊ ጉዳያት፡ ጸላኢ ክሳብ ዒላበርዕድ ዝበጽሕ ገና ኣየዝለቐን ነበረ። ሰራዊት ጸላኢ ዒላበርዕድ ሓሊፉ ሓሊብመንተል ምስ በጽሐ ግን፡ ዝሓዝኻ ሒዝካ ዉጻእ ኮነ። ኣብ መኸዘን ናይቲ ጨንፈር ዝነበረ፡ ዘይተኣደነ ክዳውንቲ፡ ስንቅን ካልእ ናይቲ ህዝቢ ውልቃዊ ንብረትን ብምሉኡ ክወጽእ ዕድል ኣይነበረን። ዳርጋ ዝበዝሐ ኣብኡ ተረፈ። ገለኡ ከኣ ህዝቢ ከረን ንክወስዶ ሓበሬታ ተዋህቦ።

ካብ ኣባላት ማሕበራዊ ጉዳያት፡ ሽዱሽተ ተጋደልቲ ዝነበርዋ ሓንቲ ጉጅለ ነቶም ኣስታት 180 ህጻናት ሰሪዓ፡ "ኣጆኹም!" እናበለት ብእግሪ ንሸነኽ ሰሜን ጉዕዞ ጀመረት። እቶም ኣባላት፡ ነቶም ፍርዝን ዝበሉ ቈልዑ ንመገዶም ዝኸውን ሽኮርን ካልእ ደረቕ መግብን ኣሰኪሞሞም እዮም። ብጸላም ደርገፍ እናበሉ ክጓዓዙ ድሕሪ ምሕዳር ከኣ፡ ግዝግዛ ምስ በጽሑ መሬት ክወግሕ ስለዝጀመረ፡ ኣብኡ ኣዕረፉ። ጸሓይ ምስ በረቐት ነፈርቲ ከይመጻ ስግኣት ስለዝነበሮም፡ ነቶም ቈልዑ ኣብ ጎቦታት ግዝግዛ ፋሕ ኣቢሎም ኣብ ትሕቲ ቆጥቋጣት ሓቢኦሞም ውዓሉ።

ንምሸቱ፡ እንደገና ጉዕዞኦም ቀጸሉ። ኣብዚ ጉዕዞ'ዚ፡ ተራ ናይቶም ፍርዝን ዝበሉ ቈልዑ ዓቢ ነበረ። ነቶም ዝደኸሙን ዝሓመሙን ንኣሽቱ ኣሕዋቶም ባዕሎም እናሓዘሉን ሞራል እናሃቡን ነዊሕ መገዲ ኣሳለዩዎም። ኣብቲ ጉዕዞ እቶም ቈልዑ ንሓድሕዶም ዘርእዩዎ ዝነበሩ ምትሕልላይን ምድግጋፍን፡ ነቶም ኣባላት ማሕበራዊ ጉዳያት ዝያዳ ፍናን ፈጠረሎም። ኣብቲ ናይ ካልኣይ ለይቲን ድሕሪኡን ጉዕዞ ግን፡ ቁጽሪ ናይቶም ደኺሞም ዕንክይክይ እናበሉ ምስጓም ዝሰእኑን ሓሚሞም ረፈጥ ዝብሉን ቈልዑ ስለዝበዝሐ፡ እቶም ኣባላት መካይን ከማዕድዉ ተገደዱ። ነተን ስንቅን ዝተፈላለየ ንብረትን ጽዒነን ንሳሕል ዝሓልፋ መካይን ውድብ ለሚኖም ጠጠው እናበሉ ድማ ምስኣን ከማልኡዎም ጀመሩ።

እቲ ጉዕዞ ነቶም ኣባላት ማሕበራዊ ጉዳያት ኣጨናቒ ነበረ። ምስቲ ዋሕዶም፡ ጸላም ምድሪ ንመሰርዕ ናይቶም ቈልዑ ክከታተሉ ንቕድሚትን ድሕሪትን ምምልላስ ከፍኣም። እንሓንሳእ ብድሕሪት ቈልዑ ይተርፉዎም። ድሕሪት ክምለሱ ከለዉ፡ ኣብ ማእከል ዝጸንሑ ገለ ቈልዑ ካብ መገዲ የላግሱ። ንገሊኦም ከይርኣዩዎም ገዲፎሞም ይሓልፉ። ብክያት ምስ ሰምዑ ድማ ይምለሱዎም። ኣካይዳኦም፡ እንሓንሳእ ቅልጡፍ እንሓንሳእ ድማ ዘገምታ ነበረ። ጸላኢ ኣበይ በጺሑ ከምዘሎ ዝሕብር ወረ ካብቶም ደድሕሪኦም ዝሰዕቡ ዝነበሩ ሓይልታት ይረኽቡ ስለዝነበሩ፡ ሃዲኦም

ዝጓዓዝሉን ዝሳፍሩሉን ግዜ ይኹን ቦታ ምፍላጥ የሸግሮም ኣይነበረን። ድሕሪ ክንደይ ጭንቅን መከራን ከኣ፡ ኣብ ራብዓይ መዓልቶም ኣፍዓበት ኣተዉ።

ካብ መርኣያታት ናይቲ መሪር ጉዕዞ

ካብ ከረን ካብ ዘዝለቐ ህዝቢ፡ ሰለስተ ህጻናት ዝነበሩዋ ሓንቲ ኣደ፡ ነቲ ሓደ ኣብ ሕቝኣ ሓዚላ፡ ነቲ ካልኣይ ኣብ ኣፍ-ልባ ሓቝፋ፡ ነቲ ሳልሳይ ድማ ብኢዱ እናሳለየት ትጓዓዝ ነበረት። ድሕሪ ነዊሕ ጉዕዞ፡ እቲ ብእግሩ ዝሳለ ዝነበረ ዝዓበየ ቈልዓ ደኺሙ ክቕጽል ኣይከኣለን። ንሳ ድማ ምስቲ ዝነበራ ከቱር ድኻም ሳልሳይ ቈልዓ ተሸኪማ ክትቕጽል ዓቕሚ ስለዘይነበራ፡ ዝሕግዛ ሰብ ክሳብ ትረክብ ብሓይሊ እናንተተቶ መንገዳ ቀጸለት።

እንተኾነ፡ እቲ ካልእ ህዝቢ ኩሉ ልዕሊ ዓቕሙ ጾር ዝተሸከመ ብምንባሩ፡ ዝሕተት ሰብ ኣይረኸበትን። ቈልዓ ፍጹም ምስ ተሰነፈ ድማ፡ ኣብ ከቢድ ወጥሪ ኣተወት። ስለዚ፡ ኣብቲ መገዲ ምስ ራብዓይ ርእሳ ጸላኢ ከርክባ ዶ ወይ ነቲ ዘደናጉያ ዘሎ ቈልዓ ገዲፋቶ ክትስጉም ካብ ዝብሉ ቀራና ምርጫታት ንሓዲኡ ክትመርጽ ነይሩዋ። ኮይኑ ድማ፡ ነቲ ጨኻን ሰራዊት ኢትዮጵያ ካብ ምጽባይ፡ ናብ ፈጣሪኣ እናተማህለለትን ብንብዓት እናተሓጸበትን፡ ነቲ ዝዓበየ ወዳ ኣብቲ መገዲ ገዲፋ ጉዕዞኣ ብፍጥነት ቀጸለት።

ጽቡቕ ዕድል ኮይኑ፡ ገለ ብድሕሪት እናዳህሰሱ ዝስዕቡ ዝነበሩ ኣባላት ማሕበራዊ ጉዳያት ኣብቲ ጸልማት ድምጺ ብኽያት ቈልዓ ስለዝሰምዑ፡ ብኸመይ ከምዝተረፈ እናተገረሙ ተማልኡዎ። ንጽባሒቱ ድማ ምስ ኣደኡ ኣራኸቡዎ። ነታ ኣደ፡ ስለምንታይ ከምዝገደፈቶ ኣስደሚሙዎም ኣጓጠጡላ። "ብጭካነ ኣይክሰስን እየ፣ ዝነበረትኒ ኣማራጺ ንሳ ጥራይ እያ ኔራ" ዝብል ከብዲ ዝበልዕ፡ ግን ድማ ቅቡል መልሲ ሃበት። እቲ ቈልዓ ዓብዩ፡ ኣብ ቤት ትምህርቲ ሰውራ ተማሂሩ፡ ኣብ ናጽነት ትምህርቲ ቀጺሉ ኣብራሪ ነፋሪት (ፓይሎት) ከምዝኾነ ኣባላት ማሕበራዊ ጉዳያት ብሓበን የዘንትዉ።

ካልኣይቲ ጉጅለ ኣባላት ማሕበራዊ ጉዳያት ጨንፈር ከረን፡ ስድራ-ቤታት ተጋደልትን ኣባላት ሓፋሽ ውድባትን ጠርኒፋ እያ ካብ ከረን ንሳሕል ነቒላ። ኣብ መገዲ ነቲ ህዝቢ ኣብ ምእላይ ዝተሓጋገዙዋ ናይ ካልኦት ኣሃዱታት ተጋደልቲ ተመዲቦምላ ነበሩ። ብዙሓት ካብተን ኣደታት ናጽላታትን ብእግሮም ነዊሕ ክጓዓዙ ዘይኽእሉ ህጻናትን ስለዝነበሩወን፡ እቶም ኣባላት ኣብ መገዲ እናሻዕ ኣብ ርእሲ ዕጥቆም ቈልዑ ክሓዝሉን ክሕንግሩን ኣብ ርእሲ ጾሮም ተወሳኺ ጾር ኮይኑዎም ነበረ። ብእግሮም ክጓዓዙ ኣምሰዮም ድማ፡ ማኻለሲ ተባሂሉ ኣብ ዝጽዋዕ ቦታ ሓደሩ። ዝበዝሐ ካብቲ ህዝቢ እንተላይ ገለ ኣባላት፡ ናበየናይ ኣንፈት የዝልቁ ኸምዘለዉ

ይፈልጡ ኣይነበሩን። ኣብቲ ቦታ ሓደ ለይቲ ምስ ሓደሩ፡ ጸላኢ ብሎኮ ከረን ክኣቱ ስለዝቐረበ፡ ከም ብሓድሽ ናብ ገንፈሎም ነቐሉ። ገንፈሎም ብዝበጽሖ ዕሙር ኣግራብ ዓዳይ ኣብ ዝነበሮ ሩባ ኣዕረፉ።

ድኻሞም ከየውጽኡ ግዳ ነፋርቲ ውግእ ብብርቱዕ ድሃይ ደበክ በላኦም። ምንቅስቓስ ናይ ሰባት ስለዝርኣያ፡ ኣብቲ ከባቢ ኣይሂ ቦምባታት ኣዝነባ። በዚ ከኣ ምስ ኣባላት ክፍሊ ማሕበራዊ ጉዳያት ህዝቢ ክኣሊ ተመዲቡ ዝነበረ ኣባል ጨንፈር ባህሊ፡ ተመስገን ዳኒኤል ተሃሪሙ ወደቐ። ብተወሳኺ፡ ሓደ ምስ ኣዲኡ ዝነበረ ቈልዓ ርእሱ ተወቒዑ ሞተ። ብርኽት ዝበሉ ካልኦት'ውን ግዳይ መቑሰልቲ ኾኑ። ነፈርቲ እንደገና ተመሊሰን ብምምጻእ ንካልኣይ ግዜ ደብደባ። በዚ ካልኣይ ደብዳብ ከኣ፡ ብጽሕቲ ወርሒ ዝነበረት ኣደ'ቲ ኣቐዲሙ ዝተሃርመ ቈልዓ ተደግመት። ገዚፍ ፍንጫል ቦምባ ንኹብዳ ስለዝተርተሮ ከኣ፡ ኣምዑት ከብዳ ፈዘግዚግ ኢሉ ናብ ባይታ ወደቐ። እቲ ናይ ማህጸና ድቂ'ውን ምስኡ ወደቐ። እቲ ህዝቢ ነዚ ምስ ረኣየ ኣሰኻሕክሐን ኣግነብነበን። ነፈርቲ ዝነበረን ቦምባታት እናተበራረያ ነጊፈን ምስ ተዓዝራ፡ ኣብቲ ከባቢ ዝነበሩ ናይ ሓይልታት ተጋደልቲ ክረድኡ ተኻየዩ። ነቲ ዝቐበር ቀቢሮም፡ ነቲ ዝሕከም ሓኪሞም ከኣ፡ ነቲ ህዝቢ "ኣጆኹም" እናበሉ ኣበራትዕዎ። ብዓልቤታ ነታ ህይወታ ዝሓለፈት ነብሰ-ጾር ሰበይቲ፡ ወዱን ሰበይቱን ቀቢሩ፡ ዝተረፍዎ ክልተ ቈልዑ ሒዙ እናተነክነኸ ምስቲ ህዝቢ ጉዕዞኡ ቀጸለ።

ካብ ገንፈሎም ነዊሕ ተጓዒዞም ቀልሃመት ኣተዉ። ቀልሃመት እውን ኣየቕሰነቶምን። ከምቲ ዝፈርሁዎ ድማ፡ ነፈርቲ ውግእ ኣብ ከባቢኦም ደብደባ። ብዕድል ግና ኣይተጎድኡን። ንምሸቱ ኣፍዓበት ብምብጻሕ፡ ምስታ ቈልዑ ሒዛ ዝሓለፈት ቀዳመይቲ ጉጅለ ተራኸቡ። ኣብ ኣፍዓበት ንውሑዳት መዓልታት ኣዕረፉ። ነፈርቲ ብቐጻሊ ኣብ ሰማያት ሳሕል እናተመላለሳ ይዝንብያን ይድብድባን ስለዝነበራ፡ ቀትሪ ኣብ ፈቖዶ ሩባን ቈጥቋጣትን ፋሕ ኢሎም እዮም ዝውዕሉ። ምሸት ኣደታት ቅጫ እናቐጨዋ ደቀንን ሰብኡተንን የዐንግላ። ካብ መንጎኦም ንሱዳን ናይ ምኻድ ድሌት ዝነበሮም ብምርጫኦም ተፋነዉ። እቶም ዝተረፉ ከኣ፡ "ንውድብና ዝረኸበ፡ ይርከበና።" ኢሎም፡ ካብ ኣፍዓበት ብእግሮም ንናቕፋ ቀጸሉ። እቶም ህጻናት ግና፡ ኣብ ርእሲ ጽዕነት መካይን ተጻፊጺፎም ከም ዝጓዓዙ ተገብረ።

ቀትሪ ካብ ነፈርቲ ንምኽዋል ኣብ ትሕቲ ጭዓታት ውዒልኻ፡ ጉዕዞ እግሪ ብምሸት እዩ ዝቕጽል ዝነበረ። ካብ ኣፍዓበት ንናቕፋ ኣብ ዝነበረ ጉዕዞ፡ ብዙሓት ኣደታት ብድኻም ዝኣክል ኣብ መገዲ ረፈጥ ክብላ፡ እቶም ብእግሮም ክኸዱ ዝተወሰነሎም ቈልዑ፡ ድኻምን ጽምኢ ማይን

ተሓዋዊሱዎም ክወድቁ፡ ኣባላት ንባዕሎም ድኻም ክሰንፎም ጀመረ። ነቶም ፍጹም ዝተዋልኡ፡ ኣብተን ንናቕፋ ዝኸዳ ዝነበራ መካይን ጽዕነት ለሚኖም እናሰቀሉ ድማ፡ ድሕሪ ናይ መዓልታት ኣድካሚ ጉዕዞ ናቕፋ ኣተዉ። እቶም ብመካይን ዝተጓዕዙ ህጻናት ናቕፋ ምስ ኣተዉ፡ ምስ'ቶም ካብ ደንጎሎ ላዕላይ ዝመጹ ቈልዑ ተራኺቦም ብሓደ ተጠርነፉ።

ኣብቲ እዋን'ቲ፡ ብዙሓት ካብ'ተን ብ'ኻምቦድያ' ዝፍለጣ ሓደስቲ መንእሰያት ደቀንስትዮ ተጋደልቲ፡ ታዕሊም ዛዚመን ኣብ ናቕፋ ነበራ። ገለ ካብኣተን ድማ ናብ ክፍሊ ማሕበራዊ ጉዳያት ተመደባ። እዘን ሓደስቲ ተጋደልቲ፡ ነቶም ቈልዑ ብዙሕ ተኸናኸናኦምን ራህርሃሎምን። ዝበኪ እንተ ርእየን፡ እታ ሓንቲ መጺኣ ትሓዝሎ፣ እታ ሓንቲ ሓቝፋ ተሰራስሮ፣ ካልእ መጺኣ ድማ ፍትፍት ተኹልሶ። በዚ ድማ ነቶም ገዳይም ኣባላት ከቢድ ጾር ኣፋኹሳሎም።

ሳልሳይ ወራር - ምስረታ ቀዋሚ ግንባራት

ህዝባዊ ሰራዊት፡ ካብ ሰሜናዊ ግንባር ኣዝሊቑ፡ ንካልኣይ ወራር ኣብ ግንባራት ሩባ ዓንሰባ፡ ማዕሚደን ኣዘሃራ ዘፍ ድሕሪ ምባል፡ ዝቐጽል መጥቃዕቲ ጸላኢ ንምምኻት፡ ብምብራቓዊ ጐላጉል ኣብ ማዕሚደን ኣዘሃራን፡ ኣብ መስመር ከረን ኣፍዓበት ድማ ኣብ ጎንፈሎም መከላኸሊ መስመር መስረተ።

ኣብ ጥሪ 1979 ዝጀመረ ሳልሳይ ወራር ጸላኢ በዚ ክልተ ኣንፈት እዩ ተበጊሱ። ኣብ ገንፈሎም ዓሪደን ዝነበራ ኣሃዱታት ህዝባዊ ሰራዊት፡ እቲ ወራር ቀቅድሚ ምጅማሩ ኣብ ዝነበረ መዓልታት፡ መከላኸሊ መስመር ገንፈሎም ግፍሕ ዝበለ ብምንባሩ ሓይለን ከይምጠጥ፡ ናብ ከባቢ ቀጋይ ኣዝሊቐን ካብ ዓንምቦሳ ክሳብ ዓጋመት ኣብ ዝነበረ በረኽቲ ጎቦታት ዓረዳ። እቲ ወራር ምስ ተበገሰ ድማ፡ ኣብዚ ዝተጠቕሰ ቦታ ብምግጣም፡ ግስጋሰ ጸላኢ ንግዜኡ ክዓግትኦ ክኢለን ነበራ። ይኹን'ምበር፡ ብ25 ጥሪ 1979 ጸላኢ ብግንባር ማዕሚደ ክጥሕስ ዝደለየ ዘምሰል መናውራ እናገበረ፡ ክልተ ብርጌዳት ናይ ግብረ-ሃይል 505፡ ካብ ባጽዕ ብመራኽብ ጽዒኑ ኣብ ማርሳ ተኽላይ ኣራገፈ። ብዝሒ ዘለዎ ሰራዊት ድማ ብመካናይዝድ ብርጌድ 29 ተሰንዩ፡ ብጎላጉል ብመካይንን ታንክታትን ናብ እማሀሚመ (እማሀሚመ) ሰሜናዊ ምብራቕ ሳሕል ኣምርሐ።

መሪሕነት ህዝባዊ ግንባር፡ ጸላኢ ብባሕሪ ክመጽእ ተክእሎ ከምዘሎ ኣብ ግምት ኣእትይዎ ስለዝነበረ፡ ድሮ ክልተ ቦጦሎኒ ዘኸውን ሓይሊ ኣብ

ከባቢ እማህሚመን ማርሳ ተኽላይን ኣቐሚጡ ነበረ። ምስ ግስጋስ ጸላኢ ናብ ሰሜናዊ ምብራቕ ሳሕል ከኣ፡ እቲ ዝበዝሕ ኣሃዱታት ህዝባዊ ሰራዊት፣ ካብ ከባቢ ማዕሚደ ኣዝሊቑ፡ ውሑድ ሓይሊ ኣብ ዓገት ብምግዳፍ፡ ናብ ጉሬቶን ወድጋንን ኣዝለቐ። መደበር ዕቝባት ደብዓት፡ ከምኡ'ውን ኣብ ከባቢ ደብዓት፡ ዜሮ፡ ሰቐርቀጠ፡ ብሌቓት፡ ፋሕ፡ እማህሚመ ዝተደኮነ ትካላት ደጀን ህ.ግ. ከኣ ንሓደጋ ተቓልዐ። በዚ ድማ፡ ህ.ግ. ኣብ ደጀን ዝነበረ ሰብን ንብረትን ብቕልጡፍ ከግዕዞ ነይሩዎ። ኣብ ከባቢ እማህሚመን ማርሳ ተኽላይን ንሓለዋ ዝጸንሐ ዓቕሚ ሰራዊት ህ.ግ. ውሑድ ብምንባሩ ግን፡ ጸላኢ፡ ኣብቲ ከባቢ ድሕሪ ምብጻሕ፡ ኣብ ደጀን ዝነበረ ክፍልታት ገና ከይገዓዘ፡ ብቕልጡፍ ንሸነኽ ውድጋንን ጉሬቶን ተንቀሳቐሰ። ሰራዊት ህ.ግ.፡ ኣብ ደጀን ዝነበረ ኣቕሑ ንምግዓዝ ምእንቲ ክጥዕም፡ ንጸላኢ ከርሕቖ ግድን ኮነ።

ብድሕሪ'ዚ፡ ህዝባዊ ሰራዊት፡ ካብ ከባቢ ወድጋን ጀሚሩ፡ ታባ ሰላም፡ ዴስነት ሰጊሩ ብሃጸይነት፡ ደብረ-እመንን ጥግሕን ኣቢሉ ክሳብ ከባቢ ዓላኬብ ንኣስታት 40 ኪ.ሜ.፡ ዝዝርጋሕ ዕርድታት ብምሓዙ፡ ግንባር ሰሜናዊ ምብራቕ ሳሕል ተመስረተ።

ምስዚ ምዕባለታት'ዚ ተኣሳሲሩ፡ ሰራዊት ህ.ግ.፡ ኣብ መስመር ከረን ኣፍዓበት፡ ካብ ቀጋይ ኣዝሊቑ፡ ንከተማ ኣፍዓበት ገዲፉ ናብ ሩባ ሕዳይ ብምስሓብ፡ ኣብ ጎቦታት ሓራስ ሓርማዝ ዓረደ። ንክልተ መዓልታት ነቲ ዝህንደድ ዝነበረ ሰራዊት ገጢሙ ከቢድ ክሳራ ድሕሪ ምውራድ ከኣ፡ ናብ ከባቢ ናቕፋ ብምዝላቕ፡ ኣብ ኣፍደገ ናቕፋ ኣብ ዝርከብ እምባ ደንደንን ምስኡ ዝተኣሳሰር ሰንሰለት ኣኽራናትን ዓሪዱ፡ ናይ መጨረሽታ መከላኸሊ መስመሩ ሓዘ። ወራሪ ሰራዊት ደርግ እውን እግሪእግሩ ሰዒቡ ክሳብ እግሪ ደንደን ብምብጻሕ፡ ብጽዑቕ ደብዳብ ከበድቲ ኣጽዋርን ነፈርቲን ነታ እንኮ ኣብ ትሕቲ ቊጽጽሩ ዘይኣተወት ከተማ ናቕፋ ክናውጻ ጀመረ።

ህጹጽ ንቕሎ ካብ ደብዓት

ኣብ ሳልሳይ ወራር፡ ብዙሓት ተጋደልቲ ህዝባዊ ግንባር፡ ነቲ ድሮ ብባሕርን መሬትን ናብ ሰሜናዊ ምብራቕ ሳሕል ዘምርሐ፡ ወራሪ ሰራዊት ጸላኢ ንምዕጋት፡ ብደብዓት ኣቢሎም ገለ ብመካይን ገለ ብእጋር ንሰሜናዊ ሳሕል ገጾም ዙብዙብ ኣብ ዝብሉሉ ዝነበሩ እዋን፡ እቲ ኣብ ደብዓት ዝጸንሐ ይኹን ካብ ደቡብ፡ ሰሜንን ምብራቕን መጺኡ ኣብ ደብዓት ዝሰፈረ ዕቝብ ህዝቢ ብኣንክሮ ይዕዘብ ነበረ። ነፈርቲ ውግእ፡ ኣእዛን ብዘደንቁር ኣርዓዲ

ድምጺ ብልዕሊ ደብዓት ትሒተን እናበረራ ንቅሮራ ገጽን ብዘይምቁራጽ ይመላለሳን እንሓንሳእ ድማ ኣብ ልዕሊ ደብዓት ይዝንብያን ይድብድባን ነበራ። ኣብቲ እዋን'ቲ ራድዮ ድምጺ ሓፋሽ ኤርትራ ካብ እትጅምር ሳልሳይ ሰሙና ገይራ እኳ እንተበረት፡ እቲ ህዝቢ ሬድዮ ኢትዮጵያ እውን ይሰምዕ ነበረ። ሬድዮ ኣስመራ ተቃልሖ ዝነበረት ፈኸራን ዳንኬራን ልቢ ዘሸብር እዩ ነይሩ። ኣደታት፡ ተጋደልቲ ደቀን ተሳዒሮም ዝሃድሙ ዘለዉ ኹይኑ ተሰምዐን። "ይዋእዮም ደቅና ዘራይ ስኢኖም......." እናበላ ክበክያ ጀመራ። እቲ ኩነታት ኣዝዩ ኣጨናቒ ነበረ። ተጋደልቲ ኣባላት ማሕበራዊ ጉዳያት ንባዕሎም እንታይ ከምዝገብሩ ሓርቢቱዎም ኣብ ትሕቲ ከቢድ ሻቕሎት ሓበሬታ ክመጾም ይጽበዩ ነበሩ።

እቶም ዕቑባት ህዝቢ፡ ኣብቲ ከባቢ ካብ ዝነበሩ ገባር፡ ጸላኢ ኣበይ ከምዝበጽሐ ዕለታዊ ወረ ይረኽቡ ነበሩ። እንተኾነ ግና፡ ርግጽነቱ ከረጋግጹ ይኽእሉ ኣይነበሩን። ገለ ገባር ድማ፡ "ንሓለፍትኹም ንሱዳን ስደዱና ዘይትብሉዎም. . . ጸላኢ ብኢዱ ክሳብ ዝሕዘኩም ድዮም ዝጽበዩ ዘለዉ፣" እናበሉ ንሻቕሎቶም የዕረግዎ ነበሩ።

እቲ ኵነታት ንፖለቲካዊ ቤት-ጽሕፈት ምስ ተሓበረ፡ ህጹጽ ኣኼባ ተገብረ። ኣብ ትሕቲ ዕቑባ ውድቡ ክቐጽል ዘይደልን ንሱዳን ክኸይድ ድሌት ዘለዎን ዕቑብ መገዲ ናጻ ምዃኑ ድማ ተሓበረ። ሓያሎ በቲ ዝነበረ ኩነታት ተደሪኾም ንሱዳን ተበገሱ። ክብገሱ ከለዉ፡ ካብተን ምስ ውድብና ይሕሸና ኢለን ዝተረፋ ኣንስቲ ተጋደልቲ፡ "ስለምንታይ ክውዕየኻ ብማንኻ ክዝሕለኻ ብኢድኻ ይኸውን!" ኢለን ኣበርቲዐን ተቃወማ። ውሳነ ናይቲ ውድብ ስለ ዝነበረ ግን፡ በቶም ኣባላት ማሕበራዊ ጉዳያት ተገኒሐን ሱቕ ከም ዝብላ ተገብረ።

ድሕሪ ሒደት መዓልታት፡ ኣብቲ ሓድሽ ግንባር ሰሚናዊ ሳሕል ብርቱዕ ውግእ እናቐጸለ ከሎ፡ ሓላፊት መደበር ዕቑባት ደብዓት፡ ኣስኻሉ መንቀርዮስ ንተጋዳላይ ጸሃየ ኪዳነ ቀትሪ ምድሪ ናብ ቤትጽሕፈታ ብምጽዋዕ። "ጸላኢ ይደፍእ ስለዘሎ፡ ኣዝልቑ ተባሂልና ኣለና። ህዝብና ጠርኒፍና ሕጂ ካብዚ መዓስከር ብቕልጡፍ ክንወጽእ ስለዘለና፡ ኣኪብኩም ንገሩዎም፣" ኢላ መምርሒ ሃበቶ።

"እሞ ብኸመይ ድኣ ክንነግረን ኢና፤ ኣይ መሊሰን ክስንብዳ እንድየን?"

"ኣማራጺ የብልናን - ኣኪብኩም ሎሚ ምሸት ክብገሳ ምዃነን ጥራይ ንገሩወን። ጉዕዞና ብእግሪ እዩ። ብመበላዕ ጌርና ኣግራዕ ክንኣቱ ኢና።

ኣብኡ መካይን ውድብ ክቕበላና እየን፡” ብምባል ተጋዳሊት ኣስኻሉ እቲ ጉዕዞ ኣነጸረትሉ።

ጸሃየ ህዝቢ ኣኪቡ መጸናንዒ ዝመስል ፖለቲካዊ መግለጺ ድሕሪ ምሃብ፡ ነቲ መርድእ ደርጉሖ። መደበር ዕቍባት ደብዓት መልቀስ ብዝጥዕም ዋጭዋጭታ ናይ ብዙሓት ኣደታት ተናወጸት።

ሰዓት 5፡00 ድሕሪ ቐትሪ፡ እቶም ዕቍባት ርያኦም ሒዞም፡ ንጉዕዞ ተዳለዉ። ኣብ መንጎኦም፡ ነብሰ-ጾራት፡ ሓራሳት፡ ሕሙማትን ብእግርም ምኻድ ዘይጀመሩ ህጻውንቲ ቈልዑን ነበሩ። ተበገሰ ምስ ኮነ፡ ነፍሲወከፍ ኣደ ዳርጋ ሓደ ድልዱል ኣድጊ ዝሸከሞ ጽዕነት ኣብ ዝባና ጸይራ ነቲ ጉዕዞ ተታሓሓዘቶ። ነብሰን ምግባር ኣብዩወን ድኣ'ምበር፡ ኣይኮነንዶ ሕቘኻ ዝጕዝዝ ጾር ተሸኪምኻ፡ ነዛ ጥራሕ ኢድኻ እውን ከቢድ ዝኮነ ነዊሕ መገዲ ይጽበየን ከምዝነበረስ ኣይጠፍኣንን። ኣብ ርእሲ ጾረን በቲ ሓደ ኢደን ቈልዑ ሒዘን ዘጓሕ በላ። እቶም ቈልዑ ኣብ መገዲ ደኺሞም ዘልሓጥ ክብሉ ወይ “ቕጫ. . . .” እናበሉ ምኒን ክብሉ ከለዉ፡ ትሃን ሕርቕርቑተን ንምውጻእ “ትም በል!” እናበላ ብኢደን ስለዝሰሃለኦም፡ ብክያቶም ኣብቲ ከውታ ለይቲ ዕረፍቲ ኣይነበርን።

ኣባላት ማሕበራዊ ጉዳያት ምስ ሰንከልናኦም፡ ብልዑል ተወፋይነትን ኒሕን፡ ቈልዑ ኣብ ርእሲ ዕጥቀም እናሓንገሩን እናሓዘሉን፡ ንቕድሚት ንድሕሪት እናተመላለሱ ነተን ኣደታት ሞራል እናሃቡ ይጓዓዙ ነበሩ። እንተኾነ፡ ግን መራሕ መገዲ ዝነበረ ወዲ'ቲ ኸባቢ ገባር፡ ኣብቲ ጸልማት ገዲፋዎም ህልም ስለዝበለ፡ ኣንፈቶም ኸይፈለጡ ምሉእ ለይቲ ክጕዓዙ ሓደሩ። መሬት ወገግ ምስ በለ ከባቢኦም እንተተዓዘቡ፡ እቲ ኹሉ ግዜ ዕንጸይቲ ዝኣርዩሉ ናይ ደብዓት በረኻ ኹይኑ ረኸቡዎ። ንጕዓዝ ኣለና ኢሎም ምሉእ ለይቲ ንደብዓት ክኾሉዋ እዮም ሓዲሮም። እተን ኣደታት ነዚ ምስ ረኣያ፡ ዝብልኦ ጠፊኡወን ተሰፋ ቈሪጸን ረፈጥ በላ። ገዛውተን ብድሕሪአን ኮሉ ፈሪሱ፡ እተን ዝገደፋአን ኣጣል ድማ ናባዩ ስኢነን ኣብቲ ጕልጕል “እምቤ....እ” ክብላ ጸንሓአን።

እቶም ዘፋነዉወን ሓለፍቲ ነዚ ምስ ረኣዩ ምሒር ሰንበዱ። ንኣባላት ሓቲቶም እቲ ምኽንያት ምስ ፈለጡዎ ግን፡ ንባዕሎም ተረጋጊኦም ነተን ኣደታት ከደዓዕሱ ፈተኑ። ንሳተን'ውን ተደዓዓሳ። ምሒር ደኺመን ስለዝነበራ ከኣ፡ ደቂሰን ውዓላ። ኣጋምሸት፡ ነተን ዝገደፋአን ኣጣልን ደርሁን ሓሓሪደን ምስ'ቶም ኣባላት ኩይነን ተመገባአን። ንሳልስቲ ዝኣክል ድማ ስጋ ጥሪተን ተቐለባ።

ዳግመ-ውደባ ንዳግማይ ንቕሎ

ኣብ መወዳእታ መዓልታት ናይ ጥሪ 1979፡ ኣብቲ ሓድሽ ዝተመስረተ ግንባር ስሜናዊ ምብራቕ ሳሕል ብርቱዕ ውግእ ይካየድ ነበረ። ጸኒሑ ግን ኣብ ቀዳማይ ሰሙን ናይ ለካቲት 1979፡ ህዝባዊ ሰራዊት፡ ነቲ ህንዱድ ሰራዊት ንምዕጋት፤ ከምኡ'ውን ኣብ ከባቢታት ደብዓት፡ ዜሮ፡ ሰቐርቀጠ፡ ብሊቃት፡ ፋሕን እማህሚመን ዝተደኮነ ናይ ደጀን ትኻላቱ ዝሓልፈሉ መስመር ንምክፋት ሓያል ጸረ-መጥቃዕቲ ብምውሳድ፡ ንሰራዊት ጸላኢ ንጐላጉል ከምዝወርድ ገበሮ። ኣብ ደጀን ዝነበረ ኩሉ ሰቡን ንብረቱን ከኣ ናብቲ ገረግር-ኣስመራን ዓራግን ዝማእከሉ ሓድሽ ደጀን ንምግዓዝ ኣብ ክፍልታት ዝነበሩ ተጋደልቲ ለይቲን መዓልቲን ተጓየዩ።

ኣብዚ ርሱን ግጥም ዝካየደሉ ዝነበረ መዓልታት፡ ሓለፍቲ ክፍሊ ማሕበራዊ ጉዳያት፡ ነቲ ኣቐዲሙ ተፈቲኑ ዝነበረ ፍሹል ጉዕዞ ድሕሪ ምግምጋም፡ ብቐልጡፍ ንዳግማይ ጉዕዞ መደብ ኣውጽኡ። እቲ ሸው ዝወጸ መደብ፡ ኣረጋውያን፡ ነብሰ-ጾራት፡ ሓራሳትን ሕሙማትን ብመካይን ብመገዲ ኢማህሚመ ክኸዱ፡ እቲ ዝተረፈ ህዝቢ ብጥርኑፍ ብኣጋር ክብገስ፡ ህጻናት ንበይኖም ክጐዓዙ፡ ቈልዑ ዘይብለን መንእሰያትን መርዑትን ድማ ቅድሚት ሓሊፈን ኣብ መገዲ ብምጽናሕ ነቲ ህዝቢ ከዐንግላ ዝብል ነበረ።

ብመሰረት'ዚ መደብ፡ ካብተን ኣደታት ዝተዋጽኣት ሓንቲ 12 ደቀንስትዮ መንእሰያት ዝነበርኣ ናይ መጋቦ ጉጅለ፡ ኣብቲ ህዝቢ ከዕርፈሉ ዝተመደበ ነቝጣታት መግቢ ኣዳልያ ንክትጸንሕ፡ መራሕ መገዲ ገባር ናይቲ ከባቢ ተመዲቡላ ኣቐዲማ ተበገሰት። ስንቂ ኣብ ኣግማል ዝጸዓኑ ተጋደልቲ'ውን ምስታ ጉጅለ ተበገሱ። ጸኒሑ ከኣ፡ እቲ ዝተረፈ ህዝቢ ነቕለ። እዚ፡ ብ29 ጥሪ 1979 ነበረ። ኣብዚ ካልኣይ ጉዕዞ፡ እቲ ከቢድ ሰከም ኣብ ኣግማል ስለዝተጻዕነ፡ ተጓዓዝቲ ፍኹስ ዝበለ ሸከም ጸይሮም ነበሩ። ካብ ሰለስተ ዓመት ንላዕሊ ዝዕድመኦም ቈልዑ ከኣ፡ ብሸውዓት-ሾሞንተ ዝኾኑ ኣባላት ማሕበራዊ ጉዳያት ተሰንዮም፡ ንበይኖም እናተዛነዩ ብህድኣት ክጐዓዙ ካብ ደብዓት ነቕሉ።

ኣብዚ ዳግማይ ጉዕዞ፡ እቲ ህዝቢ፡ ሓዳስ መደበር ሬድዮ ተጋደልቲ ድምጺ ሓፋሽ ኤርትራ እተቃልሐ ዝነበረት ዓወታት ህዝባዊ ሰራዊት እናሰምዐ፡ ጾር ናይ ቈልዑን ንብረትን ተቓሊሉሉ ሞራሉ ክብ ኢሉ ነበረ። ኣደታት'ውን ደርፌታት እናተቐባበላ ነቲ ጉዕዞ ፍናን ወሰኻሉ። ዝደርፋኦ ዝነበራ ደርፍታት፡ ደርግ ዘራያት ረኺቡ ንግዜኡ ዝተዓወተ እኳ እንተመሰሎ፡ ኣብ መወዳእታ ግን ሰውራ ኤርትራ ግድን ክዕወት ምዃኑ

ዘስምዕ ነበረ። ብኸምዚ ጸላም ምድሪ ነዊሕ መገዲ ተጓዒዞም ኣብ ሓደ ማይ ዘለዎ ሩባ በጺሖም ኣዕረፉ። ሓሊፈን ዝጸንሓ መጋቦ ግርም መግቢ ኣዳልየን፡ ንቕድም ንቈልዑ፡ ድሓር ንዓበይቲ ኣዐንገላ። ኣደታት ድሕሪ ምምጋበን፡ ጓይላ ተኺለን ሹሽ ክብላ ነታ ለይቲ ኣውግሓኣ።

መሬት ምስ ወግሐ፡ ጉዕዞ ብምቕጻል ‘ኣፍጨዋይ’ በጽሑ። ኣብ ጸግዒ ሓደ ጉቦ፡ ካብ ዓይኒ ነፈርቲ ተኸዊሎም ድማ ሓደሩን ወዓሉን። ጽሓይ ጠለስ ምስ በለት እንደገና እቲ ጉዕዞ ቀጸለ። እቲ መገዲ ዓቐብ-ቁልቁል ዝበዝሖ ነበረ። እቶም ቈልዑ ብዝሖም 292 ነይሩ። ሓያለ ካብኣቶም ኣብ መገዲ ውጽኣትን ካልእን ክሓሙ፡ ክደክሙን ክወድቁን ስለዝጀመሩ፡ ኣባላት ክሕንግሩዎምን ክሓዝሉዎምን ተገደዱ።

ኣጋጣሚታት

ኣብ ጉዕዞ ካብ ደብዓት ናብ ቀብርውአት፡ ሓሓደ ቆልዓ እናሳለዩ ክወስድዎም ዝተመደቡ ኣባላት ነበሩ። ሽው ተጋዳሊት ኣስቴር ዘርእማርያም ዝሓዘለቶ ቈልዓ፡ ተቐማጥ ስለዝሓመመን ብተደጋጋሚ ስለዝተሸገረን፡ ንሳ’ውን ምጽዋሩ ስኣነት። ንሓላፊኣ ዝነበረ ሃብቶም ሰዩም (ኢባ) ድማ፡ “ኣነ’ኳ ኪጋደል እምበር ቈልዑን ጽያፎምን ክኣሊ ኣይኰንኩን ናብዚ መጺአ፡ እንኻ ተቐበለኒ!” እናበለት ብቑጥዐ ኣውሪዳ ገዲፋትሉ ክትከይድ ደለየት። ኢባ ከኣ፡ “ስምዒ! ዕማማት ውድብ ምንጻግ፡ ወተሃደራዊ ትእዛዝ ምጥሓስ እዩ” ብምባል ምስ ገንሓ፡ ትእዛዝ ኣብ ህዝባዊ ግንባር ከቢድ ሳዕቤን ከምዘለዎ ስለዝዘከረት፡ ነቲ ቈልዓ ኣልዒላ እናተነከነኸት ጉዕዝኣ ቀጸለት።

ካብ ደብዓት ናብ ቀብርውአት ኣብ ዝወሰድ ምውራድን ምድያብን ዝመልኦ ጉዕዞ ናይ ለይቲ፡ “መን ኢኹም፡ ኣብ ዘለኹሞ ደው በሉ!” ዝብል ብዓረብኛ ዝተዋህበ ትእዛዝ ሰሚዖም ደው በሉ። ተጋደልቲ ጀብሃ ስለዝነበሩ፡ ምጡን ኣፍልጦ ቛንቋ ዓረብ ዝነበራ ዝግባ ገረዝግሄር (ጓል ባሻይ)፡ ናብቲ ትእዛዝ ዝሃበ ተጋዳላይ ጀብሃ ቀሪባ ኣዘራረበቶ። “ኻዝና ናይ ብረትኩም ኣውጺእኩም ቅረቡና”ይብሎም ከምዘሎ ድማ ንብጾታ ነገረቶም። ንሳቶም ድማ፡ ብረቶም ከምዘየውርዱ ምስ ሓበሩዎ፡ ኣውርዱ ኣይነውርድን ዝብል ሓደገኛ ዋጢጥ ኣብ መንጎኦም ተፈጥረ። ሓላፊ ናይቶም ጀብሃ ምስ መጸን መንነት ናይቶም ዘዝልቑ ዘለዉ ህዝብን ቈልዑን ምስ ተነግሮን ግን፡ ደንገጸ’ም ክሓልፉ ኣፍቀደሎም።

ካብዚ ቦታ ነዊሕ ምስ ተጓዕዙ ግን፡ ቈልዑ እንተፈቐዱዎም ሓደ ጐዲሉ ይጸንሖም። ንክደልዩዎ ኣርባዕተ ካብቶም ኣባላት ንድሕሪት ምስ ተመለሱ ድማ፡ እቲ ሓሚሙ ዘምስየ ቆልዓ ኣብቲ ብተጋደልቲ ጀብሃ ዝተዓግትሉ ቦታ ኣብ ትሕቲ ሓንቲ ቆጥቋጥ ደቂሱ ጸንሖም።

ኣብ ደብዓት ዝተረፈ ንብረት ናይቲ ክፍልን ናይቲ ህዝብን፡ ጸላኢ ከየርከበ እንክሎ ብቕልጡፍ ክስዕብ ስለዝነበሮ፡ ጸሃየ ኪዳነ ካብ ምውፋር መካይን ሓተተ። ሓለፍቲ ናይ'ተን ኣብኡ ዝነበራ ካልኦት ኣኻላት ውድብ (ዕጥቅን ስንቅን፡ ሃንደሳ፡ ሕክምና) እውን መካይን ንምሕታት ኣብኡ ተኣኪቦም ጸንሑ። ". . . .ንሕና መገዲ ከይዕጸወና ንብረት ውድብ ከነውጽእ ንጓየ፡ ንስኻ ዓፊሽመፊሽ ናይ ህዝቢ ንምጽዓን መካይን ትጫረተና፧" ብምባል ድማ ተቓወሙዎ። ኣብ መወዳእታ ግን፡ ሓላፊ ምውፋር፡ ምስቲ ዝነበረ ዋሕዲ ናይ መካይን እናንጸርጸረ ሓንቲ መኪና ሂቡ ኣፋነዎ። ኣባላት ማሕበራዊ ጉዳያት፡ ነቲ ኣገዳሲ ዝበሃል ንብረት እናጽዓኑ ከለዉ፡ ኣባል ፖለቲካዊ ቤት-ጽሕፈት መሓሙድ ሸሪፎ ብኡ ክሓልፍ ንእግረ-መንገዱ ተኣልዮም። ንብረት ተኹሚሩ ምስ ረኣየ፡ "መካይን ረኺብኩም ከተውጽኡዎ እንተክኢልኩም ጽቡቕ፣ እንተዘይክኢልኩም ግን ብሓዊ ኣቃጺልኩሞ ቀልጢፍኩም ነብስኹም ኣውጽኡ - ጸላኢ ይጉዩ እዩ ዘሎ፡" ኢሉዎም መገዱ ቀጸለ።

ኣባላት ማሕበራዊ ጉዳያት ነታ 'ኣቃጺልኩሞ ውጹ' እትብል ዘረባ ፈጺሞም ኣይተቐበልዋን። "ዝገበርና ጌርና ኸነውጽኦ ኢና" ዝብል ኒሕ ሓዞም። መካይን ክረክቡ ከምዘይኽእሉ ኣሚኖም ስለዝነበሩ፡ ንገለ ካብቲ ንብረት ብኣግማል ናይ ገባር ከውጽኡዎ ወሰኑ'ሞ፡ ቋንቋ ትግረ ዝመልከ ሓደ ካብኦም ተጋዳላይ ወዲ ማዕጡቕ፡ ኣብቲ ከባቢ ሃሰውሰው ኢሉ ሓደ ብዓል ኣግማል ሒዙ ተመልሰ። እቲ በዓል ኣግማል ንሱዳን ክገይሽ ዝተቐረበ ነበረ። ነቲ ንብረት ንእግረ-መንገዱ ክሳብ ቀብርዉኣት ክማልኦ፡ ኣምሳያኡ ድማ ንስድራኡ ቀለብ ዝኸውን እክልን ክዳውንትን ክህቡዎ ተሰማምዑዎ። ካብቲ ዝነበረ ክዳውንቲ ኻቦትን ኻምቻታትን እውን ሃብዎ። ካልኦት ገባር ናይቲ ከባቢ ነዚ ምስ ርኣዩ ብቕጽበት ኣግማሎም ሒዞም ባዕላቶም ወረር ወረር በሉ። ኣብ ውሽጢ ሒደት መዓልታት ድማ እቶም ገባር ምስ ወዲማዕጡቕ እናተመላለሱ፡ ነቲ ካብ መካይን ዝተረፈ ንብረት ብምሉኡ ኣግዓዝዎ። "ድሓን ኩኒ ደብዓት፡" ኢሎም ከኣ ምስ ምሉእ ንብረቶም ጠቕሊሎም ቀብርወኣት ኣተዉ።

* * *

ነፈርቲ ውግእ. . .ኣብ ሰማያት ናቕፋ

ህዝባዊ ሰራዊት፡ ንሰራዊት ጸላኢ ኣብ ዝጥዕም ግዜን ቦታን እናገጠመ፡ ናብ መጨረሽታ መከላኸሊ መስመሩ ኣ'ኽራናት ናቕፋን ሰሜናዊ ምብራቕ

ሳሕልን ኣብ ዝሰሕበሉ ዝነበረ እዋን፡ ብዙሕ ሰብን ንብረትን ንናቕፋ ይኣቱ ስለዝነበረ፡ ናቕፋ ቀንዲ ዒላማ ደብዳብ ነፈርቲ ውግእ ጸላኢ ኮነት። ብኩንታላት ዝምዘን ብኣጸዋውዓ ተጋደልቲ "ፋሽሽቲ፡ ጃንጥላ፡ ብሪምሪም" ዝበሃል ከበድቲ ቦምባታትን ፈክረስን እናደርበያ፡ ነታ ኸተማ ሓመዳ ንላዕሊ ገበራኣ። ብፍላይ ፋሽሽቲ ዝበሃል ቦምባ፡ ብዘንቀጥቅጥ ድምጺ ኣብ ባይታ ምስ ወደቐ፡ ክሳብ ማይ ዘፈልፍል ገፊሕን ዓሚቝን ጉድጓድ ይፈጥር ነበረ።

ናቕፋ፡ ዕለታዊ ድምጺ ነፈርቲ ውግእን ደብዳብን እኳ እንተዘይተፈልያ፡ ኣይከም 30 ጥሪ 1979። እዛ ዕለት'ዚኣ፡ ነቶም ድሕሪ ነዊሕን ኣድካሚን ጉዕዞ ኣብ ናቕፋ ዝኣተዉ ዕቝባትን ኣብታ ብደብዳብ ናብ ዑና ትቕየር ዝነበረት ከተማ ዝነበሩ ስንኩላን ተጋደልትን ዝመረረት መዓልቲ ነበረት። ኣብታ መዓልቲ'ቲኣ፡ ልክዕ ሰዓት 11፡45 ቅድሚ ቐትሪ፡ እቲ ዘፍርሕ ሕጭጭታ ነፈርቲ ክሰማዕን፡ ቦምባታት ኣብ ልዕሊ ዕቝባት፡ ኣለይቲን ተኣለይቲን ተጋደልቲ ክዘንብን ሓደ ነበረ። ኣብ ድሮ ናይዛ መዓልቲ'ዚኣ፡ ካብ ክፍሊ ታዕሊም መጺኦን ናብ ክፍሊ ማሕበራዊ ጉዳያት ዝተመደባ 55 ሓደስቲ ተጋደልቲ (ኻምቦድያ)፡ ገለአን ናብ ካፈተርያ እናተጓዕዛ፡ ገለአን ከኣ ኣብ መኣዲ ከቢበን እናተመገባ ከለዋ ቦምባታት ዘነበን። ካብኣተን ይርጋኣለም ተክሉን ዛይድ ርእሶምን ዝበሃላ መንእሰያት ሽዑ ንሽዑ ብዘሰኻሕክሕ መውቃዕቲ ተሰውኣ። ካልኦት 9 ኻምቦድያ ድማ ብከቢድን ፈኲስን ቈሰላ። እዘን ሓደስቲ ተጋደልቲ ካብ ክፍሊ ታዕሊም ናብ ክፍሊ ማሕበራዊ ጉዳይ ተመዲበን በቲ ክፍሊ፡ ታሪኽ ህይወት (ኦርኒክ) ከይመልኣ፡ ንሓድሕደን ይኹን ምስ ኣባላት ክፍሊ ማሕበራዊ ጉዳያት ከይተላለያ ኸለዋ ግደ መስዋእትን መቝሰልትን ምዃነን፡ ነቶም ብጾተን ኣዝዩ ዘጕሃየ ፍጻመ ነበረ።

ኣብቲ ደብዳብ፡ ካብ ነባራት ኣባላት ክፍሊ ማሕበራዊ ጉዳያት 7 ተጋደልቲ ክቘስሉ ከለዉ፡ ካብ ተኣለይቲ ስንኩላን ድማ ገብረሂወት ዕቑባስላሴ ተሰውኣ። ካብቶም ዕቝባት ድማ፡ ክልተ ኣደታት ማለት ኣብርሀት ወልደኣረጋይን ምልእተ ዕቑባዝጊን ብፍንጭልጫል ቦምባታት ተሃሪመን ህይወተን ስኣና። ካልኦት 14 ኣደታት ከኣ ግዳይ መቝሰልቲ ኮና።

ደብዳብ ነፈርቲ፡ ኣብ ናቕፋ ዘየዕርፍን ኣጨናቕን እዩ ዝነበረ። ኣብ ልዕሊ ገዳይም ተጋደልቲ፡ ስንኩላንን ዕቝባትን ድማ ብቐጻሊ ጉድኣት የውርድ ነበረ። ተጋዳላይ ተኽለጽዮን ሃብተጽዮን፡ ነቲ ኩነታት ክዝክሮ እንከሎ ከምዚ ይብል፦

ዘይተነግረ ገድሊ

"..... ይዝከረኒ ካብተን መረርቲ ዕለታት ሓንቲ መዓልቲ፡ ከባቢ ሰዓት 4፡00 ወይ 5፡00 ናይ ምሸት ኣቢለን ክልተ ነፈርቲ ይመጻ። ሽዑ ኣብታ ዝነበርኩዋ ጋንታ ዓንደማርያም ዘርኢማርያም (ጃብ) እንብሎ ብጻይ ነይሩ። ናይ ዓይኒ ጸገም ስለዝነበሮ፡ ብመነጽር'ዩ ዝንቀሳቐስ። በዓልቲቤቱ ድማ ነብሰ-ጾር ኰይና ኣብኡ ምስ'ተን ዕቑባት ኣደታት ነበረት። ከትሓርስ ሒደት ሰሙናት እዩ ተሪፉዋ ነይሩ። ኣብ ከረን ድማ'ዩ ተመርዕዩዋ። እተን ነፈርቲ ብሪምሪም እናደርበያ ንኸባቢ መስጊድ ጸሕተራኦ። ጸኒሐን ከኣ፡ ፉሽሽቲ ቦምባታት ደርበያ። ሽዑ ሰበይቱ ንጃብ ተዓቝባትላ ዝነበረት ገዛ ብጐድና ተሃሪማ ምሉእ ብምሉእ ረማዕ በለት። ጃብ ነዚ ምስ ረኣየ፡ ብስንባደ ኣብ ዝነበሮ ናብ ዓንዲጨው ተቐየረ። ሓንሳብ "ተሃሪማ...." ዝብል ትሑት ድምጺ ምስ ኣውጽአ፡ ዉኖኡ ኣጥፊኡ ብደዉ ንብዙሕ ደቃይቕ ቀዘዘ። እቲ ደብዳብ ዝግ ምስ በለ፡ ክንረድእ ናብታ ገዛ እንተኸድና፡ ሰበይቱ በቲ ፍርስራስ ተደፊና ሞይታ ትጸንሓና። ብጽሕቲ ወርሒ ብምንባራን ካልኣይ ትንፋስ ሒዛ ብምሕላፉን ከኣ፡ መስዋእታ ካብ ናይ'ተን ካልኦት ዝያዳ ኣጕሃየና።"

ብድሕሪ'ዚ፡ ኣስኻሕኻሒ ፍጻመ'ዚ፡ ኵሉ ስንኩል (ብእግሩ ክንቀሳቐስ ዝኽእልን ዘይክእልን) እንተላይ እቲ ዕቝብ ህዝቢ፡ ካብ ማእከል ናቕፋ ማዩን ስንቁን ሒዙ ንበረኻ እናወጸ ተሓቢኡ ክውዕል ጀመረ። እቶም ብእግሮም ክንቀሳቐሱ ዝኽእሉ ነቶም መልመስቲ ዝነበሮም (ፓራላይዝ) ብምድጋፍ፡ በብጋንታኦም ተጠርኒፎም ጋሕጋሕ ምድሪ ናብ በለስን ቈጥቋጣትን እናኸዱ መውዓሊ የናድዩ። ጸሓይ ብኅቦታት ናቕፋ ምስ ሰተኹት ድማ ገፊፍ እናበሉ ናብታ ከተማ ይምለሱ። እተን ነፈርቲ ዳርጋ መሬት ክሳብ ዝጽልምት ካብ ምምልላስ ስለዘይዕርፋ፡ ክሳብ ኣጸቢቑ ዝመሲ ሓዊ ምእጓድ ይፍቀድ ኣይነበረን። ኣብቲ እዋን'ቲ፡ ብርኽት ዝበሉ ሓደስቲ ኣባላት ናብ ክፍሊ ማሕበራዊ ጒዳያት ተመዲቦም እኳ እንተነበሩ፡ እቲ ህይወት ከቢድ ነበረ። ብፍላይ እቶም ዝነበሩ ሽውዓተ-ሸሞንተ ዝኾኑ ጽሙማንን ካልኦት ንስራሕ ብዙሕ ዘየጸግም ስንክልና ዝነበሮም ተጋደልትን፡ ሓዊ ክኣጕዱ፡ መገዲ ክጕዓዙ ንዘይኽእሉ ፓራላይዝን ዓይነ-ስዉራን ክኣልዩ ላሕ ይብሉ ነበሩ።

ኣጋጣሚታት

ሓደ ግዜ፡ ሓደ ካብቶም ጽሙማን ተጋደልቲ ንሓደ ዓይነ-ስዉር መሪሑ እናተጓዕዘ እንከሎ ነፋሪት ውግእ ብብርቱዕ ደሃይ ደበክ በለት። እቲ ዓይነ-ስውር፡ "ነፋሪት መጺኣ ንተሓባእ!" እንተበለ፡ እቲ ጽሙም ከመይ ገይሩ ከሰምዖ። ሱቕ ኢሉ ወጢጡዎ

መገዱ ይኸይድ። ዓይነ-ስዉር ግዒሩ ሰማዒ ምስ ሰኣነ፡ ዓቕሉ ጸቢቡዎ መሕብኢ እንተረኸበ ኢሉ ከላግስ ክብል፡ ነቲ ጽሙም ሒዙዎ ናብ ገደል ሃተፈ'ሞ ክልተኦም ከም መንደረጋሕ ኣንከራረዉ። ሕክምና ዘኽይድ ድኣ ኣይነበረን'ምበር፡ ብዙሕ ልሕጻጻት ኣጋጠሞም።

ምዝላቕ ካብ ደብዓትን ናቕፋን ናብ ሱዳን

ሕብረትሶቭየትን ተሓባበርታን፡ ዝገበርአ ምትእትታው፡ ነተን ናጽነት ከረጋግጻ ዝተቃረባ ሓይልታት ሰውራ ኤርትራ፡ ካብ ኩሉ ሓራ መሬት ኣዝሊቖን ንድሕሪት ክምለሳ ስለዝገደደን፡ እቲ ፍጻመ ንኩሉ ኤርትራዊ ካብ ዕረ ዝመርር እዩ ነይሩ። እንተዀነ ግን፡ እቲ ዝተወሰደ ናይ ምዝላቕ ስጉምቲ፡ ነቲ ቃልሲ ህዝቢ ኤርትራ ክድምስስ ዝተዋደደ ገዚፍ ወራር ዘፍሽል፡ ንጸላኢ ኣብ ዝተናውሐ ህዝባዊ ኩናት ጠቢስኻ ከም ዝርብርብን ከም ዝሰዓርን ንምግባር ዝዓለመ፡ ቀጻልነት ሰውራ ዘውሕስ እንኮ ስትራተጂያዊ ምርጫ ብምንባሩ፡ ተጋደልትን ህዝብን ኤርትራ፡ ሰናም ነኺሶም ክቃለሱ ኣክኢሉዎም እዩ። ምዝላቕ፡ ቦታታት ብምግዳፍ ጥራይ ዝዝከር ኣይነበረን። ሓድሽን ዝደልደለን ትሕተ-ቅርጺ ዝተኸለ፡ ክእለትን ምብልሓትን ዝዓጻጸፈ፡ ዝተረረ ጽንዓትን ሓቦን ዘሰረጸ፡ ዝተማልአን ኣድማዒን ውድብ ዝሃነጸ ዓቢ መስርሕ'ውን እዩ። ምዝላቕ ህዝባዊ ግንባር፡ ዝተወደበን ኣብ ትሕቲ'ቲ ገዚፍ ተጻብኦ ስርዓት ዝሓለወን ምንባሩ ጥራይ ዘይኮነ፡ ዝሰንከሉ ተጋደልቱ፡ ሓፋሽ ውዱባቱ፡ ህጻናትን ዕድመ ዝደፍኡ ዜጋታቱን፡ ኣብ ውሑስ ቦታ ንምስፋር ዝተዓወተሉ ርጉእ መስርሓት'ውን ዘጠቓልል እዩ ነይሩ። መሪሕነት ህዝባዊ ግንባር፡ ምዝላቕ ዘይተርፍ ምዃኑ ምስገምገመ፡ እቲ ጸላኢ ክሰዓረሉ ዝኽእልን ናይ ቀረብ መስመራት ዘለዎን ከባቢ ኣቓዲሙ ምምራጹን መዛግቡ ምህናጹን፡ ሓደ ካብቲ ንድሕነት ሰውራ ኤርትራን ቀጻልነቱን ዘረጋገጸ ዓበይቲ ውሳነታት ነበረ።

ማዕረ ማዕረ'ቲ ህዝብን ክፍልታት ውድብን ካብ ከረንን ካልኦት ቦታታትን ዘዝልቕሉ ዝነበሩ ግዜ፡ ህዝባዊ ግንባር፡ ድሮ፡ ቀዋሚ ደጀን ኣብ ውሑስ ቦታ ናይ ምድኳን መደብ ድሮ የካይድ ነበረ። ካብ 1975 ክሳብ መወዳእታ 1978፡ ቀዋሚ ደጀን ህዝባዊ ግንባር ኣብ ሳሕል፡ ኣብ ከባቢታት ፋሕ፡ ብሌቓት፡ ሰቓርቀጠ፡ ደብዓት፡ ጉሬቶን እማህሚመን እዩ ዝነበረ። ንእማህሚመን ኣስራይን ቅሮራን ከም ናይ ቀረብ መስመር ይጥቀመለን ስለዝነበረ ድማ፡ ኣብዚ ናይ ምዝላቕ እዋን፡ ጸላኢ ብዝነበሮ ናይ ኣጽዋርን ታንክታትን ጸብለልትነት፡ ነቲ መስመራት ብቐሊሉ ክዓጽዎ ከም ዝኽእል

ፍሉጥ ነበረ። ስለዚ ድማ፡ እቲ ድልዱልን ብቐሊሉ ዘይሰለኩን ደጀን ክህነጸሉ ዝተመርጸ፡ እቲ ካብ ናቕፋ ጀሚሩ ክሳብ ኣልጌን፡ ካብኡ ክሳብ ዶብ ሱዳን(ደምቦቤት) ዝቕጽል ብሰንሰለታዊ ጎቦታት ዝተኸበበ ቦታታት እዩ ነይሩ። ኣብ ውሽጡ ድማ፡ ህዝባዊ ሓይልታት ኣብ እተን ኩናት ሓድሕድ ካብ 1973 ክሳብ ፈለማ 1975 ሒዛቶ ዝነበረት ቀብርውኣት፡ ገረግር-ኣስመራ፡ ሓሊበትን ዓራግን ዝርከቦ ቦታታት ነበረ። እዚ ሓድሽ ደጀን ግን፡ ምስ ሱዳን ዘራክቦ ውሑስ ናይ ቀረብ መስመር ክህነጸሉ ግድን ስለዝነበረ፡ ካብ መፋርቕ ታሕሳስ 1978፡ ዝጀመረ ጽርግያ ናይ ምህናጽ ህጹጽ ንጥፈታት ይካየድ ነበረ። ገለ ኣባላት መሪሕነትን ሰራዊትን፡ ነቲ ዝነበረ ቅርጺ-መሬት ብምጽናዕ ናይ መወዳእታ መከላኸሊ መስመር ከዳልዉ እንከለዉ፡ ካልኦት ኣባላት መሪሕነትን መራሕቲ ክፍልታትን ድማ፡ ትካላት ውድብን ዕቑብ ህዝብን ዝሰፍርሉ ቦታታት፡ ንዕኦም ዝኸውን ምንጪ ማይን ጽላላትን ኣብ ምጽናዕ፡ ጽርግያታት ክስርሓሉ ዝኽእል መስመራት ኣብ ምህንዳስ ተዋፊሮም ነበሩ።

ጨንፈር ህንጻ፡ ናይ ጽርግያታት መጽናዕቲ ድሕሪ ምግባር፡ ነተን ዝነበርኦ ውሑዳት ግሬደራትን ካልእ መሳርሒታትን ዓጢቑ፡ ብጉልበት ተዓለምቲን ምሩኻት ወተሃደራት ኢትዮጵያን እናተደገፈ፡ ኣብ መፋርቕ ታሕሳስ 1978፡ ኣብ ብርቱዕን ዕረፍቲ ዘይህብን ዓቢ ዕማም ተዋፈረ። ካብ ኣልጌን ብሩባ ሩባ ኣቢሉ ምስ ናቕፋ ዘራክብ ጽርግያ ከም ዝሕደስ ክገብር እንከሎ፡ ካብ መስመር ናቕፋ ንኣልጌን ተኣልዩ፡ ካብ ወጀባ ናብ ሕሸክብን ዓምበርበብን ዝወስድ ጽርግያታት ድማ ጸረገ። እንደገና ካብ ዓምበርበብ ብጎቦታት ሰንጢቑ ናብ ሓሊበት ዘገምግም ጥውይዋይ ጽርግያ ሰርሐ። እንተኾነ ግና፡ ካብ ርእሲ ዓምበርበብ ናብ ሓሊበት ዘውርድ ጽርግያ ንምህናጽ ኣጸጋሚ ብምንባሩን እቲ መደብ ነዊሕ ግዜ ከም ዝወስድ ስለዝተፈልጠን፡ ንግዜኡ ምውንዛፉ ተመርጸ። ኣብ ክንድኡ፡ ነቲ ካብ ኣልጌን ብቀብርውኣት ኣቢሉ ናብ ገረግርኣስመራ፡ ሓሊበትን ዓራግን ዝኣቱ፡ ዶብ ሱዳን ሰጊሩ ድማ ብሓወልዕ ኣቢሉ ናብ ዓየትን ውሽጢ ሱዳንን ዝሕልፍ መስመር ከቀላጥፍ ተበገሰ።

እዚ ዕማማት'ዚ እናቐጸለ እንከሎ፡ ክፍሊ ማሕበራዊ ጉዳያት ኣብ ናቕፋ ተኣኪቦም ዝነበሩ ስንኩላንን ኣብ ደብዓት ዝነበሩ ዕቑባትን ሒዙ ናብ ኣልጌን ቀብርውኣት ብእግሪ ከዝልቕ ከም ዘለዎ ተሓበሮ። ዝርኻበን መካይን ህዝባዊ ግንባር፡ ኣብ ምግዕዓዝ ሰራዊት ተጸሚደን ስለዝነበራ ድማ፡ እቲ ምዝላቕ ግዜ ዝህብ ኣይነበረን። ካብ ናቕፋ ብእግሪ ዝተበገሱ ስንኩላን

ነንሕድሕዶም እናተደጋገፉ፡ ጸማማት ንዓይነ-ስዉራን እናመርሑ፡ ዓይነ-ስዉራን ጾር ሓንኻሳት እናተሰከሙ፡ ብመገዲ ሓመድዲበላይን ኣግራዕን ኣቢሎም ክሳብ 50 ኪሎሜተር ዝግመት ጉዕዞ ከይዶም ኣልጌን ኣተዉ። እቶም ካብ መደበር ዕቑባት ደብዓት ዝተበገሱ ህዝብን ህጻናትን ድማ፡ ንጎቦታት መንድዓት ሰንጢቖም ናብ ከባቢ ኣልጌንን ቀብርውእትን ገስገሱ። ድሕሪ ነዊሕን ብዙሕ ገልታዕታዕ ዝነበሮን ጉዕዞ ድማ ኣልጌን ኣተዉ። ብተወሳኺ፡ እቶም ካብ ዜሮ ዝተበገሱ ካብ 5-15 ዕድመ ዝርከቡ ተመሃሮ ቤት ትምህርቲ ሰውራ፡ ብመምህራኖምን ኣለይቶምን እናተመርሑ ኣልጌን ኣተዉ።

እዚ ጉዕዞ'ዚ፡ ጸላኢ ካብ መዓሚደ ናብ ኣፍዓበት ንምእታው ዝገበሮ ፈተነ ኣብ ዝመኽነሉ ግዜ እዩ ነይሩ። ይኹን'ምበር፡ ህዝባዊ ግንባር፡ ቀሲኑ ደጀናቱ ከም ዘይሃንጽ ንምግባር፡ ብዘይዕረፍቲ ዝመላለሳ ነፈርቲ ውግእ እናሰደደ፡ ኣብ ከባቢ ኣልጌን፡ ቀብርውእትን ካልኦት ቦታታትን መዓልታዊ ይድብድብ ነበረ። ኣልጌንን ቀብርውእትን ብብዝሒ ሰብ ስለዘዕለቕለቓን ንኩሉ ሰብ ዝክውል ጽላላት ስለዘይነበሮን እቲ ደብዳባት ኣብ ህዝብን ህጻናትን ሞትን መቑሰልትን ጥራይ ዘይኮነ፡ ኣብ ቁልዓ ሰበይቲ ራዕዲ ምፍጣሩ ኣይተረፈን። ድሕሪ'ዚ፡ እቲ ህዝቢ ምስ ስንኩላንን ቈልዑ ቤት ትምህርቲ ሰውራን ናብ ገረግር ኣስመራ ከም ዝግዕዝ'ኳ እንተ ተገብረ፡ ኣብኡ ምስተኣከበ'ውን ካብ ሓደጋ ነፈርቲ ተኸዊሉ ክድሕን ዝኽእለሉ ኩነታት ኣይነበረን። ስለዚ ድማ፡ መሪሕነት ህዝባዊ ግንባር፡ ቅልጡፍ ውሳነ ብምውሳድ፡ እቶም ተኣለይቲ ዶብ ሰጊሮም ንሱዳን ክኣትዉ ወሰነ። ክብገሱ እናተባህለ ግን፡ ጸላኢ ብ29 ጥሪ ብማርሳ ተኽላይን መዓሚደን ኣቢሉ ድሕሪ ምግስጋስ፡ ከባቢ ኣልጌንን እማህሚመን በጽሐ። እቲ ንክፍልታት ውድብ፡ ስንኩላንን ዝተዘናበለ ህዝብን ናብ ውሑስ ቦታ ንምግዓዞም ዝተወጠነ መደብ ድማ ኣዝዩ ህጹጽ ኮነ። እቲ ካብ ኣልጌንን እማህሚመን ንሱዳን ዘእቱ መስመር ስለዝተዓጽወ ድማ፡ ነቲ ካብ ገረግርኣስመራ ብሸግለት ኣቢሉ ናብ ጉላጉል ዝወርድን ንዶብ ሱዳን ዝቕጽልን ጽርግያ፡ ኣብ ሓጺር ግዜ ከምዝክፈት ዝገበረ ስሉጥ ስራሕ ተኻየደ።

ኣብ መወዳእታ ጥሪ 1979 እምበኣር፡ ኣብ ገረግር-ኣስመራ ዝነበሩ ህዝብን ስንኩላንን፡ ኣብ'ተን ክሳብ 30 ዝኾና ዓበይቲ መካይን ውድብ ተጻዒኖም፡ በቲ ሽዑ ጨንፈር ህንጻ ብተብተብ ዝሰርሖ ጽርግያ ሸግለት ኣቢሎም ንሱዳን ተበገሱ። ናብ ሽነኽ ዒላጻዕዳ እናተጓዕዙ ከለዉ ግን፡ ኣባላት ተጋድሎ ሓርነት ኤርትራ ኣብ መገዲ ጸኒሖም ዓገትዎም። ኣብ

ከባቢ ኣልጌን ድሮ ብርቱዕ ውግእ ይካየድ ስለዝነበረ፡ እቶም ዝተዓግቱ ህዝቢ፡ ሰንኩላንን ተጋደልትን ምኹኖምን ናብ ሱዳን የዝልቑ ምህላዎምን እንተሓብርዎም'ውን፡ "ቅድም ንሓለፍትና ክንነግር" ብዝብል ምስምስ ምድንጓይ ፈጠሩ። እቶም መራሕቲ መካይንን ሓለፍቲ ማሕበራዊ ጉዳያትን፡ ቅድሚኡ ብዘይረገጽዎ ሓድሽ ቦታታትን ጽርግያታትን ይኸዱ ስለዝነበሩ፡ በቲ ምድንጓይ ተዋጠሩ። እቲ ምዕጋት፡ ናብ ግጭት ከምርሕ ዝኽእለሉ ሓደገኛ ኩነት የንጸላልዎ ነበረ። ብዕድመ ዝሸምገላ ኣደታት ካብተን መካይን ወሪደን፡ ኩነታትን ስግኣትን ናይቲ ህዝቢ ከም ዝገልጻሎም ተገብረ። ኣባላት ተጋድሎ ሓርነት መመሊሶም ምስተረሩ ግን፡ ናይ ረድኤ መልእኽቲ ተገብረ፣ ኣባላት መሪሕነት ድማ ብጉያ መጹ። ናይ ክልተኦም ውድባት መሪሕነታት ተረዳዲኦም ክሳብ ዘሕልፍዎም ነዊሕ ሰዓታት'ኳ እንተ ወሰደ፡ ብሰላም ጉዕዞ ምቕጻሎምን ካብቲ ብርቱዕ ድምጺ ዝነበሮ ዓውደ-ውግእ ብምርሓቖምን ዓቢ ሩፍታ ፈጠረ። እንተኾነ ግን፡ መካይን ጉዕዞአን ብምቕጻል ኣብ ዶብ ኤርትራን ሱዳንን ምስ በጽሓ፡ ከምቲ ዝተጸበዩዎ ከም ብሓድሽ ተዓግታ።

ሓላፊ ሰንኩላን ዝነበረ መሓመድኑር ኢድሪስ፡ ድሮ ቀቅድሚ'ዘን ህዝብን ሰንኩላንን ዝጸዓና መካይን ተጓዒዙ፡ ካብ ፖለቲካዊ ቤትጽሕፈት ዝተላእከት ደብዳቤ ሒዙ ቅሮራ ናይ ሱዳን ኣትዩ ነበረ። ኣብኡ ዝጸንሕዎ ተጋደልቲ መሓመድዓሊ ጣህር፡ ተኽለ ዓንዶምን ሰሊም ሰዒድን ድማ፡ ነታ ደብዳቤ ተቐቢሎም ኣብኡ ናብ ዝነበረ ኣዛዚ መዓስከር ሰራዊት ሱዳን ከዱ። እቲ ኮሎኔል ኣቐዲሞም ተላልዮሞ ስለዝጸንሑ፡ ኣረቂ እናስተዩ ክሳብ ዝመሲ ምስ ኣዕለሉዎ፡ ነታ ደብዳቤ ሃብዎ። እታ ደብዳቤ፡ ነቶም ድሮ ብብዙሓት መካይን ተጻዒኖም ናብ ውሽጢ ሱዳን ክኣትዉ ኣብ ዶብ ዝጽበዩ ዝነበሩ ዕቝባት ህዝብን ሰንኩላንን፡ ዓየት ናብ ዝተባህለ ቦታ ክሓልፉ ፍቓድ ትሓትት ነበረት። ኮሎኔል ከፊቱ ምስ ኣንበባ ኣዝዩ ሰንበደ። ባዕሉ ዘውስኖ ጉዳይ ስለዘይኮነ፡ ንላዕለዎት ሓለፍቱ ክውከስ ደለየ። ግና፡ ብቴለፎን ከይሓትት ለይቲ ስለ ዝኾነ፡ ንጽባሒቱ ንግሆ ባዕሉ ንፖርትሱዳን ከይዱ ንሓለፍቱ ክነግር ምኳኑ ሓበሮም። እንተኾነ፡ እቶም ህዝቢ፡ ሰንኩላንን ህጻናትን ካብቲ ዶብ ቀልጢፎም እንተ ዘይሰጊሮም ንሓደጋ ደብዳብ ነፈርቲ ክቃልዑ ይኽእሉ ስለዝነበሩ፡ ኣቐዲሙ ናብቲ ቦታ ከይዱ ብዓይኑ ክርእዮም ሓተትዎ። ዘይተጸበዮ ልዕሊ 30 መካይን ሰብ ምስ ጸንሖ ግን፡ ንግዚኡ ናብ ዓየት መሪሑ ክወስዶም ተሰማምዐ። ድሕሪ ናይ 15 ኪሎሜተር ጉዕዞ ዓየት ምስ በጽሑ ድማ፡ ቴንዳታት ተተኺሉ፡ ናይ ሕክምናን ናይ ስንቂ መኽዘናትን ቦታ ኣዳልዮም ዝጽበዩ ብዙሓት

ተጋደልቲ ጸንሑዎ። እቶም ተጋደልቲ፡ ገለ ብሓወልዕ ኣቢሎም ብእግሮም ዶብ ዝሰገሩ፡ ገለ ድማ ኣብ ውሽጢ ሱዳን ዝነበሩ ኣባላት ክፍሊ ቑጠባን ሓፋሽ ውድባትን ኰይኖም፡ ተወዳዲቦም ቦታ ኣዳልዮም ክጸንሑ ኣቐዲሙ ተሓቢሩዎም ዝነበሩ እዮም። እቲ ኮሊኔል ምስ ረኣዮም፡ “በየን ኣትዩ እዚ ኩሉ ሰብን ንብረትን!” ብምባል ብኣንክሮ ቐዘዘ። ግና፡ “ካብ ኣተዉ ደኣ’ሞ ፍቓድ ምሃብ ይሓይሽ’ምበር፡ ሕጂ ተመለሱ ምባል ዝከኣል ኣይኮነን፡ ” ዝብል ሓሳብ ከይመጾ ኣይተረፈን። ንድሕሪት ክመልሶ ዝኽእል ነገር ስለዘይነበረ፡ ምስ ሓለፍቱ ክዘራረብ ምኻኑ ሓቢሩ ንቦታኡ ተመልሰ።

እዚ ከምዚ’ሉ እንከሎ፡ ኣብ ገረግር ኣስመራ ዝነበሩ ተማሃሮ ቤት-ትምህርቲ ሰውራ፡ ክንቀሳቐሱ ዝኽእሉ ስንኩላንን ገለ ኣባላት ማሕበራዊ ጉዳያትን ዝርከብዎም ተኣለይቲ ብመገዲ ሓሊበት፡ ዓራግን ሓወልዕን ናብ ዓየት ክብገሱ ምስ ተወሰነ፡ ኣብ ሓሊበትን ዓራግን ዝነበሩ ኣባላት ተጋድሎ ሓርነት ኤርትራ መገዲ ምሕላፍ ከምዘይፈቕዱ ኣፍለጡ። ዓራግ ከም መደበር ታዕሊምን ደጀንን ተ.ሓ.ኤ የገልግል ብምንባሩ’ዩ ፍቓድ ምሕታት ዘድለየ። ድሕሪ’ዚ፡ ካብ መሪሕነት ህዝባዊ ግንባር መስፍን ሓጎስን ኣስመሮም ገረዝግሄርን ምስ ገብራይ ተወልደን ሓሊብ ስተን ዝርከብዎም ሓለፍቲ ተ.ሓ.ኤ፡ ተዛተዩ። እንተኾነ ተ.ሓ.ኤ፡ ንክድንግጹሎም ተባሂሉ ነቶም ተማሃሮን ካልኦት ተኣለይቲን ኣብ ምዝላቕ ዝገጠሞም መከራን ከልበትበትን’ኳ እንተ ተነግሮም፡ “ኣይነሕልፎምን” ብምባል ፍጹም ኣቕበጹ። እቲ ኣብያ፡ ነተን ኣብ ሓሊበትን ዓራግን ዝነበራ ሓይልታት ተ.ሓ.ኤ፡ ደምሲስካ ጥራይ ምሕላፍ ዘገድድ ኮነ። ግደ ሓቂ፡ ጸላኢ ብድሕሪት እግሪእግሪ እናሰዓበ እንከሎ፡ ኣብ ዘየድሊ ውግእ ሓድሕድ ምእታው ተመራጺ ኣይነበረን። ኮይኑ ግና፡ እቲ ኩነታት ፈጺሙ ግዜ ዘይህብን ቅልጡፍ ስጉምቲ ዝጠልብን ስለዝነበረ፡ ሓንቲ ቦጦሎኒ ናይ ህዝባዊ ግንባር ናብቲ ከባቢ መጺኣ ንተጋድሎ ሓርነት ኤርትራ ብምውቃዕ፡ ሓሊበት፡ ዓራግን ግልዕን ኣብ ትሕቲ ህዝባዊ ግንባር ከም ዝኣቱ ገበረት። ተጋደልቲ ተ.ሓ.ኤ ድማ፡ ካብቲ ከባቢ ተደፊኦም ናብ ሰንሰለታዊ ጎቦታት ዓይገት ብምስጋር፡ ናብ ኣዶብሓ ዓቢ ገጾም ተዓዝሩ። ድሕሪ’ዚ፡ ጉዕዞ ተማሃሮ ቤት ትምህርቲ ሰውራ ብዓራግ ኣቢሉ ናብ ሓወልዕ ቀጸለ። ክፍልታት ውድብ ድማ ኣብ ዓራግን ግልዕን ትካላተን ዝድኩናሉ ቦታታት ሓዛ። ምስ ተ.ሓ.ኤ ከይደንጒየ ርክብ ስለዝተገብረ ግን፡ እቲ ሓድሕድ ውግእ ኣይቀጸለን። ገለ ክፋል ተጋደልቲ ተ.ሓ.ኤ ተመሊሶም ቦታኦም ክሕዙ’ውን ህዝባዊ ግንባር ከም ዝፈቐደ ኣብ እዋኑ ይግለጽ ነበረ። ድሕሪ ውሑድ መዓልታት፡ ክፍሊ ሕክምና ውትኣቶም ሐዞም ግልዕ ኣብ ዝኣተዉሉ ግዜ፡ ገለ ኣባላት ተ.ሓ.ኤ

ተኹሲ ከፊቶምሎም'ኳ እንተነበሩ፡ ነቲ ቦታ ቀልጢፎም ስለዘለቐቕዎ ግን፡ እቲ ኩነታት ናብ ግጭት ከየምርሐ እንከሎ ብኣጋኡ ዓረፈ። ብድሕሪ'ዚ፡ እቲ ደጀን ህዝባዊ ግንባር ናይ ምህናጽን ቀረባቱ ዘውሕስ ጽርግያታት ናይ ምጽራግን ዕማማት ብህጹጽ ከም ዝጅመር ተገብረ።

ጨንፈር ህንጻ ንተዓለምቲን ኢትዮጵያውያን ምሩኻት ኩናትን ኣኪቲቱ፡ ካብ ገረግርኣስመራ፡ ብሓሊበት ኣቢሉ ንውሽጢ ዓራግ ዝኣቱ ጽርግያ ጸረገ። ቀጺሉ ድማ፡ ንጎቦ ጥሩቕሩቕ ዘድይብ ጥውይዋይን በዳሂን ጽርግያ ሰርሐ። እቲ ብጥርዚ ናይቲ ጎቦ ዝሓልፍ ጽርግያ፡ ጸላኢ ካብ ዒላ-ጻዕዳ ብቐሊሉ ክርእዮን ብተወንጫፊ መዳፍዕ ከጥቅዖን ይክእል ስለዝነበረ፡ ኣብቲ ገምገም ጸድፊ፡ መካይን ብግዜ ለይቲ መብራህቲ ኣጥፊኦን ክሓልፋ ዘገድድ ናይ ፍርቂ ኪሎ-ሜተር ዝግመት ተኣፋፊ ቦታ ነበሮ። እቲ ካብ ርእሲ ጥሩቕሩቕ ናብ ፈልሒትን ሓወልዕን ዝወርድ ጽርግያ ግን፡ ብዙሕ ጥውይዋይ ክሰርሓሉ ዘድልዩ ዓመቑቲ ቦታታት ስለዝነበሮ፡ ክሳብ ዝውዳእ ግዜ ዝሓትት እዩ ዝነበረ። ስለዚ ድማ፡ ነቶም ናብ ሓወልዕ ዝሰግሩ ተማሃሮን ህዝብን ዝኸውን ማይን ስንቅን ኣብ ምቕራብ በዳሂ ጸገም ተፈጥረ። ሽው፡ ሓንቲ ትራክተር፡ ካብ ጥርዚ ጥሩቕሩቕ ናብ እግሪ ጎቦ ፈልሒት ብብዙሕ ገመዳት ተኣሲራ፡ ብዓሰርተታት ኣጓብዝ ተጋደልቲ ንድሕሪት እናተወጠጠት ንምውራዳ ተባላሓቱ። እታ ንቁልቁል ዝተንጠልጠለት ትራክተር፡ ሓንሳብ ብገረብ እናተታሕዘት፡ ሓንሳብ ድማ ኣብ ኣየር እናንተሳፈፈት ቀስ ብቐስ ክሳብ 100 ሜትሮ ናብ ዝግመት ዓሚቝ ቦታ ወረደት። እዛ ትራክተር እዚኣ ድማ፡ ክሳብ ህንጸት ናይቲ ጽርግያ ዝዛዘም፡ ኣብቲ ካብ ፈልሒት ክሳብ ገምገም ዓየት ዝርከብ ጎላጉል ሓወልዕ፡ ከም መመላለሲት ማይን ስንቅን ኣገልገለት። ካብ ሓወልዕ ናብ ዓየት ዝወርድ ጽርግያ ብኣዝዩ ዘገርም ቅልጣፈ ምስ ተፈጸመ ድማ፡ ኣብ ሚያዝያ 1979፡ ደጀን ህዝባዊ ግንባር ካብ ናቕፋን ዓምበርበብን ክሳብ ዓራግ፡ ሓወልዕን ዓየትን ብምብጻሕ፡ ምስቲ ንቃሮራን ፖርትሱዳንን ዘራክብ ዓቢ መስመር ተሓወሰ።

ህዝባዊ ግንባር፡ ኣብ ውሽጢ ኣርባዕተ ኣዋርሕ ልዕሊ 200 ኪሎ-ሜተር ዝግመት ጽርግያታት ብምስራሕ ናይ ዕጥቅን ስንቅን መስመራቱ ከውሕስ ዝኸኣለ፡ ሳላ'ቲ ኣብ ህንጸት ትሕተ-ቅርጺ ጽርግያ ዘማዕበሎ ድንቂ ክእለትን ተሞክሮን እዩ። እዚ ከኣ፡ እቲ ምስ ሱዳን ንዘራክብ ዓበይቲ መስመራት ስለዘዓጸወ ጥራይ፡ "ብጎቦታት ኣብ ዝተኸበበ ጸቢብ ቦታ ስለዝተሓጽሩ፡ ውዒሎም ሓዲሮም ክዳኸሙን ክንብርከኹን እዮም።" ዝብል፡ ትጽቢት ጸላኢ ከንቱ ምዃኑ ዘረጋገጸ ነበረ። ሽው ድማ'ዩ ሓደ ካብ ኣብረርቲ ነፈርቶም ኣብ ሰማያት ሳሕል ኮይኑ ነቲ ሓድሽ ጽርግያ ምስ ተዓዘቦ፡

ነቲ ኣብ ጎላጉል ኮይኑ ሰራዊቱ ዘዋግእ ዝነበረ ኣዛዚ፡ “ኣንተ ደደብ፡ መውጫያን ያሳጣሃቸው መሰለህ? ሱዳን የሚገባ ሃይወይ ኣላቸው” (ኣንታ ዓሻ፡ መውጽኢ ዘስኣንኻዮምዶ መሲሉኻ? ንሱዳን ዘእቱ ከመይ ዝበለ ጽርግያ ኣለዎም) ክብሎ ብጠለፋ ሬድዮ ኤፍ.ኤም ዝተሰምዐ።

መዐገሲ ህንዳደ ጸላኢ - ጸረ-መጥቃዕቲ ግንባር ናቕፋ

ኣብ ግንባር ናቕፋ፡ ህዝባዊ ሰራዊት ኣብቲ መጨረሽታ መከላኸሊ መስመሩ ክኸውን ዝመረጾ ቦታ፡ ኣፍደገ ናቕፋ የማነ-ጸጋም ስትራተጂያዊ ጎቦ እምባ ደንደን በጺሑ ኣብ ዝዓረደሉ፡ ሰራዊት ጸላኢ እግሩ እግሩ ሰዒቡ ብዘካይዶ ዝነበረ ቐጻሊ መጥቃዕቲታትን ጽዑቕ ደብዳብ ነፈርቲን ከበድቲ ኣጽዋርን፡ ረጊኡ ዕርድታቱ ከደልድል ኣይከኣለን።

በዚ ምኽንያት፡ ኣብ ልዕሊ'ቲ ኣፍደገታት ናቕፋ ዝኹሕኵሕ ዝነበረ ህንዱድ ሰራዊት ጸላኢ፡ ብ13 ለካቲት 1979 ሓያል ጸረ-መጥቃዕቲ ፈነወ። በዚ ጸረ-መጥቃዕቲ'ዚ ጸላኢ ካብ ከባቢ ናቕፋ ተጸሪጉ ንሩባ ሕዳይ ወሪዱ ክሳብ ሰንሰለታዊ ጎቦታት ኢትሓልብብ ተደፊኡ፡ ከቢድ ናይ ሰብን ንብረትን ክሳራ ወሪዱዎ ክዕገስ ተቐሰበ። ድሕሪ'ዚ ጸረ-መጥቃዕቲ'ዚ፡ ዳግም ሰራዊቱ ክጠራንፍን ክወዳደብን ነዊሕ ግዜ ስለዝወሰደሉ ድማ፡ ህዝባዊ ሰራዊት እስትንፋስ ረኺቡ፡ ረጊኡ መከላኸሊ መስመሩ ንምድልዳል ዕድል ረኸበ።

ሰራዊት ህ.ግ.፡ ካብ ደቡባዊ ኤርትራ ጀሚሩ፡ ንጸላኢ ኣብ ዝጥዕም ቦታን ግዜን እናገጠመ፡ ሰቡን ንብረቱን ጠርኒፉ፡ ደረጃ ብደረጃ እዩ ናብ ቀዋሚ ዕርድታት ሳሕል ኣዝሊቑ። ኣብዚ ሰለስተ መጠነ ሰፊሕ ወራራት ደርግ መኪቱ ዘበርዓነሉ ኣስታት 9 ኣዋርሕ ዝወሰደ ናይ እዋን ምዝላቕ ከቢድ ጥምጥም፡ ኣሃዱታቱ፡ ምስ ምንቅስቓስ ጸላኢ ናብ ኩሉ ከባቢታት እናተጻፍዓ እየን ዝምክታ ነይረን። ኣብ ሳልሳይ ወራር ግን፡ ብሸነኽ ናቕፋን ሰሜናዊ ምብራቕ ሳሕልን ኣብቲ ናይ መወዳእታ መከላኸሊ መስመር ብምብጻሕ ቀዋሚ ግንባራት ተመስሪቱ ኩለን ብርጌዳት በቦታአን ሓዛ።

ብመሰረት እዚ፡ ብርጌዳት 51፡ 58፡ 70፡ ከምኡ'ውን እታ ድሓር ብርጌድ 77 ዝተሰምየት ብርጌድ 8፡ ኣብ ግንባር ናቕፋ ክዓርዳ እንከለዋ፡ ብርጌዳት 23፡ 44፡ 4፡ 31 ድማ ቀዋሚ ዕርደን ግንባር ሰሜናዊ ምብራቕ ሳሕል ኮነ። ብርጌድ 76 ናይ ከቢድ ብረት ድማ፡ ኣብ ሰሜናዊ ምብራቕ ሳሕል ክልተ ቦጦሎኒ፡ ኣብ ግንባር ናቕፋ 1 ቦጦሎኒ ብቐዋምነት ኣሰለፈት። ይኹን'ምበር፡ ኣብቲ ዝቐጸለ ግጥማት፡ ምስ ዘዝመጸ ወተሃደራዊ ምዕባለታት፡ እዘን ኣሃዱታት እዚኣተን ካብ ቀዋሚ ቦታአን እናተንቀሳቐሳ ኣብ ካልእ

ግንባራት እውን ተደራቢ ሓይሊ ዝኾና ሉ እዋናት ውሑድ ኣይነበረን።

ህዝባዊ ሰራዊት ቀዋሚ ዕርድታቱ ምስ ሓዘ፡ ክፍልታት ውድብ ድማ ምስኡ ኣብ ዝተኣሳሰር ውሑስ ሩባታትን ስንጭሮታትን ደጀን ክሃንጻ ይቕንቀሳቐሳ ነበራ። ኩለን ክፍልታት ክሳብ ሚያዝያ 1979 ኣብ ውሽጢ ኤርትራ ኣብ ዓንበርበብ፡ ሕሽክብ፡ ዓራግን ግልዕን፡ ኣብ ዶብ ኤርትራን ሱዳንን ድማ ኣብ ሓወልዕን ዓየትን ከም ዝዘርግሓ ኮነ። እቲ ክፍሊ ማሕበራዊ ጉዳያት ዘዘለቐሉ ጸቢብ ከባቢ፡ ዋሕዲ ዝስተ ማይን ንጽላል ዝኾውን ኣግራብን ስለዝነበሮ፡ ንኩሉ ዝኣክል ኣይነበረን። ስለዚ ድማ፡ እቶም ዝያዳ ካብ ግንባራት ውግእ ርሒቖም ውሑስ ቦታ ክረክቡ ዝግብኦም ዝነበሩ ዕቑባት፡ ስንኩላን፡ ቈልዑን ተማሃሮ ቤት ትምህርቲ ሰውራን ኣብ ውሽጢ ሱዳን ክሳብ 20 – 50 ኪሎ ሜተር ኣብ ዝርሕቀቱ በረኻታት ዓየትን ጀልሃንቲን ክሰፍሩ ዘገድድ ነበረ።

መንበሮ ዓየትን ገረግር-ሱዳንን

ከምቲ ዝተጠቕሰ፡ ክፍሊ ማሕበራዊ ጉዳያት፡ ንኹሎም ተኣለይቱ ማለት ዕቑባት፡ ስንኩላንን ህጻናትን ሒዙ ብዝተፈላለየ መገድታት፡ ብመካይንን ብእግሪን ተጓዒዙ ናብ ሱዳን ምስ ሰገረ፡ ብትሕዝቶ ማዩን ጽላላቱን ንኹሎም ዝጥርንፍ ቦታ ክረክብ ኣይከኣለን። ስለዚ፡ ህዝቢ ኣብ ገረግር ሱዳን፡ ስንኩላን ድማ ኣብ ዓየትን ጌሀተብን ዝተባህለ ቦታታት ከም ዝሰፍሩ ገበረ።

ገረግር ሱዳን፡ ህዝባዊ ሓይልታት ኣብ እግሪ ተኸላ እንከላ ካብ 17-25 ለካቲት 1973 ንዝተፈነወላ ደምሳሲ መጥቃዕቲ ተጋድሎ ሓርነት ኤርትራ ዘፍሸለትሉ፡ ሓደ ካብቲ ዝመረረ ውግእ ናይ ሓድሕድ ኩናት ዝተኻየደሉ ቦታ እዩ። ኣብ ሻብዓይ መዓልቲ ናይቲ ንሸውዓተ መዓልታት ዝተኻየደ ውግእ፡ ወተሃደራት ሱዳን ጻዕዳ ባንዴራ እናንበልበሉ ኣብ መንጎ ክልቲኡ ውድባት ኣተዉ። ነቲ ኩናት ደው ድሕሪ ምባሎም ድማ፡ ኣብ ዓይተርባ ንወከልቲ ክልቲኦም ውድባት ንዘተ ኣራኺቦም፡ ውግእ ሓድሕድ ደው ንምባል ክሳብ ምፍርራም ኣብጽሑዎም። ኣብቲ ኣብ መንጎ ክልቲኡ ድፋዕ ዝርከብ ጉልጉል ዝወደቑ ዓሰርተታት ሰዉኣት ተጋድሎ ሓርነት ድማ፡ ሱዳናውያን ብዘምጽእወን ግሬደራትን ጋሕፊልትን ከም ዝቕበሩ ተገብረ። ድሕርʼዚ፡ ሱዳናውያን ኩሉ ተጋዳላይ ካብ መሬቶም ክለቕቕ ስለዝገደዱ፡ ክልቲኣን ውድባት ናብ መሬት ኤርትራ ተመልሳ።

ኣባላትን ተኣለይቲን ክፍሊ ማሕበራዊ ጉዳያት፡ ናብ ገረግር ሱዳን ምስ

ኣተዉ፡ ህዝባዊ ግንባር ዝሃነጾቶ ብደውካ ብመሳኹቲ ዘተኩስ ናይ መንደቕ ዕርዲን፡ ናይ ክልቲኡ ውድባት ተጋደልቲ መቓብራትን ከም ሓወልቲ ኣብቲ ቦታ ጸንሖም። እተን ዕቑባት ኣደታት፡ ናይቲ ቅድሚ 6 ዓመት ዝተፈጸመ ዛንታ ምስ ተነግረን፡ ነቲ ዕርድታትን መቓብራትን ተጋደልቲ ምስ ረኣያን፡ ደሃይ ደቀንን ሰብኡተንን ዝጠፍኣን ኣንስቲ ክደፋነቃን፡ ብዓሚቝ ሓዘን ክሳቐያን ዝገብር ትርኢት ስለዝነበረ፡ ኣብኡ ምስፋረን ተመራጺ ኣይነበረን። ብዘይካ'ዚ፡ ገረግር-ሱዳን ነቲ ብዝሒ ዕቑባት፡ መኽዘንን ቤትጽሕፈት ክፍልን ዝኣክል ቦታ ኣይነበሮን። ኣብ ርእሲ ካምሲንን ደሮናን፡ እቲ ህሮርማ ጸሓይ ከቢድ ሃሩር ስለዝፈጥር፡ ንምንባሩ'ውን ምቹእ ኣይነበረን። ካብ ቅሮራ ክሳብ 30 ኪሎ-ሜተር ዝርሕቕ'ኳ እንተኾነ፡ ነፈርቲ ውግእ ስርዓት ደርግ ኣብቲ ዶብ ብቐጻሊ ስለዝዝንብያ፡ ነቲ ቴንዳታት ብምርኣይ ሓደጋ ከየብጽሓ'ውን ኣሰኻፊ ነበረ።

ኣብ ገረግር ሱዳን፡ እቲ ኣማኢት ስድራቤታት ዝኸውን ህዝቢ፡ ከምቲ ናይ ደብዓት ነናቱ ናብራ ፈልዩ ዝነብረሉ እኹል ቴንዳ ይኹን ንመመገቢ ዝኾና መሳርሒታት ዘይምንባሩ ካልእ ብድሆ ነበረ። እቶም ዝነበሮም እውን፡ ኣብቲ ነዊሕ ጉዕዞ ምዝላቕ እናጓደሉዎ እዮም መጺኦም። ነቲ ህዝቢ ኣብ ሓሙሽተ ጉጅለታት ከፋፊልካ፡ ብሓባር ዝምገበሉ ኻፌተርያታትን ብጥርኑፍ ዝቕመጥሉ ቴንዳታትን ብምድላው ድማ፡ ነቲ ብድሆ ንምስጋር ተፈተነ። እንተኾነ፡ እዚ ሓባራዊ ናብራ'ዚ ብዙሕ ምትሕልክላኻት ድኣ ፈጠረ። ብፍላይ ኣደታት፡ ነቶም ኣብ ዝተፈላለዩ ዕድመ ህጻንነት ዝነበሩ ደቀን፡ ኣብ ኻፌተርያ ክምግባኦም ምቹእ ኣይነበረን። ህጻናት፡ እቲ ሰዓታቱ ዝተቐየደ ኣመጋግባ ዘይሰማምዖም ኣብ ርእሲ ምንባሩ፡ ዝተቐረበሎም መግቢ ክኣብዩ ከለዉ ዝፍጠር ዋጢጥ፡ ኣደታት ብሓይሊ ንምብልዖም ክፍትናን ብዙሕ ክሸገራን ምርኣይ ዘቕስን ኣይነበረን። ሕማቕ ኩነታት ኣየር ተወሲኽዎ፡ ሕማማት ህጻናት ይርአ ብምንባሩ ድማ፡ ጉዳዮም ንክፍሊ ማሕበራዊ ጉዳያት ተወሳኺ ጸገም ነይሩ ምባል ይከኣል።

ስንኩላን ኣብ ዓየት ንምስፋሮም ዝተገብረ ፈተነ'ውን ብዙሕ ጽበትን ጭንቂን ከስዕብ እዩ ተራእዩ። እቶም ኣብ 12 ጋንታታት ዝተጠርነፉ ክሳብ 1200 ዝበጽሑ፡ በበይኑ ዓይነት መውጋእቲ ዝነበሮም ስንኩላን፡ ኣብዛ ብኻቦታት ዝተኸበበት ጸባብን ክሳብ 45-50 ዲግሪ ሰንቲግሬድ ዝበጽሕ ሓያል ሙቐት ዘለዋን ስንጭሮ ክነብሩ ኣይከኣሉን። እቲ ቦታ፡ ማይን ቴንዳታት ንምትካል ዘገልግል ዓበይቲ ኣግራብን'ኳ እንተነበሮ፡ ነቲ በብእዋኑ ዝውስኽ ዝነበረ ቍጽሪ ሰብ ኣኻሊ ኮይኑ ኣይተረኸበን። እዚ ከኣ፡ ክፍሊ

ሕክምና፡ ነቶም ኣብቲ ዝካየድ ዝነበረ ኲናት ተወጊኦም ብብዝሒ ዝመጹዎ ዝነበሩ ሓደስቲ ውጉኣት ዝኸውን ቦታ ንምርካብ፡ ነቶም ዘዝሓወዩ ውጉኣት ናብ ዓየት ናብ ክፍሊ ማሕበራዊ ጉዳያት ይልእኾም ስለዝነበረ እዩ። ብፍላይ እቶም ፍርቂ ነብሶም ዝለመሱን ከቢድ ናይ ርእሲ ማህረምቲ ዝነበሮምን ህሱያት ተጋደልቲ፡ ካብ ሆስፒታል ሰቐርቀጠ ናብ ክፍሊ ማሕበራዊ ጉዳያት ምስ ተሰጋገሩ፡ እቲ ቦታ ዓቕሉ ጸበቦ። እቶም ስንኩላን፡ ናይ ርእሲ ብርቱዕ ማህረምቲ ዝነበሮም፡ ብምንፍርፋር ዝወድቁ፡ ብሰንኪ መቑረጽቲ መሓውር ዘይንቀሳቐሱ፡ ብዑረት ምንቅስቓስ ዝሰእኑ ኲይኖም፡ ንምእላዮም ጥራይ ዘይኮነ ንምርኣዮም'ውን ኣዝዩ ከቢድን ኣጨናቒን ነበረ። ብፍላይ እቶም መልመስቲን ካልእ ብርቱዕ ማህረምቲን ዝነበሮም፡ ክሳብ ንፖርትሱዳን ዝሰግሩ፡ ለይቲን መዓልቲን ኣብ ዓራት ተጋዲሞም፡ ኣኻላቶም ብሙቐትን ረሃጽን እናቈሰለ፡ ብዘየዕርፍ ቃንዛ ክሳቐዩ ምርኣይ ኩብዲ ኣለይቶምን ብጾቶምን ዝበልዐ እዩ ዝነበረ።

ዓየት፡ ብዘይካ'ቲ ብርቱዕ ሙቐቱ፡ ንፋስ፡ ደሮና፡ ጣንጡን ለመምታን ተደሪብዎ፡ እቲ ህይወት ንምግላጹ ዘሸግር ነበረ። ካብ መጋቢት ናብ ሚያዝያ፡ ክሊማ እናሓደረ መመሊሱ ይመውቕን፡ ዒላታት እናጉደሉ ይኸዱን ብምንባሮም፡ እቲ ጸገም ብዝገደደ ብኣሰ። ዋላ'ኳ ሕሉፍ ትዕግስቲን ምጽማምን ዝተመስከረሉ ፈታኒ ግዜ እንተነበረ፡ ኣብ ዓየት ብኸምዚ ኣነባብራ ክእለዩ ከም ዘይኽእሉ ስለዝተጋህደ፡ ካልእ ኣማራጺ ቦታ ምንዳይ ይጽንሓለይ ዘይበሃሎ ጉዳይ ኮነ። ስለዚ ድማ፡ ናይ እግሪ ጸገም ዘይነበሮምን ብተዛማዲ ዝፈኹሰ ስንክልና ዝነበሮምን ሓደ ሲሶ ዝግመቱ ተኣለይቲ፡ ናብ ጌህተብን ኣቦን ዝተባህሉ ቦታታት ብምግዓዝ፡ ነቲ ኣብ ዓየት ዝነበረ ጸቕጢ ከም ዝፋኹስ ተገብረ። ጌህተብ ርሕቕ ዝበለ'ኳ እንተኾነ፡ እኹል ጽላላት፡ ማይን ዕንጸይትን ስለዝነበሮ፡ ስንኩላን ክሳብ ድሒሮም ናብ ጀልሃንቲ ዝግዕዙ ዝተቐመጡሉ ቦታ እዩ ነይሩ። ኣብ መጀመርታ፡ ገለ ክፋል ስንኩላን ኣብ ኣቦ ከም ዝሰፍሩ'ውን ተገይሩ ነበረ። እቲ ቦታ ሙቐትን ጣንጡን ስለዝበዝሖ ግን፡ ድሕሪ ቁሩብ ግዜ ንዕኡ ገዲፎም ናብ ጌህተብ ከም ዝሕወሱ ተገብረ።

ኣብ ዓየትን ጌህተብን፡ ዋላ'ኳ ጽንኩር ናይ መነባብሮ ኩነት እንተነበረ፡ ነቲ ኣብ ናቕፋ ዝጀመረ ናይ ኣኻዳሚን መሃይምነት ናይ ምጥፋእ ዘመተን ብምቕጻል፡ ስንኩላን ካብ ምስልኻይን ሻቕሎትን ንምድሓኖም ተፈተነ። እንተኾነ ግን፡ ብኩነታት ናይቲ ድሕሪ ምዝላቕ ዝቐጸለ ዝነበረ ወራራትን ወተሃደራዊ ምዕባለታትን፡ ከምኡ ድማ፡ "ጉዕዞ ሰውራ ብኸመይ ክቕጽል

እዩ” ዝብል ሕቶ ምሽቃሎም ኣይተረፈን። ኣብ ርእሲ’ዚ፡ እቲ ግዜ፡ በብእዋኑ ንዝካየድ ዝነበረ ሰሚናራት፡ መግለጺ መኸተ ብሪጌዳት ገድሊ፡ ድምጺ ሓፋሽን ካልእ ወረታት ዓለምን ክሰምዑ ዝህንጠዩሉ እዋን እዩ ዝነበረ። እንተኾነ ግን ኣብ ዓየት፡ ሓንቲ ናሽናል ዝዓይነታ ሬድዮ ጥራይ ስለዝነበረት፡ ድምጺ ሓፋሽ ንምክትታል’ውን ንኩሉ ትበቅዕ ኣይነበረትን። ስለዝኾነ ድማ፡ ኩለን ጋንታታት፡ ካብታ ሬድዮ መዓልታዊ ዜናታት ብቛንቋ ትግርኛ፡ ዓረብን እንግሊዝን ሰሚዖምን ጸሚቖምን ዘቐርብኦን ወኪላት ከም ዝህልዋን ምግባር ኣገደደ። ቀትሪ ዝሰምዕዎ ወሬታት፡ ምሸት ነናብ ጋንትኦም ከይዶም ድማ ንብጾቶም ይነግሩ ነበሩ።

ገረግር ሱዳን እውን ማይ ኣዝዩ ዝውሕዶ፡ እናሻዕ ብካምሲን ዝሸፈን ኣጻምእን ህሮሩማን ዝመልአ ጎልጎል እዩ። ናብ ዶብ ኤርትራ ዝተጸግዐ ቦታ ብምኳኑ እውን፡ ነፈርቲ ውግእ ኢትዮጵያ ክዝንብያ ከለዋ ካብ ማዕዶ ቴንዳታት ናይቲ መደበር ዕቑባት ከይርእዮኦ ወትሩ ኣሰኻፊ ነበረ። በዚ ከኣ ካልእ ዝሓሸ ውሕስነት ዘለዎ ቦታ ምንዳይ ዘይተርፍ ምኳኑ ርዱእ ኮነ።

ኣባላት ማሕበራዊ ጉዳያት ኣብ ከምዚ ዓይነት ጽንኩር መንብሮ፡ ምስ’ቶም ኣብ ውሸጢ ህዝቢ ዝነበሩ ውፉያት ዕቑባት እናተሓጋገዙ፡ ሞራል ናይቲ ህዝቢ ሓፍ ንምባልን መሰረታዊ ጠለባቱ ንምምላእን ኣበርቲዖም ይሰርሑ ነበሩ።

ምትዕርራይ ቅርጺ ክፍሊ ማሕበራዊ ጉዳያት

ኣብ ቀዳማይ ርብዒ ዓመት ናይ 1979፡ እቲ ካብ ምዝላቕ ደቡብን ከረንን ዝጀመረን ንኣዋርሕ ዝቐጸለን ነዊሕ ጉዕዞ ኣብ ውሸጢ ሱዳን ምስ በጽሐ፡ ክፍሊ ማሕበራዊ ጉዳያት ምስ ኩሎም ተኣለይቱ ኣብ ተዛማዲ ዕረፍቲ ኣተወ። ኣብ መጋቢት፡ እቶም ዘይንቀሳቐሱን መልመስቲ ዝነበሮምን ስንኩላን ናብ ፖርት-ሱዳን ምስ ተፋነዉ፡ ዝተረፉ ተኣለይቲ ስንኩላን ኣብ ዓየትን ጌህተብን፡ እቶም ዕቑባትን ህጻናትን ድማ ኣብ ገረግር-ሱዳን ንግዚኡ ሰፊሮም ነበሩ። እንተኾነ፡ እዚ ኣብ ፋሕ ዝበለ ቦታታት ዝተደኮነ ሰፈራታት፡ ብትሕዝቶ ማይን ጽላላትን ኣዕጋቢ ስለዘይነበረ፡ ሓለፍቲ ናይቲ ክፍሊ ንኹሎም ዝጥርንፍ ዝሓሸ ቦታ ካብ ምድላይ ኣየዕረፉን።

ንኹሎም ተኣለይቲ ዝጥርንፍ ቦታ ክሳብ ዝርከብ ግን፡ ክፍሊ ማሕበራዊ ጉዳያት፡ ነቲ መድረኻዊ ዕማማቱ ንምፍጻም ዘድልይዎ ዳግመ-ምውዳብ

ኣብ ገረግር ሱዳን ኣኻየደ። ኣብ መጋቢት 1979 ድማ፡ ናይ ሓለፍቲን ኣባላትን ኣኼባታት ድሕሪ ምክያድ፡ ሽዱሽተ ጨናፍር ዘለዎ ሓድሽ ቅርጺ ኣቑመ። በዚ መሰረት፡ ዕቑባት፡ ህጻናትን ዘኽታማትን፡ ስንኩላን፡ መጽናዕቲን ሓበሬታን፡ መኽዘንን ዕደላን፡ ከምኡ ድማ ሕክምና ብደረጃ ጨንፈር ተወደበ። (ቻርት ተመልከት)

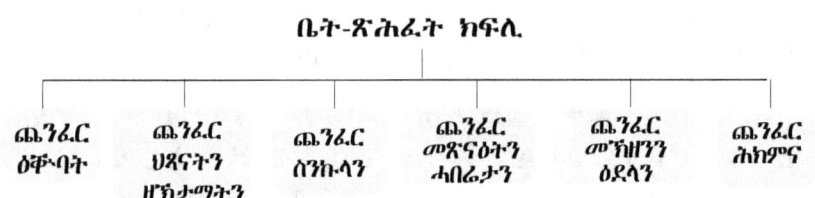

ስትራተጂካዊ ምዝላቕ- ጉዕዞ ግዳያት ኩናት ናብ ደጀን ህዝባዊ ግንባር

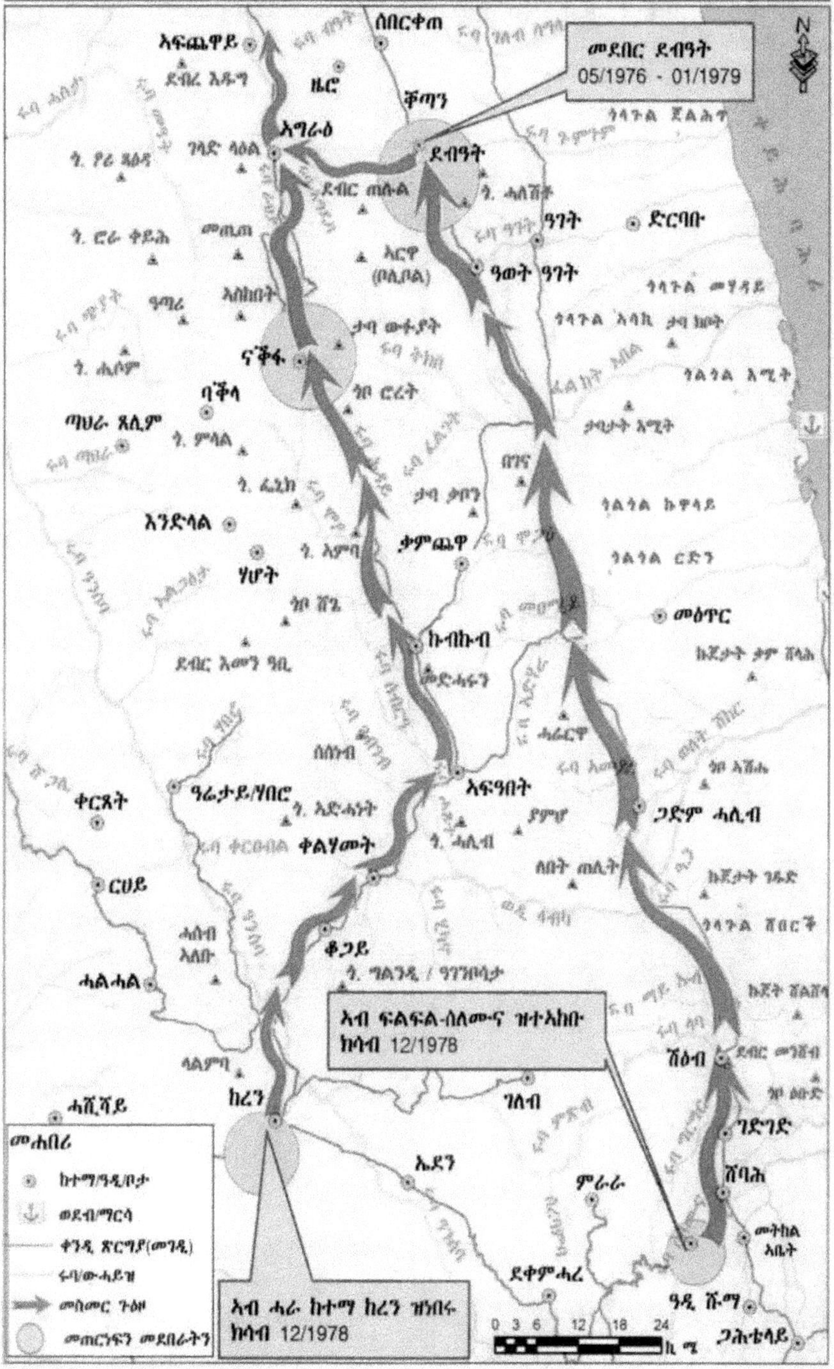

ስትራተጂካዊ ምዝላቕ-ጉዕዞ ግዳያት ኩናት ናብ ቦታታት ሱዳን
ቃሩራ - ዓይተርባ =23 ኪ.ሜ
ዓይተርባ - ቊልሕንቲ = 43 ኪ.ሜ
ዓይተርባ - ዓጊግ(ማርሳ) = 75 ኪ.ሜ
ቊልሕንቲ - ዓጊግ = 18 ኪ.ሜ
ቊልሕንቲ- ጌሀተብ = 39 ኪ. ሜ
ዓጊግ - መራፌት = 121 ኪ.ሜ
N
መራፌት
ዓጊግ
ናብ ፖርት ሱዳን
ሱ ዳ ን
ቊልሕንቲ (ጀልሃንቲ)
04/1979 - 07/1981
ገረግር ሱዳን
02-04/1979
ራስ ቁሳር
ማርሳ ክለፍያ
ሻወረት በረጠ
በረፍ
ገረግር ሱዳን
ዓይተርባ
ጌሀተብ
አብ ጌሀተብን አቦን
04/1979 - 05/1980
አቦ
ዓየት
02-04/1979
ሓስመት
ዓየት
ቃሮራ
ዓይተዋይ
ሓወልይ
ዓሶታ
ማርሳ ተኸላይ
ሃገር ንኡስ
ኤ ር ት ራ
ዓራግ
ማህሚመት
ገረግር አስመራ
ሃገር ዓቢ
ዒላ ባቡ
ሓሊበት
ቕብር ወእት
ፍጻሜታት/ግሬቶ
ሂምቦል
ሕሽክብ
ፋሕ
ብሊቓት
አደብሓ ንኡሽ
ወጀባ
ሰበርቀጠ
ዜሮ
አፍጨዋይ
አግራዕ
ደብዓት
ደብር ሞቡል
0 3.5 7 14 21 28
ኪ.ሜ
መሐበሪ
ከተማ/ዓዲ/ቦታ
ኈቦታት
ወደብ/ማርሳ
ቀንዲ ጽርግያ(መገዲ)
ሩባ/ውሓይዝ
አህጉራዊ ዶብ
ጉዕዞ መደበር ዑቑባት ህዝቢን ህጻናትን
ጉዕዞ ሰንኩላን ተጋደልቲ
መደበር ዑቑባት

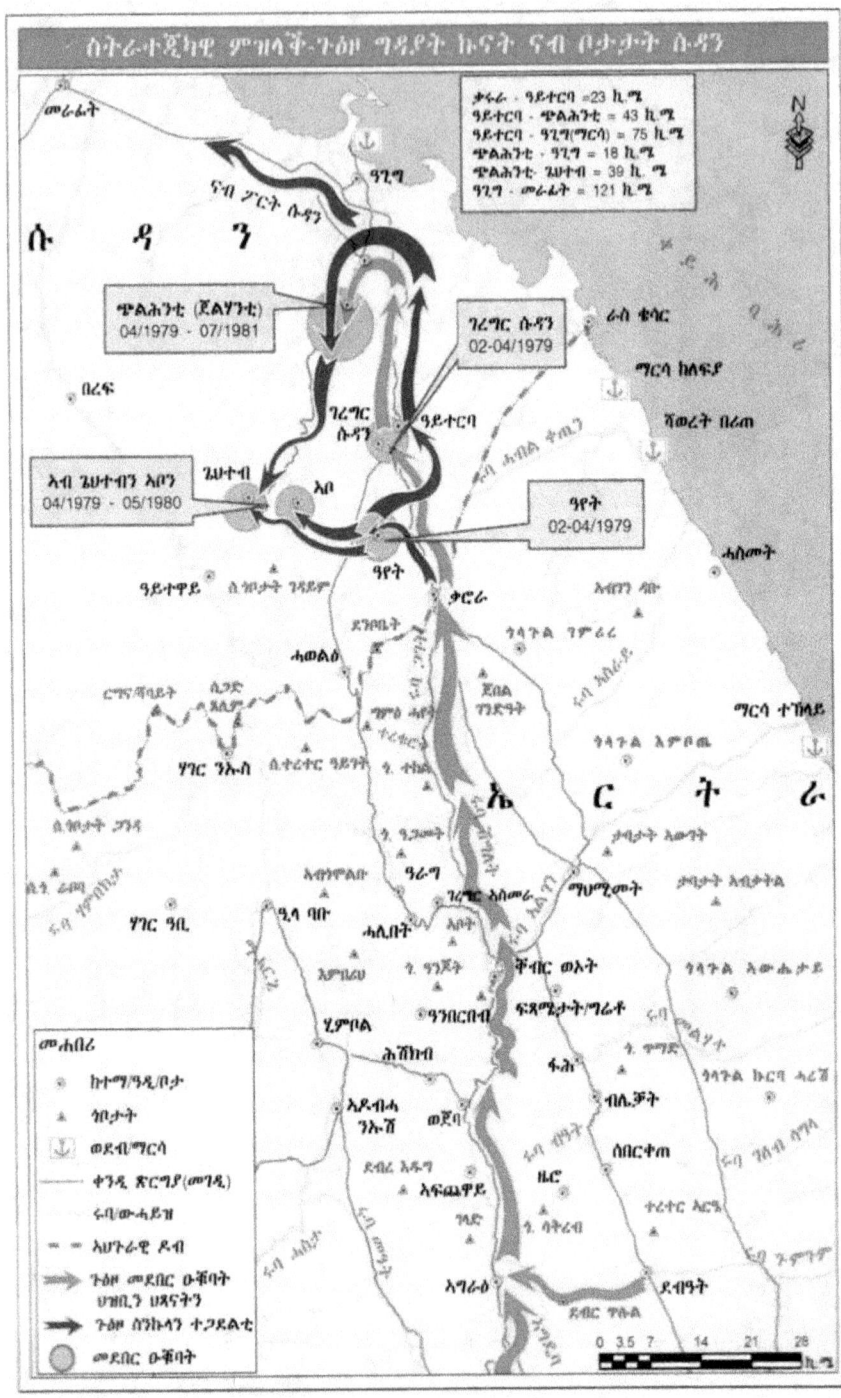

ስትራተጂያዊ ምዝላቕን ተኽታታሊ ወራራትን

ምዝላቕ፡ እግሪ እግሪ ተጋደልቲ

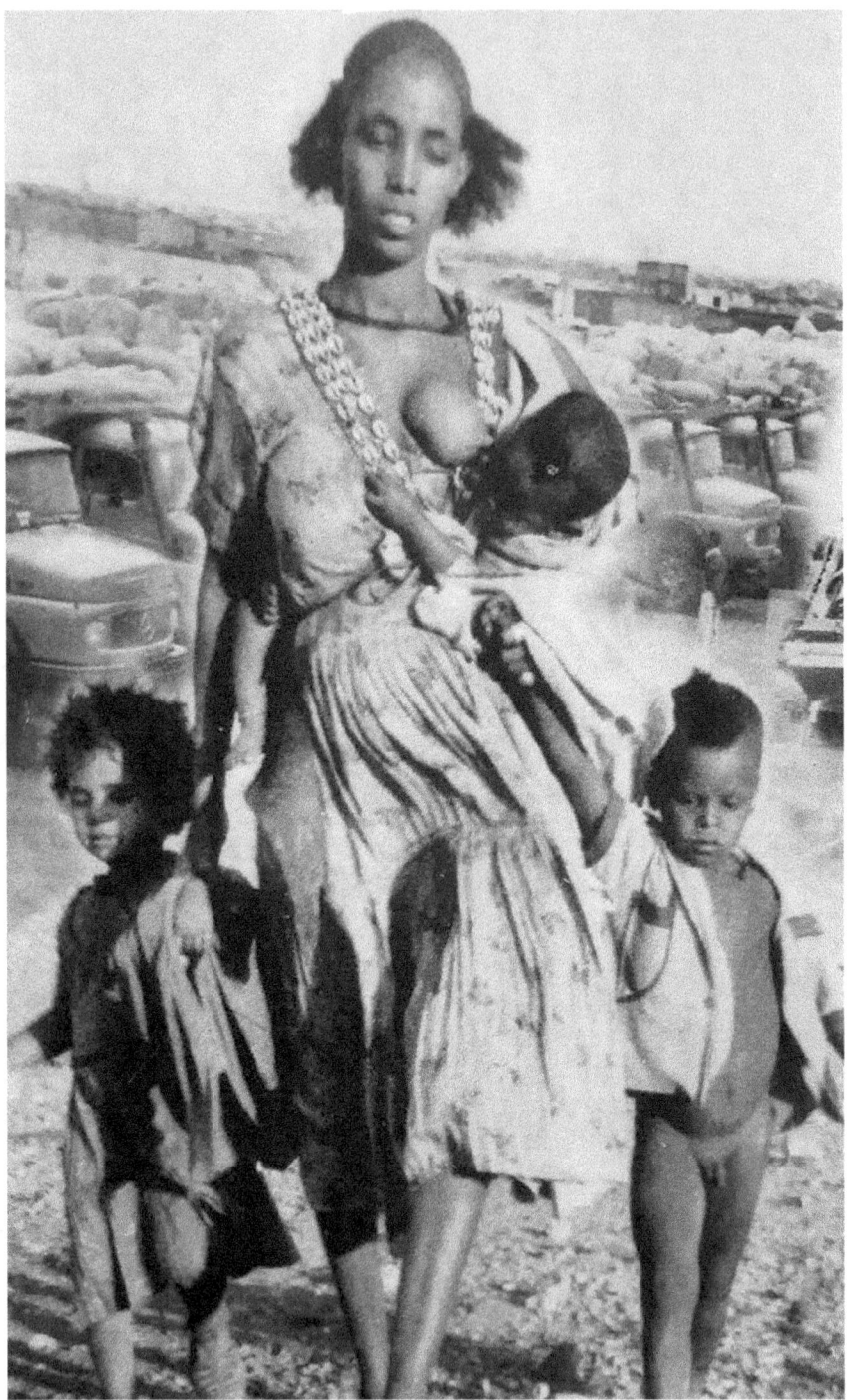

ቀንዲ ግዳያት ኲናት፡ ቆልዑን ኣደታትን

ስትራተጂያዊ ምዝላቕን ተኸታታሊ ወራራትን

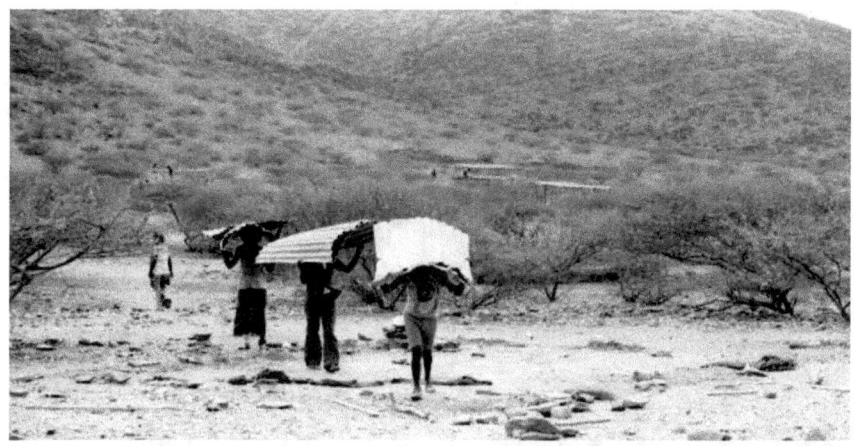

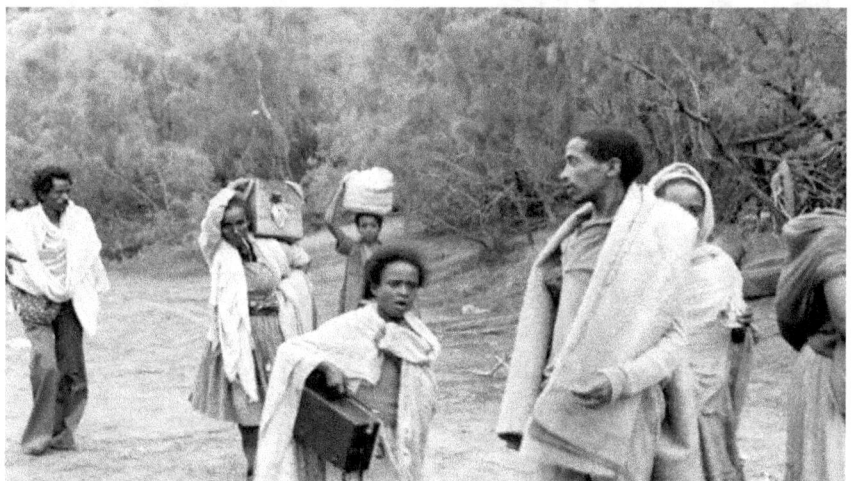

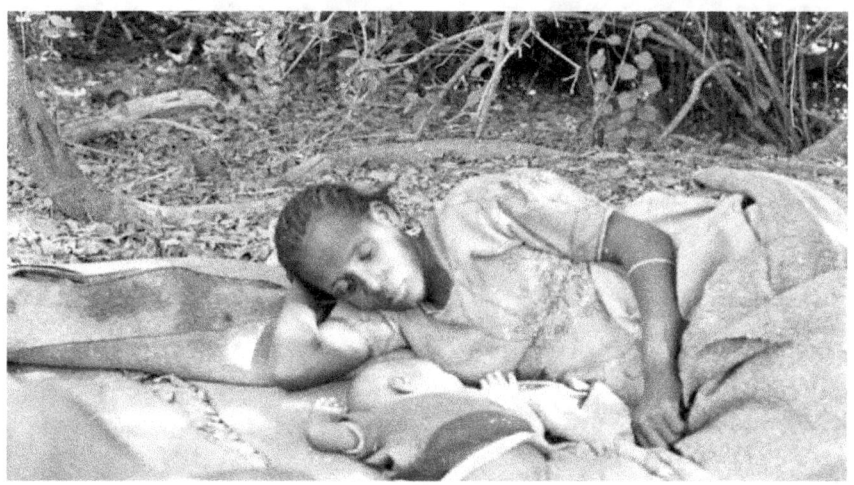

ኣድካሚ ጉዕዞ-ህይወት ንምድሓን

ዘይተነግረ ገድሊ.

እግሪ ምትካል፡ ኣብ በረኻታት ሳሕል

2

ህይወት ጀልሃንቲ

ሚያዝያ 1979 - ሓምለ 1981 ዓ.ም

ደሃይ ሜዳ ኤርትራ

ክፍሊ ማሕበራዊ ጉዳያት፡ ኣብ እዋን ሳልሳይ ወራር ለካቲት 1979 እዩ ካብ ሜዳ ኤርትራ ጠቕሊሉ መሬት ሱዳን ብምእታው፡ ኣብ ዓየትን ገርግርሱዳንን ዝሰፈረ። እንተኾነ ግን፡ ሳልሳይ ወራር ኣኽቲሙ ራብዓይ ወራር ድሕሪ ምጅማሩ፡ ሰራዊት ጸላኢ ምናልባት ንቅሮራ ምስ ዝቈጻጸራ፡ ዶብ ሰጊሩ ናብቲ ስኩላንን ህዝብን ዝተዓቑብሉ ካብ ዶብ ርሑቕ ዘይኮነ ከባቢታት ክንቀሳቐስ ወይ ብደብዳብ ነፈርቲን ከበድቲ ኣጽዋርን ከረኻክበሉ ከም ዝኽእል ብምግምጋም፡ ስግኣት ተፈጢሩ ነበረ። ነፈርቲ ውግእ ኢትዮጵያ፡ ቀቅድሚ'ቲ ወራር ኣብ ዘኻየድኦ ደብዳባት፡ ንዶብ ሱዳን ብተደጋጋሚ ይጥሕስኦ ነበራ። ሓንሳብ ዶብ ሰጊረን ብዘኻየድኦ ደብዳብ እውን፡ ክልተ ሱዳናውያን በርጌስ ወቒዐን ኣቑሲለን እየን።

ኣብ ርእሲ'ዚ ስግኣት'ዚ፡ ዓየት ናይ ማይ ጸገም ዘለዎን ጸቢብ ቦታን ብምኻኑ፡ መዕቈቢ ስንኩላን ኮነ ዕቑባት፡ ናብ ካልእ ዝተጸንዐ ውሑስ ቦታ ክግዕዝ ተወሰነ። ብመሰረት'ዚ ውሳነ'ዚ እቶም ኣብ ገረግር ሱዳን ዓስኪሮም ዝነበሩ ህዝብን ህጻናትን ኣብ መጋቢት 1979፡ ስንኩላን ድማ ገለ ዕንጸይቲ ጓሪተን ዝልእኻሎም ጋንታታት ድሕሪት ገዲፎም፡ ኣብ ፈለማ ሚያዝያ 1979 ናብ 'ጀልሃንቲ' ዝተባህለ፡ ካብ ዶብ ቀሩብ ርሕቕ ዝበለ ናይ ሱዳን ቦታ ነቐሉ። እቶም ዝኽእሉ ብእግሮም፡ እቶም ዘይኽእሉ ብመካይን ተጓዕዙ።

እዚ ክፍሊ፡ ኣብዚ ዝተጠቕሰ ቦታታት መንብሮኡ ኽጣጥሕ ላዕልን

ታሕቲን ኣብ ዝብለሉ ዝነበረ እዋናት፡ ኣብ ሜዳ ኤርትራ ብርቱዕ ናይ ምርብራብ ኩናት ይቕጽል ነበረ። ኣባላት ክፍሊ ማሕበራዊ ጉዳያትን ኣብ ትሕቲኦም ዝእለዩ ዝነበሩ ስንኩላንን ህዝብን ድማ፡ ነቲ ኣብ ሜዳ ኤርትራ ዝካየድ ዝነበረ ግጥማት ብሬድዮ ድምጺ ሓፋሽ ብተገዳስነት ይከታተልዎ ነበሩ።

* * *

ህዝባዊ ሰራዊት፡ ኣብ ግንባራት ናቕፋን ሰሜናዊ ምብራቕ ሳሕልን፡ ናይ መወዳእታ ቐዋሚ መከላኸሊ መስመር ድሕሪ ምሓዙ፡ እቲ ዘቕጽል ግጥማት እናኸበደ ከም ዝኸይድ ርዱእ ነበረ። በዚ ድማ፡ ወራሪ ሰራዊት መግዛእቲ ኢትዮጵያ፡ ድሕሪ ሳልሳይ ወራር፡ ንህዝባዊ ሰራዊት ገና ከይተደላደለ እንከሎ ንምጥቃዕ፡ ኣብ ውሽጢ ሓደ ወርሒን ፈረቓን ቅልጡፍ ምድላዋት ብምግባር፡ ብ30 መጋቢት 1979 ተወሳኺ መጥቃዕቲ (ራብዓይ ወራር) ኣበገሰ።

ኣብዚ ወራር'ዚ፡ ህዝባዊ ሰራዊት ዓሪዱሉ ዝነበረ ቦታታት፡ ሰራዊት ጸላኢ፡ ንዝነበሮ ጸብለልታ ብመጠኑ ዝድርት ነበረ። ኣኸራናት ሳሕል፡ ጸላኢ ብታንክታት፡ ነፈርቲን ካልእ ከበድቲ ኣጽዋርን ከምቲ ዝደለ ከድምዓሉ ዝኽእል ኣይነበረን። ከምቲ ቅድሚኡ ኣብ ዝነበረ ወራራት ዝገብሮ ዝነበረ፡ ክንፊታት እናፈጠረ ከኲልመሉን ክፍንጥሰሉን ዝኽእል ዕድላት እውን ጸቢብ ነበረ።

ብግንባር ናቕፋ ከጥቅዕ ዝተመደበ ሰራዊት ደርግ፡ ሓደ ክፋሉ ብዕርዲታት ግሎብን ፈርኄሎን ዘሎ ጸቢብ ቦታ በሲዑ፡ ነቲ ግንባር የማን-ጸጋም ጋሊሁ፡ ንሓይልታት ህዝባዊ ግንባር ኣብ ድፍዐን ከለዋ ብድሕሪት ተጠውዩ ከጥቅዕ፡ እቲ ካልኣይ ክፋል ድማ፡ በቲ ዝተበስዐ ቦታ ብፍጥነት ንቕድሚት ተወርዊሩ ንደጀን ገጹ ገስጊሱ፡ ምስቲ ኣብ ግንባር ሰሜናዊ ምብራቕ ሳሕል ብቐንዱ ንሩባ ኣልጌን ሰንጢቑ ናብ ቀንዲ ደጀን ህ.ግ. ክኣቱ ዝተመደበ ሓይሊ ብምርካብ፡ ንሰራዊት ህዝባዊ ግንባር ብትንትን ክእትወሉ ተመዲቡ ነበረ።

በዚ ስልቲ'ዚ፡ ሰራዊት ጸላኢ ካብ 30 መጋቢት 1979 ጀሚሩ፡ ኣብ ክልቲኡ ግንባራት ብከበድቲ ኣጽዋርን ነፈርቲን ንኣስታት ሓደ ሰሙን ኣብ ልዕሊ ዕርዲታት ህዝባዊ ሰራዊት ጽዑቕን ቀጻሊን ደብዳብ ድሕሪ ምክያድ፡ ብ03 ሚያዝያ፡ ኣብ ግንባር ናቕፋ ኣብ ውሱን ዕርዲታት ደንደን፡ ፈርኄሎን ፊደል-ፐን ብርቱዕን ማዕበላዊን መጥቃዕቲ ፈነወ። ኣብቲ ግዜ'ቲ ህዝባዊ ሰራዊት፡ ደርግ ክጥቀመሉ ዝኽእል ናይ ጥሕሳ ስልቲ ውግእ ድሮ

ገሚትዎ ስለዝነበረ፡ ጉዳጉዲ ኸዒቱ፡ ደብዲቡ፡ መተሓላለፊ ካናለታት ሰሪሑ ዕርድታቱ ኣደልዲሉዎ ብምንባሩ፡ ንኸሉ ፈተነታት ኣበርዓኖ። ንሓጺር እዋን ግን፡ ሰራዊት ጸላኢ ካብ ፊደል-ፐ ንየማን ዝርከብ ዕርዲ ግሎብ ኣፍሪሱ ክቈጻጸሮ ክኢሉ'ኳ እንተነበረ፡ ድሕሪ ሓያል ምርብራብ ግን ብጸረ-መጥቃዕቲ ተደፊኡ ንሩባ ሕዳይ ሃተፈ። በዚ ድማ ሰራዊት ጸላኢ ኣብ 4ይ ወራር ተወሳኺ ከቢድ ክሳራ ተሰኪሙ፡ ብዘይ ገለ ግስጋሰ ተረኩምሹ ብ11 ሚያዝያ ብፍሽለት ኣብቅዐ። ዕርድታት ህዝባዊ ሰራዊት ዘይድፈር ምዃኑ ከአ ተረጋገጸ። ቀኑዕነት ናይቲ ህዝባዊ ግንባር ዝወሰዶ ውሳነ ስትራተጂያዊ ምዝላቕ ከአ፡ ብዝያዳ ኣብዚ መድረኽ'ዚ ተጋህደ።

ግንባራት ናቕፋን ሰሜናዊ ምብራቕ ሳሕልን ፊት-ንፊት ንምፍንጣስ ድሕሪ ዝተኻየደ ፍሹል ፈተነ፡ ደርግ ናይ ህዝባዊ ሰራዊት ልዑል ናይ ምክልኻል ዓቕሚ ብምግምጋም፡ ናብ ዝቕጽል ወራር ቅድሚ ምንቃሉ፡ ክምዝምዞ ዝኽእል ድኹም ጉድኒታት ህዝባዊ ሰራዊት ኣብ ምጽናዕ እዩ ተጸሚዱ። ኣስታት ኣርባዕተ ወርሒ ዝወሰደ መጽናዕቲን ምድላዋትን ድሕሪ ምግባር ከአ፡ ኣብ መደበራት ታዕሊም ዝነበሩ ሓደስቲ ወተሃደራትን ካብ ግንባራት ወጻኢ ካብ ዝነበራ ኣሃዱታትን ተወሳኺ ሓይሊ ብምስሓብ፡ ብ14 ሓምለ 1979 ሓሙሻይ ወራሩ ፈነወ።

ኣብዚ ወራር'ዚ ስርዓት ደርግ፡ ዓቕሚ ህዝባዊ ሰራዊት ንምምጣጥን ንምክፍፋልን፡ ከምኡ'ውን ሃንደበትነት ተጠቒሙ ኣዘንጊዑ ደጀን ብምእታው ንህ.ግ ንምብትታን፡ ብጸጋማይ ክንፊ ግንባር ናቕፋ ዕርዲታት ብዘይነበሮ ከባቢ መንድዓት ሳልሳይ ግንባር ከፈተ። ዕላማኡ ብሕዳይ ወሪድኻ ንጽርግያ ኣግራዕ ብምቑራጽ ንናቕፋ ብድሕሪት ብምክባብ፡ ማዕረ ማዕረኡ ድማ ኣብ ኣፍጨዋይ ብነፈርቲ ሰራዊት ብምድራብ፡ ንሸነኽ ወጀባ ተንቀሳቒስኻ ንሰሜናዊ ምብራቕ ሳሕል ብድሕሪት ምጥቃዕ ነበረ። ጎድኒ ጎድኒ'ዚ፡ ኣብ ግንባር ናቕፋ፡ ብድፋዓት ፈርኄሎን ደንደንን ብጽዑቕ ደብዳብ ነፈርቲን ከበድቲ ኣጽዋራትን ማዕበላዊ መጥቃዕቲታት እናካየድካ፡ ነቲ ግንባር ብምፍንጣስ ናቕፋ ናይ ምቁጽጻር ዕላማ ዝነበሮ ተወሳኺ ናይ መጥቃዕቲ ክንፊ እውን ነበሮ።

ብወገን ህዝባዊ ሰራዊት፡ ነዚ ስርሒት'ዚ ብብቕዓት ንምክልኻል፡ ኣብ ድሕሪ መስመር ካብ ዝነበረ ደባይ ኣሃዱታት ዝበዝሐ ዓቕሚ (ክልተ ቦጦሎኒ ናይ ብርጌድ 44 ምስ ሓንቲ ሓይሊ ናይ ከቢድ ብረት) ናብ ሳሕል መጺኡ፡ ኣብቲ ቀንዲ ዒላማ ጸላኢ ዝነበረ ቦታታት ከም ዝሕዝ ተገብረ። ኣብ ቀዋሚ ግንባራት ዝነበረ ኣቃውማን ኣሰላልፋን ብርጌዳት ግና፡ ከምቲ ናይ ራብዓይ ወራር ነበረ።

ጸላኢ፡ ንየማን ክሳብ ስዋራ ዝመጥጥ እናመሰለ፡ ካብ ደንደን ንየማን ብፍላይ ኣብ ከባቢ ድፋዕ ፈርኔሎ፡ ብርጌድ 77 ዓሪዳትሉ ዝነበረት ቦታ ብማዕበላት ናይ ሰራዊት ብርቱዕ መጥቃዕቲ ፈነወ። ብኸምዚ ነቲ ኣብ ቀወምቲ ግንባራት ዝነበረ ህዝባዊ ሰራዊት ጸቕጢ ብምፍጣር ከኣ፡ በቲ ቀንዲ ማእዝን ሳልሳይ ግንባር ከባቢ ሕዳቕ ኣጥቅዐ። ክሳብ 18 ሓምለ ከቢድ ውግእ ቀጸለ። እንተኾነ፡ ጸላኢ ከምቲ ዝወጠኖ ክሰልጦ ኣይከኣለን። እቲ ብሳልሳይ ግንባር ዝመጸ ሓይሊ ጸላኢ እናተዳኸመ ምስ ከደ፡ ህዝባዊ ሰራዊት ብ22ን 23ን ሓምለ ጸረ-መጥቃዕቲ ብምውሳድ፡ ንኣዛዚ ናይቲ ሓድሽ ግንባር ከፊቱ ዝነበረ ግብረሃይል 503 ኮለኔል ካሳ ገብረማርያም ብምቕታል፡ ነቲ በዚ ማእዝን'ዚ ዝወፈረ ሰራዊት ጸላኢ እውን ምሉእ ብምሉእ ደምሰሶ። እቲ ሓድሽ ግንባር ከኣ፡ ኣብ ናይ መዓልታት ውግእ ከም ግንባር ኣብቅዐ።

ድሕሪ ሓምሻይ ወራር፡ ብወገን ደርግ ንኣርባዕተ ኣዋርሕ ዝኣክል ናይ ወራር ምቅርራብ ኣይተራእየን። ምድኻም ሰራዊት ጸላኢ ብምግምጋም ድማ፡ መሪሕነት ህዝባዊ ግንባር፡ ንሰራዊት ጸላኢ ኣጸቢቑ ንምርማስን ኣጽዋራቱ ንምምንዛዕን፡ ብቐንዱ ኣብ ግንባር ናቕፋ፡ ከም ተወሳኺ ድማ ኣብ ግንባር ሰሜናዊ ምብራቕ ሳሕል ጸረ-መጥቃዕቲ ክኻይድ ወሰነ።

ጸረ-መጥቃዕቲ ህዝባዊ ሰራዊት፡ ኣብ ግንባር ናቕፋ ብ2 ታሕሳስ 1979 ወጋሕታ ጀሚሩ ክሳብ 11 ታሕሳስ ዝቐጸለ፡ ንምሉእ ግንባር ዝሸፈነ፡ መጠነ ሰፊሕ መጥቃዕቲ ኮይኑ፡ ኣብዚ ብርቱዕ ውግእ'ዚ፡ ህዝባዊ ሰራዊት ንዕርድታት ጸላኢ ኣፍሪሱ፡ ንስትራተጂያዊ ጎቦ ኢትሓልበብ ተቘጻጺሩ፡ ንሰራዊት ደርግ ኣስታት 60 ኪ.ሜ. ብምድፋእ፡ ኣፍ-ደገ ኣፍዓበት ዝበጽሓሉ መጥቃዕቲ እዩ ነይሩ።

ኣብዚ ብኣንጸባራቒ ዓወት ህዝባዊ ሰራዊት ዝተደምደመ መጥቃዕቲ'ዚ፡ ብዙሓት ታንክታት፡ ከበድቲ መዳፍዕን ረሻሻትን ጸላኢ ምስ መኻይኑን ካልእ ብርኸት ዝበለ ዕጥቅን ስንቂን ተሰሊቡ ንብረት ህ.ግ. ኮነ። ኣስታት 9 ሽሕ ወተሃደራት ተቐቲሎምን ቈሲሎምን፣ ልዕሊ ሽዱሽተ ሚእቲ ተማረኹ።

ደድሕሪ'ዚ ናይ ናቕፋ ፍጻመ፡ ብ5 ጥሪ 1980፡ ኣብ ግንባር ሰሜናዊ ምብራቕ ሳሕል ብዝተወሰደ ተወሳኺ ጸረ-መጥቃዕቲ፡ ሰራዊት ጸላኢ ካብ ዕርዲታቱ ተበንቊሩ ክሳብ ኣውገት ከም ዝበጽሕ ተገብረ።

ኣብ ግንባር ሰሜናዊ ምብራቕ ሳሕል፡ ድሕሪ'ቲ መጥቃዕቲ ሰራዊት ህዝባዊ ግንባር፡ ናብ መከላኸሊ መስመሩ ክምለስ እንከሎ፡ ኣብ ግንባር

ናቕፋ ግን፣ ሰራዊት ህዝባዊ ግንባር ኣንዊሑ ንቕድሚት ስለዝደፍአ፣ ናብ ኣፍዓበት ኣብ ዘቋምት ዓበይቲ ኣኽራናት እዩ ዓሪዱ። እዚ ሓድሽ መከላኸሊ መስመር ድማ፣ ግንባር ኣፍዓበት ተሰምየ።

ድሕሪ'ቲ ኣብ ታሕሳስ 1979፣ ህዝባዊ ሰራዊት ኣብ ግንባራት ናቕፋን ሰሜናዊ ምብራቕ ሳሕልን ጸረ-መጥቃዕቲ ብምውሳድ ዘተጓናጸፎ ዓቢ ወተሃደራዊ ዓወት፣ ደርግ ከም ብሓድሽ ንሰውራ ኤርትራ ብሓይሊ ክጭፍልቕ ዘኽእሎ ዓቕሚ ንምድላብ፣ ንክልተ ዓመት መመላእታ ኣብ ሰፊሕን ፍሉይን ምድላዋት ተጸምደ። በዚ ድማ፣ እቲ ግዜ፣ ተጋዳላይ ህዝባዊ ግንባር፣ እስትንፋስ ረኺቡ፣ ፖለቲካዊ፣ ኣካዳምያዊ፣ ባህላውን ማእቶታዊን ንጥፈታቱ ኣሐይሉ፣ ብዙሕ ሰራሓት ክዓምም ኣክኢልዎ እዩ። ዓመተ 1980 ድማ ኣዝዩ ህድኣት ዝነበሮ ዓመት ነበረ።

* * *

ሰራዊት ተጋድሎ ሓርነት ኤርትራ፣ ድሕሪ'ቲ ኣብ ቀዳማይ ወራር ንእስታት ሓደ ወርሒ ኣብ ከባቢ ዓዲ-ዃላ ኣንጻር ሰራዊት ደርግ ዘርኣዮ ተሪር መኸተ፣ ኣብ ራብዓይን ሓሙሻይ ወራር ከምኡ'ውን ናይ 1979 መጥቃዕታዊ ተበግሶ፣ ኣብ ግንባር ሰሜናዊ ምብራቕ ሳሕል ኣብ ጎድኒ ሰራዊት ህዝባዊ ግንባር ክልተ ብርጌዳት ኣሰሊፉ ተዋጊኡ እዩ። ድሓር ግን እቲ መቐጸልታ መስመር ላዕለዋይ ባይቶን ወሳኒን ዝነበረ ኣድሓርሓሪ ጉጅለ መሪሕነት ተ.ሓ.ኤ. ስምምዕ 20 ጥቅምቲ መሰረት ገይሩ ንዝጀመረ ናይ ሓባር ስራሕ፣ ብፍላይ ከኣ ምቛም ናይ ሓባር ኣሃዱታት ንምፍሻል ተዓጥቀ። በዚ ድማ ን20 ሰነ 1980 ናይ ሓባር 4 ብርጌዳት ንምቛም ቆጸራ ኣብ ዝተገብረሉ ወሳኒ ግዜ፣ ብ6 ሰነ ኣብ ኢንገል ኣንጻር ሰራዊት ህ.ግ. መጥቃዕቲ ፈነወ። ኣብ ሓምለ ከኣ፣ ነተን ኣብ ግንባር ሰሜናዊ ምብራቕ ሳሕል ዓሪደን ዝነበራ ክልተ ብርጌዳት ብለይቲ ንህ.ግ. ከየፍለጠ ካብ ዕርድታተን ሰሓበን። ድሕሪ'ዚ መሪሕነት ተ.ሓ.ኤ. ኣንጻር ሰራዊት ህ.ግ. ዝገብሮ ወተሃደራዊ ምትኩታኻት እናበዝሐ ከደ። ኣብ ሚያዝያ 1981 ከኣ ንስምምዕ ቱኒዝ ብምጥሓስ ኣብ ከባቢ ሓልሓል መጥቃዕቲ ስለዝኸፈተ ኲናት ሓድሕድ ተባሊሑ፣ ንእስታት ሓደ ዓመት ድሕሪ ዝቐጸለ ውግኣት፣ ሰራዊት ተ.ሓ.ኤ.፣ ካብ ሜዳ ኤርትራ ተጸሪጉ ሱዳን ኣተወ። ወተሃደራዊ ህላወ ተ.ሓ.ኤ ከኣ በዚ ኣብቅዐ።

ኣብዚ እዋን ኲናት ሓድሕድ፣ ካብ ግንባራት ሰሜናዊ ምብራቕ ሳሕልን ናቕፋን ዝተንቀሳቐሳ ኣሃዱታት ህ.ግ.፣ ብሸነኽ ባርካ ጸላኢ ናብ ሳሕል

ከምርሓሉ ዝኽእል ቦታታት ንምዕጻውን፡ ነቲ ኣብ ባርካ ብህዝባዊ ግንባር ክካየድ ዝጀመረ ፖለቲካውን ውድባዊን ንጥፈታት ንምውሓስን ሳልሳይ ግንባር ክምስርታ ግድነት ኮነ።

* * *

ጀልሃንቲ፡ ኣብ መሬት ሱዳን ንመስመር መራፌት ዓይተርባ ሕልፍ ኢልኻ ዝርከብ ሰፋሮ ዘይነበሩዎ በረኻ ኮይኑ፡ ርሕቀቱ ካብ ዶብ ኤርትራ ከባቢ 60 ኪሎሜተር ይኸውን። ሱዳናውያን 'ጭልሕንተ ኢሎም እዮም ዝጽውዕዎ። ተጋደልቲ ግን፡ ኣደማምጻኡ ስለዘይጥዓሞም ድዩ ዋላስ ምስጢራውነቱ ንምሕላዉ ክብሉ፡ 'ጀልሃንቲ' ዝብል ስም ኣጥቢቖምሉ። ብኸመይ ስሙ ናብ ጀልሃንቲ ከምዝተቐየረ ንጹር ሓበሬታ የለን።

ጀልሃንቲ፡ ኣብ ወቕቲ ሃሩር፡ ካብ 45 – 50 ዲግሪ ሰንቲ-ግሬድ ዝዓርግ ብርቱዕ ሙቐት ዘለዎ ቦታ ክንሱ፡ ኣብ ክራማት (ሓምለ-መስከረም) ብዘይ ምቁራጽ ማይ ዝዛሪ ዓቢ ሩባ ይርከቦ። ኣብ ወቕቲ ሓጋይ እውን፡ ኣብቲ ሩባ ዒላታት ኩዒትኻ ብቐሊሉ ማይ ክርከቦ ዝኽእል ስፍራ እዩ።

ህዝባዊ ግንባር ሓርነት ኤርትራ፡ ውሳነ ስትራተጂያዊ ምዝላቕ ካብ ዝወሰደሉ፡ ካልኣይ መፋርቕ 1978 ጀሚሩ፡ ክስዕብ ዝኽእል ወተሃደራዊ ምዕባለታት ኣብ ግምት ብምእታው፡ ምስ ኤርትራ ዝዳወብ ብዙሕ ከባቢታት ሱዳን መጽናዕቲ ኣኻይድሉ ነበረ። ሓደ ካብቲ መጽናዕቲ ዝተኻየደሉ ቦታታት ጀልሃንቲ እዩ። እቲ ናይ ፈለማ ዳህሳሳዊ መጽናዕቲ ብኣባላት ክፍሊ ህንጻ ዝተኻየደ ነበረ። ክፍሊ ማሕበራዊ ጉዳያት ብወገኑ፡ ስንኩላንን ዕቑባትን ኣብ ጀልሃንቲ ከስፍሮም ምስ መደበ፡ ኣቐዲሙ ሒደት ኣባላቱ ንዳህሳስ ናብቲ ቦታ ለኣኾም። እቶም ኣባላት ሩባሩባ ጀልሃንቲ ነዊሕ ተጓዒዞም ክሳብ እግሪ ጎቦታት ብምብጻሕ፡ እቲ ቦታ እኹልን ጥዑምን ማይ ዝርከቦ፡ የማነጸጋሙ ሰፌሕን ንፋስ ብኸሉ ኣንፈት ዝኣትዎን ጉላጉል ከም ዝኮነ ተዓዘቡ። ኣዝዩ ውዑይ፡ ሓሓሊፉ ብብርቱዕ ካምሲን ዝሸፈን ቦታ ምኳኑ እውን ኣረጋገጹ። ዝያዳ ኩሉ ግን፡ ብልጫኡ ሱዳናውያን ዘይሰፍሩዎ ጸምጸም በረኻ ምኳኑ ነበረ።

ሓለፍቲ ክፍሊ ማሕበራዊ ጉዳያት ካብኡ ዝሓይሽ ካልእ መዕቈቢ ቦታ ክርከብ ከም ዘይክእል ምስ ደምደሙ፡ ናብኡ ንምግዓዝ ወሰኑ። ቤት ትምህርቲ ሰውራ እውን ኣቐዲሙ ናብቲ ቦታ ክግዕዝ ተወሲኑ ነበረ። በዚ ድማ፡ ክፍሊ ማሕበራዊ ጉዳያት፡ ዝበዝሑ ኣባላቱ ከምኡ'ውን "ክንሰርሕ ንክእል ኢና፡ ስንክልናና ንስራሕ ኣየጸግመናን እዩ፡" ዝበሉ ስንኩላን፡ መጽለሊ ዳሳትን ቴንዳታትን ሰሪሖም፡ ብውሑዱ መበገሲ ዝኸውን ባይታ

ኣጣጢሖም ክጸንሑ ንጀልሃንተ ኣበገሶም። ንመጎጎ ዝኸውን ምሩጽ ሓመድ ዝፈልጣን ሞጎጎ ዝሰርሓን ኣደታት እውን ምስኦም ነቐላ። ተማሃሮ ቤት-ትህርቲ ሰውራ፡ ድሮ ኣብቲ ቦታ በጺሖም ቦታኦም ንምጥጣሕ ላዕልን ታሕትን ክብሉ ጸንሑዎም። ኣብ ደንደስ ናይ'ቲ ሩባ ሕልፍሕልፍ ኢሉ ዝርአ ኣግራብ ዓላ ገዲፍካ፡ እቲ ቦታ ቀላጥ ጉልጉል እዩ። ንመእተዊ መካይን ዝኸውን ጽርግያ ብሽንኽ ዓዳረት ተጸሪጉ፡ መዕቈቢ ዳሳትን ካልእን ምስ ተሰርሐ ክኣ፡ እቲ ዕቑብ ህዝቢ፡ ኣብ ገረግር-ሱዳን ዝተዓደሎ ንዋቱ ሒዙ ኣብ ፈለማ ሚያዝያ 1979 ብመካይን ናብቲ ቦታ ገዓዘ። ስንኩላን እውን ብተመሳሳሊ።

ኩለን ጨናፍር ክፍሊ ማሕበራዊ ጉዳያት፡ ናብዚ ሓድሽ ቦታ ምስ ኣተዋ፡ ካብ ጫፍ ንጫፍ ንውሓቱ መገዲ ክልተ ሰዓት ኣብ ዝኸውን ሰፊሕ ቦታ ተፈናቲተን ሰፈራ።

መስተንክር ቅያ ስንኩላን

ኣብቲ ህሮሩማ ጉልጉል ጀልሃንቲ፡ ኣብ ቴንዳታት ምንባር ኣዝዩ ኣጸጋሚ እዩ። በዚ ምኽንያት፡ ኣባላት ናይቲ ክፍሊን ክሕግዙ ዝኽእሉ ስንኩላንን መገዲ ሰዓታት እናተጓዕዙ፡ ካብ ጥሩቕሩቕ፡ ፈልሑትን ገዳይምን ዝተባህለ ቦታታት ንኣዕኑድን ሰርወን ዝኸውን ዓበይቲ ኣጉናድ ቈሪጾም እናምጽኡ መጽለሊ ዝኸውን ሃዳሙን ዳሳትን፡ መምሃሪ ቦታታት፡ ኣብያተ-ጽሕፈት፡ መደበራት ጥዕና፡ ካፈተርያታት፡ መኽዘናት፡ ኣብያተ-ዕዮ፡ ወዘተ. ክሃንጹ ተበገሱ። ብልዑል ተወፋይነት ድማ ክሳብ ሰነ 1979 ንሓንቲ መዓልቲ እፎይ ከይበሉ፡ ከቢድ ስራሕ ዓመሙ።

ጨንፈር ስንኩላን፡ ኣብ ላዕላይ ጀልሃንቲ ምስ ከቢድ ባህርያዊ ብድሆታት ክቃለስ ከሎ፡ ብጠቕላላ 14 ጋንታታት ነበራኦ። እዚ፡ ነተን ኣብ ግሀተብን ዓየትን ዝተረፋ ትሽዓተ ጋንታታት ከምኡ'ውን ድሒረን ንፖርት-ሱዳን ዝገዓዛ ከቢድ ማህረምቲ ዘለዎም ስንኩላን ዝሓዛ ሰለስተ ጋንታታት ከይወሰኽካ እዩ። ብዘይካ ሒደት ኣለይቲ ኣባላት ክፍሊ ማሕበራዊ ጉዳያት፡ ካልኦት ኩሎም ተኣለይቲ ይኹኑ ኣለይቲ ባዕሎም ዝተፈላለየ ስንክልና ዝነበሮም እዮም። ዓይነ-ስዉራን፡ ቈራጻት መሓውር፡ ብስንኪ መስበርቲ መላግቦታቶም ምዕጻፍ ኣብዩ ዝደረቐ (ጠረው)፡ በብዓይነቱ ናይ ኣዕጽምቲ መስበርቲ ዝነበሮም፡ መትኒታቶም ተሃሪሙ ምሉእ ኣካላቶም ወይ ገለ ክፋል ኣካላቶም ዝለመሰን ዝደንዘዘን፡ ናይ ከብዲን መዓናጡን ህሩማት፡ መንጋጋኦም ዝፈረሰ፡ ርእሶም ተሃሪሞም ዝወድቁን ዘንፈርፍሩን፡ ብዙሕ ፍንጫል ቦምባታት (ስኬጅታት) ኣብ ስጋኦምን ሽክናኦምን ተረቕሪቑዎም

ብቃንዛ ዝልለዉ፡ ከቦሮ እዝኖም ተቐጺዶ ዝጸመሙ ወዘተ። እቲ ስንክልና በዚ ጥራይ ዝግለጽ ኣይነበረን። ክፉእ ገጽ ናይ ኩናት ኣጕሊሑ ዘርኢ በብዓይነቱን ኣሰቃቒን ነበረ።

ጀልሃንቲ፡ ጸሓይ ካብ ባህርያዊ ቦታኣ ኣጸቢቃ ወሪዳ ንመሬት ዝተጸግዐት ክሳብ ትመስል እንሓንሳብ ሙቐቱ ክሳብ 53 ዲግሪ ሰንቲግሬድ ዝበጽሓሉ እዋን ነይሩ። ገለ ተዋዘይቲ፡ "ኣብ ጀልሃንቲ ሓንቲ ጸሓይ ኣይኮነትን ዘላ. . .ሰለስተ ኣርባዕተ ክኾና ኣለወን" ብምባል ይጨርቁ ነበሩ። ከምኡ ዓይነት ነዲ፡ ኣይኮነን ስንክልና ዘለዎ ሰብ፡ ኣራዊት ምድረ-በዳ እውን ክጻወሮ ይክእል'ዩ ኢልካ ዝሕሰብ ኣይኮነን። እቲ ንፋስ ከይተረፈ ሃፈጽታ ሓዊ እዩ። ናይቲ ቦታ ኣዕዋፍ ነቲ ሙቐት ምጽዋሩ ስኢነን እናላህልሃ ናብ ባይታ ክነጥባ፡ ተልኽ እናበላ ክነቕጻ ምርኣይ ልሙድ እዩ።

ስንኩላን፡ ነዚ ሱዳናውያን'ኳ ደፊሮም ክነብርዎ ዘይክእሉ፡ እሳት ዝተፍእ ምድረ-በዳ፡ ካብ ኣፍራዛን ባዴላን ዘይሓልፍ ድሩት መሳርሒታት ሒዞም፡ ናብ ኩሉ ነገር ዝማልእ መንበሪ ቦታ ክልውጥዎ ኣንቀዱ። የግዳስ፡ ከቢድ ጻዕሪ እውን ድኻም ገዲፍካ ናቱ ጽቡቕ ነገር ኣለዎ። እቲ ስራሕ ብሉጽ መድሃኒት ኮይኑ ተረኽበ። ስንኩላን መራኩሶም ሒዞም ነቶም ተረርቲን ነዋሕቲን ጎቦታት ክድይብዎን ክወርድዎን፡ ከክንዲ ያሒት ኣጕናድ እናቈረጹ ተሰኪሞም ካብ በረኽቲ እምባታት ክውርዱ፡ በተን ዝነበራኦም ሒደት መለኪዖ ኣእማን ክፍንቅሉን ክፍልጹን ምስ ጀመሩ፡ ዝደንዘዘ መትንታት ተበራበረ። ዝተሸማቐቐ ጅማውቲን ጭዋዳታትን ተዘርዘረ። መሓውራቶም ተፈታትሐ። ብመራኹስ ዝንቀሳቐሱ ዝነበሩ መራኹሶም ክድርብዩ፡ እቶም ዓዲ ውዒል ኩይኖም ዝነበሩ፡ ከቢድ ጾር ተሰኪሞም ነቲ ጎቦታት ክወርዱዎ ተራእዩ። ብብርቱዕ ናይ ርእሲን መትኒታትን ቃንዛ ዝሽገሩ ዝነበሩ ከይተረፈ፡ ቃንዞኦም ተቓሊሉ ኣብቲ ስራሕ ከም ንህቢ ክወናጨፉ ምርኣይ ካብ ትጽቢት ወጻኢ ነበረ።

ጎቦታት ክድይቡን ክወርዱን ዘይኽእሉ ቁራጻት፡ ዓይነ-ስዉራንን ፍርቂ ጉድኖም ዝለመሱን ብወገኖም፡ ኣብ ውሽጢ'ቲ መዓስከር ንርኣይቲ ዘደንጽወ፡ ኣረ ንሱዳናውያን በጻሕቲስ ፍጹም ዘቕዘዘ በብዓይነቱ ናይ ስራሕን ሓድሕድ ምምልላእን ጥበባት ኣማዕበሉ። ዓይነ-ስዉራን በቶም ፍርቂ ጎድኖም ልሙሳት እናተመርሑ፡ ክሳብ ክልተ ኪሎሜተር ካብ ዝርሕቀቱ ቦታ ንመንደቕ ዝኸውን ምሩጽ ኣእማን ተሸኪሞም የምጽኡ። ጀሪካናት ብመስላ ኣንጠልጢሎም፡ ካብ ሩባ ማይ ይጓርቱ። እግሮም ቁራጻት ኣብ መንደቕ ሓኩሮም፡ እእማን እናጸረቡ ይነድቁ። ገሊኦም ካብ መንደቕ ናብ ባይታ ነጢሮም ብምውራድ፡ ባዕሎም እምኒ ኣልዒሎም የደይቡ፣ ኣፍራዛ

ሒዞም ይኸዕቱ። ኣብ ዓንዲገመል ጠልጠል ኢሎም ሰርወታት ይረቡ፣ ናሕሲታት ይህድሙ። ከብዶምን ኣፍልቦምን ዝተሃርሙ ስንኩላን ድማ ካልእ ብዙሕ ዕዮ ይፍጽሙ ነበሩ።

እዞም ፍቕሪ ስራሕ ዘሕደሩ ስንኩላን፡ ኣብ ቦታኦም ከይተወሰኑ ናብተንካልኦት ጨናፍር ናይቲ ክፍሊ እናኸዱ ይተሓጋገዙ ነበሩ። ገሊኦም ሕሉፍ ሓሊፎም፡ ብሉጻት ነዳቖ ኰይኖም ናብ ካልኦት ክፍልታት ውድብ እናኸዱ ኣብ ህንጻት ኣባይቲ ክሳተፉ ጀመሩ። ነዚ ብኣካል ዝረኣዩ ዝተፈላለዩ በጻሕቲ ጀልሃንቲ፡ "ከምዚ ዝበለ ናይ ስራሕ ቅያ ብጉደሎኣካል ሰባት ክፍጸም፡ ኣብ ታሪኽ ደቂ ሰብ ናይ ፈለማ ክኸውን ኣለዎ" እናበሉ ኣግርሞቶም መግለጺ ይስእንሉ ነበሩ።

"ንባህርይ ዝቕይሮ ስራሕ እዩ...... ነዚ ምድረ-በዳ'ዚ ኣብ ሓጺር ግዜ ብስራሕ ክንልውጦ ኢና። ስንክልና ንመልክዕ ቃልሲ ይቕይሮ ደኣ'ምበር ካብ ቃልሲ ከቶ ኣየሰናኽልን እዩ!"

እዚ ቃላት'ዚ፡ ሓለፍቲ ክፍሊ ማሕበራዊ ጉዳያት፡ ንኣባላቶም ብቐጻሊ ዝደጋግምሎም ዝነበሩ ወኒን ኒሕን ናይቶም ስንኩላን ዘነቓቕሐ ቃላት እዩ። ኣብ ነፍሲወከፎም ሰሪጹ ድማ፡ ምንጪ ደርማስ ሓይሊ ክኸውን ተራእየ። በዚ መንፈስ'ዚ፡ ብውሱን መሳርሒታት፡ ኣብ ውሽጢ ሒደት ኣዋርሕ 36 ዓበይቲ ክፍልታት ዝርከቦ ዝተፈላለየ መንበሪ ኣባይቲ፡ ኣብያተ-ትምህርቲ፡ ሕክምናታት፡ መክዘናት፡ መመገቢ ካፈተርያታት፡ ኣብያተ-ጽሕፈት፡ ቤትንባብን ካልእን ተሰሪሑ፡ ንጀልሃንቲ ናብ ውቕብትን ዓባይን ዓዲ ቀየራ።

"ንሕና ደቂ መሬት መዋእልና ክንሰፍሮ ዘይደፈርና ቦታ፡ ንስኹም ኣብ ውሽጢ መንፈቕ ዘይመልእ ግዜ ናብ ከተማ ክትቅይርዎ ምኽኣልኩም ምእማኑ ዘጸግም እዩ። ቃልሲ ኤርትራውያን ግድን ክዕወት ምዃኑ በዚ ጥራይ ኣሚንና ኣለና።"

ቃላት ሓደ ሱዳናዊ በጻሒ ጀልሃንቲ

እቶም ኣብ ክልተ ካፈተርያታት (ላዕላይን ታሕታይን) ብማዕረ ተመቓቒሎም ምንባር ዝጀመሩ 14 ጋንታታት ስንኩላን፡ ነቲ ሓያል ሙቐትን ከቢድ ጣቓ ካምሲንን ንምብዳህ ኩሉ ግዜ ኣብ ኣሃላኺ ስራሕ ምስ ተጸምዱ እዮም። ነቲ ብዘመናዊ መዝሓሊ ማሺናት እውን ክትሰፍሮ ዘጸግም መንበሪኦም፡ ብዝተፈላለየ ብልሓት ከመችእዎ ይፍትኑ። ካብ ሩባ ብነጸላ ሑጻ ኳሪቶም መዳቕሶኦም ብምምድማድ፡ ክዝሕለሎም ብቐጻሊ ማይ ብጀሪካናት እናምጽኡ ይንብንብዎ። ዝስተ ማይ፡ ከረጺት ጎማ ናይ ጸባ ብካሻ ሸፊኖም ማይ ድሕሪ ምጥልቃይ ኣብ ንፋስ ዝርከበሉ ብምንጥልጣል

የዝሕሉዎ ነበሩ። በዚ ሜላ'ዚ ዳርጋ ምስ ናይ መዝሓሊት ዝወዳደር ዛሕሊ ዘለዎ ማይ ነበሮም። ኩለን ጋንታታት ኣብ መንጐአን ሓያል ናይ ምብልሓት ውድድር ነበረን። ኣብ እዋን ብርቱዕ ሙቐት፡ እቶም ስንኩላን፡ ኻሻ ማይ ኣጠልቂዮም ኣብ ዝባኖም ተኸዲኖም ዝንቀሳቐስሉ ግዜ ነበረ። በዚን ካልእ ብልሓትን፡ እቲ ዘይክኣል መንብሮ ጀልሃንቲ ተኻእለ። ኮይኑ ግን፡ ብሰንኪ'ቲ ዘይጽወር ሙቐት ውሑዳት ዝተሰውኡ ስንኩላን ተጋደልቲ ነይሮም'ዮም።

ምእራም ኣስታዋዊ ዝንባለ

ህዝባዊ ግንባር፡ ኣብ መፋርቕ 1978 ስትራተጅያዊ ምዝላቕ ክግበር ምስ ኣወጀ፡ ነቲ ኣብ ኣፍደገ ናጽነት ዝበጽሐ ሰውራ ንድሕሪት ምምላሱ፡ ንዘበዝሕ ተጋዳላይን ህዝብን፡ ምውሓጡ ካብ ዕረ ዝመርር ምንባሩ ዝርሳዕ ኣይኮነን። ይኹን'ምበር፡ ህዝባዊ ግንባር፡ እቲ ክውንነትን ተክእሎታትን ብተጋደልትን ህዝብን ብንጹር ከም ዝፍለጥ ሳላ ዝገበረ፡ ናይ ቃልሲ ሕልና ኣይዓረበን። ብፖለቲካዊ ዓይኒ ክርአ እንከሎ፡ ብሕብረት-ሶቭየት ዝምራሕ ምሉእ ምብራቓዊ ደንበ፡ ወይ ማሕበርነታውያን ሃገራትን ካልኦት ናይ ጸጋም ሓይልታትን፡ ንወራር ሶማል ብዝብል ምክኒት ናብ ኢትዮጵያ ምስ ኣተዉ፡ ንቃልሲ ኤርትራ፡ ምስ ስርዓት ደርግ ተሓባቢሮም ከጥፍእዎ ዓጢቖም ተሰሊፎም እዮም። እቲ ብኣሜሪካ ዝምራሕ ምዕራባዊ ዓለም ድማ፡ ንምልሓቕ ኤርትራ ምስ ኢትዮጵያ ዝወሰዶ ዓማጺ መርገጺ ስለዘይተቐየረ፡ ቃልሲ ኤርትራ ክድምሰስ ዝጸልእ ኣይነበረን። በዚ ከኣ፡ ህዝባዊ ግንባርን ህዝቢ ኤርትራን፡ ብዘይ ዝኾነ ናይ ተደናገጽቲ ሃገራትን ኣህጉራዊ ውድባትን ድጋፍ ክቃለሱ እዮም ተፈሪዶም። ብወተሃደራዊ ዓይኒ ድማ፡ ሕብረት-ሶቭየት ዋጋ ቢልዮናት ዶላር ዝግመት ዘበናዊ ኣጽዋር፡ ነፈርቲ ውግእ፡ ታንክታት፡ መዳፍዕን ካልእ ብብዓይነቱ ኣጽዋርን ተተኩስቲን ምዕጣቕ ከይኣክሎም፡ ሩስያውያን ምብራቕ ጀርመናውያንን ዝርከብዎም ጀነራላት ኣዘዝትን ኣማኸርትን፡ የመናውያንን መራሕቲ ነፈርቲ፡ መራሕቲ ታንክታትን መድፍዐኛታትን ብኣካል ኣብ ጎድኒ ስርዓት ኢትዮጵያ ተሰሊፎም እዮም። እቲ ግጥም ናይ ጻጸን ሓርማዝን ኮይኑ። ኻላሸንን ካልእ ንኣሽቱ ኣጽዋርን ዝዓጠቐ ተጋዳላይ ህዝባዊ ግንባር፡ ተገቲሩን ደው ኢሉን፡ ነቲ ብሰቡን ዓቕሚ ኣጽዋሩን ብ50 ግዜ ዝተዓጻጸፎ ሓይሊ ክገጥም እንተ ዝውስን፡ ናይ ህዝቢ ሰውራ ንጥፍኣት ዘቃልዐ ገበን ምፈጸመ። እቲ ነዊሕ ራእይ ዝነበሮ መሪሕነት ግን፡ ኣብ ዝተናውሐ ኲናት፡ እዞም ኩሎም ጸላእቲ ዘፍ ከም ዝብሉ ኣሚኑን ኣእሚኑን ስለዝተቃለሰ፡ ሰውራ ኤርትራ

ክድምሰስ ኣይከኣለን። እቲ ዝበዝሕ ተጋዳላይን ህዝብን ቅኑዕነት ናይቲ ውሳነ ስለዝተቐበለ ድማ፡ ካብ ሰፊሕ ሓራ መሬትን ከተማታትን ዝተገብረ ምዝላቕ፡ ስርዓትን ውህደትን ብዝነበሮ ኣገባብ እዩ ተፈጺሙ። እዚ ማለት ግን፡ ምዝላቕ ንኩሉ ሰብ፡ ብዘይተረፍ ቅቡል ነይሩ ማለት ኣይኮነን።

ገለ ውሑዳት ካብቶም ዓወት ሎሚ'ዶ ጽባሕ እናበሉ ሰናም ነኺሶም ዝተቃለሱ ተጋደልቲ፡ ንምዝላቕ ከም ስዕረት ሰውራ ወሲዶም ተስፋ ዝቖረጹን፡ ናይ ቃልሲ ዕጥቆም ፈቲሖም ናብ ጸላኢ ኢዶም ዝሀቡ፡ ንስደት ናብ ሱዳንን ካልኦት ሃገራት ዝኸዱ ነይሮም እዮም። ክሳብ ቦጦሎኒ ዝመርሑ ዝነበሩ ሓደ ክልተ ተጋደልቲ፡ ቃልሶም ራሕሪሖሞ ዝኸዱ'ውን ነበሩ። ንቕኑዕነት ምዝላቕ ብግሁድ ክብድሁ ዘኽእሎም ብቑዕ ምጕት'ኳ እንተዘይነበሮም፡ ነዚ ግሉጽ ኩነት ከም ናይ መሪሕነት ጉድለታት ክጉስጉሱ ዝፍትኑ ተጋደልቲ'ውን ኣይተሳእኑን። ብዝተፈላለዩ ማዕከናት ዜና ዓለም፡ ህዝባዊ ግንባርን ቃልሲ ህዝቢ ኤርትራን ከም ዘብቀዐን ከም ዝተደምሰሰን ዝገልጽ ዜናታት ኣሉታዊ ጽልዋታት ምፍጣሩ'ውን ዝርሳዕ ኣይኮነን።

ኣብ ወጻኢ ሃገራት ዝነበሩ ኤርትራውያን'ውን፡ ብምዝላቕ ዝተሰናበዱን ሰውራና ከም ዘብቀዐ ዝመሰሎምን'ውን ነይሮም እዮም። ሓደ ካብቲ ዘገርምን ዝዓበየን ጌጋ፡ በቲ ናይ ህዝባዊ ግንባር ዝሓየለ ናይ ሓፋሽ ውዱባት ማሕበር "ኤርትራውያን ንናጽነት ኣብ ሰሜን ኣሜሪካ (ኤናሰኣ) ወይ Eritreans For Liberation In North America (EFLNA) ዝተፈጸመ እዩ። መራሕቲ ናይቲ ማሕበር፡ ንኣባላቶም ብዘቕረብዎ ሓበሬታ፡ ምዝላቕ ተጋደልቲ እናተቃወምዎ ከምዝተፈጸመን፡ ገለ ሓይልታት ኣይነዝልቕን ኢሎም ካብ ህዝባዊ ግንባር ከም ዝተነጸሉን ብዝጠቅስ ናይ ሓሶት ዛንታ ንኣባላቶም ኣታሊሎም ውሳኔ ኣሕሊፎም። ገና ካልኣይ ወራርን ምዝላቕ ከረንን እናተኻየደ ድማ፡ ኣብ መወዳእታ ኣዋርሕ ናይ 1978፡ ንመሪሕነት ህዝባዊ ግንባር ብጥልመት ዝኸሰስን፡ ንህዝባዊ ግንባር ዝኹንን "Eritrea; Revolution Or Capitulation (ኤርትራ፡ ሰውራ'ዶ ምንብርካኽ) ዝብል መጽሓፍ ብምድላውን ኣሕቲሞም ብምዝርጋሕን፡ ዝምድንኦም ብወግዒ በቲኾም። ንሳቶም ኣብ ገጽ 16 ናይቲ መጽሓፍ "ቃልሲ ኤርትራ ኣብ ድርኩኹት ናጽነት ኣብ ዝበጽሓሉ፡ መሪሕነታት ህ.ግ.ሓ.ኤ. ንተ.ሓ.ኤን ቡርጆዋዊ ደርባዊ ጥቕሞም ንምሕላውን ብጸቕጢ ኣግላስነት ሶቭየት ሕብረትን ጃጆዮም፡ ንህዝብና ክሒዶም ኢዮም" ዝብል ጽሒፎም። ኣብ ገጽ 56 ከኣ "...ንሕና ማሕበራት ኤርትራውያን ንናጽነት ኣብ ሰሜን ኣሜሪካን፡ ማሕበር ኤርትራውያን ደቀንስትዮ ኣብ ሰሜን ኣሜሪካን(AEWNA)፡ ምስ ተቃላሲ ህዝብናን ምስ ተባዓት ተጋደልትናን፡ ኣንጻር ኩሉ ዓይነት ጸላኢ

...ኣንጻር ሶቭየታዊ ኣግላስነት፡ ሃጸይነት ኣሜሪካ፡ መግዛእቲ ኢትዮጵያ፡ ጽዮንነትን ውሽጣዊ ምድሕርሓርን ቃልስና ከም እንቕጽል ነረጋግጽ" ዝብል ዕሽላውን ዜደንጹን ጻውዒት'ውን ኣቕሪቦም። እዚ ኣብ ሳምንታት ዝመኸነ ጉስጓሶም ኣብ ኤርትራ ዝኾነ ጽልዋ ኣይነበሮን። ኣብ ሜዳ፡ ንህዝባዊ ሰራዊት ዝትንክፍ ተመሳሳሊ ጽልዋታት'ኳ እንተዘይተራእየ፡ ኣብ ሱዳን ኣብ መዓስከር ስንኩላን ጀልሃንቲ፡ ኣብ ግንቦት 1979 ዝተቃልዐ ንኡስ ምንቅስቓስ ግን፡ ንዕኡ ዝመሳሰል ዝንባለታት ነይርዎ እዩ።

እዚ ክሳብ ሓሙሽተ ሰባት ዘበጋግስዎ ምኳኑ ኣብ መወዳእታ ኣብ ናይ ነቐፌታ ኣኼባ ዝተቓልዐ ምስጢራዊ ናይ ምውድዳብ ፈተነ፡ ንሰለስተ ኣዋርሕ ከም ዝቐጸለን ንውሑዳት ስንኩላን ከም ዝጸለወን ክረጋገጽ'ኳ እንተ ከኣለ፡ ምስቲ ንምጽራዩ ዝተኻየደ ነቐፌታን ነብሰ-ነቐፌታን ካብ ዝክሪ ሽዑ ዝነበሩ ኣባላት ክፍሊ ማሕበራዊ ጉዳያት ዘይሃስስ ፍጻመ ነይሩ። እቶም ኣብ ትሕቲ ማሕበራዊ ጉዳያት እናተኣልዩ፡ ንሰለስተ ኣዋርሕ ብምዝላቕን ብመሪር ጉዕዞን ከልበትብት ዝበሉ ስንኩላንን ዕቑብ ህዝብን፡ ዝያዳ ዘሻቕሎምን ዘህንጥዮምን ስእነት ሓበሬታ እዩ ነይሩ። ብዛዕባ'ቲ ዝቕጽል ዝነበረ ወተሃደራዊ ምዕባለታት ሰሚናራት'ኳ እንተ ተዋህበ፡ እቲ ለውጢታት ቅልጡፍ ብምንባሩ፡ ብዘይተረጋገጸ ወረታት ምስቃዮም ኣይተረፈን። ድምጺ ሓፋሽ፡ መዓልታዊ መደባት ነይሩዋ ክንሱ፡ እተን ዝነበራ ሬድዮታት ብኣጻብዕ ስለዝፍቀዳ፡ ብዙሓት ነቲ መደባት ናይ ምክትታል ዕድል ኣይነበሮምን። ስለዚ ድማ፡ ካብ ነፍሲወከፍ ጋንታ ድምጺ ሓፋሽን ካልኦት ናይ እንግሊዝኛን ዓረብኛን ዜናታት ዓለም ዝዝርግሓ ሬድዮታት ሰሚዖም ንብጹቶም ዝሰምዕዎ ዜና ዝደግሙሎም ወከልቲ ብምግባር፡ ነቲ ናይ ሓበሬታ ጸገም ንምፍታሕ ይፍተን ነበረ። ብዝኾነ ግን፡ እዚ ናይ ሓበሬታ ሃጓፍን ካብ ግንባራት ምርሓቕን ዝፈጠረሎም ጭንቀትን፡ ዝንቡዕ ወረታት ዘናፍሱ ሰባትን ቦታ ንክረክቡ ኣክኢሉዎም እዩ። ስለ ዝኾነ ከኣ፡ እቲ ሽዑ ኣብ መንጎ ምዝላቕን ከልበትብትን ዝተበገሰ ኣሉታዊ ተርእዮ፡ ገለ ሰማዕቲ ክረክብ ዘገርም ኣይነበረን።

ገለ ካብቲ ንመጕሳጕሲ ዝጥቀምሉ ዝነበሩ መረሳሰኒ ዘረባታት፡ ብኸምዚ ክጽሞቑ ይክእሉ፦ "እዚ ኩሉ ተጋዳላይ ዝተሰውኦን ዝሰንከለን፡ ብሰንኪ መሪሕነት ዝክተሎ ዘሎ ግጉይ ስትራተጂ ኩናት እዩ፣ ብፍላይ ኣብ 1977 ባጽዕ ንምሕራር ዝተኻየደ ውግእ ፈጺሙ ጌጋ እዩ ነይሩ፣ ኣብ ከንዲ ባጽዕ ኣስመራ ተወቒዓ እንተትትነብር፡ ስትራተጅያዊ ምዝላቕ ኣይመጋጠመን፣ ህዝባዊ ግንባር ዕላምኡ ንጹርነት ዝጐደሎ እዩ፣ ዝምርሓሉ ዘሎ ሃገራዊ ዲሞክራስያዊ ፕሮግራም'ውን ንኩሉ ሃገራዊ ዘሳትፍ ኮይኑ ክቕየር ኣለዎ፣

ዓቕሚ ጸላኢ ንምድኻም ምስ ካልኦት ሓይልታት ሰውራ ተጠርኒፍና ክንሰርሕ ምተገብአ ወዘተ.።"

እቶም ኣሉታዊ ዝንባለ ዘበገሱ ተጋደልቲ፡ ንናይ ጸላኢ ሓይሊ ኣጋኒኖም ብምቕራብ፡ ሕብረት ሶቭየት እትህቦ ሓገዛት ንዓወት ቃልስና ኣጠራጣሪ ከም ዝገብሮ ንምእማን ብዙሕ ጽዓሩ። እንተኾነ፡ እቲ ዘልዓልዎ ኣርእስቲ ኣቐዲሙ ብዘይ ዝኾነ ሕብእብእ ሰሚናራትን ፖለቲካዊ መግለጺታትን ዝተገብረሉን፡ ኲለን ብሪጌዳትን ክፍልታትን ወትሩ ዝምሃርኦን ዝኻትዓሉን ጉዳይ ብምንባሩ፡ ኣብ ብዙሓት ጽልዋ ኣይነበሮን።

እቲ ምውድዳብ ብመምህር ተስፉ ዘውደ እዩ ተበጊሱ። ንቲ ኣብ ፖለቲካዊ ኣፍልጦ ዝነበሮ ብልጫን ፍሉይ ናይ ስብከት ክእለቱን ተጠቒሙ ድማ፡ ንፍሉያትን ክቕበሉኒ ይኽእሉ እዮም ዝበሎምን ሰባት መሪጹ ኣብ ጉድኑ ኣሰለፎም። ብመሰረት ናይ ሽዑ ጸብጻባት፡ ተወላዋሊ መርገጺ ዝነበሮም፣ ስልጣን ዘይተዋህቦም ገዳይም ተጋደልቲ፡ ናብ ቤት ትምህርቲ ካድር ብዘይምኻዶም ዝኾረዩ፣ ብዝፈጸምዎ በደላት ሓለዋ ሰውራ ኣትዮም ዝነበሩ፣ ብተዛማዲ ደረጃ ትምህርቶም ልዕል ዝበሉ ስንኩላን እናመረጹን ስምዒቶም እናመዝመዙን ክውድቡ ፈተኑ። መምህር ተስፉን ሰዓብቱን፡ ኣብቲ ብጻዕቂ ዝካየድ ዝነበረ ፖለቲካዊ ትምህርቲ፡ ነቶም ዝምህሩ ካድራት በዳህትን ወጠርትን ሕቶታት እናልዓሉ፡ እቲ ክትዕ መደምደምታ ኣብ ዝሰኣነሉ ድማ ንሳቶም ነቲ ኣቐዲሞም ዝተዳለዉሉ ደምዳሚ ሓበሬታ ብምሃብ፡ ንነብሶም ከም ሰብ ልዑል ኣፍልጦ ከላልዩ ይጽዕሩ ነበሩ። እዚ ኣብ ስንኩላን ዝጀመረ ምውድዳብ ድማ፡ ኣብ መደበር ዕቑባት ንዝነበሩ ህዝቢ'ውን ናይ ምትእምማን መንፈሶም ክዘርግ ፈቲኑ እዩ። ነቶም ብክፍሊ ማሕበራዊ ጉዳያት ተሓርዮም ናይ ህዝቢ ጉጅለታት ክመርሑን ከገልግሉን ዝተመዘዙ ተጋደልቲ፡ ካብቲ ህዝቢ ክፈላልይዎም ጸዓሩ። ህዝቢ መደበር ዕቑባት ድሕሪ ነዊሕ ጉዕዞታት ምዝላቕ፡ ኣብ ጀልሃንቲ፡ ቀሲኑ ንሓደ ወርሒ'ኳ ኣብ ዘይተቐመጠሉ ግዜ ድማ፡ "ህዝቢ መራሕቱ ክመርጽን ክምረጽን መሰል እናሃለዎ፡ ግበር ኣይትግበር እናተባህለ ብወተሃደራዊ ኣገባብ ክመሓደር ጌጋ እዩ" እናበሉ ውሑዳት ንዘይኮኑ ሰባት ከእምኑ ከኣሉ። ይኹን'ምበር፡ እቲ ምውድዳብን ኣበገስቱን ኣብ ክፍሊ ማሕበራዊ ጉዳያት ዝተሓጽረ ስለዝነበረ፡ ጽልዉኡ ካብኡ ዝሓለፈ ኣይነበረን።

ኣብዚ ንሰለስተ ኣዋርሕ ዝቐጸለ ናይ ምውድዳብ ምንቅስቓስ፡ ገለ ካብቶም ብመምህር ተስፉን ብጾቱን ዝተወደቡ ኣባላት፡ እቲ ኣጀንዳ ግጉይን ከንቱ ፈተነን ምዃኑ ስለዝኣመኑ፡ ንሓለፍቲ ክፍሊ ማሕበራዊ ጉዳያትን ጨናፍር ስንኩላንን ሓበሩ። ኣብ መጀመርታ፡ ንሓድነት ዘስግእ ስለዝመሰለ፡

እቲ ዝርጋሐኡን ምንቅስቃሱን ንምክትታል ንውሱን እዋናት ክቐጽል ተገድፈ። ምጉቶምን ዘልዕልዎ ኣርእስቲን ፈኲስን ብቐሊሉ ተሰዓሪን ምዃኑ ምስ ተገምገመ ግን፡ ሰፊሕ ኣኼባ ብምክያድ ክጻረን ብነቐፌታዊ ኣገባብ ክቃላዕን ተወሰነ። በዚ መሰረት ድማ፡ እቲ ካብ ስንኩላን ክሳብ መደበር ዕቑባት ዝለሓመ ጉዳይ፡ ኣባል ፖለቲካዊ ቤት-ጽሕፈትን ሓላፊ ማሕበራዊ ጉዳያትን መሓመድ-ሰዒድ ባርህ ዝመርሖ ሰፊሕ ኣኼባ ከም ዝካየደሉን ከም ዝጋለጽን ተገብረ። እቲ ክሳብ 20-30 ንዝኾኑ ሰባት ዝስሓተ ጉዳይ ምስ ዓረፈ፡ እቶም ቀንዲ ወደብቲን ኣበገስትን ዝኾኑ ሰለስተ ተጋደልቲ፡ ጉዳዮም ክጻረ ናብ ሓለዋ ሰውራ ክኸዱ ተወሰነሎም። እታ ከተብጽሖም ኢላ ሒዛቶም ዝነበረት መኪና ግን፡ ዓይተርባ ብዝተባህለት ንእሽቶ ናይ ሱዳን ዓዲ ኣቢላ ንሜዳ ክትሓልፍ እናተጓዕዘት፡ እቶም ክሱሳት ኣውያት ስለዝገበሩ፡ ፖሊስ ሱዳን መጺኡ ብምግልጋል ከዕቍቦም ክኣለ። እቶም ካልኦት ዝተረፉ ግን፡ ነብሰ-ነቐፌታ ብምክያድ ጉድለቶም ስለዝኣረሙ፡ ኣብ መዓስከር ጀልሃንቲ ንቡር ህይወቶም ቀጸሉ።

ፖለቲካዊ ትምህርትን ኣኼባታት ምትእርራምን

ክፍሊ ማሕበራዊ ጉዳያት፡ ጐድኒ ጐድኒ ኣካዳምያዊ ትምህርቲ፡ ጽዑቕ ፖለቲካዊ ትምህርቲ'ውን የሰላስል ነበረ። ከም ኩለን ኣኻላት ውድብ፡ ትሕዝቶ ናይቲ ትምህርቲ ኣብ ማርክስ-ለኒናዊ ስነ-ሓሳብ ዝሰረተ ኮይኑ፡ ብሓለፋቲ ጨናፍርን ጋንታታትን፡ ብዓቕሚ ዝነበሮም ካድራትን ኣለይቲን ዝወሃብ እዩ ነይሩ። ብመሰረት ውድባዊ መምርሒ፡ ታሪኽ ምዕባለ ሕብረተሰብ፡ ትንታነ ማሕበራዊ ጉጅለታትን ደርባዊ ቃልሲን፡ ሃገራውነትን መግዛእትን፡ ህዝባዊ ኲናት፡ ግርጭትን ኣፈታትሕኡን፡ ካልኦት ዝተፈላለዩ ኣርእስታትን ዝሓዘ ትምህርቲ እዩ። ሓፈሻዊ ፖለቲካዊ ትምህርቲ ዝብል መጽሓፍን፡ ብክፍሊ ፖለቲካዊ ምንቕቓሕ ብብወርሒ እትዳሎ መጽሔት 'ማሕታ'ን ድማ፡ ዓበይቲ ፖለቲካዊ ኣርእስታት ንምትንታንን መልሲ ናይ ሕቶታት ንምቕራብን ቀንዲ መወከሲ ነበራ። ብዘይካ'ዚ፡ ናብ ኩለን ኣኻላት ውድብ ዝዝርግሓ መጽሔታት፡ ፍጻመታት፡ ጨራ ጥዕና፡ ሓለዋ፡ ተዓጠቕ፡ ዕዮ ወዘተ.፣ ከምኡ'ውን ካብ እንግሊዝኛ ዝተተርጐመ ናይ ለኒን፡ ማርክስን ማኦን ፍልስፍናዊ ጽሑፋት፣ ታሪኽ ሰውራታት ዓለም፡ ሩስያ፡ ቻይና፡ ቬትናምን ካልኦትን ዘዘንትዉ ስነ-ጽሑፋትን ዘጠቓልል ጽሑፋት ብብዝሒ ይፈሪ ነበረ። ብመሰረት ናይ ሽዑ ፖለቲካዊ ኣጠማምታና፡ ገድልና ኣካል ናይቲ ንመስፍናዊ፡ ርእሰ-ማላዊን ሃጸያዊን ስርዓታት ብምዕላው፡ ኩሉ ህዝቢ ብማዕርነት ዝነብረሉ ዓለማዊ ማሕበርነትን ዴሞክራስን ንምህናጽ ዝካየድ ሃገራዊ

ቃልሲ ጥራይ ዘይኮነ ደርባዊ ቃልሲ እውን እዩ ነይሩ። ስለዚ ድማ፡ ናይ ገዛእቲን ናይ ብርጅዋታትን ድሑር ኣተሓሳስባ ንምድኻምን ናይ ሽቃሎ ኣተሓሳስባ ብግብሪ ንምስራጽን፡ ከቢድ ናይ ኣተሓሳስባ ቃልሲ ክካየድ ዝሓትት መድረኽ እዩ ነይሩ። እቲ ንውልቃውነትን ስስዐን ብምውጋድ፡ ብሓባር ክትሓስብን ንረብሓ ሓፋሽ ክትውፈን ዝድርኽ ጉስጓስ ድማ፡ ንነቐፌታን ነብሰ-ነቐፌታን፡ ከም ቀንዲ ኣተሓሳስባ ዝእርም መሳርሒ ክገብሮ ግድን ነበረ።

ነቐፌታን ነብሰ-ነቐፌታን፡ ካብ ምምስራት ህዝባዊ ግንባር ኣብ ናይ ጋንታን ሓይልን ኣኼባታት ብክፉት ዝዝውተር ዝነበረን ከም ናይ ስራሕ መገምገምን ናይ ግርጭታት መፍትሕን ዘገልገለን ብስሩዕነት ዝቐጸለን ኣገዳሲ ንጥፈት እዩ ነይሩ። ኣብ ዝተፈላለየ መድረኻት፡ ኣብ በበይኑ ፖለቲካውን ወተሃደራውን ኩነታት ድማ፡ ከም ናይ ሓድነት መሳርሒን መአረሚ ዝንባለታትን ኮይኑ ዓቢ ተራ ኣበርኪቱ'ዩ። ካብ መጀመርታ 1970ታት ኣትሒዙ ስሩዕ ዝኾነ ናይ መተኣራረሚ ኣኼባታት ዝተለምደ ነይሩ። ይኹን ደኣ እምበር፡ እቲ ናይ ነቐፌታ መጠንን ኣፈጻጽማን፡ ካብ ግዜ ናብ ግዜ፡ ካብ ኣሃዱ ናብ ኣሃዱ ጥራይ ዘይኮነ፡ ካብ ሰብ ናብ ሰብ እውን ኣኻይዳኡ ይፈላለ ነይሩ እዩ። ካብ 1979 ክሳብ 1982፡ ኣብ ጨንፈር ስንኩላን ኣብ ጀልሃንቲን ዓሬርብን፡ ኣብ ስነ-ሓሳብ ማርክስ-ለኒንነት ተመርኲሱ ዝተጀመረ ናይ ምንቅቃፍን ናይ ምግምጋምን ኣገባብ፡ ብመዐቀኒ ውድብ'ውን እንተኾነ መስመሩ ይስሕት ብምንባሩ፡ ነቲ ዝነበረ ኩነታት ብሕጽር ዝበለ ምዝኻሩ ኣድላዪ እዩ።

እቲ ኣብ ኣካዳምያዊን ፖለቲካውን ትምህርቲ ዝተሓጽረ ህይወት ስንኩላን፡ ብፖለቲካዊ ክትዓት፡ ምርቃቕን ምጥምማትን እንተ ተዓብለለ ዘገርም ኣይነበረን። ካብ ውሽጢ ስንኩላን፡ ብተዛማዲ ዝሓሸ ዓቕሚ ኣለዎም ዝበሃሉ ካድራት፡ መምህራን ፖለቲካዊ ትምህርቲ ብምዃን፡ ዝተፈላለየ ኣርእስታት ተዋሂቡዎም ንብጾቶም ዝምህሩሉ ኩነታት ተፈጢሩ ነበረ። ኩሎም ተጋደልቲ፡ መሃይማንን ትሑት ዓቕሚ ዝነበሮምን ከይተረፉ፡ ፖለቲካ ብዕምቈት ንክፈልጡ ፋሕተርተር ክብሉ ዝደፋፍእ ሃዋህው ስለዝተፈጥረ፡ ተማሃሮ ነቲ ዝተዋህቦም ትምህርቲ እናቐጥቀጡን እናሽምደዱን ተሳትፎኦም ከዕዝዙ ይቃለሱ ነበሩ። ናይ ፖለቲካ ጽሑፋትን መጽሔታትን ክዳሎ ምስ ጀመረን ናይ እንግሊዝኛ ጽሑፋት ዝሓዘ ቤት-ንባብ ምስቀመን ድማ፡ እቲ ቀንዲ ውራይ ስንኩላን፡ ፖለቲካዊ ኣፍልጦ ምዕባይን ምርቃቕን ኮነ። ዓይነ-ስዉራን እውን፡ ካብ ብጾቶም ከይተርፉ፡ ብድምጺ ኣብ ናስትሮታት ዝተመልአ ፖለቲካዊ ጽሑፋት ብቴፕ ከም ዝሰምዑ ይግበር ነበረ። ምስዚ

ዉዕውዕን ምሉእ ግዜ ዝወሰድ ክትዓትን ድማ፡ እቲ ስሩዕ ናይ ምትእርራምን ነቐፌታን መድረኽ፡ ናብ ፖለቲካዊ ትንታነን ክትዓትን እናዘንበለ ስለዝኸደ፡ ኣብቲ ውድብ ብሕሉፍነቱ ዝዝከር ታሪኽ ናይ ነቐፌታን ነብሰ-ገምጋምን ተራእየ።

እቲ ዕላማ፡ ውልቃዊ ኣተሓሳስባ ተሪፉ ሓባራዊ ኣረኣእያን ድልየትን ንምስራጽ፡ መስፍናዊ፡ ብርጆዋዊ፡ ንኡስ ብርጆዋዊ፡ ካልእ ጠባያትን ብምሕጻብ፡ ሰውራዊን ናይ ሽቃላይ ቅኑዕ ባህርያትን ንምድማቕ እዩ ዝነበረ። እቲ ብቑዕ ሰውራዊ ዝበሃል፡ "ሓቀኛ፡ ንቑሕ፡ ውፉይ፡ ብንጹር ዕላማ ዝጉዓዝ፡ ንብጾቱ ፍቕርን ሓልዮትን ዘለዎ፡ ኣንጻር ትህኪት፡ ኣንነት፡ ምውልዋልን ኣብ መትከል ዘይምጽናዕን ደው ኢሉ ዝቃለስን ንብጾቱ ዝእርምን ክኸውን ኣለዎ፡" ዝብል ኣጠማምታ ነበረ። ነዚ ዝተጠቕሰ መምዘኒታት ዘየማልእ ሰብ፡ ኣብ መዓልታዊ ህይወት ዝፍጽሞ ይዕበ ይንኣስ ጌጋታት ኣብ ቅድሚ ጋንታኡ ብግሁድ ነቐፌታ ከም ዝእረመሉ ምግባር ድማ ኩሉ ሰብ ክማሃረሉ ይክእል'ዩ ዝብል ኣተሓሳስባ ማዕበለ። ከም ሳሙናን ማይን ንክዳን፡ ነቐፌታ ንሰውራዊ ተጋዳላይ ዘጽሪ ስለዝኾነ፡ ከም መዓልታዊ ሕብስቲ ብንጹህ መንፈስ ክውሓጥ ዘለዎ መድሃኒት ምኳኑ ድማ ተጐስጐሱሉ።

ኣብ መፋርቕ 1981 ጀሚሩ ንሸዱሽተ ኣዋርሕ ዝቐጸለ 'ነብሰ-ገምጋም' ዝተሰምየ ናይ ነቐፌታን ነብሰ-ነቐፌታን ኣኼባታት፡ እቲ ዝያዳ ብጥሩፍነቱ ዝዝከር ፍጻመ እዩ። ምናልባት እቲ ኣብ ሚያዝያ 1979 ዝተራእየ ዝምባሌታት ምስ ተቓልዐ ("ምእራም ኣሉታዊ ዝንባለ" ኣብ ዝብል ኣርእስቲ ተመልከት)፡ ነቲ ሓድሕድ ምጥርጣርን ዝተጋነነ ምንቅቃፍን መጋደዲ ኮይኑ ክኸውን ይክእል'ዩ። ሸዑ፡ ብደረጃ መሰርዕ ሰሙናዊ፡ ብደረጃ ጋንታ ክልተ ሰሙናዊ፡ ብደረጃ ጨንፈር ድማ ወርሓዊ ነቐፌታታት ይካየድ ነበረ። ሸውዓተ ጋንታታት በብተራ ን12 መዓልታት ኣብ ዘኻየድኦ ገምጋም፡ ኩሎም ኣባላት መዓስከር ይሳተፉን ርእይቶ ይህቡን ነበሩ። ኣብ መዓስከር ስንኩላን ዝነበረ ኩሉ ሰብ፡ በቲ ዝወጸ ናይ መገምገሚ መምርሒ፡ ንነብሱ ባዕሉ ክመዝናን ሚዛኑ ኣብ ቅድሚ ጋንታኡ ክገልጽን፡ ኣባላት ጋንታኡ ድማ ኣብ ልዕሊኡ ዘለዎም ኣረኣእያ ምርኩስ ብምግባር፡ ነቲ ገምጋሙ ክቕበሉ ወይ ክነጽጉ ምርኣይ ልሙድ ኮነ። ነፍስወከፍ ሰብ ንገዛእ ነብሱ ኮነ ንብጾቱ ኣብ ምንቃፍ ዘለዎ ትብዓት፡ ተሳታፍነቱ ኣብ ማእቶት፡ ዝምድናኡ ምስ ሰባት፡ ኣብ ፖለቲካዊ መርገጺ፡ ኣብ ውድባዊ እምነት፡ ኣብ ዲሲፕሊን፡ ወዘተ.፡ ዝብሉ ኣርእስታት ነብሱ ክገልጻን ዝቐርበሉ መርማሪ ሕቶታት ክምልስን ይግደድ ነበረ። ባዕሉ ነብሱ ዘይነቅፍ፡ ተነቒፉ ጌጋኡ ዘይቅበልን ምስምሳት

ዝፈጥርን፡ ኣብ ማእቶት ጉልበቱ ዝሓብእ፡ ምስ ሰብ ዘይቀርብ፡ ወይ ድማ ብትዕቢትን ኣንነትን ዝኣክል ምስ ውሱናት መዘናኡ ጥራይ ዝዋሳእ፡ ፖለቲካዊ መርገጺኡ ዘይንጹር፡ ውድባዊ እምነቱ ልሕሉሕ፡ ዲሲፕሊን ዘይብሉ፡ "ሊበራላዊ"፡ "መስፍናዊ"፡ "ንኡስ ብርጆዋዊ"፡ "ኣድሓርሓሪ"፡ ወዘተ.፡ ብዝብሉ ኣሉታዊ መግለጺታት ይዝለፍን ይፍረድን። ከምዚ ዝበለ ነቐፌታታት ዝወርዶም ሰባት ድማ ብዙሓት ነበሩ። ሓደ ሓደ ግዜ፡ ትምህርቲ ኣለዎም ንዝበሃሉ ሰባት፡ ዋላ ጉድለቶም ይቀበሉ፡ "ብፍላጥ እዩ! ከመይ ኢሉ ይጋገ፧" ወይ "ካብ ምንታይ ተበጊሱ..... የብርሃዮ!" እናበሉ ዘጫንቑ ቅንጣብ ሕድገት ዘየፍቅዱ ሰባት'ውን ነይሮም እዮም።

ንኡስ ብርጆዋ፡ ብፍላይ ብሽም ተዋላዋሊ፡ ዘይጽኑዕ፡ መግድዒ፡ ሓደገኛ፡ ኣድባዩን በለጸኛን ዝብሉ ልሙዳት ሓረጋት ዝግለጽ ደርቢ እዩ። ንሱ፡ ካብቲ ኣብ መንጎ ብርጆዋን ሸቃሎን ዘሎ ዘይቀዋሚ ቦታኡ፡ እቲ ላዕለዋይ ክፋሉ ናብ ብርጆዋ ዝመጣጠር፡ እቲ ታሕተዋይ ክፋሉ ድማ ናብ ሸቃላይ ክጽጋዕ ተክእሎ ዘለዎ ተባሂሉ እዩ ዝግለጽ። ካብ ተማሃሮ ማእከላይን ካልኣይን ደረጃ ዝጅምር፡ ንተማሃሮ ዩኒቨርሲቲን መምህራንን ዝሓወሰ ኣገላልጻ ብምንባሩ ድማ፡ ዝበዝሕ ካብ ከተማ ንዝተሰለፈ ዝግለጸሉ እዩ ነይሩ። ኣብ ሰውራ፡ ተጋዳላይ ነዚ ጠባያቱ ሓኺኹ ናይ ሸቃሎ ጠባይ ከም ዝሕዝ ንምግባር ዝፍተን ዝነበረ ቃልሲ ድማ፡ ብዙሕ ጸገማት ነበሮ። ምምዝዛን ዝጕደሎም መራሕቲ ጋንታን ካልኦት ሓለፍቲን፡ ኣብ ትርጉሙን ኣተገባብራኡን ብዙሕ ይጋገዩ ነበሩ። ብፍላይ ገለ ሓለፍቲ፡ ኣብ ትሕቲኦም ዘሎን ትምህርቲ ዘለዎን ሰብ፡ ስርሖ ብግቡእ ዘማልእ ክንሱ፡ ተተመላሊሱ ምስኦም ዘይማኸርን ዘይመያየጥን እንተኾይኑ፡ "ምስ ሓፋሽ ዝምድና የብልካን፣ ምስ ሓለፍቲ ኣይትራኸብን፣ ኣብ ካድራት ንዕቀት ኣሎካ" እናበሉ ይነቕፍዎ። ብኻልእ ወገን፡ ብመዓልታዊ ደቀቕቲ ጉድለታት ኣብ ዝንቀፈሉ ግዜ፡ ነቲ ኣርእስቲ ገዲፉ፡ ንጠባይን ፖለቲካዊ ድክመትን ዝትንትን ርእይቶታት ስለዝቐጽል፡ ንሞራል ተጋደልቲ ህሳዩ ነበረ።

ዝምድናን መርዓን ብወግዒ ተፈቒዱ'ኳ እንተነበረ፡ ወድን ጓልን ዘርእዩዎ ፍቕሪ ዝመስል ምቅርራብ፡ ብምኽንያት እቲ ለይቲን መዓልቲን ኣብ ጋንታ ብሓባር ምዃኖም፡ ብሕትዉ ዝበለ ቦታን ግዜን ይረኽቡ ዘይምንባሮም ኣጸጋሚ ነበረ። ብፍላይ ጾታዊ ዝምድናታት ሓለፍቲ ዘይፈለጥዎን ዘይተማእከለን ምስዝኸውን፡ ከም ሕጊ ዝጠሓሰ ፋሉላዊ ተግባር ተራእዩ ብሸለልትነት ዝሕለፍ ኣይነበረን። ብፍላይ ኣብቲ መጀመርታ ዓመታት (1979-1980)፡ ኣብ ጨንፈር ስንኩላንን ገለ ካልኦት ኣሃዱታትን፡ ወዲን ጓልን ክዘትዩን ክሰማምዑን ክሳብ ዝሸገሩ ዝገብር ጥቡቕ ምክትታል ነበረ።

ኣብ ውድብ ብሓፈሻ፡ ኣብ ጨንፈር ስንኩላን ድማ ብፍላይ፡ ብዝሒ ናይ ደቀንስትዮ ዘይመጣጠን ስለዝነበረ፡ እቲ ዝምድና ንምምስራት ዝነበረ ውሱን ዕድል፡ ውድድር ክበዝሖ ግድን ነበረ። ዝምድና ንምግባር ብዝህሉ ዘይርኣ ውድድርን ቅንኢን ምኽንያት ድማ፡ እቶም ምስ ደቀንስትዮ ምቅርራብ ዘርእዩ ሰባት ብዘይንሕስያ ክንቀፉ ምርኣይ ዘገርም ኣይነበረን።

ኣብ መፋርቕ 1982 እውን፡ መዓልታዊ ሸሞንተ ሰዓት እናወሰደ ክሳብ 12 መዓልታት ዝቐጸለ ኣኼባታት ተኻዩዱ ነበረ። ብዙሕ ነቐፌታን ምጉትን ዝተኻየደሉ ፍጻመ ተባሂሉ ድማ ይዝከር። እዚ ሸውዓተ ጋንታታት በብተራ ብጋንታን ብውልቀ-ኣባላትን እናተነቕፉ ዝተገምገሙሉ ኣኼባ ምስ ተፈጸመ ድማ፡ ናይ ሓለፍቲ ኣኼባ ንተወሳኺ ሸዱሽተ መዓልታት ቀጸለ። እቲ ናይ ነቐፌታ ኣኼባታት፡ ቅድሚ ምስንኻሎም፡ ንገለ'ውን ቅድሚ ምስላፎም ዝተጋገይዎ ከይተረፈ፡ ኩሉ መልክዓት ናይ ትብዓትን ሰንፍናን ኣብ ውግእ፡ ናይ ፖለቲካ ዝንባለታት፡ ዝተማእከለን ዘይተማእከለን ጾታዊ ዝምድናታት፡ ውልቃዊ ባህርያትን ጠባያትን ወዘተ. እናተላዕለ ንውልቀ-ሰባት ዝውጥርን ምጽዋሩ ዘሸግርን ከቢድ ምንባሩ ይዝከር።

ኣብቲ ናይ ነቐፌታ ኣኼባታት፡ ኣብ መወዳእታ ኣካየድቲ ኣኼባን ካልኦት ኻድረታትን ጸሚቖም ብዘቕርቡዎ መማእዘኒ ሓሳብን ፍርድን እዩ ጉዳይ ነቓፍቲን ተነቃፍቲን ዝድምደም። ዋላ'ኳ ጉዳያት ንምጽራይ መልሲ ናይ ምሃብ ዕድል ዘይንፈግ እንተነበረ፡ ኣብ ሰፊሕን ረስኒ ዘለዎን ኣኼባታት፡ ነብሱ ብግቡእ ክከላኸል ዓቕሚ ዝነበሮ ሰብ ውሑድ እዩ። ብደረጃ ሓለፍቲን ካድራትን ኣብ ዝተኸፍተን ዝተዓብለለን ዘይማዕርነታዊ መድረኽ፡ ብዙሓት ሰባት በቲ ዝወሃብ ርእይቶን ፍርድን ይህሰዩ ነበሩ። ንውልቀ-ሰብ ኣብ ምንቃፍ ዝዝረብ ዘይጭቡጥን ስምዒታውን ርእይቶታት ምምላሱ ዝከኣል ኣይኮነን። ብርእይቶ ኣኼበኛ መመሊሱ ምስ ተጋነነ ድማ፡ ሞራል ዝሰብር ክኸውን ይክእል። ኣካየድቲ ኣኼባ፡ ነቲ ዝቐረበ ነቐፌታ ከም ጭቡጥ ወሲዶም መደምደምታ ምስ ሃቡሉ ድማ፡ ንተነቃፍቲ ዝያዳ ይሃስዮም። እቲ ከም ሳሙና ጽርየት ክፈጥር ዝተኣዘዘ መድሃኒት ነቐፌታ፡ ንብዙሓት ልዕሊ ዓቕን ብምኺን ንስምዒታቶም ይምርዞ ነበረ። ሳዕቤኑ ንምዕቃን ዝከኣል'ኳ እንተዘይኮነ፡ ነቲ ዝቐርበሎም ገምጋማት ምጽዋሩ ስኢኖም ከኣ ካብ ሰብ ዝንጸሉን ናይ ምንዋጽን ዘይርጉእነትን ምልክታት ዘርእዩን ስንኩላን ነይሮም'ዮም።

ምምዳብ ስንኩላን

ስንኩላን፡ ብማእቶትን ስፖርትን ኣካላቶም እናተፈትሑን ስንክልናኦም እናተመሓየሸን ብዝኸደ፡ “ሓዊና ኢና ናብ ኣሃዱና ኣፋንዉና” እናበሉ ዘዕገርግሩ በዝሑ። ብዘይ ፍቓድ ሓለፍቲ ምሉቕ ኢሎም ናብ ኣሃዱታቶም ዝምለሱ ስንኩላን እውን ነበሩ። ከምዚ ዓይነት ሕቶታት ብተደጋጋሚ ኣብ ዘቕርብሉ ዝነበሩ ግዜ፡ ዋና ጸሓፊ ህዝባዊ ግንባር ሓርነት ኤርትራ፡ ሮሞዳን መሓመድኑርን ምክትል ዋና ጸሓፊ ኢሳይያስ ኣፈወርቂን ናብቲ መዓስከር መጽኡ። ነቲ ሽዑ ዝነበረ ፖለቲካውን ወተሃደራውን ኩነታት ዝምልከት ሰሚናር ድማ፡ ብምክትል ዋና ጸሓፊ ኢሳይያስ ኣፈወርቂ ተኻየደሎም። እቶም ስንኩላን ካብ ዘቕርብዎ ዝነበሩ ሕቶታትን ርእይቶታትን፡ ብዙሓት ኣብቲ ቃልሲ ብዓቕሞም ከበርክቱ ልዑል ድሌት ከም ዘለዎም ንጹር ነበረ። ኣይጸንሐን ድሕሪ ሰለስተ ሰሙን ንካልኣይ ግዜ እቶም ሓለፍቲ ምስ ተመልሱ፡ ምክትል ዋና ጸሓፊ ዳግማይ ኣኪቡ፡ እቶም ማህረምቶም ሓውዩሎም ቀሊል ስንክልና ሒዞም ዝተረፉ ተጋደልቲ፡ ኩሎም ናብ ክፍልታትን ናብ ተዋጋኢ ሰራዊትን ክውዝዑ (ክምደቡ) ምኺኖም ኣበሰሮም።

በዚ መሰረት፡ ኣብ ግንቦት 1980፡ ካብ ማእከላይ ሕክምና ውድብ ዓበይቲ ሓካይም ናብ ጀልሃንቲ ብምምጻእ፡ በብሓደ ኩነታት ስንክልናኦምን ጥዕናኦምን ፈቲሾም መመይዎም። “ተመሓይሾም እዮም” ዝበሉዎም 810 ስንኩላን ድማ፡ ኣብቲ ወርሒ'ቲ ናብ ዝተፈላለያ ክፍልታት ውድብ እንተላይ ናብ ተዋጋኢ ሰራዊት ከም ዝምደቡ ተገብረ። ኣብተን ዝቐጸላ ሒደት ኣዋርሕ እውን፡ ካልኦት 84 ስንኩላን ሰዓቡዎም።

ድሕሪ'ዚ ተውዚዕ'ዚ፡ እቶም ዘይብቑዓት ተባሂሎም ካብ ምደባ ዝተረፉ ብዙሓት ስንኩላን፡ ብክቱር ሕርቃን ስምዒቶም ምቊጽጻር ስኢኖም ምስ'ቶም ሓካይምን ምስ ሓለፍቶምን ህውከት ፈጠሩ። እቶም ሓካይም ንቦታኦም ምስ ተመለሱ እውን ኣይቀሰኑን። “ብዛዕባ ጥዕናና ካብ ሓካይም ንላዕሊ ንሕና ንፈልጥ፣ ሓዊና ኢና፣ ኣብ ዝኾነ ስራሕ እንተውሓደ ኣብ ደጀን ተመዲብና ንሰውራና ክነገልግል ኣለና፡” እናበሉ ንሓለፍቶም ድቃስ ከልኡዎም። ከደዓዕሱዎም ብዙሕ'ኳ እንተጽዓሩ፡ ግን ኣይሰምዕዎምን። ሕሉፍ ሓሊፎም እኳ ድኣ፡ “ናብ መሪሕነት ኬድና ክንጠርዕ ኢና!” እናበሉ ኣጉባዕብዑሎም። ኣብ መወዳእታ ግን፡ ሕቶኦም ከይተመለሰሎም ኣብተን ዝተረፉ ሸውዓተ ጋንታታት ተጠርኒፎም፡ ካብ ብጾቶም ምትራፎም ዕረ እናጠዓሞም ናብራ ጀልሃንቲ ቐጸሉዎ።

* * *

ዓይኒ-ስዉራን፡ ልክዕ ከም'ቶም መልመስቲ ፍርቂ ጉድኒ ዝነበርም ስንኩላን፡ ንምእላዮም ከጥዕም ተባሂሉ ኣብተን ጋንታታት ፋሕ ኢሎም፡ ብብዙቶም ልዑል ክንክን እናተገብረሎም እዮም ዝቐመጡ ዝነበሩ።። እቶም ጥዑይ ኢድ ዘለዎም ስንኩላን፡ ነቶም ዓይኒ-ስዉራን ባዕሎም ሩባ ወሲዶም ነበሶም ከዳውንቶም ይሓጽቡዎም። ጮሕሞም ይላጽዩዎም፡ ጸጉሮም ይቕምቅዎም። ንሽንቲ ደገ ክወጹ ኮነ ንምግብና ይኹን ንትምህርቲ መሪሖም ይወስዱዎም። ኣብ መዓልታዊ ምንቅስቓሳቶም ናይ ኩሎም ስንኩላን ምትሕግጋዝ ነበርም። ቡቶም ልሙሳትን ሔራጻትን እናተመርሑ ድማ፡ ኣብ መዓልታዊ ማእቶት ይሳተፉ።። ማይ ብመስላ ካብ ሩባ ይዕርቲ፡ ንመንደቕ ዝኸውን ኣእማንን ሓጡብን ይሽከሙ፡ ዕንጨይቲ ተሸኪሞም የምጽኡ።። እንተኾነ፡ ድሕሪ ተውዚዕ፡ ሓይሎ ካብቶም ዝከናኸኑዎም ዝነበሩ ብጾቶም ናብ ካልኦት ኣሃዱታት ምስ ተመደቡ፡ ህይወቶም ብኣሉታ ክጽሎ ጀመሩ።። ናይ ምእላዮም ጾር ኣብቶም ዝተረፉ ውሑዳት ብጾቶም ወደቐ።

በዚ ምኽንያት፡ እቶም ሰብሓዳር ዝኾኑ ዓይኒ-ስዉራን ኣንስቶም ካብ ድፋዕ ተሳሒበን ብምምጻእ ባዕለን ክእልያኦም፡ ዓይኒ-ስዉራን ደቀንስትዮ እውን ብተመሳሳሊ ሰብኡተን ተሳሒዮም ከመጽለን ተወሰነ። ኣብ ሰነ 1980፡ ኣስኻሉ መንቀርዮስ ን26 ዓይኒ-ስዉራን ተጋደልቲ ደቂ-ተባዕትዮን ደቀንስትዮን ኣብ ዘካደቶ ኣኼባ ድማ፡ እቲ ውሳነ ተነግሮም። ክሕጎሱ እናተጸበየቶም ግን፡ "ንምንታይ መጻምድትና ንኣና ክኣልዩ ድፋዕ ገዲፎም ይመጹ፣ ንሕና ጾር ውድብ ክንከውን ሰለዘይንደሊ፡ ፍቃደኛታት ኣይኮንን" ክብሉ ብዙሓት ካብኣቶም ነቲ መደብ ተቓወሙዎ። ብዘኾነ ግን፡ እቲ መደብ ተተግብረ። መጻምድቶም ተሳሒዮም ምስ መጹዎም፡ ነናቶም ቴንዳ ፈልዮም ምስ ሰብ ኪዳናምን ደቆምን ማሚቖም ዝቐመጡሉ ኩነታት ተፈጥረ። መትከሊ እግሪ ዝኾውን ኣቕሑ ክሸንን ካልእን ሰለዝተማልኣሎም ከኣ፡ ኣብ መነባብሮኦም ብዙሕ ጸገም ኣይነበርምን።።

ፖርት-ሱዳን፡ ክሊኒክ ከቢድ ስንክልና

ከቢድ ስንክልና ሓደ ካብቲ ናይቲ እዋን ዝጸበየ ሸግር ክፍሊ ማሕበራዊ ጉዳያት ዝነበረ፡ እቶም ፍርቂ ጉድኖም ዝለመሱን ርእሶም ብከቢድ ዝተጎርሙን ህሱያት ተጋደልቲ፡ ካብ ሆስፒታል ሰቖርቀጥ ናብ ዓየት ምስ ተሰጋገሩ ንምእላዮም ዝተፈጥረ ብድሆ እዩ። ክፍሊ ሕክምና፡ ካብቲ ዝቐጽል ዝነበረ ወራራት ብዙሓት ሓደስቲ ውጉኣት ይቕበል ሰለዝነበረ፡ ንርእሱ'ውን ጋና ቀዋሚ ቦታኡ ዘይወሓሰ ብምንባሩ፡ ነዞም ከቢድ መልመስቲ ዝነበርም ስንኩላን፡ ብኣለይቲ ሓካይም ኣሰንዩ ኣብ ዓየት ንክፍሊ ማሕበራዊ ጉዳያት

አረከቦም። ዓየት አዘዩ ምዉቕ ቦታ አብ ርእሲ ምኻኑ፡ ንምእላዮም ዘድሊ እኹል መሳርሒታትን መሳለጥያታትን ሰለዘይነበሮ፡ ኩነታቶም አጨናቒ ነበረ። ለይቲን መዓልቲን አብ ዓራት ብሰብ እናተገምጠሉ፡ ብሙቐትን ረሃጽን ቁርበቶም እናቐሰለ፡ ብዘየዕርፍ ቃንዛ እናተለዉ፡ ምርአይ፡ ከብዲ አለይቶምን ስንኩላን ብጾቶምን ዘበልዕ እዩ ዘነበረ። ዋላ'ኳ ውሑዳት ሓኺይም ብዘይዕረፍትን ብፍሉይ ተወፋይነትን ሓልዮትን ከከናኽኑዎም እንተከአሉ፡ አብቲ ብርቱዕ ሙቐትን ዕጹው ቴንዳን፡ ብንፋስን ደሮናን ዝፍጠር ርስሓትን፡ ብጣንጡን ለመምታን ዝሰዕብ ጥዕናዊ ሽግራትን ህይወቶም ንምግላጹ'ውን ዘሸግር እዩ ዝነበረ። ነቲ ዘይጸወር ኩነታቶም ዘየዕርፍ ቃንዛአም፡ አብ ልዕሊ አለይቶም ብምንጽርጻር ሰለዘውጹኡም፡ ኩሎም ሓካይምን አለይቲን ሕሉፍ ትዕግስቲ ከገብሩ ከጸመሙን ዝሓትት ፈታኒ ግዜ የሕልፉ ነሩ። አብዚ በረኻ'ዚ፡ ብሸምግ፡ አገባብ ክእለዩ ከም ዘይክእሉ ሰለዝተጋህደ ድማ፡ ህዝባዊ ግንባር፡ ናይ'ዞም ፍሉያት ስንኩላን ሸግር ብፍሉይነት ዝፍትሓሉ መገዲ ኽናዴ ተቐስበ።

አብ መወዳእታ ድማ፡ ብምስጢር ወይ ብፍቓድ ናይ ገለ ሰበ-ስልጣን ሱዳን ናብ ከተማ ፖርት-ሱዳን ንምእታዎም ወሰነ። በዚ መሰረት፡ ክፍልታት ማሕበራዊ ጉዳያትን ሕክምናን ምስ ሓለፍቲ አብያተ-ጽሕፈት ፖርትሱዳንን ማሕበር ረድኤት ኤርትራን ብምትሕብባር፡ አብታ ከተማ ዝኽሪ ዘመናዊ ሀንጻ ረከቡ። በዚ ድማ እቶም ስንኩላን ስቃዮም ዘበዓሉ ዕድል ተሽፈተሎም። አብ ሚያዝያ 1979 ከአ፡ ብክፍሊ ሕክምና ዝተመደቡ ሓኪይም ምስ'ቶም ካብ ማሕበራዊ ጉዳያት ዝተላእኩ አለይቲ ኩይኖም፡ ዳሕራይ 'ክሊኒክ ፖርትሱዳን' ንዝተጸውዐ ሀንጻ ምሉእ ናይ ሕክምና መሳርሒታት ብምውዳድ ናብ ሆስፒታል ለወጡዎ። እዚ ምድሪ-ቤትን ክልተ ደርብታትን ዝሓዘ ሀንጻ፡ ንስንኩላን ዘበቅዕ ምእንቲ ክሽውን፡ መመጠኒታት አየርን (Air-Conditioners) መዝሓልቲ ማሺናትን (Fridges) ከም ዝትክለሉ ተገብረ። ብቕዕ ዓራውትን ኩሉ ዓይነታት ናይ ሕክምና መሳለጥያታትን እውን እናተወሰኾ ከደ።

ክሊኒክ ፖርትሱዳን፡ ክሳብ 100 ስንኩላን ከዕቅብ ዝኽእል ዓቕሚ ነበሮ። እንተኾነ ግን፡ ዓመት 1979 ሰለስተ ወራራት ዝተኻየደላን ብዙሕ መሰዋእትን መውጋእትን ዝተራእያላን ዓመት ብምንባራ፡ ነዚ ክሊኒክ'ዚ እውን ብዙሓት ስንኩላን ተወሰክዎ። አብ መወዳእታ 1979 ድማ፡ ክሳብ 170 ስንኩላን ዘዕቁበ ኩንት ተፈጢሩ ነበረ። እቶም ስንኩላን፡ ገሊአም ምሉእ መሓውራቶም ዘይንቀሳቐስ፡ ፍርቂ ጉድኖም ዝለመሱ፡ ታሕተዋይ አካላቶም ዘይንቀሳቐስ፡ ገሊአም ክልተ እአጋሮም ዝተቖርጹ፡ ብከቢድ

ማህረምቲ ርእሲን ቀጻሊ ምንፍርፋርን ዝሳቕዩ፡ ካልኣት ድማ ዝተደራረብ መውጋእቲ ወይ ስንክልና ዝበሮም እዮም። ዘበዝሑ ግን፡ መልመስቲ ናይ ታሕተዋይ መሓውር ዝነበሮም እዮም። መብዛሕትኦም ነቲ ብዓራት ዝጋደዱ አቑሳሎም (bed sore) ንምክልኻል ቡብስዓት ዝግምጥሎም ዝደልዩ፡ ዘይጽወር ናይ መትኒን ካልእን ቃንዛ ዝነበሮም፡ ኣብ ምሻን ዝጽገሙን ካልእ ብዙሕ ዝዓይነቱ ክንክን ዘድልዮምን ሰለዝኾኑ፡ ሓኻይሞምን ኣለይቶምን ኣብ ከተማ እናቐመጡ ዝመረፁ ገድሊ የሕልፉ ነበሩ።

ክሊኒክ ፖርትሱዳን፡ ኣብ ቀረብ ናውቲ ሕክምናን መድሃኒትን ጸገም ኣይነበሮን። ኣህጉራዊ ኮሚተ ቀይሕ መስቀል፡ ካብ መወዳእታ 1970ታት ጀሚሩ ምስ ማሕበር ረድኤት ኤርትራ ጽቡቕ ናይ ምትሕግጋዝ ዝምድና መሰረቱ ሰለዝነበረ፡ ነዚ ዝተጠቕሰ መሳርሒታትን መግብን ኣብ ምቕራብ ልዑል ግደ ነበሮ። ኣብ ርእሲ'ዚ፡ ካብ ኖርወይ፡ ፈረንሳ፡ ጀርመንን ኢጣልያን ወለንታውያን ሓካይም፡ ብመገዲ ቀይሕ መስቀልን ማሕበር ረድኤት ኤርትራን በብእዋኑ ናብቲ ክሊኒክ እናመጽኡ ኣገልግሎት ይህቡን፡ ክእለቶም ነቶም ኣለይቲ የኻፍሉን ነበሩ። እንተኾነ ግን፡ ገሊኦም ድሕሪ ተሞኩሮ ዝነበሮም ክኾኑ ከለዉ፡ ሓያሎ ድማ እኹል ሞያዊ ኣፍልጦ ዘይነበሮም፡ ተገዳስነት ዘጉድሎም፡ ንባዕሎም ተሞኩሮ ክቐስሙ ዝመጹ ተልመዴን ነበሩዎም።

ብዘይካ'ዚ፡ እቶም ስንኩላን እንታይ ዓይነት ሕክምና የድልዮም ኣዳቒቖም ዝፈልጡ፡ እቶም ሓካይምን ኣለይቲኒ ናይ ህዝባዊ ግንባር ክንሶም፡ ሓካይም ቀይሕመስቀል ግን ምስኣም ከይተላዘቡ፡ "ፍሉይ ሕክምና የድልዮም እዩ፡" ንዝበልዎም ስንኩላን ባዕሎም መምዮም፡ ብኢደ-ዋኒኖም ወረቓቕቶም ኣሳልጦም፡ ትኬት ኣቐሪጾም ናብ ካርቱም ወጺኢ፡ ሃገራትን ከበሳዎም ይፍኑት ነበሩ። ኣብ መንጎኣ'ውን ብመደብ ክስልዩ ዝለኣኹ ኣይስኣኑን ነበሩ። ምስ'ቶም ቀረብ ቋንቋ እንግሊዝ ዝኽእሉ ተኣለይቲ እናቐረቡ፡ ዘይምልከቶም ሕቶታት ብምሓታት ምስጢራት ህዝባዊ ግንባርን ኩነታት ሜዳን ክፈልጡ ሀርድግ ይብሉ። እዚ ድማ፡ ምስ ሓካይምን ኣለይቲን ህዝባዊ ግንባር ብዙሕ ግዜ ናብ ዘይምርድዳእ የምርሓም ነበረ። ኣብ መወዳእታ ግን፡ ነቲ ጸገማት ንምፍታሕ፡ ኣስኻሉ መንቀርዎስ ዝተረኽበትሉ ኣኼባታት ምስ'ቶም ወጻትኛታት ተኻየደ። ናብ ወጻኢ ሃገር ከይዶም ዝሕከሙ ስንኩላን ናይ ምምማይ ሓላፍነት ን ሓካይም ህዝባዊ ግንባር ክግደፍ ድማ ኣብ ምርድዳእ ተበጽሐ። እቲ ዝነበረ ርክባት'ውን ብመጠኑ ተመሓየሸ።

በዚ መሰረት፡ ስንኩላን ብሓካይም ህዝባዊ ግንባር ተመምዮም ናብ

ኻርቱምን ካልኦት ከተማታትን እናተላእኩ፡ ብሰም ቀይሕመስቀል ሕክምናዊ መብጣሕቲ ክግበረሎም ተኻእለ። ዳርጋ ኩሎም ድማ ተመሓይሾም ይምለሱ ነበሩ። ነቶም ቀልቀልን ሸንትን ናይ ምቍጽጻር ጸገም ዝነበሮም ድማ፡ ኣብ ፍሉይ ሰዓታት ጥራይ ክሸኑ ዘኽእሎም ትምህርቲ ተዋህቦም። መልመስቲ ዘጋጠሞም ተኣለይቲ እውን ናይ ፊዚዮተራፒ ትምህርቲ እናተዋህቦም፡ መዓልታዊ መጠናዊ ኣካላዊ ምንቅስቓስ ከም ዘኻይዱ ይግበር ነበረ። እዞም ከቢድ ማህሰይቲ ዝነበሮም ስንኩላን፡ ነቲ ዝወሃቦም ሕክምናዊ መምርሒ ብግቡእ እናተግበሩዎ ምስ ከዱ፡ ብዙሓት ጥዕናኦም ተመሓይሹ ካብ ዓረብያ (wheelchair) ወሪዶም ብሓገዝ ምርኩስን ብዘይ ምርኩስን ክንቀሳቐሱ ጀመሩ። ገለ ብክልተ ምርኩስ ዝኸዱ ዝነበሩ'ውን ብዘይ ምርኩስ ምኻድ ክኣሉ።

እቲ ክሊኒክ ብተወሳኺ፡ ስንኩላን ንምዝንጋዕ ስሩዕ ናይ ስፖርት መደባት (ኵዕሶ እግሪ፡ ኵዕሶ መርበብ፡ ሰደቃ ቴንስ፡ ቅድድም ብዓረብያ) ዝኣመሰሉ ጸወታታት ኣተኣታተወ። እዚ እውን ኣብ ጥዕናኦም ኣበርክቶ ነበሮ። ብዙሓት ኣካላቶም ደልዲሉ ከም ድላዮም ክንቀሳቐሱን ሞራሎም ክብርኽን ስለዝከኣለ፡ "ሓዊና ኢና፡ ናብ ስራሕ መድቡና" ክብሉ ጀመሩ'ሞ፡ ቡቶም ሓካይም እናተመመዩ ናብ ጀልሃንቲ ከም ዝምለሱ ተገብረ። ገለ ካብ ኣቶም ድማ፡ ኣለይቲ ኹይኖም ኣብኡ ይምደቡ ነበሩ። በዚ ከኣ፡ ኣብ 1979 ጥራይ 45፡ ኣብ ቀዳማይ መፋርቕ 1980 ድማ 35 ስንኩላን ሓውዮም ናብ ጀልሃንቲ ተፋነዉ። እቲ ምፍናው፡ ነቲ ጽበት ናይቲ ክሊኒክ የፋኹሶ'ኳ እንተነበረ፡ ምስቲ ዝነበረ ወተሃደራዊ ኩነታት ካብኦም ዝበዝሑ ሓደስቲ ህሩማት ይመጹ ብምንባሮም፡ እቲ ኩነታት ነዊሕ ከይጸንሐ ናብ ዝነበሮ ይምለስ ነበረ።

ተኣለይቲ፡ በቲ ዝግበረሎም ዝነበረ ጽዑቕ ሕክምናዊ ክንክን፡ ኵነታት ጥዕናኦም እናተመሓየሸ ምስ ከደ፡ ምስ ጥዕናኦም ኣብ ዝሳነ ገለ ገለ ስርሓት እውን ይነጥፉ ነበሩ። ዝክደኑዎ ክዳውንቲ ይሰፍዩ፡ ዝተበላሸወ ኤለክትሮኒኻዊ ናውቲ ይጽግኑ፡ ስርዓት-ኤለክትሪክ ናይቲ ህንጻ የዐርዩ፡ ወዘተ.። ኣብዚ ከምዚ ዓይነት ዕማማት፡ እቶም ሞያ ዝነበሮም ነቶም ካልኦት ብጸቶም የኻፍሉዎም ብምንባሮም ከኣ፡ ብዙሓት ስንኩላን ሞያተኛታት ክኾኑ ይበቕዑ ነበሩ። በዚ ድማ፡ እቲ ክሊኒክ ብዙሕ ወጻኢታት ዝሓትት ጸገናታት ባዕሉ ክሸፍኖ ከኣለ። ኣብቲ ክሊኒክ፡ ፖለቲካውን ኣካዳምያዊን ትምህርቲ'ውን ብስሩዕ ይወሃብ ነበረ።

ኣብ ቀዳማይ መፋርቕ 1980፡ ምኩራት ክኢላታት ዝሓቑፈትን ዘመናዊ መሳርሒታት መብጣሕቲ ዝዓጠቐትን ሓንቲ ጉጅለ ሓካይም፡ ብመገዲ'ቲ

ኣብ ሮማ ዝነበረ ቤትጽሕፈት ህዝባዊ ግንባር ናብቲ ክሊኒክ ተላእከት። እቲ ዕላማ፡ ነቶም ብዓቕሚ ህዝባዊ ግንባር ክሕከሙ ዘይኽእሉን ንወጻኢ ሃገራት ምኻድ ዘድልዮምን ተኣለይቲ፡ ኣብቲ ክሊኒክ ከም ዝሕከሙ ምግባር ነበረ። በዚ መሰረት፡ ኣብቲ ክሊኒክ ናይ መብጣሕቲ ክፍልታት ንምቛም፡ ሓደ ሓደ ምቅይያራት ተገብረ። ኣስታት 80 **ዝኾኑ ናይ ርእሲ ማህረምቲ ዝነበሮም ድማ፡ ካብኡ ወጺኦም ኣብ ከባቢ'ቲ ክሊኒክ ናብ ዝርከብ ሓድሽ ናይ ክራይ ህንጻ ግዓዙ። እቲ ህንጻ ኣድላዪ ምትዕርራይ ምስ ተገብረሉ፡ ጀነረይተርን ብርኽት ዝበለ መመጠኒ ሙቐት**(air conditioner) **ተተኺሉዎ፡ ነቶም ተኣለይቲ ከም ዝሰማማዕ ኮይኑ ተዳለወ።**

ኣጋጣሚታት

ፖርትሱዳን፡ ዝበዝሐ እዋን ሙቐት ብምኻኑ፡ ዳርጋ መዓልታዊ ምሕጻብ ሰብነት ዝሓትት እዩ። በዚ ድማ፡ እኹል መሕጸቢ ሰብነት ክፍልታት ምድላው የድልዮ ነበረ። እዚ እውን ወጻኢታት ተገይሩሉ ተዳለወ። ፖርት-ሱዳን ብዘይካ'ዚ፡ መስመር ረሳሕ ፈሳሲ (ፋኛቱራ) ዘይብላ ከተማ ብምንባራ፡ ዓይኒ-ምድሪ ገንዘብ ብዝከፈላ ጸረግቲ ቦጣት እናተመጸየ ይጽረግ ነበረ።

ካብ ዕለታት ሓደ መዓልቲ፡ ኣብቲ ህንጻ ረሳሕ ፈሳሲ ዝዓቕረሉ ባስኻ መሊኡ፡ ንደገ ክፈስስ ጀመረ። ለይቲ ስለዝነበረ፡ ዝርኣዮ ሰብ ኣይነበረን። ንግሆ ምስ ተንስኡ፡ ብምሉኡ በራንዳ በቲ ለገሱ ዝብል ፈሳሲ መሊኡ ጸንሖም። ብርቱዕ ሽታ'ውን ነቲ ክፍልታት ዓብሎኾ። በዚ ድማ፡ ጸራጊት ቦጥ ንምምጻእ ብንግሆኡ ናብ ምምሕዳር ናይታ ከተማ ኃየዩ። ዝተዋህቦም መልሲ ግን፡ "ቅድም ተመዝገቡ'ሞ፡ ሽው ሪጋኹም ትጽበዩ" ዝብል ነበረ። ናይ ግሊ ቦጥ ከናድዩ ፈቲኖም እውን ቀቢጹ። እቲ ረሳሕ ፈሳሲ ናብ መዳቕስኦምን ዝሕከምሉ ክፍልታትን ገጹ የስፋሕፍሕ ነበረ። ዓቕሎም ምስ ጸበቦም፡ መራሒ ጋንታ ተወልደ ጉልበት፡ "ስምዑ'ንዶ ብጾት፡ ክሳብ መዓስ ኢና ክንጽበ፣ ብኢድና እንተጸረግናዮ እንታይ ከይንኸውን? ቀልቀልና እንደኣሉ......" ብምባል ስረኡን እጅገኡን ሰብሰበ'ሞ፡ ብኢዱ ግሒጡ ኣብ ቴኖ እናመልአ ክጸርጎ ጀመረ። ካልኦት ኣባላት እውን ቴኖ፡ ሳንኬሎን ጀሪኻንን ሒዞም ደድሕሪኡ ሰዓቡ። ካብታ ክሊኒክ ኣስታት 400 ሜትሮ ርሕቀት ናብ ዝነበሮ ሓውሲ በረኻ ዝኾነ ጐልጐል እናተመላለሱ ድማ ምሉእ ለይቲ ክጕሕፍዎ ሓደሩ። ለይቲ ስለዝነበረ ዝርኣዮም ሰብ ኣይነበረን እምበር፡ ከልኩል እዩ። መሬት ኣብ ምብርሁ ድማ፡ ነታ ባስኻ ብኢዶም እናጸረጉ ሓንኮኹዋ። ብድሕሪ'ዚ፡ ካልኣይ ግዜ ከምኡ ከየጋጥሞም ኣቐዲሞም ኣብ ምምሕዳር ተመዝገቡ። ገለ ካብተን ቦጣት መራሕተን ኤርትራውያን ስለዝነበሩ ከኣ፡ ኢታ ባስኻ ገና ከይመልአት እናመጹ ይጽርጉሎም ነበሩ።

ኢጋጣሚታት

ገድሊ ኣባላት ክሊኒክ ፖርትሱዳን ጸዊኻ ዝውዳእ ኣይኮነን። ኣብ ክሊኒክ ፖርት-ሱዳን፡ ኣብቶም ከቢድ ማህረምቲ ዝነበሮም ተኣለይቲ ሳሕቲ መስዋእቲ የጋጥም ኣብ ዝነበረሉ እዋን፡ ዝቕበሩሉ ስቱር ቦታ ምርካብ እቲ ዝኸበደ ብድሆ ነበረ። ኣለይቶም ንምምሕዳር ናይታ ከተማ ኣፍቂዶም ብቕትሪ ኣብ መኻነ-መቓብር ከይቀብሩዎም፡ ኣብታ ከተማ ዝነበሩ ሓደ ሓደ ኣባላት ጀብሃ ከይርእዩዎምሞ መንነት ስዉኣት ከይፈልጡ የስግኦም ስለዝነበረ፡ ብለይቲ ተጸናትዮም ናብቲ መኻነ-መቓብር ዘሊሎም ብምእታው፡ ገለኦም ሰብ ከይመጽም ብምክትታል ዝተረፉ ድማ ጉድጓድ ብምኹዓት ብሃታሃታ ይቐብሩዎም ነበሩ። ሓለፍቲ መገዲ ወይ ሓለውቲ ናይቲ መኻነ-መቓብር ከመጹዎም ከለዉ ድማ፡ ሬሳ ስዉኣቶም ኣልዒሎም ይሃድሙ ነበሩ።

ክሊኒክ ፖርት ሱዳን፡ ኣብ መወዳእታ 1980፡ ምምሕዳሩ ካብ ክፍሊ ማሕበራዊ ጉዳያት ናብ ክፍሊ ሕክምና ህዝባዊ ግንባር ስለዝተሰጋገረ፡ እቲ ዝቐጸለ ታሪኹ፡ ኣብዚ መጽሓፍ'ዚ ኣይተጠቓለለን።

ህይወት ዕቑባት ኣብ ጀልሃንቲ

ኣስታት 1650 ዕቑባት ካብኣቶም 800 ህጻናት፡ ድሕሪ ነዊሕ፡ መሪርን ኣድኻምን ጉዕዞ ጀልሃንቲ ኣብ ዝኣተዉሉ፡ ኣብቲ ቦታ ተተኺለን ዝጸንሓኦም ቴንዳታት፡ እተን ውሑዳት ካብ ደብዓት ተነቂለን ዝመጻ ጥራይ ነበራ። በዚ ድማ፡ ብዙሕ ህዝቢ ኣብ ትሕቲ ኣግራብ ምስ ተመነ-ዕንቅርቢት ተጐዝጒዙ ክውዕልን ክሓድርን ተገደደ። ሓደ ክልተ ቁልዑ እውን ብተመን ተነኺሶም ዝሞቱ ነበሩ። እዚ ከኣ ምስቲ ዝነበረ ብርቱዕ ሙቐት ተደሚሩ፡ ንሞራል ናይቲ ህዝቢ ብመጠኑ ተንከፎ። ነቲ ዓቕሊ ዘጽብብ ኩነታት ንምርግጋእ ብሓለፍቲ ኣብ ዝካየድ ዝነበረ ኣኼባታትን ጉስጓሳትን፡ ናይ ዕድመ በዓልቲ ጸጋ ዝኾና ኣደይ ርሻን ስብሃቱ ከምዚ ክብላ ነቲ ህዝቢ ጽንዓትን ሓቦን ኣስነቃኦ፡-

"․ ․ ․ ․ ․ስምዑ ኣቱም ህዝቢ! ኣነ ጓል 75 ዓመት እየ፣ ብዕድመ ንኹላትኩም ኣደኹምን እኖሓጎኹምን እየ። ኣርባዕተ ኣስመራ ካብ 4-5 ዘይበዝሓ ኣጓዱ ጥራይ ከለዋኣ'የ ዝፈልጣ። እቲ ቦታ ጫኻ በረኻን ሰፈር ኣራዊትን ከሎ ኣርኪቡሉ እየ። ንዝኮነ ቦታ ዓዲ ዝገብሮ ሰብ እዩ። እቲ ቀደም ዱር ዝነበረ በረኻ ሎሚ ናብ ከመይ ዝበለ ከተማ ተለዊጡ ኸምዘሎ ዅላትና ንፈልጥ ኢና። ስለዚ፡ ንሕና ዓቕሊ ኣይነጽብብ፣ ነዚ ቦታ ሰሪሕና ክንቅይሮ ኢና። እዚ ትርእዩዎ ዘለኹም ቈጥቋጥ ዝመልኣ በረኻ፡ ጽባሕ ንግሆ ከተማ ክኸውን ምኳኑ እመኑኒ!"

ኣብቲ ጨንፈር ዝተመደቡ መብዛሕትኦም ሰንኩላን ኣለይቲ ከኣ፡ ነቲ ህዝቢ ካብ ጸሓይን ካምሲንን ንምግልጋል ብልዑል ወኒ ንስራሕ ተበገሱ። ገሊኦም ነተን ዝርኻበን ቴንዳታት ክተክሉን ኣእማን እናጓረቱ መንደቕ ክነድቁን ከለዉ፡ ዝተረፉ ናብ ፈልሒት፡ ጥሩቕሩቕ፡ ገዳይምን ዓይተርባን እናወፈሩ ንዓንዲ፡ ገመልን ሰርወን ካልእን ዝኸውን ምልምል ጽሕድታት፡ ከምኡ'ውን ገረብን ጨናፍርን ኣዋሊዕ፡ ታህሰስ፡ ጊንድዐ፡ ወዘተ. ኣብ ምትራት ተጸምዱ። ዓመት ኣብ ዘይመልእ ግዜ ድማ ዓበይቲ መአከቢ ዳሳትን ኣባይትን ዝርከቦ ንመንበሪ፡ መምሃሪ፡ መመገቢ፡ ኣብያተ-ጽሕፈትን ካልእን ዘገልግል ህንጻታት (ዳሳት) ሰርሑ።

ኣብ ጨንፈር ሰንኩላን፡ ኣለይቲ ምስ ተኣለይቲ እናተሓጋገዙ'ዮም መንበሪኦም ንምህናጽ ዝጓየዩ ዝነበሩ። ኣብ ጨንፈር ዕቑባት ህዝቢ ግን፡ እቲ መነባብሮ ናይ ምጥጣሕ ዕማም ዳርጋ ዝበዝሕ ኣብ እንግድዓ'ቶም ንባዕሎም ክእለዩ ዝግባኦም ሰንኩላን ወዲቑ ነበረ። ብልዑል ሓልዮትን ተወፋይነትን ጠለባት ናይቲ ህዝቢ ንምምላእ፡ ሰንክልናኦም ከይዓጀቦም ለይትን ቀትርን ብዘይ ዕረፍቲ ሃሊኾም እዮም።

እቲ ዝተዘናበለ ህዝቢ ጀልሃንቲ ምስ ኣተወ፡ ልክዕ ከምቲ ኣብ መዓስከር ደብዓት ዝነበሮ ኣብ ኣርባዕተ ዞባታት ተኸፋፊሉን ተሓናፊጹን ሰፈረ። ነፍሲወከፍ ዞባ ብሰለስተ ጋንታታት ዝቘመት እያ። ኣለይቲ ድማ ኣብ ሰለስተ መሳርዕ ወይ ኣኻላት ዝተኸፋፈሉ ነበሩ። ዕማም ናይታ ቀዳመይቲ መስርዕ፡ ካብ ዞባ ክሳብ ጋንታታትን መሳርዕን እናወረደት ነቲ ህዝቢ ምንቃሕ፡ ምውዳብን ምምሕዳርን ክኸውን እንከሎ፡ ናይታ ካልኣይቲ መስርዕ፡ ኣካዳምያዊን ፖለቲካውን ትምህርቲ ትምህርቲ ምሃብ፡ ናይታ ሳልሰይቲ መስርዕ ከኣ፡ ካብ ጨንፈር መኸዘን ዝመጽእ መግቢን ክዳውንትን ብኣካል ኢደ-ስርሓት (እንዳ ራሕባ) ዝዳሎ ዝተፈላለየ ናውቲን ምምቕራሕን ምቍጽጻርን ነበረ።

ኣብ 1981 ድማ፡ ትምህርታዊ፡ ኢደ-ጥበባዊን ማእቶታዊን ንጥፈታት ንምሕያል፡ ኩሉ'ቲ ዕቑብ ህዝቢ ብብሞያኡን ጾታኡን ብመልክዕ እተን ብደረጃ ውድብ ድሮ ቘይመን ዝነበራ ሰለስተ ሃገራውያን ማሕበራት (ሃገራዊ ማሕበር ደቀንስትዮ ኤርትራ ሃ.ማ.ደ.ኤ.፡ ሃገራዊ ማሕበር ሰራሕተኛታት ኤርትራ ሃ.ማ.ሰ.ኤ.፡ ሃገራዊ ማሕበር ሓረስቶት ኤርትራ (ሃ.ማ.ሓ.ኤ.፡) ከም ዝውደብ ተገብረ። ቅርጺ ናይቲ ኣወዳድባ ድማ፡ ዋህዮ፡ ጉጅለ፡ ጨንፈር፡ ከባቢ ዝብል መሳልል ነበሮ። ንኣቦ-መንበራትን ኣደ-መንበራትን ናይ ሰለስቲኦን ማሕበራት ዝሓቘፈት ሓንቲ ኣወሃሃዲት ኮሚተ እውን ቈመት።

እተን ኣደታት፡ መብዛሕትአን ብዙሕ ሕማቕን ክፉእን ዘይረኣያ መንእሰያት ኲይነን፡ ገሊአን ካብ ዝምርዓዋ ነዊሕ ዘይገበራ እየን። ሰብኡተን ኣብ ድፋዕ ትውግእ ውዒሎም፡ ምሕዳርም ንጀልሃንቲ ዝመጹወን ዝመሰለን እውን ኣይተሳእናን። በዚ ድማ ሰብኡተን ክድንጉዩወን ወይ ድሃይ ከጥፍኡ ክለዉ፡ ሞራለን የውድቃን የስቁርቁራን ነበራ። ገለ ካብኣተን፡ "ተሰዊኡ ክኸውን ኣለዎ" ኣብ ዝብል ባዕላዊ መደምደምታ ይበጽሓ'ሞ፡ "ኻላሽን ሰብኡትና ኣልዒልና ክንከተት ናብ ታዕሊም ኣፋንዉና፡" እናበላ ንሓለፍተን የሸግርኦም ነበራ። ብፍላይ ኣብ 1980፡ ጉጅለ ባህሊ ብርጌድ 76 (ከቢድ ብረት) ናብ ጀልሃንቲ መጺኣ ባህሊ ምስ ኣርኣየት፡ ዘቕረበቶ ደርፍታት ንስምዒት ብዙሓት ኣደታት ስለዝቐስቀሰ፡ 88 ኣደ ቈልዑን ዘይወለዳን ዝርከብአን ኣደታት ብዘቕርባኦ ሕቶ መሰረት፡ ጸጕሪ-ርእሰን ቈሪጸን ብኡ ንብኡ ናብ ክፍሊ ታዕሊም ተበገሳ። ደቀን ድማ ናብ ጨንፈር መናበዪ ህጻናት ተላእኩ። ገለ ሒደት ደቂ-ተባዕትዮ እውን ምስአን ዝኸተቱ ነበሩ።

ምስ ምንዋሕ ናይቲ ዝካየድ ዝነበረ ኲናት፡ ኣብ 1981 ብድሌተን ናብ ታዕሊም ዝወረዳ ኣደታት'ውን ቍጽረን ብዙሕ ነበረ። ሰብኡተን ነቲ ውድብ ራሕሪሖም ከም ዝሃደሙ ወረ ዝበጽሐን ውሑዳት ከኣ፡ ሕንከትን ተነጽሎን ተሰሚዑወን፡ "ቤተሰበይ ርእየ ክምለስ፡" ዝብል ምኽንያት እናቕረባ ንሱዳን ክፉነዋ ይሓታ ነበራ። እንተኾነ፡ ዘኹነት በዓልቲሓዳር ናብ ሱዳን ክትገይሽ ዝፍቀደላ ኣቐዲሙ በዓልቤታ ኣብ ዘለዎ ቦታ ወይ ኣሃዱ ተሓቲቱ፡ ንሱ ምስ ዘፍቅደላን ምስ ዝፍርመላን ጥራይ ነበረ። ነቲ ህይወት ክጻወርዎ ዘይክኣሉ ገለ ዉሑዳት ዕቝባት እውን ሞሊቖም ዝሃድሙ ነበሩ። ብፍላይ ኣብ ድሮ 6ይ ወራር፡ በቲ ዝነበረ ስነ-ኣእምሮኣዊ ዘመተ ናይ ጸላኢ ተተናኺፎም፡ 66 ኣደታት፡ ኣቦታትን መንእሰያትን ብዘይ ሓበሬታ ካብቲ መዓስከር ከም ዝጠፍኡ፡ ገለ ድማ ስድራአን ወይ መቕርበን ርእየን ክምለሳ ብዘቕረባኦ ሕቶ መሰረት ተፈቒዱለን ምስ ከዳ ብኡ ኣቢለን ዝተረፉ ኣንስቲ ከም ዝነበራ ጸብጻባት መደበር ዕቝባት የመልክት። እዚ መርኣያ ናይቲ ዝነበረ ምረት ኮይኑ፡ ምስቲ ጸኒዑ ኣብ ጎድኒ ውድቡ ደው ዝበለ ክነጻጸር እንከሎ ብዙሕ ኣብ ግምት ዝኣቱ ኣይነበረን።

* * *

ንዕቝባት ዝወሃብ ዝነበረ መቝነን መግቢ፡ ካብቲ ንጨንፈር ስንኩላን ዝወሃቦም ብዓይነትን ዓቐንን ዝሓሸን ዝበለጸን ነበረ። ኵሉ ንመነባብሮ ዘድሊ ነገራትን መግቢን በቲ ክፍሊ ይማላእ ነይሩ ክበሃል ኣይከኣልን። ኩሉ ሰብ በብሞያኡ ፋሕተርተር ኢሉ ዝጉደሎ ባዕሉ ክምልእ ድማ፡ በቲ

ክፍሊ ጻዕርታትን ቀጻሊ ምትብባዕን ጉስጓሳትን ይግበር ነበረ። ንጥፈታት ኢደ-ስርሓትን ኢደ-ጥበብን ሓደ መርኣያኡ እዩ። የግዳስ እቲ ህዝቢ መብዛሕትኡ ሓረስታይ ብምንባሩ፡ ምድረ-በዳ ጀልሃንቲ ከኣ ክሕረስ ዝኽእል መሬት ስለዘይብሉ፡ እቲ ዝነበረ ድሌት ምስቲ ክውንነት ክጠዓዓም ኣይከኣለን።

እዚ ይኹን'ምበር፡ እቲ ህዝቢ መቕንን እናወሰደ ኢዱ ኣጣሚሩ ይውዕል ነይሩ ማለት ኣይኮነን። ብዓቕሙ ፋሕተርተር ካብ ምባል ኣየዕረፈን። ካብ ሩባ ብጀሪካናት ማይ እናጓረተ ኣብ ኣፍደገኡ ከም ጉዕበርበረ፡ ኮሚደረ፡ ቀስጣን ብርጭቕን ዝኣመሰለ ኣሕምልቲ ከልምዕ ይፍትን ነበረ። ነፍሲወከፍ ኣደ ወይ ስድራ፡ ቪታሚናት እትረክበሉ ኣሕምልቲ ኣብ ኣፍደገኣ ከተልምዕ ብኣባላት ክፍሊ ማሕበራዊ ጉዳያት ትግደድ ነበረት። ኣጣልን ደርሁን ካብ ሱዳናውያን ገባር እናዓደግካ ምፍራይ እውን ተጀመረ። ኩሉም ግን ኣይኮኑን። ዝያዳ እቶም ብወጻኢ ካብ ቤተሰቦም ገንዘብ ዝለኣኸሎምን ናይ ባዕሎም ትሕዝቶ ዝነበሮምን እዮም። እዚ ከኣ ምስ ግዜ፡ ትሕዝቶ ዘለዎን ዘይብሉን ንክፈላለ፡ ንሓድሕዱ ብዓይኒ ቅንኢ ንክጠማመት፡ እቲ መቕንን ውድብ ጥራይ እምበር ካልእ ዘይነበሮ ዕቑብ ከስተማስል ምኽንያት ክኸውን ጀመረ።

ድሓር ግን፡ ጨንፈር ዕቑባት፡ ጥቕሚ ምርባሕ ኣጣልን ደርሁን ብምግንዛብ፡ ነቲ ኣብ መንጎ ርኹባትን ስኡናትን ዝነበረ ጋግ ንምጽባብ፡ ብርኽት ዝበላ ኣጣል ዓደገ'ሞ፡ ባዕሉ ክፋሪ ጀመረ። እቲ ዕላማ፡ ነቶም ገንዘብ ከለዎም ተንቀሳቐሶም ክዕድጉ ዘይኽእሉ ሕሙማትን ሓራሳትን ብርትዓዊ ዋጋ ክሸጠሎም፡ ነቶም ክዕድጉ ዓቕሚ ዘይብሎም ድማ መበገሲ ኣጣልን ደርሁን ብምሃብ ወይ ገንዘባዊ ደገፍ ብምግባር ባዕላቶም ዘፍርይሉ ኩነታት ንምፍጣር እዩ። ኣብ ሚያዝያ 1981፡ ንኹሉ ንጥፈታት ናይቲ ጨንፈር እተወሃሃድን እትቈጻጸርን ሓንቲ ህዝባዊት ኮሚተ ምስ ቈመት ድማ፡ እቲ ጨንፈር ክሳብ ሽዑ ዘፋረየን 253 ኣጣል፡ 143 ደርሁን ሒደት ገንዘብን ቈጺሩ ነታ ኮሚቴ ናይ ህዝቢ ኣረከባ።

* * *

ከም መሳርፍ ተቖጺሮም ዘይዕደሉ ዝነበሩ ኣገደስቲ ቀረባት ከም ሳሙና፡ ቡንን በርበረን ንምምላእ፡ እቲ ክፍሊ ካብ ዕዳጋታት ሱዳን ወይ ድማ ካብቶም ኣብቲ ከባቢ ዝሸቅጡ ዝነበሩ ነጋዶ እናዓደገ ነቲ ህዝቢ ከማልኣሉ ይፍትን ነበረ። ኣብ ካልኣይ መፋርቕ 1979 ከኣ፡ እቲ ጨንፈር፡ ካብቲ ህዝቢ 700 ጅኔ ገንዘብ ብምውጻእ፡ ሓንቲ ናይ ተራድኦ ድኳን ንምቛም

ተንቀሳቐሰ። ካብቶም ኣለይቲ ሓደ ተጋዳላይ መዚዙ፡ በቲ ገንዘብ ካብ ዝተፈላለያ ከተማታት ሱዳን ቡን፡ በርበረ፡ ሳልሳ፡ ሽኮር፡ ጅንጅብል፡ ክርቢት፡ ወዘተ. እናምጽአ ንጸገማት ናይቲ ህዝቢ ክፈትሕ ፈተነ።

እታ ድኳን፡ ነቲ ካብ ሱዳን እተምጽኦ ኣስቤዛ፡ ህዝቢ ከይህሰ ኢላ ዳርጋ ብዋጋኡ ትሸጦ ስለዝነበረት፡ ክትምዕብል ኣይከኣለትን። ኣብ ፈለማ 1981 ግን፡ ነቲ ናይ ህዝቢ ገንዘብ ናብ ዋናታቱ ብምምላስ፡ ነቲ ዘዋህለለቶ 600 ጅኔ መክሰብ መበገሲ ገይራ ስርሓ ቀጸለት። 'ህዝባዊ ድኳን' ዝብል ስም እውን ተዋህባ። ኣብ መፋርቕ ናይቲ ዓመት'ቲ ከኣ ናብ ህዝቢ ተረከበት'ሞ፡ ኣብ ትሕቲ ኣወሃሃዲት ኮሚተ ክትመሓደር ጀመረት። ብድሕሪ'ዚ እታ ኮሚተ፡ ነተን ጽጉማት ስድራቤታት እናጽንዐት፡ ካብታ ድኳን ቡንን ካልእ ኣስቤዛታትን ቀቑንጢራ ክትዕድል ብምጅማራ፡ በቶም ዓቕሚ ዘይነበሮም ብዙሕ ተመረቐት።

እቲ ህዝቢ ወረ ናይ ውድቡን ሃገሩን ዝከታተለለን ሬድዮታት ዘይምንባረን እውን ካልእ ጸገም ነበረ። በዚ ድማ እቲ ህዝቢ ሓበሬታ ንምርካብ "ድምጺ-ሓፋሽ እንታይ በለት፧" እናበለ ዕለታዊ ነቶም ኣባላት ክውከስ ምርኣይ ልሙድ ነበረ። ድሓር ግን፡ እቲ ክፍሊ ሓንቲ ዓባይ መጉልሒ-ድምጺ (ማይክሮፎን) ኣምጽአ'ሞ፡ ኣብ ማእከል'ቲ መደበር ተኺሉ፡ ነቲ ብድምጺ-ሓፋሽ ዝፍኖ ዜናታትን ካልእ ትሕዝቶን ከቃልሓሎም ጀመረ። እቲ ህዝቢ ከኣ ኣብ ዘዘለዎ ኮይኑ ዜናታት ብቐሊሉ ክከታተል ክኣለ።

ወፍሪ ኣደታት ናብ ካልኦት ኣሃዱታት

ኣብ ዝሓለፈ ምዕራፋት ናይዚ መጽሓፍ ከም ዝተገልጸ፡ ኣደታት ጨንፈር ዕቑባት (እንዳ ህዝቢ)፡ ንማእቶት ናብ ዝተፈላለየ ክፍልታት ውድብ ምኻድ፡ ኣብ ደብዓት ዝጀመርአ እዩ። ኣብ ጀልሃንቲ ምስ ሰፈራ ድማ፡ እዚ ማእቶታዊ ንጥፈት ብዝሰፍሐ መልክዑ ቀጸለ። ናብ ሕክምና ሓወልዕን ፖርት-ሱዳንን ከምኡ'ውን ናብ ክሊኒክ ስንኩላን ጀልሃንቲ፡ ጋራጃትን ኢደ-ስርሓትን ዓየት፡ መራሬት፡ ስዋኪንን ቶኮርን እናተዋፈራ ኣብ ምግብና፡ ጽሬትን ካልእ ኣድካሚ ዕማማትን ይነጥፋ ነበራ። እተን ንማእቶት ዝወፍራ ኣደታት መብዛሕትአን፡ ኣብ ዕድመ 20-30 ዝነበራ መንእሰያት እየን። ጉልበት ስለዝነበረን፡ ዳርጋ ለይቲ ምስ መዓልቲ ብዘይ ዕረፍቲ'የን ዝሰርሓ። ሓርጭ ይለውሳ፣ ይሰንክታ፣ ኣልባሳት ይሓጽባ፣ ሕሙማት ይኣልያ፣ የጸራርያ፣ ወዘተ.። ምስኡ ድማ፡ ፖለቲካውን ኣካዳምያዊን ትምህርቲ ብስሩዕ ይመሃራ። ክሳብ 12 ሰዓት ካብ ሓዊ ከይተፈለያ ዝውዕላ ወይ ዝሓድራሉ እዋናት ውሑድ ኣይነበረን።

እዘን ኣደታት፡ ንማእቶት ዝኸድኦ ዝነበራ ቦታታት፡ ኩሉ ዘቃጽል ሃሩር ዝነበሮ እዩ። ብላዕሊ ሓዊ ብታሕቲ ሓዊ ኮይኑወን፡ ባኮ ብጨርቂ ኣብ ከብዲ-እግረን ኣሲረን፡ ኩሹክ ተዓጢቐን ምሉእ መዓልቲ ካብ እቶን ከይተፈልያ ይውዕላ። ረስኒ ኣኻላተን ንዘቐረበን ሰብ ሃፈጽ ዘብል ነበረ። ንክልተ ሓዊ ከመይ ይጻወራኦ ነይረን ዘይግረምን ዘየስተንትንን ተጋዳላይ ኣይነበረን። ንሳተን ግን፡ ነቲ ስራሕ ይፈትዋኦ ነበራ። ነቲ ህይወተን ምስ ህይወት ናይቶም ኣብ ከቢድ ሃልኪ ዝውዕሉ ዝምግብኦም ተጋደልቲ፡ ልዕሊ ኩሉ ድማ ምስ'ቶም ኣብ ግንባራት ምስ ጸላኢ ዝተሓናነቑ ጀጋኑ እናነጻጸራ፡ ነቲ ብሓዊ እናተለብለብኻ ምስንኻትን ካልእ ከበድቲ ዕዮታትን ዘነይት ስራሕ ገይረን ይጥምታኦ ኣይነበራን። ብዓቢኡ ምስ ተጋደልቲ ምስርሐን ምቕማጠንን የሐጉሰን ነበረ። ድሕሪ ሽዱሽተ ኣዋርሕ ግዜአን ኣኺሉ ብካልኦት ኣደታት ክትካኣ ከለዋ ድማ፡ ብምሒር ምድንፋቕ ካብቶም ዝለመድኦም ተጋደልቲ ተፋንየን ንጀልሃንቲ ይምለሳ።

ሞንባይ ዘኽታማት - እቲ ዝበርትዐ ጾር

ቅድሚ ምዝላቕ፡ እቶም ካብ ሓራ ከተማታትን ገጠራትን ኤርትራ፡ ብግፍዕታት ጸላኢ ወለዶም ምስ ሰኣኑን ምስ ዘክተሙን ኣብ መናበዩ ህጻናት ማሕበራዊ ጉዳያት ክእለዩ ዝጀመሩ ናይ ፈለማ ህጻናት ብዝሖም 142 እዩ ዝነበረ። ኣብ ከረን 107 ህጻናት፡ ኣብ ደንጎሎ ድማ 35 ነበሩ። ምስ ምዝላቕ ካብ ዝተፈላለየ ከባቢታት ኤርትራ ዝመጹ ምስ ተወሰኽዎም ድማ ክሳብ 300 በጽሑ። እዞም ህጻናት'ዚኦቶም፡ ነዊሕ ናይ እግሪ ጉዕዞ ዝተሓወሶ መገዲ ተጓዒዞም ናቕፋን ገረግር-ሱዳንን ሓሊፎም ኣብ መጋቢት 1979 ጀልሃንቲ ኣተዉ። እቲ ኣብ ሓራ ከተማታት ኤርትራ ዝጀመረ መናበዩ ህጻናት ማሕበራዊ ጉዳያት ከኣ፡ ኣብ በረኻታት ሱዳን እውን ቀጸለ። በዚ ድማ እቲ ክፍሊ ንህጻናት መጽለሊን መምሃሪን ዝኸውን ኣባይቲ ክሰርሕ ተበገሰ።

እቶም ህጻናት ገፊሕ ናይ ዕድመ ፍልልይ ስለዝነበሮም፡ ነዚ ብዝምልከት ኣብ መንጎ ክፍሊ ማሕበራዊ ጉዳያትን ቤት-ትምህርቲ ሰውራን ብዝተገበረ ርክብ፡ ኣብ ሓደ ምርድዳእ ተበጽሐ። እቲ ምርድዳእ፡ ክፍሊ ማሕበራዊ ጉዳያት ኣብ መናበዩ ህጻናት ክሕዞም ዘለዎም ህጻናት ካብ ናጽላታት ክሳብ ሸውዓተ ዓመት ዝርከቡ ክኾኑ፡ ቤት-ትምህርቲ ሰውራ ከኣ ብዕድመ ንትምህርቲ ድሉዋት ዝኾኑ ሸውዓተ ዓመትን ልዕሊኡን ንዝኾኑ ቈልዑ ሓላፍነት ክወስደሎም ዘብል ነበረ። በዚ መሰረት፡ ማሕበራዊ ጉዳያት ንኩሎም ልዕሊ ሸውዓተ ዓመት ዝነበሩ፡ ኣማኢታት ኪሎሜትር ካብ ከረን፡

ደንጎሎን ካልእ ቦታታትን እናኣሰለየ ዘምጽኦም ቁልዑ፡ ንቤት ትምህርቲ ሰውራ ኣረከቦም። ብዘይካ እዚኦቶም፡ ቅድሚ ምዝላቕ ኣብ ሕክምና ክእለያ ዝጸንሓ፡ 25 ሓራሳትን 8 ነብሰ-ጾራትን ተጋደልቲ፡ ምስ ኲነታት ምዝላቕ እቲ ዝነበርኦ ቦታታት ንህጻናት ውሕስነት ስለዘይነበሮ፡ ንጀልሃንቲ ግዒዘን ኣብ ትሕቲ ጨንፈር መናበዪ ህጻናት ክፍሊ ማሕበራዊ ጉዳያት ከምዝሾና ተገብረ። በዚ ከኣ ጨንፈር መናበዪ ህጻናት ክፍሊ ማሕበራዊ ጉዳያት፡ ኣብ ጀልሃንቲ ብክልተ ኣኻላት ማለት፡ ብኣገልግሎት ህጻናትን ኣገልግሎት ነብሰ-ጾራትን ሓራሳትን ቁይሙ ንሓጺር እዋን ቀጸለ። ኣብ ጥቅምቲ 1979 ድማ፡ እቶም ኣብ ትሕቲኡ ዝነበሩ ደቂተጋደልቲ ህጻናት፡ ሓራሳትን ነብሰ-ጾራትን ናብ ክፍሊ ሕክምና ተመልሱ።

ጨንፈር መናበዪ ህጻናትን ዘኽታማትን፡ ጀልሃንቲ ኣብ ዝኣተወሉ ግዜ፡ እቲ ብርቱዕ ሃሩር ናይቲ ቦታ ገና ኣይጀመረን ዝነበረ። እቶም በቲ ጨንፈር ዝእለዩ፡ ገጽ ወለዶም ካብ ዘይርእዩ ነዊሕ ዝገበሩ ደቂ ዓመትን መንፈቕን ዝርከቡዎም ህጻናት ድማ (ገሊኦም'ውን ብጥራሽ ወለዶም ዘይፈልጡ እዮም) ነቲ ቦታ ብዙሕ ኣይጸልኡዎን። ኣብ ዝደለዩዎ ሰዓት ናብ ደገ እናወጹ ይጻወቱ ጥራይ ዘይኮነ፡ ኣብ መንጎ ብዙሕ ህዝቢ ብምንባሮም ናጽነት ተሰሚዑዎም ጥዕናኦምን ወዝ ቁርበቶምን ጽቡቕ ነበረ።

ካብ ወርሒ ግንቦት ንድሓር ግን፡ ጀልሃንቲ፡ ክቱር ሙቐት ዝረኣየሉ ቦታ ስለዝኾነ፡ እቶም ህጻናት ኣብ ውሽጢ ሸልቀ ቴንዳታትን ካብ ሃሩር ብዙሕ ዘየናግፍ ጽላላትን ተኹርምዮም ክውዕሉ ተገደዱ። ናጽነቶም ተቐንጢጡ ክጭነቑ፡ ክርበሹን ክፈዙን ጀመሩ። ሽውሃቶም እናቐነሰ፡ ክዓብሩን ክደክሙን፡ ሙቐት ናብ 50 ዲግሪ ሰንትግሬድን ልዕሊኡን ኣብ ዝዓርገሉ ድማ፡ ኣካላቶም ብርሃጽ ተጸሚቑ፡ ፈሳሲ ወዲኦም ዕውልውል እናበሎም ይወድቁ ነበሩ። ኣለይቶም ሓዚሎሞም ናብ ሕክምና ክጎዩ ምርኣይ ልሙድ ኮነ። ኣለይቲ፡ ብዙሕ ግዜ ነቲ ቴንዳ ብማይ እናገጨቡ ነቲ ረስኒ ከህድኡዎ ይፍትኑ ነበሩ። ካብቲ ሃሩር ኣቓልቦኦም ዝገዝዕ ዘዘናግየም መጻወቲታት እውን ኣይነበረን። ንሓድሕዶም ክበኣሱን ምኒን ክብሉን ይውዕሉ።

ዝበዝሓ ደቀንስትዮ ዝርከባኦም ልዕሊ 30 ኣባላት ናይዚ ጨንፈር'ዚ፡ ኣብቲ ፈለማ ህጻናት ናይ ምንባይ ንጥፈት ብሓባር የኻይዱዎ ነበሩ። ካብ መወዳእታ 1979 ንድሓር ግን፡ ኣለይቲን መምህራንን ተባሂሎም ኣብ ክልተ ጉጅለ ተኸፍሉ። ብዛዕባ ስነ-ፍልጠት ኣተዓባብያ ህጻናት ኣፍልጦ ወይ ትምህርቲ ዘይነበሮም እዮም። መብዛሕትኦም ዘይወለዱ መንእሰያት ብምዃኖም፡ ብቐዓት ናይ ኣተኣላልያ ህጻናት ክህልዎም ትጽቢት ኣይግበርን። ኣብ ርእሲኡ፡ ናብ ተዋጋኢ ሰራዊት ናይ ምኻድ ባህጊን

ሰምዒትን ነበሮም። "ኣነ ክጋደል እምበር፡ ኣብዚ ምስ ቀልቀል ን ሸንቲን ቈልዑ ክቈማጣዕ ኣይወጻእኩን፣ ናብ ሓይልታት ወዝዑኒ!" እናበሉ ምስ ሓለፍቶም ክቛየቑ ዝውዕሉ ውሑዳት ኣይነበሩን። ካብ ሓለፍቲ ዝረክብዎ መልሲ ግዳ፡ "ኣድላይነት ዝበሃል ኣሎ፣ ውድብ ኣብዚ መዲቡኻ ኣሎ ትሰርሕ!" ዝብል ጥራይ እዩ።

በዚ ድማ፡ ብልምዳዊ ኣገባብ ነቶም ቈልዑ ክኣልዩዎም ይፍትኑ፣ ክበክዩ ከለዉ ብሕርቃን "ሱቕ በል!" እናበሉ ገኒሖምን ሃሪሞምን ይእብዱዎም። መግቢ ምብላዕ ምስ ዝኣብዩ፡ "ተላይ ብላዕ! እዚኣ እንተ ዘይወዲእኻያ. . .!" እናበሉ ብሓይሊ ይስጉዱሎም። "ደቅስ! ተሎ ዓይንኻ ዓምቶ!" ኢሎም ኣንሶላ ከዲኖም ብግዴታ ከደቅሱዎም ይፍትኑ። ክንሸይን ንዝብሉ፡ "እንታይ ኰንኻ ብእዋኑ ሸይንኻ ዘይትድቅስ!" ብምባል ይገንሑዎም። ንሓድሕዶም ኣመና ዝፋተዉን ዝቀራረቡን ወድን ጓልን እንተ ርእዮም፡ "ስድታት! ድሕሪ'ዛ ሕጂ ጥራይ ብሓንሳብ ክትከዱ ንርከብኩም!" እናበሉ ኣብ ምንቅስቓሳቶም ከይተረፈ ይቐይዱዎም ነበሩ። ምእዙዛት ንክኾኑ ተባሂሉ እውን፡ እቲ ኣብ ዓበይቲ ዝሰርሓሉ ወተሃደራዊ ዲሲፕሊን ስነ-ስርዓትን ከሰርጹሎም ይፍትኑ ነበሩ።

ብኸምዚ ኣገባብ ክሳብ 1980 ምስ ተጓዕዙ፡ ዝጸንሐ ግጉይ ኣተሓሕዛ ህጻናት ተገምገመ። ሓለፍቲ ጨንፈር መናበዩ ህጻናት ክፍሊ ማሕበራዊ ጉዳያት፡ እቲ ዝነበረ ኣተሓሕዛ፡ ነቶም ቈልዑ ጃጀውቲን ባህረርትን ክገብሮም ከም ዝኽእል ብምግንዛብ፡ ዝጸንሐ ኣገባብ ኣተኣላልያ ተኣሪሙ፡ ንዉልቃዊ ናጽነትን ጸወታን ሰፊሕ ዕድል ዝህብ ኣልያ ክትኣታቶ ወሰኑ። ኣብ'ቶም ቈልዑ ንምስራጹ ዝተፈተነ ጌጋታት ናይ ምእራም ኣኼባ፡ ነቐፌታን ነብስ-ነቐፌታን እውን ሃሰያኡ ብምግምጋም ኣትረፍዎ። ኣቐዲሙ ግን፡ ነቶም ኣባላት ንምንቃሕ ኣስተምህሮታት ምክያድ ኣድላዩ ኰይኑ ረኺብዎ። ካብ ቤት ትምህርቲ ሰውራ ተቐይሩ ዝመጽአ መምህር ሃይለ ብርሃነ፡ ብዕድመ ይኹን ብትምህርትን ኣተሓሳስባን ካብቶም ኣብ እንዳ ህጻናት ዝነበሩ ኣለይቲ ዝለዓለ ስለዝነበረ፡ ነቲ ዝነበረ ኣተሓሕዛ ኣብ ምቕያር ዓቢ ግደ ኣበርከተ። ኣባላት ድማ ኣፍልጦኦም እናበረኸ ከደ። ብጾትኻ ንስለ ናጽነት ምስ ጸላኢ ክተሓናነቑ ብሓደራ ንዝገደፍዎም ደቆም ተረኪብኻ ምንባይ፡ ምስ ጸላኢ ካብ ምትኳስ ንላዕሊ ሚዛን ዘለዎ ዓቢ ሰውራዊ ዕማም ምዃኑ ክርድኦም ጀመረ። ሓደራ ጀጋኑ ወለዶም ከየዕብሩ ድማ ልዕሊ ዓቕሞም እናተመጠጡ፡ ብልዑል ተወፋይነት ክከናኸኑዎም ጀመሩ።

ብድሕሪ'ዚ፡ እንዳ ህጻናት ኣብ ሰለስተ ጉጅለታት ተኸፍለ። እንዳ ንኣሽቱ፡ እንዳ ማእከሎትን እንዳ ዓበይትን። ኣብ እንዳ ንኣሽቱ እስቲፋኖስ

ግርማጽዮን (ማርኮ)፡ እንዳ ማእከሎት ኢለን ተስፋይ (ደባባ)፡ እንዳ ዓበይቲ ድማ መምህር ሃይለ ብርሃነ ሓለፍቲ ኰይኖም ተመዘዙ። ኣብ ነፍሲወከፍ ጉጅለ፡ ከም ኣቦን ኣደን ኰይኖም ዝኣልዩ፡ እቶም ህጻናት ካብ ወለዶም ክረክቡዎ ዝግባእ ፍቕርን ሓልዮትን ከወፍዩሎም ይኽእሉ'ዮም ተባሂሎም ዝተመርጹ ደቂተባዕትዮን ደቀንስትዮን ኣለይቲ እውን ተመደቡሎም።

እዞም መተኻእታ ወለዲ ክኾኑ፡ ካብቲ ክፍሊ ተመሪጾም ዝተመደቡ ኣለይቲ፡ ብዕድመ ዕብይ ዝበሉን ፍቕሪ ውላድ ዘስተማቐሩን ነበሩ። ባህርያት ነፍሲወከፍ ህጻን ብደቂቕ እናተኸታተሉ ድማ፡ ብዝነበሮም ውሑድ ትሕዝቶ ድሌታቶም ንምምላእ ክተግሁ ጀመሩ። መግቦም ብኽመይ ኣገባብ ክክሸንን ክቐረብን ከም ዘለዎ ንመጋቦ መምርሒ ይህቡ፣ ኣብ እዋን ለይቲ እና'ቃባጠሩን እናጻወቱን ከም ዝድቅሱ ይገብሩ ነበሩ። ለይቲ ከይብህርሩ፡ ከይበክዩን ከይሸኑን ይከታተሉ። ከይጃጅዉ ድማ፡ ብቐጻሊ የተባብዑዎም ነበሩ። እቲ ዝነበረ ግጉይ ኣተሓሕዛ ድማ፡ ቀጻሊ ርእይቶታትን መአረምታታትን እናተዋህቦ ኣጸቢቑ ተመሓየሸ።

እቲ ጨንፈር፡ ካብዚ ሓሊፋ፡ ስነ-ኣእምሮኣዊ ኩነታት ናይቶም ህጻናት ብስነ-ፍልጠታዊ መገዲ ንምጽናዕን ንምክትታልን፡ ናይ ስነ-ልቦና ትምህርቲ ዘለዎም ተጋደልቲ ኣናድዩ ከምጽእ መዲቡ ነበረ። ምስቲ ዝነበረ ወተሃደራዊ ኩነታትን ካልእ ብድሆታትን ግን፡ እዚ መደብ'ዚ ኣብ ጀልሃንቲ ክትግበር ኣይከኣለን።

* * *

ንህጻናት ዝቐረበሎም ዝነበረ መግቢ፡ ብመቕንን ብዓይነትን ካብ ናይ ካልኦት ጨናፍር ማሕበራዊ ጉዳያት ዝሓሸ እኳ እንተነበረ፡ እኹል ኣይነበረን። ኣብ ጸብሒ ቀያር ዳርጋ ኣይነበረን። ዕለታዊ ዝቐረበሎም ጸብሒ ዓደስ፡ ሩዝን ፓስታን እዩ። ኣብ ርእሲኡ ከኣ ጸባ። እቶም ህጻናት ነቲ ዓደስ ብፍላይ ይጸልኡዎ ነበሩ። "ዓደስ እንተኾይኑ ኣይንበልዕን ኢና፡" ብምባል ሓንቲ ኩላሶ ወስ ከይበሉ ገዲፎሞ ብድድ ዝብልሉ ግዜ ውሑድ ኣይነበረን። ድሓር ግን፡ እቲ ቀንዲ ጸገም ኣብ ኣከሻሽናኡ ምዃኑ ተፈልጠ'ሞ፡ ጸብሒ ዓደስ ብሰለስተ ዓይነት ኣከሻሽና ክምዝቐርበሎም ተገብረ። ፍሉይ ላዛ ዘለዎ ቕያር መግቢ ኾይኑሎም ድማ እናፈተዉዎ ከዱ። ኣብ ርእሲ'ዚ፡ ዝተመጣጠነ መግቢ ክረክቡ ኣለዎም ብዝብል ሓሳብ፡ እቶም ኣለይቲ ባዕሎም ካብ ጸባ፡ መሸላን ጥረታትን ኣቃሚሞም ዲ.ኤም. ከይ. የዳልዉሎም ነበሩ። ተራ ተጋዳሊት ኣዜብ ፍስሃየ ኣብዚ ዕማም'ዚ ድማ ጉሉሕ ነበረ። ኣዜብ ከም ክኢላ ስነ-መግቢ፡ ኣሰራርሓ ዲ.ኤም.ከይን

ፓስታን ብምትእትታው፡ ኣብ ትሕዝቶን ዓይነትን መግቢ ህጻናት ርኡይ ምምሕያሽ ክተምጽእ ክኢላ'ያ።

ካብ መንጎ'ቶም ንኣሽቱ፡ ፍሉይ ክንክን ዘድልዮም ህጻናት ነበሩ። እዚኣቶም፡ ወለዶም ኣብ ቅድሚ ዓይኖም ብጸላኢ ክቕተሉ ዝረኣዩ፡ ኩናት ምስ ኮነ ወለዶም ዝሰኣኑ፡ ከምኡ'ውን ካልእ ኣብ ኣእምሮኦም በሰላ ዝገደፈ ፍሉይ ሽግራት ዘጋጠሞም ኩይኖም፡ ኣዝዮም በኸይትን ኣብ እዋን ድቃስ ባህረርትን ነበሩ። ገሊኦም ቀልቀሎም ኣብ ሰረ ስለዝፍንዉዎ፡ ብመዘናታቶም ንጹላት ነበሩ። ነዞም ከምዚ ዓይነት ባህርይ ዝነበሮም ትሕቲ 3 ዓመት ቈልዑ፡ ነናይ ውልቀም ኣለይቲ ደቀንስትዮ ከም ዝምደባሎም ብምግባር፡ ነቲ ጸገም ንምፍታሕ ተፈተነ። ነፍሲወከፍ ኣላዪት ነቲ ዝተዋህባ ቈልዓ ጥራይ ክትከናኸን ስለእትውዕል ከኣ፡ እቶም ቈልዑ ኣብ ባህርያቶም ዓቢ ለውጢ ኣርኣዩ።

ኣጋጣሚታት

ሓደ ግዜ፡ ሓንቲ ካብተን ለዋሃትን ርህሩሃትን ኣለይቲ ህጻናት ዝነበረት ተጋዳሊት ግደይ፡ ብሕማም ምስ ተሰውአት፡ ንሳ ትኣልዮ ዝነበረት ዘኪታም ህጻን ብናፍቖታ ዝኣከለ ሓሚሙ ኣብ ኣፍ-ምት በጽሐ። ኩነታት ናይቲ ቆልዓ ድማ፡ ንሓለፍቲ መናበዪ ዘኸታማት ደጊምም ከም ዝሓስቡ ገበሮም። ብድሕሪኡ፡ "በብዉልቂ ምእላይ ይትረፍ፡" ተባሂሉ፣ እተን ኣለይቲ ነቶም ፍሉይ ክንክን ዘድልዮም ቈልዑ፡ እናተቐያየራ ክኣልያኦም ተወሰነ። እዚ ዝተገብረሉ ምኽንያት፡ እዋን ቃልሲ ብምንባሩ፡ መስዋእቲ ወይ ናብ ግንባራት ምክታት ኣብ ዘጋጥመሉ ህሞት፡ እቶም ቈልዑ ነተን ኢዲታቶም ኩይነን ዝሰምዓኦም ፍሉያት ኣለይቲ ናፊቖም ከይሓሙን ዝክትምና ከይስምዖምን ተባሂሉ እዩ።

ናብዮት ነብሰጾራት ተጋደልትን ደቀንን

ደቀንስትዮ ተጋደልቲ ብብዝሒ ካብ ዝተሰለፋሉ 1975 ክሳብ መርዓ ዝተፈቕደሉ ቀዳሞት ዓመታት፡ ምስ ዝሓዝኦ ድቂ ናብ ታዕሊም ዝኣተዋ ደሚርካ፡ ብኣጻብዕ ዝቑጸራ ነፍሰ-ጾራትን ሓራሳትን ተጋደልቲ ጥራይ እየን ነይረን። ንሳተን ድማ፡ ኣብ ክፍሊ ሕክምና ሰብርቀጠ፡ ደቀን እናኣለያን እናተሓጋገዛን ከም ዝነባብራ እዩ ተገይሩ። ብደገፍ ሕብረት-ሶቬት ወተሃደራዊ ምቅይያር ተፈጢሩ፡ ስትራተጅያዊ ምዝላቕን ምቅይያር ቦታታት ደጀን ምስ ሰዓበ ድማ፡ ኣብ ክፍሊ ሕክምና ዝነበረ ናይ ውግኣት ጾር እውን ኣዝዩ ስለ ዝዓበየ፡ ኩለን ኣደ-ቈልዑ፡ ሓራሳትን ነብሰ-ጾራትን

ናብቲ ማሕበራዊ ጒዳያት ንዕቑባትን ስንኩላንን ዘኸታማት ህጻናትን ክኸውን ዝደኮና መዓስከር ጀልሃንቲ ክምዝገዕዛ ተገብረ።

ኣብ ጀልሃንቲ፡ ኣብ መናበይ ህጻናት ዝነበሩ ክሳብ 300 ዘኸታማት ቀልዑ ነይሮም። እዚኣቶም ምስቶም ምስ ተጋደልቲ ኣደታቶም ዝነብሩ ውሑዳት ህጻናት ብምትሕውዋስ ክነብሩ ምቹእ ኮይኑ ኣይተረኸበን። ኣብ ርእሲኡ፡ ምስ ምውሳክ መርዓታት ኣብ ተጋደልቲ መጠናዊ ናይ ጥንስን ሕርስን ዕብየት ስለዝተራእዩ፡ ኣብ መወዳእታ ጥቅምቲ 1979፡ ኩሎም ምስ ኣደታቶም ዝነብሩ ደቂ-ተጋደልቲ ህጻናትን ነፍሰ-ጾራት ተጋደልትን ናብ ሕክምና ተመሊሶም ክምሓደሩ ተወሰነ። ክፍሊ ሕክምና ድማ፡ ነተን ነብሰ-ጾራት ተጋደልቲ እናተኸናኸነ፡ ድሕሪ ምሕራሰን ክሳብ 6 ወርሒ ዉላደን ባዕላተን ክም ዝኣልያ ክገብርን፡ ድሕሪኡ ህጻናት ዝእለዩሉ ኣሃዱ ከቕውምን ተመዘዘ። ኣብ ሆስፒታል ሓወልዕ ከኣ፡ ብጋንታ 17 እትጽዋዕ (ኣብ ሓወልዕ ዝነበረ መጸውዒ ናይ ማእከላይ ሕክምና ጋንታታት ካብ 11 – 16 ስለዝነበረ)፡ ህጻናት እትኣሊ ጋንታ ቀመት። ኣብ ቀዳሞት ኣዋርሕ 1980 ድማ፡ ኣደታት ናይቶም ዓመት ዝመልኡ ህጻናት፡ ደቀን ብኣባላት ሕክምና ንክእለዩ ሓዲገን ነናብ ምዱብ ዕማመን ክም ዝምለሳ ተገብረ።

እንተኾነ፡ ዓመት ኣብ ዘይመልእ ግዜ፡ በቲ ሓደ ወገን ጸላኢ ነቲ ናይ መወዳእታ ዝበሎ 6ይ ወራር ምድላዋት ስለዝጀመረ፡ በቲ ካልእ ወገን ድማ ክፍሊ ሕክምና ካብ ሓወልዕ ናብ ዓንበርበብ ክግዕዝ ስለዝተገደደ፡ ኣብ መስከረም 1980 ህጻናት፡ ሓራሳትን ነብሰ-ጾራትን ዳግማይ ናብቲ ውሑስ ቦታ ዝተባህለ ጀልሃንቲ ክምዝግዕዙ ተገብረ። ኣብዚ ቦታ ንሓደ ዓመት ከባቢ ምስ ተቐመጡ'ውን ሓዲሽ ኩነታት ብመንግስቲ ሱዳን ስለዝተፈጥረ፡ ኣብ ሰነ 1981 ማሕበራዊ ጒዳያት ኣብ ትሕቲኡ ዝጸንሑ ህዝቢ፡ ስንኩላንን ህጻናትን ሒዙ፡ ጀልሃንቲ ገዲፉ ናብ ሓራ መሬት ኤርትራ ክምለስ ተገደደ። እቶም ኣብ ትሕቲ ማእከላይ ሕክምና ኣብ ጀልሃንቲ ዝእለዩ ዝነበሩ ሓራሳትን ደቂ ተጋደልትን፡ ኣብ ሓምለ 1981 ናብ ጣብራ ከባቢ ግንባር ናቕፋ ግዓዙ።

እዚ መድረኽ'ዚ፡ ስርዓት ደርግ፡ ንህዝባዊ ግንባር ንምድምሳስ ዝወጠኖ ሻድሻይ ወራር ሎሚ ጽባሕ ይጅምር ዝብሃለሉ ዝነበረ እዋን እዩ። ብጸቕጢ ሱዳናውያን ካብ ጀልሃንቲ ናብ ጸቢብ ደጀንን ዘይውሑስ ቦታታትን ክሰፍሩ ዝተገደዱ ስንኩላን፡ ዕቑባትን ህጻናትን ተምሃሮ ቤት ትምህርቲ ሰውራን ነቲ ከቢድን ውጡርን ኩነታት ተወሳኺ ጸቕጢ ዝፈጠረ እዩ ነይሩ። ስለዚ ድማ፡ ኣተኣላልያ ህጻናት ደቂ ተጋደልቲ ሓደ ውሳነ ክውሰደሉ ነይሩዎ። ምስቲ ኣብ ድሕሪ 5ይ ወራር ዝነበረ ብተዛማዲ ርጉእ ኩነታት፡ ብዙሕ መርዓን ወሊድን ተጋደልቲ እናወሰኸ ስለዝኸደ፡ ኣብ ሓደ ቦታ

ጠርኒፍኻ ናይ ምእላዮም ተክእሎ ዝጸንከረ ገበሮ። ስለዚ ድማ፡ ኩለን ክፍላተ-ሰራዊትን ክፍልታት ውድብን፡ ደቀንስትዮ ኣባላተን ኣብ እዋን ጥንሲ ክኣልዩወን፡ ምስ ወለዳ ድማ መናበዪ ህጻናት ኣቝሞም ክከናኸንወን ሓላፍነት ክስከሙ ተወሰነ። ካብዚ ግዜ'ዚ ድማ "17 ናይ እከለ ክፍላተ-ሰራዊት ወይ ናይ እከለ ክፍሊ" እናተባህላ ክጽውዓ ዝጀመራ ትካላት መዕበያ ህጻናት ተመስረታ።

ክፍሊ ሕክምና ነተን ኣብ ጋንታ 17 ዝነበራ ተጋደልቲ ኣደታት፡ ናብ ኣሃዱታተን ብምፍናው እቶም ተኣለይቲ ህጻናት ተጠርኒፎም ኣብ ጸብራ ከም ዝኸዱ ተገብረ።

ክፍሊ ማሕበራዊ ጉዳያት ኣብ ዓራሬብ ቦታኡ ምስ ሓዘ፡ ነቶም ደቂ ተጋደልቲ ህጻናትን፡ ብኻልእ መገዲ ዝዘኽተሙ ቆልዑን ባዕሉ ክኣልዮም፡ ነቶም ኣብ ዝተፈላለዩ ክፍላተ-ሰራዊትን ክፍልታትን ዝርከቡ ህጻናት ድማ ክከታተሎም ሓላፍነት ተሰከመ። ኣብቲ መድረኽ'ቲ፡ ካብ ኣደታቶም ዝተፈልዩ ካብ ሓደ ክሳብ 6 ዓመት ህጻናት ምእላይ ኣዝዩ ከቢድ እዩ ዝነበረ። ተጋደልቲ፡ ናብ ግንባራት ከይዶም ክዋግኡ፡ እምበር፡ ከም ኣለይቲ ህጻናት ተመዲቦም ክሰርሑ ፍቃደኛታት ኣይነበሩን። ብወተሃደርነት ኣብ ዝዕብለል ገድላዊ መድረኽ፡ ኣለይቲ ህጻናት ክኾኑ ዝተገደዱ ተጋደልቲ ካብ መዘንኦም ዝወርዶም ምንእኣስ'ውን ክጻወሩዎ ዘክእሉ ኣይነበረን። ብመምርሒ ውድብ፡ ነቶም ዝተመደቡ ምግዳድ ኣሸጋሪ'ኳ እንተዘይነበረ፡ ብወለንታ፡ ብሓልዮትን ብፍቕርን ህጻናት ዝእለዩሉ ኩነታት ምፍጣር ግን፡ ዝኸበደ ብድሆ እዩ ነይሩ። ዳርጋ ኩሎም ሓለፍቲን ኣባላትን፡ ኣካላዊ ስንክልና ስለዝነበሮምን መደብ ውድብ ክፍጽሙ ዝተቐረቡ ውፉያት ስለዝነበሩን ግን፡ እቲ ዕማም ተፈጸመ። ቀስ ብቐስ ድማ፡ ኣገባብ ኣተኣላልያ ንምምሕያሽ ፍቕሪ ህጻናት ኣብ ኣለይቲ ንምስራጽ ስለዝተጻዕረሉ፡ ክመሓየሽ ክኢሉ እዩ። ሞያዊ መንፈስ ንምስራጽን ነቲ ኣሉታዊ ርድኢት ብንስንስን ዘተን፡ ብትምህርትን ስልጠናን፡ ንምቕያርን ሓደ ካብቲ ኣሃዱ ምርምርን መጽናዕቲን ንምቛም ዝደፍአ ረቛሒ ምንባሩ'ውን ክዝከር ይግበኦ።

ህይወት ኣብ ክሊኒክ ፖርት ሱዳን

ዘይተነግረ ገድሊ.

ምዝንጋዕ ስንኩላን ፖርት ሱዳን

ስንክልና ካብ ትምህርቲ ኣይዕንቅጽን

ህይወት ኣብ ህሮሩማ ጽሓይ ጀልሃንቲ

ዘይተነግረ ገድሊ.

ስራሕን ፖለቲካዊ ትምህርትን

ክንክን ሓራሳት

3

ምልሶት ናብ ዓንኬል ተኹሲ

ስርዓት ደርግ፡ ካብ መፋርቕ 1978 ክሳብ ክፍላሓምለ 1979፡ ብገዚፍ ወተሃደራውን ስለያዊን ደገፍ ርእሰ-ሓያል ሕብረት-ሶቭየትን መሻርኽታን፡ ኣብ ጸሊም ኣፍሪቃ ብብዝሒን ዕጥቁን ዝሓየለ ሰራዊት ኣክቲቱ፡ ሰውራ ኤርትራ ንምጭፍላቕ ዘካየዶ ሓሙሽተ ተኸታታሊ ወራራት ንህዝባዊ ሰራዊት ካብ ብዙሕ ከባቢታት ኤርትራ ኣልቂቑ፡ ኣብ ሳሕል ከም ዝዓርድ ይግበሮ እምበር፡ ከቢድ ሰብኣዊን ንዋታዊን ክሳራ እዩ ተሰኪሙ። ህዝባዊ ሰራዊት ኣብ ታሕሳስ 1979 ብቐንዱ ኣብ ግንባር ናቕፋ፡ ብድሕሪኡ'ውን ኣብ ሰሜናዊ ምብራቕ ሳሕል መጥቓዕታዊ ተበግሶ ብምውሳድ ኣንጸባራቒ ወተሃደራዊ ዓወት ምስ ተጓናጸፈ ድማ፡ ደርግ ከም ብሓድሽ ንሰውራ ኤርትራ ብሓይሊ ክጭፍልቕ ዘኽእሎ ዓቕሚ ንምድላብ፡ ንክልተ ዓመት መመላእታ ኣብ ሰፊሕ ምድላዋት ክጽመድ ተገደደ።

ህዝባዊ ግንባር ንሓሙሽተ ተኸታታሊ ወራራት ደርግ ሓምሺሹ ከብቅዕ፡ ካብ መስከረም 1980 ክሳብ ሓምለ 1981፡ ምስ ተጋድሎ ሓርነት ኤርትራ ኣብ ኲናት ሓድሕድ ምእታዉ፡ ንስርዓት ደርግ ዓቢ ብልጫ ነበረ። ቀሲኑ ዝከኣሎ ምድላዋት ክገብር ሰፊሕ ዕድል ሃቦ። ኣብቲ ቅድሚኡ ዘካየዶ ተኸታታሊ ወራራት ንህዝባዊ ግንባር ክድምስሶ ዘይክኣለሉ ምኽንያት ንምፍላጥ ድማ ደቂቕ መጽናዕቲ ኣኻየደ።

ህዝባዊ ግንባር፡ መትንታቱ ክሳብ ውሽጢ ሱዳን ከም ዝዝርጋሕን በዚ መገዲ'ዚ ዕጥቂን ስንቂን ከም ዘእቱን ስርዓት ደርግ ካብ ነዊሕ ኣትሒዙ

ይፈልጥ ነይሩ እዩ። እንተዀነ፡ ምስቲ ዝነበሮ ናይ ሓይሊ ጸብለልታ፡ ንህዝባዊ ግንባር ኣብ ሓጺር ግዜ ኣክቢቡ ክጭፍልቖ ከም ዝኽእል ልዑል ምትእምማን ስለዝነበሮ፡ ምዕጻው ናይዚ መስመር'ዚ ክሳብ ክንዲቲ ኣየተኲረሉን። ብተወሳኺ፡ ኣብ ሱዳን ተዓቚቦም ዝነበሩ ኣማኢት ኣሽሓት ኤርትራውያን ስደተኛታት፡ ንህዝባዊ ግንባር ደጀን ምዃኖም ርዱእ ነበረ። በዚ ድማ ንሻድሻይ ወራር ውጥናቱ ኣብ ዘጻፍፈሉ ዝነበረ እዋን፡ መስመር ሱዳን ምዕጻው ዓቢ ኣተኩሮ ገበረሉ።

በዚ ዕላማ'ዚ፡ መራሒ ስርዓት ደርግ ኮሎኔል መንግስቱ ሃይለማርያም ምስ መራሒ ሪፑብሊክ ሱዳን ጃዕፈር መሓመድ ኣልኑመሪ ንምዝርራብ፡ ኣብ ክረማት 1981 ኻርቱም ኣተወ። እዚ ምብጻሕ'ዚ ወግዓዊ ብምንባሩ፡ መንግስቱ ሃይለማርያም ሱዳን ኣብ ዝኣተወሉ እዋን ኣዝዩ ድሙቕ ኣቀባብላ ተገብረሉ። ኣቐዲሙ ግን ዘይወግዓዊ ርክባት ተኻይዱ ነበረ።

ቅድሚ'ዚ ርክባት'ዚ፡ መንግስቱን ኑመሪን ንሓድሕዶም ይወቃቐሱን ይፈኻኸሩን እዮም ነይሮም። መንግስቱ ሃይለማርያም ንስርዓት ሱዳን "ኩርኩር ሃጸይነት" ክብሎ ኸሎ፡ ኣብ ሓደ ኣጋጣሚ እውን፡ "ከምቲ ናይ ሶማል ምንፋስ ዘድልየ፡ ካልእ ዝሓበጠ ጎማ ብምዕራብና ኣሎ፡" ክብል ተሰሚዑ ነበረ። ኑመሪ ብወገኑ፡ "ሶቬታውያን ንሱዳን ክወሩ መንግስቱ መገዲ ይጸርገሎም ኣሎ፡" ብምባል ይኸሶ ነበረ። ስርዓት ኑመሪ፡ ንሰውራ ኤርትራ ዘበርክቶ ንዋታዊ ደገፍ እኳ እንተዘይነበረ፡ ዶባቱ ንሓይልታት ሰውራን ኤርትራውያን ስደተኛታትን ብምክፋት ምስ ቃልሲ ህዝቢ ኤርትራ ይተሓባበር ነበረ። ስርዓት ደርግ'ውን ኣንጻር ስርዓት ኑሜሪ ዝቃለሱ ደቡብ ሱዳናውያን ኣብ መሬቱ ብምዕቋብ፡ ንሱዳን ዝጉድእ ብዙሕ ተግባራት ይፍጽም ነበረ። ክልቲኦም ስርዓታት፡ እዚ መገዲ'ዚ ከም ዘየዋጽኦም ብምግምጋም ድማ እዮም፡ ፕሮፓጋንዳዊ ዘመተ ደው ኣቢሎም ናብ ልዝብ ክኣትዉ ዝተቐሰቡ።

ኣብቲ ርክብ፡ ኮሎኔል መንግስቱ ንኑመሪ ሓያል እማመታት ኣቕረበሉ። ሕመረት ትሕዝቶ ናይቲ ብወገን ኢትዮጵያ ዝቐረበ እማመታት፡ ክልተኣን ሃገራት፡ ኣብ መሬተን ተዓቚቦም ዝርከቡ ስደተኛታት ኣሕሊፈን ክወሃሃባ፣ ሱዳን፡ ነቶም ኣብ መሬታ፡ ኣብያተ-ጽሕፈትን ጋራጃትን ከፊቶም ዝንቀሳቐሱ ኣባላት ህዝባዊ ግንባር ኣሲራ ንኢትዮጵያ ክተረክብ፣ ኣብ መሬታ ዝርከብ ናይ ህዝባዊ ግንባር ኣብያተ ጽሕፈትን ትካላትን ክትዓጹ፣ ኢትዮጵያ'ውን ብወገና ንተቓለስቲ ደቡብ ሱዳን ካብ መሬታ ክትሰጉግ ዝብል ከምዝነበረ ይፍለጥ። ስርዓት ኑመሪ፡ ነቲ ምስጓግ ስደተኛታትን ተጋደልቲ ኣሲርካ

ምርካብን ኣይተቐበሉን። ዕቝባ ሓቲቱ ኣብ ትሕተኻ ዝነብር ዉልቀ-ሰብ ይኹን ህዝቢ ኣገዲድካ ናብ ዓዱ ምምላስ፡ ብዓይኒ ኣህጉራዊ ሕጊ እውን ዘሰክፍ'ዩ ነይሩ።

ኣብ ኻርቱም፡ ፖርት-ሱዳን፡ መራፌትን ሱዋኪንን ዝርከብ ኣብያተ-ጽሕፈት፡ ሕክምና፡ ጋራጃት፡ መኽዘናትን ካልኦት ትካላትን ህዝባዊ ግንባር ክዓጹ ግን ተሰማምዐ።

እዚ ስምምዕ'ዚ፡ ንህዝባዊ ግንባር መርድእ ኣይነበረን። ኣቐዲሙ ገሚትዎ ነይሩ እዩ። ቅድሚ'ዚ ወግዓዊ ርክብ'ዚ፡ መንግስቱ ሃይለማርያም ኣብ ግንቦት 1980 ናብ ኻርቱም ሃንደበታዊ ምብጻሕ ክፍጽም ከሎ፡ ኑመሪ ብወገኑ ኣብ ሕዳር 1980 ናብ ኣዲስ ኣበባ ተመሳሳሊ ምብጻሕ ኣኻይዱ ነበረ። ህዝባዊ ግንባር፡ ካብ ሽዑ ኣትሒዙ፡ እቲ ርክብ ኣንጻሩ ዝቐንዐ ዛዕባ ከም ዝነበሮ ገሚቱ፡ ነቲ ዝቐጸለ ምዕባለታት ብደቂቕ ይከታተሎ ነበረ። ኣባላት ሓይልታት ጸጥታ ሱዳን ዘይጠባዮም፡ ናብ ትኻላቱ ብምምጻእ ኣብ ምንቅስቓሳቱ ክድርቱዎ፡ ነዳዲ ምእታው ክኸልኡዎ፡ "እንትርፎ ብለይቲ፡ ቀትሪ ከይትስርሑ" እናበሉ ከተዓናቕፉዎ ከለዉ፡ ንህዝባዊ ግንባር መልእክቱ"ውሕጅ ከይመጸ መገዲ ውሕጅ ጽረግ" እዩ ነይሩ። ክንዲ ዝኾነ፡ ኣብ ትሕቲኡ ዝተዓቚበ ህዝቢ፡ ስንኩላን፡ ህጻናት፡ ኣብ መሬት ሱዳን ዝነበረ ስንቂን ካልእ ንብረትን ናብቲ ዞባ ኩናት ዝነበረ መሬት ሳሕል ከግዕዞ ወሰነ።

ኣብ መንጎ ሱዳንን ኢትዮጵያን ስምምዓት ቅድሚ ምግባሩ ኣብ ዝነበረ እዋን እውን እንተኾነ፡ ሰበ-ስልጣን ሱዳን፡ ህዝባዊ ግንባር ኣብ ጀልሃንቲ መደበር ዕቝባትን ስንኩላንን ምኽፋቱ ሕጉሳት ኣይነበሩን። ብዘይ ናቶም ኣፍልጦ ብምድኳኑ ጥራይ ዘይኮነ፡ ብቐንዱ "ናይ ምንባዮም ሓላፍነት ንኮሚሽን ስደተኛታት ሱዳንን ላዕለዋይ ኮሚሽነር ስደተኛታት ሕቡራት ሃገራትን (UNHCR) ዝምልከት እዩ።" እናበሉ ዘቕርብዎ ዝነበሩ ሓሳብ፡ ህዝባዊ ግንባር ክቕበሎ ፍቃደኛ ስለዘይነበረ እዩ። ሰበ-ስልጣን ሱዳን፡ መደበር ጀልሃንቲ ንኮምሽን ስደተኛታት ሱዳን ክርከብ ብተደጋጋሚ ይሓቱ ነበሩ። ህዝባዊ ግንባር ብወገኑ፡ እቲ መደበር ግዝያዊ ኮይኑ፡ ወተሃደራዊ ኩነታት ምስ ሃድአ፡ እቶም ዕቝባት ነዊሕ ኣብ ዘይኮነ ግዜ ንቦታኦም ክምለሱ ምኳኖም እናገለጸ ንጠለቦም ይቕበሎ ኣይነበረን።

ሰበስልጣን ሱዳን፡ ብኮሚሽን ስደተኛታት ሕቡራት ሃገራት ንዝእለዩ ኣማኢት ኣሽሓት ኤርትራውያን ስደተኛታት ተባሂሉ ካብ ዝወሃብ ዝነበረ

ዘይተኣደነ ገንዘብን ናይ መግቢ፡ መጽለሊን ክዳውንቲን ሓገዛት፡ ብዙሕ ረብሓ ነበሮም። ብዝተፈላለየ መልክዕ ማሕፉዳታቶም ዘህጥር ዝነበረ ንግዲ እዩ። መዓስከር ጀልሃንቲ ኣረኩቡና ዝብሉ ዝነበሩ'ውን፡ ብሓልዮት ናይቲ ኣብኡ ዝነበረ ዕቑብ ህዝቢ ኣይኮነን።

መራሕቲ ኢትዮጵያን ሱዳንን ኣብ መፋርቕ 1980 ርክብ ምስ ጀመሩ፡ ሰበ-ስልጣን ሱዳን ነቲ መዓስከር ብኢደ-ዋኒኖም ናብ ካልእ ቦታ ክግዕዝዎ መደብ ኣውጺኦም ነበሩ። እቲ ዘቕረብዎ ምኽንያት፡ ዋሕዲ ማይን ጉዳይ ጸጥታን ነበረ። ጀልሃንቲ ኣብ ግዜ ሓጋይ ማይ ስለዘውሕዶ፡ ነቶም ዕቑባት ናብ ማይ ዘለዎ ውሑስ ቦታ ክግዕዙዎም ሓላፍነት ከም ዘለዎም እናገለጹ ድማ ኣዕገርገሩ። ሰበ-ስልጣን ሱዳን ብተወሳኺ፡ "ዕቑባት መደበር ጀልሃንቲ ከም ስደተኛታት ክምዝገቡ ኣለዎም። እንተ ዘይተመዝጊቦም፡ መንግስቲ ሱዳን ይኹን UNHCR፡ ነቲ መንግስቲ ኢትዮጵያ 'ጀልሃንቲ መሰልጠኒ ሸፋቱ ደኣ'ምበር ስደተኛታት ዝዕቑብሉ መዓስከር ኣይኮነን' እናበለ ኣብ ልዕሊ'ቲ መዓስከር ክወስዶ ዝሓስብ ዝነበረ ወተሃደራዊ መጥቃዕቲ ክንቃወሞ ኣይንክእልን ኢና፣ ብኣህጉራዊ ሕጊ፡ መዕቈቢ ስደተኛታት ካብ ዶብ ብውሕዱ 50 ማይልስ (80 ኪሎ-ሜተር) ርሕቀት ክህሉዎ ኣለዎ፣ ነዚ ኣህጉራዊ ሕጊ'ዚ ንምክባር፡ ካብቲ ዘለዎ ናብ መራፊት ክግዕዝ ኣለዎ" እናበሉ ደጋጊሞም ጸቕጢ ንምፍጣር ይህቅኑ ነበሩ።

እቶም ሰበ-ስልጣን እዚ ከይኣክሎም፡ ነተን ምስ ማሕበር ረድኤት ኤርትራ ዝተሓባበራ ዝነበራ ሓደ ሓደ ማሕበራት ግብረ-ሰናይ እውን ሓገዛተን ደው ከብላኦ፡ እንተ ደልየን ብመገዲ ላዕለዋይ ኮሚሽነር ስደተኛታት ሕቡራት ሃገራት ጥራይ ኣቢለን ንክሕግዛ ጸቕጢ ይገብሩለን ነበሩ። በዚ ምኽንያት፡ ሓገዛተን ዘቋረጸ ገለ ማሕበራት እውን ነበራ።

ናይ መወዳእታ ኣኼባ ጀልሃንቲ

መሪሕነት ህዝባዊ ግንባር፡ ኣቓዲሙ ብዝተጠቕሰ ዞባዊ ፖለቲካዊ ኩነታት፡ ኣብ መፋርቕ 1981፡ ኣብ ሱዳን ዝነበረ ሰቡን ንብረቱን ናብ ሜዳ ክግዕዝ ወሰነ። ኣባል ፖለቲካዊ ቤት-ጽሕፈት ህ.ግ.ን ሓላፊ ክፍሊ ማሕበራዊ ጉዳያትን መሓመድ-ሰዒድ ባርህ ዝርከቦም ላዕለዎት ሓለፍቲ ክፍሊ ማሕበራዊ ጉዳያት፡ ነዚ ውሳነ'ዚ ንምግላጽ፡ ብ20 ሰነ 1981 ኣብ መዓስከር ጀልሃንቲ ኣኼባ ኣካየዱ። እቲ መግለጺ፡ ከም ዒደር ክወሓጥ ዘይክእል ኣዝዩ መሪር ምዃኑ ይርድኦም ነበረ። ነቲ ክልተ ዓመት

መመላእታ፡ ኣንጉዕኻ ዘምክክ ብርቱዕ ጽሓይ፡ ቊርበትኻ ለብሊቡ ሕብርኻ ዝድውን ሓያል ሙቐት ተጻዊሩ፡ ንጀልሃንቲ ናብ ዓባይ ዓዲ ዝለወጣ ሰንኩል ተጋዳላይን ህዝብን፡ ብኸመይ ከምዘርድእዎ ሕርብት በሎም።

መሓመድ-ስዒድ ባርህ (ወድ-ባረ) ነቲ ኣኼባ ከኸፍቶ ከሎ፡ ሓጐጽጕጽ ዝመልኦ መሪር ጉዕዞ ከይሓለፈ ኣብ ዓወት ዝበጽሐ ሰውራ ከም ዘየለ ኣስፊሑ ገለጸ'ሞ፡ ኣብ መወዳእታ፡ መንግስታት ሱዳንን ኢትዮጵያን ኣንጻር ህዝባዊ ግንባር ናይ ጥፍኣት ውዲት ምእላሞም ኣንተጎ። በዚ ምኽንያት ድማ፡ እቲ ክፍሊ፡ ካብ ጀልሃንቲ ብህጹጽ ናብ ሳሕል ክግዕዝ ወሲኑ ምህላዉ ገለጸሎም። ግብረ-መልሲ ናይቲ ሓፋሽ ህዝብን ተጋዳላይን ግና፡ ኣይከም ትጽቢቱን። ኣደታት ብክቱር ሓጐስ ዝኣክል ዕልልታ ደርጉሕኦ። ተጋደልቲ፡ ናብ መሬት ሃገሮም ክምለሱ ምዃኖም ዝገልጽ ብሰራት ብምስምዖም ሓጐሶም ብድሙቕ ጨብጨባን ፋጻን ገለጹ። ገሊኦም ከኣ ብክቱር ታሕጓስ ክነብዑን ሕንቕንቕ ክብሉን ተራእዩ።

መሓመድ-ስዒድ ባርህ ኣስዒቡ፡ ነቲ ጸላኢ ዝዳለወሉ ዝነበረ ወሳኒ ግጥም 6ይ ወራር ብዝምልከት ሰፊሕ መግለጺ ሃበ። ህዝባዊ ግንባር፡ ክቢድ መኸተ ይጽበዮ ከምዘሎ ብምሕባር ከኣ፡ ምስ'ዚ ኩነታት'ዚ ተኣሳሲሩ፡ እቲ ህዝቢ ምርጫኡ ክውስን ናጻ ምዃኑ ብኸምዚ ዝስዕብ ቃላት ኣነጸረሎም።

“. . .ኣብ ሱዳን ክትተርፉ ትደልዩ እንተለኹም፡ በዚ ጌርኩም ንኻርቱም ወይ ፖርት-ሱዳን ክትከዱ ዝክልክለኩም የለን፣ ናጻ ኢኹም። ባዕልና እውን ከነብጽሓኩም ንክእል ኢና። ናብ መበቆል ዓድና ክንምለስ ትብሉ እንተለኹም እውን፡ ብኣድጊ ድዩ ብገመል ብዝተፈላለየ መገዲ ባዕልና ናብ ዓድታትኩም ከነብጽሓኩም ጸገም የብልናን። ስለዚ፡ ክትከዱ ትደልዩ ጽባሕ ንግሆ ኣብ ቤት-ጽሕፈት መጺእኩም ተመዝገቡ።”

መልሲ ናይቲ ዝበዝሐ ህዝቢ ግን፡ “ምስ ህዝብኻ መዓት ዳርጋ ግዓት፣ ደቅናን ኣሕዋትናን ገዲፍና ናበይ ከነብል፧ ዝረኸበት ክትረክበና ካብ እግርኹም ኣይንፍለን፡....” ዝብል ነበረ። ኣብ መንጎ'ቲ ዝበዝሐ ግን፡ ብዓንተቦኡ ንወጻኢ ናይ ምኻድ ድሌትን መደብን ዝነበሮም ሒደት ዕቑባት ነበሩ። ዝበዝሓ ኣንስቲ እየን። ሒደት ሰብኡት እውን ነበሩ። ንጽባሒቱ ተመዝጊቦም፡ ብመካይን ናብ ፖርት-ሱዳን ተፋነዉ። ነዚኣቶም ሓዊስኻ፡ እቶም ዕቑባት ኣብ መሬት ሱዳን ኣብ ዝጸንሕሉ ክልተ ዓመታት፡ ብዝሒ'ቶም ናብ ሱዳን፡ ኤውሮጳ፡ ኣመሪካን ካልኦት ሃገራትን ዝተሰናበቱ ዕቑባት 104 ከምዝነበረ ጸብጻባት ናይቲ ክፍሊ ይሕብሩ።

ካብ ጀልሃንቲ ናብ ጸግዒ ግንባራት

ኣብ መሬት ሱዳን ዝጸንሐ ህዝብን ስንኩል ተጋዳላይን፡ ብህጹጽ ክግዕዝን ኣብ ዓራግ (ክፍሊ ታዕሊም፡ ወተሃደራዊ ቤት-ጽሕፈትን ክፍሊ ዜናን ዝነበሩዎ ቦታ) ክሰፍርን ምስ ተወሰነ፡ ገለ ኣባላት ክፍሊ ማሕበራዊ ጉዳያት ንዳህሳስ ናብቲ ቦታ ተላእኩ። እቲ ቦታ ብምሉኡ ብቤት ትምህርቲ ሰውራ (ጨንፈር ትምህርቲ) ተታሒዙ፡ ንዕኦም ዝኸውን ሰፍራ ዳርጋ ዘይብሉ ኮይኑ ጸንሖም። በዚ ድማ ካልእ ክናድዩ ተገደዱ። ኣብ መጨረሻ፡ ግልዕ ንህጻናት፡ ኣብ መንጎ ዓራግን ሓሊበትን ዝርከብ ስንጭሮ ንህዝቢ፡ ንመክዘናትን ቤት-ጽሕፈት ክፍልን ከዕቍብ ዝኽእል ዝሓሸ ቦታ ምዃኑ ኣረጋገጹ። ስንኩላን ድማ፡ ማእከላይ ሕክምና ውድብ ኣብ ዝነበሮ ሓወልዕ ክሰፍሩ ኣብ ምርድዳእ ተበጽሐ። እዚ ቦታታት'ዚ ብምሉኡ ኣብ ዓንኬል ተኸሲ ዝርከብ እዩ። ካብቲ ጸላኢ ዓሪድሉ ዝነበረ ግንባር ሰሜናዊ ምብራቕ ሳሕል ብዙሕ ርሑቕ ብዘይ ምዃኑ፡ ጸላኢ እንተ ሓመቐ ብከቢድ ብረት ከረኻክበሉ ዝኽእል ስፍራ ነበረ። ምስቲ ዝነበረ ወጣሪ ኩነታት ግን፡ ካብኡ ዝሓይሸ ቦታታት ክርከብ ኣይተኻእለን።

ኣብ መንጎ ዓራግን ሓሊበትን ዝርከብ ስንጭሮ፡ ጸቢብ ብምዃኑ፡ ንብምሉኡ'ቲ ህዝቢ ከዕቍብ ዝኽእል ኣይነበረን። እንተኾነ ግና፡ ምስ ምቅርራብ 6ይ ወራር፡ ብዙሓት ተጋደልቲ ካብ ክፍልታት ናብ ግንባራት ይኸቱ ስለዝነበሩ፡ እተን ክሰርሓ ዝኽእላ፡ ምሉእ ጥዕናን ጉልበትን ዝነበረን ኣደታት ናብ ማእቶት ከም ዝዋፈራ ተገብረ። ዳርጋ ክልተ ሲሶ (2/3) ካብተን ኣደታት ከኣ፡ ኣብ ውሽጢ ሱዳን ካብ ዓጊግ ክሳብ ፖርት-ሱዳን፣ ኣብ ደጀን ካብ ናቕፋ ክሳብ ሓስታን ዓራግን ፋሕ ኢለን፡ ነቲ ኣብ ዝተፈላለያ ክፍልታት ውድብ - መጓዓዝያ፡ ምውፋር፡ ጋራጃት፡ መዐደሊ ነዳዲ፡ ምንቅቓሕ፡ ሕክምና፡ ትምህርቲ፡ ቊጠባ፡ ዜና፡ ህዝባዊ ምምሕዳር፡ ፍሉይ ጉዳይ፡ ጨንፈር መናበዩ ህጻናት ወዘተ. ዝነበረ ናይ ዓቕሚ-ሰብ ሃጓፍ ከም ዝሸፍንኦ ተገብረ። ክጋደላ ዝወሰና ገለ ኣብ ንኡስ ዕድመ ዝርከባ ኣደታት እውን፡ ደቀን ኣብ ጨንፈር መናበዩ ህጻናትን ቤት ትምህርቲ ሰውራን ገዲፈን ናብ ክፍሊ ታዕሊም ተፋነዋ። ሓራሳት፡ ነብሰ-ጾራት፡ ዕድመ ደፊአን ጥዕና ዘይነበረን ኣደታት ጥራይ ኣብ ሓሊበት ተረፋ።

ኩለን ጨናፍር ክፍሊ ማሕበራዊ ጉዳያት፡ ኣብ መጀመርታ ሓምለ 1981 እየን ካብ ጀልሃንቲ ናብዚ ቦታታት'ዚ ግዒዘን። ኣቐዲሞም ገለ ኣለይቲ ስንኩላን፡ ናብቲ ቦታ ሓሊፎም ባይታ ኸጣጥሑ ተላኢኾም እኳ እንተነበሩ፡ ገና እኹል ምድላዋት ከይገበሩ፡ ካብ ጀልሃንቲ ዝግዕዝ ዝነበረ

ህዝብን ንብረትን ኣርከቦም። እቲ ናይ ምግዓዝ መስርሕ ግዜ ከይወሰደ ኣብ ውሽጢ ሓደ ወርሒ ክዛዘም እዩ ተወሲኑ። የግዳስ፡ ነቲ ክፍሊ ዝተፈቕዳ መካይን ሰለስተ ጥራይ ስለዝነበራ፡ ኣብ ጆልሃንቲ ንክልተ ዓመት ዝተተኽለ ብዙሕ ኣባይቲ ኣፍሪስኻ ኣዕኑዱን ሰርወታቱን ከተግዕዝ፡ ኣብቲ ቦታ ዝተኹመረን ዝተጠርየን ንብረት ጠርኒፍካ ክትወጽእ ቀሊል ኣይነበረን። እቲ መደብ ድማ፡ ከምቲ እትሓስቦ ኣብ ሓጺር ግዜ ክውዳእ ዘኽእል ኣይነበረን።

እቲ ዝነበረ ናይ ምግዓዝ መስርሕ ርእሱ ዝኸኣለ ዛንታ እዩ። "ታኒኻ'ውን ትኾን ኣብዚኣ ክንገድፍ የብልናን" ዝብል ኒሕ ስለዝነበረ፡ ኣባላት ክፍሊ ማሕበራዊ ጉዳያት፡ ነቲ ኣብ ክልተ ዓመት ምሉእ ዝተሃንጸ ኣባይቲን ኣደራሻትን እናፍረሱ፡ ነቲ ኣዕጻዉ ኣኪቦም ምስ ብዙሕ ጋዕ-ገልጠምን ተነቃፊ ናውቲን ኣብተን መካይን ክጽዕኑዎ፡ ነተን ኣደታት፡ ህጻናትን ዘይኽእሉ ስንኩላንን ተተሸኪሞም ኣብ ልዕሊኡ ከሰቕሉዎም እምበረ-መጠን ሃሊኾም እዮም። ብፍላይ ኣባላት ጨንፈር መኽዘን፡ ኣብ ጆልሃንቲ ተረሰሪሱ ዝነበረ ብገምጋም 45,000 ዝኸውን ተረንሹዋታት እኽሊን ሕሩጭን፡ ከምኡ'ውን ዘይቲ፡ ሰቃጥላታት ካልእን ኣብ ሓጺር ግዜ ንምግዓዙ ለይትን መዓልትን እናረፍዑ ዘርኣይዎ ናይ ስራሕ ተወፋይነት መዘና ኣይነበሮን።

እቲ ብመንግስቲ ሱዳን ዝተወሰደ ካብ ናብ ሳሕል ዝወስድ መገዲ ናይ ምዕጻው ስጉምቲ፡ ንብዙሕ ናይ ስንቂን ካልእ ንብረታትን ምንቅስቓስ ኣብ ሓደጋ ዘውደቐ ነበረ። ኮይኑ ግና፡ 'ትክን ተባዕን መውጽኢ ነይስእኑ' ከም ዝበሃል፡ ኣባላት ጨንፈር መኽዘን፡ ናይ ዓይተርባ መገዲ ምስ ተዓጽወ፡ ነቲ ስንቂን ካልእ ንብረትን ከውጽእሉ ዘኽእሉ መገዲ ንምህንዳስ ተበገሱ። ኣፍራዛ፡ ባዴላ፡ ፋስን መለኪኖን ብምሓዝ ከኣ፡ ነቲ ቀንዲ መገዲ ንጸጋም ገዲፎም፡ ቀዳምነት ዘወሃቦ ንብረት ኣብ ብዙሓት መካይን ጽዒኖም፡ ቀቅድሚኦን እናመርሖ፡ ጸግዒ-ጸግዒ ኅቦታት ናብ ገረግር-ሱዳን ገስገሱ። ክዓግተን ዘኽእል ቀጥቋጣት እናቖረጹ፡ ዓበይቲ ደናጉላ እናፈንቀሉ፡ ኩምራታት ሓመድ እናፍረሱ፡ ዝዓሞቐ መሬት እናመድመዱ ከኣ ድሕሪ ናይ ኣስታት 10 ሰዓታት ኣህላኺ ጉዕዞ ነተን መካይን ገረግር-ሱዳን ኣእተዉወን። ካብኡ ቀጺሎም እውን ብዓየት ኣቢሎም ናብ ሓወልዕ ከምዝሰግራ ገበሩ። በዚ ድማ ሓሊበት በጺሐን ጽዕነተን ኣራገፋ። እቲ ተሪፉ ዝነበረ ህዝብን ንብረትን ናይተን ካልኣት ጨናፍር'ውን፡ በዚ ሓድሽ መስመር'ዚ ኣቢሉ ኾም ዝወጽእ ተገብረ። እተን መካይን እዚ ኹሉ መገዲ ክንዓዛ፡ ኣባላት ጸጥታ ሱዳን ክርእዩወን ኣይከኣሉን። መገዲ ዓጺናዮም

ኣለና እናበሉ ድማ፡ ኣባላት ክፍሊ ማሕበራዊ ጉዳያት ብዘይተጸበዩዎ ቦታ፡ ዝበዝሕ ሰቦምን ንብረቶምን ኣውጽኡ።

ካብቲ ኣብ ጀልሃንቲ ተኣኪቡ ዝነበረ ኣዕኑድ፡ ኣግማል፡ ሰርወታትን ዝነድድ ዕንጸይትን፡ ብሰንኪ ዋሕዲ መካይን፡ ገሊኡ ክሳብ መጀመርታ ሕዳር 1981 ክግዕዝ ኣይከኣለን። ተጋዳላይ ከኣ፡ መርፍእ እውን ትኹን ንብረት ውድብ ዝገድፍ ኣይኮነን። ስለዝኾነ፡ ገለ ተጋደልቲ ንሓለዋ ኣብኡ ክምዝጸንሑ ተገብረ። ጸኒሖን መካይን ስሊኹን ጀልሃንቲ ብምእታው፡ ነቲ 18 ጽዕነት ዝኸውን ኣዕጻውን ነቶም ኣባላትን ጽዒነን ቡቲ ዝተሃንደሰ ሕቡእ መገዲ ከይተራእያ ንሜዳ ኣተዋ። ጀልሃንቲ ዓባይ ዓዲ ከምዘይነበረት፡ ናብቲ ናይ ቀዳማ ጉልጉል በረኻ ተቐየረት። ኵሉ ምስ ግዓዘ፡ ወተሃደራት ሱዳን፡ እቲ ህዝቢ ዘሎ መሲሉዎም ናብ መራፌት ከግዕዙዎ መጺኦም ነበሩ። ሰብሲ ይትረፍ ጥር ትብል ንብረት ምስ ሰኣኑ ከኣ፡ ብክቱር ምግራም ተዓኒዶም ከም ዝቐዘዙ ይነገር።

ናብራ ኣብ ትሕቲ ከቢድ ስግኣት

ጋንታታት ስንኩላን፡ ናብ ሓወልዕ ቅድሚ ምግዓዘን፡ ኣቐዲሞም ዝተላእኩ ናይ ኣካል ኢደ-ስርሓት ዝርከቡዎም ኣባላት ናይቲ ጨንፈር፡ ኣብቲ ቦታ ኣባላት ማእከለይ ሕክምና ዝጥቀምሉ ዝነበሩ ዑናታት ጸጋጊኖሞ ጸንሑዎም። ኣብ ርእሲኡ ድማ፡ ብርኽት ዝበለ ናይ ትሕተ-መሬት ኣባይቲ (under-ground) ንመንበሪ፡ መምሃሪ፡ ኣብያተ-ጽሕፈትን መመገቢ ካፈተርያታትን ዘገልግል ሓድሽ ህንጻታት ሃነጹ። ተወሰኽቲ ቴንዳታት ከኣ ተኸሉ። መብዛሕትኦም ነዳቕ ዝኾኑ 64 ስንኩላን ናብ ሓሊበትን ግልዕን ብምልኣክ ድማ፡ ነተን ካልኦት ጨናፍር ክፍሊ ማሕበራዊ ጉዳያት ቦታኣን ኣብ ምጥጣሕ ተሓጋገዙወን። ኩለን ጋንታታት ናብቲ ቦታ ምስ ኣተዋ'ውን፡ ንልዕሊ ክልተ ኣዋርሕ ተወሳኺ ኣባይቲ ናይ ምስራሕን ቴንዳታት ናይ ምትካልን ስራሕ ቀጸለ። ቀባእትን ቀረጽትን ከኣ፡ ነቲ ዝተሃንጸ ኣባይቲ ኣብ መናድቑ መሳጢ ስእልታት ብውሕልነት እናቐብኡ፡ ካብ በረኻ ጸፋሕቲ ኣእማን ብምምጻእ እናወቐሩ ዝተፈላለየ ምስልታትን ጭርሖታትን ቀሪጾም ኣማዕረጉዎ።

ሓወልዕ፡ ካብ ግንባር ሰሜናዊ ምብራቕ ሳሕል ርሑቕ ኣይኮነን። ሰራዊት ጸላኢ ቍሩብ ክደፍእ እንተክኢሉ፡ ብቐሊሉ ክበጽሖን ክቈጻጸሮን ዝኽእል ቦታ ስለዝነበረ፡ ኣብኡ ዝሰፈሩ ስንኩላን ኣብ ሓደጋ ኸይወድቁ ልዑል ስግኣት ነበረ። ነፈርቲ ኩናት እውን ብተደጋጋሚ ይዝንብያኦ ነበራ።

በዚ ድማ፡ ስንኩላን እኽሉ-ማይን መናጽፍን ሒዞም ነቲ ሓድሽ መዓስከሮም ገዲፎም በረኻ ምዓል ተታሓሓዙዎ። ብእግሮም ክንቀሳቐሱ ዘይኽእሉን ሓውሲ ፓራላይዝ ዝኾኑን ተጋደልቲ ከይተረፉ፡ ብብጾቶም ተጸይሮም ንበረኻ ይወፍሩ ነበሩ። ምሸት ናብ ቦታኦም ምስ ተመለሱ ድማ፡ ኣብ ፖለቲካዊ ትምህርቲ ይጽመዱ። ኣብ ጀልሃንቲ ብስሩዕ ዝወሃብ ዝነበረ ኣካዳምያዊ ትምህርቲ ግን ኣይቀጸለን። ኣብቲ ዝውዕልሉ በረኻ ተኣኪቦም ክመሃሩ ንሓደጋ ዘቃልዕ ብምንባሩ፡ ኣቋረጸ።

ኣብ ሓወልዕ ስፖርታዊ ንጥፈታት ዝሕልሕል ክብል ከሎ፡ ባህላዊ ንጥፈታት ግን ይቕጽል ነበረ። ኩለን ጋንታታት ምሸት-ምሸት ልምምዳት እናገበራ፡ በብተራ ምርኢት የቕርባ ነበራ። ኣብቲ እዋን'ቲ ዘቕርብኦ ዝነበራ ምርኢታት፡ ሻድሻይ ወራር ከም'ቶም ዝሓለፉ ወራራት ፈሻሊ ምዃኑ ዘንጸባርቕ፡ ንተጋዳላይ እናዘናግዐ ጽንዓትን ትብዓትን ዘስንቕ ነበረ። ዓባይ ጉጅለ ባህሊ ክፍሊ ማሕበራዊ ጉዳያት ከኣ፡ ዘመናዊ መሳርሒታት ሙዚቃ ዓጢቓ ንዝዓበየ ምርኢት ልምምዳ ትቕጽል ነበረት።

ኣብቲ ግዜ'ቲ፡ ከም ኩሉ ተጋዳላይ ንስንኩላን ዝወሃብ መቑነን እውን ጉዲሉ ነበረ። መንግስቲ ሱዳን፡ ስንቂ ኮነ ነዳዲ ናብ ሳሕል ከይሓልፍ ይዓግት ስለዝነበረን፡ ኣብቲ ዝሰዕብ ብርቱዕ ኩናት 6ይ ወራር ስንቂ ከይስኣን ተባሂሉ፡ ኣብ መኽዘን ዝነበረ መሳርፍ ብውሑድ ዓቐን ይዕደል ስለዝነበረ እምበር፡ ኣብ መኽዘን ዋሕዲ ስንቂ ኣይነበረን። እቲ ውድብ፡ ነቲ ከቢድ ግጥም ብኩሉ መዳይ ተቐራሪብሉ እዩ። 'ሕማቕ ኣሎ ጽቡቕ ኣሎ.' ከምዝበሃል ግን፡ ምቁጣብ ኣድላዪ ነበረ። በዚ ምኽንያት፡ ስንኩላን ኣብ ሓደ መዓስከር ካብ ዝጥርነፉ ጀሚሮም፡ ርእዮሞ ዘይፈልጡ ናይ ጥሜት ግዜ ኸሕልፉ ተገደዱ። ራሕባ (መኣዲ) ምስ ተቐረበት፡ ቀልጢፋ ስለትውዳእ፡ ኣግዚፎም ክኹልሱን ቀልጢፎም ክበልዑን ዘይኽእሉ ህሩማት መንጋጋ (ማንዲብል)ን ካልኦት ናይ ከብዲ ማህረምቲ ዝነበሮምን ከይህሰዩ ተባሂሉ፡ ንበይኖም ዝምገብሉ ኣገባብ ተኣታተወ። ኮታስ ኣኻላ-ስንኩላን ኣብ ጀልሃንቲ ዘሕለፉዎ ጽጋብን ሃልኪ ዝመልአ ህይወትን ዝናፍቕሉ ሕማቕ ግዜ ነበረ። ከብዶም ብጉዱሉ ድማ፡ ዕንጸይቲ ንምእራይን፡ ነቶም ሰብሓዳር ዝኾኑ ዓይነ-ስዉራን ዝኸውን መዕቈቢ ንምስራሕን እምብዛ ይሃልኩ ነበሩ።

ኣብዚ ናይ ጥሜት እዋን፡ ስንኩላን ቅድሚኡ ገይሮሞ ዘይፈልጡ፡ ኣብ ከባቢኦም ሓምሊ ምሕማል ጀመሩ። ኣብሲሎም ምስ ጥሑን ዓሳን ካልእን ግዒቶም ድማ ከርሶም የዐንግሉ ነበሩ። ብፍላይ ንደምቦቤት ዝማዕዱ ሰብጥሪት ዝቕመጥሉ ስንሰለታዊ ጎቦታት፡ ምስቲ ዝነበረ ህጡር ክራማት ዘጉላዕልዐ ሓምሊ ብብዝሒ ይርከቦ ነበረ። እንተኾነ ግና፡ ኩለን ጋንታታት ኣባላተን

ኣዋፌረን ክሓምላ ሓንሳብ ኣየጽንሕኦን። ነቲ እናስሓው ዝኸደ ሓምሊ በረኻ ንምርካብ ከኣ፡ ፈቐዶ ዛሬባታት፡ ጎድፋትን ዕውድ-ዕውዶታትን ኮለል ኮነ። 'እዝኒ ጣዕዋ' ዝበሃል ዓይነት ሳዕሪ ከም ሓምሊ ኣብሲሎም ዝምገብሉ ግዜ እውን መጸ። ዋሕዲ መቑነን ኣብ ሓርጭ ጥራይ ኣይነበረን። ኩሉ ዓይነት መሻርፍ ጉዱሉ እዩ። ዝያዳ ዝተሃስዩ ከኣ፡ እቶም ጸባ ብብዝሒ ዘድልዮም ህሩማት መንጋጋ (ማንዲብል)፡ ህሩማት ከብዲ (ኣብዶመን)፡ ናይ ስቶሞኮ (ጋስትራይት)ን ካልእ ጥዕናዊ ጸገማትን ዝነበሮምን ስንኩላን እዮም።

ሓወልዕ፡ ኣብ ጥቓ ዶብ ኤርትራ ዝርከብ ናይ ሱዳን መሬት እዩ። መንግስቲ ሱዳን፡ ኣብቲ ቦታ ኣብ መንጎ'ቲ ዕቑብ ህዝቢ ብረት ዝዓጠቐ ተጋደልቲ ህዝባዊ ግንባር ከምዘለወ ዘመልክት ሓበሬታ ስለዝበጽሖ ድማ፡ ብሓደ ኮሎኔል ዝምርሑ ሓደ ሓይሊ ዝኾኑ ወተሃደራቱ ብምልኣኽ፡ ንመዓስከር ስንኩላን ጉርጉሮ። እንተኾነ፡ ሓለፍቲ ናይቲ ጨንፈር፡ እቶም ወተሃደራት ብመካይን ናብ ሓወልዕ ክመጹ ኣማዕድዮም ምስ ርኣዩ፡ ኣብቲ መዓስከር ዝነበረ ሒደት ብረትን ናይ ኢድ ቦምባታትን ኣብ ኻሻታት መሊኦም ኣብ ርሑቕ ስንጭሮ ከምዝሕብእን፡ ዝኾነ ወተሃደራዊ ኣቕሓ ከምዘይክወልን ብምግባሮም፡ ወተሃደራት ሱዳን ዝኾነ ኣሰር ወተሃደራዊ ንብረት ከይረኸቡ ናብ ቦታኦም ተመልሱ።

ዕንጸይቲ ምእራይ፡ ንስንኩላን ኣብ ጀልሃንቲ ዘላደየ ኣህላኺ ንጥፈት እዩ። ኣብ ሓወልዕ ከኣ ምስ ጥሙይ ከብዶም ተረርቲ ጎቦታት እናደየቡን ብኣጻድፍ እናወረዱን ካብ ምእራይ ኣየዕረፉን። እቲ ቦታ ቅድሚኡ ብዙሓት ክፍልታት ውድብ ዕንጸይቲ ይኣርያሉ ብምንባረን፡ ዕንጸይቲ ክሰኣንን ሃልኪ ክዛይድን ግዜ ኣይወሰደን። መወሰክታ ዕንጸይቲ ክኸውን ዝኣረገ ጎማታት እናቃጸሉ መግቢ ዘዳልዉሉ ግዜ ነበረ። ትኪን ጨናን ናይቲ ጎማ ኣብ ዘይሕማምኻ ዘብጽሕ እዩ። ድሓር ግን፡ ብኢደ-ስርሓት (ራሕባ) ውድብ ህዝባዊ ግንባር፡ ተጋደልቲ 'ሮቦት' ኢሎም ዝሰመዩወን ብናፍታ ዝሰርሓ ሞጎጎታት ስለዝተዓደላ፡ እቲ ሽግር ብመጠኑ ተቓለለ። እተን ሞጎጎታት፡ ሽዑ ዝተሰንዓን ገና ዘይወርጸጻን ብምንባረን፡ ንዘይመልከን ሰብ ብሓዊ ገጹ ስለ ዝሽልብብኦ ኣዝዩ ጥንቃቐ ዘድልየን ነበራ። ድሓር ግን፡ እናተመሓየሻን እናተመልኻን ከዳ። ይኹን'ምበር፡ ምስ ምዕጻው መስመር ሱዳን ተኣሳሲሩ፡ እቲ ዝወሃብ ናፍታ'ውን ብዕቅን እዩ ዝነበረ።

ኣጋጣሚታት

ጋንታታት ስንኩላን፡ ኣብ እዋን ምሸት ባህላዊ ልምምድ ከኻይዳ ተባሂሉ፡ ብላምባ ዝሰርሓ ፋኑሳት ተዓዲለንአን ነበራ። እቶም ስንኩላን፡ "መድለዪ ኣድጊ" እናበሉ'ዮም ዝጽውዕወን። ጋንታታት ልምምደን ምስ ወድኣ ድማ፡ ንግሆ ምስ ተረፍ ላምባአን

ከመልስኣን ይግደዳ ነበራ። ነቲ ድሕሪ ልምምድ ዝነበረ ከቢድ ናይ መብራህቲ ጸገም ኪቃልለለን ብምባል፡ ካብ መምርሒ ወጻኢ ነቲ ናፍታ ወይ ላምባ ብሕቡእ ገልቢጠን ዘትርፋኦ ጋንታታት ግን ኣይተሳእናን። ካብ ዕለታት ሓደ መዓልቲ፡ ሓንቲ ጋንታ ነተን ፋኑሳት ላምባኣን ጸኒቒቃ መለሰተን። ብጥርጣረ ተፍትሽ ምስተገብረ ድማ፡ እቲ ናፍታ ኣብ ጀሪኻን ተገልቢጡ ተረኽበ። እተን ዝተሓብኣ ጽንቃቕ ላምባ፡ ካብ ሊትሮ ዝሓልፋ ኣይነበራን። የግዳስ፡ ምስቲ ዝነበረ ሕማቕ ግዜ፡ ከም ዓቢ ገበን ተቘጺሩ፡ ብደረጃ ጨንፈር ህጹጽ ኣኼባ ተጸውዐ። ኢታ ጋንታ ድማ ብነቐፌታ ተጨፍጨፈት። ብድሕሪ'ዚ፡ ጉዳይ ላምባ ኣብቲ ጨንፈር ቀንዲ መዛረቢ ኣርእስቲ ኮይኑ ንነዊሕ ግዜ ቀጸለ።

ኣብዚ ሕሱም እዋን፡ ኣብ ርእሲ ጥሜት ናይ ሳእኒ ጸገም እውን ነበረ። ሽዳ ይዕደል ኣይነበረን። ገሊኦም ናቶም ኣሕቂቐም፡ ናይቶም እግሮም ዝተቘርጹ ብጾቶም ከይተረፈ ኣብልዮሞ እዮም። እቶም ኣብ ሕማቕ እዋን ፈታሕቲ ሽግር ኣባላት ራሕባ ናይቲ ጨንፈር ግዳ፡ ጥላም-ሳእኒ (ሃራምበ) ክሰርሑሎም ጀመሩ። ዝኣረገ ጎማታት ዓበይቲ መካይን ካብ ምውፋርን ካልእ ቦታታትን ብምምጻእ፡ ብኻራ እናቐደዱን እናጸረቡን ኣብ ውሽጢ ሒደት ሰሙናት ልዕሊ 1,730 ሃራምበ ሳእኒን፡ ንመጥመሪ ኣቑሑን ጽዕነትን ዝኸውን ብዙሕ ገመዳትን ኣዳለዉ። እቲ ስራሕ ኣዝዩ ኣህላኺ ነበረ። ቀትርን ምሸትን ከይበሉ፡ ብጥሙይ ከብዶም ሕቓኦም ክሳብ ዝጉብጥ እናሰርሑ ከኣ፡ ነቶም እሾክ እናተወግኡ ዕንክይክይ ክብሉ ጀሚሮም ዝነበሩ ብጾቶም ካብ ጸገም ገላገልዎም።

ንኡሳን ኣኻላት ጽገና ሰዓትን ሬድዮን፡ ኣብ ሓወልዕ ስርሐን ኣየቋረጻን። እኳ ድኣ፡ ኣብቲ ግንባር ዝነበሩ ተጋደልቲ፡ "ሬድዮን ሰዓትን ዘዐርዩ ሰንኩላን ኣብ ሓወልዕ መጺኦም ኣለዉ" ዝብል ወረ ሰሚዖም፡ ዝተበላሸወ ንብረቶም ሒዞም ብብዝሒ ክመጹዎም ጀመሩ። በዚ ከኣ ኣባላት ናይ'ዘን ኣኻላት ከም'ቶም ካልኦት ብጾቶም ሕቘኦም ከየቕንዑ ደኒኖም ክጽግኑ ጽሓይ ይዓርቦም ነበረ።

ሓወልዕ፡ ካብ ጀልሃንቲ ብርኽ ዝበለ ቦታ ብምዃኑ፡ ኵነታት ኣየሩ ዝሓሸ እዩ። ወቕቲ ክራማት ስለዝነበረ ድማ፡ ዝሕልሕል ኢሉ ነበረ። በዚ ምኽንያት፡ ብርኽት ዝበሉ ሰንኩላን ዝነበሮም ኣቑሳል እናረኸሰ የሸግሮም ብምንባሩ፡ ሓያሎ ሰንኩላን ናብ ማእከላይ ሕክምና ውድብ ይመላለሱ ነበሩ።

* * *

ኣብ ድሮ ሻድሻይ ወራር፡ ህዝባዊ ግንባር፡ ዓቕሚ ተዋጋኢ ሰራዊቱ ንምድልዳል፡ ካብ ክፍልታት ውድብ ጥዑያትን ቀሊል ስንክልና ጸኒሑዎም ዝተመሓየሹን ተጋደልቲ ናብ ግንባራት የክትት ነበረ። ሓያሎ ካብቶም ንስንኩላን ዝኣልዩ ዝነበሩ፡ ንባዕሎም ዝተፈላለየ ስንክልና ዝነበሮም ኣባላት ማሕበራዊ ጉዳያት ድማ፡ ምስዚ መደብ'ዚ ተኣሳሲሩ፡ ኣብ ጥቅምቲ 1981 ናብ ተዋጋኢ ሰራዊት ተመደቡ። ኵነታት ጥዕናኦም ምምሕያሹ ብሓካይም ዝተረጋገጸሎም ገለ ተኣለይቲ ስንኩላን እውን ምስኦም ተወዘዑ። በዚ ድማ፡ ካብ ኩሉን ጨናፍር ክፍሊ ማሕበራዊ ጉዳያት 375 ተጋደልቲ ናብ ቅድመ-ግንባር ከተቱ። ኣብቲ እዋን'ቲ፡ ብዙሓት ካብቶም ዘይከተቱ ኣባላትን ስንኩላንን፡ "ንሕና'ውን እንተ ዘይከተትና....." ብዝብል ዕግርግር ፈጢሮም ነበሩ። ስለዘይተፈቕደሎም ግን፤ ንብጾቶም ኣፋንዮም ዕረ እናጥዓሞም ናብራ ቐደሞም ቀጸሉ።

ኣብቲ መዓስከር ዝተረፉ ኣባላትን ስንኩላንን፡ ነቲ ወራር ብስነ-ኣእምሮን ኣድላዪ ንዋትን ክዳለውሉ ስለዝነበሮም፡ ላዕለዎት ሓካይም ህዝባዊ ግንባር ናብቲ ቦታ መጺኦም፡ ጸላኢ ኣብቲ ወራር ክጥቀመሉ ዝኽእል ውጉዝ ቀመማዊ ጋዝን ሜላ መከላኸሊኡን ብዝምልከት ኣስተምህሮ ከም ዝህቡ ተገብረ። ብመሰረት ዝቕሰሙዎ ትምህርቲ ከኣ፡ ፍሓም እናፍሓሙን እናደቘሱን፡ ካብ ቀመማዊ ጋዝ ዝከላኸልሉ ነናቶም ማስኬራታት ኣዳለዉ። መግቢን ማይን ብጋዝ ከይብከል ተባሂሉ እውን ጕዳጕዲ ምስ መሸፈኒኡ ተዳለወሉ።

* * *

መደበር ዕቑባት፡ ካብ ጀልሃንቲ ናብ ሓሊበት ምስ ግዓዘ፡ ኣስታት 320 ኣደታት ንማእቶት ናብ ዝተፈላለያ ክፍልታት ውድብ ከምዝዋፈራ እኳ እንተ ተገብረ፡ እቲ ዝተረፈ ዕቑብ ውሑድ ስለዘይነበረ (1,420 ቈልዑ፡ ኣደታትን ኣቦታትን)፡ ዝነብርሉ ኣባይቲን ቴንዳታትን ምስራሕ ከምኡ'ውን ነቲ ጨንፈር ዘድሊ ኣብያተ-ጽሕፈት ምውዳድ ቀሊል ዕማም ኣይነበረን። ክንዲዝኾነ፡ ከኣ እቶም ኣለይቲ፡ ካብ ጨንፈር ስንኩላን ተሓጋገዝቲ ተዋሂቦሞም፡ መንብሮ ናይቲ ዕቑብ ህዝቢ ከጣጥሑ ብማእቶት ልዕሊ ዓቕን ሃሊኾም እዮም።

ሓሊበት ካብ ግልዕን ሓወልዕን ናብ ግንባር ኣዝዩ ዝቐረበ ብምንባሩ፡ ንደብዳብ ነፈርቲ ኮነ፡ ምስቲ ኣብ ግዜ ውግእ ኪጋጥም ዝኽእል ምዝላቕ ንሓደጋ ቅሉዕ ቦታ ነበረ። ብወገን ሱዳን ዝነበረ ጸቕጢ ዕድል ስለዘይሃበ

እምበር፡ እቶም ዕቑባት ኣብቲ ቦታ ክሰፍሩ ኣጸጋሚ ነበረ። ካልእ ቦታ ክሳብ ዝጽናዕ ግና፡ እቲ ስግኣት እናተፈልጠ ኣብኡ ክጸንሑ ተወሰነ። ኣብቲ ግንባር ዝትኩስ ከበድቲ ኣጽዋር፡ ኣብ ሓሊበት ኳንኳ ከንጉድጉድ ይስማዕ ነበረ። በዚ ድማ እቶም ዕቑባት ኣብ ዘይውሑስ ቦታ ምህላዎም ተሰቀሩዎም ክሻቐሉን ክፈርሑን ጀመሩ። ብፍላይ ኣደታት ክረግኣ ኣይክኣላን። እተን ደቀንን ሰብኡተንን ኣብ ግንባር ዝነበሩ ብፍላይ ቅልውልው ኣብዝሓ።

ኣብ መወዳእታ 1981፡ ግጥማት ሻድሻይ ወራር ገና ከይጀመረ እንከሎ፡ ነፈርቲ ውግእ ጸላኢ፡ ምስ ኣርዓዲ ድምጸን ብልዕሊ ሰማያት ሓሊበት ናብቲ ግንባር ክመላለሳ ዕረፍቲ ኣይነበረንን። ንእግረ-መገደን ዝጠርጠርኦ ቦታታት ይድብድባ ስለዝነበራ ከኣ፡ ነቲ ህዝቢ፡ ከቢድ ስነ-ኣእምሮኣዊ ነውጺ ፈጠራሉ። ግዝያዊት መደበር ዕቑባት ሓሊበት መልኣከ-ሞት ከም ዘንጸላለዋ፡ ብፍርሒን ጫቕጫቕን ተጐብአት። ብሕልፊ ናይቶም መዓንጣ ዘይቈጸሩ ህጻናት ስንባደን ብክያትን ዝጽወር ኣይነበረን። እቲ ህዝቢ ደቁ ሓዚሉን ሓንጊሩን፡ ማዩን መግቡን ተሸኪሙ ምድሪ ወገግ ከይበለ ከጸግዖን ከዕቍቦን ናብ ዝኽእል ጎቦታትን ስንጭሮታትን እናኸደ ይሕባእ ነበረ። እተን ነፈርቲ፡ ነቲ ዝሕብእሉ ዝነበሩ ቦታታት ከይተረፈ ይዝንብያኦ ስለዝነበራ ግን፡ ሸቕረራ ህዝቢ፡ ብህራረን ዉጨጫን ቀልዑ ኣብኡ እውን ኣይተረፈን። ኩብዶም ሓቑፎም፡ ቀትሪ ኣብ ፈቖዶ ስንጭሮታት፡ ጎቦታትን ቈጥቋጣትን ፋሕ ኢሎም ድሕሪ ምውዓል ከኣ፡ ጽሓይ ብርሃና ጸንቂቓ ንምዕራብ ምስ ሰተኹት ተደጋጊፎም ናብ መንበሪኦም ይምለሱ ነበሩ።

ኣደታት፡ ምሸት ናብ መንበሪኣን ምስ ተመልሳ፡ ኣብ ከቢድ ናይ ምግብና ስራሕ እየን ዝጽመዳ። ሓዊ ኣናኺሰን ቅጫኣን ብምስንኻት፡ ተቐዳዲመን ነቶም ብንብዓት ምዕጉርቶም ተሓጺቡ ዝወዓለ ደቀን የዐንግላን የደዓዕሳን። ብድሕሪ'ዚ፡ መውዓሊኣን ዝኾነን ቅጫ ክስንክታን ጸብሒ ክሰርሓን ይሓድራ። እንተኾነ፡ እቲ ሓዊ ዘኣጕዳሉ ግዜ ምሸት'ውን ዘቕስን ኣይነበረን። ኣንቴኖቭ ዝበሃላ ብጸላም ዝድብድባ ነፈርቲ ነይረን እየን። ክመጻ ከለዋ፡ 'ኒንንን.....' ዝብል ቀጢን ድምጺ ስለዘሰምዓ፡ ኣደታት 'ኒን' ዝብል ስም ኣጠሚቐንአን ነበራ። ሓዊ ወይ ብልጭ ዝብል ነገር እንተርእየን፡ ብቐጽበት'የን ናብቲ ቦታ ቦምባታተን ዘዝንባ። እዚ ቅሳነት ዘይብሉ ህይወት፡ ንኣደታት ልዕሊ ዝኾነ ካልእ እዋን መሪር ነበረ። ኣንቴኖቭ ምሸት-ምሸት እናመጻ ሸበድበድ ስለዘብላኣን፡ ሓዊ ኣጕደን ደቀንን ሰብኡተንን ከድርራ ኣመና ይሽገራ ነበራ። ድሓር ግዳ፡ ሓደ ብልሓት መሃዛ። ሓዊ ክኣጕዳ ከለዋ ማይ ዝጀብጀበ ኻሻታት የዳሉዋ'ሞ፡ 'ኒን መጺኣ!' ክበሃል ከሎ፡ በቲ ጥልቁይ ኻሻ ነቲ ሓዊ ብቕጽበት የጥፍኣኦ። ምስ ከደት ከኣ እንደገና ይኣጕዳኦ። እታ ነፋሪት ክትመጽእ እንከላ ድምጻ ካብ ርሑቕ ስለዝስማዕ፡

"ኒን መጺአ! ኒ.....ን" እናበሉ፡ ኲሎም ቈልዑ፡ ኣደታትን ኣቦታትን እዮም ዘውጭጩ ነይሮም።

ኣብዚ ጽንኩር እዋን፡ ንጥፈታት ፖለቲካ፡ ስፖርት፡ ማእቶት ተቛሪጹ ነበረ። ድሕሪ ብዙሕ ሳምንታት ግን፡ ዋላ እናተሓባእኻ ትምህርቲ ክቕጽል ኣለዎ ተባሂሉ፡ ፖለቲካውን ኣካዳምያዊን ትምህርቲ ተጀመረ። ትምህርቲ ሕክምናን ኢደ-ጥበብን እውን ብምሸት ከም ዝቕጽል ተገብረ። ኣብ ርእሲ'ዚ፡ ኣደታት ናብተን ካልኦት ጨናፍር ናይቲ ክፍሊ እናኸዳ ኣብ ምትሕግጋዝ ስራሕ ምግብና፡ ምሕጻብ ክዳውንቲ ህጻናት፡ ምልማጽ ኣባይቲ፡ ምስራሕ መጎንታትን ንእድን፡ ምእላይ ሕሙማት መዓልታዊ ዘካይድኦ ንጥፈት ነበረ። ኣቦታት'ውን ካብ ምኹዓት ዒላታት፡ ምጽጋን ጽርግያ፡ ቴንዳታት ምትካል፡ ኣጣልን ደርሁን ምእላይ፡ ካብ ምጽዓንን ምርጋፍን ስንቂ ኣይበኾሩን።

* * *

ኣብ ከባቢ እንዳ ዕቝባት ዝሰፈሩ ኣባላት ጨንፈር መኸዘን ብወገኖም፡ ነቲ ካብ ጀልሃንትን መራፌትን ዝገዓዝ ኣሽሓት ኮናትል ስንቅን ዝተፈላለየ ንብረትን፡ ካብ ዝናብን ጸሓይን ዘድሕኖ መክዘናት ብመንደቕን ቴንዳታትን ንምድላው፡ ብነፈርቲ ከይርአ ንምምስሳሉ ብዙሕ ድኻም ኣሕሊፎም እዮም። ናይ ጽርግያ ጸገም ስለዝነበረ፡ ነተን ስንቂ ጽዒነን ዝመጻ መካይን፡ ኣብ ርሑቕ ተቐቢሎም ብምርጋፍ፡ ነቲ ንብረት ኣብ ዝባኖም ተሰኪሞም ነዊሕ መገዲ ተጓዒዞም እዮም ናብቲ ዘዳለውዎ ሕቡእ መክዘናት ዘብጽሕዎ ዝነበሩ።

ኣባላት ጨንፈር መኸዘን፡ ሽው ዘሕለፍዎ ጻዕሪን ዘርኣዩዎ ተወፋይነትን ርእሱ ዝኸኣለ ዛንታ እዩ። ክንድኡ ዝኣክል ስንቅን ንብረትን፡ ካብ ኣፍንጫ ጸላኢ ርሑቕ ኣብ ዘይኮነ ቦታ ኣመሳሲልካ ክትዕቅቦ፡ ነፈርቲ ንሰማያት ሓሊበን ለይቲ ምስ መዓልቲ እናሓረሳ፡ ብጸልማት መካይን ናብቲ ቦታ እናእተኻ ክትጽዕንን ክተራግፍን፡ ማዕረ ክንደይ ከቢድ ከምዝነበረ፡ ኣብኡ ዘይውዓለ ሰብ እውን እንተ ኮነ ክግምቶ ኣየጸግምን እዩ። ብተወፋይነትን ኒሕን ግን፡ እቲ ዘይስገር ዝመስል ዝነበረ ብድሆ ተሰግረ። ነፈርቲ ውግእ ጸላኢ፡ ነቲ ኣብ ትሕቲ ዓበይቲ ኣግራብ ብግቡእ ተመሳሲሉ ዝተደኮነ መክዘናት ክርእይኦ ኣይከኣላን። እተን ለይቲ-ለይቲ ዝዋፈራ ዝነበራ ኣንቶኖቭ (ኒን) እውን እንተኾና፡ ነተን ዓዕ እናበላ ብጸልማት ናብቲ መኸዘን ኣትየን ዝጽዕናን ዘራግፋን ዝነበራ መካይን ክረክበአን ኣይከኣላን።

ስለዚ፡ ኣብ ልዕሊ'ቲ መክዘናት ኮነ ኣባላቱ ዝወረደ ሓደጋ ኣይነበረን።

* * *

ጨንፈር መናበዩ ህጻናት ክፍሊ ማሕበራዊ ጉዳያት፡ ካብ ጀልሃንቲ ንሚዳ ድሕሪ ምእታዉ ኣብ ግልዕ እዩ ሰፊሩ። እዚ ቦታ'ዚ እውን ናብቲ ግንባር ቀረባ ብምንባሩ፡ ህጻናት ክሰፍሩዎ ዝምችእ ኣይነበረን። እዞም ኣብ ግዜ ስትራተጂያዊ ምዝላቕ ካብ ከረንን ደንጎሎን ናብ ናቕፋን ደብዓትን፡ ካብኡ ናብ ገረግር ኣስመራ፡ ከም ብሓድሽ ናብ ጀልሃንቲ፡ ቀጺሎም'ውን ናብዚ ሓድሽ መዕቈቢ ዝኣዕዙ ቆልዑ፡ ኣብ ትሕቲ ሕጭጭታ ነፈርቲ ውግእን ካልእ ከቢድ ወተሃደራዊ ስግኣትን ክቕመጡ ጸገም ነበረ። ነፈርቲ ከይድብድባ ተባሂሉ፡ ኣብ ትሕቲ ኣግራብ ኣብ ዝተተኽላ ጸበብቲ ቴንዳታት ተኹርምዮም እናውዓሉ፡ ከይንቀሳቐሱ ብኣለይቶም ጥቡቕ ሓለዋን ቊጽጽርን ይግበረሎም ነበረ። ንሸንቲ ክወጹ እኳ ንጋዳ እዩ ዝነበረ። ኣብ ጀልሃንቲ ዝነበረ ከም ድላይኻ እናተንቀሳቐስኻ ናይ ምዝንጋዕ ናጽነቶም ስለዝተገፈፈ ድማ፡ ነቲ ቦታ ጸልእዎ። "እንታይ ክትገብሩ ናብዚ ነፈርቲ ዘለዋኦ ቦታ ኣምጺእኩምና፤ ናብ ጀልሃንቲ ምለሱና፣ ጀልሃንቲ ይሕሸና!" እናበሉ ድማ ይጣርዑ ነበሩ።

ኣብ ርእሲ'ዚ ሽቐረራ'ዚ፡ ዋሕዲ መኣዛዊ መግቢታት እውን ነበረ። ዝቕረበሎም መግቢ ከም ናይ ጀልሃንቲ ኣይነበረን። ብዓይነቱ፡ ካብቲ ናይ ዓበይቲ ዳርጋ ዝፍለ ኣይኮነን። መማቕርቲ ጸብሒ (በርበረ፡ ሽጉርቲ፡ ሳልሳ፡ ወዘተ.) ምስ ምዕጻው ዶብ ስለዝተረፈ፡ ሸውሃቶም ነከየን ሰብነቶም ዓበረን። ከም ሳዕቤኑ፡ ብሕማማት ንፍዮ፡ ውጽኣት፡ ፋንጋስ፡ ወዘተ. ንብዙሓት ካብኣቶም ተጠቕዑ። ኣለይቶም፡ ቈልዑ ሓንጊሮምን ሓዚሎምን ኰርባን ስንጭሮን እናሰገሩ ናብቲ ዶክተር ንርኣዮ ተኽለሚካኤልን ብጾቱን ዝነበሩዎ ሕክምና ሓሊበት ከብጽሖ ረብረቡ። ሳላ ክእለትን ሓልዮትን ናይቶም ሓካይም ግና፡ ኣብቲ ቦታ ብዘይካ ብንፍዮ ተጠቒዓ ዝሞተት ሓንቲ ህጻን፡ ካልእ ዝተጉድአ ኣይነበረን።

ኣብቲ እዋን'ቲ፡ እቶም ቅድሚ ገለ ኣዋርሕ ካብ ጀልሃንቲ ተጠርኒፎም ናብ ጻብራ ዝግዓዙን፡ ኣብቲ ቦታ ኣብ ትሕቲ ክፍሊ ሕክምና ዝእለዩ ዝነበሩን - ትሕቲ 5 ዓመት ዝኾኑ ናይ እንዳ-17 ህጻናት፡ ዳግማይ ክፍሊ ማሕበራዊ ጉዳያት ክርከቦም ስለዝተወሰነ፡ ኣብ መወዳእታ 1981 ናብ ግልዕ ብምእታው፡ ምስ ጨንፈር ህጻናት ተጸንቢሮም ነበሩ።

ዓሬርብ፡ ናይ መጨረሽታ መዓልቦ

ጨናፍር ክፍሊ ማሕበራዊ ጉዳያት፡ ካብ መፋርቕ 1981 ጀሚረን፡ ካብ ጀልሃንቲ ንግዜኡ ናብ ድርኩኺት ቅድመ-ግንባር ከባቢታት ሓሊበት፡ ግልዕን ሓወልዕን ድሕሪ ምግዓዘን፡ ኣዝዩ በዳሂ፡ ኣስጋኢን ኣሸቍራርን ህይወት እየን ኣሕሊፈን። ኩናት ዝውልዓሉ መዓልታት እናቕረበ ምስ መጸ ድማ፡ ኣብ ታሕሳስ 1981 ዝበዝሕ ክፍልታት ውድብ ናብ ዓሬርብ (ብልምዲ ተጋደልቲ 'ዓራርብ' ኢሎም ዝጽውዕዎ) ዝተባህለ ቦታ ክግዕዙ፡ ካብ ፖለቲካዊ ቤት ጽሕፈት መምርሒ መጸ። ዓሬርብ፡ ብሸነኽ ሰሜናዊ ምዕራብ ሳሕል፡ ኣብ ዶብ ኤርትራ ዝርከብ ኮይኑ፡ ብዘይካ ሒደት ሰብክ-ሳግም፡ ቀወምቲ ሰፋር ዘይነበርዎ ዓቢ ሩባ ዝሰንጥቖ፡ ብጎቦታት እተኸበ ጸምጸም በረኻ እዩ።

ምስቲ ዝነበረ ናይ ኩናት ሃዋህው፡ ነዚ ህጹጽ መምርሒ'ዚ ንምትግባር፡ እቶም ናብ ቅድመ-ግንባር ዘይከተቱ ሒደት ኣባላት ክፍሊ ማሕበራዊ ጉዳያት፡ ኣብ ክልተ ጉጅለ ተመቓቐሉ። እቶም ሓደ ጉጅለ፡ ሰብን ንብረትን ኣብ መካይን እናጽዓኑ ዘፋንዉ፡ እቶም ካልኣይ ጉጅለ ድማ፡ ነቲ ሰብን ንብረትን ሒዞም ናብቲ ሓድሽ ቦታ ብምኻድ፡ ኣብኡ ዘራግፉን ንግዜኡ ዝኸውን ቦታ ዘጣጥሑን ነበሩ። ምስቲ ዝነበሮም ዋሕዲ ድማ፡ እቲ ስራሕ ኣዝዩ ከቢድ ነበረ።

ኣብ ቀዳማይ ሰሙን ናይ ወርሒ ጥሪ፡ ንስንኩላን ዘግዕዛ ውሑዳት መካይን ንሓወልዕ መጻ። ንብረት ንሰማይ ክሳብ ዘንቃዕርር ኣብተን ሒደት መካይን ተጸፍጸፈ። ብድሕሪኡ፡ እቶም ቅሩብ ሕይሽ ዝበሉ ነቶም ዘይኽእሉ ፓራላይዝ፡ ቈራጻት መሓውርን፡ ዓይነ-ስዉራንን ካልኦትን እናደገፉ ኣብ ልዕሊ'ቲ ንብረት ኣደየብዎም። ብዙሓት ካብኣቶም፡ ኣብ ልዕሊ ብዙሕ ንብረት ዝጸዓነት መኪና ጠልጠል ኢሎም፡ ሚዛኖም ክሕልዉ ዝኽእሉ ኣይነበሩን። ኣብ ላዕሊ ደጊፎሞም ኪኸዱ ዝኽእሉ ኣለይቲ ድማ ኣይነበሩን። ዝግበር ስለዘይነበረ ግና፡ ምስ ተሰቕሉ ድሕነቶም ንምሕላዉ፡ ንሓድሕዶም ተሓቛቝፎም ብጥንቃቐ ካብ ሓወልዕ ነቐሉ። ብጽርግያ ጥሩቕሩቕ ደይቦም፡ ንዓራግ ወሪዶም ሓሊበት ድሕሪ ምእታው፡ እንደገና ነቲ እናተጠዋወየ ናብ ዝለዓለ ብራኸ ዘንቃዕርር ጽርግያ ብድሆ ደይቦም ንዓምበርበብ ብምውራድ፡ ብሕሸክብ፡ ዒታሮ፡ ሩባታት ናህባይን ኣዶብሓን ኣቢሎም፡ ብሳላ ትብዓትን ጥበብን መራሕቲ መካይን፡ ነቲ ሓደገኛን ነዊሕን መገዲ ወዲኦም ብሰላም እግሪ ሸንኮለት በጽሑ። ምስ ንብረቶም ድማ ኣብኡ ተራገፉ። ካብኡ ናብ ክሳድ ሸንኮለት ዝቕጽል ጉዕዞ ብእግሪ ነበረ። ጽጉማት ብምኻኖም እንተ ዘይኮይኑ፡ እቲ መገዲ'ውን ነዊሕ ኣይነበረን።

እቶም ናይ ሓሊበት ዕቑባት ህዝቢ እውን፡ ዝኽእሉ ብእግሮም ብዓይገት ኣቢሎም፡ እቶም ዘይኽእሉ ድማ ምስ ንብረቶም ብመካይን በቲ ስንኩላን ዝተጓዕዝዎ ነዊሕ መገዲ ተጓዒዞም፡ ኣብ እግሪ ሽንኮለት ንጨንፈር ስንኩላን ተጸንበሩዎም። ህጻናት ግና፡ ኩሎም ኣብ መካይን ተጻዒኖም ከምዝግዕዙ ተገብረ። ጨንፈር መኽዘንን ሕክምናን እውን ምስ ንብረቶም ብተመሳሳሊ ኣገባብ ግዓዙ።

ኣብቲ እዋን'ቲ፡ ብጎቦ ሽንኮለት ደይቡ ንዓሬርብ ዝወርድ ጥውይዋይ ጽርግያ ገና ኣብ መስርሕ ምህናጽ ነበረ። ፓራላይዝ፡ ዓይነ-ስዉራን፡ ቁራጻት፡ ጠረው እግሮም፡ ሓንኻሳት፡ ሓራሳት፡ ነብሰ-ጾራት፡ ኣረገውቲ፡ ሕሙማት፡ ህጻናትን ካልኦትን እሞ፡ ነቲ ሰፈር ኣህባይ ዝመስል ጎቦ ከመይ ገይሮም ክወጽዎ፧ እቲ ዘይተኣደነ ንብረትን ስንቅን'ከ መን ተሸኪሙ የደይቦ፧ ኣእምሮ ዘጨንቕ ዓቢ ግድል እኳ እንተነበረ። ግድን ክስገር ስለ ነበሮ ግን ተሰግረ።

ስንኩላን (እንተላይ ዓይነ-ስዉራንን ቁራጻት መሓውርን)፡ ክዳውንቶምን ካልእ ውልቃዊ ንብረቶምን ኣብ መሸማዓት ጠርኒቖም፡ ኣብ ሕቖኦም ብምሕንጋጥ፡ ገሊኦም ብመራኹስ እናተደገፉ፡ ገሊኦም ከም ህበይ ብኣርባዕቲኡ መሓውሮም እናንፋሓኹ፡ ነቲ ኣማኢት ሜተሮታት ዝንውሓቱ ጸዳፍ ዓቐበት ምሕኳር ተተሓሓዙዎ። ልዑል ሓቦን ፍናንን ዘሰንቑ ቃላት፡ ዋዕዋዕታን ስሓቕን እናስምዑ ድማ፡ ብዘገርም ፍጥነት ነቲ ተሪር ዓቐብ መሰሰ በሉዎ። ዓይነ-ስዉራንን ፓራላይዝን ተራእዩ ዘይፈልጥን ክትኣምኖ ዘጸግምን ቅያ ፈጺሙ። ዋላ'ኳ ግዜ ይውሰዱ እምበር፡ ብብጾቶም እናተመርሑን እናተደገፉን ከም'ቶም ጥዑያት ኣብ ዝባን ሽንኮለት ተራእዩ። እቶም ምስኦም ዝነበሩ ውሑዳት ኣለይቲ፡ ኒሕን ሓቦን ናይቶም ስንኩላን ኣስተንኪሩዎም ክርእዩዎም ቀዘዙ።

ድሕሪ'ዚ፡ እቶም ኣባላት ኒሕን ፍናንን ናይቶም ከቢድ ስንክልና ዝነበሮም ተጋደልቲ ብምርኣይ፡ ምስ'ቶም ዝሓሹ ስንኩላን ብምትሕግጋዝ፡ ደጋጊሞም ካብ ዝባን ንታሕቲ እናተመላለሱ ነቲ ኩሉ ንብረትን ስንቅን ተተሸኪሞም ናብ ተረተር ሽንኮለት ኣደየብዎ። ኣዝዩ ብዙሕ ብምንባሩ፡ ካብ እግሪ ክሳብ ዝባን ተዘርጊሖም ብቕብብል (ሪለይ) ኣግዓዙዎ። ካብኡ ናብቲ ድሮ ብሽንኽ ዓሬርብ ተሰሪሑ ዝነበረ ጽርግያ ቀረባ ነበረ። ኣባላት ክፍሊ ማሕበራዊ ጉዳያት፡ ነዚ ክገብሩ ዝሓተቶም ጻዕሪ፡ ዘፍሰሱዎ ርሃጽ፡ ዘርኣዩዎ ተወፋይነት እዚ'ዩ ኢልካ ኪግለጽ ኣይክእልን። ሓደ ሰብ ተረንሹዋ ሓርጭ ምስ ተሸከመ፡ ክሳብ ናብቲ ኣብ ልዕሊኡ ዘሎ ካልእ ሰብ ዘበጽሓ ኣብራኹ ረድረድ እናበሎ ብዙሕ ሜትሮ ክሓኩር ይግደድ። ሽንኮለት፡ ሰብ ምሉእ እምነትን ተስፋን እንተለዎ፡ ክገብሮ ዘይክእል ነገር ከምዘየለ ብግብሪ

ዘመስከረ፡ ካብ ዝክሪ ኣባላት ማሕበራዊ ጉዳያት ፈጺሙ ዘይሃስስ ታሪኻዊ ዓቐብ እዩ።

ኣብዚ ከይተጠቕሰ ክሕለፍ ዘይግብኦ፡ ኣብቲ ቦታ ኣብ ምስራሕ ጽርግያ ተዋፊሮም ካብ ዝነበሩ ናጻ ዝተለቁ ምሩኻት ወተሃደራት ኢትዮጵያ ነበር፡ ኣብ ምድያብ ንብረትን ስንቅን ናይተን ጨናፍር፡ ንኣባላት ክፍሊ ማሕበራዊ ጉዳያት ብዙሕ ሓጊዞሞም እዮም። ብፍላይ ናይ ጨንፈር ህጻናትን ጨንፈር ዕቑባትን ንብረት፡ ዳርጋ ፍርቂ ብእንግድዓኦም እዩ ደይቡ ክበሃል ይከኣል።

እቲ ዓቢ ግድል ምግዓዝ ንብረትን ስንኩላንን፡ ብኸምዚ ዓይነት ኒሕ ምስ ተሰግረ፡ ቀልዑ፡ እቶም ፍርዝን ዝበሉ ብእግሮም፡ እቶም ንኣሽቱ ድማ ብኣለይቶም ተሓንጊሮምን ተሓዚሎምን ከም ዝድይቡ ተገብረ። እቶም ስንኩላንን ቀልዑን ኣብ ዝጓዕዝሉ ዝነበሩ እዋን፡ እቶም ምሩኻት ወተሃደራት ከይርእዩዎም ተባሂሉ፡ ኣባላት ሓለዋ ሰውራን ህንጻን፡ ብስራሕ ኣመኽንዮም ነቶም ምሩኻት ንግዜኡ ካብቲ ቦታ የግልልዎም ነበሩ።

ብኸምዚ ኣገባብ ሰብን ንብረትን ናይ ኩለን ጨናፍር ክሳድ ሸንኮለት ምስ ወጸ፡ መካይን ብኡ ተቐሪበን ጸንሓ'ሞ፡ እቲ ዝኽእል ብእግሩ፡ እቲ ዘይክእል ድማ ኣብኣን እናተሳፈረ ናብ ዓራሬብ ቀጸለ። እተን መካይን ከም ወትሩ ነፈርቲ ከይርእየአን፡ መሬት ዓይኒ ምስ ሓዘ እየን ዝመጻ ዝነበራ።

* * *

ዓሬርብ፡ ኣብ መንጎ ክልተ ዓበይቲ ጎቦታት ተቐርቂሩ ዝርከብ ገፊሕን ነዊሕን ስንጭሮ ኮይኑ፡ ካብ ግንባራት ግልል ዝበለ ቦታ ነበረ። ክፍልታት ክሰፍራሉ ዝተመርጸ እውን ብኡ ምኽንያት እዩ። ክፍሊ ማሕበራዊ ጉዳያት፡ ዓሬርብ ኣብ ዝኣተወሉ፡ ቀዲመን ዝመጻ ካልኦት ክፍልታት ውድብ ስለዝነበራ፡ ነቲ ዝዝበለጸ ቦታ ሓዚአንኦ እየን ጸኒሐን። እተን ብዙሓት ጨናፍር ክፍሊ ማሕበራዊ ጉዳያት ድማ፡ ዝሰፍራሉ ቦታ ንምርካብ ተጸገማ። ኣብ መወዳእታ፡ ሓለፍቲ ክፍሊ ማሕበራዊ ጉዳያት፡ ስንኩላን ካብ ዓሬርብ ወጻኢ ኣብ ዝርከብ 'እምሰራይር' ዝተባህለ ጸቢብ ስንጭሮ ክሰፍሩ፡ መናበይ ህጻናትን ዕቑባትን ድማ ንግዜኡ ኣብ ዓሬርብ ኣብ ጥቓ ኢደ-ስርሓት ውድብ ዝነበሮ ቦታ ክጸንሕ ወሰኑ። ኵሉ'ዚ ቦታታት'ዚ ግን ምቹእ ኣይነበረን። ብፍላይ ጨናፍር ዕቑባትን መናበይ ህጻናትን ዝሓዝኦ ቦታታት፡ መጽለሊ ኣግራብ ዘይብሉ፡ ንምንቅስቓስ ህዝብን ህጻናትን ዘይሰትር ሰጣሕ ጎልጉል ኣብ ርእሲ ምኳኑ፡ ማይ'ውን ዳርጋ ኣይነበሮን። ስንኩላን ዝሓዙዎ ቦታ'ውን፡ ከተጽልለሉ እትክእል ኣግራብ ይኹን ዝነድድ ዕንጸይቲ ዘይርከቦ፡ ንኹለን'ተን ጋንታታት ክሕዝ ዘይክእል ኣዝዩ ጸቢብ ነበረ። በዚ ምኽንያት፡

ገለ ካብተን ጋንታታት ናብ ዓሬርብ ክምለሳ ተገደዳ'ሞ፡ ጨንፈር ስንኩላን ኣብ ክልተ ቦታ ተኸፋፈለ።

ወርሓት ታሕሳስን ጥሪን፡ ዓሬርብ ብፍላይ ብግዜ ምሸት ቁራሪ እዩ። ክንዲ ዝኾነ ከኣ፡ ናጽላታትን ህጻውንትን ዝሓዛ ኣደታት፡ ቈልዑን ስንኩላንን ኣብ ቃልዕ ጉልጉል ብቑዝሕን ኣሳሓይታን ክርደዱ። ኵነታት እንዳ ህዝቢ ከኣ ዝኸፍአ ነበረ። ኣብ ግዜ ቊሪ፡ እቶም ዝርኻቦም ኣባላት ክፍሊ ማሕበራዊ ጉዳያት ምስ ኣቦታት እንዳ ህዝቢ ኹይኖም ዕንጸይቲ ብምእራይ፡ መጋርያ ሓዊ ይኣጉዱ ነበሩ። ኣደታት ብብላይ ኻሻታትን ካልእ ጨርቀ-መርቅን ነናተን መዕቈቢ ጽላላት (ሶሽየታት) ክሰርሓ ፈተና። ግዳ ውጽኢታዊ ኣይነበረን።

ኣብዚ ዘይምቹእ ቦታታት ምቕጻል ዝከኣል ኣይነበረን። ሓለፍቲ ክፍሊ ከኣ፡ ምስ ክፍሊ ሕክምና ብምርድዳእ፡ ንስንኩላን ናብ ላዕላይ ዓሬርብ፡ ልዕሊ'ቲ ማእከላይ ሕክምና ኦሮታ ሰፈርዎ ዝነበረ ቦታ ናብ ዝርከብ ሩባ ኣግዓዝዎም። ኣብ ከባቢ ኢደ-ስርሓት ዝነበረ ዕቚብ ህዝቢ ድማ፡ ናብ 'ከስረት' ዝተባህለ ኣብ ታሕታይ ዓሬርብ ዝርከብ ቦታ ክግዕዝ ከሎ፡ ጨንፈር መናበዪ ህጻናት፡ ኣብቲ ስንኩላን ዝሓደጉዎ ቦታ ክምዝሰፍር ተገብረ። እንተ'ኾነ፡ ህጻናት እቲ ቦታ ኣይተሰማምዖምን። ነዚሕ ከይጸንሑ ድማ፡ ናብቲ ጨንፈር ዕቚባት ዝነበሩዎ ቦታ (ከስረት) ገዓዙ። ጨንፈር መኸዘንን ቤትጽሕፈት ክፍልን እውን ምስኦም ገዓዙ።

ኩለን ጨናፍር ማሕበራዊ ጉዳያት፡ ኣብ ጥሪ 1982፡ ኣብዚ ዓቢ ደጀን ክኸውን ዝጀመረ ዓሬርብ ቦታአን ኣብ ዝሓዛሉ፡ ብሰንኪ ዋሕዲ መካይን፡ ናይ ጨንፈር ስንኩላን ብዙሕ ስንቂ ገና ኣብ ሓወልዕ ተሪፉ ነበረ። እዚ መሳርፍ'ዚ፡ ነቲ ጽንኩር እዋን 6ይ ወራር ከሰጋግር ተባሂሉ እናተቐጠበ ዝተዋህለለ እዩ። ምስኡ'ውን ነዳዲ (ላምባን ናፍታን)፡ ዝተፈላለየ ንብረት ናይ ኣካል ኢደ-ስርሓት ስንኩላን (ድስቲ-ኵስኩስቲ፡ ጣዋሉ፡ ቊርጽራጽ ዓንቋ፡ ወዘተ.) ነበረ። ሓደ መስርዕ ዝኾኑ ኣባላት ድማ፡ ንሓለዋ ኣብቲ ቦታ ተሪፎም ነበሩ። እቲ ኩነታት ንማእከላይ ኣካል እንዳ ስንቂ ምስተሓበረ፡ ካብ ጉዳይ ምግዓዙ ንላዕሊ፡ "እንዳ-ስንኩላን ስለምንታይ ክንድዚ ዝኣክል ስንቂ ዓቂቦም ጸኒሖም፧" ዝብል ሕቶ ዝያዳ ኣዛራቢ ኮነ።

እቲ ነዊሕ ምድላዋት ዝተገብረሉን ብስርዓት ደርግ ብዙሕ ጉራን ታህዲድን ዝተነፍሓሉ 6ይ ወራር ኣብ ለካቲት 1982 ኣብ ዝጀመረሉ ግዜ፡ ጨንፈር ስንኩላን፡ እቲ ኣብ ሓወልዕ ዝገደፎ ማእለያ ዘይብሉ ስንቂ፡ ነዳድን

ካልእ ንብረትን ኣብ ኢድ ጸላኢ ከይወድቕ ሽቓልቀል በሉ። እታ ንሓለዋ ዝተረፈት መሰርዕ ከኣ፡ በቲ ዝነበረ ኵነታት ስለዝሰግአት፡ ክልተ ሰባት ጥራይ ኣብኡ ኣትሪፉ ንዓሬርብ ብእግራ ደበክ በለት። ብዙሕ ካብቲ ናፍታን ላምባን ብጀሪካናት ኣብ ዝባና ተሸኪማ ተማሊኣቶ ነበረት። ብድሕሪ'ዚ፡ ክልተ ኣባላት ኩነታት ናይቲ ንብረት ክከታተሉ፡ እንተኽኢሎም ድማ ንዓሬርብ ዝመጻሉ ኩነታት ክጽንዑ፡ ኣብ ካልኣይ መዓልቲ ናይቲ ኩናት፡ ብ17 ለካቲት 1982 በቲ ተማሃሮ ቤት-ትምህርቲ ሰውራ ዝነበሩዎ ቦታ ኣቢሎም ብእግሮም ሓወልዕ ኣተዉ። ሽዑ፡ ጸላኢ ድሮ ብደምቦቤት ብርቱዕ ውግእ ከፊቱ ነበረ።

እዞም ክልተ ኣባላት ማሕበራዊ ጉዳያት ኣብቲ ከባቢ ምስ በጽሑ፡ ኣባላት ስለያ ብርጌድ 4 ተጓነፍዎም። "ናበይ ደሊኹም፧" ኢሎም ምስ ሓተትዎም፡ መምጽኢኦም ምኽንያት ነገሩዎም። ውጉኣት ከልዕላ ናብቲ ግንባር ዝመጻ ክልተ ናይ ጽዕነት መካይን ብምሃብ ድማ፡ ንብረቶም ጽዒኖም ቀልጢፎም ካብቲ ቦታ ክልግሱ ሓበሩዎም። ብድሕሪ'ዚ፡ ነተን ዝተፈቕዳሎም መካይን ኣብ እግሪ ገረብ ዓላ ብምዕሻግ፡ ምስ'ቶም ኣብኡ ዝጸንሑ ክልተ ብጾቶም እናተሓጋገዙ ምሉእ መዓልቲ ክጽዕኑወን ወዓሉ። ነቲ ዝነበረ ሓርጭ፡ ሽኮር፡ ጸባ፡ ንብረት እንዳ-ራሕባ ሓንቲ ከየትረፉ ጽዓኑዎ። ቅሩብ ኻሻታት ሓርጭ ወድ-ዓከር ግን፡ መጽዓኒ ቦታ ስኢኖምሉ ኣብኡ ገደፍዎ። ብኸምዚ ድማ፡ እቲ ዝተረፈ ንብረት ዓሬርብ ኣተወ።

ምልሶት ንዓንኬል ተኹስን ናብ ሓድሽ ደጀን ዓራርብን

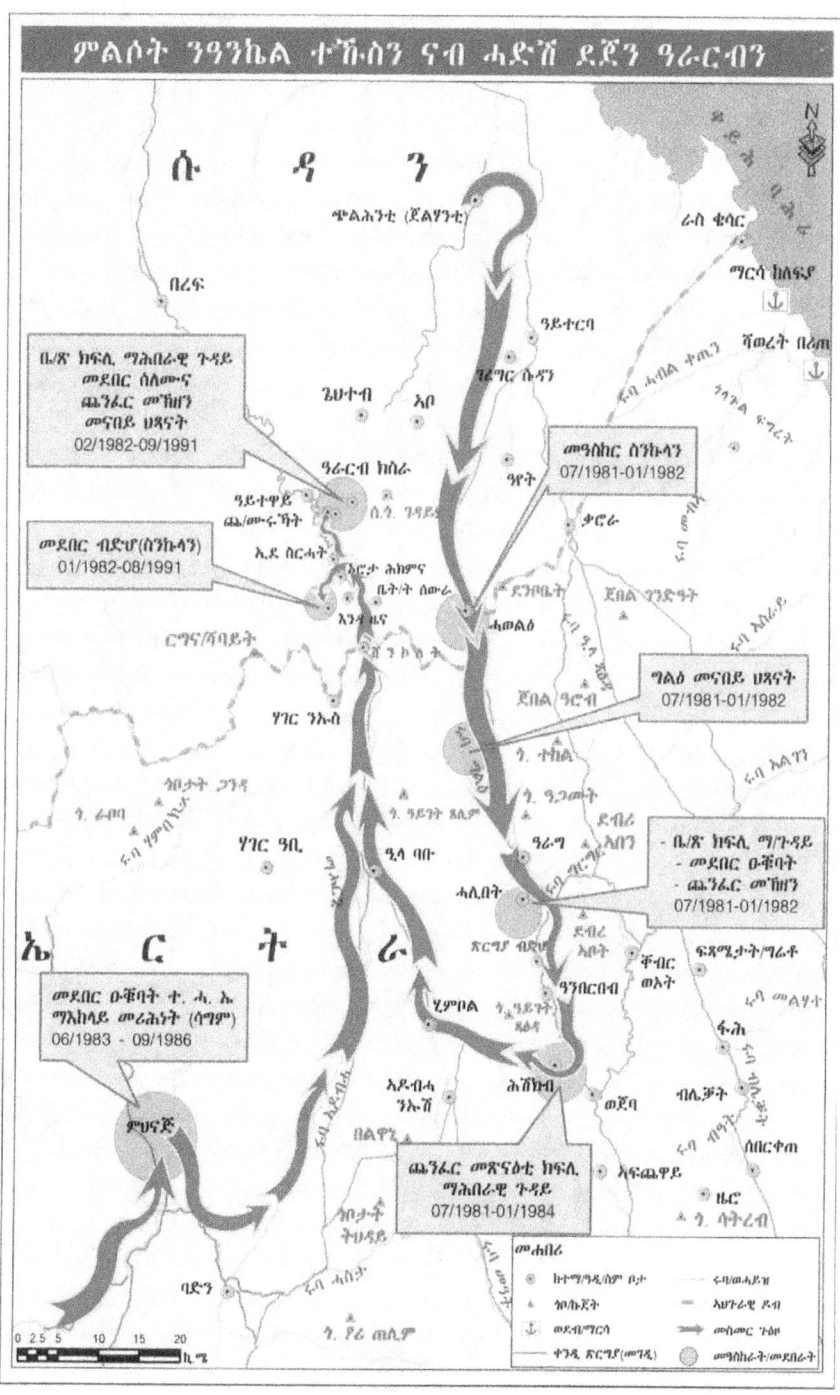

ዋሕዚ ዑቑባትን ምድኳን ሓደስቲ መደበራትን
ሱ ዳ ን
ኤ ር ት ራ
መደበር ዑቑባት ዒላ ባቡ
01-05/1991
መደበር ዑቑባት ባድን
01/1989 - 1991
ናይ ሰሜናዊ ባሕሪ ተፈናቀልቲ
ወግሪት (1988)
ናይ ባጽዕ ተፈናቀልቲ
ሞጋዕ (02/1990)
ስድራቤት ተጋደልቲ
ካብ ከባቢታት ደቡብን
ምዕራብን ኤርትራ
መሓበሪ
ከተማ/ዓዲ/ቦታ
ጎቦ/ኩጀት
ወደብ/ማርሳ
ቀንዲ ጽርግያ(መገዲ)
ሩባ/ወሓይዝ
ኣህጉራዊ ዶብ
መስመር ጉዕዞ
መደበራት

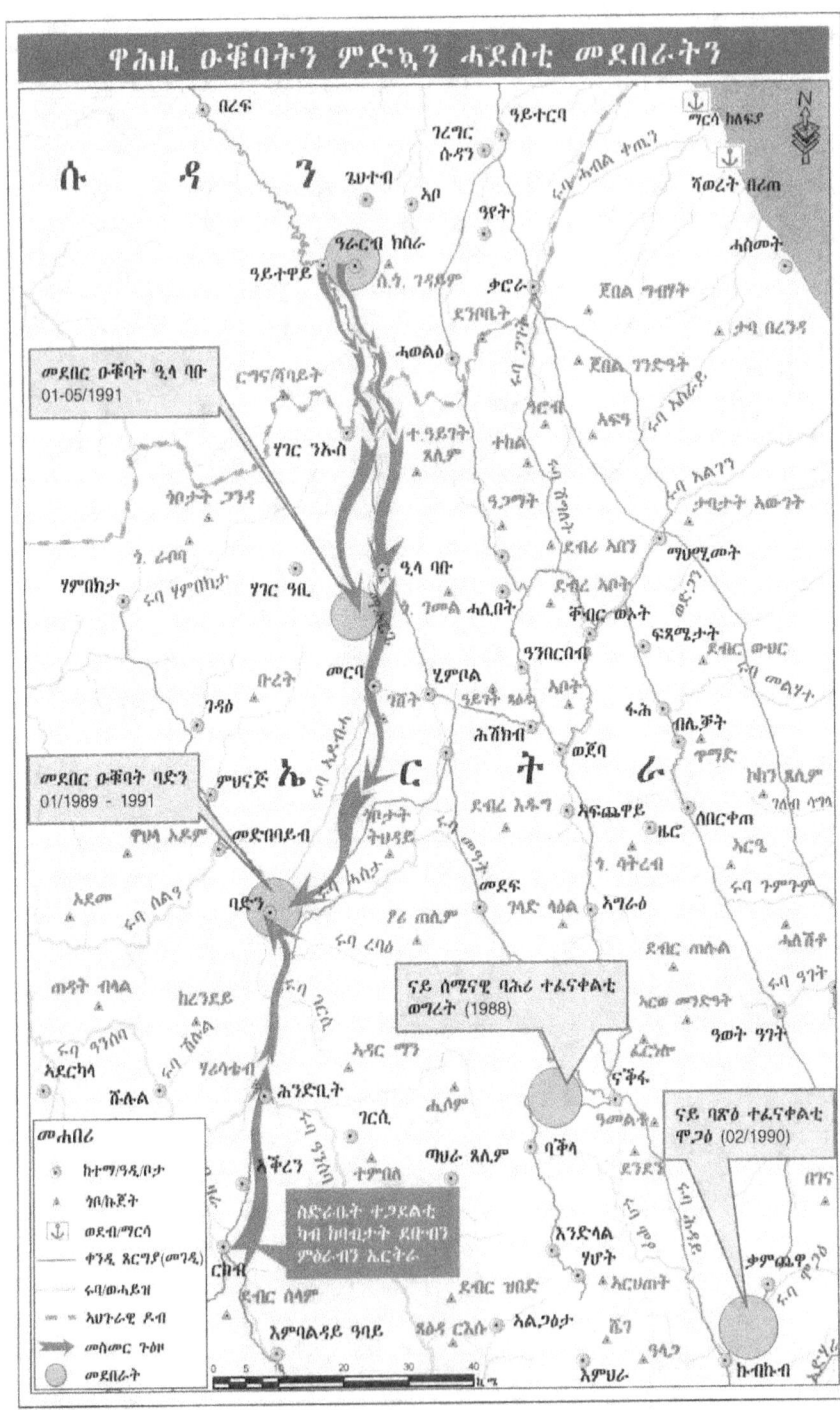

ሳልሳይ ክፋል
መድረኽ 1982-1991

1

ውድባዊ ምዕባለታት 1982-1991 ዳግመ ምውዳብ ክፍሊ ማሕበራዊ ጉዳያት

ሳልሳይ መድረኽ ኣብ ታሪኽ ክፍሊ ማሕበራዊ ጉዳያት፡ ካብ 1982 ክሳብ 1991 ንዝነበረ እዋን ዝሸፍን እዩ። እዚ መድረኽ'ዚ፡ ክፍሊ ማሕበራዊ ጉዳያት ምስ ኩለን ጨናፍሩ፡ ድሕሪ'ቲ ናይ እዋን ምዝላቕ ነዊሕ ገልታዕታዕ፡ ካብ መሬት ሱዳን ናብ መሬት ኤርትራ ተመሊሱ፡ ኣብ ዓሬርብ ናይ መጨረሽታ ቦታኡ ዝሓዛሉ፡ ከምኡ'ውን መሓውራቱ ናብ ዝተፈላለየ ከባቢታት ሳሕልን ድሕሪ መስመር ጸላእን ብምውፋር ሰፊሕ መጽናዕታውን ረዲኤታውን ዕማማት ዘሰላሰለሉ እዋን እዩ።

ስዒቡ ዝቐርብ ታሪኽ ክፍሊ ማሕበራዊ ጉዳያት ከኣ፡ ኣብ መቓን ናይቲ ካብ 1982 ክሳብ 1991 ዝነበረ ፖለቲካውን ወተሃደራውን ምዕባለታት ኣእቲኻ ዝርአ ብምዃኑ፡ ናብ ትረኻ ንጥፈታት ክፍሊ ማሕበራዊ ጉዳያት ቅድሚ ምስጋርና፡ ኣብቲ ድሕሪ 1982 ዝቐጸለ 9 ዓመታት፡ በብመድረኹ ዝኸሰት ዝነበረ ፖለቲካውን ወተሃደራውን ምዕባለታት ብሕጽር ዝበለ ምጥቓሱ ኣገዳሲ ይኸውን። ቅድሚኡ ግን፡ ካብ ፍሽለት 5ይ ወራር ክሳብ ምጅማር 6ይ ወራር ዝነበረ ኩነታት እንታይ ከምዝመስል ብጥቕላሉ ምርኣዩ የድሊ።

ስርዓት ደርግ፡ ነቲ ናይ መወዳእታ ኢሉ ዝሓሰቦ ሻድሻይ ወራር ኣብ ዝዳለወሉ ዝነበረ ክልተ ዓመታት፡ ኣብ ሜዳ ኤርትራ ተዛማዲ ህድኣት ሰፊኑ ነበረ። ብዘይካ'ተን ኣብ ኩናት ሓድሕድ 1980-1981 ብቐንዱ ኣብ ባርካ ምስ ሰራዊት ተጋድሎ ሓርነት ኤርትራ ዝገጥማ ዝነበራ ውሱናት ኣሃዱታት፡ ኣብ ግንባራትን ደጀንን ዝነበረ ተጋዳላይ ህዝባዊ ግንባር፡ ነቲ ግዜ፡ ኣብ ጽዑቕ ፖለቲካውን ማሕበራዊን ማእቶታዊን ንጥፈታት ተጸሚዱ እዩ ኣሕሊፍዎ። ኣብቲ እዋን'ቲ ኣብ ግንባራት ይኹን ደጀን፡ ብጻዕቂ ሰሚናራት፡ ሰፊሕ ፖለቲካዊ ጉስጓሳት፡ ወተሃደራዊ ስልጠናታት፡ ስፖርታዊ፡ ባህላውን ማእቶታዊን ንጥፈታት ይሰላሰል ነበረ።

ክፍሊ ማሕበራዊ ጉዳያት፡ ኣብዚ ዝተጠቕሰ ክልተ ዓመታት፡ ውሕስነት ኣብ ዘለዎ ቦታ ኣጣጢሑ፡ ትካላዊ ብቕዓቱ ብኣወዳድባን ኣገባብ ኣሰራርሓን ክብ ንምባል፡ ቀጠባዊ ዓቕሚን መሳለጥያታትን ንምድላብ፡ ኣገልግሎቱ ንምውርጻጽ፡ መነባብሮ ዝናብዮም ስንኩላን ኩናት፡ ዕቑብ ህዝቢ፡ ቆልዑን ዘኽታማትን ንምምሕያሽ ዘካየዶ ዘይሕለል ጻዕሪ፡ ኣብ ዝሓለፈ ክፋል ናይዚ መጽሓፍ፡ ብዝርዝር ተገሊጹ ኣሎ። ክፍሊ ማሕበራዊ ጉዳያት ዘሕለፎ ከቢድ ጻዕሪ ግን፡ ኣብ በይኑን ፍሉይን ኣይነበረን። ካልኦት ክፍልታት ውድብ እውን ብተመሳሳሊ፡ ብድሩት ጸጋታት ዓቕመንን ብቕዓተንን ንምሕያል ብዙሕ ተኣምር ክበሃል ዝከኣል ዕዮ ፈጺመን፡ ደጀን ህዝባዊ ግንባር ብክልተ እግሩ ደልዲሉ ንክረግጽን ዝተናውሐ ኩናት ክጻወርን ኣክኢለንኦ እየን። የግዳስ፡ እቲ ናይ ካልኦት ክፍልታት ጻዕሪን ተጋድሎን ዛዕባ ናይዚ መጽሓፍ'ዚ ስለዘይኮነ፡ ኣብዚ ኣይተጠቕሰን። ናይ ኩለን ክፍልታት ገድሊ ተሞኩሮታት ግን፡ ርእሱ ዝኸኣለ ቅጺታት መጻሕፍቲ ክጽሓፈሉ ዝግባእ እዩ።

* * *

ሻድሻይ ወራር

ስርዓት ደርግ፡ ንህዝቢ ኤርትራ፡ ኢትዮጵያን ዓለምን ንምትላል፡ ሻድሻይ ወራር ወተሃደራዊ ወፍሪ ጥራይ ዘይኮነ፡ እንተላይ ፖለቲካውን ልምዓታዊን ዕላማታት ዘጠቓለለ ወፍሪ ከምስሎ፡ "ኩለንተናዊ ዘመተ ወፍሪ ቀይሕ ኮኾብ" (ቀይ-ኮከብ ሁለገብ ዘመቻ) ዝብል ስያመ እዩ ሂብዎ። ቀንዲ ዕላማ ናይቲ ወፍሪ ግን፡ ነቲ ኣብ ሰሜናዊ ጫፍ ኤርትራ ሰፊሩ፡ ተኸታታሊ ወራራት መኪቱ፡ ህላወን ቀጻልነትን ሰውራ ኤርትራ ዘረጋገጸ ህዝባዊ ግንባር ኣክቢብካ ብምጭፍላቕ፡ ሓንሳብን ንሓዋሩን ካብ ገጽ መሬት

ደምሲሰካ፣ ቀጻልነት መግዛእቲ ኢትዮጵያ ኣብ ኤርትራ ምርግጋጽ ነበረ። ስርዓት ደርግ፡ በቲ ዝገበሮ ልዑል ምድላዋት ምሒር ተኣማሚኑ ስለዝነበረ፡ ቀቅድሚ ምብጋስ ናይቲ ወራር ካብ ኩለን ክፍላተ-ሃገር ኢትዮጵያ ዝተወከሉን ወጻእተኛታት ደገፍቱን ዝተረኽብሉ ዓቢ ዋዕላ ኣብ ኣስመራ ብምቅናዕ፡ "ማኒፌስቶ ኣስመራ" ዝተሰምየ ኲለንተናዊ ዕላማታት ወፍሪ ቀይሕ ኮኾብ ዝሓዘ ወግዓዊ ኣዋጅ ኣጽደቐ።

ነዚ ወፍሪ'ዚ ንምዕዋት ደርግ፡ "እዚ ውጥን ወተሃደራዊ ወፍሪ" (ወተሃደራዊ ዘመቻ እቅድ መምሪያ) ዝተሰምየ ኣካል ብምቛም፡ ነቲ ካብ ቀዳማይ ወራር ጀሚሩ ብግብረ-ሃይልታት ዝነበረ ኣቃውማ ገዲፉ፡ ሰራዊቱ ብእዝታት ወደቦ። በዚ መሰረት ከኣ ሰለስተ እዝታት ኣቘመ። 'ውቃው እዝ' ኣብ ግንባር ሰሜናዊ ምብራቕ ሳሕል፡ 'መብረቅ እዝ' ኣብ ግንባር ባርካ፡ 'ናደው እዝ' ኣብ ግንባር ናቕፋ። መንግስቱ ሃይለማርያም ድማ፡ ከም ላዕለዋይ ኣዛዚ ሰራዊት፡ ነቲ ኩናት ብቐረባ ንምምራሕ ብሶቭየታውያን ወተሃደራውያን ኣማኸርቲ ተዓጂቡ፡ መአዘዚ ነቑጣ ኣብ ኣስመራ መሰረተ።

ኣብዚ ናይ ክልተ ዓመት ምድላዋቱ፡ ስርዓት ደርግ፡ ኣብ ርእሲ'ቲ ዝጸንሖ ዓቕሚ፡ ተወሳኺ 120,000 ሰራዊት ኣሰሊፉ፡ ብዘይ ሓገዝ ታንክታት ጎቦታት እናሓኾሩ፡ ምስ ተጋደልቲ ክገጥሙ ዝኽእሉ፡ ሃሩርን ኣጻምእን ዝጻወሩ ወተሃደራት ብምስልጣን፡ "ተራራ" ዝተሰምያ ፍሉያት ክፍላተ-ሰራዊት (ክፍለ-ጦራት) ኣቘመ። እዘን ክፍለ-ጦራት፡ ኣብ ኣጻምእ ኦጋዴን፡ ፍሉይ ታዕሊም ወሰዳ። ብድሕሪኡ፡ ኣብ ሰፊሕ ከባቢታት ትግራይ ዳህሳስ ብምክያድ፡ ኣብ ልዕሊ ሓይልታት ወያነ መጥቃዕቲታት እናፈጸማ ግብራዊ ናይ ውግእ ልምምድ ኣኻየዳ። ነዚ ዕማም'ዚ ፈጺመን ናብ ኤርትራ ምስ ሰገራ ከኣ፡ "ኣልፋ-ፕሮጀክት" ብዝተሰምየ ስርሒት፡ ኣብ ድሕሪ መስመር ጸላኢ ንዝንቀሳቐሱ ተጋደልቲ ንምጽራይ ሰፊሕ ወፍሪ ኣኻየዳ። ጎድኒ ጎድኒ'ዚ ወፍሪ'ዚ ድማ፡ ምንቅስቓስ ደጀን ህዝባዊ ግንባር ንምልማስ፡ ካብ መጀመርታ 1982 ጀሚሩ፡ ኣብ ኩሉ ከባቢታት ሳሕል ብለይቲን ብቐትሪን ንልዕሊ ሓደ ወርሒ ዝቐጸለ ብርቱዕ ደብዳብ ነፈርቲ ይካየድ ነበረ።

ኣብዚ ወራር'ዚ፡ ጸላኢ ኣብ ኣጽዋሩ ብዝሒ ዘለዎ ናይ 130 ሚ.ሜ. መዳፍዕ ክድርብ እንከሎ፡ ሽዑ ዘመናውያን ዝነበራ ሓደስቲ MI-24 ሄሊኮፕተራት ውግእ እውን ኣዳለወ። ሓይሊ ኣየር ኢትዮጵያ ብቐረባ ከድምዕ ተባሂሉ፡ ቀንዲ መደበሩ ካብ ደብረዘይት ናብ ኣስመራ ከም ዝቕየር ተገብረ። ኣብ ርእሲ'ዚ ደርግ መርዛም ጋዝ ክጥቀም ምኺኑ ሓበሬታታት

ተናፈሰ። ካብ ቀዳማይ ክሳብ ሓምሻይ ወራርን ድሕሪኡ ዝሰዓበ ውግኣትን፡ ዝተጓደለ ዓቕሚ ተተኪኡ፡ መጓዓዝያን ዕጥቅን ስንቅን እውን ብዝተዓጻጸፈ ብዝሒ ተኸኣ።

ህዝባዊ ሰራዊት ኣብ መወዳእታ 1979 ኣብ ግንባር ናቕፋ ድሕሪ ዝወሰዶ መጥቃዕቲ፡ ክሳብ ከባቢ ዓሹርም በጺሑ ብምንባሩ፡ ኣብ ድሮ ሻድሻይ ወራር፡ ብሸነኽ ናቕፋ፡ ናብ ኣፍዓበት ዘቋምት ዕርድታት ሒዙ ነበረ። የግዳስ፡ ምስ ምቅርራብ ሻድሻይ ወራር፡ እዚ መከላኸሊ መስመር'ዚ (ግንባር ኣፍዓበት) ግጥም ከይተኻየደሉ ናብ ሕዳይ ከም ዝስሕብ ተገብረ።

* * *

ወተሃደራዊ ውጥን "ወፍሪ ቀይሕ ኮኾብ"፡ ንህዝባዊ ሰራዊት ብኩሉ ወገን እንተላይ ብመሬት ሱዳን ተጠዊኻ ኣብ ከበባ ብምእታው፡ ኣብ ውሽጢ 3 ሰሙን ምሉእ ብምሉእ ምድምሳስ እዩ ነይሩ። እዚ ገዚፍን ነዊሕ ምድላዋት ዝተገብረሉን ደምሳሲ መጥቃዕቲ ድማ፡ ናብ 15 ለካቲት 1982 ኣብ ዘውግሕ ለይቲ፡ ኣብ ሓደ ሰዓት ብግንባራት ናቕፋ፡ ሰሜናዊ ምብራቕ ሳሕል፡ ባርካን ሓልሓልን ጀመረ። እቲ ብዝተፈላለየ ማእዝናት ዝነቐለ ሰለስተ እዝታት ሰራዊት ደርግ፡ ነናቱ ተልእኾ ፈጺሙ፡ ኣብ መወዳእታ ኣብ ኣዶብሓ ክራኸብ እዩ ተወጢኑ።

በቲ ውጥን መሰረት፡ ናቕፋ ተቘጻጺሩ ንኣዶብሓ ክቕጽል ተልእኾ ዝተዋህቦ ናደው እዝ፡ ነቲ ምሩጽ ዝበሃል 3ይ ክፍለ-ጦር (ኣንበሳ 3ኛ) ኣሰሊፉ፡ ብወገን ኣግራዕ ተጠውዩ ናብ ናቕፋ ብድሕሪት ክኣቱ፣ ክፍለ-ጦር 17 ብወገን ትክሰ ኣርወ (ሳልፈር) ንብራኽ ነጥቢ 1702 (ከባቢ ታባ ውፉያት፡ ኣብ ከም ኦሮማይ ዝኣመሰላ ፍሉጣት መጻሕፍቲ ብፍሉይ ዝጥቀስ እምባ) ተቘጻጺሩ፡ ብሸነኽ ጸጋም ብዝሓጸረ ንናቕፋ ሰንጢቑ ክድቕደቕ፣ ክፍለ-ጦር 22 ከኣ ማዕረ-ማዕረኡ ትክ ብትክ ብጽርግያ ናቕፋ ኣጥቂዑ ናይ ምኹብኳብ ስራሕ ክፍጽም፣ ክፍለ-ጦር 18 ድማ ከም ተጠባባቒ ጸኒሑ መጥቃዕቲ ምስ ተጀመረ፡ ኩነታት እናተገምገመ ናብቲ ግንባር ክድረብ ውጥን ሒዙ ነቕለ።

ኣብ ግንባር ባርካ፡ ካብ ከባቢ ዓዳየት፡ ብክሳድ ሽኮር፡ ኤኮክ ክሳብ ሰልዓ ኣብ ዝዝርጋሕ ሰፊሕ ግንባር ንዓቕሚ ህዝባዊ ሰራዊት መጢጡ ክበታትን ዝወፈረ 'መብረቕ እዝ'፡ ንተራራ ክፍለ-ጦር 21 ከምኡ'ውን ንመካናይዝድ

ክፍለ-ጦር 24 ኣሰሊፉ ተበገሰ።

ኣብ ሰሜናዊ ምብራቕ ሳሕል፡ ብማእከል ንክፍለ-ጦር 19፡ ብየማን ንክፍለ-ጦር 23፡ ብጸጋም ንክፍለ-ጦር 15 ዘሰለፈ 'ውቃው እዝ'፡ ብጸጋም ብመሬት ሱዳን ኣቢሉ ንደምቦቤት ተዓጺፉ ሓድሽ ክንፊ ብምፍጣር ንህዝባዊ ሰራዊት ብድሕሪኡ ክጥወዮ፡ ማዕረ ማዕረኡ ድማ ብየማን ናብ ፋሕ ዝጠመተ ሓደ ክንፊ ፈጢሩ ነቲ ግንባር ምሒር ብምምጣዋ ሃደሽደሽ ክብሎ፡ ብብርቱዕ ሓይሊ መጥቓዕቱ ኣበገሰ።

እዚ ጥርዚ ኩሎም ወራራት ዝኾነ ኣብ ታሪኽ ሰውራ ኤርትራ ዝበርትዐ ግጥም ምስ ተጀመረ፡ ብሸነኽ ባርካ ካብ ዓዳየት ክሳብ ሰልዓ ዝዝርጋሕ ሓድሽ ግንባር ዝኸፈተ ዓቢ ክፋል ሰራዊት ደርግ 'መብረቕ እዝ'፡ ኣብ ውሽጢ ናይ ሳልስቲ ውግእ፡ ኣብ ዘይገመቶ ዓቢ ድብያ ህዝባዊ ሰራዊት ኣትዩ፡ ብዙሕ ክየድምዐ ተደምሰሰ። ብኡ ክቕጽል ይክእል ስለዘይነበረ ከኣ፡ ተረፍመረፍ ሰራዊቱን ኣጽዋሩን ኣኻኺቡ፡ ብቕጽበት ናብ ግንባር ናቕፋ ክድረብ ተኣዘዘ።

ኣብ ሰሜናዊ ምብራቕ ሳሕል፡ 'ውቃው እዝ'፡ ብጸጋም ብመሬት ሱዳን ተኺሊሉ ንደምቦቤት ተቛጻጺሩ፣ ብየማን ብፋሕ፡ ዜሮ ኣቢሉ ክሳብ'ቲ ቀንዲ ሽቶኡ ጎቦ መሸዓሊብ ብምብጻሕ ንግዜኡ ከቢድ ጸቕጢ ፈጢሩ ነበረ። የግዳስ ህዝባዊ ሰራዊት፡ ነቲ ብመሸዓሊብ ዝወፈረ ሓይሊ ጸላኢ ንሰሙናት ዝኣክል መኪቱ ዘፍ ድሕሪ ምባል፡ ብሸነኽ ዶምቦቤት ጸረ-መጥቃዕቲ ወሲዱ፡ ንውጥን ከበባ ወራሪ ሰራዊት ደርግ ኣበርዓኖ።

ኣብ ሻድሻይ ወራር እቲ ዝበርትዐ፡ ብዙሕ መስዋእቲ ዝተኸፍሎ መሪር ውግኣት ዝተኻየደሉ ቦታ ሳልሳይ ግንባር እዩ። ጸላኢ ብደብረ-ጥሉል ናብ ኣግራዕ ወሪዱ መስመር ናቕፋ፣ ደጀን ክበትክ ዝገበሮ ምንቅስቓስ ዝያዳ ኩሉ ሓደገኛ ነበረ። ብምብራቓዊ ኣጻድፍ ናሮ ሓኩሩ፡ ናቕፋ ክኣቱ ዝተንቀሳቐሰ ሰራዊት ድማ፡ ኣብ ኣፍ-ደገ ናቕፋ ንዝርከብ ስትራተጂያዊ ቦታ ብራኸ 1702 ድሓር "ታባ-ውፉያት" ክቈጻጸር ብምኽኣሉ፡ ኣብ መጀመርታ ናይቲ ኩናት ናቕፋ ኣብ ኢድ ጸላኢ ክይትወድቕ ዘሰግእ ኣዝዩ ሓደገኛ ኩነት ፈጢሩ ነበረ። በዚ ከኣ፡ እቲ ቀቅድሚ ምጅማር ወራር ካብ ግንባር ኣፍዓበት ስሒቡ ኣብ ሕዳይ ዓሪዱ ዝነበረ ህዝባዊ ሰራዊት ናብቲ ናይ ቀደም መከላኸሊ መስመሩ፡ የማነ-ጸጋም እምባ ደንደን ክስሕብ ተገደደ።

ብ16 ለካቲት ቀትሪ፡ ገለ ቦጦሎኒታት ህዝባዊ ሰራዊት፡ ኣንጻር'ቲ ብሩባ ምሕናቕ ናብ መንደዓት ዝሓኹረ "ኣንበሳ 3ይ ክፍለ-ጦር" ኣብ ዝገጠሞሉ፡ ጸላኢ ብርቱዕ ሓይሊ ስለዝነበሮ፡ ካብቲ በረኽቲ ቦታታት ተደፊኦን ናብ ጐላጕል ኣግራዕ ወረዳ። እቲ ኩነታት ከቢድ ስግኣት ስለዝፈጠረ ከኣ፡ ኣብ ክፍልታት ደጀን ዝጸንሑ ተጋደልቲ እውን፡ ምስተን ቦጦሎኒታት ከምዝጽንበሩ ተገብረ። እቲ ኩነታት ናብ ዝኸፍአ ከየምርሐ ግና፡ እዘን ኣሃዱታት ተወሳኺ ሓይሊ ደሪበን ብምውድዳብ ጸረ-መጥቃዕቲ ፈንየን፡ ንጸላኢ ካብ ከባቢ ኣግራዕ ጸሪገን፡ ኣብ በረኽቲ ጎቦታት መእድነን ዓንቀር ጸሊምን ከም ዝድረት ገበራኦ። ድሕሪ'ዚ ዕውት ጸረ-መጥቃዕቲ'ዚ ግንባራት ናቕፋን ሰሜናዊ ምብራቕ ሳሕልን ተላጊቡ፡ ካብ ደምቦቤት ክሳብ ሮራ-ሓባብ ኣብ ዝተዘርግሐ ነዊሕ መከላኸሊ መስመር ኣዝዩ መሪር ምርብራብ ቀጸለ። ሰራዊት ደርግ ብዝኾነ ዋጋ ናቕፋ ንምቁጽጻር ብዘይ እስትንፋስ ናይ ሞትን ሕየትን ውግእ ኣኻየደ። እቲ ከቢድ ምርብራብ ንልዕሊ 10 መዓልታት ጋእ ከይበለ ድሕሪ ምቕጻሉ፡ ብ26 ለካቲት፡ ኣብቲ ከቢድ ጸቕጢ ፈጢሩ ዝነበረ ሳልሳይ ግንባር፡ ህዝባዊ ሰራዊት ጸረ-መጥቃዕቲ ወሲዱ፡ ነቲ ወራሪ ሰራዊት ካብ በረኽቲ ሰንሰለታዊ ተረተር ሳልሳይ ግንባር ጸሪጉ ንጐልጐል ናሮ ኣጽደፎ።

ብድሕሪ'ዚ ጸረ-መጥቃዕቲ ጸጋማይ ግንባር ናቕፋ፡ ንህዝባዊ ሰራዊት ኣክቢብካ ምድምሳስ ዝብል ውጥን ከም ዘይከኣል ብሩህ ኮነ። እንተኾነ፡ ከም መምለስ እግሪ "ብውሑዱ ናቕፋ ምቍጽጻር!" ዝብል ናይ ዓቕሊ-ጽበት መጥቃዕቲታት ቀጸለ። ካብ ከባቢ መንድዓት ክሳብ ደንደን ዕርዲ ፈርኤሎን ኣብ ዝነበረ መከላኸሊ መስመር ከኣ፡ ሰራዊት ደርግ ኣሃዱታት እናቐያየረ፡ ንኣስታት ሰለስተ ኣዋርሕ ለይትን ቀትርን ፍረ ዘይተረክቦ ብርቱዕ ምርብራብ ኣኻየደ። የግዳስ፡ ኣብዚ ናይ ኣዋርሕ ግጥም ዕርድታት ህዝባዊ ሰራዊት ነቕ ኣይበለን። ሻድሻይ ወራር ከኣ፡ ብ20 ሰነ 1982 ዓ.ም. ብዓወት ህዝባዊ ሰራዊት፡ ብፍሽለት ወራሪ ሰራዊት ደርግ ተደምደመ። ኣብዚ ን95 መዓልታት ብዘይ እስትንፋስ ዝተኻየደ መሪር ኲናት፡ ስርዓት ደርግ ኣስታት 50,000 ሰራዊት ኣጥፊኡ፡ ከቢድ ሰብኣዊን ንዋታዊን ክሳራ ተሰከመ።

ሻድሻይ ወራር፡ ልዕሊ 2700 ብሉጻት ኤርትራውያን ተጋደልቲ ዝተሰውእሉ፡ ልዕሊ 5000 ዝቘሰልሉ (ዳርጋ ፍርቂ ዓቕሚ ናይቲ ሽው ዝነበረ ተዋጋኢ ሰራዊት ህ.ግ. ምዃኑ እዩ) ኣዝዩ ጽንኩር፡ ሰውራ ኤርትራ ክሰዓርን ዘይክስዓርን ኣብ ከቢድ ፈተነ ዝኣተወሉ ግጥም ኮይኑ፡ ተጋዳላይ ረዚን መስዋእቲ ከፊሉ፡ ነዚ ፈታኒ መድረኽ ብዓወት ሰጊሩ፡ ቀጻልነትን

ውድባዊ ምዕባለታት 1982-1991 ዓ.ም.

ተዓዋትነትን ሰውራ ዘረጋገጸሉ፡ ጽንዓትን ጅግንነትን ህዝቢ ኤርትራ ደሚቑ ዝወጻሉ ፍሉይ ታሪኻዊ ግጥም ነበረ።

ስርዓት ደርግ፡ እተ ንክልተ ዓመት መመላእታ ምድላዋት ዝገበረሉ ጥርዚ ኹሎም ወራራቱ ዝነበረ ከቢድ ግጥም 6ይ ወራር፡ ካብ ለካቲት ክሳብ ሰነ 1982 ብዝተኻየደ ጽኑዕ መኸተ ህዝባዊ ሰራዊት ሓርነት ኤርትራ ድሕሪ ምፍሻሉ፡ ንሰውራ ኤርትራ ብሓይሊ ምድምሳስ ዘይክኣል ምዃኑ ክግንዘብ እኳ እንተነበሮ፡ ሰራዊት ህዝባዊ ግንባር በቲ ኣብቲ ወራር ዝገጠሞ ከቢድ ውግእ ተዳኺሙ እዩ ካብ ዝብል ግምት ነቒሉ፡ ዓመት ኣብ ዘይመልእ ግዜ፡ ማለት ኣብ መፋርቕ 1983፡ "ካልኣይ ገጽ ወፍሪ ቀይሕ ኮኾብ" ዝተሰመየ 7ይ መጠነ ሰፊሕ ወራር እዩ ኣበጊሱ። እዚ ወራር'ዚ ብኣንጻር 6ይ ወራር ብዘይእውጅ መገዲ ዘንቀሎ ብምንባሩ ድማ፡ ብተጋደልቲ "ስላሕታ ወራር" ተባሂሉ ተጸውዐ። ስላሕታ ወራር እውን ከም 6ይ ወራር፡ ካብ ክፍላ መጋቢት ክሳብ ክፍላ ነሓሰ 1983 ድሕሪ ዝተኻየደ ናይ ሓሙሽተ ኣዋርሕ መሪር ምርብራብ፡ ዝኮነ ፍረ ከየምጽአ ብስዕረት ሰራዊት ደርግ ተዛዚመ።

ድሕሪ ፍሽለት እዞም ክልቲኦም ከበድቲ ግጥማት (6ይን 7ይን ወራራት)፡ ሰውራ ኤርትራን ስርዓት ደርግን ኣብ መድረኽ ጃላነት እዮም ኣትዮም። ህ.ግ.፡ ድክመት ስርዓት ደርግ ድሕሪ ምግምጋም፡ ኣብ ጥሪ 1984 ኣብ ተሰነይ መጥቃዕቲ ብምፍናው፡ ነታ ከተማን ከባቢኣን ተቖጻጸሮ። ኣብ መጋቢት ናይቲ ዓመት'ቲ ድማ፡ ንግንባር ሰሜናዊ ምብራቕ ሳሕል ኣጥቂዑ፡ "ውቃው እዝ" ንዝተባህለ ገዚፍ ክፋል ሰራዊት መግዛእቲ ኢትዮጵያ ምሉእ ብምሉእ ደምሰሶ። ኣብዚ ክልተ ግጥማት፡ ህዝባዊ ሰራዊት ብርኽት ዝበለ ኣጽዋርን ተተኩስትን ብምምንዛዕ፡ ሓይሉ ዝያዳ ኣደልዲሉ ወጸ። ኣብ ግንቦት ናይቲ ዓመት'ቲ፡ ኣሃዱ ፍሉይ ስርሒታት ኮማንዶ ኣብ ወተሃደራዊ መዕርፎ ነፈርቲ ኣስመራ በርቃዊ ተርግእ ብምፍጻም፡ 33 ነፈርቲ ውግእ ኣዕነወ። በዚ ስርሒታት'ዚ ሚዛን ሓይሊ ናብ ህዝባዊ ሰራዊት ክዛዙ ጀመረ። ኣብ መፋርቕ 1985 ድማ፡ ሰራዊት ህዝባዊ ግንባር፡ ነታ ሓያል ዕርዲ ሰራዊት ደርግ ዝነበረት ባረንቱን ከባቢኣን ኣጥቂዑ ተቖጻጸራ። በዚ ግስጋሰ'ዚ ዝተሰናበደ ስርዓት ደርግ፡ ኣብ ዝተፈላለየ ከባቢታት ኢትዮጵያ ዝነበረ ሓይሊ ኣኻኺቡ፡ ንኸተማ ባረንቱ ንምሓዝ ነዊሕ ምርብራብ ኣካየደ። ድሕሪ ከቢድን ተኸታታሊን ውግኣት ድማ፡ ህዝባዊ ሰራዊት፡ ካብ ባረንቱን ተሰነይን ምዕራባዊ ኤርትራን ኣዝሊቑ፡ ናብ ቀወምቲ ዕርድታቱ ተመልሰ።

በቲ ህዝባዊ ግንባር ዝወሰዶ ናይ ምዝላቕ ስጉምቲ ዝተታባብዐ ስርዓት

ደርግ፡ ህዝባዊ ሰራዊት ተዳኺሙ እንከሎ ሕጂ ምድኻሙ ብዝብል ግጉይ ቅማረ፡ ዘሎ ሓይልታቱ ኣኻኺቡ፡ ኣብ ጥቅምቲ 1985 "ወፍሪ ባሕረ ነጋሽ" ኢሉ ዝሰመዮ መጠነ ሰፊሕ ወራር ብምብጋስ፡ ናብቲ ድሕሪ ምድምሳስ ውቃው እዝ ገዲፍዎ ዝነበረ ሰሜናዊ ምብራቕ ሳሕል ተመሊሱ፡ ኣብ ቀወምቲ ዕርድታት ህዝባዊ ሰራዊት ሓያል መጥቃዕቲታት ፈነወ። እንተኾነ፡ ኣብ ክልተ ገጻት ወፍሪ ባሕረ-ነጋሽ (ጥቅምቲን ሕዳርን) ሰርዓት ደርግ ንዕርድታት ሳሕል ክሰብሮ ኣይከኣለን። በዚ ድማ ወፍሪ ባሕረ ነጋሽ እውን ከም ካልኦት ወራራት ድሕሪ ናይ ክልተ ኣዋርሕ ምርብራብ ዘፍ በለ።

ህዝባዊ ግንባር ሓርነት ኤርትራ፡ ድሕሪ ስትራተጂያዊ ምዝላቕ ኣብ ሳሕል ዓሪዱ ክረባረብ ከሎ፡ ዝበዝሕ ካብ ጠለባት ሰውራ ዘማልእ ጽኑዕ ደጀን ንምድልዳል ጉድኒ-ጉድኒ እስትንፋስ ዘይህብ ወተሃደራዊ ግጥማት ብቐጻሊ ዘሰላስሎ ዝነበረ ዕማም እዩ።

ወፍሪ ባሕረ ነጋሽ (8ይ ወራር) ናይ መወዳእታ ወራር ስርዓት ደርግ እዩ ነይሩ። ድሕሪኡ ሰራዊት ደርግ ስለዝተዳኸመ፡ ኣብ ምክልኻል እዩ ኣትዩ። በዚ ድማ ህዝባዊ ግንባር ብሓደ ወገን ናይ ደጀን ንጥፈታቱ ዝያዳ ብምሕያል፡ ወተሃደራዊ ክእለት ኣባላቱ ክብ ዘብል ስልጠናታት እናካየደ፡ ኣብ ድሕሪ መስመር ጸላኢ ናይ ደባይን ሃንደሳን ኣሃዱታት ብምንቅስቓስ፡ ንሓይሊ ጸላኢ ዘዳክምን ዘልምስን ማእለያ ዘይብሎም ንኣሽቱን ዓበይቲን ስርሒታት እናሰላሰለ፡ ናብ ስትራተጂያዊ መጥቃዕቲ ዘሰጋግር ቅድመ ምድላዋቱ የጻፍፍ ነበረ። ኣብ ርእሲ ሓይሊ ምድሪ ድማ፡ ናይ ሓይሊ ባሕሪ ኣሃዱ ኣቚሙ፡ ኣብ ክሊ ባሕሪ ኤርትራ ወተሃደራዊ ህላወኡ ኣረጋገጸ።

ኣብ 1981 ተጋድሎ ሓርነት ኤርትራ ንሱዳን ኣትያ ኣብ ዝተበታተነትሉ እዋን፡ ቃልሶም ክቕጽሉ ዝመረጹ ተጋደልቲ ተ.ሓ.ኤ. ነበር፡ "ተጋድሎ ሓርነት ኤርትራ ማእከላይ መሪሕነት" ወይ ድማ "ሳግም" ዝተባህለ ውድብ ኣቚሞም፡ ምስ ህዝባዊ ግንባር ብምርድዳእ፡ ኣብቲ ዝካየድ ዝነበረ መኸተ ኣበርኪቶ ክገብሩ፡ ኣብ ሰነ 1983 ናብ ሜዳ ኤርትራ ኣትዮም ነበሩ። ተ.ሓ.ኤ. ማእከላይ መሪሕነት፡ ናብ ሜዳ ድሕሪ ምእታው፡ ከም ርእሱ ዝኸኣለ ውድብ ዝተፈላለየ ፖለቲካዊ ንጥፈታት ከኻይድ ድሕሪ ምጽናሕ፡ ኣብ መወዳእታ ምስ ህዝባዊ ግንባር ክጽንበር ወሰነ። ኣብ 1987 ከኣ ኣብ ካልኣይን ሓድነታዊን ጉባኤ ምስ ህዝባዊ ግንባር ተጸንበረ። ኣብዚ ጉባኤ'ዚ ህ.ግ.ሓ.ኤ.፡ ዝሓለፈ ጉዕዞ ሰውራ ብደቂቕ ድሕሪ ምግምጋም፡ መግዛእታዊ

ሰራዊት ኢትዮጵያ ካብ መላእ ሃገር ብምጽራግ ናጽነት ኤርትራ ጋህዲ ንምግባር ዘኽእል ፖለቲካውን ወተሃደራዊ ስትራተጂ ሓንጸጸ።

ድሕሪ 2ይን ሓድነታዊን ጉባኤ፡ ህዝባዊ ሰራዊት ናይ ድሕሪ መስመር ስርሒታት ዝያዳ ብምጽዓቕ፡ ብባሕሪ'ውን ንኣሸቱ ስርሒታት ምክያድ ቀጸለ። ብደባይን ተንቀሳቃሲን ስርሒታት ንሰራዊት ስርዓት ደርግ ድሕሪ ምድኻም ድማ፡ ኣብ መወዳእታ 1987 ኣብ ግንባር ናቕፋ ተበግሶ ብምውሳድ፡ ንቐዳማይ ዕርዲ ጸላኢ ኣፍሪሱ፡ ንሰራዊት ደርግ ካብ ግንባር ናቕፋ ቅሩብ ንድሕሪት ክደፍእ ከኣለ። እዚ መጥቃዕቲ'ዚ ሚዛን ሓይሊ ናብ ሰራዊት ህዝባዊ ግንባር ከም ዝዛዘወ ብምንጻር፡ ስውራ ኤርትራ ናብ ስትራተጂያዊ መጥቃዕቲ ዝሰጋገረሉ እዋን ከም ዝበጽሐ ኣበሰረ። ኣብ መጋቢት 1988 ድማ፡ ህዝባዊ ሰራዊት፡ ነቲ ኣብ ግንባር ናቕፋ ዓሪዱ ዝነበረ፡ ደርግ ብሉጽ ሰራዊት ኢሉ ዝምክሓሉ "ናደው እዝ" ኣብ ውሽጢ 72 ሰዓታት ብምድምሳስ፡ ንግንባር ናቕፋ ምሉእ ብምሉእ ኣፍሪሱ ኣፍዓበት ተቈጻጸረ። ምድምሳስ ናይዚ ገዚፍ ሓይሊ ጸላኢ'ዚ፡ ስዕረት ስርዓት ደርግን ናጽነት ኤርትራን ናይ ግዜ ጉዳይ እምበር ዘይተርፍ ምዃኑ ዘረጋገጸ፡ ኣብ ሰውራ ኤርትራ ዓቢ ነጥበ መቐይሮ ነበረ። ህዝባዊ ሰራዊት ኣብዚ ውግእ'ዚ ቅድሚኡ ዓጢቕዎ ዘይፈልጥ፡ ከም 130 ሚ.ሜ. መዳፍዕን ቢ.ኤም 21 ወንጫፊ ሮኬትን ዝኣመሰሉ ስትራተጂያዊያን ኣጽዋራት መንዚዑ ናይ ተኹሲ ሓይሉ ክብ ኣበለ። ንፈላማ ግዜ ድማ ንስርዓት ደርግ ካብ ዘማኽሩ ዝነበሩ መኩንናት ሕብረት-ሶቭየት 3 ክማርኽ ከኣለ።

ድሕሪ ምድምሳስ ናደው እዝ፡ ደርግ ምስ መንግስቲ ሶማል ብሃታሃታ ስምምዕ ብምግባር፡ ኣብ ምብራቕን ምዕራብን ኢትዮጵያ ዝነበረ ሰራዊት ኣኻኺቡ፡ ብብርቱዕ መጥቃዕቲታት ንህዝባዊ ሰራዊት ንድሕሪት ንምምላስን ኣፍዓበት ዳግም ንምቁጽጻርን ንኣርባ\ዕተ ኣዋርሕ ዝኣክል ደጋጊሙ እኳ እንተፈተነ፡ ክዕወት ኣይከኣለን። ብኣንጻሩ ህዝባዊ ሰራዊት ብምብራቓዊ ጎላጉል ኣብ ዘካየዶ መጥቃዕቲ ኣብ ልዕሊ ሰራዊት ደርግ ሰፍ ዘይብል ክሳራ ኣውሪዱ ብዙሓት ታንክታት ከቃጽልን ክማርክን ከኣለ። እዚ ከምዚ ኢሉ እንከሎ፡ ምስ ህዝባዊ ግንባር ሓርነት ኤርትራ ናይ ቃልሲ ምሕዝነት ፈጢሩ ኣብ ኢትዮጵያ ዝንቀሳቐስ ዝነበረ ህዝባዊ ወያነ ሓርነት ትግራይ፡ ኣብ ክፍለ ሃገር ትግራይ ሓያሎ ወተሃደራዊ ስርሒታት ብቐንዱ ናይ ሽረ እንዳስላሰ መጥቃዕቲ ብምክያድ፡ ንብዙሕ ክፋላት መሬት ትግራይ ተቘጻጺሩ ንኤርትራ ምስ ማእከል ኢትዮጵያ ዘራክባ መስመር ክዓጽዎ

ከኣለ። በዚ ድማ ስርዓት ኣዲስ-ኣበባ ምስ ኤርትራ ዝነበሮ ርክብ ብመገዲ ወደባት ምጽዋዕን ዓሰብን ጥራይ ኮነ።

በዚ ምዕባለታት'ዚ ተሰፋ ዝቚረጸ ስርዓት ደርግ፡ ብመንጎኛነት ፕረዚደንት ኣመሪካ ነበር ጂሚ ካርተር ምስ ህዝባዊ ግንባር ኣብ ዘተ ክኣቱ ተገደደ። ይኹን'ምበር፡ መሰል ርእሰ ውሳነ ህዝቢ ኤርትራ ክቕበል ቅሩብ ኣይነበረን። ክንዲ ዝኮነ፡ እቲ ዘተ ዝኮነ ፍረ ኣየምጽአን። ናብ መድረኽ ስትራተጂያዊ መጥቃዕቲ ዝተሰጋገረ ሰራዊት ህዝባዊ ግንባር፡ ኣብ ለካቲት 1990 "ስርሒት ፈንቅል" ብዝተሰምየ ሰፊሕ ወተሃደራዊ ወፍሪ፡ ኣብ ምብራቓዊ ጉላጉል ዓሪዱ ንዝነበረ ሰራዊት መግዛእቲ ኢትዮጵያ ጸራሪጉ፡ ንጽርግያ ኣስመራ ባጽዕ ድሕሪ ምብታክ፡ ብ10 ለካቲት ንወደብ ምጽዋዕ ተቘጻጸራ። ኣብ ከበሳታት ኤርትራን ከረንን ዝነበረ መግዛእታዊ ሰራዊቱ ድማ፡ ክሳዱ ተሓኒቑ፡ ምስ ኣዲስ ኣበባ ርክቡ ብነፈርቲ ጥራይ ኮነ። ድሕሪ ስርሒት ፈንቅል ህዝባዊ ሰራዊት፡ ኣብ ግንባር ግንዳዕ ከቢድ ምርብራብ እናከየደ ንደቡብ ብምጥዋይ ንከተማታት ሰንዓፈ፡ ዓዲ ቐይሕን ሰገነይትን ኣብ ትሕቲ ቍጽጽሩ ኣእተወን። ሰራዊት ደርግ ድማ ኣብ መንጎ ደቀምሓረ፡ መንደፈራ፡ ኣስመራ ከረንን ተሓጺሩ፡ ኣብ ምሉእ ከበባ ኣተወ።

እዚ ከምዚ ኢሉ እንከሎ፡ ገለ ክፋል መካናይዝድ ሰራዊት ህዝባዊ ግንባርን ሓይልታት ኢህወደግን፡ ኣብ ውሽጢ ኢትዮጵያ መጥቓዕታቶም ብምሕያል ክሳብ ከባቢ ጎንደርን ሰሜን ሸዋን ክበጽሑ ከኣሉ። ቀጺሎም ድማ ንክፍለ ሃገር ጎጃምን ወለጋን ብምቁጽጻር ናብ ኣዲስ ኣበባ ገጾም ኣቕንዑ። ኣብ ግንቦት 1991 ሰራዊት ህዝባዊ ግንባር፡ ንከተማ ደቀምሓረ ኣጥቂዑ፡ ገጹ ናብ ኣስመራ ምስ ኣቕንዐ፡ መራሒ ኢትዮጵያ ዝነበረ ኰለኔል መንግስቱ ሃይለማርያም ውድቀቱ ናይ መዓልታት ጉዳይ ምዃኑ ተረዲኡ፡ ካብታ ሃገር ሃደመ። ዓርቢ 24 ግንቦት 1991 ድማ ህዝባዊ ሰራዊት ንርእሰ ከተማ ኤርትራ ኣስመራ ብምቁጽጻር፡ ሓርነት ኤርትራ ኣበሰረ። ብ27 ግንቦት ንከተማ ዓሰብ ድሕሪ ምቍጽጻሩ ድማ፡ ምሉእ መሬትን ባሕርን ኤርትራ ካብ ሰራዊት መግዛእቲ ኢትዮጵያ ሓራ ወጸ። ብ28 ግንቦት 1991 ከኣ፡ ሓይልታት ወያነን ህዝባዊ ግንባርን፡ ንከተማ ኣዲስ-ኣበባ ተቘጻጸርዋ። ዕምሪ ስርዓት ደርግ ኣክተመ።

* * *

ፍሽለት 6ይ ወራር ምስ ተረጋገጸን፡ ኩነታት ግንባራትን ደጀንን ምስ

ተረጋግአን፡ ህዝባዊ ግንባር ከም ልማዱ ገምጋማትን ዳግመ-ምውድዳባትን ምቅይያራትን የካይድ ነበረ። በዚ መሰረት፡ ኣብ ሓምለ 1982፡ ጸሓፊ ክፍሊ ሕክምና ዝነበረ የማነ ዳዊት፡ ነቲ ክሳብ ሽዑ ዝነበረ ዳዊት ፍስሃየ ተኪኡ ጸሓፊ ክፍሊ ማሕበራዊ ጉዳያት ኮነ። ንሱ ከም ጸሓፊ፡ ኣስኻሉ መንቀርዮስ ድማ ከምቲ ዝጸንሓቶ ምክትል ጸሓፊት ክፍሊ ኮይኖም፡ ኣብ ትሕቲ ኣባል ፖለቲካዊ ቤት-ጽሕፈት መሓመድ-ስዒድ ባርህ ንክፍሊ ማሕበራዊ ጉዳያት ከመሓድሩ ተመዘዙ። መሓመድ-ስዒድ ባርህ ግን፡ ኣቐዲሙ'ውን ኣብ ኻርቱም ኣብ ዕማም ወጻኢ ጉዳያት ተጸሚዱ ስለዝነበረ፡ እቲ ዕማማት ክፍሊ ማሕበራዊ ጉዳያት ብዝያዳ ኣብ ክልተኦም ሓለፍቲ ወዲቑ ነበረ። ኣብ ካልኣይ መፋርቕ 1982 ድማ፡ ምስ ማእከሎትን ታሕተዎትን ሓለፍቲን ኣባላትን ናይቲ ክፍሊ ተደጋጋሚ ኣኼባታትን ደቂቕ ገምጋማትን ኣብ ምግባር ተዋፈሩ። ነቲ ክፍሊ ዳግም ንምውዳብን ናይ ምምሕዳር ለውጢ ንምግባርን ዝእምም ሓሳባት ኣብ ላዕለዎት ኣኻላት ኣጽዲቖም ከኣ ናብ ትግባረ ኣተዉ። እቲ ቀንዲ ትሕዝቶ ናይቲ ኣብ ካልኣይ መንፈቕ 1982 ክተኣታቶ ዝጀመረ ለውጢታት፡ በብጨናፍሩ ከኣ ከምዚ ዝስዕብ ነበረ፦

ኣብ ምሕደራን ኣልያን ህዝቢ መደበር ዕቑባት፡ ኣባላት ክፍሊ ማሕበራዊ ጉዳያት ዝዓበየ እጃም ስለዝነበሮም፡ እቲ ዕማም ልዕሊ ዓቕሚ ናይቲ ክፍሊ እናኾነ ይኸይድ ምንባሩ እዩ ተገምጊሙ። ምኽንያቱ፡ ብሓደ ወገን ቍጽሪ ዕቑባት እናወሰኸ ይኸይድ፡ በቲ ካልእ ወገን ድማ፡ ኣካላዊ ብቕዓት ዝነበሮምን ስንክልናኦም ዝተመሓየሸን ኣባላት ማሕበራዊ ጉዳያት፡ ምስ ወተሃደራዊ ኩነታት ብቐጻሊ ከቲቶም ናብ ግንባራት ይኸዱ ስለዝነበሩ፣ እቲ ጸገም መመሊሱ ይጋደድ ነበረ። ንመንበሪ ዕቑባት፡ ምትካል ቴንዳታት፡ ንሕክምናን ንናይ ስንቂ መኻዚኖታትን ካልእን ዝኸውን ህንጻታትን ቴንዳታትን ምቕራብን ምዕዳልን፡ ንምግብና ስድራ-ቤታት ዘድሊ ዕንጸይቲን ካልእ መሳርሒታትን፡ ስሩዕ ፖለቲካውን ኣካዳምያዊን ትምህርቲ ምሃብ፡ ዕቑባት ህዝቢ ምስ ደቀም ብውልቅን ብጉጅለን ጉዳያቶም ምስማዕን ምፍታሕን፡ ወዘተ. ዝኣመሰሉ ዕረፍቲ ዘይህቡ ዕማማት መወዳእታ ኣይነበሮምን። እቲ ዝበዝሐ ዕማማት፡ ካብ ጾር ተጋደልቲ ከም ዝንከ ምግባር መተኻእታ ዘይብሉ ኣማራጺ ኾይኑ ምስ ተረኽበ ድማ፡ ካብቲ ህዝባዊ ምምሕዳር ኣብ ሓራ መሬት ኤርትራ ዝግልገለሉ ናይ ህዝባዊ ባይቶታት መምርሒ ዝተወስደን፡ ንፍሉይነት መደበር ዕቑባት ኣብ ግምት ዘእተወን ቅርጺ ተነደፈ። ዕቑባት ባዕሎም ነብሶም ዘመሓድርሉን፡ በብዓመት ጸኒሑ ድማ በብክልተ ዓመት መራሕቶም ዝመርጽሉን ምዱብ ጉባኤታት

ብስሩዕ ከም ዝህሉ ተገብረ። ካብዚ ሓሊፎም'ውን ሽማግለታት ብምቛም፡ ከም ምምቕራሕ ስንቂ፡ ምውዳብ ማእቶታዊ ንጥፈታት፡ ዘመተ ምጥፋእ መሃይምነት፡ ምድላው ባህላውን ስነ-ጥበባዊን መሰናድኦታት ዝኣመሰሉ ዕማማት ባዕሎም ከኻይዱዎ ኣብ ዝኽእሉሉ ደረጃ በጽሑ። ውሑዳት ኣባላት ማሕበራዊ ጉዳያት ድማ፡ ነቲ ምሕደራ እናደገፉ፡ ትምህርታውን ጸጥታውን ካልእ ፍሉይ ዕማማትን ኣብ ምዉህሃድ ጥራይ ተደረቱ።

ኣብ ጨንፈር ስንኩላን ዝተኣታተወ ለውጢ፡ ኣብ ዓይነት ስንክልናኦም ዝምርኩስን ናይ ኣተኣላልያ ኣገባብ ንምምሕያሽን ዝዓለመ'ዩ ዝነበረ። ካብ እዋን ምዝላቕ ክሳብ 6ይ ወራር ዝነበረ ፈጺሙ ዘየገላብጥ ጸቢብ ደጀንን፡ ቅሳነት ዝኸልእ መሪር እዋንን፡ ስንኩላን ኣብ ውሑስ ቦታ ካብ ምዕቋቦም ወጻኢ ካልእ ምርጫ ዝህብ ኣይነበረን። ክሳብ 2 ሽሕ ዝግመቱ ስንኩላን፡ ኣብ ሓደ መዓስከር ኣኪብኻ ክትኣልዮም ምፍታን፡ ምስልቻው ዝጠንቁ ፍረ ዘይብሉ ምጭቕጫቕን ካልእ ኣሉታዊ ጠባያትን ክስዕብ ግድን እዩ ነይሩ። ስንክልናኦም ዝተመሓየሸ በብእዋኑ ናብ ተዋጋኢ ሰራዊትን ክፍልታት ውድብን ይምደቡ'ኳ እንተነበሩ፡ ንኹሎም ዝኸውን ቦታ ኣይነበረን። ድሕሪ ሻድሻይ ወራር ዝተረኽበ ሩፍታን ምስፋሕ ደጀንን ግን፡ እቶም ኣብ ስራሕ ክሳተፉ ዝኽእሉ ስንኩላን፡ ብሓካይም እናተመመዩ ኣብ ክፍልታት ደጀን ከምዝውዘዉ ተገብረ። ድሕር'ዚ እዋን'ዚ ድማ፡ ቀራጻት እግሪን ካልኦትን፡ ሕክምናኦም ምስ ወድኡ ብቐጥታ ናብ ዝተፈላለዩ ኣሃዱታት ውድብ ከም ዝምደቡ ተገብረ። እቶም ዑረት፡ መልመስቲ ፍርቂ ጎድኒን ካልእ ከቢድን ድርብራብን ስንክልና ዝነበሮም ጥራይ ብክፍሊ ማሕበራዊ ጉዳያት እናተመሓደሩ፡ ንፍሉይነቶም ኣብ ግምት ብዘእተወ ኣገባብ ክሕገዙ፡ ክመሃሩን ናይ ኣነባብራ ጥበብ ክፈልጡ ዝኽእሉም ስልጠናታት እናቐሰሙን ክእለዩ ተወሰነ።

ኣብ ጨንፈር ስንኩላን፡ ነቓፌታን ነብሰ-ነቓፌታን ካብቲ ናይ ውድብ ሕልፍ ብዝበለ መገዲ'ዩ ዝኸይድ ዝነበረ። ዳርጋ እቲ ዝዓበየ ዕማም ናይቲ ጨንፈር ኮይኑ'ዩ ዝቕጽል ነይሩ እንተተባህለ'ውን ምግናን ኣይኮነን። ብዘይካ'ቲ ካብ ኣኼባታት፡ ቀጻሊ ፖለቲካዊ ትንታነታትን ክትዓትን ዝቕስምዎ እወታዊ ተሞክሮታቱ፡ ተኣለይቲ ካብ ምስልቻውን ቅዛነትን ከም መድሕን ኮይኑ ከም ዘገልገለ ዝርሳዕ ኣይኮነን። እንተኾነ ግን፡ እቲ ሕሉፍ ኣገባባት ነቓፌታ፡ ናብ ምጥቕቃዕን ሓድሕድ ምጉድዳእን ሳዕቤን ከም ዝነበሮ ስለዝተገምገመ፡ ንምእራሙ ስጉምቲ ተወሰደ።

ኣብ 1982፡ ዝበዝሑ ሰንኩላን ናብ ክፍልታት ውድብ ድሕሪ ምምዳቦም፡ ብመዓስከር ደረጃ ብሰፊሑ ዝካየድ ናይ ነቐፌታ ኣኼባታት ክተርፍ፡ ጋንታታት ነናተን ኣባላት ብምእካብ ጥራይ ክኻይድኦ መምርሒ ወጺኡ። ነቐፌታታት ኣብ እዋኑ ዝተፈጸሙ ጉድለታት ጥራይ ከም ዝሕጸሩን፡ ነቓፊ ባዕሉ ዘረጋገጾ ጉዳይ ጥራይ ከልዕል ዘገድድ ሓበሬታ'ውን ተዋህበ። ብደረጃ ጨንፈር ወይ ክፍሊ ኣኼባታት ኣብ ዝግበረሉ እዋን ግን፡ ንምምሕደራዊ ጉድለታት ዝቐርብ ርእይቶ ወይ ነቐፌታ ንኩሉ ክፉት ክኸውን ዘፍቅድ ነበረ። ስሩዕን ዕቱብን ትምህርታዊ ውጥናት፡ ምዱብ ባህላውን ስነ-ጥበባውን መደባት ቀጻልነቱ ዘረጋግጽ ኣተሓሕዛ ምስ ተገብረሉ ድማ፡ እቲ ምስ ነቐፌታ ዝተኣሳሰር ሽግራት ተቃለለ።

ኣሃዱ ምርምርን ምድላው መጽናዕታዊ ጽሑፋትን፡ መብዛሕትኦም ካብ ጨንፈር ሰንኩላን ዝተመርጹ፡ ናይ ዩኒቨርስቲ ደረጃ ትምህርቲ ዝነበሮም ካብ 10 ዝበዝሑ ተጋደልቲ ዝሓቘፈት ኮይና፡ ከም ኣካል ቤት-ጽሕፈት ክፍሊ ኣብ መወዳእታ 1982 ዝተመስረተት እያ። ንኩሉ ዕማማት ማሕበራዊ ጉዳያት ዘድሊ ጽሑፋት እናኣከበት፡ እናተርጐመትን እናጸሞቐትን ድማ፡ ክልሰ ሓሳብ ማሕበራዊ ፍልጠት ንኣባላት ክፍሊ ተሰንቕ ነበረት። ብፍላይ ኣብ ኣተኣላልያ ህጻናት፡ ትምህርታዊ መጽሓፍትን መጽሔታትን ብምድላው፡ ነቲ ኣብ ምሉእ ውድብ ዝነበረ ጸገማት ከተቃልል ክኢላ እያ።

ኣብ ጨንፈር መጽናዕቲን ሓበሬታን ዝነበረ ንመጽናዕቲ ህዝቢ፡ ኩነታት ስድራ ተጋደልቲ፡ ምስ ሰብኡተን ክራኸባን ደሃይ ክለዋወጣን ዝደልያ ኣንስቲ ተጋደልቲ፡ ከምኡ ድማ ንመጽናዕቲ መርዓ ኣብ ህዝባዊ ግንባር ዝምልከት ጉዳያት ገምጋማት ተገይሩሉ ነበረ። ብዙሕ ዝተቐየረ ነገር'ኳ እንተዘይነበረ፡ ብዛዕባ ሽጉር ህዝብን ኣንስቲ ተጋደልትን ዝቐርብ ሓበሬታዊ ጸብጻባት፡ ናይ ኩሎም ወከልቲ ማሕበራዊ ጉዳያት ብዓይነቱ ሓደ ከም ዝኸውን ንምግባር ተፈተነ። እቲ፡ እቶም መርዓ ዝሓቱን ፍትሕ ዝጠልቡን ተጋደልቲ ዝህቡዎ ሓበሬታን ዝመልኡዎ ቅጥዒታትን ድማ፡ ከም ዝቐየርን ዕጹው ሕቶታት ከም ዝህሉዎን ኮይኑ ተዳለወ። ንኣቀራርባ ሕቶታትን ግዴታ ኣሃዱታት ውድብን ዝምልከት መምርሒ ከኣ፡ ናብ ኩለን ብርጌዳትን ክፍልታትን ተዘርግሐ።

ብመሰረት'ዚ ኣብ 1982 ዝተወጠነ ዳግመ-ምውዳብ፡ ናይ ነፍሲ-ወከፍ ጨንፈርን ኣሃዱን መምርሒ ስራሕ ተኸሊሱ ዝርዝራቱ ተጻሕፈ። ብዘይካ'ቲ ብፍሉይነት ዝጥመት ናይ ጨናፍር ግዴታታት፡ ፖለቲካውን

ኣካዳምያዊን ትምህርቲ፡ ባህላውን ስነ-ጥበባውን መደባት ስሩዕነት ብዘለዎ ኣገባብ ከምዝካየድ ተገብረ። ኣብ መጀመርታ 1983፡ ኩለን ጨናፍር በብወርሒ እናተቐያየራ ክኻይድኦ ዝጀመራ ብስም ‘ዕለት 20’ ዝፍለጥ ናይ ተዋስኦን ድራማን ንጥፈታት፡ ክሳብ ዕለተ-ናጽነት ክቕጽል ምኽኣሉ ድማ፡ ንዕቱብነት ናይቲ መደባት ዝርኢ እዩ። ድሕሪ’ቲ ዳግመ-ዉደባ፡ ሓላፍቲ ጨናፍርን ኣሃዱታትን ብምሉኦም ካብ ሓደ ጨንፈር ናብቲ ካልእ ብምቅያር፡ ኣብ ሓድሽ ቦታ ብሓድሽ መንፈስ ከምዝጀምሩን፡ ኣብ ስሩዕን ቀጻሊን ኣኼባታት ኮነ ስራሕ ብሓባር ዝወሃሃደሉን፡ ዝምድናታት ሓድሕዶም ዘትርርሉን ኩነታት ንምፍጣር ተጻዒሩ እዩ።

2

ጨንፈር ስንኩላን 1982 - 1991

ህዝባዊ ሰራዊት፡ ሻድሻይ ወራር ንምሕምሻሽ ኣብ ግንባራት ከቢድ ምርብራብ ኣብ ዘካይደሉ ዝነበረ ኣዋርሕ (ለካቲት - ሰነ 1982) ክፍሊ ማሕበራዊ ጉዳያት፡ ኣብቲ ብተዛማዲ ካብ ግንባራት ኩናት ምሕድግ ኢሉ ዝሰፈሮ ሓድሽ ቦታ ዓሬርብ መንብሮኡ ንምጥጣሕን ብሰንኪ ምቅይያር ቦታ ተቛሪጹ ዝነበረ መደባቱ ንምቕጻልን ኣብ ኣህላኺ ዕዮ ተጸሚዱ ነበረ።

ሓደ ካብ ዓበይቲ ጨናፍር ናይቲ ክፍሊ ዝኾነ፡ ጨንፈር ስንኩላን፡ ኣንፈት ምብራቕን ምዕራብን ጸሓይ ኣብ ዘደናግር፡ ብዓበይቲ ኣግራብ ዝተሸፈነ ደንደስ ሩባ ሰፈሩ፡ ከም ኣመሉ፡ ከም ኣዋፍራ ንህቢ እናተንቀሳቐሰ ኣብ ማእቶታዊ ንጥፈታት ብዘይ ዕረፍቲ ይጓየ ነበረ። እቲ ስንኩላን ዝሰፈርዎ ቦታ፡ ብቐንዱ ናይ ማይን ዕንጸይትን ጸገም ነበሮ። እቲ ሩባ ኩዒትኻ እውን ማይ ዘይርከቦ ብምንባሩ፡ ቦጥ ኣብ ሰሙን ሓንሳብ ጥራይ እናመጸት እያ ትዕድሎም። እኹል ስለዘይነበረ ከኣ፡ ዓይነ-ስዉራን ከይተረፈ መገዲ ሰዓትን ርብዕን ተጓዒዞም ብዝባናም ማይ ይጓርቱ ነበሩ። ዕንጸይቲ እውን ኣብ ቀረባኦም ስለዘይነበረ፡ ካብ ርሑቕ ጎቦታት እዩ ዝጓረት። በዚ ምኽንያት ከኣ፡ ናብራ ሓዩልዎም፡ ዝሓሸ ቦታ ክናደየሎም ሓተቱ።

ስንኩላን፡ ኣብዚ ብዙሕ ዘየገማጥል ጸቢብን ዘይምቹእን ቦታ'ዚ መዕቈቢኦም፡ መመገቢኦም፡ ሕክምናኦም፡ መክዘናቶም፡ ከምኡ'ውን ንቤት-ጽሕፈት ጨንፈርን ካልእን ዝኸውን ቴንዳታት ኣብ ምትካልን ናይ ትሕተ-መሬት ኣባይቲ ኣብ ምህናጽን ተጸምዱ። ኣብዚ ማእቶታዊ

ንጥፈት'ዚ. እውን፡ እቲ ኣብ ጀልሃንቲ ዝተራእየ መስተንክር ስራሕን ልዑል ተወፋይነት፡ ጻዕርን ተበላሕትነትን ስንኩላን ደሚቑ ተጋህደ። እቶም ካብ ምክታት ዝተረፉ ሒደት ኣለይቶም፡ ኣብነት ንምኻን ምስ'ቶም ብመጠኑ ድሓን ዝኾኑ ስንኩላን፡ ኣብ ከባቢኦም ናብ ዝርከብ እምባታት እናወፈሩ፡ ብለይቲ ከይተረፈ ዓበይቲ ኣእዋም እናቑረጹ ክጓርቱ፡ ኣእማን ክፍንቅሉን ክሰብሩን ትንፋስ ኣይነበሮምን። ኣዋርሕ ክወስድ ትጽቢት ተገይርሉ ዝነበረ ኣድካሚ ዕዮ ድማ፡ ኣብ ውሽጢ ሒደት ሳምንታት ዓመሙዎ። ተወፋይነት፡ ኒሕን ዕላማን እንተ'ሎ ዘይከኣል ነገር፡ ዘይሕለፍ ጸበባን ዘይስገር ብድሆን ከምዘየለ ንምግላጽ ከኣ፡ ነዚ ሓድሽ መዓስከር "መደበር ብድሆ" ክብሉ ሰመዩዎ። ከምቲ ልሙድ፡ ሽዑ'ውን ስንኩላን፡ ናቶም ስራሕ ሽፊኖም፡ ንገለ ክኢላታት ብጾቶም ናብ ካልኦት ክፍልታት እናልኣኹ ኣብ ህንጸት ኣባይቲ ይተሓጋገዙ ነበሩ።

እቶም ዝበዝሑ ናይ መሓውር መቑረጽቲ ዝነበሮም ስንኩላን፡ ኣብ ጥቅምቲ 1982 ናብ ክፍልታት ደጀን ምስ ተወዝዑ፡ መዓስከር ስንኩላን፡ "መደበር ብድሆ" ዝብል ስያመ ሒዙ ከም ብሓድሽ ተወደበ። ሽዑ፡ ክሳብ 350 ዝግመቱ ስንኩላን ምስ ተወዝዑ፡ ኣብዚ. መደበር 57 ዓይነ-ስዉራን፡ 61 ፍርቂ ጉድኒ መልመስቲ (Hemiplegic)፡ 38 ዝተደራረበ መውጋእቲ ወይ ሕብረ-ስንክልና ዘለዎም ዝርከቡዎም 180 ስንኩላን ጥራይ ተረፉ። ካብ'ዚኣቶም ሽዱሽተ ኣባላት ተጋድሎ ሓርነት ኤርትራ፡ 11 ኣባላት ወያኔን ሓደ ኢትዮጵያዊ ምሩክን ነበሩ። እቲ መዓስከር ቊጽሪ ተኣለይቱ ናብ ትሕቲ ፍርቂ'ኳ እንተ ወረደ፡ እዞም ዝያዳ ውጹዓት ስንኩላን ፍሉይ ኣቓልቦ ከም ዝረክቡ ንምግባር ግን፡ ቀንዲ ውጥን ናይቲ ለውጢ. ነበረ። ስንኩላን ካብ ጽምዋ ዘጋድደሎም ተነጽሎታት ድሒኖም፡ ናብኦም ብዝተኮረ ንጥፈታት ከም ዝናበዩ ምግባር መሰረታዊ እዩ። ብስንክልናኦም ዝፍጠር ውሽጣዊ ነድሪን ቅሬታን ክፍወስ ዝኽእል፡ ብድንጋጸ ወይ ብኣካል ብዝወሃብ ደገፋት ዘይኮነ፡ ከምዝኾኑ ካልእ ሰብ ዝዋስኡሉን ነብሰ-ምትእምማኖም ዘዕብይሉን ባይታ ብምፍጣር እዩ።

ጨንፈር ስንኩላን፡ ነፍሲ.ወከፈን ብዓይነት ዝተሓዋወሱ 40 ስንኩላን ብዝሓቑፉ ሰለስተ ጋንታታት ከም ዝቘውም ተገብረ። ብዘይካዚ.ኣቶም፡ ዓይነ-ስዉራን ብስድራቤት ተጠርኒፎም መነባብሮኦም እናመርሑ ኣብ ንጥፈታት ናይቲ መደበር ክሳተፉ ምእንቲ፡ ኣብቲ መደበር ነናቶም ቴንዳን ዳስን ተፈለየሎም። ኣብ ምእላይ፡ ምምሃርን ምዝንጋዕን ስንኩላን ዝነጥፋ ዝተወደባ ናይ ኣለይቲ፡ መምህራን፡ ስነ-ጥበብን ኢደ-ስራሓትን ንኡሳን ጉጅለታት'ውን ነበራ። ነዞም ስንኩላን ኣብ መነባብሮኦም፡ ኣካዳምያዊ

ትምህርቶም፡ ባህላዊ፡ ስነ-ጥበባዊ፡ ስፖርታውን ካልእን ንጥፈታቶም ዝተሓጋገዙዎም 150 ዝግመቱ ኣባላት ማሕበራዊ ጉዳያት ነበሩ። ካብዞም ኣባላት፡ 38 ቈራጻት እግሪ፡ 50 ናይ እግሪ ወይ ናይ ኢድ ስንክልና ዘለዎም፡ 25 ናይ ርእሲ ማህረቲ ዘለዎም፡ ከምኡ'ውን ደቀን እናዕበያ ዝሰርሓ ደቀንስትዮን ካልኦትን ነበሩ።

ኩነታት መነባብሮኦምን ኣመጋግባኦምን ንምምሕያሽ ብዙሕ ጻዕሪ'ኳ እንተ ተገብረ፡ ማዕረ'ቲ ዝነበረ ድሌት ግን ኣይኮነን። ምክንያቱ፡ 1982፡ ሻድሻይ ወራር ዝተኻየደላ መራር ዓመት ኣብ ርእሲ ምንባሩ፡ መስመር ሱዳን ንነዊሕ እዋን ዝተዓጽወላን ዓቕኑ ብዝነከየ መቑነን (ሓርጭ፡ ዘይቲ፡ ዓደስን ሽኮርን)ን ጥራይ ዝከየደላን ዓመት ስለዝነበረት፡ እቲ መፍትሒ ምጽማም ጥራይ ነበረ። እቲ ጸገም ግን፡ ኣብ ዓይነትን ዓቐንን መግብኢ ጥራይ ዝተሓጽረ ዘይኮነ፡ ዋሕዲ ዕንጸይትን ዋሕዲ ሰንኪቶምን ከሺኖምን ዝምግቡ ኣለይቲን'ውን ነቲ ሽግር የክብዶ ነይሩ እዩ። ነቲ ዋሕዲ መግቢን ብሰንኩ ዝፍጠር ዋሕዲ ደምን ካልኦት ሕማማትን ንምክልኻል ድማ፡ እቲ ኣብ ሰብ ሓዳር ዓይነ-ስዉራን ዝጀመረ ናይ ደርሁን ኣጣልን መፍረ፡ ኣብ ኩለን ጋንታታት ስንኩላን ከም ዝተኣታቶ ተገብረ።

ኣካዳምያዊ ትምህርቲ ንስንኩላን፡ ከም መደለቢ ፍልጠት ጥራይ ዘይኮነ፡ ከም ሓደ ናይ ስራሕን ምዝንጋዕን ንጥፈት ተራእዩ ብጻዕቂን ብስሩዕነትን ንምክያዱ ተጻዒርሉ እዩ። እቲ ቀንዲን ብዙሕ ሰብ ዝሳተፎን ዝነበረ ትምህርቲ፡ ነቶም መሃይማን ዝወሃብ ክሳብ 5ይ ክፍሊ እዩ ነይሩ። እዚ መባእታዊ ትምህርቲ'ዚ፡ እቶም ስንኩላን ጽሑፋት ምንባብ ንክለምዱ፡ ሞያዊ ዕድላቶም ንክዛይድ፡ ኣበርክቶኦም ንክውሰኽን ስነ-ኣእምሮኣዊ ዕግበቶም ንክዓብን ዝዓለመ ነበረ። ዓይነ-ስዉራን፡ ብፍሉይ ክመሃሩሉ ዝኽእሉ ፍልጠትን መሳርሒታትን ኣብቲ መደበር ስለ ዘይነበረ፡ ብቛንቋ፡ ስነ-ጽሑፍን ሙዚቃን ዝሰልጥንሉ ክፍልታት ተዳለወሎም። ላኻን ገመድ ፕላስቲክን ተጠቒሞም ብኣእዳዎም ዝተፈላለየ ኢደ-ጥበባዊ ስርሓት ዘፍርይሉ ዕድላት ንምክፋት'ውን ተፈቲኑ ነበረ። ብዘይካ'ዚ፡ ናይ ስእልን ቅርጻን ትምህርቲ ብምሃብ፡ ቀባእትን ሰኣልትን ንምፍራይ'ውን ጻዕሪ ተጀሚሩስ እቲ መደብ ነዊሕ ሰጉሙ ነበረ። ብኣጠቓላሊ፡ ስንኩላን ፍልጠቶምን ክእለቶምን ኣዕብዮም ኣብ ዓወት ንምብጻሕ ዝገብሩዎ ግዜ ዘይፈሊ ፋሕተርተር፡ ነቲ ኣብ ቈይቀን ባእስን ዝባኽን ዝነበረ ግዜ ስለዝነከዮ፡ እቲ ሓድሽ መደብ ኣተኣላልያ ኣዕጋቢ ውጽኢት እናተረክቦ ክመጽእ ክኢሉ'ዩ።

ክብደት ህይወት ናይቶም ስንኩላን ንምፍኳስ፡ ብዘይካ'ቲ ናይ ስራሕን ትምህርትን መደባት፡ ናይ ምዝንጋዕ መደባት'ውን ከም ቀንዲ ምንጪ

ሓጕስን ፈውሲ ምስልኻይን'ውን ተራእዩ ብፍሉይ ከም ዝተባባዕ ተገብረ። መዛነዩ ማእከል ሎንጅ ተመስሪቱ፡ ከም ዳማ፡ ዱምና፡ ኻልቾ-ፓሊናን ናይ ሰደቃ ቴንስን ዝአመሰሉ ጸወታታት ውሽጢ ገዛ ተኣታተወ። ስንኩላን ድማ ኣብ ሰሙን ክልተ ግዜ (ኣብተን ትምህርቲ ዘይብለን መዓልታት) ተኣኪቦም ዘዘናግዕሉን መንፈሶም ዘሐድስሉን ቦታ ብምርካቦም ልዑል ታሕጓስን ዕጋበትን ተሰምዖም። ንዓይነ-ስውራን ዘዘናግዕ ዓይነታት ጸወታ ግን ኣይንአበረን። ይኹን'ምበር፡ ሓፈሻዊ ፍልጠቶም ንምዕባይ ባዕሎም ናይ ሕቶን መልሲን ውድድራት እናኻየዱን ምስ ብጾቶም ኣብ ዕላልን ጭርቃንን እናተሳተፉን ኣብቲ ሎንጅ ግዜ ምሕላፎም ኣይተረፈን። ሙዚቃ እናሰምዑ ዝዛነዩላ ተይፕ፡ ፊልምታት እናረአዩ ዝዘናግዑላ ቪድዮ ቀስ ብቐስ ንምዕዳግን ነቲ ሎንጅ ንምህብታምን ዝተኻየደ ጻዕሪታት'ውን ኣወንታዊ እዩ ነይሩ። ዋላ'ኳ ብዙሕ ዘይተማልአ ነገራት እንተነበረ፡ እቲ ዝተቐረበ ነገራት ኣብ መንፈሳዊ ዕግበቶም ዓቢ ኣበርክቶ ክገብር ብምኽኣሉ ግን ሚዛኑ ቀሊል ኣይነበረን።

ጨንፈር ስንኩላን፡ ብፍላይ ድማ ድሕሪ ዳግመ-ውደባ 1982 ዝተኻየደ ናብ ስንኩላን ዝጠመተ ዝተፈላለየ ንጥፈታትን ዝተመዝገበ ምዕባለታትን፡ ምስ ተጋዳላይ ገብረብርሃን እያሱ (መምህር) ብዙሕ ምትእስሳር ስለዘለዎ፡ ንፍሉይ ኣበርክቶኡ ብሕጽር ዝበለ ምጥቃስ ክዝለል ዘይግብኦ ጉዳይ እዩ። ገብረብርሃን፡ ንባዕሉ ከቢድ ናይ እግርን ኢድን ስንክልና ዝነበሮ፡ ተፈጥሮኣዊ ርህራሄ፡ ትሕትናን ልዑል ኣኽብሮት ሰብን ዝመለለይኡ ምኩር መምህርን ተጋዳላይን እዩ ነይሩ። ኣብቲ ናይ 1982 ድግመ-ውደባ፡ ሓላፊ ጨንፈር ስንኩላን ክኸውን ምምዛዙ ድማ፡ ሓደ ካብቲ ክፍሊ ማሕበራዊ ጉዳያት ዝወሰዶ ዝበለጸ ሕርያታት ምዃኑ ብዙሓት ኣባላት ይሰማምዕሉ። ነቲ ሽዑ ዝተወጠነ ለውጢታት ብምሉእ ሓልዮቱ፡ ብልህነቱን ምቕልልነቱን ስለዝሰርሓሉ ከኣ፡ ዕዉትን ተዘኻሪን ክኸውን ክኢሉ። መምህር ገብረብርሃን፡ ምሕደራዊ ብልጫታቱ ኣዝዩ ግሉሕ እዩ። መደባት ትምህርቲ ኣብ ምውጣንን ምትግባርን፡ ንሓለፍቲን ኣለይቲን ተኣለይቲን ኣብ ምቅርራብን ዝምድናኦም ኣብ ምትራርን፡ ከምኡ ድማ ውልቃዊ ሽግራትን ጥርዓናትን ጽን ኢሉ ኣብ ምስማዕን፡ ነቶም ሽግራት ኣብ ምቅላልን ልዑል ብልጫ ዝነበሮ ተቓላሳይ'ዩ። ዓይነ-ስዉራን ተጋደልቲ፡ ካብቲ ብዘይምርኣዮም ዝሰምዖም ዝነበረ ተነጽሎን ጽምዋን ንክወጹ፡ ብረይል ፈሊጦም ብብቕዓት ንክመሃሩ ዝገብሮ ዝነበረ ውልቃዊ ጻዕሪ'ውን ብፍሉይነት ዝጥቀስ እዩ። ኣብቲ ጽንኩር መድረኻት ገድሊ፡ መምህር ገብረብርሃንን ብጾቱን ካብ ባዶ ተበጊሶም፡ ብረይል ባዕሎም ነብሶም ምሂሮምን ባዕሎም መምህራን ኰይኖምን ንብዙሓት ዓይነ-ስውራን ክምህሩ ዘካየዱዎ ዘይሕለል ቃልሲን

ዝሓለፉዎ መስርሓትን፡ ኣብ ክፍሊ ማሕበራዊ ጉዳያት ዝበረኸ ቦታ ዝሕዝ ፍሉይን ድንቂን ተሞኩሮ እዩ። በዚ ምኽንያት'ዚ ድማ፡ ዓይነ-ስዉራን ኣብ ሜዳ ዝሕለፉዎ ጸገማትን ንምምሃሮም ዝተኻየደ ጻዕሪታትን ብመጠኑ ምዝርዛሩ ኣገዳሲ እዩ።

ጉዳይ ዓይነ-ስወራን

ንስንኩላን ኩናት፡ ዝገጥሞም ኣካላዊ፡ ህዋሳዊን ኣእምሮኣዊን ጉድኣት፡ ብዓይነቱ ኣዝዩ ብዙሕ፡ ብስነ-ኣእምሮኣዊ ሳዕቤናቱ ድማ ካብ ሰብ ናብ ሰብ ዝፈላለ'ኳ እንተኾነ፡ ብርቱዕ ነድራ፡ ምረትን ተነጽሎን ዘኸትል ምዃኑ ግሉጽ እዩ። ስንክልና ከከም ዓይነቱን ብርታዐኡን ንስራሕ ወይ ተግባር ዝዓግት ኣኻላውን ኣእምሮኣውን ጉድለት ስለዘኹነ፡ እቲ ዝሰኣኑዎ ክእለታት፡ ንስምዒታዊ ስቅያትን ነብሰ-ምትሓትን ከቃልዖም ንቡር እዩ። ኣኻላውን ኣእምሮኣውን ጉድለቶም ግን፡ ዝነበሩሉ ሕብረተ-ሰብ ኣብ ልዕሊ ስንኩላን ብዘለዎ ኣመለኻኽታ፡ ነቲ ብስንክልና ዝሰኣኑዎ ክእለታትን ንምትኻእ ብዝገብሩዎ ጻዕሪን ነብሶም ንምኽኣል ብዝረኽብዎ ኣተባባዒ ዕድላትን ዝጸሎ እዩ። እንተኾነ ግን፡ ካብ ማሪታዊ እምነታት ዝብገስን፡ ንስንክልና ከም ብሓጥያትን ብጋኔናትን ዝፍጠር ሕማቕ ትዕድልትን ገይሩ ዝርኢ ኣመለኻኽታ ወይ ርድኢት ካብ ሕብረተ-ሰባት ገና ኣይጠፍኣን ዘሎ። ኣብ ገለ ሕብረተሰብ፡ ንስንኩላን ብፈጣሪ ከም ዝተረግሙ ዘይዕድለኛታት ሰብ ብምቑጻር፡ ክሳብ ብህይወቶም ኣብ ባሕሪ ይድርብዩዎም ምንባሮም ኣብ ታሪኽ ምዝጉብ እዩ። ካብቲ ንሓደ ስንኩል ዝወርዶ ናይ ምንቅስቓስ ወይ ናይ ምርኣይን ካልእን ጸገማት፡ እቲ ኣብ ሕብረተሰቡን ኣከባቢኡን ዝገጥሞ ኣሉታዊ ኣጠማምታ'ዩ ዝያዳ ዝሃስዮን ነብሱ ንኽይክእል ዝዕንቅፎን። ካብ ናይ ኣካል ስንክልና፡ ናይ ኣእምሮን መንፈስን ስንክልና ዝኸፍእ እዩ ዝብል ወድዓዊ ኣበሃህላ ኣሎ። እቲ ስንኩል ዝዕወት፡ ንክውንነት ተረዲኡን ስምዒታዊ ሚዛኑ ሓልዩን ነብሱ ንምኽኣል ምስ ዝንቀሳቐስ ጥራይ እዩ። ስንኩላን፡ ተስፋ ከም ዘይብሎም ተኣለይቲን ጽግዕተኛታትን ቈጺሩ፡ ብድንጋጸ ጥራይ ዝርእዮም ሰብ ልዕሊ ኩሉ ይጸልኡ። ይኹን እምበር፡ እዚ ኣሉታዊ ኣጠማምታ ሕብረተሰብ፡ ንዓይነ-ስዉራንን ካልኦት ስንኩላንን፡ ክሳብ ሕጂ ካብ ስራሕን ካልእ ዕድላትን ስለዝግልሎም፡ ኣብ ሓያሎ ሃገራት ብልማኖን ጽግዕተኝነትን ክነብሩ ይግደዱ እዮም።

ሕብረተሰብ ኤርትራ፡ ኣብ ኣተኣላልያ ስንኩላን ዝጸንሖ ልምድታት፡ ብተዛማዲ ካብ ብዙሓት ዝሓይሸን ዝርህርህን ደኣ ይኹን'ምበር፡ ብዙሕ ወገዳን ኣግልሎን ዝነበሮ ምዃኑ ክኩሓድ ኣይክእልን። ብፍላይ ምስ

ስንክልናኦም ዝተወልዱ ወይ ኣብ ንእስነቶም ብሕማም ዝሰንከሉ ሰባት፡ ስድራቤቶም ካብ ሰብ ክሓብኡዎምን ካብ ዝኾኑ ዕድላት ክዓጽዉዎምን ምርኣይ ልሙድ እዩ ነይሩ። ከም ኣብነት፡ ንዑረትን ንስንክልናን ዝምልከት ምስላታት፡ ነቲ ኣሉታዊ ኣጠማምታ ሕብረተሰብና ዝገልጹ እዮም። “ዕዉር ኣይነድቕ ጸማም ኣየጽድቕ፣ ተኻል በትሪ ዕዉር ይምርኮሶ ተኻል ጋቢ ሰበይቲ ትለብሶ” ወዘተ. ኣብ ብረታዊ ቃልሲ ህዝቢ ኤርትራ፡ ዝነበሩ ስንኩላን ግን፡ ገንሸል ናይቲ ሓርነታዊ ኲናት ብምንባሮም፡ ብብጾቶምን ብህዝብን ልዑል ኣክብሮትን ድንጋጸን ነበሮም። እዚ እናሃለወ ግን፡ ሓደ ሓደ ስንኩላን ብኣጠማምታ ናይቲ ዝዓበይሉ ሕብረተሰብ ተነጽሎ ኸይገጥሞም ዝሰግኡን ተስፋ ዝቑረጹን ኣይተሳእኑን። እቲ ኣብ ሜዳ ኤርትራ ዝነበረ ፍሉይ ኣተኣላልያን ሓባራዊ ናብራን ግን፡ ንባዕሎም ስንክልናኦም ክቕበሉን፡ ብዝፈጠሩዎ ክብርታት ድማ ብርእሰ-ምትእምማን ክነብሩን ኣክኢሉዎም እዩ። ንነብሶም ጥራይ ዘይኮነ፡ ነቲ ኣብ ሕብረተሰብ ኤርትራ ኣብ ልዕሊ ስንኩላን ዝጸንሐ ግጉይ እምነትን ርድኢት እውን፡ ኣብ ሓደ ወለዶ ዘይኣክል ግዜ ብዙሕ ንክመሓየሽ ድርኺት ፈጢሮም’ዮም ክበሃል ይክኣል።

ሰባት፡ ካብ ጥንቲ ጀሚሮም ኣካላዊ ስንክልና ንምምሕያሽ፡ ካብ በትሪን ምርኩስን ዝጀመረ ብዙሕ ፈተነታት ምግባር ኣየቋረጹን። ኣብ ዘለናዮ ዘበን፡ እግሩ ዝተቖርጸ፡ ሰብ-ሰርሐ መሓውር፡ ኢዱ ዝተቖርጸ፡ ሰብሰርሖ ኢድ፡ ናይ ምርኣይ ጸገም ዘለዎ ፍሉይ መነጽር፡ ፍርቂ ጎድኑ ዝለመሰ ዓረብያ (ዊልቸየር)፡ እዝኑ ብኸፊል ዝጸመመ ድማ መስምዒ ሬድዮ እናተክአ ስንክልናኡ ዘመሓይሽሉ ዕድላት ረኺቡ ኣሎ። ኣብ ሜዳ ኤርትራ’ውን ቤትዕዮ ዕንጸይቲ ምስ ተጀመረ፡ ኣእጋሮም ንዝተቖርጹ ተጋደልቲ ሰብ-ሰርሖ እግሪ ምስራሕ ብኡ ንብኡ እዩ ተጀሚሩ። ዑረት ዓይኒ፡ ሓደ ካብቲ ዝበርትዐ ስንክልና ዝገብሮ፡ ንዓይኒ ተኪኡ ክርኢ ዘኽእል መሳርሒ ስለዘይተማህዘ እዩ። ብተወሳኺ፡ ዓይኒ ምስ ከባቢ ንክትላለን ክትዋሳእን ዘክእለኻ ቀንዲ ህዋስ ስለዝኾነ፡ ስእነት ብሌን ዓይኒ መዘና ዝርከቦ ኣይኮነን። ስለዝኾነ ድማ፡ ዓይነ-ስዉራን ዝያዳ ኲሉ፡ ኣብ ስነ-ኣእምሮኣዊ ስምዒቶም ፍሉይ ክንክን ክረክቡ ኣገዳሲ ይኸውን።

ኣብ ሜዳ ኤርትራ፡ ዑረት ዓይኒ፡ ኣብቶም ዓይነ-ስዉራን ብዝህሉዎ ጸገማትን ንኣለይቶም (ኣባላት ማሕበራዊ ጉዳያት) ብዝፈጥሮ ብድሆን፡ ዝበርትዐ ምንባሩ ዘጠራጥር ኣይኮነን። ጥጡሕን ልሙጽን መንቀሳቐሲ ኣብ ዘይርከቦ ሩባታትን ጎቦታትን፡ ብእሾክን ኣእማንን ኣብ ዝተጎብአ ጸቢብ ስንጭሮ፡ ንምንቕስቓስ ስንኩላን ኣዝዩ ከቢድ’ዩ ዝገብሮ። ዘይንቀሳቐሰን ከባቢኡ ዘይድህሰሰን ሰብ ድማ፡ ኣብ ውሽጢ ስምዒቱ ክነብር ስለዝግደድ፡

ስነ-ኣእምሮኣዊ ሽግራቱ ዝተዓጻጸፈ ይኸውን። ሓደ ጉድኖም ዝለመሱ ስንኩላን፡ ነቶም ዝተደራረበ ስንክልና ዘለዎም ካልኦት ህሱያት ምርኣይ ብዝፈጥረሎም ተዛማዲ ብልጫ፡ ከባቢኦም ንምርዳእ ዝያዳ ዕድል ነይሩዎም ምባል ይከኣል። ስለዚ ድማ፡ ፍሉይ ወጽዓ ዓይነ-ስዉራን ንምቅላል፡ ስንክልናኦም ክቕበሉን ውሁብ ኩነታት ክርድኡን ፍሉይ ጻዕሪ ምግባር፡ ካብ ቀዳምነታት ኣለይቶም ክኸውን ተወጠነ። ንዕኦም ዝበቕዕ ትምህርቲ፡ ምዝንጋዕን ኢደ-ጥበብን ከም ዝተኣታቶ፡ ሓዳር መስሪቶም ናብራኦም ክፈልዩ ንዝተዋህቦም ሓለፋ ብዝለዓለ ከም ዝድፋኣሉ ምግባር፡ እቶም ጥዑያት መጻምዶም ካብቲ ካልእ ገድላዊ ዕማም ተሳሒቦም ከም ዝኣልዩዎም ምግባር ዝብሉ ፍሉያት መሰላት ብዝለዓለ ንምርግጋጽ ድማ፡ ቀሊል ዘይኮነ ጻዕሪ ተኻየደ።

ኣብ ዝሓለፈ ክፋል ናይዚ መጽሓፍ ከም ዝተገልጸ፡ እቶም ሓዳር ዝነበሮም ዓይነ-ስዉራን ኣብ ጥቕምቲ 1980 ካብ ጋንታታት ወጺኦም ብመጻድቶም ከም ዝእለዩ ተገይሩ ነበረ። እቶም ሓዳር ዘይብሎም ከኣ፡ ካብቲ መደበር ወጻኢ፡ ኣብ ፍሉይ ቦታ ክእለዩ ዝብል ሓሳብ ተላዒሉ ነይሩ። እንተኾነ፡ ተነጽሎ ክስምዖም፡ ናይ ምግባር ክእለቶም ክለምስን ዝያዳ ክስተማስሉን ይኽእሉ'ዮም ተባሂሉ፡ ኣብቲ መደበር ምስ'ተን ጋንታታት ክቕጽሉ ተወሰነ። ናታቶም ምርጫ እውን ከምኡ ነበረ።

ሰብሓዳር ዓይነ-ስዉራን፡ ብመጻምድቶም እናተኣለዩ፡ ምስ ደቀም ኣብቲ መደበር ምንባር ይጀምሩ እምበር፡ ዝዓበየ ጾር መነባብሮኦም ካብ እንግድዓ እተን ካልኦት ጋንታታት ስንኩላን ክወርድ ኣይከኣለን። ኣብ ርእሲ'ቲ ዝነበረ ሕጽረት ናይ ቴንዳታት፡ ምስቲ ብቐጻሊ ዝካየድ ዝነበረ ኩናት ኣዒንቶም ተሃሪሞም ናብቲ መደበር ዝኣትዉ ሰብ-ሓዳርን ኣብኡ ሓዳር ዝምስርቱን ዓይነ-ስዉራንን ቍጽሮም ካብ ግዜ ናብ ግዜ ይውስኽ ስለዝነበረ ከኣ፡ ኣብተን ጋንታታት ዝነበሩ ኣለይቲ፡ ብፍላይ ድማ ክኢላታት፡ መንደቕ ነናይ ውልቀም ኣባይቲ (ኣጉዶታትን ህድሞታትን) ክሰርሑሎም ዕረፍቲ ኣይነበሮምን።

ገለ ካብ ስድራቤታት ዓይነ-ስዉራን፡ ኣብ ወጻኢ ካብ ዝቕመጡ ቤተ-ሰቦም ገንዘብ፡ ሬድዮ፡ ቴፐን ካልእ መጋየጺታትን ክመጾም ስለዝጀመረ፡ ነዊሕ ኣብ ዘይኮነ ግዜ ኣብ መንጎ'ተን ስድራ-ቤታት ናይ መነባብሮ ጋግ ክፍጠር ጀመረ። ከም ሳዕቤኑ፡ ባህሊ ተጋዳላይ በብቐሩብ እናተፋሕቈ፡ ዒብ እናተረፈን ሃጸፍጸፍ እናሰፈነን ከደ። ምስ ኣባላት ክፍሊ ማሕበራዊ ጉዳያት ምጭቕጫቕ በዝሐ። እቲ ክፍሊ ብዝተኻእሎ መጠን፡ ንገለ ካብ'ተን ሓገዝ ዘይነበረን ስድራቤታት ሬድዮታት ገዚኡ ብምዕዳል፡ ነቲ ጸገም ክፈትሖ ይፍትን ነይሩ'ዩ። ንኩሉ ጠለባቶም ከዕግብ ግን ዓቕሚ ኣይነበሮን። በዚ

ድማ፡ እተን ካልእ ምንጪ ሓገዝ ዘይነበረን ስድራቤታት፡ ምስተን ዘጋደጻ ስድራቤታት ንምውድዳር፡ ካብ መሻርፈን ሕሩጭ፡ ጸባ፡ ዓደስን ሽኮርን ኣጠራቒመን፡ ብጥሪት (ኣጣል) እናለወጣን ኣስቢሐን እናሸጣን ገንዘብ ብምውህላል፡ ካብ ሱዳን፡ ንሓዳር ዘመቻችእ ዝተፈላለየ ንብረት ክዕድጋ፡ ኣብ ርእሲ'ቲ ብጋንታታት ዝተሰርሓለን ኣባይቲ፡ ብኢ.ደ-ዋኒነን ንመዳጉኒ ኣጣልን ደርሁን፡ ንክሽነን ካልእን ዝኸውን ገዛውቲ ዕለታዊ እናወሰኻ ክኸዳ ተራእያ። ዓቕሚ ዝሰኣኑ ከኣ፡ "ከምዚ ዘይሰራሕኩምልና" እናበሉ ምስ ኣባላት ማሕበራዊ ጉዳያት ክሰሓሓቡ ጀመሩ። ሕሉፍ ሓሊፎም ገለ ዓይነ-ስዉራን ኣብ ከባቢኦም ናብ ዝርከባ ኣሃዱታት እናኸዱ፡ ንውልቀም ዝኸውን ዕንጸይቲን ካልእን ክተሓጋገዞዎም ክሓቱ ጀመሩ። ገለ ሓለፍቲ ሰራዊት ከኣ፡ ነቶም ዝፈልጥዎም ዓይነ-ስዉራን ደንጊጾም ክሳብ መኪና መሊኦም ዕንጸይቲ ዝልእክሉም ነይሮም። እዚ ካብ ባህሪ ተጋዳላይ ዝመንጨወ ምድንጋጽ ኣሉታዊ ሸነኹ ስለዝዓቢ ድማ መውረርያ ክግበረሉ፡ ዓይነ-ስዉራን ኮነ ካልኦት ስንኩላን ኣብ ክንድኡ ግዜኦም ናብ ትምህርቲ ኣቕኒዖም ነብሶም ከማዕብሉ፡ ኣብ ኣኼባታት ብተደጋጋሚ ይዝረበሉ ነበረ።

ትምህርቲ ዓይነ-ስዉራን

ክፍሊ ማሕበራዊ ጉዳያት፡ ኣብ ሓርነታዊ ኩናት ዝሰንከሉ ተጋደልቲ እናተኣለዩ ትምህርትን ሞያን ቀሲኖም ኣፍረይቲ ንክኾኑ ከም መበገሲ ዝወሰዶ ስጉምቲ፡ ጽዑቕ ኣካዳምያዊ ትምህርቲ ምሃብ እዩ ዝነበረ። ብዙሓት ስንኩላን፡ መሃይማን ወይ ድማ ካብ ምንባብን ምጽሓፍን ዘይሓልፍ መባእታዊ ፍልጠት ዝሓዙ ስለዝነበሩ፡ ነቶም ክሳብ ካልኣይ ደረጃን ልዕሊኡን ዝተማህሩ ስንኩላን ከም መምህራን ብምምዳብ፡ ንሓድሕዶም ከም ዝመሃሃሩ ተገብረ። እቲ ዝዓበየ ጸገም ኣብ ትምህርቲ ስንኩላን ግን፡ ጉዳይ ናይ ዓይነ-ስዉራን ነበረ። ካብ ከተማታትን መሰረታዊ ማሕበራዊ ኣገልግሎታት ዝርከቦ ከባቢን ርሒቕካ፡ መወከሲ መጽሓፍትን ካልእ መሳለጥያታት ትምህርትን ኣብ ዘይርከብሉ ብጸላኢ ዝተኸበበ ንጹል በረኻታት ሳሕል፡ ነቶም 60 ዝኾኑ ዓይነ-ስዉራን ትምህርቲ ንምሃብ ምስልሳል ንባዕሉ ተኣምር እዩ ነይሩ ክበሃል ይክኣል።

ኣብ'ቲ ኣብ ጨንፈር ስንኩላን ካብ 1980-1981 ዝካየድ ዝነበረ ዓመታዊ መደብ ኣካዳምያዊ ትምህርቲ፡ ውሑዳት ዓይነ-ስዉራን ምስ'ቶም ዝርእዩ ስንኩላን ብድልየቶም ክመሃሩ ተፈቒዱሎም ነበረ። ሽዑ፡ ናይ ዓቕሚ ድሩትነትን ስእነት መሳርሒታትን'ኳ እንተነበረ፡ ብናስትሮታት ዝተቐድሐ ድምጺ ብሓባር ዝሰምዑሉ ኩነታት ንምፍጣር ተፈቲኑ ነበረ። እንተኾነ፡

እቲ ብሓገዝ ሰሌዳን መጻሕፍትን ዝካየድ፡ ንዝርእዩ ስንኩላን ዝዓለመ መግለጺታት፡ ንዓይነ-ስዉራን ዝያዳ ዝንጽልን ስነ-ኣእምርኣዊ ጭንቀት ዝፈጥርን ስለዝነበረ፡ ክስጉም ኣይከኣለን። ብኣንጻሩ፡ እኳ ደኣ ንመምህራንን ነቶም ካልኦት ተማሃሮን ብናጻ ከይምህሩን ከይመሃሩን ዝሰናክል ኮይኑ ተረኽበ። እቶም ዓይነ-ስዉራን'ውን፡ ንባብን ጽሕፈትን ካብቶም ዝርእዩ መማህርቶም እናተጸበዩ ማዕረኦም ክስጉሙ ስለዘይክኣሉ፡ በብሓደ ከቋርጹ ተገደዱ። በዚ ድማ እቲ መደብ ከይተዓወተ ሻድሻይ ወራር ኣርከበ። ብሰንኪ'ቲ ኣብ ድሮ ሻድሻይ ወራር ዝነበረ ንኩሉ ርጉእ ንጥፈታት ትምህርቲ ዘሰናኸለ ምግዕዓዝን ከልበትበትን ከኣ፡ እቲ መደብ ንነዊሕ እዋን ተወንዘፈ።

ኣብ ታሕሳስ 1982 ግን፡ ክፍሊ ማሕበራዊ ጉዳያት ነዚ ኣብ ላዕሊ እተጠቕሰ ጸገማት ድሕሪ ምግምጋሙ፡ ዓይነ-ስዉራን ንበይኖም መማህራን ተመዲቦምሎም ብሓባር ብቃል ኪመሃሩ መደብ ሓንጸጸ። ብመሰረት እቲ መደብ ድማ፡ 16 መምህራን ብምድላው፡ 52 ዓይነ-ስዉራን ተማሃሮ በብደረጃኦም ካብ ካልኣይ ክሳብ ሻውዓይ ክፍሊ ተኸፋፊሎም ንክመሃሩ ተወሰነ። ቅድሚ ምዕዋሮም ምስ ፊደላት ንዘይተላለዩ ብሰሌዳ ምምሃሮም ዘይክኣል ብምንባሩ፡ ቀዳማይ ክፍሊ ኣይተኸፍተን። ካብ ካልኣይ ክፍሊ ክሳብ ሓሙሻይ ክፍሊ ዝተመደቡ ዓይነ-ስዉራን ትግርኛ፡ ማሕበራዊ ኣስተምህሮ፡ ስነ-ፍልጠትን እንግሊዝን ክመሃሩ እንከለው፡ እቶም ኣብ ሻድሻይን ሻብዓይን ክፍሊ ዝተመደቡ ተማሃሮ ዓይነ-ስዉራን ድማ፡ ምስ'ቶም ዝርእዩ ስንኩላን ተሓናፊጾም ስነ-ፍልጠትን እንግሊዝን ይመሃሩ ነበሩ። እዚ ንሰለስተ ዓመት ዝቐጸለ መደብ ብዙሕ ሕጽረታት'ኳ እንተነበሮ፡ ክሳብ 143 ዓይነ-ስዉራን ተማሃሮ ክሳተፉዎ ክኢሎም እዮም።

እቲ ዝምሃሩሉ ቦታ ኣብ ደረት መገዲ ብምንባሩ፡ ኣብ እዋን ትምህርቲ ኣድህቦ'ካ ብድምጺ ሓለፍቲ መገዲ ምስራቕ፡ ናብ ትምህርቲ ኣብ ምምልላስ መገዲ ምስሓት፡ ምዕንቃፍ፡ ኣብ እሾክን ህጉምን ምእታው፡ ወዘተ. ዝኣመሰሉ ብዙሓት ጸገማት የጋጥሙዎም ነበሩ። መዘኻኸሪ ጽሑፍ ክሕዙሉ ዝኽእሉ ድምጺ ዝቐድሕ መሳርሒ ስለዘይነበሮም፡ ንምምዛኖም ዝክኣል ኣይነበረን። ብናይ ቃል መርመራ ክምዘኑ ተፈቲኑ'ኳ እንተነበረ፡ ብዙሕ ምጭቕጫቕ ዘስዕብን ንመምህራን ኣዝዩ ዘድክምን ኣገባብ ኮይኑ ድኣ ተረኽበ። ብሓፈሻ እዚ ትምህርቲ ብዙሕ ጸገማት እኳ እንተነበሮ፡ ዓይነ-ስዉራን ካብ ኮፍ ኢሎም፡ ዝተፈላለየ ኣጨነቕቲ ሓሳባት ከውርዱን ከደይቡን ዝውዕሉ፡ ብሓውሲ ዛንታ ምጡን ፍልጠት ከም ዝረክቡ ንምግባር ዝዓለመ ብምንባሩ፡ ብመጠኑ ዕዉት ነይሩ ክበሃል ይክኣል። እቲ መደብ፡

ዓይነ-ስዉራን ምስ መዘኑኦም ብሓባር ምጡን ፍልጠት ዝቐስሙሉ፡ ኣብ ሓደ ክፍሊ ተጠርኒፎም ንክረዳድኡ፡ ክስሕቁን ተመኩሮ ክለዋወጡን ስለዝሓገዘ ድማ፡ ክሳብ'ቲ ዘመናዊ ናይ ብረይል ትምህርቲ ኣብ 1985 ዝጅምር ከም ዝቐጸል ተገብረ።

ምትእትታው ብረይል

ዓይነ-ስዉራን፡ ንዕኦም ኢሉ ዝተማህዘ፡ ብኣጻብዕ ዝድህሰስ ፊደላት ከንብቡን ክጽሕፉን ዝኽእሉሉ ብረይል ምትእትታው፡ ኣብ መደብ ክፍሊ ማሕበራዊ ጉዳያት'ኳ እንተነበረ፡ መበገሲ ዝኾውን ሓበሬታን መሳርሒታትን ምርካብ ቀሊል ኣይነበረን። ይኹን እምበር፡ ነቲ ዝነበረ ጸገም ናይ ዓይነ-ስዉራን ንምፍታሕ፡ ሓለፍቲን ኣለይቲን ጨንፈር ስንኩላን ብዝነበሮም ህንጡይነት ኢንሳይክሎፐድያ ተወኪሶም ብዝረኸቡዎ ሓበሬታን ካብ ማሕበር ረድኤት ኤርትራ ብዝተላእካ ክልተ ናይ ብረይል ጸሓፍቲ መካይንን፡ እቲ መደብ ብዘይ እኹል ፍልጠትን መሳርሒን ንምብጋሱ ተፈተነ። እቲ ፈተነ ሓንሳብ ምስ ጀመረ በብመዓልቱን በብወርሑን እናሰጎመ ድሕሪ ምኻዱ፡ ብረይል ዝምህር ቤት-ትምህርቲ ንምምስራት ኣብ ዘኽእል ደረጃ ተበጽሐ።

ናይ ዓይነ-ስዉራን መደብ ትምህርቲ ብረይል፡ ምሉእ ኣቓልቦ ምስ ተዋህቦ፡ ኣፍልጦን ሓበሬታን ብሓደ ወገን፡ ብኻልእ ሸነኽ ድማ መሳርሒታት ብረይል ንምርካብ ዘኽእል ምንቅስቓስን ናይ ደብዳቤ ምልእኣክን ተኻየደ። ካብ መወከሲታት መጽሓፍቲ ዝተረኽበ ሓበሬታ ናይ ላቲን ጎደሎ ስለዝነበረ፡ ከም ምሉእ መበገሲ ከገልግል ኣይከኣለን። ስለዚ ድማ፡ ናይ ግእዝን ላቲንን ሓበሬታ ንምርካብ፡ ሰባት ንወጻኢ ሃገር ምልኣክ ወይ ናብ ኣስመራ ምውፋር ኣድላዪ ኮይኑ ተረኽበ። በዚ መሰረት፡ ኣብ መጋቢት 1985፡ ሓላፊ ቤት-ማሕተም ህዝባዊ ግንባር ባህልቢ ገብረሚካኤል ብውድባዊ ስራሕ ናብ ዓዲ-እንግሊዝ ምስ ገሸ፡ ብዛዕባ ላቲን ብረይል ምሉእ ሓበሬታ ኣምጽአ። ኣብ ሓምለ 1985 ድማ፡ ኣብ ባረንቱ ዝነበረ ሓደ ግዱስ ዓይነ-ስውር ሓንቲ ስሌት (ናይ ኢድ መጽሓፊት ብረይል) ሰደደ። ውጽኢት ናይቲ ዝተላእከ መልእክትታት ኣብ ትጽቢት እናሃለወ፡ ብ17 ነሓሰ 1985፡ ኣብ ኣስመራ ኣብ ቤት-ትምህርቲ ዓይነ-ስዉራን ኣብርሃ ባህታ ዝተማህረ ሓደ ዓይነ-ስውር ናብ ጨንፈር ስንኩላን ስለዝመጸ፡ ቅርጺ ፊደላት ግእዝ ኣብ ብረይል ከመይ ከምዝመስልን ብኸመይ ከም ዝጽሓፉን ዝነበረ ናይ ኣፍልጦ ሕጽረት ፍታሕ ረኸበ።

ናይ ብሬይል ትምህርቲ፡ ምስቲ ዝነበረ ልዑል ትጽቢት ብዘይ እኹል መምርሕን ሓባሪ ሕንጻጽን ብጎነጽ'ኳ እንተተበገሰ፡ ተማሃሮ ንነዊሕ እዋን

ዝሓልምዎን ዝጽበይዎን ዝነበሩ ትምህርቲ ብምንባሩ፡ ኣብ ስምዒታቶም ዝፈጠረሎም ባህታን ተስፋን ቀሊል ኣይነበረን። ትምህርቲ ፊደላት ግእዝን ላቲንን ብብረይል ንምጅማር፡ ካብ 8ይ ክፍሊ ንላዕሊ ደረጃ ትምህርቲ ንዝነበሮም 12 ዓይነ-ስዉራን ከም መፈተኒ ተዋህበ። እንተኾነ፡ ጸላኢ 'ባሕሪ ነጋሽ' ዘጠመቖ ወተሃደራዊ ወፍሪ ዘካይደሉን ቀጻሊ ናይ ነፈርቲ ደብዳብ ዝነበረሉን ዘይምቹእ እዋን ስለዝነበረ፡ እቲ ትምህርቲ ይተዓናቐፍ ነበረ። ብዝኾነ፡ እቶም 12 ዓይነ-ስዉራን ትምህርቶም ምስ ዛዘሙ፡ እንደገና መምህራን ናይ ብረይል ክኾኑ ንዝተሓርዩ ካብ 8ይ ክፍሊ ንላዕሊ ደረጃ ትምህርቲ ዝነበሮም 11 ኣለይቲ፡ ምስ ፊደላት ላቲንን ግእዝን ዘላሊ ናይ ብረይል ትምህርቲ ከም ዝወሃቦም ተገበረ።

እቲ ቤት-ትምህርቲ፡ ብዙሕ ዝጐድል ነገራት'ኳ እንተነበሮ፡ ብኣፍልጦ፡ ብዓቕሚ ስብን መሳርሒታትን ብብእዋኑ ክመሓየሽ ብምኽኣሉ ተስፋ ዝህብ ነበረ። ኣብ ሚያዝያ 1986፡ ሓላፊ ጨንፈር ስንኩላን መምህር ገብረብህርሃን ኢያሱ፡ ኣብ ኻርቱም - ሱዳን ናብ ዝርከብ ቤት-ትምህርቲ ዓይነ-ስዉራን ብምብጻሕ፡ ንኣገባባት ኣመሃህራ ብረይል ዝምልከት ተሞኩሮ ቀሲሙን ብሓገዝ ዝተወፈየሉ ትሽዓተ ቦርድ ስሌት ሒዙን ምምላሱ፡ ንገስጋስ ናይቲ መደብ ዘቀላጠፈ ኣገዳሲ ስጉምቲ ነበረ። ብተወሳኺ፡ ካብ 9ይ ክፍሊ ንላዕሊ ደረጃ ትምህርቲ ዝነበሮም ክልተ ኤርትራውያን ዓይነ-ስዉራን፡ ኣብ መፋርቕ 1986 ንሜዳ ምምጽኦም፡ ንዓቕሚ መምህራን ብረይል ዘደልደለ ኣጋጣሚ ነበረ። ኣብቲ ዓመት'ቲ፡ ምስ ዝተፈላለዩ ኣብ ወጻኢ ዝርከቡ ውልቀ-ሰባትን ትካላትን ደብዳቤታት ብምልእኣኽ፡ እቲ ዝተበገሰ መደባት ትምህርቲ ዝያዳ ንቕድሚት ክስጉምን ተወሳኺ ናይ ብረይል መሳርሒታት ክርከብን ክኣለ። ብፍላይ እቲ ናይ ስሌት ሽግር ብመጠኑ ስለ ዝተፈትሐ፡ ነቲ መደብ ትምህርቲ ብዙሓት ዓይነ-ስዉራን ንክሳተፍዎ ድርኺት ፈጠረ።

ኣብ 1986፡ ብዝተኣከበ ፍልጠትን ተሞኩሮታትን፡ እቶም መምሃራን ክኾኑ ዝሰልጠኑ ርእሰ-ምትእምማኖም ስለዝዓበየ፡ ስሩዕ ትምህርቲ ብረይል ናብ ምክያድ ተሰግረ። ነቶም መሃይማን (1ይን 2ይን ክፍሊ ዝበጽሑ ዓይነ-ስዉራን) ስሩዕ ትምህርቲ ብብረይል ክጅመረሎም እንከሎ፡ ነቶም ልዕሊኡ ደረጃ ትምህርቲ ዝነበሮም ድማ ብቛንቋታት ትግርኛን እንግሊዝን ብብረይል ናይ ምጽሓፍን ምንባብን ትምህርቲ ክውሃቦም ጀመረ። ጥጡሕ ኮፍ መበሊ፡ ብቑዕ ዓይነት ወረቐትን ክድህሰሱ ዝኽእሉ ጣዋሉን'ኳ እንተዘይነበረ፡ ንሳቶም ግን ኣብ ሰለፎም ኣተርኢሶም ምጽሓፍ ይኽእሉዎ ስለዝነበሩ ክሳብ ክንደይ ጽምኣትን ሃረርታን ናይቲ ትምህርቲ ከም ዝነበሮም ዘርኢ ነበረ። ነቲ መስርሕ ምምሃርን ምስትምሃርን ንምቅላል፡ እቶም ኣቐዲሞም ብረይል ዝተማህሩ ሰባት፡ ነቲ ብጨንፈር ትምህርቲ ዝተዳለወ ዝተፈላለየ

ናይ ኣኻዳሚ መጽሓፍቲ፡ ብናይ ኢድ ስሌት እናጽሓፉ ናብ ብረይል የድቅሉዎ ነበሩ። በዚ ብስሌት (ጨፈታ) ኣብ ወረቐት እናወጋእኻ ዝካየድ ኣህላኺ ዕማም ድማ፡ መበገሲ ክኹኑ ዝኽእሉ ሓያለ ጽሑፋት ንምድላው ተኻእለ። ኣብ ጥቅምቲ 1986 ግን፡ ክሳብ ሓሙሽተ ዝኾና ብረይል ካብ ወጻኢ ብሓገዝ ስለ ዝተረከባ፡ ነቲ ብኢድ ናብ ብረይል ናይ ምግምጣል ኣድካሚ ስራሕ ኣተረፎ። እቲ ትምህርቲ ብግቡእ ንክካየድ ዘድሊ ናይ ጣዋሉን ወረቃቕቲን ቀረባት ከም ዝዳሎ ንምግባር'ውን ጻዕርታት ተኻየደ። ኣብታ ዓመት'ቲኣ ዝበዝሑ ተማሃሮ ፊደላት ድሕሪ ምውድኦም፡ ኣብ 1987፡ እቲ ስሩዕ ትምህርቲ ካብ 1ይ ክሳብ 6ይ ክፍሊ ብብእብረ ክውሃብ ጀመረ።

ስሩዕ ትምህርቲ ኣብ 1987 ክጅመር እንከሎ፡ ብዝሒ ተማሃሮ ዓይነ-ስዉራን ከባቢ 100 ይበጽሕ ነበረ። ምስቲ ብቐጻሊ ዝካየድ ዝነበረ ሓርነታዊ ኲናት ድማ፡ ዑረት ዘጋጥሞም ተጋደልቲ ቍጽሮም ብብቑሩብ ይውሰኽ ስለዝነበረ፡ ቍጽሪ ተማሃሮ ብረይል እውን ምስኡ ዓበየ። ክሳብ 15 ዝኾኑ ቐወምቲ መምህራን ድማ፡ ነቲ ዘድሊ መጽሓፍቲ ብረይል እናባዝሑ ምሉእ ግዜኦም ይሃልኩ ነበሩ። ኣብ'ዚ ዓመት'ዚ ንዝኣተዉን መሃይምነት ዘየጥፍኡን ማለት፡ ንጀመርቲ ዓይነ-ስዉራን መምሃሪ ዘገልግል መጻሓፍቲ ስለዘይነበረ፡ ንዕኦም ዝኾና ብግእዝን ላቲንን ዝተጻሕፋ ክልተ መጻሓፍቲ ተዳለዋ። ኣብ መጋቢት 1988 ብኤሌክትሪክ እትሰርሕ ናይ ብረይል መባዝሒት ማሽን ምስ 10 ሽሕ ቍጽሊ ወረቀት ምስ ተረኽበት ድማ፡ ካብ 1ይ ክሳብ 7ይ ክፍሊ ንዝመሃሩ ዓይነ-ስዉራን ዘገልግል 130 መጽሓፍቲ ናይ እንግሊዝ፡ ትግርኛ፡ ስነ-ፍልጠት፡ ማሕበራዊ ኣስተምህሮን ካልእ ምሩጽ ዛንታታትን ብብረይል ተዳለወ። ኣብ'ዚ ዓመት'ዚ፡ ትምህርቲ ቍጽሪ እውን ንፈለማ ግዜ ብሓገዝ ኣባኻስ ክተኣታቶ ክኣለ። ናይ ብረይል ጸሓፍቲ ማኪናን ስሌትን ብብቁሩብ ስለዝተወሰኸ ድማ፡ መስርሕ ምምሃርን ምስትምሃርን ክቃለል ክኣለ።

ነዚ ናይ ዓይነ-ስዉራን ትምህርቲ ዘድሊ መሳርሒታት ንምርካብ፡ ምስ ማሕበር ረድኤት ኤርትራ ብምትሕብባር ዝተኻየደ ዝተፈላለየ ርክባት፡ ዓበይቲ ሓገዛት ተረኺብዎ እዩ። ንኣብነት፡ ብክፍሊ ማሕበራዊ ጉዳያት ዝተጻሕፈ ፕሮጀክት ንምትግባር ምስ ኖቪብ ዝተባህለ ሆላንዳዊት ማሕበር ግብረ-ሰናይ ድሕሪ ዝተገብረ ርክባት፡ እቲ ማሕበር፡ ሓደ ክኢላ መምህር ዓይነ-ስዉራን ካብ ዓዲ-እንግሊዝ ንሜዳ መጺኡ ንኣተኣላልያን ኣመሃህራን ዓይነ-ስዉራን ዝምልከት ፍሉይ ትምህርቲ ከም ዝህብ ኣብ ርእሲ ምግባሩ፡ ክሳብ ዋጋ 159 ሽሕ ዶላር ዝግመት መሳርሒታት ብረይልን ካልእ ንዓይነ-

ስዉራን ዘገልግል ዝተፈላለየ ንብረትን ብሓገዝ ኣበርከተ። ኣብ መጋቢት 1988 ድማ፡ ብመገዲ ሓንቲ ኣብ ኬንያ ዝምቅማጣ ኤርትራዊት ዜጋ ምስ ኣብ ኣመሪካ ዝርከብ ሃድለይ 2ይ ደረጃ ቤት-ትምህርቲ ዓይነ-ስዉራን ርክብ ብምግባር፡ ካብ ሜዳ ኤርትራ ዓይነ-ስዉራን ትምህርቶም ብማህደረ-ትምህርቲ ክክጽሉ ዕድል ረኸቡ። ብኡ መሰረት፡ 14 ዓይነ-ስዉራን ካብቲ ቤት-ትምህርቲ ብዝተላእከሎም ዝተፈላለየ ብብሬይል ዝተጻሕፈ መጽሓፍትን ኻሴታትን ተሓጊዞም በብዝንባሊኦም ትምህርቶም ድሕሪ ምክትታል፡ በቲ ቤት-ትምህርቲ ምስክር ወረቐት ተዋህቦም። እዚ ብመገዲ ኣብ ፖርት-ሱዳን ዝነበረ ናይ ስንኩላን ክሊኒክ ብምልእኣክ ዝተኻየደ ናይ ርሕቀት ትምህርቲ፡ ሓደ ካብቲ ኣብ ሜዳ ኤርትራ ዝነበረ ናይ ምግባር ድሌትን ናይ ምፍጻም ብቕዓትን ዘረጋግጽ ድንቂ ፍጻመ እዩ። ገለ ካብቶም ኣብ ሜዳ ምስ ክፍሊ ማሕበራዊ ጉዳያት ዝነበሩ ዓይነ-ስዉራን፡ ድሕሪ ናጽነት ትምህርቶም ብምቕጻል ክሳብ ብደረጃ ቀዳማይ ዲግሪ፡ ማስትረይትን ዶክትረይትን ክምረቑ ክኢሎም እዮም። እዞም ቀጺሎም ተጠቒሶም ዘለዉ ሰለስተ ዓይነ-ስዉራን ድማ፡ ካብቶም ብዙሓት ኣብነታት እዮም፦

ሃብተኣብ ይፍጠር ዘርኢት

ሃብተኣብ ብ17 ግንቦት 1979 እዩ ተሰሊፉ። ብ30 መስከረም 1982 ድማ ኣብቲ ኣብ ግንባር ሓልሓል ዝኻየድ ዝነበረ ውግእ ክልተ ዓይኑ ስኢኑ። ብድሕሪ'ዚ፡ ብ 5 ለካቲት 1983 ንክእለ ናብ ጨንፈር ስንኩላን ኣትዩ። ኣብቲ ብቃል ዝውሃብ ዝነበረ ናይ መባእታ ደረጃ ትምህርቲ ድማ ካብ 1983-1985 ተኸታቲሉ። ምስ ምጅማር ብረይል እውን 7ይ ክፍሊ ወዲኡ። ኣብ ናጽነት ከኣ ካብ 8ይ ክፍሊ ክሳብ ዩኒቨርስቲ ብምቅጻል፡ ብታሪኽ ብ1ይ ዲግሪ ተመሪቑ። ሕጂ ድማ ኣብ ቤት-ትምህርቲ 2ይ ደረጃ ኣስመራ ሓፈሻዊ መምህር ኮይኑ ይሰርሕ ኣሎ።

ፍስሃየ ክንፈ መንገሻ

ፍስሃየ ኣብ ግዜ ቁልዕነቱ'ዩ ብናይ ጸላኢ ፈንጂ ክልተ ዓይኑ ዓዊሩ። ድሕሪ ስንክልንኡ ክሕክም ካብ ከበሳ ናብ ሳሕል ምስ ወረደ ድማ፡ ኣብ መዓስከር ዕቑባት ከምዝእለ ተገይሩ። ኣብ 1986 ከኣ፡ ምስ ምትእትታው ትምህርቲ ብረይል ንክመሃር ካብ መደበር ዕቑባት ናብ ጨንፈር ስንኩላን ተላኢኹ። ካብ 1ይ ክሳብ 6ይ ክፍሊ'ውን ኣብኡ ተማሂሩ። ድሕሪ ናጽነት፡ ኣብ መዓስከር ማይ-ሓባርን ነፋሲትን ኮይኑ ናይ 2ይ ደረጃ ትምህርቱ ድሕሪ ምዝዛም፡ ኣብ ዩኒቨርስቲ ኣስመራ ብዓውዲ ሕጊ ብቀዳማይ ዲግሪ ተመሪቑ። ብድሕሪ'ዚ፡ ዳኛ ኹይኑ ንሓያለ ዓመታት ኣገልጊሉ።

ኣማኑኤል ተኪኤ ገብረመድህን

ኣማኑኤል እውን ኣብ 1978 ምስ ኩሎም ስድራቤቱ ናብ ህዝባዊ ግንባር (ሜዳ) ክጽንበር እንከሎ፡ 6ይ ክፍሊ እዩ ነይሩ። ኣብ ቤት-ትምህርቲ ሰውራ 8ይ ክፍሊ በጺሑ ኣብ 1984 ኣብ ዘመተ ምጥፋእ መሃይምነት ግቡኡ እናፈጸመ እንከሎ፡ ብጸላኢ ዓይኑ ተሃሪሙ ተማሪኹ። ኣብ 1987 ድማ ናብ ጨንፈር ስንኩላን ኣትዩ። ኣብቲ መደበር ሓደ ካብቶም ናይ ምልእኣክ ትምህርቲ ዕድል ዝረኸቡ 19 ዓይነ-ስዉራን ኮይኑ፡ ብቋንቋ እንግሊዝን ኣባኻስን ብሰርትፊኬት ተመሪቑ። ድሕሪ ናጽነት ከኣ፡ ኣብ ዩኒቨርስቲ ኣስመራ ብስነ-ቛንቋ ብቐዳማይ ዲግሪ ተመሪቑ። ኣብዚ እዋን ድማ፡ ኣብ ቤት-ትምህርቲ ዓይነ ስዉራን ኣብርሃ ባህታ ናይ ስነ-ምምህርና ሓላፊ ኮይኑ ይሰርሕ ኣሎ።

ኣብ 1988፡ ብጨንፈር ትምህርቲ ንመምሃራን ዝተዋህበ ብዛዕባ ኣገባብ ኣመሃህራ ዝምልከት ናይ 14 መዓልታት ኮርስ፡ ከምኡ'ውን ብጨንፈር ስንኩላን ኣብ ኣመሃህራ ዓይነ-ስዉራን ዝተዋህለለ ተሞኲሮታት፡ ምስቲ ብቐጻሊ ዝካየድ ዝነበረ ገምጋማትን ኣስተምህሮታትን ተደማሚሩ ነቲ ትምህርቲ ዓይነ-ስዉራን ኣብ ድልዱል ባይታ ክረግጽ ኣኽኣሉ። ኣብ ዓመተ-ትምህርቲ 1989፡ 1990፡ 1991፡ እታ ዝተፈላለየ መጻሕፍትን ካልእ ጽሑፋትን ናብ ብረይል እትግምጥል መሰርዕ፡ ኣብ መዓልቲ 12 ሰዓታት እናሰርሐት ኣብ ነፍሲወከፍ ዓመት ዘድሊ ብዝሒ መጽሓፍትን ካልእን ንምድላው ዘክእላ እኹል ተሞኲሮን ብቕዓትን ኣጥርያ ነበረት። ንኣብነት ኣብ 1989፡ 300 መጽሓፍቲ ኣዳለወት። ቤት ትምህርቲ ዓይነ-ስዉራን ጨንፈር ስንኩላን፡ ክሳብ ናጽነት ብምቕጻል፡ ዳርጋ ኩሎም ስንኩላን ኣካዳምያዊ ደረጅኦም ብምዕባይ፡ ኣብ ሕብረተሰቦም ኣፍረይቲ ክም ዝኾኑ ኣብ ምግባር ዓቢ ኣበርክቶ ክገብር ክኢሉ'ዩ።

ትምህርቲ ሌላ፡ ምንቅስቓስን ንጥፈታት ዕለታዊ ህይወትን

ዝኮነ ይኹን ስንኩል፡ ዕለታዊ ህይወቱ ብግቡእ ንክመርሕ ብዓይነት ማህረምቱ ወይ ስንክልናኡ ዝፈላለዩ ዝጉድልዎ ነገራት ኣለው። ዓይኒ ምስ ግዳማዊ ዓለም ዘራክብና ቀንዲ ህዋስ ስለዝኮነ፡ ሓደ ናይ ምርኣይ ጸገም ዘይነበሮ ሰብ ምስ ዝዓውር ከቢድ ጸገም ስለዘጋጥሞ፡ ካብቲ ዝቐለለ ምብላዕ ክሳብ እቲ ዝኸበደ ናይ ምንቅስቓስን ካልእን ንጥፈታት ንምክያድ ናይ ካልእ ሰብ ደገፍ ክጽበ ግድን እዩ። ሓደ ካብ ቀንዲ መደባት ማሕበራዊ

ተሃድሶ ዝኮነ ትምህርቲ ሌላ (Orientaion)፣ ምንቅስቓስን (Mobility) ክእለታት ዕለታዊ ህይወትን (Daily living activities) ድማ፣ ዓይነ-ስዉራን ኑብሶም ንምኽኣል ዝሕግዝ መምርሒ እዩ። ብኻልእ ኣዘራርባ፣ ዓይነ-ስዉራን ኑቶም ዝተረፉ ህዋሳቶም ተጠቒሞም ማለት፣ ብምድህሳስ፣ ብምሽታት፣ ብምስትምቃርን ብምስማዕን ንነገራትን ቦታን ከለልዩዎም ይሕግዞም። ኣጠቓቕማ በትሪን ከልብን፣ ካብን ናብን ምንቅስቓስ፣ ምስራሕ መግቢ፣ ምሕጻብ ክዳውንቲ፣ ምፍላሕ ሻሂ...ወዘተ. ዝኣመሰሉ ንጥፈታት ባዕሎም ንኸካይዱ ዘኽእሎም ሜላታት ከም ዘማዕብሉ ድማ ይገብሮም።

ኣብ ጨንፈር ስንኩላን፣ ብዛዕባ'ዚ ትምህርቲ'ዚ ኣፍልጦ ኮነ መወከሲ መጻሕፍቲ ስለ ዘይነበረ፣ ቀልጢፉ ክተኣታቶ ኣይተኻእለን። ስለዝኾነ፣ እቶም ዓይነ-ስዉራን በብዝመስሎም መገዲ ይኸዱ ስለ ዝነበሩ፣ ግጉይ ኣገባባት (ተክኒኻት) ከማዕብሉ ደሪኹ እዮ። ኣብ መወዳእታ 1987 ግን፣ ኣካል ናይ'ቲ ንዓይነ-ስዉራን ዝምልከት መደባት ንምግባሩ ዝተፈላለየ ርክባት ተኻየደ። ብፍላይ ኣብ ጀርመን ከም መምህር ዩኒቨርስቲ ኮይኑ ዝሰርሕ ዝነበረ ኤርትራዊ ዓይነ-ስውር ዶክተር ባይሩ ታፍላ ዝለኣኾ፣ ብዛዕባ እዚ ትምህርቲ'ዚ ኣብ ገጠራት ኢንዶኔዥያ ንዝተኻየደ መጽናዕቲ ምርኩስ ገይራ ዝተዳለወት ኣገዳሲት መጽሓፍ፣ ናብ ቋንቋ ትግርኛ ከም እትትርጎም ተገብረት። ምስ'ቶም ተሞኩሮ ዝነበሮም ገዳይም ዓይነ-ስዉራን ን10 መዓልታት ዝቐጸለ ጽዑቕ ዘተን ክትዕን ብምክያድ ድማ፣ ምስ ውሁብ ኩነታትናን ተሞኩሮናን ብምዝማድ ትሕዝቶኣ ከም ትህብትም ተገብረት። ብኻልእ ወገን፣ ዳይረክተር ተሃድሶ ዓይነ-ስዉራን ሱዳን ዝነበረ ኤርትራዊ ዓይነ-ስዉር ግርማይ ዮሃንስ፣ ብሓላፊ ጨንፈር ስንኩላን ኣብ ኻርቱም ንዝቐረበሉ ንዓይነ-ስዉራን ዝምልከት ሕቶታት ዝሃቦ ናይ ሓሙሽተ ሰዓት ኣስተምህሮ ብኻሴት ተቐድሐ። ኩሎም ሓለፍቲ መደበር፣ መምህራንን ተመሃሮ ዓይነ-ስወራንን ድማ፣ ነቲ ብዙሕ ሓበሬታ ዝሓዘ ኻሴታት ደጋጊሞም ከም ዝሰምዕዎ፣ ከም ዘስተማቅርዎን ከም ዝሓስብሉን ተገብረ። በዚ ድማ ምንቅስቓሳቶምን ካልእ ንጥፈታቶምን ዘመሓይሽሉ ሜላታት ክመሃሩ በቕዑ።

እቲ ንማሕበራዊ ተሃድሶ ዘገልግል ሓበሬታ ምስ ተማልአ፣ ንኹሎም ዓይነ-ስዉራን ብዛዕባ ምንቅስቓስ፣ ሌላን ንጥፈታት ዕለታዊ ህይወትን ዘስተምህር ክልሰ-ሓሳብን ግብርን ዘጣመረ ውጥን ትምህርቲ ተዳለወ። ኩሎም 154 ዓይነ-ስዉራን ድማ ኣብ ሽድሽተ ዙርያታት ብምክፍፋል፣ ነቲ ትምህርቲ ከም ዝወስድዎ ተገብረ። እቲ ትምህርቲ፣ ንህይወት ዓይነ-ስዉራን ኣዝዩ ጠቃሚ ክንሱ፣ ንነዊሕ ብምድንጓዩ፣ ሓያሎ ዓይነ-ስዉራን ነቲ ብፍኑው

ዘማዕበልዎን ነዊሕ ዝለመድዎን ግጉይ ኣገባባትን ተክኒኻትን ገዲፎም፡ ነቲ ዝተማህሩዎ ስነ-ፍልጠታዊ ሜላ ክርዕሙ ይጽገሙ ነበሩ። ብኣጠቓላሊ ክርአ እንከሎ ግን፡ እቲ መደብ ትምህርቲ ናይ ብዙሓት ምንቅስቓስን ንጥፈታትን ስለዘመሓየሸ፡ ዕላማኡ ወቒዑ እዩ ክበሃል ይከኣል። ብዘይ ሓገዝ ናይ ካልእ ሰብ ክንቀሳቐሱ ዘይኽእሉ ዝነበሩ ብዙሓት ዓይነ-ስዉራን፡ ከባቢኦም ኣብ ምልላይ ርኡይ ምምሕያሽ ክርእዩን፡ ብመጠኑ ርእሰ-ተኣማንነት ኣሕዲሮም ዝተፈላለየ ነገራት ክገብሩን ኣክኢሉዎም እዩ።

ኣብ ግንቦት 1988፡ ጋዜጠኛታት፡ ስኣልቲ፡ ከምኡ ድማ ካብ ከባቢ ዓሬርብ ዝተፈላለዩ ተጋደልቲ ብምዕዳም፡ ኣፍልጦ ከባቢ ንምዕባይ፡ ንዓይነ-ስዉራን ዝውሃብ ትምህርትን ስልጠናን ንምንጽብራቅን ኣገደስቲ ርእይቶታት ንምእካብን፡ ብስም መዓልቲ ተመሃሮ ዓይነ-ስዉራን ዝተሰምየ ናይ ሓደ መዓልቲ ምርኢት ቀሪቡ ነበረ። ኣብ'ኡ ድማ፡ ብብረይል ምጽሓፍን ምንባብን፡ ብሸታን ድምጽን ምልላይ ነገራት፡ ምፍላሕ ሻሂ፡ ምሕጻብ ክዳን፡ ምጽዋት ዝተፈላለየ መሳርሒታት ሙዚቃ፡ ኢደ-ጥበባዊ ስርሓት ላኻ፡ ስፌት ክዳን ብመኪናን ኢድን፡ ናይ ውሽጢ ገዛ ጸወታታት፡ ብብረይል ዝተጻሕፉ መጽሓፍትን መሳርሒታትን፡ ምርኢት ጉጅለ ባህሊ፡ ንመምሃሪ ዝሕግዙ ዝተፈላለዩ ናውቲታትን ካልእን ዘጠቓለለ ዝተፈላለየ ንጥፈታትን ፍርያትን ቀሪቡን ጽቡቕ ተቐባልነት ረኺቡ።

መልእኽቲ ምስጋናን ምሕጽንታን

መምህር ገብረብርሃን እያሱ፡ ብ23 ለካቲት 1988 ሱዳን በጺሑ ምስ ተመልሰ፡ ናብ ግርማይ ዮሃንስ (ኻርቱም) ካብ ዝለኣኾ ደብዳበ እተወስደ፡-

"............ዝኸበርካ ግርማይ ሓወይ፡ ነቲ ምሳኻ ዝነበረኒ ናይ ስራሕ ርክብ ብዓወት ዛዚመ ብዕለት 3/2/88 ናብ ቦታይ ብሰላም ኣትየ። ኩሎም ዓይነ-ስዉራን ካብ መገሻይ ብዙሕ ነገር ከማልኣሎም ብዓቢ ሃንቀውታ እዮም ክጽበዩኒ ጸኒሖም። እትው ምስ በልኩን ገና ብርክይ ከይዓጸፍኩን ድማ፡ ልክዕ ከም ወራዶ መርዓ ብብዝሒ እዮም ናብ ቤት-ጽሕፈተይ ውሒዞም። ብሰንኪ ሕጽረት መሳርሒታት ዝጐድሎም ዘሎ ፍልጠት፡ ማዕረ ክንደይ ሽቕልቀል የብሎም ከምዘሎ ዘርኢ ድማ እዩ። ስለዚ፡ ከቢድ ሓላፍነት የሽክሙና እዮም ዘለዉ'ሞ፡ በብወገና ኣይንሕመቕ! እቲ ኻሴት ንኸሎም መምህራን፡ ኣለይቲን ዓይነ-ስዉራንን ምስ ኣስማዕናዮም፡ ዝተሰምዖም ሓጐስ መግለጺ የብሉን። እቶም መምሃራን ኣብ ስርሖም ዝሕግዞም ኣዝዩ ጠቓሚ ሓበሬታ ክረክብሉ ከለዉ፡ እቶም ዓይነ-ስዉራን ከኣ፡ ከምዚ'ባ ኣሎ'ዩ ብምባል ዝያዳ ኣብ ትምህርቲ ንክጸቕጡ ዓቢ ድርኺት ኮይኑዎም ኣሎ።"

* * *

ሓለፍቲን መምህራንን ጨንፈር ስንኩላን፡ ብዛዕባ መደባት ተሃድሶ፡ ዑረትን ሳዕቤናቱን፡ ኣገባብ ኣመሃህራን ኣተኣላልያን ዓይነ-ስዉራንን ካልእን ዕሙቕ ዝበለ ፍልጠት ክረክቡ ብዝብል ሓሳብ፡ ኣብ ፈለማ 1990 ክልተ ወጻእተኛታት ናብቲ መደበር ኣተዉ። ኣብቲ ግርማይ ዮሃንስ ዝመርሖ ዝነበረ ናይ ሱዳን ፕሮጀክት መደብ ተሃድሶ ዓይነ-ስዉራን፡ ሱፐርቫይዘር ኰይና ትሰርሕ ዝነበረት ሆላንዳዊት ኻሪን ቫንዳይክ፡ ዓይነ-ስዉራን ኣብ ስፌት ክዳውንትን ጽርበት ዕንጸይትን ክነጥፉ ዘኽእሎም ናይ ክልተ ሰሙን ፍሉይን ኣገዳስን ስልጠና ሃበት። እቲ ስልጠና፡ ዓይነ-ስዉራን ኣብ ዝተፈላለየ ሞያታት ተዋፊሮም ንሰውራኦምን ሃገሮምን ከበርክቱ ከምዝኽእሉ ብግብሪ ዘረጋገጸሉ ዕድል ነበረ። ገለ ካብኣቶም፡ ኣብቲ መደበር ብሰፊይቲ መካይን ክዳውንቲ ክሰፍዩን፡ ጠዋሉ ኣብ ማሽን እናጸረቡ ዝተፈላለየ ናይ ገዛ ንብረት ክሰርሑን ጀሚሮም ነበሩ። እታ ሆላንዳዊት ብዘይካ'ዚ፡ ንገለ መምህራን ብዛዕባ ኣባኻስን ካልእ ንዓይነ-ስዉራን ዘገድስ ኣርእስቲታትን ዝምልከት ኣስተምህሮ ሃበት። ፓወል ኢናል ዝተባህለ እንግሊዛዊ ክኢላ እውን፡ ብዛዕባ ዑረትን ኣገባብ ኣመሃህራ ዓይነ-ስዉራንን ንሓደ ሰሙን ዝቐጸለ ሰሚናር ሃበ።

ኣብ ርእሲ'ዚ፡ ዓይነ-ስዉራን ላኻን ገመድን ተጠቒሞም ዝተፈላለየ ኢደ-ጥበባዊ ስርሓት ክፍርዩ፡ ሽምዓ ክሰርሑ፡ ብመኪና ክጽሕፉ፡ ደርሁ ከራብሑን ካልእ ብዙሕ ሞያዊ ንጥፈት ክኻይዱን ዘኽእሎም መደብ ንምትእትታው ተሰርሓሉ። ብዘይካ ሽምዓ ምስራሕ ከኣ (ንዕኡ ዝኸውን ጥረ-ነገራት ስለ ዘይነበረ)፡ ኵሉ መደባት በብእዋኑ ተኣታተወ። ኣለይቲ ናይቲ መደበር ክሳብ ዛራ ብምኻድ ላኻ (ቆጽሊ ዓርኰብኰባይ) ብመካይን ጽዒኖም ከምጽኡሎም ከለዉ፡ እቶም መምህራን ከኣ፡ ወትሩ ረቡዕ ነቲ ላኻ ኣብ ማይ ውዑይ እናተርከሱን እናጨደዱን ንኸጕሎም'ቶም ኣብቲ ሞያ ዝተመደቡ ዓይነ-ስዉራን በብሓደ ኣብ ኢዶም ምስ መስፈኡ ብምትሓዝ፡ ኣሰፋፍያ ተንኮበት፡ መሸረፈት፡ ሰተታ፡ ዘንቢል፡ መኹስተር፡ ከምኡ ድማ ኣሰራርሓ መንበር ብፍሕሶ ናይ ዒቃን ብገመድ ፕላስቲክን ይምህሩዎም ነበሩ። ነቲ ንጥፈት እትመርሕ ሓንቲ መሰርዕ እውን ቆመት። እቲ ግዜ መወዳእታ ዓመተ 1982 ነበረ።

እዚ ን31 ዓይነ-ስዉራን ዝወሃብ ዝነበረ ትምህርቲ ኢደ-ጥበብ ንገለ ኣዋርሕ ምስ ቀጸለ፡ እቶም ዓይነ-ስዉራን ባዕሎም ላኻ ማይ እናተርከሱ ክጨዱ፡ ኣብ መስፊ ክሰኽዑን መስፊ እናወግኡ ክሰፍዩን ጀመሩ። ወሓለ ሰበይቲ ዝሓለፈቶ ዝመስል ተንኮበት፡ መሸረፈት፡ ዘንቢል፡ መንበር፡ ወዘተ. ድማ ብብዝሒ ኣፍረዩ። ኣብቲ ፈለማ፡ ብዙሓት ካብኣቶም፡ ነቲ ስራሕ

ምስ ባህሊ እናተኣሳሰሩ ከም ስራሕ ደቀንስትዮ ብምጥማት፡ "ተጋዳላይ ይዋጋእ'ምበር መሸረፈትየ - ተንኩበትየዶ ክሰፊ ምውዓለ? ትማሊ ንዋጋእ ነይርናስ ሎሚ ኣብ መሸረፈት! እዝስ ክልተ ሞት እዩ!....." እናበሉ የቑናጽቡዎ ነበሩ። ካብ ድፋዕ ዝመጹ ተጋደልቲ፡ ላኻ ሒዞም እንተርእዮሞም ዝወራዘይሎም ኮይኑ ድማ ይሰምዖም። ግደ ሓቂ፡ ከም ማዕዳ ኣምሲሎም፡ "እንታይ ገደሰኺ፡ ዓይንኻ ፈሲስኻስ - መን ዘይሰራሕኻ ከይብለኻ?....." ዝብሉ እውን ኣይተሳእኑን። ድሓር ግን፡ ፍርያቶም በዚሑ፡ ኣብ ዕዳጋ ክሸየጥ ጀመረ። በቲ ሽያጡ መዘናግዒ ዝኹናኦም ዓበይቲ ቴፕ ተዓደጋ። በዚ ከኣ፡ እቲ ሞያ ቁም-ነገር ከምዘለዎ ተገንዘቡ'ሞ፡ ዝያዳ ከማዕብሉዎ ጽዓሩ። ንሓድሕዶም ኣብ ውድድር እውን ኣተዉ። ኣብ ውሽጢ ሒደት መዓልታት፡ ነፍሲ-ወከፎም 80 X 90 ሰንቲ ሜትር ዝስፍሓቱ ኣስታት 50 ተንኮቦት ሰሪሖም ነታ መስርዕ ዘረክብሉ እዋናት ብዙሕ ነበረ።

ጎድኒ ጎድኒ'ዚ፡ ካብ መፋርቕ 1979 ጀሚሩ፡ ንጥዑያት ዓይኒ ዘወሃብ ዝነበረ መደብ ትምህርቲ ጽሕፈት መኪና፡ ኣብ መፋርቕ 1988፡ ንብርኽት ዝበሉ ዓይነ-ስዉራን ክወሃብ ጀመረ። ብፍላይ እቶም ቅድሚ ዑረቶም መሃይምነት ዘጥፍኡ ዓይነ-ስዉራን፡ ፖርትላንድ ፍሬም (Portland frame) ተጠቒሞም ክጽሕፉን ኣጸሓሕፋ ክለማመዱን ግዜ ኣይወሰደሎምን። ቀንዲ ዕላማ እቲ ትምህርቲ፡ ዓይነ-ስዉራን ምስ ጥዑያት ብጽሑፍ ዝገብሩዎ ርክባት ንምቅላል እዩ።

መደብ ሞእላይን ምሕጋዝን ስንኩላን

ምእላይ ስንኩላን፡ ፍሉይ ትምህርቲ ናይ ስነ-ኣእምሮ፡ ተጻዋርነትን ተሞክሮን ዝሓትት ከቢድ ዕማም እዩ። ብፍላይ ኣብ ኲናት ዝሰንከሉ ተጋደልቲ፡ ብሰንኪ ስንክልናኦም ዝገጥሞም ጸገማት ጥራይ ዘይኮነ፡ እቲ ኣብ በረኻታት ሳሕል ዝረኽብዎ ክንክን'ውን ድሩት ብምንባሩ፡ ወጽዓ ነይርዎም እዩ። ስለዚ ድማ፡ ኩሉ ዓይነት ኣገልግሎት ንምሃቦም ብዙሓትን ግዱሳትን ኣለይቲ ክረክቡ ነይርዎም። እንተኾነ ግና፡ ሰውራ ኤርትራ ኣንጻር ዝተዓጻጸፈ ብዝሒ ሰብን ኣጽዋርን ዝነበሮ ሰራዊት መግዛእቲ ይገጥም ብምንባሩ፡ ኩሉ ጉልበትን ዓቕሚን ዝነበሮ ተጋዳላይ ኣብ ቅድመ-ግንባራት'ዩ ተሰሊፉ ዝነበረ። ስለዝኾነ ከኣ፡ እቶም ኣለይቲ ስንኩላን ንባዕሎም ኣቕዲሞም ብዝተፈላለየ ዓይነት መውጋእቲ ዝሰንከሉ ነበሩ። ኣብ ቀዳሞት ዓመታት፡ ምስቲ ብዝሕን ዓይነትን መውጋእቲ፡ ኣተኣላልያ ስንኩላን ብትሑት ኣፍልጦ እዩ ዝካየድ ዝነበረ። ኣብ 1982፡ እቶም ዝያዳ ህሉያት ስንኩላን ጥራይ ምስ ተረፉ ግን፡ ዝተፈላለየ ጽሑፋት ብምውካስ፡ እቲ ኣገባብ ኣተኣላልያ ንምምሕያሹ

ጻዕርታት ተኻየደ። ተኣለይቲ ስንኩላን ኣብ መነባብሮኦም ምእላይ ጥራይ ዘይኮነ፡ ስምዒታዊ ጥዕንኦም ንምክንኻንን ርእሶም ንክክእሉን እውን ብዙሕ ተጻዒሩ እዩ። ኣብ ጩንፈር ስንኩላን ዝነበሩ ተኣለይቲ፡ ኣብ ዕድመ፡ ጾታ፡ ባህላዊ ደረጃ፡ ዓይነት ስንክልና፡ ቅድሚ ምስንኻሎም ዝነበሮም ፍልጠትን ኣመለኻኽታን ወዘተ. ፍልልያት ነይሩዎም እዩ። እዚታት ከኣ፡ ነቲ ናይ ምእላዮምን ምሕጋዞምን ዕማማት ዝያዳ ኣክበዶ።

ኣብ ጩንፈር ስንኩላን፡ ነቶም ስንኩላን ዝኣልያ መሳርዕ ኣብ ነፍሲ-ወከፍ ጋንታ ተመዲበን ነበራ። ኣብ ጉጅለታት ተኸፋፊለን ኣብ ምግብና፡ ጽሬት፡ ሓለዋ ጥሪት፡ ወዘተ. ብምውፋር ድማ፡ ነቲ ናይ ምእላይ ዕማም የካይድኦ ነበራ። ብዘይካ እዘን ዝተጠቕሳ ጉጅለታት፡ ብስንኩላንን ኣለይቲን ዝቘማ'ሞ ኣብ ምውራድ ማይ፡ ምልዋስ፡ ኣብ ምክያድ ናይ ከባቢ ጽሬትን ትምህርታዊ ንጥፈታትን ዝተዋፈራ ካልኦት ጉጅለታት'ውን ነይረን እየን። እቶም ከቢድ ስንክልና ዝነበሮም ተኣለይቲ፡ በቲ ዝግበረሎም ጽዑቕ ክንክንን ሓልዮትን እናተማሓየሹ ይኸዱ ኣብ ርእሲ ምንባሮም፡ ነብሶም ንምኽኣል ፋሕተርተር ይብሉን ምስ ኣለይቶም ኣብ ስራሕ ብንጥፈት ይደጋገፉን ነበሩ። ዓይነ-ስዉራን ብወገኖም፡ ማይ እናወረዱ ነቶም ፓራላይዝ ነብሶም ይሓጽቡዎም፣ ክዳውንቶምን መናጽፎምን የጸራርዩሎም፣ ብጉጅለታት ተወዲቦም ስዋ ናይቲ መደበር ይኹን ናይ ጋንታታቶም ይጸምቁ፣ ብሒቚ ይለውሱ፣ ጸባ ይብጽብጹ፣ ፖለቲካን ኣኻዳሚን ይምህሩ፣ ጥሪትን ደርሁን ይከታተሉ፣ ወዘተ.። ኣብ ኩሉ'ዚ ንጥፈታት፡ ዝነበረ ምትሕግጋዝ ሓድሕድ፡ ምትሕልላይ፡ ዋዛ፡ ጭርቃንን ስሓቅን ወዘተ. ኣብ ንሓድሕዶም ሓልዮትን ፍቕሪን ፈጢሩ ሕጉሳት ይገብሮም ነበረ።

እቲ ንሓደስቲ ስንኩላን ምስ ከባቢኦም ንክለማመዱ ዝግበር ዝነበረ ጻዕርታት፡ ምስቲ ዝነበረ ተሞክሮታትን ፍልጠትን በብግዚኡ ይፈላለ ነበረ። ሓድሽ ስንኩል ኣብ ዝኣትወሉ፡ ምስ ናብራ ስንኩላን ንክላለ፡ ስንክልንኡ ተቐቢሉ ኣብቲ ዝካየድ ንጥፈታት ንክሳተፍን ንክዋሳእን ብኣለይቲን ስንኩላንን ይተባባዕ። ኣገባብ ናይቲ ኣተኣላልያ ንምምሕያሽ፡ ዝተፈላለዩ መጻሕፍቲ እናተፈተሸ፡ ስነ-ኣእምሮኣዊ ኣተሃናንጻ ስንኩላንን ዘጋጥሞም ብድሆታትን ንምቅላል ብዙሕ ጻዕሪ ይካየድ ነበረ። ብዛዕባ ታሪኽ ህይወት ዕውታት ዓይነ-ስዉራን ዝጠቕስ ዛንታታት ካብ ቋንቋ እንግሊዝ ናብ ትግርኛ እናተተርጎሙ ድማ ይንበብሎም ነበሩ። እዚ ከኣ፡ ኣብ ምንቕቓሕን ተስፋ ኣብ ምስናቕን ልዑል ተራ ነበሮ። ነፍሲወከፍ ሓላፊ፡ ዕለታዊ መዝገብ ናይ ውልቀ-ስንኩል ይሕዝን፡ ነቶም ፍልይ ዝበለ ጠባያት ዘርእዩ ስንኩላን ንምእላዮም ዝተወሰዱ ስጉምቲታትን ውጽኢቶምን ብጸብጻብ የቕርብን ነበረ። ሓደ ሓደ ስንኩላን፡ ንስንክልናኦም ካብ ዘይምቕባል ዘርእይዎም

ግኑናት ጠባያት ማለት፡ ተነጽሎ፡ ምንጽርጻር፡ ተለዋዋጢ ባህርይ፡ ወዘተ. ተሞኲሮ ንምልውዋጥን መፍትሒ ሓሳባት ንምምንጫውን ኣብ ኣኼባታት ዘተን ምይይጥን ይግበረሎም ነበረ። እቶም ኣብ ጋንታታት ዝቐርቡ ተዋስኦታት፡ ዋዛ ምስ ቁም-ነገር፡ ግጥምታትን ሓጸርቲ ዛንታታትን፡ ነቶም ኣብ ትምህርቲ፡ ማሕበራዊ ዝምድናታትን መዓልታዊ ስራሕን ዝረኣዩ ዝነበሩ ድኽመታት ዘንጸባርቑን ዝገልጹን ስለዝነበሩ፡ ኣብቶም ሰንኩላን እወታዊ ውጽኢት ነበሮም።

ምእላይ ሰንኩላን፡ ልዑል ትዕግስትን ተጻዋርነትን ዝሓትት ዕማም ብምዃኑ፡ ነቶም በብእዋኑ ዝቀያየሩ ኣለይቲ ብዛዕባ ሰንክልናን ሳዕቤናቱን፡ ኣተሓሕዛን ኣፈታትሓን ጸገማት ሰንኩላን ዝምልከት ስነ-ልቦናዊ ኣስተምህሮታት ይውሃብ ነበረ። ምስ'ቶም ሓለፍቲ በብግዚኡ ብስሩዕ ርክባት እናተገብረ ድማ፡ ኣብ ምእላይ ሓደ ሓደ ሰንኩላን ዘጋጥሞም ጸገማትን ኣፈታትሕኡን ይዝተየሉ ነበረ። በዚ ድማ፡ እቶም ኣለይቲ ነቲ ዘይጽወር ባህርያት ናይ ገለ ሰንኩላን እናተዓገሱ፡ ጠንቂ ብስጭቶም እንታይ ምዃኑ ብልክዕ ኣለልዮም ጸገሞም ንምፍታሕ ይፍትኑ ነበሩ። ሳላ እቲ ዘይሕለል ጻዕርን ትዕግስትን ኣለይቲ ከኣ፡ ባህርያቶም ካብ ግዜ ናብ ግዜ እናተመሓየሸ ብምኻድ፡ ኣብ መወዳእታ ሰንክልናኦም ተቐቢሎም ርግኣት ዘለዎ ሂወት ኣብ ምምራሕ ዝተዓወቱ ሰንኩላን ብቑጽሪ ውሑዳት ኣይነበሩን።

ካብ መንጎ እቶም ብዙሓት፡ ኣዝዮም ውሑዳት፡ ነቲ ዝወረዶም ሰንክልና ፍጹም ክቕበልዎ ዘጸገሞም፡ ምሒር ዝጭነቑን ዝባሳጨውን፡ መግቢ ዝሕሰሙ፡ ጠንቂ ሰንክልናኦም ናብ ካልኦት ዘጸግዑ፡ ካብ ክቱር ዓቕሊ ጽበት ዓጀውጀው ዝብሉ፡ ምስትምሳልን ገርጨውጨውን ዘብዝሑ፡ ዝተፈላለየ ጊንጢ ባህርያት ብምጽንባራቕ ንኣለይቶም እምብዛ ዘሸግሩ ሰንኩላን ምንባሮም ግን ዝርሳዕ ኣይኮነን። ገለ ዓባሳት ብምዃኖም ድሌታቶምን ሓሳቦምን ክገልጹ ዝጽገሙ፡ ብሰንኪ ማህረምቲ ርእሲ ገለ ኣእምሮኣዊ ምዝንባል ዝነበሮም ሓደ ክልተ እውን ነይሮም እዮም። ጉዳይ ጾታዊ ዝምድና ዝፈጥሮ ዝነበረ ስነ-ኣእምሮኣዊ ጸቕጢ'ውን ቀሊል ኣይነበረን። ንኣብነት፡ ናይ ኣእምሮ ድኻም ንዘለዋ፡ ብምኽንያት ናይ ርእሲ ማህረምቲ ኣብ ክሸነን ካልእ ዕማምን ክትሳተፍ ንዘይትክእል ብጸይቶም ዘይተመርዓና ኢሎም ነቲ መዓስከር ቀሳነት ዝኸልኡ ሰንኩላን ነይሮም እዮም። ገሊኦም ዝምድና ንምግባር ክሳብ ናብ ግንባራትን ክፍልታት ደጀንን ብምኻድ ኮለል ዝብሉን፡ መዛምዲ ክረክቡ ዘይምክኣሎም ተስፋ ዝቖርጹን ነብሶም ዝጸልኡን ከም ዝነበሩ'ውን ምጥቃስ ኣገዳሲ እዩ።

ኣጋጣሚታት

ካብ ዕለታት ሓደ መዓልቲ፡ ሓደ ምሒር ጭኑቕ፡ ንዝኮነ ኣብቲ መደበር ዝተሰምዐ ዘረባ ምስ ነብሱ እናተኣሳሰረ "ይሓምዩኒ ኣለዉ" ብዝብል ባዕላዊ ስምዒት ከበሳጨን ክቑጣዕን ዝውዕል ዝነበረ ተኣላዪ ስንኩል፡ ቦምባ ኢድ ካብ ሓደ ቦታ ሰሪቑ፡ ኣብ ጁባኡ ሓቢኡዋ ናብ ቤት-ጽሕፈት ናይቲ መደበር ድርግም በለ። ዕላማኡ ነታ ቦምባ ኣብ ቅድሚ ሓላፊ ናይቲ መደበር መምህር ገብረብርሃን ኢያሱ ብምፍንጃር ነብሱ ንኸጥፍእ ነበረ። መምህር ገብረብርሃን ግና ብገርሁ፡ ዘረባ ከይጀመረ ከሎ፡ "......ዘለኻ ጥዕናዊ ጸገም ይርድኣኒ'ዩ፣ ብዛዕባኻ ካብ ምሕሳብ ዓዲ ኣይወዓልኩን። ሕጂ ግን ናይ ኤክስ-ረይን ላባራቶርን መርመራ ንክትገብር ምስ ሓካይም ይዘራረበሉ ስለዘለኹ፡ ክትሕከም ኢኻ" በሎ'ሞ፡ እቲ ውኖኡ ስሒቱ ዝጸንሐ ስንኩል፡ ክሳብ ክንደይ ብእኡ ከምዝግደስ ተሰዊጡዎ፡ ሽዑ ንሽዑ ልቡ ተረሳረሰ። ነታ ዝሓብኣ ቦምባ ድማ ካብ ጅቡኡ ኣውጺኡ ምስ ሓንቲ ዝጸሓፋ ናይ ስንብታ ጭራም ወረቐት ኣብ ጣውላኡ ብምቕማጥ፡ ብዛዕባ'ቲ ሓሲቡዎ ዝነበረ ሰይጣናዊ ተግባር ኣብ ቅድሚ መምህር ተናዘዘ።

* * *

ሓፈሻዊ ገምጋም ስንክልና ኣብ ህዝባዊ ግንባር

ህዝባዊ ግንባር፡ ነቲ ብዓቕሚ ሰብን ቴክኖሎጂ ኩናትን ብዝተዓጻጸፈ መጠን ዝዓብዮ ጸላኢ ክገጥሞ እንተኾይኑ፡ ሓይሊ-ሰቡ ዓቂቡ፡ ዝረኸቦ ናይ ውግእ ቀረብን ካልእ ንዋትን ብኣዝዩ ውሕሉልን ቆጣብን ኣገባብ ከመሓድሮ ግድን እዩ ነይሩ። በዚ ድማ፡ ተጋደልቲ ኣብ ዓውደ-ውግእ ዘጓንፎም ጉድኣት ብዝቐልጠፈ ዘቃልል ቀዳማይ ረድኤት ዝረክብሉ ቦታታት፡ ክሊኒካትን ሆስፒታላትን መርበባትን ምህናጽ ቀዳምነት ሰርዖ። ክሳብ 1975 ኣብ ጋንታታትን ሓይልታትን ብዝተዋፈሩ ኣጋር ሓካይም ጥራይ ዝተወደበ ዓቕሚ ሕክምና ሰውራ፡ ኣብ 1975 ዓሰርተታት ሓካይምን ነርሳትን ፋርማሲስትን ብኻልእ ሕክምናዊ ዓውዲታት ዝሰልጠኑ ተጋደልትን ምስ ተሰለፉ፡ ሕክምና ህዝባዊ ግንባር ብውዳበኡ ሓያሎ ሃገራት ኣፍሪቃ ዘይበጽሕኦ ደረጃ ከም ዝበጽሐ ብብዙሓት ተመስኪሩ እዩ።

ኣብ ዓውደ ውግእ ዝቖሰሉ ተጋደልቲ፡ ኣብታ ዝተወግኡላ ቦታ ብሓኪም ጋንትኦም ቀዳማይ ረድኤት ምስ ረኸቡ፡ ዝያዳ ክንክን ክረክቡ ናብተን ብተዛማዲ ቀዋሚ ክሊኒካት ዝመስረታ ሕክምናታት ቦጦሎኒ፡ ብርጌድን ይሰግሩ። ብዙሓት ፈኩስትን ምትሕልላክ ዘይብሎምን መውጋእቲ ዘጋጠሞም ተጋደልቲ፡ ናብ ሆስፒታላት ወይ ማእከላይ ሕክምና ከይበጽሑ፡ ኣብዘን

ናይ ሰራዊት ሕክምናታት ሓውየም፡ ናብ ኣሃዱታቶም ይምለሱ ነይሮም። እቲ ማእከላይን ከቢድን ዝተባህለ መውጋእቲ ግን ብዝቐልጠፈ ናብተን ናይ ግንባር ሆስፒታላት ወይ ናብ ማእከላይ ሆስፒታል ይውሰድ። ክፍሊ ሕክምና ንዝበዝሑ ናይ ኩብዲ፡ ኣፍልቢ፡ መስበርቲ መሓውርን ካልእን ውጉኣት እዩ ዝሕዝ። መብጣሕትን ካልእ ዘድሊ ክንክንን ብምፍጻም ከኣ፡ ነቶም ዝሓወዩ ናብ ኣሃዱታቱቶም ይመልሶም። ማህረምቶም ብምክባዱን፡ ኣካላዊ ጉድለታቶም ብምጽንኻሩን ንቡር ስርሖም ክቕጽሉ ንዘይኽእሉ ድማ፡ ከም ስንኩላን ኣብ ክፍሊ ማሕበራዊ ጉዳያት ከም ዝዕቀቡ ይግበር ነይሩ።

ኣብ ቀዳማይ ፍርቂ ናይ ብረታዊ ቃልሰና፡ ከቢድ መውጋእትን ስንክልና ዘስዕብ ማህሰይቲን ዘጋጠሞም ናብ ወጻኢ ሃገራት ይልኣኹ ነበሩ። ካብ 1975 ንድሓር እውን ኣዝዮም ዝተሃሰዩ ውሑዳት ናብ ወጻኢ ሃገራት ምስዳድ'ኳ እንተቐጸለ፡ ክፍሊ ሕክምና ህዝባዊ ሓይልታት ኣድላዪ መብጣሕቲ ዘካይደሉ ሆስፒታላት ስለዝቘመን፡ ብመጓዓዝያዊ መርበባት፡ ዝተወግአ ተጋዳላይ ካብ ዓውደ-ውግእ ናብ ሆስፒታል ዝበጽሓሉ ግዜ ስለዝሓጸረን፡ ዝበዝሑ ውጉኣት ኣብ ሜዳ ክሕከሙን ክሓውዩን ምግባር ተኻኢሉ ነበረ። ኣብ ደጀን ክፍልታት ስለዝቘማ ድማ፡ እቶም ብከቢድ ዝሰንከሉ ውሑዳት ተጋደልቲ እናሰርሑ ዝነባበሩሉ ኩነታት'ውን ተፈጢሩ ነይሩ።

ኣብ 1977-1978 ዝበዝሓ ከተማታት ኤርትራ ሓራ ምስ ኮና፡ ስንኩላን ምስ ክፍልታቶም እናተኣልዩ ክነብሩ ክኢሎም ነይሮም። ሶቭዬት ሕብረትን መሓዙታን ኣብ ጎድኒ ጸላኢ ምስ ተሰለፉ ግን፡ ኣጽዋር ጸላኢ ብዓቐንን ዓይነትን ስለዝተራቐቐ፡ ንብዝሒ መስዋእትን ክብደት መውጋእትን ዝዓጸጸፈ ከቢድ ጸቕጢ ፈጠረ። ብዘይካ'ቲ ንቡር ጠያይትን ቦምባታት ኢድን መዳፍዕን፡ ካብ መራኽብ ውግእ ዝውንጨፍ ሚሳይላት፡ ናይ ነፈርቲ ውግእን ታንክታትን ቦምባታት፡ ናይ ሰብን መካይንን ነተጕቲ ወዘተ. ኣብ ሚዛን ሓይሊ ኣዝዩ ገፊሕ ጋግ ስለዝፈጠሩ፡ ስትራተጅያዊ ምዝላቕ ምግባር ግድን ኮነ። እዚ ኩነታት'ዚ ድማ፡ ኣብ ዝተፈላለዩ ክፍልታት ዝነበሩ ስንኩላን ኣብ ውሑስ ቦታ ክተሓዙን ንዕኦም ዝበቅዕ መደባት ክውጸሎምን ዝድርኽ ኮይኑ። ኣብ 1978፡ ክፍሊ ማሕበራዊ ጉዳያት፡ ስንኩላን ተኣኪቦም ብፍሉይ ናብዮት ዝተሓዙሉ ጨንፈርን መዓስከርን ኣብ ናቕፋ መስረተ። ክሳብ ሻድሻይ ወራር፡ ህዝባዊ ግንባር ኣብ ጸቢብ ደጀን፡ ኣብ ዘይጥጡሕ ጎቦታትን ሰናጭሮን፡ ኣብ ዘየዕርፍ ከበድቲ ወራራት ዘካየደሉ መድረኽ ስለዝነበረ፡ ቀራጻት መሓውርን ናይ ምንቅስቓስ ጸገም ዝነበሮም ስንኩላንን ኣብ ተዛማዲ ውሑስ ቦታ ክስፍሮም ግድን እዩ ነይሩ።

ድሕሪ ሻድሻይ ወራር፡ እቲ መድረኽ እናተቐየረን፡ ሚዛን ሓይሊ ሰውራ እናተመሓየሸን ደጀን እናሰፍሐን ምስ ከደ ግን፡ ስንኩላን ካብ ተኣለይቲ ክወጽኡን ኣብ ዝተፈላለየ ክፍልታትን ናይ ክፍላተ-ስራዊት ጨናፍርን ክይተረፈ ዝዋፈርሉ ምጡን ዕድል ተኸፍተ። ኣብ መወዳእታ 1979፡ ክሳብ 800 ዝሓወዩ ስንኩላን ብምምዳብ ዝጀመረ ተውዚዕ፡ በብእዋኑ፡ ብሓካይም እናተመርመሩ ካብ መዓስከር ስንኩላን ናብ ክፍልታት ገለ'ውን ናብ ብርጌዳት ከም ዝፋነዉ ምግባር ይቕጽል ነይሩ። ብኻልእ ወገን፡ ኣብ ክፍሊ ማሕበራዊ ጉዳያት ዝነበረት ሰብ-ሰርሖ መሓውር እትሰርሕ ቤት ዕዮ፡ ንገለ ሓደ እግሮም ዝተቘርጹ ስንኩላን ብዓንቋን ካልእ ጥረ-ነገራትን ሰብ-ሰርሖ መሓውር ብምፍራይ ምጡን ፍታሕ ገበረት። ድሒሩ፡ ኣብ 1980፡ ኣብ በይሩት፡ ሰብ-ሰርሖ መሓውር ተማሂሮም ዝተመልሱ ኣርባዕተ ቀራጻት እግሮም ተጋደልቲ፡ ኣድላዪ ማሽንን ጥረ ነገርን ምስ ተረኽበ፡ ኣብ ክፍሊ ቁጠባ ተቐይሮም ፋብሪካ ስለዝሃነጹ፡ ብፍላይ ትሕቲ ብርኮም ንዝተቘርጹ ስንኩላን፡ ጎቦን ስንጭሮን ዝድይቡሉ ኩነታት ፈጢሩ እዩ። ድሕር'ዚ፡ ደጀን ህዝባዊ ግንባር እናሰፍሐ፡ ዕማማቱ እናወሰኸ፡ ንጥፈታቱ እናበዝሐ ምስ ከደ፡ ንተሳታፍነቶም ዝምችእ ኩነታት ብምፍጣሩ፡ ስንኩላን ቀንዲ ዓቕሚ ሰብ ናይ ደጀን ክኾኑ በቕዑ። እዚ ድማ፡ ነቲ ኣብ ቀዳማይ መድረኽ ዝነበረ ናይ ክፍሊ ማሕበራዊ ሓላፍነት ኣቃሊልዎ'ዩ። በዚ ድማ እቶም ኣዝዩ ከቢድ ስንክልና ዝነበሮም ጥራይ ኣብ መዓስከር ስንኩላን ከምዝቕጽሉ ተገብረ። ካብ መፋርቕ 1982 ንድሓር፡ ብዘይካ ዓይነ-ስውራን፡ ማህረምቲ ርእሲን ካልእ ከቢድ ስንክልናን ዝነበሮምን ቀራጻት መሓውርን፡ ካልኦት ማእከላይ ስንክልና ዝነበሮም፡ ሕክምንኦም ምስ ወድኡ፡ ብመንገዲ ሰክረታርያት ኣብ ዝተፈላለያ ኣሃዱታት ውድብ ከምዝምደቡ ምግባር ተለምደ። ስለዚ ድማ ክፍሊ ማሕበራዊ ጉዳያት፡ ካብ 1982 ንድሓር ዝተማልአ ናይ ስንኩላን ሓበሬታን መዛግብን ኣይነበሮን። (ክፍሊ ማሕበራዊ ጉዳያት ዝኣለዮም ስንኩላን ኣብ ዝስዕብ ሰሌዳ ተመልከቱ)

ካብ 1978 – 1990 ናብ ጨንፈር ስንኩላን ዝኣተዉ ስንኩላን ብዓይነት ማህረምቶም

ዓይነት ማህረምቲ	1978	1979	1980	1981	1982	1983	1984	1985	1986	1987	1988	1989	1990	ድምር	%
መቑረጽቲ እግሪ	76	75	37	12	19	3	1	-	-	2	6	5	2	238	9.5
ማህረምቲ እግሪ	113	431	131	28	12	-	-	-	-	-	1	1	2	719	28.8
መቑረጽቲ ኣእዳው	6	28	8	1	1	-	-	-	-	-	-	-	3	47	1.9
ማህረምቲ ኣእዳው	59	174	28	9	2	1	-	-	-	-	-	-	-	273	10.9
ማህረምቲ ርእሲ	71	194	35	16	19	26	11	2	11	-	26	17	20	448	17.9
ማህረምቲ ምንጋጋን ክሳድን	5	18	14	3	2	-	-	-	-	-	-	-	1	43	1.7
ማህረምቲ ኣፍ-ልቢ፡ ከብዲ፡ ሕቖን ሳምቡእን	38	76	14	4	2	-	1	-	3	1	-	3	4	146	5.8
ማህረምቲ ዓይኒ	25	51	8	8	13	16	5	12	10	9	22	20	31	230	
ማህረምቲ እዝኒ	7	22	5	1	-	-	-	-	-	-	-	-	-	35	
ዉሸጣዊ ሕማማት	33	205	40	11	10	2	1	-	-	1	3	4	9	319	12.8
ጠቕላላ ብዝሒ	433	1274	320	93	80	48	19	14	24	13	58	50	72	2498	100

ኣብዚ ዝተጠቕሰ 13 ዓመታት ናብ ክፍሊ ማሕበራዊ ጉዳያት ክእለዩ ዝእተዉ ስንኩላን፡ ኣብተን ቀዳሞት ሰለስተ ዓመታት ዳርጋ ብምሉኦም ስንኩላን ኣብቲ ክፍሊ ከም ዝነበሩ ዘመልክት'ኳ እንተኾነ፡ ድሕሪ 1982 ግን፡ ብዘይካ እቶም ብክብደት ስንክልንኦም ዝተመመዩ ህሱያት፡ ካልኦት ማእከላይን ፈኲስን ስንክልና ዝነበሮም፡ ኣብ ዝተፈላለዩ ዕማማት ናይቲ ውድብ እናተኣልዩ ይሰርሑ ምንባሮም ዘመልክት እዩ። ሓደ እግሮም ቀራጻት፡ ሓደ ዓይኖም ዝተጉድኡ፡ ዝጸመሙ፡ ናይ ምንቅስቓስን ካልእ ድርብራብ ጸገማትን ዝነበሮም፡ ኣብ ክፍልታት ውድብ ተመዲቦም ይሰርሑ ነይሮም ማለት እዩ። እቲ ኣመዳድባ ብቐጥታ ካብ ሕክምና ናብ ሰክረታርያ ምምዳብ ዓቕሚ ሰብ ብምልኣክ ይፍጸም ስለዝነበረ ድማ፡ ክፍሊ ማሕበራዊ ጉዳያት፡ ንምሉእ መዝገብ ስንኩላን ክሕዝ ኣይከኣለን። ብዝሕን ዓይነትን ስንክልና ኣብ ብረታዊ ቃልሰና ንምግምጋም እምበኣር፡ ድሕሪ ናጽነት፡ ማሕበር ስንኩላን ኲናት ኤርትራ ኣብ መጽሔታቱ ዝዘርግሖ ሓበሬታ ከም ተወሳኺ ብምጥቃም ምግምጋሙ ሓጋዚ እዩ።

ብመጀመርያ፡ መውጋእቲን ስንክልናን ዝፈላለ ምኽኑ ምግንዛብ የድሊ። መውጋእቲ ብጽንኻረ ናይ ዝወረደ ጉድኣት፡ ብዝጉደሎ ክፋል ኣኻላት፡ ብናይ ምሕዋይ ዕድሉን ናብ ንቡር ንምምላስ ብዝህልዎ ተክእሎን ይፈላለ እዩ። ስንኩል ማለት ግን፡ ብኣካላዊ፡ ኣእምሮኣዊ ወይ ብህዋሳዊ ጉድኣት፡ ንዝተናውሐ እዋን ዓቕሙን ክእለቱን ዝተደረተ፡ ብምኽንያት መውጋእቱ ማዕረ ካልኦት ሰባት፡ ማሕበራዊ ህይወቱ ብንቡር ንምፍጻም ዝጸገም ሰብ ማለት እዩ። ፈኲስ መውጋእቲ በሰላ ጥራይ እምበር፡ ሳዕቤን ከይሓደገ ክርሳዕ ይክእል እዩ። ስንኩል ግን ንሓዋሩ ብዝተሃሰየ ኣኻሉ ምኽንያት፡ ናይ ምርኣይ፡ ምስማዕ፡ ምንቅስቓስን ጸገም ካብ መዘንኡ ይተርፍ እዩ። ኣብ ሜዳ ኤርትራ ዝነበረ ብዝሕን ዓይነትን ናይ መወጋእቲን ስንክልናን ኣዝዩ ገፊሕ ጋግ ዝነበሮ'ዩ። ምክንያቱ፡ ኣቑሳሎምን ቃንዘኦምን ምስ ጠረዉ እግሮምን ቀራጽ ኢዶምን፡ ከም ስንኩል ዘቑጽሮም ክንሱ፡ ኣብ ቀዋሚ ግንባር መኸትኦም ከየቋረጹ፡ ማዕረ ካልኦት ጥዑያት ኮይኖም ንዓቕሚ ህዝባዊ ግንባር ክተዓጻጸፍ ኣክኢሎም እዮም። እዚ ምስ ስንክልንኦም ናይ ምቕጻል ኒሒ፡ ፍሉይ ባህሊ ተጋደልቲ ስለዝነበረ፡ ጸር ውድብ ክኾኑ ዝተገደዱ ስንኩላን ኣዝዮም ክውሕዱ ሓጊዙ እዩ። እቶም ኣዝዩ ከቢድ ስንክልና ዝተሰከሙ ዓይነ ስዉራን፡ መልመስቲ ኣኻላትን፡ ልምሰት ፍርቂ ጎድኒ ዝነበሮም ተጋደልቲ'ውን እንተኾነ፡ ኣብቲ ውሑድ ቀረብን ንዋትን ዝነበሮ ሜዳ ኤርትራ፡ ብውሑድ ሓገዝ ነብሶም እናከኣሉ ስለዝሰገርዎ፡ ታሪኽ ስንኩላን ኤርትራ ከምቲ ዝግብኦ ክመርር ኣይከኣለን። በዚ እዩ

ድማ፡ ኣብ ሜዳ ኤርትራ ዝነበረ ናይ ስንክልና ትርጉም ካብቲ ኣህጉራዊ መዐቀኒኡ ዝተፈልየ ነይሩ ምባል ዝከኣል።

ኣብቲ ኣንጻር ስርዓት ኢትዮጵያ ዝተኻየደ መሪርን ከቢድን ወተሃደራዊ ግጥማት፡ ክንደይ መውጋእቲን ክንደይ ስንክልና ዘስዓበ ማህሰይትን ምንባሩ ንምግምጋም፡ ንክልቲኡ ፈላሊኻ ምርኣይ ሓጋዚ እዩ። ዘጋጠመ መውጋእቲ ተጋደልቲ፡ ብክፍሊ ሕክምና ጥራይ ዘይኮነ፡ ክሳብ እተን ንቀሊል መውጋእቲ እናሕከማ ዘፋነዋ ናይ ብርጌድን ክፍላተ-ሰራዊትን ክሊኒካት ብደቂቕ ምጽብጻብ ዝሓትት'ኳ እንተኾነ፡ ብዘይ ተረፍ ዝጽንቅቕ ሓበሬታ ምርካብ ዝከኣል ኣይመስለን እዩ። ምስቲ ዓለማዊ ምጣኔ ናይ ሞትን መውጋእትን ብምዝማድ ግን ገምጋም ምውሳድ ይከኣል እዩ። ኣብ ዝሓለፈ 150 ዓመት ንክልተ ኲናት ዓለም፡ ናይ ኮሪያን ቬትናምን ኲናት ደሚርካ ዝተኣከበ ዳታ፡ ንነፍሲ-ወከፍ ሓደ ሞት፡ ሰለስተ ሰባት (Ratio 3:1) ከም ዝውጋኡ ዝጠቅስ ታሪኽ፡ ኣብ Journal of Trauma Volume 54 No 5 ተገሊጹ ኣሎ። እዚ ገምጋም'ዚ፡ ብብዙሕ ረቛሒታት ከም ዝጽሎን ኣብዚ ዝሓለፈ 30-40 ዓመታት ብገስጋስ ተክኖሎጂ ከም ዝተመሓየሸ ግን ምዝኻር የድሊ። ቀጥታዊን ብቑዕን ናይ ቀዳማይ ረድኤት ስራሕ፡ ውጉእ ካብ ዓውደ-ውግእ ናብ ሕክምና ብቕልጡፍ ናይ ምግዕዓዝ ዓቕሚ፡ ህጹጽ መብጣሕቲ ዘኻይዱ ሓካይምን ወዘተ. ድማ ሞት ንምንኻይ ሓጋዚ እዩ። ካብ 3 ክሳብ 5% ናይቶም ኣብ ሆስፒታላት ዝበጽሑን ክንክን ዝረኸቡን ብምትሕልላክ መውጋእቶም ከም ዝሞቱ'ውን እዚ ስታቲስቲክስ'ዚ ይጠቅስ። ዶክተር ተኸስተ ፍቃዱ፡ ኣብታ Abdominal War Wounds ዝሰመያ ናይ 2006 መጽሓፉ፡ ኣብ ሜዳ ኤርትራ ብፍላይ ድማ ኣብ ግንባር ናቕፋ፡ ኣብ ህሩማት ከብዲ ንዘጋጥም ሞት ብሰሌዳ ኣብ ዘነጻጸረሉ ዳታ፡ ኣብ 2ይ ኲናት ዓለም 24%: ኣብ ኲናት ኮርያ 12%: ኣብ ናይጀርያ 21%: ኣብ ኤርትራ ድማ 16.8% ከም ዝነበረ ኣሰፊሩ ኣሎ። ንሱ፡ እተን ህዝባዊ ግንባር ኣብ ኩሉ ግንባራት ዘዋፈረን ኣሃዱታት መብጣሕቲ፡ ብብዝሐንን ናብ ዓውደ-ውግእ ብዝነበረን ቅርበትን፡ ንውጽኢት መብጣሕቲ ከብዲ ጥራይ ዘይኮነ ንኩሉ ዓይነት መውጋእቲ ብዝቐልጠፈ ክንክን ክረክብ ከም ዝሓገዛ ገሊጹ ኣሎ። ከምቲ ኣብ ላዕሊ ዝተጠቕሰ፡ ድሕሪ 1975 ዝተሃንጸ፡ ካብታ ኣጋር ሓኪም ዘለዋ ዝንኣሰት ናይ ውግእ ኣሃዱ፡ ክሳብ ሆስፒታላት ዝቖጽል ሕክምናዊ መርበባት ህዝባዊ ግንባር፡ ምስቲ ክሳብ ድፋዓት ዝተዘርግሐ ናይ መጐዓዝ መስመራት፡ ኣብ ምንኻይ መስዋእቲ ዝነበሮ ኣበርክቶ ቀሊል ኣይነበረን።

በዚ ኣብ ልዕሊ ዝተጠቕሰ ገምጋማት እምበኣር፡ ኣብ ብረታዊ ቃልሲና ንዝተኸፈል መስዋእቲ ናይ 65 ሽሕ ተጋደልቲ ምርኩስ ብምግባር፡

ብውሑዱ ክሳብ 200 ሽሕ ዝበጽሑ ተጋደልቲ ካብ ቀሊል ክሳብ ከቢድ ዝደረጅኡ መውጋእቲ ከም ዝገጠሞም ምግማት ዝከኣል እዩ። ብቀሊል ዝተወግኡ ተጋደልቲ፡ ቀዳማይ ሕክምናዊ ረድኤት ተገይሩሎም ዝፈስስ ደሞም ምስ ተዓገተ፡ ብቐጥታ ናብ መዛግቦም ተመሊሶም ዝዋግኡ ዝነበሩ ኣዝዮም ብዙሓት እዮም። ኣብ በበይኑ መዓልትን ዓውደ-ውግእን ልዕሊ ሸሞንተ መውጋእቲ ዝገጠሞም ህሉዋትን ስዉኣትን ተጋደልቲ ውሑዳት'ኳ እንተዘይኮይኑ፡ ሰለስተ ኣርባዕተ ጊዜ ዝተወግኡ ግን ብኣሽሓት ዝቑጸሩ ኢዮም። ኣብተን ሻድሻይ ወራር ዝተኻየደለን ሰለስተ ወርሒ ጥራይ፡ ሰለስተ ጊዜ ተወጊኦም ካብ ድፋዕ ናብ ሕክምና ዝተመላለሱ ዓሰርተታት ተጋደልቲ ነይሮም። ናጽነት ካብ ዝረአዩ ተጋደልቲ፡ ኣኻላቶም ዓረር ጥይት፡ ናይ ቦምባታት ንጣራት/ስኬጆታት፡ ናይ ቁስሊ በሰላታትን ዝተሰከሙ ብዓሰርተታት ኣሽሓት ከም ዝቑጸሩ'ውን ዝስሓት ኣይኮነን። በዚ ድማ፡ መውጋእቲ፡ ካብዚ ዝተጠቐሰ ገምጋም ከም ዘይውሕድ ኣብ ጥርጥር ዝኣቱ ኣይኮነን።

ዓይነትን ብዝሕን ስንክልና ኣብ ብረታዊ ቃልስና ንምግምጋም ግን ዝተፈላለየ መበገሲ ምውሳድ ኣድላዪ እዩ። ከምቲ ኣቐዲሙ ዝተገልጸ፡ ኣብ ማሕበራዊ ጉዳያት ዝእለዩ ዝነበሩ። እቶም ኣዝዩ ከቢድ ማህሰይቲ ዝነበሮም ስንኩላን ጥራይ እዮም። ካልኦት ስንክልንኦም ጸይሮም ኣብ ሰራዊትን ክፍልታትን ህዝባዊ ግንባር ብዓቕሞም እናሰርሑ ክሳብ ናጽነት ዝቐጸሉ ኣዝዮም ብዙሓት ምዃኖም ፍሉጥ እዩ። ማሕበር ስንኩላን፡ ኣብታ ቡብሰለስተ ወርሒ እትዝርጋሕ ወግዓዊ መጽሄት ሓበን ቁጽሪ 20 ናይ 2002፡ ድሕሪ ናጽነት ክሳብ 20 ሽሕ ስንኩላን ከም ዝመዝገበን ምስ ዘይተመዝገቡ ዝገመቶም ቁጽሪ ድማ፡ ሰውራ ኤርትራ ክሳብ 25 ሽሕ ስንኩላን ከም ዝበጽሑ ገምጋሙ ኣስፊሩ ኣሎ። እንተኾነ፡ እዚ ቁጽሪ'ዚ ውን ንብምሉኦም ስንኩላን ብረታዊ ቃልስና ዝገልጽ ከም ዘይኮነ ምግንዛብ ዝሓትት እዩ። ኣካላዊ ስንክልናኦም ከም ንቡር ተቐቢሎም፡ ኣእጋሮም ዝሓጸረን ዝሕንክሱን፡ ንሳዕቤናት ማህረምቲ ርእሶም እናተጻወሩ ናብራኦም ዝመርሑን፡ ካልእ በበይኑ ስቓይ ዘለዎምን ኣብ ማሕበር ከይተመዝገቡ ህይወቶም ዝቐጸሉን ዝተሰውኡን ውሑዳት ኣይኮኑን። ገለ ስንኩላን ተጋድሎ ሓርነት ኤርትራ፡ ድሕሪ ካብ ኤርትራ ምውጽኦም፡ ናብ ፈቐዶ ወጻኢ ሃገር ፋሕ ዝበሉን ምህላዎም'ውን ዝዝንጋዕ ኣይኮነን። ስለዚ ድማ፡ ቁጽሪ ስንኩላን ካብ'ቲ ዝተጠቐሰ ቁጽሪ ክበዝሕ ከም ዝኽእል ምዝኻር የድሊ።

ንዓይነታት ስንክልና ብዝምልከት፡ ማሕበር ስንኩላን ኲናት ኤርትራ፡ ኣቐዲሙ ኣብ 1996 ብዓይነት ስንክልንኦም ዝመዝገቦም ልዕሊ 14931

ስንኩላን፡ ኣብዚ ዝስዕብ ግራፍ ተተንቲኖም ኣለዉ። ካብዚኦም 14931 ስንኩላን፡ እተን 2812 (18.2%) ደቀንስትዮ እየን።፥ 2132 (14.3%) ስንኩላን ድማ ኣባላት ተሓኤ እዮም። 435 ስንኩላን፡ ምሉእን ፍርቂ ኣካልን ዝለመሱን ክልተ እግሮም ዝተቖርጸን ድርብራብ ጸገም ዝነበሮም ኮይኖም፡ ዝበዝሑ ኣብ ክሊኒክ ፖርትሱዳን ዝእለዩ ዝነበሩ እዮም። ክልተ ኣዒንቶም ዝሰኣኑ 170 ዓይነስዉራን እዮም። ኣብ ሰሌዳ ከም ዝርአ፡ 7400 ወይ ፍርቂ ኣብ መሓውራት ዘጋጠመ መውጋእቲ እዩ። 43 ክልተ እእጋሮም ዝተቖርጹ፡ 889 ሓደ እግሮም ዝተቖርጹ፡ 7 ክልተ ኢዶም ዝተቖርጹን፡ 226 ሓደ ኢድ ዝተቖርጹን እዮም። ክሳብ 1400 ዝግመት ናይ ኣፍልብን ኩብድን ውጉኣት፡ ክሳብ ክንደይ ምዕቡል ሕክምና ህዝባዊ ግንባር፡ ህይወት ናይ ምድሓን ብቕዓት ከም ዝነበሮ ዘረጋግጽ ሓበሬታ እዩ።

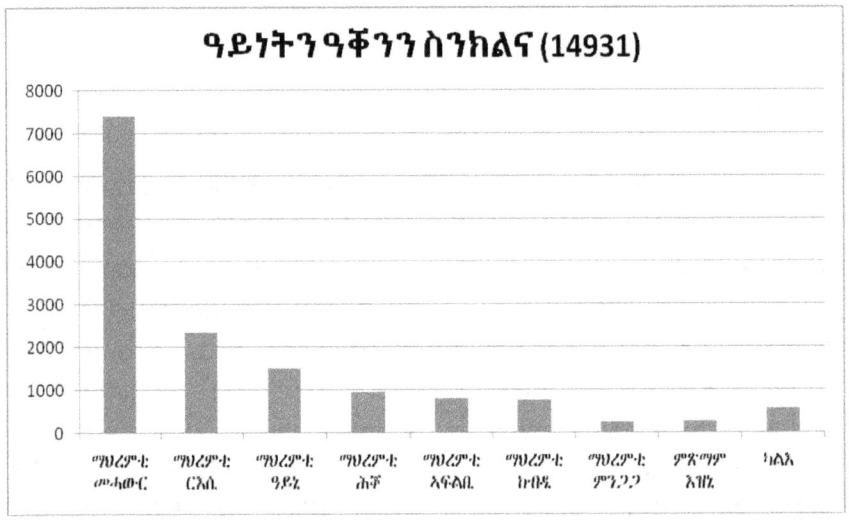

ክፍሊ ማሕበራዊ ጉዳያት፡ ንጥዕና ስንኩላን ዝመሓየሸሉ ባይታ ከጣጥሕ፡ ብኣኻዳሚን ፖለቲካን ንሓድሕዶም ዝመሃሃሩሉ ባይታ ከንጽፍ፡ ብስነ-ጥበባትን ብፖርታዊ ምንቅስቓስን ኣካሎምን መንፈሶምን ዘሐድሱሉ ሃዋህው ብምድላው፡ ግዴትኡ ፈጺሙ እዩ። ስንኩላን ህዝባዊ ግንባር ድማ፡ ኣብቲ ሕጽረት ኩሉ ዓይነት መሰረታዊ ቀረባት ዝነበሮ መድረኽን ከባቢን፡ ንድልየታቶም ዘማልእ ኣዕጋቢ ፍታሕ'ኳ እንተዘይረኸቡ በቲ ንፍሉይነቶም ኣብ ግምት ዘእተወ ኣተኣላልያ ውድብ ብምርዋዮም፡ ነቲ መሪር መድረኽ'ቲ ብትዕግስትን ልቦናን ክሰግርዎ ብምክኣሎምን፡ ነቲ ምረት ገድሊ ከም መቐረት ብምውሳዶምን፡ እቲ ናይ ምእላዮም ግዴታ ከም ዝተቓለለ ክዝንጋዕ የብሉን።

ዓይነ ስውራን ኣብ ትምህርቲ ብረይል

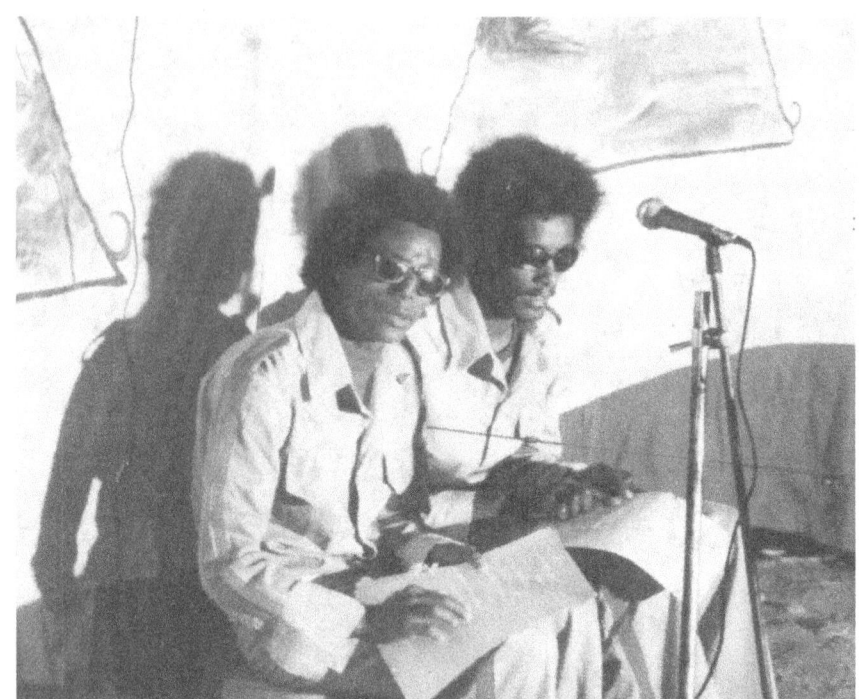

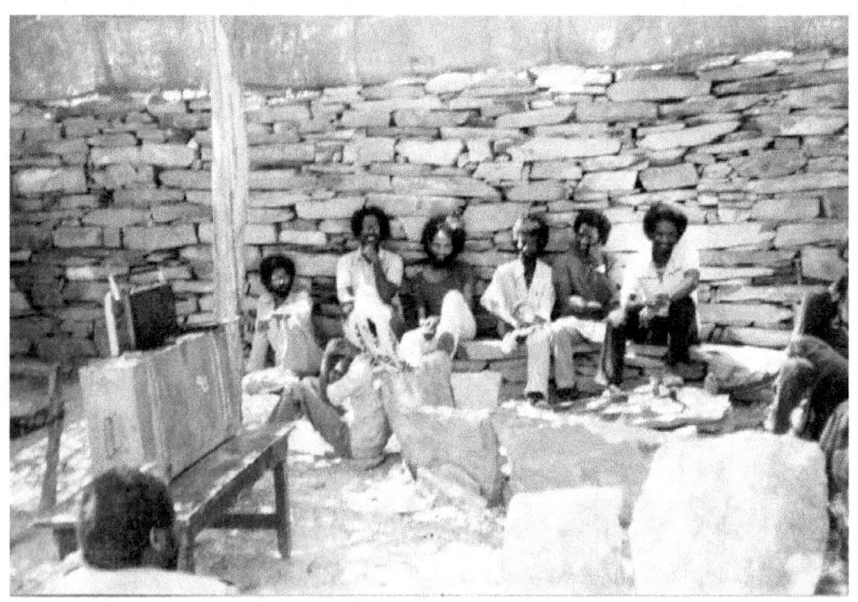

ንባብ ብረይል

ኣስተምህሮ ብቴፕ ሪኮርደር

3

መደበር ዕቑባት ሰለሙና

ኣብ ዝሓለፈ ምዕራፋት ከም ዝተገልጸ፡ እቶም ኣደታትን ቈልዑን ዝዓብለልዎም ዕቑባት ድሕሪ ብዙሕ ናይ ጉዕዞ ገልታዕታዕ፡ ንሓጺር ግዜ ኣብ ክሊ ተኹሲ ዘሕለፍዎ ከቢድ ህይወት ሰጊሮም እዮም ዓሬርብ (እምሰራይር) ኣትዮም። ኣብ ዓሬርብ እውን ክሳብ ንዕኦም ዝኸውን ዝሓሸ ቦታ ዝርከብ፡ ንውሑዳት መዓልታት ኣብ ሰጣሕ ጉልጉል፡ ካብ ደብዳብ ነፈርቲ መኸወሊ ኣብ ዘይርከቦ ኣብ ትሕቲ ኣግራብ ዓዳያት መጸንሒ ዝኸውን ሶሽየታት (ቴንዳታት) ብምትካል ሓለፉዎ። ቀጺሎም ናብቲ ክሳብ ግዜ ናጽነት ዝጸንሕሉ፡ ማይ ብቐሊሉ ዘይርከቦ ብንቦታት ዝተኸበበ ሸንጭሮ ክስረት ተባሂሉ ዝጽዋዕ ክፋል ዓሬርብ ኣተዉ።

መቃምጥኦም፡ ኣብ ደንደስ ናይቲ ንዓይተዋይ ዝወርድ ብርቱዕ ውሕጅ ዝሓልፈሉ ሩባ ስለዝነበረ፡ ኣብ ክራማት ብውሕጅ ዝዓኑ መጽለሊን ዝውሰድ ንብረትን ዉሑድ ኣይነበረን። በዚ ድማ ኣደታት ደበና ብርሑቕ ክርእያ ኸለዋ፡ ካብቲ ዝስዕብ ሓደጋ ንምድሓን ደቀን ሒዘን ናብ ጸግዒ ጎቦ ይሃድማ ነበራ። ሩባ ዓሬርብ፡ ብየማን-ጸጋሙ ጸዳፍ ጎቦታት እዩ። በዚ ምኽንያት፡ መካይን ሩባ-ሩባ (ብቲ መገዲ ውሕጅ) እየን ዝንቀሳቐሳ ዝነበራ። እቲ ውሕጅ ኣብ ርሑቕ ብዝዘነበ ዝናብ ስለዝፍጠር፡ ብዙሕ ግዜ ብሃንደበት እዩ ዝመጽእ። መደበር ሰለሙና ክትበጽሕ፡ ካብ ጽርግያ መራፌት - ዓሬርብ ተኣሊኻ ሩባ-ሩባ ነዊሕ መገዲ ኢኻ ትጉዓዝ። ሰማይ ድብንብን ምስ ዝብል፡ ኣብ መደበር ዝጸንሐት ናይ ጽዕነት መኪና ቀልጢፋ ካብቲ ሩባ ከም እትወጽእ እዩ ዝግበር። እታ ባኒ እተመላልስን ህዝቢ ናይቲ

መደበር ከም ኣምቡላንስ ዝጥቀመላን መኪና'ውን፣ ካብ መደበር ወጺኣ ኣብ ከባቢ 08 ከም እትጸንሕ ይግበር። ምክንያቱ፡ ምስቲ ዝነበረ ዋሕዲ መካይን፡ ብምኽንያት ውሕጅ ተዓጊታ ካብ ስራሕ ወጻኢ ኰይና እትቐኒ፡ መኪና ውድብ ክትርከብ የብላን ዝብል ኣተሓሳስባ ስለዝነበረ።

ውሕጅ ምስ ጀመረ፡ ይመጽእ ምህላዉ እቶም ኣብ ላዕለዋይ ክፋል መደበር ዝርከቡ ኣባላት እንዳ ህጻናት፡ ማይጨው፡ ባዶ ሓደን ካልኦትን እዮም ዝሕብሩ። ተኾሲ ንሰማይ ብምትኳስ ድማ፡ ኩሉ ኣብ ትሕቲኦም ዘሎ ውሕጅ ይመጽ ከምዘሎ የጠንቀቕዎ። እቲ ናይ መጠንቀቕታ ተኾሲ፡ ከምኡ እናበለ ክሳብ 08 ናብ ዓቢ ጽርግያ ዓሬርብ - መራፌት ዝሕወስ ይቕጽል። ድሕሪ ነፍሲ-ወከፍ ውሕጅ፡ ህዝብን ተጋዳላይን (ኣባላት ኣንዳ ህዝቢ፡ እንዳ ህጻናት፡ መኽዘንን ማእከላይ ቤት-ጽሕፈትን) ናብ ኣህላኺ ጽገና ጽርግያ ይወፍሩ። እዚ ስራሕ'ዚ ተደጋጋሚ ስለዝነበረ፡ ኣብቲ ሸንጭሮ ብየማነ-ጸጋሙ ዝነበረ ደንጎላታትን ደቀቕቲ ኮረትን በቶም ኣባላት ተኣርዩ ተወዲኡ እዩ። ስለዝኾነ፡ ጨንፈር መኽዘን ብዘውሃቦ መደብ መሰረት፡ እንዳ ህዝቢ ብዝተኻእለ መጠን ቅድሚ ክራማት ዘድልዮም መጠን ስንቂ ኣእትዮም ክጸንሑ ጻዕርታት ይካየድ ነበረ።

ብዛዕባ ውሕጅ ክለዓል እንከሎ፡ ሓንቲ ንጽህቲ ኣርኣያ ዝተበሃለት ኣደ፡ ኣብ መደበር ሰለሙና ውሕጅ ገዛኣ ምስ ወሰደላ፡ "ውሕጅ ንሕና ኢና ኬድናዮ'ምበር መእስ ንሱ መጺእና" ዝበለቶ፡ ኩሉ ተዓቒብን ኣላዩን መደበር ሰለሙና ንድሕነቱ ክብል ተቐቢልዎ እዩ። ብውሕጅ ሽግር ኣሕሊፉ ጥራይ ዘይኮነስ፡ ህይወት እውን ከፊሉ እዩ። ንኣብነት ጉጅለ ባህሊ ብርጌድ 51 ኣብ መደበር ዕቑባት ምርኢት ኣቕሪቦም ኣብ ዝምለሱሉ ዝነበሩ፡ ሰማይ ድብንብን ምስ በለ ካብቲ ሩባ ቀልጢፎም ንክወጹ ዝምልከቶም ሚሊሻታትና ሓቢሮሞም'ኳ እንተነበሩ፡ ክሳብ ዝተኣኻኸቡ ስለዝደንጎዩ፡ ግና ካብ ኣባላቶም በቲ ውሕጅ ክሰውኡ ክኢሎም እዮም። ናጽነት ኣብ ተበሰረሉ'ውን፡ ሓደ ኣባል ህንጻ፡ ስድራ-ቤቱን "ክማልኣኩም" ዝበሎም ሓደ ክልተ ዝኾኑ ኣጋይሽን ሒዙ ክወጽእ ከሎ ዉሕጅ ስለዘርከቦ፡ ሓንቲ ኣደን ክልተ ቈልዑን ወሲዱሉ። ድሕሪ ናጽነት'ውን እንተኾነ፡ ነቲ ጽርግያ ኣብ ምጽጋን ካብ ዝተዋፈራ ኣደታት ሓንቲ በታ ተመላላሲት ዝነበረት መኪና ተሃሪማ ህይወታ ሓሊፉ። እቲ ዝክሩን መስገደሉን ጽርግያ ኣዝዩ መሪር እዩ።

ብድሆታት መነባብሮ ኣብ ክስረት (ዓሬርብ)

ድሕሪ ነዊሕ ጉዕዞ፡ ዕቑባት ዓሬርብ ዝኣተዉሉ ፈለማ እዋን፡ ኣብ ጀልሃንቲ ዝተዓደሎም ናውቲ ክሽነ መብዛሕትኡ ምስቲ ዝነበረ ገልታዕታዕ

ስለዝጠፍአን ዝተሰባበረን፡ ዋሕዲ ናይ መቕሎ፡ ድስቲ ኲስኲስቲን መሳተያን ነበሮም። ኣደታት ደቀን ንምዕንጋል ነተን ዝነበራ ሒደት መሳርሒታት ክጸባበያለን ግድን ኮነ። መዕቈቢ ገና ዘይተሰርሐ ኣብ ርእሲ ምንባሩ፡ ምስቲ ዝነበረ ቊሪ ጸገማት ኮቦርታን መናጽፍን እውን ነበረ። መጋርያ ሓዊ እናኣጎድኻ ከኣ እዩ ዝሕደር ዝነበረ። ብኣንጻሩ ባና እቲ ኸባቢ ዕንጸይቲ ብቐሊሉ ዝርከቦ ኣይነበረን።

ካብ ጀልሃንቲ ሒዞሞ ዝመጹ፡ ኣብ እግሪ ዓበይቲ ኣግራብ ዝተተኸለ ውሑዳት ቴንዳታት፡ ብጸሓይን ንፋስን ተመናኒህን ካብ ዝናብ ከዕቅላ ዝኽእላ ኣይነበረን። ዝርኻበን'ውን እውን ንሕሙማት፡ ሓራሳት፡ ነፍሰ-ጾራት፡ ኣረጋውያን፡ ከምኡ ድማ ንንብረት ናይቲ ጨንፈር እየን ተሓዚአን። ኣብ ግዜ ቊሪ፡ እቲ ኣግራብ ዛሕሊ ስለዝስሕብ፡ ብዙሓት ቈልዑን ኣረጋውያንን፡ ንዝተፈላለዩ ሕማማት ይቃልዑ ነበሩ። ብንፋስ ተጸይሩ ዝመጽእ ሑጻን ደሮናን፡ ኣብ ልዕሊኦም ስለዝዓልብ፡ መግቦም፡ ነብሶም፡ ክዳውንቶምን ናውቲ ክሸነኦምን እናደፈነ የሸግሮም ነበረ።

ከምቲ ናይ ጀልሃንቲ፡ ካብ ጎቦታት ኣጕናድ ቈሪጽኻ ብምምጻእ ብቕልጡፍ ኣባይቲ (ህድሞታትን ዳሳትን) ከይሰራሕ፡ ኣብቲ ጨንፈር ዝነበሩ ዝበዝሑ ኣባላት ክፍሊ ማሕበራዊ ጉዳያት ናብ ግንባር ኩቲቶም ነበሩ። እቶም ዝርኻቦም ኣለይቲ፡ ካብቲ ህዝቢ ሸማግለ ኣቦታት ከይተረፉ ንኣባይቲ መስሪሒ ዝኸውን ኣዕጻው ናብ ጎቦ ገዳይም እናወፈሩ ይጓርቲ እኳ እንተነበሩ፡ ቍጽሪ ናብቲ መደበር ዝኣትዉ ሓደስቲ ዕቑባት (መብዛሕትኦም ኣደታትን ቈልዑን) ካብ መዓልቲ ናብ መዓልቲ ይውስኽ ስለዝነበረ፡ ሸግር መዕቈቢ መሰረታዊ መፍትሒ ከይረኸበ ነዊሕ እዩ ቐጺሉ። ኣብ ሓንቲ 3×3 ሜትሮ ዝስፍሓታ ቴንዳ፡ ክሳብ 4 ስድራ-ቤት ተጨቓጪቐን ክነብራ ከም ቅቡል ተወሲዱ ነበረ።

ኣብ 1982፡ ምስቲ ዝነበረ ወተሃደራዊ ኩነታት (6ይ ወራርን ምዕጻው መስመር ሱዳንን) መቑነን መግቢ ከም ናይ ጀልሃንቲ ኣይነበረን። ዳርጋ ዓመት ምሉእ ዝዕደል ሸኮር ይኹን ጸባ ኣይነበረን። ሓሩጭ ወዲዓከርን ዓደስን'ውን ዓቐኑ ጉዲሉ ነበረ። ስለዝኾነ፡ ከኣ ዝበዝሕ ግዜ ንእንጀራ ወዲ-ዓከር ብማይን ጨውን በጅቢጅም ኩብዶም የዕንግሉ ነበሩ። በቲ ኣብ 1980ታት ኣብ ኤርትራ ዝተራእየ ተኸታታሊ ከቢድ ደርቂ፡ ህዝባዊ ግንባር፡ ነቲ ኣብ ዝተፈላለየ ቦታታት ብጥሜት ዝሳቐ ዝነበረ ህዝቡ ክረድእ ክብል፡ ንገለ ክፋል ቊጠባዊ ትሕዝቶኡ ናብኡ የቕንዕ ስለዝነበረ ድማ፡ መደበር ሰለሙና ክሳብ መወዳእታ 1983፡ ብመግቢ ክርህዎ ኣይከኣለን። እቲ ዝዕደል መሳርፍ ብዓቐን ጥራይ ዘይኮነ፡ ብዓይነት'ውን ኣዝዩ ውሑድ

ብምንባሩ፡ ብዙሕ ካብቲ ህዝቢ ብፍላይ ድማ ህጻናትን ኣረጋውያንን ዋሕዲ መኣዛታት ብዝጠንቀም ሕማማት ይጥቀዑ ነበሩ።

ዓሬርብ፡ ኣጻምእ ብምዃኑ፡ እቲ ኣብኡ ዝተደኰነ መደበር ሰለሙና ውሑስ ቀረብ ማይ ነይሩዎ ክበሃል ኣይክኣልን። ኣብቲ ሩባ ብጉልበት ኣባላትን ዕቑባት ኣቦታትን ዝተኳዕታ ዒላታት'ኳ እንተነበራ፡ ኣብ ግዜ ሓጋይ ተሓንኩኹን ሰለዝነቕጻ፡ ህዝቢ ኣዝዩ ይጽገም ነበረ። ሓራሳት፡ ነፍሰ-ጾራትን ሕሙማትን ከይተረፉ ነዊሕ ከይዶም ማይ ብጀሪኻን ተሰኪሞም ዘምጽኡሉ ጽንኩር ኩነታት ሓሊፉ እዩ። ኣቦታት ይኹኑ ኣባላት፡ ኣብ ግዜ ሓጋይ ነተን ዒላታት ብዝያዳ ብምዕማቑ፡ ነቲ ጸገም ንምቅላል ዘካይድዎ ዝነበሩ ጻዕሪ ፍረ እናተሳኣና ምስ መጽአ ከኣ፡ ነዊሕ ዕምቈት ዘለዎ ዒላታት ብድሪል ማሺን ምኩዓት ተጀመረ። ናይ ግንቦት 1987 ጸብጻብ ናይቲ ክፍሊ ከምዘመልክቶ፡ ነቲ ሽዑ ኣብቲ መደበር ዝነበረ 3,656 ዝኣክል ህዝቢ ዘስትያ ክልተ ብጉልበት ሰብ፡ ገለ ከኣ ብድሪል ዝተኳዓታ ዒላታት ነበራ። እዚ ኮይኑ ግን፡ ጸገም ናይ እቲ ማይ መሊኡ ኣይተፈትሐን። ካብ ርሑቕ ቦታታት ብቦጥ እናኣምጸእኻ ነቲ ሽግር ንምቅላል ከኣ ጻዕርታት ይካየድ ነበረ። ኣብቲ ጽንኩር እዋን ሓጋይ፡ ኣብ ርእሲ ዋሕዲ ማይ፡ ሓደ ሓደ ግዜ ቦጥ ተበላሺያ ክትዕሪ ትኽእሉ እዋን'ውን ሰለዝነበረ፡ ካብቲ ኣብ ጨናፍር ዝርከብ ባስኻታት ብመቑነን ብጥንቃቐ እናተኸታተሉ ማይ ዘማቅርሕሉ ግዜ ነይሩ እዩ። እተን ሓለፍቲ ድኹምን ሕሙምን ብዘይህሰየሉ ንኩሉ ከም ዝባጻሕ ብምግባር፡ እቲ ጽንኩር ወቕቲ (ኣዋርሕ) ይሰገር ከምዝነበረ፡ ኣብ ሰነዳት ማሕበራዊ ጉዳያት ተጠቒሱ ኣሎ።

ምቋም ህዝባዊ ባይቶ መደበር ሰለሙና

ክፍሊ ማሕበራዊ ጉዳያት፡ በቲ ኣብ ካልኣይ መፋርቕ ኣብ 1982 ዘካየዶ ገምጋም፡ ኣብ ምሕደራን ምእላይን ህዝቢ፡ ኣባላት ክፍሊ ማሕበራዊ ጉዳያት ዝዓበየ እጃም ሰለዝነበሮም፡ እቲ ዕማም ልዕሊ ዓቕሚ ናይ'ቲ ክፍሊ እናኮነ ይኸይድ ምህላዉ ተገምጊሙ ነበረ። ብሓደ ወገን ቍጽሪ ዕቑባት እናወሰኸ ይኸይድ ብምንባሩ፡ ብኻልእ ወገን ድማ ኣካላዊ ብቕዓት ዝነበሮምን ስንክልናኦም ዝተመሓየሸን ኣባላት ማሕበራዊ ጉዳያት ምስ ወተሃደራዊ ኩነታት ብቐጻሊ ናይ "ክተት" መደብ ንግንባር ይኸዱ ሰለዝነበሩ፡ እቲ ጸገም መመሊሱ ተጋደደ። ንመንበሪ ዕቑባት፡ ሕክምና፡ መኻዚኖታት ስንቂን ካልእን ዝኸውን ኣባይትን ቴንዳታትን ምትካልን ምስራሕን፡ ንስድራቤታት ስንቂን መሳርሒታትን ምቕራብን ምዕዳልን፡ ፖለቲካውን ኣካዳምያዊን ትምህርቶምን ትምህርቲ ደቆምን ምክያድ፡

ጉዳያቶም ብውልቅን ብጉጅለን ምስማዕን ምፍታሕን ዝኣመሰሉ ዕረፍቲ ዘይህቡ ስርሓት መወዳእታ ኣይነበሮምን። ነቲ ዝበዝሕ ዕማማት ካብ ጾር ተጋደልቲ ከም ዝንኪ ምግባር ድማ ግድን ኮይኑ ተረኸበ። በዚ ድማ፡ ካብቲ ህዝባዊ ግንባር ኣብ ሓራ መሬት ኤርትራ ዝግልገለሉ ዝነበረ ናይ ህዝባዊ ባይቶታት መምርሒ ብምውሳድ፡ ንፍሉይነት መደበር ዕቑባት ሰለሙና ኣብ ግምት ዘእተወ ቅርጺ ተነዲፉ ናብ ተግባር ተሰጋጊሩ። ኣብቲ ብ25 መስከረም 1982 ዝተኻየደ 1ይ ጉባኤ መደበር ሰለሙና፡ ጉባኤኛ ካብ ውሽጡ መብዛሕትኦን ደቀንስትዮ ዝኾና 20 ኣባላት ማእከላይ ባይቶ መረጸ። ማእከላይ ባይቶ ድማ ፈጸምቲ ሽምግለ፡ ካብቶም ፈጸምቲ ከኣ ኣደ-መንበርን ጸሓፊትን መረጸ።

እቶም ኣብቲ ግዜ'ቲ ዝተመረጹ ፈጸምቲ፡ ኪዳን ተስፋሚካኤል፡ ብስራት ምስግና፡ ኣስኻሉ ወልዱ፡ ኣልጋነሽ ትኩእ፡ መምህር ንእምን ትኳቦን ትርሓስ ወልደሚካኤልን ነበሩ። እታ ኣብ 1979 ኣብ ዝተኻየደ 1ይ ጉባኤ ሃማደኤ ጸሓፊት ናይቲ ማሕበር ኰይና ተመሪጻ ዝነበረት ኪዳን ተስፋሚካኤል ድማ፡ ኣብዚ ናይ መደበር ሰለሙና'ውን ኣደ-መንበር ባይቶ ኮይና ክትምረጽ እንከላ ንግስቲ ገብረሃንስ ከኣ ጸሓፊት ኰይና ተመርጸት። ካብዚ ብምብጋስ፡ ባይቶ መደበር ሰለሙና ምሉእ ስልጣን ሒዙ፡ ናይ ገዛእርእሱ ቤትጽሕፈት ብምቛም ንስራሕ ተበገሰ። በዚ ከኣ ዕቑባት በብዓመቱ ናጻ ባይቶኣዊ ምርጫ ብምክያድ፡ ባዕሎም ነፍሶም ዘመሓድርሉን ጸኒሑ ድማ በብክልተ ዓመት መራሕቶም ዝመርጹሉን ምዱብ ጉባኤታት ብስሩዕ ከም ዝህሉ ተገብረ። ኣብ ቀጠባ፡ ማሕበራዊ ስርሓት፡ ባህልን ኢደ-ጥበብን፡ ምንቕቓሕ፡ ጸጥታን ምቁጽጻርን ዝከታተላ ሽማግለታት ባይቶ፡ ድሒሩ ከኣ ህዝባዊ ድኳን ብምቛም፡ ህዝቢ ዕማማቱ ባዕሉ ከም ዘካይዶ ተገብረ። ውሑዳት ኣባላት ማሕበራዊ ጉዳያት ከኣ፡ ኣባላት ባይቶ ክሳብ እኹል ተሞኩሮ ዝቐስሙ ኣብ ምሕደራ እናደገፉ፡ ትምህርታዊ፡ ጸጥታዊን ካልእ ፍሉይ ዕማማትን ምስኣቶም እናተወሃሃዱ ዘካይድሉ ኩነታት ተፈጥረ።

ኣብ መደበር ሰለሙና ዝነበረ ህዝቢ፡ ብዋህዮ፡ ጉጅለን ጨንፈርን ዝተወደበ እዩ ነይሩ። ኣብ ፈለማ፡ ሓንቲ ጉጅለ ብኣርባዕተ ዋህዮታት፡ ጨንፈር ድማ ብሰለስተ ጉጅለታት ትቐውም ነበረት። ነፍሲ-ወከፍ ጨንፈር ድማ፡ ክሳብ 100 ዝኾኑ ቈልዑ ዝሓዛ ካብ 100-150 ኣደታት ትሓቍፍ። ክሳብ ከባቢ 1986፡ እዘን ጨናፍር ካብ መንጎአን ብዲሞክራሲያዊ ኣገባብ ሓለፍቲ ዋህዮታት፡ ጉጅለታትን ጨናፍርን ይመርጻ ነበራ። እተን ኣባላት ባይቶ ድማ፡ ብጉባኤ ምስ ተመረጻ፡ ኣብ ቤትጽሕፈት ባይቶን ሽማግለታትን ተመዲበን ዕማማተን የሳልጣ። ምስ ግዜ ግን፡ ወከልቲ ጨናፍር ኣብ ኣኼባታት ባይቶ ዘይምስታፈን ዝፈጠሮ ሃጓፍ ተለለየ። ነዚ ሃጓፍ ንምምላእ፡

ነፍሲ ወከፍ ጨንፈር ብኣባላት ባይቶ ከም ዝምራሕ ተገብረ። ኣብ ከባቢ 1989 ኣብ ዝተኻየደ ጉባኤ'ውን፡ ካልእ ተሞኩሮ ዝወለዶ ቅርጻዊ ምምሕያሽ ተገብረ። ይኹን እምበር፡ ብዘሕጉስ ክስተት ንነዊሕ ኣይቀጸለን፣ ኣብ መንጎ ናጽነት ኣርከበ።

ማእከላይ ባይቶ፡ ምስ 10 ዝኾና ሓለፍቲ ጨናፍር ዕለታዊ ርክብ ምኽያድ ዝፈጥሮ ጻዕቂ ስራሕን ምድኻምን ብኣድማዕነት ንምፍዋስ፡ ከምኡ ድማ ፈጸምቲ ባይቶ ኣብ ክብ ዝበለ ሓላፍነትን ብቕዓተን ንምፍታን፡ ሰለስተ ጨናፍር ዝጥርንፍ ቤት-ጽሕፈት ከባቢ ተኸፍተ። ኣብ ነፍሲ-ወከፍ ቤት-ጽሕፈት ከባቢ፡ ነታ ፈጻሚት ባይቶ ዘማክርን ንስራሕ ሓላፊ ጨንፈር (ተጋዳላይ) ወኪሉ ጉዳይ በጻሕቲ ተጋደልቲ ዝሰምዕን ገዲም ተጋዳላይ ተመዲቡ ነበረ።

እተን ጨናፍር ነናተን መጸውዒ ስም (ኮድ) ነበረን። ክሳብ 1986፡ ኣብ ጨናፍር 01፡ 02፡ 03፡ ከምኡ ድማ ኣብ እንዳ ኣቦታት (ዝሸምገሉ ኣቦታት ዝጠርነፈት ንእሽቶ ኻፌተርያ) ዝነበረ ህዝቢ መነባብሮኡ ኣብ ኻፌተርያ ብሓባር፡ ኣብ ጨንፈር 04 ዝነበሩ ዓበይትን ሕሙማትን ድማ መነባብሮኦም በብውልቂ ነበረ። ጸኒሓ ካብ ደቡብን ምዕራብን ኤርትራ ዝመጸ ኣንስቲ ህዝባዊ ሚሊሻን ዞባዊ ሰራዊትን ዝጠርነፈት 05 ዝተሰምየት ጨንፈር ቈመት። ምስ ሓድነታዊ ጉባኤ ህ.ግ.ን ተ.ሓ.ኤ. ማእከላይ መሪሕነትን ሳግም ድማ፡ ናብቲ መደበር ዝተጸንበረ ህዝቢ ዝሓዘት ጨንፈር 06 ተመስርተት። ብድሕሪ'ዚ ኣብ ካፈተርያታት ናይቲ ኣቐዲሙ ዝጸንሐ ሰለስተ ጨናፍር ዝተፈጥረ ጻዕቂ ንምፍኳስ ብመልክዕ ተክሊ ጥ ንዝተዋጽአ ህዝቢ ዝጠርነፈት 07 ዝተሰምየት ጨንፈር ክትቀውም እንከላ፡ ጸኒሓ ካብ ከበሳ ንዝመጹ ስድራ ተጋደልቲ፡ ካብ መዓስከር ሱዳን (ወዲ-ሸርፋይ) ከምኡ'ውን ካብ እንዳ ተስፋምህረት ተባሂሎም ዝጽውዑ ጉጅለ ተሓኤ ነበር ዝመጹ ስደተኛታት ዝሓቘፈት 08 ዝተሰምየት ጨንፈር ቀመት። ኣብ ርእሲ'ዚ፡ ጻዕቂ ህዝቢ መደበር ሰለሙና ንምፍኳስ፡ ኣብ ባድን ሰለስተ ጨናፍር ዝሓዘ መደበር፡ ቀጻሊ ዋሕዚ ኣንስቲ ተጋደልቲ ንምእንጋድ ድማ ኣብ ዒላባቡ ካልእ መደበር ከምዝክፈት ተገብረ።

ነተን ሓለፍቲ ጨናፍር ኰይነን ዝሰርሓ ዝነበራ ኣባላት ህዝባዊ ባይቶ፡ ምምሕዳራዊ ብቕዓተን ንምዕባይ፡ በብእዋኑ ብክኢላታት ናይቲ ምርምር ስልጠናታትን ኣስተምህሮታትን ይወሃበን ነበረ። ንኣብነት፡- ኣብ 1989፡ ን12 ሓለፍቲ ጨናፍር (ኣባላት ህዝባዊ ባይቶ) ንስነ-ሕብረተሰብን ኮማዊ ምዕባለን ዝምልከት ናይ ሓደ ወርሒ ስልጠና ተዋሂብወን ከም ዝነበረ ኣብ ጸብጻብ ናይቲ መደበር ሰፊሩ ኣሎ።

አስታት 75% አብቲ መዓስከር ዝነብራ ኣደታት፡ መነባብሮኤን ብሓባር ብኻፈተርያ እዩ ዝነብሩ። ምስ ደቀን ብሓባር ይምገባ፡ ብሓባር ይድቅሳ፡ ብሓደ ኣብ ስራሕ ይዋሰኣ፡ ወዘተ.። የገዳሱ፡ ኣብ ጨንፈር 04 ዝነብራ ኣንስቲ መብዛሕትኤን ዕድመ ዝደፍኣን ሕሙማትን ብምንባረን፡ ኣብ 05 ዝነብራ ከኣ ብምኽንያት ኣመጻጽኣን ብዕግዝያውነት ይነብራ ስለዝነበራ፡ ኣብ 06 እውን ብምኽንያት'ቲ ካብ እንዳ ሳገም ሒዘኅን ዝመጻ ልማድ፡ ብውልቀን ዝመሓደራሉ ኩነታት ተፈጢሩ ብምንባሩ፡ እቲ ብውልቁ ክነብር ዝደሊ ዘበዝሐ ከም ዝነብረ ዘጠራጥር ኣይኮነን። ኩሉ ሰብ ብዊልቁ ምስ ዝነብር ግን፡ ነቲ ሓባራዊ ምዕባለ ብሓፈሻ፡ ነቲ ውድብ ዝጠልቦ ሱታፈ ኣደታት ኣብ ማእቶት ድማ፡ ብፍላይ፡ ዓቢ ዕንቅፋት ስለዝኹኖ፡ ዝተባባዕ ኣይነበረን። ምኽንያቱ፡ ካብቲ ውድባዊ ሹነት ናይቲ እዋን'ቲ ኣርሒቅካ ምስግም ይክኣል ኣይነበረን።

ካልኣይ መፋርቅ 1980ታት፡ ውድብ ህዝባዊ ግንባር በብዓዱ ሸማግለታት ብደሆ ኣቑሙ፡ መንእሰያት ናብ መሳርዕ ህዝባዊ ሰራዊት (ተጋደልቲ) ክጽንበሩ ዘገድዱ፡ ብሰደት ንሱዳን ይሹን ናብ ካልኣት ሃገራት ከምርሑ ኣብ መገዲ ዝተረክቡ ብስም 'ላጂኢን' ዝፍለጡ ዜጋታት ናብ ሜዳ ኣሰሊፉ ሃገራዊ ግቡኦም ከም ዘፍጽሙ ዝገብረሉ እዋን ኢዩ ዝነበረ። ስለዝኾነ፡ ህዝቢ መደበር ሰለሙና እውን፡ እዚ ሃገራዊ ዕማም'ዚ ዝያዳ ኩሉ ይምልከቶም ነይሩ እንተ ተባህለ ካብ ሓቂ ዝርሓቅ ኣይኮነን። እቲ ዘገርም ግን፡ ኣብ ምሉእ መሰርሕ ቃልሲ ክሳብ ግዜ ናጽነት፡ ካብዚ ዕቁብ ህዝቢ፡ ብዘይድልየቱ ናብ መሳርዕ ህዝባዊ ሰራዊት ዝተጸንበረ የለን። ኣብቲ ጽንኩር ፈታኒ ኩነታት 6ይ ወራር ከይተረፈ፡ ብገጌታ ዝኸተተ ዕቁብ ኣይነበረን። እዚ ከኣ እቲ ውድብ፡ ኣብ ዕቁባት ማዕረ ክንደይ ኣክብሮት ከም ዝነበር ዘርኢ፡ ግሉጽ ምስክር እዩ።

ይኹን'ምበር፡ ማሕበራዊ ጉዳያት ካብዚ ዓቢ መቃን (frame) ከይወጸ፡ ኣበርክቶ ዕቁብ ህዝቢ፡ ኣብ ቃልሲ ንምዕዛዝ ብዙሕ ጻዕርታት የካይድ ነበረ። እቲ ቀዳማይ ንቅሓት ምድላብ እዩ። እዚ ድማ ተተግቢሩስ ህዝቢ ርእሱ ክኢሉ ባዕሉ ብዘመረጾ ባይቶ ክመሓድር በቒዑ። እቲ ዝተረፈ ዓቅምካ ብዘፈቅደ ነቲ ጻላኢ ኮይኑ ዘሎ ውድብ ምሕጋዝ እዩ። እዚ'ውን ብምልኣት ተተግቢሩ እዩ። ናይዚ ቀንዲ መርኣያ፡ እተን ኩለን ተጋዳላይ ናብ ግንባር ኣድሂቡ ኣብ ዝነብረሉ እዋን ናብ ኩሉ ክፍለ-ሰርሓት ብሓፈሻ፡ ናብ ሕክምና ከኣ፡ ብፍላይ ማእቶት ወፈረን እጃመን ዘበርክታ ዝነብራ ኣደታት እየን።

ማእቶታዊ ስርሓት፡ አደታት አብ ኻፈተርያ ብሓባር ተጠርኒፈን ምስ ዝንብሩ ጥራይ እዩ አድማዕነት ክህሉም ዝኽእል ዝነበረ፡ ምክንያቱ፡ እተን ሰብ እብሪ ማእቶት ክወፍራ ኸለዋ፡ እተን ዝተረፋ ድማ ናይ ኩሉ ቑልዑ ብሓባር ይምግባ፡ ይኣልያ፡ የምህራ፡ አቡቲ መደበር አብ ዝኻየድ ዝነበረ ማእቶት ይሳተፋ። እዚ አብተን ብውልቀን ዝነብራ ዘይርከብ ብልጫ እዩ። ድሕሩ ብዘተፈጠረ ምክንያታት፡ ጨናፍር 05፡ 06፡ 08፡ ብዓቢኡ ድማ መዓስከር ባድን በብወልቀን ከም ዝንብራ ስለዝተገብራ አብ ኻፈተርያ ዝንብር ህዝቢ ናብ 50% እዩ አንቁልቁሉ። እዚ ክበሃል ከሎ ግን፡ እቲ ዝውሰክ ዝንብረ ሓዲሽ ዕቝብ ነቲ ሚእታዊት አጉዳልዎ ደኣ'ምበር፡ ቁጽሪ ናይተን አብ ኻፈተርያታት ዝንብራ አደታት ከይነከየ ከም ቀደመን ይቐጽላ ስለዝነበራ ከም ምንኻይ ብዝሒ ዝርአ አይነበረን።

ሽማግለታት ባይቶ መደበር ሰለሙና

ብ1982 አብ ዝተኻየደ ቀዳማይ መስራቲን ጉባኤ ህዝባዊ ባይቶ መደበር ሰለሙና፡ አብ ትሕቲ ጽላል ባይቶ ኩይነን ንኩሉ ንጥፈታት ናይቲ መደበር ክመርሓ ዝተመርጻ ሓሙሽተ ሽማግለታት ነበራ። ንሳተን ከአ፡ ሽማግለ ቀጠባ፡ ሽማግለ ማሕበራዊ ስርሓት፡ ሽማግለ ምንቕቃሕ፡ ሽማግለ ጸጥታን ምቁጽጻርን፡ ሽማግለ ባህሊን ኢደ-ጥበብን ነበራ። ድሕራ ከአ ሽማግለ ህዝባዊ ድኻን ሔመት። እዘን ሽማግለታት እዚአተን፡ ብአባላት ፈጻሚት ሽማግለ ዝምርሓ ኩይነን፡ ጽብጻብ ስርሓን ብስሩዕ ናብቲ ባይቶ የቕርባ ነበራ።

ሽማግለ ቀጠባ

ሽማግለ ቀጠባ፡ ነቲ ብጨንፈር መኽዘን ክፍሊ ማሕበራዊ ጉዳያት ዝወሃብ መቑንን ተቖቢልካ ናብ ህዝቢ ምክፍፋል፡ ሓደ ካብ ቀንዲ ንጥፈታታ ነበረ። አብ መፋርቕ 1988 ንአብነት፡ ብሽማግለ ቀጠባ አቢሉ ወርሓዊ ንንፍስ-ወከፍ ሰብ ዝዕደል ዝነበረ ዓይነትን ዓቐንን መቑንን ምስ እንርኢ፡ ንዓበይቲ ሓርጭ 20 ኪሎ፡ ብርስን ወይ ጥረታት ሓደ ኪሎን ፈረቓን፡ ሽኮር ፍርቂ ኺሎ፡ ዘይቲ ሓደ ሊትሮ፡ ሓርጭ ጸባ ክልተን ፈረቓን ኪሎ ነበረ። ንህጻናት ድማ፡ ብርስን ወይ ጥረታት ሓደ ኪሎ፡ ሽኮር ሓደ ኪሎን ፈረቓን፡ ጸባ ሓሙሽተ ኪሎ፡ ዘይቲ ሓደ ሊትር ነበረ። አብ ርእሲኡ'ውን ሓሓሊፉ ዝዕደል መግብታት ነይሩ እዩ። ንሓራሳትን ንፍስ-ጾራትን ከአ፡ ብርስን ወይ ጥረታት አርባዕተ ኪሎ፡ ሽኮር ክልተ ኪሎን

ፈረጃን፣ ሩዝ ክልተ ኪሎ፣ ማርጋሪን ጠስሚ ሓደ ሊትሮ፣ ቀጠፍ ሓደ ባኮ ነበረ። አብቲ ካልእ አስቤዛ ድማ፣ ማዕረ ሰቡን ይመቃርሓ። አብ ናይ ዕረፍቲ ግዜ ዝርከቡ ሰብ-ሓዳር'ውን ብርስን ወይ ጥሪታት 10 ኪሎ፣ ሽኮር 20 ኪሎ፣ ማርጋሪን ወይ ዘይቲ አርባዕተ ሊትሮ ፈረጃን ይወስዱ ነበሩ።

ሽማግለ ማሕበራዊ ስርሓት

አብ መደበር ሰለሙና፣ ቡቲ መደበር ካብ ዝወሃብ ወጻኢ፣ ካልእ ዝኹነ ምንጪ፣ አታዊ ምርካብ አጸጋሚ ነበረ። ገሊአም ዕቑባት ብምፍራይን ጥሪትን ካልእ ኢደ-ጥበባዊ ስርሓት ብምክያድን ተወሳኺ ጠለባቶም ከማልኡ ክፍትኑ ከለዉ፣ ካብ ድኳን ቡን ክዕድጉ ዘይክአሉ ጽጉማት ውልቀ-ሰባት፣ ፍሉይ ናብዮትን ሓገዝን ዘድልዮም ሕሙማት፣ አረጋውያን፣ ነፍስ-ጾራትን ሓራሳትን እውን ነይሮም እዮም። ነዞም ወገናት እዚኣቶም ምጽናዕን ምሕጋዝን ድማ፣ አብቲ ባይቶ ሓላፍነት ናይ ሽማግለ ማሕበራዊ ስርሓት ነበረ። ነዚኣቶም፣ መጠኑ ውሑድን ቀጻልነት ዘይበሮን ይኹን'ደአምበር፣ ካብ ቀጠባ ውድብ ቡን ይዕደሎም ነይሩ እዩ። ባይቶ ድማ፣ ካብ መኽሰብ ናይ'ቲ ድኳን ቡን ዓዲጉ ብምውሳኽ፣ በዛ ሽማግለ አቢሉ ኑቶም ውሉፋት አቦታትን አዴታትን ብናጻ ቡን ይዕደል ነበረ። ብዘይካ'ዚ፣ ስሑት ኢሉ ዝርከብ ቡርበርን ካልእ ነገራትን አብ ምምቕራሕ ትነጥፍ፣ ዝያዳ ጸባን ካልእ አስቤዛን ንዘድልዮን ሓራሳት፣ ነፍስ-ጾራትን ሕሙማትን ድማ ምስ ሽማግለ ቁጠባ ተሓባቢራ ፍታሕ ትገብር ነበረት።

እታ ሽማግለ፣ ካብ 1983 ጀሚራ ንጽጉማት ትዕድሎ ዝነበረት ሓገዝ መጠኑን ዓይነቱን ምስ ዕብየት መኽሰባት ናይ'ተን ድኳናት ተተሓሒዙ በብግዜኡ ይውስኽ ከም ዝነበረ፣ አብ ሰነዳት ናይቲ መደበር ሰፊሩ አሎ። ንአብነት አብ 1988፣ ካብ ድኳናት ብዝተረኽበ አታዊ፣ ዋጋ 20,082 ጅኔ ቡርቡር፣ ቡንን ቀጠፍን ንዝተጸገሙ ሽጉራት ክትዕድል ከላ፣ ብከፍሊ ማሕበራዊ ጉዳያት ተዓዲጉ ዝመጸ፣ 120,000 ጅኔ ወጻኢታት ዝተገበረሉ 22 ኩንታል ቡን፣ 16 ኩንታል በርበሬ፣ 1,512 ባኮ ቀጠፍ፣ አስታት 50,000 ሳሙና፣ አብ 1989 ድማ፣ ካብ መኽሰባት ድኳን ዝተዓደገ 15 ኩንታል በርበሬ፣ 2,000 ባኮ ቀጠፍ፣ አስታት 50,000 ሳሙና፣ አብ 1990 እውን ዋጋ 155,000 ጅኔ ቡን፣ በርበሬ፣ ሳሙና፣ ወዘተ. አማቓርሐት። ሽማግለ ማሕበራዊ ስርሓት አብ ርእሲ'ዚ ናይ መግቢ፣ ሳሙናን ገንዘብን ሓገዝ፣ ነተን ድምጺ.ሓፋሽ ክስምዓ ሃረር እንበላ ሬድዮ ክገዝአ አቕሚ ዘይነበረን ስድራቤታት'ውን፣ ቡቲ ናይ ድኳን መኽሰባት ትዕድገለን ነበረት። አብ 1989 ንአብነት፣ ንመዐደጊ 18 ሬድዮታትን ሰዓታትን ዝዋዕል ንፍሲ

ወከፍ ጨንፈር ናይቲ መደበር 10,000 ጅኔ ኣከፋፊላ ምንባራ ኣብቲ ጸብጻብ ተሰኒዱ ኣሎ።

ምንጋር መስዋእቲ ብዓል-ቤት

ዝበዝሓ ኣደታት ጨንፈር ዕቊባት፡ ሰብኡተን ተጋደልቲ እዮም ዝነበሩ። ዓመታዊ ዕረፍቲ ክፍቀደሎም ከሎ ድማ፡ ናብ መደበር ሰለሙና ብምምጻእ ናይ ዕረፍቲ ግዜኦም ምስ ኣንስቶምን ደቆምን ብሕጉስ መንፈስ የሕልፉዎ ነበሩ። ገለ ኣደታት ግን፡ ሰብኡተን ክመጽወንሲ ይትረፍ ደሃይ'ውን ይገብሩለን ኣይነበሩን። በዚ ድማ፡ መስዋእቲ ኣጋጢምዎም ከይከውን ወትሩ ይሻቀላ፡ ይቃዝና፡ ይበኽያ፡ ነብሰን ኣውዲቐን ኣብ ኩሉ ንጥፈታተን ይዝሕትላ ነበራ። ካልኦት ቈልዑ ኣቦታቶም ረኺቦም ክሕጎሱ፡ ንመቐበሊ ኣቦታቶም ተባሂሉ ኣብ ቤቶም ሰዋ ተጸሚቑ፡ ስጋ ተሓሪዱ ብላዕ-ስተ ክበሃል ከሎ፡ ነተን ሰብኡተን ደሃይ ዘጥፍኡ ኣንስቲ፡ ደቀን፡ "ኣቦይ እንታይ ኮይኑ ዕርፍቲ ዘይመጽእ!" እናበሉ ብምስትምሳል የጨንቕወንን የንብዕወንን ነበሩ። እዘን ድሃይ ሰብኡተን ስኢነን ሰንፈላል ዝኾና ዝነበራ ዕቊባት፡ መብዛሕትአን ኣብ 20ታት ዕድመ ዝርከባ መርዑት እየን ዝነበራ። ንዓኣቶም ክጽበያ ክብላ ዕድለን ከይመክንን፡ ናይ ውላድ ግዜአን ከይሓልፍን ምእንታን ቀቢጸን ምስ ካልኦት ዝምድና ንክምስርታን ንክወልዳን ተባሂሉ መስዋእቶም ብወግዒ ክንገረን ኣለዎ ዝብል መምርሒ ኣብ 1980 ብላዕለዋይ መሪሕነት ተመሓላለፈ። እንተኾነ ግን፡ ምስቲ ዝነበረ ወተሃደራዊ ኩነታት ዝደረኾ ካብ ቦታ ናብ ቦታ ናይ ምግዕዓዝ ገልጠምጠም፡ እቲ ምንጋር ኣብቲ ዓመት'ቲ ክትግበር ኣይከኣለን። መስዋእቲ ብወግዒ ክንገር ዝጀመረ ከኣ፡ ኣብ መስከረም 1981 ነበረ።

ምንጋር ሰዉኣት፡ በተን ካብ ምንዋሕ ግዜ ዝቐበጻ እሞ ብተዛማዲ ድሓን ንቕሓት ደሊበን መስዋእቲ ከም ዘሎ ብቑዕ መረዳእታ ዘወህለላ ገዳይም ኣደታት እዩ ተጀሚሩ። ፖለቲካውን ሰውራዊን ንቕሓተን ዝሓሸ ምዃኑ ተኣሚኑ፡ ነቲ ምንጋር መስዋእቲ ብእወታ ተቐቢለን ነተን ካልኦት ኣርኣያ ክኾና ተባሂሉ እዩ። ኣብ 1982፡ ተቐማጦ ናይቲ መደበር ጉባኤ ኣኻይዶም ህዝባዊ ባይቶ ምስ ቈመ፡ ዕቊባት ደሃይ ሰብኡተንን ደቀንን ንምፍላጥ ዘቕርብኦ ሕቶታት ምምዝጋብ፡ ዝሕተተሉ ዘሎ ሰብ ሰዉእ ምስ ዝኸውን ድልውነት ሓታቲ ንምቕባል መስዋእቱ ምጽናዕ፡ ንኮሚቴ ማሕበራዊ ስርሓት ተወሃበ። ኣብ 1983፡ ኣብቲ መደበር ደሃይ ሰብኡተንን ደቀንን ዝሓታ ዘይወለዳን መርዑትን ብዙሓት ነበራ። ካብኣተን፡ ኣባላት ባይቶ ዝርከበአን 21 ሰብኡተን ከምዝተሰዉኡ ብዝለዓሉ ኣኻላት መደበር ዕቊባት፡ ሓለፍቲ ጨናፍርን ባይቶን ብወግዒ ተነገረን። ብኸምዚ ድማ፡ እቲ

ምንጋር ስዉኣት ዳርጋ ዓመት ዓመት ይቕጽል ነበረ። እተን ደሃይ ደቀን ዝሓታ ዝነበራ ኣደታት ግን፡ መስዋእቲ ደቀን ክንገራ ዘፍቅድ ብላዕለዋይ መሪሕነት ዝተመሓላለፈ መምርሒ ስለዘይነበረ፡ ይንገረን ኣይነበረን። ብዘይካ ብፍሉይ ምኽንያት ቀደስ ደባስ ዝተባህለት ሓንቲ ኣደ ከኣ፡ ክሳብ ዕለተ ናጽነት መስዋእቲ ደቃ ብወግዒ ዝተነግረት ኣደ ኣይነበረትን። ሰብኡተን፡ ከዲያም ናብ ጸላኢ ዝኣተዉ ወይ ካብ ቃልሲ ዝኹብለሉ ግን ኩነታቶም ይንገረን ነበረ።

ምንጋር መስዋእቲ ብዓል-ቤት፡ ነታ መጻምድቲ ብምሕላይ ዝግበር ፍታሕ'ኳ እንተኾነ፡ ወለዲ ስዉእ ከይሰምዑ ግን ስክፍታ ምፍጣሩ ኣይተረፈን። ይኹን ደኣ እምበር፡ ነቲ ኣብ መንጎ ሓፋሽ ህዝብን ተጋዳላይን ዝነበረ ናይ ቦታ ራሕቂ ኣብ ግምት ብምእታው፡ እተን ኣብ በረኻ ምስ ተጋዳላይ ከርተት ዝብላ ዝነበራ መንእሰያት ኣንስቲ፡ ቀዳምነት ተዋሂብወን መስዋእቲ ብዓልቤት ይንገረን ነበረ። እዚ ኹይኑ ግን፡ ገለ ወለዲ ስዉኣት ምስ ኣንስቲ ደቀም ኣብ በረኻታት ምስቲ ተጋዳላይ ከርተት ዝበሉ ነበሩ። ኣብ ከምዚ ኩነታት፡ ንሰይቲ ስዉእ መስዋእቲ ብዓልቤታ ምንጋር ንወለዲ ስዉእ ዝጸሉ ብምንባሩ፡ ሰይቲ ስዉእ ኣብ መደበር ዕቑባት ክሳብ ዘላ ምንጋራ ተመራጺ ኣይነበረን። እንተኾነቲታ ግን፡ ምስ እትሓትት ብኣሃዱኣ ይንገራ ነበረ። እዚ እውን ናቱ ጸገማት ነይርዎ እዩ። እተን መንእሰያት፡ ድሕሪ ምግዳለን ዝምድና መስሪተን ምስ ዝምርዓዋ፡ ብዝተፈላለየ መገዲ እቲ ሓበሬታ ናብ ወለዲ ስዉእ ይበጽሕ ነበረ። ካብዚ ስግኣታት'ዚ ተበጊሰን እውን ምምርዓው ዝኣብያ መንእሰያት ነበራ። ሓንቲ ካብዚኣተን፡ ሰይቲ ስዉእ ተጋዳላይ ፍስሃየ ገረዝጊሄር (ወዲ-ባሻይ) ወይ ድማ ሰይቲ ወደን ንኣደይ ቀደስ ደባስ ዝነበረት፡ ስውእቲ ተጋዳሊት ሰላስ ኣብርሃም ነበረት። ብዛዕባ ኩነታት ናይዛ ስድራ ኣፍልጦ ዝነበሮም ላዕለዎት ሓለፍቲ ህዝባዊ ግንባር፡ ነቲ ጸገም ንምፍታሕ፡ ኣደይ ቀደስ መስዋእቲ ደቃ ከም እትንገር ብምግባር፡ ሽግር ናይ ሰይቲ ወዳ ክፈትሑ ክኢሎም እዮም።

ኣደታት ይኹና መርዑ መስዋእቲ ሰብኡተን ዝንገራሉ ቦታ፡ ኣብ ቤትጽሕፈት ህዝባዊ ባይቶ መደበር ሰለሙና እዩ ዝነበረ። ቅድሚ ምንጋር ስዉኣት፡ ኣባላት ሸማግለ ማሕበራዊ ስርሓት ዘድሊ ምድላዋት ይገብሩ። ከጸናንዑ ዝኽእሉ ኣቦታትን ኣደታትን ምስ'ተን ዝንገራ ኣደታት ናብቲ ቤትጽሕፈት ይጽዉዑ። ኣብዚ ስነ-ስርዓት ምንጋር ስዉኣት፡ ተጋደልቲ ኣባላት ማሕበራዊ ጉዳያት'ውን ይሳተፉ ነበሩ። ሽዑ፡ ብሓለፍቲ መደበርን ባይቶን ንትርጉም መስዋእቱን ርዝነቱን ዘመልክት ኣጸናናዒ መግለጺ ይቐርብ። ብድሕሪ'ዚ፡ ኣስማት ሰብኡተን እናተጸወዐ መስዋእቶም ይንገረን። "ሰብኡትክን በኛ ሃገር ሓሊፎም፡" ይብሃላ። ክበክያን ከልቅሳን ዝኽልክል

ነገር ኣይነበረን። እንተዀነ ግና፡ መብዛሕትኡን ጓሂኣን ብውሽጠን ወዲኣንኦ ስለዝመጸ፡ ምስ ተነገራ "ዓወት ንሓፋሽ!" እናበላ ብዓውታ ይጭርሓ ነበራ። ብድሕሪ'ዚ፡ ገሊኣን ፈዚዘን ስቕ ይብላ፣ ገሊኣን ድማ ብዘይ ድምጺ ብውሽጠን እናበኸያ ንብዓት ጀረብረብ የብላ። ኣብ ቅድሚ ሰብ ምብኻይ፡ ነቲ ረዚን ዕላማ ጅግንነታዊ መሰዋእቲ ምጅላሕ ኮይኑ ስለዝስመዐ፡ ጓሂኣን ክውሕጣ ብዙሕ እየን ዝጋደላ። ኣብ ገለ እዋን ግን፡ እቲ ምንጋር ድቦላ ይዀነን'ሞ፡ ርእሰን ሒዘን የእውያን ይበክያን። ሽዑ እተን ክሕዘኣንን ክስምዐኣንን ይክእላ'የን ተባሂለን ዝመጻ ኣደታት፡ ናይ ምእባድ ስርሐን ይሰርሓ። ገለ ድማ፡ "ይርድኣና እዩ፣ ሰብኡትና ሓጺን ኣይኮኑን ለቢሶም ዝዋግኡ ነይሮም። ብቐደሙ እውን ንመስዋእቲ ኢሎም'ዮም ካብ ገዛኦም ወጺኦም፡" እናበላ ይጸንዓን ንብጾተን የጸናንዓን ነበራ። ኣብ መወዳእታ ናይቲ ስነ-ስርዓት ምንጋር፡ ናይ መስዋእቲ ምስክር ወረቐት ይወሃበን። ትሕዝቶ ናይቲ ምስክር ወረቐት፡ ስም ሰዉእ፡ መበቆል ዓዱ፡ ኣብ ገድሊ ዝተሰለፈሉ ዓመተ-ምህረት፡ ኣሃዱኡ፡ ዕለትን ቦታ መስዋእቱን፡ ከምኡ ከኣ መስዋእቲ ዝተነገረሉ ዕለት ዝገልጽ እዩ።

ስነ-ስርዓት ምንጋር ሰውኣት ምስ ተዛዘመ፡ ቡን ፈሊሑ ንሓድሕደን ኣብ ዝደዓዓሳሉ ኩነታት ይውዕላ። ንምሸቱ እቶም ሓለፍቲ ብዙሕ ማዕዳ ሂቦም ኣሰነይቲ ገይሮም ነናብ ቦታኣን የፋንውወን። ገዛኣን ምስ ኩዳ፡ ገለኣን ክንሸይን ኢለን ሰብ ናብ ዘይርእየን በረኻ ከይደን ብክይ ስለዝውዕላ፡ ኣብ ዘይሕማመን ንኸይበጽሓ እናተኸታተላ ዝእብዳኣንን ከይበክያ ዝሕልውኣንን ኣደታት ይምደባለን ነበራ። ሓደ ሓደ ካብተን ክእብዳኣን ዝምደባ ኣደታት ግን፡ ናይ ባዕለን እናዘከራ ኣብቲ በረኻ ምስኣተን ክበክያ ዝውዕላ ነይረን እየን።

ደሃይ ሰብኡተን ዝሓታን መስዋእቶም ዝንገራን ኣደታት፡ ካብ ግዜ ናብ ግዜ እናወሰኻ ኣብ ዝኸዳሉ ዝነበራ እዋን፡ ሓደ መዓልቲ ኣደይ ቀደስ ደባስ ጓሂ ናይ ዝተሰውኡ ደቃ ኣብ ውሽጣ ተዓብዒቡ ዓቕላ ስለዝጸበባ፡ ንሓላፊ መደበር፡ "ጸሃየ ወደይ፡ ኣብዚ መደበር ኵሉ ነገር ጽቡቕ ኣሎ፡ ንበልዕ፡ ንሰቲ፡ ንመሃር፡ ንዘናጋዕ፡ ንድቅስ። ሓንቲ ክትትኮለይ ዝምነያ ነገር ግን ኣላትኒ። ንሳ ድማ፡ ኣብ ዓመት ሓንቲ ናይ ብክያት መዓልቲ ክትፈልዩልና'ሞ፡ እተን ደቅናን ሰብኡትናን ዝሰኣንና ኣደታት ኣብዚኣ ተኣኪብና ኡይ! እናበልና ጓሂና ከነተንፍሶ፡" ትብሎ። ንሱ፡ ነዚ ምስ ሰምዐ ኣዝዩ ሰንበደ፣ ኣስተንተነ ድማ። ከይተረድኦ'ውን ኣብ ቅድሚኣ ንብዓት ሰዓሮ። ሕራይ ምስ በላ፡ እተን ካልኦት ምስኣ ዝነበራ ኣደታት'ውን፡ "ሓቀን'የን ኣደይ ቀደስ፣ በጃኹም ሓንቲ መዓልቲ ተኣኪብና ክንበኪ ኣፍቅዱልና" ብምባል ደገፋኣ።

ኣደታት መደበር ሰለሙና፡ "እንስቲ ተጋደልቲ" ክብሃላ ጸኒሐን፡

ቃልሲ እናነውሕ ብዝኸደ መጠን ደቀን ዓብዮም ምስ ተጋደሉ "አደታት ተጋደልቲ" እውን ከበሃላ በቺዐን እየን። ካበዝም መንእሰያት መደበር ሰለሙና፡ መስዋእቲ አቦታቶም አብ ዝተመደብዎ አህዱታት ዝሰምዑ ነይሮም እዮም። አደታት መደበር ሰለሙና ግን፡ ሰብአተን ጥራይ አይኮነን በጃ ሃገር ከፊለን። ካብ ሓደ ክሳብ ሰለስተ ደቀን ዘበጀዋ'ውን ብዙሓት እየን። ታሪኽ አደታት መደበር ሰለሙና፡ ታሪኽ መስዋእተን ዓወተን እዩ። እቲ ካልእ ክሳብ ናጽነት ፍታሕ ስኢኑ ዝቐጸለ፡ አቦታት ተጋደልቲ መስዋእቲ ደቀም ምስ ሰምዑ ክጽርዎ ክፍትን ከለዉ፡ አንስቶም ግን "ደሃይ እዞም ቆልዑ...!" እናበላ ቅሳነት ይኽልእአም ምንባረን እዩ። ኩሉ ምስ በጽሐአ ድማ፡ ብውሽጠን ይሕመሳ። ሰብአተን አጋሂደም ከየጽንሐወን፡ መምርሒ ውድብ ስለዘየፍቅድ፡ አሎ ኢሎም ከአምኑወን ድማ አቐሚ ስለዝስእኑ፡ ንባዕሎም ብውሽጦም ይነበው። ብሓጺሩ አዝዩ ዘደንግጽ ኩነታት እዩ ተሓሊፉ። እንዳ'ቦይ ተክልዝጊ ዝበሃሉ አርባዕተ ደቀም ዘሰውኡ ስድራ ነበሩ። መራሕ ሓይሊ ዝነበረ ወዶም መሓሪ ዛንታ ናይታ ስድራ ዛንታ መስዋእቲ ምኻኑ ድሕሪ ምግላጽ፡ ንሱ'ውን መስዋእቲ ዘይተርፎ ምኻኑ ገሚቱ ሓንቲ ሓፍቱ ካብ ግንባራት ክትሰሓብ ንጨንፈር ዕቑባት ሓተተ። እቲ ጨንፈር ከአ ንክፍሊ ማሕበራዊ ጉዳያት ብምሕባር፡ እታ ጓል ካብ ሰራዊት ተሳሒባ ናብ ጨንፈር ዕቑባት ከም እትምደብ ብምግባር፡ ናጽነት ክትሪኢ፡ በቺዓ። ንሱ ግን፡ ካብቲ ዘገመቶ አይወጸን፡ ሓፍቱ ካብ ግንባር ከም ዝተሳሕበት ከይፈለጠ ተሰውአ።

ደሃይ ስዉአት ሰብአተን ዘይነበረን ብዙሓት መርዑን አደ-ቆልዑን መደበር ሰለሙና፡ መስዋእቶም ብምግማት፡ ብረትም አልዒለን ንቃልሲ ናብ ገድሊ ክሰልፋ ይውስና ነበራ። አብ ድሮ 6ይ ወራር ንእብነት፡ ደቀን አብ መደበር ዕቑባት ሓሊበት ራሕሪሐን ዝተሰለፋ ብዙሓት ነበራ። አብ 1983 መስዋእቲ ሰብአተን ብወዐጒ ምስ ተነግረን ድማ፡ ብፍላይ እተን ብዕድመ ንእሽተ ዝኾና ምርጫአን ናብ ተዋጋኢ፡ ሰራዊት ምስላፍ ነበረ። ካብተን መስዋእቲ ሰብአተን ዝተነግራ፡ 38 አንስቲ ስዉአት ናብ ክፍሊ ታዕሊም ከም ዝተፋነዋ ጸብጻብ ናይቲ ክፍሊ የመልክት። አብ መንእአን'ውን አርባዕተ ዕቑባት አቦታት ነበሩ። ካብ'ተን ሰብአተን ብሀይወት ዝነበሩ'ውን እንተኾና፡ ክስለፋ ዝሓታ ነይረን እየን። እንተኾነ፡ እቲ ምስላፍ፡ ነተን ደቀን ጉቢዞም ናብ ቤት-ምህርቲ ሰውራ ዝተሰጋገሩ ጥራይ ይፍቀደለን ነበረ። ክስለፋ ዝወሰና ገለ መንእሰያት መርዑ ግና፡ ብምርጫ ሰብአተን (ክልዳሎም ስለዝደለይ) አብዩ መደበር ከይፈተዋ ክቐጽላ ይግደዳ ነበራ። በዚ ዝኹሪያ ገሊአን አንስቲ፡ ከም መግለጺ ተቓውሞአን ካብ ምውላድ ይሕረማ ምንባረን እውን ይፍለጥ።

227

እቲ ናይ ምስላፍ ሕቶ ቀጻሊ ብምንባሩ፡ ዓመት ዓመት ካብቲ መደበር ናብ ገድሊ ዝጽንበሩ ዕቁባት ደቀንስትዮን ደቂ-ተባዕትዮን ውሑዳት አይነበሩን። ንአብነት አብ 1990፡ ብሓንሳብ 97 ዕቁባት ከም ዝተሰለፉ ይፍለጥ። መብዛሕትአን ከአ ደቀንስትዮ ነበራ። ሓያሎ ካብዘን ብርት ሰብአተን ክልዕል ዝስለፋ ዝነበራ መንእሰያትን አደታትን መደበር ሰለሙና፡ ንግዛእ ርእሰን ብመሰዋእቲ ሓሊፈን እየን። በዚ ድማ፡ ደቀን አቦን አደን ሲኢኖም፡ ፍቅሪ ወላዲ ከየስተማቆሩ አብ መናበዪ ህጻናትን ቤት ትምህርቲ ሰውራን ዝዓበዩ ውሑዳት አይኮኑን። ካብ መንእሰን ሓድጊ ከይገደፉ አሰር ሰብአተን ብምስዓብ፡ በጃ ሓርነት ዝኹኑ'ውን አለዋ። ከም አብነት፡ አብ ዛንታታት ተሞኩሮ ገድሊ ቅጺ 10 መጽሓፍ "ዋርሳይ" ተዘንትዮ ዘላ "እቲ ወዲ ሰዊእ" ዘርእስታ ዛንታ ምስ እንወስድ፡ አቦኡ አየር-ወለድ ናይ ኢትዮጵያ ነይሩ ዝተጋደለ፡ አዴኡ ከአ ካብ መደበር ሰለሙና ዝተጋደለት እያ፡ ክልቲአም ወለዲ ድማ አብ ቃልሲ ንናጽነት ተሰዊአም። ወዶም'ውን ድሕሪ ናጽነት ልኡላውነት ሃገር ንምዕቃብ አብ ዝተኻየደ ወተሃደራዊ መኸተ ሓሊፉ። አባል ቤት-ትምህርቲ ሰውራ ስለዝነበረ ከአ፡ አርባዕተ ብጾቱ ንደቀም ብስሙ ዳኒኤል ክብሉ ሰምዮሞም።

አመጻእአ አደታት መደበር ዕቁባት ሰለሙና ናብ ህዝባዊ ግንባር ዝተፈላለየ እኳ እንተኾነ፡ ገለ ካብ ግፍዒን ተጻብአን ጸላኢ፡ ንእስለያ፡ ገለ ድማ ተጋደልቲ ሰብ-ኪዳንን ብዘቅረብዎም ሕቶ እየን ናብ ህዝባዊ ግንባር መጺአን ተዓቅቦን። ዝዓበየ ክፋል ቁጽሪ ተጋዳላይ አብ ግዜ ምስላፉ ዝነበር ዕድሜ፡ ካብ 20ታት ዘይሓልፍ ምንባሩ ምስ እንዝክር፡ እተን አንስቶም ክሳብ ክንደይ ንአሽቱ ምንባረን ንምግማት አይሸግርን። ካብዚአተን፡ እተን ዕድል ዝገበራ ሰብአተን ረኺበን ውላድ ከትርፋ ከለዋ፡ አይ ሰብአተን ክረክባ አይ ውላድ ከትርፋ ካብ ክልቴኡ ሓዲግ ዝተረፋ ድማ ብዙሓት እየን። እቲ ውግእ ክቅጽል ከሎ፡ ብኡኡ መጠን ሰብአተን ዝተሰውአወን እናበርከታ ክኸዳ ግድን ነበራ። ዋላ'ኳ መብዛሕትአን አደታት ድሕሪ መስዋእቲ ብዓል-ቤተን አብ መሳርዕ ህዝባዊ ሰራዊት ይጽንበራ እንተ ነበራ፡ ብዝተፈላለየ ምኽንያት አብቲ መደበር ክቅጽላ ዝመርጻ እውን ነይረን እየን። ብተወሳኺ፡ ውላድ ምእንቲ ክወልዳ ወይ ክውስኻ ዝምድና ከምስርታ ብአባላት ክፍሊ ማሕበራዊ ጉዳያት ምትብባዕ ዝግበረለን እውን ነበራ። ሓዲሽ ዝምድና አብ ምምስራት ግን፡ ብፍላይ አደ ቄልዑ ይጽገማ ነበራ። ደቀን ነቲ ናብ ቤቶም ዝመጽ ዘይፈልጥዎ ሰብአይ ክርእዮ ከለዋ፡ "መን እዩ?" እናበሉ ስለዘዋጥሩወንን ብሕማቅ ዓይኒ ስለዝጥምቱወንን፡ ካብ ደቀን እናተሓብአ ዝምድና ዝመስርታን፡ ደፋእ ኢለን መስዋእቲ አቦታቶም ድሕሪ ምንጋር አብ ውላድ ዝበጽሓን አደታት ብዙሓት ነበራ።

አብቲ መደበር፡ ምስ ዕቑባት ዝምድና ናይ ምምስራት ዝሓሸ ዕድል ከምዝሎ አብ ግምት ዘእተዉ፡ ገለ ተጋደልቲ፡ ዝተፈላለዩ ምኽንያታት ተጠቒሞም ናብቲ መደበር ይመላለሱ ነበሩ። እዚአቶም፡ ገለአም ቤተሰቦም ንምርአይ ምስ መጹ ንእንግዶ-መገዶም ዝላለዩ፡ ገለ አብ መደበር ሰለሙና ምስ ዝርከባ አንስቶም አዐሪሮም ናብ አሃዱአም ምስ ተመለሱ ንብጾቶም ዘላልዩ እዮም። ገለ ሓለፍቲ'ውን እንተሰለሞም ብምባል፡ ንገለ ዝምድና ምኻን ዝአበዮም አባላቶም ናብ መደበር ሰለሙና ከዛውሩ ዝልእኩ'ም ነይሮም እዮም። ዝተፈላለዩ አጋጣሚታት ብምግባር፡ አብ መደበር ሰለሙና ብዙሕ ጽታዊ ዝምድናታት ተመስሪቱን አብ ውላድ ተበጺሑን እዩ። ብአንጻሩ፡ ውሕዳት ከይሰለጦም ዝምለሱ ነበሩ። እቲ ሓደ ክላትት፡ እቲ ካልአይ ክምልስ መሰል ምኻኑ ተዘንጊዑ፡ ሓደ ሓደ አደታት ንሌላ ዝመጹ ተጋደልቲ 'ኔን' እንበላ ከቑናጽባን ክሽምጥጣን ምስ ተራእያ፡ ንምእራሙ ጉስጉስ ዝተኻየደሉ እዋን'ውን ነይሩ እዩ።

ንማሕበራዊ ስርሓት እትክታተል ዝነበረት ሽማግለ ባይቶ መደበር ሰለሙና፡ ብዘይካ'ዚ ዝተጠቐስ ዕማማት፡ አዝማዶም ንምርካብ፡ ሓደሓደ አቑሑ ንምዕዳግን ብካልእ ዝተፈላለዩ ምኽንያታትን ናብ ሱዳን ንምግሽ፡ ብዕቑባት ዝቐርብ ሕቶታት ምምላስ'ውን ካልእ ስርሓ ነበረ። ንአብነት አብ 1983፡ ብጠቐላላ 89 ዕቑባት ንሱዳን ክኸሹ ሓቲቶም ከም ዘፍቐደትሎም፡ ጽብጻብ ናይቲ ዓመት'ቲ የነጽር። ካብ መንጎ'ዞም ንወጻኢ ዝኸሹ ከይተመለሱ አብኡ ዝተረፉ፡ ብኡ አቢሎም ናብ ካልእ ሃገር ዝቐጸሉ ውሕዳት ዕቑባት'ኳ እንተነበሩ፡ ዘበዝሑ ግን ይምለሱ ነበሩ። ብዘይካ'ዚ፡ ንወጻኢ ሃገር ንምኻድ ስንብት ምሕታት ፍቓድ ስለዝነበረ፡ በዚ ምኽንያት'ዚ ዝተሰናበቱ ዕቑባት እውን ነይሮም እዮም።

አብ ህዝቢ ዝረአይ ዝነበሩ ተመሓላለፍቲ ሕማማት ንምውጋድ፡ ዓይኒ ምድሪ (ሽቓቕ) ምስራሕን ጽርየት ናይቲ ከባቢ ምክትታልን፡ ናብ መደበር ዝአቲ ደብዳቤታት ተቐቢልካ ነንዝምልከቶ ምሃብ፡ ዝልአክ ደብዳቤታት ጠርኒፍካ ምስዳድ፡ በብዕለቱ ናይ ዝውለዱ ህጻናትን ናይ ዝሞቱ ዕቑባትን መዝገብ ምሓዝ፡ ከምኡ ድማ ካብ በርኻ ተአርዮ ዝመጽአ ዕንጸይቲ ንህዝቢ ናይ ምምቕራሕ ሓላፍነት እውን ናይዛ ሽማግለ እዚአ ነበረ።

ሽማግለ ባህልን ኢደ-ጥበብን

አብ መደበር ሰለሙና ዝቐመጡ ህዝቢ፡ ቦበመደቡሩን ጨናፍሩን ዘካይዶ ዝነበረ ባህላዊ፡ ኢደ-ጥበባውን ስርሓት፡ ምውሃዱን ምክትታሉን፡ ሓላፍነት ናይዛ ሽማግለ'ዚአ ነበረ። ብተወሳኺ፡ ምስፋሕን ምምዕባልን ባህላውን

ስፖርታዊን ንጥፈታት፡ ኢደ-ጥበባዊ ክእለት ከም ዘወራረሰ ምግባር እውን ዕማም ናይዛ ሸማግለ ነበረ። ዝርዝር ትሕዝቶ ንጥፈታት ናይዛ ሸማግለ፡ ገሊኡ ኣብ ትሕቲ "ባህሊን ስነ-ጥበብን"፡ ገሊኡ ድማ ኣብ ትሕቲ 'ርእሰ-ምርኩሳ ኣብ ገድላዊ መድረክ' ዝብል ኣርእስቲ ተጠቓሊሉ ስለዘሎ፡ ኣብዚ ምድጋሙ ኣድላይነት የብሉን።

ሸማግለ ምንቅቓሕ

እዛ ሸማግለ፡ ብሓንቲ ኣባል ፈጻሚት ሸማግለን ክልተ ኣባላት ማእከላይ ባይቶን ዝቘመት ኰይና፡ ኣብቲ መደበር ንዝርከብ ዕቝብ ህዝቢ ፖለቲካዊ ንቕሓቱ ዘዕቢ ስሩዕ ፖለቲካዊ ትምህርቲ፡ ሰሚናራትን ኣስተምህሮታት ተኻይድ ነበረት። ኣብ ነፍሲወከፍ ጨንፈር ናይ መደበር ስለሙና ድማ፡ ፖለቲካዊ ትምህርቲ ብስሩዕ ዝምህሩ ተጋደልቲ ተመዲቦም ነበሩ። ካብቲ መደበር፡ ብርኽት ዝበሉ ዕቝባት ናብቲ ብደረጃ ውድብ ዝካየድ ዝነበረ ተኸታተልቲ ዙርያታት ትምህርቲ ካድር ብምጽንባር፡ ኣብ ቤት-ትምህርቲ ካድር ተማሂሮም ናብ ቦታኦም ይምለሱ ነበሩ። ንኣብነት ኣብ 1983፡ ኣደታትን ኣቦታትን ዝርከብዎም 40 ዕቝባት ኣብ ቤት-ትምህርቲ ካድር ከም ዝተመሃሩ ሰነዳት ናይቲ መደበር የመልክት። ሸማግለ ምንቅቓሕ፡ መሰርሕ ምምሃርን ምስትምሃርን ኣካዳምያዊ ትምህርቲ ኣብ መደበር ስለሙና ብግቡእ ይሰላሰል ምህላዉ ናይ ምርግጋጽን ምቍጽጻርን ሓላፍነት'ውን ዝተሰከመት ኣካል ነበረት።

ሸማግለ ጸጥታን ምቍጽጻርን

ሸማግለ ጸጥታን ምቍጽጻርን ባይቶ መደበር ስለሙና፡ ምስ ሸሞንተ ዝኣባላታ ሸማግለ ኣለይቲ እናተሓጋገዘት'ያ ትነጥፍ ዝነበረት። ቀንዲ ዕማማታ፡ ክዕቀባ ኢለን ብብእዋኑ ናብቲ መደበር ዝመጻ ሓደስቲ ስድራ-ቤታት ምቕባል፡ ናይ ዕረፍቲ ግዜኦም ኣብቲ መደበር ክሕልፉን መጻምድቲ ክደልዩን ዝመጹ ኣጋይሽ መዝገብ'ካ ምቕባልን ምትሕብባርን፡ ዕጥቀምን መንቀሳቐሲ ወረቐቶምን ተቐቢል'ካ ምቕማጥ፡ ምስ ህዝቢ ከይሓድሩን ካብ ዝተመደበሎም ደረት ግዜ ከይሓልፉን ምክትታል፡ ናብቲ መደበር ዝለኣኽ ደብዳቤታትን ንብረትን ተቐቢል'ካ ብመገዲ ሸማግለ ማሕበራዊ ኣግልግሎት ንዋናታቱ ምዕዳል፡ እቲ መደበር ብግቡእ ይሕሎ ከም ዘሎ ምርግጋጽ፡ ማእቶታዊ ንጥፈታት ምውዳብን ምክትታልን፡ ወዘተ. ነበረ። ኣብነት ንምጥቃስ ዝኣክል፡ ኣብ 1988፡ ናብቲ መደበር ዝኣተዉ 9453 ኣጋይሽ ዝመጽሉ ምኽንያት ኣረጋጊጻ፡ መግብን መዕረፊ ቦታን ከምዝኣንገደት፡ ከምኡ ድማ ካብ ውሽጢ ሃገርን ወጻኢን ኣስታት 5,000 ደብዳቤታት ተቐቢላ ብመገዲ ማሕበራዊ ኣገልግሎት ነናብ ዋናታቱ ከም ዘብጽሐት፡ ኣብ ጸብጻብ ተጠቒሱ ይርከብ።

መደበር ሰለሙና፡ ካብቲ ጸላኢ ዓሪዱሉ ዝነበረ ግንባራት ኣዝዩ ርሑቕን ስቱርን ስለዘይነበረ፡ ድሕነት ህዝብን ኣለይቲን ኣብ ሓደጋ ከውድቕ ዝኽእል ስልኪታት ወይ ካልእ ሰለያዊ ምንቅስቓሳት ከየጋጥም፡ ካብቲ ህዝቢ ዝተዋጽኡ ሚሊሻታት (እንተላይ ኣደታት) ብስሩዕ ዋርድያ ኣናኣውጽኡ ሓለዋ የኻይዱን ኣብ ከባቢኦም ዝግበር ምንቅስቓሳት ይቈጻጸሩን ነበሩ። ብሳላ እዞም ሚሊሻታትን ተጋደልትን ድማ፡ እቲ መደበር ካብ ዝቐውም ኣትሒዙ ብዘይካ ናይ ነፋሪት መጥቃዕቲ፡ ካልእ ዝኾነ ናይ ጸጥታ ጸገማት ኣጋጢሙዎ ኣይፈልጥን።

ዘይሃስስ ስምብራት ዝገደፈ መጥቃዕቲ ኣየር

ህይወት ኣብ መደበር ሰለሙና ዓሬርብ ዝበዝሕ ሰለማዊ እኳ እንተነበረ፡ እቲ ኸባቢ ኩሉ ትካላት ደጀን ዝተደኮኖ ብምዃኑ፡ ስግኣት ናይ ነፈርቲ ኩናት ወትሩ ምስ ኣንጸላለዎ እዩ። ምስ ምጅማር ወራር ባሕረ ነጋሽ ኣብ መስከረም 1985፡ ኣብ ምሉእ ደጀን ብፍላይ ከኣ፡ ኣብ ከባቢ ዓሬርብ፡ ጻዕቂ ዘለዎ ምዝንባይን ደብዳብን ናይ ነፈርቲ፡ ለይቲን ቀትሪን ከይፈለየ፡ ብዘይምቁራጽ ንመዓልታት ቀጺሉ እዩ። እታ ዝመረረትን ኣብ ህዝቢ መደበር ሰለሙና ከቢድ በሰላ ዝገደፈትን ዕለት ግን፡ 20 መስከረም 1985 ነበረት። ኣብታ ዕለት፡ ልክዕ ሰዓት 9፡30 ቅድሚ ቀትሪ፡ ብርቱዕን ኣርዓድን ድምጺ ነፈርቲ ኣብ ሰማያት ዓሬርብ (ክሰረት) ተሰምዐ። እተን ነፈርቲ ውግእ ከይተማትአ መጺአን ብቐጥታ ኣብ ልዕሊ መደበር ዕቑባት ሰለሙና ድሕሪ ምዝንባይ፡ ኣብቲ ሰለማዊ ህዝቢ (ኣደታትን ህጻናትን) ብብዝሒ ዝቕመጥዎ ስንጭሮ ሩባ ቦምባታት ኣዝነባ። ኣብቲ ብዘይምቁራጽ ን45 ደቒቕ ዝቐጸለ ደብዳብ፡ እተን ነፈርቲ እናተመላለሳ 'ፋሺስት' እናተበሃለ ዝጽዋዕ ከበድቲ ቦምባታት፡ ሮኬታት፡ ናፓልምን ፋክረስን ብምድርባይ፡ ነቲ መዓስከር ብጽዑቕ ትክን ደሮናን ናብ ዲቕ ዝበለ ዓውደ-ኩናት ለወጣኦ።

በዚ ደብዳብ'ዚ 31 ሰባት (10 ህጻናት፡ 10 ኣደታት፡ 2 ኣቦታትን 9 ተጋደልትን) ብዘሰኻሕክሕ መውቃዕቲ ህይወቶም ክስእኑ ከለዉ፡ ካልኦት 74 ሰባት ድማ ግዳይ ከቢድን ፈኲስን መቑሰልቲ ኾኑ። እቶም ኣዝዮም ህሱያት'ውን ጸኒሖም በብመዓልቱ ኣሰር እቶም ቀዳሞት ሰዓቡ። ካብቶም ሽዑ ንሽዑ ዝተሰዉኡ ተጋደልቲ፡ እቶም 4 ናብቲ መዓስከር ብስራሕ ዝመጹ ኣባላት ክፍሊ ህንጻ፡ እቶም ክልተ ካብ ጨንፈር ስንኩላን ዝመጹ ስንኩላን፡ እቶም ዝተረፉ ከኣ ካብ ግንባራትን ደጀንን ብዕርፍቲ ኣንስቶምን ደቆምን ክርእዩ ዝመጹ እዮም ነይሮም ኣብ ውሽጢ ሓንቲ ቴንዳ ዝነበሩ 9 ተጋደልቲ፡ 3 ኣደታትን 5 ህጻናትን፡ ብሓንቲ ፋሺስቲ ቦንባ ዝተረፉተትሉ ትርኢት ድማ፡ እቲ ኣዝዩ ዘሰኻሕክሕ ፍጻመ ነበረ። ክልተ ኣደታት ምስ ሰብኡተንን ደቀንን ግዳይ ምዃነን እውን፡ እቲ ካልእ ዘሕዝን ፍጻመ ነበረ።

ገለ ካብቲ ሬሳታት ብተቃጻሊ ቦምባ ናፓልም ስለዝነደደን ዝተሰላልዐን፡ ንምልላዩ ኮነ ንምእላዩ ይከኣል ኣይነበረን። ብኻሻ ተኣርዩ ድማ ተቐብረ። እቲ ዝተኻየደ ደብዳብ ነፈርቲ፡ ኣብ መዓስከር ሰለሙና ጥራይ ዝተሓጸረ ኣይነበረን።

እቶም በቲ መጥቃዕቲ ናይ ነፈርቲ ሽዑ ንሽዑ ህይወቶም ዝሓለፉ፡ እዞም ዝስዕቡ እዮም፣

- ካብ ዕቑባት መደበር ሰለሙና፡-

1. ገርግስ ሰለሙን ምስ በዓል ቤታን ክልተ ደቃን፡ (ወዲ 9 ዓመት ተስፋጽዮን ኣስመሮምን፡ ወዲ 7 ዓመት ፍጹም ኣስመሮምን)
2. ጽገ ተስፋማርያም ምስ በዓል-ቤታን ጓላን (ጓል 8 ዓመት ስምረት ጸጋይ)
3. ልኡል በርሀ ምስ ጓላ (ጓል 4 ዓመት ፍረሰውራ የማነ)
4. ለታይ (ለተዋህድ) ገብረትንሳኤ ምስ ወዳ፡ (ወዲ ዓመትን መንፈቕን መሓሪ ተስፋልደት)
5. ሓዳስ ክፍለኢየሱስ ምስ ጓላ (ጓል 4 ዓመት ኣብረሀት ብርሃነ)
6. መብራት ገብረክርስቶስ ምስ ጓላ (ጓላ 4 ዓመት ፍቕርተ መብራህቱ)፡
7. ለተንክኤል ዮሃንስ (ናይ 3 ወርሒ ናጽላ ገዲፋ ዝሓለፈት)፡
8. ውቃበ መሓሪ
9. ኢሳቕ ክፍለ
10. መዓሾ ዓንደብርሃን
11. ጓል 9 ዓመት ህጻን ስምረት ቀለታ ተስፋዝጊ (ኣዲኣ ተወጊኣ ዝደሓነት)
12. ጓል 8 ዓመት ህጻን ሚዛን ብርሃነ ፍትዊ (ኣቦኣን ኣዲኣን ተወጊኦም ዝደሓኑ)
13. ኣብርሀት ተኽለሰንበት

- ንዕረፍቲ ካብ ዝመጹ ተጋደልቲ፡-

1. ኣስመሮም ገረዝጊሄር (ካብ ሓለዋ ሰውራ ዝመጸ በዓልቤታ ንገርግስ ሰሎሞን)
2. ጸጋይ ኣርኣያ (ካብ ክፍሊ ዕቃበ ብረት ዝመጸ በዓልቤታ ንጽገ ተስፋማርያም)
3. የማነ ኣብርሃ (ካብ ጨንፈር መጕዓዝያ ዝመጸ በዓል ቤታ ንጽገ ሓጐስ)

- ካብ መደበር ብደሆ ዝመጹ ስንኩላን፡-

1. ዘሚካኤል ኣማኑኤል (ዓይነ-ስዉር)
2. መንግስቱ ኣርኣያ (ፓራላይዝን ኢዱ ቁራጽን)

ካብቲ ከባቢ ዝመጹ 4 ተጋደልቲ ናይ ጨንፈር ህንጻ፡ ኣስማቶም

ኣብ መዛግብቲ ክፍሊ ማሕበራዊ ጉዳያት ኣይሰፈረን። ሓደ ካብኣቶም ግን፡ ኣብቲ ደብዳብ ምስ ህጻን ወዱ ከምዝተሰወአ ኣብቲ ሰነድ ተጠቒሱ ኣሎ። እቲ ኣብ መደበር ሰለሙና ዝወረደ ጉድኣት፡ ቅድሚኡ ዘይተራእየ ከቢድ መቕዘፍቲ ብምንባሩ፡ ምስቲ ህዝባዊ ሰራዊትና ካብ ከተማታት ባረንቱን ተሰነይን ከዝልቕ ዝተገደደሉ ወተሃደርዊ ኩነታት ተደማሚሩ፡ ኣብ ኩነተ-ኣእምሮ ናይቲ ዕቍብ ህዝቢ ዘኸተሎ ማህሰይቲ ብቐሊሉ ዝፍወስ ኣይነበረን። ብፍላይ ከኣ፡ ኣብ ልዕሊ እቶም ብምኽንያት ደርቂ፡ ካብ ዓድታት ምዕራባዊ ኤርትራ ተሰዲዶም ዝመጹ ሓደስቲ ዕቍባት ከቢድ ስንባደ'ዩ ፈጢሩ።

ብድሕሪታ ሰንኻም ዕለት፡ ነፋሪት ሓንሳብ መጺኣ ዘንቢያ ድሕሪ ምኻድ ኣይተመለሰትን። እንተኾነ ግን ኣብ ልዕሊ ህይወት ሰብ ይኹን ንብረት ዘውረደኦ ክጥቀስ ዝኽእል ጉድኣት ከምዘይነበረ፡ ኣብ ሰነዳት ክፍሊ ማሕበራዊ ጉዳያት ተገሊጹ ኣሎ። ነፈርቲ ነቲ ቦታ ስለዝፈለጥኦ፡ ብቐትሪ እውን ተመሊሰን ክድብድባ ይክእላ እየን ብዝብል ጥርጣረ፡ እቲ ህዝቢ ንዝተወሰነ እዋን ንበረኻ እናወጸ ኣብ ፈቐዶ ስንጭሮታት ፋሕ ኢሉ ከምዝውዕልን ምሸት መሬት ዓይኒ ምስ ሓዘ ድማ ንቦታኡ ከም ዝምለስን ክገብር ጀሚሩ ነበረ። ከምኡ ኢልኻ ምንባር ከቢድ ብምዃኑ ግን፡ ክፍሊ ማሕበራዊ ጉዳያት ኣብ ከባቢ'ቲ መደበር ጸረ-ነፈርቲ ረሻሻት ክጻውድ መደበ። ገለ ካብ ኣባላት ክፍሊ ከኣ ናብ ዒታሮ ተላኢኾም ብትምህርቲ ኣጽዋር ጸረ-ነፈርቲ ከም ዝስልጥኑ ተገብረ። ተማሂሮም ምስ ተመለሱ፡ ንሳቶም ብግዲኦም ካብ ነፍሲወከፍ ጨንፈር ንብርኽት ዝበላ ደቀንስትዮን ደቂተባዕትዮን ተጋደልቲ፡ ከምኡ'ውን ካብ ኣባላት ህዝባዊ ሚሊሻ ኣሰልጠኑ። 14.5 ሚሊሜተር ጸረ-ነፈርቲ ረሻሽ ኣብ ሰለስተ ቦታታት ተኺሎም ከኣ፡ መዓስከሮም ክሕልዉ ጀመሩ።

ዝክሪ ኣባላት ጨንፈር ዕቍባት ኣብታ ተኻል ዕለት

ኣብ ድሮ ናይታ ዘሰኻሕክሕ ህልቂት ዝተፈጸመላ ጸላም ዕለት፡ ናይ ንግሆ ከባቢ ሰዓት 9፡00 ኣቢሉ፡ ኩሉ ሰብ ኣብ መደብ ስርሑ እንከሎ፡ ሓንቲ ነፋሪት ኣብ ሰማያት ዓሬርብ ሓንሳብ ዘንቢያ ተዓዘረት። ኣጋውላኣ ዝረኣዩ ኣባላት ክፍሊ ማሕበራዊ ጉዳያት ግን፡ ንመዓስከር ሰለሙና ኣተኩሮ ዝገበረትሉ ኮይኑ ስለዘይተሰምዖም፡ ተመሊሳ ክትድብድብ ከም እትክእል ከይገመቱ ከም ቀደሞም ስርሖም ቀጸሉ።

ሽዑ፡ ምስ ምትሓዝ ባረንቱ ንዓድና ኢሎም ካብቲ መደበር ተፋንዮም ዝነበሩ'ሞ ኣብ መንጎ ጸላኢ ንባረንቱ ዳግማይ ምስ ተቈጻጸራ ዓዶም

ከይበጽሑ በቶም ናይ ድሕሪ መሰመር ኣባላት ክፍሊ ማሕበራዊ ጉዳያት ተጠርኒፎም ብክንደይ ኮለልን ድኻምን ናብቲ መዓስከር ዝተመልሱ ናይ ከባቢ ሞልቀ ዕቑባት ነበሩ። ንምሽቱ፡ ንዕኦምን ነቶም ካብ ድሕሪ-መሰመር ዝመጹ ኣባላትን ብናይ ድራር እንግዶት ዝተሰነየ ናይ ምዘንጋዕ መደበ ተገብረሎም።

እቲ ምዘንጋዕ ለይቲ ምስ ተዛዘመ፡ ገለ መምህራን፡ "እዛ ሎሚ ዝዘንበየት ነፋሪት ጽባሕ ክትምለስ ስለእትክእል፡ ጽባሕ ትምህርቲ እንተ ተረፈ'ዶ ኣይምሓሸን፧" እናበሉ ናይ ሻቕሎት ዕላል ከዕልሉ ጀመሩ። ነዚ ዝሰምዐ ሓላፊ መደበር ስለሙና የማነ ገብረስላሴ፡ ነቲ ስግኣት ከም ቅቡል ብምውሳድ፡ ሽዑ ለይቲ ክልተ ኣባላት ልኢኹ ነተን ሽማግለ ምንቕቓሕ ዝበሃላ ደቀንስትዮ ገዛእን እናኳሕኩሓ ከም ዝሕብሩወን ገበረ። ንስተን ብግዲኤን፡ ጋሕጋሕ ምድሪ ተንሲአን ነተን ተማሃሮ (ዕቑባት) ትምህርቲ ከም ዘየለ ብምሕባር ገዛአን ከም ዝውዕላ ገበራ።

ከባቢ ሰዓት 9:00 ረፋድ፡ ኩሉ ህዝቢ ኣብ በቤቱ እንከሎ ብድምጺ ነፈርቲ ዝተሰነየ ከቢድ ሂምታ ኣብ ማእከል'ቲ መዓስከር ተሰምዐ። እተን ነፈርቲ ብተደጋጋሚ ናብ መሬት እናተነቖታ ነቲ መዓስከር ሓመዱ ንላዕሊ ገበራኦ። እቲ ቦታ፡ ዓውደ-ውግእ እንክመስል ብጽዑቕ ትኪን ደሮናን ተዓብለኸ። ድሕሪ 45 ደቓይቕ፡ ነፈርቲ ጸይረንኦ ዝመጻ ቦምባታት ኪዔንኦ ምስተመርቀፋ፡ በብማእዝኑ ብርቱዕ ኣውያትን ጫቕጫቕን ተሰምዐ። ኩሎም ኣባላት እንዳ ህዝቢ ድማ ናብቲ ዝተደብደበ ቦታታት ጐየዩ። ኣባላት እንዳ ህጻናት'ውን ብጉያ መጺኦም ተጸንበሩዎም። ነቶም ብጅላድ ቦምባታት ተወቒያም ሕማቕ ትርኢት ዝነበሮም ቊሱላት ቀዳምነት ብምሃብ ህይወቶም ንምድሓን ክጓየዩ፡ ብድሕሪኡ ድማ ነቶም ምዉታት ክቐብሩ መምርሒ ተዋህቦም።

ገለ ካብቶም ኣባላት ክረድኡ ናብ ከባቢ ቶሚን ምስ ተንቀሳቐሱ፡ ክልተ ስድራቤታት ብከቢድ ተሃሪመን ኣብኡ ግዳይ ሞትን መቑሰልትን ኰይነን ጸንሓኦም። ለተንኪኤል ዝተባህለት ዕቑብቲ ንጉድኒ ተጋዲማ ክዳውንታ ብደም ተዓሊሱ፡ ናጽላ ዉላዳ ድማ ኣብ ሕቑፎኣ ኮይኑ ጡባ ክጠቡ ምስ ተዓዘቡ፡ ብህይወታ ምህላዋ ንምርግጋጽ ቀሪቦም ፈተሹዋ። ትንፋስ ዘይብላ ኰይና ድማ ጸንሓቶም። ኣብታ ካልኣይቲ ስድራ'ውን ዘስኻሕክሕ ትርኢት ጎፍ በሎም። ኣቦ ብከቢድ ተሃሪሙ ኣብ ባይታ ወዲቑ "እዋይ ደቀይ..... እዋይ ሓዳረይ......." እናበለ ብቃንዛ ይልሎ፡ ኣብ ጉድኑ ድማ ጓል 8 ዓመት ትኸውን ህጻን ጓሉ ክዳውንታ ብደም ጠልቂዩ "ኣቦይ.....! ኣደይ.....!" እናበለት ትግዕር። ኣደ እውን ብተመሳሳሊ ኣብ ባይታ ወዲቃ ብትሑት ድምጺ ከተድሂ ጸንሓቶም።

ጓል ረቢ፡ ካብቶም ውጉኣት ናብ ሕክምና ኣብጺሓ እናተመልሰት እንከላ፡ ቅዱሳን (ሰይቲ ቀለታ) ኢዳ ተሃሪማ ብሓደ ሰብኣይ ተጸይራ ናብ ሕክምና ክትከይድ ብማዕዶ ረኣየታ። እቲ ሰብኣይ ደኺሙ ከዕርፍ ደልዩ ምልክት ምስ ገበረላ ድማ፡ ከተዋርዶ ኢላ ናብኦም ሰጉመት። ምስ ኣውረደታ፡ “ተመስገን! እንቋዕ ንዓኺ ረኺብኩ ጓል ረቢ! በሊ እታ ጓለይ ኣብኡ ወዲቃ ኣላ'ሞ ሓመድ ኣዳም ኣልብስያ ሓደራኺ” በለታ። ጓል ረቢ ግን፡ እቲ ኩነታት ብዝፈጠረላ ስንባደን ነውጺን ተህተፍትፍ ዘላ ደኣ'ምበር፡ ብዉኖኣ ትዛረብ ዘላ ስለዘይመሰላ፡ ብዙሕ ከይተገደሰትላ ‘ሕራይ’ ብምባል ኣፋነወታ።

ኣባላት እንዳ ህዝቢ ዝለዓል ቊሱል ኣልዒሎም ናብ ሕክምና ምስ ወሰዱ፡ ኩነታት ናይ'ተን ካልኦት ስድራቤታት ንምፍላጥ ናብተንካልኦት ቴንዳታት ተንቀሳቐሱ። ኣብርሀት ተኸለሰንበት ትቕመጠላ ቴንዳ ምስ ኣተዉዋ፡ ኣብርሀት ንባዕላ ተሃሪማ ኣብ ባይታ ወዲቃ፡ ሽዑ ቅንያት ካብ ከበሳ ዝመጸት ሓንቲ ሓዳስ ተዓቋቢት ድማ ብውቁብ ማሕዘል ጓላ ሓዚላ ንድሕሪት ወዲቃ ጸንሓቶም። “እውይ! እዛ ኣደ'ያ ሞይታ'ምበር እዛ ቈልዓስ ብህይወት ኣላ!” በለት ጓል ረቢ ህውክ ኢላ። ምክንያቱ፡ እታ ቈልዓ ኣብ ገጻ ይኹን ኣብ ካልእ ኣካላታ ዝረአ ዋላ ሓንቲ ናይ ህራም ምልክት ስለዘይነበራ። ነታ ኣደ ኣልዒሎም ንምቕባር፡ ነቲ ማሕዘል ብምፍታሕ ነታ ቈልዓ ካብ ሕቑኣ ኣገላገሉዋ። እንተኾነ፡ ንሳ'ውን ትንፋስ ዘይብላ ኲይና ድኣ ረኸቡዋ። እንተፈተሹዋ፡ እቲ ናይ ድሕሪት ሽክና ርእሳ ኣብ ቦታኡ ኣይጸንሖምን።

ሬሳ ናይዘን ኣዴታት እናልዓሉ ከለዉ፡ ገብረንጉስ (መጋል) ብጉያ መጺኡ፡ “ብጾት! ርእሲ ናይ'ዛ ወዲቃ ዘላ ቈልዓ ስለዘየለ፡ እቲ ሬሳ ናይ መን ምዃኑ ምልላይ ስኢነዮ። ጓል የማነ ድያ ዋላስ ጓል ቀለታ ክፈልጣ ኣይከኣልኩን ዘለኹ” በሎም። ጓል ረቢ ድማ፡ ጓል ቀለታ ኣብ እግራ ናይ ፖልዮ ስንክልና ከምዘለዋ ስለእትፈልጥ፡ “እስከ እግራ ርኣዩ” በለቶ። መጋል መልሳ ሒዙ ንድሕሪት ግልብጥ ምስ በለ፡ ጓል ረቢ፡ ሓደራ ናይ ቅዱሳን ሰይቲ ቀለታ ትዝ በላ። ብስንባደ ድማ እግራ-እግሩ ሰዓበት። ርእይ ምስ ኣበለታ፡ ጓላ ምዃና ብእግራ ኣረጋገጸት። ኣልዒላ ብምቕባር ድማ ሕድሪ ቅዱሳን ፈጸመት። ቴንዳ በሲዓ ዝኣተወት ጆላድ ስኩጆ፡ ዓጽሚ ምናት ቅዱሳን ብምስባር'ያ ንርእሲ ናይታ ኣብ ሕቑፊኣ ዝነበረት ቈልዓ ቈሪጻቶ።

ሬሳ ናይዘን ኣርባዕተ ትንፋስ እናተቐብረ እንከሎ፡ ጓል ረቢን ኣጸደ መስፍንን፡ ካልኦት ዝወደቑ ከይህልዉ ብምባል ፈቓዶ ገረብ እናፈተሻ ከለዋ፡ ሓደ ጸሊም ነገር፡ ኣብ ውሽጢ ዕሙር ቈጽሊ ዘለዋ ንእሽቶ ቈጥቋጥ

ኣትዩ ዓይኑ ጥራሕ ዉሪሕሪሕ ክብል ተዓዘባ። "መን ኢኻ፧" ብምባል ደጋጊመን ሓተታ። ንሱ ግን ኣጽቅጥ ኣበለ። እንታዋይ ምዃኑ ንምፍላጥ ብድሕሪት ተጠውየን ምስ ረኣየኦ፡ ወዲ ኣርባዕተ ዓመት ዝኸውን ህጻን ኮይኑ ጸንሐን። ካብቲ ገረብ ብምውጻእ፡ "እንታይ ድኣ ኣነ'የ ዘይበልካና" ክብላ ምስ ተወከሰኦ፡ "ነፋሪት ከይትሰምዓኒ ኢለ'የ ትም ኢለ" ክብል ከብድኻ ዝበልዕ መልሲ ሃበን።

በቲ ደብዳብ ብዝያዳ ዝተሃስየ ስፍራ 01 እዩ። ኣብ ዕረፍቲ ዝነበሩ ተጋደልትን ኣርባዕተ ኣባላት ስድራ እንዳ ኣስመሮም ገረዝጊሄርን ዝርከቡዎም 19 ሰባት እዮም ኣብታ ህሞት እቲኣ ብዘስካሕክሕ መውቃዕቲ ህይወቶም ስኢኖም። ኣብዚ ስፍራ'ዚ ዝወደቐ ቦምባ ናይ መጀመርታ ኮይኑ። ብኣጸዋውዓ ተጋደልቲ 'ፋሽሽቲ' ዝበሃል'ዩ። ኣብቲ ዝወደቐሉ ባይታ ድማ፡ ቁመት ሰብኣይ ዝውሕጥ ዓቢይ ጋህሲ ፈጠረ።

ሽማግለ ህዝባዊ ድኳን

ኣብ ዝሓለፈ ክፋል ናይዚ ጽሑፍ ከም ዝተጠቕሰ፡ ኣብ ጀልሃንቲ ዝቔመት ህዝባዊ ድኳን ነይራ እያ። እዛ ድኳን፡ ኣብ መደበር ሰለሙና'ውን ንጥፈታታ ቀጺሉን ዝያዳ ሰፊሑን ነበረ። ነቲ ህዝቢ ዘድልዮ ኣስቤዛታት፡ ካብ ሱዳንን ሓራ ኸተማታት ኤርትራን እናኣምጸአት'ያ ትሸይጥ። ኮሚቴ ቍጠባ ባይቶ ድማ፡ ኣብ ርእሲ ካልእ ስርሓ ነዛ ድኳን እውን ናይ ምቍጽጻር ሓላፍነት ነበራ። እታ ድኳን ንጥፈታታ እናሰፍሐ ምስ ከደ፡ ርእሳ ዝኸኣለት ንኣኣ ጥራይ ትከታተል ብሓንቲ ፈጻሚት ዝምርሑ ኣርባዕተ ኣባላት ባይቶ ዝነበሩዋ ሽማግለ ቈይማ፡ ክሳዕ ዕለተ-ናጽነት ስርሓ ከም ዝቐጸለት ጸብጻባት ናይቲ ጨንፈር ይገልጽ።

ሓደ ካብ'ዞም ኣባላት ሽማግለ፡ ናብ ከተማታት ሱዳን እናተመላለሰ ኣስቤዛ ዘምጽእ ዝነበረ፡ ዓሚ ኢብራሂም ሰዒድ ዝተባህለ ገዲም ተጋዳላይ እዩ። ክልተ ኣደታት ድማ ተሓዚተ ገንዘብን መዘንትን ኰይነን ነቲ ናይ ድኳን ስራሕ የካይዳ። ኣብ 1983፡ እታ ድኳን በቲ ዘዋህለለቶ ርእሰ-ማል ካልኣይቲ ድኳን ኣብ ላዕላይ ዓሬርብ (ኣሮታ) ከፈተት። ኣስቤዛ ካብ ሱዳን ናይ ምምጻእ ዕማም እናኸበደ ምስ ከደ ድማ፡ ኣባል ህዝባዊ ባይቶን ህዝባዊ ሚሊሻን ዝነበረ ፍጹም ተምነዎ (ዕቝብ)፡ ተሓጋጋዚ ናይ ዓሚ ኢብራሂም ኮይኑ ተመደበ። ጸኒሖም'ውን ካልኦት ዕቑባት ተመዲቦምሉ ምስኡ ናብ ሱዳንን ገለ ኸተማታት ኤርትራን እናተመላለሱ ሸመታ ይፍጽሙ ነበሩ።

ኣብ 1989 እውን፡ ኣብ ካልኣይ መዓስከር ዕቝባት 'ባድን' ሳልሳይቲ ህዝባዊ ድኳን ተኸፍተት። እዘን ድኳናት ዘቕርበኦ ዝነበራ ኣስቤዛታት ከም ቡን፡ ሽኮር፡ በርበረ፡ ሳልሳ፡ ሽጉርቲ፡ ሽጋራ፡ ትንባኾ፡ ሳሙና፡ ኣሞ፡

ላማ፡ ባተሪ፡ ሬድዮ፡ ላንባዲና፡ ወዘተ. ዝኣመሰለ ኮይኑ፡ ብጠቕላላ ክሳብ 42 ዓይነት ቀረብ ከም ዝነበረ ኣብ ጸብጻባተን ተጠቒሱ ኣሎ። ንዕቑባት ዳርጋ በቲ ዝዓደጋሉ ዋጋ ስለዝሸጣሎም፡ እቲ ዝረክብኦ መክሰብ ኣዝዩ ውሑን ነበረ። መክሰበን፡ ካብቲ መደበር ወጻኢ ካብ ዝመጽወን ዓማዊል ኮይኑ፡ ብዝያዳ ካብ መሸጣ ሽጋራ ነበረ።

ማርቸደስ መካይን (ኣደታት) ህዝባዊ ግንባር፡ ብዘይ ክፍሊት ካብ ሱዳን ንመደበር ሰለሙና ዝህበኦ ዝነበራ ናይ መጓዓዝያ ኣገልግሎታት'ውን፡ እቲ ዝዓበየ መክሰብ ናይ'ተን ድኳናት ነበረ። እቶም ህዝባዊ ግንባር ዝቕልቦም ኣካየድቲ ናይ'ተን ድኳናት'ውን ዋጋ ድኻሞም ዘይምሕታቶም፡ እቲ ካልእ ምንጪ መክሰብ ነበረ። እቲ ጨንፈር፡ ዋጋ ንብረት ኣብ ምውሳን ነቶም ዓበይቲ ረጃሒታት ስማዊ ክብሪ ስለዘይሃበ፡ ኣብ ርእሲኡ ድማ ዕዳጋ ይከታተል ስለዘይነበረ፡ ሳሙና ኣብ ድኳናት መደበር ሰለሙና ካብ ዕዳጋታት ሱዳን ብዝሓሰረ ዋጋ ዝሸየጠሉ እዋን ነይሩ እዩ። ኣብ ግንቦት 1991፡ ናይ ሰለስቲኤን ድኳናት ርእሰ-ማል ኣስታት ክልተ ሚልዮን (1,930,116.250) ጅኔ በጺሑ ምንባሩ፡ ጸብጻባት ናይቲ ጨንፈር የመልክት። ምስ ምምጻእ ናጽነት ከኣ፡ ርእሰ-ማል ናይ'ዘን ህዝባውያን ድኳናት ናብቲ ህዝቢ ብምምቕራሕ፡ ኩሎም ኣእጃሞም ከም ዝበጽሖም ተገብረ።

ሽማግለ ፍርዲን ሕገን

እዛ ሽማግለ'ዚኣ፡ ኣብ መንጎ ህዝቢ ዝለዓሉ ብውልቃዊ ምርድዳእ ክፍትሑ ዘይከኣሉ ሕቶታት ክትሰምዕን ክትዳንይን ተባሂላ ድሕሪ ኩለን ሽማግለታት ዝቘመት ቫድሻይቲ ሽማግለ እያ። ኣባላታ፡ ክልቲኦን ሓለፍቲ ህዝባዊ ባይቶ (ኣደ-መንበርን ጸሓፊትን)፡ ሓላፊት ሽማግለ ምንቅቓሕ፡ ሰለስተ ኣባላት ባይቶ፡ ከምኡ ድማ ሓላፊ ጨንፈር ዕቑባትን ምክትሉን ነበሩ። ከም ጸርፊ፡ ኣካላዊ ምትህርራም (ባእሲ)፡ ስርቂ፡ ብደረት ዛሬባ ምስሕሓብ፡ ትእዛዝ ሓለፍቲ ዘይምክባር፡ ካብ ማእቶት ምሕንጋድ፡ ዘይሕጋዊ ጾታዊ ርክብ ምፍጻም፡ ወዘተ. ዝኣመሰሉ ጉዳያት ድማ ትሰምዕን ትዳንይን። ናብዛ ሽማግለ ዝምርሑ ጉዳያት ዕብይ ዝበሉ እዮም። ቀለልቲ ጉዳያት ብደረጃ ዋህዮ ክፍትሑ ከለዉ፡ ብደረጃ ዋህዮ ክፍትሑ ዘይከኣሉ ከኣ ናብ ጉጅለ ይሓልፉ። ንጉጅለ ልዕሊ ዓቕማ ዝኾኑ ጉዳያት'ውን ናብ ጨንፈር ይሓልፉ። ናብዛ ሽማግለ ዝሰጋገሩ ጥርዓናት እምበኣር፡ እቶም ብደረጃ ጨንፈር ክፍትሑ ዘይከኣሉ ገበናዊ ባህርይ ዘለዎም ከበድቲ ጉዳያት እዮም። ሰብ ነገር ብጨንፈር ዝወሃቦም ብይን ምስ ዘይዓግቡሉ እውን፡ ብይግባይ ናብዛ ሽማግለ ይቐርቡ ነበሩ። ንሳ ከኣ፡ ጉዳዮም ከም ስርዓት ኣብ መጋባእያ ሰሚዓ ፍርዲ ትህበሉ።

እዛ ሽማግለ ፍርድን ሕግን፡ ንሓለፍቲ ዋህዮ፡ ጉጅለን ጨንፈርን ስጊሮም ዝመጽዋ ሰብ ጉዳይ ኣብ ምድናይ እትጥቀመሉ ኣገባባት ወይ እትክተሎ መስርሕ፡ ልክዕ ከም ወግዒ መንግስታዊ ቤት-ፍርዲ ነበረ። ተበዲለ ዝብል ሰብ፡ ብጽሑፍ ክስታቱ ምስ ኣቕረበ፡ እታ ሽማግለ ኣብ ቅድሚ ተኸሳስን መሰኻክርን ሓቅነት ናይቲ ክሲ ተጻርየ። ውሳነ ዘድልዮ ኮይኑ ምስ ዝርከብ ድማ፡ ኣባላት ኮሚቴ ኣብ ዕጹው ገዛ ንበይኖም መኺሮም ናብ መጋባእያ ድሕሪ ምምላስ፡ ውሳነ ይህቡሉ። እቲ ጉዳይ ዝተሓላለኸ ምስ ዝኸውን ወይ ቀልጢፉ ምስ ዘይንጽር ግን፡ ተወሳኺ ምጽራያት ክግበረሉ፡ እቲ ጉዳይ ብቑጸራ ናብ ካልእ ግዜ ከም ዝመሓላለፍ ይግበር። ከሳሲ ወይ ተኸሳሲ፡ ሽማግለ ትህቦ ብይን ምስ ዘይዓግበሉ፡ ይግባይ ኢሎም ናብ ማእከልነት ክፍሊ ክሓልፉ መሰሎም ሕሉው ነበረ። ማእከልነት ክፍሊ ከኣ፡ ምስ ኮሚተ ፍርዲ ብምትሕብባር፡ ነቲ ጉዳይ ካብ መሰረቱ ይርእዮን ናይ መወዳእታ ብይን ይህበሉን።

ድሕሪ ካልኣይን ሓድነታዊን ጉባኤ (1987)፡ ብክፍሊ ፍትሒ ህዝባዊ ግንባር ዝተነድፈ ሕጋጋት፡ ብፖለቲካዊ ቤትጽሕፈት ምስ ጸደቐ፡ ንህዝቢ መደበር ሰለሙና ተነበቡሉን ተገለጹሉን። ኮሚተ ፍርዲ ከኣ፡ ኣብቲ ዝወጸ ሕጊ መሰረት ገይሩ፡ ኣብቲ መደበር ጉዳያት ክትዳኒ ጀመረት።

ዋሕዚ ዕቑባትን ምድኳን ሓደስቲ መደበራትን

ኣብ መፋርቕ 1980ታት፡ በቲ ኣብ መላእ ኤርትራ ዝነበረ ወተሃደራዊ ኩነታት፡ ግፍዕታት ጸላኢ፡ ደርቂ፡ ሓልፋይ ምስኣንን ንሱ ዘስዓቦ ማሕበረቍጠባዊ ሕስምን፡ ከምኡ'ውን በቲ ኣብ መዓስከራት ስደተኛታት ሱዳን ዝነበረ ምረት፡ ብብእዋኑ ናብ መደበር ሰለሙና ዝውሕዛ ዝነበራ ኤርትራውያን ስድራቤታት ብዙሓት እየን። ንኣብነት ኣብ 1987፡ ናብቲ መደበር ዝኣተዉ ዕቑባት ብዝሒም 918 ነበሩ። ኣብቲ ዝቐጸለ ዓመት ድማ 643 ዕቑባት ኣተዉ። ብዘይካ'ዚ፡ ኣብ 1989፡ ብዙሓት ቈልዑ ዝሓዛ 284 ኣደታት፡ ኣብ 1990 ድማ መብዛሕትኦም ቈልዓ ሰበይቲ ዝኾኑ 1104 ዕቑባት ተወሰኹ። መብዛሕትኦም ካብቶም ኣብ 1990 ዝወሓዙ ሓደስቲ ዕቑባት፡ ኣብ መዓስከራት ስደተኛታት ሱዳን ተዓቝቦም ዝነበሩ ኹይኖም፡ ድሕሪ ዝተኻየደሎም ጉስጓስ ክጋደሉ ኢሎም ኣንስቶምን ደቆምን ሒዞም ዝኣተዉ እዮም።

ኣብ 1988፡ ጨናፍር መደበር ሰለሙና ካብ ኣርባዕተ (01፡ 02፡ 03፡ 04) ናብ ሸሞንተ (05፡ 06፡ 07፡ 08) ስለዝሰፍሓ፡ እቲ መደበር ካብቲ ክሕዞ ዝኽእል ዓቕን ንላዕሊ ብሰብ ኣዕለቕለቐ። ህጹጽ ፍታሕ ዝጠልብ

ከቢድ ስግኣት ድማ ተፈጥረ። ሓደጋ ነፈርቲ ምስ ዘጋጥም፡ ኣብ ልዕሊ ህይወት ሰብ ክበጽሕ ዝኽእል መቕዘፍቲ ቀሊል ከም ዘይከውን ርዱእ ኮነ። ዝያዳ ግን ኣብ ግዜ ሓጋይ ክክሰት ዝኽእል ከቢድ ሕጽረት ዝስተ ማይ ኣሰኻፊ ነበረ። ክረምቲ መጸ ውሕጅ ዘኸትሎ ሓደጋታት እውን ቀሊል ስለዘይነበረ፡ ንጻዕቂ ናይቲ ህዝቢ ንምቅላል ኣብ ካልእ ቦታ ሓዲሽ መዓስከር ምድኳን ኣማራጺ ዘይብሉ ጉዳይ ኮነ።

በዚ ድማ፡ ኣብቲ ዓመት'ቲ ኣብ ከባቢ ሓሊበት፡ ካልኣይ መደበር ንምድኳን ምድላዋት ክጻፈፍ ብሓለፍቲ ናይ'ቲ ክፍሊ መምርሒ ተመሓላለፈ። ይኹን ደኣ'ምበር፡ እቲ ቦታ ብቐጻሊ ዒላማ ነፈርቲ ውግእ ስለዝነበረ፡ ንዕኡ ኣወንዚፍኻ ካልእ ዝሓሸ ቦታ ምንዳይ ግድነት ኮነ። ኣብ ባርካ ዝርከብ ምንሃጅ ወይ ባድን እናተበሃለ ዝጽዋዕ ቦታ ድማ (ኣቐዲሞም ተጋደልቲ ተ.ሓ.ኤ ማእከላይ መሪሕነት- ሳግም፡ ካብ ሱዳን ንሜዳ ምስ ኣተዉ ሰፊሮሞ ዝነበሩ ቦታ እዩ) ብኩሉ መዳዩ ዝሓሸ ምዃኑ ኣብ ምርድዳእ ተበጽሐ። ብድሕሪ'ዚ፡ ኣባላት ማሕበራዊ ጉዳያት ክሰርሑ ዝኽእሉ ኣቦታት ሒዞም ናብቲ ቦታ ብምኻድ፡ ካብ ሚያዝያ 1988 ጀሚሮም ነቲ ናብኡ ዝግዕዝ ህዝቢ ዝኸውን ዒላታት ክኩዕቱ፡ ኣብኡ ዝነበረ ዑናታት ክጽግኑ፡ መጽለሊ(ሶብየታት)ን መረባብዕን ክሃንጹ ወርሑ። ነፍሲ ወከፉ ክክልተ ሰድራ-ቤት ክሕዝ ዝኽእል ልዕሊ 60 መዕቀቢ ምስ ተሃንጸ ድማ፡ ኣብ መደበር ሰለሙና ካብ ዝነበረ ህዝቢ፡ ገለ ክፋሉ ናብኡ ክግዕዝ ተነግሮ። እንተኾነ ግን፡ ካብቲ ዝተሓተተ ህዝቢ፡ "ኣብዚ ይሕሸና" ብምባል ብዙሕ ኣበየ። ብፍላይ ተጋደልቲ፡ "ባድን ጭው ዝበለ በረኻ እዩ፣ ዋላ ሓንቲ ዝተዳለወ ነገር የብሉን፣ ዓሶ'ውን ኣለዎ፣" እናበሉ ኣንስቶም ናብኡ ንኸይከዳ ስለዘጠንቀቑወን፡ እቲ ህዝቢ ብኡ ምኽንያት ኣብ ልዕሊ'ቲ ሓድሽ መደበር ሕማቕ ኣረኣእያ ኣሕደረ።

በዚ ምኽንያት፡ ናብቲ ሓዲሽ መደበር ዝኣተዋ ሰድራ-ቤታት፡ ምስ'ተን ኣብ ዓሬርብ ዝተረፋ ብምንጽጻር ውሑዳት ነበራ። ኣብቲ መደበር ዝሰፈራ መብዛሕትአን እተን ካብ ድሕሪ መስመር ጸላኢ ዝመጻ ሓደስቲ ሰድራቤታት እየን። እቲ "ገደም" ዝብል መጸውዒ ስም ዝተዋህቦ መዓስከር ባድን፡ ኣብ ሰነ 1988 ብርኽት ዝበላ ሰድራቤታት ሰፈርኦ። ነዊሕ ከይጸንሐ ግን፡ ክራማት ስለዘርከበ፡ ብርቱዕ ውሕጅ ብምምጻእ ነቲ መዓስከር ኣዕለቕለቖ። እቲ ብከቢድ ጻዕሪ ኣቦታትን ተጋደልትን ዝተሃንጸ ኣባይቲ ድማ ብማይ ተዋሕጠ። ዝተኳዕተ ዒላታት'ውን ተደፈነ። ብዙሕ ንብረት ናይ ህዝቢ በሰበሰን በቲ ውሕጅ ተወሰደ። ናይ ዕድል ነገር ኮይኑ ግን፡ ኣብ ልዕሊ ህይወት ሰብ ዝወረደ ጉድኣት ኣይነበረን።

ምስቲ ዝነበረ ከቢድ ሕጽረት ናይ ዓያዪ ጉልበት፡ እቲ ሓደጋ ተሰፉ ዘቐርጽ'ኳ እንተነበረ፡ ኣባላት ክፍሊ ማሕበራዊ ጉዳያት ድኻሞም ከይጸብጸቡ፡ ከም ብሓዲሽ ነቲ ተተኺሉ ዝነበረ መዕቈቢ እናነቐሉ ካብቲ መገዲ ውሕጅ ኣርሒቖም ክተክልዎ፡ ነቲ ዝተደፍነ ዒላታት ዳግማይ ክኹዕትዎ ክሳብ ጥቅምቲ 1988 ኣብ ከቢድ ሃልኪ ተጸምዱ። ሕጽረት ናይ ቴንዳታት ስለዝነበረ፡ ዝበዝሕ ካብቲ መዕቈቢ ሶሽየታት ነበረ። ክሳብ መወዳእታ 1990 ድማ፡ ናብ 2,000 ዝገማገም ህዝቢ ናብቲ መደበር ኣተወ። እቲ መደበር ልዕሊ'ዚ ብዝሒ'ዚ ናይ ምሓዝ ዓቕሚ ኣይነበሮን። ናይ መሰረታዊ ማሕበራዊ ኣገልግሎታት (ማይ፡ ሕክምና፡ ትምህርቲ፡ ድኳን፡ ወዘተ.) ጸገም'ኳ እንተ ዘይነበሮ፡ ናይ መብራህቲ ሕቶ ግን ክፍተሓሉ ኣይከኣለን። እቲ ህዝቢ ብተበግሶኡ ኣስታት 6 ሽሕ ጅኔ ብምውጻእ፡ ናይ 12 ኪሎ-ዋት ጀነሬተር ንክትዕደገሉ ሓቲቱ ነበረ። ብዝተፈላለየ ምኽንያት ግን ክሰልጥ ኣይከኣለን።

ብዘይካ'ዚ፡ እቲ ኣብ መደበር ባድን ዝነበረ ህዝቢ ኣብ ሓሙሽተ ጨናፍር (ኣልጌን፡ ማይ-ተመናይ፡ መረብ፡ ሃዳሙን ጎዳይፍን ዝብል መጸውዒ ስም ዝተወሃበን) ድሕሪ ምውዳቡ፡ ሓድሽ ምጻእ ብምንባሩ ኣብ ምምሕዳራዊ ስራሓት ዝሕግዝእ ክልተ ኣደታት (ግደይ ኣብርሃን ትብርሀ ሰይቲ ሞቶ) ኣደ-መንበርን ጸሓፊትን ኰይነን ንክሰርሓ፡ ካብ መደበር ሰለሙና ተወኪለን ንምህናች (ሰሚን ካብ ባድን) ግዓዛ። ብድሕሪ'ዚ ግን፡ መደበር ምህናች ርእሱ ክኢሉ ጉባኤ ከካይድን ብደሞክራሲያዊ ኣገባብ ባይቶ ክመርጽን በቕዐ። ብመገዲ ባይቶኡ ኩሉ ምምሕዳራዊ ንጥፈታቱ እናካየደ እንክሎ ከኣ፡ ናጽነት ኣርከበ።

ኣብ ክራማት 1989ን 1990ን፡ ኣብ ዓሬርብ እኹል ዝናብ ብዘይምንባሩ ከቢድ ሕጽረት ናይ ዝስተ ማይ ስለዘጋጠመ፡ ካብ ዓይተዋይ መዓልታዊ ብቦጣት እናጓረትካ ነቲ ልዕሊ 5000 ህዝቢ መደበር ሰለሙና ምስታይ እናኸበደ መጽአ። በዚ ምኽንያት፡ ኣብ 1990 ኣብ ኣዶብሓ(ዒላ-ባቡ) ሳልሳይ መደበር ዕቍባት ክከፈት ተወሰነ። ካብ መደበር ሰለሙና ድማ ሰለስተ ጨናፍር ናብዚ ሓዲሽ መደበር ከም ዝግዕዛ ተገብረ። ብሓደ ግዜ ጥራይ 385 ኣደታት ምስ 61 ቈልዑተን ናብቲ ቦታ ግዓዛ። ኣብዚ ሓዲሽ ቦታ፡ ንዓአን ዝኸውን መዕቈብን ካልእን ንምድላው ብኣባላት ዝተኻየደ ስራሕ ድማ ከቢድ ነበረ።

ኣብ መወዳእታ 1990፡ ብዝሒ ኣብ ሰለስቲኡ መደበራት ዝተዓቑብ ህዝቢ 6,132 በጽሐ። ካብዚ፡ እተን 2129 ኣደታት፡ እቶም 3843 ህጻናት፡ እቶም ዝተረፉ ድማ ኣቦታት ነበሩ። ኣስታት 65% ካብቲ ህዝቢ ኣብ

መደበር ሰለሙና፡ እቲ ዝተረፈ ከአ ኣብ መደበራት ባድንን ኣዱብሓን (ዒላ-ባቡ) ነበረ። ብብሄር ክርአ እንከሎ ድማ፡ መብዛሕትኡ ብሄረ ትግርኛ ኹይኑ፡ ትግረ፡ ናራ፡ ኩናማ፡ ሳሆ፡ ብሊንን ዓፋርን እውን ብውሑድ ቀጽሪ ነበሩ። ብዘይካ'ዚ፡ ብደርቅን ብኻልእ ዝተፈላለየ ምክንያታትን ካብ ከተማታትን ገጠራትን ኤርትራ ዝመጹ ኣስታት 120 ተጋሩ'ውን ኣብኡ ተዓቚቦም ነበሩ።

ኣብዚ ከይተጠቐሰ ክሕለፍ ዘይብሉ፡ ክፍሊ ማሕበራዊ ጉዳያት፡ ነቶም ካብ ማእከላይ ምብራቕ ኤርትራ ተመዛቢሎም ብብዝሒ ዝመጹ ዕቑባት ተቐቢሉ ኣብ 1988 ኣብ ናቕፋ ክኣልዮም ጀሚሩ'ኳ እንተነበረ፡ ምስቲ ብዝሖም ዝመጣጠን ትሕዝቶ ስለዘይነበሮ ክቕጽሉ ኣይከኣሉን። ነቲ ጉዳይ ኣመልኪቱ ምስ ክፍልታት ህዝባዊ ምምሕዳር፡ ቀጠባን ማሕበር ረድኤት ኤርትራን ኣብ ዘካየዶ ኣኼባ ድማ፡ ህዝባዊ ምምሕዳር ምስ ማሕበር ረድኤት ኤርትራ እናተሓጋገዘ ክኣልዮም ከም ዝሓይሽ ኣብ ምርድዳእ ተበጽሐ'ሞ፡ ኣብቲ ዓመት'ቲ መደበር ዕቑባት ናቕፋ ናብ ህዝባዊ ምምሕዳር ተሰጋገረ።

ሰነዳት ክፍሊ ማሕበራዊ ጉዳያት፡ ብዘይካ'ዚ፡ ኣብ መውዳእታ 1986 ዝነበረ ካልእ ፍልይ ዝበለ ፍጻመ እውን ኣስፊሩ ይርከብ። ካብ ፈለማ ናይ 1980ታት ኣብ መንጎ ህዝባዊ ግንባርን ተጋድሎ ሓርነት ኤርትራ ማእከላይ መሪሕነትን - ሳግም፡ ዝካየድ ዝነበረ ናይ ስምረት ዝርርብ ብፍጹም ውህደት ናይ ክልቲኡ ውድባትን ምትሕውዋስ ሰራዊትን ምስ ተዛዘመ፡ ሳግም ኣብ ምህናጅ ሰሜን ካብ ባድን ኣብ ትሕቲኡ ኣዕቍብዎ ዝነበረ ህዝቢ ምስ ዕቑባት መደበር ሰለሙና ክምዝሕወስ ተገብረ።

ተጋድሎ ሓርነት ኤርትራ ኣብ ሜዳ ኤርትራ ኣብ ዝነበረትሉ፡ ሰንኩላን ኩናትን ስድራቤት ተጋደልቲን ካልኦት ጽጉማት ህዝቢን ዝዕቌብሉ መደበራት ነይሩዎ እዩ። ክልተ ናይ ሰንኩላን መደበራት ነይሩዋ። እቲ ሓደ ኣብ ሜዳ ክኸውን እንከሎ እቲ ካልኣይ ድማ ክብድ ዝበለ ማህረምቲ ዝነበሮም ተጋደልቲ ዝሕከምሉ ኣብ ከሰላ ዝነበረ እዩ። ኣብቲ በብግዜ ኣብ ሩባ ባርካ፡ዶብ ሱዳንን ኮረኮንን ዝነበረ መደበር ዕቑባት ኣማኢት ስድራቤታት ሰፈሮም ምንባሮም ዝፍለጥ ኮይኑ፣ እዞም ምስ ሳግም ናብ ህ.ግ. ዝመጹ ገለ ካብኣቶም እዮም።

ኣብ 1985 እውን፡ ንግዚኡ ኣብ ከባቢ ሞልቀ ተዓቚቦም ዝነበሩ መብዛሕትኦም ነበርቲ ዓድታት ሰመጃና ዝኾኑ (እንተላይ ካብ ከባቢ ኣኽራን፡ ቅናፍናን ጾሮናን) መብዛሕትኦም ሚሊሻ ህዝባዊ ግንባር ዝነበሩ ኣቦታት ምስ ስድራኦም ናብ መደበር ሰለሙና ኣተዉ። እዞም ኣቦታት፡ ምስ ኣንስቶምን ቈልዑቶምን ናብቲ መደበር ክመጹ ዘገደዶም ምኽንያት፡ እቲ

ኣብ ዓድታቶም ዝነበረ፡ ከቢድ ደርቂ፡ ወራር ባርኖሳይን ኩናት ባረንቱን እዩ። ሰራዊት ህዝባዊ ግንባር ኣብቲ ዓመት ንባረንቱ ንምሕራር ብሸነኽ ደቡብ (ሰራየ) መጥቃዕቲ ክኸፍት ምስ መደበ፡ ኣብቲ ኸባቢ ዝነበረ ህዝቢ ንስለ ድሕነቱ ናብ ዓዲ ጸጸር ከም ዝግዕዝ ተገብረ። ድሕሪ ምትሓዝ ባረንቱ፡ ንነዊሕ መዓልታት ናይ ምርብራብ ኩናት ተኻየደ። ኣብ መወዳእታ እቲ ወተሃደራዊ ኩነታት ምስ ተቐያየረ ግን፡ እቲ ናብ ዓዲ-ጸጸር ዝገዓዘ ህዝቢ ናብ ዓድታቱ እንተ ተመሊሱ ብጸላኢ ክህደን ወይ ተገዲዱ ምስ ጸላኢ ክዓጥቕ ምኽኑ ርዱእ ስለዝነበረ፡ እቲ ፍቃደኛ ዝኾነ ህዝቢ ብመገዲ ኣብ ድሕሪ መስመር ዝነበሩ ኣባላት ማሕበራዊ ጉዳያትን ክፍሊ ህዝብን ናብ ሳሕል ብምውራድ፡ ኣብ መደበር ሰለሙና ዓሬርብ ከም ዝዕቈብ ተገብረ።

ካብ 1980 ኣትሒዙ፡ ንተኸታታሊ ዓመታት ዝቐጸለ ከቢድ ደርቂ፡ ኣብ መፋርቕ 1980ታት ኣብቀዐ። ኣብ 1986 ድማ፡ ኣብ ዝሰፍሐ ከባቢታት ኤርትራ እኹል ዝናብ ክዘንብ ጀመረ። በዚ ምኽንያት፡ እቶም ኣብ 1985 ናብ መደበር ሰለሙና ዝኣተዉ መብዛሕትኦም ነበርቲ ዓድታት ቀሓይን ዝኾኑ ዕቑባት፡ “ዋላ መስዋእቲ ከፊልኩም ንዓድና ምለሱና ከም ቀደምና ሓሪስና ክንበልዕ” ዝብል ተደጋጋሚ ሕቶ እናቕረቡ ንሓለፍቲ ናይቲ ክፍሊ ሃወኹዎም። ምክትል ዋና ጽሓፊ ህዝባዊ ግንባር ሓርነት ኤርትራ ተጋዳላይ ኢሳይያስ ኣፈወርቂ፡ ኣብ 1986 ብስራሕ ምኽንያት ናብቲ መደበር መጺኡ፡ ነቲ ህዝቢ ኣኼባ ኣብ ዘካየደሉ ድማ፡ እቲ “ንዓድና ሰደዱና” ዝብል ሕቶ እንደገና ተላዕለ። ተጋዳላይ ኢሳይያስ ከኣ፡ ህዝባዊ ግንባር ካብ ዓድታቶም ዘምጽኦም፡ በቲ ዝነበረ ወተሃደራዊ ኩነታት ደኣ'ምበር፡ ኣብቲ በረኻ'ቲ ከስፍሮም ስለዘበሃገ ከም ዘይኮነ ድሕሪ ምግላጽ፡ እንተኸኢሉም ክሳብ ሓርነት ምሉእ ኤርትራ ዝረጋገጽ ኣብ ዘለዉዎ ክጸንሑ፡ እንተ ዘይክኢሎም ድማ ግዜን ኩነታትን ኣብ ዝፈቕዶ ክምለሱ ምኳኖም፡ ክሳብ ሽዑ ግን ኣብ ዘለውዎ ዓቕሊ ክገብሩ ብሓውሲ ተግሳጽ መዓዶም። የግዳስ፡ ምሒር ዓዶም ናፊቖም ስለዝነበሩ፡ ግዜ ነዊሕዎም ካብ ምዕግርጋር ኣየቋረጹን። ድሓር ግን ከምቲ ብጻይ ኢሳይያስ ዝበሎም፡ ኣብ 1986 ኩነታት ስለዘፍቀደ፡ 416 ዕቑባት ናብ ዓድታቶም ከም ዝፋነዉ ተገብረ።

ኣብ መደበር ሰለሙና፡ ጉልበት ኣባላትን ኣቦታትን ዘህለኸ ዝኸበደ ዕዮ ነተን ካብ ዓመት ናብ ዓመት ብዝሐን እናወሰኻ ዝመጻ ዝነበራ ዕቑባት ስድራቤታት ዝኸውን ኣባይቲን መዕቈብን ምውዳድ ነበረ። ብሓባር ኣብ ካፈተርያታት ምምጋብ ዝበዝሓ ስድራቤታት ይፈትዋኦ ስለዘይነበራ፡ ገዛእን ፈልየን ክነብራ ድልየት ነበረን። እንተኾነ ግን፡ ንኹለን ስድራቤታት ዝኸውን ኣባይቲ ምስራሕ፡ ኣብቲ መደበር ምስ ዝነበረ ጉልበት ኣባላት

ዘይመጣጠን ኣብ ርእሲ ምንባሩ፡ ነፍሲወከፍ ኣደ ናታ ሶሻየት (ኣጉዶ መሳሊ/ኣግነት) ምስዝህልዋ ናይ ኩለን ኣደታት ክሽፍኖ ዘለዎ ዝርጋሐ ቦታ'ውን ንክሽፋ ጸላኢ ዝያዳ ኣቃላዒ ስለዝነበረ፡ ጉዳይ መዕቈቢ ኣብቲ መደበር መሰረታዊ ፍታሕ ከይረኸበ ንነዊሕ ዓመታት ዝቐጸለ ጸገም ነበረ። ስድራቤታት ብሒተን ዝቐመጣሉ ሶሻየታት ብካሻ ናይ እኽሊ፡ መሸማዓት፡ ኣጭርቐትን ፐላስቲክን ምስራሕ ብቐጻሊ ዝካየድ ማእቶታዊ ንጥፈት እኳ እንተ ነበረ፡ ሓንቲ ሶሻየት ንምስራሕ ብዙሕ ኣክያሽን ዕንጸይትን ስለዘድሊ፡ ብሰንኪ ሕጽረት ናይዚ ዝተጠቕሰ ነገራት፡ እቲ ዝሰላሰል ዝነበረ ዕዮ ምሉእ ብምሉኡ ፍታሕ ዘምጽእ ኮይኑ ኣይተረኸበን። ኣብ ርእሲኡ'ውን፡ እቲ ዝስራሕ ሶሻየታት መንፈቕ ከይጸንሐ ብጸሓይን ንፋስን ተመናኒሁ ካብ ጥቕሚ ወጻኢ ስለዝኸውን፡ እናሻዕ ከተሐድሶ ኣድካሚ ነበረ።

ኣብ መስከረም 1985፡ ኣብቲ መደበር ዘጋጠመ ሓደጋ ደብዳብ ነፈርቲ'ውን፡ ነቲ ዝነበረ ሕጽረት ናይ መዕቈቢ ዘጋድድ ጽዕንቶ ፈጢሩ እዩ። ተመሳሳሊ ሓደጋ ከየጋጥም ውሕስነት ኣይነበረን። ክንዲ ዝኾነ፡ ናይ ትሕቲ ባይታ ኣባይቲ ምህናጽ፡ ኣማራጺ ዘይብሉን ውዓል-ሕደር ዘየድልዮን ጉዳይ ኮነ። በዚ ከኣ፡ ኣባላትን ጉልበት ዝነበሮም ሓደሓደ ዕቑባትን፡ ህዝቢ ብጻዕቂ ኣብ ዝነበረሉ ከባቢታት ዓበይቲ ጉዳጉዲ እናኹዓቱ ብኣዕጻውን ሓመድን ህድሞታት ክሰርሑ ዘወፈዩዎ ጉልበትን ዘሕለፍዎ ጻዕርን፡ ካብ ዝክሪ ዕቑባትን ኣባላት ክፍሊ ማሕበራዊ ጉዳያትን ዘይሃስስ እዩ።

ክሳብ መፋርቕ 1989፡ ኣብቲ መደበር ብጉልበት ኣባላትን ኣቦታትን ዝተሃንጸ 119 ዓበይቲ ህድሞታት፡ 43 መረባብዕን 753 ሶሻየታትን ነበረ። እዚ ኣሃዝ እዚ፡ ምስቲ ኣብ 9 ጨናፍራት ተኸፋፊሉ ዝነብር ዝነበረ ልዕሊ 5 ሽሕ ህዝቢ ክነጻጸር እንከሎ፡ ዝበዝሕ ካብቲ ህዝቢ ኣብ ህድሞታትን መረባብዕን ተጨቓቒቑ ይነብር ከም ዝነበረ ዘመልክት እዩ። ብፍላይ ኣብቲ ሙቐት ዝብርትዓሉ ወቕቲ፡ ተጨቓጪቕካ ምንባር ዘኸትሎ ጸገማት ስለዘኸፍእ፡ እቲ ጉዳይ ንሓለፍቲ መደበር ኮነ ንሓለፍቲ ክፍሊ ማሕበራዊ ጉዳያት ዘደቅስ ኣይነበረን። ጉዳይ መዕቈቢ ኣባይቲ ንምቅላል ዘየቋርጽ ጻዕርታት እናተኻየደ ኸብቅዕ ግን፡ ብዝተፈላለየ ሕጽረታት ምሉእ ብምሉእ ፍታሕ ኣይረኸበን።

ሓለፍቲ ክፍሊ ማሕበራዊ ጉዳያት፡ ናይ ቴንዳን ካልእን ሓገዝ ንምርካብ ኣብ 1986 ፕሮጀክት ብምድላው፡ ብመገዲ ማሕበር ረዲኤት ኤርትራ ንወጻኢ ሃገር ናብ ዝተፈላለዩ ግብረ-ሰናይ ማሕበራት ልኢኾም ነበሩ። ድሕሪ ነዊሕ ትጽቢት፡ እቲ ፕሮጀክት ብተማሃሮ ዩኒቨርስቲ ሊድስ - ዓዲ

እንግሊዝ ተቐባልነት ስለዝረኸበ፡ ኣብ ፈለማ 1989፡ ልዕሊ 4 ሽሕ ሜትሮ ቁመት ዘለዎ ቴንዳታት ዝሓዘ ቦንዳታት ናብቲ መደበር ኣተወ። ምስኡ'ውን ነቲ ቴንዳታት ዝሰፍያ ስለስተ ዓበይቲ መካይንን ሓንቲ ቐዳዲት ማሽንን መጽአ። ክፍሊ ቊጠባ ህዝባዊ ግንባር ብወገኑ፡ ብርኽት ዝበለ ቴንዳታት ኣበርከተ። ብድሕሪ'ዚ፡ ኣባላትን ኣቦታትን ነቲ ቴንዳታት ብዓቐን እናቐደዱ ብምስፋይ፡ ንክትነብሮ ዝሓሸ ሶሽየታት ክሰርሑ ጀመሩ። በዚ ከኣ፡ ኣብ'ቲ ዓመት'ቲ ጥራይ ኣብ ግዜ ሃሩር ሙቐት ዘይፈጥር ኣዝዩ ብዙሕ ሶሽየታት ብቴንዳ ክትክል ተኻእለ። እቲ ንነዊሕ ዓመታት ዝቐጸለ ጸገማት መዕቈቢ ድማ፡ እናተቐንጠጠ ኸደ።

ኣበርክቶ ኣደታት

ኣደታት መደበር ሰለሙና፡ ተጋዳላይ ህዝባዊ ግንባር ናብ ዝርከበሉ ኩሉ ቦታታት (ሓውሲ ደጀናት፡ ደጀናትን ከተማታት ሱዳንን) ብምውፋር፡ ኣብ ስራሕ ምግብና፡ ጽርየት፡ ምእላይ ውጉኣት፡ ኣብ ኣብያተ-ጽሕፈት፡ ሕክምናታት፡ ጋራጃትን ካልእን ተሳቲፈን እየን። መደበር ዑቕባት ካብ ዝቘመሉ 1977፡ ጀሚረን ድማ ክሳብ ግዜ ናጽነት ከይበተኻ ቀጺለንኦ። እዚ ኣብ መንፈቕ እንሓንሳብ ድማ ኣብ ዓመት በብጉጅለ እናተቐያየራ ዘካይዶኦ ዝነበራ ማእቶታዊ ንጥፈት፡ ናይ ኣሽሓት ተጋደልቲ ሃልኪ፡ ጉልበትን ግዜን ብምቝጣብ፡ ንዝነበረ ሕጽረት ጉልበት ተጋደልቲ ብምምላእ፡ ዕምሪ መግዛእታዊ ኣብ ምሕጻር ዝነበሮ ኣስተዋጽኦ ቀሊል ሚዛን ዝወሃቦ ኣይኮነን። ብፍላይ ኣብ እዋን 6ይ ወራርን ወራር ባሕሪ ነጋሽን፡ እቶም ኣብ ክፍልታት ዝነበሩ ተጋደልቲ ስርሖም ንዓአን ኣረኪቦም እዮም ናብ ግንባራት ከቲቶም እንተ ተባህለ ምግናን ኣይኮነን። ብምክታቶም ክፍጠር ዝኽእል ዝነበረ ከቢድ ሃጓፍ ሳለአን'ዩ ተተኪኡ።

ድሕሪ ምቛም ህዝባዊ ባይቶ መደበር ሰለሙና፡ እዚ እፎይታ ዘይነበሮ ማእቶታዊ ንጥፈት ኣደታት ብዝሓየለ ኣወዳድባ'ዩ ቀጺሉ። ንኣብነት ኣብ 1989፡ ካብ ዓንበርበብ ክሳብ ቤትጽሕፈት ህዝባዊ ግንባር ኻርቱም ኣብ ዝተዘርገሐ 41 ዝተፈላለየ ቦታታት፡ ኣብ ኣብያተ-ጽሕፈት፡ ምውፋራት፡ ሕክምናታትን ጋራጃትን ውድብ ተዋፊረን ግቡአን ዝፍጽማ ዝነበራ ኣደታት ብዝሐን 340 ነበረ። ኣብ ውሽጢ መደበር ዑቕባት እውን እንተኾነ፡ ገለ ኣደታት ነቶም ብዕድመ ዝሸምገሉ፡ ስድራቤታት ዘይብሎምን ሕሙማትን ናይ ምንባይ ሓላፍነት ይስከማ ነበራ። እዘን ንማእቶት ናብ ዝተፈላለየ ቦታታት ዝዋፈራ ዝነበራ ኣደታት፡ እቶም ፍርዝን ዝበሉ ደቀን ኣብቲ መደበር ገዲፈን እየን ዝኸዳ። ናይ 1990 ጸብጻብ መደበር ዕቑባት

ከም ዘመልከቶ፡ ኣብቲ ዓመት'ቲ እውን ኣስታት 400 ኣደታት ኣብ 56 ቦታታት ኣብ ስራሕ ተዋፊረን ነበራ።

ክፍሊ ማሕባራዊ ጉዳያት፡ ኣደታት ኣብ ዘዝኸደኦ ቦታታት፡ ጉድኒ ጉድኒ ማእቶታዊ ስርሐን ኣኻዳሚያውን ፖለቲካውን ትምህርቲ ክየቋርጻ፡ ጥቡቕ ክትትል'ዩ ዘካይድ ዝነበረ። ምኽንያቱ፡ ኣብ ገለ ኣሃዱታት ዘይምግዳስ ስለዝነበረ፡ እቲ ክፍሊ ኣባላቱ ናብቲ ዝርከባሉ ቦታታት እናለኣኸ፡ ኩነታት ትምህርተን ክከታተልን ምስተን ኣሃዱታት ርክብ እናገበረ ናይ ትምህርቲ ጸገማተን ክፈትሕን ይግደድ ነበረ። እቲ ክፍሊ፡ ንማእቶት ዝተዋፈራ ኣደታት ካብ መኣዲ ትምህርቲ ተሓሪመን ኣብ ማእቶት ጥራይ ተጸሚደን ክውዕላ የፍቅድ ኣይነበረን። ናይ ማእቶት ግዜአን ካብ መንፈቕ ናብ ዓመት ክናዋሕ ዝተገብረሉ ምኽንያት እውን፡ ብቐንዱ ናይ ትምህርቲ መደባተን ከይተዓናቐፍ፡ ክልቲኡ ክፍላተ-ትምህርቲ (ሰሚስተራት) ኣብቲ ዝተዋፈራሉ ቦታ ወዲአንኦ ንክመጻ ተባሂሉ እዩ። ገለ ውሑዳት ገዲፍካ ድማ፡ መብዛሕትአን ኣደታት፡ ምስቲ ኩሉ ከቢድ ስራሕ ናይ ምግብና፡ ከምኡ'ውን ምስ ናፍቖትን ሻቕሎትን ናይቶም ኣብ መደበር ዝገደፍአም ደቀን፡ ነታ ዘዕርፋላ ሓጻር ግዜ እናወፈያ፡ ነቲ ዝወሃበን ትምህርቲ ብግቡእ ይከታተላ ነበራ። ኣብ ውሽጢ ዓመት ብመንፋዓተን ካብ ክፍሊ ናብ ክፍሊ እናነጠራ ነተን ቀዳሞት ዝርከበአን ገለ ሃብሮማት ኣደታት ምርኣይ'ውን ልሙድ ነበረ።

እዘን ኣደታት፡ ኣብ ስራሕ ዘጋጥመን ብድሆታትን ንምስጋሩ ዘርእያኦ ዝነበራ ጽንዓትን ተወፋይነትን፡ ርእሱ ዝኸኣለ ዛንታ ምተጻሕፈሉ። ናይ ነፍሲወከፍ ቅያ እንተ ዝግለጽ፡ ብዘይ ቃልዓለም ንሰማዒኡ ዘስተንክር ዓቢ መጽሓፍ ምኾነ። ኣብ ዝኸደኦ ቦታ ዘደንቕ፡ ዘሕብን፡ ዘስደምም፡ ዘንብዕ፡ ዘሕጉስ፡ ዘስሕቕ፡ ወዘተ. ብዙሕ ዓይነት ዛንታታት ምተጸውየሉ።

ኣደታት፡ ንማእቶት ካብ ዘለወን ክብረት ዝብገስ፡ ሰብኡተን ዓመታዊ ዕረፍቲ ዝወስድሉ ግዜ ኣብቲ ንሰን ኣብ መዓስከር ዝጸንሓሉ ወይ ናብ መዓስከር ዝምለሳሉ እዋን ንክኸውን ከወሃህዶኦ ይፍትና ነይረን እየን። ብወተሃደራዊ ምንቅስቓስ ኣብ ዝተበሓተ ኸባቢ ግን፡ ኩሉ ከምቲ ትደልዮ ኣይከውንን እዩ። ክፍላተ-ሰራዊት፡ ኣብ ተዛማዲ ሰላም፡ ኣባላተን ከዕርፋ ስለዘለዎም፡ ኣንስቶም ኣብ ማእቶት ከለዋ ናብ መዓስከር ዝመጹ ተጋደልቲ ነይሮም እዮም። ካልኦት መተኻእታ ተላኢኸን ኣንስቶም ክሳብ ዝመጽኦም ድማ፡ (ሓደ ሓደ ግዜ እቲ ዘለዋኦ ቦታ ርሑቕ (ሱዳን) ስለዝኸውን፡ ሓደ ሓደ ግዜ እውን ኣብ መልእኽቲ ረዲዮን ደብዳቤን ጸገማት ስለዘጋጥም፡) ካብ 5 ክሳብ 10 መዓልታት ዝጸበዩ ውሑዳት ኣይነበሩን። ሰብኣዮም ሰበይቶም ዝተወሃቦም ውልቃዊ መሰል ከይተረፈ ምስ ኩነታት ውድብ

ኣወሃሂዶም ክኸዱ ከለዉ ምርኣይ እምበኣር፡ ካብዚ ዝዓቢ መግለጺ ዲስፕሊንን ንቅሓትን ኣይርከቦን።

ኣጋጣሚታት

ቅድስቲ ተኽለ ዝተበሃለት ሰይቲ ስዉእ ንኣደ ሰለስተ ቈልዑን፡ ምስ ብጾታ ኣብ ሕክምና ዓሬርብ ብማእቶት ኣብ ስራሕ ምግብና ተዋፊራ ነበረት። ቅድስቲ ኣዝያ ለዋህ፡ ሰብ ቅጫኣ በሊዑ ዝጸግብ ዘይመስላ፡ ምሉእ መዓልቲን ለይቲን ሰንኪታ ዘይትርብርብ ኣደ ነበረት። ሓደ መዓልቲ፡ ካብቲ በረኸቲ ጎቦታታት ዝወረደ ብርቱዕ ውሕጅ፡ በቲ ሕክምና ዓሬርብ ተደኲንሉ ዝነበረ ሩባ እናተወንጨፈ፡ ልዕሊ ደንደስ መሊኡ ለመም እናበለ ነቲ መዓስከር ኣተዎ። ቅድስቲ፡ እቲ ውሕጅ፡ ነታ ቀጫጩ እናቀጨወት ከርሲ ብዙሓት ውጉኣት ተዐንግለላ ዝነበረት ሞቕሎ ካብ ሰፈራ ኣልዒሉ ከወስዳ ምስ ረኣየት፡ እቶም ንግሆን ምሸትን ብኣኣ ዝዕንገሉ ዝነበሩ ውጉኣት ተጋደልቲ ኣብ ቅድሚ ዓይና ቅጅል ኢሎማ ግዲ ኰይኖም፡ ብሰንባደ ትሕዞን ትጭብጦን ጠፊኣ። 'ንብረት ውድብ ካብ መርፍእ ከሳብ መድፍዕ ከጠፍእ የብሉን...' ዝብል ልሙድ ኣዘራርባ ተጋደልቲ ኣብ ርእሳ ስለዝነበረ ከኣ፡ ነታ መቕሎ ክተድሕን፡ በተግ ኢላ ናብቲ ውሕጅ ተደርገመት። እቲ ውሕጅ ግርህናኣ ርእዩ ኣይራሀርሃላን። ከም ሓደ ዝበልዖ ስኢኑ ዝጸንሐ ኣራዊት፡ "መርሓባ" ኢሉ ብምውሓጥ ምስ መቕሎኣ ንሓዋሩ ሒዙዋ እናተሰራሰረ ተዓዝረ።

እዚ ዘሕዝን ፍጻመ'ዚ፡ ንህዝቢ መደበር ሰለሙና ንትራጀዲ ናይ ጀልሃንቲ ኣዘኻኺሩ ምሒር ኣጕሃዮን ኣተሓሳሰቦን።

እቲ ዛንታ ከምዚ ዝስዕብ እዩ ነይሩ። ኣብ ጀልሃንቲ እንከሎ፡ ኣብርሃ ታሌሮ ዝተበሃለ ኣቦ ምስ ተጋዳሊት ሳባ (ጓል ኮሌኔል) ኣብ ሩባ ዝነበረት ሞቶረ ናይ ማይ ከውጽኡ ከብሉ ብውሕጅ ተወስዱ። ተጋዳላይ መኮነን ንኽድሕኖም ኢሉ ናብቲ ውሕጅ ዘሊሉ ብምእታው እናሓንበሰ ደድሕሪኦም ሰዓበ። ኣብኡ ዝነበረ ዓበይቲ ደናጉላ ስለ ዝዓገቶ ከርከቦም ኣየኸኣሎን። ምስ ሰኣኖም ድማ ቀቢጹ ካብቲ ውሕጅ ወጸ። ንሳቶም ብኣ ኣቢሎም ከሰውኡ ብዓይኑ ምርኣዩ ምሒር ዘሕዝን ፍጻመ ነበረ።

ኣብ ኣደታት መደበር ሰለሙና፡ ልክዕ ከም ባህሊ ተጋዳላይ፡ ዘይትጠቅም እትመስል ንብረት ውድብ እውን፡ ክትጠፍእ ወይ ክትበላሾ ቅቡል ኣይነበረን። ኣብ መሳርሒታት ምግብና ዝነበረ ጥንቃቐ ሕሉፍ እዩ። ኣብ ፈለማ 1982 **ንኣብነት፡ ካብ ሓሊበት ናብ ዓሬርብ ኣብ ዝነበረ ጉዕዞ፡ ምስቲ ዝነበረ ዋሕዲ መጓዓዝያ ቀንጠ መንጢ ንብረት ከይጽዕና ብሓለፍተን ብጥብቂ ተነጊሩወን ነበረ። እንተኾነ፡ ሙብዛሕትአን ነቲ ትእዛዝ ብምጥሓስ ታኒካ መስተይ ማይ ከይተረፈ ጸዓነኦ። ኣደይ ርሻን ሰብሃቱ ዝተባህለት ኣደ ድማ፡ ነታ ኣብ ሕማቕ ግዜ ወዲ-ዓከር ማሽላ እናጠሓነት ደቃን**

ካልኦትን ተዕንግለላ ዝነበረት መዲድ ብጨርቂ ጀኒና፡ “ተነቃፊ ንብረት” ዝብል ጽሒፉ ኣብ መኪና ሰቐለታ። እቶም ኣገዳሲ ንብረት ጥራይ ክጽዕኑ ዝተነግሮም ኣባላት፡ ነቲ ጽሑፍ ብምርኣይ ከይፈተሹ ነታ መዲድ ኣብ መኪና ቦታኣ ኣትሓዙዋ። ኣብ ዓሬርብ ክራግፉ ከለዉ ግን፡ ክብደታ ኣጠራጢርዎም ጨርቂ ፈቲሖም እንተረኣዩ፡ መዲድ ኰይና ጽንሓቶም። ክጽለሉ ደለዩ። ኣደይ ርሻን ተጸዊዓ፡ “ስለምንታይ ከምዚ ትገብሪ!” ምስ ተበሃለት፡ “ብዘይ እዚኣ’ዶ ምብላዕ ኣሎ’ዩ! ከም ገለ ሓርጭ እንተደንጎየናስ ኩላትና በብሪጋ እናጠሓንናን እናለንቀጥናን ክንዕንገል ኢለ’የ። ጨርቂ ዝጀነኩዋ ግን ከይትሰበር ስለዝፈራህኩዋ እየ፡” ክትብል መለሰትሎም።

ኣብ ማእቶት፡ ዳርጋ ንኹለን ኣደታት ዘሰንበደ ካልእ ፍሉይ ፍጻመ’ውን ኣጋጢሙ ነበረ። ንሱ ድማ፡ ኣብ ጋራጅ መራፌት ንማእቶት ካብ ዝተዋፈራ ኣደታት ሓንቲ፡ ኣብቲ ቦታ ጓላ ጠፍኣታ። ኣቦ እታ ቈልዓ፡ ወዲ ዓይኖም ዝበሃል ኣባል ኢ.ደ-ስርሓት እዩ። ኣብ ግዳም እናተጻወተት እንከላ’ያ ድማ ጠፊኣ። ኣደኣ ኣብ ስራሕ ምግብና ተጸሚዳ ስለዝነበረት፡ ክተቕልበላ ኣይከኣለትን። ቈልዓ በቶም ኣብቲ ከባቢ ዝነበሩ ተጋደልቲ ከይተረፈት ተደልያ ተቐብጸት። ጸኒሓ ድሕሪ ናጽነት ግን፡ ኣብቲ ከባቢ ብሱዳናውያን ራሻይዳ ተሰሪቃ ጸኒሓ ናብ ስድራኣ ከም እተጸንበረት፡ ጋዜጣ ሓዳስ ኤርትራ፡ ነዚ ዘገርም ዛንታኣ ብምልኣት ሰኒዳቶ ኣላ።

ብዝሕን ምቅይያርን ህዝቢ መደበር ዕቑባት

ስርዓት ኢትዮጵያ፡ ‘ዓሳ ንምጽናት ባሕሪ ምንጻፍ’ ካብ ዝብል እኩይ ውጥኑ ተበጊሱ፡ ኣብ ልዕሊ ህዝቢ ዝፍጽሞ ዝነበሮ ቅትለትን ዘሰኻሕክሕ ግፍዕታትን ማእለያ ኣይነበሮን። ታሪኽ መደበር ዕቑባት ድማ፡ ብግፍዕታት ጸላኢ ዝተዘናበለ ህዝቢ ካብ ከርተትን ስደትን ሕሰረትን ውርደትን ተናጊፉ፡ ኣብ ሓራ መሬት ሃገሩ ተዓቝቡ ኣብቲ ናጽነታዊ ቃልሲ እጃሙ ከምዘበርከተ ንምግባሩ ብህዝባዊ ግንባር ናይ ዝተኻየደ ጻዕሪ መርኣያ እዩ።

መደበር ዕቑባት፡ ኣብ 1975 ብውሑዳት ካብ ሕርጊጎ፡ እምበረሚን ካብ ከባቢ ኣስመራን ብዝተዘናበሉ፡ መብዛሕትኦም ኣንስትን ቈልዑን ዝኾኑ ዜጋታትና ዝተበገሰ መደበር እዩ። በብእዋኑ ዝዘናበሉ ሓደስቲ ዕቑባት እናተቐበለን፡ ብውሑድ ቊጽሪ ናብ ካልእ ዕማም ወይ ቦታ እናፋነወን ድማ ቀጺሉ። ኣብ መጀመርታ ናይ 1978፡ ብዝሒ ዕቑባት 1153 በጺሑ ነበረ። ቀቅድሚ ምዝላቕ ጸላኢ ተሳዒሩ ኣብ ውሑዳት ከተማታት ጥራይ ምስ ተሓጽረ 764 ካብኣቶም ነናብ ዓዶምን ናብ ዝተፈላለያ ሓራ ከተማታትን ተመሊሶም ከም ዝጣየሱ ተገይሩ ነበረ። ካብቶም ዝተረፉ

ዕቑባት 223 ናብ ቤት ትምህርቲ ሰውራ ክመሃሩ ስለዝተፋነዉ፡ መደበር ዕቑባት ደብዓት ምዝላቕ ኣብ ዝጀመረሉ መፋርቕ 1978፡ ሒዙዎም ዝነበረ ዕቑባት ብዝሖም 276 ጥራይ ነበረ።

ጸላኢ ሰፊሕ ወራር ምስ ኣበገሰ፡ ዳግማይ ብዝሒ ዘለዎ ህዝቢ ክዘናበልን ክሰደድን ጀመረ። ካብ ኩለን ሓራ ከተማታት፡ ማለት ደቀምሓረ፡ ግንዳዕን ከረንን፡ ከምኡ'ውን ካብ ዞባታት ደቡብ፡ ምብራቕን ሰሜንን ዝተዘናበሉ ኣሽሓት ህዝቢ ናብ ህዝባዊ ግንባር ስለዝመጸ ድማ፡ ኣብ ቀዳማይ ርብዒ ዓመት 1979፡ ንኹሎም ዘዕቁብ መደበር ኣብ ጀልሃንቲ ዳግም ከም ዝትከል ተገብረ። ኣብቲ እዋን'ቲ፡ ኣዝዩ ብዙሕ ህዝቢ ብምርጫኡ ናብ ስደት ከመርሕ ከሎ፡ 575 ኣንስቲ፡ 57 ሰብኡትን 699 ቈልዑን ዝርከቡዎም ተመዛበልቲ ኣብ ህዝባዊ ግንባር ክጸንሑ ስለዝመረጹ፡ ቍጽሪ ዕቑባት ብድምር 1557 በጽሐ። ካብ 1980 ክሳብ 1982 ምስቲ ዝነበረ ኣዝዩ ጽንኩር ወተሃደራዊ ኩነታት፡ እቲ ኣብ ዶብ ሱዳን ዝነበረ ደጀን ህዝባዊ ግንባር፡ ካብ ዝበዝሕ ህዝቢ ዝነብረሉ ከባቢ ርሒቑ ኣብ ዝተነጸለ ቦታ ብምንባሩ፡ ቍጽሪ ዕቑባት 626 ጥራይ ወሰክ ገበረ። ብኣንጻሩ፡ 288 ሰባት ናብ ወጻኢ ሃገራት ክኸዱ ስለዝመረጹ፡ ብዘይ ዝኾነ ዕንቅፋት ተፋነዉ። ናብ ታዕሊም ብምኻድ ብረት ከልዕሉ ዝመረጹ ድማ፡ 177 ነበሩ። 491 ቈልዑ ናብ ቤት ትምህርቲ ሰውራ፡ 35 ከጋደላ ናይ ዝወሰና ዕቑባት ኣደታት ቈልዑ ከኣ ናብ መናበዩ ህጻናት ስለዝኣተዉ፡ ቍጽሪ ዕቑባት ኣብ መወዳእታ 1982 ናብ 1087 ወሪዱ ነበረ።

ካብ 1983 ክሳብ 1986 ኣብ ዝነበራ ኣርባዕተ ዓመታት፡ ኣብ ርእሲ'ቲ ዝነበረ ጽንኩር ናይ ምርብራብ ኩነታት፡ ዋሕዲ ዝናም ዝፈጠሮ ከቢድ ደርቂ ብምክሳቱ፡ ብዙሕ ህዝቢ ስለዝተዘናበለን ናብ ድኽነት ስለዝተሸመመን፡ ህዝባዊ ግንባር ጸገማት ህዝቡ ንምፍታሕ ማዕጾኡ ክፈቱ እዩ። ስለዚ ድማ፡ 1064 ኣንስቲ፡ 142 ሰባኡትን 2409 ቈልዑን ዝርከብዎም 3615 ተመዛበልቲ ተወሰኹ። ኣብዚ መድረኽ'ዚ፡ 596 ሰባት ንወጻኢ ክፋነዉ እንከለዉ፡ 175 ከጋደሉ ናብ ታዕሊም ከዱ። ብዘይካ'ዚ፡ 805 ህጻናት ናብ ቤት ትምህርቲ ሰውራ፡ 52 ድማ ናብ መናበዩ ህጻናት ኣተዉ።

ኣብ መደበር ዕቑባት ኣብ መስከረም 1985 ብዘጋጠመ ደብዳብ ነፈርቲ ዝተቐትሉ 66 ሰባት (ሓያለ ካብኣቶም ቈሲሎም ድሕሪ ምጽናሕ ኣብ ሕክምና ዝሞቱ እዮም)፡ ምስ'ቶም ኣብ ኣርባዕተ ዓመት ብኻልእ ምኽንያት ዝሞቱ 30 ሰባት ብምድማር፡ 96 ጥራይ እዮም ብሞት ተፈልዮም። ስለዚ፡ ኣብ መወዳእታ 1986፡ ብዝሒ ህዝቢ መደበር ዕቑባት 3081 ከም ዝነበረ ጸብጻባት ናይቲ ክፍሊ ይሕብር።

ካብ 1987 ክሳብ 1991 ኣብ ዝነበረ ዓመታት፡ ናብቲ መደበር ዝኣተዉ ሓደስቲ ዕቑባት፡ 1150 ኣንስቲ፡ 103 ሰብኡትን 2815 ቈልዑን ዝርከቡዎም 4068 እዮም። ኣብዚ መድረኽ'ዚ ካብቲ መደበር ዝተፋነዉ 542 ዕቑባት ነበሩ። ዝበዝሑ ናብ ዓድታቶም ክምለሱ ከለዉ፡ ዉሑዳት ከኣ ብምርጫኦም ናብ ወጻኢ ሃገራት ዝተፋነዉ እዮም። ብተወሳኺ፡ 161 ናብ ታዕሊም ክኸዱ ዝመረጹ፡ 59 ብሞት ዝተፈለዩ፡ 37 ድማ ብፍሉይ ናብ ቤት ትምህርቲ ሰውራ ዝተሰጋገሩ ነበሩ።

ካብ 1986 ጀሚሩ፡ ቈልዑ መደበር ስለሙና ኣብ መደበር ዕቑባት ምስ ስድረኦም ኰይኖም ክመሃሩ ስለዝተወሰነ፡ ጨንፈር ትምህርቲ መምሃራን ሰዲዱ ኣብቲ መዓስከር ኣብ ዝኸፈቶ ቤት-ትምህርቲ 'እዮበልዩ' ይምህሮም ነበረ። ስለዚ፡ መደበር ዕቑባት ህዝባዊ ግንባር ኣብ ግንቦት 1991 - ዕለተ ናጽነት፡ 2116 ኣደታት፡ 159 ሰብኡት 3987 ቈልዑን ብጠቕላላ 6132 ዕቑባት ሒዙ ነበረ። እቲ ኣብ ከባቢ ዓሬርብ ዝተደኮነ መደበር ብዕቑባት ምስ ኣዕለቕለቐ፡ ኣብ 1988 ኣብ ባድን፡ ኣብ 1990 ከኣ ኣብ ኣዶብሓ ክልተ ቦታታት ሓደስቲ መደበራት ዕቑባት ከምዝተወሰኸ ኣቐዲሙ ተጠቒሱ ኣሎ።

ስለዚ መደበራት ዕቑባት ህዝባዊ ግንባር ኣብ ናይ 16 ዓመታት ታሪኹ፡ ዝናበዮም ብዝሒ ህዝቢ፡ ብጠቕላላ 10,736 እዮም። ካብ ዚኣቶም፡ 513 ናብ ታዕሊም ብምኻድ ብረት ዝዓጠቑ፡ 1556 ናብ ቤት ትምህርቲ ሰውራ ዝኸዱ ቈልዑ፡ 1338 ናብ ዓድታቶምን ወጻኢ ሃገራትን ዝተሰናበቱን እዮም። ህዝቢ መደበር ዕቑባት፡ ንቕሓቱ ብምብራኽ፡ ምሉእ ኣቓልቦኡ ኣብ ሰውራኡ ብምግባር ኣብ ቃልሲ ንናጽነት እጃሙ ዘበርከተ ተቓላሳይ ህዝቢ እዩ። ብዙሓት ስድራቤታት፡ ኣባላተን ብምሉኦም ኣብ ሰውራ ዝተሳተፉን ከቢድ መስዋእቲ ዝኸፈላን እየን። መብዛሕትአን ዕቑባት ደቀንስትዮን ኣንስቲ ተጋደልትን ስለዝነበራ፡ ሰብኡተን ብመስዋእቲ ኣብጅየን፡ ዝጉበዙን ዝተማህሩን ደቀን መተኻእታ ስዉኣት ክኾኑለን ናብ ቃልሲ ኣፋንየን፡ ንባዕለን ድማ ኣሰሮም እናሰዓባ ብብዝሒ ዝተሰለፋን ዝተሰወኣን ስለዝኾና፡ ኣበርክቶአን ኣብ ጉዕዞ ሓርነታዊ ቃልስና መዘና ዘይርከቦ ብግቡእ ክስነድ ዘለዎ ፍሉይ ታሪኽ እዩ።

ዘይተነግረ ገድሊ.

ማእቶትን ወተሃደራዊ ታዕሊምን ኣብ መደበር ዕቑባት

መደበር ዕቑባት ሰለሙና

ንጥፈታት ስፌት

ቀዳሞት ሰልጠንቲ ስነ-ሕብረተሰብን ኮማዊ ምዕባለን

ብዘይ ፍልልይ ዕድመን ጾታን ኩሉ ይመሃር

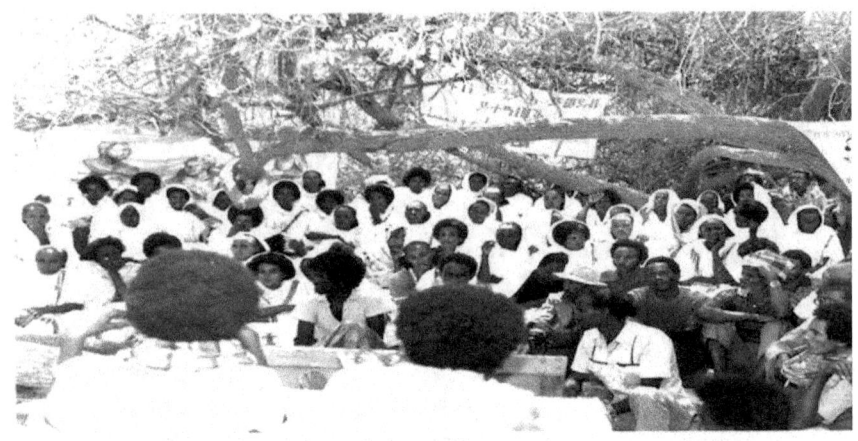

ባይቶ

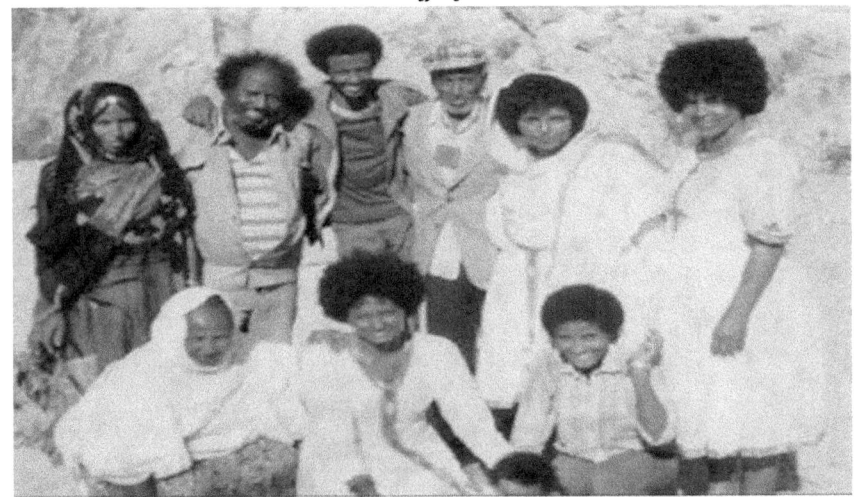

ገለ ካብ ኣባላት ባይቶን ሓለፍቲ ጨንፈር ዕቑባትን

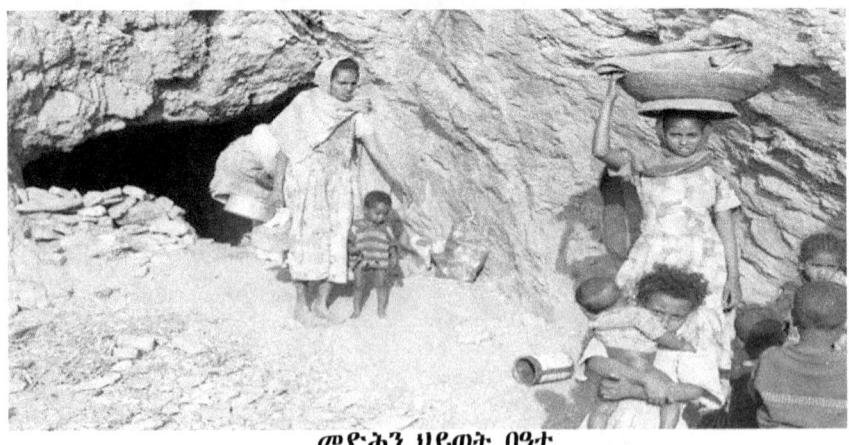

መድሕን ህይወት በዓቲ

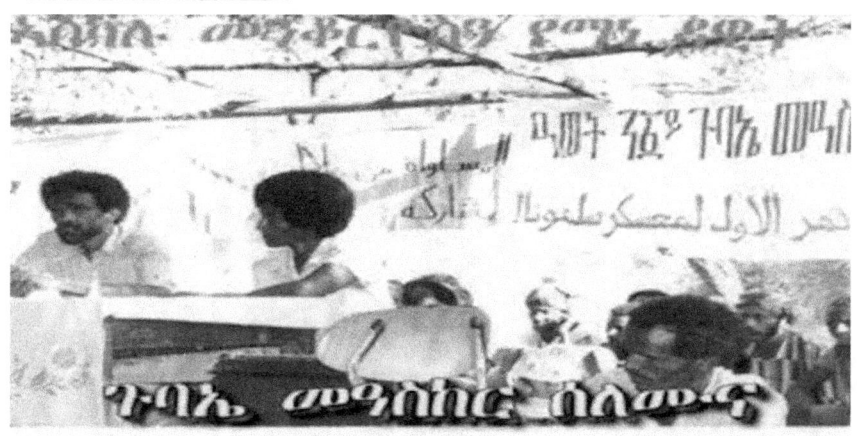

መክፈቲ ጉባኤ

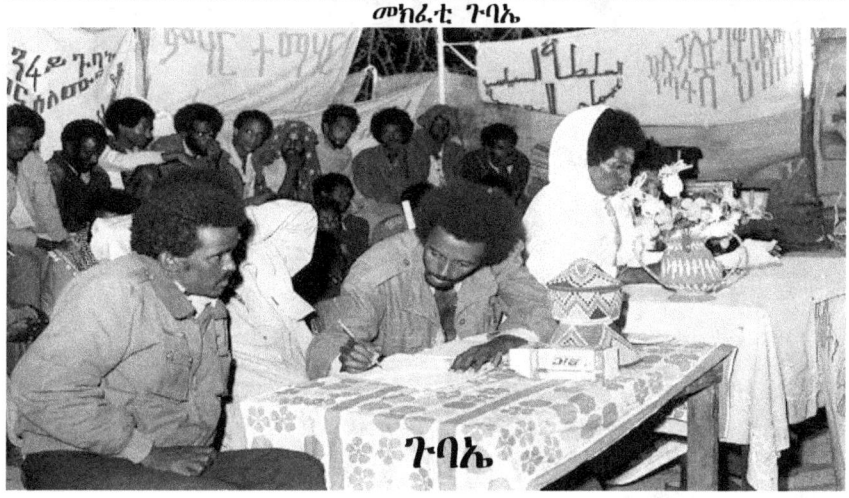

ኣብ እዋን ናጽነት ንቕሎ ናብ ኣስመራ

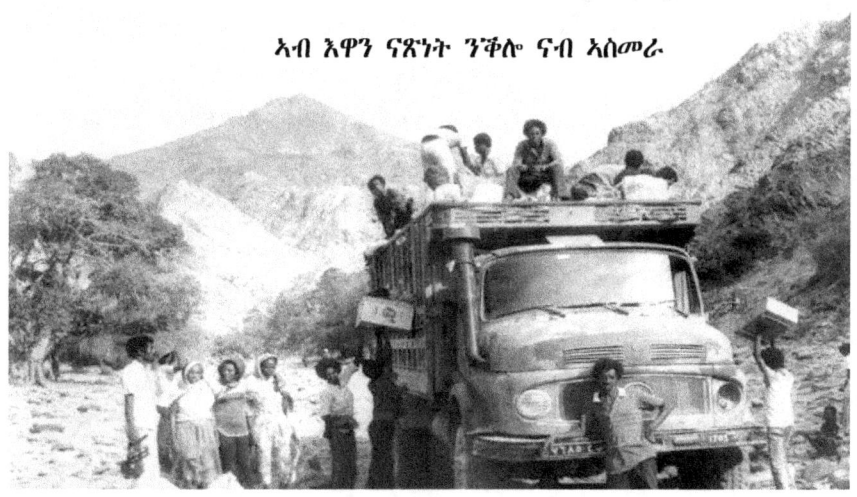

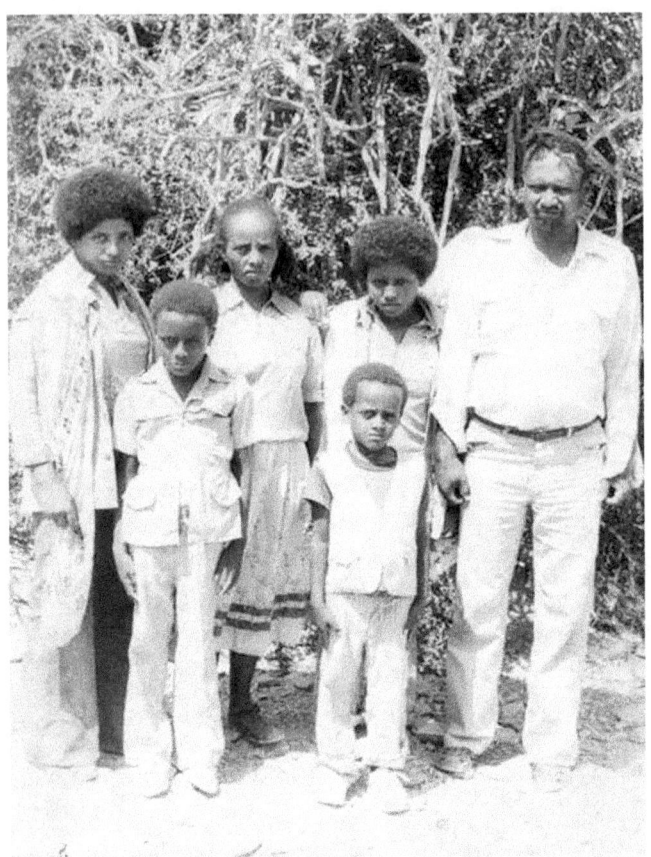

ግዳይ
ደብዳብ
ነፈርቲ ዝኮነት
ስድራ-ቤት
ኣስመሮም

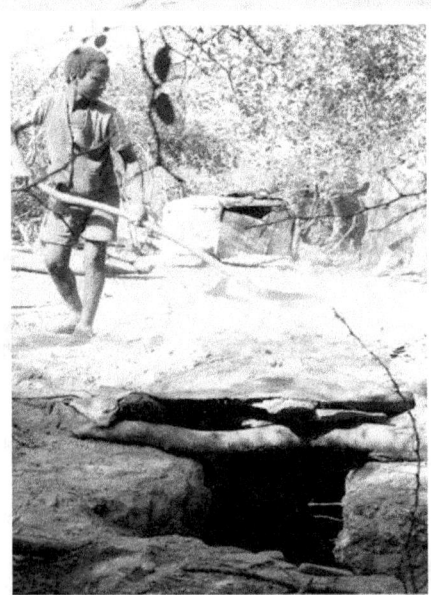

መዕቈቢ
ካብ ደብዳብ
ነፈርቲ

4

መናበዪ ህጻናት

ለውጢታት ኣገባብ ኣተኣላልያን ብድሆታቱን

ማሕበራዊ ጉዳያት፡ ምስቲ ትንፋስ ዘይህብ ዝነበረ ወራራት ጸላኢ፡ ከም ኩለን ክፍልታት ህዝባዊ ግንባር፡ ናብ ጀልሃንቲ፡ ሓወልዕ፡ ዓራግ፡ ግልዕ እናበለ ናብቲ ክሳብ ግዜ ናጽነት ዝጸንሓሉ ናይ መወዳእታ መዕለቢኡ ዝኾነ ጽኑዕ ደጀን ዓሬርብ ብሓባር ተጓዕዘ። ኣብዚ ከኣ ጨንፈር ስንኩላን ኣብ እግሪ ሃገር፡ ልዕሊ ሕክምና ኣብ ዝርከብ ቦታ ክሰፍር ከሎ፡ ጨንፈር መናበዪ ህጻናት፡ መደበር ዕቑባት፡ መኽዘንን ቤትጽሕፈት ክፍሊን ድማ፡ ንጉልጉል እምሰራይር(ዓሬርብ) ከም መሰጋገሪ ቦታ ብምጥቃም፡ ናብቲ ናይ መወዳእታ መዕለቢኣን ዝኾነ ክስረት (ዓሬርብ) ብሓባር ግዓዛ። እዚ ዝበዝሕ ኣኻላት ማሕበራዊ ጉዳያት ዝነበሮ ቦታ፡ ካብ ጽርግያ ዓሬርብ መራፌት፡ ዓይተዋይ ከይበጻሕካ፡ ብሰሜናዊ ምብራቅ ዝመጽእ ሓደ ሩባ ምስ ሩባ ዓሬርብ ዝሕወሰሉ ኸባቢ እዩ። ኣብዚ ሩባ'ዚ ኣሃዱታት ማሕበራዊ ጉዳይ ሰፊረንአ ዝነበራ ሩባ ንውሓቱ ብግምት ሸምንተ ኪሎሜተር ኣቢሉ ይኸውን። እቲ ሩባ ጸቢብ ኣብ ርእሲ ምኳኑ ዝበዝሕ ክፋሉ ካብ ውሕጅ መእለዪ ዝኸውን ቦታ ዘይርከቦ እዩ ነይሩ። መደበር ሰለሙና፡ ካብ ታሕተዋይ ጫፉ 08 ጀሚሩ፡ 07፡ 06፡ እናበለ ኣብ ላዕለዋይ ጫፉ ብ01 ይዛዘም። ብየማነ-ጸጋም ናብዚ ዓቢ ሩባ'ዚ ዝሕወሱ ንኣሽቱ ሩባታት ድማ፡ ጨንፈር መኽዘንን ቤት ጽሕፈት ክፍሊን ሰፊሮሞ ነበሩ። ጨንፈር መናበዪ ህጻናት፡ ልዕሊ 01 ናይ መደበር ሰለሙና፡ ኣብ እግሪ ጎቦታት ዝተደኮነት መዕቈቢት እያ። እዚ ቦታ'ዚ፡ ዓበይቲ ኣግራብ ጋባን ዳዕሮን ዝበዝሖ፡

ንህጻናት መንቀሳቐሲ ክኸውን ዝኽእል ቦታ ዘይርከቦ ጸቢብ ስንጭሮ እዩ። ሩባ ክሰረት፡ ኣብ ዓመት ልዕሊ ሽድሽተ ኣዋርሕ ማይ ዘይርከቦ ኣጻምእ እዩ። ኮይኑ ግን፡ ካብኡ ዝሓይሽ ቦታ ስለዘይተረኸበ፡ ኣባላት ጨንፈር መናበዩ ህጻናት፡ ነቲ ብጽሓይን ንፋስን ጀልሃንቲ ዝማሕመሐ ቴንዳታት ኣብኡ ተኺሎም፡ ነቲ ከቢድ ዕማም ምንባይ ህጻናት፡ ኣብ'ዚ ሓዲሽ ከባቢ ቀጺልዎ። ህላወ ናይ'ዞም ዓበይቲ ዳዕሮ፡ ከም መጽለሊ ካብ ጸሓይን ከም መኸወሊ ካብ ክሻፉ ነፈርቲን ስለዘገልግል፡ ብልጫኡ ዓቢ ነበረ። ብኻልእ ወገን፡ እቲ ቴንዳታት ኣብ ደንደስ ሩባ ምስ ምኻኑ፡ ብግዜ ክራማት ካብ ሓደጋ ውሕጅ ውሑስ ኣይነበረን።

ጨንፈር መናበዩ ህጻናት፡ ኣብዚ ሓዲሽ ቦታ ምስ በጽሐ እውን፡ ነቶም ካብ ቦታ ናብ ቦታ ክጓዓዞም ዝጸንሐ 182 ህጻናት፡ ለውጢ ከይገበረሎም ከምቲ ኣብ ጀልሃንቲ ዝነበርዎ ከከም ዕድመኦም ኣብ ኣርባዕተ ጉጅለታት ከፋፊሉ ኣሰፈሮም። ቀዳመይቲ ጉጅለ፡ ካብ ሓደ ዓመት ክሳብ ክልተ ዓመትን ፈረቓን፡ ካልኣይቲ ጉጅለ ካብ ክልተ ዓመትን ፈረቓን ክሳብ ኣርባዕተ ዓመት፡ ሳልሳይቲ ጉጅለ ካብ ኣርባዕተ ዓመት ክሳብ ሽድሽተ ዓመት፡ ራብዓይቲ ጉጅለ ድማ ካብ ሽድሽተ ዓመት ክሳብ ሸውዓተ ዓመት ዕድመ ዘለዎም ህጻናት ዝሓቑፉ ነበሩ። ነፍሲ-ወከፍ ጉጅለ ናታ መጸውዒ ስም ነበራ። ካብ ዝነኣሱ ክሳብ ዝዓበዩ ጉጅለታት ዝጽውዕዎ ዝነበሩ ኣስማት፡ ኢራብ፡ ሰገን፡ ዘራፍን ሓርማዝን ዝብል ነበረ። ኩሎም ህጻናት በብጉጅለኦም ብሓባር ይምገቡ፡ ይዘናግዑን ይድቅሱን ነበሩ። ካብ ካልኣይ መፋርቕ ናይ 1980 ጀሚሩ፡ ብዘይካ ኣላዩ ዝሰኣኑ፡ ትሕቲ ሰለስተ ዓመት ንዝዕድመኦም ህጻናት ምቕባል ስለ ዝተቛረጸ፡ እቶም ንኣሽቱ ዝነበሩ እውን ደቂ ሰለስተ ዓመትን ልዕሊኡን ስለ ዝበጽሑ፡ ጉጅለታት ዝሓቘፍኦ ክሊ ዕድመ ምቅይያራት ተገብረሉ። በዚ መሰረት፡ ቀዳመይቲ ጉጅለ ካብ 3-4፡ ካልኣይቲ ካብ 4-5፡ ሳልሰይቲ ካብ 5-6፡ ራብዐይቲ ድማ ካብ 6-7 ዓመት ህጻናት ሓቝፋ። ነፍስወከፍ ጉጅለ፡ ዝሓዘቶ ብዝሒ ህጻናት፡ ካብ ዓመት ናብ ዓመት ዝተፈላለየ ነበረ። ጉጅለ ክሳብ ልዕሊ 80 ህጻናት ትሓቝፈሉ ግዜ'ውን ነይሩ እዩ።

ክፍሊ ማሕበራዊ ጉዳያት፡ ነዞም ብሓደራ ዝተረከቦም ደቂተጋደልትን ዘኽታማትን ህጻናት፡ ብስነ-ፍልጠታዊ ኣገባብ ኩስኩሶ ከዕብዮምን ኣምሂሩ ኣብ ዝብጻሕ ከብጽሖምን ሕድሪ ዝተሰከመ ኣካል እዩ ዝነበረ። ኣብ ዝሓለፈ ናይዚ ጽሑፍ ከምዝተገልጸ፡ ኣብቲ ጨንፈር ዝምደቡ ዝነበሩ ካብ ክልቲኡ ጾታ ዝተዋጽኡ ኣባላት፡ መብዛሕትኦም መንእሰያትን ዘይወለዱን ክኾኑ ከለዉ፡ ውሑዳት ብዕድመ ዓበይቲ ድማ ነበሩዎም። ብዛዕባ ኩናትን ምስኡ ዝተኣሳሰር ወተሃደራዊ ዕማማትን ምሕሳብ እንተ ዘይኮይኑ ድማ፡ ካብቲ

ንሳቶም ዘዓበይሉ ልምዳዊ ኣገባብ ኣተኣላልያ ሓሊፎም፣ ብዛዕባ ብስነ-ፍልጠት ዝተሰነየ ኣገባብ ኣተኣላልያ ህጻናት ዝፈልጥዎ ኣይነበሮምን። ባህጊ ተጋዳላይ ኣብ ግንባራት ምስላፍ ጥራይ ስለዝነበረ ድማ፣ ኣብዚ ሞያ ተገዳስነትን ድሌትን ከሕድሩ ትጽቢት ዝግበረሎም ኣይነበሩን። ምእላይ ቈልዑ፣ ትርጉም ዘይብሉ፣ ንደቀንስትዮ ጥራይ ዝምልከት ስራሕ እዩ ዝመስሎም። "ክጋደል ኢለ ካብ ገዛይ ወጺኤስ ኣብዚ ሽንትን ቀልቀልን ህጻናት ክጸርግ...." እናበሉ ምስ ዕድሎም ዘማርሩ፣ እንጽርጽሮቶም ኣብቶም ህጻናት ከውርዱ ዝፍትኑ ኣለይቲ ምርኣይ እውን ትጽቢት ዘይግበረሉ ኣይነበረን። ኣብ ርእሲ'ዚ፣ ምስ ግዜ ወተሃደራዊ ኩነታት ክፍጠር ከሎ፣ እቶም ነቲ ስራሕ ዝተለማመድዎን ኣገዳስነቱ ዝተገንዘቡን ነባራት ኣባላት፣ ብብግዚኡ ናብ ግንባራት ይኸቱን ብካልኦት ይትክኡን ብምንባሮም፣ ነቶም ዝመጹ ሓደስቲ ኣባላት ከተረድእ እውን ተወሳኺ ጻዕሪ ይሓትት ነበረ።

እቲ ዝዓበየ ስራሕ ናይ ጨንፈር ዘኸታማት እምበኣር፣ ምስዚ ስምዒታት'ዚ ብምቅላስ፣ ብቑዓትን ግዱሳትን ኣለይቲ ህጻናት ምምልማል ነበረ። ቀጻሊ ሰሚናር፣ ኣስተምህሮን ማዕዳን እናተወሃበ፣ ኣመላኻኽታ ኣባላት ከም ዝሰፍሕ ካብ ምግባር ወጻኢ ድማ ካልእ ኣማራጺ ኣይነበረን። ኣብቲ ዝድለ ኣመላኻኽታ ንምብጻሕ፣ ብሓለፍቲ ማሕበራዊ ጉዳያት ሓያል ቃልሲ ተኻይዱ'ዩ።

ኣብቲ መናበዪ፣ ህጻናት ብንቡር መገዲ ክዓብዩሉ ዝኽእሉ ኩነታት ንምፍጣር፣ በብእዋኑ መመሓየሺ ለውጢታት ንምግባር ይጽዓር ነይሩ እዩ። ኣብቲ ካብ 1979 ክሳብ 1982 ዝነበረ ገድላዊ ህላወ ኣብ ምርግጋጽ ዝተሓጽረ ፈታኒ መድረኽ፣ ህጻናት ብብቑዕ ኣገባብ ንምእላይ ዝድለ ነገራዊን ማሕበራዊን ጠለባት ምምላእ ቀሊል ኣይነበረን። ኣማኢት ስድራ ዘይብሎም ህጻናት ምጥርናፍ፣ ዝሰፍሩሉ ገዛውትን ኣከባቢን ምህናጽ፣ ዝተመጣጠነ መግቢ ምርካብን መደቀስን መንቀሳቐሲን ቦታታት ምውዳድን፣ ወትሩ ዓቢ ብድሆ'ዩ ዝነበረ። ንቡር ዕብየቶም ከይሰናኸልን ስነ-ኣእምርኣውን ስምዒታውን ምዕባለኦም ከይዕገትን'ውን፣ ብትሑት ኣፍልጦን ዓቕሚን ዝተፈላለየ ናይ ትምህርትን ምዝንጋዕን መደባት ንምክያድ ይፍተን ነበረ። በዚ መሰረት፣ እቲ ብብእዋኑ ክዘውተር ዝጸንሐ ኣወዳድባ ንምዝኽኻር፣ ካብ መስከረም 1979 ጀሚሩ፣ ኣባላት ኣብ ክልተ ጉጅለታት ናይ ኣለይቲን መማህራንን ተኸፋፊሎም ዕማማቶም ከሰላስሉ ከለዉ፣ ቅድሚ'ዚ ዝተጠቕሰ ግዜ ከኣ፣ ኩሎም ኣባላት ነቲ ናይ ምእላይ ንጥፈት (ምድላው መግቢ፣ ነብሶምን ክዳውንቶምን ምሕጻብ፣ መደቀሲኦም ምንጽጻፍ፣ ቀልቀሎም ምጽራግ፣ ከባቢኦም ምጽራይ፣ ናብ በረኻ እናወሰድካ ምዝንጋዕ፣ ምምሃር ቅድመ-ትምህርቲ፣ ጽውጽዋያትን ዛንታታትን ምንጋር፣ ድቃሶምን ኣመጋግባኦምን

ምክትታል፡ ወዘተ.) ብናይ ሓባር መደብ የኻይዱዎ ምንባሮም ምጥቓሱ ኣገዳሲ እዩ።

ድሕሪ ሻድሻይ ወራር፡ ህዝባዊ ግንባር ደጀኑ ብምውሓስ ብተዛማዲ ርጉእ ኩነታት ስለዝፈጠረ፡ ክፍሊ ማሕበራዊ ጉዳያት ኣብ ጥቅምቲ 1982 ብደረጃ ክፍሊ መዓልታት ዝወሰደ ደቂቕ ገምጋማት ድሕሪ ምክያድ፡ ዳግመ-ምውዳብ ብምግባር፡ ነቲ በብእዋኑ ክዝውተር ዝጸንሐ ኣገባብ ኣተኣላልያ ዝቕይር ሓዲሽ ኣወዳድባን ኣሰራርሓን ኣተኣታተወ። በዚ መሰረት፡ ኣብ መናበዪ ህጻናት፡ ነቶም ቍጽሮም ናብ 250 ክብ ኢሉ ዝነበረ ህጻናት ብስነ-ፍልጠታዊ ኣገባብ ንምእላይ፡ እቲ ጨንፈር ክክተሎ ንዝጸንሐ ኣወዳድባን ኣሰራርሓን ብምቕያር፡ እቲ ጨንፈር ናብ ኣርባዕተ ንኡስ ኣኻላት ማለት፡ ጽርየትን ዕለታዊ ንጥፈታትን፡ ምድላውን ምክትታልን መግቢ፡ ትምህርትን ምዝንጋዕን (ስነ-ኣእምሮ)፡ ሕክምናን ምክትታል ዕብየትን ብምክፍፋል፡ ነፍሲወከፎም ነናቶም ንጹር ዕማማትን ሓላፍነታትን ክዓም ዝሰከሙ ተገብረ። እቶም ኣብ ምእላይ ተዋፊሮም ዝነበሩ ኣባላት ከኣ፡ ኣብቲ ጨንፈር ብዝነበረ ምክፍፋል ናይ ስራሕ፡ ኣበየናይ ክም ዘድምዑ ብዝተኻየደሎም ናይ ብቕዓት ገምጋም፡ ኣብተን ኣርባዕተ ንኡሳን ኣኻላት ተመደቡ። በዚ ኣገባብ'ዚ፡ እቶም ኣባላት ነቲ ስራሕ ብዝጸፈፈን ዝማዕበለን ደረጃ ክሰላስልዎ ጀመሩ።

ኣብ 1985፡ 'ምእላይ ህጻናት' ዝብል መጽሓፍ ክም ዝሕተም ብምግባር፡ ኩሎም ኣለይቲ ህጻናት ተማሂሮም ኩሉ መዳያዊ ኣፍልጦ ዝረክቡሉ ኩነታት ተፈጥረ። እዚ መጽሓፍ'ዚ፡ ኣብ ግንባራት ይኹን ደጀን ብተጋደልቲ ዝውለዱ ዝነበሩ ህጻናት ስነ-ፍልጠታዊ ኣገባብ ኣተኣላልያ ረኺቦም ንክዓብዩ መማእዘኒ ክኾውን ክኢሉ እዩ። ኣባላት ጉጅለ መጽናዕቲ መናበዪ ህጻናት ብወገኖም፡ ምስቲ ካብ 1988 ጀሚሩ፡ ክም ኣካል መጽናዕቲ ክፍሊ ማሕበራዊ ጉዳያት ኮይኑ ዝሰርሕ ዝነበረ ገብረመስቀል ፍሰሃን ምስ ሓላፊ ክፍልን መናበይ ህጻናትን እናተሓጋገዙ፡ "ምዅስኳስ ህጻናት" ዘርእስታ ሰለስተ ወርሓዊት መጽሔት ብምድላው፡ ናብ ኣባላት መናበዪ ህጻናት፡ ኣደታት መደበር ሰለሙናን ካልኦት ኣሃዱታት ውድብን ይዝርግሑ ነበሩ። እዛ ካብ 1989 ጀሚራ ክሳብ ዕለተ ናጽነት ሸዱሽተ ቕጽታት ዝዘርገሐት መጽሔት፡ ጽልዋኣ ሰፊሕ ነበረ። ብተወሳኺ፡ "መደብ ቅድመ-ትምህርቲ" ዝብል መጽሓፍ'ውን ኣብ መስከረም 1990 ተዳልዩ ተዘርግሐ። ክፍሊ ማሕበራዊ ጉዳያት፡ ነዛ መጽሓፍ ድሕሪ ናጽነት ኤርትራ ኣብ መስከረም 1991 ኣመሓይሹ ብምቕራብ፡ ክም መምርሒ፡ መምሃሪ ቅድመ-ትምህርቲ ክትክውን ናብ ክፍሊ ትምህርቲ ኣሰጋገራ። ተዘርጊሓ እውን ኣብ ስራሕ ወዓለት።

ንኡስ-ኣካል ጽርየትን ዕለታዊ ንጥፈታትን (ኣለይቲ)

ቀንዲ ዕማማት ናይ'ዛ ንኡስ ኣካል'ዚኣ፡ ምስቲ ሓንቲ ስድራቤት ደቃ ንምዕባይ እተኻይዶ ዕለታዊ ንጥፈታት ዝመሳሰል እዩ። ጽርየት ኣኻላቶም፡ ክዳውንቶም፡ መናጽፎም፡ ኣባይቶምን ከባቢኦምን፡ ከምኡ እውን ኩነታት ድቃሶም ቅድሚን ድሕሪን ምድቃሶም ትከታተል። ለይቲ ክሽይን ንዘደሊ ተሸይን፣ ምሉእ ለይቲ ኣብ መደቀሲኦም እናዞረት ክዳን ለይቶም ብግቡእ ተኸዲኖም ምህላዎም ተረጋግጽ። ብተወሳኺ፡ ሓልዮትን ክንክንን ብተግባር ንምስራጽን ፍቕሪ ንምኩስኳስን ትሰርሕ። ዕለታዊ ኩነታት ጥዕናኦም ትከታተል፣ ንዝሓመሙ ናብ ሕክምና ብምምልላስ፡ ንዝተኣዘዘሎም መድሃኒት ብግዜ ተኸታቲላ ከም ዝወስዱዎ ትገብር። ካብ ኩሎም ተጓዳእቲ ነገራት ድሕነቶም ንምሕላው ኣስተምህሮታት ትህብ። ተነጽሎ ወይ ዝሕታለ ንዘጋጥሞም ህጻናት ደገፍ፡ ምትብባዕን ሞራልን ተስንቕ፣ ምሽታዊ መዝሙር፡ ጽውጽዋይን ሳዕስዒትን እናወደበት ከም ዝዘናግዑ ትገብር፣ ንግሆ ንግሆ ጽርየት ኣስናኖም ንምሕላው፡ ብመሕጸቢ ስኒ ከም ዝሕጸቡ ትገብር። ኣብ ርእሲ'ዚ፡ መደባት ሕጽቦ ክዳውንቶምን ኣኻላቶምን ትውድብ።

ኣተገባብራ ናይዚ መደባት'ዚ ምስ እንርኢ፡ መናበዪ ህጻናት፡ ኣብ ፈለማ፡ዓራውቲ ስለዘይነበሮም፡ እቶም ህጻናት ኣብ ባይታ ይድቅሱ ነበሩ። ድሓር ግን ሕጽር ዝበለ ንእድታት ተሰሪሑሎም፣ ከይኩርኮሖም ከኣ ኣብ ልዕሊኡ ሑጻ ይንጸፍ ነበረ። ዋሕዲ ኮቦርታታት ኣብ ዝነበረሉ ግዜ ከኣ፡ ቁልዑ ብሪጋ ለም ኢሎም ከም ዝድቅሱ ብምግባር፡ ነቲ ዝነበረ ኮቦርታታት ብላዕሊ ብምዝርጋሕ ከም ዝኸደንዎ ይግበር። ኣብ ግዜ ቊሪ፡ ምሉእ ለይቲ ክዳን ለይቶም ክጋፈፉን ክሸናድሑን፡ እቶም ሓያላት፡ ነቲ ኮቦርታ ገፊፎም ብምሉኡ ተጠቕሊሎሞ ክድቅሱ፡ ጥራዮም ዝተረፉ ቁሪሮም ክበክዩ፡ ኣለይቲ ከኣ ንዝተገፈፉ ክኸድኑ፡ ንዝበኸዩ ክእብዱን መደቀሲኦም ከመዓራርዩን፡ ዋላ ዝተሰምዐ ድምጺ ኣይሃሉ፡ ብዓይኖም ርእዮም ከረጋግጹ፡ መብራህቲ ፋኑስ ሒዞም ካብ ሓደ ጫፍ ናይ ቴንዳ ናብቲ ካልእ ጫፍ ኮለል ክብሉ ምሕዳር ኣካል ህይወቶም ገይሮሞ ነበሩ። ምስቲ ብስራሕ ሃለክለክ ክብልዎ ዝውዕሉ፡ ድቃስ ከየሰንፎም ተባሂሉ ከኣ፡ ኣብ ከውታ ለይቲ ብሓለፍቶም ምክትታል ይግበረሎም ነበረ።

ኣብ ከምዚ ኩነታት፡ እቲ ዝኸበደ ስራሕ፡ ነቶም ካብ ዓመትን መንፈቕን ክሳብ ክልተ ዓመት ዝዕድመኦም ዝነኣሱ ህጻናት ምእላይ ነበረ። እዞም ህጻናት፡ ምስ ደቀሱ፡ ቀልቀሎምን ሽንቶምን ክቈጻጸሩ ዘይኽእሉ ብምንባሮም፡ እጅገኻ ሰብሲብኻ ከይፈንፈንኻ ክዳውንቶም እናውጻእኻ ምቕያር፡ ዝበስበሰ መናጽፎምን ኮቦርታታቶምን ኣሊኻ ብኻልእ ምቕያር፡ ንዝበኸየ ኣቢድኻ

ምድቃስ፡ ናይ ለይቲ ልሙድ ስራሕ ናይዛ ንኡስ ኣካል ነበረ። ኣብቲ ፈለማ ዓመታት፡ ቀያር ክዳውንቲ፡ ኣንሶላታትን ሸጎማኖታትን ዋሕዲ ስለ ዝነበሮ፡ እቲ ናይ ምእላይ ንጥፈት፡ ኣዝዩ ከቢድን ዓቕልኻ ዘጸንቕቕን እዩ ዝነበረ። ብኣንጻሩ፡ ናይቶም ፍርዝን ዝበሉ ህጻናት ኣለይቲ ብተዛማዲ ፍኩስ ዝበለ ስራሕ ነበሮም።

እንዳ ህጻናት፡ ኣብ እምሰራይር (ዓሬርብ) ኣብ ዝነበረሉ ግዜ፡ ኣለይቲ ንግሆ ንግሆ ክዳውንቲ ናይቶም ቈልዑ ንሩባ ተሰኪሞም ብምውሳድ ይሓጽብዎ ነበሩ። እዚ ስራሕ፡ ካብ እምሰራይር ናብቲ መወዳእታ መዕረፌኦም ዝኾነ ክሰራ (ዓሬርብ) ምስ ግዓዙ እውን ኣይተረፈን። ብፍላይ ኣብቲ ቈራሪ ወርሓት፡ ዝበዝሑ ቈልዑ፡ ኣብ መደቀሲኦም ስለዝሸኑ፡ እቲ ናይ ሕጽቦ ሃልኪ እንትርፎ ክብእስ ኣይነከየን። ኣብ ግዜ ሓጋይ ሕጽረት ናይ ማይ ከጓንፍ ከሎ ከኣ፡ ኣለይቶም ክዳውንቶምን መናጽፎምን ተሰኪሞም ናብ ማይ ዝርከበሉ ሩባ ብምውፋር ክሳብ ዝርብርቡ ክሓጽብዎ ይውዕሉ። እቲ ናይ ማይ ጸገም ንኹሉ ንጥፈታት ናይቲ መደበር ዓንቃፌ ስለዝነበረ ግና፡ ከም ፍታሕ ኣብ 1985 ልዕሊ 150 ፊስቶ ክሕዝ ዝኽእል ሓደ ዓቢ ባስኻ ክስራሕ ከም ዝተገብረ፡ ሰነዳት ክፍሊ ማሕበራዊ ጉዳያት የመልክት። ብተወሳኺ፡ ሕጽቦ ክዳን ቈልዑ ኣድካሚ እናኾነ ምስ ከደ፡ ክሳብ 60 ዝኾና ኣደታት መደበር ሰለሙና፡ ኣብ ሰሙን ሓንሳብ ወይ ክልተ ግዜ ተጠርኒፈን እናተመላለሳ ከም ዝሳተፈኦ ይግበር ነበረ። ተሳትፎኣን ድማ፡ ነቶም ኣባላት ተዛማዲ ዕረፍቲ ሃቦም። እቲ ብምትሕብባር ናይ'ዘን ኣደታት ዝካየድ ዝነበረ ሕጽቦ ክሳብ 1988 ምስ ቀጸለ፡ ኣብ መፋርቕ ናይቲ ዓመት ብማሕበር ኤርትራውያን መራሕቲ መካይን ኣብ ሱዳን ዝተዓደጋ፡ ነፍሲ ወከፈን ማዕረ 12 ጉልበት ሰብ ዝሰርሓ (ዝሓጽባ) ክልተ ንኣሽቱ ዘመናውያን ሓጸብቲ ማሽን ስለዝተኣታተዋ፡ እቲ ሃልኪ ኣዝዩ ተቓለለ። ካብ ፈለማ 1989 ክሳብ ግዜ ናጽነት፡ ሕጽቦ ክዳውንቲ በተን ማሺናት ክዕመም ከሎ፡ ኮቦርታታት ግን ክሓጽብኦ ስለ ዘይክእላ፡ ከም ቀደሙ ብኢድ ሰብ ምሕጻብ ቀጸለ።

ጽሬት ኣኻላት ናይቶም ህጻናት፡ ዝለዓለ ኣተኩሮ ዝግበረሉ ዝነበረ ካልእ ዕማም ናይዛ ንኡስ ኣካል እዩ። ካብ ተውሳስን ቁማልን ንምክልኻል ከኣ፡ ጸጉሮም ብቐጻሊ ይላጸ ወይ ይቕምቀም። ኣብ ወቕቲ ሃሩር ቀልጢፎም ስለ ዝርሀጹ፡ ኣብ ሰሙን ሰለስተ ግዜ፡ ኣብ ግዜ ቁሪ ድማ ሰሙናዊ ክልተ ግዜ ነፍሶም ክሕጸቡ ግዴታ ነበረ። ዋሕዲ ናይ ማይ ኣብ ዘጋጥመሉ እዋን ከኣ፡ ኣብ ግዜ ቁሪ ሰሙናዊ ሓንሳብ፡ ኣብ ሃሩር ከኣ ክልተ ግዜ ከምዝሕጸቡ ይግበር። ንነፍሲወከፍ ቈልዓ ማይን ሳሙናን እናኣዕፈርኻ ናይ ምሕጻብ ንጥፈት ነታ ንኡስ ኣካል ክብድ ስለዘብላ፡ እቲ ዕማም ኩለን ንኡሳት

ኣኻላት ይሳተፈአ ነበሩ። ኣብዚ ናይ ሓባር መደብ፡ ገሊኦም ቀረብቲ ተሓጸብቲ፡ ገለኦም ሓጸብቲ፡ ገለኦም ከኣ ከደንቲ ብምኳን'ዮም ነቲ ስራሕ ዝኻፈሉዎ። ኣብቲ ፈለማ ዓመታት፡ ነቶም ህጻናት ንሩባ እናወሰድኻ ወይ ካብቲ ማእከላይ መዕረፊ ባስኻ ብኣእዱግ እናወረድኻ'ዩ እቲ ናይ ምሕጻብ ዕማም ዝካየድ ዝነበረ። ኣብ መወዳእታ ናይ 1988 ጀሚሩ ግን፡ ጉልበት ሰብ ንምቊጣብ ሓንቲ ናይ 10 ጉልበት ዘለዋ ዲናሞ ምስ ቱቦታት (ሻንብቆታት) ናይ ማይ ስለዝተገዝአ፡ ካብቲ መዕረፊ ባስኻ ናብ ኩለን ጉጅለታት ህጻናት ብቱቦታት ማይ ምጥቃም ተጀመረ። ብኣእዱግን ብዝባንኻን ማይ ምጉራት ከኣ ተቛረጸ።

ጽርየት ገዛውቲን ከባቢን፡ ናይ ምሕላው ንጥፈት'ውን ሓላፍነት ናይዛ ንኡስ ኣካል እዩ ነይሩ። ኣባይቶም ኣብ መዓልቲ ሰለስተ ግዜ ይኩስተር፣ ከባቢኦም ድማ ሰሙናዊ ክልተ ግዜ ይጽረ። ምስ ዝነበረ ኩነታት፡ ዓይኒምድሪ ንምስራሕ ተክእሎ ስለዘይነበረ፡ እቶም ቈልዑ፡ ኣብ ከባቢ መንበሪኦም ቀልቀል ይወጹ ብምንባሮም፡ ጠንቂ ተመሓላለፍቲ ሕማማት ከይከውን፡ ኣለይቶም መዓልታዊ ንግሆ ንግሆ እናኣልዓሉ ኣርሒቖም ይጉሕፍዎ። እዞም ውፉያትን ኣብነታውያንን ተጋደልቲ፡ ውጽኣት ሓሚሞም ነብሶምን ክዳውንቶምን ዝተቘማጥዑ ቈልዑ፡ ከይፈንፈኑ ነብሶም ምሕጻብ፡ ብቐልቀል መርኣያ ዝተሳእኖ ክዳውንቶም ብማይ ምጅፍጃፍ ከም ልሙድ ስርሖም ወሲዶሞ ነበሩ። እቶም በብግዚኡ ዝመጹ ዝነበሩ ሓደስቲ ኣባላት ከኣ፡ ኣብነቶም ተኸቲሎም፡ ነቲ ስራሕ ቀልጢፎም ይቕበልዎን ይለምድዎን ነበሩ።

ንኡስ-ኣካል ምግብና

ንኡስ ኣካል ምግብና፡ ቀንዲ ስርሓ ምድላው መግቢን ምክትታል ተመጋቦ ህጻናትን ኮይኑ፡ ቶሚን (ስንቂ)፡ ሓፈሻዊ ምርባሕ ደርሁ፡ ኣጣልን ከብትን፡ እንዳፎርኖ (ምስራሕ ባኒን ግረሲኒን)፡ ከምኡ ድማ እንዳ-ፓስታ (ምድላው ስፓገቲ፡ ማከሮኒ፡ ታላተሊን ማኒስትሮኒን) ኣብ ትሕቲኣ ነበረ። ስማ ከም ዝሕብሮ፡ እዛ ኣካል'ዚኣ ነቲ ብስሩዕ ብቚጠባ ዝመጽእ መሻርፍን ነቲ ባዕላ ዘፍረየቶ ዝተፈላለየ ዓይነት መግቢን እናዛነቐት፡ ንህጻናት ከከም ዕድሚኦም ዝተመጣጠነ መግቢ ምድላው ኮይኑ፡ መዓልታዊ ሰሌዳ ኣመጋግባ ህጻናት ምርኩስ ብምግባር፡ ነቲ ዘሎ ትሕዝቶ ንተረኛታት ከሸንቲ ወይ ንመጋቦ ትዕድል። ተረኛታት ከኣ፡ ነቲ ዘዳለዉዎ መግቢ ኣብ ልክዕ ግዜኡ ብጽፈትን ብክዱኑን ኣብ ተመገብቲ ህጻናት የብጽሑዎ። ኣመጋግባ ህጻናት ኣብቲ ፈለማ ብመኣዲ እኳ እንተነበረ፡ ድሓር ግን ብያቲታት ስለዝተረኽበ፡ ኩነታት

ጥዕናኦምን ሸውሃቶምን ንምክትታል ክጥዕም ተባሂሉ ነናቶም ብያቲ ከም ዝዕድሎም ተገብረ። ተረኛ መጋባይ ብጽሒቶም ድሕሪ ምዕዳል፡ እናዞረ'ዩ ዝከታተሎም። ብምኽንያት ሕማም፡ ምጽያን፡ ሕርቃን፡ ድኻም፡ ናፍቖት ኮነ ተነጽሎ፡ ነቲ ዝተቐረበሉ መግቢ ብኽፊል ወይ ብምሉእ ዘይተመገቦ ህጻን ምስ ዝህሉ ይከታተልን ምስ'ቶም ኣብ ቦታ ምግብና ዝተረኽቡ ወከልቲ እንዳ ስነ-ኣእምሮን እንዳ ኣለይቲን ብምርድዳእ፡ ንኣደ ወይ ኣቦ ህጻን ሓበሬታ ይህብ። በዚ ከኣ ስሩዕ ምክትታልን ደገፍን ይግበረሉ። ንኡስ ኣካል ምግብና ብዘይካ'ዚ፡ ነቲ ዝቐርብ መግቢ ተቐባልነቱን ውጽኢቱን ኣብ ህጻናት እናተዓዘበት፡ ኣብ ኣገባብ ኣከሻሽናኡ፡ ትሕዝቶኡን ዓይነቱን ለውጢታት ብምግባር ብህጻናት ቅቡል ዝኾነሉ ኩነታት ንምፍጣር ትጽዕር ነበረት።

ህጻን፡ ጥዑይ ኣካላዊን ኣእምሮኣዊን ምዕባለ ክህልዎ፡ ብፍላይ ኣብተን ቀዳሞት ሓሙሽተ ዓመታት መኣዛውን ዝተመጣጠነን መግቢ ከምዘድልዮ ግሉጽ እዩ። እንተኾነ ግን፡ ትሕዝቶ ከኣ ወሳኒ እዩ። ኣብ 1981-1982፡ ምስ ኩነታት ሻድሻይ ወራር ተኣሳሲሩ ዋሕዲ መግቢ ኣብ ብዝሕን ዓይነትን ስለዝነበረ፡ ህጻናት ካብቲ ንዓበይቲ ዕቑባት ዝቐርበሎም ዝፍለ መቑነን ኣይነበሮምን። በዚ ከኣ ኣመጋግበኦም ኣዝዩ ሕማቕ ነበረ። ኣብ ጀልሃንቲ እንክለዉ፡ ብዓይነትን ዓቐንን እኹል መግቢ'ኳ ይቕረበሎም እንተነበረ፡ ዓሬርብ ድሕሪ ምእታው ግን፡ ስጋ ከይጠዓሙ ዳርጋ ዓመት መልኡ። ከም ሳዕቤኑ፡ ብዕብራን ዝተሰነፉ፡ ሕጽረት መኣዛዊ መግቢ ዝጠንቁ ዝተፈላለየ ሕማማት እናጥቀዖም ናብ ሕክምና ዝመላለሱ ህጻናት ብቑጽሪ እናበዝሑ ከዱ። ኣብ መወዳእታ 1982፡ ነቲ ዝነበረ ከቢድ ጸገም ንምቅላል፡ ብክፍሊ ቁጠባ ካብ ዝሰላዕ ዝነበረ ናይ ገንዘብ መሻርፍ፡ ከም ዓሳን ፎርማጆን ዝኣመሰለ መኣዛዊ መግብታት ካብ ዕዳጋታት እናተገዝኣ፡ ብመጠኑ ናይ መግቢ ለውጢ ከምዝረክቡ ናይ ምግባር ፈተነ ተጀመረ። የግዳስ፡ ብምኽንያት ትሕዝቶ ቑጠባ ውድብ፡ እቲ ዕድጊ ክቕጽል ስለዘይከኣለ፡ ኣብ 1983 እውን እቲ ጸገም ኣይተቃለለን። በዚ ከኣ፡ እታ ዓመት'ቲኣ ነቶም ህጻናት ኣዝያ ጽንክርቲ ነበረት። ንግሆን ምሸትን ጣይታ ወዲዓከርን ዓደስን እንተ ዘይኮይኑ፡ ካልእ ዝኾነ ቅያር መግቢ ኸይረኸቡላ ሓለፈት።

ነቲ ዝነበረ ዋሕዲ መኣዛዊ መግቢ ይኹን ካልእ ነቶም ህጻናት ዘድልዮም ናይ ትምህርቲ፡ መዘናግዒን መዕቈብን ነገራት ንምቅላል፡ ብኣካል መጽናዕቲ ዝተዳለወ፡ ዝተፈላለየ ፕሮጀክትታት ብመገዲ ማሕበር ረድኤት ኤርትራ ኣቢሉ፡ ኣብ ወጻኢ ናብ ዝርከባ ገበርቲ ሰናይ ማሕበራት ይለኣኽ ነይሩ እዩ። እንተኾነ ግና፡ እቲ ተቐባልነት ረኺቡ ዝትግበር ዝነበረ ኣዝዩ ውሑድ ብምንባሩ፡ ክፍሊ ማሕበራዊ ጉዳያት ንገበርቲ ሰናይ ከይተጸበየ፡

ነቲ ጸገማት ባዕሉ ክፈትሖ ሓርኰትኰት ካብ ምባል ደው ኣይበለን። ኣብ መወዳእታ 1983 ድማ፡ ብኢ.ድ እትሰርሕ ንእሽቶይ ናይ ፓስታ ማሺን ኣምጺኡ፡ ካብቲ ብሓገዝ ዘርከብ ዝነበረ ፊኖን ሓርጭ እንቋቑሖን ብዓቐን እናሓዋወሰ፡ መዓልታዊ ክሳብ 60 ኪሎ ፓስታ ስፓገቲ ሰሪሑ ክቐርበሎም ከኣለ። እቲ ናይ ፕሮቲን ሕጽረታት ከኣ፡ ደርሁ፡ ኣጣልን ማንቲለን ብምርባሕ ንምፍትሑ ተሃቀነ። ኣብ ናቕፋ'ውን ብሞተረ ዝሰቲ ጀርዲን ብምልማዕ ኣሕምልቲ ንምፍራይ ጻዕርታት ተገይሩ፡ ነቲ ፍርያት ሳሕቲ ብምምጻእ ኣብ ጥቕሚ ህጻናት ከም ዝውዕል ይግበር ነበረ። ኣብ መፋርቕ 1970ታት፡ ኣብ መዓስከራት ስደተኛታት ሱዳን ክሰራሕ ዝጀመረ፡ ድሓር ናብ ሜዳ ዝተኣታተወ ዲ.ኤም.ከይ (ሕውስዋስ ሓርጭ ወዲዓከር፡ ጸባ፡ ዓተርን ቅመማትን) ኣብ ጀልሃንቲ ክሰራሕ ጀሚሩ ነበረ። ምስቲ ዝነበረ ወተሃደራዊ ኩነታት ኣቋሪጹ ድሕሪ ምጽናሕ ከኣ፡ ዳግም ተበራበረ። ካብ 1984 ንደሓር ብደረጃ ውድብ ዲ.ኤም.ከይን ፓስታን ዝሰርሓ ማሺናት ምስ ተተኽላ፡ ዲ.ኤም.ከይን ፓስታን ከም ስሩዕ መግቢ ህጻናት ኮይኑ ብብዝሒ ምጥቃም ተኻእለ። መስመር ሱዳን ዳግማይ ምስ ተኸፈተ ድማ፡ ንመማቕርቲ ዝኸውን ኣስቤዛታት ብገንዘብ ክፍሊ እናተዓደገ ክቐርበሎም ጀመረ።

ከምዚ ኢሉ፡ ነቲ ጸገም ብውሽጣዊ ዓቕሚ ንምፍትሑ ጻዕርታት እናተኻየደ ከሎ፡ ኣብ 1984፡ ሓፈሻዊ ቍጠባዊ ትሕዝቶ ውድብ ምምሕያሽ ኣርኣየ። ካብኡ ንደሓር፡ ኣብ መናበዪ ህጻናት ዝምረር ናይ መግቢ ሕጽረት ኣይነበረን። ኣብ ታኒኻ ይኹን ተረንሸዋ ዝተዓሸገ ጸባ፡ እንቋቑሖ፡ ብሸኮቲ፡ ማልማላታ፡ ፋፋ፡ ወዘተ. ብስሩዕ ይቐርበሎም፣ ዓሳ'ውን ንኣእምሮኣዊ ምዕባለ ወሳኒ ምዃኑ ተኣሚንሉ ስሕት ኢሉ ብመገዲ ባሕርያ ከም ዝመጽኦም ይግበር ነበረ። በቲ ክፍሊ ዝፈርያ ደርሁ፡ ኣጣልን ማናቲለን ይኹና ካብ ሰበክ-ሳግም ናይቲ ከባቢ ብሓርጭ ዝተለወጣን ብገንዘብ ዝተዓደጋን ኣጣል ድማ ይሕረዳሎም ነበራ። ኣብ ሰነዳት ናይቲ ጨንፈር ዝሰፈረ ጸብጻብ፡ ካብ 1987-1990 ኣብ ዝነበረ ዓመታት፡ ልዕሊ 300 ደርሁ፡ ኣስታት 200 ማናቲለ፡ 200 ጤለ-በጊዕ፡ 10ታት ከብቲን ኣስታት 15,000 እንቋቑሖን ኣብ መግቢ ህጻናት ከም ዝወዓለ ይሕብር። ህጻናት ከም ልሙድ ኣብ መዓልቲ ኣርባዕተ ግዜ ማለት፡ ቍርሲ፡ ምሳሕ፡ ጠዓሞት፡ ድራር ይምገቡ ከም ዝነበሩ፡ ኣብቲ ንኣሽቱ ትሕቲ ሰለስተ ዓመት ህጻናት ዝነበሩሉ ግዜ ግን፡ ብፍሉይነት 5-6 ግዜ ዝምገቡሉ እዋን ከም ዝነበረ እቲ ሰነዳት ብተወሳኺ የመልክት። ብመሰረት ጸብጻብ ናይ 1987፡ ፓስታ ስፓገቲ፡ ሚኒስትሮኒ፡ ማኻሮኒ፡ ሩዝ፡ ዓደስ ጸብሒ ምስ እንጀራ፡ ዲ.ኤም.ከይ፡ ጸባን ኮርኖፍለክስን፡ ዕምጭቕ ባኒ ብስልሲ፡ ፉል ዓደስ ብባኒ፡ እተን ብስሩዕ ዝምገብወን ዓይነታት

መግቢ ከኾና ከለዋ፡ እንቋቑሖ፡ ስጋ፡ ሳርዲን፡ ዓሳ፡ ማልማላታን ካልኦት መግብታትን ከአ ሳሕቲ ይመጾም ነበረ። ኩሉ ኣመጋግባኦም ብሰሌዳ ግዜ ዝተሰነየ ኮይኑ፡ ንግሆ ዝቑረስዎ መግቢ፡ ፋዱስ ወይ ምሸት ኣይደግምዎን። ኣብ ምሳሕን ድራርን በበይኑ መግቢ ይቐረበሎም። ኣባላት ጉጅለ ምክትታል መግቢ፡ ናይ ምክሻን ክእለቶም ንምምዕባል ብኪኢላታት ስነ-መግቢ ኣብ ዝወሃብ ኣስተምህሮታትን ስልጠናትን ይሳተፉ ነበሩ።

ፎርኖ ቅድሚ ምትኻሉ ኣብ ዝነበረ እዋናት፡ ኣባላት ማሕበራዊ ጉዳያት ብደረጃ ክፍሊ ሓቢሮም ንገዳይም፡ ኣዶብሓን ካልኦት ቦታታትን እናወፈሩ ዕንጸይቲ ይኣርዩ ምንባሮም፡ ፎርኖ ምስ ተተኸለት ግን፡ ኩሎም ኣባላት እፎይታ ከም ዝረኸቡ ኣብቲ ጸብጻባት ተሰኒዱ ይርከብ። ብዛዕባ'ዚ ዝምልከት ኣብ ስውራ ዕንጨይቲ ብሰፊሑ ተዘርዚሩ ኣሎ።

ኣብቲ እዋን ዝነበረ ሰሌዳ ኣመጋግባ ህጻናት፡ ህዝባዊ ግንባር መሰረታዊ ጠለባት ተጋዳላይን ህዝብን ንምምላእ፡ ዓበይቲ ማሕንቐታት እናሰገረ፡ “ኩሉ ጠጥዑሙ ንህጻናት” እናጨረሐ፡ ቍራስ እንጀራ ኣብ ዘይርከበሉ እዋን እውን እንተኾነ፡ እቶም ፈልሱን ተኻእቲን ዝኾኑ ህጻናት ገድሊ፡ ብዓቕሚ ውድብ ኩሉ ጸጽቡቑን ጠጥዑሙን ኣይተፈለዮምን። ካብ ታሕሳስ 1988 ጀሚሩ ከኣ፡ ንህጻናት ኣፍልጦ ብምሃብ፡ ገና ኣብ ሓርነታዊ ቃልሲ፡ ኣብ ኩናት እንከሎ ከሎ፡ ነቲ ደረጃ ብዓለም ዝክበር መዓልቲ ህጻናት ኣብ ኩለን መናበዪ ህጻናት፡ ህዝባዊ ግንባርን መደበር ሰለሙናን መዓልቶም ፈልዩ፡ ኣክብሮቶምን ኣፍልጦኦምን ንምስፋሕ 8 ታሕሳስ ከም መዓልቲ ህጻናት ከክብሮ ጀሚሩ። ንሰለስተ ዓመታት ኣብ ሜዳ ምስ ኣብዓሎ ከኣ፡ ናጽነት ኣርኪቡ ንራብዓይ ግዜ ኣብ ሓራ ኤርትራ ምስ ሓፋሽ ህዝቡ ኣክቢሩዎ ውዒሉ። እዚ ከኣ፡ ዋላ ኣብቲ ዝጸንከረ እዋን ገድሊ፡ ህጻናት ገድሊ፡ ኩሉ ዘድልዮም ሓልዮትን ክንክንን ከም ዘይተፈለዮም ዘረጋግጽ እዩ።

ንኡስ-ኣካል ትምህርትን ምዝንጋዕን (ስነ-ኣእምሮ)

ክፍሊ ማሕበራዊ ጉዳያት ዘዕቈቦም ህጻናት ካብ ወለዶም ተፈልዮም ውግእን ወረ-ውግእን ኣብ ዝነገሶ ዘይንቡር ኩነታትን ዘይምቹእ ቦታን ይዓብዩ ስለዝነበሩ፡ ኣእምሮኣዊ ጥዕናኦም ፍሉይ ቈላሕታ ዘድልዮ ነበረ። ዕማም ንኡስ-ኣካል ትምህርትን ምዝንጋዕን ድማ፡ ናብኡ ከም ዝቐንዕ ተገብረ። እዛ ንኡስ ኣካል እዚኣ፡ ኣእምሮኣዊ፡ ስምዒታዊ፡ሞራላዊን ማሕበራዊን ዕብየቶም ንምምዕባል፡ በብዕድመኦም ከፋፊላ፡ ኣብ መውዓሊ ህጻናት፡ ብኣካል ምርምር ማሕበራዊ ጉዳያት ብዝተዳለወ መደብ ቅድመ-ትምህርቲ ተመሪሓ ስርሓ ተሰላስል ነበረት። እዚ መደብ'ዚ፡ በብእዋኑ

ምስ ግዜ እናማዕበለ ከም ዝኸደ ጸብጻባት ማሕበራዊ ጉዳያት የመልክት። ትምህርቲ ንምጅማር ዝሕግዝ ፍልጠት ማለት ሌላ ምስ ዝተፈላለየ ኣኻላት ሰብነት፡ ኣተሓሕዛ ርሳስ፡ ፒሮን ጥራዝን፡ መባእታዊ ቁጽርታት፡ ምልላይ ምስ ፊደላት ብቁርጽራጽ ስእሊን ጽሑፍን፡ ሕንጻጻት፡ ቁጽርታት፡ ስእሊ፡ መዝሙርን ትምህርቲ ጽርየትን ብስሩዕ ይወሃቦም ነበረ። ኣብ ውሽጢ ገዛ ዝዘናግዑሉ መደባት ይካየድ፡ ባህልን ክብርታትን ሕብረተሰብ ዝፈልጡሉ ኣስተምህሮታት'ውን ይወሃቦም ነበረ። ብዘይካ'ዚ፡ ነፍሲ-ወከፍ ኣባል ንኡስ ኣካል ስነ-ኣእምሮ፡ ስሙናዊ ውጥን ናይ መዘናግዒ መደባትን ትምህርትን ከዳሉ፡ ንብረት ከይጠፍእን ከይሰበርን ክከታተል፡ ንዝተሰብረ ድማ ክጽግን፡ ግጥሚታትን ዜማታትን፡ ጽውጽዋያትን ሓጸርቲ ዛንታታትን ከዳሉ ሓላፍነት ነበሮ። ነቶም ጽውጽዋያትን ዋዛታትን፡ ካብቶም ኣብ ከባቢኦም ዝርከቡ ኣቦታት፡ ኣደታትን ኣቦታትን ይእክቡዎ ነበሩ።

ዝምልከቶም ኣባላት ንኡስ ኣካል ስነ-ኣእምሮ፡ ንዕለታዊ ንጥፈታትን ናይቶም ህጻናት ኣብ ዝከታተልሉ እዋን፡ ኣብ ሰለስተ ወርሒ ሓንሳብ ብሓባር ኮፍ ኢሎም፡ ናይ ነፍሲ-ወከፍ ህጻን ገምጋም ይገብሩ። እቲ ዝህቡዎ ገምጋም ከአ ብጽሑፍ ተሰኒዱ፡ ብጸብጻብ ናብ ሓላፊ ስነ-ኣእምሮ ይሓልፍ። በዚ ኣገባብ'ዚ ድማ እቶም ፍሉይ ጸገማት ዘለዎም ህጻናት ተለልዮም ፍሉይ ሓገዛት ከም ዝረክቡ ይግበር። ገለ ካብቲ መምዘኒታት፡ ናይ ነፍሲወከፍ ህጻን ኣካላዊ ብቕዓቱ፡ ናይ ምምሃዝ ዓቕሙ፡ ሓሳባቱ ናይ ምግላጽ ተክእሎኡ፡ ርእሰ-ተኣማምንነቱ፡ ስነ-ስርዓቱ፡ ናይ ምዝኻር ዓቕሙ፡ ሰነ-ስርዓት ኣመጋግባኡ፡ ንመሳትኡን ኣዕሩኽቱን ዝገብሮ ደገፍ፡ ዝምድናታቱ ምስ ኩሉ፡ ወዘተ. ነበረ።

ፍቕርን ሓልዮትን ወለዲ፡ ጸወታን ምዝንጋዕን፡ ኣብ ምዕባለ ስነ-ኣእምሮ ህጻናት ዘለዎ ግደ ዓቢ እዩ። ኣብ ዕድመ ህጻንነቱ ክጻወት ወይ ክዘናጋዕ ዕድል ከይረኸበ ዝዓበ ቈልዓ፡ ንስነ-ኣእምሮኣዊ ጸገማት ክቃላዕ ዘለዎ ተክእሎ ዝሰፍሐ ምዃኑ መጽናዕቲታት ዝምስክርዎ ሓቂ እዩ። ብኣንጻሩ፡ ካብ ወለዱ ምዉቕ ፍቕርን ክንክንን እናረኸበ ዝዓቢ ቈልዓ፡ ኣብ ልዕሊ እቲ ምስ ወለዱ ብምጽዋት ዝረክቦ ሓጉስን ዝስምዖ ውሕስነትን ዝተፈላለዩ መጻወቲታት'ውን ስለዝረክብ፡ ብቐሊሉ ምስ ብዙሓት ነገራት ክላለን ቅልጡፍ ስነ-ኣእምሮኣዊ ምዕባለ ኽርኢን ግድን ይኸውን።

ኣብ መናበዪ ህጻናት ክፍሊ ማሕበራዊ ጉዳያት ዝተዓቕቡ ቈልዑ፡ ኣብቲ መጀመርታ እዋን ንመዘናግዒ ዝኸውን ባምቡላ፡ ፓዝል፡ ሌጎን ካልእን ኣይነበሮምን። እቶም ብዕድመ ንኣሽቱ ዝኾኑ ብሓባር ኣብ ከባቢ ገዛውቶም ተኣኪቦም ክውዕሉ ከለዉ፡ እቶም ዕብይ ዝበሉ ከኣ

ምስ ኣለይቶም ካብ ገዛውቶም ሓጺር ርሕቀት ብምኻድ ምስ ጽንብላሊዕ፡ ኣዕዋፍ፡ ኣህባይን ካልእን ክጓየዩ ዘውዕልሉ ግዜ ዝበዝሐ እዩ። ሳሕቲ ከም ባምቡላ ዝኣመሰለ መጻወቲታት ክርከብ ከሎ ከኣ፡ "ንዓይ ንዓይ" እናበሉ ስለዝመናጠሉ፡ መባኣሲኦምን መባኸዩኦምን ይኸውን ብምንባሩ፡ ብዙሕ ተመራጺ ኣይነበረን። ዝነብሩሉ ከባቢ፡ ከዕልሎም ወይ ከጻውቶም ዝኽእል ብዙሕ ሰብ ዘይንቀሳቐሰሉ ጽምዋ ቦታ ስለዝኾነ፡ ኣብ ቋንቋኦምን ማሕበራዊ ዝምድናታቶምን ርኡይ ዝኾነ ኣሉታዊ ጽልዋ ነበሮ። ደቂ 5 ዓመት ኲይኖም፡ ድልየታቶም ክገልጹ ዘይኽእሉ፡ ዓባሳትን፡ ጋእ-ጋእ እናበሉ ውሑዳት ቃላት ጥራይ ዘድምጹን ኣዝዩም ብዙሓት ህጻናት ነበሩ። ብፍላይ ኣብ'ቶም ካብ መናበዩ ህጻናት ክፍላተ-ሰራዊት ዝመጹ ዝነበሩ ህጻናት፡ እዚ ጸገማት ጉሊሑ ይረአ ነበረ። ብኣንጻሩ ግን፡ እቶም ኣብ ከባቢኦም ማለት፡ ኣብ እንዳ ህዝቢ ምስ ኣደታቶም ዝዓብዩ ዝነበሩ ህጻናት ምስኣቶም ክነጻጸሩ ከሎዉ፡ ናይ ምዝራብ ክእለቶም ዝሓሸ ነበረ።

ኣባላት መናበዩ ህጻናት ብሓፈሻ፡ ኣባላት ጉጅለ ስነ-ኣእምሮ ድማ ብፍላይ፡ በቲ ዘወሃቦም ዝነበረ ቀጻሊ ኣስተምህሮታትን ስልጠናታትን ፍልጠቶም እናኣዕመቐ ብምኻድ፡ ንጉዳይ ጸወታን ምዝንጋዕን ህጻናት ብዓቢ ኣተኲሮ ይሰርሕሉ ነበሩ። ናይ ምምሃዝ፡ ምብልሓትን ምዝራብን ክእለቶም ዘማዕብልሉ፡ ግዜኦም ዘሕልፉሉ ብዙሕ ነገራት ከኣ፡ ብውሽጣዊ ዓቕሞም ከዳልዉሎም ክኣሉ። ብኣብ ከባቢኦም ብዝርከቡ ጥረ-ነገራት (ጭቃ፡ ላኻ፡ ዕንጸይቲ፡ ወረቐት፡ ፈትልን ጨርቅን፡ ወዘተ.) ድማ'ዩም ዘዳልዉሎም ዝነበሩ። በዚ ድማ፡ ኣብ ውሽጢ'ቲ ሎንጂ ዝተፈላለየ ኣቑሑ፡ ባምቡላታት፡ ሌን፡ በብዓይነቱ ቅርጽታት፡ ዝስኳዕ ኣዕናቑ፡ ሕብራዊ ፓዝል፡ መሳርሒ ሙዚቃ፡ መቕብኢ ሕብሪታት፡ ምስ እንስሳታትን ኣታክልቲን ዘላሊ ስእልታት ይርከብ ነበረ። ጸወታ ባሊና፡ ጨመተ ተኹሲ፡ ዱምና፡ ቸዝ፡ ዳማ፡ ቍርጽራጽ ወረቐት እናላገብኻ ስእሊ ምቛም ከኣ፡ ገለ ካብቶም ዝውቱራት መዘናግዒታት ምንባሮም ኣብ ጸብጻብ ሰፊሩ ይርከብ። ኣብ ደገ ኲይኖም ዝጻወትሉ ማለት፡ ከም ሰለል፡ ሽተት፡ ዘዋሪ ዓንኬል (ጂሮለ)፡ ኩዕሶ ጠረጴዛ ዝኣመሰሉ ብጨንፈር ኢደ-ስርሓት ውድብ ተሰሪሖ ይለኣኸሎም ነበረ። ብተወሳኺ፡ ከም ተወሰጥ፡ ሻኩ፡ ዝላ፡ ጉያን ኵዕሶ እግሪን ዝኣመሰሉ ስፖርታዊ ንጥፈታት'ውን ይዘውተሩ ነበሩ። እዚ ምስ ብዝሖም ብምንጽጻር ክርአ እንከሎ እኹል ኣይነበረን። ኮይኑ ግን፡ ብተርታ ከም ዝጥቀምሉ ብምግባር፡ ጽቡቕ ከዘናግየም ክኢሉ እዩ። ኩሉ መደባት ምዝንጋዕ ብግዜ ስሌዳ ዝተሰርዐ ኮይኑ፡ ገለ ካብቶም ንጡፋት ህጻናት ክሳብ 1500 ፓዝል ክገጥሙ ይኽእሉ ነበሩ።

ኣብ ርእሲ'ዚ፡ ብሰሩዕ መደብ ናብ መሮር እናወፈርኻ ምዝዋር ማለት፡ ኣብ ራህያታት ምሕንባስ፡ ፍረታት መሮር ምምእራር፡ ናብ ኩርባታትን ዓበይቲ ኣግራብን ምሕኳር፡ ኣብ ሓመድ ሸታሕታሕ ምባል፡ ኣብ ሑጻ ምግምጣል ወይ ኣክርባት ምስራሕ፡ ገለ ካብቶም ዝዘውተሩ ዝነበሩ መዘናግዒታት ምንባሮም ይጥቀስ። ብዘይካ'ዚ፡ ምሳሕን ጠዓሞትን ሒዝካ ኣብ በረኻ ምውዓል፡ ናብ መዓስከር ሰለሙና ብምኻድ ምስ ኣልባሳት፡ ቁኖ ኣደታት፡ ስፌታትን ካልኦት ዝተፈላለዩ ቅርስታትን ባህልን ሕብረ-ሰብ ናይ ምልላይ ዙረት (ባሳጆ) ይግበር ነበረ። ምሸት ድሕሪ ድራር ድማ፡ ህጻናት ብኣነቃቃሕቲ ጽውጽዋያትን ኣዝግንኒን ይዘናግዑ። ቈልዑ ቤት ትምህርቲ ሰውራን ጉጅለታት ባህሊ ዝዝምርዎ መዛሙርን ደርፍታትን ይደግሙ። ምስ ዕድመኦም ዝኸይድ፡ ብትግርኛ ዝተዳለወ ወይ ዝተተርጐመ ፊልምታት'ውን በታ ኣብ ማሕበራዊ ጉዳያት ዝነበረት እንኮን ተንቀሳቃሲትን ቴለቪዥን ይዕዘቡ። በብጉጅለ ኮይኖም፡ ብቴፕ ሙዚቃ ይሰምዑን ጓይላ ይጻወቱን። እንሓንሳብ፡ ኩሎም ህጻናት ኣብቲ ብጉልበት ኣለይቶም ዝተሃንጸ ልዕሊ 150 ትርብዒት ሜትሮ ስፍሓት ዝነበሮ ህንጻ (ሎንጅ) ተኣኪቦም፡ ብኣምፕሊፋየር ወይ ብስፒከር ጓይላ ከምዝጻወቱ ይግበር። እዚ መዘናጊዒታት'ዚ፡ ብፍላይ ድማ እዚ ናይ ኩዕሶን ዙረት መሮርን መደባት፡ ክንዮ'ቲ ሓጐስን ባህታን ፈጢሩ ኣብ ስነ-ኣእምሮኣዊ መዳዮም ዘምጽኣሎም ምዕባለ፡ ኣኻላቶም ኣብ ምድልዳልን ማሕበራዊ ዝምድናታቶም ኣብ ምትራርን ርኡይ ግደ ነበሮ።

ተረኛታት ኣባላት ጉጅለ ስነ-ኣእምሮ፡ እቶም ህጻናት ካብ ንግሆ ሰዓት 8፡00 - 12፡30 ቅ.ቀ. ተመሲሖም ክሳብ ዝውድኡ፡ ድሕሪ ቀትሪ ከኣ ካብ ሰዓት 3፡00 - 6፡30 ደ.ቀ. ተደሪሮም ክሳብ ዝውድኡ ካብኣቶም ፍጹም ኣይፍለዩን ነበሩ። ኣብቲ ፈለማ ዓመታት፡ ኣብ ኣርባዕተ ጉጅለታት ተኸፋፊሎም እዮም ዝሰርሑ ዝነበሩ። እናተቐያየሩ ድማ ኣብ ኩሉ ዓይነት ዕማማት ይሳተፉ ነበሩ። ሓንቲ ጉጅለ ኣብ ሓደ ቦታ ሰሙን ምስ ሰርሐት፡ ናይቶም ዝቐነየቶም ቈልዑ ጸብጻብ ተቐርብ። እተቕርቦ ጸብጻብ ነዚ ዝስዕብ ነጥብታት ዘጠቓልል ነበረ፦ ንምዝንጋዕ ዝወጸ መደብን ትግባረኡን፡ ዝተጠቐምሉ መዘናግዒታት፡ በቶም ህጻናት ዘለዎ ተቐባልነት፡ ህጻናት ዝፈትውዎን ዝያዳ ዘዘውትርዎን ዓይነት ጸወታታት፡ ዝምባለኦም ወይ ድልየታቶም፡ ኣብ ነንሕድሕዶምን ምስ ኣለይቶምን ዘለዎም ዝምድና፡ ጠባዮም፡ ኣብ ምዝንጋዕ ዘጋጠሙ ጸገማት፡ ርእይቶ ኣለይቲ፡ ወዘተ.።

ኣብ ጸብጻብ ጨንፈር መናበዪ ህጻናት ሰፊሩ ከም ዘሎ፡ ኣብቶም ቈልዑ ገለ ገለ ኣሉታዊ ተርእዮታትን ጠባያትን ይክሰት ነይሩ እዩ። ብፍላይ ድማ ኣብቶም ፍርዝን ዝበሉ ቈልዑ። ኣብ ርእሲ'ዚ፡ ኣብ ግዜ ምዕጻው

ትምህርቲ፡ ካብ ቤት ትምህርቲ ሰውራ ንዕረፍቲ ናብ መደበር ስለሙና ናብ ስድራቤታቶም ዝመጹ ዝነበሩ ቈልዑ፡ ምስኣቶም ብምርካብ ዝምህርዎም ሓደ ሓደ ጸይቅታት'ውን ነይሩ እዩ። በዚ ድማ ገለ ህጻናት ክኩርዩ ከለዉ፡ ከም መግለጺ ኲራኦም፡ ንሳቶምን ኣለይቶምን ዝጥቀምሉ ንብረት ንበረኻ ወሲዶም ኣብ ሓመድ እናቐበሩ ይሓብእዎን የበላሽውዎን ነበሩ። "መን ወሲድዎ!" ዝብል ሕቶ ድማ ብቐሊሉ መልሲ ዝርከቦ ኣይነበረን። እቶም ህጻናት፡ ኣብ መንጎኦም ኣለይቶም ዘይፈልጥዎም ናይ ባዕሎም መራሕቲ ብምፍጣሮም፡ ዝኾነ ህጻን፡ ምስጢር ክምሉቕ ወይ ክነግር ኣይክእልን ነበረ። ምስጢር እንተኣምለቑ፡ ብድሕሪኡ ምስታ ጉጅለ ሓቢሩ ናይ ምኻድ ዕድል ይንፈግ። ብኹሎም ቈልዑ ከኣ ይንጸል። ኣብ ከምዚ ዓይነት ኩነታት ክትሃርሞምን ክተፈራርሆምን ቅቡል ስለዘይነበረ፡ ኣለይቲ እናኣቀባጠሩ ነቲ ንብረት ዝሓብኡሉ ቦታ ንምፍላጥ ጻዕርታት ካብ ምግባር ወጻኢ ካልእ ኣማራጺ ኣይነበሮምን። በቶም ህጻናት ኣዝዮም ፍቱዋትን ቅቡላትን ዝኾኑ ኣባላት፡ ናብ በረኻ ወሲዶም እናኣቀባጠሩ የጻውትዎም እሞ፡ ኣብ መወዳእታ፡ እቶም ቈልዑ፡ ነቲ ንብረት ባዕሎም ካብቲ ዝሓብእዎ ኣውጺኦም ይህብዎም ነበሩ።

ኣብ መናበዩ ህጻናት፡ ምስ ወለዶም ናይ ምርካብ ዕድል ዝነበሮም ኣዝዮም ውሑዳት ህጻናት ነይሮም እዮም። መብዛሕትኦም ግን እዚ ዕድል'ዚ ስለዘይነበሮም፡ ካብ ኮን ዶኾን ብምብጋስ፡ ኣጋይሽ ናብኡ ኣብ ዝመጹሉ ግዜ፡ ገለ ካብቶም ቈልዑ ወላዲኦም መሲልዎም ብምቅድዳም ክዓስልዎም ምርኣይ ልሙድ ነበረ። ንዝመጸ ጋሻ "ኣደይ ዲኺ! ኣባይ ዲኻ!" እናበሉ ምሕታት ልሙድ እዩ ዝነበረ። ወላዲኦም ከም ዘይኮነ ምስ ፈለጡ ድማ ቅዝዝ ይብሉ፣ ዝን ምባል ከኣ የብዝሑ። ኣለይቲ ብዘይ ምስትብሃል ኣብ ሓድሕዶም ብዛዕባ ዝተሰዉኡ ተጋደልቲ ክዕልሉ ከለዉ፡ ገለ ህጻናት ብዛዕባ ወለዶም ዝዛረቡ ዘለዉ ስለዝመስሎም ይስንብዱን ይትክዙን። ድሓር ግን እዚ ምስ ተፈለጠ፡ መማሃራኖም ይኹኑ ኣለይቶም፡ ኣብ ቅድሚኦም ብዛዕባ መስዋእቲ ናይ ተጋደልቲ ከየዕልሉ መምርሒ ተዋህበ።

ስሕት እናበሉ ደቆም ክርእዩ ናብቲ መናበዩ ህጻናት ዝመጹ ተጋደልቲ'ውን ነይሮም እዮም። ደቆም ሓቝፎም ክስዕምዎምን ከጻውቱዎምን ከለዉ ግን፡ እቶም ወለዶም ዘይፈልጡን ምስ ወለዶም ካብ ዘይራኸቡ ነዊሕ ዝገበሩን ካልኦት ህጻናት ከስተማስሉ፡ ክቃዘኑ፡ ክጃጅዉን ኣብ ሓፈሻዊ ዕለታዊ ንጥፈታቶም ክዝሕትሉን ምኽንያት ይኹኖም ነበረ። ድሒሩ፡ እዚ ኣሉታዊ ጽልዋ ናይ በጻሕቲ ምስ ተፈለጠ፡ ዝኾነ ወላዲ፡ ውላዱ ክርኢ ናብቲ መናበዩ ህጻናት ክመጽእ እንከሎ፡ ኣብ ክንዲ ብቐጥታ ናብቲ ቈልዑ ዘለዉዎ ቦታ ዝበጽሕ፡ ትክ ኢሉ ናብ ቤትጽሕፈት ክኸይድን ውላዱ

ናብቲ ዘለዎ ከም ዝመጾ ምግባርን ከም ዝሓሸ ኣማራጺ ተወሲዱ ክስርሓሉ ጀመረ። ኩሉ ግዜ ድማ ኣደ ጉጅለ ህጻናት ነቲ ህጻን ባዕላ ሒዛ ብምምጻእ ምስ ወላዲቱ ወይ ወላዲኡ ተራኽቦ ነበረት። ውላድን ወላዲን ናፍቖቶም ንኸውጽኡ፡ ክሳብ ናይ ክልተ መዓልቲ ኣብ ቤትጽሕፈት ጨንፈር ክጸንሑ ዕድል ይወሃቦም ነበረ። ብተወሳኺ፡ ወላዲት/ወላዲ ኣብ መደበር ሰለሙና ኣዝማድ ምስ ዝህልውዋ፡ ኣብ ውሽጢ ዝተፈቐደሉ ግዜ ኣዛዊራ ክትመልሶ ይፍቀድ ነበረ። ብድሕሪ'ዚ፡ ወለዱ ግዜኦም ኣኺሉ ይሰናበትዎ እሞ፡ ኣደ ጉጅለ ህጻናት መጺኣ ነቲ ህጻን ተረኪባ ናብ ቦታኡ ከም ዝምለስ፡ ወይ ከኣ ወላዲት መታን መንበሪኦም ክትርኢ እቶም ህጻናት ምስ ወፈሩ ባዕላ ከይዳ ነቲ ቦታ ድሕሪ ምርኣይ፡ ውላዳ ንኣደ ጉጅለ ከም ተረክብ ይግበር። ብተወሳኺ፡ ኣባላት ቤት-ጽሕፈት ጨንፈር፡ ነዚ ከም ጽቡቕ ኣጋጣሚ ተጠቒሞም መዝገብ ህጻን ብምርኣይ፡ ኣብ ታሪኽ ህይወትን ካልእ ሓበሬታታትን ናይቲ ህጻንን ወለዲን ዘይተመለአ ወይ ዝጎደሎ ምስ ዝህሉ፡ ንወላዲት/ወላዲ ሓቲቶም ኣብ ውልቃዊ መዝገብ ህጻን ከም ዝማላእ ይገብሩ ነበሩ።

በዚ ኣብ ላዕሊ ዝተጠቕሰ ምኽንያታት፡ ክሳብ 1987 ምብጻሕ ናይ ወለዲ ናብ መናበዪ ህጻናት ብክፍሊ ማሕበራዊ ጉዳያት ዝተባባዕ ኣይነበረን። ስለዝኾነ ከኣ፡ እንሓንሳብ ደቀን ክርእያ ካብ ግንባራትን ደጀንን ዝመጻ ተጋደልቲ፡ ኣደታቶም ምኳነን ከይነገራ፡ ኣብኡ ኸለዋ ጥራይ ርእየንኦም ዝምለሳሉ እዋን ነበረ። ኣብ መወዳእታ ግን፡ እዚ ኣኻይዳ'ዚ ልክዕ ከም ዘይኮነ ተገምጊሙ፡ ናጻ ምግዳፉ ዝሓሸ ምኳኑ ተኣሚንሉ ክስርሓሉ ጀመረ።

ህጻናት ተባዓትን ነፍሰ-ምትእምማን ዘለዎምን ክኾኑ፡ ሓሳባቶም ብናጻ ናይ ምግላጽ ክእለቶም ክዓቢ ተባሂሉ፡ ኣለይቲ ይኹኑ መማህራን ከሃርሙዎም፡ ክድህሉዎም ወይ ከፈራርሕዎም ፈጺሙ ፍቑድ ኣይነበረን። ጌጋታት ምስ ዝገብሩ፡ ሓልዮት ብዘለዎ ኣቀራርባ'ዩ ንምእራሞም ዝፍተን ዝነበረ። ኣብተን ነፈርቲ ውግእ ብዘሸብር ድምጺ ተሰንየን ዝመጻሉን ዝዘንበያሉን ውሑዳት መዓልታት፡ እቶም ህጻናት ከይደሃሉ ተባሂሉ ኣብ ዝዕቄቡሉ ቦታ ብምሓዝን ካብ ዘለዉዎ ቦታ ከም ዘይንቀሳቐሱ ብምግባርን፡ "ኣጆኹም ኣይትፍርሑወን፡ ብሽኮቲ እየን ሒዘናልና መጺአን፣ ካራሜላ ክድርብያልና ደልየን እየን..." ተባሂሉ ይንገሮም ነበረ። ንሳቶም ድማ ዓቢ ዝሕሱ ኮይኑ ስለዘይስመዖም፡ ነቲ ዝንገሮም ከም ሓቂ ብምውሳድ፡ "እውይ ብሽኮቲ ሒዘን መጺአን፡" እናበሉ፡ ናይቶም ኣለይቶም ዘረባ ክደግሙን ብሓጕስ ክሰራሰሩን ይረኣዩ ነበሩ። ጸኒሑ ግን፡ ነፈርቲ ክመጻ ከለዋ ምንቅስቓስ ኣቋሪጾም፡ ኣበይ ክሕብኡ ከም ዘለዎም ኣስተምህሮ ተዋህቦም።

ቄልዑ መናበዩ ህጻናት፡ አብ ከባቢኦም ዘዐዝብም ነቦን ገረብን ጥራይ እዩ፡፡ በዚ ምኽንያት አፍልጦኦም ንምስፋሕ፡ ቡብኦን ብኣባላት ንኡስ አካል ስነ-ኣእምሮ ተጠርኒፎም ናብ መደበር ሰሉሙና (እንዳ ህዝቢ) ከም ዝዘወሩ፡ አደታት መደበር ሰሉሙና ብጓዴኣን ተጠርኒፈን ናብቲ መናበዩ ህጻናት እናመጻ ከም ዘዘግዓኦም ይግበር ነረ፡፡ አደታት ፈለጋ ናብቲ መናበዩ ህጻናት አብ ዝመጻሉ እዋን፡ እቶም ህጻናት ተቐኒየን፡ ተሓኒነን፡ ነጸላ ዙርያ፡ ልውየትን ሕጃብን ገይረን ምስ ረአየወን፡ ቅድሚኡ፡ ብዘይካ አፍሮ ተጋዳሊት ንልንስተይቲ ይፈልጡ ሰለዘይነበሩ፡ ጸሉላት ኩይነን ተራእያኦም፡፡ ሰንቢዶም ድማ ካብአተን ክሃድሙን ክሕብኡን ተራእዮ፡፡ አብ እንዳ ህዝቢ፡ አብ ዝመወሩሉ ዝነበሩ ግዜ ከኣ፡ እንትርፎ በርርቲ አዕዋፍ ጨቓዊት ርእዮም ሰለዘይፈልጡ፡ አብኡ ንዝረአየወን ጨቓዊት አዕዋፍ መሲለንኦም እምኒ አልዒሎም ክቐትሉወን ይንዮ ነሩ፡፡ ገሊኦም ድማ ብህይወተን ሒዞም አብ ጁባኦም አእትሮመን ናብ ቦታኦም ዘመለሱሉ እዋን ነሩ፡፡ እቲ ህዝቢ፡ ብተግባራቶም ከይድህሎም ይንገር ሰለዝነበረ፡ ዝቐየቖም አይነበረን፡፡ ብኣለይቶም ግን፡ ቅድሚ ምኻዶም ይኹን በጺሐም ድሕሪ ምምላሶም ቀጻሊ አስተምህሮ ይወሃቦም ነረ፡፡

ውጹእተኛታት በጻሕቲ (ጸዓዱ) ክመጹ ከለዉ፡ እውን፡ እቶም ቄልዑ ጸዓዳ ዝሕብሮም ሰባት ርእዮም ሰለዘይፈልጡ፡ አዝዮም ይግረሙን ይድነቑን ነሩ፡፡ ካብ እግሮም ክሳብ ጸጉሪ ርእሶም ድማ ይጥምቷዎም፡፡ ገለ ካብኣቶም፡ ሕብሪ ናይቶም ጸዓዱ ዝለግብ ምኻኑን ዘይምኻኑን ንምርግጋጽ፡ ደጋጊሞም ንቘርበቶም ብኢዶም እናተንከፉ፡ አብ አእዳም ይሕስሕሶኣ፡፡ እቶም ጸዓዱ'ውን ብወገኖም ብኩነታት ናይቶም ህጻናት ይግረሙ ነሩ፡፡

ንኡስ ኣካል ሕክምናን ምክትታል ዐብየትን

እዛ ንኡስ ኣካል እዚኣ፡ ብብርኸት ዘበሉ ኣጋር ሓካይምን ነርሳትን ዝቖመት ኩይና፡ ሓላፍነት ወሲዳ ትሰርሓሉ ዝነበረት ዕማም - ዕለታዊ ኩነታት ጥዕናን ኣካላዊ ዕብየትን ህጻናት ምክትታል እዩ፡ ዋሕዲ ዝተመጣጠነ መግቢ አብ ዘጋጥመሉ ዝነበረ ፈለጋ እዋን፡ ከምኡ ድማ ተመሓላለፍቲ ሕማማት ኣብ ዝርኣየሉ ወቕቲ፡ እቶም ቄልዑ ዳርጋ ኩሎም ሰለዝጥቀዑ፡ እዛ ንኡስ ኣካል እዚኣ፡ አብ ትንፋስ ዘይህብ ከቢድ ስራሕ'ያ ትጸመድ፡፡ ውጹአት፡ ተቐማጦ፡ ዋሕዲ ደም፡ ዓሉ ሰዓል፡ ኒሞንያ፡ ጃግዕን መድመይቲ ግርጻንን ድማ ካብቶም ጉሊሓም ዝረአዩ ዝነበሩ ሕማማት እዮም፡፡ የግዳስ ቡቲ ዝነበረ ዓቕሚ ንምፍዋሶም አሸገርቲ አይነበሩን፡፡ በዚ ድማ፡ እዞም ሕማማት'ዚኣቶም አብ'ቶም ህጻናት ዝምርር ስቅያት ወይ ከቢድ ጸገም የክትሉ ነይሮም ክበሃል አይከኣልን፡፡

መናበዪ ህጻናት

አብቲ ፈለማ ዓመታት፡ እቶም ህጻናት ፍሩታታት ይረኽቡ ስለዘይነበሩ፡ ብጉድለት ቫይታሚን-ሲ ግርጸኖም ብቋጻሊ ይደምን ይስብሰብን፡ አሰናኖም ይረግፍ፡ አሮም ድማ ይጨኑ ነበረ። አባላት ንግሆንግሆ አሰናኖም ብኮልጌት እናጽረዩሎም ከሎዉ፡ ጥዑይ አሰናን ኮነ ጥዑይ ግርጸን ዝነበሮ ቄልዓ አይነበረን። ርግጸ እዩ ብመልክዕ መድሃኒት ዝተዳለወ ቫይታሚን-ሲ ይመጽእ ነይሩ እዩ። ኮይኑ ግን ንዕኡ ዘኸውን መዐቀቢ ፍሪጅ ስለዘይነበረ፡ ናይ ምፍዋስ ብቕዓቲ ትሑት ነበረ። ድሓር ግን እቲ ዝሓሸ ፍታሕ ለሚን ምምጻእ ምዃኑ ተገምገመ። በዚ ድማ፡ ለሚን ካብ ከሰላ ሱዳን ተገዚኡ መጽአ። አለይቶም አብ ሻንኬሎ ጸሚቖም ማይ ሓዊሶም ምስ አስተዮዎም ከአ፡ አብ ሓጺር ግዜ ሓወዩ። ብድሕሪ'ዚ፡ ለሚን ከም ዝበለጸ መድሃኒት ተወሲዱ፡ ካብ ሱዳን እናተገዘአ ብስሩዕ ክመጽእ ጀመረ። ዶብ ሱዳን አብ ዝተዓጸወሉ እዋን ግን፡ እቲ ጸገም መሊሱ ደገሰ። ድሕሪ 1982 እንተኾነ'ውን፡ ብዘተፈላለየ ምኽንያት ለሚን ዝሰአነሉ ወይ ዝድንጉየሉ እዋናት ስለዝነበረ፡ እቶም ቄልዑ ብጉድለት ቫይታሚን-ሲ ንዝስዕቡ ጸገማት ናይ ምቅላዕ ኩነታት ሓሓሊፉ የጋጥሞም ነይሩ እዩ።

እቶም ህጻናት፡ ብሰንኪ ጽበት ናይ አባይቲ ተጨቓጨቖም ይድቅሱን ምስቲ ሙቖት እምብዛ ይርህጹን ብምንባሮም፡ ጮርሓንቲ ዝበሃል ናይ ቄርበት ተላጋቢ ሕማም እውን አሸጊሮም ነበረ። እዚ ናይ ፈንጋስ ሕማም'ዚ፡ ነቶም ቄልዑ አራኢሶም ብደምን መጉልን ፈጨቕጨቕ ከም ዝብል ይገብሮ። ሓንሳብ እንተ ተቐልቂሉ ንምቁጽጻሩ አጸጋሚ ስለዝነበረ ድማ፡ ዓቢይቲ ሓካይም ካብ ማእከላይ ሕክምና ውድብ እናመጹ፡ አብቲ ናይ ፍወሳን ምክልኻልን ስራሕ ይሳተፉ ነበሩ። እዞም ሓካይም፡ ዓቦቕ ካብቶም ቄልዑ ንምጥፋእ አብ ዝግበር ዝነበረ ርብርብ ዓቢ ግደ ነበሮም። ሓደ ግዜ እቲ ሕማም እናደገሰ ምጥፋእ ምስ አበዮም፡ ሓደ ካብቶም ዓበይቲ ሓካይም ካብ ማእከላይ ሕክምና ይመጽእ'ሞ፡ እቶም አባላት ማይ አብ ፈስቶ ብምፍላሕ ንኩሉ ክዳውንቲ ኮርታታትን መናጽፍን ናይቶም ቄልዑ ቀንጢጦም አቡሎ ክጥቡቖም፡ ነቲ ዝድቅሱን ዝዉዕልሉን ተንዳታቶም ድማ በቲ ፍሉሕ ማይ ክግዮብዎ አዘዞም። ከምኡ ምስ ገበሩ፡ እቲ ፈንጋስ ንዝተወሰነ ግዜ አሰሩ ጠፍአ። ካልእ እዋን ድማ፡ ነቶም ቄልዑ ናብ በረጦ ዝበሃል ገምገም ባሕሪ ሱዳን ወሲዶም፡ ንሓዲ ወርሒ ዝአክል መዓልታዊ ማይ ባሕሪ ከምዝሕጸቡ ገበሩ። አብ 1988 ከአ፡ ጸረ-ፈንጋስ መድሃኒት ስለዝመጸ፡ ንኹሎም በቲ ፈንጋስ ዝተለበዱ ዘይተለበዱ ቄልዑ ብምዕዳል ከም ዝጠፍአ ተገበረ፡ ነዊሕ ከይጸንሐ ግን እንደገና ደገሰ። በዚ ምኽንያት፡ አባላት ነቲ ፈንጋስ ንምጥፋእ አብ ሰሙን ሰሙን ጸጉሪ ርእሲ ናይቶም ቄልዑ ምልጻይ፡ ነቶም ዝተለበዱ ንበይኖም ከም ዝድቅሱ፡ ናይ በይኖም

271

አንሶላታትን ኮበርታትን ከም ዝሀሉዎም፡ መናጽፍም ንበይኑ ከም ዝተሓዝ ምግባር፡ ብዘይ ትህኪት ብቐጻሊ ዘካይዱዎ ንጥፈት ኮነ።

አባላት ንኡስ አካል ሕክምና፡ እቶም ቁልዑ ብኽም ንፍዮ፡ ፖልዮን አንቅጽን ዘአመሰሉ ሞትን ስንክልናን ከሰዕቡ ዝኽእሉ ሓደገኛታት ሕማማት ንኸይጥቅዑ ክታበት ምዕዳል፡ ምስ ዝጥቅዑ ሕክምናዊ ክንክን ምግባር፡ ብዓቐሞም ክፍወስ ዘይክእል ጥዕናዊ ጸገማት ናብቲ አብ ጥቓአም ዝነበረ ፋርማሰስን ላባራቶርን ዘጠቓለለ ሕክምና ወሲድካ ምሕካም፡ ከምኡ ድማ ንዘይተኸንሰዉ ቁልዑ ምክንሻብ ሓላፍነቶም ነበረ። ቅድሚ ክታበት ምጅማሩ አብ ዝነበረ ግዜ፡ ዝኹነ ተላባዒ ሕማም አብ ቤት-ትምህርቲ ሰውራ እንዳ ሀዘቢ፡ ወይ አብ ካልእ ቦታታት ምስ ዝረአ፡ ናብ መናበዪ ህጻናት ሰብ ከይአቱ ጽኑዕ ሓለዋ'የ ዝግበር ዝነበረ። ዋላ ውላዱ ክርኢ ኢሉ ዝመጸ ወላዲ ከይተረፈ ናብቲ መናበዪ ህጻናት ከይአቱ ይክልከል። ካብ 1988 ንደሓር ግን እቶም ቁልዑ ክታበት ጸረ-ንፍዮ፡ ጸረ-ቲቢ፡ ጸረ-ፖልዮ፡ ጸረ-ቲታኖስን ትኽትክታን ክወስዱ ስለዝጀመሩ፡ ተርእዮ ናይ'ዞም አሰጋእቲ ሕማማት እናኸተመ ከደ።

አካላዊ ዕብየት ህጻናት፡ ማለት ክብደት፡ ቁመትን ርጉዲ አኻላትን ወርሓዊ ብምልካዕ፡ አብ ናይ ውልቆም መዝገብ ምስፋር፡ ዝዐበዩ ወይ ትሕቲ ክብደት ዝኾኑ ህጻናት አብ ሕክምና አዕቁብካ ፍሉይ መኣዛዊ መግብን ካልእን ብመሃብ ከም ዝመሓየሹ ምግባር፡ አብ ሸድሽተ ወርሒ ድማ ኩሉም ዝምልከቶም አባላትን ሓለፍቲን ናይቲ ጨንፈር አብ ዝተረኽቡሉ ኩሉ መዳያዊ ምዕባለ ናይ ነፍሲወከፍ ቁልዓ ምግምጋም እውን፡ ናይዛ ንኡስ አካል ዕማም ነበረ። ነፍሲወከፍ ህጻን፡ አብ ሕክምና ዝተመዝገበ ንኩነታት ጥዕናኡ ዝምልከት ዝርዝራዊ ሓበሬታ ዝሓዘ ኻርድ፡ ከምኡ ድማ ካብ ስድራኡ፡ አዝማዱን ፈለጥቱን ዝተረኸበ ንታሪኹ ጥዕናኡ ዘሕብር ፍሉይ መዝገብ ነበረ።

ንኡስ-አካል ሕክምና፡ እቶም ህጻናት ሚዛኖም ከጉድሉ ወይ ድማ ምስ ዕድመአም ዘይመጣጠን አካላዊ ዕብየት ከርእዩ እንከለዉ። ጠንቂ ንምፍላጥ መጽናዕትታት ተኻይድ እኳ እንተነበረት፡ ዝበዝሕ ግዜ እቲ ጠንቂ ክፍለጥ ዝኽእል አይነበረን። መግቢ እንዳ ህጻናት፡ ካብቲ አብ እንዳ ሀዘቢ ምስ አደታቶም ዝነበሩ ህጻናት ዝምገብዎ ብዓይነቱን ብትሕዞቶኡን ዝሓሸ እዩ፡ ሚዛን አኻላት ናይ ሓያሉ ህጻናት ግን ትሕቲ'ቶም ምስ አደታቶም ዝዓብዩ ህጻናት ምኻኑ እቲ ዘኣይድም ዝነበሩ መጽናዕቲ የመልክተሎም ነበረ። ካብዚ ተበጊሶም ድማ፡ ፍቕሪ ወላዲ፡ ብሕልፊ ከአ ፍቕሪ አደ ዘይምርካብን ክቱር ናፍቖትን፡ አብቲ ጸገም እጃም ከም ዝህበር ክግምግሙ ክኣሉ።

272

እዚ ኹይኑ ግን፡ ኣብ መናበዪ ህጻናት ክፍሊ ማህበራዊ ጉዳያት፡ ብሕማም ይኹን ብኻልእ ምኽንያት ዝሞቱ ቊጽሪ ህጻናት ኣዝዩ ውሑድ እዩ ነይሩ። ካብ 1979 ክሳብ 1984 ኣብ ዝነበራ 6 ዓመታት፡ 8 ህጻናት ጥራይ እዮም ብሕማም ክሞቱ ክኢሎም። ብድሕሪኡ ኣብ ዝሰዓበ ዓመታት'ውን፡ እቲ ቊጽሪ ሞት እናነከየ ኸደ። ኣብ 1988፡ ብጉጅለ መጽናዕቲ ናይቲ ጨንፈር ኣብ ህጻናት ክፍላተ- ሰራዊታት ዝተገብረ መጽናዕቲ ከም ዘመልክቶ፡ ኣብ 1987 ኣብ ሕክምና መናበዪ ህጻናት ክፍላተ-ሰራዊት ዝሞቱ ህጻናት 7% ክኸውን ከለዉ፡ ኣብቲ ዓመት'ቲ ኣብ መናበዪ ህጻናት ማሕበራዊ ጉዳያት ሞት ኣይተመዝገበን። ኣብ እንዳ ህዝቢ (መደበር ሰለሙና) እውን እቲ መጠን ሞት ህጻናት ትሕቲ 0.5% ነበረ። መናበዪ ህጻናት ማሕበራዊ ጉዳያት ዝነበሮ ስፍራ፡ ለመምቲ ብፍላይ ከኣ ኣትማን ብብዝሒ ዝርአዩሉ'ኳ እንተ ነበረ፡ ሳላ'ቲ ዝነበረ ድሉው ሕክምና ግን ብመንከሰቲ ተመን ዝሞተ ህጻን ኣይነበረን።

* * *

ኣብ ኩለን ጨናፍር ክፍሊ ማሕበራዊ ጉዳያት፡ ብፍላይ ከኣ ኣብ ጨንፈር መናበዪ ህጻናት፡ ሕቶ መዕቌቢ (ኣባይቲ) ንነውሕ ዝበለ ግዜ ከም ዓቢ ብድሆ ኹይኑ ቐጺሉ እዩ። ኣብ 1987 ግን፡ ኣብ ቤት ትምህርቲ ካድር ክመሃሩ ናብ ዓሬርብ ዝመጹ ተጋደልቲ፡ ኣብ ጨንፈር መናበዪ ህጻናት ማእቶት ብምውፋር ኣባይቲ ከም ዝሃንጹ ተገብረ። ኣብቲ ግዜ ዝተሃንጹ 10 ዓበይቲ፡ ነፍሲወከፎም 45 ትርቢዒት ሜትሮ ስፍሓት ዘለዎም ጽኑዓት ናይ ትሕቲ መሬት ገዛውቲ ተሃንጹ። በዚ ከኣ፡ እቲ ዝነበረ ሽግር መዕቌቢ ብሓፈሻ፡ ስግኣት ነፈርቲን ሓደጋ ውሕጅን ድማ ብፍላይ ክቕንጠጥ ከም ዝኸኣለ፡ ሰነዳት ክፍሊ ማሕበራዊ ጉዳያት ይሕብር።

ኣብቲ ስርዓት ኢትዮጵያ፡ ሰውራ ኤርትራ ንምጥፋእ፡ ኣብ ልዕሊ ህዝቢ ዝፍጽሞ ዝነበረ ጃምላዊ ቅትለትን ደብዳባት ነፈርትን፡ ብዘይ ወለዲ ዝተረፉ ህጻናት ኣዝዮም ብዙሓት እዮም። ህዝቢ ኤርትራ ናይ ዝዘከተሙ ወገናቱ ቤተሰባዊ ሓላፍነት ስለዝወስድን፡ ኣብ ክንዲ ወለዲ ኮይኑ ህጻናት ክናቢ ዘገድድ ቅዱስ ባህሊ ስለዘለዎን፡ ቊጽሪ ብዘይ ኣላዪ ናይ ዝተረፉ ዘኽታማት ቈልዑ፡ ምስቲ ዝወረደ ግፍዕታት ዝዛመድ ኣይነበረን። ሓደ ሓደ ነዚ ዕድል'ዚ ዘይረኸቡን መንነት ቤተሰቦም ዘይተፈልጡን ህጻናት ግን፡ ህዝባዊ ግንባር ባዕሉ ክስከሞም ይግደድ ነይሩ እዩ። ካብ ናይ 1977 ኩናት ባጽዕ ጀሚሩ ድማ፡ ውሑዳት ብዘይ ኣላዪ ዝተረፉ ዘኽታማት፡ ንግዜኡ ኣብ ክፍሊ ሕክምና ህዝባዊ ግንባር ከም ዝጸንሑ ተገብረ። ክፍሊ ማሕበራዊ ጉዳያት ምስ ተመስረተ ከኣ፡ ካብ ኩሉ ኩርናዓት ኤርትራ

ዝመጹ፡ ብዝተፈላለዩ ምኽንያት ዝዘከተሙ ህጻናት መዕቈቢ ክረክቡ ክኣሉ። ኣብ ናይ 1990 ኲናት ባጽዕ፡ ዝዘከተሙ ካብ 10 ወርሒ ክሳብ 5 ዓመት ዕድመ ዝነበሮም 12 ህጻናት፡ እቶም ናይ መወዳእታ ናብ መናበዪ ህጻናት ዝተሓወሱ ዘኽታማት ነበሩ።

ካብቶም ክፍሊ ማሕበራዊ ጉዳያት ዝኣልዮም ዝነበረ ህጻናትን ዘኽታማትን፡ ሓያሎ ብዛዕባ መንነቶም ዝገልጽ ዝርዝር ሓበሬታ ዘይነበሮም ነይሮም እዮም። ኣብ መንጎ ውግእን ገልታዕታዕን፡ ናይ ህይወት ኣድሕን ቀዳምነታት ስለዝዕብልል፡ ናይ ህጻናት ምሉእ መንነት ዝገልጽ መዛግብ ከይተማልአ ክተርፍ ባህርያዊ እዩ። ነዚ ሃንፍ'ዚ ንምምላእ፡ ክፍሊ ማሕበራዊ ጉዳያት ብዙሕ ጻዕርታት ገይሩ'ኳ እንተ ኮነ፡ እቲ ሽግር ተመሓይሹ እምበር፡ ፈጺሙ ኣይተኣልየን። ኣብ መጀመርታ መድረኻት፡ ንመንነት ውልቀ-ሰብ ዝገልጽ ዝርዝራት ናይ ምዝገባ ስራሕ ስለዘይተማልአ፡ ነቲ ዝጉደለ ንምዕራይ ብዙሕ ጻዕሪ ሓቲቱ እዩ። ነቲ ህጻን ዝፈልጡ ወለዲ ወይ ኣዝማድ ክበጽሑ ኣብ ዝመጽሉ፡ ዝፈልጥዎ ሓበሬታ ከም ዘመዝግቡ እናገበረ ድማ ንዝበዝሐ መዝገቦም ከተዓራርዮ ክኣለ።

ኣጋጣሚ

ኣብ 1985፡ ኣብ ውግእ ባረንቱ ወለዳ ዝሰኣነት፡ ግደይ ተባሂላ እትጽዋዕ ህጻን ኣብ መናበዪ ህጻናት ኣተወት፡፡ ኣዝያ ጭንቕቲ ስለዝነበረት ድማ፡ ምእላያን ምስ ህጻናት ምሕዋሳን ጸገም ኮነ። ኣብ ባረንቱ ስለዝተረኽበት፡ ብዘይ ወግዓዊ መገዲ "ግደይ ባረንቱ" ተባሂላ እናተጸውዐት ንነዊሕ ኣዋርሕ ቀጸለት። ሓላፊ ክፍሊ ተጋዳላይ የማነ ዳዊት፡ ኣብ መዝገብ ህጻናት ግደይ ባረንቱ ዝብል ምስተዓዘበ፡ ብኽምዚ ክትጽዋዕ ናይ መንነት ቅልውላው ስለዘስዕብ፡ "ዋላ ናይ ዝኾነ ሰብ ስም ሃብዋ፡" ዝብል መምርሒ ሃበ። ድሕሪ ገለ እዋን፡ እቲ ሓድሽ ስም ምጥማቕ ዝደንጎየሉ ምኽንያት ምስ ሓተተ፡ "ኣልዕል ኣቢልና ከመይ ጌርና ስም ንህብ?' ዝብል መልሲ ረኸበ። ብድሕሪ'ዚ፡ ምስ'ቶም ሓለፍቲ ሓጺር ርክብ ብምግባር፡ ዛንታ ሓደ ቈልዓ ነገሮም።

ኣብ ኲናት ባጽዕ 1977፡ ኣማኑኤል ዝተባህለ ወዲ 2 ዓመት ህጻን ብዘይ ኣላዪ ተረኽበ፡ ሽዑ ከኣ መናበዪ ህጻናት ስለዘይነበረ፡ ብተጋደልቲ ናብ ሕክምና ተላእከ። ኣብ ሕክምና ድማ፡ ንሱን ሓንቲ ካልእ ህጻንን ብሓልዮት ኣባላት ይዓብዩ ነበሩ። ኣማኑኤል ስም ወላዲኡ ስለዘይፍለጥ፡ "ኣማኑኤል ህዝባዊ ግንባር" ዝብል ስም ከይተሓሰበሉ ተዋህቦ። እዚ ድማ፡ ክሳብ ዳሕራይ ዕድመኡ፡ መጫረቒ ተማሃሮ ኹይኑ የጨንቖ ነበረ። 'ኣቦ የብልኻን' ስለዘሰምዕ፡ "ህጻን ብዘይ ስም ኣቦ ክንሕዞ ነውሪ እዩ፡" ብምባል ከኣ ነታ ህጻን ብስሙ ክጽውዕዋ ሓበረ። ብኡ መሰረት፡ ግደይ የማነ ዳዊት ተባሂላ ተመዝገበት። ድሕሪ ዓመት፡ ከም ብሓድሽ ደጀን ዝተባህለ ስም ወላዲኡ ዘይተፈልጠ

ህጻን'ውን፡ ብተመሳሳሊ ኣገባብ 'ደጀን የማነ ዳዊት' ብዝብል ስም ከም ዝምዝገብ ተገብረ።

እዞም ክልተ ህጻናት፡ ድሕሪ ናጽነት ዝተፈላለየ ዕጫ እዩ ገጢሙዎም። ደጀን፡ ስድራቤቱ ኣብ ዓሰብ ስለዝረኸበ፡ ብቤት-ፍርዲ ስም ኣቦኡን ኣቦ-ሓጎኡን ክቕይር መስርሕ ምስ ጀመረ፡ ኣብ 1995፡ የማነ ዳዊት ካብ ቤት-ፍርዲ ዓሰብ መጸዋዕታ ቀረበሉ። ስሙ ዋላ እንተወሰዱ፡ ምስ'ቶም ህጻናት ዘራኽቦ ስለዘይነበሮን ካብ ክፍሊ ማሕበራዊ ጉዳያት ስለዝተቐየረን፡ ኩነታቱ ኸገርሞ ግድን ነበረ። ኣብ ዓሰብ ዝነበሩ፡ ናይ ቤት ትምህርቲ ሰውራ መምህራኑ ዛንታኡ ስለዝፈለጡ፡ እቲ መስርሕ ተቓሊሉ ስሙ ቀየረ። ግደይ እውን ድሕሪ ናጽነት ከም ውላዳ ርዒማ ከተዕብያ ፍቓደኛ ዝኾነት ስድራቤት ስለዝረኸበት፡ ስም ወላዲ ቀይራ ትምህርታን ናብርኣን ብጽቡቕ ከትቅጽል ከኣለት።

መናበዩ ህጻናት ክፍሊ ማሕበራዊ ጉዳያት፡ ነቶም ካብ መናበዩ ክፍላተ-ሰራዊት ዝተቐበሎም ህጻናት ንኣስታት ሰለስተ ዓመት ብምክንኻን ክኣልዮም ድሕሪ ምጽናሕ፡ ኣብ 1989 ብኹሉ ኩነታቶም ንምጅማር ትምህርቲ ድሉዋት ከምዝኾኑ ብምግባር፡ 247 ካብኣቶም፡ ናብታ ከም መቐጸልታ መናበዩ ህጻናት ኩይና፡ ቈልዑ ተቐቢላ፡ ሓላፍነት ወለዲ ወሲዳ፡ ትናቢን ትምህርን ዝነበረት ቤት ትምህርቲ ሰውራ ኣሰጋገሮም። ኣብ 1990 ከኣ፡ ከም ብሓድሽ ካብ መናበዩ ህጻናት ክፍላተ-ሰራዊት 280 ህጻናት፡ ካብ ባጽዕ ድማ ብደብዳብ ነፈርቲ ስድራኦም ዝተቐትሉዎም 10 ዘኽታማት ቈልዑ ብምቕባል፡ ነቶም ኣቐዲሙ ዘፋነዎም ህጻናት ተኪኦም። ምስ'ቶም ኣብኡ ዝጸንሑ ቈልዑ ጸንቢሩ ናይ ናብዮት ስርሑ ድሕሪ ምቕጻል ከኣ፡ ኣብ ግዜ ናጽነት 347 ህጻናት (መብዛሕትኦም ሓደኦም ወይ ክልተኦም ወለዶም ኣብ ሓርነታዊ ቃልሲ ዝተሰውኡዎም፡ ወይ ብግፍዕታት ጸላኢ ዝተቐትሉዎም እዮም) ሒዙ ኣስመራ ኣተወ።

ክፍሊ ማሕበራዊ ጉዳያት ብጽሑፋትን መጽሔታትን ናይ ስልጠናን ምዝገባን መደባት ብምክያድ፡ ነቲ ሽግር መሰረታዊ መፍትሒ ክገብረሉ ክኢሉ'ዩ። ድሕሪ ናጽነት ድማ ህጻናት ናብ ወለዲ፡ ኣዝማድን ጉጅላዊ ስድራን ንምውጋኖም ዝቐለለ ክኸውን ክኣለ።

መናበዩ ህጻናት ክፍሊ ማሕበራዊ ጉዳያትን ኣባላቱን፡ ካብ 1979 ክሳብ 1991 ብጠቕላላ 1408 ህጻናት እዩ ተቐቢሉ። ዕድመኦም ድማ ካብ ኣዋርሕ ክሳብ ሸውዓተ ዓመት ነበረ። እቲ መናበዩ፡ ናይ ወለዲ ሓላፍነት ተሰኪሙ፡ ቈልዑ ክሳብ ኣካዳምያዊ ትምህርቲ ንምጅማር ብቑዓት ዝኾኑ ኩሉ ንኣታቶም ዘድሊ ብዓቕሙ ብምውፋይ ኣገልጊሉ እዩ።

እዞም ህጻናት ዝዓብይሉ ዝነበሩ ከባቢ ወረ-ኩናትን ዘይምቹእ ኩነታት ኣየርን ዝዓብለሎ እንከሎ፡ መኣዛዊ መግብታት ይጕድሎምን ተጨቓጪቖም እናነበሩ፡ ንዘተፈላለዩ ተላገብቲን ቀተልቲን ሕማማት (ዓባይ-ሰዓልን/ቲቢ፡ ሕማም ቁርበት፡ ዓሶን፡ ካልኦት ብሕጽረት ቫይታሚናት፡ ማዕድናትን ፕሮቲናትን ዝፍጠሩ ሕማማትን) ቅሉዓት ከለዉ፡ ኣብ መናበዪ ህጻናት ማሕበራዊ ጉዳያት ዝነበረ መጠን ሞት ትሑት ምንባሩ ነቲ ዝነበረ ልዑል ክንክን ዘመልክት'ዩ ክበሃል ይከኣል። ካብ 1979 ክሳብ 1990፡ ካብ'ዚኣቶም በብእዋኑ ዕድመኦም ንትምህርቲ ዝኣኸሉ 945 ቈልዑ፡ ኣካዳምያዊ ትምህርቲ ንምክትታል ንቤት ትምህርቲ ሰውራ ክሰጋገሩ ክኢሎም እዮም። ብዙሓት ካብ'ዚኣቶም ድማ ድሕሪ ናጽነት ትምህርቶም ብምቕጻል ኣብ ዝለዓለ ደረጃ በጺሖም።

መናበዪ ህጻናት ክፍላተ-ሰራዊትን ክፍልታትን

ኣብ 1980-82፡ ኣብ ትሕቲ ሕክምና ካብ ዝነበረ ኣልያ ህጻናት፡ ነብሰ-ጾራትን ሓራሳትን ንዘተረኽበ ተሞኩሮ ምርኩስ ብምግባር፡ ህጻናት ካብ ኣደታቶም ፈሊኻ ምዕባይ፡ ብኣሉታ ስለዝተገምገመ፡ ከምኡ ድማ ወሊድ ኣብ ተጋደልቲ ደቀንስትዮ ብምውሳኹ፡ ብዝሒ ዘለዎም ህጻናት ኣብ ሓደ ቦታ ጠርኒፍካ ምእላዮም ዘይከኣልን ኣሰኻፊን እናኮነ ስለዝመጸ፡ ክፍሊ ማሕበራዊ ጉዳያት ክኽተሎ ዝጸንሐ ኣገባብ ናብዮት ህጻናት ከም ዝቕይር ተገብረ። መተኻእታኡ ከኣ፡ ክፍላተ-ሰራዊትን ክፍልታትን ብደቀንስትዮ ኣባላተን ዝተወልዱ ህጻናት ባዕለን ዝኣልያሉ ውሑስ ቦታ ከዳልዋ ሓላፍነት ወሰዳ። ንኹለን ኣሃዱታት ህዝባዊ ግንባር ድማ፡ ህጻናት ናብ ክፍሊ ማሕበራዊ ጉዳያት ክኣትዉ ዝኽእሉሉ ምኽንያት፡ ብመስዋእቲ ወለዲ ወይ ብርኡይ ናይ ምእላይ ጸገማት ጥራይ ምዃኑ ተነግረን።

በዚ መምርሒ'ዚ፡ ካብ መወዳእታ 1981 ጀሚረን ኩለን ኣሃዱታት ሰራዊትን ክፍልታትን፡ በቲ ልምዳዊ ኣጸዋውዓ "ጋንታ 17" ዝተሰምያ፡ ነፍሰ-ጾራት፡ ሓራሳትን ህጻናትን ዝናበዩሉ ነናተን ኣሃዱታት ኣቚማ። ኣብዘን ሓደስቲ ኣሃዱታት፡ ነፍሰ-ጾራትን ሓራሳትን ክሳብ ክልተ ዓመት ብናይ ሓባር መነባብሮ ደቀን የዕብያን ይከናኸናን ነበራ። ንሳተን ናብ ኣሃዱታተን ምስ ተፋነዋ ከኣ፡ እቲ ህጻናት ናይ ምዕባይ ዕማም በተን ዝተረፋ ሓራሳትን ካልኦት ኣብቲ ዕማም ዝተመደባ ተጋደልትን ይቕጽል ነበረ። ኣብ 1984፡ ኣብ ክፍላተ-ሰራዊት ዝነበሩ ደቂ ኣርባዕተ ዓመት ዝኾኑ ህጻናት ናብ መናበዪ ህጻናት ክፍሊ ማሕበራዊ ጉዳያት ክኣትዉ ክውሰን እንከሎ፡ ኣብ ክፍልታት ደጀን ዝነበሩ ህጻናት ግን፡ ክሳብ 7 ዓመት ኣእኪሎም ናብ ቤት-

ትምህርቲ ስውራ ዝኣትዉ፡ ምስ ወለዶም ከምዝጸንሑ ተገብረ።

ክፍሊ ማሕበራዊ ጉዳያት፡ ካብ 1979 ጀሚሩ ደቂ ተጋደልትን ካልኦት ብዝተፈላለዩ ምኽንያት ዘዘክተሙን ህጻናት ኣብ ምንባይ ዝቐሰሞ ተሞኩሮ ቀሊል ኣይነበረን። ኣብ ካልኣይ መፋርቕ ናይ 1980ታት ሃብታም ተሞኩሮ ስለዝደለበን፡ ኣብ 1987 ዓ.ም. ኣብ ዝተኻየደ 2ይ ውድባዊን ሓድነታዊን ጉባኤ፡ ማሕበራዊ ጉዳያት ንኹሎም ህጻናት ውድብ ናይ ምክትታል ሓላፍነት ስለዝተወሃቦን፡ ክፍሊ ማሕበራዊ ጉዳያት ኣብ ትሕቲኡ ካብ ዝእለዩ ዝነበሩ ህጻናት ሓሊፉ ናብ'ቶም ኣብ ዝተፈላለያ ክፍላተ-ሰራዊትን ክፍልታትን ውድብ ዝእለዩ ዝነበሩ ደቂተጋደልቲ ጠመተኡ ኣስፍሐ። ኣብ 1987 ከኣ፡ ኣብ ትሕቲ መናበዩ ህጻናት ክፍላተ-ሰራዊት ክእለዩ ዝጸንሑ ህጻናት ብዝሖም እናወሰኸ ስለዝመጸ፡ ንዝነበረ ጸዕቂ ብምንኻይ፡ ዝሓሸ ኣተኣላልያ ክረክቡ ዝኽእሉ ኩነታት ንምፍጣር ካብኣቶም 322 ህጻናት ናብ መናበዩ ህጻናት ማሕበራዊ ጉዳያት ከም ዝግዕዙ ተገብረ።

ካብዚ ሓሊፉ፡ ኣብ 1988፡ ኣብ ጨንፈር መናበዩ ህጻናት ሓንቲ ናይ መጽናዕቲ ጉጅለ ብምቛም፡ ምስታ ብደረጃ ክፍሊ ትነጥፍ ዝነበረት ናይ ምርምር ኣሃዱ ብምትሕብባር፡ ኩነታት ናይቶም ኣብ ትሕቲ ኣሃዱታት ህዝባዊ ግንባር ዝእለዩ ህጻናት ንምፍላጥ፡ ኣብ መናበዩ ህጻናት ክፍላተ-ሰራዊትን ክፍልታትን ዳህሳሳዊ መጽናዕቲ ተኻየደ። ኣብቲ ልዕሊ ሓደ ወርሒ ዝወሰደ መጽናዕቲ፡ ኣብ ክፍላተ-ሰራዊት ጥራይ ልዕሊ 1500 ህጻናት ከምዝርከቡን፡ ዝበዝሑ ኩነታት ኣተዓባብያኦም ወይ ኣተኣላልያኦም ኣሰኻፊ ከም ዝኾነን ክረጋገጽ ተኻእለ። ኣብዚ ዳህሳስ'ዚ፡ ክሳብ 12% ህጻናት ናይ ወለዶም ምሉእ ስም ዘይነበሮ መዝገብ ብምርኻቡ ድማ፡ ዘሰንብድ ተርእዮ ኮነ። ህዝባዊ ግንባር ካብ ዝተመስረተሉ እዋን ጀሚሩ ናይ ተጋደልቱን ስዉኣቱን ኣዝዩ ጽፉፍ ቤትመዝገብ ሃኒጹ ክንሱ፡ ኣብ ናይ ሜዳ ናይ ዝተወልዱ ህጻናት መዛግብ ሃጓፍ ክጸንሖ ቅቡል ኣይነበረን። ስለዚ ድማ፡ ክፍሊ ማሕበራዊ ጉዳያት፡ ኩነታት ደቂ-ተጋደልቲ ህጻናት ብዝደቀቐ ንምክትታል፡ ኣብ መንጎ ሓለፍቲ ናይ ኩለን ኣሃዱታት ሰራዊትን ክፍልታት ደጀንን ተደጋጋሚ ኣኼባታትን ምልውዋጥ ተሞኩሮን ክካየድ ወሰነ።

ኣብ ርእሲኡ፡ ንኣገባብ ኣተኣላልያ ህጻናት ዝምልከት 18 ኣርእስቲታት ዝሓዘ 165 ገጻት ዘለዎ መምሃሪ ጽሑፍ ብምድላው፡ ካብ 1988 ንደሓር ኣብ መናበዩ ህጻናት ማሕበራዊ ጉዳያት ንዝተዋፈሩን ንኣባላት ክፍላተ-ሰራዊትን ብስሩዕ ስልጠና ክህብ ጀመረ። ኣብቲ ዓመት'ቲ ጥራይ 42 ተጋደልቲ ዝተሳተፉዎ ክልተ ግዜ፡ ኣብ 1989 ድማ 338 ተጋደልቲ ስልጠናታት ሃበ። ብተወሳኺ፡ ንሓለፍቲ ኣለይቲ ህጻናት ክፍላተ-ሰራዊት

ኣብ ዓመት ክልተ ግዜ (መንፈቃዊ) ሰሩዕ ኣኼባ ብደረጃ ክፍሊ ማሕበራዊ ጉዳያት ብምክያድ፡ ገምጋማትን ምልውዋጥ ተሞኩሮታትን ኣብ ኣተኣላልያ ህጻናት ይግበር ነበረ። ብዘይካ'ዚ፡ ሕጽረት ኣባይቲ ንምፍታሕ፡ ትሕዝቶ መግቢ ንምምሕያሽ፡ መሳርፍ ህጻናት ብብዝሒን ዓይነትን ከም ዘውስክ ንምግባር፡ መናበዪ ህጻናት ክፍላተ-ሰራዊት እኹል ግምት ተወሂብዎ ብቑዕ ዓቅሚ ሰብ፡ ሓላፊት/ፊ፡ ፐርሰነል፡ ሓኪም፡ ወዘተ. ክምደቡለን፡ ምስቲ በብእዋኑ ዘውስክ ዝነበረ መጠን ወሊድ ህጻናት ዝዳረግ ኣኳ እንተዘይኮነ፡ መጻወቲ ኣቑሑ ክቕርበሎም፡ ንህጻናት ዘድልዩ ቀረባት ካብ ሱዳን ንምዕዳግ ኣብ ክንዲ ብውልቀ መናበዪ ህጻናት፡ ብምውህሃድ ክልተ ወይ ካብኡ ንላዕሊ ብሓባር ብምስራሕ ናይ ምጉዕዓዝን ካልእን ሽግራት ክቃለል፡ ወዘተ. ገለ ካብቶም ምስ ዘዝምልከቶም ኣኻላት ርክባት እናተገብረ ንምፍትሖም ዝተሰርሓሎምን ክሳብ ኣብ ኣኼባታት ማእከላይ ሽማግለ ዝተዘርበሎምን ኣርእስትታት ነይሮም።

እዚ ምስ መናበዪ ህጻናት ክፍላተ-ሰራዊት ዝሰራሕ ዝነበረ ክኸውን ከሎ፡ ምስ ኣብ ክፍልታት ደጀን ዝነበሩ መናበዪ ህጻናት እውን ተመሳሳሊ መደባት ንምክያድ ተፈቲኑ ነበረ። እንተኾነ ግን፡ ናይ ውሑዳት ገዲፍካ፡ መብዛሕትኡ ግዜ ኣተኣላልያ ናይቶም ህጻናት ኣብ ዉልቀ-ወለዲን ኣብ ውሑድ ቊጽሪ ዘለዎም ኣለይቲን ዝምርኮስ ስለዝነበረ፡ ምስኣቶም ዝተሰርሐ ስራሕ ብዙሕ ኣይነበረን። እቲ ብጨንፈር መጽናዕቲ መናበዪ ህጻናትን ክፍሊን ዝዳሎ ጽሑፋትን መምርሒታትን ግን፡ ንዕኦም'ውን ማዕረ እቶም ካልኦት ከም ዝበጽሖም ይግበር ነበረ።

ብመሰረት መምርሒ ኣካል ጉዳይ ህጻናት፡ ኣብ መጀመርታ ናይ 1988፡ ንሓፈሻዊ መነባብሮ ህጻናትን ጸገማትን ንምፍላጥ ዝዓለመ 37 ክፋትን ዕጹውን ሕቶታት ዝነበሮ ኣብ ቊጠባዊ፡ ጥዕናዊ፡ ስድራቤታዊ ርክባትን ትምህርትን ዘድሃበ መሕትት ዝሓዘ መጽናዕቲ እዩ ተኻይዱ። እዚ መጽናዕቲ'ዚ፡ ኣብ መናበዪ ህጻናት ክፍላተ-ሰራዊት ዝተኻየደ ኮይኑ፡ ንመወዳደሪ ክኸውን ተባሂሉ ምስኣተን ክልተ ክፍልታት መናበዪ ህጻናት ዝተጸንዓ ነበረ።

ኣብዚ ናይ መጽናዕቲ ግዜ፡ 888 ቈልዑ ዝርከብወን ኩለን መናበዪ ህጻናት ክፍላተ-ሰራዊት፡ ከምኡ'ውን 55 ቈልዑ ዝሓዛ ናይ ሃንደሳን ኣካል ነዳዲን መናበዪ ህጻናት ተበጽሓ። ኣብ ነፍሲ-ወከፍ ኣሃዱ፡ እቶም ተሓተትቲ 10% ናይ'ተን ሓራሳት ኣደታት፡ ሓላፊ መናበዪ ህጻናት፡ ሓላፊ ስንቂን ሓካይምን ነበሩ። ኣብ ምምራጽ ወኪል ኣካል፡ ንውሓት ዕድመ ኣብቲ መዕበያ ቈልዑን፡ ውድባዊ ዕድመን ኣብ ግምት ኣተወ። እቲ ካልእ

መምረጺ ረቛሒታት ግን ሃውራዊ ነበረ። ኣብዚ፡ እቲ ቀንዲ ኣሸጋርን ንውጽኢት ናይቲ ዝተኻየደ መጽናዕቲ'ውን ዘዳኸመን ግን፡ ዳርጋ ኣብ ኩላተን መዛግብ ዘይምጽንሖ እዩ። ሓደ ሓደ ግዜ፡ ስም ኣቦ ናይቲ ቈልዓ ብሳጓ ጥራይ ተመዝጊቡ ይጸንሕ፣ ወይ ድማ ብወዲ እገለ ተባሂሉ ይጽዋዕ። እዚ ከኣ፡ ኣደታቶም ምሉእ ስምን ሓበሬታን ኣቦታት ደቀን ተገዲሰን ኣብ ምፍላጥ ዓቢ ድክመት ከም ዝነበረን ዘርኢ እዩ። ብፍላይ እቲ ህጻን ብዘይሕጋዊ ኣገባብ ዝተወለደ ምስ ዝኸውን፡ ወይ ወለዱ ካብ ዝተፈላለዩ ኣሃዱታት ምስ ዝኾኑ፡ እንትርፎ ሳጓ፡ ኣቦታት ናይቶም ህጻናት ሓቲትካ ክትፈልጦ ኣጸጋሚን ዘይከኣልን ይኸውን ነበረ። ዝርዝር ኦርኒክ ናይ ወለዲ ከኣ'ሞ ፈጺሞም ዘይሓሰብዎ መናበዪ ህጻናት ነይሮም እዮም። ብዘይካ'ዚ፡ ምቅይያራት ሓለፍቲ ኣብ መናበዪ ህጻናት እውን ስለዝበዝሐ፡ ዳርጋ ኹሎም ነቲ እንዳ ህጻናት ከም መጻንሒ ናይ ዝደኸሙን ዝተወግኡን ኻድረታት ገይሮም እዮም ዝርእዩዎ። መዛግብ ስለዘይነበሮም፡ ናይ ዝሞቱ ህጻናት ብዝሕን ካልእ ኩነታቶምን ብጭብጢታት ክሕብሩ ኣይከኣሉን። እዚ ከኣ፡ ኣብ ምድኻም ውጽኢት ናይቲ መጽናዕቲ ስምብራት ቀሊል ኣይነበረን።

እዚ ኣብ ጥሪ 1988 ዝተኻየደ መጽናዕቲ ከም ዝሕብሮ፡ ካብቶም ኣብ መናበዪ ህጻናት ክፍላተ-ሰራዊት ዝእለዩ ዝነበሩ ህጻናት፡ 12% ኣቦታቶም፡ 1% ድማ ኣደታቶም ስዉኣት ነበሩ። ንሕጋውነት ኣወላልዳኦም ብዝምልከት ከኣ፡ 55% ካብ ሰብ ቃል-ኪዳን ዝተወለዱ፡ 22% ካብ ቃል-ኪዳን ዘይገበሩ ተዛምድቲ (ፍቑራት)፡ ካልኦት 23% ከኣ ካብ መርዓ ወይ ዝምድና ወጻኢ ዝተወልዱ ወይ ወለዶም መርዓን ዝምድናን ነይርዎም ዘፍረሰዎ እዮም። ኩነታት ኣመጋግባኦም ብሓፈሻ ጽቡቕ ኣይነበረን። ኣብቲ መሻርፍ'ኳ ፍልልያት እንተ ዘይነበረ፡ ከም እንቋቝሖ፡ ኣሕምልቲን ፍሬታትን ዝኣመሰለ መኣዛዊ መግቢታት ናይ ምርካብ ዕድሎም ጸቢብ ነበረ። ሳሙና ናይ ክዳን ከይተረፈ ንምርካብ እምብዛ ይጽገሙ ብምንባሮም ከኣ፡ እቲ ዝሰላዓሎም ዝነበረ ናይ ገንዘብ መቑነን (ንሓደ ህጻን 1.5 ጅኔ) ትርጉም-ኣልቦ ምንባሩ እዩ ዘመልክት። ምስቲ ዝነበረ ብዝሒ ሕማማት፡ ርሕቀት ካብ ሕክምናን ሕጽረት ናይ ብቑዓት ሓካይምን፡ ዘጋጥሞም ዝነበረ ሞት ውሑድ ከም ዘይነበረ'ውን ኣብቲ መጽናዕቲ ክፍለጥ ተኻእለ። እተን መናበዪ ህጻናት ምስቲ ዘጋጥመን ዝነበረ ተደጋጋሚ ምቅይያራት ናይ ሓለፍቲ ጽፉፍ ኣተሓሕዛ ሰነድ ስለዘይነበረን፡ ሓሙሽተ ዓመት ከይመልኡ፡ ዝሞቱ ህጻናት ብዝሖም ብጭቡጥ ንምርግጋጹ ኣይተኽእለን። ብዘይካ'ዚ፡ ስነ-ኣእምሮኣዊ ኩነታት ህጻናት ንምምሕያሽ ዝግበር ፈተነታት ከም ዘይነበረ፡ ከም መዘናግዒ ዝጥቀሙሎም መጻወቲታት ንምቕራብ ተሓሲቡሉ'ውን ከም ዘይፈልጥ፡

ቁልዑ ብተረኛታት ከም ዝእለዩ፡ ሓዳስ ሓራስ ከይተረፈት ካብ ቁልዓኣ ተፈልያ ከም እትሓድር ዝገብር ኣገባብ ኣተኣላልያ ከም ዝክተሉ፡ ኣወዛዝዓ ኣደታት'ውን ድሒሩ'ኳ ስሩዕነት እንተ ሓዘ ዝተፈላለየ ዓይነት ምንባሩ ኣብቲ መጽናዕቲ ክንጸር ክኢሉ'ዩ።

ድሕሪ'ቲ ዝተኻየደ መጽናዕቲ፡ ንክፍሊ ቁጠባ ቅዳሕ ናይቲ መጽናዕቲ ከም ዝወሃቦም ብምግባር፡ ገንዘባዊ መሻርፍ ህጻናት ክፍላተ-ሰራዊት ብምምሕያሽ ኣብ መነባብሮኦም ለውጢ ንምምጻእ ተሰሪሑሉ'ዩ። ኣብ ምንባይ ህጻናት ዝተዋፈሩ ተጋደልቲ፡ ክልሰ-ሓሳባዊ ፍልጠቶም ንምዕባይ፡ ንሓለፍቲ መናበዩ ህጻናት፡ ኣለይቲን ሓካይምን (ካብ ነፍሲ-ወከፍ ክፍላተ-ሰራዊት ሰሰለስተ ሰባት ዝተሳተፉዎ) ናይ ሓደ ወርሒ ስልጠና ክወሃቦም እንክሎ፡ ተሳተፍቲ ናብ ቦታኦም ክምለሱ ከለዉ ድማ፡ ንነፍሲ-ወከፍ መናበዪ ህጻናት ሸሾመንተ ኻሻ መጻወቲ ህጻናት ከም ዝዕደሎም ተገብረ።

ብተወሳኺ፡ ሓድሽ መምርሒ ስራሕ ክፍሊ ማሕበራዊ ጉዳያት ንኹለን መናበዪ ህጻናት ክፍላተ-ሰራዊት ተዓደለ። ምስኡ ከኣ ንኣተሓሕዛ መዝገብን ኣቀራርባ ጸብጻብን ዝምልከት፡ ቅጥዒ ተዳለወ። ኣወዳድባ መናበዪ ህጻናት፡ ብኸምቲ መናበዪ ህጻናት ናይ ማሕበራዊ ጉዳያት ኣገባብ ሒዙ ከም ዝኸይድ ተገብረ። ነዚ ኩሉ ምስ'ቶም ኣብ ትምህርቲ ዝነበሩ ወከልቲ ኣሃዱታት ዝርርብ ምስ ተገብረሉ፡ ብጽሑፍ ናብ ነፍሲ-ወከፍ ቤት-ጽሕፈት ክፍላተ-ሰራዊትን ሰክረታርያትን ተላእከ።

ኣብ መፋርቕ ናይ 1989 እውን፡ ኩሉ ጉድናዊ ኩነታት ህጻናት ንምጽናዕ ዝዓለመ መቐጸልታ ናይቲ ቀዳማይ መጽናዕቲ ተኻይዱ ነበረ። እቲ ኣርባዕተ ክኢላታት፡ ኣብ ክልተ ጉጅለታት ተኸፋፊሎም ኣብ 15 ኣሃዱታት ዘካየዱዎ መጽናዕቲ፡ ኣብ ቃለ-መጠየቕን ትዕዝብትን ምርኩስ ዝገበረ ኮይኑ፡ 91 ኣደ-ቁልዑን 51 ሓለፍቲን ኣለይቲን ድማ ተሳተፉዎ። ብዘይካ'ዚ፡ ኣብ 1989 ክልተ ግዜ ነናይ ሓደ ወርሒ ትምህርቲ ምእላይ ህጻናት ተዋህበ። ኣብቲ ቀዳማይ ስልጠና፡ ኣባላት መናበዪ ህጻናት ማሕበራዊ ጉዳያት ጥራይ ክሳተፉ ከለዉ፡ ኣብቲ ካልኣይ ስልጠና ድማ ካብ ክፍላተ-ሰራዊት ዝተዋጽኡ 23 ተጋደልትን፡ ካብ ክፍለ-ስርሓት ስንቂ፡ ሓለዋ-ሰውራ፡ ህንጻን ማሕበራዊ ጉዳያትን ዝተወከሉ 15 ኣባላትን ተሳተፉ።

እቲ ንሰለስተ ዓመት ዝቐጸለ ጻዕሪታት፡ ዋላ'ኳ ብስንኪ ምቅይያራት ናይ ሓለፍቲን ኣለይቲን (እቶም በብእዋኑ ትምህርቲ ዝወሰዱ በቶም ትምህርቲ ዘይወሰዱ ይትክኡ ስለዝነበሩ) ከምቲ ዝድለ ውጽኢት እንተ ዘይሃበ፡ ኣብ ኣተሓሕዛ ህጻናት ዝነበረ ኣፍልጦን ኣተሓሳስባን ግን በብቑሩብ ክልወጥ

መናበዪ ህጻናት

ክኢሉ'ዩ። ንኣብነት፡ ቅድም ናብ መናበዪ ህጻናት ክፍሊ ማሕበራዊ ጉዳያት ዝኣትዉ ዝነበሩ ህጻናት፡ ዘይተማለአ ወይ ጎደሎ ሰነድ ዝነበሮም ነይሮም። ድሓር ግን፡ ኣብ ኣተሓሕዛ ሰነዳቶም ብዙሕ ለውጢታት ተራእየ። ከም ውጽኢቱ ከኣ፡ ኣብ 1990 ዓ.ም ናይ ዝተቐበሎም 280 ህጻናት፡ ሰነዳቶም ናብ ዝተማልአ ደረጃ ዝተቓረበ ምንባሩ ይጥቀስ። ብዘይካ'ዚ፡ ብዙሓት ኣዘዝቲ ክፍላተ-ሰራዊት ቅድሚኡ ዘይግደሱለን ዝነበሩ፡ ኣቓልቦ ብምሃብ ገዛውቲ ምስራሕ፡ ምብጽሖም ብምጅማር፡ ብዝተገብረሎም ናይ መሻርፍ ለውጢ ነቶም ህጻናት ዘድልዮም ነገራት ክግዝኣሎም ምኽኣሉ ወዘተ. ክጥቀስ ይከኣል።

ክፍሊ ማሕበራዊ ጉዳያት፡ ምስ ሓለፍቲ መናበዪ ህጻናት ክፍላተ-ሰራዊት ኣብ ሸድሸተ ወርሒ ኣኼባታት የካይድ፡ ንጥፈታት ናይተን መናበዪ ህጻናት ይከታተል፡ ይግምግምን ምስኣቶም ሓበሬታ ይለዋወጥን ነበረ። ካብዚ ሓሊፉ'ውን ናይ ስነ-ኣእምሮ ትምህርቲ ዝህበሉ ግዜ ነይሩ እዩ። ነፍሲወከፍ መናበዪ ህጻናት ክፍላተ-ሰራዊት ከኣ፡ ሰለስተ ወርሓዊ ጸብጻብ ናብ ማሕበራዊ ጉዳያት የቕርብ ነበረ።

ኣብ ህዝባዊ ግንባር ክንደይ ዝኣክሉ ህጻናት ካብ ተጋደልቲ ኣብ ሜዳ ከም ዝተወልዱ ዝሕብር ንጹርን ምሉእን መጽናዕታዊ ጸብጻብ እኳ እንተዘየሎ፡ ኣብ 1988፡ 1989፡ ብድሕሪኡን ክሳብ ግዜ ናጽነት ካብ ዝተኻየዱ መጽናዕቲ ተበጊስካ ግን ኣሃዛዊ ግምት ንምቕማጥ ዝከኣል እዩ። ኣብ ጥሪ 1988 ኣብ 17ታት ክፍለ ሰራዊት ካብ ዝተኻየዱ መጽናዕቲ ኩነታት ኣወላልዶኦም ንምርኣይ፦ 55% ካብ ዝተመርዓው፡ 22% ካብ ዘይተመርዓው ናብ ዝምድና ዝጸንሑ፡ 23% ካብ መርዓ ወይ ዝምድና ወጻኢ ዝተወልዱ ምንባሮም ይሕብር። ካብዚ ሓበሬታ ብዝሒ ውላድ ምስ ብዝሒ መርዓታት ጥራይ ከምዘይተኣሳሰር ምዝኻር የድሊ። ኣብዘን ትካላት ኣብ ፍርቂ 1989 1500 ህጻናት ትሕቲ 4 ዓመት ዝዕድመኦም ኔሮም። ካብዚኣቶም 50% ብቑጽሪ 750 ድማ ትሕቲ 1 ዓመት ዕድመ እዮም። ካብዚ መጽናዕቲ ኣብቲ ግዜ መጠን ወሊድ ብተዓጻጻፊ ይዓቢ ምንባሩ ንርዳእ። ክሳብ 1987 ኣብ ዝነበረ ግዜ እውን 450 ህጻናት ካብ ክፍለ ሰራዊታት መናበዪ ህጻናት ናብ ትሕቲ ምንባይ ማሕበራዊ ጉዳይ ዝኣተዉ ነይሮም። ብተወሳኺ ኣብ ክፍልታት ውድብ'ውን ማዕሪኦም እኳ እንተዘይኮነ ተመሳሳሊ ዕብየት ዘርኣየ ወሊድ ምንባሩ ኣብ ግምት ብምእታው የድሊ። ኣብ ሜዳ ካብ ተጋደልቲ ዝተወልዱ ህጻናት ክሳብ 6000 ሽሕ ክበጽሑ ከም ዝኽእሉ ይግምገም።

ናብዮት ህጻናት ዘመሓየሸ ምርምር

ኣብ መጀመርታ 1986፡ እቲ ኣባል ማሕበር ሓካይም ኤርትራ ብምዃን ፍሉጥ ተደናጋጺ ህዝባዊ ግንባር ዝነበረ፡ ኣብ ዩኒቨርስቲ ሃርቫርድ መምህር ሕክምና ኣእምሮ (ሳይኪያትሪስት) ዝኾነ ፕሮፈሶር ፒተር ዎልፍ (Peter H. Wolff)፡ ኩነታት መናበይ ህጻናት ክፍሊ ማሕበራዊ ጉዳያት ንምፅዛብ ተዓደመ። እቲ ናይ ህጻናት ጉዳይ፡ ንሱ ዝሰርሓሉን ዝምህረሉን ዓውደ-ፍልጠት ስለዝነበረ ድማ፡ ባዕሉ ብብዓመት እናመጸ ዝሳተፎን፡ ብኣባላት ማሕበራዊ ጉዳያት ዝትግበርን ደቂቕ መጽናዕቲ ክካየድ ኣብ ስምምዕ ተበጽሐ። ንሱ፡ ብቋንቋና ክረዳዳእ ዝኽእል ኤርትራዊ ክኢላ ስነ-ኣእምሮ ቈልዑ፡ ናብ ሜዳ እናተመለለሰ ዝምህረሉን ዘጽንዓሉን ዕድላት ንምክፋት፡ ንመጕዓዝያን ኣበልን ዝኸውን ምወላ/ፋንድ ብምርካብ ከም ዝጽዕር'ውን ሓበረ። ከምቲ ዝበሎ ድማ፡ ንሱ በብዓመቱ፡ ዶክተር ተስፋይ ኣርዓዶም ዝተባህለ ኣብ ኣሜሪካ ዝነብር ኤርትራዊ መምህር ዩኒቨርሲቲ ድማ፡ ብወለንታኡ በብክልተ ዓመት ብምምጻእ፡ ካብ 1986 ክሳብ 1991 ብዙሕ ንጥፈታት ንምክያድ ተኻእለ። ኣብ መንጎ'ዚ ኣብ 1988፡ ክኢላ ስነ-ማሕበረ-ሰብ (Sociology) ተጋዳላይ ገብረመስቀል ፍስሃ፡ ናብ ክፍሊ ማሕበራዊ ጉዳያት ንክቕየር ብዝተሓተተ መሰረት ስለዝመጸ፡ ክፍሊ ማሕበራዊ ጉዳያት ብውሽጣዊ ዓቕሙን ብኣበርክቶ ደገፍቲ ክኢላታትን ርኡይ ለውጢታት ክገብር ከኣለ።

እቲ መጽናዕቲ፡ ኣብ ኩሉ መዳያዊ ኩነታት ህጻን ደቂቕን እዋናውን ገምጋም ምግባር፡ ዝተፈላለዩ ቅጥዕታትን መሕተት ወረቓቕትን እናተመልኡ፡ ውልቃዊ ፋይል ነፍስ-ወከፍ ህጻን ዝሰነደሉ ኣገባባት ምትእትታው ዘጠቓልል እዩ። ኮይኑ ድማ፡ ንኣመጋግባን ኣካላዊ ምዕባለን፡ ማሕበራዊ ምንቅስቓስን ዝምድናታትን፡ ባህርያትን ጠባያትን፡ ተሳታፍነት ኣብ ጸወታ፡ ናይ ድቃስ ቅሳነት፡ ወዘተ. ዝምልከት ቅጥዒ፡ ብትዕዝብቲ ኣባላት በብመዓልቱ ሓበሬታ ከም ዝምዝገብ ተገብረ። ብፍሉይነት ድማ፡ ሓደ ርብዒ ካብ ዝርዝር ህጻናት ብሃውሪ ብምምራጽ፡ ክሳብ 120 ዝኾኑ ህጻናት ኣካል ናይቲ መጽናዕቲ ብምዃን፡ ንዓመታት ዝኣክል ምዕባለኦምን ጉዕዞኦምን ብደቂቕ ምክትታል ተገብረሎም። ኣብቲ በብዓመቱ ዝተኻየደ ገምጋማት፡ ህጻናት ኣብ ዝጸበበ ጉጅለ፡ ብቀወምቲ ናይ ወለዲ ዕማም ዝተሰከሙ ኣባላት ክተሓዙ ዝብል ሓሳብ መጽአ። ሓደ ደረጃ ዕድመ ዘለዎም ህጻናት ብሓባር ምምዳብ ክተርፍ፡ ኣብ ክንድኡ፡ ዝተፈላለየ ደረጃ ዕድመ ዘለዎም ህጻናት ተሓዋዊሶም ብመልክዕ ስድራ ምስ ዝነብሩ፡ እቶም ዝዓበዩ ንዝነኣሱ ኣርኣያን ኣብነትን ዝኾኑሉ

ብልሚ ከም ዝህልዎ ተኣምነሉ። ዋላ'ኳ ናይ መንበሪ ገዛን ንብረትን ቀረባት ዘይክውንነታዊ እንተነበረ፡ ብዝሒ ህጻናት ኣብ ጉጅለታት፡ ካብቲ 45 ዝነበረ ብዝተኻእለ መጠን ናብ 15 ንምውራዱ ቀንዲ መደብ ኮይኑ ተሓንጸጸ። ኣብ ንኡስ ጉጅለ ዝዓብዩ ህጻናት፡ ምግብናኦምን ጽርየቶምን ክመሓየሽ፡ ኣብ ጸወታ ተሳትፎኦም ክዓዝዝን፡ ነብሰ-ምትእምማኖም ክዓብን ሓጋዚ ኮይኑ እዩ።

እዚ መጽናዕቲ'ዚ፡ ንብዙሓት ኣለይቲ፡ ብክልሰ-ሓሳባዊ ትምህርቲ ስነ-ኣእምሮ ህጻናት፡ ምስልጣን፡ ቀንዲ ዕላምኡ ስለዝነበረ፡ ንኣባላት ክፍሊ ማሕበራዊ ጉዳያት ጥራይ ዘይኮነ፡ እንተላይ ኣብ ኩለን ክፍላተ-ስራዊትን ዓበይቲ ክፍልታትን ብእኩብ ናይ ዝእለዩ ህጻናት ኣመሓደርቲ ዘሳተፈ እዩ ዝነበረ። ህጻናት ክመሃሩን ንጡፍ ተሳትፎ ዝገብሩሉን ናይ ቅስቀሳ ኣገባብ ንምትእትታው፡ ብጉጅለ እናዘናጋዕኻ ናይ ምምሕባር ልምድታት ንምስራጽ፡ ከምኡ ድማ ድርኺት ዘውስኹ ናይ ጸወታን ግድላትን መድረኻት ንምፍጣር ዝሓገዘ ስልጠና'ውን ተዋህቦም። ብፍላይ ኣብ ስነ-ኣእምሮኣዊ ኩነታት ህጻናት፡ ኣለይቲ፡ ደቂቕ ትዕዝብቲ እና'ኻየዱ፡ ዝተነጸሉን ካልእ ጸገም ዘለዎምን ህጻናት ንኽለልዩ ዘኽእሎም ኣገባባት፡ ፍሉይ ኣቓልቦ ተዋሂቡዎ ነበረ። ዋላ'ኳ እኹል እንተዘይነበረ፡ ነዚ ዘበግስን ዘተባብዕን ዝተፈላለዩ ዓይነታት መጻወቲን መምሃሪን ባምቡላታትን መሳርሒታትን እውን ከም ዝዕደል ተገብረ። ነዚ ስልጠናን ትምህርትን ንምድጋፍን ሕቶታት ኣለይቲ ንምምላስን፡ ኣብ 1989 'ምኹስኳስ ህጻን' ዘርእስታ ሰለስተ ወርሓዊት መጽሄት ክትዘርጋሕ ምስ ጀመረት ድማ፡ እቲ ኣብ ምእላይ ህጻናት ዝነበረ ናይ ፍልጠት ጽምኢ ንክረዊን፡ ነቲ ግብራዊ ኣገባብ ኣተኣላልያ ንምምሕያሽ ሓርኮትኮት ክውሰክን ኣክኢሉ ክበሃል ይከኣል።

እቲ መጽናዕቲ ብዙሕ ጸገማትን ሕጽረትን'ኳ እንተ ኣጋጠሞ፡ ሳላ'ቲ ክሳብ መፈጸምታ ንምብጽሑ ዝነበረ ድልየትን ተወፋይነትን ኣይተሰናኸለን። ኩሎም ኣባላት፡ ትምህርትን ስልጠናን ድሕሪ ምውሳዶም፡ ነናቶም ብጽሒት ብደቂቕ ስለዝተኸታተሉ፡ ዝተኣከበ ትዕዝብታዊ ሓበሬታ ዘተኣማምን ነበረ። ካብቶም ዝሰልጠኑን ዝተመኮሩን ብወተሃደራዊ ኩነታት ናብ ሰራዊት ክኸቱ ዝገድድ ክልተ ሰለስተ እዋናት ስለዝነበረ፡ ደጋጊምኻ መተኻእታ ምርካብን ምስልጣንን የገድድ ነይሩ እዩ። እቲ ገስጋስ እናቐጸለ እንከሎ፡ እቶም ደቂ ሸውዓተ ዓመት ህጻናት ናብ ቤት ትምህርቲ ሰውራ ይኸዱ ብምንባሮም'ውን፡ እቲ ንዓመታት ዝቕጽል ዝነበረ ብውልቂ ናይ ምክትታል ዕድል፡ ምጡን ዕንቅፋታት ኣጋጢሙዎ እዩ። ካብቶም 120 ህጻናት፡ በብዓመቱ ክሳብ 75 ዝኾኑ ዕድሚኦም ንትምህርቲ ስለ ዝኣኸለ፡ ኣብቲ መጽናዕቲ ክትክኡ

ተገይሩ እዩ። ምክንያቱ፡ ቤት ትምህርቲ ሰውራ፡ ኣብ ርሑቕ ቦታ ስለዝነበረን፡ እቶም ቈልዑ ዝመሃሩሉ ኩነታት ዝተፈልየ ብምንባሩን፡ ምትእስሳሩ ዝከኣል ኣይነበረን። እቲ ምስ መደበር ዕቝባት ዝነበሩ መዛንኦም ህጻናት እናተዛመደ ዝቕጽል ዝነበረ መጽናዕቲ ግን፡ ንእዋናዊ፡ እወታዊ ምምሕያሻት ዘመልክት ስለዝነበረ፡ በቲ ሕጽረታት ኣይተዓናቐፈን።

እቲ ብስም ጉጅለኣዊ ስድራ ዝተጸውዐ ናይ ህጻናት ውዳበ፡ ብሕጽረት ገዛውትን ንብረትን ዝኣክል ናብቲ ዝተሓተ ቍጽሪ ጉጅለ (15 ህጻናት ኣብ ጉጅለ) እኳ እንተ ዘይተበጽሐ፡ በብእዋኑ ምስ ምህናጽ ገዛውቲ እቲ ቍጽሪ እናነከየ ስለዝቐጸለ፡ ኣብ ኣተኣላልያ ተዛማዲ ለውጢታት ፈጢሩ እዩ። ኣብ ጽንኩር ኩነታት ሜዳ፡ ኣለይቲ፡ ብስምዒት ህጻናት ኣጸቢቖም ዝሻቐሉን ድልየቶም ዝከታተሉን ክኾኑ በቒዖም እዮም። ዋላ'ኳ ብዙሕ ሕጽረታት ኣብ ዘለዎ ከባቢ እንተነበሩ፡ ካብቲ ነገራዊ ቀረባት፡ እቲ ስምዒታዊን ማሕበራዊን ለውጢ ዝያዳ ከምዘገድስ ዘረጋግጽ ድማ ነበረ። ብናጻ ውልቃዊ ስብእነቶም ንክህነጹ፡ ተገንዘቦኣዊ (Cognitive) ገስጋሶም ንክምዕብልን ዕድል ዝህብ ውዳበ'ውን እዩ ዝነበረ። እቲ ንኡስ ጉጅለ፡ ነቲ ዝነበረ ምጽቕቃጥን ሕሉፍ ውድድርን ብምጕዳሉ፡ ኣብ ምግብንኦም፡ ድቃሶምን ዕረፍቶምን ዝነበረ ጽቡት ተመሓየሸ። ኣብ ምቛም ጉጅለታት፡ ኣሕዋት ወይ ዝቀራረቡ ህጻናት ተነጽሎ ከይሰምዖም ብሓደ ንምግባር ክፍተን እንከሎ፡ ብጉጅለ ናይ ምጽዋትን ብሓባር ውድድራዊ ጸወታ ናይ ምክያድን ድልየታቶም እናተመሓየሸ መጽአ። ውጽኢቱ ድማ፡ ንኣሽቱ ህጻናት ካብ መሰትኦም ንላዕሊ ካብቶም ምዕባዮም ዝያዳ ከም ዝመሃሩ ርኡይ ኮነ። እቶም ፍርዝን ዝበሉ ህጻናት ነቶም ንኣሽቱ ክከታተልዎም ስለዝጀመሩ፡ ኣባላት ዝበዝሐ ግዜኦም ነቶም ናእሽቱ ህጻናት፡ ናይ መዋእለ ህጻናት መደባት ጸወታን ትምህርትን ኣብ ምክያድ፡ ነቶም ዝዓበዩ ድማ ናብ ስሩዕ ትምህርቲ ክሰግሩ ዘድልዮም መደባት ኣብ ምቕራብ ከሕልፉዎ ተራእዩ።

ክፍሊ ማሕበራዊ ጉዳያት፡ ኣብ ኣተኣላልያ ህጻናት ዘካየዶ መጽናዕቲን ዘተኣታተዎ ለውጢታትን ቀሊል ኣይነበረን። ካብ ህዝብን ከተማታትን ኣብ ዝርሓቐ ንጹል ቦታ፡ ከቢድ ውግእን ደብዳባት ነፈርትን ኣብ ዘየዕርፈሉ ጽንኩር ኩነታት፡ እኹል ቀረብን መሳርሒታትን ኣብ ዘይብሉ ትካል፡ ብግቡእ ዘይሰልጠኑን ብዘይተጸበይዎን መገዲ ኣብ ምእላይ ህጻናት ዝተመደቡ ተጋደልቲ፡ ንኣማኢታት ህጻናት ን13 ዓመታት ዝኣክል ብቑዕ ኣገልግሎታት ክህቡ ምክኣሎም ተኣምር ምንባሩ ውሑድ ሰብ እዩ ዝፈልጥ። እዞም ህጻናት፡ ናይ ዕብየት ገስጋሶም ከይተኹልፈን፡ ትምህርቲ ናይ ምርካብ ዕድሎም ከይተሰናኸለን ክሳብ ናጽነት ምብጽሖም፡ ድሕሪ

ናጽነት ድማ ብዘይጸቐጥን ሓልከታትን ንቡር ህይወት ክቕጽሉ ምክኣሎም፡ ኣባላት ክፍሊ ማሕበራዊ ጉዳያት ክሕበኑሉ ዝግባእ ገድላዊ ታሪኽ እዩ። ዋላ'ኳ ብግቡእ እንተ ዘይተሰነደ፡ እዚ ዛንታ'ዚ ብወጻእተኛታት ብብዙሕ ፊልምታትን ጽሑፋትን ዝተመስከረሉ እዩ። እቲ ክፍሊ ማሕበራዊ ጉዳያት ምስ ተሓባበርቲ ክኢላታት ዘካየዶ መጽናዕቲ፡ ኣብ ኣህጉራዊ መጽሔት ዝወጸ ሰነድ ጥራይ ብሓጺሩ ምጥቓስ ኣኻሊ እዩ። ውጽኢት መጽናዕቲ መናበዪ ህጻናት ካብ 1986 ክሳብ 1991 ምስ ተራእየን፡ ኣብ 1991 ዝተገብረ ዓመታዊ ገምጋማት ብዙሕ ለውጢታት ምምዝጋቡ ምስ ተረጋገጸን፡ እቲ ተሞኩሮታቱ፡ ኣብ ጆርናል ማሕበራዊ ስነ-ፍልጠትን ሕክምናን (Social Science and Medicine; Elsevier Ltd, No 40 pages 1133-1139፡ 1995) ተመዝጊቡ ኣሎ። እቲ 'Solomuna Orphanage: A Historical Survey' ኣብ ትሕቲ ዝብል ኣርእስቲ ዝተጻሕፈ ጽሑፍ፡ ደረስቱ፡ ፒተር ዎልፍ፡ የማነ ዳዊትን ብርሃነ ዘርኣን ዝብል'ኳ እንተለዎ፡ ንጻዕሪ ናይ ኩሎም ኣባላት መናበዪ ህጻናት ዘንጸባረቐን፡ ነቲ ዝተኻየደ ኣወዳድባን ናይ ጉጅለኣዊ ስድራ ብልጫታትን ብደቂቕ ዝገለጸ ዓቢ ሰነድ እዩ። ብዘይካዚ፡ ብስም ፒተር ዎልፍ፡ በረኸት ተስፋይ፡ ሃብተኣብ ኢያሱን ተስፋይ ኣርዓዶምን "ዘኽታማት ኤርትራ" ዘርእስቱ ዓንቀጽን፡ ብስም ፒተር ዎልፍን ተስፋይ ኣርዓዶምን "ክንክን ዘኽታማት ኤርትራ" ዝብል ጽሑፍን ኣብቲ ዝተጠቕሰ ሶሻል ሳይንስ ጆርናል ክሕተሙ ዝተዳለዉ ምንባሮም፡ ኣብ ገጽ 6 ናይቲ ጥብቆ ኣብ ዝርከብ መወከሲ ተዘርዚሮም ኣለዉ። (ጥብቆ ወይ ኢንተርነት ተመልከት)።

ብኻልእ ወገን፡ ክፍሊ ማሕበራዊ ጉዳያት፡ ንነገራዊ ትሕዝቶኡ መመላእታ ዝኸውን፡ ምስ ማሕበር ረድኤት ኤርትራን ምስ ዝተፈላለያ ገበርቲ ሰናይ ማሕበራትን ብዙሕ ዓይነት ፕሮጀክትታት የቐርብ ነይሩ እዩ። ብፍላይ፡ ድሕሪ ምድምሳስ ግንባር ናደውን ምትሓዝ ወደባዊት ከተማ ባጽዕን፡ ተገዳስነት ናይ ብዙሓት ደገፍቲ ሰውራ ኤርትራ ወሲኹ ነበረ። ኣብ ዳርጋ መወዳእታ መድረኽ ቅድሚ ናጽነት ኮይኑ እምበር፡ ረድባርና ኖርወይ ዝተባህለ ማሕበር ግብረ-ሰናይ፡ ዶክቶር ኣልዛቤጥ ጃረግ ዝተበሃለት ክኢላ ስነ-ኣእምሮ ህጻናት ንሜዳ ልኢኹ ነይሩ እዩ። እታ ልእኽቲ፡ ንኣለይቲን ሓለፍቲን ናይቶም ህጻናት ናይ ሓደ ሰሙን ትምህርቲ ብምሃብ፡ ንኣተዓባብያ'ቶም ህጻናትን ስነ-ኣእምሮኣዊ ኩነታቶምን ድሕሪ ምጽናዕ፡ ብዛዕባ እቲ ንጉጅላኣዊ ስድራ-ቤት ዝምልከት ፕሮጀክት፡ ምስ ሓለፍቲ ክፍሊ ማሕበራዊ ጉዳያት ተመያየጠትሉ። ኣብ መወዳእታ ከኣ፡ እማመ ናይቲ ፕሮጀክት ምስኣ ብሓባር ከምዝዳሎ ተገብረ። ረድባርና

ኖርወይ፡ ንእግመ ናይቲ ፕሮጀክት ኣብ 1989 ምስተቐበሎ፡ ድሕሪ ክልተ ዓመት 200 ሽሕ ዶላር ናብ ማሕበር ረድኤት ኤርትራ ኣታዊ ገበረ።

ብዘይካ'ዚ፡ ተርደዞም ዝተባህለ ስዊዘርላንዳዊ ማሕበር፡ ክሳብ 23 ሽሕ ዶላር ዘውጽእ፡ ኮስፕ ዝተባህለ ኢጣልያዊ ማሕበር ድማ 19 ሽሕ ዶላር ዝግመት ናይ ህጻናት ኣቕሑ ምስዳዶም'ውን ሓጊዙ ነበረ። ኣብ ከተማታት ሽሮናን ፓዶቫን (ዓዲጣልያን) ዝነበራ ናይ ደገፍ ሽማግለታት እውን፡ ነፍሲወከፎም በብወርሒ ንሓደ ህጻን ዝምውሉ ስድራቤታት ወዲበን፡ ብመገዲ ማ/ረ/ኤ ክትግበር ጀሚሩ ምንባሩ ጸብጻባት ክፍሊ ማሕበራዊ ጉዳያት ይሕብሩ። ክፍሊ ማሕበራዊ ጉዳያት፡ ብዕንጸይቲ ናይ ህጻናት ለጎን ቅርጽታትን ዝሰርሕ ቤትዕዮ ንምቛም፡ ኣብ 1990 ክኢላታት ንፖርት-ሱዳን ብምስዳድ ዝጀመሮ ፕሮጀክት፡ ኣብ 1991 ከምዝተተግበረን ድሕሪ ናጽነት ኣብ ኣስመራ ተተኺሉ ስርሑ ከም ዝቐጸለን ኣይርሳዕን።

እቲ መጽናዕቲ እናቐጸለ፡ ናጽነት ኤርትራ ዝረጋገጸሉ እዋናት ምስተቃረበ፡ እዞም ህጻናት ኣብ ናጻ ኤርትራ፡ ናብ ንቡር ህይወት ንክምለሱ ዝነበሮም ኣማራጺታት ዝገልጽ ጽሑፋት'ውን ንምድላው በቚዑ እዩ። እቲ ኣብ ጥሪ 1991፡ (ኣዋርሕ ቅድሚ ናጽነት) ዝተዳለወ ጽሑፋት፡ ንኩነታት ህጻናት ኣብ ሜዳ ኤርትራ ብደቂቕ ዝገልጽ እዩ። ክልተ ወለዶም ብጃምላዊ ቅትለት፡ ደብዳብ ነፈርቲ፡ ብሳዕቤን ምዝንባልን ካልእ ግፍዕታትን ዝሳኣኑ ዘኽታማት ህጻናት ነይሮም እዮም። ደቂ ተጋደልትን ሓፋሽ ውዱባትን ካልኦት ሃገራውያንን ኣብ መስርሕ ቃልሲ ወለዶም ዝሰእኑ ብዙሓት እዮም። መዝገብ ክፍሊ ማሕበራዊ ጉዳያት፡ ሓደ ወይ ክልተ ወለዶም ኣብ ግንባራት ከም ዘለዉ ዝጠቅስ'ኳ እንተኾነ፡ ምስቲ ጽዑጽዕ ኩነታት ውግእ ምቕጻሉ፡ ህላወ ወለዶም ዳግም ምጽራይ ዝሓትት ነበረ። ስለዚ ድማ፡ ድሕሪ ናጽነት፡ ህጻናት ንምውጋን ክህሉ ዘኽእል ሓሙሽተ ኣማራጺታት ተጸንዐ።

ብዘይካ'ቶም ብቐጥታ ብሓደ ወይ ብክልተ ወለዶም ዝውሰዱ፡ እቶም ዘኽታማት ናብ ቀረባ ኣዝማድ ወለዶም ዳግም ንምጽንባር (Reunification) ከም ቀዳማይ ምርጫ ተወሰደ። ናይ ደም ዝምድና ንዘይብሉ ቈልዓ ከዕብዩ (Foster Home) ፍቓደኛታት ዝኾኑ ስድራቤት፡ ብክፍሊ ማሕበራዊ ጉዳያት ሓገዝ እናተገብረሎም ክኣልዩዎም ዝብል'ውን ከም ካልኣይ ኣማራጺ ተታሕዘ። እቲ ሳልሳይ ኣማራጺ ድማ፡ ወለንታውያን ስድራቤታት ነቶም ስድራቤቶም ዘይፍለጡ ህጻናት ከም ናይ ጡብ ውላዶም ከዕብዩዎም ወይ ናይ ምንባይ ሓላፍነት ክወስዱሎም (Adoption) ዝብል ነበረ። ነቶም ፍርዝን ዝበሉን ኣብዚ ዝተጠቕሰ ሰለስተ ኣማራጺታት

ክኣትዉ ዘይኽእሉን ድማ፡ ብሓገዝ ማሕበራዊ ጉዳያት፡ ኣብ መንጎ ህዝቢ መንበሪቤት ተፈልዩሎም ብመልክዕ ንኡስ ጉጅላዊ ስድራ (Group Home) ከም ዝነብሩ ምግባር ነበረ። መናበይ ዘኽታማት (Orphanage) ኣቑምኻ ነቶም ዘኽታማትን ስድራቤቶም ዘይፈልጡን ኣብኡ ከም ዝናበዩ ምግባር ድማ፡ ዋላ'ኳ ብዙሕ ተደላዪ እንተዘይነበረ፡ ከም መሰጋገሪ ጥራይ ከገልግል ይክእል'ዩ ተባሂሉ ከም ናይ መወዳእታ ኣማራጺ ተታሕዘ። በቲ ኣብ ሜዳ ኤርትራ ዝተኻየደ መጽናዕትታት መሰረት፡ መሰርሕ ምውጋን ናይቶም ህጻናት ድሕሪ ናጽነት ንክቕጽል ዝተቐልቀለ ሓሳብ ደኣ ይንበር እምበር፡ ናጽነት ምስ ኮነ ኣዝዩ ዝተፈልየ ኩነታት ስለዝተፈጥረ፡ ማለት፡ ሓሙሽተ ዕጽፊ ዝግመቱ ዘኽታማት ኣብ ከተማታት ኤርትራ ስለዝጸንሑ፡ ብኻልእ ዝተፈልየ ዕማማት ክዕብለል ግድን ኮነ። እቲ ኣብ ሜዳ ዝማዕበለ ናይ ህጻናት ክልሰ-ሓሳባዊ ኣተኣላልያ፡ ኣብ ቀዳሞት ኣርባዕተ ኣዋርሕ ናይ ናጽነት፡ ዘተን ኣድላዪ ምጽፋፍን ምስ ተገብረሉ ከኣ፡ ከም ናይ ፖሊሲ ጽሑፍ ከገልግል ንሚኒስትሪ ዕዮን ማሕበራዊ ድሕነትን ተረኪቡ ተመዝገበ። በዚ ድማ ኣብ ሜዳ ኤርትራ ዝተሃንጸ ክፍሊ ማሕበራዊ ጉዳይ፡ ጨንፈር መናበዪ ህጻናት ገድላዊ ዕማማቱ ዛዘመ።

ዘይተነግረ ገድሊ.

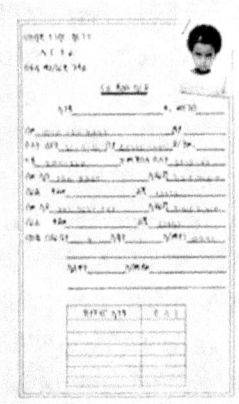  

ኦርኒክ ህጻናት

ብክፍሊ ማሕበራዊ ጉዳይ ዝዳሎ ዝነበረ መጻሕፍትን መጽሔትን

መናበዪ ህጻናት

ስፖርትን ምዝንጋዕን ህጻናት

ህይወት ኣብ መናበዪ ህጻናት

ጸወታታት ግዳምን ውሽጢ ገዛን

ጸወታታት ግዳምን ውሽጢ ገዛን

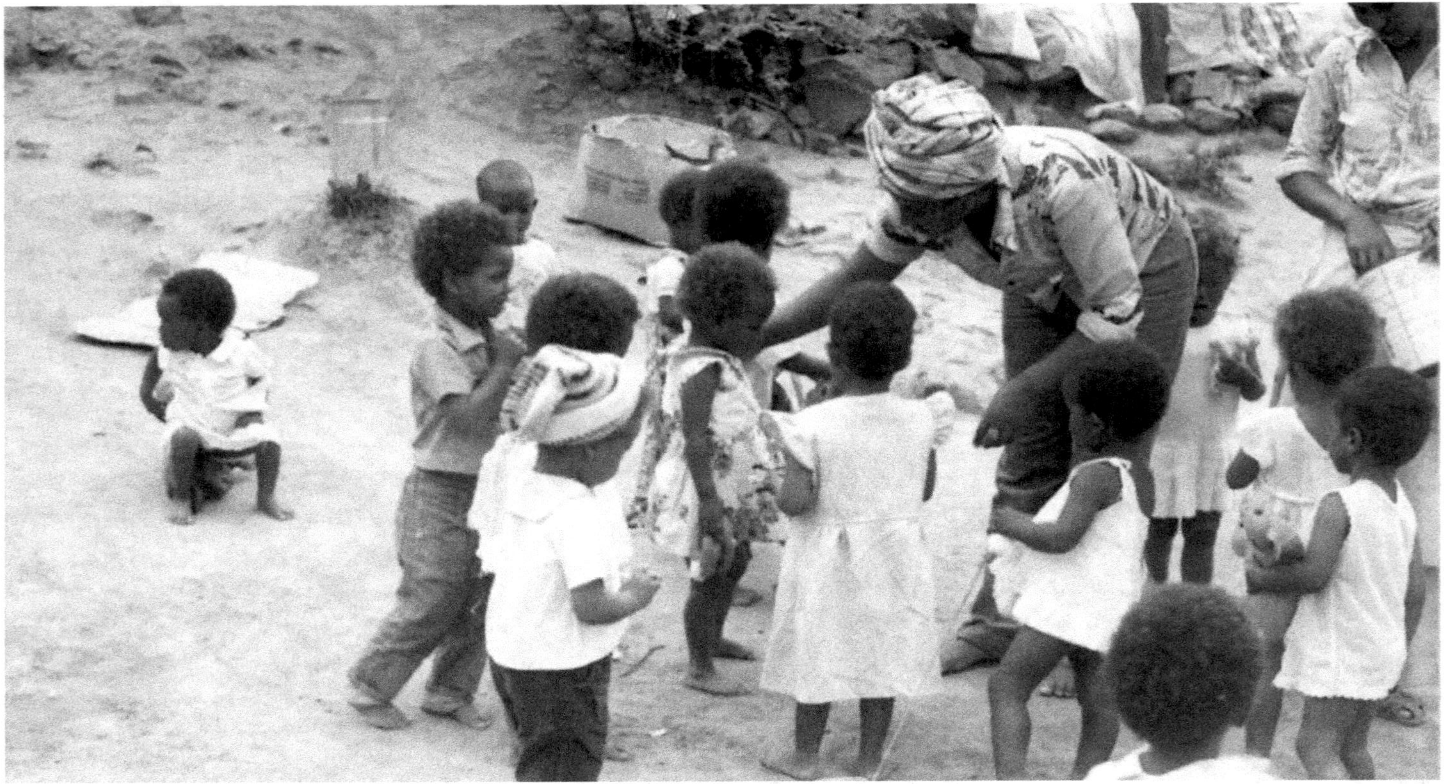

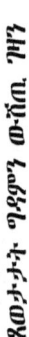

5

መጽናዕቲን ሓበሬታን

ዕላማን ውዳበን

ክፍሊ ማሕበራዊ ጉዳያት፡ ኣብ ቀዳማይ መፋርቕ 1977 ከም ክፍሊ ምስ ቈመ፡ ብዘይካ'ቲ ኣብ ደብዓት ዝነበረ መደበር ዕቑባት፡ እቲ ካልእ ውዳበታቱ ናይ መወዳእታ መልክዑ ከይሓዘ እንከሎ እዩ ናብ ስራሕ ክኣቱ ዝተገደደ። በቲ ሸዑ ብቕሮራ ዝጀመረ ከተማታት ናይ ምሕራር መጥቃዕትታት፡ ናቕፋ፡ ኣፍዓበት፡ ከረን፡ ደቀምሓረን ግንዳዕን ገለ ክፋል ባጽዕን ስለዝተታሕዛ፡ ህዝባዊ ግንባር ዝቈጻጸሮ መሬትን ህዝብን ኣዝዩ ሰፍሐ። ክፍሊ ማሕበራዊ ጉዳያት ድማ፡ ነቲ ዝተሰከሞ ሓድሽ ሓላፍነታት ንምትግባር ክንቀሳቐስ ተገደደ። በዚ ከኣ ኣብ ሓራ ከተማታት ማለት፡ ኣብ ከረን፡ ኣብ ዞባ ደቡብ ኣብ ከተማ ደቀምሓረ፡ ድሓር ድማ ኣብ ዞባ ምብራቕ ኣብ እምባትኻላ ዝማእከሉ ኣብያተ-ጽሕፈት ብምክፋት፡ ናይ ዝተሸገረ ህዝቢ ጸገማት ክሰምዕ፡ ብዓቕሙ ፍታሕ ክናዲ፡ ናይ ስድራ ተጋደልቲ ኩነታት ክጽንዕን ምስኡ ዝተኣሳሰሩ ካልኣት ንጥፈታት ከኻይድን ጀሚሩ ነበረ። ኣብ መንጎ'ዚ ስትራተጅያዊ ምዝላቕ ምስ ተገብረ ድማ፡ እቲ ክፍሊ ነቲ ዝተዘናበለ ህዝቢ ናይ ምጥዋር ከቢድ ሓላፍነት ተሰከመ። ንሰደት ዝመርጹ ተመዛበልቲ እናፋነወ፡ ምስ ህዝባዊ ግንባር ክዕቈቡ ንዝመረጹ ናብ ሳሕል ዝጕዓዙሉ ኩነታት እናመቻቸአ ክሳብ ጀልሃንቲ ከም ዝበጽሐ፡ ኣብ ቀዳማይ ክፋል ናይዚ መጽሓፍ ተዘርዚሩ ኣሎ።

ድሕሪ ምዝላቕ፡ ኣብ መጋቢት 1979፡ ክፍሊ ማሕበራዊ ጉዳያት ኣብ ርእሲ'ተን ንህዝቢ፡ ስንኩላንን ህጻናትን ዝኣልያ ጨናፍሩ፡ "መጽናዕቲን ሓበሬታን" ብዝብል ስም ሓዳስ ጨንፈር መስረተ። መጽናዕቲን ሓበሬታን ዝብል ስም፡ ንገለ ክፋል ናይቲ በታ ጨንፈር ክዕመም ዝጀመረ ንጥፈታት ዝጠቅስ ዘይምሉእ ስም'ዩ። ምኽንያቱ፡ እቲ ስራሕ፡ እናተንቀሳቐስኻ መጽናዕቲ ምክያድን ሓበሬታ ምእካብን'ኳ እንተኾነ፡ እቲ ጨንፈር ግን ማሕበራዊ ጸገማት ህዝቢ ክጽንዕን ብዓቕሚ ውድብ ረድኤት ክዕድልን፡ ብጸላኢ ንዝወርድ ግፍዕታት ክፈልጥን ንግፋዓት ክድብስን፡ ናይ ተጋደልቲ ስድራቤታዊ ምብትታን ክፈልጥን ክጥርንፍን፡ ከምኡ'ውን ንጉዳያት መርዓ ህዝባዊ ግንባር ከወሃህድ ከቢድ ሓላፍነት ስለዝተሰከመ፡ እዚ ስም'ዚ፡ ነዚ ኩሉ ዕማማት ዝጠምር መጸውዒ ኣይነበረን። ኩሉ ዕማማቱ፡ ደቂቕ መጽናዕቲን ናይ ሓበሬታ ምልውዋጥን ስለዝሕዝ ግና፡ መጽናዕቲን ሓበሬታን ዝብል ስም ቅቡል ኮይኑ ቐጺሉ። ቀንዲ ናይ ስራሕ መምርሒታቱ ድማ እዞም ዝስዕቡ ነበሩ፥-

1. ብወራራት ጸላኢ፡ ኣብ ልዕሊ ህዝቢ ንዝስዕብ ግፍዕታትን ምዝንባላትን፡ ከምኡ'ውን ኣብ ንብረቱን ጥሪቱን ንዝወርድ ሃሰያ ምምዝጋብ፣

2. ባህርያዊ ጠንቅታት ደርቅን ካልእ ሕሰማት ህዝብን ምጽናዕን በብከባቢኡ ንጹር ሓበሬታ ምእካብን፣

3. ብቍጠባዊ ደረጃ ናይ ዝተኸፋፈለ ሽጉር ህዝቢ ጸገማት፡ መጽናዕቲ ምክያድ፡ ብመገዲ ማ.ረ.ኤ. ድማ ንማሕበረ-ሰብ ዓለም ንምፍላጥ ምጽዓር፣

4. ዓቕሚ ብዝፈቕዶ መሰረት፡ ንዝተሸገረ ህዝቢ ህጹጽ ረድኤት ምዕዳል፣

5. ንስድራ ተጋደልቲ ምክትታል፡ ኣብ መንጎ ተጋዳላይን ስድራን ደሃይ ዝፋላለጡሉ መልእኽታት ምብጻሕ፣

6. ስድራ ተጋደልቲ ይኹኑ ካልኦት ዝተሸገሩ ህዝቢ፡ ናብ መደበር ዕቍባት ክእትዉ ምውሳንን ምጕዕዓዝን፣

ተልእኾ ጨንፈር መጽናዕቲን ሓበሬታን፡ ኣብዚ ኣብ ላዕሊ ዝተዘርዘረ ዕማማት'ኳ እንተጸረየ፡ ኣብ ምብጋሱ ብዙሕ መጽናዕትታት ንምክያድ ዝተዋህቦ መምርሒታት፡ ቀስ ብቐስ እዩ ክመዓራረን ክጽልጸልን ዝኸኣለ። ኣብቲ ፈለማ፡ ኣቃውማ ሕብረተ-ሰብ ኤርትራ፡ ልምድታትን ባህልታትን ብሄራት፡ ወግዕታት ሕብረተሰብ፡ በብከባቢኡ ዝካየድ ስነ-ስርዓት መርዓን ቀብርን ናይ ምትሕግጋዝ ባህልታትን ጉዳእቲ ልምድታትን ንምጽናዕ መምርሒ ተዋሂቡዎ ነበረ። እዚ ግን ግብራዊ ኣብ ርእሲ ዘይምንባሩ፡ ዝበዝሕ

ካብዚ ንጥፈታት ተልእኾ ናይ ካልኦት ክፍልታት ኮይኑ ስለዝተረኽበ፡ ክፍሊ ማሕበራዊ ጉዳያት፡ ምስ ዓቕሚ ሰቡ ኣዛሚዱ ብቐዳምነት ክፍጸሞ ዘለዎ ዕማማት ከም ዝንጸር ተገብረ።

ግፍዕታት ጸላኢ፡ ኣዝዩ ብዙሕን ኣብ ብዙሓት ከተማታትን ዓድታትን በብመዓልቱ፡ ንምጥርናፉ ናይ ብሓቂ ቀሊል ዕማም ኣይነበረን። ጃምላዊ ቅትለት፡ ምንዳድ ዓድታት፡ ኣብ ፈቖዶኡ ዘይምክኑይ መርሸንቲ፡ ብጥርጣረ ጥራይ ቅትለት ምፍጻም፡ ኣብ ማእሰርቲ ንዝኣተዉ ብዘይ ፍርዲ ምርሻን፡ ኣብ ጽርግያታት ሰባት ብስልኪ ሓኒቕካ ምቕታል፡ ኣብ ቁልዓ ሰበይቲ ዝበዝሖ ዓድታት ደብዳብ ነፈርቲ ምክያድ፡ ኣብ ልዕሊ ጥሪትን ንብረትን ህዝቢ ቅትለትን ዘረፋን ምፍጻም፡ ንኣሽሓት ዜጋታት ብዘይ መርትዖ ምእሳርን ምስቃይን፡ ወዘተ. ዝኣመሰለ ግፍዕታት ኣብ ምሉእ ሃገር ይካየድ ስለዝነበረ፡ ንኩሉ ምጽብጻቡ ቀሊል ስራሕ ኣይነበረን። ክፍሊ ማሕበራዊ ጉዳያት ነቲ ግፍዕታት ንምምዝጋብ፡ ኣባላቱ ናይ ስእሊ ትምህርቲ ቀሲሞም ኻሜራታት ከም ዝሕዙ ብምግባር ንምስናዱ ጽዒሩ'ኳ እንተኾነ፡ እቲ ዝተሰነደ ንእሽቶ ክፋል ጥራይ ምዃኑ ፍሉጥ እዩ። ካብ 1979 ንድሓር ግን፡ ክፍሊ ዜና፡ ብወከልቱ ዝረኸቦ ናይ ግፍዕታት ሓበሬታ ናብ ድምጺ ሓፋሽን መጽሔት ፍጻመታትን የቕርቦ ብምንባሩ፡ ንዝበዝሕ ግፍዕታት ክስንዶ በቒዑ እዩ። ወከልቱ ኣብ ውሱን ከባቢታት ጥራይ ስለዝነበሩ ግን፡ እቲ ዝተሰነደ ንኩሉ በደላት ጸላእቲ ዝተማልአ ክኸውን ኣይክእልን። መግዛእታዊ ስርዓት ኢትዮጵያን ተሓባበርቱን ኣብ ልዕሊ ንጹህ ህዝቢ ኤርትራ ን30 ዓመታት ዘውረድዎ ግፍዒ፡ ብምሉኡ ክብጻሕ ዝኽእል ኣይኮነን።

ክፍሊ ማሕበራዊ ጉዳያት፡ ንኩሉ'ቲ ኣብ ህዝቢ ዘጋጥሞ ሽግራት ከቃልል ስለዝተመስረተ፡ ነቲ ካብ 1980 ክሳብ 1985 ዝቐጸለ ተኸታታሊ ደርቂ ዘውረዶ ዕንወት ቀንዲ ዕማሙ ክገብሮ ግድን እዩ ነይሩ። እቲ እዋን ጽንኩር ናይ ወተሃደራዊ መድረክ'ኳ እንተ ነበረ፡ ህዝባዊ ግንባር ምስ ማ.ረ.ኤ ኮይኑ ነቲ ሳዕቤን ንዓለም ክፍልጥ፡ ነቲ ከቢድ ጥሜትን ሳዕቤናቱን ንምቅላል ንጹር ሓበሬታ ብምእካብ፡ ማ.ረ.ኤ ኣብ ወጻኢ ዝንቀሳቐሰሉ ሓበሬታን ዳታን ከቕርብ ግዴታኡ እዩ ዝነበረ። ካብ መቑነናት ህዝባዊ ግንባር ይኹን ብመገዲ ማ.ረ.ኤ ዝተረኽበ እኽሊ፡ ናብ ህዝቢ ንምብጻሕ'ውን፡ ኣብ ምሉእ ሃገር ደቂቕ መጽናዕቲ ክካየድ ነበሮ። እቲ ስራሕ፡ ኩሉ ግዜ ብዋሕዲ ናይ እኽሊ ቀረባት ስለዝሳቐ፡ ኣብ ኩሉ ዓድታት፡ ቊጠባዊ ትሕዝቶ ህዝቢ ብምጽናዕ ኣብ ሰለስተ ደረጃታት ማለት፡ ኣዝዩ በተኽ፡ በተኽንን ጽጉምን እናፈላለኻ ነቶም ዝያዳ ውጹዓት ንምዕዳል ዝተገብረ ጻዕሪ፡ ብድሆታት ዝገጥሞ'ኳ እንተነበረ፡ ነቲ ከቢድ እዋን ግን ኣሳጊሩ እዩ።

ስድራቤት ተጋደልቲ ብጸላኢ እናተሃድኑ፡ ግዳይ ግፍዕታቱ ኣብ ርእሲ ምዃኖም፡ ብባህርያዊ ደርቂ'ውን ዝያዳ ተጠቃዕቲ ነበሩ። መብዛሕትኦም ናብ ሰውራ ዝተጸንበሩ ተጋደልቲ፡ ንስድራቤቶም ዝኸውን መነባብሪ ሓዲጎም ኣይተሰለፉን። ድሕሪ ምዝላቕ፡ እቲ ሰውራ ንተወሳኺ ዓሰርተ ዓመት ወይ ልዕሊኡ ከም ዝቕጽል ምስ ተገመተ ድማ፡ ጉዳይ ስድራ-ቤቶም ዓቢ ሓላፍነት ህዝባዊ ግንባር ምዃኑ ኣይተዘንግዐን። ኩነታት ደሃዮም ምፍላጥን ምእላዮምን፡ ንቕሳነት ተጋደልቲ ኣገዳሲ ዕማም ስለዝነበረ ድማ፡ ኣብ መንጎ ተጋደልትን ስድራቤቶምን ዘተኣሳስር መራኸቢታት ምፍጣርን፡ ኣንስቲ ተጋደልቲ ምስ ደቀን ናብ ሳሕል ወሪደን ዝዕቑባሉ ኩነታት ምርግጋጽን ሓደ ካብቲ ቀንዲ ስራሕ ክፍሊ ማሕበራዊ ጉዳያት ነበረ።

ጨንፈር መጽናዕቲን ሓበሬታን፡ መስርሕ ምዝላቕ ኣብ ዘየብቅዓሉ ከቢድ እዋን ስለዝቐመን፡ ሰፊሕ መሬት ኤርትራ ዳርጋ ኣብ ትሕቲ ምቁጽጻር ጸላኢ ዝኣተወሉ መድረኽ ስለዝነበረን፡ ዕማማቱ ንምጅማር ብዙሕ ምድላዉ ከም ዘድልዮ ፍሉጥ ነበረ። ስለዚ ድማ፡ ኣብ ግንቦት 1979፡ ኣብ ማእከል ደጀን ኣብ ዓራግ ቤት ጽሕፈት ብምክፋት እዩ ናይ ስራሕ መደባቱ ዘበገሰ። ኣብ ከባቢታት ናቕፋ፡ ሮራሓባብ፡ ተብሕን ኣግራዕን ናይ ዝነበረ ህዝቢ ሽግራት፡ ከምኡ ድማ ኩነታት መርዓን ባህላዊ መውስቦን ንምጽናዕ ናይ ፈለማ ዳህሳስ ኣኻየደ። ኣብ ሓምለ 1979፡ ውግእ ሓምሻይ ወራር ኣብ ዝተኻየደሉ ግዜ ድማ፡ ትሸዓተ ቀዳሞት ኣባላቱ፡ ኩነታት ናይቲ ብድሕሪ መስመር ጸላኢ ዝርከብ ዝበዝሐ ህዝቢ ንምፍላጥ፡ ናብ ዞባ ሰሜን፡ ከባቢታት ፍልፍል ሰለሙና ብምጉዓዝ፡ ኣብ ማራት ቤትጽሕፈቶም ተኸሉ። ካልእ መስርዕ ድማ፡ ነቲ ኣብ ሳሕል ዝገደፍዎ ዕማማት ተረኪባ ቀጸለቶ።

ክፍሊ ማሕበራዊ ጉዳያት፡ ዕብየት ዕማማቱን ሰፍሓት ዝንቀሳቐሰሉ ቦታታትን ኣብ ግምት ብምእታዉ፡ ብዙሓት ኣባላት ክምድብ ከም ዘለዎ ኣይዘንግዖን። እንተኾነ ግን፡ ብሰንኪ'ቲ ደጀን ህዝባዊ ግንባር ንምክልኻል ዝካየድ ዝነበረ ዘየዕርፍ ኲናት፡ እኹል ዓቕሚ ሰብ ስለዘይነበረ፡ ዝተመሓየሹ ስንኩላን እናመደበ፡ ነተን መሳርዕ ከም ዝዓብያ ገበረ። ኣብ 1980 ድማ፡ ካብ ዞባ ሰሜን እናተበገሳ ኣብ ሰለስተ ዞባታት ዝንቀሳቐሳ ጉጅለታት ኣቘመ። እዘን ጉጅለታት'ዚኣተን፡ ኣብ ድሕሪ መስመር ጸላኢ፡ ማለት ኣብ ምብራቕ፡ ካብ ጽርግያ ባጽዕ ንፎሮን ዙላን ክሳብ ደንከል ዝዝርጋሕ፡ ኣብ ደቡብ፡ ካብ ሰሓርቲ ክሳብ ጾሮናን ከባቢ ሰንዓፈን፡ ኣብ ሰሜን፡ ኣብ ጉላጉል ሸዕብ፡ ኣብ ከበሳ ድማ ካብ ጽርግያ ኣስመራ-ከረን የማነ ጸጋም ኣብ ዝርከብ ከባቢታት እናተንቀሳቐሳ፡ ነቲ ዝተዋህበን ዕማማት ክፍጽማ ከኣላ።

ኣብ ድሕሪ መስመር ጸላኢ፡ በቲ ካብ መስከረም 1980 ዝጀመረን ንሓደ ዓመት ዝቐጸለን ምስ ተ.ሓ.ኤ. ዝተገብረ፡ ኲናት ሓድሕድን ኩሎም

ኣባላት ከቲቶም ስለዝነበሩ፡ ዕማማት መጽናዕቲ ተሰናኺሉ እዩ። ይኹን እምበር፡ ኣብ መፋርቕ 1981፡ ዝበዝሑ ኣባላት ናብ ቤት-ጽሕፈት ጨንፈር መጽናዕቲን ሓበሬታን ናብ ሳሕል ተጸዊዖም፡ ብሓላፊኦም ዘርኣይ በኸሩ ዝተዳለወ ዕሙቕ ዝበለ ናይ ኣጸናንዓን ኣመዘጋግባን ኣስተምህሮ ከም ዝወሃቦም ተገይሩ ነበረ። ካብ ጥቅምቲ ክሳብ ታሕሳስ 1981 ብዝተኻየደ “ወፍሪ ኣልፋ” ዝተጠመቐ ወራር፡ ኩሎም ኣብ ዞባ ሰሜንን ደቡብን ዝነበሩ ኣሃዱታት፡ ንብረቶም ጠርኒፎም ከዝልቑ ስለዝተገደዱ፡ ንቡር ስራሕ ምክያድ ኣይተኻእለን። ኣብ ዞባታት ደቡብን ምብራቕን ዝነበሩ'ውን ከምኡ ናብ ውሑስ ቦታታት ብምጽጋዕ፡ መደብ ናይቲ ገዚፍ ስራዊት ፍረ-ኣልቦ ከም ዝኸውን ገበሩ። ኣባላት ጨንፈር መጽናዕቲን ሓበሬታን፡ ነተን ምስኡ ዝነበራ 27 ስድራ-ቤት ተጋደልቲ ሒዙ ናብቲ ብተዛማዲ ውሑስ ዝተባህለ ቦታ፡ ምለዛናይ ኣተዉ። ካብ ሳሕል ዝተመደቡ ሓደስቲ ሓለፍቲን ኣባላትን ስለዝተወሰኹዎም ድማ፡ ኩለን ኣብ ድሕሪ መስመር ዝነበራ መሳርዕ ተኣኪበን፡ ገምጋምን ዳግመ-ውደባን ኣኻየዳ። ቍጽሪ ኣባላት ጨንፈር መጽናዕቲን ሓበሬታን 22 ስለዝበጽሐ፡ ኣብ ሰሜን፡ ደቡብን ምብራቕን ዝምደባ ሰለስተ ቀወምቲ መሳርዕ ተመስረታ። ነፍስወከፍ መስርዕ ከክልተ ጉጅለ ከም ዝህልውኣ፡ ጉጅለ ድማ በብክልተ ወይ ሰለስተ ሰብ እናተመቓቐለት እትንቀሳቐሰሉ ፍሉጥ ወረዳታት ቀረጸ፡ ምስ እዚ ናይ ሕጂ ንኡስ ዞባ ዝመስል ቅርጺ ዝነበሮ እዩ።

ኣብ 1982፡ እቲ ኣብ ሕሽክብ ዝነበረ ቤት ጽሕፈት ጨንፈር መጽናዕቲን ሓበሬታን፡ ነተን ናይ ደጀንን ድሕሪ መስመርን መሳርዕ ዘማእክል'ኳ እንተነበረ፡ ኣብ ጸብጻባትን ምሕደራዊ ሰንሰለታትን ምድንጓያት ይፈጥር ነይሩ እዩ። እታ ምስ ደጀን ኣብ ዝተኣሳሰር ከባቢታት ዝነበረት መስርዕ፡ ኣብ ሳሕል፡ ባርካን ሰሜናዊ ሰንሒትን ኣብ ጉጅለታት ተመቓቒላ ከም እትንቀሳቐስ ተገብረ። ኣብ ድሕሪ መስመር ጸላኢ ዝነበረት መስርዕ ድማ፡ ካብ ዞባ ሰሜን እናተበገሰት ኣብ ዞባታት ምብራቕ፡ ደቡብ፡ ሰሜንን ላዕላይ ባርካን ኣብ ቀወምትን ተንቀሳቓሰትን ጉጅለታት ተመቓቒላ ዕማማታ ከተኻይድ ጀመረት። ኣብ ድሕሪ መስመር ዝነበራ መሳርዕ፡ ብወተሃደራዊ ኩነታት ዝፍጠር ዕንቅፋታትን፡ ጸብጻባት ንምብጽጻሕ ዘስዕብ ምድንጓያትን ንስርሖን ይሃስዮ ከም ዘሎ ስለዝተገምገመ፡ እተን ኣብ ከባቢ ደጀንን ድሕሪ መስመር ጸላእን ዝነበራ መሳርዕ ቀጥታ ምስ ቤትጽሕፈት ክፍሊ ከም ዝራኸባ ብምግባር፡ እቲ ሰንሰለታዊ ርክባት ክሓጽርን፡ ጸብጻባት ናይተን መሳርዕ ብቐጥታ ናብ ክፍሊ ክለኣኽን ክኣለ። እዚ ድማ፡ እቲ ንማ.ረ.ኤ በብርብዒ ዓመት ክወሃብ ዝፍተን ሓበሬታታት ክቀላጠፍን እዋናውነቱ ክሕሎን ስለዝነበሮ እዩ።

ኣብ መወዳእታ 1983 ግን፡ ምሉእ ባርካ ብዘይካ ከተማታት ኣቑርደት፡ ባረንቱን ተሰነይን፡ ኣብ ትሕቲ ቀጽጽር ህዝባዊ ግንባር ስለዝኣተወ፡ ኣብ ዞባ ምዕራብ እትንቀሳቐስ ሓንቲ መስርዕ ተወሲኻት። ጨንፈር መጽናዕቲን ሓበሬታን ቤትጽሕፈቱ ኣብ ከባቢ ጀርበት ሃኒጹ፡ ናብ ኣርባዕቲኡ ዞባታት ዝንቀሳቐሳ ኣርባዕተኣን መስርዑ ስለዘደልደለን፡ ብዘይካ ጸላኢ ዝቈጻጸሮ ከተማታት፡ ናብ ምሉእ መሬት ኤርትራ ናይ ምብጻሕ ዕድል ተኸፍተሉ። ኣብ ምለዛናይ - ዓንሰባ ዝነበረ ናይ ድሕሪ መስመር ጸላኢ ማእከላይ ቦታ፡ ብምንቅስቓሳት ጸላእን ሓምሻይ መስርዕን ውሕስነቱ ኣጠራጣሪ እናኾነ ስለዝኸደ፡ ክፍልታት ውድብ ናብ ወረዳ ደንበላስ ኣብ ከባቢ ዓድ-ጸጸር ዝርከባ ዓድታት ገዓዛ። ጨንፈር መጽናዕቲን ሓበሬታን ድማ፡ ንዓድ-ጸጸር መበገሲ ቦታኡ ብምግባር ዕማማቱ እናካየደ፡ ክሳብ ሰላሕታ ወራር ዝፈሸል ኣብኡ ቀጸለ።

እቲ መጽናዕታዊ ስራሕ፡ ብዘይ ምድግጋፍ ህዝቢ ዕዉት ክኸውን ስለዘይክእል፡ ጨንፈር መጽናዕቲን ሓበሬታን፡ ኣብ ህዝባዊ ባይቶ ዓድታት ሓላፍነት ማሕበራዊ ዕማም ዝተሰከሙ ሰባት፡ ወከልቲ ክፍሊ ማሕበራዊ ጉዳያት ክኾኑ ምስ ህዝባዊ ምምሕዳር ኣብ ስምምዕ ተበጺሑ ነበረ። ስለዚ ድማ፡ ኣብ መጽናዕቲ ሽጉራትን ምዕዳል ረድኤትን ጥራይ ዘይኮነ፡ ኣብቲ ካልእ ዕማማት ማለት፡ ምስ ስድራ ተጋደልቲ ምርኻብ፡ ደብዳበታት ምብጻሕ፡ ጉዳያት መርዓን ፍትሕን ምፍጻም'ውን ከም ዝተሓጋገዙ ይገብር ነበረ። ተራ ናይ'ዞም ተወከልቲ ህዝቢ፡ ኣድማዕነት ናይቶም ውሑዳትን ኣብ ኩሉ ዞባታት ዝተዘርግሑን ኣባላት ማሕበራዊ ጉዳያት ንክዓቢ ኣዝዩ ሓጊዙ እዩ።

ጨንፈር መጽናዕቲን ሓበሬታን፡ ነዚ ኣብ ላዕሊ ዝተገልጸ ዕማማቱ እናማልአ፡ ከባቢ 100 ኣባላት ሒዙ ክሳብ መወዳእታ 1984 እዩ ቀጺሉ። ማሕበር ረድኤት ኤርትራ፡ ኣብ ውሽጢ ሜዳ ኤርትራ ብውክልና ክፍሊ ማሕበራዊ ጉዳያት ይሰርሕ ብምንባሩ፡ ብኣህጉራውያን ውድባትን ለገስቲ ማሕበራትን ብዓይኒ ጥርጣሬ ክርአ ምኽኣሉ ክውል ኣይነበረን። ክፍሊ ማሕበራዊ ጉዳያት፡ ሓደ ካብ ኣኻላት ህዝባዊ ግንባር ስለዝኮነ፡ እቲ ረድኤት ኣብ ወተሃደራዊ መዓላ ኽውዕሎ እዩ ዝብል ክሲ'ውን ብተደጋጋሚ ተላዒሉ እዩ። ስለዚ ድማ፡ ማ.ረ.ኤ ኣብ ሜዳ ህላወኡ ምእንቲ ክረጋገጽ፡ ክፍሊ ማሕበራዊ ጉዳያት፡ ኣብ ሳሕልን ሰንሒትን ዝነበሩ በዚ ስራሕ'ዚ ዝተመኮሩ 47 ኣባላት መጽናዕቲን ሓበሬታን፡ ናብ ማ.ረ.ኤ ተሰጋጊሮም ኣገልግሎቶም ከም ዝቕጽሉ ገበረ። እቶም ዝተረፉ ኣባላት ጨንፈር ድማ፡ ንመጽናዕቲ ስድራ ተጋደልትን ጉዳያት መርዓን ዝምልከት ስርሖም ቀጸሉ። ጨንፈር መጽናዕቲን ሓበሬታን፡ ኣብ ዝተፈላለየ መድረኻት፡ ምስቲ ኣብ ድሕሪ

መስመር ጸላኢ ዘጋጥም ዝነበረ፡ ወተሃደራውን ዞባውን ኩነታት ውዳበኡ ከመዓራሪ ይግደድ ነይሩ እዩ።

ኣብ 1989፡ ጨንፈር መጽናዕቲን ሓበሬታን፡ ነቲ ብውድብ ደረጃ ዝተገብረ ናይ ዞባታት ዳግመ-ውደባ ዝክተል ለውጢታት ክገብር ስለዝነበሮ፡ ኣብ ድሕሪ መስመር ጥራይ ዝነጥፋ 13 ጉጅለታት ከም ዝቈማ ገበረ። ኣብ ዞባ ምብራቕ ማለት፡ ካብ መስመር ባጽዕ፡ ኣስመራ፡ ዓድ-ቕሳላ ክሳብ ገማግም ባሕሪ ኣብ ዝዘርጋሓ ዓድታት፡ ክሳብ ሓሙሽተ ዝኾና ጉጅለታት ተመደባ። ኣብ ዞባ ምዕራብ፡ ካብ መስመር ኣስመራ - ዓድቕሳላ፡ ንሰሜን ኣብ ዝርከባ ዓድታት ከበሳን ክሳብ ኣቑርደትን ላዕላይ ባርካን ኣብ ዝዘርጋሕ ቦታታት'ውን ክሳብ 6 ጉጅለታት ተመዲበን ክንቀሳቐሳ ጀመራ። ኣብቲ "ማእከላይ ምብራቕ" ዝተጸውዐ ዞባ ድማ፡ ካብ ኣፍዓበት ክሳብ ሸዕብን ከባቢኣን ዝዘርጋሕ ንመሬት መንሳዕ ዘጠቓልል ቦታታት፡ ክልተ ጉጅለታት ከም ዝህልዋ ተገብረ። በዚ መልክዕ ድማ ዝተዋህበን መደባት እናፈጸማን ብስም ማ.ረ.ኤ.፡ ረድኤታዊ ዕደላታት እናኻየዳን እናተሓጋገዛን ክሳብ ናጽነት ቀጸላ።

ክፍሊ ማሕበራዊ ጉዳያት፡ እቲ ካብ ደጀን ወጻኢ ናብ ኩሉ ኩርናዓት ሃገር ዝርጋሐ ዝሓትት ዝበርትዐ ዕማማቱ፡ ብጨንፈር መጽናዕትን ሓበሬታን እዩ ዘካይዶ ነይሩ። እቲ ጨንፈር፡ ከምቲ ኣብ ላዕሊ ዝተዘርዘረ፡ ኣብ ህዝቢ ዝወረደ ግፍዒ፡ ብኩናትን ብባህርያዊ ሓደጋን ንዝሰዓበ ምዝንባል፡ ምምዝጋብ ነቲ ሽጉር ህዝቢ ምልላይን ህጹጽ ረድኤት ምግባርን፡ ስድራ ተጋደልቲ ምእላይን ምጥርናፍን፡ ከምኡ'ውን ተጋደልትን ኣባላት ህዝባዊ ግንባርን ናይ መርዓ ጠለባቶም ምምዝጋብን ምፍቓድን ዝምልከቱ ዕማማት ተሰኪሙ ን14 ዓመታት ዝተንቀሳቐሰ ጨንፈር እዩ።

ኣብ'ዚ ምዕራፍ'ዚ፡ እቲ ኣብ ህዝቢ ኤርትራ ዝወረደ ግፍዕታት ገዛእትን ብምሉእነት ምቕራቡ ዘይከኣል እኳ እንተኾነ፡ ካብ ሰነዳት፡ ክፍሊ ካብ ዝክሪ ኣባላቱ፡ ካብ መጽሔታት ውድብ ዝሰነዶ ሓበሬታን ድሒሮም ካብ ዝተጻሕፉ መጽሓፍትን ዝተጸምቁ፡ ነቲ ኣብ ልዕሊ ህዝቢ ኤርትራ ዝወረደ በደል ገዛእቲ ኢትዮጵያ ተዘርዚሩ ኣሎ። ነቲ ከቢድ ኣደራዕ ዝተሰከመ ህዝቢ ብደቂቕ ምጽናዕን ብዓቕሚ ህዝባዊ ግንባርን ማሕበር ረድኤት ኤርትራን ዝተኻየደ ሰፊሕን ዝተወሃሃደን ረድኤታዊ ስራሕን'ውን ብሓጺሩ ንምግምጋሙ ተፈቲኑ እዩ። ተጋደልትን ስድራቤቶምን ንምርኻብ ዝተኻየደ ሰፊሕ ዕማም፡ ነተን ሓልፋይ ዘይነበረን ስድራቤታት ንምሕጋዝን ዝተኻየደ ጻዕሪ'ውን ሰዒቡ ኣሎ። መርዓ ኣብ ተጋደልቲ ህዝባዊ ግንባር'ውን ኣብ መወዳእታ ናይ'ዚ ምዕራፍ'ዚ ብሰፊሑ ቀሪቡ።

ዘይተነግረ ገድሊ

ግፍዕታት መግዛእቲ ኢትዮጵያን ዕማም ሰነዳ ክፍሊ ማሕበራዊ ጉዳያትን

ከምቲ ኣብ መእተዊ ናይዚ መጽሓፍ'ዚ ዝተገልጸ፡ ዕላማ መግዛእቲ ኢትዮጵያ፡ ህዝቢ ኤርትራ ዝፈጠሮ ሃገራዊ ጥምረትን ሓባራዊ ሕልሚን ንምስባርን፡ ህዝቢ ኤርትራ ብሓይሊ ኢትዮጵያዊ መንነት ከም ዝቕበል ንምግባርን እዩ ነይሩ። ምጅማር ብረታዊ ቃልሲ ኤርትራ፡ ነቲ መግዛእታዊ ሕልሞም ዝዕንቅፍ ከቢድ ብድሆ ምስ ኮኖም ድማ፡ ህዝቢ ንሰውርኡ ከይድግፍ ብጃምላዊ ህልቂት፡ ብውሽጣዊ ምዝርራግን ብስደትን፡ ብሓይሊ ከንበርክኽዎን ዜግነቱ ከቐይርዎን ፈተኑ። ብኣንጻሩ፡ ህዝባዊ ግንባር ነቲ "ዓሳ ንምጥፋእ፡ ባሕሪ ምንጻፍ" ዝብል ናይ ጸላኢ ውጥን ንምፍሻል፡ ንህዝቢ ካብ ኩሉ ሕሰማት ክከላኸል፡ ንበሰላታቱ ከሕዊ፡ ጃምላዊ ስደት ንምጉዳል፡ ስደታኛታት ናብ ዓዶም ንምምላስ፡ ኣብ ውሽጢ ሃገር ዝተዘናበለ ህዝቢ ንምዕቋብን ንዘሰንከሉ ዜጋታትን ዘዘከተሙ ህጻናት ንምእላይን ቀንዲ ተልእኾኣም ዝኾኑ ትካላት ብምቛም እዩ ክብድሆ ፈቲኑ። ክፍሊ ማሕበራዊ ጉዳያት፡ ንኩሉ'ቲ ኩናትን ግፍዕታት መግዛእቲን ባህርያዊ ጸገማትን ኣብ ልዕሊ ህዝቢ ዝፈጥሮ ሕሰማት ከጽንዕ፡ ክከታተል፡ ክምዝግብን ከቃልልን ኣብ 1977 ዝተመስረተ ክፍሊ ናይ ህዝባዊ ግንባር እዩ።

ኣብ ቀዳማይ ፍርቂ ናይ ገድላዊ ታሪኽና፡ ዝተፈጸመ ናይ ግፍዒ ሓበሬታ ብግቡእ ክሰንድ ዝኽእል ውዳበ ይኹን፡ ምንጪ ሓበሬታ ናይ ምምዝጋብ ባህሊ ስለዘይነበረ፡ ኣብ ገጠራትን በረኻታትን ኤርትራ ዝተኻየደ ናይ ህልቂት ዓይነትን ዓቐንን ብንጹር ክጽብጸብ ኣይተኻእለን። ብዘይካ ናይ መንግስቲ ኢትዮጵያ ጋዜጣታት፡ ካልኦት ማዕከናት ዜናን ጋዜጠኛታትን ኣብ ዘይነበረሉ ስለዝተፈጸመ ድማ፡ ማዕረ'ቲ ዝወረደ ህልቂት ዝዳረግ ምቕላሕ ከይረኸበ፡ ካብ ቅድሚ ዓለምን ካብ ዝበዝሐ ህዝቢ ኤርትራን ተኸዊሉ ነይሩ እዩ። ግዜ ምስ ሓለፎ'ውን እንተኾነ፡ ካብ ኣፍ ግዳያት ብዝተረኸበ ዘይተማልአ ሓበሬታ እንተ ዘይኮይኑ፡ ከምቲ ዝግብኦ ኣብ መጽናዕታዊ ወረቓቕትን መጻሕፍትን ብምሉእ ዝርዝራቱ ክሰነድ ኣይከኣለን።

ክፍሊ ማሕበራዊ ጉዳያት ኣብ 1977 ምስ ቈመ፡ ግፍዕታት ጸላኢ ናይ ምክትታል ዕማም፡ ሓደ ካብ ቀንዲ ተልእኾታቱ እዩ ዝነበረ። ኣብ ቀዳሞት ዓመታት ግን፡ ብሓደ ወገን ብግፍዕታት ጸላኢ ንዝተዘናበሉ ህዝቢ ንምዕቋብን ንምሕጋዝን ብዝተሰከሞ፡ ግዜ ዘይህብ ዕማም ስለዝተዋሕጠ ብኻልእ ወገን፡ ድማ ግፍዕታት ጸላኢ፡ ብምሉእነት ንምምዝጋብ ኣብ ኩሉ ኩርናዓት ሃገር ዝዝርጋሕ ዓቕሚ ስለዘይነበሮ እቲ ዕማም ከምቲ ዝድለ ክሰጉም ኣይከኣለን። ድሕሪ 1975፡ ክልቲኦን ውዳባት፡ ህዝባዊ ግንባርን

ተጋድሎ ሓርነትን፡ ኣብ ኩሎ ኩርናዓት ኤርትራ ብምዝርግሐን ዝርኩብ እዋናዊ ሓበሬታ እንተ ተመሓየሸ'ውን፡ ግፍዕታት ብደቂቕ ንምስናድ ምሉእ ዕድል ነይሩወን ምባል ኣይከኣልን። ድሕሪ ምዝላቕን ምስ ምቛም ጨንፈር መጽናዕቲን ሓበሬታን እዩ ግፍዕታት ጸላኢ፡ ናይ ምስናድ ስራሕ ሓደ ካብ ቀንዲ ዕማማት ክፍሊ ማሕበራዊ ዝኾነ። ኣብ ልዕሊ ህዝብና ዝወረደ ግፍዕታት ብግቡእ ምስናድ ጥራይ ዘይኮነ፡ ነዚ ኣረሜናዊ ተግባር'ዚ፡ ብመገዲ ማሕበር ረድኤት ኤርትራን ሓፋሽ ውድባት ህዝባዊ ግንባርን፡ ኣብ ዓለም ከም ዝቃላዕ ንምግባር'ውን ሓላፍነት ተሰኪሙ ነይሩ። ወከልቲ ማሕበራዊ ጉዳይ፡ ዝሰደድዎ ሓበሬታ፡ ኣብ ቤት ጽሕፈት ክፍሊ ማሕበራዊ ጉዳይ ድሕሪ ምጥርናፉ፡ ናብ ክፍሊ ዜና፡ ናብ ማሕበር ረድኤት ኤርትራን ናብ ፖለቲካዊ ቤት ጽሕፈት ህዝባዊ ግንባርን ከም ዝልኣኽ ዝገብር ኣሰራርሓ ድማ ተኣታትዩ።

እዚ ካብ 1979 ዝጀመረ ናይ ግፍዕታት ምዝገባ፡ ብዕቱብነትን ብስፍሓትን'ኳ እንተ ተበገሰ፡ ኣባላቱ ናብ ኩሉ ኩርናዓት ንዝህሉ ፍጻመታት ክስንዱ ዓቕሚ ኣይነበሮምን። እቲ ጨንፈር ዝተሰከሞም ዕማማትን መደባትን ስለዝበዝሑ፡ ቀዳምነታቱ እናሰፍሐን እናተቐየረን ስለዝኸደ'ውን፡ ስነዳ ግፍዒ፡ ከምቲ ዝተበገሶ ክቕጽል ኣይከኣለን። ብሰንክ'ቲ ኣብ ኤርትራ ዝተፈጥረ ድርቅን ጥሜትን፡ እቲ ክፍሊ፡ ንህዝባዊ ግንባርን ንማሕበር ረድኤት ኤርትራን ወኪሉ ብግፍዕታት ጸላእን ብባህርያዊ ሓደጋን ንዝተሸገሩ ህዝቢ እናለለዩ፡ እኽሊ ረድኤት ኣብ ምዕዳል ስለዝተጸምደ፡ ናይ ስራሕ ቀዳምነታቱ ክክልስ ግድን ኮይኑ። ኣብዚ ካብ 1980-ክሳብ 1985 ዝነበረ ናይ ሓሙሽተ ዓመት ድርቂ፡ ንህላወ ህዝቢ ኤርትራ ዝፈታተን ሓደገኛ ኩነታት ስለዝፈጠረ፡ ኣኻላት ማሕበራዊ ጉዳያት፡ ኣብ ሳዕቤናት ድርቅን ጉዳይ ጥሜት ኣብ ምቅላልን እየን ተዋፊረን። ከምቲ ኣቐዲሙ ዝተጠቕሰ፡ ክሳብ ፍርቂ ዝኾኑ ኣባላት ናብ ማ.ረ.ኤ. ምስ ተሰጋገሩ'ውን እቲ ናይ ምዝገባ ዓቕሚ ናብ ዝተሓተ ደረጃ ወሪዱ እዩ።

እቲ ኣብ መጽናዕቲን ሓበሬታን ዝተዋፈረ ዓቕሚ ክፍሊ ማሕበራዊ ጉዳያት ዝጐደለሉ ካልእ ምኽንያታት'ውን ነይሩ እዩ። ምኩራት ኣባላት ናይቲ ክፍሊ'ውን ምስቲ ዝሰዓበ ዕረፍቲ ዘይህብ ወራራት፡ ናብ ሰራዊት እናኸተቱ ስለዝተጓደሉ፡ እቲ ዝተወጠነ ስራሕ ብምሉእነት ክፍጸም ኣይተኻእለን። ኣብ መፋርቕ 1985 ንኣብነት፡ ካብ ምትሓዝ ባረንቱ ዝጀመረ ከቢድ ኲናት፡ ኣብ ወፍሪ ባሕሪ ነጋሽ ክሳብ ዝዳኸም፡ ብዙሓት ኣባላት ኣብ ሰራዊት ከቲቶም ነይሮም። ብዘይካ'ዚ፡ ኣብ ዓድታት ዝነብሩ ስድራ ተጋደልትን ደቀምን ደሃይ ከምዝረክቡ ምግባርን ናብ ሳሕል ዝመጹሉ ኩነታት ምፍጣርን፡ ግዜ ዘይህብ ዓቢ ዕማም ኮነ። ኣብ ምሉእ ሃገር ዝተዘርግሐ፡ ውሑድ ዓቕሚ ክፍሊ

ማሕበራዊ ጉዳያት፡ ዝተሰከሞ ዕማማት ስለዝተደራረበ ድማ ካብቲ ኣብ ኩሉ ኩርናዓት ዝቐጸለ ግፍዕታት ጸላኢ፡ ንእሽ ክፋል ጥራይ እዩ ክምዝገብ ክኢሉ። ብኻልእ ወገን፡ ክፍሊ ህዝባዊ ምምሕዳር፡ ኣብ ኩሉ ህዝባዊ ግንባር ዝቈጻጸሮ ቦታታት ኣመሓደርቲ ህዝቢ/ጀማሂር ስለዝነበርዎን፡ ኣብ ትሕቲ ጸላኢ ካብ ዝርከብ ቦታታት ብሓፋሽ ውድባቱ ሓበሬታ ስለዝበጽሖ ንክፍሊ ማሕበራዊ ጉዳያት ይኹን ንክፍሊ ዜና ቀንዲ ምንጪን መውከሲን ናይ ዝተፈጸመ ግፍዕታት ነይሩ እዩ። ክፍሊ ዜና፡ ካብ ህዝባዊ ምምሕዳር፡ ክፍሊ ማሕበራዊ ጉዳያትን ካብ ወኪላት ዜናን ንዝረኸብዎ ሓበሬታ ብድምጺ ሓፋሽን፡ ብመጽሔት ፍጻመታትን ዘቃልሕዎ ሓበሬታ ድማ ነቲ ግፍዕታት ናይ ምእካብ ዕድል ከስፍሖ ክኢሉ። እንተኾነ ክፍሊ ማሕበራዊ ጉዳያት ዓቕሚ ኣባላቱ ምስ ተጓደለን ብኻልእ ዕማማት ምስ ተወጠጠን፡ እቲ ምዝገባ ግፍዕታት፡ ብተዘዋዋሪ ክኸውንን ናብ ዝተሓተ ደረጃኡ ክወርድን ደረኹ። ድሕሪ ካልኣይ ጉባኤ ህዝባዊ ግንባር ግን ወከልቲ ክፍሊ ዜናን ድምጺ ሓፋሽን እናበዝሑን ናብ ምሉእ ሃገር እናተዘርግሑን ምስ ከዱ፡ ኣብ ኩሉ ኩርናዓት ዝርከቡ ኣባላት ክፍሊ ህዝቢ ድማ ንእዋናዊ ዜናታት ብቐልጣፈን ብሰፊሕን ንምግላጽ ስለዝተወሃሃዱ፡ እቲ ናይ ግፍዕታት ምዝገባን ሓበሬታን፡ ካብቲ ቅድሚኡ ዝነበረ መድረኽ ብዝሓሸ መልክዕ ቀጺሉ እዩ።

ካብ 1979 ክሳብ 1986 ዝተሰነደ ጸብጻባት ክፍሊ ማሕበራዊ ጉዳያት፡ ነቲ ናይ ግፍዕታት ታሪኽ ዝምልኡ ብዙሓት ፍጻመታት መዝገቡ ኣሎ። እቲ ክፍሊ፡ በተን ኣብ ዝበዝሕ ዞባታት ዘዋፈረን ማለት፡ ኣብ ሳሕልን ከባቢታት ደጀንን ግንባራትን፡ ከምኡ'ውን ኣብ ድሕሪ መስመራት ጸላኢ ዝነበራ ኣሃዱታት መጽናዕትን ሓበሬታን ኣቢሉ፡ ኣብ ልዕሊ ህዝብን ጥሪቱን ንብረቱን ዝፍጸም ዝነበረ ኣረሜናዊ ግፍዕታት ብደቂቕ ክሰንዶ ፈቲኑ እዩ። ብፍላይ ኣብ ደጀንን ግንባራትን፡ ኣባላት ናይተን ኣሃዱታት መጽናዕትን ሓበሬታን ናብቲ ግፍዒ ተፈጺሙሉ ዝበሃል ቦታታት እናተንቀሳቐሱ፡ ብዝሒ ዝተቐትሉን ኣገባብ ኣቀታትላኦምን፡ ዝተኣሰሩን ዝተገፍዑን፡ ካብ ዓድታቶም ዝተማዛበሉ፡ ኣብ ልዕሊ ደቀንስትዮ ዝተኻየደ ጾታዊ ዓመጽ፡ ዝተቐትላን ዝተዘርፋን ጥሪት፡ ዝተቃጸለን ዝዓነወን ንብረት፡ ዝተዘርፈ ንዋት፡ ወዘተ. ይምዝግብዎ ነይሮም። እቲ ዝወረደ ክሳራ ብቑዕ መዐቀኒ ገምጋም ምእንቲ ክህብ ብዋጋ ንምትማኑ'ውን ይፍተን ነይሩ። ንኣብነት፡ ዝዓነወ ህድሞ (ሰርወ፡ ገመል፡ ዓንዲ፡ ማዕጾ፡ ወዘተ.)ን ኣብ ውሽጡ ዝሓረረ ንብረትን በቲ ሽዑ ዝነበረ ገንዘባዊ ዋጋ ክትምኑ ብዙሕ ይደክሙ ነይሮም። ዋላ'ኳ ብዋሕዲ ዓቕሚ ዝንቀሳቐስዎ ቦታታት ውሱን፡ ዝተዓመመ ምዝገባ ድማ ከፊላዊ እንተነበረ፡ ጭቡጥ ታሪኽ ናይቲ ግፍዒን ኣፈጻጽማኡን ንምምዝጋብ ዝተገብረ ፈተነ ግና ቀሊል ኣይነበረን።

ዓቕሚ ኣባላት ዝተዓጻጸፈ እንተዘነብር'ውን፡ እቲ ብስርዓት ኢትዮጵያ ዝካየድ ዝነበረ ግፍዕታት ብቦታን ጊዜን ሰፊሕ ዝርጋሐ ስለዝነበሮ ቀሊል ኣይምኾነን። ብቦታ፡ ኣብ ኩሉ ኣውራጃታትን ወረዳታትን፡ ብግዜ ድማ፡ ለይትን መዓልትን ዝፍጸም ብምንባሩ፡ ምክትታሉ ኣሸጋሪ እዩ ነይሩ። ብምድግጋሙ ከም ንቡር ተሓሲቡ ከይተነግረ ዝተርፍን ንምሉእነት'ቲ ምዝገባ ዝጓድልን ባዕላዊ ረቛሒታት'ውን ነይሩ። እቲ ብቐጻሊ ግዳይ ዝኾውን ዝነበረ ህዝቢ፡ ንዓበይትን ንኣሸቱን ግፍዕታት ብተዛማድነት እናገምገመ፡ ነቲ ዝወረዶ ክሳራ ምስ ህይወቶም ዝሰኣኑ ወገናቱ እናመዛዘነ፡ ነቲ ጉድኣቱ ከም ልሙድ ተርእዮ ስለዝቖጸሮ፡ ብግቡእ ክሕብር ተበግሶ ኣይወሰድን። ስለዚ እዩ ድማ፡ ዘይተነግሩ ኣሸሓት ፍጻመታት ብምህላዎም፡ ብኹሉ መዐቀኒ ዝተጸብጸበ ናይ ግፍዒ ታሪኽ ክብጻሕ ዘይክእል። ኣብ ብሎኮታትን ኬላታትን ዝፍጸም ቅትለትን ማእሰርትን፡ ጦርሰራዊት ኣብ ዝኣተውዎ ቦታታት ዝርአ ምግሳስን ምግፋዕን፡ ዘጋጥም ምዝራፍን ምዕናውን፡ ዝርዝራቱ ብግቡእ ምምዝጋብ ዘይከኣል እዩ ነይሩ። ኣብዚ ብመዝገብቲ ክፍሊ ማሕበራዊ ጉዳያት፡ ብክፍሊ ህዝባዊ ምምሕዳራትን ክፍሊ ዜናን ሓበሬታ ዝእከበሉ ዝነበረ ጊዜ'ኳ ከይተመዝገበ ዝተርፍ ብዙሕ ግፍዕታት የጋጥም ካብ ነበረ፡ ኣብቲ ውዱብ ኣገባብ ምዝገባ ዘይነበረሉ መድረኽ - 1961-1975 ዝተፈጸሙ ግፍዕታት ክሳብ ክንደይ ናይ ሓበሬታ ሃጓፍ ከም ዝነበሮም ምግማቱ ኣየጸግምን። በዚ ይኹን በቲ፡ ነቲ ኣብ ውሽጢ 30 ዓመታት፡ ብስርዓታት ኢትዮጵያ ኣብ ልዕሊ ህዝቢ ኤርትራ ዝወረደ ግፍዕታት ብምሉእነት ዝገልጹ መጽናዕትታት ገና ጊዜ ይጽበዩ ምህላዎም ክስሓት ኣይግባእን። ከምቲ ሓው ሃብቱ ገብርኣብ፡ "ጃምላዊ ቅትለት ኣብ ወኪድባ" ዝብል ብእንግሊዝኛ ኣብ 2013 ዝደረሶ መጽሓፍ ታሪኽ፡ ደራሲን ተመራማሪ ታሪኽን ኣለምሰገድ ተስፋይ "ወኪ ዝነደደትላ መዓልቲ" ዝብል ባዕሉ ብቐረባ ዝመስከሮን ፍጻመ ኣብ ስነ-ጥበብ ኣፍሪቃ ሓደ ካብ እኩብ ሓጸርቲ ዛንታታት ኮይኑ ዝተሓትመ ጽሑፍ፡ እቲ ዓበይቲ ጃምላዊ ህልቂታት ድማ ነናቱ ክጽሓፈሉ ከም ዝግባእ ዘርኣዩ ኣብነታት እዮም። ስለዝኾነ፡ ዓሰርተታት መጻሕፍቲ እንተ ተጻሕፈን ዝተዘከረ ኩሉ እንተ ተመዝገበን'ውን፡ ንኩሉ ግፍዕታት ስርዓታት ኢትዮጵያ ብምሉእነት ዝሰንድ ክኾውን ኣይክእልን።

ስርዓታት ኢትዮጵያ ኣብ ኤርትራ ዝፈጸምዎ ጃምላዊ ህልቂትን ግፍዕታትን፡ ከምቲ ዝግብኦ ስለዘይተጻሕፈሉ፡ ብዙሓት ጸሓፍትን ምሁራትን ዜጋታት ናይታ ሃገር፡ ንግፍዕታት መንግስታቶም ክክሕዱ ምኽንያት ኮይንዎም እዩ። ፈጸምቱን መሰከርቱን ዝነበሩ ኢትዮጵያውያን ወተሃደራትን ሲቪል ኣመሓደርትን'ውን፡ ካብ ክውንነት ዝረሓቐ ዝንቡዕ

ታሪኽ ዘቃልሑን፡ እቲ ግፍዒ፡ ከም ዘይተፈጸመ ዝገልጹን ንሓሶቶም ዘቃልዕ ብዳሂ ጽሑፋት ስለዘይረኸቡ እዩ። ዘውዴ ረታ፡ “የኤርትራ ጉዳይ” ኣብ ዝብል መጽሓፉ፡ ኣብቲ “ካብ ጸሓፊ” ኢሉ ኣርእስቲ ዝሃቦ መእተዊ ገጽ 2፡ “ኣብ ፈደረሽን ይኹን ድሕሪኡ ኣብ ፍጹም ሓድነት ብሓባር ኣብ ዝነበርናሉ ናይ 40 ዓመታት እዋን(1952-1991)፡ ንሕና ኢትዮጵያውያን ኣብ ልዕሊ ኤርትራውያን ኣሕዋትና፡ ምንም ዓይነት በደል ከም ዘይፈጸምና፡ ኤርትራውያን ክርስዕዎ ኣይግባእን” ክብል ብድፍረት ገሊጹ ኣሎ። ብምሉእነት’ኳ እንተ ዘይኮነ፡ ውሑዳት ናብ ሓቂ ዝቐርብ ትዕዝብትታቶም ዝገልጹ ግን ኣይተሳእኑን። ሻለቃ ዳዊት ወልደገርጊስ፡ ኣብ ‘ቀይሕ ንብዓት’ ዝብል መጽሓፉ፡ (ኣብ መጽሓፍ ግፍዒ እውን ኣብ ገጽ 288 ተጠቒሱ ኣሎ) ኣብቲ ናይ ያና ጃምላዊ ቅትለት፡ ሰራዊት ኢትዮጵያ፡ ኣብ ልዕሊ ሰድራቤት ተጋደልቲ ሕነ ክፈዲ ከም ዝነቐለን፡ ብዘይ ዝኾነ ምጽራይ ተኹሲ ብምኽፋት ኣማኢት ሰባት ከም ዝቐተለን ገሊጽዎ ኣሎ። ዘውዴ ገብረስላሴ ድማ፡ ኣብቲ “የኢትዮጵያና የኤርትራን ግጭት መንስኤና መፍትሔ” ዝብል መጽሓፉ፡ ኣብ ገጽ 172፡ “ተቓውምቲ ንምድምሳስ ብዙሕ ሰራዊት ኢትዮጵያ ምስ ተላእከ፡ ንሰላማዊ ህዝቢ፡ ተሓባባሪ ሽፍታ ብምባል ቅትለትን ማእሰርትን ምስ ኣኻየደን፡ ጥሪትን ንብረትን ምስ ኣዕነወን፡ ደገፍቲ ሕብረት ምስ ኢትዮጵያ ዝነበሩ ከይተረፉ፡ ንደቆም “ህይወትኻ ሞት ካብ ዝኸውን፡ ሞትኻ ህይወት ይኹነልኻ፡” ብምባል “ናብ ገድሊ ክኸዱ መሪቖም ኣፋንዮም” ዝብል ጽሒፉ ኣሎ። ኢትዮጵያዊ ባቢለ ቶላ እውን፡ ኣብቲ ብ1989 ዝጽሓፎ “ወለዶ ንምጽናት” (To Kill A Generation-The Red Terror In Ethiopia) ዝሰመዮ ብዛዕባ ናይ 1974-1979 ቀይ ሽብር” ዝትንትን መጽሓፉ፡ ንባህርያት ስርዓታት ኢትዮጵያን ኣፈጻጽማን ዝርጋሐን ግፍዕታቶምን ዘቃልዕ ኣገዳሲ ሰነድ ኣበርኪቱ ኣሎ። ኣብ ገጽ 3-4 ናይቲ መጽሓፍ፡ ዝጠቐሶ ንመልከት፡-

“ዕግርግርን ህውከትን (violence) ዳርጋ ኩሉ እዋን፡ ዝምድና መንግስትን ህዝብን ኢትዮጵያ ዝልለየሉ ኣኻይዳ እዩ።.......ናይታ ሃገር ታሪኽ፡ እቶም ስልጣን ዝሓዙ ኣብ ርእሲ ህዝቦም ብዝፍጽምዎ መጽቀጥትን ጃምላዊ ቅትለትን ዝተመልአ እዩ።....... መሰፍናዊት ኢትዮጵያ፡ ንጠበንጃን ብረትን እያ ተምልክን ትሰግድን። ቅትለት ንቡር እዩ፡ ኣረሜንነት/Savagery ድማ ከም ትብዓትን ጅግንነትን ይውሰድ። እዚ ኩሉ ድማ፡ ምስቲ ገዛእቲ ነብሶም ዝገልጹሉ ክርስትያናዊ ስነ-ምግባርን ሕጋጋትን ከይተገራጨወ ምቕጻሉ የስደምም።.........እምንቶም ኣብ ዝኾነ እዋን ንትግባሮም ኣይገዝኦን እዩ። ቅዳሰ ሰንበት ብምድንጓዩ ዝቑዝም

መስፍን፡ ምሉእ ስድራቤት ተወፋሮ ቀቲሉ ጣዕሳ ኣይሰምየን። ኣብ ገጠራት ኢትዮጵያ፡ ጾመ-ኣርብዓ ስጋ ንዝበልዐ ሰብ ገጾም ዝጽውት ክንሶም፡ ንሓላፍ መገዲን ገያሻይን፡ ንብረቱን ኣጽዋሩን ክዘምት ደም ንዘፍሰሰ ሰቦም ግን ኣይኩንኑን" ብምባል ገሊጽዎም ኣሎ። ኣብቲ መጽሓፍ፡ ካብቲ 'Downfall of the Emperor' ዝብል ናይ R. Kapuscinski መጽሓፍ ዝተጠቕሰ፡ "ሃይለስላሴ፡ ነታ ብጥረ ውግእን ዓመጽን ጥራይ እትፍለጥን፡ ጉዳያታ ብስሚ፡ ብሴፍ፡ ብተኩስን ማሕነቕትን እትፈትሕ ሃገር እዩ ዝገዝእ፡" ዝብል ገምጋም'ውን ሰፊሩ ኣሎ።

መጽሓፍ ባቢለ ቶላ፡ ቀንዲ ቴማኡ፡ ስርዓት ደርግን ናይ ሽዑ ተሓባበርቱ ሰልፊ መ.ኢ.ሶ.ን.ን፡ ኣብ ልዕሊ ኣባላትን ደገፍትን ናይ ኢ.ህ.ኣ.ፓ(EPRP) ዘውረድዎ ናይ ግፍዒ ታሪኽ ንምምዝጋብ ምኳና ግሉጽ እዩ። ደራሲ ግን፡ ናይ ስርዓት ደርግ ግፍዕታት ኣብ ኢትዮጵያ ክዝርዝር እንከሎ፡ ነቲ ኣብ ኤርትራ ብዝተናውሐን ብዝበርትዐን ደረጃ ዝተፈጸመ ህልቂት ክጉስዮ እዩ መሪጹ። ምናልባት፡ ኣብቲ መጽሓፉ ዝተሓትመሉ 1989፡ ናጽነት ኤርትራ ከም ውዱእ ጉዳይ ክርእዮ ስለዝመረጸ ሓደ ምኽንያቱ ነይሩ ክኸውን ይክእል። በቲ ካልእ ሸነኽ ኣብ ውሽጢ ኤርትራ፡ ዝተማልአ ሓበሬታ ስለዘይሰኣነ'ውን ክኸውን ይክእል። ንዓሰርተታት ዓመታት ዝተኻየደ ህልቂት ዘይምሕዋሱን፡ ንግዳያት ቀይ ሽብር ዝነበሩ ኤርትራውያን ከይዘከረ ምሕላፉ'ግን ዓቢ ሃጓፍ እዩ። ይኹን እምበር፡ ካብቲ ብተዘዋዋሪን ብዘይንጹር ቋንቋን ዝተገልጸ ውሑድ ሓበሬታ ገለ ምጥቃስ ሓጋዚ እዩ። ንሱ ኣብ ገጽ 6፡ "ገድሊ ኤርትራ ኣብ ልዕሊ ደቂ ገጠር ኤርትራውያን፡ ሰፊሕ ግፍዒ ክካየድ መገዲ ከፊቱ እዩ። እንተኾነ ግና፡ እቲ ቅትለታት፡ ናይቲ "ገባር ሰናይ ንጉስ" ናይቲ "ኣቦ ኣፍሪቃ" ዝሰመ ንጉስ ሃይለስላሴ ስም ንክብለል ዘኽእሎ ናይ ጋዜጣታት ኣርእስቲ ክኸውን ኣይበቕዐን" ዝብል ትዕዝብቱ ኣስፊሩ ኣሎ።

ግፍዕታት ስርዓታት ኢትዮጵያ ብዝምልከት፡ ሓደ ክልተ ኢትዮጵያውያን ናብ ሓቂ ዝቐርብ ትዕዝብትታት ዝሃቡ ጽሓፍቲ ይሃልዉ ደኣ እምበር፡ ብምሉእነትን ብወድዓውነትን ዝገልጹ ዳርጋ የለዉን ምባል ዝከኣል እዩ። ዝበዝሑ ካብቶም ዝጸሓፉ ድማ፡ ነቲ ፍጻመታት ኣብ ምክሓድ፡ ምንእኣስን ምምስማስን ዘድሀቡን ካብ ክዉንነት ዝረሓቑን እዮም። ነዚ ናይ ሓሶት ታሪኽ ንምስዓርን ህዝብና ዝኸፈሎ ከቢድ ዋጋ ታሪኻዊ ቦታኡ ክሕዝን፡ ናይ ምዝገባ ሃጓፋትና ብግቡእ ክማልኡ፡ መጽናዕትታት ክኻየዱን መጻሕፍቲ ክድረሱን፡ ንምሁራት ደቂ ሃገር ዓቢ ዕዮ ገዛ ምኳኑ ክርሳዕ ኣይግባእን።

ግፍዕታት ኢትዮጵያን ዓይነታቱን

ስርዓት ኢትዮጵያ፡ ገድሊ ህዝቢ ኤርትራ ንምድምሳስ፡ ኣብ ልዕሊ ህዝቢ ኤርትራ ወግዓዊ ናይ ቅዝፈት ፖሊሲ ከም ዘኣወጀን፡ ካብ ምምስራት ብረታዊ ቃልሲ ጀሚሩ ድማ፡ ተጋደልቲ ዘዕቑበን ዝቐለበን ህዝቢ ከም ሸፍታ ተቘጺሩ ክቕተልን ክጋፋዕን ዓድታቱ ክነድድን ግሉጽ መምርሒ ከም ዘዘርግሐን፡ ብዝተጠቕሱ ሰነዳት ተረጋጊጹ እዩ። ኣብ ካልኣይ መፋርቕ ናይ 1960ታት፡ ኣመሓዳሪ ኤርትራ ዝነበረ ራእሲ ኣስራተ ኻሳ፡ ናብ ኣዛዚ 2ይ ክፍለ-ጦር ሜጀር ጀነራል ተሾመ እርገቱ ዝጸሓፎ ደብዳቤ ከምዚ ይብል፦

"ሸፍታ ዝበሃል፡ ሸፊቱ ብረት ሒዙ ዝዋጋእ ጥራይ ዘይኮነ፡ ንሸፍታ ቀለብ ብምሃብ፡ ብምሕባእ፡ ወረ ብምቕባል፡ ቡቶም ሸፋቱ ተሸይሞም ግብሪ ዘክፍሉን፡ ብሸፍታ ተሸይሞም ዳያኑን ኣመሓደርትን እናኾኑ ናይ ሸፋቱ ፕሮፓጋንዳ ዝነዝሑ እውን ወሲኽካ ስለዝኾነ፡ እዚኣቶም ኩሎም፡ ከም ሸፍታ ተቘጺሮም ስጉምቲ ክውሰደሎም ምኻኑ ኣፍልጥ" (ኣብ መጽሓፍ ግፍዒ፡ ገጽ 17 ተመልከት)።

እዚ ማለት፡ ሓደ ተጋዳላይ ዝሓለፈላ ወይ ዘዕረፈላ ዓዲ፡ ከም ገበነኛ ክትሕሰብን ኩሉ ዓይነት ግፍዕታት ክወርዳ ዘፍቅድን፡ ስራዊት ኢትዮጵያ ድማ ቁልዓን ሰበይትን ዝርከቦ ዓዲ ብጃምላ ክድምስስን ከቃጽልን ጭቡጥ ምኽንያት ከም ዘየድልዮ ዘመልክት እዩ። በዚ መንፈስን ዕላማን'ዚ ካብ 1967 ጀሚሩ ብሰፊሑ ዝተኻየደ ናይ "ቅተል፡ ኣቃጽል፡ ኣዕኑ" ወፍሪ፡ ዘሰኻሕክሕ ጃምላዊ ህልቂትን ስደትን ምምዝባልን ከስዕብ ግድነት እዩ።

ዋላ'ኳ 1967፡ 1970፡ 1975፡ 1978፡ 1988፡ 1990 እተን ብጃምላዊ ቅዝፈት ህዝቢ ብዝያዳ ዝጥቀሳ ዓመታት እንተኾና፡ ስርዓት ኢትዮጵያ፡ ካብ ቅትለትን ምብስባስ ህዝብን ዘዕረፈለን ዓመታት ኣይነበራን። ኣብ ትሕቲ ምሉእ ከበባ ሰራዊት ኢትዮጵያ ምስ ኣተዋ፡ መላስ ኣውያት ከይተረፈን ምስ ኩሎም ኣባላተን ዝጸነታ ስድራቤታትን ብሓዊ ነዲደን ብዘይ ኣሰር ዝጠፍኣ ዓድታትን፡ ስኣን ብቑዕ ምዝገባ፡ ዛንታአን ተቐቢሩ ዝተረፈ ውሑዳት ከም ዘይኮና ምፍላጥ የድሊ። ካብቲ ኣብ ዖና ዝተፈጸመ ህይወት 750 ሰብ ዘጽነተ ጃምላዊ ህልቂት፡ ክሳብ'ቲ በብመዓልቱ ካብ ገዛን መገዲን እናተጨውዩ ዝሕረዱን ዝርሸኑን ዝነበሩ ዜጋታት ብንጹር ንምጽናዕን ንምጽሓፍን ፈተነታት ይካየድ እዩ። እንተኾነ ግን፡ ስርዓታት ኢትዮጵያ ኣብ ልዕሊ ኤርትራውያን ብጃምላዊ ቅትለት፡ ብምርሻንን ብማእሰርትን ዘውረድዎ ሰብኣዊ ህልቂትን ከልበትበትን ብምጽብጻብ ጥራይ፡ ሳዕቤን ግፍዕታቶም ብምሉእነት ክግለጽ ኣይክእልን። ንበር ህይወት

ህዝቢ ንምዝራግ፡ ዘገምታዊ ህልቂት ንምክሳት፡ ቍጠባዊ ዓቕሚ ንምዕናው፡ ጥሪትን ንብረትን ህዝቢ ንምብራስ፡ ህዝቢ ክዘናበልን ክስደድን ዝተኸተልዎ ናይ ብድመተ-መሬት(Scorched-Earth) ተግባራት ብምሉእነት ዝቓላዕ፡ እቲ ዓይነታት ግፍዒ ብኩሉ መልክዓቱ ምስ ዝትንተን ጥራይ እዩ። እዚ ብጽማቕ ዝቐረበ ፍጻመታት ግፍዒ፡ ካብ መዛግብ ክፍሊ ማሕበራዊ ጉዳያት፡ ካብ ሰሙናዊ ጋዜጣ ህዝባዊ ግንባር "ፍጻመታት" (1978-1987) ን ካብ ወግዓዊ ልሳን ህ.ግ. መጽሔት "ሳግም" (1987-1991)ዝተረኽበ ዝርዝራት፡ ድሕሪ ናጽነት ዝተጻሕፈ መጽሓፍ "ግፍዒ"ን ካልኦት ናይ ዝክሪ ጽሑፋትን ብምውህሃድ፡ ዝሰፍሐ ስእሊ ብዝህብ መልክዕ ክጸሓፍ ዝተመርጸ እዩ።

1. ጃምላዊ ቅትለት

ካብ ምጅማር ብረታዊ ቃልሲ ክሳብ ስርዓት ሃይለስላሰ ዝነበረሉ 14 ዓመታት፡ ዝተፈጸመ ጨኻንን ብዙሕ ህዝቢ ዝሃለቐሉ ጃምላዊ ቅትለትን ቍጽሪ የብሉን። ነዚ ፍጻመታት'ዚ ኣብ እዋኑ መዝጊቡ ዘቃልዕ ብቑዕ ኣገባብ ስለዘይነበረ ግን፡ ብዝሒ ህልቂት ዝተኻየደሉ ቦታታትን ሓቀኛ ቍጽሪ ግዳያትን ብንጹር ዝፍለጥ ኣይኮነን። ተጋደልቲ ዝቐለበን ዝተቐበለን ካብ ሽፍታ ኣይፍለን እዩ ዝብል ናይ ህልቂት ትእዛዝ ዝተዋህቦ ሰራዊት ኢትዮጵያ፡ ሰላማዊ ህዝብን ቈልዓን ሰበይትን ኣብ ዝቕመጠለን ዓድታት፡ ግብረ-መልሲ ዝህብ ዕጡቕ ኣብ ዘይነበረሉ ኣጋጣሚ፡ ብዙሕ ህልቂት ዘስዓበ ወፍርታት ኣኻይዱ እዩ። ኣብ ኣብያተ-ክርስትያንን መሳጊድን ህዝቢ ኣኪብኻ ብማሺን-ጋንን ብረሻሻትን ብጃምላ ምቕታል፡ ብኻራን ሳንጃን ቈልዓ ሰበይቲ ምሕራድ፡ ብመዳፍዕን ረሻሻትን ንዓድታትን ተቐማጦኣንን ምድብዳብ፡ ኣብ ውሽጢ ገዛውቶምን ኣጓዱኦምን ሓዊ ምርኳዕን፡ ኮታስ እቲ ዝተፈጸመ ኣገባብ ኣቀታትላ ዘሰኻሕክሕ እዩ። ነፈርቲ ውግእ ከኣ፡ ኣብዚ ቈልዓን ሰበይቲን ዘይፈሊ ጃምላዊ ህልቂት ኮነ ኣብቲ ካልእ ኣጽናፍቲ ወፍርታቶም ተሳተፍቲ እየን።

ህዝቢ ንሰውራኡ ከይሕብሕብ ንምርዓዱ ተባሂሉ ዝተበገሰ ናይ 1967 ወፍሪ፡ በቲ ናይ ቀደም ኣጸዋውዓ ኣብ ከባቢታት ጋሽ፡ ባርካ፡ ሳሕል፡ ሰንሒት፡ ሰምሃርን ደቡባዊ ኣከለጉዛይን ክሳብ 169 ዓድታት ዝተቓጸለሉን፡ ብኣዝዩ ጨካን ኣቀታትላ ህይወት ኣሽሓት ዝጠፍኣሉን፡ ዓድታት፡ ጥሪትን ንብረትን ዝበረሰሉን ኩሉ መዳያዊ ዕንወት፡ እቲ ቀዳማይ ዝዓበየ ናይ ህልቂት ወፍሪ እዩ። ኣብ ዓድ እብርሂም ዝተቐትሉ 200 ዜጋታት፡ ኣብ ሰንሒት ኣብ መለብሶን ከባቢኣን ዝተቐትሉ 63 ሰባት፡ ኣብ ዓድታት ሮራን ቤት ገብሩን ዘጋጠመ ናይ 70 ዜጋታት ቅዝፈት፡ ኣብ ሃዘሞ ኣብ ሓምለ

1967 ብኻራን ጎዘሞን ዘተቐትሉ 172 ሰላማዊ ህዝቢ፡ ኣብ ሰምሃር ኣብ እምብረሚ ዝተረሸኑ መሻይክን ዓበይቲ ዓድን፡ ኣብ ዓይለት ግምሆትን ዝጠፍኡ ዜጋታት፡ ኣብነታት ናይቲ ብውጥን ዝተኻየደን ክሳብ 30 ሽሕ ሲቪል ሰብኡትን ኣንስትን ህጻናትን ዘጽነተን ሰፊሕ ዘመተ እዮም። ኩሉ ፍጻመታት ግፍዒን ዓይነታት ግዳያቱን ብንጹር ንምምዝጋብ ዓቕሚ ትሑት'ኳ እንተነበረ፡ ክሳብ 200 ሽሕ ህዝቢ ብሞት፡ ብስንክልናን፡ ብስደትን ምዝንባል መነባብሮን ከም ዝተጉድአ ኣብ መጽሔት ፍጻመታት 1981 ቁ 125 ተሰኒዱ ኣሎ።

ኣብ ሕዳር 1970፡ ተ.ሓ.ኤ. ኣብ መገዲ ከረን ኣስመራ ኣድብያ ብምጽናሕ፡ ንኣዛዚ ሰራዊት ኢትዮጵያ ኣብ ኤርትራ ዝነበረ ጀነራል ተሾመ እርገቱ ቀተለቶ። እዚ ፍጻመ'ዚ ንስርዓት ሃይለስላሴ ምሕሪር ስለዘቖጥዖ፡ ኣብ ምዕራባዊ መታሕት ኤርትራ "ህጹጽ ናይ እዋን ሓደጋ ድንጋገ" ብምእዋጅ፡ "ተጋደልቲ ከዕቁባ ይክእላ እየን" ዝተባህላ ዓድታት፡ ህዝበን እናተኾብከበ፡ ወተሃደራት ኢትዮጵያ ኣብ ዝሰፍርዎ ስትራተጅያውያን ዓድታት ክጥርነፉ፡ ዘይተጠርነፉ ድማ ተቃጺለን ክድምሰሳ ወሰነ። ነዚ ውሳነ'ዚ ንምትግባር ከኣ፡ ወተሃደራት ኢትዮጵያ ናብ ዝተፈላለያ ኣውራጃታት ሰንሒትን ሰምሃርን እናወፈሩ፡ ህዝቢ ሰንቢዱ ዓድታቱ ገዲፉ ናብ ከተማታት ክኣቱ ወይ ክስደድ ብዙሕ ግፍዕታት ፈጸሙ። ድንጋገ ክእወጅን፡ ህዝቢ ዝጸንተሉ ሰፊሕ ዘመተ ክካየድን ድማ ሓደ ኮነ። ኣብ መወዳእታ ኣዋርሕ 1970፡ ኣብ ገለብ (101 ሰባት)፡ በሲክዲራ (127)፡ ዖና (750 ሰባት) ኣብ ከባቢ ዒላበርዒድ ዓድታት ሃብረን'ቃቃ፡ ዋሩ፡ ርጅባ፡ ዓንቀርን ካልኦትን ክሳብ 115 ዜጋታት ግዳያት ህልቂት ኮይኖም። ኣብ ሰምሃር ከባቢታት ገድገድ፡ ሽባሕ፡ ፍግረት፡ ዓድሹማ፡ እምበረሚ፡ ወቑሮን ኢራፋይለን ካልኦት ብዙሓት ዓድታትን በቲ "ቅተል፡ ሕረድ፡ ኣንድድ" ዝብል ፖሊሲ ጸላኢ ተጉዲኣን። ብጃምላዊ ቅትለትን ምንዳድን ዝተሃስያ ዓድታት ብዙሓት እኳ እንተኾና፡ ህልቂት ዖናን በሲክዲራን ዝያዳ ናይ ምስናድ ዕድል ስለዝረኸበ ከም ኣብነት ምጥቃሱ ጠቃሚ እዩ።

ጃምላዊ ቅትለት በሲክዲራ፡ ኣብ 30 ሕዳር 1970፡ ድሕሪ ዖና ዘበዝሑ ሰባት ዝተቐትሉሉ ፍጻመ እዩ። ኣብታ "ሆስፒታል መኻነ ህይወት ንጎሮርኣ ትመስክር" ዘርእስታ ናይ ኣባ ጠዓመ ገብረዮሃንስ መጽሓፍ፡ ነቲ ህዝቢ፡ ተጋደልቲ ኣድሪርኩም ብዝብል ምክኒት ኣብ ሓደ ቦታ ኣኪቦም ብጥሜትን ጸሓይን ከሳቕይዎም ድሕሪ ምውዓል ካብ ኣዛዚ ሻምበል ዝተላእከ ደብዳቤ ምስ በጽሖም፡ ኣስላምን ክርስትያንን ክፈላልዩ ከም ዝፈተኑ ተጠቒሱ ኣሎ። እቲ ምፍልላይ ስለዘይኮነሎም ድማ፡ "ነፋሪት ነዚ ዓዲ ክትሃርሞ ስለዝኮነት፡ ምእንቲ ክትድሕኑ ኣብታ መስጊድ እተዉ፥ ዝብል ትእዛዝ ሃቡ። ባዕሎም

ደፋፊኦም ድማ ኩሉ ብዘይተረፍ ኣብታ መስጊድ ከም ዝኣቱ ገበሩዎ። ድሕር'ዚ እቲ ኣዛዚ ምስ መጸ፡ 'ሻምበል መጺኡ'ሎ ዕልል በሉ!' ዝብል ትእዛዝ ስለዝሃብዎም፡ ከም ዝተባህልዎ ዓለሉ። ኣብ መንጎ'ቲ እልልታ፡ ብማዕጾን ብኣርባዕተ መሳኹቲ ናይታ መስጊድን፡ ብሬናት ተኺሎም ከም ዝረሸንዎም ዝገልጽ ዛንታ ምንባቡዶ ጭንቀት ዝፈጥር እዩ። ብዘይካ ሓደ ክልተ ሰባት ተወጊኦምን ከም ምውታት መሲሎምን ዝተረፉ ድማ፡ 127 ሰባት ብኡ ንብኡ ተቐቲሎም።

ጃምላዊ ቅትለት ዖና፡ ጽባሕ ህልቂት በሲክዲራ፡ ኣብ 1 ታሕሳስ 1970፡ ካብ ከተማ ከረን ክልተ ሰለስተ ኪሎ-ሜተር ርሒቑ ዝተፈጸመ፡ ክሳብ 750 ሰብ ዝጠፍኣሉ ዝዓበየ ህልቂት እዩ። ብብዝሒ ግዳያቱ ጥራይ ዘይኮነ፡ ኣብ ቅድሚ ተቐማጦ ከረንን ወጻእተኛታት ናይ ዓይኒ መሰኻክርን ስለዝተፈጸመ፡ ብተዛማዲ ብዙሕ ዝተጻሕፈሉ ፍጻመ እዩ። ህልቂት ዖና፡ ንህዝቢ ከረንን ንኩሉ ኤርትራዊን ዘነደረትን፡ ተመሃሮ ዩኒቨርሲቲ፡ ኣብ ናይ ሓደ ዓመት ዝክሪ ብዝገበርዎ ዘተን፡ ናይ ሓዘን ዝክሪን፡ ናይ ምቅዋም ፈተነን ድማ ከም ናይ ቃልሲ ትእምርቲ ዝተወሰደትን ፍጻመ እያ። ኣብ መጽሔታት መጽሓፍትን ህዝባዊ ግንባር'ውን ናይ ዖናን ከባቢኣን ዛንታ ብዙሕ ተደጋጊሙ እዩ። ሓው ሃብቱ ገብርኣብ ኣብታ ናይ 2001 "ጃምላዊ ቅትለት ኣብ ወኪድባ" እትብል መጽሓፉ፡ ኣሚና ሃብተ ዝተባህለት ኤርትራዊት፡ "ገበናት ኲናት ኢትዮጵያን ፍሉይ መጽናዕቲ ዖናን በሲክዲራን" ብዝብል ኣርእስቲ ሕትመት ጥራይ ዝተረፎ ውዱእ መጽሓፍ ከም ዘሎ ገሊጹ ኣሎ። ብዘይካ'ዚ፡ ካብቲ ኣሜሪኻዊት ማርቲ ዶውኒ "ኣብ ጫፍ ልቢ" (On Heart's Edge) ብዝብል ኣርእስቲ ዝጸሓፈቶ መጽሓፍ ናይ 1996፡ ሓደ ክፋል ኣብ መጽሓፍ ናይ ፕሮፌሰር ሃብቱ ከም ጥብቆ ሰፊሩ ኣሎ። ማርቲ ዶውኒን በዓል-ቤታ ሚስተር ሁ ዶውኒን፡ ካብ 1963 ንታ ብስም ማሕበር ላልምባ ዝተሰምየት ዘይመንግስታዊ ናይ ግብረ ሰናይ ትካል ወኪሎም፡ ኣብ ከተማ ከረን፡ ክሊኒክን ክሳብ 100 ዘኽታማት ዘዕቁብ መናበዩ ዘኽታማትን ዝኣልዩ ዝነበሩ ሰብ ሓዳር እዮም። ኣብ 1970፡ ኣብ ከረን ስለዝነበሩን፡ ናይ ዖና ፍጻመ ብዓይኖም ስለዝመስከርዎን፡ ካብቲ ጥብቆ ዝተወሰደ ሓጺር ጽማቕ ምጥቃስ ኣገዳሲ እዩ።

ብቃላት ሚስተር ሁ፡ "ተጋደልቲ ኤርትራ፡ ኣብ ከተማ ከረን ንመዓስከር ፎርቶ፡ ብሸነኽ ሰሜን ብለይቲ ኣጥቂያም ተሰወሩ። ምስ ወግሑ፡ ዝኾነ ምልክት ናይ ተጋደልቲ ኣብ ዘይነበረሉ፡ ሰራዊት ኢትዮጵያ ኣብ ፎርቶ ኮይኖም መልሲ ዘይወሃቦ ብዙሕ መዳፍዕ ክትኩሱ ኣርፈዱ። ምስ ቀትረ ድማ፡ እቲ ሰራዊት ናብ ዖና ተንቀሳቐሰ። ዝበዝሑ ሰብኡት ናብ ሕርሻኦምን ሸቐለቶምን ስለዝወፈሩ፡ ብዘይካ ቁልዓ ሰበይትን ኣረጋውያን ሰብኡትን

ካልእ ኣይጸንሖምን። ኣብ ልዕሊ'ቶም ንጹሃን ዜጋታት ድማ፡ ብዘይ ዝኾነ ሕቶን ምጽራይን ሕነ ፈደዩ። …ድሕሪ'ቲ ብተኹሲ መዳፍዕ ከብድና ሓቝፍና ዝሓደርናዮ ለይቲ፡ ተኹሲ ምስ ሃድአ ኢና ናብ ስራሕ ዝኣቶና። ኣብ ሆስፒታል ቍሩብ ምስ ጸናሕና፡ ሽውዓተ ብደም ዝተለቅለቑ ውጉኣት ኣንስትን ቈልዑን ሒዛ ሓንቲ መኪና ደበክ በለትና። ኣይደንጉዩትን፡ ካልኣይቲ ዓባይ መኪና'ውን ዝበዝሑ ውጉኣት ሒዛ ኣርከበት። ኣእጋር ተቖራሪጹ፡ ኣራእስ ተኸፊቱ፡ ኣውያትን ቃንዛን ብክያትን ዓውዓውን ነቲ ኮሪዶራት ሆስፒታል ዓብሊልዎ ነይሩ። መጀመርታ ዝገበርክዎ ነታ ነርስ ብዓልቲ-ቤተይ ማርቲ ብህጹጽ ምጽዋዕ እዩ ነይሩ። ኢጣልያዊ ዶክተር ጉለታን፡ ህንዳዊ ዶክተር ሱድን ምስ ማርቲን ካልኦት ተሓጋገዝቶምን፡ ነቶም ህሱያት ክፈላልዩን ክሕክሙን ገዲፍና፡ ኣነ፡ ዓባይ መኪና ሒዘ፡ ስዩም ዓንደገርግስ ዝበሃል ኣኻያዲ መናበዪ ዘ'ኽታማት ድማ ላንድሮቨር ሒዙ፡ ውጉኣት ንምጉዕዓዝ ናብ ዖና ተበገስና። ኣማኢታት ውጉኣት ናብ ሆስፒታል ክሳለዩ ኣብ መገዲ ምስ ረኸብና ድማ ንዕኦም እናጸዓንና ተተመላሊስና ናብ ሆስፒታል ኣብጻሕናዮም። መኪና ዝነበሮም ደቂ'ታ ከተማን ካልኦት ነበርታን፡ ህሱያት ንምሕጋዝ ናብ ዖና እናተመላለሱ ነቶም ውጉኣት ሓገዙ።

"ክሳብ ፋዱስ፡ ልዕሊ 300 ዝግመቱ ውጉኣት ንኩሉ ክፍልታትን ኮሪዶራትን ዛሬባን ናይቲ ሆስፒታል መልኡዎ። ዶሚኒኮ ኦርቶላ፡ ዝተባህለ ነቶም ዘ'ኽታማት ፍረታት ብናጻ ዝሕግዝ ዝነበረ ኢጣልያዊ ኣፍራዪ ፍሩታ፡ ሽዑ ናይ ዝተቐትለ ሓዉ ሬሳ፡ ባዕሉ ሓቝፉ እናበኸዩ ናብቲ ሆስፒታል ክመጽእ እንከሎ ዘሕዝን ተርእዮ ይዝከረኒ። ድሕሪ ቐትሪ፡ ምስ ስዩም ዓንደገርግስ፡ ነቶም ፍርዝን ዝበሉ ዘ'ኽታማት ኣብ መኪና ጽዒንና፡ ምዉታት ንምቕባር ናብ ዖና ኸድና። ልዕሊ ፍርቂ ናይቲ ዓዲ ኣባይትን ኣጕዱን ነዲዶምን ኣብ ምንዳድን ነይሮም። እቲ ኣየር፡ ብዝነደደ ሬሳታት ዝፍጠር ሰርሳሪ ሽታ ተመሊኡ ነበረ። ቅኑዕ ቍጽሪ ምዉታት ምርካብ ዘይከኣል እዩ። ካብ 300 ክሳብ 500 ምዉታት ከም ዝረኣኹ ግን እግምት። በቲ ዘይምኽኑይ ሞትን፡ እኩይን ባርባራዊን ኣቀታትላን፡ ከሰዕይ ብኣፈይ ትወጽእ ከም ዘላ ተሰሚዑኒ። ብኣንጻሩ ግን፡ ዘዝኸፍአ ባርባራዊ ተግባር ምርኣይ፡ ዝያዳ ክንተብዕን ግዳያት ክንሕግዝን ደሪኹና። ….ድሕሪ ቐትሪ፡ ናይታ ካልኣይቲ መዓልቲ፡ ኮሎኔል ዋላና ብክልተ ሓለውቱ ተዓጂቡ፡ ነቲ ማዕጾ ናይ መብጣሕቲ ክፍሊ ብሓይሊ ኸፊቱ፡ ሽጉጡ ምስ ኣወጣወጠ፡ ማርቲ ክቐትላ ምኳኑ ኣይተጠራጠረትን። እዚ ንጃምላዊ ቅትለት ዖና ዝኣዘዘ ወተሃደር፡ ኣብቲ ቦታ ብምህላውና ሕጉስ ከም ዘይነበረ ኣይሓብኣን። ኣሕዋትን ኣዝማድን ግዳያት፡ ሃለዋት ክፈልጡ ዝፈጠርዎ ርዱእ ጸቕጢ ንምቅላል፡

ብቶም ዝተዓቖቡ ውጉኣት ብዝረኸብናዮ ሓበሬታ፡ ኣስማት ምዉታትን ናብቲ መናበዩ ዘኾታማት ዘእተናዮም ህጻናትን ብስርዓት ንምምዝጋቡ ልዑል ጻዕሪ ገበርና። እንተኾነ ግና፡ ኣብ ሳልሳይ መዓልቲ፡ በቲ ኮሎኔል ዝተላእከ ሓደ ኻፕተን፡ መርትዖታት ሞትን መውጋእትን ንምጥፋእ፡ ነቲ መዝገብና ብሓይሊ መንዚዑ ስለዘሕደገኒ ጻዕረይ ከንቱ ኮይኑ።" ዝብል ይርከቦ።

ዋላ'ኳ ህልቂት ዖና፡ ኣብ ሓደ ቦታን እዋንን ካብ ዝተፈጸሙ ጃምላዊ ቅትለታት ዝዓበየ እንተኾነ፡ ምስኡ ዝዳረጉ ብዙሓት ዝርዝራዊ ሓበሬታ ዝጉደሎም ዓሰርተታት ናይ ህልቂት ፍጻመታት ከም ዘለዉ ግን ክርሳዕ ኣይግባእን። ኣብ 1971፡ ኣብ ሃበሮ፡ ሰራዊት ጸላኢ ሕንሕነ ናይቲ ብተጋደልቲ ዝወረዶ ስዕረት፡ ልዕሊ 120 ሰባት ዝተቐትሉሉ ኣጋጣሚ ሓደ ካብቲ ከበድቲ ናይ ምጽናት ወፍሪ እዩ። ኣብ ዓድሹማ ገድገድ፡ ሸባሕን መትከል ኣብየትን ኣብ ጥሪ 1971 ክሳብ 38 ሓረስቶት ተቐንጺሎምን ብዙሕ ዓድታት ነዲዱን። ከም ብሓድሽ ኣብ ሚያዝያ 1972፡ ሰራዊት ኢትዮጵያ ናብ ዓድሹማን ከባቢኣን ተመሊሶም ህይወት 38 ሓረስቶት ቀዚፎም። እቲ ካብ 70 ክሳብ 1973 ዝተኻየደ ሰፊሕ ናይ ህልቂት ወፍሪ፡ ብዙሓት ካብ ሞት ዝተረፉ ስድራቤታት ብዘይካ ናይ ስደት መሪር ጽዋእ ምቕባል ካልእ ዕድል ዘይገደፈ ኣረሜናዊ ተግባር እዩ ነይሩ። መድረኽ 1974፡ ሰራዊት ኢትዮጵያ ንስርዓት ሃይለስላሴ ንምውዳቕ ዝተንቀሳቐስሉ፡ ጉዳይ ኤርትራ ከይተረፈ ብሰላም ክፈትሑ ከምዝደሊ ዝኣወጀሉ፡ ስልጣኑ ንምድልዳል ናይ ሓሶት መብጽዓታት ዝህበሉ ዝነበረ ዓመት እዩ። እንተኾነ፡ ዋላ'ኳ ተዛማዲ ህዱእ ኩነታት እንተ ነበረ፡ ኣብ ድሮ'ቲ ንጉስ ሃይለስላሰ ብወግዒ ዝወረደሉ ነሓሰ 1974 ኣብ ኦምሓጀር ዝተፈጸመ ህልቂት፡ ነቲ ህዝቢ ብጃምላ ናይ ምጽናት መደቦም ብዝለዓለ ጭኻነ ክቕጽልዎ ምዃኖም ዘግሃደ ፍጻመ እዩ። ህዝቢ ከተማ ኦምሓጀር፡ ኣብ ኣደባባይ ክእከብ ብምእዛዝ፡ ብብሬናትን ረሻሻታትን 400 ሰባት ዝቐተሉሉ ግፍዒ፡ ተቓማጦ ናይታ ከተማ ዝተበታተኑሉ ዛንታ፡ ኣብ መጽሓፍ ግፍዒ ተሰኒዱ ኣሎ።

ስልጣኑ ዘደልደለ ወተሃደራዊ ስርዓት ደርግ፡ ኣብ 1975 ንውድባት ሰውራ ኤርትራ ንምድምሳስን ህዝቢ ንምርዓድን ሰፊሕ ዘመተ ጀመረ። ህዝቢ ኤርትራ ንሰውራኡ ዘለዎ ደገፍ ምስ ተጋህደሎምን መንእሰያት ኣስመራ ምስ ተጋደልቲ ዝገብርዎ ምትሕብባር ምስ ተዓዘቡን፡ "ዓፋኝ ጓድ"(ጉጅለ ዓፈንቲ) ተባሂሉ ዝጽዋዕ ናይ ጭውያን ቅትለትን ጉጅለ ብምቛም ብዙሕ ግፍዕታት ኣብ ምፍጻም ኣተዉ። ወርሓት ጥሪን ለካቲትን 1975፡ ህዝቢ "ዕግርግር ኣስመራ" ኢሉ ዝጸውዖ፡ ወተሃደራት ኢትዮጵያ፡ ሕንሕነ ናይቲ ብሓይልታት ሰውራ ዝወርዶም ዝነበረ ስዕረታት፡ ኣብ ዝተፈላለየ ከባቢታት

ኣስመራ፡ (ገጀረት፡ ዝባን ስንቀይ፡ ገዛ-ባንዳ፡ ሰታንታኦቶ፡ ቲራቮሎ፡ ኣክርያ፡ ሓድሽ ዓዲ፡ ገዛ ብርሃኑ ማይ-ተመናይ፡ ጎዳይፍ፡ ቀሓውታ፡ ሰኒታ ወዘተ.) ናብ መንበሪ ገዛውቲ ሲቪል ተዋፊሮም፡ ማዕጾ ገዛውቲ እናሰበሩ፡ ብዙሕ ሰብ ብጥይትን ሳንጃን ዝቐትልሉን ብናይ ፒያኖ ስልኪ ዝሓንቁሉን እዋን ነበረ። እቲ ህዝቢ ከተማ ኣስመራ ዘሰኻሕክሓሉን ንብዙሓት ተቐማጦኣ ዘዘናበለን ዘሳደደን እዋን፡ ብዙሓት ኣባላት ሓንቲ ስድራ ብሓንቲ ህሞት ዝጸነቱሉ፡ ሸውዓተ ደቀንስትዮ ብሓባር ዝተሓንቃሉ፡ ኣብ ኣብያተ-ወግዒ ብምእታው፡ ኣብ ባር ትብለጽ፡ ባር ኣማኑኤል፡ ባር ጎንደር፡ ባር ጃናን ካልእ ቦታታትን ዝተፈጸመ ጃምላዊ ህልቂት ውሑድ ካብቲ ብዙሕ ፍጻመታት እዩ። “ዕግርግር ኣስመራ” ብዝብል ኣርእስቲ ኣብ መጽሓፍ “ግፍዒ” ዝሰፈረን ብምንባብ “ተዘክሮታት መግዛእታዊ ስርዓታት” ኣብ ዝርእስቱ መጽሓፍ ዶክተር ክብርኣብ ፍረ ብምውኻስ ነቲ ፍጻመ ምፍላጡ ይከኣል።

ንኣብነት፡ ኣብ ባር ኣማኑኤል ጥራይ ኣብ 3 ናይ ቢልያርዶ ክፍልታት ዓትዓም ካብ ዝጻወቱ ዝነበሩ ሰባት፡ 35 ከም ዝተቐትሉን ካልኦት 60 ከም ዝተወግኡን፡ ኣብ መጽሓፍ “ተዘክሮታት መግዛእታዊ ስርዓታት” ተገሊጹ ኣሎ። ብተወሳኺ፡ ነቶም ክሕከሙ ናብ ሆስፒታል ዝኸዱ ውጉኣት፡ ብወንበዴታት ተሃሪምና ንክብሉ፡ በብሓደ ኣብ ማርያም ግንቢ ወሲዶም ከም ዘፈራርህዎምን ዋሕስ ከም ዘትከልዎምን ተጠቒሱ ኣሎ። ጸሓፊ ዶክተር ክብርኣብ ፍረ ብተወሳኺ፡ እቲ መኣከቢ ሬሳታት ካብ ፊቐዶ ጽርግያ ናይታ ከተማ ብዝተኣርየ ኣብ ርእሲ ርእሲ ዝተጸፋጸፈ ሬሳታት ስለዝጸበበን፡ ካልእ መኻዚኖታት ናይቲ ሆስፒታል ተወሲኹ'ውን ስለዘይኣኸሎን፡ ሬሳ ኣብ ደገ ምድርዳሩ ገሊጹ ኣሎ። ሃለዋት ደቆም ዝጠፍኦም ወለዲ፡ ካብ ዝተኣከበ ኩምራ ሬሳታት፡ ቤተሰቦም ከለልዩ ኣብ ሆስፒታላት ኣስመራ ዘሕለፍዎ መሪር እዋን፡ ካብ ዝክሪ ህዝቢ ዝሃስስ ኣይኮነን። ሻለቃ ዳዊት ወልደጊዮርጊስ ብወገኑ፡ ኣብታ፡ “ቀይሕ ንብዓት” ዝርእስታ መጽሓፉ፡ መንእሰያት ኣወዳትን ኣዋልድን ካብ ገገዛኦም እናተወሰዱን፡ ብስልኪ ፒያኖ (Piano Wire) እናተሓንቁን ኣብ ጽርግያ ከም ዝተደርበዩ መስኪሩ ኣሎ። ኣብዚ ካብ ጥሪ ክሳብ ጥቕምቲ ናይዚ ዝተጠቐሰ ዓመት ጥራይ፡ ቍጽሪ ናይቶም ኣብ ኣስመራ ዝተቐትሉ ሰላማውያን ሰባት ብልክዕ ዝገልጽ ሓበሬታ'ኳ እንተዘየለ፡ ብመሰረት ኣብ መጽሓፍ ‘ግፍዒ’ ዝተጠቕሰ ሓበሬታ ግን፡ ልዕሊ 1000 ዝግመት ሰላማዊ ከም ዝሃለቐ ይፍለጥ። እዚ ናይ ኣስመራ ቅሉዕ ህልቂት፡ ብማዕከናት ዜና ዓለም ብሰፊሕ ስለዝተዘርበሉ፡ ግፍዕታቶም ክክውሉን ስቱር ቅንጸላ ክዘውትሩን ኣገዲድዎም እዩ።

ኣብ ከባቢ ኣስመራ ዝርከባ ዓድታት'ውን ካብዚ ናይ “ቅተል፡ ሕረድ፡ ኣዕኑ” ወፍርታት ኣይደሓናን። ወተሃደራት ደርግ ምስ ተጋደልቲ ኣብ

ዝገጥሙሉ ከባቢታትን ዝሓለፉለን ዓድታትን ህዝቢ ብእኩብ ምቕታል፡ ዓድታት ምቅጻልን ህዝበን ምብሳስን ልሙድ ተግባሮም ኮይኑ ነበረ። ኣብ ዓድባኾኻይ ኣብ ሓደ ንግሆ ክሳብ 55 ቈልዓን ሰበይትን ዝተሓርዱሉ ህልቂት፡ ኣብ ወኪ 36 ኣቕሸሽትን ዓበይቲ ዓድን ንሰራዊት ኢትዮጵያ ብሰላም ክኣንግዱ እናፈተኑ፡ ብዘይ ተረፍ ዝተረሸኑሉ ፍጻመታት ኣብነታት ናይቲ ብዙሕ ህዝቢ ዝመስከሮ ኣረሜንነት እዩ። ኣብ ዓዲ ንፋስ 21፡ ኣብ ዓዲ ያቆብ 20፡ ኣብ ጻዕዳክርስትያን 13፡ ኣብ ዓዲ ሃብተስሉስ 7 ወዘተ. ናይ ዝተቐትሉ ዜጋታት ቍጽሪ፡ ኣብ ካልኦት ብዙሓት ሰራዊት ደርግ ዝረገጾን ዓድታት'ውን ስለጋጠመ፡ ብምሉእነት ምምዝጋቡ ከድሊ እዩ። ገዛ ላምዛ፡ ድባርዋ፡ ዓዲሓወሻን ኣፈልባን ዝርከብኦን ኣብ መስመራት ጽርግያ ዝርከባ፡ ካብተን ነበርተን ዝተቐትሉለን ኣባይተን ዝነደደን ዓድታት ውሑዳት እየን። ኣብ ከባቢታት ኣስመራ ካብ ዘጋጠመ ግፍዕታት፡ እቲ ኣብ 31 ጥሪን ባሕቲ ለካቲትን 1975 ዝተፈጸመን ድሕሪ ዓመት ዝተደግመን ናይ ወኪድባ ህልቂት፡ ዝዓበየን ዝያዳ ዝተሰነደን ስለዝኾነ፡ ብሓጺር ምጥቃሱ ኣገዳሲ እዩ።

ጃምላዊ ቅትለት ወኪድባ፡ ካብ ከተማ ኣስመራ፡ ክልተ-ሰለስተ ኪሎሜተር ጥራይ ርሒቑ ስለዝተፈጸመን ብዙሓት መስከርቲ ስለዝነበርዎን፡ ሓደ ካብቲ ብዝተሰነዱሉ ጽሑፋትን ዝርዝራቱን ዝያዳ ኣቓልቦ ዝሰሓበ ጃምላዊ ቅትለታት እዩ። ሃብቱ ገብርኣብ (ፕሮፌሶር)፡ ብእንግሊዝኛ ኣብ 2013 ዘሕተማ "ጃምላዊ ቅትለት ወኪዱባ" ዘርእስታ ልዕሊ 200 ገጽ ዘለዋ መጽሓፍ፡ ንዝርዝር ኣስማት ግዳያት ዘጠቓለለትን ነቲ በብስድራ-ቤት ዘጋጠመ ግፍዒ ብሰእላዊ ኣገባብ ዘቕረበትን ብዓይነቱ ፍሉይ ታሪኽ ዝሓዘት እያ። ኣብዛ መጽሓፍ፡ ብውጻእ መዓት ናይቲ ጃምላዊ ቅትለት ዝነበረ ተጋዳላይ ዘርእማርያም ተስፋይ (ኮሎኔል) ኣብ 1977 ዝተጻሕፈን ብራድዮ ድምጺ ሓፋሽ ዝተቓልሐን ጽሑፍ ከም ጥብቆ ሰፊሩ ኣሎ። "ሆስፒታል መኻነ ህይወት ንገሮርኣ ትመስክር" ዘርእስታ መጽሓፍ ናይ ኣባ ጠዓመ ገብረሂወት'ውን፡ ነቲ ናይ ወኪድባ ፍጻመ ዝምልከት ዝርዝራዊ ሓበሬታ ኣለዋ። እታ መጽሓፍ፡ ኣቀታትላ ነበርቲ ወኪድባ፡ ብሰለስተ ኣገባብ ምፍጻሙ ትገልጽ። እቶም 28 ሰባት ኣብ ገገዛኦም ዝተቐትሉ እዮም። ካልኣይ ጉጅለ ሰራዊት ኢትዮጵያ ብወገኖም መርዓ ኣብ ዝጽንበሉ ዝነበረ ዳስ ብምእታው፡ መግብን መስተን ተቐሪቡሎም ምስ ተኣንገዱ፡ 12 መንእሰያት መሪጾም ንብጾቶም ዝኸውን መግቢን ሰዋን ኣስኪሞሞም ከዱ። ካብቲ ዓዲ ፍንትት ኢሎም ድማ፡ ነቲ መግቢ እናበልዑ፡ ነቶም ደቂ ዓዲ መንእሰያት መቕበሪኦም ጉድጓድ ክኹዕቱ ድሕሪ ምእዛዝ ብሓደ ረሸኑዎም። ሳልሳይ ጉጅለ፡ ኣብ ውሽጢ ቤተ-ክርስትያንን ዛሬባኡን ብጭካነ ዝተረሸረሹ እዮም። ሃይማኖታዊ ክዳውንቶም ለቢሶም፡ መስቀል ኣምሪሖም፡

እናተማህለሉ ዝተቐትሉሉ ናይ ባርባርነት ታሪኽ ኣብዘን ዝተጠቕሳ ጽሑፋት ተሰኒዱ ይርከብ። ኣብዘን ክልተ መዓልቲ ጥራይ፡ ሓሙሽተ ኣቕሸሽቲ ዝርከብዎም 85 መንእሰያትን ኣረጋውያንን ተቐቲሎም።

ኣብ 1975፡ ዳርጋ ኣብ ኩሉ ከባቢታት ኤርትራ እዩ ጃምላዊ ቅትለታት ተፈጺሙ። መጽሓፍ "ግፍዒ" ሐዙዎም ዘሎ፡ ናይ ጃምላዊ ቅትለታት ፍጻመታት ብምውኻስ፡ ኣብ ልዕሊ ህዝብና ዝተፈጸመ ናይ ዓመጽ ታሪኽ ኩሉ ዜጋ ክፈልጦ የድሊ። ኣብ መጋቢት 1975፡ ብስም "ጸላም ሰንበት" ዝፍለጥ ኣብ ከተማ ኣቑርደት ዝተፈጸመ ጃምላዊ ህልቂት፡ ክሳብ 467 ሰባት ብሓደ ንግሆ ዘህለቐ እቲ ዝዓበየ ኣረሜንነት ናይቲ ዓመት'ቲ እዩ። ኣብ ሕርጊጎ ኣብ ሚያዝያ 1975 ኣስታት 300 ዜጋታት ብጥይትን ኻራሩን ዝሃለቑሉ ጃምላዊ ቅትለት፡ ኣብ ዓዲ ቐይሕ ኣብ ሓምለ 175 ዝተቐትሉሉ ፍጻመ፡ ኣብ እምበረሚ ዝተፈጸመ ናይ 73 ዜጋታት ህልቂት ገለ ካብቶም ናይቲ ዓመት'ቲ ዝዓበዩ በደላት እዮም። ኣብ ባጽዕ፡ ከረን፡ ደቀምሓረን ካልኦት ከተማታትን'ውን ህዝቢ ንምስኻሕ ተባሂሉ ብዙሓት መንእሰያት ከም ዝሃለቑ ይፍለጥ። 14 ኣባላት ስድራቤት ኣቶ መንግስትኣብ ዝተቐዝፉሉ ህልቂት ኣብ ከተማ ደቀምሓረን፡ ኪዳነ ሓኪም ምስ ካልኦት 24 ሰባት ኣብ ማይዕዳጋ ዝተቐትልሉ ገለ ካብቲ ብጭካነ ኣፈጻጽማኡ ብነድሪ ካብ ዝዝከሩ ናይ ህልቂትን ኣረሜንነትን ኣብነታት እዮም። ኣብ መንጎ ደቀምሓረን ኣፈልባን "ኤርትራ ትቕደም" ዝብል ጽሑፍ ናይ ተማሃሮ ዝረአዩ ሰራዊት፡ ብኡ ንዝሓለፉ ሓሙሽተ ሸማግለታት ምስ ኣባቕሎም ረሺኖሞም። ኣብ ግንቦት 1975፡ ኣብ መንጎ ማዕረባን ኣፈልባን ብድብያ ዝተወቕዑ ወተሃደራት ኢትዮጵያ፡ ኣፈልባ ኣትዮም ክልተ ነፍሰ-ጾር ኣንስቲ ዝርከብኦም 11 ሰባት ብምቕታልን ካልኦት 10 ብምውጋእን ነታ ዓዲ ሃሰያ ኣውሪዶምላ። ኣብዛ ዓመት'ዚኣ፡ ኣብ ነፍስ ወከፍ ግፍዒ ዝተፈጸመላ ዓዲ ብምኻድ ዝርዝራዊ መጽናዕቲ እንተ ዝካየድ፡ እቲ መጠን ሞትን መውጋእትን ሰላማውያን ሰባት ዝተዓጻጸፈ ምኾነ።

1976፡ ስርዓት ደርግ፡ ሰውራ ኤርትራ ንምድምሳስን ህዝቢ ንምንብርኻክን ከም ቀዳማይ ዕማሙ ብምውሳድ፡ ኣብ ካልእ ክፋል ኢትዮጵያ ዝነበረ ምዱብ ሰራዊት፡ ክቡር ዘብዐኛ፡ ኣየር-ወለድ፡ ፍሉይ ታዕሊም ዝወሰዱ ነበልባልን ብሓይሊ ተገፊፎም ዝተዓሰከሩ ወዶ ዘማችን ናብ ኤርትራ ብምምጻእ፡ ሰፊሕ ፈተነታት ዝገበረሉን 'ቀይሸብር' ብዝብል ዕላማ ኣብ ልዕሊ ሓድሽ ውዱባት ኤርትራን ተቓለስቲ ውዱባት ኢትዮጵያን ጃምላዊ ህልቂት ዝፈጸመሉ ዓመት እዩ ነይሩ። ዋላ'ኳ ምንቅስቓስ ሰራዊት ኢትዮጵያ፡ ናብቲ ብተጋደልቲ ዝተታሕዘ ገጠራት ኤርትራ ኣዝዩ ተደሪቱ እንተነበረ፡ ሰራዊት ብቃፍላይ ኣብ ዝወፈረሉን ዝሓለፈሉን ቦታታት፡ ኣብ መንገዱ ዝጸንሑ

ንጹሃት ዜጋታት እናቐተለን እናዘረፈን ብዙሕ ግፍዕታት ፈጺሙ እዩ። ኣብ ለካቲት 1976፡ ዓመትን ወርሒን ድሕሪ ቀዳማይ ህልቂት ወኪዱባ፡ ሰራዊት ኢትዮጵያ ናብታ ዓዲ ተመሊሶም ዝቐተልዎም 27 ዜጋታት፡ መጽሓፍ ሃብቱ ገብርኣብ ኣስማቶም ዘርዚሩቶ ኣሎ። ከም ብሓድሽ፡ ሰራዊት ኢትዮጵያ ኣብ ታሕሳስ ናይ'ዛ ዓመት'ዚኣ፡ ብኣጋርን ብታንክታትን ብ መዳፍዕ ናይ መራኽብ ውግእን ኣብ ሕርጊጎ ክሳብ 250 ሰባት ዝሞቱሉ ዳግማይ ህልቂት ብምፍጻም፡ ቊጽሪ ግዳያት ሕርጊጎ ናብ 550 ኣብጺሖሞ።

ስርዓት ኢትዮጵያ፡ ኣብ ሚያዝያ 1976፡ ዓሰርተታት ኣሽሓት ኢትዮጵያውያን ሓረስቶት ኣረጊት ብረት ኣዕጢቑ፡ ንህዝቢ ኤርትራ ክቐትሉ፡ ክዘርፉ፡ ዝረኸብዎ መንጢሎም ክበልዑን ዝዘመትዎ ንብረት ክራስዩን ኢሉ ዘበገሶ ብስም "ራዛ ፕሮጀክት" ዝፍለጥ ወፍሪ ሓረስቶት (Peasant March) ኣበገሰ። እቶም ሓረስቶት ተጋደልቲ ደምሲሶም ዝረኸብዎ ንብረት ክራስዩ ከምእተነግሮም ሃጋይ ኤርሊች (Haggai Erlich; The Struggle over Eritrea 1962 1978 page 75 - 1983) ገሊጽዎ ኣሎ። "ብ2 መጋቢት 1976፡ ን384 ኣመሓደርቲ ወረዳታት ትግራይ፡ ወሎ፡ በጌምድርን ጎጃምን ብመራሕ መንግስቲ ኢትዮጵያ ጀነራል ተፈሪ ባንተ ኣብ ኣዲስ ኣበባ ኣኼባ ድሕሪ ምክያዱ፡ እቲ ህዝቢ ኣንጻር እቶም ንኤርትራ ዝወረሩዋ ኣስላም መስቀላዊ ዘመተ ንኽኻይዱ ከምዝኣዘዞም ይፍለጥ" ይብል ሃጋይ ኤርሊች። በዚ ድማ፡ ብምክትል ኣቦ መንበር ደርግ ዝነበረ ኣጥናፉ ኣባተ ዝምርሑ 200 ሺሕ ዝኾኑ ገባሮ ጋቢኦም ተጎልቢቦም ናይ ቱርክን ጣንልያንን ናይ ቀደም ጠበናጁ ሒዞም ብዓብላሊ ብዝሒ ንተጋደልቲ ክሕምትሉ ከምዝነቐሉ ይግልጽ።

ኢትዮጵያዊ ባቢለ ቶላ፡ ኣብታ "ወለዶ ምጽናት" (To Kill a Generation) ዘርእስታ መጽሓፉ፡ ኣብ ገጽ 43 ዝመዝገቦ ድማ ከምዚ ይብል። "ስርዓት ደርግ፡ ነቲ ንጉዳይ ኤርትራ ከም ናይ መወዳእታ ደምሳሲ መፍትሒ ኢሉ ዝተለሞ 'ምረሻ ሓረስቶት' (Peasant March) ዝብገስ፡ ብማርክስነትን ለኒንነትን ከም ዝምራሕ ዝገልጽ ናይ ኢትዮጵያውያን ምሁራት ሰልፊ መ.ኢ.ሶ.ን. ብዝቐረበሉ ሓሳብ እዩ። ምስ ትምክሕታዊ መንፈስ ደርጋውያን ስለዝተሰማምዐ ድማ፡ ክትግብር ወጢኑ። ዕላማ ናይዚ 'ራዛ ፕሮጀክት' ዝተጻውዐ ወፍሪ፡ ኣሽሓት ሓረስቶት ብግዲን ብወለንታን ካብ ጎጃም፡ ወሎ፡ ቤገምድርን ትግራይን ኣምጺእኻ፡ ብናይ ሰብ ማዕበል፡ ኣንጻር ተጋደልቲ ኤርትራ ምግጣም እዩ ነይሩ። ነገደ ጎበዜ፡ ዝተባህለ መራሒ መ.ኢ.ሶ.ን.፡ ናብ ጀርመን ብምኻድ ንኢትዮጵያውያን ዲፕሎማስኛታት ኣብ ዝገበሮ ሰሚናር፡ እቲ ናይ ህዝቢ ማዕበል፡ ብወዝቢን ብዘይተሓሰበን መገዲ ህዝቢ ባዕሉ ኣንጻር ተገንጸልቲ ከም ዘበገሶ ገይርኻ ክርአ ተማሕጺኑ ነይሩ።

ሰልፊ ኢ.ፒ.አር.ፒ ወይ ኢ.ህ.አ.ፓ. ኣቐዲሙ ስለዘቃልዖ፡ ኣብ ኣዲስ-ኣበባን ካልኦት ከተማታትን ኣንጻር'ቲ ህዝባዊ ማዕበል ሰላማዊ ሰልፈታት ከም እተኻየደ ይፍለጥ። እቶም ንውሑዳት ኣዕራብን ከሓድትን ደምሲሶም ክምለሱ ዝተነግሮም ሓረስቶት 'ራዛ ፕሮጀክት' ናብ ኤርትራ ምስ ወፈሩ፡ በቶም ሰብ ምሉእ ዕጥቂ ዝኾኑ ተጋደልቲ ኤርትራ ንባዕሎም ስለዝተደምሰሱ፡ እቲ ወፍሪ ብፍጹም ፍሽለት ተዛዚሙ" ክብል መጽሓፍ ወለዶ ምጽናት ገሊጽዎ ኣሎ። እዚ ናይ ህዝቢ ማዕበል ብቐሊሉ'ኳ እንተ ተሳዕረ፡ ኣብ ዶባት ኤርትራን ትግራይን ክሳብ 100 ዝበጽሑ ሰላማውያን ኤርትራውያን ከም ዘህለቐን ብዙሕ ናይ ንብረት ዕንወት ከም ዘውረደን ግን ዝርሳዕ ኣይኮነን። ኣብቲ፡ ወፍሪ ራዛ ፕሮጀክት ዝተኻየደሉ እዋናት ንኣብነት ስርዓት ደርግ፡ ኣብ መቐለን ካልኦት ከተማታትን ትግራይ ዝነበሩ ብዙሓት ኤርትራውያን፡ ማለት መንግስታዊ ሓላፍነታት ዝነበሮም፡ ወነንቲ ብሕታዊ ትካላትን ካልኦት ሰራሕተኛታትን ምእሳሩ ይፍለጥ። ካብኣቶም፡ ክሳብ 51 ኣቢሎም ዝኾኑ ብጃምላ ረሺኑ፡ሬሳኦም ኣብ በረኻታት ጽርግያ መቐለ-ደሴ ከም ዝደርበዮ፡ ምስ ዝርዝር ኣስማቶም ኣብ ሓዳስ ኤርትራ ቁ. 64-65 ናይ 15/04/1995 ምንባቡ ይኻኣል።

ኣብ 1977፡ ሰራዊት ኢትዮጵያ ካብ ብዙሓት ከተማታት እናተወቕዐን እናተደፍአን ስለዝኸደ፡ ሕንሕነ ናይቲ ብሓይልታት ሰውራ ዝወረዶ ስዕረት ንሰላማውያን ሰባት ምቕታልን ምግፋዕን ኣየቋረጸን። ብመጥቃዕትታት ሓይልታት ሰውራ እናተደፍአን ዝቑጻጸሮ ቦታታት እናጸበበን፡ ኣብ መወዳእታ ድማ ኣብ 4-5 ከተማ ተሓጺሩ ምስ ተረፈ፡ ኣብ ሓራ መሬት ዝነበረ ዝበዝሕ ህዝቢ ኤርትራ ብዘይካ ካብ ነፈርቲ ካብ ቀጥታዊ ግፍዕታት ብመጠኑ ኣዕረፉ ነይሩ ምባል ይከኣል። ኣብ ከተማ ድባርዋ፡ ሰራዊት ኢትዮጵያ ኣብ ከባቢ ብእንዳ ጃፓን ተባሂሉ ዝፍለጥ ቦታ ብተ.ሓ.ኤ. ድሕሪ ዘጋጠሞ ስዕረት፡ ዋላ'ኳ ህዝቢ ብምሉኡ ክሃድም ብምኽኣሉ ሞት ሰለማውያን ሰባት እንተወሓደ፡ ንብዙሕ ክፋል ናይታ ከተማ ብሓዊ ኣንዲዱዎ እዩ። ኣብ መፋርቕ ናይዚ ዝተጠቕሰ ዓመት፡ ኣብ ደንኻልያ፡ በርዓሶለን ካልኦት ብዙሓት ቁሸታትን ብጽዑቕ ደብዳብ ነፈርቲ ከም ዝነደዳ ኣብ መጽሔት ፍጻመታት ቁ.127 ተገሊጹ ኣሎ። ኣብቲ ዓመት'ቲ ሓራ ኣብ ዝወጻ ከተማታት፡ ናቕፋ፡ ኣፍዓበት፡ ከረን ደቀምሓረ፡ ኣቑርደት፡ ተሰነይን መንደፈራን፡ ኣብ ሲቪላዊ ዒላማታት ብደብዳብ ነፈርቲ ዝተፈጸመ ብዙሕ ሞትን መቑሰልትን ዘውረደ መጥቃዕቲታት ውሑድ ኣይነበረን። ብፍላይ ኣብ ከተማ መንደፈራ፡ ኣብ ማእከል ከተማ 13 ግዜ ዝተደጋገመ ደብዳብ ነፈርቲ ልዕሊ 170 ዜጋታት ከም ዝቐዘፈ ኣብ መጽሓፍ "ግፍዒ" ብሰፊሑ ተተሪኹ ኣሎ።

ክሳብ መፋርቅ 1978፡ ሰራዊት ኢትዮጵያ ኣብ ኣርባዕተ - ሓሙሽተ ከተማታት ጥራይ ስለዝተሓጽረ፡ ብዘይካ ኣብኣን ዘሰዓቦ ምብስባስን ብደብዳብ ነፈርቲ ዝፈጠሮ ህልቂትን ካልእ ምንቅስቓስ ኣይነበሮን። እንተኾነ ግን፡ ኣብ ኩለን ሓራ ከተማታት ኣማኢት ናይ ደብዳብ ወፍሪታት ብምክያድ፡ ዝቐተሎም ዜጋታት ውሑዳት ኣይኮኑን። ኣብዚ ዝተጠቕሰ ዓመት፡ ኣብ ዓሰብ 24 ደቀንስትዮ ዝርከብኦም 394 ኤርትራውያንን ኣብ ወደብን መጻረዪ ነዳዲን ዝሰርሑ ወጻእተኛታትን፡ ኣብ ማእሰርቲ ከም ዝተረሸኑ ኣብ ፍጻመታት ቁ. 95 ተዘርዚሩ ኣሎ። ናይ ከተማ ዓሰብ ስነ-ህዝባዊ ኣቃውማ ንምቕያርን ተቐማጦኣ ብኢትዮጵያውያን ጥራይ ንምዕብላልን ንምብሓትን ብዝነበሮም ሕልምን እከይ ውዲትን፡ ኣሽሓት ኤርትራውያን ነታ ከተማ ለቒቖም ከም ዝስደዱ ይግበር ነበረ። ኣብ ሓምለ 1978 ኣብ ድግሳ፡ ኣብ ኣኼባ ዝነበሩ 27 ወከልቲ ህዝብን ኣብ ዕዳጋ ናይታ ዓዲ ዝነበረ ህዝብን ብደብዳብ ነፈርቲ ዝወረዶም ሞትን መቑሰልትን፡ ሓደ ካብቲ ደይ መደይ ኢልኻ ሰላማዊ ህዝቢ ንምርዓድ ዝተፈጸመ ኣረሜናዊ ተግባር እዩ ነይሩ።

ኣብ መፋርቅ 1978፡ ሕብረት ሶቭየትን መሻርኽታ ማሕበርነታውያን ሃገራትን ኣብ ጐድኒ ስርዓት ደርግ ምስ ተሰለፋ፡ ኣብ ልዕሊ ህዝቢ ኤርትራ ብኣልማማ ዝወረደ ግፍዕታት ማእለያ ኣይነበሮን። እዚ ብብዝሒ ሰራዊት፡ ብዓይነት ይኹን ብዓቐን ወተሃደራዊ ኣጽዋራቱ መዘና ዘይነበሮ ወራር ድማ፡ ዓሰርተታት ኣሽሓት ሰላማዊ ህዝቢ ዘፈናቐለ ከቢድ ሳዕቤን እዩ ኣኸቲሉ። እቲ ብሓሙሽተ ሸዱሽተ ማእከናት ዝተበገሰ ወራር፡ ብዙሕ ክፋል ህዝቢ ኤርትራ ግዳይ ስደትን ምዝንባልን ገይሩ እዩ። ቁልዓ ሰበይቲ ዝበዝሖ ሰላማዊ ህዝቢ ብደብዳባት ነፈርቲ ብምቕዛፉ፡ 1978 ባርባራዊ ገበናት ሰራዊት ኢትዮጵያን ተሓባበርቱ ሃገራትን ዘግሃደት ዓመት እያ ነይራ። እቲ ዝተፈጸመ ግፍዕን ዓመጽን ካብ ዓይኒ ህዝቢ ዘይተኸወለ ደኣ ይኹን'ምበር፡ እቲ ንህላወ ሰውራ ኤርትራ ኣብ ዝለዓለ ሓደጋ ዘብጽሐ ወራር፡ ፍጻመታት ግፍዒ ብግቡእ ንምምዝጋብ ዕድል ዝህብ ኣይነበረን።

ካብ 1979 ክሳብ 1985፡ ስርዓት ደርግ፡ ኣብ ልዕሊ ህዝቢ ኤርትራ ዝፈጸሞ ጃምላዊ ህልቂት ሰፊሕ እዩ። እቲ ዓዲ ምሉእ ኣኪብኻ ኣማኢት ቁልዓ ሰበይቲ ብጃምላ ምቕታል'ኳ እንተገደፎ፡ ብስቱር ኣገባብ ህዝቢ ዝጸንተሉ ቅትለታት ግን ኣይተረፈን። ምስ ሰውራ ክደጋገፉ ከም ዝኽእሉ ዝጥርጠሩ ዜጋታትን ምስ ጉበዙ ክጋደሉ ይኽእሉ'ዮም ዝበሃሉ መንእሰያትን በብሓደ እናቐተለ፡ እቲ ህልቂት ብዝተዓጻጸፈ መጠን ቀጺልዎ እዩ። ሓምሻይ ወራር ኣብ ዘካየደሉ ሓምለ 1979 ጥራይ፡ ሰራዊት ጸላኢ ሕንሕነ ስዕረቱ ኣብ ልዕሊ ካብ ሰሜናዊ ሳሕል ክሳብ ኣፍዓበት ተዘርጊሑ ዝነብር ዝነበረ ህዝቢ፡ ብዝፈጸሞ ግፍዒ፡ ክሳብ 107 ዜጋታት ከም ዝቐተለን ክሳብ ሓደ

ሽሕ ዝግመታ ጥሪት ከም ዝዘረፈን ኣብ ጸብጻብ ክፍሊ ማሕበራዊ ጉዳይ ተጠቒሱ ኣሎ። ብዘይካ'ዚ፡ ኣብቲ ሰራዊት ኢትዮጵያ ንሻድሻይ ወራር ንምድላዉ ብተዛማዲ ዝወሓደ ምንቅስቓስ ዝገበረሉ ዓመት- 1980፡ ኣብ ቤት-ማእሰርቲ ንዝነበሩ 120 ኤርትራውያን ከም ዝረሸኑ ኣብ ፍጻመታት ቁ.95 ተሰኒዱ ኣሎ። ኣብ ድሮ ሻድሻይ ወራር፡ እቲ ስርዓት ኣብ ታሕሳስ 1981 ኣብ ከበሳታት ኣብ ዘካየዶ ሰፊሕ ናይ ዳህሳስ ወፍሪ፡ ኣብ ዳምባ ሰሓርቲ ጥራይ ብጃምላ ዝረሸርሾም 42 ክሃድሙ ዘይከኣሉ ደቂ ዓዲ፡ ናይቲ ዓመት'ቲ ዝዓበየ ፍጻመ ኣረሜንነት እዩ። ኣብ 1982፡ ሰውራ ኤርትራን ደገፍቱን፡ ሓንሳእን ንመወዳእታን ንምድምሳስ፡ ኣብ ዝተበገሰ ብስም ወፍሪ ቀይሕ ኮኾብ ዝፍለጥ 6ይ ወራር፡ 146 ሰላማውያን ሓረስቶትን ጓሶትን ኣብ ሳሕልን ባርካን ከም ዝቐተሉ፡ ካልኦት 114 ድማ ከም ዘቑሰሉ ኣብ መዛግብ ክፍሊ ማሕበራዊ ጉዳይ ተሰኒዱ ኣሎ።

ኣብ 1983፡ ኣብቲ ሰላሕታ ተባሂሉ ዝጽዋዕ ዝተኻየደ ሻብዓይ ወራር፡ ክሳብ 168 ሰለማውያን ሰባት ተቐቲሎምን 130 ቌሲሎምን። ኣብ መጋቢት 1983፡ ናብ ዓድታት ትግራይ ዝወፈረ ሰራዊት ኢትዮጵያ፡ ኣብ ከባቢ ማይቀድሽ ዝበሃል ዓዲ ዝነበሩ 15 ኤርትራውያን ሓረስቶት ብሳንጃ ከም ዝሓረዶም፡ ኣብ ሚያዝያ ድማ፡ ኣብ እምባህራ ሕንሕነ ናይቲ ኣብ ግንባር ናቕፋ ዝወረዶ ስዕረት 4 ትሕቲ ዕድመን፡ 6 ኣባላት ሓንቲ ስድራን ዝርከብዎም 15 ሰባት ከም ዝቐተለን፡ ምስ ምሉእ ዝርዝር ኣስማቶም ኣብ ፍጻመታት ቁ.142 ተሰኒዱ ኣሎ። ኣብ ኣስማጥ፡ ሰራዊት ኢትዮጵያ ሕንሕነ ስዕረቶም ኣብ በዓቲ ንዝተሓብኡ 38 ሰላማውያን ሰባት ዝቐተልሉ ዛንታ ኣብ መጽሓፍ ግፍዒ ብዝርዝር ተዘንቲዩ ኣሎ።

1984፡ ህዝባዊ ግንባር ሰፊሕ ጸረ-መጥቃዕቲ ዘካየደሉን፡ ከም ግብረ መልሱ ድማ፡ ሰራዊት ደርግ 109 ንጹሃን ዜጋታትን ዝቐተለሉን ካልኦት 199 ድማ ዘሰንከለሉን ዓመት እዩ ነይሩ። ኣብ 1985፡ ኣብ ዓዲ ቐረጽ 31 ዜጋታት፡ ኣብ ሃበሮ ድማ 37 ዜጋታት ዝተቐትልሉ ፍጻመ፡ ኣብቲ ዓመት'ቲ ኣብ ሓደ ግዜ ካብ ዝተፈጸሙ ጃምላዊ ህልቂታት ዝዓበዩ እዮም። ኣብ መስከረም 1986፡ ኣብ ዞባ ደቡብ ኣብ ወረዳታት ተድረር፡ ደቂ-ድግና፡ መረታሰበነ፡ እገላሓምስ፡ ዓዲ ቐይሕን ጾሮናን ዝረሸኖም 33 ዜጋታት ንኡስ ክፋል ናይቲ ኣብቲ ዓመት'ቲ ዝፈጸሞ ግፍዕታት እዩ። ዝበዝሕ ህዝቢ ሳሕልን ባርካን፡ ካብቲ ጸላኢ ዝቈጻጸሮ ቦታታት ርሒቑ ስለዝነብርን ንምንቅስቓስ ጸላኢ ኣቐዲሙ ብምፍላጥ ካብ መንገዱ ስለዝእለን ቍጽሪ ናይ ዝተቐትሉ ከውሕዶ ክኢሉ እዩ። እዚ ማለት ግን፡ ንግፍዕታት ጸላኢ ናይ ምምዝጋብ ዓቕሚ ንኡስን ናብ ኩሉ ቦታታት ዘይበጽሕን ስለዝነበረ፡ እዚ ቍጽርታት'ዚ ከም ዝተማልአ ገይርካ ዝውሰድ ኣይኮነን። ኣብ 1986፡

ኣብ ሔቦ፡ ንቐሺ ገረዝግሄር ብጥይት ቀቲሎም፡ ንሽዱሽተ ኣብታ ህድሞ ዝነበሩ ዜጋታት ድማ ምስታ ገዛ ኣቃጺሎም ከም ዝቐተልዎም፡ ደራሲ መጽሓፍ “ጃምላዊ ቅትለት ኣብ ወኪድባ” መስኪሩዎ ኣሎ። ኣብ 1987፡ ኣብ ምለዛናይ ቈልዓን ሰበይትን ዝርከቡዎም 17 ሰባት ዝተቐትሉሉ ፍጻመ’ውን፡ መቐጸልታ ናይቲ ህዝቢ ንምርዓድ ዘካይድዎ ዝነበሩ ዘየቋርጽ ግፍዕታት እዩ።

ኣብ ግንቦት 1988፡ ኣብ ከተማ ሽዕብ ብጸላም ሓሙስ ኣብ እትዝከር ዕለት፡ ህዝቢ ብታንክታት ተኸቢቡን ተረጊጹን ክሳብ 400 ህይወት ዝጠፍኣሉ፡ ሓደ ካብቲ ብሕንሕነ ስዕረት ዝተፈጸመ ዝዓበየ ናይ ዳሕረዋይ መድረኽ ጃምላዊ ህልቂታት እዩ። ጥርዚ ናይቲ ግፍዒ፡ እዚ ኣብ ሓደ ረፋድ ዝተፈጸመ ናይ ሽዕብ ህልቂት’ኳ እንተኾነ፡ ኣብተን ድሕሪ ምድምሳስ ግንባር ናደው ካብ መጋቢት ክሳብ ነሓሰ ኣብ ዝነበራ ኣዋርሕ፡ ኣብ ኣስታት 60 ዓድታት ከባቢ ከረን፡ መንሳዕ፡ መለብሶ፡ ግንዳዕን ሰሜናዊ ባሕርን ልዕሊ 701 ዜጋታት ከም ዝተቐትሉ መጽሔት ሳግም ቁ.13 ናይ ነሓሰ 1988 መዝጊብዎ ኣሎ። ኣብ ሚያዝያ ኣብ ሸባሕ ዝተፈጸመ ናይ 29 ዜጋታት ጃምላዊ ማሕረድቲ’ውን ኣብ ሳግም ቁ.12 ተመዝጊቡ ኣሎ። ሰነ 1988፡ ኣብ ሮራ-መንሳዕ ቤት-ኣብርሀ 21 ዜጋታት ብጃምላ ዝተቐትሉሉ ፍጻመን፡ ኣብ ጎደይቲን ደብሪ እንዳ ኣቡነ-ብጹዕኣምላክ ንመነኩሳትን ኣቕሽሽትን ዝወረዶም ቅዝፈትን’ውን፡ ኣብ ሳግም ቁ.13 ብግቡእ ተሰኒዱ እዩ። ብተወሳኺ ኣብ ወርሒ ግንቦት፡ ሰበ-ስልጣን ኢትዮጵያ ኣብ ኣብያተ-ማእሰርቲ ሰንበልን ማርያም ግንቢን ዝነበሩ 50 ምሩኻት ተጋደልቲ ብጃምላ ከም ዝረሸኑ ኣብዚ ዝተጠቕሰ መጽሔት ተጻሒፉ ኣሎ።

ኣብ 1989፡ ስርዓት ደርግ፡ ነቲ ናብ ውድቀት ዘገምገሞ እዝ ናደው እዝ ስዕረት ንምቕልባስ ዝገበሮ ፈተነታት ምስ በርዓነ፡ ብተዛማዲ ልኡም ምንቅስቓስ ዝገበረሉ ዓመት እዩ ነይሩ። እንተኾነ፡ ነቲ ህዝቢ ኣብ ጦርሰራዊት ዝቈጻጸሮ ከተማታትን ከባቢኡን ጥራይ ክሰፍር ዝኣወጆ ድንጋገ ንምትግባር ብስቱርን ሰላሕታን ዝፍጽሞ ዝነበረ ግፍዕታት ብዝኸረረ ኣገባብ ክቕጽሎ እዩ ተራእዩ። ነታ ኣብ ምድምሳስ እዝ ናደው፡ ሓራ ዝወጸት ኣፍዓበትን ነተን ኣብ ምዕራባዊ መታሕት ዝለቐቐን ከተማታት ኣቑርደት፡ ባረንቱን ተሰነይን ብነፈርቲ ካብ ምድብዳብ ኣየዕረፈን። እዚ ዓመት’ዚ፡ ድሕሪ ስዕረት ግንባር ናደው፡ ብዝሰዓበ ሓድሕድ ምውንጃልን ምርሻሻንን፡ ብዙሓት ጀነራላት ዝተሳተፍዎ ዕልዋ መንግስቲ ተፈቲኑ ስለዝፈሸለ፡ ጸላኢ ኣብ ምሉእ ምክልኻል ዝኣተወሉ መድረኽ እዩ ነይሩ። መንግስቲ ኣመሪካን ካልኦት ምዕራባውያንን፡ ንኢትዮጵያ ካብ ምብትታን ንምድሓን ጉዳይ ኤርትራ ብሰላም ንምፍታሕ ዝተኻየደሉን ኣብ ኣትላንታን ናይሮብን ዘተ

ተኻይዱ ዝፈሸለሉን ስለዝነበረ፡ ምንቅስቓስ ሰራዊትን ኣብ ህዝቢ ዝወርድ ዝነበረ ግፍዕታትን ብመጠኑ ዝነከየሉ ዓመት'ዩ ነይሩ።

ኣብ ለካቲት 1990፡ ኣብ መስርሕ ምሕራር ከተማ ምጽዋዕ፡ ስርዓት ደርግ ኣብ ዕዳጋን ኣማተረን ዝነበረ ህዝቢ ኮብኩብ ናብ ውሽጢ ባጽዕ ብምእታው ከም ጀሆ ምሓዙ፡ ዝፍለጥ እዩ። ህዝባዊ ግንባር መጥቓዕትታቱ ኣደስኪሉ፡ ህዝቢ ካብ ዓውደ-ውግእ ብሰላም ክወጽእ ዘካየዶ ፈተነ፡ ሳግም ቅጺ 2 ቁ.3 ብሰፊሑ ኣስፊርዎ ኣሎ። ከተማ ምጽዋዕ፡ ምሉእ ብምሉእ ኣብ ትሕቲ ምቁጽጻር ህዝባዊ ግንባር ምስ ኣተወት ድማ፡ እቲ ስርዓት ተደጋጋሚ ናይ ነፈርቲ ደብዳብ ብምክያድ፡ ልዕሊ 200 ዜጋታት ዝሞቱሉን ልዕሊ 500 ዝቘሰሉሉን ናይ ቅብጸት ተግባሩ ሳግም ቅጺ 2 ቁጽሪ.7 ከምኡ'ውን መጽሓፍ ግፍዒ ሰኒዱዎ ኣሎ። ገለ ክፋል ናይዚ ኣብ ባጽዕ ብነፈርቲ ዝተፈጸመ ህልቂት ብቪድዮ ስለዝተሰነደን ኣብ ማዕከናት ዜና ዓለም ስለዝተዘርግሐን፡ ንሓቀኛ ባህርይ ስርዓት ኢትዮጵያ ኣብ ዓለም ከቃልዖ ክኢሉ እዩ።

ብዙሓት፡ ምጡን ቊጽሪ ዘለዎም ቅትለታት፡ ምስቶም ዓበይቲን ብዙሕ ሰብ ዝሃለቐሎምን ፍጻመታት ብምዝማድ ስለዝረኣዩ፡ ከይተዘርበሎም ዝተርፉ ዓሰርተታት ጃምላዊ ቅትለታት ምህላዎም ወትሩ ክርሳዕ ኣይግባእን። ብኣፈጻጽማኡ ጃምላዊ ዘይብሃል፡ ብሕቡእን ብንጹልን ዝካየድ ቅትለታት፡ በብሓደ ክዝረበሉ'ኳ ዘጸግም እንተኾነ፡ ብናይ ህልቂት ሳዕቤኑ ዝዓበየ ስለዝኾነ፡ ፈሊኻ ምትንታኑ ሓጋዚ እዩ።

2. ቅትለት ብማሕነቕትን ምርሻንን

እዚ ኣርእስት'ዚ፡ ካብቲ ብእኩብ ዝተፈጸመ ጃምላዊ ቅትለታት ፈሊና እንትንትነሉ ምኽንያት፡ ካብቲ ኣብ ሓደ እዋን ዘጋጥም ጃምላዊ ህልቂት ዝወሓደ መጠን-ሞት ስለዘለዎ ደኣ'ምበር፡ ኣብ ኩሉ እዋንን ኣብ ኩሉ ቦታታትን፡ ህዝቢ ብብዙሕ ቊጽሪ ዝጸነተሉ ተግባር ምዃኑ ክፍለጥ ኣለዎ። እቲ ብእኩብን ብጃምላን ዝፍጸም ህልቂት፡ ዝበዝሐ ግዳያትን ዝበዝሑ መሰኻክርን ስለዝህልዎ፡ ናይ ምምዝጋብ ዕድሉ ዝሰፍሐ እዩ። እቲ ኣብ ጥቓ ዓውደ-ውግእ ብሕንሕነ ዝጠፍእ ሓረስታይን ጓሳን፡ ኣብ ፈቘዶ ኬላታት ከይተራእዩን ከይተነግረሎምን ዝቕተሉ ሰባት፡ ሰራዊት ኢትዮጵያ ኣብ ዝረገጾ ዓዲ ዝርሸኑ መንእሰያት፡ ካብ መገዲ ተጨውዮም ዝእሰሩን ከይተነግረሎም ዝሓቁን፡ ሃለዋቶም ብስድራቤቶም ከይተፈልጠ ዝስወሩን ኤርትራውያን ዓሰርተታት ኣሽሓት እዮም ነይሮም።

ስርዓት ኢትዮጵያ፡ ብረታዊ ቃልሲ ኤርትራ፡ ምስ ጀመረ ኣትሒዙ፡ ተደጋገፍትን ተደናገጽትን ሰውራ ኤርትራ ንምጽናት ብዝነበሮ ድልየት፡

ኣብ ኣብያተ-ማእሰርቲ ብምእታው ዝፈጸሞ ምርሻንን ኣብ ልዕሊ ብጥርጠራ ዝዓፈኖም ዜጋታት ዝፈጸሞ ማሕነቕቲን ማእለያ ዘይብሎም ክነሶም፡ ብደቂቕ ዝፍለጡ ግን ኣይኮኑን። ስርዓት ሃይለስላሴ፡ ምሩኻትን ኣብ ውግእ ዝተሰውኡ ተጋደልትን ኣብ ቅድሚ ህዝቢ ዝሓንቀሉን ዘሰጥሓሉን ኣብ ዝነበረ መድረኽ 1960ታት፡ ብዙሓት ሰላማውያን ሰባት ከም ተደናገጽቲ ሰውራ ተፈሪዶምን ተቐቲሎምን እዮም። ኣብ ልዕሊ'ቶም ኣብ ውግእ ዝተማረኹ ተጋደልቲ ጥራይ ዘይኮነ፡ ኣብ ልዕሊ ተደናገጽቲ እዮም ዝበልዎም ሰለማውያን ሰባት'ውን፡ ብዝያዳ ኣብ ከተማታት ከረን፡ ኣቑርደትን ተሰነይን ህዝቢ ንምርዓድ ዝዓለመ ናይ ምሕናቕ ወፍሪ የኻይዱ ነይሮም። ካብ 1964 ክሳብ 1968፡ ልዕሊ 100 ተጋደልትን ሰላማውያን ሰባትን ብማሕነቕቲ ቀጺያም እዮም። ኣብ ከረን ብ21 ለካቲት 1967፡ ሬሳ ናይ 21 ስዉኣት ተጋደልቲ ተሰጢሑ ውዒሉ፣ ኣብ 1968 ድማ፡ ክሳብ 21 ናይ ፖለትኻ እሱራት ዝበሎም ኤርትራውያን ኣብ ጉደናታት ተሰነይ ኣብ ቅድሚ ህዝቢ ተረሺኖም ዝብል ወረ፡ ኣብ ሰሳታት ኣእዛን ኤርትራውያን ዘሳቐየ ዝውቱርን ዝደጋገምን ፍጻመታት እዩ ነይሩ።

ስርዓት ሃይለስላሴ፡ ካብ 1967 ክሳብ 1973 ዘካየዶ ዓበይቲ ዝበሃሉ ጃምላዊ ቅትለታት ይጠቐስ እምበር፡ እቲ ሰራዊቱ ኣብ ዘዝወፈሩሉ ዓድታትን በረኻታትን ኣብ ልዕሊ ኣማኢት ጓሶትን ሓረስቶትን ዝፍጽሞ ዝነበረ ቅትለት ብቑዕ ጸብጻቢ ከም ዘይረኸበ ዝፍለጥ እዩ። ሰራዊቱ ኣብ ዝሓለፈለን ዓድታትን ኣብ ዝጉዓዘሉ መስመርን ዝረኸቦ መንእሰይ፡ "ጽባሕ ወንበዴ ክኸውን እዩ!" ብዝብል መንፈስ ብዘይ ንሕስያ ይቕትሎ ነይሩ። ግፍዕታቶም ምስ ተፈልጠ፡ ኣብ ዓዲ ዝጽበዮም ህዝቢ'ኳ እንተ ውሒደ፡ ከም ሓደ ዓቢ ናይ ዕንወት ወፍሪ፡ ብለይቲ ኣዘንጊያም ዓድታት ብምክባብ ብዙሕ ህልቂት ፈጺሞምን ንብዙሕ ሰፈራታት መታሕት ኣባዲምምን እዮም። ካብ ዓይለት፡ ግምሆት ዝወሰድዎም 27 መናእሰያትን ሰብኡትን፡ ኣብ ርሑቕን ዝተኸወለን ቦታ ብምርሻን ብሕቡእ ኣብ ሓደ ጉድጓድ ቀቢሮም ከም ዝኸዱ መጽሓፍ ግፍዒ ሰኒድዎ ኣሎ።

ደርጋውያን ኮረሻ ስልጣን ኢትዮጵያ ምስ ተረከቡ፡ ነቲ ብኸውሊን ኣብ ጽምዋ በረኻታትን ዝፍጸም ዝነበረ ምርሻን፡ ናብ ማእከል ከተማታት ብቃልዕ ከም ዝሰጋገር እዮም ገይሮምዎ። ካብ 1974 ንድሓር፡ መንእሰያት ብወተሃደራቶም ኣብ ማእከል ጽርግያ፡ ኣብ መንበሪኦም፡ ኣብ ግራውቶምን ብሕቡእን ኣብ ቅድሚ ስድራቤቶምን ምርሻን ልሙድ ተግባር ኮይኑ ነበረ። ኣብ ኩለን ከተማታት ኤርትራ ብዝካየድ ዝነበረ ምእሳር፡ ምርሻን፡ ምሕናቕን ምስዋርን መንእሰያት፡ ህዝቢ ኣብዚ ኣተዉ ዘይብሎም ደቂ ሃለዋቶም ክፈልጥ ዘሕለፎ ዝነበረ ስቃይ ምዝኻሩ'ውን ዘስኻሕክሕ

እዩ። ብፍላይ ኣብ ኣስመራ፡ ኣብ ከም ኤክስፖ፡ ማርያም ግንቢ፡ ግቢ ሰንበልን ብጃምላ እናተቐየዱ፡ ብዘይ ፍርዲ ለይቲ ለይቲ እናተረሸኑ ኣብ ጋህስታት ዝተቐብሩን ሃለዋቶም ከይተነግረ ብኡ ገይሮም ዝተሰወሩን ማእለያ የብሎምን። ሓካይም፡ ጠበቃታት፡ መምህራን ዩኒቨርሲቲን ካልኦትን ኤርትራውያን ክኢላታትን ጸለውቲ ዜጋታትን ብፍሉይ ኣብ ዝቕተልሉ እዋናት፡ በብሓደ ይሰወሩ ነይሮም። ንጹሃት ክንሶም ብዘይፈጸሙዎ በደል ንምልፍላፍ፡ ብከቢድ መርመራ ህይወቶም ዝሓለፉን ኣብ ኣስመራ (ቤት-ጊዮርጊስ)፡ ቁሸት፡ ዓዲ-ጓዕዳድን ካልእ ዝተፈላለዩ ቦታታትን ብኸውሊ ዝቐበሩ ዝነበሩን ዜጋታት ብዙሓት እዮም። ናይተን ካልኦት ከተማታት ኤርትራ ኣብያተ-ማእሰርቲ'ውን፡ ብተመሳሳሊ ኣገባብ ብዙሓት መንእሰያት ውሒጠን እየን። ድሕሪ ናጽነት፡ ህዝቢ ካብ ዝፈልጦ መረሸኒ ቦታታትን ዓበይቲ ጋህስታትን ዝተኣከቡ ኣሸሓት ሬሳታት ብክብሪ ከም ዝቐበሩ ምግባሩ ድማ፡ ነቲ ሃለዋት ደቁ ከይፈለጠ ኣብ ሰንፈላል ዝነበረ ህዝቢ ንምቕሳን ከም ብመጠኑ ሓጊዙ እዩ።

ኣብ ኣብያተ ማእሰርቲ ኣዲስ ኣበባን ብዙሓት ከተማታት ኢትዮጵያን፡ ቅድሚ ስርዓት ደርግ ስልጣን ምሓዙ'ውን እንተኾነ ኤርትራውያን ሰራሕተኛታትን ተማሃሮን ብዙሕ ግፍዕታት ወሪድዎም እዩ። ስርዓት ደርግ፡ ስልጣን ካብ ዝተረከበሉ ካብ 1974 ክሳብ መወዳእታ 1975 ግን፡ ማዕረ ማዕረ'ቲ ኣብ ኤርትራ ዝካየድ ዝነበረ ግፍዕታት፡ ኤርትራውያን መንእሰያትን ምሁራትን ቀንዲ ግዳያት ኮይኖም ኣሸሓት ከም ዝተኣሰሩን ከም ዝተረሸኑን ይፍለጥ። ኣብ 1976 እቲ ብቀይ ሽብር ዝፍለጥ፡ ኣንጻር ኢ.ፒ.ኣር.ፒ.ን (ኢ.ህ.ኣ.ፓ.) ኤርትራውያን ውድባትን ዘበገሶ ናይ ሽበራ ወፍሪን ናይ ጽርግያ ጃምላዊ ቅትለትን ግን፡ ኣብ ልዕሊ ኤርትራውያንን ኣባላት ኢ.ፒ.ኣር.ፒን ዝተጠርጠሩ ኢትዮጵያውያን መንእሰያትን ዘስዓቦ ህልቂት መዘና ኣይነበሮን። ኣብዚ ካብ ዝለዓለ ትካላት ሰራዊት፡ ኣሃዱታት፡ ጸጥታን ከተማታት፡ ቀበሌታትን ምምሕዳራትን ከም ድልየተን ሰብ ክጥርጥራ፡ ክምርምራን ክርሽናን ምሉእ ስልጣን ዝተዋህባሉ ናይ ስርዓት-ኣልቦነትን ህልቂትን መድረኽ፡ ናይ ዝሃለቐ ህዝቢ ዓቐን ክሳብ ሕጂ ብልክዕ ስለዘይተጸንዐ ዝተፈላለየ ገምጋም እዩ ዘወሃቦ። ሓቀኛ ቑጽሪ ናይቲ ኣብ ኤርትራን ኢትዮጵያን ዝሃለቐ ህዝቢ ምፍላጡ ኣጸጋሚ'ኳ እንተኾነ፡ ገለ ኢትዮጵያውያን ኣብተን ቀዳሞት ሓሙሽተ ዓመታት ዘበነ ደርግ፡ ክሳብ 250 ሽሕ ኢትዮጵያውያን ከም ዝተቐትሉ ዝገልጹሉ መጽናዕቲ ዝያዳ ርትዓዊ ይመስል።

ኣብዚ ርብዒ ሚልዮን ዝተገመተ ቑጽሪ'ዚ፡ ኤርትራውያን ከም ዝተሓወሱ'ኳ እንተዘይተነጸረ፡ ስርዓት ደርግ ቀንዲ ናይ ህልቂት መደቡ ኤርትራውያን ስለዝነበሩ፡ ዓቢ ሚእታዊት ናይዞም ግዳያት ከም ዘጠቓልሉ

ከጠራጥር ዝኽእል ኣይኮነን። ንወለዶታት ኣብ ከተማታት ኢትዮጵያ ዝነበሩ ኤርትራውያን፡ ብመንነቶም እናተጠርጠሩ፡ ከም ደገፍቲ ገድሊ ኤርትራ ወይ ኢ.ፒ.ኣር.ፒ. እናተኸሰሱ፡ ብኣሽሓት ዝቑጸሩ ኣብ ኣብያተ-ማእሰርቲ ሓቚቖም እዮም። ድሕሪ'ቲ ብኤርትራውያን ኮማንዶ ኣብ 1975 ከምኡ'ውን ኣብ 1977 እሱራት ዝተለቐቑሉ ክልተ ዕዉት ስርሒታት፡ ብዙሓት ዝተማረኹ ተጋደልትን፡ ሓፋሽ ውድባትን ካልኦት ንጹሃት ኤርትራውያንን፡ ናብ ኣብያተ-ማእሰርቲ ኢትዮጵያ ብምግዓዝ፡ ካብ ስድራቤቶም ርሒቖም፡ ሃለዋቶም ከይተፈልጠ ብስቱር ዝተረሸኑ'ውን ክርስዑ ዝኽእሉ ኣይኮኑን።

ድሕሪ ምዝላቕ ኣብ ዝሰዓበ መድረኽ፡ እቲ ህልቂት ናይ ሰለማውያን ዜጋታት መመሊሱ እዩ ብኢሱ። ክፍሊ ማሕበራዊ ጉዳያት፡ ኣብ 1979 ዘቚሞ ጨንፈር መጽናዕትን ሓበሬታን፡ ናይ ግፍዕታት ጸብጻብ ንምሓዝ ብዙሕ ፈተነ ገይሩ እዩ። ኣብዚ ዓመት'ዚ፡ ንከተማታት ኤርትራ ካብ ጽልዋ 'ወንበዴ' ንምንጋፍ ብዝብል ምስምስ፡ ብዙሕ ማእሰርትን ምርሻንን ከም ዝተፈጸመ ፍሉጥ እዩ። እቲ ኣብዚ ዓመት'ዚ ተጠቒሱ ዘሎ'ውን እንተኾነ፡ ከምዝገብ ዝኽኣለ እምበር ንኩሉ ግፍዕታት ኣብ ኩሉ ኩርናዓት ዘማልእ ከም ዘይኮነ ምግንዛብ የድሊ። 1981 እውን ብተዛማዲ ሻድሻይ ወራር ንምድላው ዝወሓደ ውግእ ዝነበረላ ዓመት'ኳ እንተኾነት፡ ኣብ ጸብጻባት ናይቲ ክፍሊ ክሳብ 39 ዝተቐትሉን 16 ዝተወግኡን ሰላማውያን ዜጋታት መዝገቦም ኣለዉ።

ኣብተን ካብ 1987 ክሳብ 1991 ዝነበረ ዓመታት ውድቀት ስርዓት ኢትዮጵያ ግሉጽ እናኮነ ምስ ከደ፡ እቲ ግፍዕታት ኣይነከየን። ኣብቲ እናጸበበ ዝኸይድ ዝነበረ ዝቈጻጸሮ ከባቢታት መንእሰያትን ዓበይትን ይቐትል ነይሩ እዩ። ንወተሃደራዊ ኣገልግሎት ካብ ግፋ ዘምልጡ መናእሰይ ይቐትልን ይኣስርን፡ ናብ መንነ ህዝቢ፡ ሰለይቲን ወዶ ገባን እናለኣኸ፡ ምስ ሰውራ ብምድንጋጽ ንዘጥርጠሩን ዝጥቈሙን ብዙሓት ሰባት ይቐትልን የኻላብትን ነይሩ። ኣብ ዓውደ-ውግእ ስዕረት ኣብ ዝገጥሞ እዋን ድማ፡ 'ዓንጾዓንጾ ንማዕጾ' ከም ዝብሃል ናብ ዓድታትን ቦታ ስራሕን እናኸደ ሰላማዊ ህዝቢ ይቐትል። ብኣጠቓላሊ፡ መሬት ኤርትራ ኣብቲ ን30 ዓመታት ዝቐጸለ ቃልሲ ንናጽነት፡ ካብ ቅትለት፡ ማእሰርቲ፡ ግፍዒን ዘረፋ ንብረትን ዓሪፋ ዝወዓለትላ መዓልቲ ወይ ሰሙን ኣይነበረን።

3. ማእሰርትን ምስዋር ዜጋታትን

ማእሰርቲ፡ ስርዓታት ኢትዮጵያ ህዝቢ ንምንብርኻክ ድሕሪ ቅትለት ዝሰርዕዎ ጨኻን መሳርሒ ራዕዲ እዩ። ፖለቲካዊ ንጥፈታት ንዝለዎን ዘይብሉን፡ ጭቡጥ በደል ንዝተረኽቦን ዘይተረኽቦን፡ ንደቂ ከተማን ገጠርን፡

ንኩሉ ዓይነት ሰብ ዘረኻኽበሉን፡ ንስድራቤታት ኣለይቲ ዘስኣነን ግፍዓዊ ተግባር እዩ። ስርዓት ሃይለስላሴ፡ ነቲ ኣብ ጊዜ ፌደረሽን ዝነበረ ናይ ሕግን ፍርድን ኣገባባት ክሳብ ፍጹም ዘድምስሶ፡ ንውሱን ዓመታት ኣብ ከተማታት ብምስሉይ ሕጋዊ መስርሓት ፍርዲ ክፍጽሞ'ኳ እንተፈተነ፡ ብኢትዮጵያውያን ፈራዶን ብመንግስታዊ ትእዛዝን፡ ኣሸሓት ሰባት ብዘይመርትዖ ይእሰሩ ነይሮም እዮም። ድሕሪ'ቲ ህጹጽ ድንጋገ ዝኣወጀሉን ኣመሓደርቲ ወተሃደራት ዝመዘዘሉን 1970 ግን፡ እቲ ናይ ሕጊ ምስሉይነት ተሪፉ፡ ኣብ ከተማታት ዝጥርጠሩ ደገፍቲ ሰውራን ኣብ ገጠራት ተጋደልቲ ቀሊብኩም ብዝብል ምኽንያትን ብዘይ ፍርዲ ምእሳር ዝውቱር ነይሩ እዩ። ብዙሓት ክስታቶም ዘይነጸረ ኤርትራውያን ኣብ ኣስመራን ካልኦት ከተማታትን ኣብ ዝርከባ ኣብያተ-ማእሰርትን ፖሊስን ነቑጣታትን ተሳቒዮም እዮም። ብዙሓት ድማ ናብቲ ማእከል ጭኻኔ ዝነበረ፡ "ዓለም በቃኝ" ዝብልዎ ናይ ኣዲስኣበባን ኣብ ካልኦት ክፍለ-ሃገራት ናብ ዝነበሩ ኣብያተ-ማእሰርትን እናተወሰዱ ይሕየሩን ይጠፍኡን ነይሮም እዮም።

ዘውዳዊ ስርዓት ኢትዮጵያ ወዲቑ፡ ወተሃደራት ስልጣን ምስ ሓዙ፡ ዝተሃንጸ ብዝሒ ኣብያተ-ማእሰርትን ኣብኡን ዝተፈጸመ ናይ ማእሰርቲ ተግባራትን፡ ምዕቃትን ምግላጹን ክሳብ ዘይከኣለሉ ደረጃ ከም ዝተዓጻጸፈ ግሉጽ እዩ። ምኽንያትን ክስን ዘይቀርበሉ፡ መርትዖን በደልን ዘይንገረሉ፡ ዓበይትን ቈልዑን ዘይፈላለየሉ፡ ብጭቡጥን ምስኩርን ኣገባብ ንዝተቐየዱ ቀቲልካ እትክሕደሉ፡ ናይ እሱራት መዛግብ ብግቡእ ዘይተሓዘሉን ህዝቢ ደቁ ኣበይ ከም ዝዓለቡ ዘይፈልጠሉን ማእሰርቲ ንቡር ኮይኑ። ስርዓታት ኢትዮጵያ፡ ኣብ ኤርትራ ዝሃነጽዎ እንተነይሩ ኣብያተ-ማእሰርቲ ጥራይ እዩ። ነቲ ኣብ ኤርትራ ዝነበረ ኣብያተ-ማእሰርቲ ብተዓጻጻፊ ከም ዝውሰክ ብምግባር፡ ክሳብ ዝርዝራቱ ዘይፍለጥ ብዝሒ ዝነበሮ እዩ። ኣብ ነፍስ-ወከፍ ከተማን ኣብ ሰራዊቶም ዝሰፈረሉ መዓስከራትን ኣብያተ-ማእሰርቲ ይፈጥሩ ነይሮም። ነቲ ንምርኢት ቍጠባዊ ፍርያትን ባህላዊ ንጥፈታትን ተባሂሉ ዝተሰርሐ ብዙሓት ኣደራሻትን ዓበይቲ መኻዚኖታትን ዝነበርዎ ኤክስፖ ከይተረፈ፡ ክሳብ 5000 ህዝቢ ዝቕየደሉ ዓቢ ቤትማእሰርቲ ገይሮምዎ ነይሮም። ነቲ ታሪኻዊ ግቢ ናይ ቤተ-መንግስቲ እውን ናብ "እንዳ ኣፍራስ" ተባሂሉ ዝፍለጥ ናይ መቐየድን መቕተልን ቦታ ስለዝቐየሩዎ፡ ብዙሕ ኤርትራዊ ዝተሳቐየሉ ፍሉጥ ቤት-ማእሰርቲ ምንባሩ ዝዝከር እዩ። ማርያም ግምቢ ዝተባህለ ናይ ንግዲ ቦታ እውን ከምኡ ብናይ መርመራ ጭኻኔኡ ዝፍለጥ ዝለዓለ ናይ መመርመሪ ቤት-ማእሰርቲ ኮይኑ ነይሩ። እዚ ናይ ኣስመራ ጥራይ እንጠቕሶ ዘሎና ግፍዕታት፡ ኣብ ኩለን ሰራዊት ደርግ ዝዓስከረለን ከተማታት ኣብ ዝርከባ ኣብያተ-ማእሰርትን ነቑጣታት ፖሊስን ዝካየድ ዝነበረ እዩ።

ዝኮነ ኤርትራዊ፡ ዋላ'ቲ ኣብ ናጻ ኤርትራ እምነት ዘይነበሮን ኣንጻር ብረታዊ ቃልሲ ህዝቡ ዝሰለፍ ሰብ'ውን ብጥርጣረ ከም ዝጥመት ዝተፈልጠ እዩ። ካብ ከተማ ናብ ገጠር ንዝኣትዉ ወይ ንዝወጽኡ ሰባት፡ መልእኽቲ ሽፋቱ ከም ዘብጽሑ ስለይቲ፡ ኣብ ገጠራት ኣብ ግራውቶም ዝንቀሳቐሱ ድማ ሽፋቱ ከም ዝቕልቡ 'ወንበዴ' እዮም ዝርኣዩ። ሰራዊት ኢትዮጵያ፡ ዳርጋ ንኹሉ ኤርትራዊ ግዳይ ክገብሮ መሰልን ስልጣንን ነይርዎ። ዋላ'ኳ ከምቲ ዝተመነይዎ ብዙሕ ሰብ ናብ ስደት እንተኸደ፡ እቲ ባርባራዊ ተግባራቶም፡ ብዙሕ መንእሰይ ናብ ገድሊ ክሰለፍን ንዕብየት ሓይልታት ሰውራ ከቀላጥፎን ምኽንያት ይኾውን ከምዘሎ ክርድኡ ኣይከኣሉን። እቲ ዘይምክኑይ ማእሰርትን ቅትለትን መመሊሱ እዩ ወሲኹ። ብሎኮታት ከተማ፡ ኣብ ከባቢ መዓስከራት ዝፍጠሩ፡ ኬላታትን መፈተሺ ነቑጣታትን ናይ ቅትለት፡ ማእሰርትን መዝመቲን ስለዝነበሩ፡ ብዙሕ ህዝቢ ናብ ከተማ ኣትዩ ንቡር ህይወቱ ካብ ምክያድ ዝዓገተ እኩይ መደብ እዩ ነይሩ። ኣብ መፈተሺ ነቑጣታት፡ እቶም ወተሃደራት ከም ገበርትን ሓደግትን ክቐትሉ፡ መርትዖ ከይተሓተቱ ብሓሶት ክእስሩ፡ ደቀንስትዮ ክዕምጹ፡ ንብረት መመሪጽም ክሕድጉ ምሉእ ስልጣን ስለዝተዋህቦም፡ ዝተፈጸመ ግፍዕታትን በደላትን ብምልኣት ክፍለጥ ዝከኣል ኣይኮነን። ኣዝዮም ብዙሓት ካብቲ ብሎኮታት ብህይወት ስለዘይወጹ፡ ምስ ዛንትኦም ጠፊኦም እዮም። ካልኦት ድማ ብዘይ ጭቡጥ ክሲን መርትዖን ኣብ ማእሰርቲ ብምእታው፡ ግዳያት ናይቲ ዘይሰሩዕን ብሃውሪ ዝፍጸምን ምርሻን ኮይኖም እዮም። እቶም ኣጋጣሚ ብህይወት ዝተረፉ ከኣ፡ ንብረቶምን ገንዘቦምን ተመንጢሎም ጠፊሾም ዝወጹ እዮም።

ካብ ዓድታት ናብ ከተማታት ዝኣትዉ ዜጋታት'ውን፡ በቶም ስርዓት ደርግ ዝቖሞም ናይ ቀበሌ ኣመሓደርትን ናይ ጸጥታ ኣኻላትን ብዙሕ መከራ እዮም ዝረክቡ ዝነበሩ። ኣጋይሽ ናብ ኣዝማዶምን ቤተሰቦምን ብዘይ ፍቓድ ቀበሌ ከም ዘይኣትዉ ብምግባር፡ ህዝቢ ነንሕድሕዱ ንምግጫው ተፈቲኑ እዩ። ኣዝዮም ብዙሓት ሰለይቲ ስለዘዋፈረ ድማ፡ "ከየፍቀደ እንዳ ሰብ ኣትዩ" እናተባህሉ ዝጭወዩን፡ ከም ገበነኛታት ተቖጺሮም ዝሰወሩን ውሑዳት ኣይነበሩን። እዚ ናይ ቀበሌ ናይ ጥቌማ ኣገባብ ንገየሽቲ ጥራይ ዘይኮነ፡ ንጉረባብትን መሳርሕትን እውን ነንሕድሕዶም ብዓይኒ ጥርጣረ ከም ዝጠማመቱን ከም ዝፋጠጡን ዝገበረ፡ ነውራም ተግባር እዩ። ነቶም ናይ ፖለቲካ ጭርሖታቶም፡ ስለ ዘይጨርሐን ርእይቶ ስለ ዘይሃበን ከም ገበነኛ ተቖጺሩ ዝቕየድ'ውን ውሑድ ኣይነበረን።

ኣብ ኣብያተ ማእሰርቲ ምስ ተቐየዱ፡ ብግፍዕታት መርመራ ህይወቶም ዝሓለፈ ኣማኢት ኤርትራውያን'ውን ቍጽሮም ብልክዕ ንምፍላጥ ዓሚቝ

መጽናዕቲ ዘሓትት እዩ። ብዘይ ጭቡጥ በደል ዝእሰሩ ዓሰርተተታት ኣሽሓት፡ በደል ክርከበሎም ዝካየድ ጨኻን ዓይነት ማህረምቲ፡ ንገላጺኡ'ውን ዘሰቅቕ እዩ። ከብዲ እግሪ ምክትኻት፡ ብሓለንጊ ሕቘ ምውቃዕ፡ ኣኻላት ኣብ ፍሉሕ ዘይቲ ምእላኽ፡ ብኤለትሪክ ምቅጻል፡ ጽፍሪ እሱር ብፒንሳ ምንቃልን ብፒንሳ ኣፍንጫ ምቕርጣምን ብዝረሰነ ሓጺን ተነቀፍቲ ኣኻላት ከም ጡብ፡ ብልዕቲ፡ ሰለፍን ኣእዳውን ምንዳድ፡ ሽጋራ ኣብ ቀርበት ምጥፋእ፡ ብርኪን መላግቦታትን ብሓጺን ወይ ብመስማር ምስቃይ፡ ኣኻላት እሱር ቍልቍል ኣፉ ምንጥልጣል፡ ሽንቲ ብዝተጸየቐ ጨናዊ ጨርቂ ኣፍ ምዕባስ፡ ዝኣመሰሉ ጨኻን ተግባራት ይፍጽሙ ነይሮም። ኣብያተ-ማእሰርቲ ደርግ፡ ብጭካነኦም ዝተሓርዩ ገፋዕቲ ስለዝመልኡ፡ እሱር ብኣካልን ብሞራልን ከም ዝዓብድ ንምግባር ዝፍጽሙዎ ዝነበሩ ኣረሜንነት፡ ዶብ ኣይነበሮን። ደይ መደይ ኢልኻ ኣብ ቅድሚ በዓልቲ-ቤት ወይ ውላድ ምስቃይ ዘጠቓልል ባርባራዊ ተግባር ይፍጽሙ ነይሮም። ብማህረምቲ ዝቐንዘዉ እሱራት፡ ክንቀሳቐሱን ሽንቶም ክክዕዉን ዘይኽእሉ ህሱያት፡ ኣብታ ዕጽውቲ ሽላ ብሰላም ክድቅሱ ኣይኽእሉን። ዝእሰርሉ ገዛውትን ሽላታትን ብፍላጥ ክረስሕ ዝተገድፈ፡ ብዘይተሓጽበ ሰውነት፡ ብዘይተሓከሙን ዝጨነዉን ኣቑሳል፡ ብሽንትን ቀልቀልን ዝተዓብለኸ ብሕጽረት ትንፋስ ዓቕሊ ዘጽብብ ቦታ እዩ ነይሩ። መመርመሪ ክፍሊ ናብ ጥቓ እሱራት ብምቕራብ፡ ብኣውያትን እህህታን ናይ ዝምርመሩ ብጾቶም ድቃስ ከም ዝስእኑ ይግበር። ምሸት ምሸት፡ ንመርሽንቲ ዝተሓርዩ ሰባት ኣስማቶም ጸዊዖም እናወሰዱ ኩሎም እሱራት ሰዓት ሞት ክጽበዩ ዝገብር ስነ-ኣእምሮኣዊ ነውጺ ይፈጥሩ። በዚ ስቅያት'ዚ ዝሓለፉ ዳርጋ ኩሎም እሱራት፡ ህይወቶም ብምርሻን ስለዘብቅዕ፡ እቲ ዓቐንን ዓይነትን ናይ ግፍዕታት ብንጹር ክፍለጥ ዝኽእል ኣይኮነን። ከም ኣብነት ናይዚ ጨኻን መሳርሒታት ግፍዒ፡ ኣብ ማርያም-ግምቢ ዝነበረ ንመሳቐዪ እሱር ኢሎም ዝሃነጽዎ ናይ ትሕቲ-መሬት ህንጻን መሳቐዪ መሳርሒታቱን፡ ድሕሪ ናጽነት ንገለ ዓመታት ህዝቢ ክዕዘቦ ስለዝተገብረ፡ እቲ መጠን ጭኻነ ስርዓት ኢትዮጵያ ተቃሊዑ እዩ። ኣብ ማእሰርቲ ምስ ኣተዉን በዚ ጨኻን መስርሕ ዝሓቐቑን፡ ህላወኦም ዝተኻሕዱን ኣሽሓት መንእሰያት፡ ስድራቤታቶም ከይቀበጹን ንጹር ደምዳሚ ምልክት ከይረኸቡን ክነብሩ ተገዲዶም እዮም።

ብዘይምክኒት ምእሳርን ምቕያድን ልሙድ ምስ ኮነ፡ ስርዓት-ምሕደራ ምስ ተዘራረገ፡ ወተሃደራት ኢትዮጵያ፡ ንረብሓን ገንዘብ ንምርካብን ብእሱራት ዝነግዱ ናይ በለጽ ጉጅለታት ክኾኑ ዕድል ከፈቱ። ገንዘብ ዘለዎም ደቂ ሃገር ብምቕያድ፡ ንስድራ-ቤቶም "ገንዘብ ክፈሉ ክንፈትሓልኩም፡" እናበሉ

ንሰብ ሃብቲ ናይ ምጥፋሽን ምድኻይን ዕማም ብውጥን ከም ዝተሰርሓሉ እዩ ዝንገር። ብተደጋጋሚ ዝእሰሩን ብተደጋጋሚ፡ ብክፍልታት ዝፍትሑን ዝነበሩ ሰብ ጸጋ ብዙሓት እዮም። ብኻልእ ወገን፡ ናይ ጸጥታን ናይ ዓፈንትን ጉጅለታት ኣብ ባንክ ሃሱሳት ዓሲቦም ስለዝነበሩ፡ ብዙሕ ገንዘብ ካብ ባንክ ንዘውጽኡ ሃብታማት ኤርትራውያን ብኡ ንብኡ ገንዘቦም ዝዘርፍ ወይ ከም ዝቐተሉ ዝገብር ጉጅለ ይቕበሎም ነይሩ። ምጭዋይን ምስዋርን እሱራት፡ ስድራቤታት ሃለዋቶም ዘይፈልጡሉን ዘይቀብጹሉን፡ ከምኡ ድማ ንሓዋሩ ዘየክትም ሓዘን ዝፈጥረሎም፡ ሓደ ካብቲ ዝኸፍአ ባርባራዊ ተግባር እዩ። ካብ ጽርግያን ካብ ገዛን ሰብ እናረኣየም ብሰራዊት ምስተወሰዱ፡ ኣብ ኩለን ኣብያተ-ማእሰርቲ ህላዌኦም ምስ ተኻሕደ ከም ዝተረሸኑ'ኳ ዘጠራጥር እንተ ዘይነበረ፡ ንቤተሰቦም ሰንፈላል ዝገብርን ንናይ በለጽ ሃሱሳት ዘቃልዕን ተግባራት ልሙድ'ዩ ነይሩ። ወተሃደራትን ኣመሓደርቲ ኣብያተ-ማእሰርትን፡ ነቶም ድሮ ዝረሸንዎም ዜጋታት፡ "ጽቡቕ ኣለዉ፡ ገንዘብ ሰደዱሉይ ኢሉ" እናበሉ ንስድራቤቶም ንዓመታት ምድንጋሮም እቲ ካልእ ምእማኑ ዘጸግም ርኹስ ተግባር እዩ። ገለ ስድራቤታት፡ ኣብ መወዳእታ 1970ታት ዝተቐትሉ ደቆም፡ ኣሎ ንዝበሎም መታለሊ እናኣመኑን ገንዘብ እናኸፈሉን ክሳብ ናጽነት ተጸብዮም እዮም። እዚ ዝስዕብ ሓቀኛ ዛንታ፡ ሓደ ኣብነት ናይቲ ግፍዕታት እዩ።

ኣጋጣሚ

ኣብ 1978 ሓደ ኤርትራዊ ካብ ገዝኡ ተወሲዱ ኣብ ማርያም ግምቢ ተኣሰረ። ንኣዋርሕ ብዝተገብረሉ መግረፍቲ ድሕሪ ምስንኻሉ ድማ፡ ኣብ ሓደ ካብቲ ልሙድ ለይታዊ ምርሻን ዝካየደሉ ስፍራ ምስ ብዙሓት ካልኦት ተቐትለ። ስድራቤቱ ግን ዝነግሮም ኣይረኸቡን። መግቢ ሒዞም ፈቐዶ ቤት-ማእሰርቲ ኮለሉ። ሽዑ፡ ብዝተፈላለዩ ወተሃደራትን መርመርቲ ኢትዮጵያውያንን፡ ብስቃይ ናይቲ ሰዉእን ስድርኡን ክኸስቡ ወጠኑ። ንስድራኡ ደሃይ ውላዶም እናሓበሩ ገንዘብ ምውሳድ ለመዱ። ብብዓመት ወይ ብብመንፈቕ "ጥዕንኡ ጽቡቕ ኣሎ! ሰላም ኢሉኩም፣ ኣብ ትሕቲ መሬት፡ ምስቶም ሰብ ዘይረከቦም እዩ ዘሎ፣ ረኺበዮ ነይረ፣ ገንዘብ ስደዱለይ ኢሉኩም፣ ወዘተ." እናበሉ ነታ ስድራ ኣሸሓት ገንዘብ ይወስዱላ ነበሩ። ዋላ'ኳ ከም ዝተቐትለ ዘተንብህሎም እንተረኸቡ፡ ብሞት ዝነግድ ሰብ ኣሎ ኢሎም ስለዘይኣመኑ ብሓደ ወገን፡ ሞት ዘፍቅርዎ ወደም ምቕባሉ ስለዝተጸገሙ ድማ በቲ ካልእ፡ ብተስፋ ህላወኡ ንባዕሎም ግዳያት ኮይኖም ቀጸሉ። ድሕሪ ናጽነት መስዋእቱ ብግቡእ ምስተነግሮም ግን፡ ብስሙ ክብለጹ ናይ ዝወሰኑ ጐሓላሉ ግዳይ ምንባሮም ተረድኡ።

4. ህልቂት ብደብዳብ ነፈርቲ

ስርዓት ሃይለስላሴ፡ ብረታዊ ቃልሲ ካብ ዝተጐሃሃረሉ ግዜ ጀሚሩ፡ ኣብ ልዕሊ ህዝቢ ኤርትራ ዓቢ በደል ክፍጽም ዘኽኣሎ መሳርሒ እቲ ብደገፍቱ ኣሜሪካውያን ዝተተኽለ ሓይሊ ኣየር ነይሩ። ተልመዴን መራሕቲ ነፈርቲ፡ ኣብ ዓድታት ኤርትራ ኣብ ሰብን እንስሳታት ዘቤትን ጃምላዊ ህልቂት እናፈጸሙ እዮም ኢዶም ዘጽርዩ ነይሮም። እቲ ስርዓት ካብ መጀመርያ መድረኻት ኣትሒዙ ሓይሊ ኣየር'ኳ እንተ ነበሮ፡ ብውሱንነት ዓቕሚን ተወፋይነትን ፓይሎታቱ ኣብ ውግእ ኣድማዒ ተራ ከም ዘይነበሮ እዮም ብዙሓት ዝምስክሩ። እተን ነፈርቲ፡ ግብረ-መልሲ ዝህብ ሓይሊ ኣብ ዘይብሉ ቦታታት፡ ህዝቢ ኣብ ዝተኣከበሉ ዕዳጋታትን ቀዋሚ ዓድታትን ቀጻሊ ደብዳባት ብምክያድ ዝፈጥርኦ ቅዝፈትን ብድምጸን ዘዘርግኦ ቅሳነትን ግን ቀሊል ኣይነበረን። ወኪል ወይ እንደራሴ ንጉስ ሃይለስላሰ ኣብ ኤርትራ ዝነበረ ኣስራተ ካሳ፡ ኣብ መጋቢት 1967 ናብ ኣዛዚ ሓይሊ ኣየር ኢትዮጵያ ዝጸሓፎ፡ "ካብ ሎሚ ጀሚርኩም፡ ብክፍለ-ጦር ብዘወሃበኩም ትእዛዝ ኣብ ኩሉ ክትድብድቡን ካብ ሰዓት 6:00 ክሳብ ሰዓት 17:00 ድማ ወትሩ ንደብዳብ ድሉዋት ኮይንኩም ትእዛዝ ክትጽበዩን ኢኹም፡" ዝብል ደብዳቤ፡ ኣብ መጽሓፍ ግፍዒ ገጽ 42 ተሰኒዱ ኣሎ። መንግስቲ ኢትዮጵያ ናይ እዋን ሓደጋ ድንጋገ ኣብ 1970 ምስ ኣወጀ ድማ፡ ኣብ ሳሕል፡ ሰንሒትን ሰምሃርን ናብ ስትራተጅያውያን ቁሽታት ክግዕዝ ተኣዚዙ ዘይገዓዘ ህዝቢ ነፈርቲ ብደብዳብ ተሳሂለንኦ ኢየን።

ካብ 1973 ንደሓር፡ መንግስቲ ኣመሪካ ነተን ዳኮታ ዝዓይነተን ነፈርቲ ውግእ ኢትዮጵያ፡ ብኤፍ.5 ን ኤፍ.86 ን ዝበሃላ ዘመናውያን ነፈርቲ ኣብ ርእሲ ምትካእ፡ ብዙሓት ፓይሎታት ስለዘሰልጠነ፡ ሓይሊ ኣየር ኢትዮጵያ ኣድማዕነቱ ወሲኹ ክበሃል ይከኣል። ሕብረት ሶቭየት ኣብ ጉድኒ ስርዓት ደርግ ምስ ተሰለፈት ከኣ ሚግ 21ን 23ን፡ ሶኾይን ኣንቶኖቭን ዝበሃላ ነፈርቲ ሩስያ፡ ብኢትዮጵያውያን፡ ብኩባውያንን የመናውያንን ፓይሎታት እናተመርሓ ኣብ ርእሲ ተጋደልትን ህዝብን ኤርትራ፡ ክዕንድራን ከቢድ ግፍዕታት ክፍጽማን ክኢለን ኢየን። ኣብ በረኻታትን ሰላማዊ ህዝቢ ኣብ ዝርከበሉ ንጹል ዓድታት፡ ዓበይቲ ቦምባታት እናዝነቡን ወንበዴታት ደምሲስና ዝብል ጸብጻብ እናቕረቡን ዝፈጸምዎ በደላት፡ ኣካል ናይቲ ብግቡእ ክምዝገብ ዘይተኻእለ ገበን እዩ። ዕላማ ደብዳባት ነፈርቲ ኢትዮጵያ፡ ህዝቢ ኣብ ዝጸዓቐሉ ዕዳጋታት፡ ኣኼባታትን መርዓታትን ብዙሕ ህልቂት ምፍጣር እዩ ነይሩ። ህዝቢ ኤርትራ፡ ነቲ ብኣሽሓት ዝቑጸር ናይ ነፈርቲ ወፍርታት ከም ንቡርን ልሙድን ተርእዮ ስለዘወሰዶ ግን፡ ከምድልየት ገዛእቲ፡ ቃልሱን ቍጠባዊ ዕማሙን ኣየደስከለን።

ነፈርቲ ውግእ ኢትዮጲያ፡ ዘኻየድኦ ናይ ደብዳብ ወፍርታት፡ ንምቑጻሩ ዘጸግም፡ ብአሽሓት ዝቑጸር ስለዝነበረ፡ ኣብ ልዕሊ ሲቪላዊ ዒላማታት ንዘስዓብኦ ዓበይቲ ጉድኣታት ጥራይ ከም ኣብነት ብምጥቃስ ክሕለፍ እዩ። ኣብ 1977 ኣብ ከተማ መንደፈራ170 ዜጋታት፡ ኣብ 1978 ድማ ኣብ ድግሳ 27 ሰባት፡ ካብቶም ቅድሚ ምዝላቕ ብደብዳብ ነፈርቲ ዝተፈጸሙ ዝዓበዩ ጃምላዊ ቅትለታት እዮም ነይሮም። ኣብ መወዳእታ 1978 (ግዜ ምዝላቕ)፡ እቲ ናብ ሓራ መሬት፡ ናብ ሳሕልን ሰደትን ዝጉዓዝ ዝነበረ ሲቪል ህዝቢ ኣብ ቀልሃመት፡ ናቕፋ ኣልጌንን ካልኦት ሓያለ ቦታታትን፡ ብነፈርቲ ከቢድ ጉድኣት ወሪዱዎ እዩ። ኣብ 1980 እውን፡ ኣብ ጥቓ ክፍሊ ሕክምና ሓወልዕ፡ 15 ምሩኻት ኢትዮጵያውያን ብገዛእ መንግስቶም ብደብዳብ ነፈርቲ ከም ዝተቐትሉ ይፍለጥ። ጋዜጣ ፍጻመታት ቁ.144 መዝገባቶ ከም ዘላ፡ ኣብ ሚያዝያ 1983፡ ሄለኮፕተራት ዝርከብኦን ነፈርቲ ውግእ ኢትዮጵያ ንዓድታት ማርያ ጸላም ብምድብዳብ፡ 25 ዜጋታት ቀቲለን ካልኦት 16 ኣቑሲለን። ኣብ ጥቅምቲ 1983 እውን ኣብ ቶኾምብያ ብዘኻየድኦ ደብዳብ፡ መብዛሕትኦም ካብ ኣባላት ብሄረ ኩናማ ዝኾኑ 10 ዜጋታት ከም ዝተቐትሉን 34 ድማ ከም ዝቘሰሉን መጽሔት ፍጻመታት ቍ.148 መዝጊባቶ ኣላ። ኣብ 1984፡ ኣብ ሞልቍ ልዕሊ 42 ሰብ፡ ኣብ 1985 ድማ ኣብ ኣስማጥ 40 ሰባት፡ ኣብ ዓሬርብ- መደበር ዕቑባት 37 ሰባት፡ ኣብቲ ከባቢ ካብ ዝሰፈሩ ሰበክ-ሳግም 20 ሰባት ብደብዳብ ነፈርቲ ተቐቲሎም።

ድሕሪ ምድምሳስ ግንባር ናደው፡ ኣብ 1988፡ ኣብ ከተማ ኣፍዓበት ብዝተኻየደ ተደጋጋሚ ደብዳብ ነፈርቲ ከባቢ 50 ሰብ ከም ዝተቐትሉን ክሳብ 100 ኣባይትን ድኳናትን ድማ ከም ዝዓነዉን፡ ኣብ መጽሔት ሳግም ቅጺ 2 ቁ.7 ተመዝጊቡ ኣሎ። ኣብ 1990 ኣብ ከተማ ባጽዕ ኣብ ልዕሊ ሲቪላዊ ዕላማታት ክሳብ 9 ጊዜ ብናፓልምን ክላስተርን ቦምባታት ብዝተኻየደ ደብዳባት ነፈርቲ፡ ልዕሊ 200 ሰባት ከም ዝሞቱን 500 ከም ዝቘሰሉን'ውን ኣብዛ መጽሔት ተጠቒሱ ኣሎ። ካብ 20 ንታሕቲ ሰባት ዝተቐትልሉን ኣብ ኩሉ ኩርናዓት ሃገር ከም ንቡር ዝተወስደን ብዙሕ ደብዳባት ነፈርቲ ግን፡ ምክትታሉን ምምዝጋቡን ዝከኣል ኣይነበረን።

ደብዳብ ነፈርቲ፡ ኣብ ህልቂት ሰለማውያን ሰባት ጥራይ ከይተሓጽረ፡ ኣብ ቍጠባዊ ዒላማታትን ንብረት ህዝብን እውን ከቢድ ዕንወት ኣውሪዱ እዩ። ከብቲ፡ ኣግማልን ጤለ-በጊዕን ብብዝሒ ኣብ ዝእከባሉ ብነፈርቲ ተደብዲበን ዝሃለቃሉ እዋናት ብዙሕ'ዩ። ብፍላይ ኣግማል፡ ኣብ ሰውራ ብዝህብዎ ኣገልግሎት መጓዓዝያ ተሃደንቲ እዮም ነይሮም። ብሕጭጭታ ነፈርቲ ብቐሊሉ ንሓድሕዶም ስለዝልሓላን ድማ ብሓደ ቦምባ ብዙሓት

ግዳይ ህልቂት ይኾኑ ነይሮም። ኣብ ሓራን ሓውሲ ሓራን ቦታታት፡ ኩሉ ዝንቀሳቐስ ነገር ብዘይ ፍልልይ ከም ሸቶ ዕንወት ስለዝውሰድ፡ ብደብዳብ ዝተደምሰሳ ኣውቶቡሳት፡ መካይን፡ መጽዓኛታትን ጥሪትን ምቍጻሩ ዝጸግም እዩ። ብዘይካ ኣስመራን ዓሰብን፡ ኣብ ኩለን ከተማታትን መብዛሕትአን ወረዳታትን ዓድታትን ኤርትራ፡ ብደብዳብ ነፈርቲ ዘይተተንኩሐን፡ ብሕጭጭታአን ዘይተረበሸን ህዝብን መሬትን ኣይነበረን ምባል ዝቐለለ እዩ።

5. ምብራስ ጥሪትን እንስሳ ዘቤትን

ሰራዊት ኢትዮጵያ፡ ንህልቂት ዝፈረዶ፡ ንህዝቢ ጥራይ ኣይነበረን። ናይ ዝበዝሕ ህዝቢ ቀጠባዊ ምንጪ ዝኾና ኩለን ጥሪት ብጃምላ ክበርሳን ክጸንታን ተበይኑለን እዩ። ነቲ ህዝቢ ከም መሳርሒ ሕርሻዊ ማእቶቱን መጕዓዝኡን ዘገልግሉ፡ ኣግማል፡ ኣባቕል፡ ኣፍራስን ኣእዱግን፡ ምንጪ ጸባን ጠስምን ስጋን ዝኾኑ ከብትን ጤል-በጊዕን ምቕታል፡ ካብ ጃምላዊ ቅትለት ህዝቢ ዘይፍለን፡ ንህልቂት ህዝቢ ብተዘዋዋሪ ዝዓጻጸፈን ኣረመናዊ ተግባር እዩ። ነቶም ምሉእ መነባብሮኦም ኣብ ጥሪት ዝምርኮሱ ሓረስቶትን ጓሶትን ኣብ ድኽነትን ስቃይን ክወድቁ፡ ብስደትን ምዝንባልን ከም ዝበታተኑ ምግባር ግሁድ ውጥን ምንባሩ ዘጠራጥር ኣይኮነን። ኣብ መጽሓፍ ግፍዒ ኣብ ገጽ 45፡ እንደራሴ ኤርትራ ዝነበረ ኣስራተ ኻሳ፡ “ኣብ ማርያ-ጸላምን ቀያሕን ከባቢ “ርህይን መለብሶን” ኣብ ከባቢኡ ዝርከብ ጫኻን፡ ብኣየር፡ ብሓዊን ብቦምባን ጥይትን ከም ዝቃጸል፡ ....እቲ ህዝቢ ናይ ሽፍታ ደጋፊን ረዳእን ብምዃኑ፡ ከብቱ ከም ዝድብደባ ክግበር ሎሚ 15/03/1967 ከም ዝተኣዘዘ ኣፍልጥ” ዝብል ባዕሉ ዝፈረመሉ ሰነድ ኣሎ። ኣብ ገጽ 49፡ ኣብቲ ብመጋቢት 1967 ናብ ኣስራተ ኻሳ ዝቐረበ ጸብጻብ፡ “ናይ ሽፍታ ሃብቲ ዝኾኑ 500 ከብቲ፡ 300 ኣግማል፡ 1500 ኣጣል ስጉምቲ ተወሲዱሎም” ዝብል ሰነድ ምምልኻት ይከኣል። እዚ ኣብ ልዕሊ ጥሪት ዝካየድ ዝነበረ መጥቃዕቲ “ህዝቢ ንምህላቕ ጥሪቱ ምጽናት” ብዝብል ሰይጣናዊ ዕላማ ዝፍጸም ምንባሩ ዘረጋግጽ እዩ። እንስሳታት ዘቤት፡ ብእኩብ ምቕታል ጥራይ ዘይኮነ፡ ሰራዊት ኢትዮጵያ ኣብ ዝኣተውወንን ዝሓለፉለንን ዓድታት፡ ናይ ሓረስቶትን ጓሶትን ከብቲን ጤል-በጊዕን ብዘይ ሕብእብእ መንዚዕኻ ምውሳድን ምብላዕን፡ ክሳብ ናጽነት ዝቐጸለ ልሙድ ተግባሮም እዩ።

ጭኻነ ኣብ ልዕሊ እንስሳታት፡ ህዝቢ ኤርትራ ዝሰከሓሉ ነውራም ተግባር እዩ። ተጋደልቲ ህዝባዊ ግንባር፡ ኣብቲ መጀመርያ 1970ታት ብጥሜት ኣብ ኣፍሞት በጺሖምሉ ዝነበሩ እዋን ከይተረፈ ንዋና ጥሪት

ገንዘብ ብምክፋል ወይ ዝከሓሰሉ መረጋገጺ ሰነድ ብምሃብ እዮም ጥሪት ገባር ክሓርዱ ዝፍቀደሎም ነይሩ። ሰራዊት ኢትዮጵያ ግን ብኣንጻሩ፡ ክጸንት ናይ ዝተፈርደ ህዝቢ ጥሪት ክምንዝዕ ይተባባዕ ነይሩ። ወተሃደራት ኢትዮጵያ፡ ክበልዕወን ዝኽእሉ ዓቐን ጥራይ ኣይኮኑን ዝሓርዱ ነይሮም። ልቢን ከብዲን ጥራይ ክበልዑ ዘውደቕወን ከብትን ጤለ-በጊዕን ብኣሽሓት ዝቝጸራ እየን ነይረን። ሰሎሙን በርሀ፡ ኣብ መጽሓፍ ግፍዒ ገጽ-17 ካብ "ቀይሕ ንብዓት" እትብል መጽሓፍ ሻለቃ ዳዊት ወልደጊዮርጊስ ዝጠቐሶ፡ "ወተሃደራት ኢትዮጵያ፡ ከብቲ ቀቲሎም ዝኣክሎም ድሕሪ ምብላዕ፡ ነቲ ዝተረፈ ይጉሕፍዎ ነበሩ። ሓደ ሓደ ግዜ፡ ጸላም-ከብዲ ጥራይ ንምብላዕ ክብሉ ከብቲ ይቐትሉ ነበሩ። ልክዕ ከም ኣብ መሬት ጸላኢ ዘለዉ እዮም ዝመስሉ..." ይብል፣ ካብዚ ዝዓቢ ምስክርነት ክህሉ ኣይክእልን። ዝሕላ ወይ ጥረ ስጋ ምእንቲ ክበልዑ፡ ንግሕረስ ዝተቑርኑ ኣብዑር፡ ብግቡእ ከይተሓርዱ ካብ ሰለፎም ብሳንጃ ስጋ ናይ ምቑራጽ ባርባራዊ ተግባራት'ውን ተራእዩ እዩ። ነተን ክበልዕወንን ክወስድወንን ዘይክኣሉ ዝተረፋ ጥሪት ድማ፡ ቀለብ ሽፋቱ ከይኮና ብዝብል ምኽኒት ብረሻሻት ተሳሂሎመን ይኸዱ። ከብቲ ዘሚቶምን ብደቂ ዓዲ ኣኸውብኩቦምን ኣብ ከተማታት ምሻጥ'ውን ልሙድ ተግባሮም እዩ ነይሩ። ኣብ ቅድሚ ዋናታተን ሓሪዶም ብመልክዕ ዝሕላን ጥብስን ድሕሪ ምምጋቦም፡ ነቲ ተረፍ ጽጋቦም ዝኾነ ስጋ ምስ መሬት ሓዋዊሶም ዝኸዱሉ ናይ ብድዐ ዛንታታት'ውን ብቝጥዐ እዩ ዝዝከር። እዚ ናይ ጥሪት ጃምላዊ ቅትለትን ዘረፋ ከብትን ኣዝዩ ብዙሕን ተደጋጋሚን ስለዝነበረ ብሓደ ወገን፡ ምስቲ ህልቂት ናይ ደቂ-ሰብ ብምዝማድ ንምጽብጻቡ፡ ቀዳምነት ወይ ኣተኩሮ ስለዘይረኸብ በቲ ካልእ ወገን፡ ብቝጽሪ ምጥቓሱ ቀሊል ኣይኮነን። ስለዚ ድማ፡ ገለ ተዘከርቲ ኣብነታትን ኣፈጻጽማኡን ብምጥቃስ ጥራይ ክሕለፍ ግድን ይኸውን።

ኣብ 1967 ጥራይ፡ ክሳብ 60 ሽሕ ዝግመታ ጥሪት ከም ዝሃለቃ ኣብ መጽሔት ፍጻመታት ናይ 1981 ቁ.125 ተጠቒሱ ኣሎ። ብኻልእ ወገን፡ ክፍሊ ህዝቢ ኣብቲ ዓመት'ቲ ኣብ ዘካየዶ መጽናዕቲ፡ ኣብ ሃዘሞ ጥራይ 12 ሽሕ ከብቲ፡ 18 ሽሕ ጤለ-በጊዕን 550 መጽዓኛታትን ከም ዝጸነታ ኣብ መጽሓፍ ግፍዒ ገጽ-126 ተጠቒሱ ኣሎ። ስለዚ ገምጋም ናይቲ ዓመት'ቲ፡ ኣብ ባርካ፡ ሳሕል፡ ሰንሒትን ሰምሃርን ንዝተፈጸመ ናይ ጥሪት ህልቂት እንተዘጠቓልል፡ እቲ ተዋሂቡ ዘሎ 60 ሽሕ ጥራይ ግምት፡ ርብዒ ወይ ሲሶ ናይቲ ሓቂ ምኾኑ ምንጸረ ነይሩ። ሓደ ኣብነት ናይቲ ኣብ ልዕሊ ጥሪት ገባር ዝፍጸም ዝነበረ ጭኻን፡ ኣብታ ካብ ባጽዕ 15 ኪሎ-ሜተር ርሒቓ እትርከብ እምበረሚ ዝተፈጸመ ምዝኻር ይከኣል። ኣብ 1967፡ ወተሃደራት ጸላኢ፡ ንህዝቢ እምበረሚ ቀቲሎምን ኣጋፊዮምን እናተመልሱ፡ ክሳብ 200

ዝኾና ኣግማል ናይታ ዓዲ ብሬናት ተኺሎም ከም ዝረሸረሸወን ዝጠቅስ ዛንታ (መጽሓፍ ግፍዒ-ገጽ 99)፡ ግሉጽ መርኣያ ናይ ዕንወት ውዲቶም እዩ። ብኻልእ ወገን፡ ኣብቲ ሰነዳት ገዛእቲ ዝተመዝገበሉ ገጽ 50 ናይ መጽሓፍ ግፍዒ፡ “ስርሒት መንጥር” ዝተሰምየ ክሳብ ነፍስ-ወከፈን 90 ወተሃደራት ዝነበረወን ኣርባዕተ ሓይልታት ሰራዊት ዝተሳተፍኦ ወፍሪ፡ ኣብ እምበረሚ፡ ወቒሮ፡ ፍልፍል፡ ዓድሹማን ካልኦት ዓድታት ናይቲ ከባቢን ንዝርከብ ህዝቢ፡ ጥሪቱን ንብረቱን ከም ዘጥቅዓ፡ ኣብ ዓይለትን ገምሆትን ድማ፡ ብ11/07/1967 ህዝቢ ምስ ንብረቱ ከም ዝደምሰሳ ተሰኒዱ ኣሎ። እዚ ብጭካነን ሕሉፍ ተግባር ወተሃደራትን ኣዘዝቶምን ዝተፈጸመ ዘይኮነ፡ ዝተወጠነ መደብ መግዛእቲ ኢትዮጵያ ምንባሩ ዘረጋግጽ እዩ።

ኣብ ሳሕል፡ ካብ 1979 ክሳብ 1988፡ ኣብቲ ኩናት ዝካየደሉ ቦታታት ዝንቀሳቐሱ ዝነበሩ ሰራዊት ኢትዮጵያ፡ ከብትን ጤለ-በጊዕን ኣብ ዝረኸቡሉ ሓሪዶም ከበልዑን ክዘምቱን ልሙድ ተግባራቶም እዩ ነይሩ። ኣብ በረኽ መዛግቦም ኮይኖም፡ ብናይ ጨመተ ተኾሲ ጸወታ፡ ልዕሊ 200 ናይ ሰለማዊ ህዝቢ ከብቲ ብተመልከተለይ ብጥይት ዘውድቑሉ ፍጻመ’ውን ተራእዩ እዩ። ኣብ 1980፡ ሓምሻይ ወራር ኣብ ዝካየደሉ ዝነበረ እዋን፡ ኣብ ሰሜናዊ ሳሕል 507 ጥሪት ብሓይሊ ወሲዶም። ኣብ 1981፡ 70 ኣግማል፡ 33 ከብቲን 52 ጤለ-በጊዕን ካብ ክልተሰለስተ ስድራቤት ብምምንዛዕ፡ ነተን ስድራቤታት ምሉእ ብምሉእ ናብ ድኽነት ሸሚሞመን። ኣብ 1982 ድማ፡ 163 ኣግማል፡ 133 ከብቲ፡ 106 ኣእዱግን ልዕሊ 2 ሽሕ ጤለ-በጊዕን ተዘሪፈን። ኣብቲ ኣብ 1983፡ ኣብ እምባህራ፡ ዝተፈጸመ ጃምላዊ ቅትለትን ምንዳድ ዓድታትን እውን፡ 570 ከብቲ፡ 30 ኣግማልን 60 ኣእዱግን ተቐቲለንን ተዘሪፈንን እየን።

ኣብ 1988፡ ወተሃደራት ኢትዮጵያ፡ ምስ ጃምላዊ ህልቂት ናይ ሸዕብ ቍጽረን ዘይተጸብጸበ ኣሽሓት ጥሪት ከም ዝዘረፉ መጽሔት ሳግም ቁ.12 ገሊጻቶ ኣላ። ኣብ ሸባሕ፡ ኣብቲ 29 ሰባት ዝቐተሉሉ ወርሒ ሚያዝያ፡ ካብቲ ዓዲ ጥራይ 150 ከብቲ፡ 870 ጤለ-በጊዕን ክሳብ 500 ኵንታል እክልን ከም ዝዘመቱ ተመዝጊቡ ኣሎ። ኣብ 1990፡ ከተማ ምጽዋዕ ኣብ ትሕቲ ቍጽጽር ህዝባዊ ግንባር ምስ ኣተወት፡ እቲ ናይ ጥሪት ምዝራፍ መደብ ብወግዕን ብዝተዓጻጸፈን እዩ ቀጺሉ። መጽሔት ሳግም ቅጺ 2 ቁ.7 ከም ዝሰነደቶ፡ ኣዘዝቲ ሰራዊት ንወተሃደራቶም “ካብ ህዝቢ ጥሪት መንዚዕኩም ተቐለቡ፡” ዝብል መምርሒ ስለ ዝሃቡዎም፡ ኣብ ሰፍኣ 300 ከብቲ፡ ኣብ ቤት-ሽሕቀን 300 ከብቲ፡ ኣብ ዓዲተከሌዛን፡ ነፋሲት፡ ዓረዛ፡ ኣውሊዕጾሩ፡ ኮርባርያ፡ ኳዜን፡ ማይኣሓ፡ ማዕረባን ካልኦት ዓድታትን፡ ብዙሓት ከብትን ጤለ-በጊዕን መንዚዖም። እቲ ናይ ጥሪት ምብራስ ዕማም፡ ካብ ምጅማር

ብረታዊ ቃልሲ ዝጀመረን ክሳብ ናጽነት ዝቐጸለን ተደጋጋሚ ተግባር ሰራዊት ኢትዮጵያ'ኳ እንተነበረ፡ በቲ ኣብ ልዕሊ ደቂ-ሰብ ዝወረደ ህልቂት ዝቐዘዘ ህዝቢ፡ ናይ ዝሞታ ጥሪት ዝርዝርን ንጹርን ሓበሬታ ክሕዝ ምጽባይ ክውንነታዊ ኣይኮነን።

እዚ ኣብነታት'ዚ ኣብቶም ቀንዲ እንስሳ ዘቤት'ኳ እንተ ኣተኮረ፡ ካልኦት እንስሳታት እውን ካብቲ ሰራዊት ኢትዮጵያ ዘካይዶ ዝነበረ ናይ ምድምሳስ ዘመተ ኣይድሓኑን። ኣብ ፈቐዶ ዓድታትን በረኻታትን ዝርከቡ ናይ ህዝቢ ቆፎታት ንህቢ፡ ብብዝሒ ተቓጺሎም እዮም። ደርሁ፡ ንወንበዴ ከየገልግላ ተባሂለን ካብ ድኳታት ኣደታት ብዘይ ኻሕሳ ይምንዝዓ ነይረን። ህዝቢ ምእንቲ ቀሲኑ ኸይነብርን ጥሪቱ ከይሰስናን፡ ክሳብ ምድፋንን ምስማምን ዒላታት ዝበጽሕ እከይ ፈተነታት'ውን ይፍጸም ነይሩ። እቲ ዕላማ፡ ቍጠባዊ ዓንድ-ሕቖ ሓረስቶትን ጓሶትን ኤርትራ እናሰበርካ፡ ምንጪ መነባብሮኦምን ብህይወት ናይ ምቕጻል ዕድሎምን እናኾለፍካ፡ ህዝቢ ብክቱር ድኽነት ዝኣክል ናብ ስደት ንክድፋእ፡ ብኡ ኣቢልካ ድማ መግዛእትኻ ውሑስ ምንባሩ ኣየጠራጥርን።

6. ሞድፋር ደቀንስትዮን ምምንዛዕ ስልማትን

ስርዓታት ኢትዮጵያ፡ ንደቀንስትዮ ኤርትራ ብምግሳስን ስልማተን ብምምንዛዕን ኣብ ህዝቢ ከቢድ ሞራላዊ ውድቀት ንምፍጣር ብፍላጥ ሰሪሖምሉ እዮም። ሰራዊቶም ካብ ደቂ 10 ዓመት ህጻናት ክሳብ ዓበይቲ ኣደታት፡ ኣነዋሪ ዝኾነ ናይ ምግሳስ ተግባር ክፍጽም ብምትብባዕ ዘስዓብዎ ስነ-ኣእምሮኣዊ በሰላን መንፈሳዊ ጉድኣትን ኣዝዩ ዓቢ እዩ። ድሕሪ ብጉጅለን ውልቃውን ናይ ምግሳስ ተግባር፡ ህይወተን ዘሕለፋ'ውን ውሑዳት ኣይነበራን። ናይ ጸጥታ ኣባላት፡ "ክንኣስረክን ኢና፣ ክንቀትለክን ኢና" እናበሉ ብምፍርራህ ንጾታዊ ርክብ ዘገደድወን ደቀንስትዮ ብዙሓት እየን። ኣብ ጸብጻባት ማሕበራዊ ጉዳያት፡ ኣብ 1980 ኣብ መንጎ ኣፍዓበትን ናቕፋን ሸዱሽተ ሰብ ሓዳር ብጉጅለ ወተሃደራት ከም ዝተዓመጻ ተጠቒሱ ኣሎ። ኣምና ዓፋ ዝተባህለት ጓል 15 ዓመትን ፈረጃ ማሕሙድ ዝተባህለት መንእሰይን ብተመሳሳሊ ኣገባብ ተዓሚጸን ኣብ ሕክምና ነዊሕ ክንክን ተገይሩለን። ዋላ'ኳ ኩሉ'ቲ ናይ ምግሳስ ተግባር፡ ብግዳያትን ብወለደንን ዝስተር እንተኾነ፡ ኣብ 1982 ጥራይ ኣብ ሳሕል ክሳብ 79 ኣዋልድን ሰብ-ሓዳርን ግዳይ ምግሳስ ወተሃደራት ኢትዮጵያ ከም ዝኾና ተመዝጊቡ ኣሎ። ኣብ 1984-1985 እውን፡ ካልኦት 29 ደቀንስትዮ ብተመሳሳሊ ናይ ምግሳስ ተግባር ከም ዝተሃሰያ ኣብቲ ጸብጻብ ተዘርዚሩ ኣሎ።

ኣንስቲ ተጋደልቲ፡ ሓፋሽ ውድባትን ካልኦት ምስ ሰውራ ብምድግጋፍ ዝጥርጠራ ደቀንስትዮን፡ ወተሃደራት ደርግ ክጋሰሰወንን ክወልዱለንን ይተባብዑ ምንባሮም ተጠቒሱ ኣሎ። ነዚ ናይ ሕንሕነ ተግባራት ንምፍጻም ድማ፡ ኣብ ኩሉ ወተሃደራዊ ወፍርታት፡ ብሃሱሳቶም ኣቢሎም ኣብ ነፍስ ወከፍ ዓዲ ዝርከባ ኣንስቲ ተጋደልቲ እናፈተሹ ክጨውዩወንን ክጋሰሰወንን ይፍትኑ ነይሮም። ስድራቤታት ተጋደልቲ፡ በዚ እኩይ መደብ ምግሳስ፡ ቅሳነት ከም ዘይረኸቡ ዝፍለጥ እዩ። ውሑዳት ይኹና ደኣምበር፡ ብምግሳስ ወተሃደራት ኢትዮጵያ ግዳይ ዘይተደልየ ጥንሲ ዝኾና ን፡ ስም ኣቦኦም ዘይፈልጡ ህጻናት ከዕብያ ዝተገደዳን ነይረን እየን።

ወተሃደራት ኢትዮጵያ፡ ክብረት ደቀንስትዮ ንምድፋር ዝተጠቐሙሉ ካልእ ዓማጺን ዘሕፍርን ተግባር፡ ወርቀንን ስልማተንን ምምንዛዕ እዩ። ኣብ ስድራቤታት ኤርትራ፡ ወርቂ ደቀንስትዮ ከም ስልማት ጥራይ ዘይኮነ፡ ከም ቅሙጥ ቍጠባዊ ውሕስነትን መሓለውታን ዘገልግለሉ ናይ ኣማኢት ዓመታት ልምዲ ኣሎ። ዳርጋ ኩለን ሰብ ሓዳር ኣንስቲ፡ ገለ ኣብ እዝነን ክሳድን ዝንጥልጠል፡ ገለ ድማ ኣብ ኣፍንጫን ጸጉሪ ርእሰን ዝስለም ወርቂ ኣለወን። ሰራዊት ኢትዮጵያ፡ ነዚ መንነትን ክብረትን ደቀንስትዮ ዝኮነ ስልማት፡ ሞራላዊ ውድቀት ህዝቢ ባይታ ንምዝባጥ ቍጠባዊ ውሕስነቱ ንምድኻምን ክብሉ፡ ካብ እዝኒ፡ ኣፍንጫን ክሳድን ብሓይሊ ምምንዛዕ ልሙድ ተግባራቶም እዩ ነይሩ። በዚ ተግባራት'ዚ ኣፍንጫአንን እዝነንን ተበሲዐ ኣብ ስቃይ ዝወደቃ ኣደታት ውሑዳት ኣይኮናን። ሰራዊት ጸላኢ በዚ ብውጥን ዝተደፍኣሉ ጨኻን መደብ፡ ብወርቂን ጥሪትን ህዝቢ ዝረክቦ መክሰብ፡ ካብ ደሞዙ ንላዕሊ ስለዝተዓጻጸፍ፡ መመሊሱ ሃነፍነፍ ክብል የተባብዖ ነይሩ። በዚ ዓመጽ'ዚ ዝጠፍአ ንብረት ህዝቢ፡ ሚልዮናት ዶላር'ኳ ዝግመት እንተኾነ፡ ጃምላዊ ህልቂት ኣብ ዝፍጽመሉ እዋን፡ ዝምታ ንብረት ካልኣዊ ነገር ስለዝኸውን፡ ዓቐኑ ንምፍላጥ ዝተገብረ ፈተነ ነይሩ ክበሃል ኣይከኣልን።

7. ዝነደደን ዝዓነወን ዓድታት

ሓደ ካብቲ ባርባርዊ ተግባራት ስርዓታት ኢትዮጵያ፡ ካብ ጃምላዊ ቅትለት ዝተረፈ ህዝቢ ካብ መረበቱ ከምዝዘናበልን ናብ ስደት ከም ዘምርሕን ምግባር እዩ። ስለዝኮነ፡ ካብ ጃምላዊ ቅትለት ዝተረፈ ህዝቢ፡ እንደገና ተመሊሱ ከይጣየሰን ከይሰስንን፡ መንበሪ ኣባይቱ ምቅጻልን ምዕናውን ከም ቀንዲ ተልእኾ እዩ ዝውሰድ ነይሩ። ህዝቢ ንምጥፋእን ንምብትታንን መንበሪኡ ምዕናው፡ ብዕላማን ብትእዛዝ ላዕለዎት ሰበ-ስልጣን

መንግስቲን ይፍጸም ምንባሩ፡ ኣብ መጽሓፍ ግፍዒ፡ ‘ሰነዳት ገዛእቲ’ ኣብ ዝብል ክፋል ካብ ዝተዘርዘሩ ናይ ስርዓት ኢትዮጵያ ሰነዳት ገለ ኣብነታት ክንምልከት ንክእል። ኣብ ገጽ 45፡ ኣስራተ ኻሳ፡ “ኣብ ማርያ ጸላምን ከባቢኡን፡ ብዑመር እዛዝ ዝምርሐ ‘ወንበዴታት’ ሓደጋ ስለዘውረዱ፡ እቲ ዓዲ ብሓዊ፡ ቦምባን ጥይትን ይቃጸል። ዝብል ባዕሉ ዝፈረመሉ መአዘዚ ሰነድ ኣሎ። ስዒቡ ኣብ ገጽ 49፡ ትእዛዙ ከም ዝተፈጸመ ዘመልክት ጸብጻብ ናይቲ ሰራዊት ኣሎ። እቲ ጸብጻብ፡ “መንበሪ ሸፋቱ ዝኾኑ ኣድላዪ ስጉምቲ ዝተወሰደሎም ብግምት ነፍሰ-ወከፎም ካብ 40 ክሳብ 50 ስድራቤት ዘለዎም 200 ዓድታት ከም ዝተቃጸሉ” ዝብል ይርከቦ። ኣብ ገጽ 51-52 ድማ፡ ወፊሩ ዝነበረ ሓይሊ ኮማንድስ ብ15/06/1967 ኣብ ልዕሊ 11 ዓድታት ሰንሒት፡ ዓዲ-ፈዛዕ፡ ዓዲ-ሰመረጨን፡ ዛውል፡ ዛግር፡ ጀንገሬን፡ ዳንሻም፡ ወዘተ. ዝፈጸሞ ግፍዕታት ብሰሌዳዊ ጸብጻብ ተመዝጊቡ ኣሎ።። እቲ ናብ ልዑል ኣስራተ ኻሳ ዝተጻሕፈ ጸብጻብ፡ 5,192 ገዛውቲ ወንበዴ ከም ዝተቃጸለ፡ 12 ሲሺል ህዝቢ ከም ዝተቐትሉን 587 ጥሪት ከም ዝተዘርፉን ይሕብር። እዚ ዝዓይነቱ መምርሒታትን ፍጻመታትን፡ ኣብ ኩሉ ኩርናዓት ሃገር ክሳብ ናጽነት ስለዝቐጸለ ምጽብጻቡን ምዝርዛሩን ቀሊል ኣይኮነን። ነቲ በብመድረኹ ዝነበረ ዓበይቲ ፍጻመታት ብምጥቃስ ግን፡ መንግስታት ኢትዮጵያ ዘካየድዎ ኩሉ መዳያዊ ዘመተ ህልቂት ንምግንዛብ ዝሕግዝ እዩ።

ኣብ ለካቲት 1967፡ ሰራዊት ኢትዮጵያ ኣብ ምዕራባዊ ዞባ ንዝርከባ ዓድታት መጉራይብ፡ እምቱራብ፡ ገርበት፡ ዓድኢብርሂም፡ ዓድጀሚል፡ ዓድ-ዑመር፡ ዓድሰይድና ሓምድ፡ ዓድኩኩይ፡ ዓድሃባብን ዓድፈድልን ዝርከብአን 62 ዕሙራት ቁሸታት ብሓዊ ከም ዘይነበራ ገበረን። ኣብ መፋርቕ 1967፡ ነተን ኣብ ምብራቓዊ ዞባ ብንግድን ሕርሻን ፋሕፋሕ ኢለን ናብ ሓውሲ ከተማ ገጸን ዝምዕብላ ዝነበራ ከም ዓይለት፡ ግምሆት፡ ዓሱስ፡ መትከል ኣብየት፡ ፍግረት፡ ሸባሕ፡ ገድገድ፡ ወቒሮ፡ ማዕሸያትን እምበረሚን ዝኣመሰላ ቁሸታት ኣንዲዶም ካብ ካርታ ከም ዝጠፍአ ምግባሮም ኣብ ጋዜጣ ፍጻመታት 127 ተተሪኹ ኣሎ። ኣብ ኣውራጃ ሃዘሞ ኣከለጉዛይ፡ ሰራዊት ኢትዮጵያ ኣብ ሓምለ 1967 ብጋህዲ ናብ ኣመንቲ ምስልምና ዘተኮረ ወፍሪታት ብምክያድ፡ ኣማኢት ሰላማውያን ሰባት ቀቲሉ፡ ኣሽሓት ጥሪት ሓሪዱን ዘሚቱን፡ ክሳብ 47 ዓድታት ድማ ኣቃጺሉን ኣባዲሙን። ኣብ ሕዳር 1967 እውን ክሳብ 7 ሽሕ ዝግመት ሰራዊት ኢትዮጵያ ኣብ ኣውራጃታት ሳሕልን ሰንሒትን ሰፊሕ ናይ ሞትን ዕንወትን ወፍሪ ኣካይዱ። ኣብዚ ወፍሪ’ዚ፡ ሓልሓል፡ መለብሶ፡ ሓመልማሎ፡ ፊልሒት፡ ሸጋሊ፡ እንጭናቕ፡ ሓሸሻይ፡ ፋና፡ ጃምራት፡ ኣዝረቐት፡ መዓርኪ፡ ኣፍሕሮም፡ ባብ ጀንገሬን፡

ተዓንደለት፡ ዋዘንቴት፡ ባሸሪ፡ ቃምጨዋ፡ ኩብኩብን ካልኦት ዓድታትን ተደምሲሰን። ኣብ መጽሓፍ ግፍዒ፡ ኣብ ከባቢ ከረን ሮራ - ቤት-ገብሩ፡ ኣብ መንሎን ኣብ 23 ዓድታት መለብሶን ልዕሊ 3 ሽሕ ገዛውቲ ከም ዝነደደ ተጠቒሱ ኣሎ። ኣብዛ ዓመት'ዚ ጥራይ ብውሑዱ 169 ዕሙራት ዓድታት ብሓዊ ብምቅጻለን ህዝበን ተበታቲኑ፡ ህላውኦን ከም ዘብቅዕ ኮይኑ።

ካብ 1970 ክሳብ 1973 ዓድታት ናይ ምንዳድ ወፍሪ ብሰፊሑ እዩ ቀጺሉ። ኣብዚ ወፍሪ'ዚ፡ ኣብ ሰንሒት፡ ያናን በሲክዲራን ዝርከብኦን ዓሰርተታት ዓድታት ከባቢ ከረን፡ ካብ ሃብረንቃቓ ክሳብ ዒላበርዒድ ዝርከባ ቁሸታት ነዲደን። ኣብ 1971፡ ኣብ ሃበር ክሳብ 126 ገዛውቲ ዝርከቦ ቀዋሚ ዓዲ ምስ ምሉእ ንብረቱ ነዲዱ። ኣብ ሰምሃር - ዓድሹማ፡ ገድገድ፡ ሽባሕን መትከል ኣብዮትን ኣብ ጥሪ 1971 ከምኡ'ውን ኣብ ሚያዝያ 1972 ብዙሕ ኣጓዱ ምስ ንብረቱ ከም ተቃጺሉ። ኣብ ለካቲት 1975፡ ሰራዊት ኢትዮጵያ ኣብ ኦምሓጀር ገዛ ገዛ ብምእታው ሓዊ እናረኩዑ ነታ ዓዲ ናብ ሓሙኽሽቲ ከም ዝቐየሩዋ፡ ኣብ መጋቢት 1975 ድማ፡ ኣብ ኣቑርደት ኣብታ ብ"ጸላም ሰንበት" እትፍለጥ ዕለት ክሳብ 150 ኣባይቲ ብሓዊ ኸም ዘቃጸሉ ተመዝጊቡ ኣሎ። ኣብ ከበሳታት ጥራይ፡ ብገምጋም 5,000 ህዝቢ ዝነብረለን 47 ዓበይቲ ዓድታት ብሰራዊት ኢትዮጵያ ከም ዝተቃጸላ ክጥቀስ እንከሎ፡ ኣብታ ዓመት'ቲኣ ኣብ ምሉእ ሃገር ብነፈርትን ኣጋር ሰራዊትን ዝተቃጸላ ዓድታት 118 ምዃነን ኣብ መጽሔት ፍጻመታት 127 ተመዝጊቡ ኣሎ። ኣብ ሕርጊጎ ኣብ 1976 ብዝተፈጸመ ዳግማይ ህልቂት፡ 15 ሽሕ ዝግመት ገዛውትን 53 ዕሙር ድኳናትን ናብ ሓሙኽሽቲ ከም ዝተቐየረ ኣብ መጽሔት ሳግም ቅጺ 2 ቁ.3 ብሰፊሑ ተገሊጹ ኣሎ።

ኣብ 1977፡ ኣብ ኣውራጃ ደንከል በርዓሶለን ካልኦት ብዙሓት ቁሸታትን ደርጋውያን ብዝረኩዑዎ ሓዊ ተቃጺለን ከም ዝዓነዋ ኣብ መጽሔት ፍጻመታት 127 ተመዝጊቡ ኣሎ። ኣብ 1978፡ የመናውያንን ኩባውያንን ዝተሳተፍዎ ናይ ነፈርቲ ደባዳባት፡ ኣብ ብዙሓት ዓድታት፡ ዕዳጋታት፡ ኣብያተ-ትምህርቲ፡ ሆስፒታላት፡ መሳጊድ፡ ኣብያተ-ክርስትያንን ካልኦት ኣባይትን ዝፈጠሮ ዕንወት ኣዝዩ ከቢድ እዩ። ድሕሪ ምዝላቕ'ውን እንተኾነ፡ ምቅጻል ዓድታት ቀጺሉ እዩ። ብመሰረት ክፍሊ ማሕበራዊ ጉዳያት ዝመዝገቦ ጸብጻባት፡ ኣብ 1980 ኣብ ዝተፈላለየ ዓድታት ክሳብ 52 ኣባይቲ፡ ኣብ 1982 ልዕሊ 365 ኣባይቲ፡ ኣብ 1984 ድማ ክሳብ 300 ኣባይቲ ከም ዝነደደ ተሰኒዱ ኣሎ። ኣብ 1985፡ ኣብ ብዝተኻየደ ጃምላዊ ቅትለት፡ ክሳብ 40 ህድሞታት ምስ ምሉእ ንብረቱ ከም ዝነደደ'ውን ተጠቒሱ ኣሎ። ኣብ 1986 ድማ፡ ኣብ ደቡባዊ ዞባ፡ ኣብ ወረዳታት

ቴድረር፡ ደቂ-ድግና፡ መረታ፡ ሰበኑ፡ እገላ ሓመስ ምስ፡ ከባቢ ዓዲቐይሕን ጾሮናን ብጠቕላላ 111 ህድሞታት ኣብቲ እዋን'ቲ 450 ሽሕ ብር ዝተተመነ ምሉእ ንብረቶም ተዘሪፉን ተቓጺሎምን።

ኣብ 1988፡ ኣብ ሓውሲ ከተማ ሽዕብን ኣብ ከባቢኣ ዝርከባ ካልኦት ሽውዓተ ዓድታትን ልዕሊ 2,000 ገዛውቲን 80 ድኳናትን ወርቂን ገንዘቡን ድሕሪ ምዝራፍ፡ ብምሉኡ ብሓዊ ከም ዝህሞኽ ምግባሩ መጽሔት ሳግም ቁ.12 ሰኒዳቶ ኣላ። ኣብዛ ዝተጠቕሰት መጽሔት፡ እቶም ወተሃደራት ኣብ ሽባሕ፡ መለብሶን ኣብ ከባቢታት ግንዳዕን ከረንን ዝርከባ ካልኦት ዓድታትን እውን ብድምር 89 ገዛውቲ ከም ዝዘረፉን ከም ዘቃጸሉን ተዘርዚሩ ኣሎ። ኣብ ከተማ ኣፍዓበት ብተደጋጋሚ ደብዳባት ነፈርቲ ክሳብ 100 ኣባይትን ድኳናትን ከም ዝተቓጸለ፡ ከተማ ምጽዋዕ ኣብ 1990 ኣብ ትሕቲ ህዝባዊ ግንባር ምስ ኣተወት፡ ነፈርቲ ውግእ ኢትዮጵያ ብዘኻየድኦ ተደጋጋሚ ደብዳባት ክሳብ 200 ህንጻታት ናይታ ከተማ ከም ዝዓነወ ኣብ መጽሔት ሳግም ቅጺ 2 ቁ.7 ብሰፊሑ ተገሊጹ ኣሎ። ናቕፋ እውን ኣብ ትሕቲ ህዝባዊ ግንባር ካብ ዝኣተወትሉ ግዜ ጀሚራ ክሳብ ዕለተ ናጽነት፡ ብቀጻሊ ደብዳባት ነፈርቲን መዳፍዕን ልዕሊ ኩለን ከተማታት ዝያዳ ዕንወት ዝተሰከመት ከተማ እያ። ኣብ እዋን ናጽነት፡ ንጥንታውያን ዑናታት ዝመሳሰል ናሕሲ ዘይነበሮ ዝፈረሰ ኣባይታ፡ ኣሽሓት ግዜ ተወቒዓ ምሉእ ብምሉእ ዘይወደቐት መስጊዳን መአዘኒ ግንባን፡ ብሓደ ወገን መርኣያ ኣዕናውነት መግዛእቲ፡ ብኻልእ ወገን ድማ ምልክት ጽንዓትን ትእምርትን ቃልሲ ኮይኖም ኣለዉ።

ስርዓት ኢትዮጵያ፡ ከንደይ ኣብያተ-ትምህርትን ሕክምናን ከም ዘዕነወ፡ ከንደይ ዓድታት ከም ዘንደደን ከንደይ ዝምዕብላ ዝነበራ ሓውሲ ከተማታት ከም ዝኸለፈን ብዝርዝር ምፍላጥ ብዙሕ መጽናዕቲ ዝሓትት እዩ። ብዙሓት ዓበይቲ ዓድታትን ንኡሳን ከተማታትን ብተደጋጋሚ ናይ ዕንወት ወፍሪታትን ደብዳባት ነፈርትን ዝተሃንጸ ኣባይተንን ንብረተንን በሪሱ፡ ዓቢ ክፋል ህዝበን ቅሳነት ስኢኑ ተዘናቢሉን ናብ ስደት ተበታቲኑን እዩ። ዝተረፈ ህዝበን ድማ ብተስፋ ናጽነት፡ እናማዕደወ፡ ካብ ከባቢኡን ከይረሓቐ፡ ኣብ ትሕቲ ጩዓን ቈጥቋጥን እናተሓብአ ክሳብ ዕለተ ናጽነት ተጻሚሙ። እቲ ዓማጺ ሰራዊት ኢትዮጵያ፡ ካብ ኤርትራ ተጸራሪጉ ምስ ወጽአ ከኣ፡ ገለ ባዲመን ዝነበራ ዓድታትን ሓውሲ ከተማታትን ዳግም ክምስረታ እንከለዋ፡ ካልኦት ክሳብ 10-15 ሽሕ ህዝቢ ዝነበረን ዕሙራት ዓድታትን ዝከትማ ዝነበራ ማእከላትን ግን ናብ ዝነበርኦ ክምለሳ ዘይክኣላ ኣላዋ።

8. ምዝራእ ነተጕቲ

ሰራዊት ኢትዮጵያ ኣብ ከተማታትን ኣብ ቀዋሚ መዓስከራቱን፡ ካብ መጥቃዕቲ ተጋደልቲ ነብሱ ንክከላኸል ብዝብል ምስምስ፡ ነተጕቲ (ፈንጅታት) ናይ ምዝራእ ልምዲ ነይርዎ። ኣብ ኣፍ-ደገ ከተማታት፡ ወተሃደራት ኣብ ዝሰፈርሉ ዓድታት፡ ሰላማዊ ህዝቢ ዝመላለሰሉ መገዲታት፡ ኣብ ግራውቲ ሓረስቶት፡ የማነ ጸጋም ጽርግያታት፡ ፈንጅታት ዘይትከለሉ ቦታ ዳርጋ ኣይነበረን። እቲ ብራዕዲ ዝተደረኸ ምዝራእ ፈንጅታት፡ ንውሑድ እዋን ኣብ ዘቐነይሉ ዓዲታት'ውን ስለዝትግበር፡ ነቲ ቦታ ክለቁዎ እንከለዉ ድማ ስለዘይእክብዎ፡ ንብዙሕ ህዝቢ ዘየቕስንን ምንቅስቓሱ ዘድርትን እዩ ነይሩ። ገያሾን ጓሶትን ግዳይ ሞትን መቑሰልትን ዝኾኑሉ፡ ጥሪት ኣብ ሳዕሪ ዝምእርርሉ ቦታታት ብነተጕቲ ዝቕተላሉ ተርእዮታት ንቡር ስለዝነበረ፡ ማእቶታዊ ንጥፈት ብዙሓት ሓረስቶትን ጓሶትን ብምድስኻሉ ዘሰዓቦ ቁጠባዊ ሃሰያ፡ ብቐሊሉ ዝዕቀን ኣይኮነን።

ኣብ መብዛሕትኡን ከተማታት፡ ፍሉጥን ብጽኑዕ ተፍትሸ ሰብ ዝኣትወሉን ዝወጸሉን ብሎኮታት ብምፍላይ፡ ዝተረፈ ዙርያኡን ብሓጹር ናይ ነተጕቲ ዝሕጸረሉ ኩነታት እዩ ነይሩ። ብፍላይ ሰፊሕ መሬት ኤርትራ ሓራ ኣብ ዝወጽኣሉ መድረኽ 1977-1978፡ ሰራዊት ኢትዮጵያ፡ ኣብ ከተማታት ናቕፋ፡ ኣፍዓበት፡ ከረንን ካልኦትን፡ ብፈንጅታት ተኸቢቦም እዮም ክከላኸሉ ዝፍትኑ ነይሮም። ኣብ 1978፡ ከተማታት ምጽዋዕ፡ ባረንቱ፡ ዓድቀይሕን ካልኦትን ብዝተዓጻጸፈ ፈንጂታት ተኸቢበን እየን ንመጥቃዕቲ ሰውራ ዝጽበያ ነይረን። ምስ ምትእትታው ሕብረት ሶቭየት፡ ሰራዊት ኢትዮጵያ፡ ማእለያ ዘይብሉ ምንጪ ኣጽዋር ምስ ተራሕወሉ እቲ መጠንን ዓይነትን ናይ ጸረ-ሰብን ጸረ-ተሽከርከርቲን ነተጕቲ ኣዝዩ ስለዝተዓጻጸፈ፡ ብዙሕ ከባቢታት ኤርትራ፡ መሬት ብቅሳነት ዘይርገጸሉ እዩ ኮይኑ።

ካብ 1978 ንድሕሪት ዝተገብረ ነተጕቲ ናይ ምዝራእ ስራሕ ብዓሰርተታት መጠን ዝተዓጻጸፈ እዩ። ግንባራት ናቕፋ፡ ሰሜናዊ ምብራቕ ሳሕልን ግንባር ሓልሓልን ኣብ ልዕሊ 660 ኪሎሜተር ዝግመት ድፋዓት ማእለያ ዘይብሉ ፈንጅታት እዩ ተተኺሉ። ኣብ ድሕሪ መስመር ጸላኢ'ውን ኣብ ዝተፈላለያ ዓድታት፡ ተጋደልቲ ዝሳገሩሉን ዝሓልፉሉን ዝጥርጠር ከባቢታት፡ ብዙሕ ሲቪል ህዝቢ ከም ዝልክም እናተፈልጠ፡ ነተጕቲ ብሰፊሑ ይትከለሉ ነይሩ እዩ። ንኣብነት ካብ ሰሜናዊ ባሕሪ፡ ናብ ካርነሽም ስልኳ 'ወንበዴታት' ንምዕጋት ብዝብል ምኽንያት፡ ኣብ 1982 ኣብ ዛግር መዓል 115 ጽምዲ መሬት፡ ወኪ 100 ጽምዲ፡ በለዛ 75 ጽምዲ፡ ዓዲ-ንፋስ 65 ጽምዲ፡ ከምኡ ድማ ኣብ ካልኦት ናይቲ ከባቢ ዓድታት ብድምር ክሳብ መዓል 1200

ጽምዲ ዝግመት ግራውቲ ብፈንጂ ዝተሓጽረሉ እዋናት ምንባሩ ተመዝጊቡ ኣሎ። ኣብ ቅናፍናን ከባቢኣን ንነዊሕ ዓመታት ስራዊት ዝዓስከረሉ ቦታታት ብፈንጂ ተሓጺሩ ንመጓሰን ሕርሻን ዘገልግል መሬት መኺኑ ከም ዝተረፈ ኣብ ጸብጻብ ተጠቒሱ እዩ። ግራውቶም ፈንጂ ዘይተተኽሎ'ውን ነቲ ፈንጂ ከይትንክፉ ብማለት ናብ ከባቢኡ ምንቅስቓስ ስለዘቛርጹ፡ ካብ ሕርሻ ዝቦክሩ ሓረስቶት ብዙሓት እዮም። ግራውቲ ካብ ፍርያት ቦኩሩ ከይኣክል፡ ጥሪት ነበርቲ ናብ ፈንጂ ኣትየን ምስ ዝሞታ፡ ኣምሳያ ዘምከንአ ነታጒ፡ ዋናታተን ዝቕጽዑሉ ተርእዮታት'ውን ነይሩ።

እቲ ንዓሰርተ ዓመታት ኣብ ግንባራት ሳሕል ዝተኻየደ ምርብራብ ብስዕረት መግዛእታዊ ሰራዊት ምስ ተዛዘመ'ውን ምትካል ፈንጂ ዝተዓጻጸፈሉ ኩነታት እዩ ስዒቡ። ድሕሪኡ ክሳብ መዓልቲ ናጽነት ኣብ ዝቐጸለ ሓርነታዊ ኩናት፡ ኣብ ኩሉ ግንባራት ከረን፡ ሮራ-መንሳዕ፡ ሰሜናዊ ባሕሪ፡ ባጽዕ፡ ግንዳዕ፡ ካብ ጢዖ ክሳብ ዓሰብ፡ ዛዛሚ ርብርብ ዝተኻየደሉ ግንባር ደቀምሓረን ካልኦት ጸላኢ ዝከላኸለሎም ዝነበረ ድፋዓትን፡ ኩሎም ዓሰርተታት ኣሽሓት ፈንጂታት ዝተዘርኣሎም ቦታታት እዮም ነይሮም። ኣብ ኤርትራ ኣብ 30 ዓመት ዝተተኽሉ ጸረ-ሰብን ጸረ-መኪናን ነተጒቲ ብዝሖም ምግማት ቀሊል'ኳ እንተዘይኮነ፡ ምስቲ ኣባላት ሃንደሳ ዘካይድዎ ዝነበሩ ናይ ምምኻን ነተጒቲ ዳታ ብምዝማድ ሓፈሻዊ ገምጋም ምሃብ ዘይከኣል ኣይኮነን።

ክፍሊ ሃንደሳ ህዝባዊ ግንባር፡ ኣብ ምምኻንን ምውጻእን ጸላኢ ዝቐበሮም ጸረ ሰብን ጸረ-መካይንን ነተጒቲ፡ ኣዝዩ ዝተራቐቐ ብልሓት ስለዘማዕበለን፡ ብልዑል ተወፋይነት ስለዝተረባረበን፡ ሳዕቤናት ነተጒቲ ኣዝዩ ከም ዝነከየ ዝፍለጥ እዩ። ኣብታ "እቲ ደቂቕ ፍሩይ ኣሃዱ" ብዝብል ኣብ 2016 ዓ.ም ብኮሚቴ ሰነዳ ወተሃደራዊ ሃንደሳ ዝተጻሕፈት ንእሽቶ መጽሓፍ፡ ኣሃዱ ሃንደሳ ካብ 1984 ክሳብ 1991 ጥራይ፡ 636,338 ሽሕ ጸረ-ሰብን 38,745 ጸረ-መኪና ነተጒትን ካብ ዝተቐብረሉ ከም ዘምከነን ከም ዝኣከበን ተሰኒዱ ኣሎ። እቲ ህዝባዊ ግንባር፡ ኣብ 8 ዓመታት ጥራይ ዘውጽኦ ነተጒቲ፡ ከም ሓደ ሲሶ ወይ ሓደ ርብዒ ናይቲ ሰራዊት ኢትዮጵያ ኣብ ምሉእ ብረታዊ ቃልሰና ዝተኸሎ ነተጉቲ እንተተወሰደ፡ ኣብ ኤርትራ ዝተተኸለ ጸረ-ሰብ ነተጒቲ፡ ብውሑዱ ካብ 2 ክሳብ 2.5 ሚልዮን ክበጽሕ ከም ዝኽእል ዘረጋግጽ እዩ። ህዝባዊ ግንባር ኣብ ምውጻእን ምምኻንን ነተጒቲ ዝፈጸሞ ዝድነቕ ታሪኽ ግን፡ ብቐሊሉ ኣይተፈጸመን። ነታጒ ንኸውጽኡ፡ ባዕሎም በቲ ነታጒ ተወቒዖም በጃ ዝኾኑ 186 ኣባላት ሃንደሳ፡ ኣብዚ ዝጥቀስ ዘሎ ጽሑፍ ብጅግንነት ተዘኪሮም ኣለዉ።

ፈንጂ ብምዝራእ ዝሰዓበ ሞትን ስንክልናን ሲቪል ህዝቢ ብንጹር ምጽብጻቡ ዝከኣል ኣይኮነን። ኣብ ኩሉ ኩርናዓት ሃገር፡ በብሓደ ዝቐተሎምን ዘሰንከሎምን ግዳያት ብኣሽሓት ዝቚጸሩ ምዃኖም ግን ዘጠራጥር ኣይኮነን። ክፍሊ ሕክምና ህዝባዊ ግንባር፡ ብነተጉተ ንዝቘሰሉ ሰላማውያን ዜጋታትን መሓውሮም ንዝሰኣኑ ቀልዑትን ዝሃቦ ኣገልግሎት ውሑድ ኣይነበረን። ኣብ 13 ዓመት ዕድመኡ ኣብ ዓዱ ዝግብ ብሰራዊት ኢትዮጵያ ብዝተተኽለ ነታጉ ተሃሪሙ ኣብ ሆስፒታል ፍልፍል እግሩ ዝተቘርጸ ሙሴ ኣስገዶም ዝተባህለ ቀልዓ፡ ብምኽንያት ምዝላቕ 1978 ናብ ዓዱ ክምለስ ስለዘይክኣለ፡ ናብ ሳሕል ቤት ትምህርቲ ሰውራ ተላኢኹ። ክሳብ ሻድሻይ ክፍሊ እናተማህረ፡ ናይ ቅብኣ ክእለቱ ጸብለል ስለዝበለ፡ ኣብ ጨንፈር ስንኩላንን ኣብ ጨንፈር ባህልን ስልጠና ረኺቡ፡ ሓደ ካብቶም ዓበይቲ ቀባእቲ ሃገርና ክኸውን በቒዑ። ነተጉተ፡ ክሳብ ክንደይ ኣብ ህዝቢ ዝጽዕቀሉ ዓድታት ተዘርጊሑ ምንባሩ ዘመልክት ሓደ ኣብነት እዩ።

ሰራዊት ኢትዮጵያ ብፈንጂ ምትካል ጥራይ ኣይኮነን ሲቪል ኤርትራውያን ዘጋፍዕ ዝነበረ። ኣብ ዓበይቲ ጽርግያታት፡ ብህዝባዊ ግንባር ንዝተተኽለ ናይ መካይን ፈንጂ፡ ብሲቪል ህዝቢ ክጸርየሎም ዝፈተንዎ ጨኻን ተግባር'ውን ነይሩ እዩ። "ንኣሕዋቶም ኣይጭክኑሎምን እዮም" ብዝብል ሓሳብ፡ ናይ ኤርትራውያን ናይ ብሕቲ መካይን፡ እኽሊ ወይ ካልእ ጽዒነን ቀቅድሚ መካይን ሰራዊት ክም ዝንቀሳቐሳ ዝገበሩሉ ኣነዋሪ ፍጻመ፡ ኣብታ "እቲ ደቂቕ ፍሩይ ኣሃዱ" ዘርእስታ ጽሕፍቲ ተጠቒሱ ኣሎ። ሽዑ፡ ኣባላት ሃንደሳ፡ ነቲ ብክብደት ጥራይ ዝትኮስ ዝነበረ ፈንጂ፡ ተባላሒቶም ነቲ ነታጉ ካብ ርሑቕ ብስልኪ ብምስሓብ፡ ሲቪል መካይን ምስ ሓለፋ፡ ወተሃደራዊ መካይን ፈልዮም ዘባርዓሉ ኩነታት ክፈጥሩ ከም ዝተገደዱ ተሰኒዱ ኣሎ። እቲ ንኤርትራውያን ሲቪል መራሕቲ መካይን ምስ ውልቃዊ መኻይኖም ኣገዲዶም ናብ ሓደጋ ምእታዎም ተግባር መጠን ግፍዕታት ሰራዊት ኢትዮጵያ ዶብ ዝበሃል ከም ዘይነበሮ ዘመልክት እዩ።

ኣባላት ሃንደሳ፡ ናጽነት ምስ ኮነ ስድርኦም ምርኣይ ወንዚፎም ክሳብ መስከረም ኣብ ዝነበረ ኣርባዕተ ኣዋርሕ፡ ዝተቐብሩ ነተጉተ፡ ህዝቢ ከይሃስዩ እንከለው ንምምኻኖም ከም ዝተዋፈሩ ኣብታ ዝተጠቐሰት ጽሕፍቲ ተገሊጹ ኣሎ። ሳላ'ዚ ውፉይን እዋናውን ወፈራ ድማ፡ ድሕሪ ናጽነት ህዝቢ ቀሲኑ ክንቀሳቐስ ክኢሉ። ብተወሳኺ፡ ኣብ ሰፊሕ በረኻታት ዝርከብ ንግጥ ፈንጅታት ሓደጋ ምእንቲ ከየውርድ፡ በዓል መዚ ምእላይ ነተጉተ ቀይሙ ንቕሓት ህዝቢ ንምዕባይ ብጽሑፋትን ብፖስተራትን ጉስጓስ ስለዘካየደ፡ ድሕሪ ናጽነት ኣብ ሓጺር ግዜ፡ ኤርትራ ካብ ነተጉተ ነጻ

ክትከውን ኣብቂያማ እዩም። ይኹን'ምበር፡ ምስቲ ብዝሒን ዝርጋሐን ናይቲ ሰራዊት ኢትዮጵያ ዝተኸልዎ ነተጕቲ፡ ዘይተራእዩን ዘይተወገኑን ነተጕትን ቦምባታትን ብቀልዑ ክርገጹ ወይ ክም መጻወቲ ተቐጥቂጦም ህይወት ዘጥፍእሉን ኣካል ዘጉድልሉን ተርእዮታት ከም ተክእሎ ምህላዉ ክዝንጋዕ ኣይግባእን።

9. ህዝቢ ጅሆ ምሓዝ

ኣብ ብምሉኡ ከባቢታት ሃገር፡ ወይ ሰራዊት ኢትዮጵያ ኣብ ዝዓስከረሉ ከተማታትን መዓስከራትን፡ ህዝቢ ንምቊጽጻር ዝወጹ ኣዋጃትን ንምንቅስቓስ ዝድርቱ ናይ ቀበሌ ውዳበታትን፡ ኣብ ብሎኮታትን ኬላታትን ዝተተክሉ መፈተሺ ነቑጣታትን ናይ ምንቅስቓስ ናጽነት ዝዓግቱ ትእዛዛትን ማእለያ ኣይነበሮምን። ዋላ'ኳ ካብ መፋርቕ 1960 ሒዞም፡ ቀላቢ ሽፋቱ ከይከውን ብዝብል ምክኒት፡ ህዝቢ ናብራኡ ገዲፉ ናብ ዝመደቡሉ ቦታ ክግዕዝ ከም ዝኣዘዙ ዘረጋግጹ ሰነዳት (ዓመታዊ ጸብጻብ 2ይ ክፍለ-ጦር 1967፡ መጽሓፍ ግፍዒ ገጽ 46) እንተለው፡ ነቲ፡ "ዓሳ ንምጽናት ባሕሪ ምንጻፍ" ዝብል ግሁድ ሜላኦም፡ ህዝቢ መታሕት ዓድታቱን ሕርሻኡን፡ ጥሪቱን ናብርኡን ገዲፉ ኣብተን ሰራዊት ኢትዮጵያ ዝዓስከረለን ስትራተጂያዊያን ቑሸታት ክሰፍር ዝእዝዝ ናይ እዋን ሓደጋ ድንጋጌ ቁ.390 ብወግዒ ዝኣወጅዎ ኣብ 1970 እዩ። እንተኾነ እዚ ህዝቢ ምስ ጥሪቱን ንብረቱን ከም ጅሆ ኣብ ከተማታት ከረን፡ ኣቑርደት፡ ግንዳዕን ካልኦት ከባቢታትን ተሓጺሩ ክነብር፡ ደገፍ ዝሰኣኑ ተጋደልቲ ድማ ብቐሊሉ ክንብርከኹ ዝሓለምዎ ውጥን ኣይኮነሉምን።

ስርዓት ደርግ፡ ምንቅስቓስ ህዝቢ ኣብ ከተማታት ንምግዳብን ብደቂቕ ንምቁጽጻርን፡ ኣብ 1978 ንጸጥታዊ መደባቱ ዝሰማማዕ ምምሕዳራዊ ቅርጺን ኣወዳድባን ምትእትታው እውን፡ እቲ ካልእ መልክዕ ጅሆ እዩ ነይሩ። ንኣብነት ኣስመራ፡ ብ9 ከፍተኛ፡ 107 ቀበሌታትን 580 ንኡሳን ቀበሌታት ክም እትቐውም ገይሮማ። እዚ ስለዘይኣኽሎም ድማ፡ ንኡስ ቀበሌ'ውን ናብ 3-5 ክፋላት ብምምቓቃል 1,908 ብሎኻት ኣቑሞም። ቀንዲ ዕላማ ናይቲ ውዳበ ጸጥታዊ ቊጽጽር ስለዝኮነ፡ ኣብ ነፍሰ ወከፍ ንኡስ ቀበሌ 5፡ ኣብ ነፍሰ ወከፍ ቀበሌ ድማ 8፡ ኣብ ነፍሰ-ወከፍ ከፍተኛ ድማ 7 ናይ ጸጥታ ተቐጻጸርቲ ከም ዝህልዉ ብምግባር፡ ኣስመራ ልዕሊ 10 ሽሕ ሰባት ኣብ ስራሕ ስለያ ዝተዋፈሩላ ኸተማ ገይሮማ። ኣብ ሕዳር 1987 ኣብ መጽሔት ሳግም ቁ.5 ዝቐረበ መጽናዕታዊ ጸብጻብ፡ ኣብ መንጎ 40 ቑልዓ ሰበይቲ ዝርከቡዎም ዜጋታት፡ ሓደ ሰላዩ ከም ዝነበረ የመልክት። እዚ ከይኣክል፡

እቲ ውዳበ ብድልየት ህዝቢ ከም ዝተፈጥረ ንምምሳል፡ “የከተማ ነዋሪዎች ማህበር” (ማሕበር ተቐማጦ ከተማ) ዝተባህለ ማሕበር ከም ዝቐውም ድሕሪ ምግባር፡ ስድራቤታት ብግዲ ኣባላት ናይቲ ማሕበር ክኾና ዘገድድ ቀያዲ ሕግታት ኣውጺኦም። እክልን ንብረትን ብኩፖን ንምዕዳግ ይኹን ፍቓድ መገሻ ንምርካብ፡ ኣባል ማሕበር ክትከውን ትግደድ። ኣባል ድማ፡ ንጡፍ ክኸውን፡ ኣንጻር ወንበዴ ክጭርሕ፡ ተልእኾ ስለያ ክፍጽም፡ ወዘተ. ዝኣመሰሉ ግዴታታት ነይሮምዎ። ማሕበራት ደቀንስትዮ፡ ሓረስቶት፡ ነጋዶ፡ ረፋዓት፡ ወዘተ. ቀይሞም ድማ፡ ህዝቢ ኣብ መንበሪኡ ብብሎክ፡ ኣብ ስርሑን ምንቅስቓሱን ድማ ብማሕበራት ኣብ ትሕቲ ምሉእ ቍጽጽር ዝኣተወሉ ዓፋኒ ናብራ ይነብር ነይሩ። እዚ ውዳበ'ዚ ብቐንዱ፡ ህዝቢ ካብታ ዝነብረላ ብሎክ ክሳብ'ቲ ናብ ካልእ ቦታታት ዝገብሮ ምንቅስቓስ ንምክትታል፡ ካብ ገጠር ዝመጹ ዜጋታት እንዳ ኣዝማዶም ንኸይኣትዉን ከይሓድሩን፡ ከምኡ ድማ ኣጋይሽ ብኣባላት ጸጥታ ከይተመርመሩ ንኸይሓልፉን እዩ። በዚ ጸገማት'ዚ ጥሪቱ ንከተማ ዝሸይጥ በዓል ኩብቲ፡ ካብ ከተማ ናውቲ ማሕረስን ካልእ ጥረ-ነገርን ዝሸምት ሓረስታይ፡ ኩሎም ክሰርሑሉ ዝኽእሉ ናይ ምንቅስቓስ ዕድል ስለዝተሓረሞም፡ ህይወቶም ተዘሪት ኣደዳ ጥሜትን ድኽነትን ክኾኑን ተገዲዶም እዮም።

ስርዓት ደርግ፡ እቲ ብ10 ዓመት ዝሃነጾ ግንባር ናደው ምስ ተደምሰሰን ውድቀቱ ዘይተርፍ ምዃኑ ምስተጋህደሉን፡ ነቲ ስርዓት ሃይለስላሰ ሸሞንተ ዓመት ቅድሚኡ ዝኣወጆ ናይ ስትራተጅያውያን ቁሸታት ኣዋጅ ብምሕዳስ፡ ህዝቢ ካብ ደቁ ተጋደልቲ ንምንጻል ክፍትን እዩ ተጓይዩ። እቲ ብፍሉይ መንግስታዊ ቤት-ምኽሪ ቁ.1/1988 ዝኣወጆ ድንጋገ፡ ምስቲ ክሳብ ሽዑ ዘይተሰረዘ ናይ ሃይለስላሰ ኣዋጅ ቁ.390 ናይ 1970 ዝነጻጸር ጽሑፍ ኣብ መጽሄት ሳግም ቁ.12 ብሰፊሕ ተተንቲኑ ኣሎ። እቲ ቀዳማይ ኣዋጅ፡ ንምዕራባዊ መታሕት ከባቢታት ኤርትራ ጥራይ ይሸፍን። እቲ ዳሕረዋይ ናይ 1988 ድንጋገ ግን፡ ንዝበዝሐ ክፋል ኤርትራን ትግራይን ዘጠቓልል እዩ። እዚ ብጀነራል ተስፋዬ ገብረኪዳን ዝምራሕ ናይ ህጹጽ ሓደጋ ኣዋጅ፡ ቀይዲ ዘይብሉ ስልጣን ዝተዋህቦን፡ ንዝኾነ ዉልቀ-ሰብ ወይ ጉጅለ ኣብ ውሽጢ ኤርትራ ካብ ቦታ ናብ ቦታ ክቐይር ወይ ናብ ካልእ ክፍለ-ሃገር ኢትዮጵያ ከግዕዝ ስልጣን ዝነበሮን እዩ። ብዘይካ'ዚ፡ ንብረት ውልቀ-ሰባት፡ ዓዲ ወይ ማሕበር ክራስይን ኣብ ዝደለዮ ኣገልግሎት ከውዕልን'ውን መሰል ነይርዎ። ንፖሊስን ናይ ጸጥታ ትካላትን ድማ፡ ቅድሚኡ ንዝነበሮም ህዝቢ ናይ ምግፋዕ መሰል ዘሐይል፡ ባህ ንዘይበሎም ሰብ ክኣስሩ፡ ክቐትሉን ሓይሊ ተጠቒሞም ድላዮም ክገብሩዎን ዘፍቅድ ጻዕዳ ወረቐት ተዋሂቡዎም ነይሩ።

ገበናቶም ካብ ዓለም ንምክዋሉ፡ ናይ ዓይኒ መሰኻክር ክኾኑ ዝኽእሉ ወጻእተኛታት ይኹኑ ናይ ረድኤት ማሕበራት ካብ ኤርትራን ትግራይን ክወጹ'ውን ተደንጊጊ እዩ። እዚ ማለት፡ ህዝቢ ካብቲ ጥሪቱን ንብሱን ዝዕንግለሉ ጉላጉልን ባሕርን ክሕረም፡ መሬቱን ዑናኡን ሓዲጉ ክግዕዝ ወይ ድማ ብሞት ክቕጻዕ ዘገድድ እዩ። ብመሰረት'ዚ ድንጋገ'ዚ ዓድታት ሰምሃር ናብ ባጽዕ ወይ ግንዳዕ፡ ህዝቢ ዊዓን ከባቢኣን ናብ ዓዲ ቐይሕ፡ ኣብ ከባቢ ዒላበርዒድ ዝርከባ ዓድታት ናብ ዒላበርዒድ፡ ሓረስቶት ሰሜናዊ ባሕሪ ሕርሽኦም ገዲፎም ናብ ካርነሽም፡ ካብ ጉዳጉዲ ናብ ታሕታይ ድምበዛን፡ ተቐማጦ ዝባንሰጊ ናብ ዓዲ ፈለስቲ፡ ተቐማጦ ዓላ ናብ ደቀምሓረ፡ ማይ ኣልባ ናብ ዓዲ ኳላ፡ ኣድርባ ናብ ከረን፡ ወዘተ. ክግዕዙ ከም ዝተፈተነ ሳግም ቁ.13 ሰኒዳቶ ኣላ። እዚ ኣማኢት ኣሽሓት ህዝቢ ክዘናበል ዝኣዘዘ ውጥን ግን፡ ነቶም ዓዶም ገዲፎም ዝግዕዙ ሰባት፡ ዝነባበሩሉ ኩነታት ንምጥጣሕ ዘዳለዎ ነገር ፍጹም ኣይነበረን። ድሕሪ ምድምሳስ ግንባር ናደው፡ ሰራዊት ኢትዮጵያ ንኣቑርደት፡ ባረንቱን ተሰነይን ኣብ ዝለቐቐሉ ግዜ፡ ንዝተዘናበሉ ደቂ ሃገር ኣብ ኣስመራ ከባቢ ቤት-ጊዮርጊስን ሓዝሓዝን'ኳ እንተ ኣስፈሮም፡ ዝተቐረበሎም ነገር ስለዘይነበረ፡ ብደገፍ ህዝቢ ከም ዝተዓንገሉ መጽሔት ሳግም ትጠቅስ።

እዚ ብግሁድ ህዝቢ ንምጽናት ዝዓለመ ድንጋገ'ዚ፡ ኣብዚ ዝተጠቕሰ ዓመት ብውሑዱ ጠንቂ ምዝንባል ኣስታት 120 ሽሕ ዝግመት ህዝቢ ኮይኑ እዩ። እዚ ድንጋገ'ዚ ጃምላዊ ቕትለት ሽዕብ ዝጥርዙ፡ ክሳብ 700 ዜጋታት ዝሃለቕሉን ልዕሊ 30 ዓድታት ብነፈርቲ ብዝተኸሰከሰ ናፓልም ዝተቃጸላሉን ሰፊሕ ናይ ግፍዕታት ወፍሪ ዘስዓበ'ኳ እንተነበረ፡ ከምቲ ዝተወጠኖ ብዙሕ ህዝቢ ናብ ርሑቕ ስደት ኣይከደን። ኣብ ሓራ መሬት ኤርትራ ኣብ ትሕቲ ህዝባዊ ግንባር፡ ዝተዘናበሉ ዜጋታት ብማሕበር ረድኤት ኤርትራ፡ ክፍሊ ማሕበራዊ ጉዳያትን ክፍሊ ህዝባዊ ምምሕዳራትን ዝእለዩሉ ቀውምትን ግዝያውያንን መዕቈቢታት ይትከሉ ነይሮም እዮም። ኣብ 1988፡ ክሳብ 70 ሽሕ ዜጋታት ኣብ ዝተፈላለዩ ቦታታት ረድኤት እናተገብረሎም ክእለዩ እንከለዉ፡ ካልኦት ክንድኡ ዝግመቱ ህዝቢ ድማ ኣብ ዝተፈላለየ ጎቦታትን ስንጭሮታትን ካብ ጸላኢ እናተሓብኡን ምስ ሰውራኦም እናተደጋገፉን ክነብሩ ከም ዝተገደዱ፡ ኣብ ናይ ሓምለ 1988 መጽሔት ሳግም ቁ.12 ተጠቒሱ ኣሎ።

ስርዓት ኢትዮጵያ፡ ኣብ ኤርትራ ህዝቢ ናይ ምጽናት መደቡ ክሳብ ክንደይ ርሕቀት ከም ዝኸይድ ብዝያዳ ዝገልጽ፡ እቲ ባጽዕ ሓራ ንምውጻእ ኣብ ዝተኻየደ ኩናት፡ ህዝቢ ጅሆ ንምሓዝ ዝተገብረ ፈተነ እዩ። እቲ

ህዝቢ ኣብ ከባቢ ሰራዊት ኢትዮጵያ ዝነብረለን ከተማታትን ከባቢታት መዓስከራትን ዋራይ ክሰፍር ዝደንገገ ኣዋጅ፡ ብሓደ ወገን ህዝቢ ካብ ተጋደልቲ ንምንጻልን ደገፍ ከም ዘይረክብ ንምግባርን ዝዓለመ ክኸውን እንከሎ፡ በቲ ካልእ ድማ፡ ህዝቢ ጅሆ ብምሓዝ፡ ሰራዊት ካብ ሃንደበታዊ መጥቃዕቲ ንምድሓን ከም ዝነበረ'ዩ ዘመልክት። ኣብ ኩናት ባጽዕ 1990፡ ሰራዊት ኢትዮጵያ ካብ ኣማተረን ዕዳጋን ምስ ተደፍአ፡ ነቲ ሲቪላዊ ህዝቢ፡ ብሓይሊ ኩብኩቡ ናብ ጥዋለትን ርእሲ ምድርን ብምእታው፡ ከም መከላኸሊ ድርዒ ክግልገለሉ ፈቲኑ እዩ። ህዝባዊ ግንባር፡ እቶም ዝተኸበቡ ሰራዊት ኢትዮጵያ፡ ሰላማዊ ህዝቢ ጅሆ ስለ ዝሓዙ፡ መጥቓዕቱ ኣደናጉዩ፡ ህዝቢ ብሰላም ንክወጽእ፡ ምሩኻት ብምልኣኽን ብማይክሮፎን ብምምሕጻንን ክረዳዳእ ፈቲኑ እዩ። ኣብ መጽሔት ሳግም ቅጺ 2 ቁ.3 ናይ መጋቢት 1990 ድማ፡ መራሒ ኢትዮጵያን ላዕለዎት ጀነራላቱን፡ ሰላማዊ ህዝቢ ከይልቀቕን ምስቶም ዝተኸርደኑ ሰራዊቱ ክጠፍእን ከም ዝወሰኑ ዘመልክት ዝርዝር ሓቕታት ተመዝጊቡ ኣሎ።

10. ግዱድ ዕስክርናን ሜላ ገረብ ብሓክላን

ስርዓት ኢትዮጵያ፡ "ገረብ ብሓክላ" ብዝብል ዕላማ፡ ኣብ ከተማታትን ገጠራትን ህዝቢ ኣንጻር ሰውራኡ ብግዲ ከም ዝዋጋእ ንምግባር ዘይፈተንዎ ግፍዒ የልቦን። ካብ መጀመርታ ስሳታት ኣትሒዞም ኣብ ዝተፈላለያ ዓድታት ኣንጻር ሰውራ ክቃለሱ፡ ብረት ከዕጥቕዎም ዝፈተኑ ብዙሓት ሓረስቶት ከምቲ ዝምነይዎ ኣይኮኑሎምን። ድሕሪኡ'ውን "ኮማንዶስ" ብዝብል ስም፡ ገና ካብ ዘይነቕሑ ደቂ ሃገር ዝተሓርዩን ብእስራኤላውያን ዝተዓለሙን ሰራዊት ብምህናጽ፡ ህዝቢ ነንሓድሕዱ ከፋልስን ሓድነት ህዝብን ሰውራን ከዳክምን ውዲት ኣሊሞም። እዚ ናይ ደቂ ሃገር ሰራዊት ብዙሕ ሃሰያ'ኳ እንተፈጠረ፡ ኣብ መወዳእታኡ ግን ቀንዲ ጸላኢኡ ስለዘለለየ፡ ሓይሊ ሰውራ ዘደልደለ እዩ።

ደርጋውያን ስልጣን ምስ ሓዙ'ውን እንተኾነ፡ ዋላ እኳ ኣማኢት ኣሽሓት ዝተገፈፉ ኢትዮጵያውያን እናምጽኡ ንሰውራ ኤርትራ ከዳክሙ እንተፈተኑ፡ ማዕረ ማዕሪኡ ንደቂ ሃገር ብግዲ ናይ ምዕስኻር መደብ ሸለል ኣይበልዎን። ኣብ 1980ታት፡ ተደጋጋሚ ወራራት ጸላኢ ንሰውራ ኤርትራ ከዳክሞ ከም ዘይክእል ምስ ኣረጋገጹ፡ ከም ብሓድሽ ነቲ ገረብ ብሓክላ ዝብል ሜላኦም ከበራብርዎ ጽዒሮም። ኣብ 1982፡ ናይ "ሃገራዊ ኣገልግሎት" ኣዋጅ ብምውጻእ፡ ተማሃሮን መንእሰያትን ብሓይሊ እናገፈፉ ዘዕስክሩሉ ሜላ ፈጢሮም። 5,000 ኤርትራውያን መንእሰያት ኣብ ደቀምሓረ

ወተሃደራዊ ታዕሊም ክወስዱ፡ ብወተሃደራትን ናይ ፈንጂ ከበባን ተሓጺሮም ከም ዝተዓለሙ ኣብ መጽሔት ፍጻመታት ቁ.147 ብዝርዝር ተጠቒሱ ኣሎ። እዞም ዝተዓለሙ መንእሰያት፡ ብግዲ ከም ዝዓጥቁን ኣብ ግንባራት ኤርትራ ከም ዝሰለፉን ንምግባር'ኳ እንተ ተፈተነ፡ ብዙሓት ተተዓሊሞም ናብ ሰውራ ወይ ናብ ስደት ስለዝኸዱ ክኸስቡሎም ኣይከኣሉን። ኣብ መንን መሳርዕ ኢትዮጵያውያን ወተሃደራት ኣእትዮም እናሓለዉ ኣንጻር ኣሕዋቶም ከዋግኡዎም ዝገበርዎ ፈተነ'ውን ኣይተዓወተን። እዚ ድማ፡ ብግዲ ካብ ኤርትራ ናብ ዝረሓቐ ግንባራት ደቡብ ኢትዮጵያ ብምውሳድ፡ ኣብ ዘይምልከቶም ኲናት ከም ዝጥበሱ ይገብሩ ነይሮም።

ሰራዊት ኢትዮጵያ፡ ነቲ ብደርቅን ኲናትን ዝተዘናበለ ህዝቢ ኤርትራን ኢትዮጵያን ዝረኸቦ ሓገዛት፡ ኣብ ህዝቢ ኤርትራ መሳርሒ መግዛእታዊ መደባቱ እዩ ተጠቒሙሉ። መጽሔት ፍጻመታት 166 ኣብ 1984 ከም ዝመዝገቦ፡ “ካብ ኻናዳ ንረድኤት ሸጉራት ኢትዮጵያውያን” ዝተጻሕፎ 10 ጽዕነት መካይን መግቢ ረድኤት፡ መዓልታዊ ናብ ፋብሪካ ኣባሓበሽ - ደቀምሓረ እናተጓረተ፡ ሰራዊት ኢትዮጵያ ናብ ዝቕለቦ ድሩቕ ብሽኮቲ (ጉስማጥ) ይሰራሕ ምንባሩ፡ ምሉእ ህዝቢ ብዓይኑ ዝመስከሮ ግሉጽ ተግባር እዩ። እቶም ብምኽንያት ተደጋጋሚ ድርቂ ኣብ ናይ ጥሜት ሓደጋ ዝወደቑ ዓበይቲ ሸማግለታት ሓረስቶት ድማ፡ ካብቲ ብስም ህዝቢ፡ ብናጻ ዝተለገሰ ረድኤታዊ ሓገዝ ንክረክቡ ብረት ክዓጥቁ ነይርዎም። እዚ ብረት ንዝዓጠቐ ጥራይ እኽሊ ዝዕደሉ ናይ ምዝመዛ ተግባር፡ መሰታ ባርነት ዝቕጽር ግፍዒ እዩ ነይሩ። ዝበዝሑ ሓረስቶት፡ ኣብቲ ብህዝቢ ኤርትራ “ሚሊሻ ስርናይ” ዝተሰምየ ናይ ሓረስቶት ሰራዊት ምእንቲ ክኣትዉ፡ ግራውቶም ብፈንጂ እናረቕረቐን ዝበቖለ እክሎም እናመንቑሰን፡ ኣብ ግዜ ክራማት ኣብ ትሕቲ ቐይዲ እናኣእተወን፡ ሓሪሶም ከም ዘየፍርዩን ጽግዕተኛ መንግስቲ ከም ዝኾኑን ገይሩዎም። ዋላ'ኳ ገለ ዜጋታት ነቲ ድርቂ ዝፈጠሮ ጥሜት ከሕልፉ ክብሉ እንተ ተዓስከሩ፡ ሚሊሻ፡ ስርናይ ግን፡ ከምቲ ጸላኢ ዝመደቦ ንሰውራ ዝብድህ ሰራዊት ኣይነበረን። ሚሊሻ ምኳን ዝነጸጉ ብዙሓት ሓረስቶት ድማ፡ ካብ ጸላኢ እናተሓብኡ ኣብ ጸላኢ ዘይበጽሖ በረኻታት ዓዶም ንነዊሕ ዓመታት ክቕመጡ ይግደዱ ነይሮም። ነቶም ኣብ ሰራዊት ክኣትዉ ዘይበቕዑ ዝበሎም ዝተረፉ ዓበይቲ ሰባት'ውን፡ ካብቲ ብለገስቲ ሃገራት ዝተዋህበ ረድኤት ብናጻ ክዕደሉ ኣይፈቐደን። ኣረገውቲ ሰብኡትን ኣደታትን “እኽሊ ንሰራሕ” ብዝብል መደብ፡ ደሞዞም ብእኽሊ ረድኤት እናኸፈለ ንዕኡ ከም ዘገልግሉዎ ይገብሮም ነይሩ እዩ። ነቲ እኽሊን ካልእ መግቢ ረድኤትን፡ ንስሩዕ ሰራዊቱን ሚሊሻታቱን ኣብ “መግቢ ብሰራሕ”

ንዘተዓሰቡ ሽቃሎን ምስ ተጠቕመሉ፣ ነቲ ዝተረፈ እኽሊ ኣብ ዕዳጋታት ይሸጦ ምንባሩ'ውን ህዝቢ ዝምስክሮ ሓቂ እዩ። ህዝቢ ኤርትራ፣ ነቲ ብስሙ ዝተረኽበ እኽሊ ብማዕዶ እናረኣየ፣ ብዙሓት ናይ ረድኤት ሽቃጦን ናይ መንግስቲ ተሓባበርትን ብዙሕ ገንዘብ ክኻዕብቱ ክኢሎም እዮም። ዋላ'ኳ ስርዓት ደርግ፣ ዲፕሎማሰኛታትን ዘይመንግስታውያን ማሕበራትን ኣብ ኤርትራ ክንቀሳቀሱ ዘይፈቅድ እንተነበረ፣ መግቢ ረድኤት ኣብ ወተሃደራዊ መዓላን መሸጣን ዘውዓለሉ ግሁድ ኣገባብ ኣይተሰወሮምን። የግዳስ ልኡም ተቓውሞ እንተ ዘይኮይኑ፣ ብግልጺ ክኹንኑዎ ኣይተሰምዑን። እዚ ህዝቢ ንምንብርኻክ ዝተወጠነን ዝተተግበረን እኩይ መደብ ግን፣ ህዝቢ ኤርትራ ኣብ መግዛእቲ ዝነበሮ ጽልኢ ዘጋደደ እዩ ነይሩ።

ስርዓት ደርግ፣ ድሕሪ ምድምሳስ ግንባር ናደው ኣብ 1988፣ ውድቀቱ ርግጽ ምዃኑ ምስ ተገንዘበ፣ ህዝቢ ኤርትራ ብሃይማኖትን ብሄርን ንሓድሕዱ ዝፋለሰሉ ሓደ ሕልማዊ ፈደራላዊ ፕሮጀክት'ውን ሓንጺጹ ነይሩ እዩ። ኤርትራ ኣብ ሰለስተ ዞባዊ ርእሰ-ምምሕዳራት ክትመቓቐል ማለት፣ ባርካ፣ ሰንሒት፣ ሳሕልን ሰምሃርን ቀዳማይ ዞባ፣ ከበሳ ካልኣይ ዞባ፣ ደንከል ድማ ሳልሳይ ዞባ ክኾውን፣ ብሰለስተ ክፋላታ ከኣ ኣካል ናይታ ስማ ቀይራ "ፈደራላዊት ህዝባዊት ዲሞክራስያዊት ሪፓብሊክ ኢትዮጵያ" እትጽዋዕ ሃገር ክትከውን ዝእምም እዩ ነይሩ። ደርጊ፣ ብዛዕባ'ዚ ውጥን'ዚ፣ ኣብ ግንቦት 1989 ምስ ጉጅለ ዓብደላ እድሪስ፣ካብ ተ.ሓ.ኤ. ምስ ዝተፈናጨሉ ገለ ጉጅለታትን ካልኦት ሓምሻይ መስርዐኛታትን ኣብ ስምምዕ በጺሑ ነይሩ። እዚ ኣብ ህዝቢ ኤርትራ ብሃይማኖታዊ ፍልልይን ኣውራጃታትን ምምቕቓላት ፈጢርካ ብዘይዳ ንደንከልን ዓሰብን ካብ ኤርትራ ንምርሓቕን ዝተሓሰበ መደብ'ኳ እንተኾነ፣ ቀንዲ ዕላምኡ ግን ብደቂ ሃገር ዝቐውም "ቀላማ ሰራዊት" ብምህናጽ ንህዝባዊ ግንባር ንምድኻም እዩ ነይሩ። በዚ ናይ መወዳእታ 'ገረብ ብሓክላ' መደቡ፣ ምስ ሰራዊት ኢትዮጵያ እናተደጋገፉን ንሰውራ ኤርትራ ዝጻብኡን ሓደ ክልተ ፈንጂታት ዝተክሉን ከዳዓት ደቂ ሃገር'ኳ እንተ'ዋፈረ፣ ሓድነት ህዝቢ ኤርትራ ኣብ ትሕቲ ህዝባዊ ግንባር ኣብ ዝለዓለ ጥርዙ ስለዝበጽሐ፣ እቲ መደብ ነቲ ዝተመነየ ምድኻም ህዝባዊ ግንባር ከም ዘየገልገለ፣ "ሰውራ ኤርትራ" ኣብ ዝብል መጽሓፍ ኣልኣሚን መሓመድሰዒድ ብዝርዝር ገሊጽዎ ኣሎ።

እዚ ስርዓታት ኢትዮጵያ ዝሃለኩሉ፣ ብዙሕ ዝዓይነቱ ናይ 'ገረብ ብሓክላ' መደባት፣ ብዙሓት ዜጋታት ክዕለሙን ብረት ክዓጥቁን'ኳ እንተደፍኣም፣ ሓፋሽ ህዝቢ ኤርትራ ግን ነቲ ብረት ኣንጻር ሰውርኡን ተጋደልቲ ደቁን ብዕቱብነት ክጥቀመሉ ኣይተራእየን። ሓድነት ህዝብን ተጋደልትን

ንምልሕላሕ፡ ዝተፈላለየ ስም ዝተዋህቡ ናይ ደቂ ሃገር ሰራዊታት ንምህናጽ ዘካየድዎ ፈተነታት ብኣንጻር ውጥኖም ንሰውራ ስለዘሐየሎ፡ ታሪኽ መግዛእቶም ብውድቀት ክዛዘም ግድን ኮይኑ።

11. ምፍራስ ማሕበራዊ ኣገልግሎታት

ሓደ ካብቲ ስርዓታት ኢትዮጵያ ዝተኸተልዎ ናይ ተግባረ-ብድመት ፖሊሲታት፡ ንቡር ህይወት ምእንቲ ከይቅጽል፡ ኩሉ ስሩዕ መንግስታዊ ኣገልግሎታት ከም ዝዳኸም ምግባር እዩ። ብወተሃደራትን ወተሃደራዊ ሕግታትን ክትመሓደር ዝተፈርደት ኤርትራ፡ ኩሉ ሆስፒታላት፡ ክሊኒካት፡ ኣብያተ ትምህርቲ፡ ኣገልግሎታት መጉዓዝያን ንግድን፡ ሕርሻን ናይ እንስሳ ሕክምናን፡ ከምኡ'ውን ካልእ መንግስታውን ብሕታውን ማሕበራዊ ዕዮታት ናብ ዝተሓተ ደረጃኡ ከም ዝወርድ ኮይኑ እዩ። ኤርትራ፡ ኣብ 1962 ኣካል ስርዓት ኢትዮጵያ ምስ ኮነት፡ ኣብ ሕክምና፡ ትምህርትን ካልኦት ኣገልግሎታትን ዝሰዓበ ዕንወት ብምግምጋም ጥራይ፡ ቁጠባውን ማሕበራውን ዕድላት ህዝቢ ንምዝራግ ውጡን ውዲት ምንባሩ ምርዳእ ይከኣል እዩ።

መራሕቲ ኢትዮጵያ፡ ነቲ ኣብ ግዜ ፌደረሽን ዝነበረ ደረጃ ኣገልግሎት ጥዕና፡ ብዘይ ምድንጓይ ከዳክምዎ እዮም ወጢኖም። ዶክተር ተኸስተ ፍቃዱ፡ "ታሪኽ ዘመናዊ ሕክምና ኣብ ኤርትራ" ኣብ ዘርእስቱ ናይ 2018 መጽሓፉ፡ ባጀት ሕክምና ኤርትራ ኣብ 1957፡ ግዜ ፌደረሽን 2.1 ሚልዮን ብር ከምዝነበረ፡ ኣብ 1965 ግን ናብ 400,00 ብር ከም ዝወረደ፡ ነቲ ኣብ 1973 ዝተኻየደ መጽናዕቲ ብምጥቃስ ኣሰፊርዎ ኣሎ። ናብ ሓደ ሕምሲት ከም ዝወርድ ዝተገብረ፡ ጽልዋ ጸጥታ ኣዝዩ ትሑት ኣብ ዝነበረሉ ግዜ እዩ። በዚ ምኽንያት፡ እተን ብድምር 2000 ዓራት ዝነበረን 12 ሆስፒታላትን ክሳብ 100 ዝበጽሓ ኣብ ኩሉ ኩርናዓት ኤርትራ ዝተዘርግሐ ክሊኒካትን ሕጽረት ባጀት ስለዘጋጠመን፡ ዝበዝሓ ክሳብ ኣብ ምዕጻው በጺሐን። ኤርትራ ናብ ደረጃ ናይተን ካልኦት ጠቕላይ ግዝኣት ኢትዮጵያ ንምውራዳ፡ ቍጽሪ ሓካይም ብምንኻይ፡ ብዙሓት ኤርትራውያን ሓካይም ብዘይ መተኻእታ ናብ ኢትዮጵያ ተመዲቦም። እቲ ምደባ ሓካይም፡ ኣብ ግዜ ስርዓት ደርግ ብግሁድን ብምስግዳድን እዩ ተፈጺሙ። ዶክተር ክብርኣብ ፍረ እውን ኣብቲ ናይ 1975 ጃምላዊ ህልቂት ኣስመራ፡ ኣብ መኻነ-ህይወት ሆስፒታል ለይትን መዓልትን ኣብ ዝሰርሑሉ ዝነበረ እዋን፡ ንሱን ክልተ ካልኦት ኤርትራውያን ሓካይምን ንክልተ ለይቲ ድሕሪ ምእሳሮም፡ ገዝኦም ከይተመልሱ ናብ ኣዲስ-ኣበባ ተወሲዶም ኣብ ሆስፒታል ጥቁር ኣንበሳ

ክሰርሑ ወይ ክእሰሩ ምርጫ ከም ዘተዋህቦም ጽሒፉ ኣሎ። እተን ዝሓሸ ዓቕሚ ዝነበረን ሆስፒታላት ከተማታት'ውን፡ ንሰራዊቱ ብቐዳምነት ከም ዘገልግላ ስለዝተገብረ፡ ውጉኣት ወተሃደራት ኣብ ዝበዝሑሉ እዋን ኩሎም ኣብ ኣፍ ሞት ዝርከቡ ሲቪል ሕሙማት ካብተን ሆስፒታላት ዝሰጉጉሉ ኩነታት ብተደጋጋሚ ይርአ ነይሩ እዩ። በዚ ግፍዕታት'ዚ መጥባሕትን ክንክንን ተነፊጉዎም ዝሞቱ ዜጋታት ውሑዳት ኣይነበሩን።

"ታሪኽ ኣብያተ ትምህርቲ ኤርትራ" ብዝብል ኣርእስቲ፡ ኣብ 1997 ዝተሓትመ ናይ መሓሪ መልደሚካኤል መጽሓፍ፡ ስርዓታት ኢትዮጵያ ኣብ ኤርትራ ንዝኸሉፍዎ፡ ዕድላት ትምህርቲ ዝገልጽ ንጹር ሓበሬታ ኣለዎ። ኤርትራ፡ ኣብ 1952 መንግስቲ ፈደረሽን ከተቕውም ከላ፡ ክሳብ 86 ኣብያተ-ትምህርቲ መንግስትን፡ ውሑዳት ናይ ሃይማኖት ኣብያተ-ትምህርትን ነይሮምዋ። ኣብቲ ዝሰዓበ 10 ዓመት፡ መንግስቲ ኤርትራ ብዘካየዶ ትምህርታዊ ወፍሪ፡ እተን መንግስታዊ ኣብያተ-ትምህርቲ ብዕጽፊ ወሲኸን ናብ 172 ክዓብያ እንከለዋ፡ እተን ናይ ሃይማኖት ኣባይተ-ትምህርቲ 132፡ እተን ናይ ብሕቲ ድማ 11 በጺሐን ነይረን። ባይቶ ኤርትራ፡ ኣብ ዝፈረሰሉ 1962 ድማ ኣብ ምሉእ ሃገር ዝተዘርግሓ ብድምር 315 ኣብያተ-ትምህርቲ ነይረን። ቅድሚ ምፍራስ ፈደረሽን፡ ቋንቋታት ኤርትራ ከም መምሃሪ ቋንቋታት ተሪፎም ብኣምሓርኛ ክትክኡ መጽሓፍቲ ብምቕጻልን መምህራን ብምዝንባልን ዝፈጸምዎ ዓመጽን ግፍዕን፡ ንብዙሓት ኤርትራውያን ተማሃሮ ዝኸሉፈን ዘሰናኸለን ምንባሩ ዝፍለጥ እዩ። ከምቲ ኣብ ጥዕናዊ ኣገልግሎት፡ ኣብ ትምህርታዊ ወፍሪ ዝውዕል ባጀት'ውን ብምጉዳሉ፡ ከምኡ'ውን እቲ ዝርካቡ ባጀት በቶም ልዑል ናይ ደሞዝ ሓለፋ ዝተገብረሎም ኢትዮጵያውያን ናይ ኣምሓርኛ መምህራን ብምህላኹ፡ እቲ ቍጽሪ ናይ ኣብያተ-ትምህርቲ ከምቲ ክኸውን ዝግባእ ኣይሰጉመን። ኣብ 1973፡ ኣብ ገጠራት ናይ መባእታ ኣብያተ-ትምህርቲ ወሰክ ተራእዩ፣ መንግስታዊ 244፡ ዘይመንግስታዊ ድማ 283 በጺሐን። ኣብ 1988 ግን፡ እቲ ቍጽሪ ናብ 183 መንግስታዊን ናብ 90 ብሕታውን ኣንቈልቍሉ። ኣብ እዋን ናጽነት ድማ፡ 152 መንግስታውን 83 ብሕታውን ክሳብ ዝተርፋ ወሪዱ። እዚ ድማ፡ ኣብቲ መግዛእቲ ኢትዮጵያ፡ ኣብ ኤርትራ ዝነበረሉ ዓመታት፡ ጸጥታዊ ኩነታት ጽልዋ'ኳ እንተ ነበሮ፡ ብቐንዱ ዝግብኦ ወፍርን ባጀትን ስለዘይተገብረሉ ክስጉም ኣይከኣለን። ልዕሊ 80% ዝግመቱ ህጻናት ኤርትራ ካብ መሰረታዊ ትምህርቲ ተሓሪምዎም።

ኩሎም ካልኦት ማሕበራዊ ኣገልግሎታት'ውን ብተመሳሳሊ ደረጃ ተሃሰዮም እዮም። እተን ኣብ ኤርትራ ዝነበራ ፋብሪካታት፡ ካብቲ ክዳኸማ፡

ክዕጾዋ ወይ ናብ ኢትዮጵያ ክግዕዛ ዝወርደን ዝነበረ ጸቕጢ ክሃድማ ኣይከኣላን። ሓድሽን ነተን ዝጸንሓ ኣብያተ-ዕዮ ዘስፍሕን ብሕታዊ ወፍሪ ስለዘየፍቀደ፡ ስራሕ ዝፈጥር ዕድላት ይኹለፍ ነይሩ። ኣፍረይቲ ትካላት ፍቓድ ኣብ ዝኸልከላሉ፡ ንኣብያተ-መስተን ለይታዊ ትልሂትን የተባብዕን ከይወዓለን ከይሓደረን ልቾንሳ ይህበንን ነይሩ። ክኢላታት ደቂ ሃገር እናተወገኑን 'ወንበዴ' ብዝብል ጥቀና እናተሰጐጉን ዝበዝሕ ኣገዳሲ ናይ ምሕደራ ቦታታት፡ ዳይረክተራት ኣብያተ ትምህርቲ፡ ሓለፍቲ ባንክታት፡ ሓለፍቲ ትካላት መድሕን፡ መምህራን ናይ ማእከላይን ካልኣይን ደረጃ ኣብያተ-ትምህርቲ፡ ወዘተ. ትሑት ብዝብቕዓቶም ኢትዮጵያውያን ይትካእ ነይሩ። እዚ ብዕላማ ዝተሰርሓሉ እከይ ውዲት፡ ብዙሓት ስራሕተኛታት ናብ ኢትዮጵያን ካልኦት ሃገራትን ክስደዱን ክዘናበሉን ኣገዲዱ እዩ። እቶም ዘይተዘናበሉን ካብ ገጠር ንኸተማ እናወፈሩ ዝሰርሑ ዝነበሩን ድማ፡ ብጸጥታዊ ምኽንያት እናተመሳመሰ ምእታው ምውጻእ ብዝፈጥሮ ጸገምን ስግኣትን ስርሖም ክርሕርሑ ተገዲዶም እዮም። ንቡር ትሕተ-ቅርጺ ከተማታት፡ ቀስ ብቐስ ክም ዝዓኑ ብምግባር'ውን ንቡር ህይወት ዜጋታት ከም ዝበላሾ ገይሮም እዮም። ንኣብነት፡ ኣገልግሎት ማይ ኣብ ከተማ ኣስመራ ምስ እንምልከት፡ ህዝቢ ኩቺነተ እናደፍአ ማይ ዝልምነሉን ንሓንቲ ፊስቶ 8 ብር እናኸፈለ ዝሰትየሉን ኩነታት ነይሩ። እዚ ከኣ ኣብ ጾር መነባብሮ ህዝቢ ዓቢ ሃስያ ነይርዎ። እዚን ካልእ ብዙሕ ዘይተገልጸን መንግስታዊ ግዴታታት ብፍላጥ ብምልማሱ፡ ህዝቢ ብቍጠባዊ ውድቀት ከም ዝሳቐን ከም ዝንብርከክን ንምግባር ዝተሰርሓሉ ውጡን ዓመጽ እዩ።

ብዘይካ'ቲ ማሕበራዊ ኣገልግሎታት ብምድስኻልን ዕድላት ወፍሪ ብምኹላፍን ዝተኻየደ ቍጠባዊ ዕንወት፡ ብሰራዊት ዝካየድ ዘረፋን ምዕናው ንብረትን እውን፡ ሓደ ካብቲ ንልምዓታዊ ምንቅስቓስን ንቍጠባዊ ተበግሶ ህዝብን ዝቐተለ ስነ-ኣእምሮኣዊ ጸቕጢ እዩ ነይሩ። ኣብ ዝኣተዉዎ ናይ ከተማን ገጠርን ኣባይቲ፡ ብስም ፍተሻ ምሉእ ንብረት ህዝቢ ይገማጥሉ፡ ንዝረኸብዎ ገንዘብን ወርቅን ይምንዝዑን ድኳናትን ትካላትን ይዘርፉን ነይሮም። ዝፈረየ ኣሕምልቲን ፍረታትን ምርሳይ፡ ኣብ ግራውቲ ዝጸንሑም ኣትክልቲ ምብንቋስ፡ ደቂ ዓዲ ንነዊሕ ዓመታት ተኸናኺኖም ዘዕበይዎ ቀላሚጦሳት ቈሪጾምን ጽዒኖምን ምሻጥ ዝተለምደ ስርሖም እዩ ነይሩ። ኣብ 1982 ንኣብነት፡ ኣብ ሰሜናዊ ባሕሪ ናይ ሓረስቶት 300 ገረብ ቡን፡ ንምግላጹ ብዘጸግም ኣገባብ ቈሪጾሞን መንቍሶሞን። ጀራዲን ናይ ዘልምዑ ሓረስቶት ንኣሽቱ ሞቶረታት ብመካይንን ሄሊኮፕተራትን ጽዒኖም ዝወሰዱሉ ኣጋጣሚታት ብዙሕ እዩ። ህዝቢ ካብ ጃምላዊ ህልቂት ክሃድም

ዓዱ ኣብ ዝገድፈሉ እዋን፡ ብሰራዊቶም ዚንጎታት ገዛውቲ ቀንጢጦም ዝወስዱሉ፡ ዝራሰ ንብረት ድሕሪ ምዝራፎም ዓዲ ኣንዲዶም ዝኸዱሉ ፍጻመታት፡ ከም ልሙድ ተርእዮ ተቖጺሩ ነይሩ። ጠሓንቲ እኽሊ፡ ሰፈይቲ መኪናን ጃላቡ ናይ ገፊፍቲ ዓሳን ዝወስድሉ፡ እኽሊ ዝመልአ ቆፎ ሓረስቶት ናብ ሓመድ ሓዊሶም ዝኸዱሉ፡ ተግባራት ማእለያ ኣይነበሮን። ሰራዊት ኢትዮጵያ ዝዓስከረሉን ዝሓለፈሉን ቦታታት፡ ግዳይ ግፍዒን ዕንወትን ጥራይ ኮይኑ ስለዝተርፍ፡ ህዝቢ ቐሲኑ ካብ ምንባር፡ ዘይንቀሳቐስ ንብረትን ቀዋሚ ትካላትን ካብ ምህናጽን ቍጠባዊ ዕማማቱ ካብ ምፍጻምን ዝዓገተ፡ ከቢድ ዝሳዕቤኑ እዩ ነይሩ። ብዘይካ ብጃምላዊ ቅትለትን ማእሰርትን፡ ህዝቢ ኤርትራ፡ ናብ ስደት ምእንቲ ከምርሕ ብዕላማ ዝተሰርሓሉ ቍጠባውን ማሕበራውን ዕንቅፋታት እምበኣር፡ ኣካል ናይቲ ህዝቢ ንምጽናት ዝተኸተሉዎ እኩይ ሜላታት እዩ ነይሩ።

ሳዕቤናት ግፍዒ

ስንክልናን ኣካላዊ ጉድኣትን

ብዛዕባ ጃምላዊ ቅትለት ኣብ ዝለዓለሉ እዋን፡ ብውሑዱ ክንድኡ ዝግመት መቕሰልትን ነባሪ ስንክልናን'ኳ እንተሎ፡ ምስቶም ህይወቶም ዝሰኣኑ ብምዝማድ ግን ከይተገልጸ ይተርፍ እዩ። ኣብ ኩሉ ብሰራዊት ኢትዮጵያ ዝፍጸም ጃምላዊ ህልቂት ይኹን ብደብዳብ ነፈርቲ ዝስዕብ ግፍዕታት፡ ኣሽሓት ኣካላዊ ጉድኣትን ነባሪ ስንክልናን ዝወረዶም ኣለይቲ ስድራ ዝርከቡዎም ዜጋታት፡ ዓዲ ክውዕሉን ጽግዕተኛታት ክኾኑን ተገዲዶም እዮም። ገለ ኣብነት ካብቲ ውሑድን ዘይተማልአን ምዝጉብ ሓበሬታ እንተረኣና፡ ኣብ መለብሶ 1967፡ ክሳብ 76 ሰባት ከም ዝሰንከሉ፡ ብ1975 ኣብ ኣቖርደት ኣብ ዝተኻየደ ጃምላዊ ህልቂት ክሳብ 80 ከም ዝቖሰሉ፡ ኣብ 1975-1976 ድማ ኣብ ሕርጊጎ ክሳብ 130 ነባሪ ስንክልና ከም ዝገጠሞም ኣብ መጽሓፍ "ግፍዒ"ተመዝጊቡ ንረክብ። ኣብቲ ብክፍሊ ማሕበራዊ ጉዳያት ዝተሰነደ ናይ ግፍዕታት ጸብጻብ እውን፡ ካብ 1979 ክሳብ 1986 ኣስታት 700 ዜጋታት ከም ዝቖሰሉን ከም ዝሰንከሉን ተመዝጊቡ ኣሎ። ብዘይካ'ቲ ብተተኮስቲ ኣጽዋር ዝሰዓበ ጉድኣት፡ ብማእሰርትን ብኣሰቃቒ ምርመራን ግዳያት ስነ-ኣእምሮኣዊ ነውጺን ምስሓት ኣእምሮን ኮይኖም፡ ንስቃይን ድኽነትን ዝተቓልዑ ዜጋታት'ውን ብዙሓት እዮም። ኣካላዊ፡ ቍጠባውን ማሕበራውን ግፍዕታት ዝወረዶም ካልኦት ዓሰርተታት ኣሽሓት ዜጋታት ድማ፡ ሩሖም ስለዘይሓለፈን ከም ምውታት ስለዘይተጸብጸቡን፡ ዛንታ ናይ ዝተዘርገ ህይወቶምን ምረት ናብርኦምን ክርሳዕ ዝኽእል ኣይኮነን።

ዝክትምና

ሓደ ካብቲ ኣሰቃቒ ሳዕቤን ጃምላዊ ህልቂት፡ ክልቲኦም ወለዶም ስኢኖም ብዘይ ዝኮነ ኣላዪ ዝተርፉ ህጻናት እዮም። ሓደ ካብ ወለዶም ብማእሰርትን ቅትለትን ስለዝስእኑ፡ ብኣደታቶም ጥራይ ዝእለዩ ህጻናት ዝገጥሞም ቍጠባውን ስነ-ኣእምሮኣውን ጸገማት ቀሊል ኣይነበረን። ሕብረትሰብ ኤርትራ ብሓድሕድ ናይ ምትሕልላይ ባህሉ ንብዙሕ ካብቲ ዝክትምናን ስቓይን ቁልዑ ስለዘቃለሎ፡ ምስቲ ዓቐን ናይ ዝዘኽተሙ ቁልዑ ዝዳረግን ዝምረርን ጸገም ኣይተፈጥረን። ኣሸሓት ህጻናትን ቁልዑን ጽግዕተኛታት ናይ ርሑቕ ዘመድ ወይ ጉረባብቲ ክኾኑ ስለዝተገደዱ፡ ብስእነት ፍቕሪ ወለዲ፡ ከቢድ ጸቕጢ ከም ዝነበሮም ግን ክኽሓድ ኣይክእልን። ኣብቲ ቀዳማይ መድረኽ ብረታዊ ቃልስና፡ ስድራቤቶም ስኢኖም ምስ ኣዝማድን መቕርብን ናብ ሰደት ብምኻድ ዝተኸላበቱ ቁልዑን ህጻናትን ውሑዳት ኣይኮኑን። ኣብ ካልኣይ መድረኽ፡ ህዝባዊ ግንባር ብግፍዕታት ሰራዊት ኢትዮጵያ ስድራቤቶም ዝሰኣኑን ብዘይ ኣላዪ ዝተረፉን ህጻናትን ትሕቲ ዕድመ ቁልዑን ናይ ምእላይ ሓላፍነት ስለዝተሰከመ፡ ዘኽታማት ካብ ከቢድ ጸገማት ናብራን ጭንቀትን ብመጠኑ ድሒኖም ምባል ዘኽእል እዩ። ኣብ ክፍሊ ማሕበራዊ ጉዳያት ኣብ 1978 ዝተመስረተ ጨንፈር መናበዪ ህጻናት፡ ናይ ኣዋርሕ ዕድመ ዘለዎም ዝርከቡዎም ኣማኢት ዘኽታማት እናተቐበለ ክሳብ ናብ ዕድመ ትምህርቲ ዝበጽሑ ሓብሒቡዎም እዩ። ኣብ ትሕቲ ክፍሊ ፖለቲካዊ ምንቕቓሕን ትምህርትን ባህልን ህዝባዊ ግንባር ዝእለ ዝነበረ ቤት ትምህርቲ ሰውራ ድማ፡ ከም ቀጻሊ መሰርሕ ኮይኑ፡ ነቶም ዕድመ ትምህርቲ ዝበጽሑ ዘኽታማት እናመሃረን እናኣለየን ዓቕሚ ኣዳም ከም ዝበጽሑ ገይሩ እዩ። እቲ ስርዓት ኢትዮጵያ ኣብ ህጻናትን ቁልዑን ዘውረዶ በደላትን በሰላታትን ግን ምዕቃኑ ዝከኣል ኣይኮነን።

ስደትን ምዝንባልን

ካብ ጃምላዊ ቅትለት ህዝቢ ክሳብ ጥሪትን ንብረትን ምዕናው፡ ህዝቢ ቀሲኑ ከይነብርን ዓዱ ገዲፉ ክስደድን ዝዓለመ ቅሉዕ ውዲት፡ ብዝኮነ ተኣምር ክክወል ዝከኣል ኣይኮነን። ኣብ 1967 ድሕሪቲ ኩሉ መዳያዊ ግፍዕታት ካብ ደቡባዊ ኣከለጉዛይ ክሳብ ባርካ፡ ሳሕል፡ ሰንሒትን ሰምሃርን ናብ ሰደት ዝኸደ ህዝቢ፡ ክሳብ 70 ሽሕ ክግመት እንከሎ፡ ካልእ ልዕሊ 100 ሽሕ ድማ ርጉእ መነባብሮኡ ተዘሪጉ፡ ኣብ ውሽጢ ሃገር ከም ዝተዘናበለ ኣብ ጋዜጣ ፍጻመታት ቍ.127 ተጠቒሱ ኣሎ። ካብ 1970 ክሳብ 1972 ብዝያዳ ኣብ ሰንሒትን ሳሕልን ዝተኻየደ ጃምላዊ ቅትለትን ምንዳድ

ዓድታትን'ውን፡ ከሳብ 30 ሽሕ ዝግመት ህዝቢ ናብ ስደት ከምርሕ ኣገዲዱ እዩ። ኣብ 1975፡ ስርዓት ደርግ ኣብ ኤርትራ ብዝተኸተሎ፡ "ሕረድ፡ ኣቃጽል፡ ኣዕኑ" ዝብል ናይ ጃምላዊ ቅትለት ፖሊሲ፡ 150 ሽሕ ህዝቢ ናብ ሱዳን ክስደድ እንከሎ፡ ከሳብ 300 ሚእቲ ሽሕ ዝግመት ድማ ኣብ ውሽጢ ሃገር ከም ዝተዘናበለ ኣብቲ መጽሔት ተጠቒሱ ኣሎ። ኣብ 1978፡ ስርዓት ደርግ ምስ ሶቭየታውያን ተሓባቢሩ ብዝፈጸሞ ጃምላዊ ህልቂትን ደብዳባትን፡ ብዘይካ'ቲ ኣብ ውሽጢ ሃገር ዝተዘናበለ ህዝቢ፡ ካልእ ከሳብ 50 ሽሕ ዝግመት ህዝቢ፡ ናብ ስደት ክኸይድ ከም ዝተገደደ'ውን ግሉጽ እዩ። እቲ ስደት፡ ብጃምላ ዝኮነሉ ዓበይቲ ፍጻመታት'ኳ እንተጕልሐ፡ ብማእሰርትን ቅትለትን፡ ብግፋን ተፍትሽን፡ ህዝቢ ቅሳነት ስኢኑ ናብ ስደት ዘምርሓሉ ተርእዮታት፡ ዳርጋ ንቡርን መዓልታዊን እዩ ነይሩ። ዜጋታት ካብ ሰምሃር፡ ሰንሒት፡ ሳሕልን ባርካን ዶብ ሱዳን ክሰግሩ፡ ተቐማጦ ደንከልን ገማግም ባሕሪን፡ ቀይሕ ባሕሪ ሰጊሮም ናብ የመን ክስደዱን ብእግሪ ንጂቡቲ ክሃድሙን ንቡር ኮይኑ ነይሩ። ካብ 1975 ንደሓር ድማ፡ ካብ ኣስመራን ካልኦት ከተማታትን ዓድታት ከበሳን፡ ብእግሪ ብበረኻ በረኻ ናብ ሱዳን ዝስደድ ማእለያ ኣይነበሮን። ናብ ውሽጢ ኢትዮጵያ ብምግዓዝ፡ ካብኡ ብእግሪ ናብ ኬንያ ዝተሰደደ ኤርትራዊ'ውን ውሑድ ኣይኮነን። ስደት መዓልታዊ ተርእዮ ስለዝኮነ ድማ፡ ነቶም ዝስደዱ ዘቀላጥፉን ዝምዝምዙን ጉጅለታት ኣሰገርቲ ተፈጢሮም። በዞም ኣሰገርቲ፡ ኣብ ጸምጸም በረኻ ግዳይ ሞት፡ ስቃይን ምክልባትን ዝኮነ ህዝቢ ውሑድ ኣይነበረን።

ኣብ ውሽጢ ሃገር፡ ካብ ጃምላዊ ህልቂት፡ ካብ ደብዳባት ነፈርቲ፡ ካብ ምዝራፍን ዘይምክኑይ ማእሰርትን ዘምለጡ፡ ዓድታቶም ገዲፎም ኣብ በረኻታት ዝተቐመጡን ዝተበሳበሱን ዜጋታት፡ ብኣማኢት ኣሽሓት ዝግመቱ እዮም ነይሮም። ዋላ'ኳ ምስ ምግፋሕን ምጽባብን ሓራ መሬት ኤርትራ ዝፈላለ እንተነበረ፡ ካብ 1960ታት ጀሚሩ ኣብ ኩሉ ሰራዊት ኢትዮጵያ ዝተንቀሳቐሰሉ ከባቢታት፡ ብዙሕ ህዝቢ ዓዱ ገዲፉ ከርተት ዝበለሉ ኩነታት ብዙሕ እዩ። ኣብ ከተማታት ካብ ዝነብር ህዝቢ፡ ገለ ንሰውራ ብምድጋፎም ዝፈጥረሎም ስግኣት፡ ካልኦት ድማ ካብቲ ዘይፈላሊ ቅትለት፡ ማእሰርትን ስቃይን ንምኽዋል፡ ንብረቶምን ስርሖምን ጠንጢኖም ናብ ናብራ ገጠር ክምለሱ ዝተገደዱ ውሑዳት ኣይኮኑን። ሰራዊት ስዕረት ኣብ ዘጋጥመሉ ኩነታት ዝስዕብ ቅትለትን ምዝንባልን ከቢድ እዩ። ንኣብነት፡ ኣብ 1978፡ ሕብረት ሶቭየትን ካልኦት ሓሙሽተ ደገፍቲ ሃገራትን ብዝተሓወስኦ ወራራት ስትራተጅያዊ ምዝላቕ ምስ ሰዓበ፡ ኣብ ዝበዝሕ ከባቢታት ሃገር ልዕሊ 300 ሽሕ ህዝቢ ተፈናቒሉ ንነዊሕ ኣዋርሕ ኣብ በረኻታት ከርተት ይብል ምንባሩ መጽሔት ፍጻመታት ቍ.127 ጠቒሳቶ ኣላ። ከምቲ

ዝተጠቕሱ፡ ብስም ብሄራዊ ኣገልግሎት ምዕጣቕን ሚሊሻ ስርናይ ምክታብን ዝኣመሰሉ ህዝቢ ዘጨንቑ መደባት'ውን ነቲ ውሽጣዊ ምዝንባል የጋድዶ ነይሩ እዩ። ብዘይካ'ቲ ብምንቅስቓስ ሰራዊት ዝፍጠር ስግኣት፡ ካብ 1980 ጀሚሩ፡ ንሓሙሽተ ዓመታት ዝቐጸለ ድርቂ'ውን ነቲ ናይ ጥሜት ኩነታት ስለዘጋደዶ፡ ኣብ ገጠር ዝነብር ህዝቢ ኤርትራ ካብ መረበቱ ዝተዘናበለሉ ከቢድ እዋን ከሕልፍ ተገዲዱ እዩ።

ሰራዊት ኢትዮጵያ፡ ብረታዊ ቃልሲ ህዝቢ ኤርትራ ጀሚሩ ክሳብ ብናጽነት ዝዛዘም፡ ኣብ ልዕሊ ሲቪላዊ ህዝቢ ዝፈጸሞ ማእለያ ዘይብሉ ህልቂት፡ ክሳብ ፍርቂ ሚልዮን ዝግመቱ ኤርትራውያን ካብ ሃገር ወጺኦም ክስደዱ ከም ዘገደደ እዩ ዝግመት። ብ1981 ብምኽንያት መበል 20 ዓመት ብረታዊ ቃልሲ ኣብ መጽሔት ፍጻመታት ቍ.127 ዝተሰነደ ጽሑፍ፡ ክሳብ 1980፡ ኣስታት 360 ሽሕ ህዝቢ ብስደት ንሱዳን ከም ዝኸደ ጠቒሱ ኣሎ። ድሕሪ'ዚ ኣብ ዝሰዓበ መድረኽ፡ ብመጠን ናይተን ዝዓበየ ምዝንባል ዝሰዓበለን ዓመታት'ኳ እንተዘይኮነ፡ ዓመታዊ ናብ ሱዳንን ጅቡቲን ብእግሪ፡ ናብ ስዑድያን የመንን ብባሕሪ፡ ካብ ውሽጢ ሃገርን ኢትዮጵያን ናብ ርሑቕ ስደት ዝውሕዝ ህዝቢ ብውሑዱ ክሳብ 150 ሽሕ ምግማቱ ዘይክውንነታዊ ኣይኮነን። ኣብቲ ዳሕረዋይ ዕቑድ ናይ ብረታዊ ቃልሲና፡ ስርዓት ኢትዮጵያ ኣብ ዘዝደለዮ ግዜን ቦታን፡ ብዘይ ተቓውሞ ዓመጽን ግፍዒን ክፍጽም ዘኽእሎ ዕድል ኣይነበሮን። ህዝቢ ኤርትራ ብሓድነት ዘቃልሶ መሪሕ ውድብ ምስ ረኸበን ኩሉ ህዝቢ ማለት ዓበይትን ንኣሽቱን፡ ደቂተባዕትዮን ደቀንስትዮን ብብሄር፡ ብሃይማኖትን ኣውራጃታትን ከይተፈላለየ ብሓደ ልቢ ከም ዝቃለስ ምስ ተገብረን፡ "ግፍዕታት ጸላኢ ደው ዝብል፡ ናጽነት ሃገር ምስ ተረጋገጸ ጥራይ እዩ" ብዝብል እምነት ናብ ሰውርኡ እዩ ውሒዙ። ብደገፍ ናይ ምሉእ ህዝቢ ዝተኣማመነ ሰውራ ድማ፡ ንምንቅስቓስ ጸላኢ እናደረቶን፡ ሰራዊት ኢትዮጵያ፡ ኣብ ስግኣትን ራዕድን ከም ዝወድቕ እናገበረን፡ ነቲ ኣብ ልዕሊ ህዝቢ ዝፍጽም ግፍዕታት ንምንኻይ፡ ብርቱዕ ጻዕርታት ገይሩ እዩ። ብኻልእ ወገን፡ ህዝባዊ ግንባርን ማሕበር ረድኤት ኤርትራን፡ ንጸገማት ናይቶም ብግፍዕታት ሰራዊት ኢትዮጵያ ዝተዘናበሉ ዜጋታት ኣብ ምሕጋዝ ስለዝተቓለሱ፡ ነቲ ስደትን ምዝንባልን ኣብ ምንኻይ፡ ህዝቢ ካብ ሃገሩን ሰውርኡን ንኸይርሕቕን ተመሊሱ ንሰውርኡ ንኸገልግልን ኣብ ሓራ መሬት ከም ዝጣየስ ኣብ ምግባር ዓቢ ኣበርክቶ ነይሮም እዮም። እዚ ድማ፡ ንኩሉ'ቲ ኣብ ልዕሊ ሰላማዊ ህዝቢ ዝፍጸም በደል'ኳ ክዓግቶ እንተ ዘይከኣለ፡ ነቲ ህዝቢ ናይ ምጽናትን ምብትታንን መደባት ከም ዝኾለፍ ኣየጠራጥርን።

ዘይተነግረ ገድሊ.

ግዳያት ደብዳብ ነፈርቲ

ኣብ ኣፋፈት መዕቁቢ ጉድጓድ

ብደብዳብ ነፈርቲ ዝነደደ ኣባይቲ

ግፍዒ ዝፈጠሮ ምዝንባል

ኣብ መደምደምታ፡ ብስርዓታት ኢትዮጵያ ኣብ ልዕሊ ሰላማዊ ህዝቢ ኤርትራ ዝተፈጸመ ጃምላዊ ቅትለትን ተግባራት ብድመተ-መሬትን ብምሉእነት ምግምጋሙ ቀሊል ከም ዘይኮነ ርዱእ እዩ። እቲ ሰፊሕ ተግባራት ግፍዒ፡ ዓድታት ረጊአን ብሕርሻን ጥሪትን ከይሰስና፡ ከተማታት ብሸቕለት-ኣልቦነትን ስግኣት ማእሰርትን ክርመሳ፡ ስድራቤታት ቀሲነን ደቀን ከየዕብያ፡ ኣብ መወዳእታ ድማ ህዝቢ ናብ ስደት ንኸምርሕ ዝዓለመ ስሙር ውጥን እዩ። ኣብ 1950ታት ኣስፋሕፊሐን ዝነበራ ኣብያተ-ትምህርትን ሆስፒታላትን ክዕጸዋ፡ ድኳናትን ዕዳጋታትን ክነድያ፡ ንቡር ቍጠባዊ ዕብየት ክድስክል፡ ሰራሕተኛታት ብስደት ናብ ኢትዮጵያን ካልኦት ሃገራትን ክበታተኑን'ውን ተሰሪሑሉ እዩ። ክዓብያ ዝጀመራ ብዙሓት ከተማታት ብሳዕቤን ጃምላዊ ቅትለት ክኹለፋ፡ ክዓንዋን ካብ ገጽ ምድሪ ክጠፍኣን ክኢለን እየን። ብዘይካ ብርቱዕ ቅርሕንቲ ዘለዎ ባዕዳዊ ጸላኢ ካልእ ክፍጽሞ ዘይክእል ተግባር ዝኾነ፡ ኣሸሓት ህዝቢ ዝነብሩሉ ህድሞታት፡ ኣጓዱን ኣግነትን ሓዊ ምንዳድ፡ ኣብ ብዙሓት ዓድታት ኤርትራ ልሙድን ዘየገርምን ተግባር ኮይኑ እዩ ሓሊፉ። መግዛእቲ ኢትዮጵያ ኣብ ኤርትራ ዝጸንሓሉ 30 ዓመታት እምበኣር፡ ታሪኽ ጃምላዊ ቅትለትን ቍጠባዊ ማሕነቕትን ማሕበራዊ ድስኻለን ምንባሩ ዘጠራጥር ኣይኮነን።

ስራዊት ኢትዮጵያ፡ ነቲ፡ "ዓሳ ንምጥፋእ ባሕሪ ምንጻፍ" ዝብል መራሕቲ ብጋህዲ ዝገለጽዎ ዕላማ ንምትግባር፡ ንሰላሳ ዓመታት ብጃምላን ብንጽልን፡ ብግሁድን ብስቱርን፡ ኣብ ውሽጢ ገዛን ኣብ ጽርግያን ብፍኑው ኣገባብ ክቐትል፡ ክኣስር፡ ክምንዝዕን ክንድድን ብዝተዋህቦ ደረትኣልቦ ስልጣን፡ ኣስታት 50 ሽሕ ንጹህ ኤርትራዊ ከም ዘጽነተ ይግመት። ከምቲ ኣብ ላዕሊ እተገልጸ፡ ክሳብ ፍርቂ ሚልዮን ዝግመት ህዝቢ ንወጻኢ ናብ ስደት ኣምሪሑን ካብ መረበቱ ብምዝንባል ኣብ ውሽጢ ሃገሩ ተኸላቢቱ ክነብርን ተገዲዱ እዩ። መነባብሮኡ ንምምሕያሽ ዘኽእሎ ኩሉ ዕድላት ስለዝተዓጽዎን ንብረቱ ብፍላጥ ስለዝበረሶን፡ ኣብ ኤርትራ ንቡር ህይወት ዝበሃል ብምዝርራትን፡ ግዳይ ዘይተቃልሐ ሞትን መቕዘፍትን ዘኮነ ህዝቢ ማእለያ ኣይነበሮን።

እዚ ብግፍዒ ናይ ዝጸነተ ሲቪል ህዝቢ ገምጋም፡ ምስቲ ብካልኦት ወገናት ዝወሃብ ገምጋማት ክዛመድ እንከሎ ኣዝዩ ትሑት ምዃኑ እዩ ዘመልክት። ስርዓት ደርግ፡ ኣብ ኢትዮጵያ ክንደይ ህዝቢ ከም ዘህለቐ ኣብ ዝትንትን መጽሓፍ ናይ ባቢለ ቶላ (ገጽ 160-164)፡ "ደርግ ስልጣን ካብ ዝሓዘሉ ዕለት ክሳብ "ቀይ ሽብር" (ቀይሕ ራዕዲ) ብወግዒ ዘብቅዓሉ መጀመርያ 1979 ጥራይ፡ ኣብ ኢትዮጵያ ዝቐተሎ ህዝቢ ብውሑዱ 250 ሽሕ ይበጽሕ። እዚ ኣሃዝ'ዚ፡ ነቲ ደርግ ኣንጻር ኢ.ህ.ኣ.ፓ. ኣብ ኣዲስ-

ኣበባን ካልኦት ከተማታት ኢትዮጵያን ዝፈጸሞ ህልቂት ጥራይ ዘጠቓልል እዩ” ይብል። ካልኦት ድማ። እዚ ቍጽሪ'ዚ፡ ኣብታ ቀይሕ ራዕዲ ዝተኻየደላ ሓንቲ ዓመት (1977) ጥራይ ዝሃለቐ ብዝሒ ህዝቢ ከም ዘመልክትን፡ እቲ ሓቀኛ ኣሃዝ ኣዝዩ ዝተዓጻጸፈ ምዃኑ ከም ዝግምግሙን ኣብቲ መጽሓፍ ተጠቒሱ ኣሎ። እቲ መጽሓፍ፡ ነቲ ኣብ ኤርትራ ዝተፈጸመ ግፍዕታት ይኹን፡ ነቶም ኣብ ውሽጢ ኢትዮጵያ ግዳይ ግፍዒ ዝኾኑ ኤርትራውያን ኣይተንከፎን። ኣብ ውሽጢ ኤርትራ፡ ን 30 ዓመታት ብጃምላ ዝጸነተ ዓሰርተታት ኣሽሓት ህዝብን ኣማኢት ዓድታት ምስ ተቐማጦኦን ብሓዊ ዝተቓጸላሉ ፍጻመታትን፡ ብነፈርቲ፡ ኣሜሪኻን ሶቭየትን ኣብ ልዕሊ ህዝቢ ብዝተፈጸመ ደብዳባት ዝሰዓበ ህልቂትን ክልዓል ኣይተመርጸን። ብተወሳኺ፡ ኣሽሓት ኤርትራውያን፡ ኣብ ውሽጢ ከተማታት ኢትዮጵያ፡ ከም ቀንዲ ተጻባእቲ እናተራእዩ ብጃምላ ይቕተሉ ምንባሮምን ኣብዚ ዝተጠቕሰ ቍጽሪ ግዳያት ዝሕዝዎ መጠን ኣዝዩ ዓቢ ምዃኑን ዝስሓት ኣይኮነን። ብኻልእ ወገን፡ ኣብቲ እዋን'ቲ ኣብያተ-ማእሰርቲ ደርግ ክንደይ ህዝቢ ከም ዝቐየዳ ዝግምግም ሓበሬታ'ውን ኣብቲ መጽሓፍ ሰፊሩ ኣሎ። ፕሮፌሶር ሪቻርድ ግሪንፊልድ (Richard Greenfield)፡ ኣብቲ ርሱን ናይ ራዕዲ ወፍሪ፡ ኣብ ሓደ እዋን ኣብ ኢትዮጵያ ክሳብ 2 ሚልዮን እሱራት ኣብ ዝተፈላለያ ኣብያተ-ማእሰርቲ ተቐይዶም ከም ዝነበሩ ክጠቅስ እንከሎ፡ ካልእ J.C. Guillebaud ዝተባህለ ጸብጻቢ ድማ፡ ካብ 80 ክሳብ 100 ሽሕ እሱራት ኣብ ሓደ እዋን ከም ዝነበሩ፡ ምግላጹ ኣብዚ ዝተጠቕሰ መጽሓፍ ሰፊሩ ኣሎ። እዚ ዝተዋህበ ኣብ ውሑድ ዓመታት ጥራይ ዝተሓጽረ ገምጋማት፡ ምስቲ ኣብ ውሽጢ ኤርትራን ኣብ ልዕሊ ኤርትራውያን ተቐማጦ ኢትዮጵያን ንሰለስተ ዕቑድ ዝተፈጸመ ናይ ማእሰርትን ቅንጸላን ተግባራት ኣማቲ ኮይኑ ንረክቦ።

ኣብ ኤርትራ ብክልቲኡ ስርዓታት ኢትዮጵያ ዝተፈጸመ ግፍዕታት እምብኣር፡ ከምቲ ዝግብኦ ዘይተቓልሐ'ኳ እንተኾነ፡ ነቲ ኣብ ላዕሊ ዝተዋህበ ቍጽሪ ክሳብ ክንደይ ዓቃባዊ ከም ዝገብሮ ግሉጽ እዩ። ህዝቢ ኤርትራ፡ ኣብ ዝተናውሐ መግዛእታዊ ዓመጽ፡ ዝወረዶ በደል ብቑሊሉ ክዕቀንን ክግለጽን ዝኽእል ኣይኮነን። ካብ ጃምላዊ ህልቂት ዝሰረረ ህዝቢ ዝጸሮ ዝርኣን ዘይርኣን በሰላ፡ ዝዘክተሙ ህጻናቱ፡ ዝሰንከሉ ዜጋታቱ፡ ድሒሩ ብዝቐትል ኣካላዊ ጉድኣትን ነባሪ ስነ-ኣእምሮኣዊ ማህሰይትን ዝተሳቐዩ ግዳያትን ኮታስ ብድምር ዝተሰግረ ናይ ህዝቢ ቃንዛ መዘና ዝርከቦ ኣይኮነን።

ስርዓታት ኢትዮጵያ፡ ህዝቢ ዘህልቑሉ ወተሃደራዊ ደገፋት ብምርኻቦምን፡ ብዕቑባን ተሓላቕነትን ሓያላት ሃገራት ብዝተጋረደሎም ናይ ሓበሬታ ሕጥመትን (Blackout)ን፡ ገበናቶም ክሳብ ሕጂ ብዝርዝር ክቃላዕ

ኣይከኣለን። ንሓደ ፍሉይ ህዝቢ ብዕላማ ንምጽናት ዘፍሰስዎ ደም፡ ናብ ስደትን ምዝንባልን ንኽምርሕ ኢሎም ዝበተንዎ ህዝቢ፡ ኤርትራዊ ባህልን ቋንቋን ወጊዶም፡ ቋንቋኦምን ባህሎምን ንምስግዳድ ዝፈጸምዎ ግፍዒ፡ ህዝቢ ዝነባበረሉ ቍጠባዊ ትሕተ-ቅርጺ ብምዕናው ዘስዓብዎ ብድመተ-መሬት፡ ሓደ ካብቲ ኣጽናቲ ህልቂታት (Genocide) ናይ መበል 20 ክፍለ-ዘመን ክኸውን ዘብቅዖ ባእታታት ከም ዘማልእ ክከሓድ ኣይክእልን።

ረድኤታዊ ዕማማት ክፍሊ ማሕበራዊ ጉዳይ

ህዝባዊ ግንባር ሓርነት ኤርትራ፡ ኣብ መጀመርታ 1975፡ ካብ ኲናት ሓድሕድ ቍሩብ ትንፋስ ኣብ ዝረኸበሉ እዋን፡ ንዝዘናበልን ዝስደድን ሰላማዊ ህዝብና ምሕጋዝ ግዴታ ሰውራ ምዃኑ ብምእማን፡ ካብቲ ንቐለብ ተጋደልቲ ዝሸመቶ እኽሊ፡ መቐሉ ብምሃብ'ዩ ጀሚሩዎ። ብተወሳኺ'ውን ብኣቃውማን ብዓቕምን ድሉው ኣብ ዘይነበረሉ መድረኽ ህዝቢ ዝዕቈበሉ መደበርን ደቁ እናተማህሩ ዝናበዩሉ ቤት-ትምህርቲ ሰውራን ክሃንጽ ተገዲዱ። ክፍሊ ማሕበራዊ ጉዳያት ከም ክፍሊ ቅድሚ ምቛሙ፡ እቲ ውድብ ንክልተ ዓመታት ብቐጥታ ሓላፍነት መደበር ዕቑባት ተሰኪሙ እዩ። ብኻልእ ወገን፡ 1975፡ ግፍዕታት ጸላኢ ኣብ ቅድሚ ህዝቢ ኤርትራን ዓለምን ዝተቓልዓሉ ዓመት ብምንባሩ፡ ገለ ኤርትራውያን ሃገራውያን፡ ንሽግር ህዝቢ ኤርትራ ዓለም ከም ዝፈልጦን ሓገዝ ከም ዝረክብን ንምግባር፡ ዘይመንግስታዊ ናይ ረድኤት ውድብ ክምስርቱ ምንቅስቓስ ክጅምሩ ዝተገደዱሉ እዋን እዩ። ስለዚ፡ ህዝባዊ ግንባርን ማሕበር ረድኤት ኤርትራን ሓባራዊ ጉዕዞኦምን ናይ ምትሕብባር ታሪኾምን ኣብዚ ዓመት'ዚ እዩ ጀሚሩ ክበሃል ይከኣል።

ህዝባዊ ግንባር፡ ኣብ ቀዳማይ ጉባኤኡ ብዘጽደቐ ቅዋም መሰረት፡ ክፍሊ ማሕበራዊ ጉዳያት ብስም 'ክፍሊ ማሕበራዊ ረድኤት' እዩ ተጸዊዑ። እዚ ክፍሊ'ዚ፡ ብሰንኪ መግዛእቲ ንዝተዘናበለ ህዝቢ፡ ንዝተሸገሩ ስድራ ስዉኣትን ህሉዋትን ተጋደልቲ፡ ንደቂ ተጋደልቲ ህጻናትን ናባዩ ዘይብሎም ዘኽታማትን ናይ ምእላይ ሓላፍነት ኣብ ርእሲ ምስካሙ፡ መሰል ኤርትራውያን ስደተኛታት ክሕሎ ምቅላስ ካብ ኣህጉራውያን ውድባት ሰብኣዊ ሓገዝ ዝረክቡሉ መገዲታት ምፍጣርን፡ ካብ ስደት ክምለሱ ንዝደልዩ ዜጋታት ድማ ኣብ ሜዳ ኤርትራ ባይታ ምጥጣሕ ዝብሉ ተወሰኽቲ ዕማማት ከም ዝነበርዎ'ውን ኣቐዲሙ ተዘርዚሩ ኣሎ። እዚ ንምክትታል ስደተኛታት ዝምልከት ዕማም ክፍሊ ማሕበራዊ ጉዳያት ግን፡ ብሓደ ወገን ጉዳይ ኤርትራውያን ስደተኛታት ናይታ ዝተዓቑቡላ ሃገረ ሱዳን ሓላፍነት ስለዝኾነ፡ ብኻልእ ወገን ድማ፡ ሰበ-ስልጣን እታ ሃገር ምትእትታው ውድባት ስለዘየፍቅዱ፡ ክፍሊ ማሕበራዊ ጉዳያት ከም ኣካል ፖለቲካዊ ውድብ ህዝባዊ

ግንባር ኮይኑ ኣብ ውሽጢ ሱዳን ክሰርሕ ዝከኣል ኣይነበረን። ብተወሳኺ፡ ህዝባዊ ግንባርን ማሕበር ረድኤት ኤርትራ(ማ.ረ.ኤ)ን ውህደቶም እናዓመቑ ስለዝኸደ፡ እቲ ዕማማት ምስቲ ማ.ረ.ኤ፡ ኣብ ሱዳንን ወጻኢ ሃገራትን ዘካይዶ ዝነበረ ረድኤታዊ ንጥፈታት ከይደራረብ ምእንቲ፡ ክውንዘፍ እዩ ተመሪጹ። ይኹን እምበር፡ ክፍሊ ማሕበራዊ ጉዳያት ኣብ ውሽጢ ኤርትራ ንዝህሉ ብመግዛእታዊ ሰራዊት ዝወርድ ግፍዕታት፡ ብሰንኪ ምምዝባል ንዝፍጠር ጥሜትን ዓጸቦን፡ ከምኡ'ውን ብደርቂ ንዝስዕብ ሕሰም ህዝቢ ናይ ምጽናዕ ንጥፈት እና'ካየደ፥ ሸግራት ህዝቢ ኤርትራ፡ ማሕበር ረድኤት ኤርትራን ዓለምን ንክፈልጥዎ ሓበሬታ ብምእካብን፡ ብስም ህዝቢ ኤርትራ ንዝተረኸበ እክልን ካልእ ቀረባትን ንማሕበር ረድኤት ኤርትራ ወኪሉ ኣብ ምዕዳል ብምስታፍን ዓበይቲ ዕማማት ኣ'ካይዱ እዩ።

ኣብቲ መጀመርታ፡ ዓቕሚ ክፍሊ ማሕበራዊ ጉዳያት ኣብ ሱዳን ንዝነበሩ ኤርትራውያን ስደተኛታት ንምጽናዕን ንምሕጋዝን ዘኽእሎ ኣይነበረን። ምኽንያቱ፡ ከም ክፍሊ ክቐውም እንከሎ፡ ነቲ ብስርዓት ደርግ መመሊሱ ዝጋደድ ዝነበረ ጃምላዊ ቕትለትን ንሱ ዝፈጠሮ ናይ ህዝቢ ምዝንባልን ንምግጣም፡ ምሉእ ዓቕሙ ትሑዝ ስለዝነበረ። ይኹን እምበር፡ ዝበዝሕ መሬት ኤርትራ ሓራ ኣብ ዝኾነሉን፡ ስርዓት ኢትዮጵያ፡ ናብ ውድቀት ተገማጊሙ ናጽነት ኤርትራ ዝተቃረበ ኣብ ዝመሰለሉን 1977፡ ኤርትራውያን ስደተኛታት ካብ ሱዳን ተመሊሶም ኣብ ዓዶም ወይ ኣብ ሓራ ከተማታትን ሰፋሕቲ ሕርሻታትን ዝጣየሱሉ ኩነት ክጣጥሓሎም ጀሚሩ ነበረ። በቲ በብወርሑ 100 ስድራቤት ክምለሱ ዝተወጠነ መደብ ድማ ካብ መዓስከር ስደተኛታት ወደልሕሌው 110 ኣባላት ዝነበሩዎም 40 ስድራ-ቤታት፡ መትከል እግሪ ዝኸውን ሓገዛት ተዋሂብዎም ናብ ሰራሕ ተዋፊሮም ነበሩ። እንተኾነ ግን፡ ብሓደ ወገን እቲ ኣብ ውሽጢ ኤርትራ ዝነበረ ምዝንባል ህዝቢ እናወሰኸ ይኸይድ ብምንባሩ፡ በቲ ካልእ ወገን ድማ፡ ወተሃደራዊ ኩነታት ቀልጢፉ ስለዝተቐያየረ፡ ብምልኣት ክትርጉም ኣይከኣለን። ኣብ መጀመርታ 1978፡ ሕብረት ሶቭየትን ካልኦት ሓሙሽተ ሽዱሽተ ዝኾና ማሕበርነታውያን ሃገራትን፡ ኣብ ጎኒ ደርጋውያን ተሰሊፈን ንቃልሲ ኤርትራ ንምድምሳስ ስለዝተበገሳን ብሰንኩ ድማ ህዝባዊ ግንባር ስትራተጅያዊ ምዝላቕ ክገብር ስለዝተገደደን ሓድሽ ማዕበል ናይ ዝዘናበል ህዝቢ ተፈጥረ። በዚ ከኣ እቲ ፕሮጀክት ተኹልፈ። እዚ ደኣ ይኹን'ምበር ስደተኛታት ይኹኑ ዝተዘናበለ ህዝቢ ንምክትታል፡ እቲ ኣብ መንጎ ማሕበራዊ ጉዳያትን ማሕበር ረድኤት ኤርትራን ዝጀመረ ረድኤታዊ ምትሕብባር ብዝዓመቑ ደረጃ ክቕጽል ግድን ነበረ።

ዝምድናን ውህደትን ማሕበራዊ ጉዳያትን ማሕበር ረድኤት ኤርትራን

ማሕበር ረድኤት ኤርትራ፡ ኣብ 1975 ንክልቲኣን ተቓለስቲ ውድባት ኤርትራ (ህዝባዊ ግንባርን ተጋድሎ ሓርነት ኤርትራን) ወኪሉ፡ ነቲ ኣብ ልዕሊ ህዝቢ ኤርትራ ዘጋጥም ዝነበረ ምምዝባል፡ ስደትን ካልእ ማሕበራዊ ሕሰምን ከቃልል ዝቜመ ማሕበር እዩ ዝነበረ። ንኣመሰራርታኡ ዝምልከት፡ ኣብ 1978 ዋና-ጸሓፊኡ ዝነበረ ስዉእ ኪሮስ ያዕቆብ (ኪሮስ ጻጸ) ኣብ ቀዳማይ ዋዕላ ናይቲ ማሕበር፡ ኣብ ሜዳ ኤርትራ ምስ መጽሔት ፍጻመታት ዘካየዶ ቃለ-መሕትት ቁ.126 ናይ 02 ነሓሰ 1981 ምጥቃስ ኣኻሊ እዩ። ኪሮስ፡ ማ.ረ.ኤ. መዓስን ስለምንታይን ተመስሪቱ ዝብል ሕቶ ምስ ቀረበሉ ዝሃቦ መልሲ፡ “እዚ ማሕበር’ዚ ኣብ 1975፡ ኣብቲ ደርግ ኣብ ዝተፈላለየ ቦታታት ኤርትራ፡ ከባቢ ኣስመራ፡ ኣቑርደት፡ ሕርጊጎ፡ እምበረሚ፡ ወዘተ. ኣብ ልዕሊ ህዝቢ ዘይተኣደነ ግፍዕታት ዝፈጸመሉን ኣብ መንጎ ህዝባዊ ሓይልታትን ተጋድሎ ሓርነትን ዝካየድ ዝነበረ ብረታዊ ምትህርራም ደው ኢሉ ንሃገራዊ ስምረት ምቹእ ኩነታት ዝተፈጥረሉን እዋን፡ ሸግር ህዝቢ ኤርትራ ኣብ ዓለም ከም ዝፍለጥን ብሰብኣዊ ረድኤት ከም ዝቃለልን ንምግባር ብዝተበገሱ ኤርትራውያን ተመስሪቱ። ምምስራት ማ.ረ.ኤ.፡ ኣብቲ ኣብ ሃዘጋ ዝተገብረ ናይ ክልቲኡ ግንባራት መራሕቲ ኣኼባ ስለዝተደገፈ፡ እዞም ግዱሳት ኤርትራውያን ናይዚ ደገፍ’ዚ ምስክር ጽሑፍ ክውሃቦም ሓተቱ። ህዝባዊ ሓይልታት ሽዑ ንሽዑ ነዚ ጠለብ’ዚ ከተማልእ እንከላ፡ መራሕቲ ተ.ሓ.ኤ ግን፡ “ኣብ ወጻኢ ምስ ከድኩም፡ ኣብ ደማስቆ ክወሃበኩም እዩ፡” ኢሎም ተመባጺዖም ከብቅዑ፡ ካልኣይ ሃገራዊ ጉባኤ ኣብ ዝተጸውዐ ኣኼባኦም፡ ‘ውድብ ረድኤት ኤርትራ’ ዘጠመቑዎ (ድሓር ማሕበር ቀይሕ መስቀልን ወርሕን ኤርትራ ዝተሰምየ) ናይ ገዛእ ርእሶም ናይ ረድኤት ማሕበር ኣቑሙ። ማሕበር ረድኤት ኤርትራ ድማ፡ ኣብቲ ብህዝባዊ ግንባር ዝመሓደር ቦታታት ጥራይ ክትንቀሳቐስ ተገደደ፣” ዝብል እዩ ነይሩ።

ኪሮስ ቀጺሉ፡ መደባት ናይቲ ማሕበር ክልተ ምዃኖም እዩ ገሊጹ። “ቀዳማይ ነቲ ግዳይ ናይ ኩናትን ባህርያዊ ሓደጋን ዝኾነ ህዝቢ ናይ መግቢ፡ መድሃኒት፡ ክዳውንትን መዕቈቢን ሓገዝ ምቕራብ ኮይኑ፡ እቲ ካልኣይ ድማ፡ ካብ ወጻኢ ዝርከብ ረድኤት ቀጻልን መሰረታዊ መፍትሒን ከም ዘይኮነ ብምግንዛብ፡ እቲ ንብረቱ ዝበረሶን ካብ መነባብሮኡ ዝተመዛበለን ህዝቢ፡ ከም ብሓድሽ፡ እግሪ ዝተኽለሉን ርእሱ ዝኽእለሉን ኣገልግሎታት ትምህርቲ፡ ሕክምና፡ ወዘተ. ምብርኻት።”

ብዛዕባ ዝምድና ህዝባዊ ግንባርን ማሕበር ረድኤት ኤርትራን ምስ ተሓተተ ድማ፡ "ክልቲኦን ጸገማት ህዝቢ ንምቅላል ስለዝዓይያ፡ ተመሳሳሊ ኣረኣእያ ኣለወን። ዝምድናአን ከኣ፡ ከምቲ ማሕበራት ረድኤት ኣብ ናጻ ሃገራት ምስ መንግስተን ዝህልወን ዝምድና ዝመሳሰል እዩ። ማ.ረ.ኤ፡ ናይ ገዛእ ርእሱ ቅዋምን መራሕትን ዘለዎ ናጻ ማሕበር እዩ። ውሱን ዓቕሚ ስለዘለዎ ግን፡ ንግዜኡ ብናይ ህዝባዊ ግንባር ትካላት (ማሕበራዊ ጉዳያት፡ ህዝባዊ ምምሕዳር፡ ሕክምና፡ ትምህርቲ፡ መጕዓዝያ፡ ወዘተ.) ይግልገል፣ ዝረኸቦ ሓገዝ ድማ በዘን ትካላት ኣቢሉ ናብቲ ውጹዕ ህዝቢ ከም ዝበጽሕ ይገብር፡" ይብል ኪሮስ። ክፍሊ ማሕበራዊ ጉዳያት እምበኣር፡ ቀንዲ መሻርኽቲ ማሕበር ረድኤት ኤርትራ ክኸውን ዝኸኣለ፡ ተመሳሳሊ ዕላማታት ስለዝነበሮ እዩ። ክሳብ እቲ ማሕበር ደልዲሉ፡ ኣብ 1985 መርበባቱ ናብ ዞባታት ኤርትራ ዝዝርግሕ ከኣ መሓውራት ክፍሊ ማሕበራዊ ጉዳያት ኣብ ኩሉ ኩርናዓት ሓራ መሬት ኤርትራ ክውክልዎን ክተሓጋገዝዎን ግዴታ ነይሩዎም እዩ።

ማሕበር ረድኤት ኤርትራ፡ ካብ ዝቘመሉ ዓመት ጀሚሩ፡ ብህዝባዊ ግንባርን ኣብ ወጻኢ ብዝነበሩ ሓፋሽ ውዱባቱን ተሓጊዙ፡ ብዙሓት ሃገራውያንን ናይ ወጻኢ ዜጋታትን ዝርከብወን ናይ ደገፍ ሸማግለታት ኣብ ብዙሓት ከተማታት ኤውሮጳን ኣመሪካን ብምውዳብ ቅልጡፍ ምዕባለ ኣመዝገበ። ኣብ መንግስታት፡ መንግስታውያንን ዘይመንግስታውያንን ማሕበራት ረድኤትን ሰፊሕን ዝተወሃሃደን ጐስጓስ ስለዘካየደ ድማ፡ ውሑድ ይኹን እምበር፡ ጭቡጥ ሓገዛት ክገብር ክኢሉ እዩ። ብፍላይ ኣብ 1976፡ ልኡክ ወጻኢ ጉዳያት ዝነበረ ዑስማን ሳልሕ ሳበ፡ ኩሉ ንብረትን ገንዘብን ውድብ ሒዙ ካብ ህዝባዊ ሓይልታት ምስ ተፈልየ፡ ነቶም ኣብ ህዝባዊ ግንባር ዝተዓቕቡ ህዝቢ፡ ነቶም ኣብ ቤት ትምህርቲ ሰውራ ዝነበሩ ዘኽታማትን ደቂ ዕቑባትን፡ ከምኡ ድማ ንክፍሊ ሕክምናን ካልኦት ክፍልታትን ዓበይትን ጭቡጣትን ሓገዛት ኣበርኪቱ እዩ። ብፍላይ ኣብ ሕክምና፡ ዝተፈላለየ ሞያ መብጣሕቲ ዝነበሮም ክኢላታት ዝሓቖፉ፡ 'ጉጅለ ሓካይም ብዘይዶብ' ዝርከቦም ዝተፈላለዩ ጉጅለታት ምስ መሳርሒታቶም ናብ ሜዳ ኤርትራ መጺኦም፡ ኣብ ሆስፒታላት ሰቐርቐጠን ፍልፍልን ምስ ሓካይም ህዝባዊ ግንባር ከም ዝደጋገፉ ምግባሩ'ውን ፍሉይ ዓወት ነበረ። ብዘይካ'ዚ፡ ህላወኦም ብመንግስቶም ዝተነጽጉ ምሩኻት ኢትዮጵያ ምስ ህዝባዊ ግንባር ምህላዎም ክቃላዕ፡ ወከልቲ ቀይሕ መስቀል ኣብ 1978፡ ናብ ሜዳ ኤርትራ ኣትዮም፡ ህላወኦም ከረጋግጹን ሓገዛት ክመባጽዑን ዝገደደ ብዙሕ ጻዕሪ ዝሓለፎ ዕዉት ስራሓት'ውን ኣኻይዱ እዩ። ህዝባዊ ግንባርን ማሕበር ረድኤት ኤርትራን፡ ብዘይካ'ቲ ካብ ለገስቲ ወገናት ረድኤታዊ ሓገዛት ንምርካብ ዘካየድኦ ጻዕርታት፡ ስርዓት ኢትዮጵያ ኣብ

ልዕሊ ህዝብና ንዝፍጽሞ ግፍዕታት፡ ከምኡ ድማ ብስም ረድኤት ዝረኸቦ ሓገዛት ንመደልደሊ ወተሃደራዊ ወፍርታቱ ከም ዝጥቀመሉ ንምቅላዕን ወጽዓ ህዝቢ ኤርትራ ዓለም ከም ዝፈልጦ ንምግባርን፡ ከቢድ ሓባራዊ ጻዕሪ ስለዘካየዱ'ዩ እቲ ናይ ደገፍ ኩነታት ክመሓየሽ ዝበቕዐ።

ክፍሊ ማሕበራዊ ጉዳያት ክሳብ 1978፡ ካብ ከተማታትን ገጠራትን ዝተዘናበለ ኣሸሓት ህዝቢ ንምርዳእ፡ ማእከላት ናይ ዕደላ እኽሊ ኣቑሙ ኣብ ዝሰርሓሉ ዝነበረ እዋናት'ውን እንተኾነ፡ ማሕበር ረድኤት ኤርትራ ነቲ ቀረባት ንምምላእ ኣብ ከቢድ ስራሕ ተጸሚዱ ነበረ። ክፍሊ ማሕበራዊ ጉዳያት ድማ፡ ኣብቲ ህዝባዊ ግንባር ዝቈጻጸሮ ከባቢታት ናይ ዞባ ምብራቕ፡ ሰሜን፡ ደቡብ፡ ከምኡ'ውን ኣብ ከተማታት ደቀምሓረ፡ ግንዳዕን ከረንን ናይ መጽናዕቲን ረድኤትን ጉጅለታት ኣቑሙ፡ ናይ ህዝቢ ሽግራት የጽንዕን ረድኤት ዘድልዮም ይዕድልን ነይሩ። ዝተማልአ ጸብጻብ'ኳ እንተ ዘይተረኽበ፡ ከም ኣብነት ንምጥቃስ፡ ኣብ ታሕሳስ 1977 ካብ ባጽዕ ንዝተዘናበሉ 1053 ሰባት፡ ከምኡ ድማ ኣብ ጥሪ 1978 ካብ ግንዳዕ ንዝወጹ 417 ነበርቲ ግዝያዊ መዕቈቢታት ብምቕራብ፡ ቀስ ብቐስ ናብ ሓራ ከተማታት ወይ ናብ ዝደለይዎ ቦታ ክሳብ ዝፋነዉ ብቐጻሊ መቑነናት እናወሰዱ ከም ዝሕገዙ ይገብር ነበረ። ምስቲ ጸላኢ ዘካይዶ ወራራትን ግፍዕታትን፡ ቁጽሪ ናይቲ ዝተሸገረ ህዝቢ በብእዋኑ ይዓቢ ብምንባሩ ግን፡ እቲ ኣብ መንጎ ጠለብን ቀረብን ዝነበረ ገፊሕ ጋግ ምጽባብ ኣዝዩ በዳሂ ነበረ።

ኣብ መፋርቕ 1978 ብሕብረት-ሶቬት ዝተመርሐ፡ ኣማእታት ኣሸሓት ሰራዊትን ማእለያ ዘይብለን ታንክታትን ድሩዓት መካይንን ዘሳተፈ፡ ንሰማያት ኤርትራ ብነፈርትን ሄሊኮፕተራትን ዝተቖጻጸረ ወራራት ኣብ ልዕሊ ህዝቢ፡ ከቢድ ራዕድን ሽበራን እዩ ፈጢሩ። ህዝባዊ ግንባር ንጸላኢ ቀስ ብቐስ ንምስዓር ስትራተጅያዊ ምዝላቕ ክውስን እንከሎ፡ እቲ ድሮ ተዘናቢሉ ዝነበረ ህዝቢ፡ ንዳግማይን ዝኸፍአን ምምዝባል ተቓሊዑ፡ ኣብ ናይ ሕየትን ሞትን ሓደገኛ ኩነታት ወደቐ። ብብምርጭኡ ድማ ገለ ምስ ውድብ ህዝባዊ ግንባር ንሳሕል ከዝልቕ፡ ገለ ኣርሒቑ ንስደት ናብ ሱዳን ክኸይድ፡ ገለ ውሑድ ድማ ተሓቢኡ ናብ ገጠራት ዓዱ ወይ ናብ ከተማታት ተመሊሱ መነባብሮኡ ክቕጽል ተገደደ።

እቲ ብዞባ ደቡብን ብከተማ ደቀምሓረን ዝጀመረ ምዝላቕ ካብ ግንዳዕን ከባቢኣን'ውን ስለዝቐጸለ፡ ካብ ኩሉ ከባቢታት ዝዘለቐ ህዝቢ ብመስመር ሰለሙናን ፍልፍልን ናብ ከረን እናተኣከበ ይኸይድ ነበረ። ከረን ድማ ካብ ኩሉ ወገናት ኤርትራ ብዝመጸ ተቓላሲ ህዝብን ዝተዘናበሉ ስድራቤታትን ኣዕለቕለቐት። ክልተ ወርሒ ጸኒሑ ካብ ከረን ምዝላቕ ምስ ሰዓበ፡ እቲ ኩነታት ብፍላይ ንህዝቢ ከቢድ ወጥሪ ፈጠረሉ። ምስ ህዝባዊ ግንባር ንሳሕል

ዝኸይድ ህዝቢ ኣዝዩ ተዓጻጸፈ። ሰራዊት ጸላኢ ብመሬትን ብነፈርቲን ዝገብሮ ዝነበረ ምጉብዕባዕ ከይዓጀቦ ድማ፡ እቲ ህዝቢ ኣሸሓት ቁልዓ ሰበይቲ፡ ህጻናትን ናጽላታት ሒዙ ብእግሪ ንኣማኢት ኪሎሜተር ተጓዒዙ ኣብ ውሑስ ቦታታት ሳሕልን ዶብ ሱዳንን በጽሐ። ብኻልእ ወገን፡ ናብ ከረን ዘይበጽሐ፡ ካብ ደቡብን ሰሜንን ዘዝለቖ ብዙሕ ዝተዘናበለ ህዝቢ'ውን ኣብ ከባቢ ፍልፍልን ሰለሙናን ነይሩ እዩ። ናብ ከረን ዝወስድ መገዲ ብጸላኢ ስለዝተታሕዘን ናብ ሳሕል ዝወስድ መስመር ኣብ መዓሚደ ስለዝተዓጽወን ድማ፡ ንሓጺር ግዜ ኣዋጣሪ ኩነት ተፈጢሩ ነበረ። ህዝባዊ ሰራዊት፡ ነቲ መስመር መዓሚደ ዝዓጸወ ናይ ጸላኢ ሰራዊት ኣጥቂዑ ምስ ኣርሓቐ ግን፡ ብመካይን ንሳሕል ክግዕዙን ምስ ህዝቦም ክሕወሱን ክኣሉ። ሰራዊት ጸላኢ፡ ንግንባር ሰሜናዊ ሳሕል ምስ ኣስፋሕፍሐን፡ ካብ ኣፍዓበት ምዝላቕ ምስ ተገብረን ከኣ፡ ኣብ ከባቢ ኣፍዓበት ዝነበሩ መብዛሕትኦም ነበርቲ ዓድ ሸክ ዝኾኑ ተቐማጦ ክዝናበሉ ተገደዱ። እዞም ክሳብ 20 ስድራ-ቤታት ዝበጽሑ ናይ መጀመርታ ዝተዘናበሉ ደቂ ኣፍዓበትን ከባቢኡን፡ ካብ ዓድታቶም ከይረሓቑ ኣብ ወግሬት ዝተባህለ ከባቢ ናቕፋ ኣብ ዝተዳለወሎም ንእሽቶ መዕቈቢ መዓስከር ክም ዝሰፍሩ ተገብረ።

ብዘይካ'ቲ ንስደት ዶብ ዝሰገረን ተዘናቢሉ ናብ ህዝባዊ ግንባር ዝተዓቑበን ህዝቢ፡ ብኣሸሓት ዝቑጸር ኣብ ውሽጢ ኤርትራ ዝተዘናበለ ህዝቢ'ውን ደገፍ ናይ ክፍሊ ማሕበራዊ ጉዳያትን ማሕበራት ረድኤትን ዝጽበ ምንባሩ ግሁድ ነበረ። ስለዚ ድማ፡ ክፍሊ ማሕበራዊ ጉዳያትን ማሕበር ረድኤት ኤርትራን፡ ንዝነበሮም ዝምድናን ብዕምቈት ገምጊሙ፡ ንመጻኢ ተወሃሂዶም ዝሰርሕሉ መገዲ ዘነጽር ኣኼባ ብምክያድ፡ ነቲ መድረኽ ዝበቅዕ ውዳበታት ገበሩ። በዚ መሰረት፡ ክፍሊ ማሕበራዊ ጉዳያት ናይ ህዝቢ ሽግራትን እዋናዊ ኩነታትን ብምጽናዕ ጸብጻባት ብስሩዕ ክዳሉ፡ ንዝተረኽበ ረድኤት ናብ ህዝቢ ከመቃርሕን ብስእልታት ዝተሰነየ ሓበሬታ እናሰነደ ክልእክን ዝገብር ግዴታ ክህሉዎ፡ ማ.ረ.ኤ ድማ፡ ንዝተሸገረን ዝተዘናበለን ህዝቢ ብሓፈሻ፡ ኣብ ትሕቲ ህዝባዊ ግንባር ንዝነበሩ ዕቑባትን ዘኽታማትን ድማ ብፍላይ፡ ከምኡ'ውን ኣብ ሜዳ ኤርትራን ፖርት-ሱዳንን ንዝነበሩ ስንኩላንን ንምሕጋዝ ጉስጓሱ ከሐይል ተረዳድኡ። በዚ መሰረት፡ ኣብ 1979፡ ክፍሊ ማሕበራዊ ጉዳያት 'መጽናዕቲን ሓበሬታን' ዝተባህለ፡ ኣብ ዝተፈላለየ ዞባታት ናይ ህዝቢ ሕሰምን ጸገማትን ብደቂቕ ዝከታተል ጨንፈር ብምቛም፡ ኣብ ሳሕል፡ ሰሜንን ደቡብን ቀስ ብቐስ መሳርዑ ክም ዝዝርጋሕ ገበረ። መሳርዕ ናይዚ ጨንፈር'ዚ ድማ፡ ንህዝባዊ ግንባርን ማሕበር ረድኤት ኤርትራን፡ ቀንዲ ምንጪ ናይቲ ንኩነታት ህዝቢ ዝምልከት ሓበሬታን ጸብጻባትን ክኾኑ በቕዑ።

ክፍሊ ማሕበራዊ ጉዳያት፡ ናይ ዝተዘናበለ ህዝቢ ጥራይ ዘይኮነ፡ ነቲ ኣብ ዝተፈላለየ ከባቢታት ኤርትራ ዝካየድ ግፍዕታት ንምቅላዕ፡ ብዝሕን ኩነታትን ናይቶም መሬት ሕርሻኦም፡ ነተጉቲ ተዘሪኦም፡ ኣብ ጥሜት ዝወደቑ ሓረስቶት፡ ብባህርያዊ ሓደጋ ደርቅን ስእነት ማይን ዝሳቐ ህዝቢ በብዓዱ ንምቕራብ ብሰፊሕ ተንቀሳቒሱ። ቡብወረዳታት ዝተኣከበ ሓበሬታ ድማ፡ ኣብ ቤትጽሕፈት ክፍሊ ማሕበራዊ ጉዳያት ተመስሪሑን ተጠርኒፉን ናብ ማ.ረ.ኤ ከም ዝልኣክ ይግበር ነበረ። እቲ ብስም ህዝቢ ኤርትራ ዝርከብ ሓገዛት ከኣ፡ ክልቲኦም ትካላት በቲ ልሙድ ናይ ምትሕግጋዝ መገዶም ኣቢሉ ከም ዝመቃራሕ ይገብሩ ነበሩ። ማ.ረ.ኤ. ምስ ክፍሊ ማሕበራዊ ጉዳያት ብምትሕግጋዝ፡ ኣብ ሳሕል፡ ሰሜናዊ ባሕሪ፡ ሸባሕ፡ መንሳዕን ካልእ ቦታታትን ዘካየዶ ሰፊሕ ዕደላ እኽሊን ክዳውንትን፡ ኣብ መጽሔት ፍጻመታት ቁ. 82፡ 84፡ 90፡ 93፡ ከምኡ ድማ ኣብ ቁ.121 ናይ 1980 ብዝርዝር ተመዝጊቡ ኣሎ። ብሓጺሩ፡ ኣብዚ መድረኽ'ዚ ክፍሊ ማሕበራዊ ጉዳያት ብውሽጢ፡ ማሕበር ረድኤት ኤርትራ ድማ ብወጻኢ እናተሓባበሩ ሽግራት ህዝቢ ኤርትራ ንምቅላል ዝገበርዎ ዝተወሃሃደ ቃልሲ ኣዝዩ ዓቢ ነይሩ ክበሃል ይክኣል። (ፍጻመታት ቁ. 82-84፡ ከምኡ'ውን ፍጻመታት ቁ. 90 ተመልከቱ)

ብኻልእ ወገን፡ ማሕበር ረድኤት ኤርትራ ረድኤታዊ ጉስጓሳቱ እናሰፍሐን፡ ኣሰራርሓኡ ኣድናቖት እናረኸበን ስለዝቐጸለ፡ ናይ ብዙሓት ዘይመንግስታውያን ማሕበራት ደገፍ ረኺቡ። ዋላ'ኳ ዕብይ ዝበለ መንግስታዊ ደገፋት ናይ ምርካብ ዕድላት ዕጹው እንተ ነበረ፡ ብተሳታፍነት ደቂ ሃገርን ተደናገጽቲ ወጻእተኛታትን ናይ ደገፍ ኮሚቴታት ኣብ ዝተፈላለያ ሃገራት ከም ዝቘማ ብምግባር፡ ከምኡ ድማ ንዘይመንግስታውያን ገበርቲ ሰናይ ብምጉስጓስ ተፈላጥነቱን ተቐባልነቱን እናዓበየ ኸደ። ነቲ ካብ 1979 ኣትሒዙ ዝቐጸለ ጽንኩር ኩነታት ንምቅላል ከኣ፡ ምስ ህዝባዊ ግንባርን ትኻላቱን እናተደጋገፈ ኣብ ስዋኪንን መራፊትን ዓበይቲ መኻዚኖታት እኽልን ካልእ ቀረባትን ሃኒጹ፡ ረድኤት ካብ ወደብ ፖርትሱዳን ናብ ሜዳን ናብ ሸጉር ህዝብን ዝመሓላለፈሉ ናይ መጉዓዝዒ መርበባት ክፈጥር ክኣለ። ኣብቲ ዕቑባት ህዝቢ፡ ዘኽታማት ህጻናት፡ ስንኩላንን ተማሃሮ ቤት ትምህርቲ ሰውራን ዝነበሩዎ መዓስከር ጀልሃንቲ'ውን ምስ ክፍልታት ማሕበራዊ ጉዳያትን ቊጠባን ብምውህሃድ መክዘናት ሃኒጹ።

ይኹን'ምበር፡ ድሕሪ ምዝላቕ 1979 ክሳብ 1982፡ ንህጹጽ ረድኤት'ውን እንተኾነ ህዝባዊ ግንባርን ማሕበር ረድኤት ኤርትራን ዝገጠሞም ዓለማዊ ግብረ-መልሲ ፍትሓዊ ኣይነበረን። ኣብቲ ዓለምና ኣብ ክልተ ደምበ ዝተኸፍለትሉ መድረኽ፡ እቲ ብሕብረትሶቭየት ዝምራሕ ምብራቓዊ ደምበ፡

ኣብ ጉድኒ ኢትዮጵያ ኾይኑ፡ ንሰውራ ኤርትራ ንምድምሳስ ብወግዒ ኸቲቱ ነበረ። ብኣሜሪኻ ዝቕለስ ምዕራባዊ ደምበ ድማ፡ ዘይከምቲ ኣብ ኩሉ ጉዳያት ኣንጻር ሕብረት ሶቭየት ዝወስዶ ተቃራኒ መርገጺ፡ ኣብ ጉዳይ ናጽነት ኤርትራ፡ ተጻባኢ ተግባራቱ ስለዝቐጸለ፡ ንህዝባዊ ግንባር ይኹን ማሕበር ረድኤት ኤርትራ ክደጋገፉ ዝደፍሩ መንግስታት ኣይነበሩን። ብዙሓት ዘይመንግስታውያን ውድባት'ውን ህዝባዊ ግንባር ተደምሲሱ እዩ ንዝብል ዜናታት ስለዝኣመና፡ ኣብ ትሕቲኡ ዕቑባትን ዘኽታማትን ኣለዉ ዝብል ናይ ማ.ረ.ኤ. መግለጺ ምቕባል ዝኸበደን ውሑዳት ኣይነበራን። ካብ ናይ ደገፍ ኮሚቴታትን ካብ ሓደ ሓደ ንኣሽቱ ገበርቲ ሰናይ ማሕበራትን ዝርከብ ውሑድ ሓገዛት'ውን፡ ጸለመን ዕንቅፋትን ይበዝሖ ነበረ። ማ.ረ.ኤ.፡ ንገለ ክፋል ናይቲ ዝርከብ ሰብኣዊ ሓገዛት፡ ምስ ውድብ ህዝባዊ ግንባር እናተሻረኸ ኣብ ወተሃደራዊ መዓላ ይግልገለሉ ኣሎ ዝብል ጉስጓሳትን ክሲታትን ብምንዛሕ፡ እቲ ዝርካቡ ውሑድ ሓገዝ ፍጹም ክቋረጽ ብዙሕ ሽርሒታት ተኻይዱ እዩ። ነዚ ምስምሳት ምኽንያት ብምግባር፡ ንስርዓት ኢትዮጵያን ካልኦት ተጻባእትን ዝውክሉ ብስም ናይ ዓይኒ መሰኻክር ብዙሓት ልኡኻትን ሰለይቲን ንክኣትዉ ድማ ጸቕጢ ይገብሩ ምንባሮም ይፍለጥ። ህዝባዊ ግንባር፡ መንነቶም ዘረጋገጾ ውሑዳት ኣጋይሽ የእቱ'ኳ እንተነበረ፡ ኣብቲ ጸቢብን ጽንኩርን ወተሃደራዊ ኩነታት ግን፡ ገበርቲ ሰናይ ይኹኑ ካልኦት ብፍኑው ክኣትዉ ንዝሓተቱ በጻሕቲ ኣየፍቀደን። ብኣንጻሩ፡ ወራራት ጸላኢ ኣብ ሳሕል ናብ ህዝባዊ ግንባር ጥራይ ዝቐንዐ ስለዝነበረ፡ ተጋድሎ ሓርነት ኤርትራ፡ ብሸነኽ ባርካን ጋሽን ኣብ ዝነበራ ርጉእ ቦታታት በጻሕቲ ኣጋይሽ እናእተወት ነቲ ኩነታት ትምዝምዞ ነበረት።

ሓቂ ንውሱን ግዜ ጥራይ ስለእትሸፍን፡ ግን እቲ ውዱዕ ኩነታት ሜዳ ኤርትራ በብቑሩብ ብቕሉዕ ክፍለጥ ግድን ነበረ። ማሕበር ረድኤት ኤርትራ፡ ኣብዚ ጽንኩር መድረክ፡ ነቶም ኣብ ደጀን ህዝባዊ ግንባር ዝነበሩ ዕቑባት፡ ዘኽታማት ህጻናትን ካልኦት ዝተዘናበሉ ኣዝዮም ሽጉራት ህዝብን ብህጹጽ ረድኤታዊ ዕደላ ንምድጋፍ፡ ምስ ዝተፈላለያ ናይ ኤርትራ ናይ ደገፍ ኮሚቴታትን፡ ምስተን ኣብ ዝተፈላለያ ሃገራት ኣቐሙወን ዝነበረ ናይ ረድኤት ሽማግለታትን ብምትሕብባር ጻዕሩ ከሐይል ተገደደ። ኣብ ወጻኢ ዝርከቡ ኩሎም ኤርትራውያንን ተደናገጽቲ ወጻእተኛታትን ዘንቀሳቐስዎን ዝዋስኡሉን፡ ክሳብ ኣብ እዋን ውርጪ ታኒካን መናዲልን ዝርጊሖም ሳናቲም እናለመኑ ዝገበርዎ ታሪኻዊ ተወፋይነት መዘና ዝርከቦ ኣይኮነን። እቲ ሓገዛት ውሑድ'ኳ እንተኾነ፡ ነቲ ጸቢብ መድረኽ ዘሳገረን ዘይነዓቕ ኣበርክቶ ከም ዝነበሮን ማንም ዝስሕቶ ኣይኮነን። እዚ ከኣ፡ ካልኦት ገበርቲ ሰናይ ማሕበራት ንኩነታት ኤርትራን ጸገማታን ክከታተላን፡ ንምፍትሑ ሓቀኛ ጻዕርታት ከበግሳን ዝደፍኦ ኣገዳሲ ፍጻመታት ነበረ።

ኣብ ለካቲት 1980፡ ልኡኻት ቀይሕ መስቀል ንሜዳ ክኣትዉን ኣብ ደጀን ንዝነበሩ ምሩኻት ኢትዮጵያ ክበጽሑን፡ ኣብ ድሕሪ መስመር ጸላኢ ንዘሎ ሸግራት ህዝብን ንጥፈታት ማሕበር ረድኤት ኤርትራን እናተዘዋወሩ ክዕዘቡ ተፈቒዱሎም ጀልሃንቲ ኣተዉ። ተልእኮኦም ኩነታት ንምዕዛብ'ኳ ዝመስል እንተነበረ፡ ፖለቲካዊ ኩነታት ሜዳ ንምፍላጥ፡ ቅድሚኡ ንዝሃብዎ ቍሩብ ቍራቦ ረድኤት ኣበይን ንመንን ከም ዝተዋህበ ንምርግጋጽ፡ ከምኡ ድማ ኣብ ወተሃደራዊ መዓላ ንኸይውዕል ንምዕዛብ፡ ብዝብል ምኽኒት ዘየድሊ ስለያዊ ምንቅስቓሳት የኻይዱ ነበሩ። ኣብ ደጀን ንዝነበሩ ኣሽሓት ምሩኻት ድሕሪ ምብጻሕ፡ ምስ ኣባላት ክፍሊ ማሕበራዊ ጉዳያት ኰይኖም ኩነታት ደርቅን ሕሰም ህዝብን ንምዕዛብ ኣብ ከባቢታት ዓራግ፡ ኣግራዕ፡ ናቕፋን ናሮን ተንቀሳቐሱ። ብድሕሪ'ዚ እውን ብኣስኻሉ መንቀርዮስ ተመሪሖም፡ መስመር ጸላኢ ሰጊሮም ኣብ ብዙሕ ከባቢታት ናይ ዞባ ሰሜን (ብሴስ፡ ሸባሕን፡ ፍልፍል፡ ሰለሙና፡ ፍሽይ፡ ፋገና፡ ድርፎን ርእሲ-ዓድን) በጽሑ። ኣብቲ ጸቢብ ኩነት፡ ትካላት ህዝባዊ ግንባር ማለት፡ ህዝባዊ ምምሕዳራት፡ ናይ ማሕበራዊ ጉዳያት ጨናፍር፡ ሆስፒታላትን ክሊኒካትን ብዘይ ጸቕጢ ክሰርሑ ስለዝተዓዘቡ፡ እቲ ዑደት ንዝነበሮም ግጉይ ስእሊ ዝእርም ከኸውን ትጽቢት ኣሕዲሩ ነበረ። እንተኾነ፡ ስርዓት ኢትዮጵያ፡ ህላወ ምሩኻቱ ብዘይ ሕፍረት ይነጽግ ብምንባሩ፡ ቀይሕ መስቀል'ውን ከምቲ ዝተበገሶን ዝግብኦን ክሰርሕ ኣይተራእየን።

መኸተ ህዝባዊ ግንባር፡ ንወራራት ስርዓት ኢትዮጵያ ዘፍ ምስኣበሎ፡ ደርግ ኣብ ምዝላቕ ደምሲሰዮ እየ ንዝበሎ ውድብ ደጊሙ ንምድምሳስ፡ ሓድሽን ሻድሻይን ወራር ብወግዒ ስለዝኣወጀ፡ ንህዝቢ ዓለም'ውን ከይተረፈ ዘደናገረ ኩነታት ተፈጥረ። ኣብ 1982፡ እቲ ብዙሕ ዳንኬራ ዝተረእየሉ ወራር ንሰለስተ ኣዋርሕ ድሕሪ ምቕጻሉ ፍሽለቱ ተረጋገጸ። ደርግ፡ ነዚ ፍሽለት'ዚ ክክሕስ፡ ደጊሙ ኣብ 1983 ዘካየዶ ብሰላሕታ ዝፍለጥ 7ይ ወራር ከም ብሓድሽ ምስ በርዓነ ግን፡ ዓለም፡ ህለወ ሰውራ ኤርትራ ክትኣምን ተገደደት። ህዝባዊ ግንባር ድማ፡ ካብቲ ጸቢብ ናይ ሳሕል ደጀኑ ወጺኡ፡ ኣብ ኩሉ ኩርናዓት ብምዝርግሑ፡ ሰፍሓት ሓራ መሬት ኤርትራ ኣዝዩ ተዓጸፈ። ንጥፈታት ክፍሊ ማሕበራዊ ጉዳያትን ማሕበር ረድኤት ኤርትራን ድማ፡ ብኡ መጠን ክሰፍሕ ግድን ኰነ። ብዘይካ'ቲ ግፍዕታት ጸላኢ ዘሰዓቦ ምምዝንባልን ጥሜትን፡ እቲ ካብ 1980 ዝጀመረ ደርቂ ክሳብ 1985 ብምቕጻሉ፡ ንኣዝዩ ብዙሕ ህዝቢ ስለዘዘናበለን፡ ንህዝባዊ ግንባርን ማሕበር ረድኤት ኤርትራን ዓቢ ብድሆ ስለዝፈጠረን፡ ክልቲኦም ንናይ ህዝቢ ሸግራት ንምቅላል ብሰፊሑ ክንቀሳቐሱ ነበሮም። ኣብ መስከረም 1982፡ ኣብ መንጎ ህዝባዊ ግንባርን ማሕበር ረድኤትን

ንዝነበረ ናይ ኣሰራርሓ ኣገባባት ዘነጽር መምርሒ ወጸ። እቲ መምርሒ፡ ማሕበር ረድኤት ኣብ ሜዳ ንዘካይዶም ረድኤታዊ ዕማማት ዘወሃህደሉ ሓደ ወኪል (ዮናስ ደበሳይ) ክህሉዎ፡ ኣብ ነፍስ-ወከፍ ዞባ ኣብያተ-ጽሕፈት ክኸፍት፡ ኣብ ዓድታትን ቁሸታትን ምስ ህዝባዊ ባይቶታት እናተወሃሃደ ሽማግለታት ረድኤት ናይ ህዝቢ ክፈጥር፡ ኣብቲ ወከልቱ ከቐመሉ ዘይክእል ከባቢታት ድማ ንኣኻላት ክፍሊ ማሕበራዊ ጉዳያት ወኪሉ ክሰርሕ ከም ዘለዎ ዘነጸረ ነበረ። ዝምድና ማ.ረ.ኤ. ምስ ኣርባዕተ ክፍልታት ማለት፡ ምስ ክፍሊ ማሕበራዊ ጉዳያት፡ ክፍሊ ሕክምና፡ ክፍሊ ቍጠባን ክፍሊ ህዝባዊ ምምሕዳርን ቀጥታዊ ኰይኑ፡ ምስ ካልኦት ክፍልታት ግን ዝምድናኡ ብመገዲ ፖለቲካዊ ቤትጽሕፈት ከም ዝኸውን ኣብቲ መምርሒ ተነጸረ።

ከምዚ ኣብ ላዕሊ ዝተጠቕሰ፡ ድሕሪ ሻድሻይ ወራር፡ ሰውራ ኤርትራ ኣቓልቦ ዓለም እናሰሓበን ሓሶታት ስርዓት ኢትዮጵያ እናተቓልዐን ስለዝኸደ፡ ግፍዕታት ጸላእን ደርቅን ኣብ ልዕሊ ህዝቢ ኤርትራ ንዝፈጠሮ ሕሰምን ኣደራዕን ንምቅላል፡ ብግዱሳትን ለገስቲ ማሕበራትን ዝካየድ ምንቅስቓሳት ክበዝሕ ግድን ኮነ። ደርቂ ቀርኒ ኣፍሪቃ ብሓፈሻ፡ ኣብ ሰሜን ኢትዮጵያን ኤርትራን ዝነበረ ድማ ብፍላይ መዛረቢ ዓለም ምስ ኮነ ድማ፡ "ህዝቢ ኤርትራ ኣየናይ ብዓል መዚ እዩ ረድኤት ኩብጽሓሉ ዝኽእል፧ ብመገዲ መንግስቲ ኢትዮጵያ'ዶ ዋላስ ብመገዲ ህዝባዊ ግንባር ረድኤት ይብጽሓዮ፧" ዝብል ርሱንን ኣኻታዒን ዛዕባ ተላዕለ። ኣብ 1983 ድማ፡ ብኣብያተ-ክርስትያናት ስኻንዲናቭያን (Inter-church Aid) ዝተላእከ ጋዜጠኛ፡ ኩነታት ኤርትራ ንምፍላጥን፡ ውድብ ህዝባዊ ግንባር ዝቈጻጸሮ ስፍሓት ቦታን ብዝሒ ህዝብን ከረጋግጽ ብሱዳን ኣቢሉ ንሜዳ ኤርትራ ኣተወ። ናይ ሽዑ ሓላፊ ክፍሊ ማሕበራዊ ጉዳያት ዝነበረ የማነ ዳዊት ከኣ፡ ነቲ ፍሪዝ ኣይዘንሎፈል(Frits Eisenloeffel) ዝተባህለ ሆላንዳዊ ልኡክ መሪሑ ንድሕሪ መስመር ብምኻድ፡ ኣብተን ክበጽሕወን ዝኽእሉ ኣውራጃታት ኤርትራ ከዙሮን፡ ነቲ ክፍሊ ማሕበራዊ ጉዳያት ከም ወኪል ማ.ረ.ኤ. ኰይኑ ዘካይዶ ንጥፈታት ብዓይኑ ከም ዝዕዘቦ ክገብርን ተመዘዘ።

እቲ ብማሕበር ረድኤት ኤርትራ ናብ ከባቢታት ምዕራባዊ ቆላ ክዕደል ዝተሓሰበ ሓደ ሽሕ ኩንታል እኽሊ፡ ብመካይን ተጻዒኑ ናብ ቶኾምብያ ኣብ ዝበጽሓሉ 15 ሓምለ 1983፡ እታ ነቲ ጋዜጠኛን ሓላፊ ክፍልን ዝሓዘት ንእሽቶ መኪና ኣብ ቶኾምብያ ብምብጻሕ፡ እቲ እኽሊ ንህዝቢ እናተዓደሎ እንከሎ ብኣጋጣሚ ኣርከበት። ጋዜጠኛን ሓላፊ ክፍልን፡ ጉዕዞኦም ብምቕጻል፡ ብርቱዕ ክራማት ዝፈጠሮ ጭቃን ምሽኻልን፡ ውሕጅን ምስንኻል ጉዕዞን ዝነበሮ መገዲ ሽላሎን ባድመን ሓሊፎም ኣብ ገምገም መረብ በጽሑ። መረብ ውሕጅ መሊኡ ምስጋሩ ስለዘይተክእለ፡ ካብቶም

ኩናማ ነበርቲ ናይቲ ከባቢ፡ ክኢላታት ሓምበስቲን ኣሳጋርቲ ውሕጅን ተጸዊዖም ኣሳገርዎም። በታ ስግር መረብ ክሳብ ዓረዛ እትንቀሳቐስ እንኮ ዓባይ ማኪና ህዝባዊ ግንባር ድማ ዓረዛ በጽሐ። ኣብኡ ዝተኻየደ ምዕዳል እኽሊ ድሕሪ ምዕዛብ ከኣ፡ ብእግሪ ብመስመር እምብላላሕ ንጉሕጭዓ ክቕጽሉ ወሰኑ። ኣብ ድሕሪ መስመር፡ ነቲ ዝቕጽል ዝነበረ ሰላሕታ ወራር ክረድኣ፡ ኩለን ሓይልታት ንሳሕል ስለዝተመልሳ፡ 5 ኣባላት ስለያ ከም ሓለዋ ክገብሩሎምን መገዲ ክመርሑዎምን ተመዘዙሎም። ከበሳታት፡ ብወዶ-ገባን ምንቅስቓስ ጸላእን ብቐሊሉ ዝድፈረሉ እዋን ስለዝነበረ፡ ናይዚ ጋሻ ውሕስነት ዓቢ ጉዳይ ነበረ። ስለዚ ድማ፡ ጸለሎ ምስ ክሬማ ናይ ገጽ ደባሊቕካ ገጹ ብምልኻይ፡ ኤውሮጳዊ ምዃኑ ከም ዘይልለን ኣቓልቦ ከም ዘይስሕብን ጌርካ ምጉዓዙ ተመርጸ። ርእሱ ብነጸላ ሸፊኖም፡ ከም ሕሙም ኣምሲሎም ከኣ ናብ ዓድቀ-ተኹላ ወረዳ ጉሕጭዓ ኣተዉ። ኣብቲ ከባቢ ዝተሓርሰ ግራውቲ ዳርጋ ሃጉጉ፡ ዒላታት ነጺፉን መሬት ባዲሙን ተዓዘቡ። ንምሸቱ፡ ብጥቓ ሓልሓለ ኣቢሎም ንጽርግያ ኣስመራ - መንደፈራ ብምስጋር፡ ኣብ ሓሬን-ገደለ ወዓሉ። ንጽባሒቱ፡ ብወቐርቲ ኣቢሎም ጽርግያ ብምስጋር ንዓላ ወረዱ። ኣብ ዓላ ምስ ሚሊሻ ስርናይ ናይ ጸላኢ ብዙሕ ቃለ-መሕተት ድሕሪ ምግባሩ፡ ብዓድ-ሮሶን ሩባ ዓሊገደን ገይሮም ናብ ፎሮ ተጓዕዙ። ኣብዚ ከባቢ'ውን ናይ ራሻይዳ ክዳን ለቢሱ፡ ናብ ገማግም ባሕሪ ዙላ፡ ኣዱሊስ፡ ኣፍታን ኢራፋለን ብምብጻሕ ንባና ከተማ ምጽዋዕ ድሕሪ ምምዕዳው፡ ብዝመጽእዎ ክምለሱ ጉዕዞ ንድሕሪት ቀጸሉ። በቲ ዝኸድዎ መስመር ብምምላስን ኣብ ጓጆት ናይ ምዕዳል እኽሊ ብምዕዛብን ድማ፡ እቲ ናይ 30 መዓልቲ ዑደቶም ኣብ ከሰላ - ሱዳን ከም ዝተዛዘመ፡ ሸዑ ኣብ ዝተጻሕፈ ጸብጻባት ክፍሊ ማሕበራዊ ጉዳያት ሰፊሩ ኣሎ።

ኣብዚ ልዕሊ 500 ኪሎ-ሜተር ዝግመት ጉዕዞ'ዚ፡ እቲ ጋዜጠኛ፡ ንኣውራጃታት ባርካ፡ ጋሽ፡ ሰራየ፡ ሓማሴን፡ ኣከለጉዛይ፡ ሰምሃርን ሜፍ ደንከልን ክረግጽ ከኣለ። ቅድሚኡ ኣብ ዝመጸሉ እዋን ንኣውራጃታት ሳሕልን ሰንሒትን በጺሑወን ስለዝነበረ ድማ፡ ኣብ እዋን ገድሊ ንኹለን ኣውራጃታት ኤርትራ ዝበጽሐ እንኮ ወጻእተኛ ጋሻ ብምዃን ታሪኽ ሰሪሑ ተመልሰ። እዚ ካብ ግርማይኻ ክሳብ ኢራፋለ ዝተገብረ ጉዕዞ፡ ብዘይካ ካብ ግርማይኻ ክሳብ ዓረዛ ብመካይን፡ እቲ ዝተረፈ ብእግሪ ዝተጓዕዝዎ እዩ ነይሩ። ንሱ ናብ ዓዱ ምስ ተመልሰ፡ "ናይ መሸላ ገድላዊ ጉዕዞ" (Eritrean Durra Odyssey) ዘርእስታ 100 ገጽ ዘለዋ መጽሓፍ ብምሕታም፡ ስርዓት ኢትዮጵያ 5 ኪሎ-ሜተር ካብ ከተማ'ውን እንተኾነ ንህዝቢ ከመሓድር ከም ዘይክእልን ረድኤት እኽሊ ንህዝቢ ብመገዲ ማሕበር ረድኤት ኤርትራን ብስግረ-ዶብን ናብ ሓራ መሬት ኤርትራ ክኣቱ ከም ዝግባእን መስከሩ።

እዚ ብሓደ ኤውሮጳዊ ዜጋ ዝተዋህበ ምስክርነት'ዚ፡ ዝበዝሕ ህዝቢ ኤርትራ፡ ኣብቲ ህዝባዊ ግንባር ዝቈጻጸሮ ሓራ መሬት ከም ዝርከብን ብደርቂ ዝተጠቕዐ ዝበዝሕ ህዝቢ ድማ ብመገዲ ስርዓት ደርግ ክበጽሖ ከም ዘይክእልን እዩ ንዓለም ኣቃሊዑ። እዚን ብብዙሓት ካልኦት በጻሕትን ብዝተደጋገመ ሓቀኛ ሓበሬታን፡ ብዙሓት ሃገራትን ዓበይቲ ኣህጉራውያን ናይ ረድኤት ማሕበራትን፡ ነቲ ኣብ ሜዳ ኤርትራ ዝነበረ ክውንነት ስለዘረጋገጹ፡ ናብ ህዝቢ ኤርትራ ዝልኣክ ደገፍ ርኡይ ምምሕያሽ ኣርኣየ። ማሕበር ረድኤት ኤርትራ፡ ከም ቀንዲ ኣወሃሃዲ ኮይኑ ብመንገዲ ስግረዶብ ንህዝቢ ኤርትራ ረድኤት ከኻይድ ሰፊሕ ዕድል ተኸፍተሉ። ወደብ ፖርት-ሱዳን ብግሁድ ናብ ኤርትራ ዝኣቱ እክልን ካልእ ዓይነታት ምግብን መዋፈሪት ኮነት። ሳላ'ቲ ህዝባዊ ግንባር ኣብ ሓራ መሬት ኤርትራ ዝሃነጾ ካብ ወደብ ፖርት-ሱዳን ክሳብ ኣዶብሓን ናቕፋን፡ ካብ ኣዶብሓ ድማ ክሳብ ምዕራብ ኤርትራ ዝዝርጋሕ መርበባት ጽርግያ፡ እቲ ህዝቢ ንምሕጋዝ ዝተጻዕረሉ ህጹጽ ረድኤታዊ ዕማም ብስሉጥ ክሰላሰል ከኣለ።

ብኻልእ ወገን፡ ለገስቲ ሃገራትን ማሕበራትን፡ ዝለገስአ ረድኤት ኣብ ኢድ ህዝባዊ ግንባር ከይኣቱን ንወተሃደራዊ መዓላ ከይውዕልን ዝብል ስግኣት ኣዝዩ እናዓበየ ይኸይድ ነይሩ እዩ። ስለዚ ድማ፡ ማሕበር ረድኤት ኤርትራ፡ ዓቕሙ ደልዲሉ፡ ኣብ ሜዳ ኤርትራ ህላወኡ ከረጋግጽን ናይ ረድኤት ዕማማቱ ክፍጽምን ኣድላዪ ኮይኑ። ኣብ መወዳእታ 1984 ድማ፡ ኣብ ጨንፈር መጽናዕቲን ሓበሬታን ሳሕልን ባርካን ዝነበሩ 47 ኣባላት ክፍሊ ማሕበራዊ ጉዳያት፡ ከም ኣባላትን ወከልቲን ማሕበር ረድኤት ኤርትራ ከገልግሉ ተወሰነ። ማ.ረ.ኤ. ከኣ ቤት-ጽሕፈቱ ኣብ ሜዳ ብምስፋሕ፡ ኣብ ዞባታት ሳሕል፡ ሰንሒትን ባርካን ጨናፍራቱ ዘርጊሑ ረድኤታዊ ዕማማቱ ቀጸለ። እቶም ዝተረፉ ፍርቂ ኣባላት ክፍሊ ማሕበራዊ ጉዳይ ድማ፡ ኣብ ድሕሪ መስመር ጸላኢ፡ ናይ ስድራ-ቤት ተጋደልትን ናይ መርዓ ጉዳያትን እናዓመሙ፡ ኣብ ማ.ረ.ኤ ዘይብሉ ቦታታት ድማ ንግፍዕታትን ሽግራትን ህዝቢ እናጽንዑን፡ ከም ቀደሞም ረድኤት ኣብ ምዕዳል እናተሳተፉ ከም ዝቕጽሉ ተገብረ። ክሳብ ናጽነት፡ ክልቲኦም ኣኻላት እናተወሃሃዱን ሓድሕድ እናተሓጋገዙን ብምቕጻል ድማ ሽግራት ህዝቢ ዘቃለለ ተልእኾኦም ፈጸሙ።

ክፍሊ ማሕበራዊ ጉዳያት፡ መጽናዕትታት ናይ ሽጉር ህዝብን ምዕዳል ረድኤትን ንምክያድ ዝተዋሃቦ ግዴታታት፡ ንማሕበር ረድኤት ኤርትራ ብምውካል ዝደረቦ ሓላፍነትን፡ ብግቡእ ንምፍጻም ከቢድ ጻዕሪ ኣኻይዱ እዩ። ወተሃደራዊ ግጥማት ብዝፈጥሮ ዝነበረ ምዝላቕን ምድፋኣን እናተጸልወ፡ ብምጽግባብን ብምስፋሕን ሓራ መሬት እናተጨበጠን እናተዘርግሐን፡ ዕማማቱ ብምትዕጽጻፍ ዘካየዶ ቃልሲ ቀሊል ኣይነበረን። ስርዓት ኢትዮጵያ፡

ኣብ ልዕሊ ህዝቢ ዘውረዶ ግፍዕታት ጥራይ ዘይኮነ፣ ነቲ ዘጋጠመ ከቢድ ባህርያዊ ሓደጋ፣ ህዝቢ ንምንብርኻክ ክጥቀመሉ ስለዝፈተነ፣ ስቃይ ህዝቢ ንምቅላል ዝካየድ ዝነበረ ስራሕ ኩሉ-ጎድናዊ እዩ ነይሩ። ዋላ'ኳ ድሕሪ 1984፣ ኣህጉራውያን ማሕበራትን ለገስቲ ዘይመንግስታውያን ትካላትን ብዝገብርኦ ዝነበራ ሓገዛት ናይ ቀረብ ምምሕያሽ እንተመጸ፣ ቅድሚኡ ዝነበረ እዋናት ንህዝቢ ኤርትራ ኣመና ፈታንን መሪርን እዩ ነይሩ። ልዕሊ-ሓያላን ሃገራት ኣብ ጉዳይ ኤርትራ ዝነበሮም ኣሉታዊ መርገጺ ከይኣክል፣ ንዓመጻት ስርዓት ኢትዮጵያ ዓይኖም ብምዕማቶም፣ ጸበባ ህዝቢ ኤርትራ ንምቅላል ዓለም ኢዳ ኣይዘርግሐትን። ሳላ ህዝባዊ ግንባርን ማሕበር ረድኤት ኤርትራን፣ ሳላ ኤርትራውያን ኣብ ወጻኢ ዝገበሩዎ ወፈያታት፣ ብታኒኻ እናለመኑ ዝኣከብዎ ገንዘብ፣ ብጉስጓሳቶም ዝተደረኻ ንኣሽቱ ናይ ደገፍ ኮሚቴታት ዘበርክተኦ ሓገዛት ግን፣ ህዝቢ ኤርትራ ነቲ መሪር መድረኽ ክሓልፎ ክኢሉ እዩ።

መጽናዕቲን ምዕዳል ረድኤትን 1979-1984

ክፍሊ ማሕበራዊ ጉዳያት፣ ንህዝቢ ረድኤት ዘዕድለሉ ዝነበረ ኣገባባት ከከም ቦታኡን እዋኑን ዝፈላለ ክኸውን ግድን እዩ። ኣብቲ ምስ ደጀን ዝተኣሳሰር ቦታታትን ጸላኢ ዘይቈጻጸሮ ዓድታትን፣ ዝተፈላለዩ መዐደሊ ማእከላት መዐደሊ እናፈጠረ ይዕድል ነበረ። ኣብ ድሕሪ መስመር ጸላኢ ግን፣ ካብ ማ.ረ.ኤ. ዝመጽእ እኽሊን ካልእ ንብረትን ብመጉዓዓዚ ክበጽሖ ስለዘይክእል፣ ክፍሊ ቍጠባ ህዝባዊ ግንባር፣ ኣብ ከባቢ ሸዕብ ምህርቲ ኣብ ዝሰስነሉ እዋን ብዙሕ እኽሊ ሸሚቱ፣ ኣብ ሕቡእ መኽዘናት የቐምጥ ነበረ። ኣድላዩ ኣብ ዝኾነሉ እዋን ድማ፣ ካብዚ ሕቡእ ናይ ስንቂ መኽዘናት እናተወሰደ ዝዕደለሉ ግዜ ነይሩ እዩ። ኣብቲ ዳሕራይ መድረኻት፣ ኣብ ሓዲግ ቦታታት ንዝነብሩ በተኻት ስድራ-ቤታት፣ ሸሚቶም ክበልዑ ብዝብል ዕላማ ኣብ ከም በዓል ዓድታት ስመጃና ብገንዘብ ዝዕደለሉ ግዜ ምንባሩ'ውን ዝዝከር እዩ።

እቲ ናይ ምዕዳል ዕማም፣ ዳርጋ ኩሉ ግዜ ንንኡስ ክፋል ናይቶም ብሓቂ ረድኤት ዘድልዮም ጥራይ ስለዘዕግብ፣ ብዙሓት ዘይሕጉሱሉ ክኸውን ግድን እዩ። ኣዝዩ ውሑድ ስንቂ ሒዝካ ንዕስራት ናይቶም ዘጽናዕኻዮም ሽጉራት፣ ፈውሲ ሞት ክትዕድል ኣዝዩ ኣሸጋሪ እዩ። ጨንፈር መጽናዕቲን ሓበሬታን፣ ነተን ዝተረከባ እኽሊ፣ ንኣዝዮም በተኻት፣ ሕሙማት፣ ስንኩላን፣ ኣረጋውያንን ህጻናትን ብቐዳምነት ክሕግዝ ዘገድድ እዩ ዝነበረ። ስድራቤታት ስንኩላን ተጋደልቲ፣ ኣንስቲ ተጋደልትን ደቀንን፣ ዘኽታማትን

ካልኦት ጽጉማትን ብምምዝጋብ፡ ኣብ ዕደላ ስንቅን ክዳውንትን ፍሉይ ቈላሕታ ክግበረሎም'ውን ይጸዓር ነይሩ እዩ። ብዙሓት ኣንስቲ ተጋደልቲ ዝሕረስ መሬት ስለዘይብለን፡ ወይ መሬት ክሓርሳ ዓቕሚ ስለዘይብለን፡ ደርቂ ኣብ ዘይህልወሉ እዋን'ውን እንተኾነ ጽጉማት እየን። እዚ ድማ፡ ዋሕዲ ዝዕደል ስንቂ ኣብ ዝህልወሉ ግዜ፡ ነቶም ኣዝዮም ህሱያትን ዝያዳ ወጽዓ ዘለዎምን ንምልላይ ዝግበር ስራሕ ዝኸበደ ይገብሮ ነበረ።

ምዕዳል ረድኤት፡ ኣብቲ ዓበይቲ ወራራትን ዘየዕርፍ ኲናትን ዝነበሮ መድረኽ 1979 ከይተረፈ እዩ ተኻይዱ። ዋላ'ኳ ብውሑድ ዓቐን እንተኾነ፡ ኣብ ሳሕልን ኣብ ንኡስ ክፋል ድሕሪ መስመር ጸላእን ዝነበሩ ኣዝዮም ሽጉራት፡ ህጹጽ ረድኤት ከም ዝረክቡ ተገይሩ እዩ። ኣብ ሳሕል ኣብ ከባቢታት ደጀን ማለት፡ ኣብ ኣግራዕ ናቕፋን ሮራን ዝነበረ ህዝቢ ናይ ስንቅን ክዳውንትን ሓገዝ ተዓዲሉ። ኣብ ድሕሪ መስመር፡ ኣብ መወዳእታ 1979፡ ብወራራት ጸላኢ ካብ ዓዶም ዝተዘናበሉ ብዙሓት ስድራቤታት ኣብ ከባቢ ሰሜናዊ ባሕሪ ተጸጊዮም፡ ክሳብ ኩነታት ዝቕየር ኣብኡ ዝተዓቘቡ ነይሮም። ጉላጉል ዓሱስን፡ ማለት ኣብ ገድገድ ሽባሕ፡ ኣብ ዓድ-ሹማን ድርፎን፡ ከምኡ'ውን ኣብ ርእሲ-ዓድን ገማግም ካርነሽምን ንዝተጸንዑ በተኻት፡ ካብ መኽዘናት ክፍሊ ቍጠባ ምጡን ሓገዛት ናይ ስንቂን ክዳውንትን ከም ዝግበረሎም ተገይሩ። *(ፍጻመታት 82-84 ተመልከቱ)*

ጨንፈር መጽናዕቲን ሓበሬታን ዓቕሙ ንኡስ ስለዝነበረ፡ ምስ'ቶም ኣብ ከከባቢኡ ዝነበሩ ኣባላት ጀማሂር (ህዝባዊ ምምሕዳር) እናተሓጋገዘ፡ ነቲ ኣዝዩ ዝተሸገረ ህዝቢ ንምሕጋዝ ተንቀሳቒሱ እዩ። ኣብ 1980 ንኣብነት፡ ንቍጠባዊ ኩነታት ህዝቢ ኣብ ሰለስተ ደረጃታት ዝኸፋፈለ መጽናዕቲ ኣካይዶም ነበሩ። ብኡ መሰረት፡ ኣብ ዞባ ደቡብ፡ ከባቢታት እገላሓምስ፡ ሮብራ፡ ስሓርቲ፡ እንጋንኣን ጽንዓደግለን ክሳብ 80 ሽሕ ህዝቢ፡ ኣብ ዞባ ምብራቕ፡ ከባቢታት ፎሮ፡ ኢራፋይለ፡ ነበገደን ቡያን ድማ ክሳብ 15 ሽሕ ህዝቢ ክምዝግቡ ክኣሉ። እቲ ናይ ምትሕግጋዝ ኩነታት፡ ካብ ዞባ ወይ ካብ ወረዳ ንወረዳ ዝፈላለ ምንባሩ ዝዝክር እዩ። ኣብ ዝበዝሕ ቦታታት ብምርድዳእ ክቕጸል እንከሎ፡ ኣብ ገለ ቦታታት ግን ምስ ገለ ሓለፍቲ ዞባ ወይ ወረዳ፡ "ህዝቢ ባዕልና ስለእንፈልጦ መን'ዩ በተኽ፧ መን ረድኤት ይወሃብ፧ ንሕና ኢና ንፈልጥ፡" ብዝብል ደረቕ ሓሳብ ዘይምርድዳእ ዝፍጠረሉ እዋን ነይሩ እዩ። ኣባላት ህዝባዊ ምምሕዳር ምስ ውዳብ ህዝቢ ኣዝዮም ስለዝተኣሳሰሩ፡ ኣባላት ማሕበራዊ ጉዳያት፡ ሓቀኛ በተኻት ከይጉስዩ ይማጐቱ ነበሩ። በዚ ምኽንያት፡ ኣብቲ ከባቢ ኣባል ማእከላይ ሽማግለ ህዝባዊ ግንባር እንተልዩ፡ ነቲ ግርጭት ንምፍታሕ ናይ መወዳእታ ውሳነ ክወስድ ስልጣን ይህልዎ ዝብል መተዓረቒ መምርሒ ዝተዘርግሓሉ እዋን'ውን ነይሩ እዩ።

አብ ሳሕል፡ ባርካን ሰንሒትን ዝካየድ ናይ ምዕዳል እኽሊ መደባት፡ ብምኽንያት'ቲ ዘየቋርጽ ናይ ደብዳብ ነፈርቲ ስግኣታት፡ ብገዜ ለይቲ ከም ዝካየድ እዩ ዝግበር ዝነበረ። ለይቲ ህዝቢ ኣኺብኻ፡ እናመዘንኻን እናመዝገብካን ስንቂ ምዕዳል፡ ደቂቕ ውጥን ዝሓትት ከቢድ ስራሕ ነበረ። ወርሒ ኣብ ዘላቶ ለይቲ፡ ሰብን መጽዓኛን ብቐሊሉ ኣብ ዘንቀሳቐሱ ንሰራሕ ከቢዲ ዘሎ ህዝቢ ዝምችእ ማእከል ቦታታት ምርካብ የድሊ። ብጸልማት ረድኤት ምዕዳል፡ ንብዙሕ ዓይነት ጌጋታት ዘቃልዕ እዩ። ገለ ሰባት፡ ክልተ ግዜ ተመዝጊቦም፡ ክልተ ብጽሒት ዘወስዱ ኩነት ከም ዝነበረ፡ ዳሕራይ ብክስታት ይፍለጥ ነበረ።

ኣብ 1983፡ ምስቲ ደርግ ዘካየዶ ሻብዓይ (ስላሕታ) ወራር፡ ኣብ ሳሕል ሰንሒትን ከባቢታቱን ብዝፈጠሮ ጆምላዊ ቅትለትን ምንዳድ ገዛውትን፡ 15 ሽሕ ህዝቢ ተዘናቢሉ። ብዙሓት ንሱዳንን ካልእ ቦታታትን ክኸዱ እንከለዉ፡ ካብ እምባሃራ፡ ሃበሮ፡ መዘረትን ማሃርን ዝተዘናበሉ፡ ክሳብ 900 ዝኾኑ ህዝቢ፡ ግን ኣብ ክልተ ግዝያዊ መዓስከራት ሚንከማን ዓዳየትን ተዓቝቦም፡ ቀጻሊ ናይ ረድኤት ምዕዳል እናተገብሮም ቀጺሎም። ብዘይካ'ዚ፡ ክፍሊ ማሕበራዊ ጉዳያት፡ ህዝባዊ ምምሕዳርን ማሕበር ረድኤት ኤርትራን ዝሳተፍዎ፡ ህዝቢ ብቀዋሚ ወይ ብግዝያዊ ዝሰፍረሉ ናይ ምጥያስ መደባት'ውን ተኻይዱ እዩ። ኣብ ዞባ ምዕራብ፡ ክሳብ 90 ስድራ-ቤት ብሄረ ናራ፡ 25 ስድራቤት ዝኾኑ ኣባላት ብሄረ ኩናማ፡ ካብ ትግራይ ዝመጹ ካልኦት 8 ስድራቤታትን ካብ 1983 ጀሚሮም፡ ስንቂ እናተዳለዎም መሬት እናሓረሱን ክሳብ ደርቂ ዝመሓየሽ ቀጺሎም እዮም። ኣብ ዞባ ምብራቕ'ውን፡ መሳዋት ኣብ ዝተባህለ ቦታ፡ ንህዝቢ ናይ ምጥያስ ተመሳሳሊ ስራሓት ተኻይዱ እዩ።

1984፡ ተወሳኺት ዝናብ ዘይብላ ዓመት ምስ ኮነት፡ ሳዕቤን ናይቲ ንሓምሻይ ዓመቱ ዝቐጸለ ደርቂ ናብ ዝኸፍአ ደረጃኡ ስለዝበጽሐ፡ ክቱር ድኽነት ንብዙሕ ህዝቢ፡ ናብ ሰደት ክውሕዝ ኣገደዶ። ዝበዝሕ ህዝቢ ሳሕልን ባርካን ናብ ሱዳን ክኸይድ እንከሎ፡ ካብ ጋሽን ደቡባዊ ከበሳን ድማ ናብ ትግራይ ዝኸዱ ነበሩ። እንተኾነ፡ ትግራይን ሰሜናዊ ኢትዮጵያን'ውን ብክቢድ ደርቂ ስለዝተጠቕዐ፡ ብዙሓት ክምለሱ ተገዲዶም እዮም። ሸቕለት እንተረኺቡ ናብ ከተማታት ኤርትራ ከይዶም ክነብሩ ዝፈተኑ'ውን ነበሩ። ናብ ኣህዱታት ህዝባዊ ግንባር እናመጹ ሓገዝ ዝሓትት ካልእ ብዙሕ ህዝቢ፡ ብምንባሩ፡ ምስ ማ.ረ.ኤ ብምርድዳእ ኣብ ምዕራብን ኣብ ሳሕልን ህዝቢ መቐነዪ ስንቂ እናተዳለ ዝነበረልን ጊዚያዊ መዓስከራት ክክፈታ ኣገዲዱ እዩ። ብዙሕ ካብቲ ኣብ ግዝያውያን መዓስከራት ዝነበር ህዝቢ፡ ክሳብ 1985 ውሕዳት ድማ ክሳብ 1986 ድሕሪ ምጽናሕ ነናብ ዓዶም ክምለሱ ክኢሎም እዮም።

ክፍሊ ማሕበራዊ ጉዳያት፡ ካብ 1977 ክሳብ 1984 ዘካየዶ ናይ ዝተሸግሩ

ህዝቢ መጽናዕቲን ንማ.ረ.ኤ. ወኪሉ ዘካየዶ ሪድኤታዊ ዕማማትን፡ ብዙሕ ጸገማት ዝነበሮን ብዓቕሚታት ክልቲኡ ትካላት ዝተወሰነን'ኳ እንተነበረ፡ ኣብቲ ጽንኩር መድረኻት ብሪታዊ ቃልሲ፡ እቲ ንምክያዱ ዝተሓልፈ ጸባ ቀሊል ኣይነበረን። ኣብ ወተሃደራዊ ግጥማት ብዘሎ ናይ ምድፋእን ምዝላቕን ኩነት፡ ኣብ ሓራ መሬት ዝሃሉ ምጽባብን ምስፋሕን ሰለዝጽሎ፡ ገለ እዋናት ከተዓናቅፍ ግድን እዩ። ብኻልእ ወገን፡ ብፍላይ ድሕሪ ምጽላች ኣብ ዝሰዓባ ክልተ ሰለስተ ዓመታት፡ ትሕዝቶ ኣዝዩ ውሑድ ብምንባሩ፡ ንህዛቢ ዝተዓደለ ስንቂ ምስቲ ዝተጸንዐ ህዝቢ ከወዳደር እንክሎ ገራሕ ፍልልይ ነበረ። እዚ ሰዒቡ ዘሎ ሰንጠረጅ ማሕበራዊ ጉዳያት፡ ቅድሚ ማ.ረ.ኤ. ኣሃዱታቲ ኣብ ሜዳ ዘዘርግሐ ዘተጸምቄ ሰሌዳ መረካኸቢ ጸብጻብ እዩ።

ዓመት	ዝተጸንዑ ሽጉራት	እኽሊ ዝተዓደሉ	ክዳውንቲ	ኮቦርታ	ጫማ	ገንዘብ
1978	40,000	29800	400	80		50000
1979	96,500	-	86000	912		
1980	104,900	6900	66000	1340		
1981	120420	31500	15000	260		
1982	117,390	17024	21215		1629	132000
1983	154,536	30506	10564			
1984 (ፍርቂ)	156,693	33247	19612			
ድምር	790,693	148,977	219791	2592		182,000

እቲ ናይ ሪድኤት ምዕዳል ዕማም፡ ከም ናይ ማሕበር ሪድኤት ኤርትራ ክኸውን'ኳ እንት ተወሰነ፡ ንኽፍሊ ማሕበራዊ ጉዳያት ካብቲ ዕማም ፈጺሙ ዘገላግል ኣይነበረን። ማ.ረ.ኤ.፡ ኣብ ምሉእ ሃገር ክዘርጋሕ ዘኽአሎ ዓቕሚ ሰብ ሰለዘይነበሮ፡ ኣብ ድሕሪ መስመር ዝካየድ ዝነበረ ናይ መጽናዕቲን ምዕዳል ሪድኤትን ዕማማት ዳርጋ ሹሎም ኣባላቲ ክነፍሉ ዘገድድ እዩ ነይሩ። ብመሰረት ካብ ማ.ረ.ኤ. ዝዱሎ ናይ ስንቂ ቀረባት ድማ፡ ኣብ ርሑቕ ከባቢታት ዝነብሩ ኣባላት፡ እኽሊ ክዳውንቲን ገንዘብን ናይ ምዕዳል ስራሕ ከም ዕማሞም ኮይኑ፡ ክሳብ ናጽነት ቀጺሉ እዩ።

ደርቂ ንምግጣም ዘተኻየደ ሰራሕ 1980-1984

ደርቂ፡ ከከም ክብደቱን ዝርጋሐኡን ንውሓት ግዜኡን ዘፈላለ፡ ብዋሕዲን ስእነትን ማይ ዘፍጠር፡ ብቆዳምነት ንሕርሻን ንናይ ጥሪት መግሃጫታትን

ዘባድም ተርእዮ'ኳ እንተኾነ፡ ቀጠባዊ ጥዕናውን ማሕበራዊን ኩነታት ሕብረተሰብ እውን ዘዘናብል ኣዕናዊ ክስተት እዩ። ኣብ 1980 ጀሚሩ ክሳብ 1984፡ ዝቐጸለ ስእነት ዝናብን ጥሚትን፡ ድሕሪ'ቲ ብስም 'ዘበነ ኣኻሒዳ' ዝፍለጥ ኣብ 1888-1892 ዘጋጠመ ሕሱም ደርቂ፡ ዝዓበየ ምኻኑ እዩ ዝጥቀስ። ዘበነ ኣኻሒዳ፡ ብተመሳሳሊ ንሓሙሽተ ዓመታት ዝቐጸለን፡ ብዙሕ ህዝብን ጥሪትን ዘህለቐን፡ ብሕማማት ኩብቲ፡ ኣንበጣን ኣናጹን ካልእ ባልዓትን ዝተጋደደ ከቢድ መቕዘፍቲ እዩ ዝነበረ(ኢጣልያዊ መግዛእቲ ኣብ ኤርትራ ብዘምህረት ዮሃንስ፡ ገጽ 88-89 ተመልከት)።

ስባት ኣብ ዘፍረይዎ እቶት ዝምርኮሰሉ፡ መጕዓዝዚ መካይን ኣብ ዘይነበረሉ፡ ዕዳጋታት ኣብ ዘይማዕበለሉ፡ ኩሉ ከባቢታት ኤርትራ ስለዝተሃሰየ፡ ተሰዲድኻ ረዳኢ ዘይትረክበሉ ኩነታት ብምክሳቱ እዩ ሳዕቤኑ ገዲዱ። እዚ ናይ 1980ታት ደርቂ'ውን ብብርታዐኡ ምስኡ ዝመሳሰል'ኳ እንተኾነ፡ ውድብ ህዝባዊ ግንባር ብዝፈጠሮ ምሕደራዊ መርበባት ብሓደ ወገን፡ በቲ ካልእ ወገን ድማ ህዝቢ ብምክሪ፡ ብሞራል፡ ብንዋትን ብረድኤትን ዝምርኮሰሉ ውድብ ብምርኻቡ፡ እቲ ክብደት ክቃለለሉ ክኢሉ እዩ። ህዝባዊ ባይቶታት፡ ኣብ ከከባቢኦም ስቕያት ህዝቢ ንምቅላል ዝሸመት እኽሊ ብምቕራብ፡ ህዝባዊ ድኳናት፡ ንሰብን እንስሳታትን መድሃኒታት ዝቐርባ ኣብያተ-መሸጣ መድሃኒታት ብምክፋት ብዓቕሞም ዘካይድዎ ፈተነ፡ ቀሊል ኣይነበረን። ዋላ'ኳ ነቲ ሽግር ብምሉኡነት ዝፈትሕ ዓቕሚ እንተ ዘይነበረ፡ ክፍሊ ማሕበራዊ ጉዳያት ምስ ማሕበር ረድኤት ኤርትራ ብምትሕብባር ዘካየዶ ናይ ስንቂ ህጹጽ ረድኤታዊ ስራሓት፡ ነቲ ሳዕቤን ኣዝዩ ከይብእስ ዝሓገዘ ረቛሒ ምንባሩ ዘጠራጥር ኣይኮነን።

ካብ 1980 ዝጀመረ ዝናብ፡ ትሕቲ ርብዒ ናይቲ ንቡር ዓቐን ዝናብ ብምንባሩ፡ እቲ ውሑድ ዝዘነበ ድማ፡ ዝርጋሔኡን ስሩዕነቱን ስለዝተዘርገን ዝተዘርኡ ኣእኻል ስለዝሓረሩን፡ ንሓረስቶት ሃገርና ዝሃሰየ ተርእዮ ነበረ። እቲ ደርቂ እናቐጸለ፡ ሳዕርን ኣቑጽልትን እናነቐጹ ምስ ከዱ ድማ፡ ነቲ ብጉስነት ዝናበር ክፋል ህዝብና'ውን ከቢድ ጉድኣት ኣስዓበሉ። ኣብ ዞባ ሳሕል፡ ከባቢታት ኣፍዓበት፡ ናሮን ናቕፋን ጥራይ፡ ኣብ 1980 ኣብ ልዕሊ ጥሪት ዝወረደ ክሳራታት ብዙሕ ነበረ። 22,530 ጤለ-በጊዕ፡ 645 ኣእዱግን 2,021 ኩብትን ብደርቅን ሕማም ሃለቃ። ቅሩብ ዝናብ ተረኺቡ ዘራእቲ ኣብ ዝተዘርኣሉ ከባቢታት'ውን፡ ባርኖሳይን ኣንበጣን ካልኦት ባልዓትን ስለዝወረርዎ፡ ሓረስታይ ፍጹም ተስፋ ኣብ ዝቘረጸሉ መድረኽ በጺሑ ነበረ። ቀዳማይ ዓመት ተወዲኡ፡ ካልኣይን ሳልሳይን ዓመታት ብተመሳሳሊ ደርቂ ምስ ቀጸለ፡ ጥሪትን እንስሳታት ዘቤትን ሃሊቐን፣ ዓድታት ባዲመን፣ ብሓጺሩ መዘና ዘይብሉ ኣዕናዊ ኩነታት ኣስዓበ። ኣብ ንቡር ግዜ ህዝቢ፡

ከም ቀንዲ መግቢ ንዘየገልግሉ ፍረታት መሮር ኣብ ምምእራር ተዋፈረ። በለስ፡ ፍረ ጋርሳይ፡ ፍረ ሃምታ፡ ቃርዕጾ፡ ሳዳን ካልእ ፍረታትን ቈጽለ-መጽልን ክኣሪ ተገደደ። ገለ ክፋል ናይቲ ህዝቢ፡ ብዘዋህለሎ ውሑድ እኽሊ፡ ጥሪት ወይ ቊራቦ ገንዘብ፡ ንውሱን ግዜ ዝተሳለየ ነይሩ ይኸውን። ኣብ ራብዓይ ዓመት ግን፡ ሃብታም ዝበሃል፡ ኳሳን ሓረስታይን ኩሉ በቲ ኹነታት ስኣናት ስለዝተሓወሶም፡ ሓድሕድ ዘደጋግፍ ናይ ድሕነት ውሕስነት ፍጹም ጠፍአ።

ስእነት ዝሰተ ማይ፡ እቲ ዝኸፍአ ውጽኢት ናይዚ ኣከታቲሉ ንዓመታት ዝቐጸለ ደርቂ እዩ ነይሩ። ዒላታት ነጺፎም፡ ወሓይዝ ደሪቖም፡ ህዝቢ ንጐሮርኡ ኪሎሜተራት ተጓዒዙ ማይ ክወርድ ዘገድድ ኩነታት ተኸሲቱ። ክሳብ 20 ሜትሮ ዕምቈት ዝተኳዕቱ ዓበይቲ ዒላታት ከይተረፉ ዝደረቑሉ ደረጃ ተበጺሑ። ህዝቢ ባዕሉን በብከባቢኡን፡ ናይ ማይ ምምቕራሕ ኣገባብ ከተኣታቱ ተገዲዱ። ዒላታት ሓለውቲ ተገይሮሞ፡ ህዝቢ ባዕሉ ብሊትሮታት እናዓቀነ ብማዕርነት ዝመቃራሓሉ ናይ ኩቦን ስርዓት ኣተኣታትዩ። እተን ዒላታት ምስ ነቐጻ ድማ፡ ኣእዱጎም ንሰለስተ - ኣርባዕተ ኪሎሜተር ልኢኾም ብሓርብታትን ጀሪካናትን ማይ ክጓርቱ ይግደዱ ነበሩ። ኣብ ገለ ከባቢታት'ውን፡ እተን ዝተረፋ ጥሪቶም ማይ ስትየን ንክምለሳ ክሳብ 6 ሰዓታት ይጉዓዙ ነበሩ።

ህዝቢ ኤርትራ፡ እዚ ከቢድ ባህርያዊ ጸገማት፡ ኣብ ርእሲ'ቲ ብስርዓት ኢትዮጵያ ዝወርዶ፡ ካብ ጃምላዊ ቅትለት ክሳብ ዓድታት ምንዳድን መሬት ሕርሻ ብነተጒቲ ምሕጻርን ዝኸይድ ማእለያ ዘይብሉ ግፍዕታት ስለዝተደረቦ፡ ሽግራቱ ዝተዓጻጸፈ ነበረ። እቲ እዋን፡ ወተሃደራት ኢትዮጵያ ኣብ ዓበይትን ንኣሽቱን ከተማታት ዓስኪሮም፡ ካብ ገጠራት ንዝመጹ ሓረስቶትን ጓሶትን ምቕታልን ምእሳር፡ ከተማ ኣትዮም ከይሸጡን ከይልውጡን ምክልኻል፡ መሬቶም ብነተጒቲ ምዝራእን ጥሪቶም ምዝማትን ዝኣመሰለ በደላት መዓልታዊ ዝፍጽምሉ እዩ ዝነበረ። ነቶም ብምኽንያት ደርቂ ረድኤት ክረክቡ ናብቲ ጸላኢ ዝቈጻጸሮ ከተማታት ዝኸዱ ገባር፡ ብረት ክዓጥቁን ደሞዞም ብእኽሊ እናተኸፍሎም ኣብቲ "ሚሊሻ ስርናይ" ዝተጸውዐ ኣካል ሰራዊት ክክተቡን የገድዶም ነበረ። ነቶም ክክተብ ዝኽእል መንእሰይ ዘይብሎም ስድራቤታት ድማ፡ ረድኤት ክረክቡ ኣብቲ "መግቢ ንስራሕ" ዝብል መደብ የሸቅሎም ነበረ። ብስርዓት ደርግ፡ ኣብ ኤርትራ ውሽጢ ኣትዩ ክንቀሳቐስ ዝፍቀደሉ ጋዜጠኛ ይኹን ወኪል ናይ ለገስቲ ማሕበራት ስለዘይነበረ፡ ብረድኤት ዝተዋህበ እኽሊ፡ ዘይትን ካልእ መግብታትን ኣፍ ጥሙይ ህዝቢ ዓቢሱ፡ ኣብ ግሉጽ ዕዳጋ ክሸጦ ዝዓግቶ ኣይነበረን። ኩነታት ደርቂ ኤርትራ ከም ፖለቲካዊ መሳርሒ ጸላእቲ ስለዘገልገለ ድማ እዩ ናይ ብዙሕ ህዝቢ ድኽነትን ሕማማትን ብሰንኪ ጥሜት ዝተጋደደ።

ኣብ 1980፡ ዳርጋ ዝበዝሕ ከባቢታት ኤርትራ ንዝበዝሑ ሓረስቶትን ጓሶትን ሰብኣዊ ቅልውላው ዝጀመረሉ ዓመት እዩ። ዋላ'ኳ ዓቕሚ ጨንፈር መጽናዕቲን ሓበሬታን ኣዝዩ ውሱን እንተነበረ፡ ኣብ ንኡስ ጉጅለታት እናተመቃቐለ ክሰርሕ ፈቲኑ እዩ። እንተኾነ፡ ኣባላት ናይዚ ጨንፈር፡ መጽናዕቲ ከኻይዱ ላዕልን ታሕትን ኣብ ዝብልሉ ዝነበሩ እዋን፡ ነቲ ናይ ረድኤት እኽሊ ካብ ብለይቲ ዝመጸ መካይን ከራግፉን፡ ንዕደላ ከዳልዉን ዘገድዶም ከቢድ ስራሕ'ውን የጋጥሞም ነበረ። ነታ ብለይቲ ጥራይ እትንቀሳቐስ ማኪና ኣራጊፎም ክመልስዋ ስለዘለዎም፡ ለይቲ ኣብ ምርጋፍ ዝሕግዙ ህዝቢ ከኣ ስለዘይጸንሑ፡ ክልተ ሰለስተ ሰብ ኰይኖም ልዕሊ 100 ኩንታል ከራግፉ ዝግደድሉ እዋናት ውሑድ ኣይነበረን። ብኸምኡ ክቕጽሉ ይኽእሉ ስለዘይነበሩ ግን፡ ብኣባላት ክፍሊ ህዝባዊ ምምሕዳራትን ብኣባላት ህዝባዊ ባይቶ ዓድታትን እናተሓገዙ ዝሰርሑሉ ኩነታት ክፍጠር ኣድላዪ ኮይኑ ተረኺቡ። ንሸጉራት ኣብ ምጽናዕን፡ ንዝተረኽበ እኽሊ ብቕዳምነት ዝዕደሉ በተኻት ኣብ ምልላይን፡ ባዕሉ'ቲ ህዝቢ ከም ዝደጋገፍ ንምግባር'ውን ተኻኢሉ እዩ። ጨንፈር መጽናዕቲ፡ ኣብዚ ዝተጠቕሰ ዓመት'ዚ፡ ኣብ ዞባታት ሳሕል፡ ባርካን ሰሜንን ክሳብ 97 ሽሕ ዝተዘናበሉን ኣብ ክቱር ድኽነት ዝወደቑን ህዝቢ መዝገበ። ዝነበሮ ዓቕሚ ትሕዝቶ ውሑድ፡ ናይ ምጉዕዓዙ ተክእሎኡ ድማ ትሑት ወይ ድሩት ስለዝነበረ፡ እቲ ዝተኻየደ ዕደላ ንእሽቶ ክፋል ናይቲ ሽግር ጥራይ እዩ ክፈትሕ ክኢሉ። ኣብ ሳሕልን ኣብቲ ጸላኢ ዘይነበሮ ቦታታት ዝነብር ህዝቢ ግን፡ ብተዛማዲ ነቲ ጽንኩር ግዜ መሰጋገሪ ክኸውን ዝኽእል መቝነን ክዕደሎ ክኢሉ እዩ።

ኣብ 1981፡ እቲ ጥሜትን ሕሰምን ዝመለለዩኡ ቍጠባዊ ኩነታት ናይ ህዝቢ መሊሱ ስለዝተጋደደ፡ እቶም ንካልኣይ ዓመት እቶት ዘይረኸቡ ሓረስቶት ከበሳታት፡ እቲ ክራማት ከይተወድአ ናብ ስደትን ምዝንባልን ክኣትዉ ተገደዱ። ኣብ ዞባ ምብራቕ ዝርከብ ህዝቢ፡ ብጃልባ ዝረክቦ ንግድታት ብሓይሊ ባሕሪ ኢትዮጵያ ስለዝተሰናኸለ፡ ኣሽሓት ሰባት ብሓለንጊ ጥሜት ተገሪፎም ገለ ናብ በለስ ዘለዎ ቦታታት ክስደዱ፡ ገለ ድማ ፍረ ጋርሳይ ማእሪሮምን ጥሒኖምን ክርሶም ዘዐንግልሉ ደረጃ ተበጽሐ። ኣብ ከበሳታት፡ ዳርጋ ኩሉ ኸባቢታት ስለዝተሃሰየ፡ ኣብ በለስን ካልእ ፍረታትን ምድላይ ዝተዋፈረ ህዝቢ ብዙሕ እዩ። ካብ ከተማታት እኽሊ ሒዞም ናብ ገጠራት ክወጹ ዝፍትኑ ሰባት፡ ብስም ኮንትሮባንድ ብሰራዊት ጸላኢ ስለዝሕደጉ፡ እቲ ጸገም መመሊሱ ተጋደደ።

1982 ድማ፡ ዳርጋ ኣብ ምሉእ ሃገር ማይ ዘይነጠበላ ተወሳኺት ሳልሰይቲ ዓመት ስለዝነበረት፡ ስቃይ፡ ስደትን ሞትን ህዝብና ብተዓጻጻፊ

መጠን ብኣሰ። ክረምታን ሓጋያን ዳርጋ ሓደ ኹይኑ ስለዝሓለፈ፡ ካብቲ ቅድሚኡ ዝነበረት ዓመት ብዝገደደ ኣዝዩ ብዙሕ ህዝቢ ክዘናበልን ክስደድን ዘገደደት መራር ዓመት እያ ዝነበረት።

ብኻልእ ወገን፡ ስርዓት ኢትዮጵያ፡ ነቲ ናይ መወዳእታ ዝበሎ ሻድሻይ ወራር ብምክያድ፡ ኣብ ሰፊሕ ቦታታት ይንቀሳቐስ ብምንባሩ፡ ንኣሃዱታት ክፍሊ ማሕበራዊ ጉዳያት ኣብ ሳሕል ይኹን ኣብ ድሕሪ መስመር ጸላኢ ድሩት ምንቅስቓሳት ክህልወን ኣገዲዱ እዩ። ብተወሳኺ፡ መንግስቲ ሱዳን ምስ ስርዓት ደርግ ተሻሪኹ ዶባቱ ስለዝዓጸዎ፡ ምንቅስቓስ ናይ እኽሊን ካልእ ረድኤትን ናብ ዝተሓተ ደረጃኡ ወሪዱ ነበረ። በዚ ምኽንያት፡ ኣብታ ዓመት ካብ ዝተጸንዐ 120 ሽሕ ዝግመት ህዝቢ፡ 10 ሚእታዊት ጥራይ ምጡን ደገፍ ክረክብ ክኣለ።

ስርዓት ኢትዮጵያ፡ ከም ወኻሊ ህዝቢ ኤርትራ ኮይኑ ዝተረከቦ ብዙሕ እኽሊን ካልእ ንብረትን፡ ንፖለቲካዊ ዕላማ ኸውዕሎ ኣይሓፈረን። በቲ 'መግቢ ንስራሕ' ዝሰመዮ፡ ህዝቢ ኣብ ቊጽጽሩ ንምእታው ዝዕላማኡ ውዲት ድማ፡ ኣዝዮም ዝተጨነቑን ኣማራጺ ዝሰኣኑን ሰባት ምእንቲ እኽሊ ክረክቡ ኣብ ትሕቲኡ ክኣትዉ ተገደዱ። ካልኦት ድማ፡ ናብ ከተማታት ብምእታዉ፡ ኣብ መሸጣ ዕንጸይትን በለስን ብምውፋር ነቲ መሪር እዋን ክሓልፉዎ ፈተኑ። ናብ ስርዓት ኢትዮጵያ ክጽግዑ ዘይደለዩ ብዙሓት ድማ፡ ናብ በለስ ዝርከቦም ቦታታት፡ ሰለድ፡ ዓላ፡ ዓርጎሎን ሕምሕምን ብምኻድ ተዓንገሉ።

1983፡ ነቲ ቅድሚኡ ዝነቐጸ መሬት ደርቂ ዘወሰኸትን፡ ንዝጸንሐ ስቃይ ዝደራረበትን ዓመት ኲይና እያ ሓሊፋ። ስርዓት ደርግ፡ ኣብዛ ዓመት'ውን ነቲ ዘይእዉጅ ሰላሕታ ወራሩ ንምዕዋት ንፍርቂ ዓመት ዝቐጸለ ብርቱዕ ውግእ ስለዘካየደ፡ እታ ዓመት፡ ብድርብ ሃሰያ፡ ማለት ብግፍዕታት ጸላእን ብባህርያዊ ደርቂ መሬትን ንወጽዓ ህዝቢ መሊሳ ኣጋደደቶ። ኣብ ደንከል፡ ጥሪት ገባር ብክቱር ነቕጺ ኣብ ርእሲ ምውድኣን፡ ኣብ ማያት ቀይሕ ባሕሪ ዝንቀሳቐሳ መራኽብ ውግእ፡ ናይ ስርዓት ደርግን ሕብረት ሶቭየትን ነቲ ህዝብን የመንን ስዑድያን ከይዱ ከይነግድ ስለዝዓገትኦ፡ ገለ ሰባት ድማ ጃላብኦም ስለዝዘረፉ፡ እቲ ስቃይ መመሊሱ ይጋደድ ነበረ። ኣብዛ ዓመት'ዚኣ፡ ጨንፈር መጽናዕቲ፡ ህዝባዊ ግንባር ኣብ ዝቈጻጸሮ ቦታታት ዝመዝገቦም ሽጉራት ክሳብ 1.2 ሚልዮን ይበጽሑ ነበሩ። ኣብቲ ዓመት'ቲ ቊጽሪ ብደርቂ ናይ ዝተጥቕዑ ህዝቢ ብልክዕ ክጽናዕ'ኳ እንተ ዘይክኣለ፡ ኣብቲ ካብ ጸላኢ ሓራ ዝኾኑ ቦታታት ዝተጸንዐ ግን ብኸፊል ነዚ ዝስዕብ ይመስል።

ኣውራጃ	ብደርቒ ዝተጠቕዐ ብዝሒ ሰብ	ጥሪት (ጤለ በጊዕ)	ከዳውንቲ	ኮቦርታ
ሳሕል	250,000	60,050	1814	986
ሰንሒት	121,985	120,169		-
ሓማሴን	95.000	140,000		-
ሰሜን ደንከል	44,586	73,408	3,843	2,029
ኣከለጉዛይ	435,631	208,173	15,014	3,029
ሰራየ	-	-	-	-
ጋሽ ባርካ	-	-	-	-

ኣብዚ ዝተጠቕሰ ዓመት፡ 21,150 ህዝቢ ዝብላዕ ስኢኑ ናብ ጐረባብቲ ሃገራት ተሰዲዱ።

ኣብቲ ዓመት'ቲ፡ ህዝባዊ ምምምሕዳር፡ ኣብ ሳሕል ኣብ 9 ኣዋርሕ ጥራይ፡ ርብዒ ሚልዮን ጥሪት ብደርቂ ከም ዝሞታ ዝጠቅስ መጽናዕቲ ኣቕሪቡ ነበረ። ነዚ ኩነታት'ዚ ኣብ ምሉእ ሃገር ናይ ምጽናዕ ዓቕሚ እንተዝህሉ ነይሩ፡ ኣብ ጥሜት ዝወደቐ ህዝብን ኣብ ጥሪት ዝወረደ ዕንወትን ብልክዕ ክግመት ምተኻእለ።

ኣብቲ ዓመት፡ ኣብ ሰሜናዊ ባሕሪ 'ሳዳ' ዝበሃል ሱር እናተኻዕተ ከም ዕለታዊ መግቢ ተበልዐ። ኣብ ሰንሒት 'ህምቦይ' ዝበሃል ቈጽሊ እናተጨፍጨፈ ከርሲ ኣሸሓት ጥሙያት ስድራቤታት ኣዕንገለ። ኣብ ብዙሓት ዓድታት ባርካን ሰንሒትን እውን፡ ህዝቢ 'ሃምታ' ዝበሃል ካብ ገረብ ዝሽምጠጥ ፍረ፡ ጋባ፡ ሓምሊ ጊደበሉ፡ ሓምሊ ኣድጊን ሓምሊ ብርንሃዮን ካብ መሮር እናማእረረ ዕለታዊ ይምገቦ ነበረ። ኣብ ገለ ከባቢታት ድማ፡ 'ባዜናይ' ዝብሃል ዝዕርዕር ዓይነት መሽላ ከም ቅጫ ይስንከት ነበረ። እዞም ኣቍጽልትን ፍረታትን ግን ውሱን ብዝሒ ስለዘለዎም፡ ምስ ምድራቕ መሬት ከኣ እናተወድኡ ስለዝኸዱ፡ ከም ዓቢ ፍታሕ ናይቲ ዝነበረ ጸገም ይረኣዩ ኣይነበሩን።

እቲ እዋን፡ ኣራዊት በረኻ ብፍላይ ኣዛብእ፡ ልዕሊ ዝኾነ ካልእ እዋን ጊዜኖም፡ ነተን ካብ ደርቂ ዝደሓና ጥሪት እናመንጠሉ ህዝቢ ዘሸገሩሉ እዋን እዩ ዝነበረ። በዚን ከምዝን ከኣ ብዙሕ ሰብ ናብ ከባቢታት ሸላሎን ካልእ ቀሩብ ሕርሻዊ ምህርቲ ዝነበሮ ቦታታትን ክወርድ እንከሎ፡ ብዙሓት ድማ ሸቕለት ንምርካብ ናብ ከተማታት ኤርትራ ይጕዓዙ ነበሩ። ኣማራጺ ዝሰኣነ ብዙሕ ህዝቢ ከኣ፡ ካብ ከበሳታት ናብ ከተማታት ትግራይ፡ ካብ ምዕራባዊ ቀላታት ናብ ሱዳን፡ ካብ ገማግም ባሕሪ (ሰምሃርን ደንከልን) ድማ ናብ ስዑዲን ካልእ ቦታታትን ይስደድ ነበረ። ኣብ መስርሕ ስደት ንሱዳን፡ ካብቶም ንሰሙናት ብእግሪ ዝጕዓዙ ነፍሰ-ጾራትን ቈልዑን ዝርከብዎም

ዜጋታት፡ ብጸሓይን ቍሪን፡ ብድኻምን ሕማምን፡ ብጥሜትን ጽምእን ብዙሓት ህይወቶም ይስእኑ ነበሩ። ዝብላዕ ስለዘይነበረ፡ ብዋሕዲ መኣዛታት ብዙሓት ሕማማት ይርአዩ ነበሩ። ንኣብነት ኣብ ዛይደኮሎም፡ ሕማም ኣንቅጺ ን130 ዝኾኑ ሰባት ከም ዝቐተለ ዝጠቕስ ጸብጻብ ተመዝጊቡ ኣሎ። እቲ ምዝገባ ብሰፊሑ ንምክያድ ስለዘይተኻእለ ግን፡ እቲ ሳዕቤን ናይ ደርቂ ኣብ ህዝቢ ብዝርዝር ክፍለጥ ኣይተኻእለን።

ኣብ ድሕሪ መስመር ጸላኢ፡ ብፍላይ ድማ ኣብ ከበሳታት ናይ እኽሊ ረድኤት ምዕዳል ቀሊል ኣይነበረን። መካይን ክሳብ ዓረዛ ዝበጽሓሉ ውሱን እዋን'ኳ እንተነበረ፡ ድሕሪኡ ነቲ ረድኤት ናብ ደቡብን ሰሜንን ናይ ምውሳድ ተክእሎ ዳርጋ ኣይነበረን። ብኣግማልን ኣእዱግን ንምጉዕዓዙ ዝፍተን'ኳ እንተነበረ፡ ጸላኢ ነቲ ረድኤታዊ ንጥፈታት ንምቍራጽ፡ ንእኩባት ኣግማልን ኣእዱግን ዕላማ ደብዳባቱ ስለዝገብሮም፡ እኽሊ ኣብተ ዝድለኻዮ ቦታ ከተብጽሖ ከቢድ ብድሆ ኮነ። በዚ ምኽንያት፡ ኣብ ከበሳታትን ንደንከል ኣብ ዘጠቓልል ርሑቕ ገማግም ባሕርን፡ ኣብ ክንዲ እኽሊ ገንዘብ ምሃብ ኣድላዪ ኮይኑ ነበረ።ካብ ከተማታት ወይ ካብ ካልእ ቀረባኦም ዝኾኑ ዕዳጋታት ሸሚቶም፡ ነቲ መሪር ግዜ ክሓልፉዎ ዝሓገዘ መደብ እዩ። ንኣብነት፡ ኣብ ሽዱሽተ ወረዳታት ስመጃና ዝተጸንዑ 12,873 ጥሙያት ህዝቢ፡ ካብቲ ጸላኢ ዝነበሮ ከተማታት እኽሊ እናሸመቱ ንክዕንገሉ ተባሂሉ ብድምር ልዕሊ 500 ሽሕ ብር ተዓዲሉዎም። ብዙሓት ድማ፡ ነቲ ዝተዓደሉዎ ገንዘብ ሒዞም እኽሊ ክሸምቱ ንዕዳጋ ምስ ወረዱ ጸላኢ ዘሪፉ ጥራይ ኢዶም የፋኑዎም ነበረ።

እቲ ውሑድን ዘይእኹልን እኽሊ ሒዝካ ኣብ መንጎ ብዙሓት ሽጉራት ብምእታው፡ ነቶም ሽጉራት ኣብ ስለስተ ቀጸላታት ናይ ድኽነትን ስእነትን ከፋፊልካ ነቶም ዝያዳ ዝተወጽዑ ንምፍላይ ዝግበር ፈተነ ፍትሓውነቱ ኣየጠራጥርን። እንተኾነ፡ ሓቀኛ ትሕዝቶኦም ዝሓብኡ ወይ ሸግራቶም ዘጋንኑ ነይሮም እዮም። ኣብቲ ብለይቲ ዝካየድ ናይ ተብተብ ስራሕ፡ ክልተ ግዜ ተመዝጊቦም ክልተ ግዜ ረድኤት ብምውሳድ ዘታልሉን ድሒሮም ዝፍለጡን'ውን ነበሩ። ሓደ ሓደ ግዜ፡ በቶም ኣባላት ህዝባዊ ባይቶን ኮሚቴታትን ዝተጸንዐ ዝርዝር፡ ምዕዝምዛም ናይ ህዝቢ ዘስዕበሉ ኩነት'ውን የጋጥም ነይሩ እዩ። ክሳብ 1983 ዝነበረ ውሑድ ናይ ረድኤት ቀረብ፡ ነቶም ዝተሓቱ ናይ ስኡናት ቀጸላ ጥራይ እዩ ዝዕደል ዝነበረ።

ነባሪ ዓድ ዓይነት-ጻዕዳ ዝኾነ መሓመድ ሰዒድ፡ ሓደ ካብቶም ክይተሓለሉ ኣብ መሬት ሱዳናውያን ሓረስቶት ዓመትዓመት ንርባዕ ዝሓርስ ዝነበረ ገባር ኮይኑ፡ ኣብ 1983 ንኣባላት ጨ/መ/ሓበሬታን ተሞክሮኡ ኣብ ዘኻፈለሉ እዋን "....ኣብ ዝሓለፈ ቀውዒ ክኹነለይ ብምባል ሕርስ ከሪመ፡ ጽህየን ጉኒኣን ሓንቲ እሳር ክሻ ጥራይ ብጽሒት ረኺበ። ዝተዓደኹዎ ግን

ካብ 100 ጅኔ ንላዕሊ ነበረ፣ እዚ ዕዳ'ዚ ኣብ ዝባነይ እንተ ቀጺሉ ምስ ሓረጣኡ ዕጽፊ ገይረ ክኸፍሎ ስለ ዝግደድ፡ ብዘይ ልበይ ናብ ፖርትሱዳን ከይደ ንልዕሊ ሓሙሽተ ኣዋርሕ ድሕሪ ምርፋዕ ዕዳይ ከፊለ ተመሊሰ። ከማይ ዝኣመሰሉ ዕዳኦም ምክፋል ምስ ሰኣኑ ብኡ ኣቢሎም ዝጠፍኡ ደቂ-ዓደይ ኣዘዮም ብዙሓት እዮም።" ኢሉ ነይሩ።

ኣደ 4 ቈልዑ ዝኾነት እሞ ኳል 40 ዓመት እንከላ ንዝርእያ ኳል 80 ዓመት ትመስል ዝነበረት፡ ኣኻላታ ብበሰላ ናይ መትኰሳን ካልእ ባህላዊ ፍወሳን መርኣዩ ዘይነበሮ ፋጥና ኢድሪስ ድማ፡ "…..ብዓል ቤተይ ሕሙም ስለ ዝኾነ፡ ካብኡ ኣነ ይሓይሽ ኢለ ክሸቅል ናብ ሕርሻታት ሱዳን ከይደ ነይረ። ንሽዱሽተ ኣዋርሕ ሰሪሐ ከኣ ሓንቲ እሳር ኻሻ መሸላ ኣዋህሊለ። ፍርቃ ንመምጽኢኣ (ንክራይ ገመል) ከፊለ ድማ ነታ ዝተረፈት ፍርቂ ኩንታል ጥራይ ሒዘ ንዓደይ ተመሊሰ። ሕጂ ግን ሕልናይ ስለ ዝዓረበኒ፡ ብድሕሪ ሕጂ ክንደየናይ ናብ ሱዳን ከይምለስ፣ እዚኣ በሊዕና ምስ ወዳእናያ ክንመውት ዲና ዋላስ ብሓይሊ ረቢ ክንድሕን ኢና እንድዒ።" ብምባል ነቲ ውሕስነት ዘይብሉ መጻኢኣ ገሊጻቶ።

ነባሪ ላባ (ከባቢ እምባህራ) ዝኾነ ወዲ 36 ዓመትን ኣቦ ሓሙሽተ ቈልዑን ኢድሪስ ኣሕመድ እውን፡ "….ሎም ዘበን ረቢ ተባኢሱና እዩ ዘሎ፣ እንታይ ከም ዝኾነ እንድዒ እምበር ሓጥያት ሲ ኣለና። እታ ዝነበረትኒ ግራት ብሰንኪ ደርቂ ካብ ዘይሓርሳ 2 ዓመት ገይረ ኣለኹ፣ ኣነን ደቀይን ንበልዖ ስለ ዝሰኣንና፡ ኣብ ትሕቲ ሓደ ሱዳናዊ መስፍን ብውዕል ተዓሲበ ነተን ዝነበራኒ ካብ ሰለስተ ርብዒት ዘይበዝሓ መሸላ ካብ ኣፍ ደቀይ ኣሕዲገ ኩለን ኣብ ግራት ናይቲ መስፍን ምስ ዘራእኩወን፡ ክልተ መዓልቲ ጥራይ ዝናብ ዘኒቡ ኣቋሪጹ። እቲ እኽሊ ቅሩብ ጒብዝ ምስ በለ ማይ ስኢኑ እናረኣኹዎ ሓሪሩ። እታ ዝነበረትኒ ንእሽቶ ተስፋ ከኣ ምስኡ ቅሂማ። ሕጂ ናብ ቶኮር ንሽቅለት ቅድሚ ምኻደይ፡ ትንፋስ ደቀይ ንምድሓን ኣብ ከባቢና ካብ ዝርከብ መዓስከራት ተጋደልቲ ህ.ግንባር ድራር ዕለት ክልምን እየ።" ብምባል ነቲ ተስፋ ዘቝርጽ እዋን ይገልጽዎ።

1984፡ ኣብ ኤርትራ ተኸታታሊ ደርቂ ዝቐጸለላን ኣስታት 1.8 ሚልዮን ህዝቢ ብጥሜት ዝተጠቕዓላን መበል ሓምሸይቲ ዓመት እያ። በዚ ምኽንያት ድማ እቲ ናይ 1983 ተርእዮታት ብዝለዓለ ደረጃ ስለዝተደግመ፡ ኣብ ልዕሊ ሰብን ጥሪትን ኣዝዩ ከቢድ ህልቂት ከም ዘወርድ ርዱእ ኮነ። ኣብዚ ዓመት'ዚ ግን፡ ህዝባዊ ግንባር ካብ ምሕራር ተሰነይ ዝጀመረ መጥቃዕቲታቱ፡ ኣብ ቀዳማይ ርብዒ ዓመት ንግንባር ሰሜናዊ ምብራቕ ሳሕል ብምድምሳስ፡ ጸላኢ ሒዝዎ ንዝነበረ ሰፊሕ ቦታታት ስለዝተቘጻጸሮ፡ ረድኤታዊ ንጥፈታት ክፍሊ ማሕበራዊ ጉዳያትን ማሕበር ረድኤት ኤርትራን ክሰፍሕ መገዲ ተኸፍተ። ብኻልእ ወገን፡ ብዙሓት ሃገራትን

ለገስቲ ማሕበራትን፣ እቲ ብደርቂ ዝተሸገረ ህዝቢ ኤርትራ ልዕሊ 80% ኣብ ትሕቲ ምቍጽጻር ህዝባዊ ግንባር ከም ዝኾነ ብምእማን፣ ንማ.ረ.ኤ ህጹጽ ናይ እክልን ካልእ ስንቅታትን፣ ከምኡ'ውን ንመጕዓዓዚ ዘገልግል ናይ ነዳዲን መቀያየሪ ኣቝሑትን ደገፋት ዘበርከታሉ ግዜ ብምንባሩ፣ 1984፣ እታ ዝኸፍኣት ዓመት ክትከውን'ኳ ትጽቢት እንተ ነበረ፣ ዝገደፈቶ ስምብራት ከምቲ ዝተፈርሀ ኣይነበረን። ኣብ ሳሕልን ባርካን፣ ዓሰርተታት ማእከላት መዐደሊ ረድኤት ብምክፋትን ስንቂ ናብኡ ብምጕራትን፣ ህዝቢ ኣብ ከባቢ'ቲ ማእከላት ኮይኑ ዝቕለበሉ፣ ካልእ ህዝቢ ድማ ካብ ርሑቕ እናመጸ መቐነይኡ ሒዙ ዝምለሰሉ ዕድላት ተፈጥረ። ኣብ ሳሕል ኣብ 20 ዝኸውን ሰፈራታት፣ ኣብ ባርካ ድማ ኣብ 10 ሰፈራታት ብድምር ክሳብ 200 ሽሕ ዝግመት ህዝቢ፣ ሰሩዕ ናይ ስንቂ መቐነን እናተዋህቦ ይነብር ነበረ። ብዘይካ'ዚ፣ ካብ 114 ዓድታት ኤርትራ፣ ናብ ትግራይ ተሰዲዶም ኣብ ኣድያቦን ዶብ ወልቃይትን ዝነብሩ ዝነበሩ ክሳብ 34 ሽሕ ዝበጽሑ ኤርትራውያን (ካብዚኦም 6,355 ሰብኡት፣ 7,210 ኣንስቲ፣ 20,049 ቈልዑ፣ 589 ድማ ኣረጋውያን እዮም)፣ ኣብ ትግራይ ዝኸፍአ ናይ ደርቂ ኩነታት ምስ ተኸስተ ናብ ኤርትራ ብምእታው ከም ዝጣየሱ ተገብረ።

ብዘይካ'ዚ፣ ኣብዚ ዓመት'ዚ ኣብ ደቡብ ብደርቂ ዝተጠቕዓ መብዛሕትአን ስድራቤት ህዝባዊ ሚሊሻ ህ.ግ. ዝኾና ከባቢ ሓደ ሽሕ ዝኾና ስድራቤታት፣ ንግዚኡ ኣብ ጾሮና ድሕሪ ምእካብ ናብ ሳሕል ወሪደን ኣብ ትሕቲ ህዝባዊ ግንባር ክምዝዕቈባ ተገብረ። እዘን ስድራቤታት፣ ክልተ ኣባላት ማሕበራዊ ጉዳይ (ጨንፈር መጽናዕቲ) ኑቶም ብእግሮም ክጓዓዙ ዘይኽእሉ ቈልዑ፣ ኣረጋውያንን ሕሙማትን ዘጓዕዙ መጽዓኛታት (ኣእዱግ፣ ኣባቕልን ኣግማልን) ድሕሪ ምድላው እየን ካብ ጾሮና ተበጊሰን። እቲ ንሳሕል ዘእቱ ናይ ምዕራብ ኤርትራ መገዲ ብጸላኢ ተዓጽዩ ስለዝነበረ፣ እዘን ቈልዑን ኣረጋውያንን ዝሓዛ ስድራቤታት ብትግራይ ተኣሊየን ድሕሪ ናይ ሰለስተ መዓልቲ ድኻምን ጭንቂን ዝመልአ ጉዕዞ ጀርበት ኣተዋ። ኣብዚ ጉዕዞ'ዚ፣ ምስቲ ዝነበረ ጥሜት፣ ጽምኢ፣ ድኻምን ሕማምን ሓደ ቈልዓ ጥራይ'ዩ ብሞት ክጕዳእ ክኢሉ። እቲ ካብ ጀርበት ናብ ሳሕል ዝቐጸለ ጉዕዞ ብመኪና ስለዝነበረ፣ ክጥቀስ ዝኽእል ብድሆታት ኣይነበሮን።

ኣብ ክራማት 1985፣ ነቲ ናይ ሓሙሽተ ዓመት ተኸታታሊ ደርቂ ዝድብስ ዝናብ ስለዝተረኽበ፣ እቲ ናይ ዜጋታት ሞትን ናይ ጥሪትን ህልቂትን ተመሓየሸ። ዝተዘናበለ ህዝቢ፣ ዝተበታተኑ ስድራቤታት ዝጥርነፍሉ፣ ዓዶም ተመሊሶምን መሳርሒታቶም ኣዋዲዶምን መነባብሮኦም ክመልሱ ግን ብዙሕ ረድኤታዊ ስራሕ ዝሓትት እዩ ዝነበረ። ብዘይካ ማሕበር ረድኤት ኤርትራን ክፍሊ ማሕበራዊ ጉዳያትን፣ ህዝባዊ ምምሕዳርን ካልኦት ክፍልታትን እውን ኣብ ምዕዳል ረድኤት ክተሓጋገዙ ዝግደዱሉ እዋን ነይሩ እዩ። 1985-

1986 ድማ፡ ነተን ካብ ዕንወት ዘይተላቐቃ ስድራቤታት ናብ ንቡር ህይወት ንምምላስን፡ ኣብ ሰፈራታት ንዝነበረ ህዝቢ ዳግም ንምጥያስን፡ ዝተወሃሃደ ብዙሕ መደባትን ምትሕግጋዝን ይሓትት ነበረ። ክፍሊ ማሕበራዊ ጉዳያት ግን፡ ነቶም ኣብ ምዕራብ ዝሰፈሩ ሸጉራት፡ መሬት ሕርሻ ብምዕዳልን ካልእ እግሪ ንምትካል ዘድልዮም ሓገዛት ብምግባርን፡ ናይ ምጥያሶም መደባት ጀሚሩ ነበረ።

ብድሆታት ኣባላት ክፍሊ ማሕበራዊ ጉዳይ ኣብ ድሕሪ መስመር ጸላኢ

መጽናዕታዊ ስራሓት ክፍሊ ማሕበራዊ ጉዳያት ኣብ ድሕሪ መስመር ጸላኢ፡ ብዓይነት ምንቅስቓሳቱን ብዝገጥሞ ብድሆታትን ምስ ናይ ክፍሊ ህዝቢ ከተማታትን ገጠራትን ከምኡ'ውን ምስ ክፍሊ ስለያ ዝመሳሰል እዩ። ኣጽናዕቲ፡ ኣብ መንጎ ብዙሕ ምንቅስቓስ ናይ ጸላኢ ዘለዎ ከባቢታት፡ ለይቲን መዓልቲን ኣብ ቀጻሊ ርእሰ-ሓለዋን ምቊማትን እዮም ዝነብሩ። እቲ ስራሕ፡ ሰራዊት ጸላኢ ዝሓዞ ቦታታት እናጽናዕኻ፡ ከም ፈዳይን ብሕቡእን ብለይቲን እናተጓዓዝኻ፡ ብሓደ ወይ ብክልተ ሰብ እናሰሎኽኻ ዝዕመም ሓደገኛ ስለዝኾነ፡ ኣዝዮም ዉፉያት ኣባላት ዝሓትት ከቢድ ተልእኮ እዩ ዝነበረ። ምስቲ ጻዕቂ ናይቲ ስራሕ ዝመጣጠን ዓቕሚ ሰብ ስለዘይነበረ ድማ፡ በብክልተ ጥራይ ዘይኮነ፡ ሓደ ሰብ ንስንቂ ዝኾኖ መሐለውታ ገንዘብ ሒዙ ንበይኑ መዓልታዊ 7-8 ሰዓታት እናተጓዕዘ ንሰሙናት ዝቕጽለሉን፡ ንሕቶታት ተጋደልቲ መልሲ ክረክብ ክሳብ 20-30 ዓድታት ክንቀሳቐስ ዝግደደሉን ነበረ። ኣብቲ ነዊሕ ጉዕዞኦም፡ ጸጥታዊ ኩነታተን ዘየረጋገጽወን ዓድታት ኣትዮም መግቢ ክሓቱ ስለዘይኽእሉ፡ ድኳናት ኣብ ዘይብሉ ገጠራት ድማ ዝዕደግ መግቢ ስለዘይረኽቡ፡ ኣብ ጥሜት ዝወድቁሉ ኩነታት ብዙሕ እዩ። መገዲ ስሒትካ ናብ ጸላኢ ዘለዎ ቦታ ናይ ምቕራብ ሓደጋን፡ ዝዕደል ስንቅን ክዳውንትን ሒዝካ ኣብ መጻወድያ ጸላኢ ናይ ምውዳቕ ተክእሎን፡ ዘይተርፍ ኣካል መዓልታዊ ህይወቶም እዩ። ዶክመንትታቶም ጸላኢ ከይረክቦ ኣብ ጉዳጉዲ ቀቢሮም ካብ እግሪ ጸላኢ ዘምልጡሉ እዋናት'ውን ነይሩ እዩ። ብዘይካ'ቲ ፍሉጥ ናይ ጸላኢ መዓስከራትን ወፍርታትን፡ በቶም 'ወዶ-ገባ' ዝጽውዑ ናብ ጸላኢ ኢዶም ዝሃቡ ተጋደልቲ፡ በቶም ብረት ጸላኢ ዓጢቖም ደሞዝ ብእኽሊ ዝቕበሉ ዕጡቃት ሚሊሻ ስርናይን፡ ብሓምሻይ መስርዕ ዝፍለጡ ናይ ተጋድሎ ሓርነት ትርፍራፍን እውን ተጻብኦታት ይወርዶም ነበረ።

ብተወሳኺ፡ ስርዓት ኢትዮጵያ፡ እቶም ኣብ ድሕሪ መስመር ጸላኢ ዝተመደቡ ተጋደልቲ፡ ከም መራኸብቲን መተኣሳሰርትን ህዝባዊ ግንባር

ምስቲ ካብ ሳሕል ዝረሓቐ ዝበዝሕ ህዝቢ ስለዝርእዮም፡ ብቐጻሊ እናወፈረ ክድምስሶም ወይ ኩዳክሞም ይፍትን ነይሩ እዩ። ስለዝኾነ ድማ፡ ኣብ ድሕሪ መስመር፡ ናይ ህዝባዊ ግንባር ተዋጋኢ ሰራዊት ኣብ ዘይህልወሉን ገዚፍ ሰራዊት ጸላኢ ኣብ ዝወፍረሉን፡ እቶም ኣባላት ናይ ኩለን ክፍልታት ብህጹጽ ተኣኻኺቦም፡ ብደረጃ ሓይሊ ወይ ቦጦሎኒ ተጠራኒፎም ውግእ ክገጥሙ ዝግደዱሉ እዋናት ውሑድ ኣይነበረን። ካብ መስከረም 1980 ዝጀመረ ኩናት ሓድሕድ ክሳብ መስከረም 1981 ስለዝቐጸለ፡ ኣባላት መጽናዕቲን ሓበሬታን ድሕሪ መስመር ድማ ዳርጋ ኩሎም ከቲቶም ይከላኸሉ ስለዝነበሩ፡ ዕማማት መጽናዕቲ ተሰናኺሉ። ኣብ 1980፡ ተጋድሎ ሓርነት ኤርትራ፡ ኩናት ሓድሕድ ኣብ ዝኸፈተትሉ፡ ኣብ ስራሕ ዝነበሩ ክልተ ኣባላት ናይ'ዚ ጨንፈር፡ ኣብ ከባቢ ፎሮ ተሰዊኦም እዮም።

ስርዓት ኢትዮጵያ ነቲ፡ 'ቀይሕ ኮኾብ' ዝሰመዮ ወራሩ ንምክያድን ህዝቢ ንምርዓድን፡ ድሕሪ መስመር ዝነበራ ኣሃዱታት ህዝባዊ ግንባር ኣቐዲሙ ብምድምሳስ እዩ ክጅምሮ ፈቲኑ። እዚ "ወፍሪ ኣልፋ" ዝተሰምየ መጥቃዕቲ፡ ካብ ጥቅምቲ ክሳብ ታሕሳስ 1981 ስለዝቐጸለ፡ ዳርጋ ኩሎም ኣብ ዞባ ሰሜን ዝነበሩ ኣሃዱታት፡ ንብረቶም ጠርኒፎም ናብ ምዕራብ ናብ ምለዛናይ ከዝልቑ ተገደዱ። ኣብ 1982 ዝተኻየደ ሻድሻይ ወራርን ድሕሪ ዓመት ኣብ 1983 ዝቐጸለ ሰላሕታ ወራርን'ውን፡ ኣባላት ድሕሪ መስመር ብሓይልታት ተጠርኒፎም ክከላኸሉ ዘገድድ ነበረ። ኣብ 1985 ኣብ ባረንቱ ዝተኻየደ ኩናትን፡ ኣብ መወዳእታ ናይቲ ዓመት ዝተበገሰ 8ይ ወራር ንምክልኻል'ውን፡ ብዙሓት ኣባላት ማሕበራዊ ጉዳያት ከቲቶም ነይሮም እዮም። እቲ ተቐያያሪ ወተሃደራዊ ኩነታት ድማ፡ ኣብ ዕማማት መጽናዕቲን ሓበሬታን ከቢድ ጸቕጥን ዕንቅፋትን ስለዝፈጥር፡ እቲ ስራሕ ዝሰናኸለሉ ግዜ ነይሩ እዩ። በብእዋኑ ኣብ ድሕሪ መስመር ጸላኢ ዘጋጥም ካብ ዝነበረ ወተሃደራዊ ብድሆታትን ፍጻመታትን፡ ገለ ኣብነታት ምጥቃስ፡ ንብድሆታት ናይቲ ጨንፈር ብኣእምሮ ንምቕራጽ ይሕግዝ እዩ።

ቀዳማይ ኣብ 1983፡ ሓደ ናይ ሓምሻይ መስርዕ ጉጅለ፡ ካብ ሰዑዲ ዓረብ ብጃልባ ተበጊሱ ኣብ ማርሳ ፋጥማ ብምውራድ፡ ናብ ባዳ ኣትዩ ሸበራዊ ስርሑ ንምፍጻም ተበገሰ። ኣብ መገዲ ዘዘንግዖም ክልተ ኣባላት ክፍሊ ህዝቢ ድሕሪ ምቕታል ድማ፡ ነቶም ኣብ ባዳ ዝነበሩ መምህራን ቤት-ትምህርቲ ሰውራ ንምጥቃዕ ተኸሲ ከፈተ፣ ግን ኣይተዓወተን። እዚ ምስ ተሰምዐ፡ ኣብ ፎሮ ዝነበሩ ኣባላት ማሕበራዊ ጉዳያትን ካልኦት ክፍልታትን ተጠርኒፎም ናብ ገልዓሎ ኣተዉ። ኣብ ክልተ መሳርዕ ተጠርኒፎምን ኣግማሎም ጽዒኖምን ድማ ናብቲ ዝጥርጠረሉ ዝበሃል ቦታታት ንምብጻሕ ናብ ክልተ ኣንፈት ተዘርግሑ። እታ ንሸነኽ ደቡብ ናብ ራስ ኣሉሊ ዝተንዕዘት መስርዕ፡ ነቲ መራሕን ሰለስተ ኣባላትን ናይቲ ሸበራዊ ጉጅለ

ቀተለት። እታ ናብ ምሕሎን ኣፍኖቦ ዝተንቀሳቐሰት መስርዕ ግን፡ ድሕሪ ብዙሕ ጸሓይን ጽምኢን ምጽዋር ናብቲ ዝሓሰበቶ ምስ በጽሐት፡ ሰራዊት ኢትዮጵያ ነቲ ቦታን ነቲ ምንጪ ማይን ሒዞሞ ጸንሑዋ። ብዝሒን ግዝፊን ናይ ጸላኢ ልዕሊ ዓቕማ ምዃኑ ምስ ገምገመት ድማ፡ ኣባላታ ብዘይካ ብጽሙኣቶም ከዝልቑን ናብ ካልእ ማይ ዘለዎ ቦታ ክኸዱን፡ ካልእ ኣማራጺ ኣይተረፎምን። ኣብ መገዲ፡ ጃሎናት ማይ ተወዲኡ ብጽምኢ ዝነቐጹ ተጋደልቲ፡ ግዳያት ኮልፖዲሶለ (ወቕዒ ጸሓይ) እናኾኑ ወደቑ። ዝተሰውኡ እናቐበሩ፡ እናወደቑን እናተንሰኡን ድማ ብከቢድ ስኒ ምንኻስ፡ ማይ ናብ ዘለዎ ቦታ ክበጽሑ ክኣሉ። መኮንን ሃይለ ዝተባህለ ኣባል ማሕበራዊ ጉዳያት ከኣ፡ ኣብዚ መሪር መዓልቲ'ዚ ህይወቱ ሓለፈት።

ካልኣይ ኣብ 1983፡ ምስ ጸላኢ ዝተሓባበሩ ዕጡቃት ደቂ ሃገር፡ ካብ ማይምነ ተበጊሶም ትኹል ትብሃል ዓዲ ናይ ዛይደኮሎም ኣተዉ። ኣብኡ ምስ ዝጸንሑዎም መሳርዕ ናይ ዞባዊ ሰራዊትን ህዝባዊ ሚሊሻን ድማ ተኾሲ ከፈቱ። ንመጽናዕቲ ዝንቀሳቐሱ ዝነበሩ ኣባላት ማሕበራዊ ጉዳያት ከኣ፡ ነቲ ተኾሲ ምስ ሰምዑ፡ ንረዳት ናብ ብጾቶም ተሓዊሶም ኣብቲ ኩናት ኣተዉ። ድሕሪ ነዊሕ ልውውጥ ተኾሲ ግን፡ ብዝሒ ዝነበሮ ጸላኢ ከባባ ገይሩ፡ "ኢድኩም ሃቡ" ክሳብ ምባል በጽሐ። ኣባል ማሕበራዊ ጉዳያት ጸሃየ መንግስ፡ ብጾቱ ከዝልቑ ከለዉ ንሱ ጉልባብ ክገብረሎም ተረፈ። ክልተ ቦምባታት ደርብዩ ድማ፡ ንብጾቱ መዝለቒ ቦታ ከፈቱ፡ ንባዕሉ በኻ ብጾቱ ብመስዋእቲ ሓለፈ።

ኢጋጣሚ

ኣብ 1984፡ ሰራዊት ጸላኢ ኣብ ዓረዛን ከባቢ ማይድማን ሰፊሕ ወፍሪ ኣብ ዝገበረሉ እዋን፡ ኩሎም ኣባላት ማሕበራዊ ጉዳያት ዞባ ምዕራብን ካልኦት ክፍልታትን ተጠርኒፎም ኣብቲ ውግእ ኣተዉ። ሓደ ዮሃንስ ዝተባህለ ኣባል ማሕበራዊ ጉዳያት ድማ ከብዱ ተወጊኡ ብባሬላ ናብ ሕክምና ኸደ። ኣብ ሕክምና ምስ በጽሐ፡ ነቲ ናይ ማሕበራዊ ጉዳያት መራሕ መስርዑ ኣስመላሽ ወልደገብርኤል፡ ርእሱ ተሃሪሙን ብሻሽ ተጠምጢሙን ቀሺ መሲሉ ረኣዮ። ሽዑ ነቶም ብባሬላ ተሰኪሞም ዘእትዉዎ ዝነበሩ ሰባት ሓንሳብ ደው ከብልዎን ነቲ ህሩም ክጽውዑሉን ሓተቶም። ኣስመላሽ ምስ ቀረቦ፡ "ኣባ ቐሺ! ይፍቱኹ፡ ኣሳልሙና'ምበር! መስቀልኩም'ከ?" እናበለ ጨረቐሉ። ኣስመላሽ ድማ፡ "ዋላ ኣብ ጉድጓድ እናኣተኻ'ውን ከትዋዘ ኢኻ" ብምባል መለሰሉ። ጭርቃን ናይ ክልቲኦም፡ ኣብቲ ጭኑቕ ኩነታት ንብጾቶም ፍሽኽታ ፈጠረሎም።

ሳልሳይ ኣብ 1985 ዝቐጸለ ብምትሓዝ ባረንቱ ዝጀመረ ኩናት፡ ክሳብ'ቲ ብስም ወፍሪ ባሕሪ ነጋሽ (ሻምናይ ወራር) ዝተኻየደ ናይ ጸላኢ ወራር ብዙሕ ናይ ስራሕ ዕንቅፋት ኣኸቲሉ እዩ። ድሕሪ ምዝላቕ ባረንቱ፡ ብዙሓት ኣባላት ማሕበራዊ ጉዳያት ኣብ ድሕሪ መስመር ጸላኢ ኸቲቶም፡

ምስ ካልኦት ክፍልታት ውድብ ተጠርኒፎም ኣብ ዝተፈላለየ ወተሃደራዊ ስርሒታት ተሳቲፎም እዮም። ጸላኢ ኣብ ሳሕል ንዘካይዶ ዝነበረ ውግእ ሻምናይ ወራር ጸቕጢ ንምፍጣር ዝዓለመ፡ ንኣሽቱ ነቑጣታት ጸላኢ ምድምሳስን ቃፍላያት ጸላኢ ምዕጋትን ኣብ ዘጠቓለለ ስራሕ ይንቀሳቐሱ ነበሩ። ኣብ ማይዓይኒ ኣብ ዝተኻየደ ብርቱዕ ውግእ ድማ፡ ሓላፊ ጨንፈር መጽናዕቲን ሓበሬታን ዞባ ደቡብ ዝነበረ ታረቀ ወልዱ ብከቢድ ስንክልና ፍርቂ ነብሱ ክለምስ እንከሎ፡ ክልተ ካልኦት ድማ ቀሊል መውጋእቲ ኣጋጠሞም።

ራብዓይ ኣብ ስመጃና ኣብ 1986፡ ሰለስተ ኣባላት መጽናዕቲን ሓበሬታን፡ ካብ ጸሮና ተበጊሶም፡ ስግር ጽርግያ ዓድቐይ ሰንዓፈ ናብ ዝርከባ ዓድታት እናተጓዕዙ ዘጋጠሞም ድንገት፡ ሓደ ካብቲ ብዙሕ ተዘኻሪ ፍጻመታት እዩ። ጸላኢ ነቲ ጽርግያ፡ ቀትሪ ወተሃደራቱ ኣዋፊሩሉ ድሕሪ ምውዓል፡ ምስ መሰየ ሰዓት ሓሙሽተ ናብ መዓስከሮም ናብ ሰንዓፈ ከም ዝምለሱ ተጸኒዑ ነበረ። ሰዓት ሽዱሽተ፡ ጸላኢ ድሮ ንመዓስከር ተመሊሱ ኣሎ ብዝብል እምነት፡ ሓደ ካብዞም ተጋደልቲ፡ ኣቐዲሙ ነቲ ጽርግያ ፈተሸ። ሰብ ስለዘይረኣየ ድማ፡ ነቶም ክልተ ብጾቱ ጸዊዑ፡ "መሬት ኣማን'ዩ ዘሎ ንስገር" በሎም። ኣብ ጽርግያ ምስ በጽሑ ግን፡ ብሃንደበት ምስ ሓደ ወተሃደር ጸላኢ ጎፍ ንጎፍ ተጋጠሙ። እቲ ብረት ዘይሓዘ ተጋዳላይ ድማ፡ እቲ ወተሃደር ብረቱ ከየቕንዐ እንከሎ ቀልጢፉ ስለዝሓቘፎ፡ ጥምጥም ኮነ። እቶም ክልተ ተጋደልቲ ከኣ ብረቱ ብምምንጣል ማረኹዎ። ሳእኑ ኣውጺኦም ድማ ኣብ ኣሮሞ ዝተባህለ ቦታ ናብ ዝነበሩ ኣባላት ክፍሊ ህዝቢ ኣረከብዎ።

ኣብ ካልእ ፍጻመ እውን፡ ገነት ዘርኣይን ሰሎሞን ግርማይን ዝተባህሉ ክልተ ኣባላት ማሕበራዊ ጉዳያት፡ ካብ ባረንቱ ናብ ኣቑርደት ብመኪና እናተጓዕዙ፡ ኣባላት ሓምሻይ መስርዕ ኣርፒጂ ተኲሶም ሰሓትዎም። ኣብታ መኪና ዝነበሩ ኩሎም ተጋደልቲ ዘዘሊሎም ብምውራድ ናይ መልሲ ተኹሲ ጀመሩ። ሓምሻይ መስርዕ ግን ነብሶም ንምውጻእ ሃደሙ። ቶክሲ ዝሰምዑ ተጋደልቲ፡ ናብቲ ዝተተኮሰሉ ቦታ ክረድኡ ምስ መጹ፡ ሓምሻይ መስርዕ ዘጻወድዎ ፈንጂ ብምፍንጃሩ ከቢድ ሓደጋ ኣውረደሎም።

ኣብ ከባቢ ደርሰነይ እውን፡ ተኽስተ ዓንደን ገነት ዘርኣይን ተልእኮ ጨንፈር መጽናዕቲን ሓበሬታን ንምፍጻም እናተጓዕዙ ከለዉ፡ ኣብ መገዲ ኢራብ ተጓነፈቶም። ተኽስተ ዓንደ ናብታ ኢራብ ኣነጻጺሩ ጥይት ተኮሰ። በቲ ዝተኮሰሉ ኣንፈት፡ ኣብ መሬት ተላሒጎም፡ ድብያ ክገብሩ ዝጸበዩ ዝነበሩ ኣባላት ሓምሻይ መስርዕ፡ ዝተኸሸፉ መሲልዎም ከይተኮሱ ህድማ ጀመሩ። ተኽስተን ገነትን፡ ሳላ'ታ ኢራብ ካብ ሞት ክድሕኑ ምክኣሎም ብዙሕ ተገረሙ።

ጉዳይ ስድራቤት ተጋደልቲ

ጉዳይ ስድራ-ቤት ተጋደልቲ፡ ምስቲ ኣብ 1975 ዝነበረ ጃምላዊ ቅትለትን ድሕሪኡ ዝሰዓበ ናይ ህዝቢ ምዕቋብን እዩ ከም ሕቶ ክለዓልን ምሉእ ኣቓልቦ ውድብ ክረክብን ዝጀመረ። ቅድሚኡ፡ ካብ ምምስራት ተጋድሎ ሓርነት ኤርትራ ጀሚሩ፡ ተጋደልቲ ዓመታዊ ዕረፍቲ እናወሰዱ፡ ጸላኢ ኣብ ዘይቈጻጸሮ ዓድታት ንዝርከቡ ስድራቤቶም ክበጽሕዎምን ደሃዮም ክፈልጡን ይፍቀደሎም ነበረ። ኣብ ውሽጢ ኤርትራ ናይ ዝነበሩ ስድራ ግን፡ እቲ ግንባር ዝተሰከሞ ሓላፍነት ኣይነበረን። እቶም ብስደት ኣብ ሱዳን ዝርከቡ ኤርትራውያን፡ በቲ ብሕቡራት ሃገራት ዝግበር ናይ ስደተኛታት መቐነን ዝናበሩ'ኳ እንተነበሩ፡ ኣብ ከባቢታት ከሰላ ዝነብሩ ውሱናት ስድራቤታት ተጋደልቲ ግን፡ በተን ውዱባት ይእለዩ ምንባሮም ይጥቀስ እዩ። ኣብ ተ.ሓ.ኤ.፡ ሓዳር ዝነበሮምን ዘይነበሮምን ተጋደልቲ ንዓመታዊ ዕረፍቲ ንሱዳን ይኣትዉ ስለዝነበሩ፡ ሕቶ ስድራ ተጋደልቲ ዝፈጥሮ ጸቕጢ ውሱን ነይሩ ምባል ይከኣል። ህዝባዊ ግንባር ድሕሪ ምምስራቱ'ውን፡ ውሑዳት ስድራቤታት ተጋደልቲ፡ ኣብ ከሰላ ከም ዝነበሩን፡ እቲ ውድብ ናይ ስንቆምን መነባበሪኦምን ሓላፍነት ወሲዱ ይናብዮም ምንባሩ ዝፍለጥ እዩ። ጉዳይ ስድራ ተጋደልቲ፡ ኣዝዩ ዓቢ ኣቓልቦ ክሓትት ዝኸኣለ ግን፡ ምስቲ ኣብ 1975፡ ዝተፈጥረ ወተሃደራዊ ኩነታትን ግፍዕታት ጸላእን እዩ።

ከምቲ ተደጋጊሙ ዝተገልጸ፡ ኣብ 1975፡ መደበር ዕቝባት ኣብ ደጀን ህዝባዊ ሓይልታት ክኽፈት ዝኸኣለ፡ ነቶም ኣብቲ ዓመት'ቲ ኣብ ሕርጊጎ፡ እምበረሚ፡ ኣስመራ፡ ከባቢ ኣስመራን ካልኦት ቦታታትን ካብ ጃምላዊ ቅትለት ናይ ጸላኢ ዝሃደሙ ዜጋታት ንምዕቋብ ተባሂሉ እዩ። ድሕሪ ምኽፋት መደበር ዕቝባት ኣብ ሳሕል ግን፡ ግዳያት ግፍዕታት ጸላኢ ጥራይ ዘይኮኑ፡ ብዝተፈላለየ ምኽንያታት ዝተዘናበሉ ስድራ ተጋደልቲ'ውን ክዕቈብሉ ጀሚሮም እዮም። ክሳብ 1978 ድማ፡ 142 ኣንስቲ ተጋደልቲ ምስ ደቀን ኣብ ደብዓት ክዕቈባ ክኣላ። ሓራ መሬት ኤርትራ ምስ ሰፍሐን፡ ጸላኢ ኣብ ውሱናት ከተማታት ጥራይ ምስ ተሓጽረን ግን ናብ ዓድታተን ክምለሳ ዕድል ዝነበረን ስድራቤታት፡ ሓገዛት እናተዋህበን ከም ዝጣየሳ ተገብረ። ኣብዚ መድረኽ'ዚ ክፍሊ ማሕበራዊ ጉዳያት ምስ ማ.ረ.ኤ እናተሓባበረ፡ ንዝተጸገሙ ስድራቤታት ተጋደልቲ ኣብ ዘዘለዉዎ ናይ መግቢ፡ ክዳውንትን ገንዘብን ሓገዝ እናገበረ መነባብሮኦም ክቕጽሉ የተባብዕ ነበረ። ክሳብ መወዳእታ 1978 ድማ፡ ብጠቕላላ 600 ዝኾኑ ስድራ ተጋደልቲ ሓገዝ ከም ዝተገብረሎም ኣብ መዛግብ ናይቲ ክፍሊ ተሰኒዱ

ኣሎ። እዚ ይኹን'ምበር፡ ኣብ መፋርቕ 1978 ምስ ምትኣትታው ሕብረት-ሶቭየትን ተሓባበርታን ዝተቐየረ ወተሃደራዊ ኩነታት፡ ስትራተጅያዊ ምዝላቕ ስለዘስዓበ፡ ኣብ ዞባታት ደቡብ፡ ምብራቕ፡ ሰሜንን ከባቢ.ታት ከረንን ዓሰርተታት ኣሽሓት ዝግመት ህዝቢ ተዘናበለ። ገለ ናብ ስደት ንወጻኢ ሃገር፡ ገለ ምስ ህዝባዊ ግንባር ንሳሕል፡ ካልኦት ድማ ኣብ ፈቐዶ ዓድታትን ስንጭሮታትን እናተኸወሉ ነቲ ሕማቕ ኩነታት ክሓልፉዎ ተገደዱ። እቲ ኣብ 1978 ዝተዘናበለ ህዝቢ፡ ናብ ዓድታቱ ተመሊሱ መነባብሮኡ ከጣጥሕ ዝተሓሰበ ኩሉ መደባት ድማ፡ በዚ ምኽንያት'ዚ ክፈርስ ግድን ኮነ።

ድሕሪ ምዝላቕ፡ መርዓ ተጋደልቲ ክተባባዕ ኣብ ዝጀመረሉ እዋን፡ ህዝባዊ ግንባር ጉዳይ ናይቶም ቅድሚ ምስላፎም ዝተመርዓዉ ሰብ-ሓዳር'ውን ኣይዘንግዖን። ኣብ እዋን ምዝላቕ፡ ካብቶም ንዓድታቶም ዝተመልሱ ስድራቤታት፡ ዳግማይ ተዘናቢሎም ንጀልሃንቲ ዝኣተዉ ብዙሓት ነይሮም እዮም። ካብ 1979 ክሳብ 1982 ድማ፡ እቲ ደጀን ንምውሓስ ዝካየድ ዝነበረ ቀጻሊ ወራራት፡ ስድራ ተጋደልቲ ንምምጻእ ምቹእ ኣይነበረን። ሰብሓዳር ተጋደልቲ'ውን ነዚ ብምርዳእ፡ “ስድራና ዘይመጹ” ዝብል ጸቕጢ ኣይፈጠሩን። ክፍሊ ማሕበራዊ ጉዳያት፡ ጨንፈር መጽናዕቲን ሓበሬታን ከቕውም እንከሎ፡ ስድራ-ተጋደልቲ ምዕቋብ ሓደ ካብ ዒላማታቱ'ኳ እንተነበረ፡ ክሳብ እቲ ጨንፈር፡ ደልዲሉ ናብ ኩሉ ኸባቢ.ታት ሃገር ዝዝርጋሕን ህዝቢ ዝጐዓዘሉ መስመራት ዝከፈትን ግዜ ክወስድ ክኢሉ እዩ። ሓደ ሓደ ምስ ደባይ ኣሃዱታቶም ንድሕሪ መስመር ጸላኢ ዝኸዱ ተጋደልቲ ኣንስቶም ሒዞም ምምጻእ ስለዝጀመሩ፡ ብመገዶም ኣቢሉ ናብ ሳሕል ዝመጽእ ገለ ገለ ደብዳበታት ድማ፡ ነቶም ኣብ ሳሕል ዝነበሩ ተጋደልቲ ምረት ናብራ ስድራ-ቤታቶም ብምርዳእ ቅሳነት ስለዝኸልኦም፡ ጉዳይ ኣንስትን ቈልዑን ተጋደልቲ ፍሉይ ቈላሕታ ረኺቡ ክበራበር ክኣለ። ኣብ 1981፡ መርዓታት ኣብ ተጋደልቲ እናበዝሐ ምስ ከደ፡ ድማ ሰብ ሓዳር'ውን ስድራኦም ክመጹሎም ክሓቱን ክተባብዑን ጀመሩ። እቲ ሕቶ ምስ ተዘተየሉ ከኣ፡ ኣንስቶም ክመጻሎም ዝደልዩ ዅሎም ኣብ ብርጌዳት ዝርከቡ ሰብ-ሓዳር መመልከቲ ጽሒፎም ናብ ሰክረትርያት ከቕርቡ ተሓተቱ። ክፍሊ ማሕበራዊ ጉዳያት ድማ፡ ነቲ ሕቶታት ተቐቢሉ፡ ሓደ ካብ ቀንዲ ስርሑ ብምግባር ንምምላሱ ተንቀሳቐሰ።

ክፍሊ ማሕበራዊ ጉዳያት፡ ኣብ 1982 ካብ 107 ተጋደልቲ፡ ኣብ 1983 ድማ ካብ 400 ተጋደልቲ፡ ኣንስቶምን ደቀምን ናብ ሳሕል ክመጹ ዝጠልብ ሕቶታት ብመገዲ ፖለቲካዊ ቤትጽሕፈት ምስ ቀረበሉ፡ ኣብ ወርሒ ክሳብ 20 ስድራ ተጋደልቲ ናብ ሳሕል ንምውራድ መደብ ኣውጽአ። ኣብ ዞባታት ተዘርጊሐን ንዝነበራ ኩለን ጨንፈር መጽናዕቲን ሓበሬታን

ድማ እቲ መደብ ዓደለን። ኣብ 1983 ብዝነበረ ናይ ሰላሕታ ወራር ነዊሕ ውግእ፡ ግን ካብ ድሕሪ መስመር ናብ ሳሕል ዘእትዉ መገድታት ስለዝተዓጽዉ፡ ስድራ ተጋደልቲ ናብ ሳሕል ናይ ምምጽኦም መደብ ኣብቲ ዓመት'ቲ ንኸይጅምር ዕንቅፋት ገጠሞ። ጨንፈር መጽናዕቲን ሓበሬታን ዝተፈላለየ መምርሒታት'ኳ እንተነበሮ፡ እቲ ልዕሊ ኩሉ ቀዳምነት ዝሓዘ ህጹጽ ጉዳይ፡ ብምኽንያት ተኸታታሊ ደርቂ ኣብ ብዙሕ ህዝቢ ዘጋጠመ ጥሜትን ሕሰምን ዝቃለለሉ ኩነታት ምፍጣር ነበረ። ደርቂ ንኹሉ ህዝቢ ኣልሚሙ ስለዘጥቅዐ፡ ጉዳይ ጥሜትን ዓጸቦን ስድራ ተጋደልቲ'ውን ምጡን ኣቓልቦ ተገይሩሉ እዩ።

ኣባላት ድሕሪ መስመር ክፍሊ ማሕበራዊ ጉዳያት፡ ብመሰረት'ቲ ዝወሃቦም ሓበሬታ፡ ነተን ኣንስቲ ተጋደልቲ ንምርካብ፡ ብጉጅለ እናተማቃቐሉ እዮም ናብቲ ዝርከባሉ ዓድታት ዝንቀሳቐሱ። ዝበዝሕ ግዜ ድማ፡ ልዕሊ ፍርቂ ናይ'ተን ዝሕተተለን ኣንስቲ ተጋደልቲ፡ ምሉእ ብምሉእ ጸላኢ ኣብ ዝቈጻጸረን ከተማታትን ዓድታትን እየን ዝጸንሕኦም። እተን ዝተረፋ ከኣ፡ ህዝባዊ ግንባር ኣብ ዝቈጻጸሮ ሓራ መሬትን፡ ጸላእን ወገንን እናተቐያየሩ ኣብ ዝቈጻጸሩዎ ተወራራሲ ቦታታትን ይጸንሕኦም። ኣብ ሓራ መሬት ክንሱ፡ ዓድታተን ኣዝዩ ርሑቕን ኣድራሻአን ንጹር ዘይኮነን ኣንስቲ ስለዘጋጥማ፡ ኣብ ዘለዋኦ ኬድካ ክትረክበን ከቢድ ነበረ። ኣብ ሓደ ከባቢ ናይ ዝርከባ ኣንስቲ ተጋደልቲ ዝርዝር ኣስማት ዝሓዘት ጉጅለ ኣባላት ክፍሊ ማሕበራዊ ጉዳያት፡ ኣብቲ ጸጥታዊ ውሕስነት ዘይብሉ ተወራራሲ ቦታታት ዝበዝሕ ግዜ ምስ ኣባላት ህዝባዊ ምምሕዳር፡ ዞባዊ ሰራዊትን ሸማግለታት ብድሆ እናተሓጋገዙ'ያ ብስቱር ናብ ዓደን ብምእታው ንምርካበን ትፍትን። ኣብቲ ጸላኢ ዝቈጻጸሮ ቦታታት ድማ፡ እተን ኣንስቲ ናብ ጎደቦ ዓድታት መጺአን ክረክቦአም፡ ብመገዲ'ዞም ዝተጠቕሱ ኣኻላት ወይ ብመገዲ ኣባላት ሓፋሽ ውድባት ኣቢሎም መልእኽቲ ይሰዱ።

ደብዳበ ንምብጻሕ፡ ኣብ ከም መርዓ፡ ንግደት፡ ተዝካር፡ ጸበል፡ ዝኣመሰለ ፍሉይ ማሕበራዊ ኣጋጣሚታት ናይቲ ትንቀሳቐሰሉ ከባቢ እናተረኽብካ፡ ነተን ዝድለያ ኣንስቲ ንምርካብ ወይ ልኡኽ ዘብጽሓለን (ናይ ቈጸራ ዕለት ዝነግረን) ሰብ ንምርካብ ብዙሕ'ዩ ዝጽዓር። ኣብ ኣስመራን ካልኦት ከተማታትን፡ ነቲ ደብዳበ ብሓፋሽ ውድባት፡ ነጋዶን ካልኦት ሰባትን ኣቢልካ ናብ ኢድ'ተን ኣንስቲ ንምብጽሑ ዝግበር ፈተነ ብዙሕ ጸገም ነበሮ። እቶም ዝለኣኹ፡ ኣብ ብሎኮታት ተፍትሽ ስለዝፈርሁ፡ ነቲ ተልእኾ ዝነጽጉ ብዙሓት እዮም። ገለ ተቐቢሎሞ ክንሶም፡ ስለ ዝሰግኡ ነቲ ደብዳበ ኣብ ፍርቂ መገዲ ብምድርባይ፡ ነቲ መልእኽቲ ብኣፎም ክነግሩ ዝመርጹ ነይሮም እዮም። ነቲ ደብዳበ ተቐቢሎሞ ኩብቅዑ፡ መልእኽቲ ከየብጽሑ

ብኡ ኣቢሎም ዝሸረቡ'ውን የጋጥሙ ነበሩ። እዚ ድማ፡ መመሊስኻ ካልኦት ሰባት ክትሰድድ ስለዘገድድ፡ ነቲ ስራሕ ኣዝዩ ይሃስዮ ነበረ። እቲ ዝኸበደ ጸገም ግን፡ ነተን ጸላኢ ምሉእ ብምሉእ ኣብ ዝቈጻጸረን ከተማታት ዝነብራ ኣንስቲ ተጋደልቲ ንምርካብ ስለዝኾነ፡ ኣባላት ክፍሊ ህዝቢ ከተማታት (06)፡ ከምኡ'ውን ክፍሊ ስለያ ከተማታት (05) ከሳልጥዎ ዝግደዱሉ እዋናት ነይሩ እዩ። ውሑዳት ኣንስቲ ተጋደልቲ'ውን ኣብ ኣብያተ-ማእሰርቲ ተዳጕነን ስለዝጸንሓ፡ ንምርኻበን ጋዶ ይኸውን ነበረ። ኣብ ከተማ ዝነብራ ኣንስቲ ተጋደልቲ ምርኻበን ኣጸጋሚ እናኾነ ምስ ከደ፡ ኣብ መበቈል ዓድታተን ብመገዲ ኣዝማደን ንምርኻበን ዝሓሸ ምኽኑ ስለዝተገመተ፡ ተጋደልቲ ናይ ኣዝማድ ሓበሬታ ንክልእኩ'ውን ሓበሬታ ተመሓላለፈሎም። ገለ ኣድራሻታት ናይ ኣንስቲ ተጋደልቲ ኣብ ርሑቕ በረኻታት ደንከል፡ ኣብ ውሽጢ ትግራይ ወይ ኣብ ከተማታት ሱዳን ስለዝኸውን፡ ንምርኻበን ብዙሕ ሃልኪ'ዩ ዝሓትት። ካብቲ ዝሰልጥ ድማ እቲ ዘይሰልጥ ይበዝሕ። እቲ ዝወሃብ ኣድራሻ፡ ኣመልኻቲ (ተጋዳላይ) ቅድሚ ምስላፉ ዝፈልጦን፡ ድሕሪ ምስላፉ ንዝፍጥር ናይ ቦታ ምቅይያር ኣብ ግምት ዘየእቱን ስለዝኸውን፡ ንኣባላት ጨንፈር መጽናዕቲን ሓበሬታን ኣብ ስርሖም ተወሳኺ ዕቅንፋት ይኾኖም ነበረ። ብዙሓት ኣንስቲ፡ ነቲ ዝነበራሉ ዓዲ ወይ ከተማ ገዲፈን ናብ ኢትዮጵያ ወይ ናብ ካልኦት ሃገራት ከይደን ስለዝጸንሓ፡ በቲ ዝተዋህበ ኣድራሻ ንምርኻበን ዘይክኣል ይኸውን። ደለይተን ግዳይ ኮለልን ድኻምን ኰይኖም ይተርፉ ማለት'ዩ።

ኩነታት ናይ'ተን ድሕሪ ብዙሕ ጻዕሪ ዝርከባ ኣንስቲ ተጋደልቲ'ውን እንተኾነ፡ ብብዙሕ ብድሆታት ዝተመልአ እዩ። ገሊአን ደሃይ ሰብኡተን ብምርኻበን ብዘይ ወዓልሕደር ክብገሳ ድሉዋት ክኾና ከለዋ፡ ብዙሓት ድማ፡ ምስ ምንዋሕ ግዜ ብህላወ ሰብኡተንን ኣብ ቃልኪዳኖም ምጽንየምን ስለዝጠራጠራ፡ ነቲ ናብ ሳሕል ናይ ምውራድ ሕቶ ግርህ ኢለን ኣይቅበልኦን። ንሳሕል ምኻድ ስለዘፍርሀን፡ ተቢዐን ክውስና ድፍረት ዝስእና'ውን ብዙሓት እየን። ኣብ 1989 ኣብ ዞባ ምዕራብ ኣብ ዝተኻየደ መጽናዕቲ፡ ካብ 1368 ኣንስቲ ተጋደልቲ፡ እተን 68% ዝኾና ደሃይ ናይ ሰብኡተን ረኺበን ከም ዘይፈልጣ'ዩ ዝጠቅስ። ዋላ'ኳ ብመጽናዕቲ ዝብጻሕ እንተ ዘይነበረ፡ ብዙሓት ካብዚኦን፡ ኣንስቲ ስዉኣት ተጋደልቲ ምኳነን ዝሰሓት ኣይነበረን። ኣብቲ መጀመርታ እዋን፡ ኣባላት ማሕበራዊ ጉዳያት ዝሓዝዎ ሓበሬታ ዝተማልአ ዘይምንባሩ'ውን ነቲ ጥርጣሬታተን ዘወግድ ኣይነበረን። እቲ መደብ፡ ኣብ መንጎ ተጋደላይን በዓልቲቤቱን ብደብዳበ ርክብ ምፍጣርን፡ ነተን ድሉዋት ዝኾና ኣንስቲ ናብ ሳሕል ምውራደን ዝዓለመ'ኳ እንተነበረ፡ ህላወ በዓልቤተን ንምርግጋጽ ዝሕግዝ እኹል ሓበሬታ

ኣይነበረን። ብኻልእ ወገን፡ ኣንስቶም ናብ ሳሕል ምውራድ ከም ዘኣበያ ዝተሓበሩ ተጋደልቲ፡ ማሕበራዊ ጉዳያት ዕቱብ ጻዕሪ ኣየኻየደን ዝብል ኣሉታዊ ስምዒት ስለዘሕደሩ፡ ኣብ 1986፡ እቲ ቅጥዒ መሕተቲ ዝያዳ ዝርዝራዊ ብምግባር፡ ብደብዳበን ስእሊን ተሰንዩ ከም ዝላኣክ ተገብረ። ነተን ዝኣበያ ኣንስቲ ደብዳበ ከም ዝጽሓፈለንን፡ ናተንን ናይ ደቀንን ኣሳእል ከም ዝልእኻን ንምግባር'ውን ይፍተን ነይሩ እዩ። ስእሊ ከም ቀንዲ መረጋገጺ ህላውነት ከም ዘገልግል'ኳ እንተ ተኣመነሉ፡ ኣብ ሜዳ ተጋደልቲ ክሰኣሉሉ ዝኽእሉ ዕድል ኣዝዩ ትሑት ብምንባሩ፡ እቲ ድሌታት ምስቲ ክውንነት ክሳነ ኣይከኣለን። እዚ ግን፡ እቲ ኣብ ሜዳ ብዋሕዲ ጥረ-ነገራት ዘይቀጸለ ናይ ስእሊ ፈተነ፡ ምጡን ሓገዝ ኣይነበሮን ማለት ኣይኮነን። ኣብ ገጠራት ኤርትራ'ውን ኣብያተ-ስእሊ ፍጹም ስለዘይነበራ። ስእሊ ክሰዳ ዝኽእላ ኣንስቲ ተጋደልቲ ብዙሓት ኣይነበራን።

እቲ ቀንዲ ጸገም ግን፡ እቲ ካብ ሓታቲ ተጋዳላይ ዘወሃብ ሓበሬታ ዘይምሉእ፡ ኣሃዱታት ቅኑዕነት ቅጥዒ ንምርግጋጽ ዝገብርኦ ጻዕሪ ድማ ትሑት ካብ ምንባሩ ዝብገስ እዩ። እቲ ቅጥዒ ብፍላይ ናይ ኣድራሻ ንጹር ሓበሬታ ዘይብሉ ማለት፡ ወረዳን ዓድን፡ ስም ናይ ስድራቤትን ዘመድን ዘየጠቓልል ስለዝኸውን፡ ነተን ኣንስቲ ምርኻበን ዘየክእል ይኸውን። ናብ በዓልቲቤቱ ደብዳበ ክጽሕፍ ዝተሓተተ ተጋዳላይ፡ ሕቶኡ ናብ ሳሕል ክትመጽኣሉ ክንሱ፡ ኣብቲ ደብዳበኡ ግን፡ ጥዕንኣን ኩነታታን ክትነግሮ ወይ መጺኡ ክርእያ ምኽኣኑ ዝሕብር መልእኽቲ ስለዝጽሕፍ፡ ምስቲ ኣባላት ማሕበራዊ ጉዳያት ዝሓተትዋ ይገራጮ። ብኸምዚ ዝኣመሰለ ምኽንያታትን ብናታተን ናይ ምውሳን ሽግርን ድማ፡ እቲ ጉዳይ ብሓደ ጉዕዞ ስለዘይሰልጥ፡ ኣባላት ክፍሊ ማሕበራዊ ጉዳያት ንሓንቲ ስድራ ክልተ ወይ ሰለስተ ግዜ ክመላለሱዋ ዝግደድሉ ኩነታት ነበረ። ኣብ ርእሲ'ዚ፡ ካብ ብሪጌዳትን ክፍልታትን ኣብ እዋኑ ናብ ሰክረታርያት ክይተሰደደ ዝርሳዕ ወይ ዝደናጐ ሕቶታት ተጋደልቲ ውሑድ ኣይነበረን። ቅጥዒታት ሓተትቲ፡ ብግቡእ ተጠርኒፉ ናብ ማሕበራዊ ጉዳያት ዘይበጽሐ ክንሱ፡ መልሲ ደንጒኹምና ኢሎም ዓቕሎም ዘጽብቡን ዝሚነቑን ተጋደልቲ ከምዝነበሩ'ውን ምዝኻሩ ኣገዳሲ እዩ።

ብኻልእ ወገን ድማ፡ ናብ ሳሕል ክብገሳ ዝደልያ ግን ከኣ ተሰኪመንኦ ዝጸንሓ ስድራ ናይ ምእላይ ሓላፍነት ምግዳፍ ዘሸገረን ኣንስቲ ብብዝሒ የጋጥማ ነበራ። "ዑና ስድራይ ክሕሉ'የ" ወይ "ሕሙማት ወለዲ ኣለዉኒ" ብዝብል ምኽንያት ድማ ክውስና ይክእላ ኣይነበራን። ብኣንጻሩ፡ ብዙሓት ዘይተሓተተለን፡ ሃለዋት ሰብኡተን ክረክባ ወይ ናብ ሰብኡትና ውሰዱና ዝብል ሕቶታት በብወረዳኡ ናብ ኣባላት ክፍሊ ህዝባዊ ምምሕዳር እናቕረባ ጸቕጢ ዝገብራ ብዙሓት ነበራ። ካልኦት ድማ፡ ድሃይ ካብ

ዘይረክባ 5 - 7 ዓመት ስለዝገብራ፡ ተፋቲሐን ካልእ ንክምርዓዋ ብርቱዕ ጸቕጢ ናይ ወለዲ የጋጥመን'ሞ፡ ነቲ ናብ ሳሕል ናይ ምውራድ ሕቶ እወታዊ ምላሽ ኣይህባሉን። ኣብ መወዳእታ 1989፡ ክሳብ 5 ዓመት ደሃይ ዘይረኸበት ዝኾነት በዓልቲ-ቤት ተጋዳላይ፡ ካልእ ናይ ምምርዓው መሰላ ቅቡል እዩ ዝብል መግለጺ ውድብ'ውን ተዋሂቡ እዩ። ኣብቲ መድረኽ'ቲ ግን፡ ተጋደልቲ ናብ ምሉእ ሃገር ዝንቀሳቐስሉ ኩነታት ስለዝነበረ፡ እቲ ደሃዩ ዝተሳእነ ተጋዳላይ ስዉእ ምዃኑ ምግማት ዝኽኣለሉ እዩ ነይሩ። ጨንፈር መጽናዕቲን ሓበሬታን እምበኣር፡ ነዚ በበይኑ ዝኾነ ትጽቢታትን ክውንነታትን ብምትዕራቕ፡ ክልቲኦም ወገናት ዝዓግቡሉ ፍታሕ ንምርካብ ከቢድ ጻዕሪ ይሓቶ ምንባሩ ግሉጽ እዩ። ምስዚ ኩሉ ብድሆታቱ ግን፡ ሃለዋትን ሓድሕድ ኩነታቶምን ዝፈላለጡሉ ዕድላት ስለዝኸፈተ፡ ንዘበዝሑ ተጋደልቲ ምስ ኣንስቶምን ደቆምን ከራኽብ ስለዝበቕዐ፡ ኣብ መወዳእታ ከአ ሰብ ሓዳር ተጋደልቲ ቀሲኖም ንክጋደሉ ስለዝሓገዘ፡ ተልእኾኡ ብግቡእ ፈጺሙ'ዩ ክበሃል ይክኣል።

ከምዚ ዝተገልጸ፡ ብዙሓት ኣንስቲ ተጋደልቲ ንሳሕል ክወርዳ ፍቓደኛታት ዘይኮና ነይረን እየን። ንቕሓት ካብ ዘይምህላው ዝብገስ ብዛዕባ ሳሕል ሕማቕን ዘፍርሕን ስእሊ ስለዝሕዛ፡ “ደቀይ ሒዘ ናብ ዘይፈልጦ ቀላይን ጸድፍን ኣይኣቱን” ብዝብል ምኽንያት ይኣብያ። ካልኦት ድማ፡ “ሰብኣየይ ካልእ ዝምድና ገይሩ እንተ ዘይከውን፡ ስለምንታይ ደብዳበ ዘይሰድድ፡?” እናበላ ስለዝጠራጠራ፡ ነቲ ሕቶ ይነጽግኦ። ወይ ድማ፡ ንጹር መልሲ ከይሃባ፡ ንክሓስባሉ ግዜ ክወሃበን ይሓታን ድሕሪኡ ኣብ ዝዋሃበን ቈጸራታት ይጠልማ። ብዙሓት ኣንስቲ “ክንሓስበሉ ኢና” ምስ በላ፡ ኣብቲ ካልኣይ ቈጸራ ይሕብኣን ይሰኣናን። ብፍላጥ ስለዘጽቅጣ ድማ፡ ብመገዲ ስድራቤተንን ኣዝማደንን ንምርኻበን ዝግበር ላዕልን ታሕትን፡ ዝበዝሕ ግዜ ፍረ ከይሃበ ይተርፍ። ሓደ ካብቲ ነቲ ስራሕ ኣዝዩ ኣህላኺ ዝገብሮ ድማ፡ ውዱእ መልሲ ዘይምሃብን፡ ነዊሕ ጉዕዞታት ዝተገብረሉ ቈጸራታት ብዘይ ኣሳልጦ ክዕጾ እንከሎን እዩ።

ካብተን ዝሕተተለን ኣንስቲ ተጋደልቲ፡ እንተስ ቀቢጸን ወይ'ውን ብኻልእ ምኽንያት፡ ገለአን ድሮ ንካልእ ሰብ ተመርዕየን ሓዳረን ሒዘን፡ ካልኦት ድማ ነብሰ-ጾራት ኰይነን ይጸንሓ ነበራ። ኣባላት ክፍሊ ማሕበራዊ ጉዳያት ናይ ጻውዒት ደብዳበ ሒዞም ምስ መጹወን፡ ብውሳነ ወለደን ተፋቲሐን ዝጸንሓ'ውን ነይረን እየን። ብሞት ተፈልየን ዝጸንሓ፡ ወይ ኣድራሻ ብምቕያር ናብ ካልእ ከተማታት ከም ዝኸዳ ሓበሬታ ዝርከበን'ውን ብዙሓት ነበራ። ገለ ውሑዳት ድማ ንሳሕል ክኸዳ ስለዘይደልያ፥ “በዓል-ቤተይ ኣብ ሜዳ ተዛሚዱ ሰሚዐ እየ፡” ብዝብልን ካልእን ምክንያታት

ፍትሕ ክፍጸመለን ዝሓታ ነበራ። ናይ ዓመጽ ግዳያት ኲይነን ዝጸንሓ'ውን ውሑዳት ኣይኮናን። ኣዘዝቲ ጦር-ሰራዊት ስርዓት ደርግ፡ ኣንስቲ ተጋደልቲ ምሺነን ንዝተፈልጣ፡ ወተሃደራቱ ክዕምጽወንን ክወልዱለንን ዘተባብዕ እኩይ መደብ ሓንጺጾም ከተግብርዎ ይፍትኑ ብምንባሮም፡ ሽግራተን ክተዓጸጸፍ ክኢሉ እዩ። በዝን ካልእን ምክንያታት ዝተተንከፋ ኣንስቲ ተጋደልቲ፡ ተጸዊዐን ስለዘይመጻን መልሲ'ውን ስለዘይህባን፡ ንምሕጋዘንን ንምዕቋበንን ዝተገብረ ፈተነታት ዳርጋ ኩሉ ክዕወት ኣይከኣለን።

እዚ ስድራቤት ተጋደልቲ ንክራኸቡን ሓዳሮም ዝቕጽሉ ኩነታት ንምፍጣርን ብክፍሊ ማሕበራዊ ጉዳያት ዝተሰላሰለ ስራሕ፡ ብብዙሕ ምክንያታት ከምቲ ዝተጻዕረሉ ስሊጡ ክበሃል ኣይከኣልን። ነዊሕ መገሻ ከይድኻ ብናታ ወይ ብናይ ኣዝማዳ ኣድራሻ ደሊኻ ቀቢጽኻያ ትምለስ፣ እንተተረኺበት'ውን ነቲ ንሳሕል ናይ ምኻድ ሕቶ ምቕባል ትኣብዮ፣ ፍቃደኛ እንተኾነት ድማ ናይ መዳለዊ ቈጸራ ትሓትት፣ ኣብ መዓልቲ ቈጸራ ዘይተሓሰበ ሓድሽ ወተሃደራዊ ኩነታት የጋጥም፣ ሽዑ ትሰእና ወይ ድማ ሒዝካያ ናብ እሙን ቦታ ክትወስዳ ላዕልን ታሕትን ትብል። እዚ ኩሉ ግዜ ዘጋጥም ተርእዮታትን ዕንክሊልን ተሰጊሩ፡ ሓደ ጉጅለ ምስ ኣኪብኻ ድማ፡ ብቐትርን ለይትን ኣብ ዝግበር ጉዕዞ፡ ኣደታት እናሳለኻ፡ ደቀን እናሓንገርኻ፡ ናብ መጠርነፊ ቦታታት ተብጽሐን።

ምዕቋብን ምሕጋዝን ስድራ ተጋደልቲ

እተን ናብ ሳሕል ክኸዳ ፍቃደኛታት ዝኾና ኣንስቲ ተጋደልቲ፡ ምስ ተፈልጣ፡ ናብ ሳሕል ናይ ምጉዕዓዘን ውጥን ክሳብ ዝግበር፡ ንብረተን ወጋኒነን ንክመጻ፡ መዓልቲን ቦታን ቈጸራ ይንገረን። ንገሊኣን፡ እቲ ዝመጻሉ ቦታ ኣብ ምምላሰን ስግኣት ዝፈጥረለን እንተኾይኑ፡ ከምኡን ዝበላ ካልኦት ኣንስቲ ክሳብ ዝእከባ፡ ኣብ መጽንሒ ቦታ ንነዊሕ እዋን ከምዝእለያ ይግበር ነበረ። እቲ መስርሕ ምጥርናፍ ምስ ተወድአ'ውን፡ እቲ ወተሃደራዊ ኩነታት ክሳብ ዝሃድእን መገዲ ውሑስ ክሳብ ዝኸውንን፡ ንኣዋርሕ ኣብቲ መጽንሒ ቦታ ክትሓዛ ግድን ይኸውን። ኣብ ዞባ ደቡብ ኣብ ጾሮና፡ ኣብ ዞባ ምብራቕ ኣብ ዓሳዒላ፡ ኣብ ሰሜን ኣብ ወጭርዋ፡ ኣብ ምዕራብ ድማ ኣብ መረብ ናይ ኣንስቲ ተጋደልቲ መተኣኻኸቢን ግዚያዊ መዕቈቢን ነበረ። ሓደ ሓደ እዋናት፡ ንሳሕል ክብገሳ ዝተኣከባ ኣንስቲ ተጋደልቲ፡ ኩነታት ጸንኪሩ ንዓድከን ተመለሳ ዝባሃለሉ ኣጋጣሚታት ከም ዝነበረ'ውን ምዝኻሩ ኣገዳሲ እዩ።

ኣብ 1983፡ ክሳብ 200 ዝኾና ኣንስቲ ተጋደልቲ ናብ ሳሕል ንምምጻእ ዝተታሕዘ መደብ ንምትግባር ብዝተገብረ ምንቅስቓስ፡ 127 ኣንስቲ ምስ

217 ደቀን ሳሕል ክኣትዋ ክኢለን እየን። ብምኽንያት ሰላሕታ ወራር መስመር ባርካ - ሳሕል ተዓጽዩ ብምንባሩ፡ ካልኣት 100 ኣንስቲ ተጋደልቲ ምስ ተበገሳ ኣብ ዞባ ምዕራብ ተዓግታ። ኣብ 1984 ዝምለስ ካልእ ናይ 400 ተጋደልቲ ሕቶታት'ውን ኣብ 1983 ናብ ጨንፈር መጽናዕቲን ሓበሬታን ቀሪቡ ነበረ። በዚ መሰረት፡ 261 ኣንስቲ ተጋደልቲ ምስ 458 ደቀን፡ 209 ስድራ ዞባዊ ሰራዊትን ሚሊሻን ምስ 514 ደቀን ኣብ 1984 ናብ ሳሕል ወሪደን ክዕቑባ ክኣላ። ኣብ 1985 ድማ፡ 201 ኣንስቲ ተጋደልትን 231 ኣንስቲ ሚሊሻን ተወሰኻ። ብዘይካ'ዚ፡ ኣብቲ ዓመት'ቲ ብምኽንያት ደርቂ ዝተሃሰያ ካልኣት ክሳብ 450 ዝግመታ ስድራቤታት ምስ ደቀን ንሳሕል ኣተዋ። ኣብ 1986 ግን፡ ብዙሕ ምንቅስቓስ ስለዘይተኻየደ፡ 74 ኣንስቲ ተጋደልቲ ምስ 134 ደቀን ጥራይ እየን ናብ ሳሕል ኣትየን። እዚ ድማ፡ ኣባላት ጨንፈር መጽናዕቲን ሓበሬታን በቲ ሽው ዝነበረ ርሱን ወተሃደራዊ ኩነታትን ብምኽንያት ሻምናይ ወራር (ወፍሪ ባሕሪ ነጋሽ)ን ኩሎም ተጠርኒፎም ስለዝነበሩ እዩ።

እተን ኣብ 1985 ካብ ዞባ ምዕራብ መጺአን ሳሕል ተዓቝበን ዝነብራ ኣንስቲ ሚሊሻ ግን፡ መብዛሕትአን ማለት፡ 416 ዝኾና ናብ ዓደን ክምለሳ ስለዝመረጻ፡ መጣየሲ ሓገዛት ተዋሂቡወን ከም ዝምለሳ ተገብረ። ኣብ 1986 ካብ ዝነበረ፡ 917 ሕቶታት ተጋደልቲ፡ ናይቶም 333 (47%) ጥራይ መልሲ ከም ዝረኸበ፡ ካብኡ ድማ ኣንስቲ ናይቶም 14% ጥራይ ናብ ሳሕል ወሪደን ክዕቑባ ፍቓደኛታት ኰይነን ከም ዝተረክባ ሰነዳት ክፍሊ ማሕበራዊ ጉዳያት የመልክት። ብዘይካ'ዚ፡ ኣብ 1987 ካብ ዝቐረበ 694 ሕቶታት 62%፡ ኣብ 1988 ካብ 613 ሕቶታት 62.8%፡ ኣብ 1989 ካብ 744 ሕቶታት 58.9%፡ ኣብ 1990 ድማ ካብ 724 ሕቶታት 70.8% ውዱእን ዘይውዱእን መልሲ ከም ዝተረክቦ፡ ኣብቲ ሰነዳት ተነጺሩ ኣሎ። ኣብ 1989-1990፡ ኣብ ክልተ ዓመት ናይ ኣስታት 1500 ተጋደልቲ ሕቶታት ንምምላስ ኣብ ዝተኻየደ ምንቅስቓስ፡ ናይቶም 500 ተጋደልቲ ሕቶታት ሰሊጡ ስድራኦም ናብ ሳሕል ክወርዱ ክለዉ፡ ናይ 80 ተጋደልቲ ሕቶታት ግን፡ 'ተመርዕየን ወይ ተፋቲሐን' ዝብል መልሲ ተዋህቦ። እቲ 228 ሕቶታት ድማ ዕጹው መልሲ ተረክቦ። ካልኣት 260 ኣንስቲ ተጋደልቲ ከኣ ዝኣበያ ወይ ንወጻኢ ሃገር ዝኸዳ ምዃነን ተፈልጣ። ስለዚ፡ ጨንፈር መጽናዕቲን ሓበሬታን ክፍሊ ማሕበራዊ ጉዳያት፡ ኣብ ውሽጢ'ዚ ዝተጠቕሰ ነዊሕ ዓመታት፡ ብጠቕላላ ክሳብ 7 ሽሕ ዝግመት ሕቶታት ተጋደልቲ ንምምላስ'ዩ ከቢድ ሓላፍነት ተሸኪሙ ተንቀሳቒሱ።

ስድራቤት ተጋደልቲ፡ ናብ ሳሕል ብውሑስ መገዲ ንምጉዕዓዘን ዝካየድ ዝነበረ ስራሕ እውን ርእሱ ዝኸኣለ ብድሆታት ነበሮ። እቲ ጉዕዞ፡ ንሰሙናት ዝቕጽል ገልታዕታዕ ዝበዝሖ እዩ። ዝበዝሕ እዋን ንመስመር

ጸላኢ ምስጋር ስለዘገድድ፡ እቲ ጉዕዞ ስለያዊ መጽናዕቲ እናገበርኻ እዩ ዝካየድ። ኣባላት ማሕበራዊ ጉዳያት፡ ካብ ጸላኢ ዝርከቦ ከባቢታት ዝኣከብወን ኣንስቲ ተጋደልቲ፡ ናብ ሓደ ውሑስ መዕቈቢ ንኸብጽሑወን፡ ፡ ቈልዑ ሓንጊሮም ብቑሪ እናተገርፉ ኣብ ጸልማት ንነዊሕ ሰዓታት ክጓዓዙ ይግደዱ ነበሩ። ኣብ ጉዕዞ ክቱር ድኻምን ሕማምን ስለዝስዕብ፡ ምስ ተሰነፉ፡ "ኣይንኸይድን፣ ዝገበርኩም ግበሩና" ዝብላሉ ብዙሕ ዘጨንቕ እዋናት የጋጥሞም ነበረ። እቲ ጉዕዞ ብእግሪ ኾይኑ፡ ካብ ዞባታት ምብራቕን ደቡብን ክሳብ መረብ፡ ዞባ ምዕራብ ዝበጽሕ ናይ ነዊሕ ሰሙናት መገዲ ዘጠቓልል እዩ። እንሓንሳብ ድማ፡ ብወራራትን ድብያታትን ናይ ጸላኢ ምኽንያት እቲ መገዲ ውሕስነት ኣብ ዘይህልወሉ፡ ኣብ ዘይውሑስ ቦታ ንነዊሕ ግዜ ክሕዙወን ይግደዱ። ብመገድታት ውሽጢ ኤርትራ ከተጓዓዕዘን ሓደገኛ ኣብ ዝኾነሉ እዋን፡ ብውሽጢ ትግራይ ተኻሊልካ ናብ መረብ ምእታው እውን ልሙድ ጉዕዞ ነበረ። ኣብ 1985 ካብ ጾሮና ምስ ደቀን ዝተበገሳ፡ ክሳብ ሓደ ሽሕ ዝገማግማ ኣንስቲ ተጋደልቲ፡ ብሓንቲ መስርዕ ሚሊሻ ተሰንየን ብመሬት ትግራይ ናብ መረብ፡ ካብኡ ብመካይን ክሳብ ዓሬርብ በጺሐን ኣብ መደበር ዕቑባት ዝዕቈባ፡ ኣባላት ማሕበራዊ ጉዳያት ከቢድ ድኻም'ዩ'ም ኣሕሊፎም። ብትግራይ ዝግበር ጉዕዞ፡ ብምኽንያት እቲ ሻሕኪሩ ዝነበረ ዝምድና ህዝባዊ ግንባርን ህዝባዊ ወያነ ሓርነት ትግራይን፡ ከምኡ ድማ፡ ብምኽንያት እቶም ኣብ ውሽጢ ትግራይ ዝንቀሳቐሱ ዝነበሩ ተጋደልቲ ናይ ተ.ሓ.ኤን ሳግም ቀጽልን ምጡን ዕንቅፋታት የጋጥሞ ነይሩ እዩ። ኣማራጺ ኣብ ዘይነበረሉ እዋናት፡ ኣባላት ማሕበራዊ ጉዳያት፡ ኣብ ዓድታት ትግራይ ነቲ ህዝቢ ዝኸውን ስንቂ እናደለዩ ብገንዘብ እናዓደጉን ናብ ጀርበት ከባቢ መረብ ንምብጽሑ ዝገብሩዎ ዝነበሩ ጽንኩር ጉዕዞታት ቀሊል ኣይነበረን። ብተደጋጋሚ ካብ 500 ክሳብ 600 ዝግመታ ኣንስቲ ተጋደልቲ ምስ ዕጽፊ ቍጽሪ ዘለዎም ቈልዑተን ናብ ሳሕል ንምብጻሕ፡ ኣባላት ማሕበራዊ ጉዳያት ዝሓለፍዎ መስገደል ከቢድ ምንባሩ ዝስሓት ኣይኮነን።

ቅድሚ 1984 ኣብ ዝነበረ እዋናት፡ ናብ ሳሕል ዝመጽእ ህዝቢ፡ ክሳብ'ቲ መካይን ዝርከባሉ ቦታ ብዘይ ዕረፍቲ'ዩ ክጓዓዝ ዝግደድ ዝነበረ። ድሕሪ'ዚ ግን፡ ክፍሊ ማሕበራዊ ጉዳያት ኣብ ከባቢ መረብ ኣብ ዝርከብ ሸኻ ወድ-ኹላላ ዝተባህለ ቦታ፡ ክሳብ ንጉዕዞ ዝምችእ ኩነታት ዝፍጠር መጻንሒን መዕረፊን መደበር ስለዝኸፈተ፡ እቲ ጉዕዞ ብመጠኑ ተቓሊሉ እዩ። ኣብዚ ቦታ'ዚ ንመነባብሮ ክሕግዝ ተባሂሉ 4 ሄክታር መሬት ናይ ኣሕምልቲ ጀርዲን ከም ዘለምዕን ጥሪት ከም ዝራባሓን'ውን ተገይሩ ነበረ። ነተን ንሳሕል ክሳብ ዝቕጽላ ኣብኡ ዝጸንሓ ኣንስቲ ተጋደልቲ ድማ፡ ከም ቡን፡ ሽኮር፡ ቀጠፍን ሳምናን ዝኣመሰለ ጠለባት ክፈትሓለን በቒዑ ነበረ። ኣብ

ዞባ ምዕራብ ዝእከባ ኣንስቲ ተጋደልቲ፡ መገድታት ዘተኣማምን ምኽኑ ምስ ተጸንዐ፡ ናብ ሳሕል ዘጕዓዕዘኣን መካይን ምስ ተረከባን እየን ብመገዲ ሃይኮታን ከርከበትን ኣቢለን ናብ ሳሕል ከም ዝኸዳ ዝግበር ዝነበረ።

ሓገዛት ንኣንስቲ ተጋደልቲ፡ ኣባላት ጨንፈር መጽናዕቲን ሓበሬታን፡ ማሕበራዊን ቍጠባውን ጸገማት ኣንስቲ ተጋደልቲ፡ ዞባዊ ሰራዊትን ህዝባዊ ሚሊሻን ኣብ ምጽናዕ ኮነ ረድኤት ኣብ ምዕዳል ዘካየድዎ ንጥፈታት ቀሊል ኣይነበረን። ቁጠባውን ማሕበራዊን ጸጋማት ኣንስቲ ተጋደልቲ ኣዝዩ ዝተሓላለኸ ምኽኑ ኣይተሳሕተን። መብዛሕትአን ሓደስቲ መርዑ እንከለዋ ሰብኡተን ስለዝተሰለፉ፡ ሓዳረን ከይፈለያ እየን ከም ጽግዕተኛታት ወለደንን እንዳሓሙኣንን ኰይነን ዝነብራ ዝነበራ። እተን ሓዳረን ዝፈለያ ድማ፡ መሬት ዝሓርሰለን ወይ ምህርቲ ዝእክበለን ሓልፋይ ብምስኣነን ግራውተን ንፍርቂ፡ መሰለስ ወዘተ. ስለዝህብኦ፡ ነብሰን ክኢለን ክነባበራ ይጽገማ ነበራ። ንኣብነት፡ ኣብ 1989 ኣብ ልዕሊ'ተን ኣብ ዞባ ምዕራብ ዝነበራ 1368 ኣንስቲ ተጋደልትን ኣንስቲ ዞባዊ ሰራዊትን ዝተኻየደ መጽናዕቲ ከም ዘመልክቶ፡ 40% ዝሕረስ መሬት፡ 73% ድማ ከብቲ፡ ጤለ-በጊዕ ይኹና ካብ ንግድን ሕርሻን ዝርከብ እቶት ኣይነበረንን። ብተወሳኺ፡ እተን ልዕሊ 72% ኣንስቲ ተጋደልቲ፡ ካብ 1-4 ዝበጽሑ ቈልዑ ናይ ምዕባይ ሓላፍነት ዝተሰከማን፡ ጭቡጥ ናይ መነባበሪ እቶት ዘይብለንን ጽግዕተኛታት ነበራ። እቲ ካብ 1980-85 ዝቐጸለ፡ ንስኡናት ናብ ዝገደደ ደረጃ ስእነት ዘውረደ ናይ ደርቂ ኩነታት፡ ኣብ ልዕሊ ኣንስቲ ተጋደልቲ'ውን ተወሳኺ ጸበባ ብምፍጣር ናብ ዝኸፍአ ድኽነት ክሸመማ ገይሩወን እዩ። መነባብሮ ምስ ሸገረን ንከተማ ኣትየን ኣብ እንዳሰብ ዝዓያ፡ ኣብ ኣብያተ-መስተን ካልእ ሕሱር ስራሕን ክዕሰባ ዝግደዳ ውሑዳት ከምዘይነበራ ድማ ዝተፈልጠ እዩ።

ክሳብ 1989፡ ኩለን ኣንስቲ ተጋደልቲ ከም ኣካል ናይቲ ሸጉር ህዝቢ እየን ዝጥመታን ረድኤት ዝዕደላን ዝነበራ። ካብዚ ንድሓር ግን፡ ንፍሉይነት ሸግራተን በብዞባኡ መጽናዕቲ ከም ዝካየደሉ ስለዝተገብረ፡ ንፍሉይ ወጽዕአን ዘቃልል ዕደላ ረድኤት ክኻየደለን ምስ ማሕበር ረድኤት ኤርትራ ኣብ ምርድዳእ ተበጽሐ። ብእኡ መሰረት ድማ፡ ካብ 1988 ክሳብ 1991፡ ነተን ኣብ ትሕቲ ህዝባዊ ግንባር ዝቈጻጸሮ ቦታታት ዝርከባ ኣንስቲ ተጋደልቲ፡ እኽሊ፡ ዘይትን ብርስንን ዝርከቦ ናይ መግቢ መቝነናት ተዓደለን። ነተን ዓድታተን መካይንን ኣግማልን ብቐሊሉ ዘይበጽሕኦ፡ ኣብ ርሑቕን ንጹልን ከባቢታት ዝነብራ ድማ፡ ናይ ገንዘብ ሓገዛት ከም ዝወሃበን ተገብረ። ንኣብነት ኣብ 1990፡ ብሓደ እዋን ኣብ ዝተፈላለየ ዞባታት ን314 ሽሕ ኣንስቲ ተጋደልቲ፡ ክሳብ 7000 ኩንታል እኽሊ፡ 40 ሽሕ ሊትሮ ዘይቲ፡ 400 ኩንታል ዓደስን 20,000 ብርን ከም ዝተዓደለ ኣብ ጸብጻብ ተጠቒሱ ኣሎ። ኣብ 1991፡ ጸላኢ ኣብ ዝጸበበ ቦታታት ምስ ተሓጽረ ድማ፡

ዝበዝሓ ኣንስቲ ተጋደልቲ (እንተላይ ካልእ ጽጉም ህዝቢ) ክሕግዛሉ ዝኽእላ ማእከላት ብምፍጣር እቲ ሽግራት ክቃለል ክኢሉ እዩ።

እቲ ብህዝባዊ ግንባር ዝግበር ዝነበረ ናብ ኣንስቲ ተጋደልቲ ዘተኮረ ዕደላ ረድኤት፡ እንተላይ ንወለዲ ተጋዳልቲ ዝሓወሰ ስለዘይነበረ፡ ኣብ ህዝቢ ከቢድ ስምዒታት ይፈጥር ነይሩ እዩ። "እንኮ ውላድናን ኣላዩናን ክንስኡ፡ ስለምንታይ፡ ንሰበይቱን ደቁን ጥራይ እናበልኩም ትሻንዩና" ዝብል ግሁድ ሕቶታት'ውን ናብ ኣባላት ክፍሊ ማሕበራዊ ጉዳያት ይቐርብ ነበረ። መብዛሕትኦም ተጋደልቲ፡ ኣብ ንኡስ ዕድመኦምን ኣብ ሓዳር ከይበጽሑን ስለዝተሰለፉ፡ እቲ 'ወለዲ ተጋደልቲ' ዝበሃል ሓሳብ ዳርጋ ንኩሉ ህዝቢ ኤርትራ ስለዘጠቃልል፡ ከም ዝዕደሉ ጉጅለ ፈሊኻ ክትሕሓዞም፡ ብዓቕሚ ይኹን ብግብሪ ዝከኣል ኣይነበረን። ኮይኑ ግና፡ ስድራቤት ተጋደልቲ ምእንቲ ናጽነት ኣብ ከቢድ ስቃይን ድኽነትን ዝወደቑ ጉጅለ ምንባሮም ክስሓት ኣይክእልን። ብሓደ ወገን፡ ብሳላ'ቲ ስድራ-ቤታውን ሓድሕዳዊን ምትሕግጋዝ ናይ ህዝቢ፡ ብኻልእ ወገን፡ ድማ ህዝባዊ ግንባርን ማሕበር ረድኤት ኤርትራን፡ ዘካየድዎ ናይ 'ህይወት ኣድሕን' መደባት እቲ መሪር እዋን ክሕለፍ ተኻኢሉ'ዩ እንተ ተባህለ ካብ ሓቂ ዝርሓቐ ኣይኮነን።

ናጽነት ኣብ ግንቦት 1991 ምስ ተረጋገጸ፡ ሓደ ካብቲ ንመሪሕነት ህዝባዊ ግንባር ዝዓበየ ብድሆ ዝነበረ፡ ቍጠባዊ ወጽዓ ናይቶም ኣብ ትሕቲ ጸላኢ ዝነበሩ ስድራቤታት ተጋደልቲ እዩ ነይሩ። ብዙሓት ተጋደልቲ፡ ዓወት ሒዞም ገዝኦም ምስ ተመልሱ፡ ስድራቤቶም መቐበሊ ጋሻ ዝኸውን መግቢ'ውን ዘይብሎም ናይ ካልኣት ጽግዕተኛታት ኰይኖም ስለዝጸንሕዎም፡ ስንባደኦም ኣዝዩ ከቢድ ነበረ። እቲ ጉዳይ ቀልጢፉ ኣቓልቦ መሪሕነት ህዝባዊ ግንባር ስለዝሰሓበ ድማ፡ ክፍሊ ማሕበራዊ ጉዳያት ካብ ሓምለ 1991 ዝጅምር ሰፊሕ ናይ ረድኤት ዕማም ክፍጽም ተመዘዘ። ሕቡራት ሃገራት፡ ንህዝቢ ኤርትራ ዝተለገሰ ናይ እኽሊ ረድኤት ካብታ ህዝባዊ ግንባር ዝቈጻጸራ ወደብ ምጽዋዕ ናብ ኣስመራ ከእቱ ካብ ክልቲኦም ወገናት ፍቓድ ስለዘረኸበ፡ ኣዋርሕ ቅድሚ ናጽነት ናብ ኣስመራ ዝኣተወ እኽሊ ኣዝዩ ብዙሕ ነበረ። ኣብ መዓልቲ ናጽነት፡ ክሳብ 100 ሽሕ ዝግመት እኽሊ፡ ከይተዓደለ ኣብ ሜዳ ባሕቲ መስከረም ተኹሚሩ ስለዝጸንሐ፡ ነዚ ናይ ተጋደልቲ ስድራ-ቤታት ከቢድ ቍጠባዊ ጸገም መፍትሒ ክኸውን ተወሰነ።

ክፍሊ ማሕበራዊ ጉዳያት ድማ፡ ኣብቲ ናይ ዕደላ ስራሕ ዝተሓጋገዙዎ ካብ ህዝባዊ ስራዊት ዝተዋህቡዎ ክባቢ 800 ተጋደልቲ ጠርኒፉ፡ ቡቶም ናይ ጨንፈር መጽናዕቲን ሓበሬታን ኣባላቱ እናተመርሐ፡ ነቲ ከቢድ ረድኤታዊ ዕማም ኣብ ሓምለ 1991 ኣበገሶ። ኮሚሽን መጒዓዝያ ድማ ነዚ ዕማም'ዚ

ክሳብ 50 ዝኾና ዓበይቲ መካይን ስለዝፈለየሉ፡ ረድኤት ናብ ምሉእ ሃገር ናይ ምዕዳል መስርሕ ኣብ ግዚኡ ጀመረ። ኣብ ነፍስ-ወከፍ ዓዲ ዘለዉ ስድራ ተጋደልቲ እናተጸንዑን፡ ምዝገባ ኣብ ዝተፈጸመለን ዓድታት ድማ እኽሊ ዝጸዓና መካይን እናሰዓባን፡ ኣብ ውሽጢ ክልተ ወርሒ ክሳብ 90 ሽሕ ኩንታል ዝግመት እኽሊ ተዓደለ። ነፍስ-ወከፍ ስድራ ሓደ ኩንታል እኽሊ ስለዝተዓደለት ድማ፡ እቲ ዝነበራ ጸገም ንግዚኡ ተቓለለላ። እቲ ስድራ ተጋደልቲ ንምድጋፍ ብክፍሊ ማሕበራዊ ጉዳያት ኣብ 1979 ዝጀመረ መደብ ህዝባዊ ግንባር ድማ፡ በዚ ዝተጠቕሰ ዛዛሚ ናይ ዕደላ ዕማም ተፈጸመ። ድሕሪ ናጽነት፡ ብህዝባዊ ግንባር ዝቜመ ግዝያዊ መንግስቲ ኤርትራ፡ ንስድራቤታት ስዉኣትን ህሉዋትን ዝበቅዕ መደባት ስለዝሓንጸጸ፡ ጉዳይ ስድራ ተጋደልቲ ንህዝቢ ዘቐሰነ ዘላቒ ፍታሕ ረኸበ።

* * *

ኣባላት ማሕበር ረድኤት ኤርትራ ኣብ ዕደላ ረድኤት

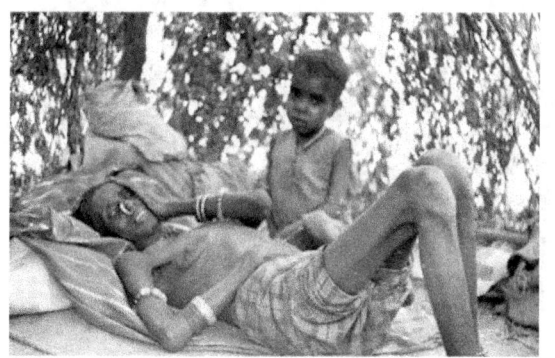

ሳዕቤናት ደርቂ

ፍጻሜታት

ቁ 90

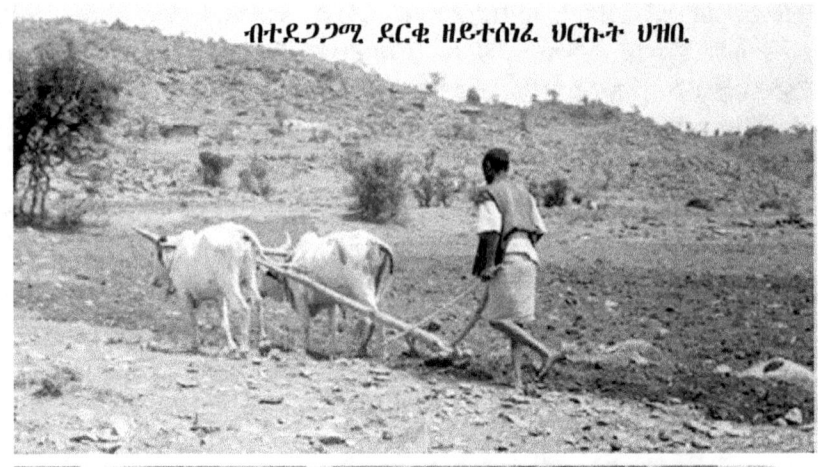

ብተደጋጋሚ ደርቂ ዘይተሰነፈ ህርኩት ህዝቢ

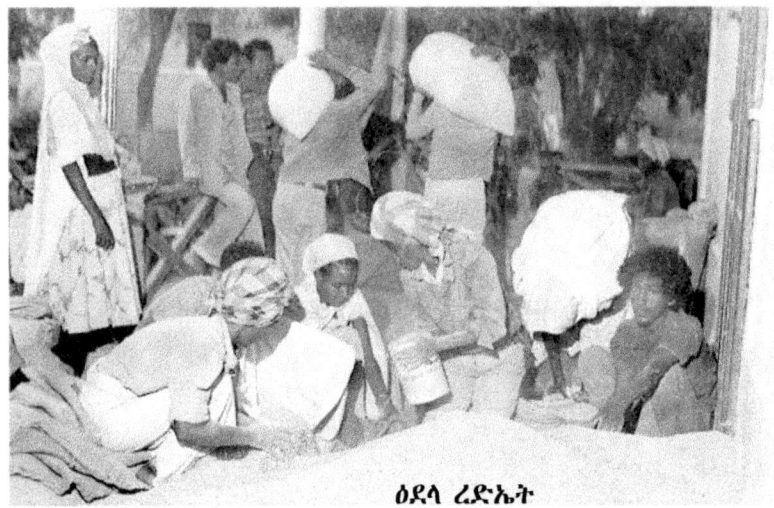

ዕደላ ረድኤት

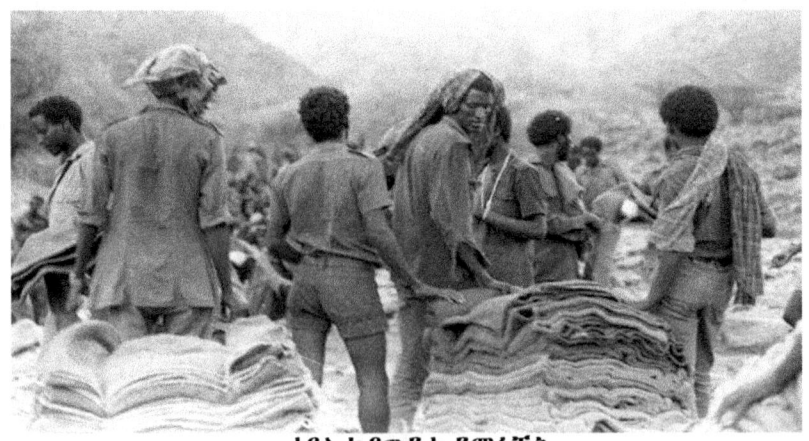

ዕደላ ክዳውንቲ ንምሩኻት

6

መርዓ ኣብ ህዝባዊ ግንባር

ድሕረ-ባይታ

መርዓ፡ ዕድመኦም ዝኣኸለ ወድን ጓልን ብመውሰቦ ጠሚሩ፡ ቀጻልነት ወለዶ ዘረጋግጽ፡ ኣብ ኩሎም ሕብረተ-ሰባት ዓቢ ክብሪ ዝወሃቦ ናይ ቃል-ኪዳን ውዕልን ጽንብልን እዩ። መርዓ ባህርያዊን ህይወታዊን ግዴታ'ኳ እንተኾነ፡ ብባህሊ፡ ብልምድን ብእምነትን ስለዝጽሎ፡ ኣብ በበይኖም ሕብረተሰባት ዘሎ ሕጋጋት፡ ኣገባባትን ጽንብላትን ዝተፈላለየ እዩ። ኣብቲ ዕምሪ መግዛእቲ ንምሕጻር ዝተኻየደ ብረታዊ ቃልሲ ኤርትራ፡ ንብዙሕ ልምዳዊ ሓጹራት፡ ባህላውን ሃይማኖታውን ቀይድታት ሰጊሩ፡ ብመሰረት ሕጊ መርዓ ህዝባዊ ግንባር ዝተፈጸመ ቃልኪዳናት፡ ነቲ መድረኽ ዝሰማማዕ ፍሉይነት ስለዝነበሮ፡ ምትንታኑ ኣገዳሲ እዩ።

ኣብ ጥሪ 1977፡ ኣብ ዝተኻየደ ቀዳማይ ጉባኤ ህዝባዊ ግንባር፡ ተጋደልቲ ክምርዓዉ ዘፍቅድ ውሳነ ቅድሚ ምጽዳቑ፡ ጾታዊ ዝምድና ተጋደልቲ ኣብ ብረታዊ ቃልሲ፡ ብዝተፈላለየ መልክዓት እዩ ሰጊሩ። ኣብ ቀዳሞት 10 ዓመታት ብረታዊ ቃልሲ፡ ተጋድሎ ሓርነት ኤርትራ፡ ተጋደልቲ ኣብ ዓድታቶም ብስድራ ኣብ ዝተመደበ መርዓታት ቃልኪዳን ክኣስሩ፡ ጸላኢ ኣብ ዘይቈጻጸሮ ዓድታት ንዝርከቡ ቤተሰብ ክበጽሑን ደሃዮም ክፈልጡን የፍቅድ ነበረ። ሓዳር ዘይብሎም ተጋደልቲ'ውን፡ ስድራ ክርእዩ ዓመታዊ ዕረፍቲ ናይ ምውሳድ ዕድል ነበሮም። በዚ ድማ፡ ብዙሓት ተጋደልቲ ንዕረፍቲ ንሱዳን ኣብ ዝኸድሉ ምስ'ተን ብስደት ኣብ መዓስከራትን ከተማታትን ሱዳን ዝነብራ ደቀንስትዮ ሓዳር ይምስርቱ

ነበሩ። በዚ ምኽንያት መርዓ ተጋደልቲ፡ ኣብቲ ውድብ ዝፈጥሮ ጸቕጢ ወይ ነቲ ውድብ ዘሰክሞ ሓላፍነት ኣይነበረን ክበሃል ይክኣል።

ህዝባዊ ሓይልታት፡ ካብ ጀብሃ ተፈልዩ ምስ ተመስረተ፡ ኣብቲ ፈለማ ዓመታት፡ ካብ ሃድን ተ.ሓ.ኤ.ን ሰራዊት ኢትዮጵያን እናተኸወለን መጥቃዕቲታት እናመከተን ህላወኡ ንምርግጋጽ ኣብ ከቢድ ወጥሪ ስለዝነበረ ጉዳይ መርዓ፡ ዓመታዊ ዕረፍትን ምብጻሕ ቤተ-ሰብን ዝሕሰብ ኣይነበረን። ኣብ ርእሲ'ዚ፡ ክሳብ 1973፡ ኣብ ህዝባዊ ሓይልታት ዝስለፋ ደቀንስትዮ ኣይነበራን። በዚ ምኽንያት፡ ኣብ ውሽጣዊ ሕጊ ናይቲ ውድብ ዝሰፈረ ንዓመጽ ደቀንስትዮ ዝጠቅስ ዓንቀጽ፡ ኣብ መንጎ ተጋደልትን ሲቪል ደቀንስትዮን ከጋጥም ንዝኽእል ወሲብ ዘመልክት እዩ ነይሩ። ኣብ እዋን መግዛእቲ፡ ሓያሎ ደቀንስትዮ ኤርትራ ግዳያት ናይቲ ብሰራዊት ኢትዮጵያ ዝፍጸም ዝነበረ ዓመጽን ግዱድ ጾታዊ ርክብን ይኾና ምንባረን ኣብ ግምት ብምእታው ከኣ፡ ህዝባዊ ሓይልታት፡ ብረት ብዝዓጠቑ ተጋደልቲ ኣብ ልዕሊ ደቀንስትዮ ጾታዊ ዓመጽ ንኸይፍጸምን ዘይሕጋዊ ጾታዊ ዝምድና ንኸይምስረትን፡ ጾታዊ ርክብ ንዝፍጽሙ ተጋደልቲ ብሞት ዝቐጽዕ ሕጊ ኣውጺኡ ነበረ። ይኹንበር ክሳብ'ቲ ደቀንስትዮ ብብዝሒ ናብቲ ውድብ ዝተሰለፋሉ እዋን፡ ነቲ ዝነበረ ተሪር ሕጊ ዝተፈታተኖን ብሞት ዝተቐጽዐን ተጋዳላይ ኣይነበረን። በዚ ድማ፡ እቲ ናይ ሽዑ ሕጊ ንሓደ ፍሉይ መድረኽ ኣብ ምስግጋር ሽቶኡ ከም ዝወቕዐ ክውሰድ ይክኣል።

ኣብ 1973 ብውሑዳት ደቀንስትዮ ዝጀመረ ምስላፍ ናብ ውድብ ህዝባዊ ሓይልታት፡ ኣብ መወዳእታ 1974 ቍጽረን እናበዝሐ ክኸይድ ጀመረ። ጉዳይ ጾታዊ ዝምድና ድማ፡ ንሓጺር ግዜ ብጥንቃቐ ዝጥመት ተኣፋፊ ሕቶ ኮነ። ብጾታዊ ዝምድና ጥራይ ዘይኮነ ግን፡ ብዓቕሚን ብቕዓትን ደቀንስትዮ ዝጠራጠሩ፡ ህላወኣን ኣብቶም ደቂተባዕትዮ ካብ ቃልሲ ናይ ምድሕርሓር ስምዒት ከይፈጥር ዝሰከፉ ብዙሓት ተጋደልቲ ነበሩ። እቲ ዝነበረ ኣሉታዊ ኣመለኻኽታ ብጕስጓስን ትምህርትን ክሳብ ዝዳኸም ከኣ፡ ንግዜኡ ውጡር ሃዋህው ፈጢሩ ምንባሩ ዝከሓድ ኣይኮነን። ጾታዊ ምቅርራብ ብሕጊ ክልኩል ኣብ ርእሲ ምንባሩ፡ ብዝበዝሖ ተጋደልቲ ብሕልፊ ድማ ብደቀንስትዮ ቅቡል ኣይነበረን። ከም ከቢድ ነውሪ ተወሲዱ ድማ፡ ኣዘዝቲ ጋንታታትን ሓይልታትን ብጽኑዕ ዝጥንቀቑሉ ጉዳይ ኮይኑ ቀጸለ። እዚ ኩነታት'ዚ፡ ኣብቶም ብሓባር ዝተሰለፉ ሕጹያትን ሰብ ሓዳር ተጋደልቲ'ውን ተጽዕኖ ምፍጣሩ ኣይተረፈን።

እቲ ጽኑዕ ሕጊ፡ ከይተመሓየሸ እንከሎ፡ ብዝሒ ናብ ቃልሲ ዝስለፋ ደቀንስትዮ እናተዓጻጸፈ ይኸይድ ብምንባሩ፡ እቲ ሓባራዊ ህይወት ገድሊ'ን ዕድመ ንእስነትን ዝደረኾ ፍቕርን ፍትወትን ከጋጥም ባህርያዊ እዩ ነይሩ።

በዚ ምኽንያት ሓደ ሓደ ጥሕሰታት ክርአ ጀመረ። እቲ ውድብ፡ ነቲ ዝነበረ ምዕባለታት ኣብ ግምት ብምእታው፡ ነቲ ጽኑዕ ሕጊ ኣብ ግብሪ ኣየውዓሎን። ክሳብ'ቲ ብጉባኤ ዝተፈቕደሉ ክልተ-ሰለስተ ዓመታት ከኣ፡ ዝኾነ ጾታዊ ምትንኻፍ ከም ኣነዋሪ በደል ተቖጺሩ፡ ከከም ኣረኣእያ ናይ ሓለፍቲ ዝፈላለ፡ ቐሊልን ከቢድን መቕጻዕቲ የወስን ነበረ። ኣብ ገለ ኣሃዱታት፡ ንኣዋርሕ መጋቦ ኹይናም ከም ዘገልግሉ፡ ኣብ ካልኦት ድማ ናብ ማርሳ ጉልቡብ ተላኢኾም ኣብ ምፍራይ ጨው ከም ዝሰርሑ ይግበር ነበረ። ብኽምዚ ኣገባብ ምቕጻል ግን ምክንዩን ክውንነታዊን ኣይነበረን። ክንዲ ዝኾነ ንጾታዊ ዝምድና፡ ሕጋውነት ዘልብስን ዘማእዝንን ሕጊ ምውጻእ መድረኽ ዝጠልቦ ጉዳይ ኮይኑ ነበረ።

ሕገ መርዓ ህዝባዊ ግንባር

ኣብ ጥሪ 1977፡ ዝተጋብአ ቀዳማይ ውድባዊ ጉባኤ ህዝባዊ ግንባር፡ ተጋደልቲ ክምርዓዉ ዘፍቅድ ውሳነ ድሕሪ ምጽዳቑ፡ ማእከላይ ሽማግለ ህዝባዊ ግንባር፡ ካብ 16-20 ሕዳር 1977 ኣብ ዘካየዶ ካልኣይ ምዱብ ኣኼባኡ ብመሰረት'ቲ ኣብ ጉባኤ ዝጸደቐ ቅዋምን ብዓንቀጽ 37 ዝተዋህቦ ስልጣንን፡ ኣብ ንድፊ ሕጊ መርዓ ተመያይጡ ነቲ ሕጊ ኣጽዲቑ ኣወጀ። ዓንቀጽ ሓደ ናይ መርዓ ሕጊ፡ "ኣብ ናጻ ምርጫ ናይ ክልተ ወገንን፡ ኣብ ኣሚናዊ መርዓን፡ ኣብ ማዕረ መሰል ክልቲኦም ጾታታትን፡ ኣብ ምሕላው ሕጋዊ ጥቕምታት ናይ ኣንስትን ቈልዑን ዝተመርኮሰ ሓድሽ ዲሞክራስያዊ ናይ መርዓ ስርዓት ኣብ ግብሪ ይውዕል፡" ይብል።

እቲ 32 ዓንቀጻት ዝሓዘ ሕጊ መርዓ ህዝባዊ ግንባር፡ ነቲ ኣብ ልዕልነት ደቂተባዕትዮ ዝሰረተ፡ ናይ ቈልዑ ጥቕሚ ኣብ ግምት ዘየእቱን ንመስፍናዊ ናይ መርዓ ስርዓት ዝሰርዝን ዘመሓይሽን ሕጋጋት ነበሮ። ህጻናት ምትሕጽጻይ፡ ትሕቲ 18 ዓመት ደቀንስትዮ ምምርዓው፡ ውሽምነት፡ ገዝሚን ናይ ገንዘብ ህያባትን ዝኽልክል ኮይኑ፡ መርዓ ኣብ ፍጹም ፍቓድ ናይ ክልተ ወገናት ክስረት ከምዝግባእ፡ ክልቲኦም ጾታ ኣብ ሓዳር ማዕረ መሰል ከም ዘለዎም ዝገልጽ እዩ። ብመሰረት'ዚ ሕጊ፡ ብረት ዝዓጠቑ ተጋደልቲ መርዓ ዝፍቀደሎም፡ ኣብ ብረታዊ ቃልሲ እንተ ወሓደ ናይ ክልተ ዓመት ተሞኩሮ ምስ ዝህልዎም ጥራይ ኮይኑ፡ ምስ ተመርዓዉ ድማ ንሕጽኖት ናይ ሓደ ወርሒ ዕረፍቲ ይፍቀደሎም። ንዓመታዊ ዕረፍቲ ብዝምልከት ድማ፡ ኣብ መንፈቕ ናይ ሰሙን ወይ ከኣ ኣብ ዓመት ናይ ክልተ ሰሙን ዕረፍቲ ክዋሃቦም ዝፈቅድ ትሕዝቶ ነበሮ። ብዘይካ'ዚ፡ ብረት ዝዓጠቓት ተጋዳሊት፡ ኣብ እዋን ጥንሳ ምስ ኩነታታ ኣብ ዝሰማማዕ ስራሕን ቦታን ክትምደብ፡ ቅድሚን ድሕሪን ሕርሳ ድማ ሓሓደ ወርሒ ዕረፍቲ ክፍቀዳ

መሰል ዝህብ ዓንቀጻት ነበሮ። ጥንሲ ምስዳድ ወይ ምንጻል ግን ፈጺሙ ክልኩል ነበረ።

ሕጊ መርዓ ህዝባዊ ግንባር ምስ ተኣወጀ፡ ብዙሓት ተጋደልቲ ቀልጢፎም ክቕበልዎ ኣይከኣሉን። ካብ 1977 ክሳብ 1978 ኣብ ዝነበረ እዋን፡ ሓያሎ ተጋደልቲ፡ "ንምግዳል ዝተወፈየ ህይወት፡ ናብ መርዓን ጾታዊ ዝምድናን እንተ ኣትዩ ንቃልሲ ዘተዓናቕፍ እዩ" ብዝብል ሓሳብ ኣብ ኣኼባታት ከይረተፈ ተቓውሞኦም ይገልጹ ነይሮም እዮም። እቲ እዋን ከቢድ ወተሃደራዊ ግጥማት ዝካየደሉ ብምንባሩ፡ ውሳነ መርዓ ብኩሉ ሰብ ተቐባልነት ክረክብ ግዜ ወሲዱ እዩ። በዚ ምኽንያት ኣብተን ቀዳሞት ክልተ ዓመታት፡ መርዓ ዝሓተቱ ተጋደልቲ ብቑጽሪ ኣዝዮም ውሑዳት ነበሩ። ኣብ 1977 ሓደ ተጋዳላይ ጥራይ ምስ ሲቪል ተመርዕዩ። ኣብ 1978 ድማ፡ ክሳብ 10 ዝበጽሑ መብዛሕትኦም ሰንኩላንን ዕድመ ዝደፍኡን ተጋደልቲ ስነ-ስርዓት መርዓ ፈጺሞም። ድሕሪ ምዝላቕ ዝበዝሐ ተጋዳላይ ናብ ጸቢብ ደጀን ተመሊሱ ንዝተናውሐ ቃልሲ ድሉውነቱ ኣብ ዘረጋገጸሉ መድረኽ፡ መሪሕነት ህዝባዊ ግንባር፡ ኣብ መንጎ ተጋደልቲ፡ መርዓ ንምትብባዕ ናይ ጕስጓስ ሰሚናራት ኣኻየደ። ድሕሪ'ዚ እቲ ንመርዓ ዝጽየን መረዳእታ፡ ቀስ ብቐስ እናተቐየረ ክኸይድ ከኣለ።

ኣብቲ ዝተኣወጀ ናይ መርዓ ሕጊ፡ ስርዓትን ኣፈጻጽማን መርዓን መስርሓቱን ኣይተገልጸን። እቲ ሕጊ ተሓቲሙ ምስ ተዘርግሐ፡ ትግባረኡ ክፍሊ ማሕበራዊ ጉዳያት ክከታተሎ እዩ ተመዚዙ። እንተኾነ ክሳብ 1979 ዝነበረ መርዓታት፡ በብኣሃዱታቱ እዩ ዝፍጸም ዝነበረ። ብድሕሪኡ ግን፡ ክፍሊ ማሕበራዊ ጉዳያት ሰባት ኣዋፊሩ ነቲ ኣቐዲሙ ዝተኻየደ መርዓታት ብምጽናዕን ብምምዝጋብን፡ ቃል-ኪዳን ዝሓቱ ተጋደልቲ ዝመልኡዎ ቅጥዒን ንዝተመርዓዉ ዝወሃብ ምስክርት ወረቐትን ኣሕቲሙ ዘድሊ ምድላዋት ኣኻየደ። ኣብ 1981 ድማ፡ ንጉዳያት መርዓ እትከታተል ፍልይቲ ኣሃዱ፡ ኣብ ትሕቲ ጨንፈር መጽናዕቲን ሓበሬታን ከም እትቐውም ገበረ። እዛ ብ16 ኣባላት ዝተበገሰት ኣሃዱ፡ ጉዳይ ናይቶም ድሮ ዝተመርዓውን ዝተፋትሑን ተጋደልቲ ኣጽኒዓን፡ ኣብ ግንባራትን ደጀንን ዝነበረ ናይ መርዓ ኩነታት ገምጊማን ናብ ቤት-ጽሕፈት ክፍሊ ናይ መጀመርታ ጸብጻባ ኣቕረበት። ብድሕሪ'ዚ፡ ኣብ ግንባር ናቕፋ፡ ግንባር ሰሜናዊ ምብራቕ ሳሕልን ደጀንን (ሕሸክብ) ሰለስተ ናይ ምክትታል መርዓ ኣሃዱታት ቈማ። ቀንዲ ዕማመን ከኣ፡ ተጋደልቲ ንዘቕርቡዎ ናይ መርዓ ጠለባት ብምቕባል፡ ክማላእ ዝግብኦ ሰነዳት ምርግጋጽን ምስክር ወረቐት መርዓ ምዕዳልን ነበረ። ንጉዳያት ፍትሕ ብዝምልከት ድማ፡ ካብ ነፍስወከፍ ኣሃዱ፡ ብመገዲ ላዕለዎት

ማእከልነታት ንዝተላእከ ቅጥዒታት ተቐቢለን፡ እቲ ቅጥዒታት ብግቡእ ምምልኡ ኣረጋጊጸን፡ ዝተኻየደ ሽምግልናታት ገምጊመንን ርእይቶ ኣሰንየን ናብ ቤትጽሕፈት ክፍሊ ንውሳነ ይልእክኦ። ብኽምዚ ድማ፡ ኣሃዱታት፡ ቡቲ ኣቐዲመን ዝለመድኦ ፍኑው መገዲ ኸይቅጽላ፡ ሓደ ፍሉጥ ትካላዊ ኣገባብ ተኣታተወ።

ሕጸን መርዓን ተጋደልቲ

መርዓ ኣብ ህዝባዊ ግንባር ብወግዒ ድሕሪ ምፍቃዱን ሕጋጋቱ ድሕሪ ምእዋጁን፡ ቀልጢፉ ኣይተዘውተረን። ድሕሪ ስትራተጅያዊ ምዝላቕ'ዩ ቀስ ብቐስ ተጋደልቲ ብዛዕባ መርዓ ክሓስቡ ዝጀመሩ። ቅድሚኡ ሒደት ዝተመርዓዉ ነይሮም እዮም። እዚ ናይ ፈለማ ውሑድ መርዓታት ንብዙሓት ተጋደልቲ ዘገረመ እዩ ነይሩ። ዝበዝሑ ተጋደልቲ መርዓ ነቲ ቃልሲ ዘግድየ ኮይኑ ይስምዖም ነይሩ። እቶም ክምርዓዉ ዝሓስቡ ሒደት እውን እንተኾኑ ብዛዕባ ኣመራርጻ፡ ኣተሓሕታታን ኣመሰራርታን ዝምድና ግር ይብሎም ስለዝነበረ፡ ብድፍረት ይኣትውዎ ኣይነበሩን። በዚ ምኽንያት መርዓ ከም መሰል ብሕጊ ተፈቒዱ ከብቅዕ፡ ኣብ ተጋደልቲ ብዝገምታ እዩ ተራዒሙ። ኣብ 1979፡ ላዕለዎት ሓለፍቲ ዝርከብዎም 152 ተጋደልቲ ስነ-ስርዓት መርዓ ምስ ፈጸሙ ድማ፡ ንምምስራት ዝምድና ድርኺት ፈጠረሉ። ካብኡ ንድሓር ተጋደልቲ ህዝባዊ ግንባር፡ ኣብቲ ድሕሪ ምዝላቕ ዝዓረዱሉ ሰፊሕ ዝርጋሕ ዝነበሮ ድፋዓት፡ ነቲ ኩነታት ዝሰማምዕ ናይ ባዕሎም ብባህሊ ጾታዊ ዝምድናን መርዓን ክፈጥሩ ግዜ ኣይወሰደሎምን። ህዝባዊ ግንባር፡ ነቲ ኣብ ሕብረተ-ሰብ ዝጸንሐ ልምድታት ዝጥሕስ፡ ቀለቤት ወርቂን ዋሕስን ዘይነበሮ፡ ብሰውራዊ ስነ-ምግባርን ጾታዊ ማዕርነትን ዝልለ ናቱ መስርሕ ሌላ፡ ሕጸን መርዓን ስለዘማዕበለ ድማ፡ ብሓጺሩ ምትራኹ ኣድላዪ እዩ። (ነቲ ኣብ ሜዳ 'ዝምድና' ተባሂሉ ዝተጸውዐ ኣምር፡ ንዝበዝሐ ሰብ ርዱእ ክኸውን 'ሕጸ' ብዝብል ቃል ተተኪኡ ኣሎ።

ምድልላይን ምልላይን መጻምዲ

ምስቲ ኣብ ህዝባዊ ግንባር ዝነበረ ናይ ጾታ ምጣነ፡ ሕጸን መርዓን ብንጹህ መንፈስን ብፍትሓዊ መገድን ምእንቲ ክቕጸል፡ ጥንቃቐን ምጡን ምምእዛንን ኣድላዪ እዩ ዝነበረ። ካብ 20 ክሳብ 30 ሚእታዊት ጥራይ ዝበጽሓ ደቀንስትየ ተጋደልቲ፡ ምስቲ ብዝሒ ናይ ደቂተባዕትየ ዝመጣጠና ስለዘይነበራ፡ ኣብ ምምስራት ዝምድና ቅድድምን ህልክን ከይርአ ስክፍታ ከም ዝነበረ ርዱእ እዩ። ኣብቲ ቀዳማይ መድረኽ ማለት፡ ካብ 1979 ክሳብ 1983፡ ቅድሚ መርዓ፡ ዓሚቝ ምፍላጥ ሓድሕድ

ንክፍጠር ዝዕንቅፉ ብዙሓት ረቛሒታት ነይሮም እዮም። ተጋደልቲ፡ ካብ ጋንታኦም ወይ ካብ ሓይሎም ወጻኢ ክላለዩ ዕድል ዘኸፍቱ ቦታታትን ማሕበራዊ ኣጋጣሚታትን ኣይነበሩን። እቲ ዝተመደብኻሉ ኣሃዱታትን ቦታታትን፡ ደቀንስትዮ ዘለውኦን ኣዝየን ዝውሑድኦን ክኾውን ተክእሎ ስለዘሎ፡ ንኩሉ ሰብ ዝህልዎ ምስ ጓል ናይ ምልላይን ምዝማድን ዕድል ሓደ ዓይነት ኣይነበረን። ብዙሕን ቀልጡፍን ናይ ኣሃዱታት ምቅይያር ስለዘሎ፡ ኣድራሻ ናይ ክትሓታ እትደሊ ተጋዳሊት ብንጹር ንምፍላጥ ዝከኣል ኣይነበረን። እንተ ፈለጥኻ'ውን፡ ድፋዕ ገዲፍካ ናብ ፍንቱትን ርሑቕን ቦታታት ክትገይሽ ኣይፍቀደልኻን። ዘይተጨበጠ ናይ ፍቕሪ ሕቶ ንሓላፊኻ ምንጋር ስለዘይትደሊ ድማ፡ ንመገሻ ፍቓድ ዘውህብ ዕቱብ ምኽንያት ኣይትረክብን። እዞም ዝተጠቕሱ ጸገማት ዓሚቝ ሌላ ንምፍጣር ዕድል ስለዝኸልኡ፡ ዝጽገሙ ተጋደልቲ ብዙሓት ምንባሮም ርዱእ እዩ። ስለዚ ድማ፡ ካብ ኣሃዱ ናብ ኣሃዱ ምጥምማትን ውድድርን ምእንቲ ከይፍጠር፡ ተጋደልቲ ብዛዕባ ዝገብሩዎ ዝምድና ንሓለፍቶም እናሓበሩ ከማእከሉዎን፡ ክሳብ መርዓ ዝጸድቀሎም፡ ካብ ካልኦት ብጾቶም ብምስጢር ክሕዙዎን ምግባር ዝመስል ኣሰራርሓ ክልመድ ግድን ኮነ።

እቲ መጻምዲ ናይ ምድላይ ዕድላት፡ ኣብ ደጀንን ክፍላተ-ስራሓት ውድብን ብተዛማዲ ዝፈኾሰ ነበረ። ቍጽሪ ደቀንስትዮ'ውን ብተዛማዲ ካብቲ ናይ ግንባራት ዝበዝሕ ስለዝነበረ፡ ብዙሓት ክፍልታት ድማ ኣብ ዘይተረሓሓቑ ሩባታት ስለዝሰፍራ፡ ባህርይ ናይ ስርሐን ቀጻሊ ምንቅስቓስን ጦፋትን ስለዝበዝሖ፡ ምስኡ ከኣ ብዙሕ ምንቅስቓስ ናይ መካይን ስለዝነበሮ፡ ንምልላይን ምዝማድን ዝቐለለ እዩ ነይሩ። እቶም ውሑዳት ደቀንስትዮ ኣብ ዝርከብኦ ኣሃዱታት ዝነበሩ ተጋደልቲ ድማ መጻምዲ ንምርካብ ናብዚ ቦታታት'ዚ ይንቀሳቐሱ ነበሩ። `ኣብ መደበር ዕቝባት፡ ብዙሓት መስዋእቲ በዓልቤተን ዝተነግራ መንእሰያት ስለዝነበራ፡ ዕረፍቲ ዝረኸቡ ተጋደልቲ ብቐጻሊ ዝመላለሱዎ ቦታ እዩ ዝነበረ። ነቶም ብኸምዚ ድልየት ዝንቀሳቐሱ ተጋደልቲ፡ በተን ኣደታት ናይቲ መዓስከር፡ ብስም'ታ ብለይቲ ንደጀን እትድብድብ ዝነበረት ጣንጡ ዝጥዕም ድምጻ ነፋሪት፡ "ኒን" ዝብል ሳጓ ተዋሂቡዎም ነበረ። እዚ ኩነታት'ዚ፡ ኣዕሚቑ ንዘትንትን ሰብ፡ እቶም ኣብ ንጹልን በረኽቲ ኅቦታትን ጉዳጉድን ሰፊሮም ዝነበሩ ተጋደልቲ፡ መጻምዲ ንምርካብ ናይ ዝሓልፍዎ ዝነበሩ ከቢድን ዘይንቡርን ብድሆ ምሉእ ስእሊ ይህቦ እዩ።

ብኻልእ ወገን፡ ነቲ ቃል-ኪዳን ናይ ተጋደልቲ ከይተርር ዝገብሩ ጭቡጣት ጸገማት ነይሮም እዮም። ብዘይካ'ቲ ብስእነት መጻምዲ ዝሕጸር ናይ ምምርዓው ዕድል፡ ብመስዋእቲ ናይ ምሕላፍ ተክእሎኦም'ውን ዓቢ

ምኽኑ ስለዝፈልጡ፡ ኣብ ቃልኪዳኖም ዕቱብነት ንኽየርእዩ ምኽንያት ይኹኖም ነበረ። ገለ ብግሁድ "ድልዱልን ነባሪን ዝምድና ክትምስርት ምሕሳብ፡ ግዜኻ ምጥፋእ እዩ። ድሕሪ መስዋእቲ ኣፍቃሪ/ሪት ዝገደፈሉ ዝስዕብ ቃንዛ፡ እንታይ ዝዓብስ መርዓ፡" ዝብል ኣሉታዊ ኣጠማምታ ስምዒትን ዘሕድሩ ነበሩ። በዚን ካልእ ከቢድ ወጥርታትን ምኽንያት ድማ፡ ናብ ግዝያዊ ዝምድና ወይ ፍትው ስምዒት ናብ ምርዋይ ዘድህቡ ተጋደልቲ ከም ዝነበሩ ዘካሓድ ኣይኮነን። ዋላ'ኳ ብዝሑ እንተ ዘይተመዝገበ፡ ኣብ መርዓ ከይበጽሐ ብመስዋእቲ ዝኹለፍ ዝነበረ ዝምድናታት፡ ነቲ ናይ መርዓ ዕቱብነት ኣብ ምጉዳል ተራ ኣይነበሮን ክበሃል ኣይክኣልን። ከም ሳዕቤን ናይ'ዚ ባህርያት'ዚ ድማ፡ ብዙሕ ሃንደበታዊ ጥንሲ ስለዘጋጥም፡ ኣብ ዘይሓሳሰብዎ ላዕልን ታሕትን ዝኣትዉ ተጋደልቲ ነይሮም እዮም። ደቀንስትዮ'ውን "ወሊደ ናበይ ከብል፡" ብዝብል መንፈስ፡ ምስ ዘይቅበልኦም ሰባት ክምርዓዋ ይግደዳ ነይረን። ገለ ደቂተባዕትዮ'ውን፡ ነቲ ጸቕጢ ጸሊኦም ኣብ ዘይደለይዎ መርዓ ይኣትዉ። ገለ ድማ፡ ዝምድና ይጸንሖም፡ ወይ ከኣ ነቲ ጥንሲ ክሳብ ምንጻግ ይበጽሑ ነይሮም።

ምሕታት ዝምድና

ኣብ ገድሊ፡ ጓል ንዝምድና ክትሓትት ዝነበረ ዕድላት፡ ብብዙሕ ኩነታት እዩ ዝጽሎ። ኣብ ዝተመደብዋ ድፋዕ፡ ብየማኖም ጸጋሞም ዘለዉ ተጋደልቲ ጥራይ እናረኣዩ ንዓመታት ዝቕጽሉን ከይተዛመዱ ዝስውኡን ተጋደልቲ ብዙሓት እዮም ነይሮም። ጽንኻረ ናይቲ እዋን፡ ተጋደልቲ ናይ ዕረፍቲ ግዜ ክህሉዎም ይኹን ምስ ተላለዩ ዘዕልሉሉ መራኸቢ ማእከላት ክረክቡ ፈጺሙ ዘፍቅድ ኣይነበረን። ኣብ ደጀን ዝነበረ ካብ ቦታ ናብ ቦታ ናይ ምንቅስቓስ ዝሓሸ ዕድል ገዲፍና፡ ኣቓልቦ ናይዚ ጽሑፍ ናብ ኩነታት ናይቶም ዝበዝሑ ኣብ ሰራዊት ዝነበሩ ተጋደልቲ ከም ዝቐንዐ ምግባር፡ ዝያዳ ወኻሊ ይኸውን። ኣብ ሓደ ኣሃዱ ወይ ብቐሊሉ ኣብ ዝራኸቡ ጉረቤት ኣሃዱታት፡ ዝምነዩወን መጻምድቲ ዝረክቡ ዕድለኛታት እዮም። ብዕላልን ጸወታን፡ ብትዕዝብትን ምክትታልን ክዝትዩን ብቐጥታ ክሓቱን ተክእሎ ኣሎ። ድሮ ምስ ካልእ ተዛሚደን እንተ ጸኒሐንኦም፡ ኣሉታዊ መልሱ ውሒጦም ይምለሱ። እንተ ሰሊጥዎም ድማ፡ ነቲ ጉዳይ ኣማእኪሎም መርዓ ክሓቱ ይኽእሉ። ዝበዝሑ ተጋደልቲ ግን፡ ናብ ካልእ ርሑቕ ከባቢ ክጥምቱ ስለዝግደዱ፡ ዝፈልጥዋ እንተላቶም ተቖዳዲሞም ደብዳቤታት ክጽሕፉ ይኽእሉ። እዚ ግን፡ ልክዕ ኣድራሻኣ ምስፈለጡን፡ ዘብጽሓሎም ሰብ ምስ ዝረክቡን ጥራይ እዩ ዝመርጽዎ። ብዝረክቡዎ እወታዊ መልሲ ስለዘይተኣማመኑን፡ ብሓለፍቲ ከማእክልዎ ስለዘይመርጹን ድማ፡ ደብዳቤ

ንምብጻሕ'ውን ዘይክዕወቱ ይኽእሉ። ነታ ዝምድና ምግባራን ዘይምግባራን ዘየረጋገጸዋ ተጋዳሊት ባዕሎም ካብ ምሕታት፡ ዘይተታሕዘትን ንዕኦም ትበቅዕ ምኽናን ዘይምኽናን ንምፍላጥ፡ ማእከልነታቶም ንከማክርዎም ሓገዝ ዝሓቱ ተጋደልቲ'ውን ነይሮም እዮም። ካልኦት ብዕድመ ዝደፍኡ ወይ ባዕሎም ከይሓቱ ብሕፍረት ዝሳቐዩ ተጋደልቲ ድማ፡ ነቶም ዝቐርብዎም ብጾቶም ከማጽኡሎም ወይ ከላልዩዎም ይሓቱዎም ነበሩ።

ደቀንስትዮ ብሳላ ዋሕደን ናይ ተጠማትነት ብልጫ ሐዘን ብብዙሓት ተጋደልቲ ንዝምድና ይሕተታ ስለዝነበራ፡ ገለ ብዂነታቶም ክናወጻ፡ ካልኦት ድማ ነቲ ዕድላት ክምዝምዛ ክብላ ዘጋጥም ሕሉፍ ተርእዮታት ከምዝነበረ ይግለጽ እዩ። ተደጋጋሚ ሕቶ ዝምድና ዘስልቸወን ደቀንስትዮ፡ "ምስ ሓደ ተዛሚድኻ ምቕሳን ይሓይሸ" ኣብ ምባል ይበጽሓ። ካልኦት ድማ፡ ብክልተ ሰለስተ ምስ ተሓተታ፡ "ጸኒሐ ከፍልጠኻ፡" ዝብል ዘይውዱእን ሰንፈላል ዝገብርን መልሲ ይህባ። ገለ ሓለፍቲ ናይ ኣባላቶም ጭንቂ ንምፍታሕ፡ ቀልጢፈን ከፍልጥኦም ይምሕጸኑወን ነበሩ። እቲ ጉዳይ ንሞራል ናይቲ ተጋዳላይ ከይትንክፍ ተባሂሉ፡ ኣብ ልዕሊ'ታ ዝደለያ ተጋዳሊት ጸቕጢ ክፈጥሩ ዝፍትኑ ሓለፍቲ'ውን ነይሮም እዮም። እቲ ምትእትታው ኢድ ፡ ንናይ ምውሳን መሰለን ብቐጥታ ዝትንክፍ'ኳ እንተዘይኮነ፡ ጽልዋን ድርኺትን ኣይነበሮን ክብሃል ግን ኣይክእልን። ብኻልእ ወገን፡ ደቂተባዕትዮ ብሓፈሻ ሓለፍቲ ድማ ብፍላይ፡ ነተን ብጸሓይን ሃልኪትኪትን ወዘን ዘይቀየራ ሓደስቲ ኣዋልድ ናይ ምምራጽ ልዑል ዝንበላ ከም ዝነበሮም፡ ዝተመርዓዉ ከይተረፉ ናብአን ከም ዘቃይሑ ይሕመዩ እዮም። ከም ሳዕቤን ናይ'ዚ ድማ፡ እተን ኣብ ማእከላይ ዕድመ ዝርከባን፡ ነብሰን ንምእላይ ዕድል ኣብ ዘይነበረሉ ቦታ ዝተመደባን ደቀንስትዮ፡ ዝያዳ ይህሰያ ከም ዝነበራ ምግማቱ ኣየሸግርን።

ብሓፈሻ ግን፡ መስርሕ ዝምድናታት፡ ኣብዚ ዘይመዛዘን ጾታዊ ምጣነ ዝነበረሉ መድረኻት፡ ብሰሰዐ፡ ብምምንጣልን ብንዓይ ይጥዓመኒን ዝድፋእ ሕሉፍ ተርእዮ ውድድራትን መስመሩ ከይስሓተ ብዲሲፕሊንን ምጽማምን ክካየድ ምኽኣሉ፡ ነቲ ዝነበረ ሓድሕዳዊ ሓልዮት ገድላዊ ህይወት ዘንጸባርቕ እዩ። እቲ ወተሃደራዊ ኩነታት እናተመሓየሸ፡ ጾታዊ ምጣነ እናተቐራረበ፡ ናይ ምንቅስቓስ ዕድላት ድማ እናተኸፍተ ኣብ ዝቐጸለሉ እዋን ግን፡ እቲ ምልላይን ምሕታትን መጻምዲ እናተመሓየሸ ከደ።

መምረጺ ረቛሒታት

ኣመራርጻ መጻምዲ ብዙሕ ረቛሒታት'ኳ ዝሓተት እንተ ነበረ፡

ኣብቲ ጽንኩር ናይ ውግእን መስዋእትን እዋን፡ ብትብዓትን ቈራጽነትን፡ ብውድባዊ እምነትን ተራ ኣብ ቃልሰን ዝግለጽ ፖለቲካዊ ብስለት ከም ቀዳማይ መሕረዪ ረጃሒ ምጥቃሱ ዘገርም ኣይኮነን። ሓላፍነት፡ ናይ ትምህርቲ ደረጃ፡ ጠባይ፡ መልክዕ፡ ጉብዝና፡ ባህላዊ ደረጃን ናይ ፍቕሪ ፍልጠትን ዝብሉ ካልኦት ናይ መምረጺ ረጃሒታት ድማ ብድሕሪኡ ይስዕቡ። ናብ ፍቕሪን ምፍታውን ዘደፍአ ረጃሒ፡ እንታይ ምዃኑ ብዙሕ ሰብ ብዕምቈት ክገልጾ ኣሸጋሪ'ኳ እንተኾነ፡ እቲ ኣብ ቅጥዒ ዝርከብ ዝርዝር ኣማራጺታት ኣማቲ ስለዝነበረ፡ ነቲ ሽው ከም ቅቡልን ሰውራዊን ዝውሰድ ፖለቲካዊ መምዘኒታት ናይ ምምራጽ ዝንባለ ከም ዝነበረ ምግንዛብ የድሊ። እቲ ኣቐዲሙ ዝተጠቕሰ ቅዩድ ኩነታት፡ ንገለ ካብቶም ኣብ ጉብዝናን ጉርዞነትን ዝርከቡ መንእሰያት፡ መጻምዲ ንምምራጽ ብዕምቈት ከይሓሰቡ፡ መንጎ መንጎ ከይተርፉ ብምስጋእ ብሃንደበትነት ዝተደፍኡ ዝምድናታት ክገብሩ ኣገዲዱዎም እዩ። ኣብ ጦፍን ካልእን ምስ ተፋለጡ ናይ ሓጺር ግዜ ሌላ ሒዞም ናብ መርዓ ምሕታት ዝበጽሑ፡ ወይ ኣብ ቀዳማይ ሌላኦም ስጋዊ ርክብ ፈጺሞም ናብ ጥንስን መርዓን ዘኣትዉ ተጋደልቲ'ውን ኣይተሳእኑን። ዋላ'ኳ፡ "ነዚ ረጃሒ'ዚ ከም መምረጺ ወሲደዮ" ኢለን ዝእመና ደቀንስትዮ እንተ ዘይተረከባ፡ ንሓላፍነት ከም ቀዳማይ መምረጺን መምዘንን ይጥቀማሉ ነይረን ተባሂለን ብደቂ ተባዕትዮ ይሕመያ ነይረን እየን። ንሓለፍቲ ምምርዓው፡ ምጡን ሓለፋ ኣይነበሮን ምባል ድማ ካብ ክውንነት ስለዝርሕቕ፡ ኣዘዝቲ ምስ ተባሃግቲ ደቀስንትዮ ኣብ ምዝማድ ዝነበሮም ብልጫታት ክኽሓድ ዘኽእል ኣይኮነን።

ሕቶ መርዓን ምጽዳቕን

ተጋመድቲ፡ መርዓ ክፍጽሙ ምስ ወሰኑ፡ ንሓለፍቶም እዮም ዝሕብሩ። ናይ መርዓ ቅጥዒታትን መሕትትን ይመልኡ። ዝተመልአ ቅጥዒታትን ርእይቶ ማእከልነት ዘለዎ ሓበሬታን ድማ ብመገዲ ኣሃዱታቶም ናብ ምክትታል መርዓ ክፍሊ ማሕበራዊ ጉዳያት ይለኣኽ። ጨንፈር ምክትታል መርዓ ድማ፡ ንዘቐረበሉ ሕቶታት ብደቂቕ ይምርምር፣ ተጋመድቲ ኣቐዲሞም ዝፈጸምዎ መርዓ ከም ዘይብሎምን፡ ኣብ ዓዲ ዝኣተዉዎ ቃል-ኪዳን ከም ዘይነበሮምን የረጋግጽ። ሕቶታቶም ቅቡል ኮይኑ ምስ ረኸቦ፡ ድሕሪ ሰለስተ ወርሒ መርዓ ከም ዝተፈቕደሎም ዝሕብር ስቱር ደብዳቤ ናብተን ኣሃዱታት ይሰድድ። ተጋመድቲ ሰለስተ ወርሒ ዝጽበየሉ ምኽንያት፡ ዝሓሸ ናይ ምርካብ ዕድል ክህሉዎምን ሌላኦም ከትርሩን ዘኽእሎም ግዜ ከም ዝረክቡ ንምግባር እዩ።

ኣብ መንጎ ክፍሊ ማሕበራዊ ጉዳያትን ኣሃዱታት ውድብን ዝግበር ንመርዓ ዝምልከት ናይ ምጽዳቕ መስርሕን ናይ ደብዳበ ምምልላስን፡ ብዙሕ ጸገማትን ምድንጓያትን ዘኸትል ምንባሩ ዝሰሓት ኣይኮነን። ክሳብ ኣብ 1987፡ ናይ ፖስታ ኣገልግሎት ኣብ ሜዳ ዝተኣታቶ ድማ፡ ምልእኣክ ሰነዳት ብዙሕ ጸገማት ነበሮ። ናይ መርዓ ዝሓተቱ ዝርዝራት ጠርኒፎም ብሰብ ምእንቲ ክሰዱን ካልእ ዝኸይድ ክጥርንፉን፡ ብዙሕ ምድንጓያት የስዕብ ነበረ። እንተኾነ፡ ብፍላይ ኣብቲ መጀመርታ፡ ጉዳይ መርዓን ጽሑፋዊ ግዴታታትን ከም ተወሳኺ ስራሕ ሓለፍቲ ስለዘውሰድን ዕቱብነት ስለዝጉድሎን፡ ብዙሕ ገልጠምጠም ነይርዎ እዩ። ብምኽንያት ጥንሲ ህጹጽ መርዓ ክገብሩ ዝጠልቡሉ እዋናት ነይሩ እዩ። ብዙሕ ካብቲ ተመሊኡ ዝመጸ ቅጥዕታት፡ ጉድለታትን ሃጓፋትን ስለዝጸንሖ፡ ብግቡእ ክጻፍፉዎ ዝምለሰሉ ግዜ'ውን ውሑድ ኣይነበረን። ኣቐዲሞም ክምርዓዉ ዝተፈቐደሎም መጻምድቲ፡ መርዓ ምስ ሓሰቡ፡ ብማሕበራዊ ጉዳያት ዘይጸደቐ ሓደስቲ ሕቶታት ይጸንሖም እሞ፡ "ሓደ ሓዊ ክኮነልና፡" ብዝብል ርዱእ ዕላማ፡ ናይቶም ዳሕረዎት ደረቦም ኻርድ መርዓ ክሰደደሎም ሸበድበድ ይብሉ። ድሕሪ መርዓ ዘይመልአ ቅጥዕታት፡ ብዕቱብነት ዘይተመስርሐን ዘይተሰነደን መርዓ ከይህሉ ድማ፡ ንክፍሊ ማሕበራዊ ጉዳያት ኣብ ዕቱብ ስራሕ የእትዎም ነበረ። ኣብ 1985 ንኣብነት፡ 67 ሰባት ፍቓድ ከይተዋህቦም ብኣሃዱታቶም ተመርዕዮም። እዚ፡ ክሳብ'ቲ ድሒሩ ኣካል ዕማም ፐርሰነላት ክፍላተ-ስራዊት ክኸውን ዝተነጸረሉ ግዜ፡ ስነ-ስርዓት መርዓ ብዘይተማልአ ቅጥዒ ክፍጸም የገድድ ነበረ።

መርዓ ክጸድቀሎም ቅጥዕታት ናይ ዝመልኡ ተጋደልቲ ገምጋም ዕድመ፡ ኣብ 1988 ኣብ ደቂተባዕትዮ 27፡ ኣብ ደቀንስትዮ ድማ 22 ዓመት ነበረ። ኣብዚ ናይ መጀመርታ መድረኽ፡ ብተበግሶ ደቀንስትዮ ዝጀመረ ናይ ዝምድና ሕቶ፡ ብኣጻብዕ ዝቝጸር ጥራይ እዩ ዝነበረ። እዚ ግን ቀስ ብቐስ ስለዝማዕበለን፡ ሕፍረት እናተሰብረ ስለዝኸደን፡ ኣብ 1989 ክሳብ 7% ምብጽሑ ኣዝዩ ዓቢ ለውጢ ነይሩ ክበሃል ይክኣል። ነዊሕ ብሓባር ድሕሪ ምስራሕ ንዝሓተትወን ብጾተን፡ "ቀዲሙኒ እምበር ክሓቶ እደሊ ነይረ፡ " ኢለን ኣብ ቅጥዒ ክጽሕፋ ዝደፈራ ደቀንስትዮ ውሑዳት ኣይኮናን። ኣመልከትቲ፡ ቅድሚ'ታ መርዓ ዝሓተቱላ ዕለት ንክንደይ ዝኣክል እዋን ፍልጠት ነይርዎም ንዝብል ሕቶ፡ "ትሕቲ ዓመት" ኢሎም መልሲ ዝሃቡ፡ ኣብ 1983 ከባቢ 70%፡ ኣብ 1986 ኣስታት 55%፡ ኣብ 1989 ድማ 48% ነበረ። እዚ ከኣ፡ እቲ ኣቐዲሙ ዝነበረ ናይ መርዓ ታህዋክ እናተመሓየሸ ከም ዝኸደ ዘመልክት ግሉጽ ሓበሬታ እዩ።

መርዓ ክሓቱ ዝወሰኑ ተጋደልቲ፡ ቅጥዒ መሊኦም ክንሶም ኣብ መርዓ ዘይበጽሑ ብዙሓት እዮም። ናይ መርዓ ፍቓድ ተዋሂቡዎም ክንሱ፡ ኣብ ናይ መርዓ ምፍርራም ዘይበጽሑ መጻምድቲ'ውን ውሑዳት ኣይኰኑን። ናይ ነፍስወከፍ ዓመት ጸብጻባት ምስ እንምልከት፡ ካብቶም መርዓ ዝሓተቱ ወይ ዝተፈቕደሎም መጻምድቲ፡ ክሳብ 20% ዝኣክሉ ኣብ ወግዓዊ መርዓ ኣይበጽሑን። ዝበዝሑ፡ ናይ መርዓ መደብ ገይሮም እናተጸበዩ ኣብ ዝተፈጥረ ኩናት ብመስዋእቲ ዝሓለፉ ምዃኖም እዩ ዝግመት። ካልኦት ድማ፡ ናይ መርዓ መደቦም ብምኽንያት ወተሃደራዊ ኩነታት ምስ ተሓላለፈ ወይ ምስ ተደናጐየ፡ ኣብ መንጎ ክቕጽልዎ ዘይክኣሉ ክኾኑ ይኽእሉ። ገለ ውሑዳት'ውን ከምቲ ዝተጠቕሰ፡ ብሃዳምነት ውድብ ዝራሕርሑ ይኾኑ። እዚ፡ ኣብቲ ርሱን ሓርነታዊ ኩናት ኤርትራ፡ ኣብ መንጎ ንማሕበራዊ ናብራ ምውጣንን፡ ንዘወጠንኻዮ ኣብ ፍረ ምብጽሑን ዘሎ መስመር ልሙጽ ነይሩ ክበሃል ኣይከኣልን።

ናይ መርዓ ሕቶታት፡ ብፍላይ ኣብቲ ቀዳማይ መድረኽ መብዛሕትኡ ኣብ መንጎ ተጋደልቲ ንሓድሕዶም ዝተወሰነ እዩ ነይሩ። ገለ ውሑዳት፡ ምስተን ኣብ መደበር ዕቑባት መስዋእቲ ሰብኡተን ዝተነግራ ደቀንስትዮ፡ ናይ መርዓ ሕቶታት ዘቕርቡ ተጋደልቲ'ውን ነይሮም። ብፍሉይነት ከም ታሪኻዊ ፍጻመ ክጥቀስ ዝኽእል መርዓ ግን፡ እቲ ምስ ምሩኻት-ነበር ዝተኻዩደ መርዓ እዩ። ኣብ 1981፡ ክሳብ ሰለስተ ሽሕ ምሩኻት ናጻ ተባሂሎም ኣብ ዝሰዓበ ዓመታት ናብ ህዝባዊ ግንባር ክሰለፉ ተፈቒዱሎም፡ ኣባላት ሰራዊትን ክፍልታትን ምስ ኮኑ፡ ምስዞም ምሩኻት-ነበር ኢትዮጵያውያን ብፍቕሪ ዝተዛመዳን ዝተመርዓዋን ዝወለዳን ነይረን። እዚ ፍጻመታት'ዚ ንገስጋሲ ባህሪ ሕጊ መርዓ ህ.ግ. መርኣያ ጥራይ ዘይኮነ፡ ንኩሉ ባህላዊ ዕንቅፋት ዝሰግር ምንባሩ እዩ ዝርኢ።

ኣጋጣሚ

"ኣንቱ በእናት" ዘርእስታ መጽሓፍ ብኣምሓርኛ ዝደረሰ ማሞ ኣፈጣ፡ ካብ ወለጋ ከሰርሕ ናብ ኣዲስ ኣበባ ዝኸደ፡ ኣብ 1975 ወተሃደር ደርግ ዝተኸትበን፡ ተዓሊሙ ናብ ኤርትራ ዝተላእከን፡ ኣብ ሚያዝያ 1977 ኣብ ኣፍዓበት ብህዝባዊ ግንባር ዝተማረኸን ኢትዮጵያዊ መንእሰይ እዩ። ድሕሪ ውሱን ዓመታት፡ ናጻ ተባሂሉ፡ ምስቲ ዳግማይ ህይወት ዝለገሰሉ ህዝባዊ ግንባር ክቃለስ ስለዝወሰነ፡ ተጋዳላይ ኮይኑ። ኣብቲ ንሰብኣውነት ህዝባዊ ግንባር ዝመስከረ መጽሓፉ፡ ነቲ ምስ ኤርትራዊት ተጋዳሊት ዝተፈቕደሉ መርዓ፡ ነቲ ኣብ ናቕፋ ኣብ 1988 ዝተኻየደ ናይ መርዓ ጽንብልን ኣብ ሜዳ ዝወለዶም ክልተ ቆልዑን ብዝርዝር ገሊጽዎ ኣሎ። ድሕሪ ናጽነት፡ ናብ ሃገሩ ኢትዮጵያ ምስ ተመልሰ፡ ክልተ ቆልዑ ብምውሳክ ምስታ ኤርትራዊት ተጋዳሊት በዓልቲ ቤቱ

ብምዉቕ ሓዳር ይቕጽል ምህላዉ'ውን ሓቢሩ። መጽሓፉ ድሕሪ ምሕታማ፡ ምስ ሬድዮ ድምጺ ኣመሪኻ ብትግርኛን ምስ ካልኦት ማዕከናት ዜና ኢትዮጵያን ኣብ ዘካየዶ ቃለ-መሕትት፡ ነቲ ህዝባዊ ግንባር ኣብ ልዕሊ ምሩኻት ወተሃደራት ኢትዮጵያ ዝነበሮ ኣተሓሕዛን ሰብኣዊ ሓልዮትን፡ ንብዙሓት ደቂ ሃገሩ ዘገረመ ምስክርነቱ ሂቡ።

ጽንብል መርዓን ሕጸኖትን

ኣብ 1979-1980፡ ጸቢብን ጽንኩርን ኩነታት ስለዝነበረ፡ መርዓ ነቶም ኣብ ከቢድ ስራሕ ዝጸንሑ ካልኦት ተጋደልቲ ከም ናይ መዘናግዒ መደባት'ውን ስለዝሕሰብ፡ ከከም ዕብየትን ዓቕሚን ኣሃዱ እዩ ዝጽንበል ዝነበረ። ኣብ ብዙሓት ክፍላተ-ሰራዊት፡ ወተሃደራዊ ኩነታት ኣብ ዘሃድኣሉን፡ ብብዝሕን ብሓባርን መርዓ ንምክያድ ኣብ ዝጥዕመሉን እዋን'ዩ እቲ ናይ መርዓ ስነ-ስርዓት ክካየድ ዝምረጽ ዝነበረ። ካብ 20 ክሳብ 100 ጽምዲታት ብሓደ መዓልቲ ዝምርዓዉሉ ጥሙር ጽንብል ብምክያድ ድማ፡ ግዜን ንብረትን ንተሓጸንቲ ዝምደብ ጉልበትን ከም ዝቃለል ይገብሩ። ዋላ ኣብ ክፍልታት ዕዮ፡ ወጻኢታት ንምቑጣብ፡ ከከም ዘለዎም ብዝሒ ተጻመድቲ፡ ነቲ ስነ-ስርዓት መርዓ ብጥሙር ክኻይድዎ ተመሪጹ እዩ ዝነበረ። እቲ ዝያዳ ልሙድ ናይ መርዓ ጽንብል፡ በብዓቕሚ ኣሃዱ፡ ኣጣል ብምሕራድን ብኮረሾ ዝተዳለወ ስዋ ብምጽሟቕን እዩ ዝሓልፍ። ኣብ ንኣሽቱ ኣሃዱታት፡ ሳሕቲ ትሕዝቶ ስለ ዘውሕደን ወይ ብምርጫ መርዓውቲ ብሻሂ ጥራይ ዝካየደሉ እዋናት'ውን ነይሩ እዩ።

እቲ ናይ ቃልኪዳን ምፍርራም መስርሕ፡ ካብ ሓሙሽተ ደቃይቕ ዘይሓልፍ ቀሊል ወግዒ እዩ። ንመርዓውቲ ብዘይካ'ቲ ንክብሪ መርዓኦም ዝዳሎ መግብን ስዋን፡ ነታ ፍልይቲ መዓልቶም ዝቐረበሎም ቀለቤት፡ ስልማት፡ ዕንባባታትን ህያባትን፡ ገዝምን ክዳንን ኣይነበረን። እተን ምስኦም ዝሓገያ ዝተለጋገባ ስረን ኻምቻን'ውን ክቕይሩወን ዕድል ኣይነበሮምን። ካብ ብጾቶም ተለቂሖም፡ ነታ ምሸት ኣብ ክሳዶም ዝጥምጥምዋ 'ኩሹክ' ዝተሰምየት ጨርቂ ከም ልምድቲ ኣርማ ኩይና ነበረት። ሓላፊ ኣሃዱ፡ ምኽንያት መአከቢ ገሊጹ፡ ነቲ ብምክትታል መርዓ ማሕበራዊ ጉዳያት ዝተቐረበ ናይ ቃልኪዳን መፈራረሚ ኻርድታት በብጽምዲ እናጸውዐ፡ ከም ዝፈራረሙ ይገብር። ኣብቲ መጀመርታ መድረክ፡ ወኪል ምክትታል መርዓ፡ ኣብቲ መዓልቲ መርዓ ተረኺቡ፡ ንክልቲኦም ተጻመድቲ፡ ኣብ ቅድሚ ሓላፊኦምን ተሳተፍትን የፈራርም'ኳ እንተነበረ፡ ድሓር ግን እቲ ምፍርራም ንኣሃዱታት ተገዲፈ። ምፍራም ምስ ተወድአ፡ ዘፈራረሞም ሓላፊ፡ "ተጠንቀቕ! ሰጥ በል!" ይብሎም'ሞ፡ "ዓወት ንሓፋሽ!" ጨሪሖም ናይ ቃልሲ ማሕልኦም ይደግሙ። እቲ ዝተፈረመሉ ሰነዳት፡ ሓደ ንመርዓውቲ

ይወሃብ፡ እቲ ሓደ ቅዳሕ ድማ ምስ ምክትታል መርዓ ይተሓዝ። ናብ ክፍሊ ማሕበራዊ ጉዳያት ከይዱ ድማ ኣብ ቤት መዝገብ ይሰፍር። ድሕሪ'ዚ ክታም መርዓ ምፍጻሙ፡ መርዓውትን ተሳተፍትን ብሓባር ሳዕስዒት ይቕጽሉ። ኣብቲ መጀመርታ መድረኽ፡ ካብ ዜና ዝመጸ ሰኣላይ እንተልዩ፡ ነፍስወከፍ ጽምዲ ከክልተ ቃዕታ ስእሊ ክወስዱ ይፍቀደሎም። ሓንቲ እናተፈራረሙ፡ ካልኣይቲ ድማ ናይ ክልቲኦም ናይ በይኖም ስእሊ። ኣባላት ክፍሊ ዜና ከኣ፡ ነተን ክልተ ስእሊ ሕጽኖት ከይወድኡ ክህብዎም ይማባጽዑ።

ሕጽኖት ብዝተክእለ መደብ ምቹእን፡ ኣዕጋቢ ናይ መግቢ ትሕዝቶን ካልእ መዘናግዒ ንብረትን ከም ዝህልዎ ንምግባር ዘይጽዕር ኣሃዱ ኣይነበረን። ኣብ ሰራዊት፡ ነቲ ሕጽኖት ዘኻይዱ መግብቲ፡ ዕንጸይትን ካልእ ኣድላዪ ነገራትን ዘማልኡሎም ተጋደልቲ ከም ዝምደቡሎም እዩ ዝግበር። ኣብ ትሕዝቶ ውድብ ዝርከብ ቀረብ መግቢ፡ ብፍላይ ድማ ሽኮርን ቀጠፍን ብዘዕግብ ዓቐን ከም ዝቐርበሎም ይግበር። ንሳምናን ካልእ ቀንጠ-መንጢን ዝኸውን ወርሓዊ ናይ መርዓውቲ ኣበል/መሳርፍ፡ ኣብ 1979-1981 ክሳብ 28 ጅኔ ሱዳን ይበጽሕ ነበረ። ሕጽኖት፡ ብፍላይ መርዓውቲ ብብዝሒ ኣብ ዝህልዉሉ፡ ሳዕስዒትን ስፖርትን ዘጠቓለለ ብዙሕ ናይ ምዝንጋዕ መደባት ብምክያድ ይሓልፍ። ሕጽኖቶም ብጽቡቕ ክሓልፍ ዝውስን ቀንዲ ጉዳይ ግን፡ ቅሱንን ሰላም ዘለዎን ወርሒ ምስ ዝኮኖም እዩ። ኣብ መንጎ ሕጽኖቶም ዝፍጠር ምቅይያር ወተሃደራዊ ኩነታት፡ ነቲ ሕጽኖት ቅሳነት ዝኸልእ ወይ ክሳብ ምቍራጽ ዘብጽሕ ክኸውን ይክእል እዩ። ገለ መራሕቲ ቦጦሎኒ፡ ሓይልን ጋንታታትን ስለዝኾኑ፡ ካልኦት ተራ ተጋደልቲ'ውን ኩናት እናተኻየደ ከዕርፉ ስለዘይኽእሉ፡ እቲ ናይ ሕጽኖት ቦታ ዕግርግር ይኣትዎ። ካብ ክፍልታትን ካብ ርሑቕ ዘለዋ ኣሃዱታት ሰራዊትን ክሕጸኑ ዝመጹ'ውን ነናብ ቦትኦም ክምለሱ ስለዝደልዩ፡ እቲ ሃዋህው ይዝረግ። ዋላ እቶም ክኸዱ ዘይግብኦም'ውን ቀሲኖም ሕጽኖቶም ክቐጽሉ የሸግሮም።

ዓመታዊ ዕረፍቲ፡ ከከም'ቲ ክልተ መጻምዲ ዝርከብዎ ቦታ፡ ሓደ ናብቲ ቦታ ናይ መጻምዱ ብምኻድ እዩ ዝካየድ። ንዓመታዊ ዕረፍቲ፡ ከምቲ ናይ ሕጽኖት ክንክን ኣይግበርን። ብፍሉይ ዝወሃብ መሳርፍ'ኳ እንተ ዘይነበረ፡ ዝኮነት ኣሃዱ ካብቲ ንቡር መሳርፋ ስለእተኻፍሎም፡ ብዙሕ ቀረብ ናይ መግብን ንብረትን ዝሕተተሉ ኣይኮነን። ይኹን እምበር፡ እቲ በብዓመት ዝወሃብ ናይ ዕረፍቲ ዕድል'ውን ብተመሳሳሊ ወተሃደራዊ ንጥፈታት ይሰናኸል እዩ። ኣብ ሰራዊት፡ ዓቕሚ ሰብ ከይጓደል ብምሕሳብ፡ ኩነታት ኣብ ዝሃድኣሉ እዋናት ጥራይ ብጥርኑፍ ንምክያዱ ዝጽዕሩ ዝነበሩ። ኩነታት እንተ ጸንኪሩን እንተ ተናዊሑን ድማ፡ ፍቓድ ዓመታዊ ዕረፍቲ ንምርካብ ክሳብ ክልተ ዓመትን ልዕሊኡን ናይ ምጽባይ ተክእሎ ነይሩ እዩ።

ጥንሰን ሕርሰን

መርዓ ምፍቓድ፡ ንዘስዕብ ጥንሲ፡ ሕርስን ምዕባይ ህጻንን ከቢድ ጥንቃቐን ምድላዋትን ዝሓትት ጉዳይ ምንባሩ፡ ብምቍጽጻር ወሊድ ክሰነ ከም ዝነበሮን ኣይተዘንግዐን። ኣብቲ ኣዝዩ ጽንኩር መድረክ፡ ህጻናት ናይ ምእላይ ሓላፍነት ካብ ዓቕሚ ውድብ ከይዓቢ፡ ብዙሕ ጉስጓስ ምግባር ኣድላዪ ነበረ። ብሓደ ወገን ነቲ ተዋጢሩ ዝነበረ ዓቕሚ ሰብ ስለዘጓድል፡ ብኻልእ ወገን ድማ ህጻናት ምእላይ ከቢድ ጸቕጢ ምፍጣሩ ስለዘይተርፍ፡ ጉስጓስ ብምክያድ፡ መከላኸሊ ጥበባት ብምትእትታውን ጥንሲ ዝዓግቱ ኣፋውስ ብምዕዳልን ንምጉዳሉ ተጻዒሩ እዩ። ኣብ 1980፡ ብዙሓትን ሰፋሕትን ሰሚናራት ብላዕለዎት ሓለፍቲ ተኻይዶም እዮም። ናብ ኩለን ኣሃዱታት ብዝዝርጋሕ ጽሑፋት ድማ፡ ትምህርትን ናይ ክትዕ መደባትን ብዝለዓለ ይድፍኣሉ ነበረ። ብክፍሊ ሕክምና እትዝርጋሕ ወርሓዊት መጽሔት ጩራ ጥዕና፡ ንምክልኻል ጥንሲ ዝምልከቱ ዓንቀጻት ብቐጻሊ ትጽሕፍ ነበረት። ኣብ ግዜ መርዓን ዕረፍትን፡ መርዓውትን ዕረፍቲ ዝወሰዱ ሰብ-ሓዳርን፡ መከላኸሊ ከኒናን መርፍእን ከምኡ'ውን ኮንዶም ብክፍሊ ሕክምና ከም ዝዕደሎም ኣብ ርእሲ ምግባሩ፡ መከላኸሊ ጥንሲ ከኒናታት ኣብ ኩሉ ሆስፒታላትን ሕክምና ብርጌዳትን ብቐሊሉ ከም ዝህሉ ኮይኑ ነበረ።

ደቀንስትዮ ካብ ተቀጋኢ ሰራዊትን ካብ ዕማማት ደጀንን ተኣልየን፡ ደቀን ኣብ ምእላይ ክሕጸራ ዘይሓስብኦ ጉዳይ እዩ ነይሩ። ኣብ'ቲ ሓደ ምስ ዓሰርተ ዝካየድ ግጥማት፡ ናይ ሓደ ሰብ ምጉዳል ክሳብ ክንደይ ሃሳዪ ምዃኑ ስለ ዝርእያ፡ ኣብ ኣእምሮአን ቦታ ኣይነበሮን። ሕሉፍ ሓሊፈን፡ ምውላድ ካብ ዕማማተን ዝፈልየንን ከም ምድሕርሓር ዝውሰድን ኣነዋሪ ተግባር ክሳብ ዝቑጸርኦ ደረጃ በጺሐን ነበራ። ዋላ'ኳ ቅድሚ ምፍቓድ መርዓ ጀሚሩ፡ ብኣጻብዕ ዝቑጸር ናይ ጥንሰን ሕርስን ፍጻመታት እንተነበረ፡ እተን ጥንሲ ዝገጠመን ዝሓለፍኦ ስቓይ ምንጋሩ ቀሊል ኣይነበረን። ንምትብብዐን ይፈተን እምበር፡ ብጾተን ዝሓምዩወን ስለዝመስለን፡ ንጥንሲ ከም ዓቢ ክሕደት ወሲደን፡ ንምጉልባቡን ንምንጻሉን ክሳብ ንነብሰን ናይ ምህሳይ ፈተነታት ዝገብራሉን ዘሸቑርረን ጉዳይ እዩ ዝነበረ። ክሳብ 7-8 ወርሒ ጥንሰን ሓቢኤን ኣብ ድፋዕ ዝቐጸላ፡ ምስ ተሰውኣ ድማ ድቂ ከም ዝነበረን ዝተፈልጣ'ውን ነይረን እየን። ኣብዚ መርዓ ዝጀመረሉ መድረኽ 1979-1982፡ ምጡን ቍጽሪ ናይ ዝወለዳ'ኳ እንተነበረ፡ ብድልየት ምውላድ ግን ዳርጋ ኣይነበረን ምባል ይከኣል። ኣብ ኣጠቓቕማ መከላኸሊ ጥንሲ፡ ኣብ ኩለን ደቀንስትዮ ምሉእ ርድኢት ነይሩ ዝብል ገምጋም የለን። እቲ ጉዳይ ብጋህዲ ዘይዝተየሉ፡ ገለ ሰባት ድማ ብሰንኪ ሕፍረት ነቲ መልእኽቲ

ብግቡእ ዘይርድኡሉ ኩነታት ነይሩ እዩ። ተመኩሮታት መከላኸሊ ጥንሲ ኣብ ሃገርናን ህዝብናን ዘይፍለጥ ስለዝነበረ'ውን፡ ኣብ ኣወሳስዳ መከላኸሊ ጥንሲ ዝፍጠር ጌጋታት ውሑድ ኣይነበረን። ኣብቲ ዳሕረዋይ መድረኽ ግን፡ ኩነታት እናተመሓየሸ ይኸይድ ስለዝነበረ፡ ገለ ውሑዳት ተጋደልቲ ብመደብ ክወልዱ ዝውስኑ ነይሮም እዮም። ኣብ 1987፡ መርዓ ካብ ዝተፈጸሙ 4% ጥራይ እዮም ናይ ምውላድ ድሌት ከም ዝነበሮም ዝገልጹ። ኣብቲ መወዳእታ መድረኽ ድማ፡ ውላድ ምስላጥ ምስኣበዮም ጸገሞም ምስ ሓካይም ዝተማኸሩሉ ገለ ተጋደልቲ'ውን ነይሮም እዮም።

ኣብቲ መርዓ ንምትብባዕን ዝጸመዱ ሰባት ብኩሉ መገዲ ንክላለዩን ዝካየድ ዝነበረ ሰሚናራትን ክትዓትን፡ ንኣብ ቅድመ-መርዓ ዝግበር ጾታዊ ርክብ ብተዘዋዋሪ መገዲ ዝጻወር ኣጠማምታ ማዕቢሉ እዩ። እዚ፡ ነቶም ብዝዓመቑ ፍቕሪን ምትሕልላዩን ዝተዛመዱ ተጋደልቲ ሓጋዚ'ኳ እንተኾነ፡ ምቕጻሉ ውሕስነት ኣብ ዘይነበሮ ዝምድናታት፡ ዘይተሓሰበሉ ናይ ጥንሲ ኩነታት የጋጥም ነይሩ እዩ። ቀስ ብቐስ ድማ፡ እቲ ብግቡእን ብዕምቈት ብዘይተላለዩ ተጋደልቲ ዝፍጠር ጥንሲ ብዙሕ ዋጢጥ ይሰዕቦ ነበረ። ዋላ'ኳ ዝሕተትዎ ቀለብ ቈልዓን ክዳን ቈልዓን እንተ ዘይነበሮም፡ ነቲ ጥንሲ ክክሕዱ ዝፍትኑ ሰባት ስለዝነበሩ፡ ናይ ምዝገባ ሃጓፉት ይፍጠሩ ነይሮም እዮም። ህጻን ተወሊዱ፡ ኣደ ህጻን ንጹር ሓበሬታ ኣቦ ዘይፈለጠትሉ ኩነታት ዘጋጥመሉ እዋናት ስለዝነበረ'ውን፡ መንነትን ናይ ምዝገባ ዝርዝራትን ዘይተታሕዘሎም ህጻናት ከም ዝነበሩ ይፍለጥ። እቲ ጸገማት ርዱእን ክውንነታዊን ስለዝነበረ፡ ክሳብ 1% ዝበጽሑ ካብ ቃል-ኪዳን ወጻኢ ዝተወልዱ ህጻናት ነይሮም ክኾኑ ከም ዝኽእሉ ድማ ምግማት ይከኣል።

ዋላ'ኳ ወሊድ ንምቁጽጻር ብሰፊሑ እንተ ተፈተነ፡ ህዝባዊ ግንባር ናይ ዝተወልዱ ህጻናት ጥዕናን ምሉእ ሓልዮትን ዘውህብ ምድላዋት ምግባር'ውን ኣይዘንግዖን። ተጋደልቲ ኣብ ግዜ ጥንሰን፡ ኣብ ጥቓ ክፍሊ ሕክምና ኰይነን ቀጻሊ ክትትልን ክንክንን ይግበረለን ነበረ። ኣብቲ መጀመርታ መድረክ፡ ክልተ ተጻመድቲ፡ ቅድሚ መርዓ ምፍጻሞም ናይ ደሞም ዓይነት ፈሊጦም ክምርዓዉ ኣለዎም ዝብል መምርሒ ስለዝነበረ፡ ክፍሊ ሕክምና ኣብ ላቦራቶሪ፡ ንኹሎም ተጻመድቲ ዓይነት ደሞምን እወታውነት ወይ ኣሉታውነት ኣርኤች(RH) ናይ ደሞምን ከም ዝምርምርን ከም ዝሕብርን ይግበር ነበረ። ብሓደ ወገን፡ ኣብ ግዜ ወሊድ ካብ ዘጋጥም ናይ ደም ዘይምስናይ ንምድሓን ዝተሓሰበ ኮይኑ፡ ብኻልእ ወገን ድማ፡ ደም ክልግሱን ክልገሰሎምን ኣድላዩ ስለዝኾነ እዩ ተጋደልቲ ዓይነት ደሞም ከምዝፈልጡ ዝግበር ዝነበረ። ኣብ ጥንስን ሕርስን ምስ ተበጽሐ'ውን፡ ናብ ክፍሊ

ሕክምና ጨንፈር መወልዳን ከይደን ይሓርሳ። እቲ ንተጋደልትን ህዝቢ ከባቢ ሳሕልን ኣገልግሎት ጥዕና ዝህብ ዝነበረ ሕክምና፡ ክሳብ መብጣሕቲ ሰዛርያን ዝገብር ዘበናዊ ኣገባብ ሕርሲ ዝካየደሉን ተኣምር ንምስራሕ ዝበቅዐን ትካል እዩ ነይሩ። ኣብቲ ዳሕረዋይ መድረኽ፡ ሰፊሕ ናይ መወልዳን ሰልጠና ስለዝተኻየደ፡ ናይ ክፍላተ-ሰራዊት ሕክምናታት'ውን ብቑዕ ናይ ሕርሲ ኣገልግሎት ይህባ ነበራ። ህጻናት ምስ ተወልዱ'ውን ሰሩዕ ናይ ክታበት፡ ዝተመጣጠነ መግቢን ሕክምናዊ ሓገዝን ኣገልግሎታት ንምሃብ ብዙሕ ጻዕርታት ይካየድ ነበረ። ህጻናት፡ ኣብ ደረጃ ዕድመ ትምህርቲ ምስ በጽሑ ድማ፡ ቤት ትምህርቲ ሰውራ ከም ዝኣትዉ ብምግባር ብተጋደልቲ ኣለይቲን መምህራንን እናተመሓደሩ ይምሃሩ ነበሩ። ኣብቲ ጽንኩር ናይ ኲናት ሃዋሁው፡ ስእነት መሰረታውያን ቀረባት ኣብ ዝዕብለለሉ ኩነታትን፡ ህጻናት ካብ ዝተጠንሱሉ ክሳብ ማእከላይ ደረጃ ትምህርቲ ዝውድኡን ዓቕሚ ኣዳም ዝበጽሑን ዝካየደሎም ናይ ክንክን መስርሓት፡ ሓደ ካብቲ ህዝባዊ ግንባር ዝድነቐሉ ትካላዊ ኣሰራርሓ ምንባሩ ብብዙሓት ተዓዘብቲ ተመስኪሩ እዩ።

እቲ ንምቁጽጻር ወሊድ ብህዝባዊ ግንባር ዝተኻየደ ጉስጓስ፡ ዕላምኡ ከም ዝወቕዐ ጥርጥር የልቦን። በቲ ኣብ ሜዳ፡ ኣብ መንጎ ተጋደልቲ ዝተፈጸመ ልዕሊ 20 ሽሕ መርዓታትን ኣብ ናይ ሕጸ መድረኽ ዝበጽሐ ክንድኡ ዝምድናታትን፡ ዝኣክል ትሕቲ 10% ጥራይ ከም ዝወለዱ እዩ ዘመልክት። ሰራዊት ህዝባዊ ግንባር፡ ኣብ ዝተዘርግሓሉ ኩሉ ቦታታትን፡ ተጋደልቲ ክፍልታት ኣብ ዝነበሩዎ ካብ ናቕፋ ክሳብ ሰዋኪንን ፖርትሱዳንን ዝዘርጋሕ ከባቢታትን፡ ክንደይ ዝኣክሉ ቈልዑ ካብ ተጋደልቲ ከም ዝተወልዱ ብንጹር ዝሕብር ምሉእ መጽናዕታዊ ጸብጻብ'ኳ እንተ ዘይተረኽበ፡ ብመሰረት ክፍሊ ማሕበራዊ ጉዳያት ዝገበሮ ናይ ምዝገባ ፈተነታት፡ ኣብ ሜዳ ካብ ተጋደልቲ ዝተወልዱ ህጻናት ክሳብ 6000 ከም ዝበጽሑ ዝወሃብ ግምት ካብ ሓቂ ብዙሕ ዝርሕቕ ኣይኮነን። ብህዝባዊ ግንባር ዝእለዩ ኣሽሓት ህጻናት ደቂ ተጋደልቲ፡ ደቂ ዕቚባትን ካልኦት ዘኽታማትን'ኳ እንተነበሩ፡ እቶም ደቂ ተጋደልቲ ዝበዝሑ ውሑዳት እዮም። ኣዝዮም ብዙሓት ዝተመርዓዉን ኣብ ዝምድና ዝነበሩን ተጋደልቲ፡ ከይወለዱ ክሳብ ናጽነት ተጸብዮም እዮም። ናይ ወሊድ ደረት ዕድሚኦን እናሓለፈን፡ ቈልዑ ናይ ምውላድ ዕድለን እናተዓጽወን እንከሎ ቀዳምነት ንቃልሲ ዝሃባ ኣማኢት ተጋደልቲ ከም ዝነበራን ከም ዘለዋን ዝርሳዕ ኣይኮነን። ብናጽነት ህዝብንን ሃገረንን'ኳ እንተ ተፈስሃ፡ ብዘይ ውላድ ጽምዋ ዝነገሶ ህይወት ክመርሓ ዝተፈርዳ ተጋደልቲ፡ ዕጭአን ክሳብ ክንደይ መሪር ምኳኑ ምግንዛብ ቀሊል እዩ።

ፍትሕ

ብመሰረት ዓንቀጽ 16 ናይቲ ኣብ ቀዳማይ ውድባዊ ጉባኤ ዝጸደቐ ሕጊ መርዓ ህዝባዊ ግንባር፡ ስነ-ስርዓት መርዓ ዝፈጸሙ ክልተ ሰብሓዳር፡ ብዝተፈላለየ ምኽንያት ኣብ መንጎኦም ዝነበረ ፍቕርን ምትእምማንን ጉዲሉ፡ ፈጺሞም ክረዳድኡ ወይ ብሓባር ክቕጽሉ ኣብ ዘይኽእሉሉ ደረጃ ምስ ዝበጽሑ፡ በቲ ዘቕረብዎ ናይ ፍትሕ ሕቶ መሰረት፡ ክፈላለዩ ይፍቀደሎም ነበረ። ፍትሕ ዘፍቅድ፡ እቲ መርዓ ዘፍቀደ ክፍሊ ማሕበራዊ ጉዳያት ጥራይ እዩ። ተጻመድቲ ናይ ፍትሕ ሕቶኦም ብመገዲ ማእከልነት ኣሃዱኦም ኣቢሎም ኣብ ከባቢኦም ናብ ዝርከብ ወኪል ምክትታል መርዓ የቕርቡ። ንሱ ብወገኑ፡ ሓለፍቶም ንምትዕራቖም ክሳብ ክንደይ ጻዕሪ ኣኻይዶም ይምልከትን ይግምግምን። እኹል ጻዕሪ ተኻይዱ ከም ዘይሰመረ ምስ ዘረጋግጽ ድማ፡ ናይ ፍትሕ ቅጥዒ ከም ዝመልኡ ብምግባር፡ ርእይቶኡ ኣሰንዩ፡ ድማ ናብ ቤትጽሕፈት ክፍሊ ይልእኮ። ዝኾነ ናይ ፍትሕ ውሳነ፡ ሓላፊ ክፍሊ ማሕበራዊ ጉዳያት ክታሙ ከየንበረሉ ክፍጸም ይክእል ኣይነበረን።

ቃልኪዳን ተጋደልቲ ብሃወክን ብዘይ ብቑዕ ምኽንያትን ምእንቲ ከይፈርስ፡ ክፍሊ ማሕበራዊ ጉዳያት፡ ፍትሕ ንዘቕረቡ ተጋደልቲ፡ ጠንቂ ግርጭቶም ክገልጹን፡ ቅጥዕታት ብግቡእ ክማልኡን የገድድ ነይሩ እዩ። ተጻመድቲ ፍልልዮም ኣጽቢቦም ባዕላቶም ክዕረቑ ንምትብባዕ፡ ብሳልሳይ ወገን ዝካየድ ሽምግልና ዕድል ንምሃብን ድማ ኣድላዪ ግዜ ይወሃብ ነበረ። ድሓር ግን፡ ኩሉ ቅጥዕታት ምስ ዝማላእ ናይ ግዜ ደረት ምግባር ኣድላዪ ኮነ። ክልቲኦም ተጻመድቲ፡ ብፍትሕ ክፈላለዩ ምስ ዝሰማምዑን፡ ኣሃዱኦም ክገብሮ ዝፈተነ ሽምግልና ዘይዕዉት ምንባሩ ምስዝረጋገጽን፡ ክፍሊ ማሕበራዊ ጉዳያት ኣብ ሰለስተ ወርሒ ክጽድቕ ወይ መልሲ ክህበሉ ይፍተን ነበረ። እንተኾነ ግን፡ ሓደ መጻምዲ በይኑ ናይ ፍትሕ ቅጥዒ ዝመልኣሉ ተርእዮ እናበዝሐ ምስ ከደ፡ ንሕቶ ናይ ሓደ ወገን ተቐቢልካ ምውሳን ዘገድድ እናኾነ መጸ። ንፍትሕ ዘይተሰማምዐ ወገን፡ ቅጥዒ ምምላእ እናነጸገ፡ ነቲ ፍትሕ ክዓግቶ ዝፍትነሉ ኩነታት በዝሐ። ስለዚ ድማ፡ ክልቲኦም ተጻመድቲ ቅጥዒ ምስ ዘይመልኡን፡ ዝቃወም ዘሎ ሰብ'ውን ተሓቢርዎ ምስ ዘየቕርብን፡ ክሳብ 6 ወርሒ ጥራይ ዕድል ከም ዝወሃቦ፡ ድሕሪኡ ብናይ ሓደ ወገን ድልየት ከም ዝፍጸም ንኹለን ኣሃዱታት ኣፍለጠ። ኣብ 1988 ንኣብነት፡ 65 ካብቶም ፍትሕ ዝተፈቕደሎም፡ ቅጥዒ ይኹን ተቓውሞ ኣየማልኡን። ብቕቡል ምኽንያት ድሒሮም ንዘፈለጡን ቃልኪዳኖም ክፈርስ ንዘይደልዩን ሰባት፡ ናይ ሽምግልና ግዜ ንምሃብ ውሳነ

ዘደናጉየሉ እዋናት ግን ነይሩ እዩ። ብዝተረፈ፡ ዘኾነ ቅጥዒን መልሲን ንዘየቕርቡ፡ ብፍላጥ ከም ዘጽቀጡ ተሓሲቦም፡ ብበይናዊ ሕቶ ፍትሕ ተፈቒዱ ንክልቲኦም ወገናት ናይ ጽሑፍ ውሳነ ይለኣኸሎም።

ክፍሊ ማሕበራዊ ጉዳያት፡ ንውሳነ ዘሕግዝዎ ሓበሬታ ንምእካብን፡ መጽናዕታዊ ትንታነ መርዓን ፍትሕን ንምቕራብን፡ ፍትሕ ዝሓቱ ተጋደልቲ ዝመልእዎ፡ በብእዋኑ ዝተመሓየሸ ቕጥዒታት ነበሮ። ኣብ መጀመርታ፡ ብዙሓት ተጋደልቲ፡ ነቲ ቕጥዒ ዝሓቶ ኣዝዩ ብሕታዊ ጉዳያት መልሲ ክህቡ ይሸገሩን ይሓፍሩን ነበሩ። ፍትሕ ምሕታት፡ ብዙሕ ጸቕጢ ዝፈጥርን ብኣጠማምጻ ዝበዝሑ ተጋደልቲ ድማ ነውሪ ዝሕሰበሉን እዋን ኣብ መጀመርታ 1980ታት ነይሩ እዩ። ሰውራዊ መርዓ፡ ብምትእርራም፡ ብነቐፌታን ብናይ ማእከልነት ምክርታትን ዘይፍትሓሉ ምኽንያት የለን ዝብል ኣረኣእያ ዝዕብልለሉ ግዜ'ውን ነይሩ እዩ። ሓለፍቲ ኣሃዱታት፡ ኣብ ፈለማ እዋናት፡ ቅጥዕታት ፍትሕ ናብ ማሕበራዊ ጉዳያት ብቐጥታ ምትሕልላፍ እንተ ዘይኮይኑ፡ ዝገብርዎ ናይ ሸምግልና ፈተነ ኣይነበረን። ብኣንጻሩ ድማ፡ ኣባላት ምክትታል መርዓ፡ ባዕላቶም ንተጻመድቲ ዘዘራርቡሉን ዘማኽሩሉን ኩነታት ነበረ። ዋሕዶም ምስቲ ብዝሒ ጉዳያት ፈጺሙ ዝመጣጠን ብዘይምንባሩ ግን፡ ከምኡ ክቕጽል ግብራዊ ኣይነበረን። ድሕሪኡ ግን፡ እቲ ዝወሃቦም ውሳነ ፍቓድ፡ ኣብ ግቡእ ኣመላልኣ መሕትት ከም ዝምርኮስን፡ ናይ ፍትሕ ጉዳያት ብቶም ዝያዳ ዝፈልጥዎም ሓለፍቶም ክሽምገል ከም ዝግባእን ተጉስጉሱ። እዚ ድማ ብብዓመቱ ስለዝተመሓየሸ፡ ውሳነታት ኣብ ጭቡጥን ስኑድን ሓበሬታ ክምርኮስ ክኣለ።

ካብ ጠንቅታት ፍትሕ

ፍትሕ ብዝተፈላለየ ጠንቅታት ዝግለጽ'ኳ እንተኾነ፡ ኣብ ሜዳ ንዝነበረ ቃል-ኪዳን ዝጸልዉ ናይ ሓባር ጸገማት ግን ነይሮም እዮም። ሰብ ቃልኪዳን ዝነብሩሉ ቦታታት ዝተፈላለየ ኣብ ርእሲ ምዃኑ፡ ሰብኣይን ሰበይትን ዝነበሮም ናይ ምብጽጻሕ ዕድላት ኣዝዩ ጸቢብ ብምዃኑ፡ ንፍቕሮም ዘትርር ኣይነበረን። ኣብ ዓመት ንሓደ ወርሒ፡ ወይ ድማ ኣብ መንፈቕ ንክልተ ሰሙን ጥራይ ዝራኸቡ ሰባት፡ 90% ግዜኦም ብሓባር ኣየሕልፉዎን'ዮም ማለት'ዩ። ብመሰረት ናይ 1989 መጽናዕቲ፡ ካሳብ 20% ምርዑዋት ተጋደልቲ፡ ኣብ ዓመታዊ ዕረፍቶም ጥራይ እዮም ሓባራዊ ህይወት ዘሕልፉ ዝነበሩ። እቶም ኣብ ቀዋሚ ቦታታት ደጀን ዝተመርዓዉ ተጋደልቲ፡ ብተዛማዲ ርሒብ ናጽነት ናይ ምንቅስቓስን ካብ ቦታ ናብ ቦታ ናይ ምትዕዓዝን ዕድል ስለዝነበሮም፡ 57% ጥራይ ኣብ ሓደ ከባቢ ወይ ብቐሊሉ

ክመላለሱሉ ኣብ ዝኽእሉ ቦታታት ሰሙናዊ ወይ ወርሓዊ ናይ ምርካብ ተክእሎ ነይርዎም ክበሃል ይከኣል።

ኣብ ሜዳ ዝተመርዓዉ ተጋደልቲ፡ ብዘይካ'ቲ ፍቕሮም ንኸደልድሉ ዘለዎም ናይ ምርካብ ዕድላት ጸቢብ ምዃኑ፡ ንሓዳርም ኣብ ድልዱል መሰረት ንምህናጹ ከም ቀንዲ ረቛሒ ዝሕሰብ ናይ ምውላድ ዕድል ዘይምንባሩ'ውን ሃሳዪነቱ ቀሊል ኣይኮነን። ቈልዑ ዝወለዱ ሰብሓዳር ዝያዳ ናይ ምጽውዋር ልምዲ ስለዘማዕብሉ፡ ግርጭታትን ቅልውላውን ክጋጥሞም ከሎ፡ ምእንቲ ውላድ መዕለቢ ክገብሩሉ ከም ዝቃለሱ ብመጽናዕቲን ብተሞኩሮን ዝፍለጥ እዩ። ኣብ ሜዳ ዝተመርዓዉ ተጋደልቲ፡ 80% ውላድ ኣይነበሮምን፣ ንቃልኪዳን ዝጠምር ደራኺ ረቛሒ ስለዝሰእኑ ድማ፡ ዝምድናኦም ክፈርስ እንከሎ ብዘይ ኣሰር እዩ ዝጠፍእ። እዚ ከኣ፡ ፍትሕ ቀሊል ክኸውን ጥራይ ዘይኮነ፡ እቲ ንፍትሕ ዝነጽግ ስነ-ምግባር'ውን እናተዳኸመ ዝኸደሉ ኩነታት ፈጢሩ እዩ።

ኣብቲ ቀዳማይ መድረኽ መርዓታት ተጋደልቲ፡ ማለት ካብ 1979 ክሳብ 1985፡ ተጋደልቲ ህዝባዊ ግንባር ንሓድሕዶም ክመራዓዉ ዝኽእልሉ ዕድል ጥራይ'ዩ ዝነበሮም። ምስ ሰፊሕ ህዝቢ ኣብ ዘየራክብ ጸቢብ ቦታን፡ ኣብ ግንባራት ዝተሓጽረ መነባብሮን ስለዝነብሩ፡ ካልእ ዕድል ኣይነበሮምን። ሽዑ፡ ኣብቲ ውድብ ዝነበረ ምጣነ ደቂተባዕትዮን ደቀንስትዮን፡ ብውሑዱ ሰለስተ ኣርባዕተ ሰብኡት ንሓንቲ ጓልኣንስተይቲ ዝግምገም ገፊሕ ጋግ ነበር። ሳላ ዲሲፕሊንን ብጻይነትን ተጋደልቲ ግን ብዙሕ ጸገማት'ኳ እንተ ዘይተኸሰተ፡ ንምዝማድን ንምምርዓውን፡ ዘይግሁድ ቅድድምን ምቅጻጽን ነይሩ እንተ ተባህለ ዘገርም ኣይኮነን። ስለዝኾነ፡ ብናይ ሓጺር ግዜ ሌላ፡ ጠባይ ሓድሕድ ከይተፋለጡ ናብ መርዓ ዝጓየዩ ተጋደልቲ ክህልዉ ባህርያዊ ኮነ። ብተወሳኺ፡ ቅድሚ መርዓ ንዝድልዮም ናይ ዝምድና (ሕጸ) ዕድል፡ ብምርሕሓቕ ኣሃዱታቶምን ካብን ናብን ክንቀሳቐሱ ብዘየፍቅድ ወተሃደራዊ ኩነታትን ኣይሰልጦምን። ስለዚ ድማ፡ እንኮ ኣማራጺኦም፡ በታ ናይ ሓጺር ግዜ ዕላልን ሌላን ጥራይ ምምርዓው ይኸውን። ድሕሪ 1986 ዝነበረ መድረኻት፡ እቲ ጾታዊ ምጣነ ቐስ ብቐስ ብምምሕያሹ፡ ምንቅስቓስ ተጋደልቲ ናብ ኩሉ ዞባታት ብምዕባዩን፡ ብሓለፍቲ ኣሃዱታት ብጸቢብ ዝተሓዘ ዝነበረ ናይ ምንቅስቓስ ፍቃዳት ብምፍኳሱን ዝመስሉ ምኽንያታት፡ እቲ ጸገም እናተቓለለ ኸይዱ ምባል ይከኣል። እቲ ቅድሚ መርዓ ዝነበረ ምፍላጥ ሓድሕድ እኹል ስለዘይኮነ ግን፡ ካብ ሕጽኖት ጀሚሩ ዘጋጥም ብዙሕ ዘይምቅዳዋት ይፍጠር ነበረ። ኣብቲ መጀመርታ፡ ብዙሓት መጻምዲ ኣብ መንጎኦም ብዝተፈጥረ ዘይምርድዳእ ኣብ ወጥሪን ጭንቀትን እናሃለዉ፡ ብሰንኪ ሕፍረት ተጸሚሞም ሕጽኖቶም ዝውድኡ

ነይሮም እዮም። ገለ ውሑዳት'ውን፡ ንፍትሕ ምስ ዘይሰውራዊ ጠባያት ስለዘተሓሕዝዎ፡ ንነዊሕ እዋናት ዘተሳቐዩ ነይሮም እዮም።

ብሰንኪ መስዋእቲ ናይ መጻምዲ ዝኽሰት ፍትሕ፡ ሓደ ካብቲ ቀንዲ ጠንቅታት መፍረሲ ቃልኪዳን እዩ ዝነበረ። ኣብቲ መጀመርታ፡ ኣቐዲሞም ናይ ዝተመርዓዉ ተጋደልቲ ቃል-ኪዳን ንምፍራስ ዝመጽእ ሓበሬታ ቀጥታዊ'ኳ እንተነበረ፡ ድሒሩ ግን፡ ብመስዋእቲ መጻምዶም ፍትሕ ምሕታት ከም ዘየድሊ ተገብረ። ስለዚ ድማ፡ ክፍሊ ማሕበራዊ ጉዳያት፡ ብመስዋእቲ ዝፈረሰ መርዓታት ዝፈልጠሉ፡ እቶም በይኖም ዝተረፉ መጻምዲ ንዳግማይ መርዓ ኣብ ዝሓቱሉ ግዜ ጥራይ ኮነ። ኣብ ምምላእ ቅጥዒ፡ ንመበል ክንደይ ግዜ ይምርዓዉ ከም ዘለዉን፡ እቲ ቀዳማይ ቃል-ኪዳኖም ብኸመይ ከም ዝፈረሰን መብርሂ ስለዘቕርቡ፡ ሓፈሻዊ ሓበሬታ ይርከብ ነበረ። ሰብኣያ ዝተሰውአ ተጋዳሊት ወይ ሰበይቱ ዝተሰውኣቶ ተጋዳላይ፡ ዳግም ንምምርዓው ብቅጥዒ እንተ ዘይሓተቱ ግን፡ ብመስዋእቲ ዝፈረሰ ቃልኪዳን ስለዘይፍለጥ፡ ነቲ ዝወሃብ ግምታት ትሑት ከም ዝገብሮ ምግንዛብ የድሊ። ኣብ 1984 ካብ ዝተመርዓዉ 715 ተጋደልቲ፡ እቶም 56 (8%)፡ ኣብ 1989 ካብ ዝተመርዓዉ 817 ተጋደልቲ ድማ 193(24%) መስዋእቲ መጻምዲ ክገጥሞም ክኢሉ'ዩ። ብኻልእ ወገን፡ ደጊሞም ናይ ዝምርዓዉ ቁጽሪ ተጋደልቲ በብዓመቱ ዘርእዮ ወሰክ ክግምገም እንከሎ፡ ካብ 1979-1988 ኣብ ዝነበረ ዓሰርተ ዓመታት፡ ካብቶም ኩሎም ዝተመርዓዉ ተጋደልቲ፡ እቶም 35% ንካልኣይ ግዜ ዝተመርዓዉ ነበሩ። እዚ ንኩሉ ጠንቅታት ናይ ዝፈረሰ መርዓ ዘመልክት'ኳ እንተኾነ፡ እቲ ብመስዋእቲ ናይ ዝፈርሰ ቃልኪዳን ክሳብ ከባቢ 20% ከም ዝበጽሕ ዝወሃብ ግምት፡ ካብ ክውንነት ዝርሕቐ ከም ዘይኮነ ዘረጋግጽ እዩ።

እዚ ኣብ ብረታዊ ቃልሲ ህዝቢ ኤርትራ፡ ቃልኪዳን ኣብ ዝገበሩ ተጋደልቲ ዘጋጠመ ናይ መስዋእትን ናይ ምፍልላይን ተሞኩሮ ብዙሕ ክጸሓፍ ዝኽእል ዛንታታት ዝሓዘ እዩ። ኣብ ማእከል ዓውደ-ውግእ፡ በዓልቲቤቱ ወዲቃ ዝረኸባ፡ ብኣንጻሩ፡ መጻምደን ብኣካል ዝቐበራ ተጋደልትን ካልእ ነዚ ዝመስል ፍጻመታትን ውሑድ ኣይነበረን። ክልተ ሰለስተ ግዜ ዝተጻመድዎም ብጾቶም ብምስውኦም፡ ንቃል-ኪዳን ክሕረሙዎ ዝሓሰቡ ተጋደልቲ'ውን ነይሮም እዮም። ተጋደልቲ ዘይጨርቁሉ ኣርእስቲ ስለዘይነበረ፡ ቀዳማይን ካልኣይን ሰብኡታ ንዝተሰውእዋ ብጾይቲ፡ "መስዋእቲ ዘደንጉዩ፡ ንእከሊት ይመርያ" እናበሉ ብመስዋእቲ ስሒቖም እዮም። ብኻልእ ወገን፡ ካብ ውድብ ዝሃደሙ ተጋደልቲ፡ ክሳብ 4% ናይቲ ዝፈረሰ ቃል-ኪዳናት ዝውክሉ ምንባሮም፡ ካብቶም ዳግማይ መርዓ ዝሓተቱ መጻምዶም ዝተፈልጠ ሓበሬታ እዩ። ንኣብነት ኣብ 1983-1884፡ ክሳብ

14 ተጋደልቲ፡ ኣብ 1989 ድማ 55 ተጋደልቲ መጻምዶም ከም ዝሽድዑ ስለዝገለጹ፡ መርዓ ከም ዝፍቀደሎም ተገብረ።

ብሃንደበታዊ ጥንሲ ዝተደፋፍአ መርዓታት፡ ሓደ ካብቲ ቃልኪዳን ተጋደልቲ ክይደንንዮ ክፈርስ ዝገብር ዝነበረ ጠንቅታት እዩ። ኣብ 1980 መርዓ ንምትብባዕ ዝወሃብ ዝነበረ ስሚናራት፡ ተላሊኻን ብዓሚቑ ተፋሊጥኻን ክትምርያ ዝመክር ስለዝነበረ፡ ብዙሓት ተጋደልቲ ቅድሚ መርዓ፡ ስጋዊ ርክባት ምፍጻም የዘውትሩ ምንባሮም ግሉጽ እዩ። እዚ ድማ፡ ከይተላለዩን ንዝምድና ከይወሰኑን ናይ ጥንሲ ምልክታት ምስ መጸ፡ ካብቲ ስነ-ምግባር ወጻኢ ምዃኑ ብምእማን፡ ኣብ ዘይወድእዎ መርዓ ብተብተብ ይኣትዉ። ከይደልደለ ዝጸንሐ ሌላኦም፡ ስንባደን ዘይምርድዳእን ስለዝሕወሶ፡ ጭንቀት ዝመልኦ ሕጽኖት የሕልፉ። እቲ ህጻን ከይተወልደ ናብ ፍትሕ ዝበጽሑ'ውን ነበሩ። ኣብ 1988 ፍትሕ ካብ ዝሓተቱ 434 ተጋደልቲ፡ እቶም 7% ቃል-ኪዳኖም ብምኽንያት ጥንሲ ከም ዝተቐላጠፈ ካብቲ ዝሃቡዎ ሓበሬታ ንምፍላጥ ተኻኢሉ'ዩ።

እቲ ናይ ፍትሕ ሕቶታትን ውሳነታትን በብዓመቱ ይውስኽ ነይሩ እዩ። ኣብ 1988 ኣብ ዝተኻየደ ስታቲስቲኻዊ ገምጋም ድማ፡ 20% ናይቲ ካብ 1979 ክሳብ 1988 ዝተኻየደ መርዓታት ብፍትሕ ከም ዝተደምደመ ዘመልከተ ነበረ። ክፍሊ ማሕበራዊ ጉዳያት፡ ነቲ ኣመዓባብላን ኣፈጻጽማን ናይ መርዓ ሕጊ ኣብ ተጋደልቲ፡ በብዓመቱ ድቕቕ ዝበለ ስታቲስቲኻዊ ገምጋማት እናገበረ፡ ዝተጻፈፈ ጸብጻብ ናብ ፖለቲካዊ ቤት-ጽሕፈት ይልእክ ነይሩ እዩ። ካብቲ በብእዋኑ ዝተኻየደ መጽናዕትታት፡ ንጠንቂ ፍትሕ ዝገልጽ ጽማቑ ገምጋማት ምቕራብ ጠቓሚ እኳ እንተዀነ፡ ኣንባቢ፡ ነቲ ፍትሕ ዝተኻየደሉ ቦታ፡ ግዜን ፍሉይ ታሪኻዊ ኩነታትን ኣብ ግምት ብምእታው ጥራይ ክመዝኖ ከም ዝግብኦ ክዝክር ይግባእ።

ምቅያሕ፣ እቲ ንምቅያሕ ወይ ድማ ንካልእ ሰብ ምፍቃር ከም ጠንቂ ዝጥቀስ፡ ንባዕሉ ብብዙሕ ጠንቅታት ዝተደፍአ እዩ ዝነበረ። ብምኽንያት ራሕቂን ናይ ምርካብ ዕድልን፡ እቲ ናይ ርሑቕ ማዕዶ ፍቕሪ ክዳኸምን ኣብ ከባቢኻ ምስ ዘሎ ሰብ ሓድሽ ዝምድና ምምስራትን ድማ፡ ሓደ ጭቡጥ ደራኺ ኹነት እዩ። በዚ ዝተደፋፍአ ስጋዊ ርክባት ምፍጻምን ካብ ዘይመጻምዲ ጥንሲ ምሓዝን'ውን ክውሰኾ ይክእል። ደቀንስትዮ፡ ዋሕደን ብዝፈጠረለን ናይ ተጠማትነት ዕድልን ብልጫን፡ "ኣይንሰማማዕን ኢና"፡ "ብቐደሙ'ውን ፍቕሪ ኣይነበረንን"፡ "ጾታዊ ዘይምስናይ ኣለና"፡ ወዘተ. ዝብሉ ምኽንያታት'ኳ ዝህባ እንተዀና፡ ናይ ምምራጽ ዕድለን ስለዝዛይድ፡ ብምቅያሕ ናብ ፍትሕ ከም ዝደፍኣ ዘደጋግም ግምታት ነይሩ እዩ።

ሓድሕድ ዘይምትእምማን፣ ኣብ ደቂተባዕትዮ ብዝያዳ ዝርአ፡

መጻምዶም ብካልኦት ከይሰሓባን ከይገድፍኦምን ዝፈጥርዎ ጭንቀት ናብ ምንጽናጽን ግርጭትን ማዕቢሉ፡ ህይወቶም ጭቕጭቕ ዝበዝሖ ይኸውን። “ክትሓድገኒ እያ፡” ብዝብል ባዕላውነት ይወሓጡ። ነቲ ምስ ካልእ ብጾተን ክስሕቃን ክጻወታን ምርኣይ ምጽዋር ይስእንዎ። ሕሉፍ ሓሊፎም፡ ክከታተልወንን ምንቅስቓስ ክኸልእወንን ይፍትኑ። ገለ ነብሶም ዘይቈጻጸሩ ድማ፡ ነቲ ኣብ ሜዳ ኤርትራ ተፈጢሩ ዝነበረ ማዕርነታዊ ጾታዊ ባይታ ብምርሳዕ፡ ኣብ ምፍርራሕን ምትህርራምን ይበጽሑ። እዚ ድማ፡ ንብዙሓት ናብ ፍትሕ ገጹ ይደፍኦም ነይሩ እዩ።

ጾታዊ ዘይምስናይ፣ ሓያሎ ተዛመድቲ፡ ኣጸቢቆም ከይተፋለጡ ይምርዓዉ'ሞ ኣብ ግዜ ሕጽኖት፡ ሓዲኦም ብጾታዊ ርክብ ዕግበት ይስእን። ኣብ ገለ ተሓጸንቲ ብሓካይም ወይ ብምኩራት ኣማኸርቲ ዝፍታሕ ሓደ ሓደ ጭቡጥ ኣካላዊን ፍልጠታውን ጸገማት ዘጋጥመሉ እዋን'ኳ እንተ ዘይተሳእነ፡ ጾታዊ ዘይምስናይ ዝብል ኣምር ዘይትርጉሙ ሒዙ፡ ክፈርስ ንዝደለኻዮ ቃል-ኪዳን መመክነዪ ምንባሩ ግን ተገምጊሙ እዩ። ትርጉም ናይ ጾታዊ ዘይምስናይ ክገልጹ ኣብ ዝሕተቱሉ፡ “ስምዒተይ ኣየርውየንን” ዝብል፡ ብጭቡጥ መርትዖ ዘይረጋገጽ መግለጺ ይህቡ። እዚ፡ ንሓታቲ ፍትሕ ካብ ተደጋጋሚ ምምርማር ዘድሕን ረቂቕ ምኽንያት ስለዝነበረ፡ ዝተገልገሉሉ ብዙሓት እዮም። “ፍቕረይ ወዲኣ” ዝብል ናይ ብዙሓት መግለጺ'ውን፡ ካልእ ንምርድኡ ዘጸግም ዘይጭቡጥ መመሳመሲ ነበረ። ሓደ ዓመት ንዘይመልእ ሌላን መርዓን ፍትሕን፡ ፍቕረይ ወዲአ ብዝብል ክዓጽውዎ እንክለው፡ ፍቕሪ ከም ዝመልእን ዝሃልክን ፍርያት የምስልዎ ነበሩ።

ንካልእ ምፍቃር፣ እዚ ብግሁድ ዝተነግረ ሓበሬታ ስለዘኮነ፡ ከም ጭቡጥን ሓቀኛን ዝውሰድ እዩ። እቲ ነዚ ዝጸሉ ጠንቅታት፡ ብሓድሕድ ምፍልላጥ ዘይዓመቈ ፍቕሪ፡ ብምርሕሓቕ ቦታ ዝምድና ብምህሳሱ፡ ወይ ምስ ካልእ ናብ ጾታዊ ርክብን ጥንስን ብምስጋሩን ክኾኑ ይኽእሉ። ኣብ 1988፡ ካብ ዝተፋትሑ 434 ተጋደልቲ፡ እቶም 66 ምስ ሳልሳይ ወገን ብዝመስረቱዎ ፍቕሪ ወይ ብዝፈጸሙዎ ጾታዊ ርክባት ከም ዝተፋትሑ ገሊጾም። እቶም 26 ንካልእ ከም ዘፍቀሩን ቅድሚኡ “ፍቕሪ ዘይነበረኒ እንክሎ'የ ተመርዕየ” ብዝብል ክእመኑ እንከለዉ፡ 15 ምስ ካልእ ዝመስረቱዎ ርክብ ጥንሲ ብምፍጣሩ፡ 25 ድማ ምስ ካልእ ሰብ ዝምድናን ስጋዊ ርክብን ብምጅማር ከም ዝተፋትሑ ኣረጋጊጾም። ንካልእ ምፍቃርን ምቅያሕን ዝብል ረቛሒታት፡ ፍቕሪ ንምግላጽ'ኳ ተፈላልዩ ከም ምርጫ እንተ ተቐመጠ፡ እቲ ከም ጠንቂ ፍትሕ ዝህልዎ ውጽኢት ግን ተመሳሳሊ ገይርካ ዘይውሰደሉ ምኽንያት የልቦን።

ባህልን ናይ ዕድመ ጋግን፣ ኣብቲ ገስጋሲን ሰውራዊን ናይ መርዓ ኣገባባት ንድሑርን መሰፍናዊ መርዓ ክሰርዝ ዝተበገሰሉ ውዑይ መድረኽ፡ ባህላዊ መበቁል፡ ደርባዊ ፍልልያት፡ ደረጃታት ትምህርትን ካልእ ምስ መበቁል ዝተሓሓዝ ድሕረ-ባይታን ከም ዘየገድስ ረጃሒ እዩ ዝውሰድ ዝነበረ። ስለዚ ድማ፡ ሃይማኖትን ብሄርን ዝሓዋወሰ፡ ከተማን ገጠርን ዘይፈላለየ፡ ላዕለዎት ምሁራትን መሃይማን ሓረስቶትን ዘራኸበ፡ ናይ ዕድመ ጋግ ግምት ዘይሃበ መርዓታት ልሙድ ኮይኑ ነበረ። ኣብ ግዜ ፍትሕ ግን፡ ባህላዊ ደረጃን፡ ናይ ዕድመ ጋግን ከም ቀንዲ ጠንቂ ናይ ፍትሕ ዝገለጽዎ ተጋደልቲ ውሑዳት ኣይነበሩን። ኣብ ባህርያቶም፡ ጠባያቶም፡ ሓድሕድ ዕላላቶምን ጸወታኦምን፡ ቅልጣፌኦምን ዛሕሎምን ምውህሃድ ከም ዝሰኣኑ ድማ ይገልጹ። ገለ ደቀንስትዮ፡ "ክኣልየኒን ከማዕብለኒን ኢለ" ወይ "ንፋዕ ስለዝኮነ፡ ሞራሉ ከየውድቕ ፈሪሀ" ብዝብል ምኽንያት ኣብ መርዓ ከም ዝኣተዋ ዝገልጻ ነይረን እየን።

እቲ ቀጥዒ መኣከቢ ሓበሬታ፡ ኣብ በበይኑ መድርኻት ካብ ሓፈሻዊ ናብ ዝርዝራዊ እናተቐየረ ይኸይድ ብምንባሩ፡ እቲ ቅርጺ ናይ ዝእከብ ዳታ በብግዚኡ ይቕየርን ይሰፍሕን ስለዝነበረ፡ ፍልልያት ነይርዎ እዩ። ናይ 1984 ጸብጻብ ንኣብነት፡ ንጠንቅታት ፍትሕ ብኸምዚ ዝስዕብ ኣቐሚጡዎም ኣሎ፥ ፍቕሪ ዘይምህላዉ (16%)፣ ጠባይ ዘይምውህሃድ (10%)፣ ምስ ካልእ ምርካብ ወይ ካብ ካልእ ምጥናስ (11%)፣ ጾታዊ ዘይምስናይ (8%)፣ ዘይምትእምማን (8%)፣ ምቅያሕ (5%)፣ ካልእ ጠንቅታት ድማ (2%)። ኣብ 1988 ግን፡ እቲ ጠንቅታት፡ ፍቕሪ ዘይምህላው (18%)፣ ምስ ካልእ ምዝማድ ወይ ጥንሲ ምሓዝ (16%)፣ ብጠባይ ዘይምውህሃድ (15%)፣ ቦታ ምርሕሓቕ (11%)፣ ጾታዊ ዘይምስናይ (6%)፣ ዝተረፉ ድማ ሓባራዊ ህይወት ዘይምህላው ምኻኑ ይጠቕሱ። ነቲ ኣብ መሕተቲ ቀጥዒ ዝተዘርዘሩ ኣማራጺ መልስታትን ትርጉሞምን ዝገልጽ ዘዋሪ መልእኽቲ ተዘርጊሑ'ኳ እንተነበረ፡ ሓለፍቲ ናብ ኩሉ ስለዘይዝርግሕዎን ቀልጢፉ ስለዘርሳዕን፡ ኣብ ምምላእ ቀጥዒ ብዙሕ ሃጓፋት ነይሩ እዩ። ኣብ ሕብረተሰብ ኤርትራ ንጾታዊ ዝምድናታትን ፍቕሪን ዝገልጹ ቃላት ስለዘይተለምዱ፡ ኣብ'ቲ ቀጥዒ ዝተዘርዘሩ ምርጫታት ድማ ዘደናግር ተመሳሳልነት ስለዝነበሮም፡ ንተሓተቲ ይኹን ንተንተንቲ ንጹር ዝነበረ ኣይመስልን።

ሽምግልና

ክፍሊ ማሕበራዊ ጉዳያት፡ ንጉዳይ መርዓ ኣብ መንጎ ተጋደልቲ፡ ኣብ መጀመርታ መድረኽ፡ ብኣባላቱ ማለት፡ ብወከልቲ ምክትታል መርዓ፡ ከኻይዶ'ኳ እንተፈተነ፡ ብዘይካ ንግንባራትን ደጀንን ዝከታተሉ ሰለስተ

ወኪላት፡ ናብ ኩሉ ኣሃዱታት ውድብን መርዓ ዝካየደሉ ቦታታትን ወከልቲ ክዝርግሕ ዓቕሚ ኣይነበሮን። መርዓታት እናበዝሐ ምስ ከደ ግን፡ ነፍስወከፍ ኣሃዱ ሰራዊት ወይ ክፍሊ፡ ነቲ ማሕበራዊ ጉዳያት ዝሃቦ መምርሒ ተኸቲላ፡ ቅጥዕታት ብግቡእ መሊኣ እናልኣኸት፡ ንዝተፈቕደሎም እናኣመርዓወት፡ ኣብ መወዳእታ ድማ ጸብጻባ እናቕረበት ከም እትሰርሕ ገበረ። ንፍትሕ ዝምልከት ግን፡ ብሓደ ወገን ብዘይምእኩል ደረጃ ምኽንያቱ ጸገማቱ ስለዝበዝሐ፡ በቲ ካልእ ወገን ድማ ኣብ ዝተፈላለየ ኣሃዱታት ናይ ዝርከቡ መጻምዲ ብሓደ ኣሃዱ ተመሊኡ ክለኣኽ ዘገድድ ምትሕልላኽ ስለዝፈጥር ኣይተዘርግሐን።

ክፍሊ ማሕበራዊ ጉዳያት፡ ንዝቐርብ ፍትሕ ከም ውዱእ ጉዳይ ይርእዮ ስለዘይነበረ፡ ካብ ተጻመድቲ ንዝቐርበሉ ናይ ፍትሕ ሕቶታት ህውክ ኢሉ እወታዊ መልሲ ይህብ ኣይነበረን። ናይ ቀረባ ላዕለዎት ሓለፍቲ ናይቶም ፍትሕ ዝሓተቱ ተጋደልቲ፡ ቅጥዒ ናብ ማሕበራዊ ጉዳያት ቅድሚ ምስዳዶም፡ ናይ ሽምግልና ጻዕርታት ስለዘኻይዱ፡ ከይተሓላለፈ ብዕርቂ ዝውዳእ ብዙሕ ጉዳያት ነይሩ እዩ። ኣሃዱ ምክትታል መርዓ ድማ፡ ነቶም ስኒት ዝሰኣኑ ተጻመድቲን ኣብ ኣሃዱታቶም ክዕረቑ ዘይከኣሉን፡ ዓይነት ግርጭታቶም እናመመየን ብሽምግልና ክተዓረቑ ዝኽእሉሉ ኩነታት እናኣጽንዐን ብዙሕ ጻዕርታት ምኽያዱ፡ ብዙሕ ዓወት ተረኺብዎ እዩ። "እንተ ዘይተፋታሕኩ ክሳደይ ንኻራ!" ክብሉ ጸኒሖም፡ ኣብ መወዳእታ ንሽምግልቲ ሰሚዖም፡ ፍቕሮም ዝቕጽሉ መርዓውቲ ውሑዳት ኣይኮኑን። እዚ ዝስዕብ ኣብነት ድማ፡ ሓደ ካብቲ ተዘኻሪ ዛንታ ሽምግልና ኣብ ሜዳ እዩ፥

ኣጋጣሚ

ኣብ መፋርቕ ሰማንያታት፡ ክልተ ተጋደልቲ ድሕሪ ሓጺር ሌላን ምፍላጥን ክምርዓዉ ወሰኑ። ኣብታ ቦክሪ ሕጽኖቶም ዝኾነት ለይቲ ግን፡ ኢታ ጓል "ምስዚ ሰብ'ዚ ክነብር ኣይክእልን ኢየ፣ ኣፋትሑኒ" ብምባል ዘደንጽ ጉዳይ ፍትሕ ኣልዓለት። ሓለፍቲ፡ ንዓእን ነቲ ዝደንጸዎ መርዓውን ኣዘራሪቦም ከጭብጥዎ ዝከኣሉ ጠንቂ ስለዘይረኸቡ፡ ደብዳበ ኣሰኒዮም ናብ ወኪል ምክትታል መርዓ ለኣኽዎም። ንሱ ድማ፡ ጸገማቶም ብምግማት ንክልቲኦም ኣዘራረቦም። መርዓዊ፡ ከም ዝፈትዋን ሓዳሩ ክቕጽል ከም ዝደሊን፡ በዲልዋ እንተኾይኑ ድማ ጉድለቱ ክፈልጥን ክእረምን ድሉው ምዃኑ ደጊሙ ኣረጋገጸ። ኢታ መርዓት ግን፡ ብዘይካ ኣፋትሑኒ እንተዘይኮይኑ፡ ምኽንያታ ከም ዘይትገልጽ ተኸራኸረት። ወኪል ምክትታል መርዓ ግን፡ "ፍትሕ እነፍቕደልኪ፡ ጠንቂ ምስ ፈለጥና ጥራይ እዩ" ምስ በላን፡ ምስጢራውነት እትህቦ ሓበሬታ ምስ ኣረጋገጸላን፡ "ምስ ወዲ ምርካብ ከምዚ እንተኾይኑ፡ ፍጹም ይትረፈኒ" ብምባል ሽግራ ዘርዘረትሉ። ንሱ ድማ፡ ናይ ኩለን መርዑ ጸገም ከም ዝኮነን፡ ብምኽሪ ብጾት ወይ ድማ ብሓኪም ከም ዝፍታሕ ብምሕባር፡ ግዜ ወሲዱ ኣረጋግኣ። ድሕሪ ሰሙን ክኣ ተመሊሶም ብሕጽረት ኣፍልጦኦም ሰሓቑ።

ብዙሓት ደቀንስትዮን ደቂተባዕትዮን፡ ካብ ንእስነቶም ኣብ ሰውራ ስለዝተሰለፉን ኣብ ድሮ መርዓ ዘማክሩ ወለዲ ስለዘይረኸቡን፡ ብኸምዚ ዝተጠቕሰ ኣብነት ዝደናገሩ ነይሮም እዮም። ኣብ ልምዲ ሕብረተሰብና፡ ጉዳይ መርዓን ስጋዊ ርክባትን፡ ብጋህዲ ዘይዝረበሉ'ኳ እንተኾነ፡ ኣብ ድሮ መርዓ፡ ኣቦ ንወዱ፡ ኣደ ድማ ንጓላ እትነግሮ ምስጢራዊ ሓበሬታ ወይ ምይይጥ ከም ዘሎ ግን ዘሰሓት ኣይኮነን። ምኽንያቱ ምስፍሕ ርሕሚን ዝስዕቦ በሰላ፡ ኣብ ግዜ ስጋዊ ርክብ፡ ንደቀንስትዮ ዘይተጸበይኦ ጸገማትን ሰንባደን ክፈጥረለን ይክእል። ጸገም ምስ ገጠሞም ደኣ ኮይኑ እምበር፡ ብዙሓት ዝተጸገሙ ምርዑዋት ብምኽርን ምርድዳእን ይሕገዙ ነይሮም እዮም። ከቢድ ኣካላዊ ጸገማት ምስ ዘጋጥሞም ድማ፡ ናብ ክፍሊ ሕክምና እናኸዱ ምኽሪን ኣድላዪ ሓገዛትን ከም ዝረክቡ ይግበር ነበረ። ናይ ቀረባ ሓለፍቲ ኣብ ምፍታሕ ግርጭታት መርዓውቲ ቐሊል ተራ'ኳ እንተዘይነበሮም፡ ብወከልቲ ምክትታል መርዓ ዝተቐስሙ ተሞኩሮታት፡ ኣብ ምንኻይ ፍትሕን ዘይምቅዳው መጻምድቲን ዓቢ ጽልዋ ከም ዝነበሮ ግን ዝርሳዕ ኣይኮነን። ኣብ መጀመርታ መድረኽ ብዝነበረ ጸታዊ ዘይምምጥጣን፡ ዋሕዲ ተሞኩሮታትን ናይ መርዓ ሃወክን፡ ፍትሒ ኣዝዩ ብዙሕ'ኳ ዘመስል እንተነበረ፡ ኩሉ ጸገማት እናተቃለለ ምስ ከደ ግን፡ ኣብ መንጎ ሓድሕድ ተጋደልቲ ዝነበረ ቃልኪዳን ዕቱብነቱ ከም ዝወሰኸን ጽንዓቱ ከም ዝደልደለን ምግንዛብ ዝከኣል እዩ።

ፍትሒ ተጋደልቲ ምስ ሲቪል መጻምዲ

ድሕሪ ምዝላቕ፡ መርዓ ኣብ መንጎ ተጋደልቲ እናበዝሐ ኣብ ዝኸደሉ መድረኽ፡ ቅድሚ ምስላፎም ሓዳር ናይ ዝነበሮም ተጋደልቲ ጉዳይ ዓቢ ኣቓልቦ ክስሕብ ግድነት ነበረ። ሓደ ሓደ ካብኣቶም፡ ምስ መጋድልቶም ደቀንስትዮ ዝምድና'ኳ እንተ መስረቱ፡ ምስተን ብሕጋዊ ቃልኪዳን ዝተመርዓውወን ወይ ዝተመርዓውኦም መጻምድቲ ከይተፋትሑ፡ መርዓ ክፍቀደሎም ዝከኣል ኣይነበረን። ስለዚ ድማ፡ ምስ ስድራቤቶም ዝራኸቡሉ ኩነት ክፍጠርን፡ ኣንስቶምን ደቆምን ክመጹ ዘኽእል ጻዕርታት ክካየድን ተወሰነ። እቶም ዝበዝሑ፡ ውድብ ኣንስቶምን ደቆምን ከምጽኦም ምኺኑ ቃል ምስ ተኣትወሎም ክቐስኑ ከለዉ፡ ገለ ተጋደልቲ ግን፡ ሓዳሮም ብፍትሒ ክፈርሰሎም ጥራይ ይሓቱ ነበሩ። ስለዚ ድማ፡ ክፍሊ ማሕበራዊ ጉዳያት፡ ብሓደ ወገን ስድራቤቶም ንምምጻእ ክሰርሕ፡ በቲ ካልእ ወገን ድማ ንሕቶ ናይቶም ቃልኪዳን ክፈርሰሎም ዝጠልቡ ኣብ ሕጊ ዝተመርኮሰን ንኹሎም ወገናት ብዘዕግብ ኣገባብን ንክምልሰሎም ዝተሓላለኸ ሓላፍነት ተሰከመ።

ኣብቲ ናይ መጀመርታ መድረኻት፡ ምስ ኣብ ዓዲ ዝርከብ መጻምዲ

ፍትሕ ዝሓቱ ተጋደልቲ ውሑዳት እኳ እንተነበሩ፡ ንሳሕል ክመጻሎም ተሓቲተን ፍቃደኛታት ዘይኮና ኣንስቲ ብዙሓት ስለዝነበራ፡ ነቲ ናይ ፍትሕ ኣማራጺ ክወስዱ ዝግደዱ ተጋደልቲ ብቑጽሪ ይውስኹ ነበሩ። ብዙሓት ካብቶም ክመጻሎም ዝጽበዩ ዝነበሩ፡ ምስ ደንጉያ ፍትሕ ክፍጸመሎም ይሓቱ። ካብ 1987-1989 ኣብ ዝነበረ ሰለስተ ዓመታት1192 ስድራ-ቤታት ንምምጻእ ኣብ ዝተገበረ ፈተነ፡ እተን 199 ፍቓድ ሰብኡተን መሊአን ክዕቁባ ኸለዋ፡ 156 ድማ ብወለደን ተፋቲሐን፡ ተመርዕዩን ወይ ብዘይሕጊ ወሊደን ጸንሓ። ብዘይካ'ዚ፡ 352 ናብ ሳሕል ምኻድ ክኣብያን "ጸኒሕና ክንከይድ" ዝብል መመሳመሲ ክቐርባን ከለዋ፡ 299 ድማ ንወጻኢ ብምኻደንን ኣድራሻ ብምቕያረንን ድሃየን ተሳእነ። እዚ ድማ ነቲ ካብ ድፋዓቱ ወጺኡ ክንቀሳቐስ ዘይክእል ተጋዳላይ፡ ክቐብጽን ካልእ ውሳነ ክወስድን ዝደፋፍእ ነበረ።

ብኻልእ ወገን፡ ተጋደልቲ ነተን ኣብ ዓዲ ዝገደፍወን ኣንስቲ ፍትሕ ምሕታቶም፡ ንብዙሕ ህዝቢ ኣብ ሰንፈላል ዘእቱ ኩነታት ምፍጣሩ ኣይተረፎን። ቅድሚ 1987፡ ምስ ሳሕል ሃለዋት ሓድሕድ ዘፈላልጥ ሰፊሕ ዕድላት ስለዘይነበረ፡ ኣብ ዓዲ ዝነበረ ህዝቢ፡ ኣንስቲ ተጋደልቲ ከፋትሕ ዝሓስቦን ዝደፍሮን ጉዳይ ኣይነበረን። ብተጋደልቲ ዝተበገሰ ፍትሕ እናበዝሐ ምስ ከደ ግን፡ ካብ 1987-1988፡ እቲ ሕቶ ፍትሕ፡ ካብ ህዝብን ኣብ ዓዲ ካብ ዝርከባ ኣንስቲ ተጋደልትን ክቐርብ ጀመረ። ንነዊሕ ግዜ ሃለዋት ብምስኣነን፡ ሰብኡተን ካልእ ተመርዕዮም ከይገድፍወን ብምስጋእን፡ ባዕላተን ወይ ብወለደን ፍትሕ ዝጠልባ እናበዝሓ ከዳ። "ነዊሕ ተጸቢኻ፡ ብፍትሕ ዝድምደም እንተኾይኑ፡ ብቕጥታ ፍትሕ ምሕታት ይሓይሽ፡" ብዝብል መንፈስ፡ ኣንስቲ ተጋደልቲ ኣብ ዓዓደን ከባቢኦን፡ ንኣባላት ክፍሊ ማሕበራዊ ጉዳያትን ክፍሊ ህዝብን እናረኸባ፡ ደሃይ ሰብኡተን ክሓታ፡ ሰዉኣት እንተ ኾይኖም ክነግርወን፡ ህሉዋት እንተኾይኖም ድማ ሳሕል ከይደን ከረጋግጻ ክፍቀደለን ይሓታ ነበራ። ፍትሕ ከም ዝወሰና ንሰብኡተን ክንገረለን ሕቶታት ዘቕርባ'ውን ነይረን እየን። ስለዚ ድማ፡ ብክልቲኦም ወገናት ዝቐርብ ሕቶታት፡ ብዙሕ ናይ ሓበሬታን ደብዳቤታት ናይ ምልዉዋጥን ስራሕ ዝሓተት ኮነ።

ዋላ'ኳ በዓልቲ ቤት ኣብ ዓዲ ገዲፍካ ምስላፍ ብዝበዝሑ ደቂተባዕትዮ ዝተፈጸመ እንተኾነ፡ ሰብኡተን ገዲፈን ዝተጋደላ ደቀንስትዮ'ውን ውሑዳት ኣይነበራን። ኣብ 1988-1989 ጥራይ 63 ደቀንስትዮ ተጋደልቲ፡ ምስ ኣብ ዓዲ ዝነበሩ ሰብኡተን ዝነበረን ሓዳር፡ ብሕጋዊ መገዲ ክፈርሰለን ተፈቒዱለን እዩ። "ብቐደሙ ብግዴታ ወለዲ ዝተመርዓኽዎ እዩ፣ ፍቕሪ የብለይን፣

ደሃይ ስዲዱለይ ኣይፈልጥን'ዩ፣ ምስ ካልእ መጋድልተይ ተዛሚደ፣ ወዘተ." ዝብሉ ምክንያታት ድማ፡ ካብቲ ኣብ ሕቶኣን ዘቐርብኦ እዩ። ሕቶኣን፡ ናብ ጨንፈር መጽናዕቲን ሓበሬታን ከይዱ፡ ብፍትሕ ክዕጸን፡ ናይ ፍትሕ ወረቐት ክፍርሙሉን ዝሕብር መልእኽቲ ይሰደድ ከም ዝነበረ'ውን ኣብ ጸብጻብ ተመልኪቱ ኣሎ። እቲ ብልምዳዊ ኣገባብ ሕብረተሰብና፡ ሰብኣየን ዝወፈረ ወይ ዝጠፍአ ደቀንስትዮ፡ ንበይነን ይኹና ምስ ውላደን፡ ቃልኪዳነን ኣክቢረን ኣብ ትጽቢት ክነብራ ዘገድድ ስነ-ምግባር ኣብ ኩሉ ሕብረተሰብና ስለዘሎ፡ እቲ ሓዳር ይጸንዕን ይጸንሕን። ኣብቲ ኣብ ዞባ ምዕራብ ኣብ 1989 ዝተኻየደ መጽናዕቲ፡ 24% ፍጹም ዘይወለዳ ኣንስቲ ተጋደልቲ፡ ካብ 7-10 ዓመት ብጽንዓት ከም ዝተጸበያ ክረጋገጽ ተኻኢሉ። እተን ሰብኡተን ስዉኣት ምዃኖም ብተዘዋዋሪ ዝፈለጣ ድማ፡ "ሓደ ውላድ ገዲፉ እንተዘኸውን...." ዝብል ሓልዮታዊ ስምዒት እምበር፡ ብዝኸሰርኦ ግዜ ጓሂ ኣየንጸባረቓን። ኣደ ዝኣተወቶ ቃል-ኪዳን፡ ብዘይ ሰብኣይ'ውን ክትሕልዎ ምክኣላ ዝድንቕ ፍሉይ ተውህቦ እዩ። ኣደ፡ ገዲፋቶ ዝኸደት ሓዳር ግን፡ ብልምዲ ሕብረተሰብና ስግንጢር ብምዃኑ ብሓደ ወገን፡ ሓዳር እተቐጽሎ ጠማሪት ስለዘይረክብ ድማ ብኻልእ ወገን፡ ካብ ምፍራስ ዝድሕን ኣይኮነን። ኣብተን ተመርዕየን ዝተሰለፋ ደቀንስትዮ ተጋደልቲ'ውን እንተ ኮነ፡ ምስ'ቶም ኣብ ዓዲ ዝገደፍኦም ሰብኡተን ቃልኪዳን ከፍርሳ ዝሓተታ፡ ንነዊሕ ግዜ ድሕሪ ምጽባይ እዩ ዝነበረ። እቲ ስነ-ምግባራዊ መጽቀጥቲ ንደቀንስትዮ ጥራይ ስለዘስገድድ እዩ ድማ፡ ንዝተጋደላ ደቀንስትዮ ዝጽበዩ ደቂ ተባዕትዮ ዘይተራእዩ። ኣብ ገድሊ ኤርትራ፡ ዘይተነግረ እምበር፡ ቍጽሪ ዘይብሉ ብተኣምር ዝግለጹ ፍጻመታት ከም ዝሓቈፈ ዘመልክት ሓደ ኣብነት ናይ ታሪኽ ድማ እዩ።

ኣባላት ጨንፈር መጽናዕቲን ሓበሬታን፡ ናይቶም ፍትሕ ዝሓተቱ ተጋደልቲ ውሳነታት ካብ ክፍሊ ማሕበራዊ ጉዳያት ምስ ተላእከሎም፡ ነተን ኣንስቲ ውሳነ ውድብ ብምሕባር ነቲ ወረቐት ፍትሕ ክፍርማሉ ይሓትወን ነበሩ። ዋላ'ኳ ካብ ስድራ ናብ ስድራ ዝፈላለ እንተኾነ፡ ትግባረ ፍትሕ ብዙሕ ዝዓይነቱ ግብረ-መልሲ ይወሃቦ ነበረ። ብዙሓት ተመርዕየን ከይወለዳ ዝጸንሓን ናብ ሳሕል ክኸዳ ዘይደልያን ብምዃነን፡ እተን ንፍትሕ ከም መፍትሒ ዝዓገባሉ ውሑዳት እየን ዝነበራ። ብዙሓት ኣንስቲ ተጋደልቲ ግን፡ "ነዚ ውሳነ፡ ካብ ኣፍ በዓል ቤተይ ክሳብ ዘይሰማዕክዎ፡ ኣይፍርመሉን እየ" እናበላ ነቲ ፍትሕ ይነጽግኦ ነበራ። እቲ ጉዳይ፡ ንኣንስቲ ተጋደልቲ ጥራይ ዘይኮነ፡ ንወለደንን እንዳ ኣሕሙኣንን ንብዙሓት ኣዝማድን ዘናውጽ ተርእዮ ስለዝኾነ፡ ኣባላት ማሕበራዊ ጉዳያት ንምግጣሙ ይሽገሩ ነበሩ።

ኣጋጣሚ

ኣብ 1989፡ ሓደ ተጋዳላይ፡ "ስበይተይ ብድሕረይ ቃል-ኪዳና ኣፍሪሳ ካልእ ከምዝተመርዓወት ስለዘረጋገጽኩ፡ ከም ዝፈታሕኩዋ ኣፍልጥዎ" ዝብል ሕቶ ኣቐረበ። ኣባላት ማሕበራዊ ጉዳያት ናብ ዓዳ ምስ ከዱ ግን፡ ብኽልተኦም ኣረገውቲ ወለዱ እናተመረቐት ከትኣልዮም ጸንሓቶም። ነገሩ ኣሰደሚሙዎም ድማ፡ ከይነገርዋ ከወጹ መረጹ። ብድሕሪ'ዚ፡ ነቲ ተጋዳላይ እቲ ዝጸንሓም ክውንነት ብምንጋር፡ "ቃል-ኪዳን ኣፍሪሳ" ዝበሎ ፍጹም ሓሶት ምዃኑ ተሓበሮ። ንሱ ግን፡ ሕጂ'ውን "ኣነ ምስ'ዛ ሰብ እዚኣ ወዲኣ እየ፣ ኣብዚ ዝምድና መስሪተ ስለዝኾንኩ፡ ፍትሑለይ ጥራይ" ዝብል ትርር ዝበለ መልሲ ሃበ። ኣባላት ማሕበራዊ ጉዳያት'ውን ተመሊሶም ነታ ሰድራ ነገርዋ። ኣቦኡ ድማ፡ ከረከቡዎ በትሮም ኣልዒሎም ተበገሱ። ብፍቓድ ንሳሕል ከይዶም ኣብ ዓረሪብ ንወዶም ረኸብዎ። ተጋዳላይ ብሕፍረት ኣብ ዝኣትዎ ጨነቖ። "'ብድሕሬኻ ተመርዕያ' ኢሎምኒ" ንዝብል መመኸነይታኡ ምስ ነጸግዎ ድማ፡ ሕራይ በሎም። በዓልቲቤቱ ቐልጢፋ ክትመጽሉ ብምሕታት ከኣ፡ ምስታ ተጋዳሊት ብጸይቱ ዝነበሮ ዝምድና ኸቋርጾ ተገደደ።

ብኻልእ ወገን፡ ብዝሒ'ኳ እንተ ዘይነበሮም፡ ውሑዳት ስድራ-ቤታት፡ ሃለዋት ተጋደልቲ ሰብኡተን ጠፊኡ ብምባል ዳግም ዘመርዓዉወን ኣንስቲ ተጋደልቲ ነይረን እየን። ሙብዛሕትኡ ብኣቦ ጓል ዝብገስ ኮይኑ፡ "ጓልና ክትጽበ ኣይትነብርን እያ፡" ብማለት፡ ምስ እንዳ ወዲ ተላዚቦም፡ ሳሕቲ'ውን ከይተላዘቡ፡ ኣፋቲሖም የመርዕዉወን። ንተጋደልቲ ሰብኡተን ከይሓበሩን፡ ንዝኮነ ካልእ ኣካል ከይተወከሱን ስለዘገብርዎ ድማ፡ ምስ ክፍሊ ህዝባዊ ምምሕዳር ከም ዝዘተየሉ ተገብረ። ኣብ መወዳእታ ከኣ፡ ወለዲ ይኹኑ ኣንስቲ ተጋደልቲ፡ ኣቐዲሞም ፍቓድ ክረክቡ ከም ዝግብኦም ዝገልጽ ሕጊ ንህዝቢ ተነግረ። ድሕሪ'ዚ መግለጺ'ዚ፡ ነቲ ሕጊ ዝጣሓሱ ወለዲ'ውን ከም ዝቕጽዑ ናይ ምግባር ስጉምቲ ክውሰድ ተፈቲኑ ነበረ። ኣብ ርሑቕ ቦታታትን ከተማታትን ግን፡ ብዘይ ፍቓድ ምምርዓው ደው ክብል ኣይከኣለን። ኩሎም ብህይወት ዝነበሩ ሰብሓዳር ተጋደልቲ፡ ናብ ኣንስቶምን ወለዶምን ደብዳቤታት እናሰደዱ ሃለዋቶም ክፍልጡ ከተባብዕዎም፡ ክፍሊ ማሕበራዊ ጉዳያት ንኹለን ኣሃዱታት ህዝባዊ ግንባር ይምሕጸን ከም ዝነበረ'ውን ኣብ ጸብጻብ ተጠቒሱ ኣሎ። እንተኾነ፡ እቲ ተርእዮ ንዉሑዳት ተጋደልቲ ዘሰንብድ'ኳ እንተነበረ፡ እቲ ዝዓበየ ብድሆ በቲ መስዋእቲ ናይ ኣሽሓት ተጋደልቲ ዝተፈጥረ ክዉን ጸገም ስለዝኮነ፡ እቲ ህዝቢ ዝወሰዶ ዝነበረ ስጉምቲ ናይ ዝበዝሓ ኣንስቲ ሰዉኣት ሽግር የቃልሎ ነይሩ ምባል'ውን ዝከኣል እዩ።

እቲ ህዝባዊ ግንባር ዝክተሎ ዝነበረ መስዋእቲ ዘይምንጋር ፖሊሲ፡ ንጹርን ብርዱእ ምኽንያት ድሩቕን'ኳ እንተነበረ፡ ካብ 1982 ጀሚሩ፡

ንመጸምዲ ተጋደልትን ነተን ኣብ ሳሕል ኣብ መደበር ዕቑባት ዝነበራ ኣንስቲ ተጋደልትን ምሕብኡ ስለዘይከኣል፡ ከም ዝንገራ ተገይሩ እዩ። ኣብ ዓድታተን ንዝርከባ ኣንስቶም ምንጋር ግን፡ ንደቀምን ንወለዲን ንኹሎም ኣዝማድን ዝጸሉ ስለዝኮነ ኣይተመርጸን። ኣብ ትጽቢት ሰብኡተን ግዜ ዝሓለፈን ብዙሓት ኣንስቲ ተጋደልቲ፡ ትጽቢተን መመሊሱ ከይናዋሕን ዳግም ናይ ምምርዓው መሰል ክረጋገጸለንን፡ ምስ ላዕለዎት መራሕቲ ብተደጋጋሚ ምስተዘርበሉ፡ መቃለሊ ስጉምትታት ክውሰድ ተወሲኑ እዩ። መሰዋእቲ ከይሓበርኻን፡ ካልእ ተመርዕዩ'ዶ ንዝብል ሕቶ መልሲ ከይሃብኻን፡ "ዘይምጽባይ ይሕሸክን" ብምባል ብዘይወግዓዊ ፍትሕ ንምፍናወን፡ ምስ ኩሉ ጎድናዊ ሳዕቤናቱ ከም እንኮ ኣማራጺ ኮይኑ ክስርሓሉ ድማ ጀመረ። ካብ መወዳእታ 1988 ጀሚሩ፡ ኣብ ዓድታተን ኲይነን ህላወ ሰብኡተን ካብ ዝሓተታ ኣንስቲ ተጋደልቲ፡ ክፍሊ ማሕበራዊ ጉዳያት ንመዛግብ ሰክረታርያት ብምውኻስ ናይቶም 14 ተጋደልቲ መሰዋእቲ ስለዘረጋገጸ፡ ከም መፈተኒ ነተን ኣንስቶም ከይጽበይኦም ተነግረን። ግብራዊን ጠቃምን መፍትሒ'ኳ እንተኾነ፡ ህዝቢ ዝርዕሞ ቅኑዕን ቅቡልን ኣገባብ ከም ዘይከውን ግን ፍሉጥ ነበረ። እቶም ንህዝቢ ንምግላጽ ብቐጥታ ዝጭነቑ ዝነበሩ ኣባላት መጽናዕቲን ሓበሬታን፡ ንቤት ጽሕፈት ክፍሊ ማሕበራዊ ጉዳያት፡ "እዚ ጉዳይ'ዚ ኣብ ህዝቢ ኣሉታዊ ስምዒት ይፈጥር ኣሎ። ንስም ህዝባዊ ግንባር'ውን ይድውን ኣሎ፣ ስለ'ዚ ዳግመ-ግምት ይገበረሉ" ዝብል ርእይቶታት ብተደጋጋሚ ኣቕሪቦም ነበሩ። እንተኾነ፡ ነቲ ኣንስቲ ተጋደልቲ ኣብ ሰዊት ዕድመአን ዝተጸበዩኦ ዓመታት ዘናውሕ ስለ ዝኮነን ካልእ ኣማራጺ የልቦን ዝብል መልሲ ተዋሂቡዎም ነበረ።

ኣብ መንጎ'ዚ፡ ጉዳይ ኣብ ትጽቢት ዝርከባ ኣንስቲ ሰዉኣት፡ ብተጋደልትን ህዝብን ዝሕተተሉ ተነቃፊ ዛዕባ እናኮነ ይኸይድ ነበረ። ኣባል ፖለቲካዊ ቤት-ጽሕፈትን ሓላፊ ክፍሊ ህዝባዊ ምምሕዳርን ዝነበረ ማሕሙድ ሸሪፎ፡ ኣብ 1989 ኣብ ኢራፋይለ ኣብ ዝገበሮ ህዝባዊ ኣኼባ፡ 5 ዓመት ደሃይ ተጋዳላይ በዓልቤተን ዘይፈለጣ ደቀንስትዮ፡ ቃልኪዳንን ከፍርሳን ክምርዓዋን ከም ዝኽእላ ገሊጹ ነበረ። ብኻልእ ወገን፡ ኣባላት ሃገራዊ ማሕበር ደቀንስትዮ ኤርትራ (ሃ.ማ.ደ.ኤ.) እውን፡ ኣብ ውሱን ከባቢታት ዞባ ምዕራብ፡ ደሃይ ሰብኡተን ዝሰኣና ኣንስቲ ተጋደልቲ፡ ሰለስተ ዓመት ደሃይ እንተ ዘይረኺበን ክፋትሓ ዝብል ጉስጓስ ኣካይደን ነበራ። እዚ ንክፍሊ ማሕበራዊ ጉዳያት ሃንደበት'ኳ እንተነበረ፡ ድሕሪ ናይ 5 ዓመት ድሃይ ምጥፋእ ውሳነ ክወስዳ ምፍቃድ፡ ቅቡልን ንብዙሓት ኣንስቲ ተጋደልቲ ካብ ሰንፈላል ዘድሕንን ስለዝኾነ፡ ድጉፍ እዩ ዝነበረ። ብፍላይ ኣብ ዓደን ዝነብራ ኣንስቲ ሰዉኣት ተጋደልቲ፡ መሰዋእቶም ክፈልጣሉ ዝኽእላ ዕድላት ኣይነበረንን። ንነዊሕ ደሃይ ዝተሳእኖ ተጋዳላይ ድማ

ስዉእ ናይ ምኳን ዕድሉ ልዑል ስለዝኸውን፡ እቲ ጥቕሙ ካብ ጉድናዊ ሳዕቤናቱ ዝዓበየ እዩ።

ኣብ ሜዳ ኣብ መንጎ ተጋደልትን ኣብ ዓዲ ዝነበራ ኣንስቶምን ዝተገብረ ፍትሕ፡ ርጉጽ ብዝሑ ንምግላጽ ኣሸጋሪ እዩ። ብወግዓዊ ናይ ፍትሕ ሰነድ ፍቓድ ዝተዋህቦ 781 ጥራይ ምኳኑ፡ ኣብ ጸብጻባት ክፍሊ ማሕበራዊ ጉዳያት ተጠቒሱ ኣሎ። ንኣብነት ኣብ 1984 ጥራይ፡ ፍትሕ ካብ ዝተዋህቦም 243 ተጋደልቲ፡ እቶም 56 ብመስዋእቲ፥ 9 ብሃዳምነት፥ 40 ድማ ምስ ኣብ ዓዲ ዘለዋ ኣንስቶም ዝተፈላለዩ እዮም። እቲ ስሩዕ ናይ ፍትሕ መስርሕ ዘይክተል ጠንቅታት ምፍራስ ቃልኪዳን ግን፡ ብዙሕን ዝተፈላለየን እዩ። ኣብ 1989፡ ካብቶም ካብ ዓድታት ብዝርከባ ኣንስቶም ዝተሓተተሎም 67 ተጋደልቲ፡ ሃለዋቶም ኣብ መዝገብ ስዉኣት ዝተረክቡ 37 ጥራይ እዮም። 10 ህሉዋት፡ 7 ከዲያም ዝጠፍኡ፡ ዝተረፉ 13 ግን ኣብ ህ.ግ.፡ ከም ዝተሰለፉ ዘመልክት ዝኾነ ሓበሬታ ኣይተረኽበሎምን። ልክዕ ቊጽሪ ሓዳር ናይ ዝነበሮም ተጋደልትን ሃለዋት መስዋእቶምን ብንጹር ምፍላጥ እንተ ዘይተኻእለ፡ ብመስዋእቲ ሰብኡተን ዝመነና ኣንስትን ዝዘክተሙ ህጻናትን ኣሽሓት ምንባሮም ርጉጽ እዩ። ስዉኣት ወይ ሃለዋቶም ዝጠፍአ ክንሶም፡ ኣብ መዛግብ ህዝባዊ ግንባር ዘይተረክቡ'ውን ነይሮም እዮም። ዝበዝሑ ካብኦም፡ ኣብ ተጋድሎ ሓርነት ዝተሰውኡን ሃለዋቶም ዘይተፈልጠን ተጋደልቲ ምኳኖም ምግማት ይከኣል። ንስግረ-ዶብ ብበረኻታት ዝሳገሩን፡ ብኣስገርቲ ዝተጠልሙን ብዘይ ጭቡጥ ናይ ሃለዋቶም ሓበሬታ ዝጠፍኡ'ውን ውሑዳት ኣይነበሩን። ስለዚ ድማ፡ ክፍሊ ማሕበራዊ ጉዳያት ናይ ሃለዋቶም መልሲ ክረክበሎም ዝሕተቶ ናይ ጉዳያት ዓይነትን ዓቐንን ብዙሕ እዩ ነይሩ ክበሃል ይከኣል።

ገለ ኣንስቲ ተነጊርወን ከብቅዕ፡ ንሳሕል ከረጋግጻ ዝመጻን፡ ሰብኡተን ምስ ሰኣና ዝሸገራን'ውን ነይረን እየን። ሳሕል ከም ሓንቲ ንእሽቶ ዓዲ መሲሉወን፡ ሰብኡተን ቀልጢፈን ክረክባ ዝነበረን ሃንቀውታ ኣይማላእን። ስዉእ ክንሱ፡ ዞባ ምብራቕ ከይዱ! ደንከል ከይዱ! ዝዓይነቱ መመሳመሲ ምስ ሰምዓ ድማ፡ ናብ ዓድታተን ዝምለሳ ነበራ። ይኹን እምበር፡ ክፍሊ ማሕበራዊ ጉዳያት፡ ናይ ፍትሕ ምስክር ከይሃበ፡ ንኣንስቲ ተጋደልቲ ካብ ቃልኪዳን ናጻ ንምልቃቐን ዝተክተሎ ኣገባብ፡ ብግብሪ ቀሊል ኣይነበረን። በዓልቤታ ስዉእ ምኳኑ ብተዘዋዋሪ ዝተነግረት ሰይቲ ተጋዳላይ፡ ክትምርያ እንተ ኾይና ብተዘዋዋሪ መገዲ ንስድራቤቱ መስዋእቱ ዝሕብር ስለዝኾነ፡ ውሳነ ክወስዳ ዘይከኣላ ብዙሓት እየን። ንገለ በዚ ወጥሪ'ዚ ዝተጸገማ ኣንስቲ ተጋደልቲ፡ ናብ ሳሕል ምውራደን ከም ዝበለጸ ኣማራጺ ተራእዩ ነበረ።

እቲ ኣብ መንጎ ተጋደልትን ሲቪል ኣንስቶምን ዝተኻየደ ፍትሕ፡ በቲ ንቡር ናይ ምፍልላይ መስርሕ ክርአ እንከሎ፡ ኣዝዩ ውሑድ ምንባሩ ጥርጥር የልቦን። እንተኾነ፡ ሰብኣይን ሰበይትን ኣብ ዘይተራኸቡሉን፡ እቲ ሓደ ህላወ ናይ መጻምዱ ፍጹም ኣብ ዘየረጋገጸሉን፡ ብመሰዋእትን ሃለዋት ምጥፋእን ዝሰዓበ ዘይንቡር ምፍልላይን ምፍራስ ቃልኪዳናትን ግን ኣዝዩ ብዙሕ እዩ። ካብ መጻምዲ ዘይብሉ ቃልኪዳን ናጻ ንምልቃቕ ዝተገብረ ናይ ህዝባዊ ግንባር "ፍትሕ ብግብሪ" እምበኣር፡ ንረብሓ'ተን ከይፈለጣ ኣብ ዘይሰምር ትጽቢታት ዝተሸመማ መንእሰያት ደቀንስትዮ ንምድሓን ዝተገብረ ፍትሓዊ ምላሽ እዩ። ብመንጽር ሕጊ፡ ዘይተሰነደ ፍትሕ ምፍቃድ ስግንጢር'ኳ እንተመሰለ፡ ነቲ ሓቀኛ ክውንነት ናይ ገድሊ ኣብ ግምት ዘእተወን፡ ናይ ኣንስቲ ተጋደልቲ ኸንቱ ሰንፈላልነት ማዕልቦ ንምርካብ ዝተወሰደ ፍትሓዊ ስጉምቲን ምንባሩ ክፍለጥ የድሊ።

ገምጋም ቃልኪዳን ተጋደልትን ጸንዕነቱን

ኣብ ህዝባዊ ግንባር፡ ዝተኻየደ ናይ መርዓን ፍትሕን መስርሓት፡ ዋላ'ኳ ኣብ ዝጸንከረ መድረኽን ምስ ብዙሕ ዕንቅፋታትን ይፈጸም፡ እቲ ዝበዝሐ ኺዳናዊ ምትእስሳር ብጽቡቕ ከም ዝቐጸለ ኣብ ሰሌዳ ብዘሎ ሓበሬታ ምምዛኑ ዝከኣል እዩ። እቲ ኩሉ ናብ መርዓ ዘብጽሕ ናይ ምልላይ፡ ምይይጥን ሕጹን መስርሕ ተሓሊፉ ኣብ መርዓን ሕጽኖትን ምስ ተበጽሐ፡ ሰብ ቃልኪዳን ፍቕሮም ከደልድሉ ዝኽእሉሉ ናይ ሓባር ናብራን ናይ ምርካብ ዕድልን ኣይነበረን። ድሕሪ ሕጽኖት፡ ዝበዝሑ ተጻመድቲ፡ ድሕሪ ዓመት ኣብ ዝፍቀደሎም ዕረፍቲ ክራኸቡ ብምምናይ እዮም ናብ ኣሃዱታቶም ዝፋነዉ። ውሑዳት ኣብ ሓደ ክፍለ-ሰራዊት ወይ ብርጌድ ዝርከቡ ናይ ሰራዊት ኣባላት፡ ከከም ህልው ኩነታት፡ ወርሓዊ ዝበጻጽሑሉ ኩነታት ክረክቡ ይኽእሉ። ኣብ ክፍላተ-ሰራሕ ድማ፡ ኣብ ሓደ ከባቢ እንተ ሃልዮም ሰሙናዊ ናይ ምርካብ ዕድላት ክህልዎም ይክእል። ምርሕሓቕ ቦታ፡ መጓዓዝያ ናይ ዘይምርካብ ጸገም፡ ርጉጽ ህላወ መጻምዲ ዘይምፍላጥን ካልእ ጸገማትን ምስ ተወሰኾ፡ እቲ ርክብ ብዙሕ ዕንቅፋት'ዩ ዝደራረቦ።

ቅድሚ መርዓ ዝነበረ ናይ ተጻመድቲ ናይ ምብጽጻሕ ዕድል፡ ድሕሪ መርዓ መሊሱ ከም ዝጸብብ እዮም ናይ ሽዑ ጸብጻባት ዘመልክቱ። ኣብ 1988 ፍትሕ ዝሓተቱ ከም ዝገለጽዎ፡ ቅድሚ መርዓ ከም ድሌቶም ዝራኸቡ ዝነበሩ 32% ክንሶም፡ ድሕሪ መርዓ ግን ናብ 16% ነከየ። ኣብ ዝምድና እንከለዉ ንልዕሊ ዓመት ዘይተራኸቡ መርዓውቲ ብዝሑም 10% ዝነበረ፡ ድሕሪ መርዕኦም ናብ 22% ዓብዩ። ኣብ 1989 እውን፡ ቅድሚ መርዓ ኣብ ሓደ ኣሃዱታት ዝነበሩ ተዛመድቲ ናይ ምርካብ ዕድሎም 57% ዝነበረ፡

ድሕሪ መርዓ ናብ 20% ከም ዝወረደ ኣብ ጸብጻብ ተመዝጊቡ ኣሎ። ኣብ ብዙሓት ናይ ሰራዊት ኣሃዱታት፡ ቅድሚ መርዓ ኣብ ሓደ ኣሃዱ ዝነበሩ ኣባላቶም፡ ኣብ ቅድሚ ዓይኖም መሰዋእቲ ናይ መጻምዶም ከየጋጥሞም ካብ ዝብል ክውንነታዊ ስግኣትን ካልእ ምኽንያታትን፡ ናብ ካልእ ሓይሊ ወይ ቦጦሎኒ ምቕያሮም ዝመርጹ ሓለፍቲ ነይሮም እዮም። ብተወሳኺ፡ በቲ ኣብ መንጎ ኣሃዱታት ሰራዊት በብእዋኑ ዝካየድ ተኽሊፕ፡ ብሓደ ዝነበሩ ሰብ-ሓዳር ክረሓሓቑ ይኽእሉ። ኣብ ክፍላተ-ስራሕ፡ ብዘይካ'ቲ ልሙድ ምቅይያር፡ ስራሕ ቦታ ቀጻሊ ምኽታት ተጋደልቲ ናብ ሰራዊት ስለዘሎ፡ ካብ ሰራዊት'ውን ዝሰንከሉ ተጋደልቲ ድማ ናብ ክፍልታት ስለዝምደቡን፡ ንብዙሓት ተጻመድቲ ክረሓሕቕ ዝኽእል ምግልባጥ ነበረ። እዚ ድማ ኣብ ርጉእነት ናይቲ ቃል-ኪዳን ኣሉታዊ ሳዕቤን ከይፈጠረ ኣይተረፈን። እቲ ምርሕሓቕ እናነውሐ ምስ ከደ፡ ነቲ ቃልኪዳን ዝፈታትኑ ነገራት እዮም ዝቀላቐሉ። ኣብ ልዕሊ መርዓ ምስ ካልእ ዝራኸቡን፡ ጥንሲ ዘጋጥሞምን፡ ካልእ ኣፍቂረ ብምባል ፍትሕ ዝሓቱ ተርእዮታት ድማ ይበዝሑ። እቲ ኣሉታዊ ተርእዮታት ዝያዳ መምሃሪ ስለዝኾነ፡ ምጥቃሱ እንተ ተደጋገመ፡ እቲ ሓፈሻዊ ኣኻይዳኡን እወታዊ ውጽኢቱን ምግምጋሙ እዩ ምሉእ ርድኢት ዝህብ።

ኣብ ክፍሊ ማሕበራዊ ጉዳያት፡ ዝተሰነዱ ቀጥዕታት መሕተቲ መርዓን፡ ናይ ቃል-ኪዳን ኻርድታትን በብዓመት ዝተጸምቀ ጸብጻባትን፡ መርዓ ዝሓተቱ ተጋደልቲ ካብ 1977 ክሳብ 1993 ብንጽል ክርአ እንከሎ ክሳብ 33 ሽሕ ከም ዝበጽሐ እዮም ዘመልክቱ። እቶም 11,994 (36%)፡ ድሕሪ ናጽነት ኣብ 1992-1993 መርዓ ዝተፈቕደሎም ስለዝኾኑ ግን፡ ክሳብ 1991 ኣብ ሜዳ መርዓ ብንጽል ዝተፈቕደሎም ተጋደልቲ 20,830 ጥራይ እዮም። ካብዚኣቶም ድማ፡ ኣብ ሜዳ፡ ኣብ መንጎ ተጋደልቲ ዝተፈጸሙ መርዓታት 8,317 ጥራይ ነበሩ። ከምቲ ኣብ ላዕሊ ዝተገልጸ፡ ፍቓድ መርዓ ዝተዋህቦም ተጋደልቲ፡ ጽንብል መርዓ ከይተፈጸመ ኣብ መንጎ ሓዲኦም ወይ ክልቲኦም ብመሰዋእቲ ስለዝሓልፉን፡ ብወተሃደራዊ ኩነታት ድሕሪ ምድንጓዩ ሓሳብ ስለዝቕይሩን፡ ጽንብል መርዓ ከይፈጸሙ ዝተርፉ ሕጹያት ነይሮም እዮም። ስለዝኾነ እዩ ድማ፡ ኣብ ሰሌዳ ኣብ መንጎ ብዝሒ ዝተፈቕደን ዝተመርዓውን ዘሎ ፍልልይ ኣዝዩ ገፊሕ ኮይኑ ዘሎ። ካብቶም 20 ሽሕ ዝተፈቕደሎም፡ ክሳብ 4 ሽሕ ዝግምገሙ ተጋደልቲ ኣብ መርዓ ከበጽሑ ከም ዘይከኣሉ እዩ ዘመልክት። ቅድሚ ናጽነት መብዛሕትኡ መርዓታት ኣብ መንጎ ተጋደልቲ ንሓድሕዶም ዝተፈጸመ ኹይኑ፡ ውሑድ ከኣ ኣብ መንጎ ተጋደልትን ብረት ዘይዓጠቃ ሓፋሽ ውድባትን ዕቑባትን ዝተኻየደ እዩ። ኣብ ድሕሪ መስመራት ጸላኢ ዝተንቀሳቐሱ ተጋደልቲ ምስ ሲቪል ዝፈጸሙዎ መርዓታት'ውን ነይሩ እዩ። ድሕሪ ናጽነት ኣብ ዝነበራ

ክልተ ዓመታት ግን፡ ተጋደልቲ ናብ ከተማታትን ዓድታትን ብምእታው ምስ ቤተሰቦም ምስ ተሓወሱ፡ ምስ ሲቪል ህዝቢ ዝተኻየዱ መርዓታት ወይ መውስቦታት ብዙሓት እዮም። ቅድሚ ናጽነት፡ ካብ 1977 ክሳብ 1991 ዝተፈቕደ መርዓታት፡ 64% ጥራይ እዩ ዝነበረ። ኣብተን ክልተ ናይ ናጽነት ዓመታት ግን 36% መርዓታት ተፈቒዱ። ኩሎም ድሕሪ ናጽነት ዝተመርዓዉ ተጋደልቲ ብሕጊ ህዝባዊ ግንባር ጥራይ ቃል-ኪዳን ኣሲሮም ክበሃል ስለዘይክኣል ድማ፡ ቍጽሪ ናይ ዝተመርዓዉ ተጋደልቲ ዝበዝሐ ክኸውን ይክእል። ብያታዊን ሃይማኖታውን ኣገባባት ኣኣብ ዓዶም ዝተመርዓዉ ብዙሓት ዘይተመዝገቡ ተጋደልቲ ከም ዝነበሩ ምግማት ኣሸጋሪ ኣይኮነን። እዚ ድማ፡ ኣዝዮም ብዙሓት ተጋደልቲ፡ ብሓርፋፍ ገምጋም ክሳብ 80% ዝበጽሑ ኣብ ሜዳ ከም ዘይተመርዓዉን፡ ናጽነት ምስ ተረጋገጸ ጥራይ ዕድል ከም ዝረኸቡን ዘመልክት እዩ።

ብዝሒ መርዓን ፍትሕን 1977-1993

ዓመት	መርዓ ዝተፈቕደሎም ብንጽል	ምርዑዋት ብጽምዲ	ፍትሕ ብንጽል	ፍትሕ ምስ ሲቪል ብንጽል
1977	2	1	-	
1978	20	10	-	
1979	304	152	5	
1980	1008	504	6	
1981	1562	781	16	
1982	538	282	34	10
1983	1072	426	50	10
1984	1222	715	243	40
1985	1010	480	173	57
1986	2098	658	123	76
1987	2370	560	598	160
1988	1650	454	536	132
1989	2824	893	470	161
1990	2202	923	446	121
1991	2946	1478	743	104
ድምር	20830	8317 ጽምዲ (4196 ብንጽል ፍቓድ፡ ኣይተተግበረን)	3443 ብንጽል 1061፡ ብጽምዲ	871
1992	8337	ብንጽል - 8337	510	
1993	3657	ብንጽል - 3657	340	
ጠቕላላ ድምር	32824	ብንጽል 11994 ብጽምዲ 8317	4293 ብንጽል	ምስ ሲቪል 871

ካብ 1979 ክሳብ 1993፡ ድሕሪ ናጽነት ሓዊስኻ ብፍትሕ ዝተደምደሙ ቃል ኪዳናት ብድምር 4293 እዩ። ካብዚኣቶም ኣብ ሜዳ ክሳብ ግዜ ናጽነት 1991 ዓ.ም ከኣ ኣብ ተጋደልቲ ዝተፈጸሙ ፍትሕ 3443 ነይሮም። እዚ ክዝርዝር ከሎ 871 ምስ ሲቪል መጻምድቲ ዝተገብረ ፍትሕ ቅድሚ 1986 ብመሰዋእቲ መጻምዶም ዝተገብረ ፍትሕ፡ 150፡ ብክድዓት መጻምዶም ፍትሕ ዝተመዝገቡ 50፡ መጻምድቲ ዘትዮም ኣብ ፍትሕ ዝበጽሑ ድማ ብንጽል 2372 (ብጽምዲ 1186) ነይሮም። ካብዚኦም ክሳብ 1991 ዓ.ም ዝተመርዓው ብንጽል 16634 (ብጽምዲ 8317) ፍትሕ ክርአ ከሎ 20.7% ነይሩ። ብተወሳኺ ክሳብ 1993 ዝተመርዓው ምዝግምገም ከኣ ፍትሕ 15% እዩ።

ኣብ ናይ ፍትሕ ሕቶታት፡ ዝተማልአ ሰነዳት ናይ ምሓዝ ዕድል ብዙሕ ጸገማት ነይርዎ እዩ። ብመሰዋእቲ ዝተመዝገበ ፍትሕ፡ ብክድዓት ሓደ ወገን ዝፈረሰ መርዓ፡ ንውሱን እዋን ከም ቅጥዒ ዝቐርበሉ ፍትሕ'ኳ እንተ ተመዝገበ፡ ጸኒሑ ከም ዝተርፍ ተገይሩ እዩ። እቲ ዝተመዝገበ'ውን ኣብ ጸብጻባት ስለዘተጠቕሰ እምበር፡ ነቲ መሰዋእትን ክድዓትን ንምግላጽ ዝበቅዕ ምሉእ ሓበሬታ ኣይኮነን። እቲ ምስ ሲቪል ዝግበር ፍትሕ፡ ብሓደ ሰብ ጥራይ ቅጥዒ ክቐርበሉ ግድን'ኳ እንተ ነበረ፡ ንውሳነታትን ንሰነዳን የጸግም ምንባሩ ግሉጽ እዩ። ብዙሓት ንፍትሕ ክነጽጉ ዝደልዩ ተጋደልቲ'ውን፡ መጻምዶም ፍትሕ ኣብ ዝሓትሉ፡ ነቲ ውሳነ ክዓግቱ ቅጥዒ ዘይምቕራብ ስለዝመርጹ፡ መዛግብ ፍትሕ፡ ብናይ ሓደ ሰብ ቅጥዒ ጥራይ ክውሰንን ክሰነድን የገድድ ነበረ። ንኣብነት ኣብ 1984 ጥራይ፡ ካብ ፍትሕ ዝተፈቐደሎም 243 ተጋደልቲ፡ እቶም 20 ፍትሕ ብምንጻግ ቅጥዒ ኣይመልኡን። ክፍሊ ማሕበራዊ ጉዳያት፡ ብወተሃደራዊ ክውንነት ዝደናገ ሓበሬታ፡ ስሉጥ ናይ መራኸብታት መርበብ ብዘይምንባሩ ዝጠፍእ ሰነዳት፡ ካልኦት በዳህቲ ጸገማትን ደሚርካ፡ ብዘይተማልአ ሓበሬታ ውሳነ ክህብ ይግደድ ምንባሩ'ውን ምዝኻር የድሊ። ስለዚ ድማ፡ ዋላ'ውን ቃልኪዳን ዝድልድለሉ ብርቱዕ ጻዕርታት እንተ ተኻየደ፡ ናይ ብዙሓት ተጋደልቲ ቅሳነት ንምርግጋጽ እንተ ተሰርሐን፡ ብሕጽረታት ሓበሬታን ናይ ምስናድ ዓቕምታትን፡ ብዙሕ ሃጓፋት ከም ዝነበሮ ክርሳዕ ኣይግባእን።

ናጽነት ኤርትራ ምስ ተረጋገጸ፡ ዝሰዓበ ክልተ ዓመታት፡ ኣብ ሜዳ ቃል-ኪዳን ዘይገበሩ ተጋደልቲ፡ ክምርዓዉ ጽቡቕ ዕድል ፈጢሩ'ዩ። ኣብ ክልቲኡ ዓመት ጥራይ 11,994 ወይ 36% ናይቲ ኣብ 14 ዓመት ዝተኻየደ መርዓታት ተፈጺሙ። ኣብዚ መድረኽ'ዚ ዝነበረ መርዓታት ናይ ስድራ ድፍኢት ዝነበሮ ኾይኑ፡ ልዕሊ 90% ካብኡ ኣብ መንጎ ተጋደልትን ሲቪልን ዝተኻየደ ምዃኑ'ዩ ዝግመት። ካብ ናጽነት ክሳብ

መወዳእታ 1993፡ ተጋደልቲ ደሞዝ ይኹን ናይ ጁባ ገንዘብ ስለዘይነበሮም፡ ክፍሊ ማሕበራዊ ጉዳያት፡ ነቶም ክምርዓዉ ዝተፈቐደሎም ተጋደልቲ፡ ናይ መርዓን ሕጽኖትን ሓደ ሽሕ ብር ከም ዝምደበሎም ስለዝገበረ፡ ንብዙሓት ሓገዝ ዘይነበሮም መተባብዒ ኹይኑ እዩ። ብኻልእ ወገን፡ ኣብ'ዘን ክልተ ዓመት'ውን፡ ክፍሊ ማሕበራዊ ጉዳያት ክሳብ 850 ንዝበጽሑ ተጋደልቲ፡ ናይ ፍትሕ ፍቓድ ከም ዝሃበ ኣብ ሰነዳት ተመዝጊቡ ኣሎ። ክሳብ 1993 በቲ ናይ ህዝባዊ ግንባር ሕጋጋትን ብናይ ሜዳ መስርሓትን ዝካየድ መርዓን ፍትሕን ስለዝቐጸለ፡ እቲ ኣብዘን ክልተ ዓመት ዝተመዝገበ መርዓን ፍትሕን ኣካል ናይቲ ኣብ ግዜ ቃልሲ ዝተኻየደ ኮይኑ ኣብ ሰሌዳ ቀሪቡ ኣሎ።

ድሕሪ 1993፡ ክፍሊ ማሕበራዊ ጉዳያት፡ ከም ሓደ ክፍሊ ናይ ሚኒስትሪ ዕዮን ማሕበራዊ ድሕነትን ከም ዝውደብ'ኳ እንተ ተገብረ፡ ናይ መርዓን ፍትሕን ጉዳያት ካብ ሓላፍነት ናይቲ ሚኒስትሪ ኣይጉደለን። ይኹን እምበር፡ ጉዳይ ስድራቤትን ናይ ቃል-ኪዳን ጉዳያትን፡ ኣብ ሲቪላዊ ሕጊታት መንግስቲ ኤርትራ ስለዝተዘርዘረ፡ ጉዳይ መርዓ ከም ቀደሙ ክቕጽል ዝኽእል ኣይነበረን። ቃልኪዳን ዜጋታት ከከም ድልየቶም፡ ብሃይማኖታዊ ትካላት ወይ ብምምሕዳራት ዞባ፡ ጉዳይ ፍትሕ ድማ ብቤት-ፍርዲ ከም ዝውሰንን ከም ዝጸድቕን ኮይኑ እዩ። ተጻመድቲን ኣብያተ-ፍርዲን ኣብ ሜዳ ንዝነበሩ ሰነዳቱ ዝወከሱሉ ቤት-መዝገብ ኣገልግሎቱ'ኳ እንተቐጸለ፡ እቲ ብሕጋጋት ህዝባዊ ግንባር ዝካየድ ናይ ግዜ ቃልሲ ናይ መርዓን ፍትሕን ኣገባባትን መምርሕታትን ተልእኾኡ ከዛዘም ግድነት ኮይኑዎ'ዩ።

መርዓ ኣብ ህዝባዊ ግንባር ብብዙሕ ዝዓይነቱ ዕንቅፋታት'ኳ እንተ ተበድሀ፡ ከምቲ ኣብ ናይ መርዓ ሕጋጋቱ ዝተዘርዘረ፡ ገስጋሲን ኣብ ፍጹም ማዕርነት ጾታ ዝተመርኮሰ፡ ምሉእ ድልየትን ፍቓድን ናይ ክልቲኦም ተጻመድቲ ወገናት ዘለዎን ካብ ባህላዊ ጸቕጢታትን እምነታትን ሓራ ኹይኑ ምቕጻሉን እቲ ዝዓበየ ብልጫታቱ እዩ። ንቕሓትን ፖለቲካዊ እምነታትን ከም መምረጺ መጻምዲ ብቐዳምነት ስለዝሰርዑ ድማ፡ ብሄርን ሃይማኖትን፡ ዓሌትን ደምን፡ ካልእ ኣብ መስፍናዊ ዝምድናታት ዝምርኮስ ፍልልያት ናይ ቦታ ከም ዘይህልዎ ኹይኑ ነይሩ እዩ። ብህዝባዊ ግንባር ዝተማረኹ ኢትዮጵያውያን ወተሃደራት፡ ናጻ ምስ ተለቐቑን ከም ኣህጉራውያን ተጋደልቲ ክቕጽሉ ምስ ተፈቕደሎምን፡ ምስ ደቀንስትዮ ተጋደልቲ ኣብ ሜዳ ክሳብ መርዓ ክበጽሑ ምክኣሎም፡ ግብራዊ መረጋገጺ ናይቲ ገስጋሲን ክፉትን ኣተሓሳስባ እዩ።

ኣብ ዝበዝሐ ህዝቢ ዓለም፡ ፍልልይ ሃይማኖት፡ ብሄርን ሃገርን ዘለዎም ፍቑራት ክምርዓዉ ዝድግፍ ስድራ-ቤትን ሕብረተሰብን ዳርጋ ኣይነበረን። ኣብ

ህዝብና'ውን፡ ኣባላት ዝተፈላለዩ ሃይማኖታትን ናይ ሃይማኖት ጉጅለታትን ተፋቒሮም ብሓባር ዝነብሩሉን ዝወልዱሉን ተርእዮታት'ኳ እንተ ዘይተሳእነ፡ ብሕጋዊ ቃልኪዳን ተጣሚሮም፡ ሓዳር ክገብሩ ዝገጥሞም ባህላዊ ዕንቅፋት ግን ዝጽወር ኣይነበረን። ተጋደልቲ ህዝባዊ ግንባር፡ ንሓድነት ህዝቢ ዝነበሮም መንፈስን ጽንዓትን፡ ንኩሉ ባህላውን ሃይማኖታውን ዕንቅፋት ከም ዝሰግር ዘመልከተ ፍሉይ ክስተት እዩ። ብዙሓት ብስድራ ዝወረስዎ እምነታቶም ብዘየገድስ፡ ኣመንቲ ክርስትናን ምስልምናን ወይ ካብ ዝተፈላለዩ ጉጅለታት ክርስትና፡ ሓድሕድ ዝተመርዓዉሉ ኣጋጣሚታት ብዙሕ እዩ ዝነበረ። ጤለ-በጊዕ ብደቂ ሃይማኖት ሓረድተን ጥራይ ክብልዓ ዝገድድ ሕብረተሰብ፡ እስላምን ክርስትያንን ብቃልኪዳን ክነብሩ ከም ዝኽእሉ ምምስኻሩ፡ ዓቢ ኣርኣያ እዩ። እዚ ፍልልያት'ዚ፡ ንቀጻልነት ሓዳር ናይዞም ዝተፈላለየ እምነትን ብሄርን ዝነበሮም ተጻመድቲ፡ ካብ ካልኦት ብርኡይ ዝፈልዮ ኣሉታዊ ጽልዋ ኣይነበሮን። ድሕሪ ናጽነት ብፍላይ፡ በበይኑ ሃይማኖት ዝነበሮም ተጋደልቲ ሰብሓዳር፡ ብገለ ስድራቤታት ዝወረዶም ጸቕጢ ዘይተጻወሩ'ኳ እንተነበሩ፡ ብብዙሓት ተበዲሁ ጥራይ ዘይኮነ፡ እቲ ስድራቤታት'ውን ክርዕሞ ክኢሉ እዩ። ዝበዝሕ ቃልኪዳን፡ ድሕሪ 40 ዓመታት'ውን እንተ ተመዝነ፡ ጥምረቱ ኣይነከየን። ብደቀምን ደቂደቀምን ዝተኸበቡ ተጋደልቲ ብጽቡቕ ክቕጽሉ ምርኣይ፡ ኣብ ብጻይነት ዝተመርኮሰ መርዓታት ሜዳ፡ ሓቀኛ ገድላዊ ፍቕሪ ዘመስከረ ድንቂ ታሪኽ ምንባሩ ክስሓት ዘኽእል ሓቂ ኣይኮነን።

ኣጋጣሚ

ድሕሪ ናጽነት፡ ኣብ ሓደ ቤት-ትምህርቲ፡ ሓደ ናይ ካልኣይ ክፍሊ መምህር፡ ሃይማኖት ተማሃሮኡ ክፈልጥ ስለ ዝደለየ፡ "እስላም ኢድኩም ኣልዕሉ"፡ "ክርስትያን ድማ ኢድኩም ኣልዕሉ" ክብል ሓተተ። ምስ ወድአ፡ እቲ ዝፈቐዶ ቁጽሪ ብሓደ ሰብ ጎዲሉ ረኸቦ። ደጊምዎ ኢዶም ከልዕሉ ምስ ሓተቶምን ምስ ፈቐዶን ድማ፡ እንደገና ጎደሎ ጸንሖ። ሽዑ፡ ካልእ ሃይማኖት'ዶ ኣሎ ኾይኑ ኢሉ ተጠራጠረ'ሞ፡ "ኢዱ ዘየልዓለ ተማሃራይ ኣሎ!" ኢሉ ሓተተ። ተማሃራይ ተንስኤ። እንታይ ኰንኻ ኢድኻ ዘየልዓልካ?" ሓተቶ ብምግራም። ተምሃራይ ድማ "ንሕና ከልቲኡ ኢና" ኢሉ መሊሱ ኮፍ በለ። መምህር ደንጽይዎ "እንታይ ማለትካ እዩ?" ሓተቶ። "ንሕና ክልቲኡ እዩ ሃይማኖትና፣ ኣቦይ ክስታን ኣደይ ድማ እስላም። ዒድ ነብዕል፡ ፋሲጋ ነብዕል" ክብል መለሰሉ።

ሕጊ መርዓ ህዝባዊ ግንባር፡ ትግባረኡ ኣብ ተጋደልቲ ጥራይ ዝተሓጽረ ኣይነበረን። ነቲ ኣብ ሕብረተሰብና ዝነበረ ንመሰላት ደቀንስትዮ ዝግህስ

መስፍናዊ ልምድታት ዝወገደን፡ ቃልኪዳን ኣብ መትከል ጾታዊ ማዕርነት ከም ዝምርኮስ ዘረጋገጸን ባህላዊ ሰውራ'ውን እዩ። እዚ ሕጊ'ዚ ኣብቶም ንኹሉ ሰውራዊ ለውጢ ዝተዳለወ ተጋደልቲ፡ ብዘይ ዕንቅፋት ኣብ ግብሪ ክውዕል ኣብ ርእሲ ምኽኣሉ፡ ኣብ ህዝቢ ቐስ ብቐስ ብዝተገብረሉ ጉስጓሳት፡ መትከላቱ ናብ ሰፊሕ ህዝቢ ክዝርጋሕን ዓቢ ጽልዋ ክሕድርን ሓጊዙ እዩ። ኣብ ግዜ ቃልሲ፡ ኣብ ሓራ መሬት ኤርትራ ኣብ ዝነበራ ዓድታት ብህዝባዊ ባይቶታት ንክዝትየሉን፡ ንትግባረኡ ንክሰርሑን ዝተኻየደ ጻዕሪ ብዙሕ ጽልዋ ነበሮ። ተጻመድቲ፡ ድልየቶም ክውስኑ ኣብ ዝኽእሉሉ ዕድመ ከም ዝምርዓዉ ምግባር ጥራይ፡ ነቲ ኣብ ልዕሊ ደቀንስትዮ ዝወርድ ዝነበረ ዓመጽ፡ ኣዝዩ ዓቢ ለውጢ እዩ ዝነበረ። ኣብ ሓዳርን ዋንነት መሬትን ማዕርነት ንኽይህሉወን፡ ከምኡ ድማ ፍትሕ ናይ ምሕታት መሰለን ንምጽቃጥ ዝተሓገጉ ዓንቀጻት ከምዝሰረዙ ምግባር ከኣ፡ ውሑድ ካብቲ ዓበይቲ ለውጢታት ናይቲ ሰውራዊ ሕጊ እዩ። ገዝሚ ዘትረፉ፡ መርዓት ሓሲማ ብዝብል ቃል-ኪዳን ንዘፍረሱ ሰባት ዝቐጽዓ ሓደ ሓደ ዓድታት'ውን ነይረን እየን። ዋላ'ኳ ምዕቃኑ ቐሊል እንተዘይኮነ፡ በዚ ማዕርነታዊ ሕጊ'ዚ ሕብረተሰብና ዓቢ ዝላ ከም ዝገበረ ዘጠራጥር ኣይኮነን። ድሕሪ ናጽነት፡ ቀንዲ ነጥብታት ናይቲ ሕጊ መርዓ ኣብ ሲቪላዊ ሕጊ መንግስቲ ኤርትራ ስለዝሰፈረ ድማ፡ ነባርነቱ ኣረጋጊጹ እዩ። እቲ ናይ ምዕባለ ጉዕዞ መመሊሱ ንቕድሚት ምእንቲ ክስጉም ግን፡ እቲ ለውጢ ኣካል ባህልን ልምድን ህዝብና ንምግባሩ ቀጻሊ ስራሕ ከም ዘድልዮ ዘርሳዕ ኣይኮነን።

ኣብቲ ነዊሕን መሪርን ብረታዊ ቃልስና፡ መርዓ ተጋደልቲ፡ ዓቢ መቐረት ዝወሰኸን ንናብራ ገድሊ ህይወት ዝሃበን ተርእዮ ምንባሩ፡ ክኽሓድ ኣይክእልን። ንልዕሊ 12-20 ዓመታት፡ ውግእን ጸበባን፡ ጽምእን ጥሜትን እናተጻወሩ ኣብ ጉዳጉዲ ወኻርያ ብተወፋይነት ዝዓስከሩን ንመሰዋእቲ ዝተበጀውን ተጋደልቲ፡ ከም ሰባት፡ ባህርያዊ ድልየቶምን ፍቕራዊ ዝምድናታቶምን ክኽሓስ ምፍታኑ፡ ቐሊል ኣይነበረን። ነዊሕ ዓመታት ንዝጋደል ሰብ፡ ጥዕንኡን መንፈሱን፡ ስምዒቱን ምንዮቱን ንምዕንጋል ዝተገብረ ፈተነ፡ ናይ ሓደ ነዊሕ ራእይ ዘለዎ ውድብ ብቕዓት ዝገልጽ እዩ። ንዝተናውሐ ቃልሲን ቀስ ብቐስ መሬት ሓራ ንምውጻእ ዝተበገሰ ገድሊን፡ ሕጸን መርዓን፡ ሕቶ ወሊድን ምዕባይ ህጻናትን፡ ጉዳይ ትምህርቲ ቈልዑ፡ ምእላይ ስንኩላንን ምዕቃብ ህዝብን ኣጠቓሊሉ፡ ኣብ ዘይንቡር ኩነታት ንቡር መስርሓት ህይወት ከዋድድ ምኽኣሉ እምበኣር ከም ተኣምር እንተ ተገልጸ ምግናን ኣይከውንን።

ፍቕሪ፡ ዝምድና፡ መርዓ

ስግንጢር እምበር ተፈጢሩ
ፍቕሪ ንፍቕሪ አፍቂሩ
ከይዛረብ ከመይ ጌሩ
ትም ኣብ ውሽጡ ጸይሩ
ንሳ ፍቕሪ ንሱ ንስሪ
ኣብ ፍቕሪ ዓሲሎም ብሃውሪ
አፍቂዳ እንከላ'ታ ዓባይ ፍቕሪ
ፍቕሪ ከፍቅር ፍቕሪ
ገንፊሉ ከውጽእ ፍትወቱ
ክገልጸላ ድንዕ ኢሉ ድሌቱ
ግን ከአ ፈሪሁ ተወላዊሉ
ኣይተራእዮን ፍቕራ ተኸዊሉ
ሓርቢትዎ ተገሚዑ ሓሳባቱ
መሲልዎ ዘግድዐ ብጾቱ
ኣብ ገድሊ ከመይ'ሉ ፍቕሪ
ይመስሎ ዝገበረ ነውሪ
ግን ከአ መርዓ ተፈቒዱ እንድዩ
ወረ ሕጅስ ኣብ ኩሉ ተራእዩ
ላዕልን ታሕትን ይሓስብ
ይማጎት ምስ ነብሱ ይላዘብ
ክሪአ ይህወክ ኣብ ኣኻዳሚ
ተኩሩ ይርእያ ፍቕራ ክመሚ
ኣብ ፊታ ኮፍ ይብል የዕነኒ
ዓይኒ ዓይና ይጥምታ
ተረዲእዎ እንከሎ ይሓታ
ትገልጸሉ ዘላ ኣየድህበሉን
ስሩዕ ደርጊ ስና ዘብል ሃነን
አፍንጭአ ቁሩብ ንውሕ ኢለን
ኣቤት ኣዒንታ ሽፋሽፍቲ ብሌን
ቁመታ ሓጺሩ ምንም ኣይኮነን

ፍረወይኒ ኢያ ስማ
ዝተሰለፈት ካብ ከተማ
ፍሽክታ ዘይፍለ ካብ ገጻ
ተጻዋቲት ፈታዊት ዋዛ

ኣንፈት ስኢኑላ ናብኡ ተገዳስነት
ተሰኪፉ ቅድሚኡ ስለዝተሰለፈት
እንታይ ክብል'የ ኣይፋል እንተበለት
ወይ'ውን ድሮ ተታሒዛ እንተኾነት
ትስሕቕ ብናቱ ተረኪብ ዘረባ
ትጨርቀሉ ገለ እንተረኺባ
ተስፋ ይገብር ክሓታ ይውስን
ጸኒሓ ድማ መዓንጥኡ ትብተን
ኣቀራርብአ ምስ ኩሉ ማዕረ
ዝምድና እንተለዋ ድአ ዘይውረ
የብላን ይድምድም ብሓሳቡ
ንእኡ ይምነያ ብውሽጢ ልቡ
ፍቕሩ መሊኡ ገንፊሉ ንላዕሊ
ፈሪሁ ከይሓታ ኣናድዩ ከውሊ
ከማይ ድአ ዘይትስእን ዓቕሊ
ኣታሊሉኒ ድዩ ፍቕሪ መታለሊ
ንኩናት ዘይፈራህኩስ ንፍቕሪ
ቅድም ብፍቕሪ ከይጠመታ
ነይሩ ነይሩ ይዋዘ ይጻወታ
ሕጂ ግን ምዝራብ ይስእን
ሓሳቡይኹለፍ ርእሱ ይደንን
ተበግሶ 1979 ኣብ ኩሉ ኩርናዕ
ተዳሎ ኮይኑ ጸላኢ ንምጥቓዕ
መደብ ወጺኡ ድፋዕ ንምጽጋዕ
ኣሃዱና ተአኪባ ውጥን ንምስማዕ
ምድላው ገይራ ኩሉ ብዕላማ
ድሮ'ቲ መጥቃዕቲ ኣብ ዋዜማ

ፍረወይኒ ቅዱሳን ብርኽቲ ደቂ ጋንታና
ብሓባር ከዳ እታ ምሸት ክናፈሳ ክሸና
ፍረወይኒ ጸልሚትዋ አብታ ምሸት
ሚዛና ስሒታ ሰንደል ኢላ ሽተት

ሓባሓባ

1984 ከይተወድአት ከላ ጌና
ብሓባር መርዓ ተገይሩ ኣብ ብሪጌድና
ናይ RH መርመራ ምስተገብረ
ብወግዒ ገ-ድሊ ቃል-ኪዳን ተኣሰረ
ዘይምዱብ ጥንሲ ከየጓንፍ ምእንቲ
መከላኸሊ ተዓዲሉ ኣብታ መዓልቲ
ሓደ ጽምዲ ሰብኣይን ሰበይትን
ይግበሮም ፈረይትን ጸገይትን
መሲልዎም ዝውሰድ ብክልቲኦም
ብሓባ ሓባ ተሰሃልዎ ኣብ መንጎኦም
መከላኸሊ ተወዲኡ ቀልጢፉ ብቶሎ
ተወሳኺ ሓቲቶም ዝያዳ እንተሎ
እንታይ እዋኑ ተወዲኡ እቲ ከኒና
ሓተተት'ታ ዓዳሊት ተሃኒና
ኣበይ ኣትዩ ሰላሳ ከኒና ናይ ወርሒ
ከይሓብኡ እቶም ክልተ ሓላላት ገርሂ
ሓባ ሓባ ወሲድናዮ በሉ ብዘይ ጉርሒ
ብሰሓቕ ብንብዓት ጠልቅዩ ዓይና
ኣረዲኣቶም ንሳ ከምትወስዶ በይና
ኣብ ሕጽኖት ዳእላ ሰዒቡ
ንግሆ ንቁርሲ ኩሉ ተኣኪቡ
ክስቶ ሓወይ ተቐጥቂጡ ብኸኒና
ተስታይ ኮይኑ ተዓዊቱልና
ኣይምሓሸን'ዶ ክትክውን ዝረብዕ
ኪድ እምበር ፈልስ ተኸደን ቀብዕ
ኣይትወልድን ኢኻ ድሕሪ ሕጂ
ወይ ቀሺ ኹን ወይ ሓጂ።

ክልቲኡ ግጥምታት፡ ካብ መጽሓፍ
"ኩናት ኣብ ውሽጢ ኩናት" እተወሰደ እዩ።
ብተጋ ፍስሃየ ሃይለ፣ 2018፣ ገጽ 103-106

ኣብ ሓንቲ ጉድጓድ ወደቐት
ሃንደበት
እስከ ከፍትና ኢላ እናሰሓቐት
ማዕረይ'ያ በለት ደቂሳ ጥንቅልዒት

ወጋሕታ ቶኽሲ ተጀሚሩ ብኣና
ህጁም ከነኻይድ ብመስርዕ ተዳሊና
ውሑዳት ክጽግዑና ብድፋዕ ጸላኢ
ዝበዝሑ ጉልባብ ክገብሩ ከይርኢ
ፍረወይኒ ኣብቲ ምልውዋጥ ቶኽሲ
ዘልሓዋ ኢላ ካብታ ዝነበረታ መታኹሲ
ካብ ትሕቲ የማናይ ዓይና ደም ፈሲሱ
ነቶም ለማጻት ምዕጉርታ ዋሒሱ
ኣንጠብጢቡ ንመሬት ኣተርኪሱ
ጽቡቓት ኣስናና ብኸፊል ተኸፊተን
ሃለዋታ ጠፊኡ ፍሽክትኣ ግን ኣይሃሰሰን
ኣይጸንሐትን ፍረ-ሰውነታ ዝሒሉ
ነጸላ ኣውዲቕና ኣጽኒሕና ኣብ ከውሊ
ኣብታ ረፍዲ መዋሲት ሰውእቲ ናይ ሓይሊ
ኣብታ ዝዓቀነታ ጉድጓድ ሓመድ ኣብ ላዕሊ
ንሳ ግን ኣብ ታሕቲ ተፋኒናያ ብዕሊ
ኣይጸንሐን ድፋዕ ጸላኢ ፈሪሱ
ሰዒብናዮ እናሕለፍና ትንፋሱ
ንፍረን ካልኦት ሰዉኣትን ገዲፍና
ኣብ ሓድሽ ድፋዕ ምስ ጸላኢ ተፋጠጥና
እድሪስ ኣይከኣለን ንውሽጢ ነቢዑ
መስዋእቲ ናታ ድሒሩ ሰሚዑ።

شهادة عقد القران
الجبهة الشعبية لتحرير ارتريا
ናዩ
መርዓ ምስክር ወረቐት
ህዝባዊ ግንባር ሓርነት ኤርትራ

ናይ
መርዓ ሕጊ
ህዝባዊ ግንባር ሓርነት ኤርትራ
ናይ
መርዓ ሕጊ
ህዝባዊ ግንባር ሓርነት ኤርትራ
ኣብ ካልኣይ ምዱብ ኣኼባ
ማእከላይ ሽማግለ
ብ 16-20 ሕዳር 1977 ዝጸደቐ

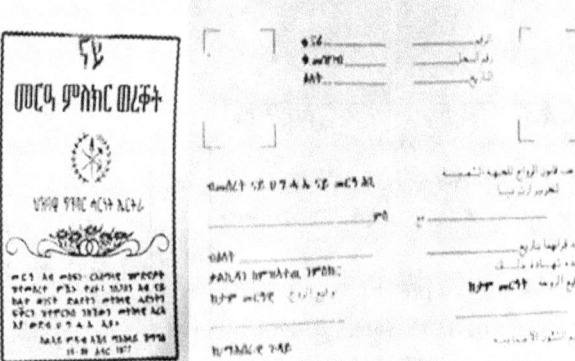

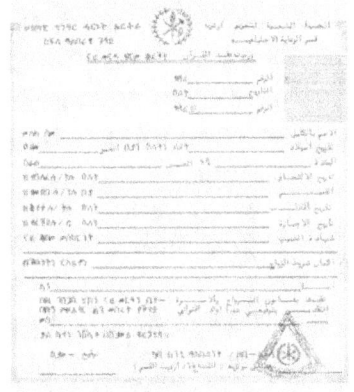

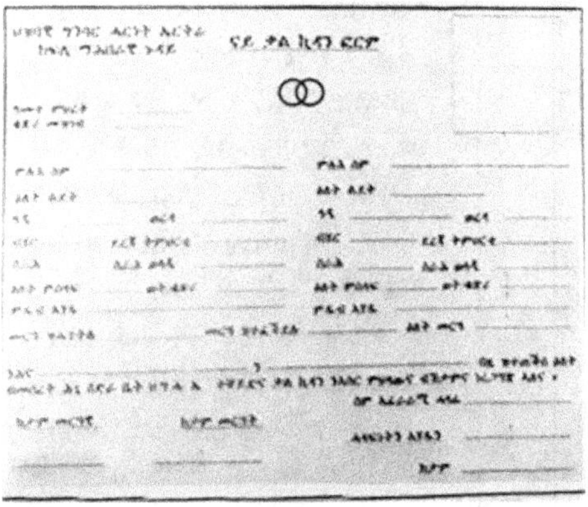

መርዓ ኣብ ህዝባዊ ግንባር

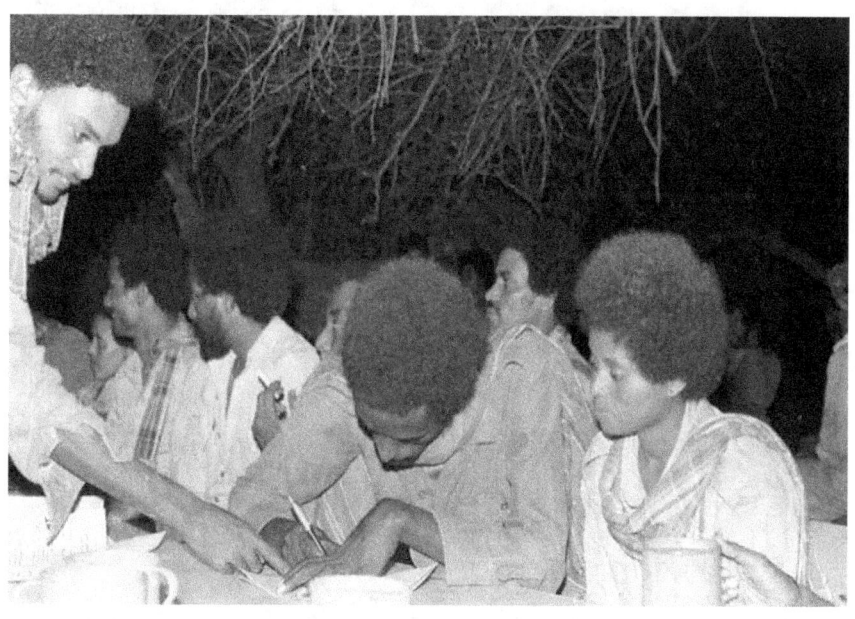

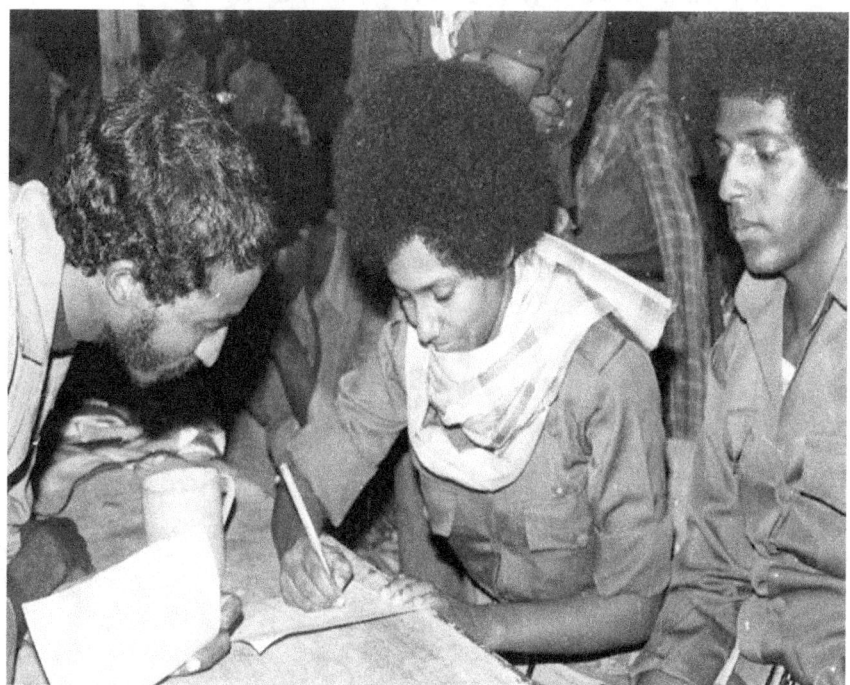

ስነ ስርዓት መርዓ ኣብ ህዝባዊ ግንባር

ኣብ ሰላሕታ ወራር ዝተሰውኡ ክልተ መጻምድቲ ኣብ ዕለተ መርዓኦም
ተጋዳላይ ኢሰይያስ ተወልደብርሃን (ወዲ ፍላንሳ) ተጋዳሊት ሚርያም ኣሰረስ

መርዓውቲ ብሓባር ኣብ ጓይላ

7

ጨንፈር መኽዘንን ዕደላን

ክፍሊ ማሕበራዊ ጉዳያት፡ ናይ ኩሎም ኣብ ትሕቲኡ ዝርከቡ ኣሽሓት ቈልዓ ሰበይቲ ዝርከቡዎም ዕቑባት፡ ዘኽታማትን ስንኩላን ተጋደልትን ህይወትን ውሕስነት ናብራን ከረጋግጽ፡ ናይ ስንቂ፡ ዕጥቅን ካልእ በብዓይነቱ ነገራትን ኣብ እዋኑ ናይ ምቕራብ ሓላፍነት ዝስከም ኣካል ብደረጃ ጨንፈር ክቖዉም እዩ መሪጹ። ምኽንያቱ፡ እዞም ኣብ ውሽጢ ሃገርም ዝተዛናበሉን ክሳብ ናጽነት ዝረጋግጽ ድማ ስደት ዘይመረጹን ስድራቤታት፡ ኣብ ሓርነታዊ ኩናት ዝሰንከሉን ዝዘክተሙን ዜጋታት፡ ኣብቲ ጸምጸም በረኻ፡ ብዝተሓላተ ደረጃ ክነባበሩ ዘኽእሎም ቀረብ ምውዳድን፡ ጸጥታዊ ውሕስነቶም ምርግጋጽን ቀንዲ ዕማሙ ስለዝኮነ። በብመዓልቱ በብዓይነቱ መግብታት፡ ክዳውንትን መንጸፋትን፡ ቴንዳታትን መጽለሊ ንብረትን፡ መሳርሒታት ክሽን፡ ናውቲ ትምህርትን ካልእ ብዙሕ ዓይነት ንብረትን ምኽዛንን ምዕዳልን ዘጠቓልል ዕማም ድማ ነበሮ። እዚ ብኣጸዋውዓ ኣባላት ክፍሊ ማሕበራዊ ጉዳያት 'እንዳ መኽዘን' ዝበሃል ዝነበረ ጨንፈር፡ ኣብዚ ኣሽሓት ተኣለይቲ ዝነበርዎ ክፍሊ ተርኡ ኣዝዩ ዓቢ ነበረ።

ጨንፈር መኽዘንን ዕደላን፡ ሓደ ኣካል ናይቲ ብክፍሊ ቍጠባ ህዝባዊ ግንባርን ማሕበር ረድኤት ኤርትራን ዝካየድ ዝነበረ ናይ ቀረብ ስንቅን ዕጥቂን መርበብ እዩ ዝነበረ። ብሓደ ወገን፡ ክፍሊ ቍጠባ ምስ ኩለን

ኣኻላቱ ብፍላይ ድማ ምስ ኮሚሽናት ዕጥቅን ስንቅን፡ መጓዓዝያን ህንጻን ብምኻን፡ ካብ ውሽጢ ሱዳን ናብ ሜዳ ኤርትራ ዶብ ሰጊሩ ዝኣቱ ጽርግያታት ብምስራሕን ብምትዕርራይን፡ ከምኡ ድማ ንምንቅስቓስ ዓበይቲ መካይን ውሕስነት ዝህቡ ጋራጃትን መክዘናትን ብምህናጽ፡ ንቀጻልነት ገድላዊ ዕማማት ዘውሕስ ኣደናቒ ውዳበ ፈጢሩ ነበረ። ማሕበር ረድኤት ኤርትራ ብወገኑ፡ ካብ ማሕበረሰብ ዓለም ዝረኸቦ ረድኤት ናብ ህዝቢ ኤርትራ ንምትሕልላፍ ዘኽእሎ መራኸቢ መስመራት ከጥቀም ክኢሉ እዩ። ብፍላይ ነቶም ኣብ ትሕቲ ህዝባዊ ግንባር ዝነበሩ ተኣለይቲ ማለት ዕቑባት ህዝቢ፡ ዘኽታማትን ደቂተጋደልትን ህጻናት፡ ስንኩላን፡ ተማሃሮ ቈልዑ ቤት ትምህርቲ ሰውራ፡ ብውግእ ዝተዘናበሉን ብደርቂ ዝተሃሰዩን ኣማኢት ኣሽሓት ወገናትና፡ ከምኡ'ውን ነቶም ኣብ ውሽጢ ኤርትራ ዝነበሩ ኢትዮጵያውያን ምሩኻት ኲናት ንምሕጋዝ ዝገብሮ ዝነበረ ናይ ረድኤት ምንቅስቓስ፡ ስሩዕነት፡ ቀጻልነትን ውሕስነትን ዝነበሮ መርበባዊ ኣሰራርሓ'ዩ ነይሩ ክበሃል ይክኣል። እዚ ስለዝኾነ ድማ፡ ተኣለይቲ ክፍሊ ማሕበራዊ ጉዳያት፡ ኣብቲ መሪር ናይ ምዝላቕ እዋን ይኹን ድሕሪኡ ኣብ ዝሰዓበ ጽንኩር መድረኻት፡ ካብ ጥሜትን መረረን ክድሕኑ ክኢሎም እዮም።

ጨንፈር መኽዘን፡ ንኹሎም ብማዕርነትን ከከም ዝግብኦምን መቑነን ናይ ምምቕራሕ ዕማማት ከኻይድ ተባሂሉ ስለዝቘመ፡ ትሕዝቶኡን ኣተዓዳድላኡን ከጻፍፍ ዝሕግዞ ኣዝዩ ውዱብ፡ ጥንቁቕን ቅኑዕን ስርዓት-ኣተሓሕዛ መዛግብን መክዘናትን ክህልዎ ግድን ነበረ። ንጥፈታቱ ብኹለን ጨናፍርን ብኹሎም ተኣለይቲን ተጠማቲ ስለዝኾነ፡ ዝስከሞ ሓላፍነት ካብ ናይ ካልኦት ጨናፍራት ዝኸበደን ዕረፍቲ ዘይህብን እዩ። ስለዚ ድማ፡ ንኣባላቱ ኣብ ሰለስተ ጉጅለታት ማለት፡ ኣብ ዕደላ መቑነን፡ ምዝገባን ቊጽጽርን፡ ከምኡ'ውን ኣብ ዕቃበ ንብረት ወዲቡ ንኣድማዒ ስራሕ ተዳለወ። ዋላ'ኳ ኣተሓሕዛ ንብረት ዝፈልጡ ክኢላታት እንተዘይነበሩዎ፡ ቀልጢፎም ስልጠና ከም ዝረክቡ ብምግባር፡ ኣታዊን ወጻኢን ናይ ዓበይትን ንኣሽቱን ንብረት ብግቡእ ዘረጋግጽ ምዕቡል ስርዓት-ምዝገባ ኣታኣታተወ።

እቲ ናይ ምክዛን ኮነ ናይ ምዕዳል ዕማማትን ኣገባባቱን፡ ሓደ ሓደ ግዜ ኣብ መንጎ ክፍሊ ቍጠባ፡ ማሕበራዊ ጉዳያትን ማሕበር ረድኤት ኤርትራን ዘይምርድዳእ ይፈጥር ከም ዝነበረ ምዝኻሩ ኣገዳሲ እዩ። እዚ ድማ፡ ብጽሒት ሓላፍነት ናይ ሰለስተኣን ኣኻላት ኣብ ኣገባባት ኣመጻጽኣ፡ ኣከዛዝናን ኣተዓዳድላን ናይቲ ንብረት ንጹር ብዘይምንባሩ ዘጋጥም ዝነበረ

ጸገም እዩ። ነዚ ንምቅላል ተደጋጋሚ ኣኼባታት ድሕሪ ምክያድ፡ ኣብ 1980 ብክፍሊ ማሕበራዊ ጉዳያት፡ ክፍሊ ቍጠባን ማሕበር ረድኤት ኤርትራን ዝተወከለት ሓንቲ ኣወሃሃዲት ኮሚተ ከም እትቖውም ተገብረ። ብድሕሪ'ዚ ጨንፈር መኽዘንን ዕደላን ምስታ ኮሚተ እናተወሃሃደ ንጥፈታቱ ክካይድ ጀመረ። ከም ኣካል ናይቲ ምርድዳእ፡ ንክፍሊ ቍጠባ፡ ማለት ንኮሚሽን ዕጥቅን ስንቅን ዝውክላ ኣሃዱታት መኽዘንን መጥሓንን፡ ኣብ ጥቓ ጨንፈር መኽዘን ኲይነን ንሜዳ ዝለኣኽ ስንቅን ንብረትን ከም ዝጥርንፉ፡ ከምኡ ድማ ኣብቲ ከባቢ ብመቑንን ዝዕደል መሸላ ከም ዝጥሕና ይግበር ነበረ።

ኣባላት መኽዘን፡ ዘየቋርጽን ዕረፍቲ ዘይህብን ናይ ምጽዓንን ምርጋፍን፡ ምክዛንን ምምቕራሕን ኣህላኺ ዕማማት ይፍጽሙ ነበሩ። መብዛሕትኡ ግዜ፡ መካይን ሰውራ ምንቅስቓሳተን ብለይቲ ስለዝነበረ፡ ስንቂን ንብረትን ጽዒነን ናብቲ መክዘናት ዝመጻ ዝነበራ መካይን'ውን ዝበዝሕ እዋን ብለይቲ'የን ዝራገፋ ዝነበራ። ኣራጊፈን ወይ ጽዒነን ቀልጢፈን ናብ ካልእ ዕማመን ክኸዳ፣ ወይ ድማ ናብ መሕብኢ ጽላለን ክዕሸጋ ስለዝደልያ፡ ናብቲ መኽዘን ኣብ ዝመጻሉ እዋን ኩሉ ግዜ ታህዋኽ ነበረ። ሓደ ሓደ ግዜ ንብረት ህዝባዊ ግንባር ወይ ማ.ረ.ኤ ካብ ወደብ ፖርትሱዳን ብዝቐልጠፈ ክወጽእ ስለዝድለ፡ መክዘናት ጀልሃንቲ ናብ ሜዳ ናይ ዝሰግር ንብረት መጽንሒ ይኸውና ነበራ። እዚ ድማ ነቲ ኣብ መኽዘን ዝነበረ ናይ ምጽዓንን ምርጋፍን ዕማማት ዝያዳ የክብዶ ነበረ። ኣብ ሓደ ለይቲ ካብ 20 ክሳብ 30 መካይን ዝራገፉሉን ዝጻዓናሉን እዋናት ነይሩ እዩ። ኣባላት መኽዘን፡ ብዝሒ ዝራገፋ መካይን ብዘየገድስ፡ ኣብቲ ብርቱዕ ሙቐት ጀልሃንቲ፡ ብረሃጽ እናጀብጀቡ፡ ስራሕ ተደራሪቡና ወይ ደኺምና ከይበሉ እናተዋዘዩ ዝካይድዎ ዝነበሩ ዕማም መወዳድርቲ ዝርከቦ ኣይነበረን። ብዙሓት ካብኣቶም፡ ቍስሎምን ካልእ ኵነታቶምን ዝተመሓየሸ ስንኩላን ደቂ-ተባዕትዮን ደቀንስትዮን ክንሶም፡ ነቲ ኣብ ሜዳ ኤርትራ ዝካየድ ዝነበረ መሪር ቃልሲ ንምዕዋት ኣበርክቶ ይገብሩ ምህላዎም ስለዝኣመኑ፡ ኣብ ስራሕ ምዕዝምዛም ወይ ጕልበት'ኻ ምሕባእ ዳርጋ ኣይፈልጥዎን'ዮም ነይሮም። እዚ ኣብ ጀልሃንቲ ቈይሙ ዝነበረ ጨንፍር መኽዘንን ዕደላን፡ ኣብ ዝተፈላለየ መድረኻት ካብ 60 ክሳብ 120 ዝበጽሑ ኣባላት ክሓቍፍ ዘገድድ ዕማማት ነበሮ።

ኣብ መክዘናት ጀልሃንቲ ዝነበረ ንብረት፡ ከም ሙቐትን ጠሊን፡ ንፋስን ደሮናን፡ ዝናብን ውሕጅን፡ ፍልሖን ነቐዝን ዝኣመሰሉ ባህርያዊ ተጻብኦታት ንኸየጋጥሙዎ መዓልታዊ ክትትልን ክንክንን ይሓትት ስለዝነበረ፡ ነዚ

ከቢድ ዕማም እተኻይድ ሓንቲ መስርዕ ቁመት። ዋላ'ኳ እቲ መክዘናት ኣብ ውሽጢ ሱዳን ምኻኑ ፍሉጥ እንተኾነ፡ ስርዓት ደርግ፡ ሓደ መዓልቲ ዶብ ሰጊሩ ደብዳብ ነፈርቲ ከየካይድ ስግኣት ስለዝነበረ፡ እቲ ንብረት ፋሕ ናይ ምባሉን ምስቲ ከባቢ ናይ ምምስሳሉን ጉዳይ እውን ኣይተረስዐን። እቲ ሓያል ሙቐት ጀልሃንቲ፡ ኣብኡ ንዘተኸዘኑ ዘይትን ማርገሪንን ዘጠቓለለ ዕሹጋት መግቢ ስለዘበላሾ፡ እቲ ተነቃፊ ንብረት ዛሕሊ ክረክብ ተባሂሉ፡ ክሳብ ትሕቲ መሬት ህድሞ ናይ ምስራሕ ንጥፈታት ተኻይዱ እዩ። ደሮናን ካምሲንን ዝፈጥሮ ሓመድ፡ ኣብቲ ንብረት ኣትዩ ከየበላሹ'ውን ወትሩ ሓለዋ ይኻየደሉ ነበረ። ብዘይካ'ዚ፡ ሙቐት ኣብ ዝኾነሉ እዋን ቴንዳታት ቀሊዕኻ ንፋስ ከተእትወሉ፡ ደሮና ክለዓልን ዝናብ ክመጽእን ከሎ ድማ ቴንዳታት ክትሸፍን ኣረባራብ ነበረ። ዋላ'ኳ ኣብቲ ኸባቢ ዝናብ ሳሕቲ ጥራይ ዝዘንብ እንተኾነ፡ ኣብ ዝዘንበሉ እዋን ከየበላሹ ተባሂሉ ዝነኾለ ቴንዳታት ምፍታሽን ኣብ ደገ ዝተረስረሱ ኣእኻል ምቁጽጻርን ግድነት ነበረ። ፍልሖ'ውን ኣክያሽ እናበልዑ እኽሊ ይዘርዉ ስለዝነበሩ፡ ነቲ ባይታ እምኒ ብምርብራብን ካልእ ነገራት ብምንጻፍን ንምክልኻሎም ተወሳኺ ዕማም ይካየድ ነበረ።

ኣብቲ ፈለማ፡ ነቲ ዝበላሾ ተነቃፊ ንብረት ዝክዝን ህድሞ ንምስራሕ፡ ዝበዝሑ ኣባላት መኽዘን ሓራክምን ኣዕኑድን ከምጽኡ ናብ ጎቦታት ጥሩቕሩቕ ወፈሩ። እቲ ኣግራብ፡ ካብቲ መኪና እትኣትዎ ጽርግያ ኣዝዩ ርሑቕን በሪክን ኣብ ዝኾነ ጎቦታት ስለዝርከብ፡ ክቘርጹን ካብቲ ጎባ ብዝባኖም እናኋረቱ ከውርዱዎን ሰሙናት ኣቑጸሩ። ዝኣክሎም ምስ ኋረቱ ድማ፡ ኣብ መካይን ጽዒኖም ንጀልሃንቲ ተመልሱ። ብድሕሪ'ዚ፡ እቶም ዝተረፉ ኣባላት መኽዘን ጭቃ እናብዓጡ ብዝሰርሕዎ ሕጡብ፡ መንደቕ ተነዲቑ፡ ኣዕኑድ ተተኺሉን ሓራክም ተረቢቡን ናሕሲ ኣብ ምድብዳብ በጽሑ። ክዛዝምዎ ኣብ ዝተቃረብሉ ግዜ ግን፡ ዘሰንብድ ሓደጋ ጉነፎም። ሓመድ ግዲ በዚሑዎ፡ እቲ ህድሞ ጠሊምዎም ረማዕ በለ። ኣብ ልዕሊ ናሕሲ ዝድብድቡ ዝነበሩ 10 ዝኾኑ ኣባላት ድማ፡ በቲ ሓመድን ሓራክምን ተደፍኑ። ንምድሓኖም ሸበድበድ ኮነ። ጽቡቕ ዕድል ኮይኑ ግን፡ ብዘይካ ቀሊል ጉርጽታት ካልእ ከቢድ ሓደጋ ኣየጋጠመን። ጉድለት ናይ ኣሰራርሓ ተሞኩሮ ምኻኑ ምስተፈልጠ ድማ፡ ምኩራት ሰባት ጸዊዖም ነታ ዝፈረሰት ህድሞ ከም ብሓድሽ ሃነጹዋ። ብድሕሪኡ ንዘቐጸላ ካልኦት ህድሞታት'ውን ብኸምኡ ኣገባብ ሃነጹወን።

እቲ ኣብ ሜዳ ዝነበረ ተጋዳላይን ህዝብን፡ ብዝተሓተ ደረጃ ብህይወት ዘንብሮ መሰረታዊ ቀረባት መግቢን ካልእ ነገራትን ንክረክብ ሓያል ጻዕሪ ይግበር'ኳ እንተነበረ፡ ኣዝዩ ብዙሕ ዝጐድሎ ነገራት ምንባሩ ግን ፍሉጥ እዩ። እቲ ዝዕደል መቑነን ብዓይነትን ብዓቐንን ዝተማልአ እኳ እንተ ዘይነበረ። ኣብ መግቢ ንቅጫ ዝኸውን ሓርጭ፡ ንጸብሒ ዝኸውን ዘይትን ጥረ-ምረን ግና፡ ብቐጻሊ ይረክብ ነይሩ ክበሃል ይክኣል። ከም ሓርጭ ጸባ ዝኣመሰሉ ካልኦት ኣገደስቲ ዓይነታት መግቢ ኣብ ዝርከቡሉ ድማ፡ ንህጻናት ቀዳምነት ብምስራዕ፡ ናብ ኩሉ ብግቡእ ንክማቃራሕ ይፍተን። ነቶም ክርከቡ ዘይኽእሉ ንጥዕና መሰረታውያን ዝኾኑ ትሕዝቶ ቫይታሚናትን ማዕድናትን ዘለዎም ዓይነታት መግቢ ከኣ፡ ማይን መሬትን ኣብ ዝፈቐደሉ እዋን፡ ባዕላቶም ፋሕተርተር እናበሉ ንክምልእዎ ምትብባዕ ይግበረሎም ነበረ። ብፍላይ ኣብ ጀልሃንቲ፡ እቶም ኣብ ጥቓ ማይ ሰፈሮም ዝነበሩ ዕቑባትን ስንኩላንን፡ በቲ ኣእዳዎም ዝሕጸቡሉ ማይ እናስተዩ ኣብ ኣፍ-ደገኦም ጉዕ በርበረ፡ ኮሚደረን ካልኦት ኣሕምልቲን ብምልማዕ፡ ኣጣልን ደርሁን ብምፍራይ ጥዕናኦምን ጥዕና ህጻናት ደቆምን ክሕልዉ ይፍትኑ ነይሮም እዮም።

ብማሕበር ረድኤት ኤርትራ ዝተላእከ፡ በብዓይነቶም ቦንዳታት ክዳውንትን ኣጭርቕትን እናመመኻ ምዕዳልን ኣብ ካልእ ኣገዳሲ ነገራት ምውዓልን፡ ኣባላት መኸዘን ኣካል ዕማሞም ጌሮሞ ዝነበሩ ንጥፈት እዩ። ድሙቕ ሕብሪ ዘለዎ ክዳውንቲ እናመመዩ ነቲ ኣብ ጀልሃንቲ ዝነበረ ህዝቢ ይዕድልዎ፣ ነቲ ድሙቕ ሕብሪ ዘይብሉ ክዳውንቲ ድማ፡ ተጋደልቲ ክክደንዎ ናብ ግንባራት ንክለኣክ ፈልዮም ብምጥርናፍ፡ ናብ ኮሚሽን ዕጥቅን ስንቅን ይሰዱዎ። ዝተፈላለየ ኣጭርቕቲ ተኣኪቡ ናብ እንዳ ህዝቢ ብምልኣክ፡ ነቲ ኣብ ደቀንስትዮ ተጋደልቲ ዝነበረ ሕጽረት መንዲል ንጽህና (ሞዴስ) ንምቅላል፡ ኣደታት መደበር ዕቑባት ሞዴስ ከም ዝሰርሕኦ ዝግበረሉ እዋናት ከም ዝነበረ'ውን ምጥቃሱ ኣገዳሲ እዩ።

ጨንፈር መኸዘንን ዕደላን፡ ኣብ ውሽጢ ማሕበራዊ ጉዳያት፡ ንዕኡ ብዝውክላ ኣብ ነፍሰወከፍ ጨንፈርን ኣሃዱታትን ዝቈማ ቶሚናት ኣቢሉ'ዩ ንኩሉ መቑነን ዘባጽሓሉ ዝነበረ። ገለ ብቑዕ መክዘናት ዝነበረን በብወርሒ መቑነን ክወስዳ እንከለዋ፡ ገለአን ድማ በብሰሙን ይወስዳ። ብስሩዕ መቑነን ዘይዕደሉ፡ ግዳ ኣብ ፍሉይ እዋናት እናተቑጻጸርኻ ዝዕደሉ ዓይነታት ንብረት ድማ፡ ከከም ኣድላይነቱ ምስ ተፈቒደ ይዕደሉ። ከም ቴንዳታት ዝኣመሰሉ

ዘይሃለኩቲ ንብረት እውን፡ መዝገቦም እናተታሕዘ ከም ተመለስቲ ንብረት ይዕደሉ ምንባሮም ይዝከር።

ቀረብ ጸዓት - ሰውራ ዕንጸይቲ

ጋንታታት ተጋደልቲ፡ ሆስፒታላት፡ ካልኦት ዓበይቲ ኣሃዱታት፡ መዓስከራት ህዝብን ስንኩላንን፡ መዓልታዊ መግቦም ንምቕራብ ዘድልዮም ጸዓት ምርካብ፡ ሓደ ካብቲ ንመዓልታዊ ህይወት ገድሊ ኣህላኺ ዝገብሮ ከቢድ ዕማም እዩ። ንምግዓት፡ ቅጫ ወይ ጣይታ ንምስንኻት፡ ሩዝን ካልእ ዓይነት ጸብሕን ንምክሻን መዓልታዊ ዝድለ ጸዓት ካብ ዕንጸይቲ ጥራይ ስለዝርከብ፡ ንምጉራቱ ዝሕተት ግዜን ጉልበትን ብዙሕ እዩ። እቲ ብጽዑቕ ዱር ዝፍለጥ ዝነበረ በረኻታት ኤርትራ፡ ኣብዚ ዘበነ መግዛእቲ ዝበዝሕ ከም ዝበረሰ እዩ ዝፍለጥ። ብፍላይ ኣብ ምድረ-በዳዊ ክፋላት ሳሕልን ስሑው ኣግራብ ኣብ ዝርከበሉ ካልእ ከባቢታትን፡ እቲ ጸገም ዝተዓጻጸፈ እዩ ነይሩ። ንነዊሕ ኣዋርሕ ወይ ዓመታት ሰራዊት ብብዝሒ ዝሰፈረሉ ምስ ዝኸውን ድማ፡ እቲ ዕንጸይቲ ዝርከበሉ ቦታ እናረሓቐ ይኸይድ። ብዝሒ ዓቕሚ-ሰብ ዝነበረን ዓበይቲ ክፍልታት ገድሊ ከም ማሕበራዊ ጉዳያት፡ ሕክምናን ቤት-ትምህርቲ ሰውራን ድማ፡ ብተመሳሳሊ እቲ ኣብ ከባቢኦን ዝነበረ ኣግራብ ምስ ተወድኣ፡ ናብ ርሑቕ ቦታ ንወፍሪ ዕንጸይቲ ሰባት ክልእኻን ብመካይን ክጓርታን ዘገድድ ኩነታት ገጢሙወን ነበረ። እዚ ወፍሪታት'ዚ ብኣባላት ክፍሊ ሕክምና፡ "ሰውራ ዕንጸይቲ" ምስ ተጠመቐ ድማ፡ ኩለን ኣሃዱታት ዕንጸይቲ ንምእራይ ዝገብርኦ ወፍሪ በዚ ስም'ዚ ይጽዋዕ ነበረ።

ጀልሃንቲ፡ ምስቲ ካብ 5,000 ዘይውሕዱ ተቐማጦኣ፡ ንመዕቈቢ ገዛውቲ ዝኾኑ ዓበይቲ ኣግራብን ንመስርሕ መግቢ ዝኸውን ዝነድድ ዕንጸይትን ንምርካብ፡ ካብ'ተን ዝኸበደ ሃልኪ ዝሓተታ መዓስከራት እያ። ዕንጸይቲ በብጋንታ ወይ በብኣሃዱ ወፈርኻ ፍጹም ክርከበሉ ኣብ ዘይክእል ደረጃ ምስ በጽሐ፡ ተወዲብን ስንቀን ጠርኒፈን 30-40 ኪሎ-ሜተር ናብ ዝርሕቐቱ ቦታ ብምውፋር፡ ንሰሙን ወይ ልዕሊኡ እዋናት ዕንጸይቲ ዝኣርያን ዝጓርታን ጋንታታት ምልኣክ ኣማራጺ ዘይብሉ ዕማም ኮይኑ ነበረ። ካብ ከባቢታት ሓወልዕ፡ ጥሩቕሩቕን ገዳይምን፡ በብእዋኑ ንምሉእ መዓስከር ዘድሊ ዕንጸይቲ ዝኣርዩ ቀወምቲን ደልዳላታትን ኣጓብዝ የድልዩ'ኳ እንተነበሩ፡ ክፍሊ ማሕበራዊ ጉዳያት ግን፡ ሙብዛሕትኦም ኣባላቱ ስንክልናኦም ዝተመሓየሸ ውጉኣት ስለዝነበሩ፡ በይኖም እኹላት ኣይነበሩን።

ስለዚ ድማ፡ ብዘይካ ዓይነ-ስዉራን ካልኦት ከበርክቱ ይኽእሉ እዮም ዝበሃሉ ዋላ ቈራጻት ኣእጋር ከይተረፉ ዝሳተፉሉን፡ ካብ መደበር ዕቑባት ድማ ዓበይቲ ኣቦታት ዝተሓጋገዙሉን ወፍሪ እዩ ዘካይድ ዝነበረ።

ደቀንስትዮ ተጋደልቲ'ውን፡ ኣብዚ ከቢድ ጉልበት ዝሓትት ዕማም ካብ ብጾተን ከይተርፋ ዝገብርኦ ጻዕሪ፡ ንብዙሓት የገርም ነይሩ እዩ። ሰውራ ዕንጸይቲ፡ ሓደ ሓደ ግዜ ምስ ኣባላትን ፍርዙናት ተማሃሮን ቤት-ትምህርቲ ሰውራ ብምትሕግጋዝ ይካየድ ነበረ። ኣብቲ ዓበይቲ ጎቦታት፡ ናይ ምንቅስቓስ ጸገም ዘለዎም ስንኩላን ኣጉናድ ብፑንታን ሞደሻን ዝፍልጽሉ፡ ጸማማት፡ ናይ መንጋጋን ኣፍልብን ጸገማት ዝነበሮምን ካልኦት ምንቅስቓስ ዘይጽገሞምን ስንኩላን ድማ፡ ተተሰኪሞም ናብ ጽርግያ ዘውርዱሉን መካይን ዝጽዕኑሉን ውዳበታት ነበረ። ወፍሪ ተወዲኡ፡ ኩሉ ዕንጸይቲ ኣብ ቦታኡ ምስ በጽሐ ድማ፡ እቲ ዝያዳ ኣህላኺ ዕማም ናይ ምፍላጽ ዕንጸይቲ ይቕጽል። ዓበይቲ ኣጉናድ ኣብ ምክሻን መግቢ ብቐጥታ ኣብ ኣገልግሎት ክውዕል ስለዘይክእል፡ ንምስንጣቑን ንምቍርራጹን ዝሃልክ ዝነበረ ጉልበት፡ ካብቲ ንምእራዩ ዝሕተት ዝነበረ ድኻም ዝበርትዐ ነበረ። ፈለጽቲን ቈረጽቲን ሓንሰብ ልዓት ምስ ጨበጡ፡ ኣእዳዎም ብክቱር ረስኒ ከም ማስቲሺ ምስ ለዓት ናይቲ ፋስ ዝጣበቐሉን፡ ንዑ ፈንቀቑልና እናበሉ ንብጾቶም ዝሓትሉን ግዜ ተሓሊፉ እዩ።

ዕንጸይቲ ከም መኽሸኒ መግቢ ጥራይ ኣይኮነን ዘገልግል ዝነበረ። ነቲ ጸላም ዝፈጥሮ ቃዝኖት'ውን ሓዊ እናኣጉድኻ ከም ዝመሓየሽ ምግባር፡ ንቡር ንጥፈት ናይቲ መዓስከር ኮይኑ እዩ። እንተኾነ ግን፡ ምስ ግዜ ዕንጸይቲ ክሰኣንን ንምጉራቱ ዝሕተት ጻዕርን ምረትን እናኸበደ ክመጽእን ምስ ጀመረ፡ ንስለ ብርሃን ኢልኻ ዕንጸይቲ ምንዳድ ዘየዋጽእ ኮነ። ነቲ ዘይተርፍ ናይ ምግብናን ሓደ ሓደ ካልእ ዕማማትን እንተ ዘይኮይኑ ድማ፡ ነቲ ዝተረፈ ዕማማት ንምስልሳል ጀነረይተራት፡ ብላምባ ወይ ብናፍታ ዝሰርሓ ሼትሮማክሳትን ፋኑሳትን ምትእትታው ግድን ኮነ። ዋላ'ኳ ዋሕዲ ቀረብ ነዳዲ እንተ ነበረን ንዝበዝሕ ቦታታት ዝሸፍን ጸዓት እንተ ዘይተረኽበን፡ ላምባን ናፍታን ኣብ ፍንቱት ኣብያተ-ጽሕፈትን መኻዚኖታትን ዝዕደሉ ዕድላት በብቑሩብ ይዓቢ ነበረ። ኣብ ጀልሃንቲ ንኣብነት፡ "መድለይ ኣድጊ" ዝብል መጸውዒ ዝተዋህበን ንኣሽቱ ፋኑሳት ተዓዲለን ነበራ። ንፍሉይ ዕማማት ጥራይ ስለዝፍቀዳ ድማ፡ ዕቁን ላምባ እናተመልአ ንመዳለዊ ትምህርቲ (ንመጽናዕቲ) ክገልግላ ተባሂለን ንጋንታታት ስንኩላን ይወሃባ

ነበራ። ሓደ እዋን ግን፡ ኣባላት ናይ'ተን ጋንታታት ዕማሞም ምስ ፈጸሙ ነቲ ዝተረፈ ላምባ ጸጸንቂቖም ብምውህላል፡ ንካልእ ጉዳዮም ከም መብራህቲ ክጥቀሙሉ ስለዝፈተኑ፡ ኣብቲ ጨንፈር ብዙሕ ኣዛረቡን ኣቋይቖን።

ብዘይካ'ዚ፡ እቲ ሽግር ናይ ዕንጸይቲ እናተጋደደ ምስ ከደ፡ ኣባላት ኢደ-ስራሓት ናይ ክፍሊ ቍጠባ ብናፍታ ዝሰርሓ መንገታትን ዳፉር ዝተባህላ ብላምባ ወይ ብናፍታ ዝሰርሓ መኸሸኒ ጸብሒን ክሰርሑ ፈተኑ። እተን ሽዑ ዝተሰንዓ መንገታት ግን፡ ገና ዘይወርጸጸ ብምንባረን፡ ባርዕ ከይፈጥራ ወይ ገጽ ተጠቃሚኣን ከየንድዳ ብጥንቃቐ እየን ዝስርሓለን ዝነበራ። ቀስ ብቐስ ነቲ ድሕሪ ጀልሃንቲ ዝሰዓበ ሽግር ስለዘመሓየሸኦ ግን፡ ጸዓት ንምርካብ ኣብ ዕንጸይቲ ጥራይ ምምርኳስ ዝቃለለሉ መገዲ ከፈታ። እንተኾነ ግን፡ ነቲ ብዕንጸይቲ ዝካየድ ዝነበረ ኣህላኺ ናይ ምግብና ንጥፈታት ንምትኻእ ዘኽእል እኹል ቀረብ ነዳዲን መሳርሒታትን ስለዘይነበረ፡ ሰውራ ዕንጸይቲ ካብ ምቕጻል ኣየዕረፈን።

ኣብ ሚያዝያ 1981፡ ኩለን ጨናፍር ቀሲነን ንኣዋርሕ ስርሐንን ትምህርተንን ምእንቲ ክኻይዳ፡ ጸላኢ'ውን ንሻድሻይ ወራር ሰፊሕ ምድላው የካይድ ስለዝነበረ፡ ኣቐዲምኻ፡ ንነዊሕ እዋን ዘገልግል ዕንጸይቲ ንምእካብ ወፍሪ "ሰውራ ዕንጸይቲ" ክግበር ተወሰነ። ኣብ ኀቦታት ገዳይም፡ ጥሩቕሩቕን ፈልሒትን ድማ ክሳብ 180 ስንኩላንን ኣለይቲን ዝተሳተፍዎ ሰሙናት ዝወሰደ ወፍሪ ተኻየደ። ክሳብ 60 ጾዕነት መካይን ዝግመት ዕንጸይቲ ከኣ ተኣከበ። እንተኾነ፡ ፍርቂ እቲ ጾዕነት ናብ ጀልሃንቲ ምስ ገዓዘ፡ ነቲ ዝተረፈ ዕንጸይቲ ገዲፎም ናብ ቦታኦም ክምለሱ ተኣዘዙ። ኩነታት ተቐያይሩ፡ መዓስከር ጀልሃንቲ ክዕጾን፡ ህዝቢ፡ ስንኩላን፡ ህጻናትን ቈልዑ ቤት-ትምህርቲ ሰውራን ዝርከብዎም ተቐማጦ ጀልሃንቲ ድማ ንሜዳ ኤርትራ ክኣትዉን ኣብ ተብተብ ጸንሕዎም።

እተን ድሒረን ኣብ ሓራ መሬት ኤርትራ ዝተደኩና ጨናፍር ክፍሊ ማሕበራዊ ጉዳያት'ውን፡ ወፍሪ ዕንጸይቲ ዝቃለለሉ ኩነታት ኣይገጠመንን። ብፍላይ ድሕሪ ዝበዝሑ ስንኩላን ናብ ሰራዊትን ደጀንን ምውዛዖም፡ እቶም ኣብ መደበር ስንኩላን ዝተረፉ ተኣለይቲ ከቢድ ስንክልና ዝነበሮም ስለዝኾኑ፡ ዕንጸይቲ ናይ ምእራይ ዕማም ናብ ኣለይቲ ክወድቕ ግድን ነበረ። ከባቢ ዓረርብ፡ ዳርጋ እተን ቀንዲ ዓበይቲ ትካላት ህዝባዊ ግንባር ማለት፡ ክፍሊ ሕክምና፡ ቤት-ትምህርቲ ሰውራ፡ ክፍሊ ማሕበራዊ ጉዳያትን መዓስከር ምሩኻትን ሰፊሮምሉ ዝነበሩ ቦታ ስለዝኮነ፡ ክሳብ 10 ሽሕ

ዝኸውን ሰብ ነበሮ። ስለዚ ድማ፡ ኣብቲ ቦታን ከባቢኡን ዝነበረ ዕንጸይቲ ክሰኣን ግዜ ስለዘይወሰደሉ፡ ወፍሪ ዕንጸይቲ ክሳብ ሩባ ዓንሰባ ዝበጽሕ ርሑቕ ቦታታት ክኸውን ተገደደ።

ኣብ መደበር ሰለሙና ዝነበረ ህዝቢ'ውን፡ ብሓደ ወገን ቁጽሩ ይውስኽ ብምንባሩ፡ ብኻልእ ወገን ድማ ኣባላት ክፍሊ ማሕበራዊ ጉዳያት ድሕሪ 1982 ዋሕዲ ጉልበት ስለዝነበሮም፡ ህዝቢ ባዕሉ ኑብሱ ክኢሉ ናይ ዕንጸይቲ ጠለባቱ ክፈትሕ ግድን ነበረ። ስለዝኾነ፡ እተን ን90% ካብ ህዝቢ መደበር ሰለሙና ዘቑማ ደቀንስትዮ፡ ምስ ውሑዳት ሽማግለታት ሰብኡት ናብ ርሑቕ ከባቢታት ዝወፍራሉ ኩነታት ክልመድ ነይርዎ። ኮይኑ ድማ፡ ንሰሙናት ኣብ ዝወፈርኦ ቦታ፡ ኅቦታት እናደየባ ቁረጽትን ተሰከምትን ተመቃቒለን ናብ መኪና እትበጽሖ ቦታ ይጓርትኦ ነበራ። ሓደ ሓደ ግዜ፡ እቲ ዕንጸይቲ ዝርከቦ ቦታ፡ መኪና ምእንቲ ክትኣትዎ ጽርግያ ይጸርጋሉ። በዚ ድማ፡ ዝበዝሕ ነባሪ መደበር ዕቑባት፡ ኑብሱ ክኢሉ ነይሩ ምባል ይከኣል። ኣብ ወፍሪ ዕንጸይቲ ዘይሳተፉ፡ እቶም ኣረጋውያንን ሕሙማትን፡ ነፍሰ-ጾራትን ሓራሳትን ጥራይ ኰይኖም፡ ናይ ዕንጸይቲ ጠለባቶም ብኣባላት ክፍሊ ማሕበራዊ ጉዳያት ይማልኣሎም ነበረ። ምምቕራሕ ዕንጸይቲ፡ ኣብተን ብሓባራዊ ናብራ ዝተወደባ ጨናፍር መደበር ዕቑባት'ውን ዳርጋ ምስ ምምቕራሕ መቑንን መግቢ ብዝዛመድ ዕቱብነት እዩ ዝርአ ዝነበረ። እተን ጨናፍር ዕንጸይቲ መምስ ተወድአ ናብ በረኻ ናይ ምፋር ኩነታት ስለዘሰክፈን፡ ነቲ ዝተዓደለን ዕንጨይቲ ብዝለዓለ ጥንቃቐን እናተጠማመታን እየን ዝጥቀማሉ። ካብቲ ወፍሪ ዝተላእካ ቀዳሞት መካይን ዘምጽእኦ ዕንጸይቲ፡ ገና ወፋሮ ናብ መዓስከሮም ከይተመልሱ ስለዝውዳእ፡ እቲ ወፍሪ ክናዋሕ ዘገድደሉ እዋናት ውሑድ ኣይነበረን።

ኣብ መደበር ዕቑባትን ካልኦት ጨናፍር ክፍሊ ማሕበራዊ ጉዳያትን ዝካየድ ዝነበረ ወፍሪ ዕንጸይቲ፡ ከባቢ 200 ሰብ ክሳብ ንክልተ ወርሒ ዝወፍሩሉን፡ ኣብ ዓመት ክሳብ 100 ጽዕነት መካይን ዝጓረተሉን ከቢድ ስራሕ ምንባሩ እዩ ዝግምገም። ኣብ ዝበዝሕ ትካላት ውድብ ዓቢ ጸቕጢ ኣብ ርእሲ ምፍጣሩ ድማ፡ ዕንጸይቲ እናተወድኣን ዝእረየሉ ቦታ እናረሓቐን ይኸይድ ብምንባሩ፡ ንህላውነት ናይቲ መዓስከራት ዘተሓሳስብ ብድሆ ምዃኑ ተጋህደ። ስለዚ ድማ፡ ፎርኖታት፡ ናይ ላምባ እቶናትን ፋኑሳትን ብሰፊሑ ዝተኣታተወሉ፡ ናይ ነዳዲ ቀረባት ድማ ብተዛማዲ ስሩዕ ዝኮነሉ ኩነት ተፈጥረ። ዋላ'ኳ ኣብ ዕንጸይቲ ምምርኳስ ብመሰረቱ እንተ ዘይተወገደ፡

ነቲ ሃልኪ ግን ብዓቢ መጠን ከጓድሎ ከኣለ። ኣብ ክፍሊ ማሕበራዊ ጉዳያት ኣብ 1985 ዝተተኸላ ናይ ናፍታ ፎርኖታት፡ ንዝበዝሕ ህዝቢ ባኒ እናሰንከታ ዝዕድላሉ ኩነታት ፈጠራ። ኣብ ክፍሊ ቍጠባ ጨንፈር ምስናዕ ዝተሰርሓ ዳፉር እውን፡ ብላምባ ወይ ብናፍታ እናሰርሓ ነቲ ናይ ጸብሕን ሻሂን ምድላው ዕማም ኣብ ዕንጸይቲ ከም ዘይምርኮስ ገበርኦ። እዚ ድማ፡ ነቲ ኣብ ኣስጋኢ ደረጃ በጺሑ ዝነበረ ናይ ጸዓት ሕቶ ብምፍታሑ፡ ጉልበት ወፉሮ ዕንጸይቲ ተዓቂቡ ጉዕዞ ገድልና ብዓወት ንክዛዘም ኣበርክቶኡ ዕዙዝ ከም ዝነበረ ክርሳዕ ኣይክእልን።

8

ርእሰ-ምርኮሳ ኣብ ገድላዊ መድረክ
(ናብራ ተናበይቲ ዘቃለለ ምርምር፡ ብልሓትን ምህዞን)

ምርምርን መጽናዕቲን

ክፍሊ ማሕበራዊ ጉዳያት፡ ከቢድ ስንክልና ዝነበሮም ተጋደልቲ፡ ብኩናትን ግፍዕታት ጸላእን ዝተዘናበሉ ቈልዓ ሰበይቲ፡ ካብ ወለዶም ዝተፈልዩ ዘኽታማት ጠርኒፉ፡ ብኣዝዩ ድሩት ትሕዝቶ ክናብዮም ዝነበሮ ግዴታ፡ ክብደቱ ቀሊል ኣይነበረን። ንህይወት ደቂ ሰብ ዘድሊ እኹል ቀለብ፡ ማይን መጽለሊን ኣብ ዘይርከበሉ፡ ስግኣት ደብዳብ ነፈርትን ከቢድ ብረትን ንቡር ህይወት ኣብ ዝኾነሉ፡ ብርቱዕ ሙቐት፡ ለመምታ፡ ጣንጡን ካልእ ዘይጽወሩ ናይ በረኻ ሽግራትን ኣብ ዘለወሉ፡ ዝተዘናበለ ህዝብን ብከቢድ ዝተሃሰዩ ስንኩላንን ዝዘክተሙ ህጻናትን ምእላይ ዘፈጥሮ ብድሆ ክብደቱ ምግማቱ ኣየጸግምን። ህዝባዊ ግንባርን ኩሎም ኣባላቱን ኣብ ትሕቲኦም ዝተዓቖብ ህዝብን ግን፡ እዚ ኩሉ ግዜያዊ ጭንቂን ጸበባን መወዳእታኡ ክሓልፍ ምዃኑ ብዝነበሮም ሓያል እምነት፡ ዝተሓተትዎ መስዋእቲ ንምክፋል ድሉዋት እዮም ነይሮም። ብሕጽረታት መሳርሒታትን ካልእ መሳለጥያታትን ከይተሰናኸሉ፡ ኣብ ከባቢኦም ካብ ዝርከብ ንብረት ብፋሕተርተርን ምብልሓትን፡ ብምህዞን ስንዓን ነብሶም ክክእሉ ብርቱዕ ጻዕሪ የኻይዱ ነበሩ። ካብ ታኒኻታት ዘይቲ፡ ድስቲኩስኩስቲ ምስራሕ፡ ካብ ዝተቐደዱ ክዳውንቲ ኮቦርታን መጽለሊ ኣግነታትን ምድላው፡ ካብ ቈርበት

ኣጣልን ሓርብታትን ካልእ ውጽኢት ቁርበትን ምቅራብን ካልእ ማእለያ ዘይብሉ ናይ ሰንዓ ስርሓትን ድማ ይካየድ ነይሩ። መነባብሮ ተኣለይቲ ንምምሕያሽ ከኣ፡ ብዙሕ ማሕበራዊ፡ ቍጠባዊ፡ ትምህርታዊ፡ ኢደ-ጥበባዊን ባህላውን ዕማማት ንምምዕባል ድማ ብቐጻሊ ምርምርን መጽናዕቲታትን የካይድ ነበረ።

ክፍሊ ማሕበራዊ ጉዳያት ዋላ'ኳ ካብ ምምስራቱ ጀሚሩ ምርምርን መጽናዕቲን ኣካል ስርሑ እንተነበረ፡ ኣብ በበይኑ መድረኻት ግናብዝተፈላለየ ቅርጺ እዩ ዝውድብ ዝነበረ። ካብ 1982-1985፡ ኣሃዱ ምርምር ካብ ኣባላትን ስንኩላንን ዝተዋጽኡ ናይ ዩኒቨርሲቲ ደረጃ ትምህርቲ ዝነበሮም 10 ተጋደልቲ ሓቝፉ ከም ኣካል ቤት-ጽሕፈት ቈይሙ፡ ብዙሕ መጽናዕታዊ ጽሑፋትን መጻሕፍትን ብምትርጓም ኣድማዒ ውጽኢት ከመዝግብ ክኣለ። እዚ ኣሃዱ'ዚ፡ ንዅለን ጨናፍር ዝሕግዝ ማሕበራዊ ስነ-ፍልጠት ምድላው፡ ንኩነታት ህዝብን ሽግራቱን ዝምልከት መጽናዕታዊ ጽሑፋት ምቅራብ፡ ንመነባብሮ ተኣለይቲ ዘመሓይሽ ፕሮጀክትታት ምድላው ዘጠቓለለ ብዙሕ ዕማማት ነበሮ። ካብቲ ውሑድ ኣብ ሜዳ ዝተረኽበ ናይ እንግሊዝኛ ጽሑፋት ብምትርጓም፡ ቅድሚኡ ዘይነበሩ ብዙሓት ናይ ትግርኛ ጽሑፋት ከዳሉ እንክሎ፡ ንኣተኣላልያ ህጻናት ዝምልከት መጻሕፍቲ ብምድላው እውን፡ ነቲ ኣብ ምሉእ ውድብ ዝነበረ ናይ ፍልጠት ሃጓፋት ክፈትሕ ክኣለ።

ንግፍዕታት ጸላኢ፡ ደርቅን ካልእ ናይ ህዝቢ ጸገማትን ዝገልጽ ብጨንፈር መጽናዕቲን ሓበሬታን ንዝተኣከበ ጽሑፋት ብምጥርናፍ፡ ንማሕበር ረድኤት ኤርትራ ኣብ ረድኤታዊ ዕማማቱ ዝሕግዞ ብዙሕን ስሩዕን ጽሑፋት የዳሉ ነበረ። ስንኩላን ንምምሃርን መነባብሮኦም ንምምሕያሽን፡ ከምኡ ድማ ዝተዓቕበ ህዝቢ፡ ነብሱ ክክእል ዝሕግዞ ዝተፈላለየ ሓሳባትን ፕሮጀክትታትን ንምድላው'ውን ብዙሕ ጻዕሪ የካይድ ነይሩ እዩ። ኣብ 1985፡ በቲ ሓደ ወገን ብዙሓት ኣባላት ምርምር ናብ ካልእ ኣሃዱ ስለዝተቐየሩ፡ በቲ ካልእ ወገን ድማ እቲ ምርምራዊ ስራሕ ከም ዕማማት ጨናፍር ኮይኑ ክዝርጋሕ ስለዝተመርጸ፡ ምርምራዊ ስራሕ፡ ካብ ቤትጽሕፈት ክፍሊ ክትትል እናተገብረሉ ከም ዝቕጽል ተገብረ። ኣብ 1988፡ ብማሕበራዊ ትምህርትን ስነ-ኣእምሮ ህጻናትን ዝተመረቐ ምሁር ገብረመስቀል ፍስሓ፡ ነቲ ናይ መጽናዕቲን ምርምርን ዕማም ዓቢ ድርኺት ስለዝወሰኸሉን ብዙሕ ናይ ስነ-ሕብረተሰብ ኮርሳት ስለዝተኻየደን፡ እቲ ዕማም ሰፊሑን ማዕቢሉን ክበሃል ይከኣል።

ንህጻናት ዝምልከት ዝተኻየደ መጽናዕትታት፡ ብዙሕ ውጽኢት ነይሩዎ ክበሃል ይከኣል። ኣብቲ ብሕጽረታት ዝተመልአ ከባቢ፡ ህጻናት

ንቡር መስርሕ ዕብየቶም ከም ዘይሰናኸል ዝገብር መደባት ብዙሕ ነበረ። ኣመጋግብኦም ንምምሕያሽ ዝሕግዝ ተወሳኺ መኣዛዊ መግብታት ናይ ምቕራብ መደብ፡ ኣብ 1980 ዲ.ኤም.ከይ.(D.M.K-Durra-Milk-Kebkebe) ብምትእትታው ተጀሚሩ። እዚ ድማ መወዳእታኡ፡ ናብ ኮሚሽን ምስናዕ ተሳጊሩ፡ ኣብ ፋብሪካ ዝተዓሸገ ዲ.ኤም.ከይ ንዘኽታማት ቈልዑ፡ ተማሃሮ ቤት-ትምህርቲ ሰውራን ደቂ ዕቑባትን ዝገልግል ርእሱ ዝከኣለ ዓቢ ፕሮጀክት ኮይኑ ክሳብ ናጽነት ቀጺሉ። ዘኽታማት ቈልዑ ኣብ ኣተዓባብያ ብሕጽረታት ምእንቲ ከይህሰዩ፡ ኣብ 1985 መጽሓፍ “ምእላይ ህጻናት” ተዳልያ ተዘርጊሓ ኣበርክቶኣ ድማ ኣድማዒ ነበረ። ኣሃዱ ምርምር፡ ንህጻናት ዝገልግሉ ክሳብ 100 ዝበጽሑ ጽውጽዋያት'ውን ንህዝቢ መደበር ዕቑባት እናሓተተ ኣዳልዩ እዩ። ቀጺሉ ዘዳለዎም ናይ ቅድመ-ትምህርቲ መምሃሪ ውጥን (ካርክሉም) ከም መጽሓፍ ተሓቲሙ ክዝርጋሕ ምኽኣሉ'ውን፡ ካብቶም ቀንዲን ዕዉታትን መጽናዕታዊ ውጽኢታት ነበረ። ብዘይካ'ዚ፡ ኣብ 1989 ዝጀመረት ናይ ህጻናት ስለስተ ወርሓዊት መጽሔት “ምኹስኳስ ህጻን”፡ ክሳብ ናጽነት ሽዱሽተ ሕታም ብምዝርጋሕ፡ ኣብ ኣተኣላልያ ህጻናት ዓቢ ተመኩሮ ንክቕሰም ሓጊዛ'ያ።

ብጨናፍር መጽናዕቲን ሓበሬታን፡ ካብ ዝተፈላለየ ዞባታት ዝተላእከ ጸብጻባት ምጥርናፍን ምምስራሕን፡ ብስሩዕ ኣገባብ ናብ ማ.ረ.ኤርትራን ናብ ወጻኢ ሃገራትን ዝለኣኽ ንኩነታት ህዝቢ ኤርትራ ዝገልጽ ጽሑፋት ምድላው፡ ሓደ ካብ ቀንዲ ዕማማት ኣካል ምርምር እዩ። ኣባላት ምርምር፡ ነናቶም፡ ዝከታተልወን ዞባታት ተፈልዩሎም፡ ንብዝሒ ዓድታትን ነበርትን ዝምልከቱ ጸብጻባት እናጠርነፉ፡ ብብዓመቱ ንዘጋጥመን ግፍዕታትን ናይ ደርቂ ኩነታትን ዘርእዩ ሓበሬታታት እናጸሞቑ፡ ዝርዝር ኩነታት ህዝቢ ኤርትራን ረድኤታዊ ጠለባቱን ዝገልጽ ጽሑፍ የቕርቡ ነበሩ። ክፍሊ ማሕበራዊ ጉዳያት ንማሕበር ረድኤት ኤርትራ ወኪሉ ንዘካየዶም ዝነበረ ንጥፈታት ምዕዳል መሬት ዝምልከት ሓበሬታ'ውን ከምኡ ብስሩዕ ይልእክ ነበረ። ምስ ማ.ረ.ኤ ዝተሓጋገዙ ናይ ዝተፈላለዩ ማሕበራት ወከልቲ ናብ ሜዳ ኣትዮም፡ ንንጥፈታት ማ.ረ.ኤ. ዝምስክር ሓበሬታ ከም ዝረክቡ'ውን ይገብር ነይሩ እዩ። ካብ ድሕሪ መስመር ጸላኢ ዝተኣከበ ጸብጻባት ቊጠባዊ ትሕዝቶን ኩነታት መነባብሮ ስድራ ተጋደልትን፡ ከምኡ ድማ ዝተመልአ ናይ መርዓን ፍትሕን መሕትታት ብምግምጋም ስታቲስቲኻዊ ሓበሬታ ኣዳልዩ፡ ንላዕለዎት ሓለፍቲ ብሩህ ስእሊ ዘቕርብ ጽሑፋት'ውን ይልኣኾ ነበረ።

ሞያዊ ዓቕሚ ኣባላት ማሕበራዊ ጉዳይ ንምምዕባል፡ ብተደጋጋሚ ዝተፈላለየ ትምህርታዊ ኮርሳት ይወሃብ ነበረ። ንኣብነት ኣብ 1983፡ ንኣገባባት

ምርምር (Research Methodology)፡ ኣገባብ ኣኻይዳ ቃለ-መሕትትን ኣተኣኻክባ ስታትስቲኻዊ ሓበሬታን ዘጠቓልል ክሳብ 22 ኣባላት ጨንፍር መጽናዕቲን ሓበሬታን ዝተሳተፉዎ ስልጠና ተኻየደ። ምርምራዊ ስራሕ፡ ኩለን ጨናፍር ዝሰርሓሉ ኣገዳሲ ኣርእስቲ ስለዝነበረ ድማ፡ እቲ ስልጠና ብተደጋጋሚ ከም ዝወሃብ ተገብረ። ብዘይካ'ዚ፡ ካብ 1988 ንድሓር፡ ካብ ናይ ስነ-ሕብረተሰብ (Sociology) መጽሓፍቲ ዝተዋጽአ ናይ ማሕበራዊ ኣገልግሎታትን ኮማዊ ምዕባለን ትምህርቲ ንኣባላት ክፍሊን ባይቶ መደበር ዕቑባትን ይወሃብ ነበረ። ትምህርቲ ስነ-ልቦና ህጻናት (Child Psychology) እውን፡ ሓደ ካብቲ ንኣለይቲ ህጻናት ክፍሊ ማሕበራዊ ጉዳያትን ሓለፍቲ መናበዩ ህጻናት ክፍላተ-ስራዊትን ብተደጋጋሚ ዝወሃብ ዝነበረ ኮርሳት እዩ። ኣብ ጨንፈር ስንኩላን እውን፡ ዋላ'ኳ ትምህርቲ ቀንዲ ንጥፈት እንተነበረ፡ ንኣለይቲ፡ ንመምህራንን ስንኩላንን ብዛዕባ ኣተሓሕዛን ኣተኣላልያን ስንኩል ዝምልከት ዝተፈላለየ ስልጠናታት ይወሃብ ነበረ።

ምርምራዊ ስራሕ ኣብ ጨንፈር ስንኩላን፡ ሓለፍቲ ጨንፈርን ተሓጋገዝቶም መምህራንን ዝሳተፍዎ፡ ካብኡ ተበጊሶኻ ዝተፈላለየ መጽናዕቲታትን ፕሮጀክትታትን ዝዳለወሉ ዝነበረ ዓቢ ዕማም እዩ። መበገሲ ፍልጠትን መወከሲ ጽሑፋትን ኣብ ዘይነበረሉ ኩነታት፡ ናይ ዓይነ-ስዉራን ትምህርቲ ብረይል ንምትእትታው ብዙሕ መጽናዕቲ ተኻይዱ እዩ። ኣብቲ ጨንፈር ብዝተገብረ ውሽጣዊ ጻዕርታት፡ መበገሲ ፍልጠትን ሓደ ሓደ ናይ ብረይል መሳርሕን ምስ ተረኽበ፡ ነቲ መደብ ንምስፋሕ ፕሮጀክትታት ተሓንጸጹ። ንቤት ትምህርቲ ዓይነ-ስዉራንን ሞያዊ ስልጠናኦምን ዘገልግል፡ ልዕሊ 100 ሽሕ ዶላር ዝግመት መሳርሒታት'ውን ተረኪቡ ኣብ ስራሕ ውዒሉ'ዩ። ብዘይካ'ዚ፡ ኣብ ውሽጢ ኤርትራ ንዘለዉ ብዙሓት ዓይነ-ስዉራን ንምጽናዕን ኣብ ሳሕል ንዝርከቡ ሲቪል ዓይነ-ስዉራን ንምምሃሮምን ዝዓለመ ፕሮጀክት'ውን ተዳልዩ ነበረ።

ክፍሊ ማሕበራዊ ጉዳያት፡ ውሽጣዊ ዓቕሚ ኣባላቱ፡ ተኣለይቱ ስንኩላንን ዕቑባትን ብምብርባር ዘካየዶ ዝተፈላለየ ናይ ርእሰ-ምርኮሳ መደባት፡ ንመነባብሮኦም ዘመሓየሸን ነቲ ከቢድ ገድላዊ መድረኽ ዘሳገረን ቀንዲ ንጥፈት ነይሩ ክበሃል ይክኣል። ሓደስቲ ሓሳባትን ፕሮጀክትታትን ብምድላው፡ መነባብሮ ተኣለይቲ ንምምሕያሽ ዘተኮሩ ዝተፈላለዩ ስርሓት ማለት፡ መዕቈቢ ንምድላው፡ እንስሳታት ንምርባሕ፡ ንጥፈታት ስንዓን ኢደ-ጥበብን ንምክያድ፡ ከምኡ ድማ ንትምህርቲ፡ ባህልን ምዝንጋዕን ዝሕግዙ ዕማማት ብዝለዓለ ዕቱብነት ተሰሪሖሎም እዩ። ጭቡጥ ምንጪ ኣብ ዘይነበረሉ፡ ብዝተረከቡ ንብረትን ጥረ-ነገራትን፡ ገለ ድማ ብውሑድ ገንዘብ ካብ ከተማታት ሱዳን ብምዕዳግን ብመገዲ ማ.ረ.ኤርትራ ካብ

ለገሰቲ ማሕበራት ብዝርከብ ደገፍን ብዙሕ ዕማማት ተፈጺሙ እዩ። ክፍሊ ማሕበራዊ ጉዳያት ነብሱ ንምኽኣል ኣብ ኢደ-ስራሓትን ኢደ-ጥበባትን ዘካየዶ ቃልሲ፡ ፍሉይነት ስለዝነበሮ በብሓደ ምጥቃሱ ኣድላዪ እዩ።

1. ፕሮጀክት ኣሕምልትን ስጋን

ሓደ ካብቲ ንክፍሊ ማሕበራዊ ጉዳያትን ኣብ ትሕቲኡ ዝእለዩ ህጻናት፡ ስንኩላንን ዕቑባት ስድራቤታትን ዘጸግም ዝነበረ፡ ዋሕዲ ዝተፈላለዩ መኣዛዊ መግቢታት እዩ። ኣብቲ ዝነበረ ጸቢብን ዘየገላብጥን እዋን፡ ካብ ጥሜት ንምድሓን ዘኽእል ቀረብ'ኳ እንተ ተማልአ፡ ፕሮቲንን ካልኦት መኣዛታትን ስለዝጐድሉ፡ ብፍላይ ህጻናት ዋሕዲ ቪታሚናትን ፕሮቲንን ብዝጠንቀ ሕማማትን ዓጸቦን ይሳቐዩ ነይሮም እዮም። ስለዚ ድማ፡ ነብስኻ ናይ ምኽኣል መደብት ንምስጓምን ነዚ ሕጽረታት'ዚ ንምምላእን፡ ኣብ ኩሉ ትካላት ውድብ ከቢድ ጻዕሪ ይካየድ ነበረ። እቲ ደጀን ዝነበረሉ ቦታታት ንሕርሻ ዝበቅዕ ማይን መሬትን ስለዘይነበሮ ከኣ፡ እቲ ጻዕሪ ኣብ እንስሳታት ዘቤት ከተኩር ግድን ኮነ። ማሕበራዊ ጉዳያት፡ ኣብ ምፍራይ ኣሕምልቲ፡ ደርሁ፡ ማናቲለን ጤለ-በጊዕን ካብቶም ዝያዳ ዕዉት ተሞክሮ ዝነበሮም ክፍልታት ህዝባዊ ግንባር ሓደ ስለዝኾነ፡ ብሓጺሩ ምግላጹ ኣድላዪ እዩ።

ሕርሻ ኣብ ናቕፋ

ኣብቲ ክፍሊ ማሕበራዊ ጉዳያትን ተኣለይቱን ዝርከቡሉ ደጀን፡ ንሕርሻዊ ልምዓት ዝበቅዕ መሬትን ማይን ኣይነበረን። ኣብ 1981 ግን፡ ምስቲ ዝነበረ ምድላዋት ንሻድሻይ ወራርን ብስርዓት ሱዳን ዝተሰገደደ ናይ ዕጽዋን፡ ነቲ ዝሰዓበ ናይ መግቢ ሕጽረታት ንምፍታሕ፡ ኣብ ሕርሻዊ ምህርቲ ምንጣፍ ግድን ኣድላዪ ኹይኑ ተረኽበ። ምስ ክፍሊ ሕርሻ ብምርድዳእ ድማ፡ ክፍሊ ማሕበራዊ ጉዳያት ኣብ ገማግም ሩባ ናቕፋ ንጀርዲን ዝኸውን ክልተ ሄክታር መሬት ተፈቕደሉ። ገለ ካብ ኣቦታት መደበር ዕቑባትን ጥዕናኦም ዝተመሓየሹ ስንኩላንን ከኣ ነቲ ዝተዋህቦም መሬት እናኹዓቱ ብምምድማድ፡ ኣእማን እናኣረዩ ብምድልዳል፡ መስኖታት እናተለሙ ኣብ ሓጺር ግዜ ንሕርሻ ድሉው ገበሩዎ። ማዕረ ማዕረኡ'ውን፡ ክሳብ 8 ሜትሮ ዝዕምቈቱ ዒላ ተኳዕተ። መጨንገዒ ሞተርን ነዳድን ካብ ክፍሊ መጉዓዝያ ምስ ተረኽበ ከኣ፡ እቲ ፕሮጀክት ተበገሰ። ኣብ ሩባ ናቕፋ ዝተኳዕተ ዒላ፡ ምሉእ ዓመት ዝፍልፍል ማይ ስለዝነበሮ፡ ኻውሎ፡ ጉዕበርበረ፡ ቁስጣ፡ ኻሮቲ፡ ምለዛናይን ሽጉርትን ዝሕፈሰሉ ዕዉት ፕሮጀክት ኮነ። ብጉድለት ቫይታሚናት ዝሳቐዩ ዝነበሩ ተናበይቲ ህጻናት፡ ስንኩላንን ህዝብን ድማ ዝተመጣጠነ ስርዓት-ኣመጋግባ ንክረክቡ ዓቢ ኣበርክቶ ገበረ።

ሕርሻዊ ንጥፈት ናቅፋ፡ ኣብ ትሕቲ ጽንኩር ኩነታት እዩ ዝካየድ ዝነበረ። ናቕፋ ኣብ ከባቢ ጥሪ ኣዝዩ ቁራሪ ቦታ ስለዝኾነ፡ ነቶም ስንክልና ዝነበሮም መብዛሕትኦም ኣባላት ኣሸጋሪ ነበረ። ዝነብሩሉ ቦታ ኣብ ማእከል ናቕፋ ስለዝነበረ'ውን፡ ነታ ኸተማ ዒላማ ዝገበረ፡ ቀጻሊ ደብዳብ ነፈርቲ ተወሳኺ ጸገም ኮይኑዎም ነበረ። ሓደ እዋን ኣብ ማእከል'ቲ ዝነብሩሉ ገዛ ካብ ዝወደቐ ቦምባታት ብተኣምር ድሒኖም። ኣብቲ ደብዳብ ነፈርቲን ከቢድ ብረትን ዝብርትዓሉ እዋናት፡ ቀትሪ ተኣልዮም ክውዕሉ ወይ ኣብ ትሕቲ መሬት ብካሻስትሩስ ኣብ ዝተሰርሐ መዕቈብታት ክጸንሑ ይግደዱ ነበሩ። ስለዚ ድማ፡ ብለይቲ ክሽዕቱ፡ ክሽስኩሱ፡ ክጽህዩ፡ ክድኩዑን ማይ ክስትዩን ዝሓድርሉ እዋናት ውሑድ ኣይነበረን። እቶም ካብ መደበር ዕቑባት ዝመጹ ኣቦታት፡ ድሕሪ ገለ እዋን ናብ ቦታኦም ስለዝተመልሱ፡ ድሕሪኡ እቲ ሕርሻ ብኣባላት ክፍሊ ማሕበራዊ ጉዳያት ጥራይ ክም ዝካየድ ተገብረ። እዚ መደብ'ዚ፡ ሳላ ምትሕግጋዝ ናይ ዝተፈላለዩ ኣሃዱታት'ዩ ክዕወት ክኢሉ። ጨንፈር ሕርሻ ምኽሪ ብምልጋስ፡ ፈልሲታት፡ ዘመናዊ ድኹዒን ጸረ-ባልዕን ብምቕራብ ክተሓባበር እንከሎ፡ ኣብ ከባቢ ናቕፋ ዝነበሩ ኣባላት ክፍላተ-ሰራዊት ድማ፡ ኣብ ምእራይ ምህርቲን ኣብ ምጽዓን መካይንን ብወፈራ ንኣባላት ክፍሊ ማሕበራዊ ጉዳያት ይተሓጋገዝዎም ነበሩ። ኣብ 1988፡ እቲ መሬት ብምእራትን ምህርቱ ብምጉዳሉን፡ መወሰኽታ መሬት ኣብ ባድን ንምልማዕ ተፈቲኑ'ኳ እንተነበረ፡ መሬቱ ሑጻ ስለዝበዝሖ ክቕጽል ኣይተመርጸን።

ሕርሻ ናቕፋ ዓመታዊ ካብ 8 ክሳብ 10 ኤነትረ ዝግመት ኣሕምልቲ ናብ ክፍሊ ማሕበራዊ ጉዳያት እናልኣኸ ን10 ዓመት ቀጺሉ'ዩ። ሕጽረት መኣዛዊ መግቢ ብምፍታሕ ድማ፡ ብፍላይ ኣብ ጥዕናን ኣካላዊ ምዕባለን ዘኽታማት ህጻናትን ስንኩላንን ኣዝዩ ዓቢ ተራ ክጻወት ክኢሉ'ዩ። ብተወሳኺ፡ ፍሉይ መግብታት ኣልፋኣልፋ እናፍረየ፡ ኣማኢት ማናቲለ ኣብ ምፍራይ ዝበጽሐ ታሪኻዊ ናይ ልምዓት ፕሮጀክት እዩ።

ብኻልእ ወገን፡ ጨንፈር መጽናዕቲን ሓበሬታን፡ ኣብ 1984 ኣብ ከባቢ መረብ ክሳብ 4 ሄክታር መሬት ተዋሂቡዎ፡ ሕርሻዊ ልምዓት ክኻይድ ጀሚሩ ነበረ። እቲ ቦታ፡ እተን ካብ ከበሳታት ናብ ሳሕል ዝጉዓዛ ዕቑባት ስድራቤታት ዘዕርፋሉን ክሳብ ዝፋነዋ ንሰሙናት ዝቕመጣሉን ስፍራ ስለዝነበረ፡ እቲ ሕርሻ ንመነባብሮኣን ድጋፍ ክኸውን ተባሂሉ'ዩ ተበጊሱ። ቀስ ብቐስ ከኣ፡ ነቲ ናይቲ ከባቢ ህዝቢ ከይተረፈ ኣብነት ዝኾነ ገለ ናይ ኣሕምልቲ ፍርያት ብምቕራብ፡ ነቲ ዝነበረ ናይ መግቢ ሕጽረታት ንምቅላል ክሕግዝ ክኢሉ'ዩ። ክፍሊ ማሕበራዊ ጉዳያት፡ እቲ ዘበገሶ ሕርሻዊ ንጥፈት

እናሰፍሐ፡ ፍርያቱ ድማ እናዓበየ ምስ ከደ፡ ነቶም ካብ ከተማ ዝረሓቑ ነበርቲ ናይቲ ከባቢ እተገልግል ድኳን ከምስርት ምኽኣሉ'ውን ይፍለጥ።

ምፍራይ ደርሁ

መደበር ዕቑባት፡ ኣብ ደብዓትን ጀልሃንቲን ካብ ዝነበረሉ ግዜ ጀሚሩ፡ ብተበግሶ ኣደታት ሓደ ክልተ ደርሁ ምፍራይ ልሙድ'ኳ እንተነበረ፡ ንመነባብሮ ህዝቢ ክቕይር ዝኽእል ግን ኣይነበረን። ዓይነ-ስዉራን ሓዳር ምስ ገበሩ ደርሁ ከፍርዩ ምስ ተተባብዑ'ውን ከምኡ ሓደ ክልተ ከፍርዩ ጀሚሮም ነበሩ። ኣብ 1983 ግን፡ ዓይነ-ስዉርቲ ተጋዳሊት ዝተመርዓወ ተጋዳላይ እዮብ ሰለሙን፡ ኣባል ማሕበራዊ ጉዳያት ኮይኑ በዓልቲ-ቤቱ እናኣለየ ክሰርሕ ስለዝተመደበ፡ ናይ ኢንኩበይተር ዓቢ ሓሳብ ኣበገሰ። ዘድሊ ዲዛይን ምስ ኣዳለወ ድማ፡ እቲ ንድፊ ምስ ጨንፈር ምስናዕ ተዘርበሉ። ኣብ ሜዳ ብዝነበረ ቁርጽራጽ ላሜራታት፡ ቱቦታትን ካልእ ቀለልቲ ጥረ-ነገራትን ከኣ፡ ብጥበብ ክኢላታት ምስናዕ፡ ዕብየታ ክሳብ 2 ሜትሮ ኩቦ እትግመት መጫጭሒት (ኢንኩበይተር) ተሰርሐት። እዛ ብዝነድድ ዕንጸይቲ ማይ ብምፍላሕ፡ እቲ ውዑይ ማይ ብቱቦታት ከም ዝዘዋወር ብምግባር ንሱ ብዝፈጥሮ ረስኒ እትሰርሕ ኢንኩበይተር፡ ክሳብ 21 መዓልታት ሙቐት ዝዕቅብ ቀፎ ዝነበራ ኮይና፡ ዕውትቲ መጫጭሒት ክትከውን ዝኸኣለት እያ።

ኣብቲ ግዜ'ቲ ጨንፈር ሕርሻ ህዝባዊ ግንባር፡ ናይ ሆላንድ ዋይት ለግሆርን ዝበሃላ ጨቃዊት ኣምጺኦም ንምፍራይ ይመራመሩ ስለዝነበሩ፡ ነታ ኢንኩበይተር መፈተኒ ዝኾና 50 ደርሁ ምስ ሃቡ፡ እቲ ስራሕ ተበገሰ። ዓመት ኣብ ዘይመልእ ግዜ ድማ፡ እተን ደርሁ ብተዓጻጻፊ ክባዝሓ ከኣላ። እታ ክሳብ 200 እንቋቑሖ ናይ ምጭጫሕ ዓቕሚ ዝነበራ ኢንኩበይተር፡ ኣብቲ ክፍሊ ማሕበራዊ ጉዳያት ዝነበሮ ቦታ ተተኺላ በኩሪ ፍርያታ ከተቕርብ ምስ በቕዐት፡ ቀረብ እንቋቑሖን ደርሁን ናብ ምሉእ ደጀንን ናቕፋን ክበጽሕ ግዜ ኣይወሰደን። ካብዘን ንፈተን ዝመጻ ደርሁ ዝተወልደ እንቋቑሖ፡ በዛ ኢንኩበይተር እናተራብሐ ኣብ ሓደ ዓመት ዘይመልእ ግዜ ክሳብ ክልተ ሽሕ ዝግመታ ጨቃዊት ፈረያ። ንመግብን ንመፍረን ተባሂለን ድማ ናብ መደበር ዕቑባትን ካልኦት ጨናፍር ማሕበራዊ ጉዳያትን ክዕደላ ጀመራ። እቲ ናይ ምፍራይ መደብ ብዕዉት ናይ ምብዛሕ መስርሕ ስለዝቐጸለ፡ ዳርጋ ንኹለን ክፍልታት ደጀንን ዝበዝሓ ክፍላተ-ሰራዊትን ዝተጫጭሓ ጨቃዊት ብ20፡ ብ50፡ ብ100 ዝዕደላሉ ኩነታት ተፈጥረ። ኣብ 1988፡ ጨንፈር ሕርሻ፡ ንኣሽቱ ኢንኩበይተራት ናብ ሜዳ ብምእታው፡ ነቲ ኣብ ዝተፈላለያ ክፍልታት ደርሁ ናይ ምፍራይ መደብ ኣዕበየ። ኣብ

መደበር ዕቑባት'ውን እታ ዓባይ ኢንኩብይተር ምስ ተሰናኸለት፡ በዞን ካብ ደገ ዝመጽ ብቶመሳሳሊ ጨቃዊት ንምጭጫሕ ጸዕታት ይቕጽል ነበረ። አብ ህዝቢ መደበር ዕቑባት ብውልቂ ዝፈረያ ደርሁ ከም አብነት እንተ ወሰድን፡ አብ 1990 ክሳብ ሸዱሽተ ሽሕ በጺሐን ነበራ። ዕቑባት ንንብሶም ኩይኖም፡ አብ ከባቢአም ንዝነብሩ ህዝብን ተጋደልትን ብትሑት ዋጋ ደርሁ እንቖቑሐን ዝሸጡሉ ኩነት ፈጢሮም ነበሩ።

ምፍራይ ማናቲል

ማሕበራዊ ጉዳያት፡ አብ ሜዳ ማናቲል ብብዝሒ ብምፍራይ፡ አብ መናበዪ ህጻናት ንዝነበረ ሕጽረት ቀረብ ሰጋ ብመጠኑ ክፈትሕ ዝኻአለ ክፍሊ እዩ። ካብ ኬንያ ንሜዳ ክትበጽሕ ዝአተወት ወ/ሮ ድሃብ አብርሀ ዝተሃለት ኤርትራዊት፡ ናብ ክፍሊ ማሕበራዊ ጉዳያት አብ ዝበሓትሉ እዋን ነታ ናይ ደርሆ ኢንኩብይተር ተዓጢቓ ምስ እዮብ ሰለሙን ምስ ተዘራረብት ዝተበገሰ ፕሮጀክት እዩ። ንሳ ብዘይተወቶ መብጽዓ መሰርት፡ ካብ ኬንያ ሓሙሽተ ተባዕትዮን አንስትዮን ማናቲል ሰለዝደደት፡ ክፍሊ ማሕበራዊ ጉዳያት አብኡ አብ ናቕፋ ዝንበር ናይ ሕርሻ ቦታ ዘርያስሉ ኩነታት አጣዊሑ። ናይ ምፍራየን ተሞኩሮ'ኳ እንተ ዘይነበረ፡ አብ ጨንፈር ሕርሻ ንዝነብሩ ክኢላታት ብምውካስ፡ አካል ምርምር ናይቲ ክፍሊ ናይ መፍረ ማናቲል መጽሓፍ ብምትርንንም፡ ንዕአን ዘድሊ ከም መበገሲ ዝኸውን ናይ ዕንጸይቲ ሰፈር ብምስራሕ ድማ እቲ ናይ ምፍራየን መደብ ተበገሰ። ንመግቢ ዝኹነን ዝተዳለወ ነገር'ኳ እንተዘይነበረ፡ ከም ዝንቐዛ እኽሊ፡ ዝተበላሸው ጸባ ገላዕታ በለስን ናይ ኻውሎ ቅላጥን ዝአመስሉ እናተዋህበን ከአ ዓብየን ክሳብ ናብ ምውላድ ደረጃ በጽሓ። ጸኒሑ እውን፡ እቲ አሕምልቲ ዝፈርየሉ ሕርሻ ማሕበራዊ ጉዳያት፡ ሓደ ክፋሉ አልፋአልፋ ከም ዘፍሪ ብምግባር፡ እተን ማናቲል ውሑስ ምንጪ መግቢ ከም ዝህልወን ተገብረ።

ማናቲል፡ ቀልጢፈን እየን ዝራብሓ። እዘን አርባዕተ ማናቲል፡ ነፍሲ-ወከፈን 10 ድሕሪ ምውላደን፡ ናይ መሰፈሪአን ሕቶ መጽአ። ብምትሕብባር አብ ከባቢ ናቕፋ ዝነብሩ አህዱታት ሰራዊት፡ አረጊት ዚንጎታትን ናይ ጥይት ሳንዱቕን ብምእካብ፡ ንዕአን ዝኸውን ገዛውቲ ንምስራሕ'ውን ተፈተነ። ማናቲል፡ አብ ዓመት ክሳብ ስለስት ግዜ፡ አብ ሓደ እዋን ድማ ካብ 8 ክሳብ 18 ክወልዳ ዝኽእላ እንስሳታት ስለዝኾና : ምስ ምብዛሐን ዝኸይድ እኹል ሰፈር ምስራሕ አጸጋሚ ነበረ። ስለዚ ድማ፡ በብዓመት ካብ 300-400 ዝኾና ንማሕረዲ አብ ክፍሊ ማሕበራዊ ጉዳያትን ንካልኦት ከፋርዮ ዝደልዮን እናተዋህባ፡ እቲ ናይ ምፍራየን መደብ ከም ዝቐጽል ተገብረ።

አብ መደበር ዕቝባት ይኹን ጨንፈር ስንኩላን፡ ብዙሓት ግርህ ኢሎም ስለዘይበልዕዎን ዝያዳ ነቶም አብ መናበዪ ህጻናት ዝርከቡ ህጻናትን ቘልዑን ከም ቀንዲ መግቢ ኽገልግላ እዩ ተወሲኑ። ንዝተፈላለዩ ጨንፈር ዘዕደለዉ ኣጋባሚታት'ውን ነይሩ እዩ። ንኣብነት፡ ጨንፈር ፋርማሲ ክፍሊ ሕክምናን ኢንፈየኽን ንምስራሕ ንመፈተኒ ዘገልግላ ማናቲል ካብ ክፍሊ ማሕበራዊ ጉዳያት ይወስድ ነበረ። ክፍሊ ማሕበራዊ ጉዳያት ካብ 1984 ንድሓር ቡብዓመት ልዕሊ 300 ዝኾና ማናቲል አብ አገልግሎት መግቢ የውዕል ምንባሩ አብ ጸብጻባቲ ይጠቅስ።

ጤለ በጊዕ

አብ መደበር ዕቝባት፡ ካብ ደብዓት ጀሚሩ ብገለ ገለ ዕቝባት ሓንቲ ወይ ክልተ ጤል ምሓዝ፡ ወይ ሓደ ማሕስእ ዓቢኻ ምሕራድ ዝመስል ፈተናታት ነይሩ እዩ። አብ ጀልሃንቲ'ውን ስፍሓት ቦታን ዋሕዲ ቀለብን'ኳ እንተነበረ፡ ጥሪት ናይ ምርባሕ ንዑስ ፈተናታት ነይሩ እዩ። ድሕሪ 1982፡ እቲ ህዝቢ አብ ዓሬብን ክሰረትን አብ ዝሰፈረሉ እዋን ግን፡ መፍረ ጤለ-በጊዕ ቡብቝራብ ክዓቢ ጀመረ። ክበግሳ ከለዎ ብአጻብዕ ዝቝቐዳ ዝነበራ ጤለ-በጊዕ ናይቲ ክፍሊ፡ ድሜ፡ አብ 1990 ክሳብ 6000 ክበጽሓ ከአሉ። እዚአተን ቡቶም 20% ዘይኮና፡ ካብ ሓባራዊ መነባብሮን ካብ ማእትታዊ ዕማማትን ናጻ ዝነበሩ ናብ ሽምግልና ገጾም ዝኸዱ አቦታትን አደታትን ጥራይ ዝፈረያ እየን። ቡብእዮ ደርቕን ዋሕዲ ማይን ስለዘጋጥም፡ ብኡ ምኽንያት ጥሪት ምጉሳይ አዝፎ አሸጋሪ ስለዝነበረ፡ እተን ዝሕዝወን አባል ካብ ክልተ ሰለስተ ዝሓልፋ አይነብራን፡ ሓደ ክልተ ስድራቤታት ግን፡ ክሳብ 30-40 ጤለ-በጊዕ ክውንኑ ክኢሎም ነቢሩ። አብ መደበር ዕቝባት፡ መፍረ ጤለ-በጊዕ ንምስሳን ብጨንፈር ሕርሻ ተማሂረን ዝሰልጠና ሓካይም እንስሳ ክታብትን መድሃኒታትን ሒዘን አገልግሎት ይህባ ነበራ። አብተን ድሓረን ዝተደኩና ናይ ባድንን አዶብሓን መዕስከራት ዕቝባት'ውን ብተመሳሳሊ አገባብ ናይ ጥሪት ምፍራይ ፈተናታት ተኻይዱ አብ መነባብሮአም ደገፍ ዘበርክቱሉ ደረጃ ተበጺሑ ነበረ።

አብ መደበር ዕቝባት፡ መፍረ ጥሪት እናዓበየ ምስ ከደ፡ ናይ ዕዳጋ ግዜን ቦታን ምፍላይ አገዳሲ ኾይኑ ስለዝተረኽበ፡ አብ 1989 ንአብነት እንቚቛሓ ደርሁ፡ ጤለ-በጊዕ፡ ከምኡ'ውን ሰፈን ኻይላን ዘአመስለ ኢደ-ጥባባዊ ፍርያት ዝሸየጠሉ መዓልቲ ተፈልዩ ነበረ። አብ ሓደ እዋን'ውን ዕዳጋ ጥሪት ተወሲኑስ ዘይምክኑይ ናህሪ ዋጋታት ንምቅጻር፡ ህዝባዊ ባይቶ መሸጢ ዝርዝር ዋጋታት አውጺአም ነይሮም። ናይ ዕቝባት ጥሪት እናበዝሓ ምስ ከደ፡ ካብ ዕዳጋ ናይቲ መዕስከር ሓሊፈን ናብ ሱዳን

እናተላእኻ ዝሸየጣሉ ኩነታት እውን ተፈጥረ። ኣማኢት ኣጣል ንሱዳን ብምስዳድ፡ ብጠለብ ዋናታተን መሰረት በቲ ሽያጠን ዝተፈላለየ ዓይነታት መግቢ፡ ረድዮታት፡ ፋኑሳትን ካልእ ዘድልዮም ንብረትን ናይ ምዕዳግ ዕድላት እውን ክክፈት ተኻእለ። መፍረ ጤለ-በጊዕ ንምስሳን ዝተኻየደ ብዙሕ ጻዕሪ፡ ንዝነበረ ዋሕዲ መኣዛታትን ኣብ ምፍታሕ ጥራይ ዘይኮነ፡ መጠናዊ ገንዘባዊ እቶት እውን ክርከቦ ክኢሉ ነይሩ እዩ። ኣብ ጨንፈር ስንኩላን እውን ከምቲ ናይ ህዝቢ ደአ ኣይኮነን እምበር፡ ድርሁን ጤለ-በጊዕን ብምፍራይ ናይ ስጋ ጠለባት ምምላእን ሽይጥኻ መማቕርትን ካልእ ነገራትን ምግዛእን ዝውቱር ነበረ።

2. ኢደ-ስርሓትን ኢደ-ጥበባትን

ክፍሊ ማሕበራዊ ጉዳያት፡ ድሕሪ ምዝላቕ ኣሽሓት ዝተዘናበለ ዕቑብ ህዝቢ፡ ስንኩላንን ዘኽታማት ህጻናትን ሒዙ ኣብ መሬት ሱዳን ምስ ሰፈረ፡ መነባብሮ ተኣለይቲ ብግቡእ ንምክያድ ዘኽእሎ መሰረታዊ ኣቑሑን መሳርሒታትን ኣይነበሮን። መግቢ ንምድላው ዘድልዩ ድስቲ ኵስኵስቲ፡ መቀዳድሒን መሳተዩን ማይ፡ ንህንጻት ኣባይትን ቴንዳታትን ዘድልዩ መሳርሒታት፡ ንትምህርቲ ዘድልዩ ሰሌዳታት፡ ወዘተ። ምስቲ ብዝሒ ናይ ሰብ ዝመጣጠን ዓቕን ኣይነበሮን። ስለዚ፡ ኣብ መንን'ዞም ስንኩላን ተጋደልትን ዕቑብ ህዝብን ዝርከቡ ፈላጣትን ክኢላታትን ምስናዕ ብምጥርናፍ፡ ነብሱ ዘኽእሎ ንኡስ ናይ ኢደ-ስራሓት ንጥፈታት ከበግስ ተገደደ። ኣብ ኣስመራ ኣብ መደበር ዝነጥፍ ዝነበረ ገብረመድህን መዓሾ (ወድ-ምዕሽ)፡ ኣብ ሰነ 1979፡ ማርቴሎ፡ ፒንሳ፡ መቐስን ዚንጎን ምስ ተረኽበ፡ መሳተዩ ማይን፡ ራሕባ ተባሂሉ ዝተጸውዐ መቐረብ መኣድን ክሰርሕ ዝጀመረ ናይ ፈለማ ሰብ ነበረ። ቀስ ብቐስ ብዙሓት ስንኩላን እናተሓወስዎ ምስ ከዱ ድማ፡ ኣብያተ-ዕዮ ብዓይነትን ብዓቕንን ወሰኸ። ናይ ሓጺንን ዕንጸይቲን፡ ናይ ኤለክትሪክን ጽገናታት ሬድዮን ሰዓትን ዘጠቓልላ ሓደስቲ ኣብያተ-ዕዮ ተተኽላ።

እዘን ኣብ መፋርቕ 1979 መብዛሕትኦም ከቢድ መውጋእቲ ብዝነበሮም ስንኩላን ዝጀመራ ኣብያተ-ዕዮ፡ ኣብ ጨንፈር ስንኩላን'ኳ እንተ ተበገሳ፡ ቦታ ብምቅይያር ወይ ጨናፍር ብምዝርጋሕ ንምሉእ ክፍሊ ማሕበራዊ ጉዳያት ኣገልግሎት ክህባ ክኢለን እየን። እቲ ቀንዲ ብልጫ ናይ'ዞም ኣብ ኢደ-ስራሓት ዝተሳተፉ ተጋደልቲ፡ ነቲ ዝተሳእነ መተዓየዪታት ብዝተረኽበ ጥረ-ነገራት ንምስናዕ፡ ነቲ ዝተበላሸወ ንምጽጋን ልዑል ኒሕን ናይ ምምሃዝ ጥበባትን ዘውንኑ ምንባሮም እዩ። ዋላ'ኳ እተን ኣብያተ-ዕዮ በብዓይነተን ምጥቓስን እንተተፈተነ፡ ሓድሓድ ተወሃሂደን ዝሰርሕኦ ነገራት ስለዝነበረ፡

ሓጺንን ዕንጸይትን፡ ሬድዮን ሰዓትን፡ ከም ተመላላእቲ ምኽንን ክዝከር የድሊ። ኩለን ብንኡስ ዓቕሚ ተበጊሰን፡ ብዓይነትን ዓቐንን ፍርያተን እናኣጉልበታ ክሳብ ድሮ ናጽነት ዝገበሮኦ ዓቢ ኣበርክቶ ድማ፡ ንክብደት ህይወት ተኣለይቲ ከፋኩስ ክኢሉ እዩ።

ስርሓት ሓጺን

ኣሃዱ ስርሓት ሓጺን፡ ካብ ምብጋሱ ጀሚሩ ሕጽረት ናይ መሳርሒታት እኳ እንተነበሮ፡ ብዙሕ ዝዓይነቱ ስራሕ እናታኣታተወን እናተራቐቐን ዝቐጸለ እዩ። ነቲ መሰረታዊ ጠለባት ናይ መነባብሮ ዝኾኑ ድስቲ ኩስኩስቲ፡ ሽሓኒ፡ ራሕባ፡ ሳንኬሎ፡ ፈርኔሎን ካልእን ድሕሪ ምፍታሕ፡ ናብ ማሕጉዳን ፎርጃን ብምስጋር ከም ኣፍራዛ፡ ፋስ፡ ቡንታን ባዴላን ዝኣመሰሉ ናውቲ ማእቶት ንምስራሕን ምትባዕን ዝኸእለሉ ደረጃ ክሰግር ዝኸኣለ ድማ እዩ። ኣባላቱ ክሳብ ናይ መካይን ባለስትራታት እናተጠቕሙ፡ ብዙሕ ዝዓይነቱ ናውቲ ማእቶት ክሰርሑ በቒዖም እዮም። ናይ ሓጺን ጥረ-ነገር ኣብ ዝሰኣኑሉን መለሓላሚ ኣብ ዘይርከበሉን እዋን፡ ብሓገዝ ጋራጃት መጉዓዝያ ዕማሞም ይፍጽሙ ነበሩ። ካብ ቱቦታት ናይ ቴንዳ መራኹስ ሰንኩላን ክሰርሑ፣ ንመጻወቲ ህጻናት ዝገልግሉ ሰለል፡ ፓራለል፡ ጅረሎን ካልኦት ነገራትን ከፍርዩ ክኣሉ። ኣብ መደበር ዕቝባት'ውን ውሑዳት ኣቦታት፡ ናይ ዘይቲ ታኒካታትን ካልእ ጥረ-ነገራትን ተጠቒሞም፡ ሳንኬሎ፡ ድስቲ፡ መጉዲ፡ ፈርኔሎን ሽሓኒን የፍርዩ ነበሩ። ብኣጠቃላሊ ዝሰርሕዎ መተዓየዩታት ዝርዝራቱ ኣዝዩ ብዙሕ ስለዝኾነ፡ ዳርጋ ንኩሉ ጠለባት ክፍሊ; ከማልእዎ ክኢሎም እዮም።

ጽርበት ዕንጸይቲ

እዚ ኣካል'ዚ፡ ብዙሕ ዝዓይነቱ ንብረት ሰኒዑን ጸጊኑን ኣብ ኣገልግሎት ዘውዕል ዝነበረ እዩ። ናይ ዕንጸይቲ መራኹስ፡ ጠረጴዛታት፡ ሰድያታት፡ ሰሌዳታት፡ ከብሕታት፡ ሸልፍታት፡ ሳናዱቕ፡ ክራር፡ መዓጹን መሳኹቲን ኣባይቲ፡ ጋብያታት ደርሁን ማናቲለን፡ ኣባኻስ፡ ፓዝልን ካልእ ማእለያ ዘይብሎም፡ እቲ ክፍሊ ዝጠልቦም መሳርሒታትን ድማ የፍሪ ነበረ። እዚ ኣካል'ዚ፡ ብውጽኢት ዕንጸይቲ ጠለባት ክፍሊ ማሕበራዊ ጉዳያት ጥራይ ዘይኮነ፡ ጠለባት ናይ'ተን ኣብ ጉረባብቲ ዝነበራ ክፍልታት ኣብ ምምላእ'ውን ይተሓጋገዝ ነይሩ እዩ። መብዛሕትኡ ምንጪ ናይቲ ዝጥቀመሉ ዝነበሩ ጥረ-ነገራት፡ ካብ ጸላኢ ዝተሰልበ ናይ ጠያይትን ቦምባታትን ሰናዱቕ ስለዝኾኑ፡ ኣባላት ጽርበት ዕንጸይቲ፡ ኣብ እዋን ምድምሳስ ተሰነይ፡ ሰሜናዊ ምብራቕ ሳሕልን ምትሕዛ ኣፍዓበትን ናብ ግንባራት ብምኻድ ይእክብዎ

ነበሩ። ንውሱን እዋናት ይኹን'ምበር፡ እቶም ናይዚ ኣሃዱ'ዚ ኣባላት ዝነበሩ ተጣበብቲ ስንኩላን፡ ናይ ቁርበት ዕጥቂታት ብምስፋይ ነቲ ዕጥቂ ዘድልዮ ተጋዳላይ ኣብ ምሕጋዝ፡ ሽዳ ኣብ ዝሳኣነሉ ካብ ኣረጊት ጎማ መኪና ጫማታት ሃራምበ ሰሪሖም፡ ነቲ ጽንኩር ግዜ ኣብ ምስጋር ዓቢ ኣበርክቶ ገይሮም እዮም።

እዛ ናይ ጽርበት ዕንጸይቲ ጉጅለ፡ ኣብ 1990፡ ካብ ለገስቲ ማሕበራት ተቐባልነት ብዝረኸበ ንኡስ ፕሮጀክት፡ ኣብ ሱዳን ክልተ ኣባላታ ክስልጥኑን መሳርሒ ዓዲጎም ንሜዳ ክምለሱ ዕድል ተኸፍተሎም። ምስ ተመልሱ፡ ካብ ዕንጸይትን ኮምፐንሳቶን መጻወቲ ህጻናት ሴጎታት፡ ፖዝላትን ባምቡላታትን ምፍራይ ተጀመረ። እዚ ፕሮጀክት'ዚ ግን ምስ ምምጻእ ናጽነት ኤርትራ፡ ኣባላታን መሳርሒታታን ከይተጓደለ ኣብ መዕበያ ዘኽታማት ኣስመራ ክትትከልን ናይ ቀልዑ መጻወቲ ኣቕሑ ምፍራይ ክትቅጽልን በቒዓ ኢያ።

ጽገና ሬድዮ

እዚ ኣሃዱ'ዚ፡ ዝተበላሸዋ ረድዮታት፡ ቴፕ ሪከርደራት፡ መጉልሒ ድምጺ፡ ማይክሮፎን፡ ቪድዮታትን ካልእ ዝተፈላለየ ኤለክትሮኒካዊ መሳርሒታትን ዝጽግን ኣገዳሲ ኣካል ክፍሊ ማሕበራዊ ጉዳይ እዩ ነይሩ። ኣብቲ ክፍሊ ናይ ኤለክትሪክ መሳርሒታት ምትካል፡ ገመዳት ምዝርጋሕን ጽገናታት ምክያድን እውን ኣካል ስርሑ ነበረ። ኣባላቱ፡ ናይ ጉጅለታት ባህሊ መድረኽ (ስተጅ)፡ ናይ ኤለክትሪክ ኣቕሑን መብራህትን ንምውዳድ ካብ'ተን ጉጅለታት ኣይፍለዩን ነበሩ። ኣብ ኤለክትሪክ ይኹን ኣብ ጽገና ሬድዮ፡ ኣዝዩ ውሑድ መቀያየሪ ኣቕሑ'ኳ እንተነበረ፡ እቶም ኣብ ጽገና ዝተዋፈሩ ኣባላት እናተባላሓቱን፡ ሓድሕድ መሳርሒታት እናባልዑን፡ ዝተቐብጸ መሳርሒታት ዳግም ከም ዝሰርሕ ይገብሩ ብምንባሮም፡ ኣበርክቶኦም ብቐሊሉ ዝርአ ኣይነበረን። ኣሃዱ ጽገና ረድዮ፡ ንክፍሊ ማሕበራዊ ጉዳያት ጥራይ ዘይኮነ፡ ኣብ ከባቢ ዓሬርብ ንዝነበራ ብዙሓት ክፍልታት'ውን ኣገልግሎት ይህብ ነይሩ እዩ። ምስቲ ብደረጃ ውድብ ዝነጥፍን መራኸቢ ረድዮታት ዝጽግንን ናይ ክፍሊ ምልክትን ስለያን ቤት-ዕዮ ከኣ፡ ብምክርን ብጥረ-ነገራትን ይተሓጋገዝ ነበረ። ክኢላታት ናይዚ ሞያ'ዚ ንምምልማል ከኣ፡ መጻሕፍቲ ብምትርጓም፡ ብውሽጣዊ ዓቕሚ ስልጠና ይህብ ነበረ።

ጽገና ሰዓት

ጽገና ሰዓት፡ ብተመሳሳሊ ብዘይ እኹልን ውሑስን ቀረብ መቀያየሪ ኣቕሑ ስርሑ ዝጀመረ ኣካል ኮይኑ፡ በብግዜኡ እናማዕበለ፡ ብዘይካ ክፍሊ

ማሕበራዊ ጉዳያትን ተናበይቱን፡ ካልኣት ክፍልታት እውን ዝግልገላሉ ኣብ ውድብ ህ.ግ. ካልኣይ ኣሃዱ ጽገና ሰዓት ክኸውን በቒዑ ዝነበረ ኣካል እዩ። ኣብ ጀልሃንቲ፡ ካብቲ መዓስከር ሓሊፋ ኣብቲ ኸባቢ ንዝነበሩ ሱዳናውያን ነበርቲ ኸይተረፈ ኣገልግሎት ይህብ ነበረ። ካብ ኣሃዱ ጽገና ሰዓት ናይ ውድብ ገለ ኣረግቶትን ስቡራትን ሰዓታት እናምጽአ ድማ ንመቀያየሪ ይጥቀመለን ነበረ። ጽገና ሰዓት፡ ጠለባት ኣዝዩ እናበዝሖ ምስ ከደ ተሓጋገዝቲ ክኾኑዎ ውሑዳት ስንኩላን ኣሰልጢኑ እዩ። ስራሕ እናሰፍሐ፡ ብዙሓት ኣሃዱታት ውድብ ሰዓታት ንምዕራይ ኣብዚ ኣካል እናተሞርኮሳ ብዝኸዳ ድማ መጠን ክፍሊት ብምስላዕ፡ ካብ ኣታዊኡ፡ መቀያየሪ ክዕድግ ኣብ ዝኽእለሉ ደረጃ በጺሑ ነበረ።

ትምህርትን ጽገናን ጽሕፈት መኪና

ክፍሊ ማሕበራዊ ጉዳያት ኣብ ታሕሳስ 1978፡ ምስቲ ኣብ ናቕፋ ንስንኩላን ተመዲቡ ዝነበረ ሞያዊ ትምህርቲ ተኣሳሲሩ፡ ካብ ጸላኢ ዝተሰልባ ሽውዓተ ጽሓፍቲ መካይን (Type Writers) ተዋሂበንኦ ስለዝነበራ፡ ንስንኩላን መባእታ ኣተሓሕዛ ቤት-ጽሕፈት፡ ትምህርቲ ጽሕፈት ማኪናን ክእለት ምጽጋንን ዘጠቓልል ስልጠና ኣብ 1980 ኣተኣታትዩ ምሂሩ እዩ። ዝተፈላለያ ኣጨናፍር ክፍልታት'ውን ጸሓፍቲ መካይን ዝኽእሉ ጽሓፍቲ የድልዩ ስለዝነበሩ፡ ኣእዳዎም ዘይተተንከፈ ስንኩላን እንግሊዝ፡ ትግርኛን ዓረብን ጽሕፈት መኪና ብምምሃር ናብ ስራሕ ክዋፈሩ ብዝብል ዕላማ እዩ ተጀሚሩ። ብዙሓት ትምህርቲ ዝጀመሩ ኣብ መንጎ ስለዝተወዝዑ ግን 33 ሰባት ትምህርቶም ብክልተ ኮርስ ዛዚሞም ኣብ ስራሕ ክሳተፉ ኣክኢሉዎም እዩ። ብድሕሪ'ዚ ኣብ መጀመርታ 1981፡ ካልኣት 43 ስንኩላንን ውሑዳት ኣለይቶምን ንሳልሳይ ኮርስ ኣብ መወዳእታ ሕዳር 1981 ዛዚሞም። እዞም ኣብ ሰለስተ ኮርሳት ዝተማህሩ ስንኩላን፡ ኣብ ክፍሊ ማሕበራዊ ጉዳያትን ኣብ ዝተፈላለያ ክፍልታት ውድብ ተመዲቦም ነቲ ዝቐሰሙዎ ሞያ ጽሕፈት ማኪና ብግቡእ ክም ዝሰርሑሉን ተገይሩ።

እቲ ጽገና ጽሓፍቲ መካይን ዝተኻፍደ ትምህርቲ፡ ኣብቲ ቀዳሞት ዓመታት ድሕሪ ምዝላቕ ብፍላይ፡ ኣዝዩ ኣድማዒ ውጽኢት ነይርዎ። ሓንቲ ካብተን ጸሓፍቲ መካይን ንመምሃሪ ውሽጣዊ ኣኻላት ናይታ ማሽንን ኣሰራርሓኣን ንጹር ንምርኣይ፡ ኣኻላታ ብምሉኡ ፋሕፋሕ ኣቢሎም ብምግጥጣም፡ ተምሃሮ ብቑዕ ስልጠና ክም ዝረክቡ ይገብሩ ነበሩ። ሽዑ እዋን፡ ኣብ ከባቢ ምስ ዝነበራ ካልኣት ክፍልታት ውድብ ንዘድሊ ጽገና ጽሓፍቲ መካይን ድማ ይተሓጋገዙ ነበሩ።

ሰብ-ሰርሖ መሓውር

ስርዓት ደርግ፡ ብፍላይ ድሕሪ ምትእትታው ሶቭየት ሕብረት 1978፡ ኣብ ኤርትራ ዝጎረቶ ዘመናዊ ኣጽዋራት ብብዝሑን ብዓይነቱን ኣዝዩ ዝተዓጻጸፈ ስለዝነበረ፡ ኣብ ተጋደልትን ህዝብን ዘስዓቦ መስዋእትን መውጋእትን ብኡ መጠን ክተዓጻጸፍ ክኢሉ እዩ። ሚሳይላትን መዳፍዕን፡ ጸረ-ሰብን ጸረ-ማኪናን ነተጕቲ (ፈንጂታት) ድማ ንምብዛሕን ምክባድን ስንክልና ከጋድዱ ግድን ነይሩ። ከምቲ ኣብ ክልተ ዓለማዊ ኩናት ብዛዕባ ዝቌሰሉ ወትሃደራት ስትታቲስቲክስ ዝወሃብ ገምጋም፡ ኣብ ብረታዊ ቃልሲ ኤርትራ'ውን ልዕሊ 50 ሚእታዊት መውጋእቲ ኣብ መሓውራት ከም ዝነበረ እዩ ዝፍለጥ። ኣብ ሜዳ ኤርትራ፡ ከምቲ ኣቐዲሙ ኣብ ሰሌዳ ስንኩላን ዝተራእዩ፡ ክሳብ ናጽነት ልዕሊ ሓደ ሽሕ ዝበጽሑ ኣእጋሮም ከም ዝተቘርጹ እዩ ዝግምገም።

ኢጋጣሚታት

ኣብ ብረታዊ ቃልስና፡ እግሮም ዝተቘርጹ ሰለስተ ቀዳሞት ተጋደልቲ፡ ኣብ 1969 ዓሊ ሹም ዑመር፡ ኣባል ስሉሳዊ ሓድነት ኣብ ከባቢ ግምሆት ራብዓይ ርእሱ ምስ ተወግአ፡ ናይ ሽዑ ኢጋር ሓኪም፡ ግርማይ ከፈላን ክልተ ካልኦት ተጋደልትን፡ ብገመል ጽዒኖም ናብ ቃሮራ ከውስድዎም ተመዘዙ። ዓሊ ሹም ዑመር ዝተባህለ ውጉእ ግን፡ እግሩ እናተበላሸወትን ሽታ እናገበረትን ብዘየዕርፍ ቃንዛ ምስ ተሳቐዩ። ግርማይ፡ "ህይወትካ ከትድሕን፡ እግርካ ክትቁረጽ ኣለዋ" በሎ። ድሕሪ ገለ መዓልታት ድማ ፍቓደኛ ኮይኑ። ግርማይ "ናይ ኣጣል ኻራ ክሳብ ጓህሪ ዝመስል ኣርሲነ፡ ነታ እግሪ ቆሪጸያ። ብዝረሰነ ላማ ነቲ ጠልጠል ዝበለ ስጋን ቲፍቲፍ ዝበል ደምን ሓጻጺበ፡ ነቲ ቆርበት ብፈትሊ ከዳን ገይረ ሰፍዮዮ" ክብል ነቲ መጥባሕቲ ኣብ ጸምጸም በረኻ ገሊጽዎ። ዓሊ ሹም ድማ፡ "ይዝከረኒ፡ ከፉል እግረይ ዝተቐበረቶ ቦታ ኣለልዩለይ ኢለዮም። ሽዑ፡ ብሱዳን ናብ ሶርያ ከይደ" ይብል። ዓሊ ሹም ናይ ሰውራ ኤርትራ ናይ መጀመርያ እግሩ ዝተቖርጸ ዝገልጽ፡ ንሱን ግርማይን ብቓለ-መሕትት ዝነገርዎ ታሪኽ፡ ኣብ መጽሄት ሓበን ቁ 6 ናይ 1997 ተመዝጊቡ ኣሎ። ኣብ ሚያዝያ 1975፡ ተጋደልቲ ህዝባዊ ሓይልታትን ተጋድሎ ሓርነትን ብሓባር፡ መስመር ኤለትሪክ ኣስመራ ንምብታክ ኣብ ዘኻዱድዎ ስርሒት፡ ብርሃነ ፍስሃዬ ዝተባህለ ኣባል ተሓኤ፡ እግሩ ተሃሪሙ፡ ከሕከም ናብ ክፍሊ ሕክምና ባቑስ መጸ፡፡ ደንጉዩ ስለዝመጸን፡ እግሩ ጋንግሪን ብምግባራን ክትቁረጽ ነይርዋ። ስለዘይተኣማመነ ፍቓደኛ ክኸውን ተደናገሎ። ጋንግሪን እናሰፍሐ፡ ዝቖረጸሉ ቦታ ድማ እናለዓለ ኸደ። ሽዑ፡ ዶክተር

ብእምነት ኣሕመድ ብዝመርሐ ብዘይሕክምናዊ ኻራታት ልዕሊ 5 ሰዓት ዝወሰደ ምሕርሓር ዓጽሚ ዕዉት ኮይኑ፡ ድሒኑ ናብ ወጻኢ ሃገር'ውን ከይዱ። ኣብ ተጋደልቲ ህዝባዊ ሓይልታት ድማ፡ ኣበደ ተሰፋይ ናይ መጀመርያ እዩ። ንሱ ኣብ መጋቢት 1976፡ ኣብ ውግእ ጎደይቲ ብከቢድ ተወጊኡ፡ ኣብታ ኣብ ከባቢ ዓላ ዝነበረት ሕክምና ብማዕጺድ ከም ዝተቘርጸ ድማ፡ መጽሄት ሓበን ቁጽሪ 4 ናይ 1996 መዝጊባቶ ትርከብ።

ብዝሒ ቀራጻት እግሪን ካልኣት መሓዉሮም ዝተሃሰዩ ስንኩላን፡ ኣብቲ ጎቦን ስንጭሮን ዝመልኦ ኲርኲሕ ናብራ ክንቀሳቐሱ ጸገም እንተነበሮም፡ ካልእ ዕማማት ክፍጽሙ ግን ምሉእ ዓቕሚ ብምህላዎም እዩ፡ ሰብ-ሰርሖ መሓውር ቀዳምነት ተዋሂቡዎ ዝተሰርሓሉ። መበገሲ ዝኾውን ዝኾነ መሳርሒ ይኹን ጥረ-ነገር ኣይነበረን። ድሕሪ ምዝላቕ ግን፡ ክፍሊ ማሕበራዊ ጉዳያት፡ ሓደ ኣሃዱ ኣቚሙ ነቲ ጸገም ንምፍታሕ ብዙሕን ዝተፈላለየን ፈተነታት የካይድ ነበረ። ኣባላት ኣሃዱ ሰብ-ሰርሖ መሓውር፡ ዝተፈላለየ ዓይነት ኣግራብ፡ ኣሉሚንዩም ላሚራን ቱቦታትን እናቘረጹን እናዓጸፉን ጀሪኻናትን ፕላስቲክን እናምከኹ፡ ብዝረኸብዎ ጥረ ነገራት መተኻእታ እግሪ ንምስራሕ ብዙሕ ጽዒሮም እዮም። ኣብ መወዳእታ ገረብ ዓንቋ ብፍኩሰቱ ተመራጺ ኮይኑ ስለዝተረኽበ ነቲ ገረብ ብምጽራብን ውሽጡ ብምንዳልን ብመጠኑ ዕዉት ስራሕ ክሰርሑ በቒዖም ኢዮም።

ሓደ ካብቶም ኣብዚ ልዑል ብልሓትን ዓቕሊን ዝሓተተ ስራሕ ተዋፊሮም ዝነበሩ ተጋደልቲ፡ ሃብቱ ወልደገብርኤል ኮይኑ፡ ግንቦ-እግሪ (Suckfoot) ብኸመይ ከምእትስራሕ፡ ኣብ ከረን ኣብ ዝነበረት ቤት ዕዮ ሰብ-ሰርሖ መሓውር ናይ ሓጺር ግዜ ትዕዝብቲ ወሲዱ ስለዝበረ፡ ነቲ ናይ ዓንቋ ተበግሶ ሓጋዚ ነበረ። ክልተ ኣእዳዎም ዝተቘርጹ ስንኩላን፡ መዓልታዊ ኣብ ምምጋብ፡ ደገ ኣብ ምውጻእን ካልእ ንጥፈታትን ዝያዳ'ቲ ካልእ ስንኩል ይሽገሩ ስለዝነበሩ፡ ብዝመኸኸ ፕላስቲክ ዝተዳለወ ክሳብ ፒሮ፡ ኩባያን ማንካን ክጭብጥሉ ዝኽእሉ መተኻእታ ኢድ ንምስራሕ እውን ብዙሕ ፈተነታት የኻየድ ነበረ። እቲ ዕማም ኣዝዩ ህጹጽ ስለዝነበረ፡ ብውድብ ደረጃ'ውን ዕቱብ ጻዕሪ ተኻየደሉ። ከም መርኣያኡ ከኣ፡ ኣብ 1979፡ ኣርባዕተ ኣእጋሮም ዝተቘርጹ ስንኩላን ብምትሕብባር ውድብ ሓርነት ፍልስጤም ብኣሰራርሓ ሰብ-ሰርሖ መሓውር ክሰልጥኑ ንበይሩት ተላእኩ። ብርኽት ዝበሉ ቀራጻት ዝሓዘት ካልኣይቲ ጉጅለ'ውን ንስልጠና ተበጊሳ'ኳ እንተነበረት፡ ብምኽንያት ውግእ ሊባኖስ - እስራኤል ተሰናኺላ ተረፈት። እቶም ኣብ በይሩት ንሓደ ዓመት ዝሰልጠኑ፡ ካብቲ ዝክፈሎም

ዝነበረ ኣበል ዘዋህለልዎ ገንዘብ ንስርሖም ዝሕግዞም ንኣሸቱ መሳርሒታት ሒዞም ተመልሱ። እንተኾነ፡ ጥረ-ነገር ስለዘይተረኸበ፡ በቲ ዝተማህርዎ ኣብ ባይታ ክሰርሕሉ ኣይከኣሉን። ነቲ ናይ ዓንቋ ፈተነ ብምምዕባል ግን ስርሖም ቀጸሉ።

ኣብ 1984 ግን፡ መሓዉር ዝስንዓ ምዕቡላት ማሺናትን ንዕኡ ዘድሊ ጥረ-ነገራትን ስለዝኣተወ፡ እቲ ስራሕ፡ ብደረጃ ፋብሪካ ኣብ ትሕቲ ክፍሊ ቁጠባ ኣብ ጨንፈር ምስናዕ ኮይኑ ክቕጽል ተወሰነ'ሞ፡ እቶም ዝተማህሩ ስንኩላን'ውን ናብኡ ተቐየሩ። ማሺናት ምስ ተተኸላ፡ ሓደ ወጻእተኛ ንሜዳ ብምብጻሕ፡ በቲ ዝረኣዮ ተተባቢዑ ጥረ-ነገራትን መሳርሒታትን ክልእክ ንዘኣተዎ መብጽዓ ስለዝተግበሮ፡ ነቲ መደብ ዓቢ ድርኺት ወሰኸሉ። ኣብ መወዳእታ ድማ፡ ብዙሓት ኣእጋሮም ዝተቘርጹ ተጋደልቲ፡ ብዝያዳ ድማ እቶም መቑረጽቶም ትሕቲ ብርኪ ዝነበረ ተጋደልቲ፡ ሽግራቶም ክፍታሓሎም ክኣለ። እዚ ኣብ ሜዳ ዝተሃንጸ ናይ ሰብ-ሰርሖ መሓውር ድማ፡ ንቀራጻት እግሪ ካብ ተኣለይቲ ስንኩላን ብምውጻእ ኣብ ብዙሕ ዕማማት ውድብ ክሰርሑ ዝሓገዘ ናይ ርእሰ-ምርኮሳ ኣብነት እዩ።

ስፌት ክዳውንቲ

መደበር ዕቑባት ኣብ ደብዓት ካብ ዝቘመሉ ግዜ ጀሚሩ፡ መሰረታዊ መተዓየዩታት ዘይተመልአ ብምንባሩ፡ ብዝተፈላለየ ኢደ-ጥበባዊ ንጥፈታት ዝምልኦም ነገራት ብዙሓት ነበሩ። ኣብቲ እኹል ናይ መግቢ ኣማራጺታት ዘይነበረሉ ጽንኩር እዋን፡ ኣደታት ደርሆ ብምፍራይ ናይ ደቀን ጠለባት መኣዛታት መግቢ ኣብ ምምላእ ዘይንዓቕ ኣበርክቶ ክገብራ ኸለዋ፡ ብኣእዳወን ክዳውንቲ ናይ ምስፋይን ምትዕርራይን፡ ብኻይላ ጻሕልታት፡ መጎነታትን፡ ብላኻ ስፈታት ናይ ምስራሕ ኢደ-ጥበባዊ ንጥፈታት'ውን ብተበግሶአን የካይዳ ነበራ። እዚ ተበግሶታት'ዚ ከኣ፡ ኣብቲ ዕዳጋ ዘይብሉ በረኻ፡ ብዘይካ ንፈውሲ ሞት ዝኸውን መነባበሪ ካልእ ዘይረክባሉ ጽንኩር መድረኻት፡ ንክብደት መነባብሮአን ብምፍኳስ ነቲ ጸቢብ እዋን ክሰግርኦ ኣክኢሉወን እዩ።

ኣብቲ ናይ መጀመርታ መድረክ፡ ኣደታት ነቲ ብረድኤት ዝመጽእ ብናይ ካልኦት ዓቐን ዝተሰፍየ በብዓይነቱ ክዳውንቲ እናተዓራረያ፡ ጠለባት ነብሰንን ደቀንን ከማልኣ ግድን እዩ ዝነበረ። ድሕሪ'ዚ ግን፡ በብቑሩብ ስፈይቲ መካይን ካብ ክፍሊ ቀጠባ ስለዝመጸ፡ ዳሕራይ ድማ ብዕድጊ ስለዝተወሰኸ፡ ንዓበይቲን ንንኣሸቱን ዝኸውን ክዳውንቲ ንምስፋይን

ንምትዕርራይን ብጥርኑፍ መገዲ ዝሰርሓሉ ኩነታት ተፈጥረ። ኣብ ጀልሃንቲን ክሰራን፡ ዋሕዲ ናይ ሰፈይቲ መካይን'ኳ እንተነበረ፡ ብዙሓት ኣደታት በብእብረ እናሰርሓ ነቲ ሽግር ኣቃለለኦ። በዚ መሰረት፡ ድሕሪ ምዝላቕ ብደረጃ ውድብ ኣብ ዝነበረ ክቱር ናይ ክዳውንቲ ሕጽረታት፡ ኣደታት ክሳብ 1300 ዝኸውን ረጂፔቶን ሙታንቲን ብምስፋይ ንዝነበረን ሕጽረታት ክፈትሓ ክኣላ። ብርኽያሞ ዝእለሙ ጎልፎታትን ኩፍየታትን ዘፍርያ ኣደታት'ውን ውሑዳት ኣይነበራን። ኩፍየት ንሱዳን እናተሸጠ፡ ናይ ቡንን ካልእን ጸገማተን ኣብ ምፍታሕ ልዑል ግደ ከበርክት ክኢሉ እዩ። ኣብ መወዳእታ መድረኽ፡ እቲ ስራሕ ኣብ ስፌት ክዳውንቲ ጥራይ ከይተሓጽረ፡ ናብ ናይ ማእለማ ደረጃ ንምዕባዩ'ውን ተፈቲኑ እዩ። እቲ ሓደ ናይ ማእለማ ክኢላ ምስ ተረኽበ ዝተበገሰ መደብ፡ ብዋሕዲ ቀረብ ጡጥ'ኳ እንተ ተሰናኸለ፡ ውሑዳት ሰባት፡ ክእለት ከጥርይሉ ኣክኢሉ እዩ። ዝሓሹ መሳርሒታት ብምምጻእ፡ ናይ ማእለማን ርክያሞን መደባት ዝዓብየሉ ኩነት ንምፍጣር ዝተሓንጸጹ ፕሮጀክትታት እኳ እንተነበሩ ከምቲ ዝተደልየ ኣብ ፍረ ኣይበጽሑን።

መንዲል ንጽህና (ሞደስ)

ኣብ 1979፡ ንጠለባት መደበር ዕቑባት ጥራይ ዘይኮነ፡ ናይ ተጋደልቲ ጠለባት መንዲል ንጽህና (ሞደስ) ንምፍታሕ፡ ክሳብ 40 ኣባላት መደበር ዕቑባት ተወዲበን ነበራ። ኣብቲ ዓመት'ቲ ክሳብ 200 ሽሕ ዝግመት መንዲል ንጽህና ሰሪሐን ናብ ኩሉ ኣኻላት ውድብ ከም ዝዓደላ'ውን ኣብ ሰነዳት ክፍሊ ማሕበራዊ ጉዳያት ተመዝጊቡ ኣሎ። እቲ ብኢድ ዝሰራሕ ዝነበረ ሞዴስ፡ ካብቲ ኣቐዲሙ ካብ ሱዳን ተዓዲጉ ዝመጽእ ዝነበረ ከም ዘይሰንፍ'ውን ተመስኪሩሉ ነበረ። ብድሕሪ'ዚ ብጻዕሪ ሃማደእ ሓንቲ ገባሪት ሰናይ ኮወይት ብዝገበረቶ ኣበርክቶ። መንዲል ንጽሕና እትሰርሕ ማሽን ናብ ሜዳ ስለ ዝኣተወት። እቲ ብኢድ ዝሰራሕ ዝነበረ ተሪፉ። እዚ ዕማም'ዚ ከኣ ክሳብ ብክፍሊ ቑጠባ፡ ጨንፈር ምስናዕ፡ ናይ ሞደስ ፋብሪካ ተተኺላ ጠለባት ናይ ኩለን ኣብ ትሕቲ ህዝባዊ ግንባር ዝነበራ ደቀንስትዮ እትፈትሕ ከምዝቐጸለ ይፍለጥ።

ፍርያት ላኻ

ላኻ ተጠቒምኻ መሽረፈት፡ መኹስተር፡ ዘንቢል፡ ጊባቦ፡ ስፍኢ፡ መብልዕ-ቍርስን መኾንብያን ናይ ምፍራይ መደብ እውን ሓደ ካብቲ ብዝለዓለ

ደረጃ ዝተደፍኣሉ እዩ። ምንጪ ላኻ ዓርኮብኮባይ ስለዝኾነ፡ እዚ ገረብ'ዚ ድማ ቀንዲ ቦታኡ ጋሽ-ባርካ ስለዝኾነ፡ ኣብቲ መጀመርታ መድረክ፡ ካብዚ ቦታ'ዚ ላኻ ምምጻእ ዝከኣል ስለዘይነበረ ኣይተደፍኣሉን። ብውሑድ ዓቐን በብውልቂ ብዝተረኽበ ላኻ ግን፡ ዝተፈላለየ ፍርያት ይፈሪ ነበረ። ኣብ መፋርቕ 1980ታት ግን፡ ዓይነ-ስዉራን ተንኮበት ብምስራሕ ኢዶም ከጽርዩ መደብ ስለዝወጸ፡ ምስኡ ድማ ኣብ መደበር ዕቑባት ዝነበረ ጠለብ ላኻ ክፍታሕ ኣለዎ ስለዝተባህለ፡ ላኻ ብመካይን ተጻዒኑ ከም ዝመጽእ ተገብረ። ዓይነ-ስዉራን ነቲ ሞያ ንውሱን ግዜ ተለማሚዶሞ ጥራይ ዘይኮነ፡ ብሽያጡ'ውን ንብረት ክዕድጉ ክኢሎም ነበሩ። ኣብ መደበር ዕቑባት'ውን ላኻ ኣብ ብዙሕ ኣገልግሎታት ክውዕል ክኢሉ እዩ።

ኻይላ

ከም ጻሕሊ፡ ዕትሮን መጎገን ዝኣመሰሉ ብዙሓት ፍርያት ኻይላ፡ መለለዩ ዕቑባት ደቀንስትዮ ኮይኑ ነይሩ እንተ ተባህለ ምግናን ኣይከውንን። እቲ ናይ ሓመድ ጥረ-ነገር ኣብ ዝኾነ ቦታ ስለዘይሰኣን፡ እዚ ካብ ጀልሃንቲ ዝጀመረ መጎገ፡ ጻሕሊን ጀበናን ናይ ምስራሕ ንጥፈት፡ ነቲ ዝነበረ ስእነትን ዋሕዲን ናይ ድስቲ ኰስኰስቲ ከም መተኻእታ ኾይኑ ክፈትሖ ክኢሉ እዩ። ኣብ መወዳእታ መድረኽ እውን፡ ንኣጋይሽን ንበጻሕቲ መደበር ዕቑባትን ከም ህያብ ዝወሃቡ ዝተፈላለዩ ስርሓት ኻይላ ክዳለዉ በቒዖም ነበሩ። እዚ ድማ፡ እቲ ናይ ኻይላ መደብ ክሳብ ክንደይ ሰጉሙ ምንባሩ ዘርኢ ኣብነት እዩ።

ስፌት ቴንዳ

ኣብ መደበር ዕቑባት ዝነበረ ናይ መንበሪ ገዛ ወይ ናይ መጽለሊ ቴንዳታት ጸገም ንምፍታሕ፡ ካብ 1986 ጀሚሩ ጻዕሪታት ይካየድ ነበረ። ኣብ መጀመርታ መድረክ፡ ዕቑባትን ስንኩላንን ኣብ ንኣሽቱ ቴንዳታት ከም ዝነብሩ'ኳ እንተ ተገብረ፡ ብጸሓይን ማይን ቀልጢፎም ንዝኣረጉ ቴንዳታት ምትኻእ ስለዘይተኻእለ፡ እቲ ክሳብ ሽውዓተ ሽሕ ዝግመት ህዝቢ መደበር ስለሙና ብቑዕ መጽለሊ ኣይነበሮን። እተን ብመልክዕ ስድራ ዝተወደባ ናይ ሓባር መነባብሮ ዝነበረን ኣደታት፡ ኣብ ውሑድ፡ ዓበይቲን ኣረገውቲን ቴንዳታትን ተጨቓጨቓን፡ ነቲ ዝነኾለ ብካሻን ጨርቂን ፕላስቲክን እናተኻኸባ ክነብራ ተገደዳ። ዝበዝሖ ካብቶም ስድራቤቶም ፈልዮም ዝናበሩ ድማ፡ ቴንዳታት ስለዝተሳእኑ፡ ብካሻ፡ መሸማዕ፡ ፕላስቲክን

ቀ⁻ርጽራጽ ኣጭር⁻ቕትን ኣብ ትሕቲ ገረብ መጽለሊ (ሶቨየታት ተባሂሉ ዝጽዋዕ) ሰኒያም ይቕመጡ ነበሩ። ኣብ 1989፡ ኣብቲ መደበር ክሳብ 10 ዝበጽሕ ዓበይቲ ቴንዳን 119 ህድሞን መረባብዕን፡ ከምኡ ድማ 753 ሶቨየታት ምንባሩ፡ እቲ ህዝቢ ብሕጽረት ብቑዕ መጽለሊ ክሳብ ክንደይ ይሳቐ ከምዝነበረ ኣትሊሑ ዘርኢ እዩ። ስለዝኾነ፡ ጥቕላል ቴንዳታትን ተሪር ዓለባታትን፡ ናይ ቴንዳ ስፈይቲ መካይንን መሰፋፈዩ መሳርሒታትን ብምርካብ፡ ህዝቢ መደበር ዕቑባት፡ በቲ ዝደለዮ ተመኩሮ ባዕሉ መዕቈቢኡ ዝኾኑ ቴንዳታት ክሰፊ ዝዓለመ ፕሮጀክት ተሓንጺጹ ናብ ብዙሓት ለገስቲ ተላእከ። ኣብ 1989 ከኣ ክሳብ 8 ሽሕ ሜትሮ ዝግመት ቴንዳታትን ሰለስተ ሰፈይቲ ቴንዳ ማሺናትን ብተማሃሮ ዩኒቨርሲቲ ሊድስ (ዓዲእንግሊዝ) ስለዝተላእካ፡ እቲ ፕሮጀክት ብመጠኑ ተዓወተ። ዕቑባት መደበር ሰለሙና፡ ነቲ ዝተረኽበ ቴንዳታት ብዓቐን እናቐደዱ፡ ንስድራ-ቤታት ዝበቅዕ ብዙሕ ሶቨየታት ንምስራሕ ስለዝበቕዑ ድማ፡ እቲ ናይ መጽለሊ ጸገም ርኡይ ምምሕያሽ ኣርኣየ።

ቤት-ስእሊ መደበር ሰለሙና

"ሰውራ የላሊ'ምበር ኣየማኑን" ክበሃል ከሎ፡ ቦታ ብምቅይያር ዘጋጥም ምፍልላይ ጥራይ ኣብ ግምት ኣእትዩ እንተ ዝኸውን እምበይምኸበደን። እዚ ኣበሃህላ'ዚ ግን፡ ክንዮኡ ሓሊፉ ነቲ ተላሊኻ፡ ኣጸቢቕኻ ከይተፋለጥኻ ዘጋጥም መውጋእትን መስዋእትን ዝፈጥሮ ምፍልላይ ስለዝጠቃልል፡ ዝያዳ ከቢድ ይገብሮ።

ግዜን ቦታን (ሕሉፍ ምስ ሎሚ፡ መረበት ምስ ስግር ባሕሪ) ኣብ ምቅርራብ ዓቢ ግደ ካብ ዝጻወቱ ምህዞታት ተክኖሎጂ ሓደ ስእሊ እዩ። ደቂ-ሰባት ነብሶም ዝሕለፈቶ ኣጋጣሚታት ከም ዕለተ-ልደት፡ መርዓ፡ መመረቕታ፡ በብእዋኑ ዝበጽሓቶ ዝተፈላለዩ ቦታታት ንድሕሪት ተመሊሶም ዝከርዎ ካብ ሓድሱ ስእሊ የድልዮም። ሓደ ኣብ ኣፍደገ ሞት ዝርከብ፡ ብምኽንያት ዓመታዊ ዕረፍቲ ምስ ደቁን ስድራቤቱን ተራኺቡ ናብ ሞት ዝፋኖ ተጋዳላይ፡ ልዕሊ ሰቡ ንስእሊ እንተበሃገ ካብ ሰቡ ሰሲዑ ዘይኮነስ፡ ነታ ውሕስነት ዘይብላ ህይወቱ ከም መተኻእታ ንደቁ፡ ኪዳኑን መቕርቡን ዝሓድጋ እንኮ መዘከርታ ስለዝኾነት እያ። ካብ ግንባራት ንዕርፍቲ ዝመጹ ተጋደልቲ፡ መሰነይታ ደብዳቤ ተጻሒፍሎም፡ ምስ ስድርኦም ካብ መደበር ሰለሙና ናብ እንዳ-ዜና ብእግሪ መገዲ ኣርባዕተ ሰዓታት ይጓዓዙ። እቶም ዝሰልጦም ሓንቲ ወይ ክልተ ስእሊ ይረኽቡ። ገለ ድማ፡ "ጸገም ናይ ፊልም

ኣለና” ተባሂሎም ኣይቀንዮምን። መሳኪ፣ “እንተዝህሉ ውድብይ ንመን ኢልዎ” እናበሉ ከይሰለጦም ይምለሱ ነበሩ። እዚ ካልኣይ ምስ ሰድራ ናይ ምርካብ ዕድሎም ውሑስ ዘይምኳኑ ኣብ ግምት ኣትዩ ዘቕስን ኣይነበረን።

እዚ ጸገም'ዚ ኣብ ጸብጻብ ኣሃዱታት ናይቲ ክፍሊ ከይተጠቕሰ ሓሊፉ ኣይፈለጥን። ኣብ መወዳእታ፣ ክፍሊ ማሕበራዊ ጉዳያት ምስ ክፍሊ ዜና ተረዳዲኡ፣ እዚ ክፍሊ ንቤትስእሊ ዝኸውን ገዛ (ኣንደር-ግራውንድ) ክሃንጽ፣ ክፍሊ ዜና ድማ ሓንቲ ኣሃዱ ክምድቡ ኣብ ስምምዕ በጽሑ። እቲ ትካል ከፊላዊ ወጻኢታት ናይ ፊልም ሽፊኑ ቀጻልነቱ ከረጋግጽ ስለዝነበሮ ድማ፣ ንሓንቲ ስእሊ 5 ጅኔ ክፍሊት ሰሊዑ ስራሕ ጀመረ። ተጋዳላይ ካብ'ተን ንዓመታዊ ዕረፍቲ ዝወሃበአ 28 ጅኔ ፍርቀን ናብ ስእሊ የውዕለን'ኳ እንተነበረ፣ ምስ ባህጉን ዳግማይ ከይተረኻኸብካ ናይ ምስዋእ ስግኣቱን ከም ቅቡል ስለዝወሰዶ፣ ከይተሳእለ ናብ ኣሃዱኡ ዝምለስ ኣይነበረን። እዚ መስርሕ'ዚ ንሓጺር ግዜ ምስ ተጓዓዘ ናጽነት ኣርኪቡ፣ ቤትስእሊ መደበር ሰለሙና ድማ ብጽቡቕ ምኽንያት ተዓጽወ።

3. መደባት መሃይምነትን ኣካዳምያዊ ትምህርትን

ክፍሊ ማሕበራዊ ጉዳያት፣ ነቶም ኣብ ትሕቲኡ ዝርከቡ ዕቑባትን ስንኩላንን፣ መሃይምነት ከጥፍኡ፣ ሞያዊ ስልጠናታትን ንክረክቡ ጥራይ ዘይኮነ፣ ኣብ ጸምጸም በረኻ ዘሕልፍዎ ህይወት መቐረት ንክህልዎ ንትምህርታዊ መደባት ከም ቀንዲ ንጥፈት እዩ ተጠቒሙሉ። ካብቶም ኣብቲ ክፍሊ ዝእለዩ ትምህርቲ ዝነበሮም ስንኩላንን ዕቑባትን ካብ ኣባላቱን፣ መምህራን ዝኾኑ ብምምራጽ፣ ናይ ኣመሃህራ ስልጠና ብምሃብን፣ ብውሑድ መሳለጥያታት ንኣሽሓት ተናበይቱ ካብ ፍጹም መሃይምነት ኣናጊፉ ናብ ማእከላይ ደረጃ ትምህርቲ ዘብጽሐ ብርቱዕ ጻዕሪ ኣካይዱ እዩ። ኣብ ነናቱ ኣርእስቲ'ኳ እንተተገልጸ፣ ክፍሊ ማሕበራዊ ጉዳያት፣ ብዘይካ መሃይምነት ምጥፋእን ኣካዳምያዊ ትምህርትን፣ ፍሉይ ዝዓይነቱ ንዓይነ-ስዉራን ዝጽሕፉሉን ዘንብቡሉን ናይ ብሬይል ስልጠና፣ ናይ መሳርሒ መዚቃ ስልጠናታትን፣ ኢደጥበባትን ሜላታት ህይወት ንጽጉማት(Life skills) ብምስትምሃር ተናበይቱ ንቐጻሊ ህይወቶም ክእለታት ከምዝዓጥቁ ንምግባር ዘይፈተኖ ስራሕ ኣይነበረን። ኣዝዮም ብዙሓት ስንኩላን ተጋደልትን ዕቑባት ህዝብን መሃይማን ብምንባሮም ግን፣ ወፍሪ መሃይምነትን መባእታ ኣካዳምያዊ ትምህርትን ብቐዳምነት ክሰርዕን ዝዓበዩ ኣቓልቦ ክግበረሉ ግድን እዩ ነይሩ።

ኩለን ጨናፍር ክፍሊ ማሕበራዊ ጉዳያት፡ ኣብ ጅልሃንቲ ንኣዋርሕ ዝቐጸለ ጽዑቕ ማእቶታዊ ንጥፈታት ብምክያድ፡ መዕቀቢ ኣባይቲ፡ መምሃሪ ዳሳት፡ መመገቢ ኻፌተርያታት፡ መእከቢ ኣደራሻት፡ መክዘናት፡ ክሊኒካት፡ ወዘተ. ሃኒጸን ቦተአን ምስ ኣጣጥሓ፡ ብቐጥታ ነቲ ቅድሚ ምዝላቕ ኣብ ደብዓት፡ ግንዳዕ፡ ከረንን ናቕፋን ብትሑት ዓቕሚ ዝጀመረ ኣካዳምያዊን ፖለቲካውን ኣስተምህሮታት ብዝተወደበን ዝማዕበለን ኣገባብ ክቕጽል ዕድል ተፈጥረ። በዚ ድማ ተኣለይቲ ስንኩላን፡ ኣለይቲ፡ ህዝብን ህጻናትን ኣብ በቦትኦም ኣብ መኣዲ ትምህርቲ ዓሰሉ። ኣብ ጨንፈር ስንኩላን፡ ነቲ ንመምሃሪ ክፍልታት ዘድሊ ናይ ጠረጴዛ፡ ሰሌዳ፡ ንዋት ንምስራሕ ናይ ዕንጸይትን ሓጺንን ኢደ-ስርሓት ብምምስራት እዩ ተኻእለ። ክሳብ ብቑዕ ኩርሽ ዝርከብ፡ ብዝተፈላለዩ ሕብራዊ ሓመድ ብዝተሰርሐ ሓውሲ-ኩርሽ ክቕጽል ምኽኣሉ'ውን ይዝከር። ንትምህርቲ ዘገልግል ጥራዝ ስለዘይነበረ፡ ኣብ ከባቢ ዝርከብ ዝተፈላለየ ወረቓቕትን ባኮታትን መጠቕለሊታትን እናተባላሓትኻ ብዘይካ ምቕጻል ካልእ ኣማራጺ ኣይነበረን።

ኣብ ጨንፈር ስንኩላን፡ ትምህርቲ ቀስ ብቐስ ካብ ምጥፋእ መሃይምነት ክሳብ 6ይ ክፍሊ በጽሐ። እቶም ካብ 9ይ ክሳብ 11 ክፍሊ ዝበጽሑ ስንኩላን፡ ብሓደ ወገን እናምሃሩ፡ ቋንቋታት እንግሊዝን ዓረብን ዝመሃሩለን ክልተ ክፍልታት'ውን ተኸፍታ። ነዚ መደብ ብግቡእ ንምክያድ ዝቖመት ኮሚቴ ነቲ ኣብ መስርሕ ምስትምሃርን ምምሃርን ዝነበረ ቅጥዒ ንምትሓዝ ሓላፍነት ወሰደት። ቤት-ትምህርቲ ሰውራ ኣብ ጅልሃንተ ብምንባሩ፡ መማህራን ንዝኾኑ ስንኩላን ስልጠና ከም ዝወሃቡን፡ ናብ ቤት-ትምህርቲ ሰወራ ዑደት ብምግባር፡ ናይ ኣመሃህራ ተሞኩክሮታትን ትምህርትን ከምዝቐሰሙን ተገብረ። ናይ ሓደ ዓመት ዕዉት ትምህርቲ ተፈጺሙ ካልኣይ ንምጅማር ምቅርራብ እናተገብረ እንከሎ ግን፡ ኣብ ሓምለ 1981 ናብ ሓወልዕ ናይ ምግዓዝ ኩነታት ኣጋጠመ። ካብ 1978-1981 ኣብ ዝቐጸለ መደብ ትምህርቲ ዝተሳተፉ ተማሃሮ፡ ብዝሑም 2131 ይበጽሕ ምንባሩ ጸብጻብ ናይቲ ጨንፈር ተገሊጹ ኣሎ። ድሕሪ ምግዓዝ ናብ ሓወልዕ፡ ጻዕቂ ናይ ነፈርቲ ደብዳብ ስለዝበዝሐ፡ እቲ መደብ ትምህርቲ ተዓናቒፈ። ናብ ዓሬርብ ናይ ምግዓዝ መስርሕን ሻድሻይ ወራር ዝፈጠሮ ውጡር ኩነታትን ምስ ተዛዘመ ግን፡ ምዱብ ኣካዳምያዊ ትምህርቲ ዝቕጽለሉ ዕድል ዳግም ተኸፍተ።

ኣብ ሕዳር 1982 ዓቕሚ ዘለዎ መማህራን ብምምራጽን ብመልክዕ ጋንታ ብምጥርናፍን፡ ብመሰረት ዝምህርዎ ዓይነት ትምህርቲ ኣብ ኮሚቴታት

ብምውዳብን ተወሳኺ ስልጠናታት ብምሃብን፡ 'ኵሉ ብጻይ ካብ ልዕሊኡ ዘሎ ይመሃር፡ ንትሕቲኡ ዘሎ ድማ ይምሃር፣!' ብዝብል ጭርሖ፡ ኣብ ታሕሳስ-1982፡ ስሩዕ ዓመታዊ መደብ ካብ ቀዳማይ ክሳብ ሻምናይ ክፍሊ ተጀመረ። ሓንቲ ንእሽቶ ቤት-ንባብ ስለዝተኸፍተት ድማ፡ ኣብ ምዕባለ እቲ ቤት-ትምህርቲ ኣዝያ ሓጋዚት ኮነት። ትምህርቲ ኣብ ጨንፈር ስንኩላን ዳርጋ ብዘይምቁራጽ ከም ቀንዲ ንጥፈት ኮይኑ ብስሩዕ ቀጸለ። ኣብቲ ካብ 1982-1991 ዝተዋህበ ትምህርቲ ዝተሳተፉ ብዝሒ ተማሃሮ ስንኩላን በብዓመቱ ይበጽሕ። እቶም ኣብዚ ናይ ስንኩላን ቤት ትምህርቲ ናብ ማእከላይ ደረጃ ዝሰገሩን ዝፈጸሙን፡ ድሕሪ ነጻነት ትምህርቶም ብምቕጻል ውሑዳት ብቀዳማይ ዲግሪ ዝተመረቑ፡ ብዙሓት ከኣ ናይ ካልኣይ ደረጃ ትምህርቶም ዝዛዘሙ ምህላዎም ምስ እንግምግም፡ እቲ ናይ ትምህርቲ ጻዕሪ ኣዝዩ ውጽኢታዊ ምንባሩ ዘጠራጥር ኣይኮነን።

ኣብ ጨንፈር ዕቑባት'ውን ኣብ ጀልሃንተ መምሃሪ ክፍልታት ተሰሪሑ፡ ኣካዳምያዊ ትምህርቲ ብተመሳሳሊ ኣገባብ ተኻይዱ እዩ። ኣደታት ደቀን ሒዘን፡ ኣቦታት ድማ ሽምጊልና ከይበሉ ነቲ መሃይምነት ኣብ ምጥፋእ ዘተኰረ መባእታዊ ትምህርቲ ይከታተሉዎ ነበሩ። ብዙሓት ካብኣቶም፡ ኣብ ዓዶም እንከለዉ፡ ኣይኮነን'ዶ ንባዕሎም፡ ደቀም'ውን ክመሃሩ ዕድል ዘይነበሮም እዮም። ክንዲ ዝኾነ፡ ነቲ ዝወሃብ ትምህርቲ ብልዑል ተገዳስነት ብምክትታል፡ መብዛሕትኦም ኣብ ሓጺር ግዜ ምስ ፊደላት ግእዝን ቍጽርታትን ተላልዮም ኣብ ምጽሓፍ፡ ምንባብን ምቕማርን በጽሑ። ደብዳቤታቶም'ውን ባዕሎም ከንብቡን ክጽሕፉን በቕዑ። እንተኾነ፡ ኣብ መፋርቕ 1981 ክሳብ ምዝዛም ሻድሻይ ወራር፡ እቲ ህዝቢ ምስቲ ጽንኩር ወተሃደራዊ ኩነታት ካብ ቦታ ናብ ቦታ ክግዕዝ፡ መደበሩ ክጣጥሕ፡ ብሸቓልቀልን ስለዝሓለፈ፡ ትምህርቲ ኣይቀጸለን።

ኣጋጣሚታት

ሓደ ግዜ፡ ኣቦ-መንበር ኮሚቴ ትምህርቲ ዝነበረ ስዉእ ተጋዳላይ እስቲፋኖስ ግርማጽዮን (ማርኮ)፡ ኣብ ምምሃር ቋንቋ እንግሊዝ ዝነበረ ጸገማት ንምፍላጥ፡ ነቶም ተማሃሮ ኣቦታት ኣኼባ ገበረሎም። ሽዑ ኣቦይ ምስግና ዝበሃሉ ሸማግለ፡ ብድድ ኢሎም፡ "ስማዕ ቲፋኖስ ወደይ! እዞም እንግሊዝ ሲ ከመጹና ዲዮም ክንከዶም? ዘይናይ ኣቦና ዘይናይ ኣዴና ንምንታይ ኢኹም እንግሊዝ ትምህሩና ዘሎኹም? ከብሉ ተቓውሞኦም ገለጹ። ብድሕሪኡ ኣብ ዝተገብረ ገምጋም፡ ትምህርቲ ቋንቋ እንግሊዝ ንዓበይቲ ብዙሕ ኣድላይነት ከምዘይብሉ ኣብ መደምደምታ ስለዝተበጽሐ፡

ከምዝተርፍ ተገብረ። ክሳብ 5ይ ክፍሊ ድማ ካብ ቋንቋ እንግሊዝ ሓራ ኰይኖም ከይተሸገሩ ብቋንቋኦም ክመሃሩ ክኣሉ።

ኣብ 1983 ኣብ ዓሬርብ ግን ግቡእ መልክዑን ኣገባቡን ሒዙ ቀጸለ። ኣብቲ መደበር ዝነበራ ኣደታት፡ ኣቦታትን ካብ 1ይ ክሳብ 5ይ ክፍሊ ስሩዕ ትምህርቲ ጀመሩ። ብከቢድ ስራሕ ክለፍዑ ዝኸረሙን ዝሓገዩን ኣባላት ክፍሊ ማሕበራዊ ጉዳያት እውን፡ ንበይኖም ኣብቲ መደበር ትምህርቲ ጀመሩ። ካብ 7ይ ክሳብ 12+4 ደረጃ ትምህርቲ ዝነበሮም ተጋደልቲ ከም መማህራን ተመዲቦም፡ ንብጾቶም ፍልጠት ንከቕስሙ በብዓቕሞም ተወፊዮም ይሰርሑ ነበሩ። እቲ ዝተኸፈተ ክፍልታት ካብ 1ይ ክሳብ 8ይ ክፍሊ ኮይኑ፡ እቶም 5ይ ክፍሊ ዝወዱኡ ዕቑባት እውን ልዕሊኡ ክቕጽሉ ምስ ዝደልዩ፡ ምስ'ቶም ተጋደልቲ ተጸንቢሮም ብቋንቋ እንግሊዝ ክሳብ 8ይ ክፍሊ ክመሃሩ እቲ ዕድል ክፉት ነበረ። እቲ ቤት-ትምህርቲ ክጅምር ከሎ፡ ከምቲ ኣብ ላዕሊ ዝተገልጸ ብዙሕ ሕጽረታት ነበሮ።

ቤት ትምህርቲ ኢዮቤልዩ፥ ኣደታት መደበር ሰለሙና፡ ንትምህርቲ ዕድመ ዝኣኸሉ ደቀን ንክመሃሩ ናብ ቤት-ምህርቲ ሰውራ ክልእኻኦም ግዴታ ነበረን። እንተኾነ፡ ውላዳ ከተምህር ዘይትደሊ ኣደ ስለዘይነበረት፡ ኩሉ ሸውዓተ ዓመት ዝኣኸለ ወዲ ይኹን ጓል ሰፈሩ ቤት-ትምህርቲ ሰውራ እዩ ዝነበረ። ንተራ ተዓዛባይ፡ ቈልዑ ክመሃሩ ዝኸዱ ጥራይ ክመስሎ ይኽእል እዩ። ቈልዑ ደቂ ሸውዓተ ዓመት ግን፡ ካብ ትምህርቲ ንላዕሊ እዩ ጠለቦም። ዝምግቦም፡ ዝሓጽቦም፡ ዝኸድኖም፡ ምሸት ከይፈርሑ ዘደቅሶም፡ እንተሓመሙ ተቐላጢፉ ናብ ሕክምና ዘብጽሖምን፡ ሓኪም ፍወሳኡ ክሳብ ዝውድእ ዝከታተሎምን፡ ወዘተ. የድልዮም። እዞም ኣለይቲን መማህራንን ኣባላት ቤት-ትምህርቲ ሰውራ፡ ልዕሊ ዓቕሞም ይሰርሑ'ምበር፡ ሕጽረታት ትሕዝቶን ዓቕሚ-ሰብን ተወሲኹዎ፡ ንሓንቲ ውላዳ ዝሰደደት ኣደ ዘቕስን ኣይነበረን። ብዝሒ ተምሃሮ ቤት ትምህርቲ ኣዝዩ ስለዝወሰኸ ብሓደ ወገን፡ ደቂ ዕቑባት ተምሃሮ ድማ ምስ ኣዴታቶም ኮይኖም ዝምሃሩሉ ኣገባብ ተመሪጹ. ስለዝነበረ፡ ጨንፈር ትምህርትን ክፍሊ ማሕበራዊ ጉዳያትን፡ ተመሃሮ ደቂ ዕቑባት ኣብ ቦታኦም ክምሃሩ ኣብ ስምምዕ በጽሑ። ኣብ መጀመርታ ዓመተ-ትምህርቲ 1984-1985 ድማ፡ ቤት-ትምህርቲ ሰውራ ኣብ መደበር ዕቑባት ሰለሙና ቤት ትምህርቲ ከም ዝከፈት ተገብረ። እዛ ቤት-ትምህርቲ'ዚኣ፡ ኣብቲ ህዝባዊ ግንባር መበል 25 ዓመት (ብሩራዊ ኢዮቤልዩ) ዘብዕለሉ ዝነበረ እዋን ስለዝተኸፈተት ድማ ቤት-ትምህርቲ እዮቤልዩ ተባሂላ ዝተሰምየት። ክሳብ ናጽነት ኣብ ዝቐጸለትሉ 6 ዓመታት

ድማ ኣብ መደበር ሰለሙናን ባድንን ካብ 1ይ ክሳብ 3ይ ክፍሊ ዝመሃሩ 2,400 ህጻናትን ከም ዝተማህሩላ ይፍለጥ።

እቲ ብውሽጣዊ ዓቕሚ ክፍሊ ማሕበራዊ ጉዳያት ዝቐጽል ዝነበረ ናይ ዓበይቲ ትምህርቲ፡ ብመምህራን ቤት ትምህርቲ ኢዮቤልዩ እናተሓገዘ፡ ብዝሓሸ ውዳበ ክካየድ ጀመረ። ኣብ መደበር ባድን'ውን፡ ሓንቲ ቤት-ትምህርቲ ተኸፊታ፡ ነተን በብእዋኑ ናብኡ ዝግዕዛ ዝነበራ ሓደስቲ ስድራ-ቤታት መሃይምነት ከም ዘጥፍኣን ክሳብ 5ይ ክፍሊ ከም ዝበጽሓን ንምግባር ትቕጽል ነበራ። 14 ደቀንስትዮ ዕቑባት፡ ናብ ቤት-ምህርቲ ሰውራ ተላኢኸን ንኣገባብ ኣመሃህራ ዝምልከት ስልጠና ወሲደን መምህራን ኮና። ኣብቲ ዝተጠቕሰ መድረኽ፡ ኣብ መደበራት ዕቑባት ክሳብ 920 ዓበይቲ፡ ኣብ መኣዲ ትምህርቲ ከም ዝተሳተፉ መዛግብቲ ናይቲ ክፍሊ ይሕብር።

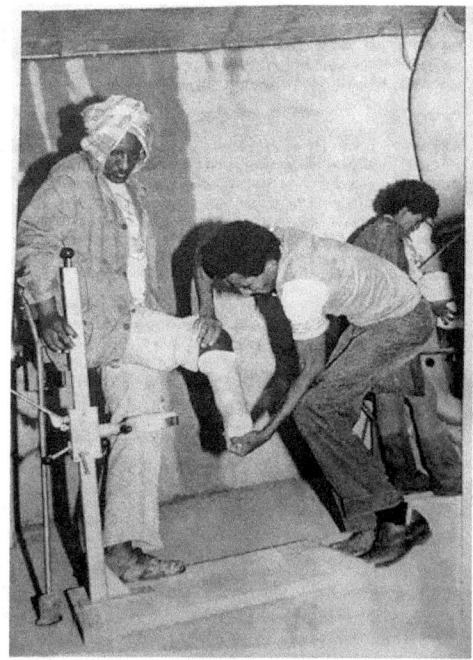

ባምቡላ እግሪ

ኣካዳምያዊ ትምህርቲ ኣብ ትሕቲ ጽላል ኣግራብ

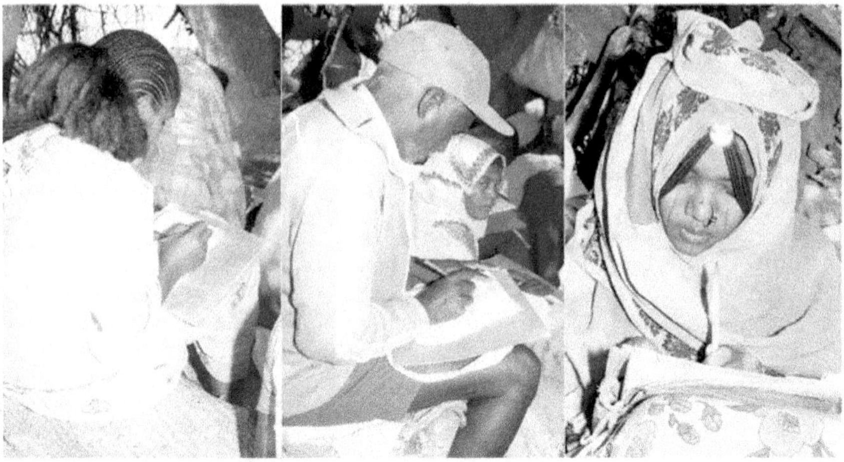

ዘይተነግረ ገድሊ.

ብዘይ ፍልልይ ዕድመን ጾታን ኩሉ ይመሃር፡

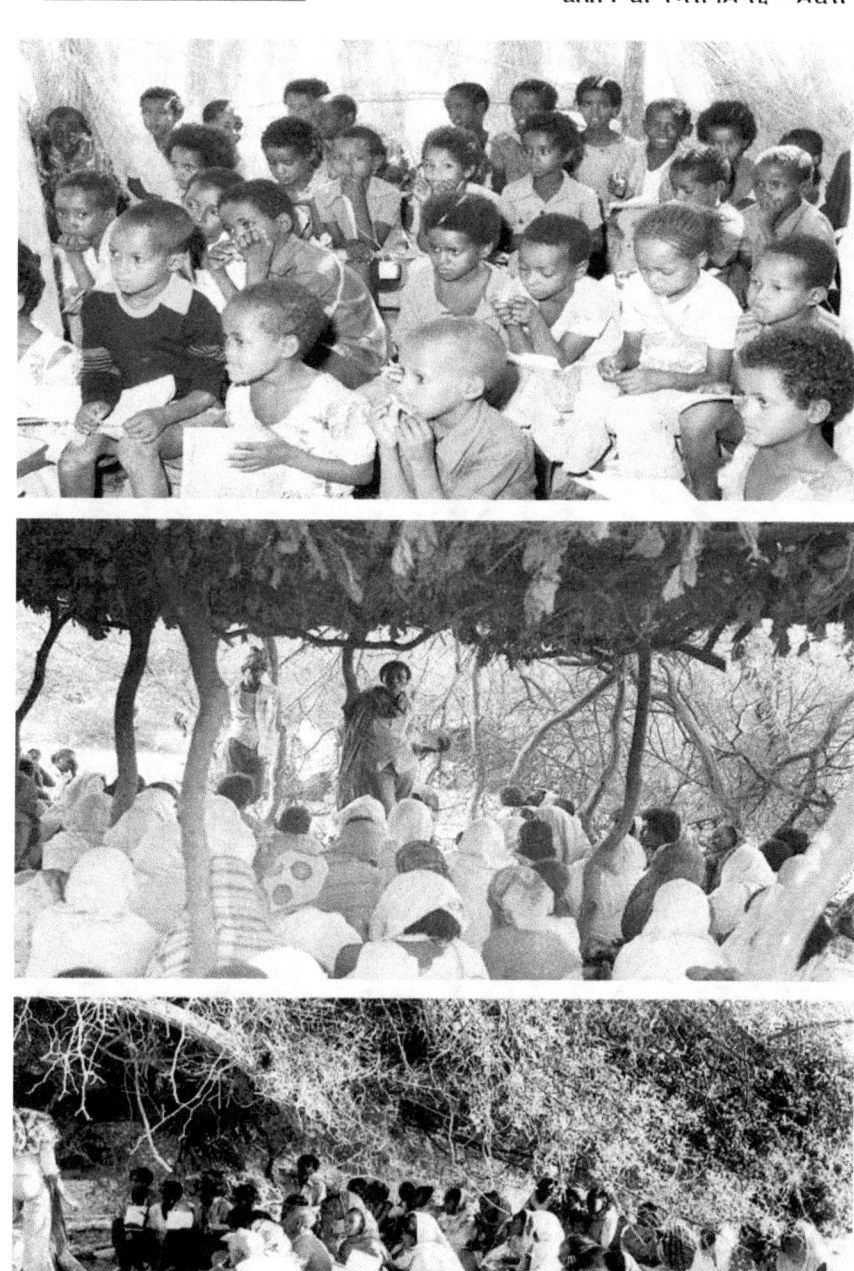

ብኣኻዳሚያውን ፖለቲካውን ትምህርቲ ንቕሓት ምዕዛዝ

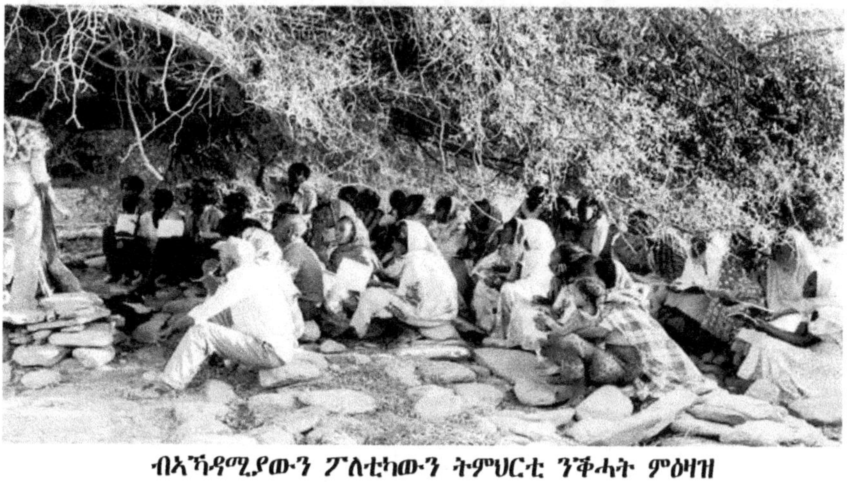

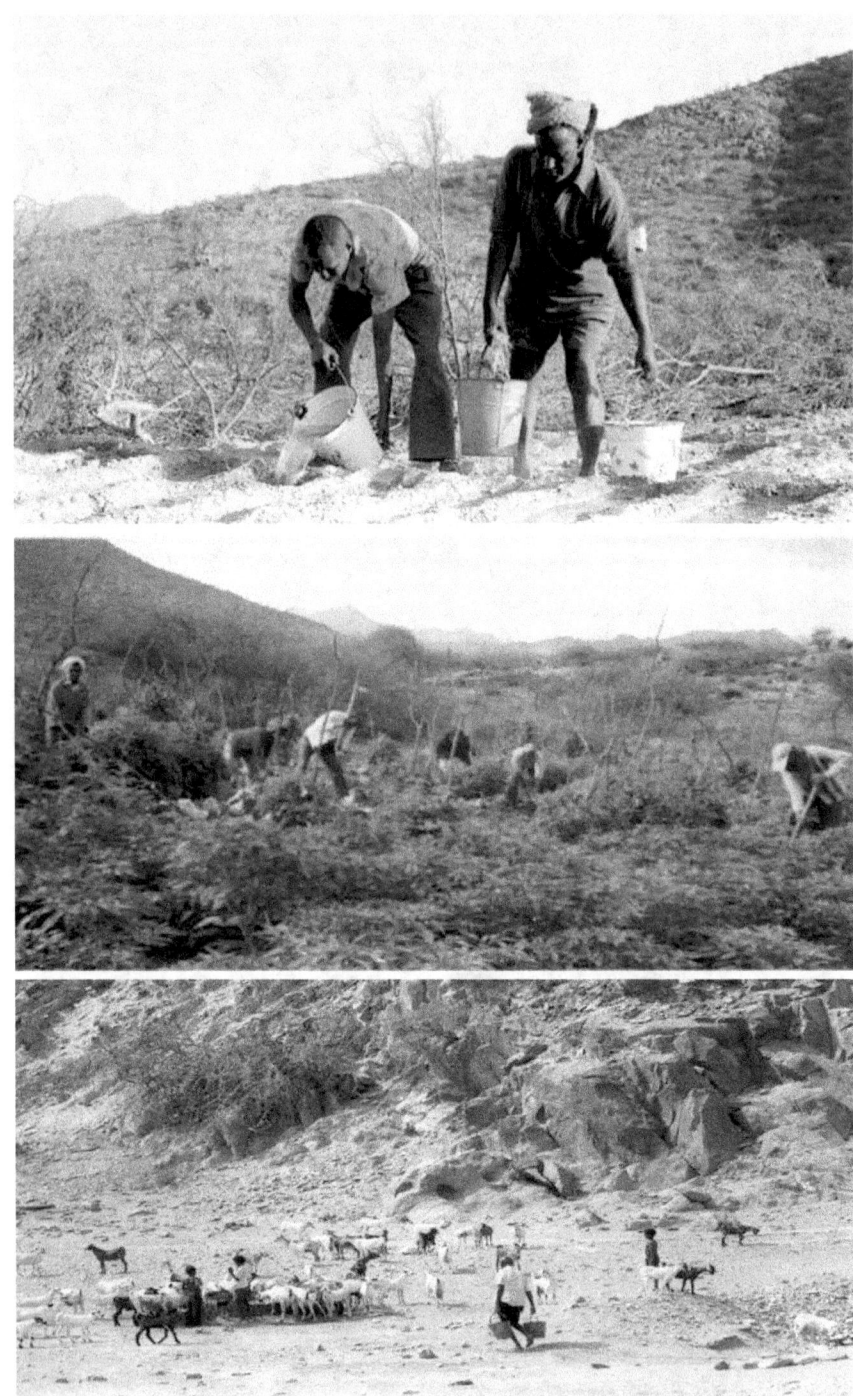

ምዕዛዝ ኣፍራይነት

9

ሕክምናን ምክትታል ጥዕናን

ክፍሊ ማሕበራዊ ጉዳያት፡ ስንኩላን፡ ህጻናትን ብዕድመ ዝሸምገላ ኣደታትን ኣቦታትን ዝርኩብዎም ተኣለይቲ ስለዝሕዝ፡ ጉዳይ ምክትታል ጥዕናኦም ዓቢ ሚዛን ዝወሃቦ'ዩ ነይሩ። ሕክምና ናይቲ ክፍሊ፡ ሓደ ኣካል ናይቲ ብውዳበኡ፡ ብቐዓቱን ተወፋይነት ሓካይም ኣባላቱን ብፍሉይ ዝድነቕ ክፍሊ ሕክምና ህዝባዊ ግንባር ስለዝኾነ፡ ዝርዝር ታሪኹ ኣብ ናይቲ ክፍሊ ታሪኽ እዩ ክርከብ ዝኽእል። ክፍሊ ማሕበራዊ ጉዳያት ግን፡ ዋላ'ኳ ኣብ መብዛሕትኡ እዋናት ካብቲ ክፍሊ ሕክምና ዝተደኮነሉ ቦታታት ኣዝዩ እንተ ዘይረሓቐ፡ ነዞም ኣብ ፍሉይ እዋን ክሳብ 7-8 ሽሕ በጺሖም ዝነበሩ ተኣለይቱ ብቐረባ ዘድሊ ክንክን ዝገብርን፡ ኣብ ዝተፈላለዩ መድረኻት ከከም ዕብየቱ ዝቀያየርን ትካላት ሕክምና ከም ዝህልዎም ይግበር ነይሩ እዩ። ከምቲ ቅድሚ ምዝላቕ ኣብ ደብዓት ይኹን ኣብ ናቕፋ ዝነበሩዎ፡ ኣብ ምዝላቕ'ውን ክሳብ ዓየት፡ ገረግር-ሱዳንን ጌህተብን እግሪ-እግሮም እናኸዱ ክንክን ዝህቡ ክሊኒካት ነይሮም እዮም። ኣብ ጀልሃንቲ ግን፡ መዓስከራት ዕቑባት፡ ስንኩላንን ህጻናትን ቤት ትምህርቲ ሰውራን ተጠርኒፉ ስለዝነበረ፡ ካብ ክፍሊ ሕክምና ድማ ኣዝዩ ስለዝተፈንተተ፡ ጨንፈር ሕክምና ክፍሊ ማሕበራዊ ጉዳያት ብመሳርሒታትን ዓቕሚሰብን ነብሱ ከም ዝኽእል ንምግባር ተጻዒሩ እዩ። ከም ውጽኢቱ፡ ኣብ ጀልሃንቲ፡ ሓደ ሓኪም፡ ዝተፈላለዩ ነርሳትን ምኩራት ኣጋር ሓካይምን ዝርከብዎ ክፍሊ መጥባሕቲ፡ መወልዳን፡ ላቦራቶሪን ኤክስረይን ዘጠቓልል ሆስፒታል ክቘውም ከኣለ። ቀዳማይ ረድኤት ዝህቡን ካልእ ቀለልቲ ጥዕናዊ ጸገማት ዝፈትሑን ዝተፈላለዩ ክሊኒካት ድማ ኣብ ኩለን ጨናፍር ተዘርግሑ።

ጨንፈር ሕክምና፡ ዝነበረ ኣዝዩ ከቢድ ብድሆ እዩ ነይርዎ። ጥቓ 2

ሽሕ ዝግመቱ፡ ኣቍሳሎም ዘሰዓበሎም ቃንዛን ስቃይን ዝነበሮም ስንኩላን ተጋደልቲ፡ ናብ 2 ሽሕ ዝቀራረቡ ዕቍባት ምስ ህጻውንቲ ደቆም፡ ኣብ መስርሕ ምዝላቕ ዝተዓቘቡ ስድራ ዘይብሎም ዘኽታማት ህጻናት፡ ኩሎም ሽግራቶም ንምቕላል ናብ ሕክምና ዝጥምቱ እዮም። ጀልሃንቲ ክሳብ 53 ዲግሪ ዝበጽሕ ብርቱዕ ሙቐት ስለዝነበሮ፡ እቲ ሙቐት ንኹሎም ተደራቢ ናይ ጥዕና ጸገም ኮይኑዎም ነበረ። ኣብ ርእሲኡ፡ ውሽጣዊ ሕማማት ዘኸትሉዎ ዝነበሩ ብድሆታት ቀሊል ኣይነበረን። ኣብቲ እዋን ሕማም ዓባይሰዓል ኣሰፋሕፊሑ'ኳ እንተነበረ፡ ሳላ ቅልጡፍ ናይ ሕክምናን መድሃኒታትን ፍታሕ ዝተረኽበ፡ እቲ ሕማም ብዙሕ ህይወት ሰብ ከይለከመ ክጠፍእ ክኢሉ እዩ። ዓሶን ብጒድለት ቪታሚንን ፕሮቲናትን ዝሰዕብ ሕማም ሩጥባን እውን፡ ክሳብ ብፍወሳ ዝጠፍእ ንብዙሓት የጥቅዕ ብምንባሩ፡ ካልእ ብድሆ ናይቲ ክፍሊ ነበረ። ኣብ ርእሲ'ቲ ካብ ሰነ ክሳብ ነሓሰ ዝህሉ ብርቱዕ ሙቐት፡ ኣብ ቴንዳ ተጨቓጪቕኻን ተዓኪሊልኻን ምውዓል ንህጻናት ንዝተፈላለዩ ተላገብቲ ሕማማት የቃልዖም ነበረ። ከም ፋንጋስ፡ ዓበቕ፡ መጉሊ-ኣንጭዋን በቐጥን ዝበሉ ሕማማት ድማ፡ ገኒኖም ንህጻናት የሳቕዩ ነበሩ። ንባህሪ ናይቲ ቦታ ኣብ ግምት ብምእታው ግን፡ ምድግጋም ናይ'ዞም ተላገብቲ ሕማማት ዘገርም ኣይነበረን።

እቲ ተዘናቢሉ ናብ መደበር ዕቍባት ዝመጸ ህዝቢ'ውን፡ ብዙሕ ሕክምናውን ስነ-ኣእምሮኣውን ጸገማት ነይርዎ እዩ። እቲ ከቢድ ፖለቲካውን ወተሃደራውን ኩነታት፡ ምስቲ ክሊማን ከቢድ ጸገማት ናይ ናብራን ተደሪቡ ንብዙሕ ሰብ ብርቱዕ ጸቕጢ ክፈጥረሉ ግድን ነበረ። ብዙሓት ዕቍባት ኣንስቲን ስድራ ተጋደልትን፡ ብዘይካ'ቲ ብዛዕባ መጻኢኦን ዝሰምዐን ስግኣት፡ እቲ ዘየዕርፍ ውግእ ሳሕል ኣብ ደቀን ከውርዶ ዝኽእል ሓደጋን ሃለዋቶም ክፈልጣ ዘኽእላሉ እኹል ዕድላት ዘይምንባሩ እውን፡ ከቢድ ሻቕሎትን ጭንቀትን ይፈጥረለን ነይሩ እዩ። ኣብ ርእስ'ዚ፡ ናይ መነባብሮኦን ጸገም ዝጽወር ኣይነበረን። ኣብቲ መጀመርታ፡ እቲ ህዝቢ ዝኣክል መዕቈቢ ቴንዳታት ስለዘይነበሮ፡ ስድራቤታት ደራሪብኻ ኣብ ጸቢብ ቦታ ምጭቕጫቕ'ዩ ኣገዲዱ። እዚ ድማ፡ ምስቲ ደገ ምውጻእ ዘየፍቅድ ሙቐት ብዙሕ ሳዕቤናት የኸትል ነበረ። ነብሶምን ክዳኖምን እናጠልቀዩ ነቲ መሪር ሃሩር'ኳ እንተተጻወሩ፡ ብጸቕጢ ዝፍጠር ስነ-ኣእምሮኣዊ ጸገማት ስለዝበዝሐ ግን፡ ናብ ሕክምና ዝመላለሱን ፍታሕ ካብ መድሃኒት ዝጽበዩን በዚሖም ነበሩ። ኣብ ጀልሃንቲ ዝተመደበ ዶክተር ንርኣዮ ተኽለሚካኤል፡ ኣብ ርእሲ'ቲ ናይ ህጻናት ሓኪም ስፐሻሊስት ምዃኑ፡ ብዕላሉን ናይ ምእማን ክእለቱን ኣብ ስነ-ኣእምሮእዊ ፍወሳ ተውህቦ ስለዝነበሮ፡ ነተን ደቀንስትየ መድሃኒታትን ኣተባባዒ ምኽርታትን እናሃበ፡ ነቲ ኩነታት ኣብ ምቕላል ዓቢ ተራ ክጻወት ክኢሉ እዩ።

ጨንፈር ሕክምና ኣብ ጀልሃንቲ፡ ብዘይካ'ቲ ስሩዕ ናይ ስንኩላን

ሕማማትን ጸገማትን ምክትታል፡ ስንክልናኦም ክመሓየሽሎም ዝኽእሉ ተጋደልቲ እናመመየን ምስ ክፍሊ ሕክምና እናተረዳድኦን፡ መሰረታዊ ፍታሕ ዝረክቡሉ ዕድላት'ውን ይፍትሽ ነይሩ እዩ። ኣብቲ መልመስቲ ኣኻላት፡ ናይ ክልተ እግሪ መቘረጽትን ካልእ ከቢድ መውጋእትን ዝነበሮም ስንኩላን ተጋደልቲ ዝተዓቑብሉ ክሊኒክ ፖርት-ሱዳን፡ ካብ ደገ ናብ ዝመጹ ወጻእተኛታት ሓካይም ክርኣዩ ዝኽዱን፡ ኣብኡ መብጣሕቲ ዝገብሩን ነይሮም እዮም። እቲ በብእዋኑ ናብ ፖርትሱዳን እናመጹን ምስ ሓካይም ህዝባዊ ግንባር እናተወሃሃዱን ዘካየድዎ መብጣሕትታት ድማ፡ ንብዙሓት ተጋደልቲ ስንክልናኦም ኣመሓይሹ ክፍርዩ ናብ ዝኽእልሉ ስራሕ ክምለሱ ኣክኢሉዎም እዩ። ብዘይካ'ዚ፡ ብሕክምናዊ መብጣሕቲ ናይ ምምሕያሽ ተክእሎ ዝነበሮም ህሩማት ምንጋጋ፡ ዓይነ-ስዉራን፡ ጸማማትን ካልኦትን ማእከላይ ምብራቕን እናተላእኩ ክም ዝሕከሙ'ውን ይግበር ነበረ። ኣብ 1980 ንኣብነት፡ ሸዱሸተ ናይ እዝኒ ጸገም ዝነበሮም ስንኩላን ናብ ዒራቕ ከይዶም፡ ኣብ እዝኒ ዝሰኳዕ ኤለክትሮኒኻዊ መሰምዒታት (hearing aid) ተዋሂቡዎም ተመሊሶም እዮም።

ጨንፈር ሕክምና ክፍሊ ማሕበራዊ ጉዳያት፡ ኣብ ዓሬርብ እውን ከምቲ ናይ ጀልሃንቲ ንኹሎም ተኣለይቲ ዝጥርንፍ ቦታ ስለዘይተረኽበ፡ ንመደበር ዕቑባትን ዘኽታማት ህጻናትን ጥራይ ዘገልግል ኮይኑ እዩ ተወዲቡ። ጨንፈር ስንኩላን ግን፡ ኣብ ጥቓ'ቲ ቀንዲ መወከሲ ሆስፒታል ህዝባዊ ግንባር ዝነበሮ ስፍራ ናይ ዓሬርብ ስለዝተደኮነ፡ ቀዳማይ ረድኤትን ነቲ ልሙድ ዕማማትን ጥራይ ዝፍጽም ናቱ ክሊኒክ ከም ዝህልዎ ተገብረ። ጨንፈር ሕክምና ኣብ ክስረት፡ ሓደ ሓኪምን ብርኽት ዝበሉ ካልኦት ሰብሞያ ጥዕናን ናይ ላቦራቶሪ ትካልን ዝነበሮ እዩ። ካብ መወከሲ ሆስፒታል ዓሬርብ ብእግሪ ናይ ሰዓትን ፈረቓን ርሕቀት ስለዝነበሮ ድማ፡ ዝኾነ ናይ ሕርሲን ካልእ ህጹጽ ሕክምናዊ ረድኤት ዘድልዮ ክብድ ዝበለ ጥዕናዊ ጸገማትን ናብኡ ብምኻድ ይፍታሕ ነበረ። ኣብ መወዳእታ ናይ 1987ን ድሕሪኡን፡ ምስ ምውሳክ ህዝቢ መደበር ዕቑባት ዓሬርብ፡ ኣብ ርሑቕ ቦታታት ማለት፡ ኣብ ባድንን ኣዱብሓን ሓደስቲ መደበራት ምስ ቈማ እውን፡ ንህዝቢ ዘገልግላ ክሊኒካት ኣብኡ ከም ዝትከላ ተገብረ።

ጨንፈር ሕክምና ክፍሊ ማሕበራዊ ጉዳያት፡ ብገምጋም ክሳብ 50 ደቂሶም ዝሕከሙ ተሓከምቲ ዝኣሊን፡ መዓልታዊ ክሳብ 30 ተመላለስቲ ሕሙማት ዝርኢን ምጡን ሆስፒታል እዩ ነይሩ ክበሃል ይክኣል። ብፍላይ ኣብቲ ብዝሒ ህዝቢ ብልዑል መጠን ወሲኽሉ ዝነበረ 1988-1990 ዝሃቦ ኣገልግሎት ኣዝዩ ጽዑቕ ነበረ። ኣብ ዓመት ክሳብ 3 ሽሕ ዝኾኑ ህዝቢ፡ ህጻናትን ካልኦት በጻሕቲን ደቂሶም ክሕከሙ ከለዉ፡ እናተመላለሱ ኣገልግሎት ሕክምና ዝረኸቡ ድማ ክሳብ 9 ሽሕ ይበጽሑ ከም ዝነበሩ ሰነዳት ናይቲ ክፍሊ የነጽሩ። ላቦራቶሪ ናይቲ ሕክምና እውን ኣብ ዓመት

ክሳብ 5 ሽሕ ዝግመት ናይ ደም፡ ክሳብ 2 ሽሕ ዝኸውን ድማ ናይ ቀልቀልን ሽንትን መርመራታት ተኻይድ ነበረት። ዓሶ ብፍላይ ድሕሪ ክራማት ኣብ ዘሎ ኣዋርሕ ዳርጋ ዓመታዊ ለበዳዊ መልክዕ ይሕዝ ስለዝነበረ፡ ብዙሓት ዓበይቲን ህጻናትን ይጥቅዑ ነበሩ። ነቲ ለበዳ ንምቁጽጻር ድማ፡ ምስ ክፍሊ ሕክምና ብምውህሃድ መድሃኒት ጸረ-ጣንጡ ናይ ምንስናስ ወፍሪ ብተደጋጋሚ ይካየድ ነበረ። ብዘይካ'ዚ፡ እቲ ብክፍሊ ሕክምና ዝካየድ ዝነበረ ንሕማማት ንፍዮ፡ ፖልዮ፡ ተታኑስን ቲቢን ዝከላኸል ክታበት ናይ ምዕዳል ዘመተ'ውን በዚ ጨንፈር ከም ዝካየድ ተገብረ።

ክሊኒክ ስንኩላን፡ ኣብ ርእሲ'ቲ እትህቦ ኣገልግሎታት ፍወሳ ዓሶ፡ ሰዓልን ካልኦት ሕማማትን፡ ብኽብደት ማህረምቲ ዝሰዕቡ ከም ቃንዛ ናይ ርእሲ፡ ምንፍርፋርን ሓፈሻዊ ድኻማትን ዝኣመሰሉ ከቢድ ጥዕናዊ ጸገማት ንዘለዎም ስንኩላን'ውን ጽዑቕ ክንክን ትህብ ነበረት። ዝበዝሑ ግዜኣ ድማ ኣብዚ ዕማም'ዚ ተሕልፎ ነበረት። ስንኩላን ብምኽንያት ማህረምቶም ንዘርእዩዎ ዘይንቡር ጠባያት ማለት፡ ምስትንታን፡ ምስትምሳልን ዓቕሊ ምጽባብን ብማዕዳ ወይ ብምኽሪ ንምፍዋስ፡ ናይ ብዙሓት ስነ-ኣምሮኣዊ ጸገማት ንምቅላልን በቲ እኩብ ናብራን ከቢድ ኩነታትን ዝስዕብ ጭንቀቶም ንምፍኳስን ዓቕሊ ዝሓትት ከቢድ ስራሕ ነበረ። ብምኽንያት ናይ ርእሲ ማህረምቶም ስነ-ኣእምሮኣዊ ጸገማት ዝማዕበሉ፡ ንምእላዮም ዝኸብዱ ውሑዳት ስንኩላን'ኳ እንተነበሩ፡ ብሳላ ጻዕሪ ሓካይምን ኣለይቲ ስንኩላንን፡ ብዙሓት ክመሓየሹን ነቲ ጽንኩር ኩነታት ክሰግሩዎን ክኢሎም እዮም።

ኢጋጣሚታት

ካብ ዕለታት ሓደ መዓልቲ፡ መራሒ ዒራቕ ሳዳም ሑሴን፡ ብምኽንያት ብዓል ዒድ ነቶም ኣብ ኩናት ዒራቕን ኢራንን ተወጊኦም ኣብቲ ወተሃደራዊ ሆስፒታል ዝሕከሙ ዝነበሩ ወተሃደራቱ ክርኢ መጸ። እቶም ሽዱሽተ ኤርትራውያን ስንኩላን ኣብ መንጎ እቶም ወተሃደራት ዒራቕ ዓራት ሒዞም ምስ ጸንሑዎ፡ ፍሽክ እናበለ በብሓደ ጽቡቕ ገይሩ ሰላም በሎም። ከምቶም ወተሃደራቱ ድማ ንነፍሲ-ወከፎም 100 ዲናርን ሓሓንቲ ኻምቻን ዓደሎም።

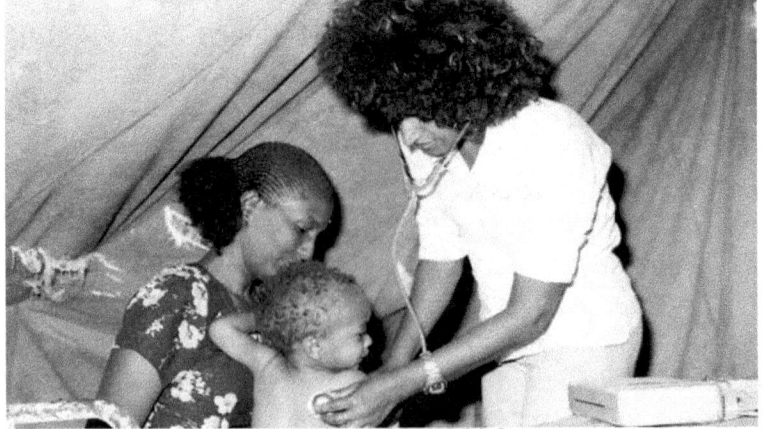

ክንክን ጥዕና ቀልዑን ኣደታትን

10

ባህሊ፡ ስነ-ጥበብን ስፖርትን

ባህልን ስነ-ጥበብን ንቃልሲ ኣንጻር መግዛእቲ ንምሕያል፡ ንፍናን ተቓላሳይ ህዝብን ተጋዳላይን ንምብራኽ፡ ንጅግንነትን ተወፋይነትን ዜጋታት ብምዕባይን ንመስፍናውን ትሕተ-ሃገራውን ኣረኣእያታት ንምቅላስን ዝጻወቶ ግደ ብምግንዛብ፡ ህዝባዊ ግንባር ሓርነት ኤርትራ፡ "ንሓድሽ ሕብረተ-ሰብ ሓድሽ ባህሊ" ብዝብል ጭርሖ፡ ብዕቱብነት ዝሰርሓሉ ዝነበረ መዳይ ናይ ቃልሲ እዩ። በዚ ኣመለኻኽታ'ዚ ድማ፡ ካብ 1975 ጀሚሩ፡ ሓንቲ ብተጋደልቲ "ባህሊ-ውድብ" እትጽዋዕ ጉጅለ ባህሊ ህዝባዊ ግንባር ኣብ ተጋደልትን ህዝብን ሰፊሕ ጽልዋ ዝፈጠረ ፖለቲካውን ማሕበራውን ጉስጓሳትን ኣዘናጋዒ ፍርያትን ከም ዝዘርግሐት ዝፍለጥ እዩ። ኣብ 1977-1978 ድማ፡ ኣብ ዝተፈላለያ ሓራ ከተማታትን ብፍላይ ድማ ኣብ ደቀምሓረን ከረንን ዛግርን ካልኦት ናይ ገጠር ማእከላትን፡ ብስም "ቀይሕ ዕምባባ" ዝፍለጣ ናይ ቀልዑ ጉጅለታት ባህሊ ንምምስራት ጻዕርታት ይግበር ነይሩ። እቲ መደብ ብዝሰዓበ ምዝላቕ'ኳ እንተየኾልፈ፡ ገለ ካብ ኣባላተንን ምስቶም ኣብ ሳሕል ቤት ትምህርቲ ሰውራ ዝነብሩ ተምሃሮ ተሓዊሶም፡ "ጉጅለ ባህሊ ቀያሕቲ ዕንባባ" ዝተሰየመትን ጉጅለ ካብ 1979 ጀሚሩ ኣድማዒ ስራሕ ከም ዘካዬደት'ውን ዝዝከር እዩ።

ባህልን ስነጥበብን ብቐንዱ ዘሰፋሕፍሓሉ ግን ኣብቲ ድሕሪ ስትራተጅያዊ ምዝላቕ ህዝባዊ ግንባር ዝዓስከረሉ ኣብ ናቕፋን ስሜናዊ ምብራቕ ሳሕል ዝነበረ ዕርድታትን ደጀንን እዩ። ሰራዊት ህዝባዊ ግንባር ዳርጋ ብምሉኡ፡

ካብ 1979 ንተኸታታሊ ወራራት ክምክት ኣብ ሳሕል ኣብ ቀዋሚ ድፋዓት ምስ ተሓጸረ፡ ኩናት ኣብ ዝሃድኣሉ ባዕሉ ንባዕሉ ዝዘናግዓሉን፡ ሓድነቱ ዘትርረሉ፡ ንቕሓቱ ዘበርኽሉ ፖለቲካውን ባህላዊ ምንቅስቓሳት ብሰፊሑ ጀመረ። ኣብቲ ጸቢብን ጽምዋን በረኻታት ሳሕል፡ ብተሳታፍነት ዝበዝሑ ተጋደልቲ ኩሉ መዳያዊ መሃዝነትን ምብልሓትን ዝጉልሓሉን ስነጥበባዊ ምህርቲ ዝተዓጸጸፈሉን ክኸውን ክኢሉ። መሳርሒታት ምርካብ ዘይከኣል'ኳ እንተነበረ፡ ተጋደልቲ ባዕሎም እናተባላሓቱ፡ ካብ ሳንዱቕ ኣጽዋር ዝተረከቡ ሓጺንን ዕንጸይትን ዝተሰንዑ ክራራት፡ ሻንብቆታት፡ ከበሮታት፡ ስተጃትን ካልእ ንባህላዊ ትርኢት ዘድሊ ነገራት ኣፍረዩ። እቲ ተበግሶታት እናተጻፈፈ ብውጽኢቱ እናተተባብዐ ድማ፡ ኣብ ሰራዊትን ደጀንን ስሩዕ ናይ ምዝንጋዕን ኀስኳስን ንጥፈት ዘኻይዳ ጉጅለታት ባህሊ ክቘማ ግዜ ኣይወሰደን። ናይ ብሪጌዳት ጉጅለታት ባህሊ፡ 51፡ 70፡ 4፡ ወዘተ ተመራሪሐን ስለዝቖማ ድማ፡ ብፍላይ ኣብ ኣሃዱታት ሰራዊት ናይ ባህላዊ ፍርያት ቅዱስ ውድድር ብሰፊሑ ተኸስተ። ኣብ ደረጃ ጋንታታት ዝካየድ ምዝንጋዕ እናዓበዩ ክሳብ ሓይልን ቦጦሎኒን ስለዝቐጸለ ድማ፡ ነፍስወከፍ ብሪጌድ ብስማ እትጽዋዕ ጉጅለ ባህሊ ኣቕመት። ኣብ ደጀን ክንዲ'ቲ ኣብ ሰራዊት ዝተራእዩ ገስጋስ'ኳ እንተዘይኮነ፡ ኣብ ኩሉ ኣሃዱታት ናይ ምዝንጋዕ መደባት ዝደረኾ ባህላውን ስነጽሑፋውን ስፖርታውን ንጥፈታት፡ ንህይወት ገድሊ መቐረት ዝወሰኸን ነቲ ምረት ብመጠኑ ክፋኹስ ዝክኣለን እዩ ነይሩ ምባል ካብ ሓቂ ዝርሕቕ ኣይኮነን።

ክፍሊ ማሕበራዊ ጉዳያት ሓደ ካብቶም ንጥዕናን ንምዕባለ ባህላዊ ደረጃ ተናበይቱን ኣባላቱን ሰፊሕ ባህላውን ስነጥበባውን ምንቅስቓስ ዘገበረ ክፍሊ እዩ። ኣብ 1978 ምስ ምቛም ጨንፈር ስንኩላን ኣብ ናቕፋ፡ ንምዝንጋዕ ዝዓለመ ብዓቕሚ ስንኩላን ተጋደልቲ ጥራይ ናይ ሙዚቃ፡ ደርፍን ተዋስኦታታትን ንጥፈታት ብምክያድ እዩ ጀሚርዎ። ምዝንጋዕን ትምህርትን ቀንዲ ንጥፈት ናይ ተናበይቲ ኣብ ዝነበረሉ መሪር ገድላዊ መድረኽ፡ እቶም ብትምህርቲ፡ ብቋንቋ፡ ብተመኩሮ፡ ብዝፈልጥዎ ጥበባትን ብዝዓበዩሉ ከባብን ኣዝዮም ዝተፈላለዩ ስንኩላንን ዕቑባትን፡ ምንጪ ናይ ሃብታም ስነጽሑፋዊ ተውህቦታት ስለዝነበሩ፡ ክፍሊ ማሕበራዊ ጉዳያት ብስነጽሑፍ፡ ብቕብኣ፡ ብሙዚቃን ድራማን ብፍሉይ ዝተዓደለ ክፍሊ ክኸውን ክኢሉ እዩ። እቲ ኣብዚ ክፍሊ ዝተኻዔደ ሰፊሕ ባህላዊ ምንቅስቓስ፡ ብዙሕ ፍርያት ስነጽሑፍ ዝተራእዩሉ፡ ብሙዚቃ ዝተሰነዩ ቁጽሪ ዘይብሉ ደርፍን ተዋስኦን ዝፈረዩሉ፡ ልዕሊ ኩሉ ድማ ብዙሓት ጸሓፍትን ደረስትን ዝተቐልቀሉሉን፡ ዝተፈላለያ ዓይነት ባህላዊ ጉጅለታት ክቐማ ዝደረኸ ዓቢ ዕማም እዩ። ኣብቲ ጽንኩር መድረኽ፡ ናይ ኣሽሓት ስንኩላንን

ዕቑባትን ደረጃ ትምህርቶም ዘመሓየሸ፡ ንቕሓቶም ዘዕበዩ፡ ተውህቦኦም ዘለለዩ፡ ስራሕ ዘለማመደን ንህይወት ተናበይቲ መቐረት ዘወሰኸን ባህላዊ ተሃድሶ ብምንባሩ ድማ ብሓጺሩ ክጸሓፈሉ ኣገዳሲ እዩ።

ስነ-ጽሑፍን ምዝንጋዕን

ክፍሊ ማሕበራዊ ጉዳይ፡ ከምቲ ኣቐዲሙ ዝተጠቕሰ፡ ኣብ መፋርቕ 1978 ስንኩላን ኣብ ናቕፋ ምስ ተጠርነፉ እዩ ንትምህርትን ምዝንጋዕን ዝዓለመ ባህላዊ ንጥፈታት ዝጀመረ። ሽው ባህሊ ንጥፈታት ንምክያድ ዘኽእል ንደርፍን ተዋስኦን ዋዛ ምስ ቁምነገርን ዘገልግል ንኣሽቱ ድርሰትን ጽሑፋትን ክብገስ ድማ ግድን ነበረ። እቲ ቀንዲ ስነጽሑፋዊ ፈጠራውነት ዘስፋፍሓሉ ቦታ ግን ኣብ መዓስከር ስንኩላን ጀልሃንተ ኣብ 1979 እዩ። ተናበይቲ ስንኩላን፡ ብተዛማዲ ዝጸምዶም ስራሕ ድሩት ብምንባሩ፡ ብስሩዕ ናይ ምዝንጋዕ መደብ ክይተሓጸሩ፡ ግጥምታት፡ ተዋስኦታትን ካልእ ጽሑፋትን ዳርጋ ምሉእ ግዜኦም ዘውፍዩሉ ቀንዲ ስራሕ እዩ ኮይኑ። ከሳብ ክልተ ሽሕ ዝተፈላለዩ ቋንቋን ባህልን ዝነበሮም ስንኩላንን ክንድኡ ዝግመት ዑቑብ ህዝብን ከም ቀንዲ ምንጪን መወከስን ልምድታት ሕብረሰብና ስለዝነበሩ፡ ብዙሕ ስነጥበባዊ ፍርያት ንምፍጣር ዕድል ነይሩ እዩ። ውድድር ሓፈሻዊ ፍልጠት ብምክያድን፡ ብኣጋጣሚ ብዓላት ባሕቲ መስከረም፡ ኣህጉራዊ መዓልቲ ደቂ ኣንስትዮን ሽቃሎን ዝተፈላለየ ፍርያት ስነጥበባት ምቕራብን፡ ባህላዊ ምርኢታት ብምውዳብን ደራክን ስሩዕን መደባት'ውን ይኻየድ ነይሩ። መጽሄታት ህዝባዊ ግንባር፡ ሓጸርቲ ናይ ታሪኽ ጽሑፋት፡ ታሪኽ ሰውራታት ዓለምን ልብወለድ ዛንታታትን ብጽሑፍ ዝንበበሉን ብተይፕ ተቐዲሖም ንመሃይማንን ንዓይነስዉራንን ዝቃልሓሉን መድርኻት ብምዝውታር ንንቕሓት ብዙሓት ተጋደልቲ ዝጸለወ እዩ ነይሩ። እዚ ድማ ንብዙሓት ስንኩላንን ኣለይትን ተውህቦኦም ክድህሰሱን ሓርኮትኮት ክብሉን ስለዘተባብዐን ብቅዱስ ቅንእን ውድድርን ክተዓጸጸፍ ስለዝኸኣለን፡ ካብ ውሽጢ ስንኩላንን ኣባላትን ዝፈረዩ ሙዚቃ፡ ደርፊ፡ ተዋስኦ፡ ግጥምታት፡ ቅብኣታት ካልእ በብዓይነቱ ስራሕን ካብ መዓልቲ ናብ መዓልቲ እናዓበዩ ኸደ። ውጽኢቱ ድማ፡ ኣብተን ጋንታታት ፍሉይ ተውህቦ ዝነበሮም ስነ-ጥበበኛታት ማለት፡ ቀባእቲ፡ ገጠምቲ፡ ደረስቲ፡ ዘየምትን ተዋሳእትን ክለለዩ ከኣሉ። ሰለሙን ጸሃየ፡ ኢሳይያስ ጸጋይ፡ ሰለሙን ድራር፡ ኣስመሮም ጸጋብርሃን፡ ብሩክ ሃብተሚካኤል፡ ዓይነ ስዉር ዳዊት ፍስሃዬ፡ ሙሉጌታ ረመጭ፡ ሙሴ ኣስገዶምን ኤድዋርዶ ኦርኣያን ካልኦት ብዙሓትን ድማ ብብሉጽ ፍርያቶምን ርኡይ ጸብለልነቶምን ዝጥቀሱ ነይሮም።

ክፍሊ ማሕበራዊ ጉዳያት፡ ካብ 1982-1991፡ ንባህላዊ ንጥፈታት ኣብ ተናበይቱን ኣባላቱን ብዝያዳ ውዳበን ብስሩዕ ውጥንን ከም ዝኻዬድ እዩ ገይሩ። ንስንኩላንን ዕቑባትን ተናበይቱ፡ ንምምሃሮም፡ ንምዝንግያምን ካብ ምስልቻው ንምድሓኖምን፡ ባህላውን ስነጥበባውን ስፖርታውን ንጥፈታት ስሩዕ መልክዕ ክሕዝን ምዝንጋዕን ተዋስኦታት፡ ነፍስወከፍ ጨንፈር በብወርሒ መደብ ከተቕርብን ግዴታ ዝህብ እዩ ነይሩ። ኣብ ክልቲኡ መዓስከራት ኣብ ኣባላት፡ ህዝቢ መደበር ሰለሙናን መዓስከር ስንኩላንን ዝተኻዬደ ንጥፈታት፡ ንተናበይቲ ብምምሃር፡ ብምዝንጋዕን ብምድሳትን ጥዕንኦም ንምሕላው ባህላዊ ደረጃኦም ክብ ብምባል ዓቢ ኣበርክቶ ከም ዝነበሮ ርጉጽ እዩ። እዚ ድሓር "ብዕለት 20" ዝፍለጥ ብተዋስኦ ናይ ምዝንጋዕ መደብ፡ ብዘይምቁራጽ ካብ 1983 ክሳብ 1991 ዝቐጸለን፡ ሓደ ሓደ ጊዜ ኣብ ከባቢ ዓረርብ ዝነበሩ ካልኦት ክፍልታት ዝሕወስዎ ዝነበሩ እዩ። ብስሩዕነቱን ቀጻልነቱን ኣቓልቦ ስለዝሰሓበ ድማ፡ ኣብ መጽሄት ነጸብራቕ ቅጺ 3 ቁጽሪ 2 ናይ 1988 ተሰኒዱ ኣሎ። እቲ ዝፈረዩ ስነጥበባት ናብ ኣባላትን ተናበይትን ንምብጽሑ ብዙሕ ጻዕሪ ይግበር ነይሩ እዩ። ኣብ መጀመርያ፡ ብድምጺ ዝተቐድሑ ኻሴት ብምእካብ፡ ሙዚቃ፡ ሓጸርቲ ዛንታታትን ግጥምታትን ብሰሓቢ ኣገባብ እናቐረበ የዘናግዮም ነበረ። ኣብቲ ዳሕራይ መድረኽ፡ ሓንቲ ቪድዮን ቴለቪዥንን ናይቲ ክፍሊ ስለዝተረኽበት፡ ካብ ክፍሊ ዜና ንቃልሲ ህዝቢ ኤርትራ ዘንጸባርቕ ዶኩመንታሪ ካልኦት ምሩጻት ፊልምታት፡ እናተተርጎሙ ዝዘናግዑሉ ኩነታት ኣብ ጨንፈር ስንኩላንን ኣብ መደበር ዕቑባትን ኣባላትን ይካየድ ነበረ።

እቲ ክፍሊ ማሕበራዊ ጉዳይ ብስሩዕ ኣገባብን ብቐጻልነትን ዘኻዬዶ ብተዋስኦታት ናይ ምዝንጋዕ መደብ፡ ንብዙሓት ኣባላቱ ስንኩላንን ብውልቅን ብጉጅለን ስነ-ጽሑፋዊ ሓርኮትኮት ንክብሉ ዓቢ ድፍኢት እዩ ነይሩ። እቲ ነፍስወከፍ ጨንፈር እተኻይዶ ተዋስኦታት፡ ብጽሑፍ ከም ዝሰነድ'ውን ይግበር ነይሩ እዩ። ኣብ ምዝንጋዕ ዝቐረቡ ተዋስኦታትን ሓጸርቲ ዛንታን ምስናዶም ጥራይ ዘይኮነ፡ ኣብቲ ብውዱብ ደረጃ ዝኻዬድ ዝነበረ ናይ ስነጽሑፍ ውድድራት ዝተሳተፈ ፍርያት ስነጽሑፍ'ውን ውሑድ ኣይኮነን። ኣብቲ ካብ 1984 ንድሕሪት ብሬድዮ ድምጺ ሓፋሽ ዝተዓደመ ሃገራዊ ናይ ስነጽሑፍ ውድድር ብዙሓት ስንኩላንን ኣባላትን ክፍሊ ማሕበራዊ ጉዳይን ዕዉታት ኮይኖም ኢዮም። ሰለሞን ድራር ውጻእ መዓት ብእትብል መጽሓፍ ቀዳማይ፡ ዓይነ ስዉር ዳዊት ፍስሃየ ብደቂ ኣራዊት ትብል መጽሓፍ ሳልሳይ ደረጃ፡ ብሩክ ሃብተሚካኤል ድማ ዓሳን ባሕርን ብእትብል መጽሓፍ ቀዳማይ ደረጃ ተዓዊቶም። ገለ ካብ ጽሑፋቶም ብድምጺ ሓፋሽ ከም ዝተነበበ'ውን ይዝከር።

ኣብ መወዳእታ ሕዳር 1982፡ ኣብ ጨንፈር ስንኩላን ነቲ ሓፈሻዊ ባህላዊ ምንቅስቓስ ንምእላይ ሓንቲ መሰርዕ ስነጽሑፍን ምዝንጋዕን ከም ትቐውም ተገይሩ ነይሩ። ዕላማኣ ድማ ኣብ ስነ-ጽሑፍ ድልየትን ባህግን ንዘለዎም ስንኩላን ምትብባዕን ምሕጋዝ እዩ። ብፍላይ ኣብ ዓይነስዉራን፡ ስነጽሑፍ ከም ሞያ ከማዕብልዎን ክዘናግዑሉን ከም ዝኽእሉ ተወሲዱ ንናይ ዝክሪ ህዋሳቶም ንምድራኽን፡ ኣብ ሓንጎሎም ዝሓዝዎ ግጥምን ዛንታን ከም ዝጽሕፍዎ ንምግባር ፍሉይ ጻዕሪ ተኻይድ ነይራ። ሓንቲ ናይ ኣንበብትን ጽሓፍትን ክለብ ምስ መሰርዕ ስነ-ጽሑፍን ምዝንጋዕን ኮይና ገምጋምን መኣረምታን ብምግባር ይሕግዙ ነበሩ። ሕሉፍ ሓሊፉ፡ ዓይነስዉራን ንዝሓሰብዎ ስነጽሑፍ፡ ብጽሕፈት ዝሕግዝዎም ሰባት ብምምዳብ ድርኺት'ውን ትገብር ነይራ። እቲ ፈተነ ብውሱናት ኣፉፍኖት ዝነበሮም ዓይነ-ስዉራን ዝጀመረ ስራሕ ብዙሓት ዓይነ ስዉራን ክስዕብዎን ሓርኮትኮትን ክብሉ ብምጅማሮምን ዕዉት እዩ ነይሩ። ዘፍረይዎ ግጥምን ስነ-ጽሑፍን፡ ኣብ'ቲ ኣብ ሰሙናዊ መደብ ምዝንጋዕ፡ ብመትልሒ ድምጺ ከም ዝንበብን ብምሉኡ ኣባል ጨንፈር ስንኩላን ከምዝሰምዖን ይግበር። ነዚ ዘርእይዎ ዝነበሩ ተበግሶ ዝያዳ ድርኺት ንምፍጣር ድማ፡ ካብ እንግሊዘኛ ናይ ዝተተርጎሙ ታሪኽ ህይወትን ኣበርክቶን ናይቶም ብደረጃ ዓለም ፍሉጣት ዝኾኑ ዓይነ-ስዉራን ሄለን ከለር፡ ልዊስ ብረይል፡ ካልኦት ስነጽሑፋዊ ስርሓት ናብ ትግርኛ ኣርዒሞም ብመሳጢ ኣገባብ ከምዝንበበሎም ይግበር ነይሩ። እዚ ስነጽሑፍ ንምምሃርን ንምትሕልላፍን ዝተኻዬደ ዕዉት ጻዕሪ ብቐንዱ ብተወፋይነት ኣባላት ኮሚቴን መምህራንን ኣለይትን ጨንፈር ስንኩላን እዩ። ሳላ ኣበርክቶኦን ብዙሓት ዓይነ-ስዉራንን ካልኦት ስንኩላንን ኣብ ዓውደ ስነ-ጽሑፍ ዝነበሮም ዓቕሚ ክድልቡ፡ ሕልሞም ከግህዱን ብፋሕተርተር ግጥምታትን ሓጸርቲ ዛንታታትን ከዳልዉን በቒዖም እዮም።

ዓይነ ስውራን ሳላ ምትእትታው ትምህርቲ ብረይል መሃይምነት ኣጥፊኦም፡ ከም ድላዮም ክጽሕፉን ከንብቡን ኣብ ዝጀመሩሉ ዳሕራይ እዋን፡ ኣብ ዓውዲ ስነ-ጽሑፍ ተገዳስነቶም እናዓበዩ ከይዱ። እቶም ጽቡቕ ክእለት ዘማዕበሉ ጸሓፍቲ ንዝያዳ ኣበርክቶ ኣብ ሓንቲ መሰርዕ ከምዝጥርነፉ ብምግባር፡ ጉድኒ ጉድኒ ትምህርቲ ብረይል። ኣምራት ስነ-ጽሑፍ፡ ስርዓት ኣገባብ ኣጸሓሕፋ፡ ንቅዲ ኣጸሓሕፋ፡ ስርዓተ ነጥቢ፡ ድርሰት ዛንታ፡ ድራማ፡ ስነ-ግጥምን ኣናብብኡን፡ ኣጸሓሕፋ ሪፖርታጅ . . .ወዘተ ዝብሉ መባእታ ናይ ስነ-ጽሑፍ ትምህርቲ ከምዘወሃቦም'ውን ተገይሩ። ብዙሓት ማእከላይን ላዕለዋይን ትምህርቲ ዝነበሮም ዓይነስዉራን፡ ምንባብን ጽሕፈትን ብረይል ምስ መለኹ፡ ፍልጠቶም ክጥቀሙን ዓቕሞምን ተውህቦኦም ኣማዕቢሎም ደረስትን ጽሓፍትን ክኾኑ ዝበቕዑ'ውን ውሑዳት ኣይኮኑን። ኣብታ ኣብ

ጥቓ ናጽነት ዝቐመት ጉጅለ ባህሊ ዓይነስዉራን ዝነብሮም ዕዙዝ ኣበርክቶ ድማ ከም ውጽኢት ዝረኸብዎ ስልጠና ምዃኑ ርጉጽ እዩ''

ፍርያት ስነጥበባዊ ምህዞ ናብ ዝበዝሐ ህዝብን ተጋደልትን ዝበጽሓሉ ዝቐለለ መንገዲ ግን እቲ ብጉጅለታት ባህሊ ዝኻዬድ ኣዘናጋዕን መደባት እዩ። ኩለን ጉጅለታት ባህሊ፡ ነዊሕ ኣዋርሕ ዘዳለውኦ ሓድሽ ደርፍታትን ተዋስኦታትን ሒዘን ብብተራ ናብ ግንባራትን ደጀንን፡ ሓደ ሓደ እዋን ድማ ናብ መዓስከራት ስደተኛታት ሱዳን ብምዛር ዝፈጥርኦ ጽልዋ፡ ዘበራብርኦ ሃገራዊ መንፈስ፡ ዓቢ እዩ። ክፍሊ ዜና ንዝፈረዩ ድርፍታት ብጽሩይ ድምጺ እናተቐድሐ፡ ብራድዮ ድምጺ ሓፋሽን ኣብ ኤርትራን ኢትዮጵያን ይዝርግሕዎ። ብኻሴታት ተባዚሑ ናብ ተጋደልትን ህዝብን ኤርትራ ከይተሓጽረ፡ ናብ ምሉእ ዓለም ዘለዉ ኤርትራውያን ስለዝበጽሕ ድማ ኣብ ሜዳ ኤርትራ ዝፈረየ ደርፍታትን ተዋስኦታትን ካልእ ስነጽሑፋዊ ፍርያት ኣብ ጉዕዞ ገድልና ዝነበሮ ቀጥታዊ ጽልዋ ኣዝዩ ዓቢ እዩ ነይሩ።

ክፍሊ ማሕበራዊ ጉዳያት ድማ ብፍርያተንን ብፍሉይነተንን ዝልለያ ሰለስተ ጉጅለታት ባህሊ እዩ መስሪቱ። ብዘይካ'ታ ኣቐዲማ ዝተጠቕሰት ብኣባላትን ስንኩላንን ዝቐመት ጉጅለ ባህሊ ክፍሊ ማሕበራዊ ጉዳይ (1979-1985)፡ ብዓይነስዉራን ጥራይ ዝቐመት ብርቂ ጉጅለ ባህሊ ዓይነስዉራን (1983-1991)፡ ደቀንስትዮ ጥራይ ዝኣባላታ ጉጅለ ባህሊ ኣዴታት ባና ሓርነት(1983-1991) ድማ፡ መርኣያ ናይቲ ክፍሊ ማሕበራዊ ጉዳያት ዘካየዶ ውዱብ ባህላዊ ገስጋስ ስለዝኾና ፡ ኣመዓባብልአንን ተርአንን ብሓጺር ገምጋም ምግላጹ ኣገዳሲ እዩ።

ጉጅለ ባህሊ ክፍሊ ማሕበራዊ ጉዳያት

ኣብ ናቕፋ፡ ስንኩላን ናይ ተሃድሶን ሞያን ትምህርቲ ከተኣታትወሎም ብዝብል መደብ ኣብ ናቕፋ ምስ ተኣከቡ፡ እቲ ብቐዳምነት ከም ሰራሕን መዘናግዕን ዝለዓለ ኣገዳስነት ዝነበሮ ንጥፈት ባህልን ስነ-ጥበብን ኮይኑ ተረኺቡ። በዚ መሰረት፡ ሓለፍቲ ጨንፈር ስንኩላን ዝነበሩ መሓመድ ኑር እድሪስን ተኸላይ ኪዳነን ንኹለን ጋንታታት ስንኩላን መዘናግዒ መደባት ክኻይዳ መምርሒ ሃብወን። ምሽታዊ ዘቕርብዎ ዝነበሩ ባህላዊ ናይ ምዝንጋዕ መደብ፡ ንኩሉ ስንኩል በብዓቕሙ ዘሳትፍ ስለዝነበረ፡ ኣብ'ተን ጋንታታት ቅዱስ ቅንኢ ብተበግሶአን ንህልው ኩነታት ሰውራን ስትራተጅያዊ ምዝላቕን ዘንጸባርቑ፡ ንሓይልን ዘይተምበርኻክነትን ተጋደልትን ስንኩላንን ዝገልጽ፡ ንድሑር መስፍናዊ ኣተሓሳስባ ዝብድህ፡ ንዝርኣዩ ድኽመታት

ዝእርምን፡ ተዋስኦታት፡ ደርፍታት፡ መዛሙር፡ ዋዛታትን የቕርባ ነበራ። ካብዚ ንጥፈታት'ዚን እዩ ድማ ብጃብር ሑመድን ጎይትኦም ኣለምን እትምራሕ 20 ዝኾኑ ኣባላታ ዝነበርዋ ሓንቲ ጉጅለ ባህሊ ክም እትምስረት ተገብረ። ብዘይ ብቑዕ መሳርሒታት፡ ኣብ ውሽጢ ሓጺር ግዜ ሰውራዊ መዝሙር፡ ደርፍታት፡ ተዋስኦን ናይ ቅብኣ ኣሳእልን ብምድላዉ ንስንኩላንን ህዝብን፡ ካብ ናቕፋን ከባቢኣን ተዓዲሞም ንዝመጹ ተጋደልትን ዘይሃስስ ተምሳጥ ዝገደፈ ባህላዊ ምርኢት ኣቕረቡ። እቲ "ስንክልና ንመልክዕ ቃልሲ ይቕይር'ምበር ካብ ቃልሲ ኣይንጽልን እዩ" ዝብል ሰውራዊ ጭርሖ ብግብሪ ክትርጎም ዝረኣዩ ተዓዘብቶም ድማ፡ ብድሙቕ ጣቕዒትን ዕልልታን ሓጎሶም ገለጹሎም።

እዛ ኣብ ናቕፋ ቀይማ ቦክሪ ምርኢታ ኣብ ናቕፋ ዝጀመረት ጉጅለ ባህሊ ስንኩላን፡ ድሕሪ ማእከላይ ጉጅለ ባህሊ ውድብን ጉጅለ ባህሊ ቀያሕቲ ዕምበባን፡ ኣብ ታሪኽ ተዋጋኢ ሰራዊት ይኹን ክፍልታት ደጀን ናይ ፈለማ ጉጅለ ባህሊ ነበረት። ምስቲ ኩሉ ዝነበራ ሕጽረት ናይ መሳርሒታትን ተሞኩሮን እውን፡ ኣባላታ ከካብ ጋንታታቶም እናመጹ'ዮም ነቲ ምርኢት ዘዳልውዎን ዘቕርብዎን ዝነበሩ። ብሓደ ናይ ምጥርናፍ ዕድል ከይረኸቡ እንከለዉ ድማ፡ ካብ ናቕፋ ናብ ጀልሃንቲ ዝግዕዙሉ ህጹጽ ኩነታት ስለዘርከበ ባህላዊ ንጥፈታቶም ተዓናቐፈ።

ክፍሊ ማሕበራዊ ጉዳያት ሰቡን ንብረቱን ጠርኒፉ ኣብ ጀልሃንቲ እፎይ ኢሉ መነባብርኡ ኣብ ዘጣጥሓሉ ድማ፡ ኩለን ጨናፍሩ ነናይ ገዛእ-ርእሰን ጉጅለ ባህሊ ኣቕሙን ንኣባላተን ከዘናግዓ መምርሒ ተዋህበን። ኣብ መፋርቕ 1979 ድማ፡ እቲ ባህላዊ ንጥፈታት ኣብ ኩለን ጨናፍር ተበገሰ። ጋንታታት ስንኩላን፡ ነፍሲ-ወከፈን ነናይ ባዕለን ጉጅለታት ባህሊ ኣቕሙን፡ ንኹለን ብሄራትና ብዝውክል ኣገባብ ቡብተራ ምርኢት ከቕርባ ጀመራ። ኩሉ ስንኩል ቡብዝንባለኡ ክሳተፍ፡ ነፍሲ-ወከፍ ጋንታ ናይ ባህሊ ኣፋፍኖት ዘለዎም ኣባላት መሪጻ፡ መሳርሒታት ሙዚቃ ካብ ከባቢኣ ብዝርከብ ስልኪ፡ ቁርጽራጽ ጠዋሉን ላሚራታትን ክራርን ካልእ መሳርሒታት ሙዚቃን እናሰንዓት ባህላዊ ምንቅስቓስ ክትገብር ጀመረት። ነቲ ሕጽረት ክኢላታት ሙዚቃ ንምፍታሕ'ውን ናይ ሙዚቃ ኣፋፍኖት ንዝነበሮም ስንኩላንን ኣባላትን፡ ኣብ ቤ/ትምህርቲ ሰውራ ትምህርቲ መሳርሕታት ሙዚቃ (ጊታርን ኦርጋንን) ከምዝስልጥኑ ተገይሩ እዩ።

ኣብ ታሕሳስ 1979 ጀልሃንቲ ድሕሪ ምእታዎም፡ ጉጅለ ባህሊ ስንኩላን፡ "ሓድሽ ባህሊ ንሓድሽ ሕብረተ-ሰብ" ኣብ ትሕቲ ዝብል ጭርሖ፡ ከም ቦክሪ ዑደታ፡ ብጉጅለ ኣኩሮባትን ሰርከስን ስንኩላን ተሰንያ ኣብ ታሕተዋይን

ላዕለዋይን ዓራግን ሓወልዕን ኣድናቖት ዘትረፈ ጉሩምን መሳጥን ባህላዊ ምርኢት ኣቕሪባ ናብ ቦታኣ ተመልሰት። ብድሕርዚ ግን፡ ካብ ኩለን ጨናፍር ዝርከቡ ክኢላታት ባህሊ ከም ዝሕወስዋን ብምግባር ካብ 1980 ጉጅለ ባህሊ ክፍሊ ማሕበራዊ ጉዳያት ከም እትኸውን ተገብረት። ውሽጣዊ ዳግመ-ውዳብ ብምግባር ንኣባላታ ኣብ ሰለስተ መስርዕ ማለት፡ ኣብ መስርዕ ስነ-ጽሑፍን ድራማን፡ መስርዕ ዜማን ሙዚቃን፡ መስርዕ ትልሂትን ደርፍን ከፋፈለቶም። ካብቲ ብጋንታታት ስንኩላን ዝፈረየ ዝተፈላለየ ድርሰታት፡ ደርፊ፡ መዛሙር፡ ተዋስኦታትን ሳዕስዒት ብሄራትን ዘዝበለጸ ብምምራጽ ድማ ንሰፊሕ መደብ ተዳለወት። ብኣጋጣሚ ምዝዛም ዓመተ-ትምህርቲ ጨንፈር ስንኩላን፡ ኣብ መጋቢት 1981 ኣብ'ቲ መዓስከር ንህዝብን ስንኩላንን መሳጢ ምርኢት ኣቕረበት። ድሕሪ ሰለስተ ቅነ ድማ፡ ኣባላታን ናይ ሙዚቃ መሳሪሕታታንs ኣብ ሓንቲ ኤነትረ መኪና ጠርኒፉ ብ15 ሚያዝያ 1981 ካብ ጀልሃንተ ናብ ሳሕል ተበገሰት። ግንባር ኣፍዓበት ብርጌድ 51 ዓሪዳትሉ ኣብ ዝነበረት ስፍራ ድማ መደብ ኣርኣዩት።

ናይዛ ጉጅለ ባህሊ ፍሉይነት፡ ማለት ኣባላታ ገሊኦም ቀራጻት እግሪ፡ ዝተረፉ ከኣ ሓንኻሳት፡ ጠረው፡ ናይ ርእስን ኣፍ-ልብን ማህረምቲ ዝተሓዋወሱ ስለነበሩ፡ ንዝበዝሕ ተጋዳላይ ሓድሽን ንዝበዝሑ ዘገረምን እዩ ነይሩ። እቶም ስንኩላን ብመራኩሶም ተደጊፎም፡ ብድሙቕ ናይ ሙዚቃን ከበሮን ህርመት ተዓጂቦም፡ ብወተሃደራዊ ማርሽን ተሰንዮም ንትዓዘብቲ ሓፍ-ኮፍ ዘበለ መሳጢ ናይ መድረኽ ምርኢት ብምቕራብ ነቲ መደብ ፈለሙዎ። ቀራጻት እግሪ መራኹሶም ገዲፎም ኣብ መድረኽ ብሓንቲ እግሮም እናነጠሩ ከበሮ ክሃርሙ፡ ብጠለይ ጠለይ መንከቦም ሰቐጥቀጥ እናበሉ ከሹዱዱን ክወዛወዙን ምስ ጀመሩ፡ እቶም ኣብ ቅድሜኦም ሁጭ ኢሎም ዝነበሩ ተጋደልቲ ካብ ምሒር ምግራምን ምምሳጥን ሓሊፉ ክቀጻጸሩዎ ዘይኽእሉ ስምዒት ስለዝወረሮም፡ ምትኳስ ፈጺሙ ክልኩል እንክሎ፡ "ዓሸሸሸ...!"እናበሉ ቡብኩርንዑ ጠያይት ንሰማይ ተኮሱ። ካብ ኮፍ መበሊኦም ተንሲኦም'ውን ኣብ ቅድሚኦም ተሰራሰሩ። ገሊኦም ናብ መድረኽ እናመጹ እታ ዘውንንዋ ናይ ርእሶም ሚዶ፡ ፒሮ፡ ኩሹክን ካልእ መነልበቢኦምን ቀንጢጦም ሸለሙዎም። ካልኦት ድማ ብክቱር ታሕጓስ ዝኣክል ካብ ኮፍ መበሊኦም ብኣክሮባት እናተገማጠሉ ናብ መድረኽ ብምምጻእ፡ ናይ ባሩድ ሃልሃልታ ወሊዖም "ዓሸሸ...!" እናበሉ ሓቘፎም ሰዓምዎም። ነፍሲ-ወከፍ ደርፊ ክትዛዘም ከላ፡ "ትደገመልና!" ዝብል ማዕበላዊ ድምጺ የስምዑ ነበሩ። እቲ ስምዒቶም ንምግላጽ ዝገብርዎ ዝነበሩ ድማ ብቃላት ምግላጹ ዝከኣል ኣይነበረን። ኣብ 1980-1981፡ ተጋደልቲ ህዝባዊ ወያነ ሓርነት ትግራይ፡ ተሞኩሮ ቀዋሚ ምክልኻል ክቐስሙ

ተባሂሉ፡ ኣሃዱታቶም ኣብ ግንባር ሰሜናዊ ምብራቕ ሳሕልን ናቕፋን፡ ምስ ተጋደልቲ ህዝባዊ ግንባር ንውሱን እዋናት ኣብ ድፋዕ ከምዝዓርዳ ይግበር ነበረ። ጉጅለ ባህሊ ክፍሊ ማሕበራዊ ጉዳያት ንብሄራዊ ቃልሲ ህዝቢ ትግራይ ዝምጉስ ሓንቲ ‘ወያናይ’ ዘርእስታ ደርፊ ስለዘስምዐት፡ ተጋደልቲ ወያነ ኣብቲ መድረኽ ወጺኦም ከሑድድን ሓጎሶም ክገልጹን ክኢሎም ኢዮም።

እቲ ዑደት ናይዛ ጉጅለ ባህሊ ክሳብ 17 ግንቦት 1981 ኣብ 10 ዝተፈላለየ ግንባራትን ደጀንን ንተጋደልቲ ዑደት ምርኢት ኣቕሪባ ንቦታኣ ተመልሰት። ኣብቲ ቦክሪ ዑደታ ከምዚ ዝበለ ዕዉት ምርኢት ከተቕርብ ምክኣላ፡ ነቲ ክፍልን ኣባላቱን ሓበን ፈጠረሎም። እንተኾነ፡ እታ ኣብ ደጀን ዝመደበራ ማእከላይ ጉጅለ ባህሊ ውድብ ዓይና ዘውደቐትሎም ኣብ ድርሰት፡ ተዋስኦ፡ ግጥሚ፡ ዜማን ህርመት ሙዚቃን ዝነጥፉ ትሽዓተ ብሉጻት ኣባላታ፡ ብመገዲ ፖለቲካዊ ምንቕቓሕ ኣቢሎም ናብታ ጉጅለ ባህሊ ናይ ውድብ ስለዝተሳሕቡ፡ ጉጅለ ባህሊ ክፍሊ ማሕበራዊ ጉዳያት ንግዚኡ ናይ ክኢላታት ሃጓፍ ኣጋጢሙዋ ነበረ። ነቲ ሃጓፍ ንምምላእ ከኣ፡ ንኣርባዕተ ካብ ኣባላታ ሙዚቃ ከም ዝምሃሩን፡ ነፍሲ-ወከፍ ጋንታ ሰንኩላን ድማ፡ ብውድድር ዝምዘን ባህላዊ ምርኢት ከም ዘቕርቡን ካብኡ ነቶም ብሉጻት ብምሕራይ ሃጓፋት ከም ዝምልኡ ገበረት። ጉጅለ ባህሊ ክፍሊ ማሕበራዊ ጉዳያት፡ ድሕሪ’ቲ ኣብ 1982 ብደረጃ ክፍሊ ዝተኻየደ ዳግመ-ውደባ፡ ኣብ ኣርባዕተ መስርዕ ተኸፋፊላ 10 ናይ ዜማ፡ 8 ናይ ሙዚቃ፡ 7 ናይ ተዋስኦ፡ 5 ድማ ናይ ስነ-ጽሑፍ ክኢላታት ኣቖመት። ኩሎም ዝተፈላለየ ዓይነት ስንክልና ዝነበሮም’ኳ እንተነበሩ፡ ንባህላዊ ንጥፈታት ክፍሊ ማሕበራዊ ጉዳያት ኣብ ደረጃ ብቕዓት ንምብጻሕ፡ ብውህደት፡ ብወንን ብሓቦን ሓኾትኮት እናበሉ ይጽዕሩ ነበሩ።

ጉጅለ ባህሊ ክፍሊ ማሕበራዊ ጉዳያት፡ ናይ ሙዝቃ ምስልጣን ስራሕ’ውን ተዋሂቡዋ ነበረ። ንኩሎም ፍቃደኛታት ዝኾኑ ዓይነስዉራን ናይ ሙዚቃ ትምህርቲ ከምዝወስዱሉ ስሩዕ መደብ ተኻይድ ነይራ። ናይ ኣዴታት ጉጅለ ባህሊ ክምስረት ምስ ተወሰነ፡ ኣብ1983 10 ካብ መደበር ዕቑባት ዝተመርጻ ደቀንስትዮ’ውን ትምህርቲ ሙዚቃ ይወሃበን ነበረ። ንኣባላት ናይታ ጉጅለ ባህሊ’ውን ዝተፈላለዩ ዓይነት መሳርሒ ሙዚቃ ክመልኩ ዝግበር ዘየዕርፍ ዕማም ነይርዋ እዩ። እዚ ምስትምሃር ዕማም፡ ኣብ ርእሲ’ቲ ኣብ ነፍሲ-ወከፍ ዓመት፡ ኣብ ደጀናትን ግንባራትን ብምንቅስቓስ እተኻይዶ ሓደሽ ደርፍታትን ተዋስኦን ንምድራስ እተኻይዶ ፈጠራዊ ስራሕ ዝድረብን ወትሩ ዝኻዬድን እዩ ነይሩ። ብኻልእ ወገን፡ ነቶም ክኢላታት ሙዚቃ ናይ ጉጅለ ባህሊ ክፍሊ ማሕበራዊ ጉዳያት፡

ዓቕሞም ክብ ንምባል፡ ካብ ቤት-ትምህርቲ ሰውራ መምህራን ሙዚቃ ናብ ጨንፈር ስንኩላን መጺኦም ብክልሰ-ሓሳብን ግብርን ዝተሰነየ ስሩዕ ናይ ክልተ ወርሒ ስልጠና ከምዝውስዱ እውን ተገይሩ እዩ። ሳላቲ ዘየዕርፍ ምትሕልላፍ ክእለት እዩ ድማ፡ እቲ ዕዉት ባህላዊ ዕማማት ክፍጸም ክኢሉ።

መሪሕ ቴማ ናይዛ ጉጅለ ባህሊ፡ "ስንክልና ንመልክዕ ቃልሲ ይቕይሮ እምበር ካብ ቃልሲ ኣይንጽሎን" ዝብል ነበረ። ካብ መስከረም 1984 ክሳብ ለካቲት 1985፡ ኣብ 32 ቦታታት ማለት፡ ኣብ መደበር ሰለሙና፡ ዞባ ዓሬርብ፡ ቤ/ትምህርቲ ሰውራ፡ ማእከላይ ሕክምና፡ ኢ.ደ-ስርሓት፡ ናቕፋ፡ ሓሸፈት፡ ዓምበርበብ፡ ዓራግ፡ ዜሮ፡ ግንባራት ሰሜናዊ ምብራቕ ሳሕል፡ ሓልሓል፡ ናቕፋ፡ ደብዓት፡ ቅሮራ፡ ተሰነይ፡ ዓሊ-ግድር፡ ሳዋ፡ ኣዶብሓ፡ ዛራ፡ ናህባይ፡ ሕሽክብ፡ ግርማይኻ፡ በሪጠ፡ ወዘተ. ዘቕረበቶ ብድምር ኣስታት 140 ሰዓታት ዝወሰደ ባህላዊ ምርኢት ኣዘዩ ተዘኻሪ ነበረ። እዛ ጉጅለ፡ ኣብ ህዝብን ተጋደልትን ፍሉይ ጦብላሕታ ዘሕደረ ብዙሕ ምርኢታት ደርፍን ተዋስኦን ጥራይ ዘይኮነ፡ ብጥበቦምን ተበላሓትነቶምን ዘዳልዉዎ ንቅያ ተጋዳላይን ንኣነባብራ ብሄራትናን ጭውነት ባህልና ዝገልጹ ቅብእታትን ድንቂ ስእላዊ ምርኢትን ይስነ ነበረ። እዚ ከኣ፡ ጉጅለ ባህሊ ክፍሊ ማሕበራዊ ጉዳያት ካብ'ተን ካልኦት ጉጅለታት ውድብ ብፍሉይ ጎሊሓ ንክትረአ ዕዙዝ ግደ ነበሮ።

እታ ጉጅለ፡ ድሕሪ'ቲ ኣብ ዓመተ 1984-1985 ዘካየደቶ ባህላዊ ዑደት ክትቅጽል ኣይከኣለትን። ወተሃደራዊ ኩነታት ብምኽንያት ወፍሪ ባሕሪ ነጋሸ ስለዘተፈጠረ፡ መብዛሕትኦም ኣባላታ ናብ ግንባር ከተቱ። እቶም ዝተረፉ'ውን ውሑዳት ስለዝነበሩን ናብ ዝተፈላለዩ ካልእ ስራሕ ስለዝተመደቡን፡ እታ ጉጅለ ባህሊ ኣብ ካልኣይ መንፈቕ ናይ 1985 ህላወኣ ኣብቀዐ።

ጉጅለ ባህሊ ኣደታት (ባና ሓርነት)

ኣብ ደብዓትን ኣብ ናቕፋን፡ ኣደታት ቀዋሚትን ጥርንፍትን ናይ ባህሊ ጉጅለ'ኳ እንተዘይኮነ፡ ብጉጅለ ብምድራፍ ባህላዊ ዜማታት ሕብረትሰብ እናተጠቕማ ምስ ኩነታት ሰውራ ዝሰማማዕ ደርፍታት ብምግባር ይዘናግዓን ይጻወታን ነይረን እየን። እተን ኣብ ናቕፋ ዝነበራ ኣብ 1978 ምስታ ናይ ስንኩላን ባህላዊ ንጥፈታት ጉጅለ ባህሊ እናተዋሃሃዳ'ውን ናይ ምዝንጋዕ መደብ የቕርባ ነበራ። ጀልሃንቲ ምስ ኣተዋ'ውን፡ ካብ መደበር ዕቑባት፡ ወናማት ኣደታት ምስኣተን ብምጽንባር፡ ምኡዝ ልምዳውን ሰውራውን

ደርፍታት፡ መዛሙር፡ ተዋስአታትን ግጥምታትን ኣዳልየን ንህዝብን ተጋደልትን የዘናግዓ ነበራ። ኣብቲ ካብ ጀልሃንቲ ናብ ዓራርብ ዝነበረ ናይ ምግዓዝ ኩነታት፡ ዝበዝሓ ኣባላት ናይታ ጉጅለ ባህሊ ብስራሕን ናብ ማእቶታት ብምውፋረንን እቲ ባህላዊ ጥርናፈ ኣይቀጸለን። ኣብ ዓራርብ ምስ ኣተዋ ግን ከም ብሓድሽ ተወደባ። በዚ ድማ፡ እታ ጉጅለ ባህሊ ናይ ምድራፍ፡ ምውሳእ፡ ምግጣምን ክራር ናይ ምውቃዕን ኣፋፍኖት ወይ ዝምባለ ኣለወን ዝበለተን 34 ኣደታት ሓቝፋ፡ ብስም "ጉጅለ ባህሊ ባና ሓርነት" ነቲ ባህላዊ ንጥፈታት ብዝሓየለ መልክዑ ክትቅጽሎ ተበገሰት።

ኣብቲ ፈለማ ሕጽረት ምልከት መሳርሒ ሙዚቃ ዝነበራ ጉጅለ ባህሊ ኣደታት፡ ብምኽንያት 8 መጋቢት፡ ባሕቲ መስከረም፡ ጉባኤ መደበር ሰለሙና፡ ስነ-ስርዓት ምዕጻው ቤ/ትምህርትን ካልእ ናብ ህዝብን ተጋደልትን ዘቐነዐ ምርኢት ኣብ ተቐርበሉ ዝነበረት ግዜ፡ ኣባላት ጉጅለ ባህሊ ማሕበራዊ ጉዳያት መሳርሒ ሙዚቃ እናወቕዑ የሰንዩዋ ነበሩ። በዚ ድማ ንሳተን ኣብ ተዋስኦ፡ ደርፍን መዝሙርን ጥራይ ተሓጺረን ነበራ። ኣብ ፈለማ 1983፡ ነብሰን ክኢለን ክነጥፋ ስለዝተወሰነ፡ ተጋዳሊት ኣጸደ መስፍን ትርከበን 10 ኣዴታት፡ ኣብ ጨንፈር ስንኩላን ዝተፈላለዩ ናውቲ መሳርሒ ሙዚቃ ፊዘርሞኒካ፡ ጊታር፡ ጃዝ(ከበሮ)፡ ሻምብቆን ክራርን ስልጠና ተዋህበን። ሙዚቃዊ ዓቕመን ክሳብ ዝድልድል ጎይትኦም ኣለምን ኣጸደ መስፍንን ኮይኖም ደርፍታት ዜማን እናፈጠሩን ከም ዝብገሳ ተገብረ። ብድሕር'ዚ ድማ፡ ብኣጸደ መስፍን እናተመርሐት፡ እታ ብደቀንስትዮ ኣዴታት ጥራይ ዝቖመት ጉጅለ ባህሊ፡ ነብሳ ክኢላ ባዕላ ዘዳለወቶ ባህላዊ መደባት ከተቕርብ በቕዐት። ንነዊሕ እዋን ብተባዕታዊ ጸቒጢ ምስ ሰብኡተን'ውን ከዳምጻ ዘይክእላ ዝነበራ ሸማግለታት ኣደታት፡ ነቲ ሓሊኹ ሒዚወን ዝነበረ መስፍናዊ ልምዲ ብምጥሓስ ኣብ ቅድሚ ሓፋሽ ህዝቢ ወጺአን ክደርፋ፡ መሳርሒ ሙዚቃ ክወቕዓ፡ ክዋስኣን ክለሃያን ከለዋ፡ ንሰማዕተንን ተዓዘብተንን ኩርዓት ይኾና ነበራ።

ጉጅለ ባህሊ ባና ሓርነት፡ ተቐባልነታን ህቡብነታን እናዓበየ ምስ ከደ፡ ኣብ መደበራት ክፍሊ ማሕበራዊ ጉዳያት ክይተሓጽረት ናብ ዝተፈላለየ ግንባራትን ደጀናትን እናተንቀሳቐሰት ምርኢት ተቐርብ ነበረት። ንኣብነት፡ ኣብ 1985 ንፈተነ ናብ ናቕፋን ናብቲ ካብ ሮራ ክሳብ ባቕላ ዓሪዱ ዝነበረ ህዝባዊ ሰራዊት ሓርነት ኤርትራ ዝመሰጠ ድሙቕ ባህላዊ መሰናድኣታት ኣቕረበት። ኣብቲ ምርኢት፡ ኣባላታ ብቋንቋታት ብሄራትና ክደርፋ፡ ጊታርን ክራርን ክወቕዓ፡ ኦርጋንን ጃዝን ክሃርማ፡ ከበሮ ሒዘን ክዘላ፡ ክለሃያን

ክዋስኣን ኣብ ዝተዓዘብወን ተጋደልቲ ምሒር ኣድናቖት ፈጠራ። ንብዙሕ ናይቲ ከባቢ ህዝቢ ብምጽላው ከኣ ናብ ቦታኣ ተመልሰት። ብድሕሪ'ዚ ዕዉት ምርኢት፡ ክሳብ ድሕሪ-መስመር ጸላኢ ዝነበረ ሓራ ቦታታት ኤርትራን ሱዳንን እናተንቀሳቐሰት፡ ንሓፋሽ ህዝብን ተጋዳላይን ዘነቓቕሕ፡ ፍናን ዘስንቕ፡ ሃገራዊ ወኒ ኣብ ምብርባር ድርኺት ዝፈጥር ስነ-ጥበባዊን ባህላውን ምርኢታት ኣቕረበት። ኣብ 1988፡ ሓድሽ መሳርሒ ሙዚቃ ካብ ሃገራዊ ማሕበር ደቀንስትዮ(ሃማደኤ) ስለዝተዋህበን፡ ትሕዝቶኣን ተምሓይሹ። ኣብ ጥቅምቲ ናይታ ዓመት ድማ፡ ንሓሙሽተ ብሄራት (ትግርኛ፡ ትግሬ፡ ሳሆ፡ ብሌንን ኩናማን) ዝውክላ 32 ኣዴታት ሓቝፋ ንዑደት ነቐለት። ናብ ከሰላ- ሱዳን፡ ግንባር ባርካን ክፍልታትን እናተንቀሳቐሰት ክሳብ 30 ዝኸውን ናይ መድረኽ ባህላዊ ምርኢት ኣቕረበት። ኣብ ዝኸደቶ ቦታታት ከኣ ብፍሉይነታን ትሕዝቶኣን ናይ ብዙሕ ህዝብን ተጋደልትን ኣድናቖት ረኸበት።

ጽልዋ ናይዛ ባህሊ ኣብ ዞባታት ኤርትራን ሱዳንን ጸላዊ ኮይኑ ምስ ተረኸበ፡ ናይ ዑደት ጠለባት ብክፍሊ ህዝባዊ ምምሕዳር ይደጋገም ነበረ። ኣብ 1990 ድማ፡ ሰለስተ መስርዕ (መስርዕ ሙዚቃ፡ መስርዕ ስነ-ጽሑፍን መስርዕ ዋዛ ምስ ቁም-ነገርን) ተወዲበን መደባተን ንምምሕያሽ ጸዓራ። ንብሄረ ናራ ዝውክላ ኣደታት ወሲኻ 38 ኣባላት ብምሕቛፍን ሓደስቲ ደርፍታትን ተዋስኦታትን ብምድላዉን ናይ ምርኢት ዑደታ ብመደበር ሰለሙና ፈለመቶ። ካብኡ ቀጺላ ብመዓስከር ባድን ናብ ዞባ ምዕራብ ኣምርሐት። ኣብ ባረንቱን ካልኦት ቦታታትን ንዝነበረ ህዝባዊ ሰራዊት ሓርነት ኤርትራን ሓፋሽ ህዝብን ድማ ኣዘናግዐት። ካብኡ'ውን ናብ ዞባ ደቡብ ብምድያብ፡ ኣብ ብዙሕ ቦታታት ተመሳሳሊ ምርኢት ኣቕረበት። ኣብ 1991 ናይ ባህላዊ ምርኢት ዑደታ እናፈጸመት መላእ ሓርነት ኤርትራ ምስ ተረጋገጸ ድማ ተልእኾኣ ፈጸመት።።።

ጉጅለ ባህሊ ባና ሓርነት፡ ካብ 1983 ክሳብ ዕለተ-ናጽነት ኣብ ዝነበረ ትሸዓተ ዓመታት፡ ናብ መላእ ኤርትራ እናተንቀሳቐሰት ንተጋደልትን ህዝብን ልዕሊ 100 ደርፍታትን 40 ድራማታትን ሓጸርቲ ዋዛታትን፡ ከተፍሪ ክኢላ'ያ።

ጉጅለ ባህሊ ዓይነ-ስዉራን

ካብ ምእላይ ስንኩላን ኣብ ገድሊ ኤርትራ እቲ ዝኸበደ ዝኸውን ናይ ዓይነስዉራን እዩ። እዚ ድማ፡ ትምህርቲ ንክምሃሩ፡ ካብ ቦታ ናብ

ቦታ ክንቀሳቐሱ ዘኽእሎም ዝኾነ መሳለጥያታት ስለዘይነበረ እዩ። ኀቦታትን ኣኻውሕን፡ ጎዳጉድን ኣእማንን ስለዝበዝሐ፡ ብበትሪ ተሓጊዞም'ውን ምንቅስቓስ ቀሊል ኣይኮነን። ንዕኦም ዝኸውን ናይ ብረይል ጽሕፈት ስለዘይነበረ'ውን ትምህርቲ ክሳተፉ ዝኽእሉ ኣይነበሩን። ስለዚ ድማ፡ ብዑረቶም ዝሰኣንዎ ነገራት እንታይ ምዃኑ ብምፍላጥ፡ ብዝተረፈ ህዋሳቶም ክንቀሳቐሱን ከባቢኦም ክለልዩን ዝሕግዝ ኣፍልጦን መባእታዊ ስልጠና'ውን ኣብ ፈለማ ኣይነበረን። ኣብ 1983፡ ሽግራት ዓይነስዉራን ብምልላይ፡ ህዋሳዊ ክእለታቶም ክጥቀሙ ዝሕግዝ ክእለታት/Life-Skills፡ ትምህርቲ ሙዚቃን፡ ኢደ-ጥበባዊ ስራሓትን ብፍሉይ ክተኣታቶ ተወሰነ፡ ፡ ንኩሎም ፍቕደኛታት ድማ፡ ብኣባላት ጉጅለ ባህሊ ማሕበራዊ ጉዳያት፡ ሓሓንቲ ዓይነት መሳርሒታት ሙዚቃ፡ ጊታር፡ ክራር፡ ኦርጋን፡ ፍሉት ብምምራጽ ክስልጥኑ ዝዓለመ ትምህርቲ ኣብ 1983 ተጀመረ። እዚ ብጉጅለ ባህሊ ክፍሊ ማሕበራዊ ጉዳያት ዝኻዬድ ዝነበረ ናይ ሙዚቃ ትምህርቲ ንዓይነስዉራን ካብቲ ትጽቢት ዝተገብረሉ ዝዓበዬ ውጽኢት እዩ ተረኺብዎ። እቲ መደብ ንዓይነስዉራን ኣብ ዝተናውሐ ብሞያ ንምስልጣኖኦም ብሓደ ወገን፡ ኣብዚ መሪር መድረኽ፡ ብስንክልንኦም ካብ ቅዛነትን ምስልቻውን ንክድሕኑ ድማ ብኻልእ ወገን ዝዓለመ እዩ ነይሩ። በብቑሩብ መሳርሕታት ሙዚቃ እናመለኹ፡ ብደርፍታት ሰውራ እናተላመዱ፡ ኣብ ውሽጢ ስንኩላን ብምዱብ ምዝንጋዕ ዝኻዬድ ኣጋጣምታት እናተሳተፉን፡ ብሙዚቃኦም ተሰንዮም ምድራፍ ምውሳእ፡ ምልሃይ፡ ከበሮ ምህራም፡ ወዘተ. እናመለኹን ምስ ከዱ ግን፡ እቲ ብዓይነስዉራን ጥራይ ዝቐመ ባህላዊ ጉጅለ ምቛም ዝብል ሓሳብ ከም ተክእሎ ተቐልቀለ።

ኣብ ዓመት ዘይመልእ ግዜ ድማ፡ ዋላ ብሉጽ እንተዘይኮነ፡ ብደረጃ ሜዳ ብቑዕ ዘበግሳ ደርፍን ተዋስኦን ኣዳለወት። ኣብ ሓምለ 1983 ድማ፡ ብዓይነስዉራን ዝቐመት ጉጅለ ባህሊ፡ ንመጀመርታ ግዜ ብምኽንያት መዕጸዊ ዓመታዊ መደብ ኣካዳምያዊ ትምህርቲ ሰፊሕ ተቐባልነት ዘትረፈ ምርኢት ንኣባላት መዓስከር ስንኩላንን ኣብቲ ከባቢ ንዝነበሩ ናይ ሕክምና ውጉኣትን ከተቕርብ በቕዐት። ዓይነ-ስዉራን ብጉጅለ መድረኽ ደይቦም ምሉእ ምርኢት ዝረኣዩ ተጋደልቲ ድማ ምእማኑ ይጽግሞም ነበረ። ንዓይነ-ስዉር ከም ጽግዕተኛ ጥራይ ዝቖጽር ሕዱር ኣተሓሳስባ ሕብረተሰብና ዝተጸልወ ተጋደልቲ ድማ በበይኑ ዓይነቱ ርእይቶ ከቕርቡ ይሰምዑ ነበሩ። ገለ እዋ "የታልሉና ከይህልዉ፡ እዚኦም ዝርእዩ ክኾኑ ኣለዎም፡ ምስ ዓይንና ዘይገበርናዮ ከመይ ኢሎም ክኢሎሞ?" ዝብሉ ሕቶታት ድማ ነበረ። ካልኦት ድማ፡ "እንታይ ገበሩኹም ዘይትገድፉዎም፣ ስቓዮም ከይኣክሎም፡ ባህሊ ክርእዩ ተገድድዎም" ዝብል ካብ ድንጋጸ ዝተበገሰ ዝመስል ኣሉታዊ ግብረ-መልሲ'ውን ነበረ። ንክፍሊ ማሕበራዊ ጉዳያት

ግን፡ እቲ ዘይስገር ዝመስል ዝነበረ ብድሆ ብአተባባዒ መልክዕ ክስገር ምኽኣሉ ንዝያዳ ምስፍሑ ዝደፋፍእ ነበረ።

እቲ ትምህርቲ ሙዚቃን ዝተፈላለዩ ባህላዊ ልምምዳትን፡ ብዝያዳ ውዳቤኡ እናተጻፈፈን ካብ ጋንታታትን ካብ ስድራ-ቤታት ዓይነ-ስዉራን፡ ዝተዋጽአት ኣካያዲት ኮሚተ ብዕቱብነት ብምክትታላ ድማ፡ ርኡይ ምዕባለ ተራእዩ። ጉጅለ ባህሊ ተወዲባን ምድላዋት ወዲኣን፡ ኣብ ራብዓይ ርብዒ ዓመት ናይ 1984፡ ናብ ዝተፈላለየ ክፍለ-ስራሓትን ቅድመ-ግንባራትን ብምኻድ ናይ ፈተነ ዕዉት ባህላዊ ምርኢት ኣቕረበት። ካብ ተዓዘብቲ ብዝተራእዩ ተቐባልነት ዘተባብዕ ስለዝነበረ ድማ፡ ንኣድማዒ ኣሰራርሓ ዝጥዕም ዳግመ-ውደባ ተገብረ። ጉጅለ ባህሊ ዓይነ-ስዉራን ምሉእ ግዜኦም ክራኸቡን ዕማማቶም ከስፍሑን ብደረጃ ጋንታ ከም ዝጥርነፉን፡ ኣርባዕተ ንኡሳን ኮሚቴታት ማለት፡ ኣብ ኮ/ስነ-ጽሑፍ፡ ኮ/ድራማ፡ ኮ/ ዜማን ኮ/ሙዚቃን ተኸፋፊሎም ክምዝሰርሑ ተገብረ። እታ ጉጅለ ባህሊ፡ በዚ ኣወዳድባ'ዚ ንንውሕ ዝበለ ግዜ ምዱብ ዕማማታ ከተኻይድ ድሕሪ ምጽናሕ፡ ኣብ 1986 ካብቲ ናይ ካልእ ግዜ ዝበለጸ መደብ ሒዛ ኣብ ክፍልታት ደጀንን ግንባርን ሰፊሕ ናይ ምርኢት ዑደት ኣኻየደት። ንህዝቢ መዓስከራት ሰለሙናን ባድንን፡ ከምኡ ድማ ንነበርቲ ቅሮራ ተመሳሳሊ ምርኢት ኣቕረበትሉ። ካብ ተዓዘብታ ከኣ ፍናን ዘስንቕ ደገፍን ሞገስን ረኸበት።

እዛ ጉጅለ ባህሊ ዓይነስዉራን ብዘዋህለለቶ ሃብታም ተሞክሮ እናስጉመት ግን ንቀጻልነታ ዝሻረክ ካልእ ንጥፈታት እናበዝሐ ኸደ። ኣብ ሓደ እዋን ብርኽት ዝበሉ ካብቶም መስረትቲ ኣባላት፡ ዘኻይዱዎ ባህላዊ ንጥፈታት ምስ መነባብሮ ሓዳሮም ክጠዓዓም ኣይክኣለን ብዝብል ምኽንያት ብዙሓት ብፍቃዶም ኣቋረጹ። ሽዑ ምትእትታው ናይ ብረይል ትምህርቲ ብምጅማሩ'ውን ንምድኻም ናይዛ ጉጅለ ጽልዋ ነበሮ። ዓይነስዉራን ርእሶም ክክእሉን፡ ክንብቡን ናይ ብረይል ትምህርቲ ዝፈጥሮ ዕድል ስለዝተገንዘቡ፡ ኣቓልቦኦምን ግዜኦምን ንዕኡ ምሃብ ስለዝመረጹ፡ ጉጅለ ባህሊ ዓይነስዉራን ንጥፈታታ ተሰናኸለ። ኣብታ ጉጅለ ዝተረፉ ውሑዳት ብምትራፎምን ድሩትነት ስነ-ጥበባዊ ዓቕሚ ስለዝነበረን፡ እታ ጉጅለ ንጥፈታት ባህሊ ክትቅጽል ከምዘይትክእል ኣብ መደምደምታ ተበጽሐ'ሞ፡ ንግዜኡ ከም ተቋርጽ ተገብረ። ብሓድሽ ናህሪ እትቕጽለሉ መገዲ ሃሰው ምባል ግን፡ ዘይስገር ጉዳይ ኮይኑ ተረኽበ።

ኣብ መጀመርታ 1987፡ ጉጅለ ባህሊ ዓይኒ-ስዉራን ከም ብሓድሽ ንምብርባራ መደብ ተገብረ። ኩሎም ዓይነስዉራን ድማ ናብተን ስንኩላን ብሓፈሻ ዝእለዩለን ጋንታታት ፋሕ ኢሎም ክምዝምደቡ ተገብረ። እዚ

ዝተገብረሉ ዋና ምኽንያት፡ ዓይነስዉራን ኣብቲ ጋንታታት ስንኩላን በብጋንታኡ ዘካይድኦ ዝነበራ ንጡፍ ባህላዊ ንጥፈታት ብምሕዋስ ክነጥፉን፡ ንኣባላት ባህሊ ዝበቕዑ ንምልላይን እዩ። ሰብ-ሓዳር ዝኾኑ ዓይነ-ስዉራን'ውን ከይተረፉ፡ ኣብተን ጋንታታት ኣትዮም፡ በቲ ዘካይድዎ ባህላዊ ንጥፈት ከምዝምዘኑ ተገብረ። ነታ ጉጅለ ባህሊ ዝበቕዑ ዓይነ-ስዉራን ንምምራጽ፡ ዝቖመት ኮሚቴ በብመዓልቱ ዘካየድ ዝነበረ ባህላዊ ዕማማት ክትከታተልን ንክእለትን ዝምባለን ናይቶም ዓይነ-ስዉራን ብምግምጋም፡ ንባህሊ ይበቕዑ እዮም ዝበለቶም ሰባት መሪጻ ኣውጽኣት። በዚ ከኣ ጉጅለ ባህሊ ዓይኒ-ስዉራን ብ14 ሕዳር 1987 ከም ብሓድሽ ተወዲባ ከም ትቖውም ተገብረ።

ብመሰረት'ዚ ሓድሽ ኣቃውማ'ዚ፡ ኮሚተ ስነ-ጽሑፍን ድራማን፡ ከምኡ ከኣ ኣብ ኮሚተ ሙዚቃን ዜማን ተወዲቦም ስርሖም ጀመሩ። ንብዙሕ ኣዋርሕ ዝቐጸለ ጽዑቕ ልምምድ ድሕሪ ምክያድ ድማ፡ ኣብ መስከረም 1988 ኣብ ደጀንን ግንባራትን እናተዘዋወረት 11 ምርኢት ኣቕረበት። እዚ ድሕሪ ሳልሳይ ውዳብ ንመጀመርታ ዘቕረበቶ ምርኢት፡ ነቲ ብሕጽረት ናውቲ መሳርሒ (መጉልሒ ድምጺ፡ ኣምፕሊፋየር፡ መሳርሒ ሙዚቃ) ዘጋጠመ ተክኒኻዊ ጸገማት ገዲፍካ፡ ኣብ ተዓዘብቲ ልዑል ኣድናቖት ኣትረፈ። ብድሕሪ'ዚ፡ እታ ጉጅለ ባህሊ ብልጫታትን ድኽመታትን ናይቲ ዘቕረበቶ መደብ ብደቂቕ ገምጊማ፡ ንክልተ ዓመት መመላእታ መደባት ኣብ ምድላውን ልምምድን ተጸምደት። ምድላዋታ ኣጻፊፋ ኣብ ባሕቲ መከረም 1990 ዝጀመረቶ ዑደት ድማ፡ ክሳብ መወዳእታ ሕዳር ብምቕጻል፡ ካብ ደጀን ክሳብ ሓራ ከተማታትን ዓድታትን ምዕራብ፡ ግንባራትን መዓስከራት ተመዛበልቲን እናተንቀሳቐሰት ብጠቕላላ 25 ምርኢት ንተጋደልትን ህዝብን ኣቕረበት። ጉጅለ ባህሊ ዓይነ-ስዉራን ካብ ትምስረት ኣትሒዛ፡ ነቲ ስንኩላን ንምዝንጋዕን ኣብ ዓመታዊ ጽምብል መዕጸዊ ኣካዳምያዊ ትምህርትን ተቐርቦ ዝነበረት መደባት ኣብ ግምት ከይኣተወ፡ ኣብ ግንባራት፡ ደጀን፡ ሓራ ከተማታት፡ ዓድታትን መዓስከራት ህዝብን ብጠቕላላ 140 ደርፍታት፡ 40 ድራማታትን ዋዛታትን፡ 63 ተነበብቲ ግጥሚታት ከተቕርብ ክኢላ'ያ። ገምጋም ንውሓት ግዜ ናይ ነፍሲ-ወከፍ ምርኢት ድማ፡ ሰለስተ ሰዓትን ፈረቓን ነበረ። ሓፈሻዊ ትሕዝቶ መደባታ ድማ፡ ንኩነታት ቃልሲ፡ ናይ ተጋዳላይ ሓርበኛነት፡ ተወፋይነት፡ ተጻዋርነት፡ መሃዝነት፡ ኒሕ፡ ድሉውነት ንመስዋእቲ፡ ከምኡ ድማ ንባህልን ልምድን ሕብረተ-ሰብ ኤርትራን ተራ ሓፋሽ ህዝብና ኣብ ብረታዊ ቃልሲን ዘንጸባርቑ ነበሩ።

ኣብ ዓለም ክስማዕ ዘይክእል እምበር ኪግበር ዘይከኣል ነገር የሎን ዝብል ኣተሓሳስባ፡ ንተጋዳላይ ህዝባዊ ግንባር ግብራዊ መምርሒ ዕለታዊ ንጥፈታት

ህይወቱ እዩ ነይሩ። ግዜን ዕድላትን ከይተጸበየ፡ ኣብ በረኻታት ሳሕል ኮይኑ በታ ዝነበረቶ ዘይትደክም ኒሕን ተባላሓትነትን ጥራይ ንምእማኖም ዘጸግሙ ድርብራብ ቅያታት ብምፍጻም፡ ንወለዶታት ዝዘንቶ ድሙቕ ሃገራዊ ታሪኽ ክሰንድ ክኢሉ'ዩ። ጉጅለ ባህሊ ዓይነ-ስዉራን ተጋደልቲ ድማ፡ ኣካል ናይዚ ቅያታት እያ። እዛ ሃገራዊ ናጽነትን ሓርነትን ንምምጻእ ኣብ ዝተኻየደ መሪር ኩናት ኣዒንቶም ብዝኸፈሉ ተጋደልቲ ዝቖመት ጉጅለ ባህሊ፡ ኣባላታ ምስ ዑረቶም ከለዉ ነቲ ገና ኣብ ጉዕዞ ዝነበረ ሃገራዊ ቃልሲ ንናጽነት ወንን ድርኺትን ንምፍጣር፡ መልክዕ ቃልሶም ለዊጦም በተን ዝተረፋ ህዋሳቶም ኣብ ታሪኽ ዓለም ዘይተራእየን ዘይተሰምዐን ቅያ ክሰርሑ ክኢሎም እዮም። ብሓጺሩ፡ እዛ ብ21 ምሉእ ዑረት ዝነበሮምን ሸውዓተ ጩራ ዝርእዩን ተጋደልቲ ዝቖመት ጉጅለ ባህሊ፡ መለለዪ ዘይነጽፍ ኒሕን ፍናንን ተጋዳላይ እያ ነይራ።

እዚ ካብ ዝክሪ ተዓዚብቱ ዘይሃስስ ባህላዊ ምርኢት፡ ኣብ ሓፋሽ ህዝቢ፡ ብዛዕባ ስንኩላን ዝጸንሖ ድሑር ኣመለኻኽታ ኣብ ምስዓር ዓቢ ግደ ነበሮ። ከምኡ'ውን ነቲ 'ዓይኒ ምዕዋር ኣእምሮ ምዕዋር ኣይኮነን! ስንክልና ማለት ዘይምምሃር'ዩ!' ዝብል ሰውራዊ ጭርሖታት፡ ግብራውን ጭቡጥን መርትዖታት ብምስናይ ኣብ ንቕሓት ህዝቢ ኣበርክቶኡ ኣዝዩ ዓቢ ክኸውን ክኢሉ እዩ።

ቀባእቲን ቀረጽቲን

ጨንፈር ስንኩላን ኣብ ናቕፋ ኣብ ዝተመስረተሉ እዋን፡ ኣፋፍኖት ስእሊን ቅብኣን ዝነበሮም ኣባላቱ ጠርኒፋ ንስራሕ ኣበጊስዎም ምንባሩ፡ ኣብ ዝሓለፈ ክፋል ናይዚ መጽሓፍ'ዚ ተጠቒሱ ኣሎ። ኣብቲ ሽዑ እዋን፡ እቶም ሰኣልቲ ነቲ ሕሉፍ ጽንዓትን ሞራልን ተጋዳላይ ዘንጸባርቕ ዝተፈላለየ ስእሊታትን ጭርሖታትን ብምድላው፡ ነታ ጉጅለ ባህሊ ኣብ ግዜ ባህላዊ ምርኢት ንምስናይን ንምድማቕን እዩ ነይሩ ተልእኾኦም። ብቑዕ ኣፍልጦን ተሞኩሮ ዝነበሮም ኣባላት ስለዘይነበሩን፡ ዝተቐረበ ዝኾነ ናይ ስእሊ መሳርሒታት ስለዘይነበረን እቲ ዝተዋህቦም ዕማም ከቢድ እዩ ዝነበረ። ኣብቲ ዘይንቡር መድረኽ፡ ኣብቲ ዝኾነ ኣቕሓ ዘይርከቦ በረኻን፡ ኣብ ትሕቲ ከቢድ ወተሃደራዊ ስግኣትን፡ ጠለባት ክማልኣሉ ተኽእሎ ስለዘይነበረ፡ እቶም ሰኣልቲ'ውን መተዓየዩ ኣብ ዘይነበረሉ፡ ብምብልሓትን ፋሕተርተርን ክገጥምዎ ኢዮም ፈቲኖም።

ንስእሊ ዝበቅዕ ድሩቕ ወረቐት ወይ ቀርበት/ኻንሻስ ስለዘይሕሰብ ድማ፡ ብውሽጡ ጀዲድ ጨርቂ ዘለዎ ናይ ፊኖ ተረንሹዋታት ኣብ ማይ ብሒቑ

ብምእላክ ወይ ብምልኻይ ከም ዝደርቕን ከም መስኣሊ ከም ዘገልግልን ገበሩ። ነቲ ናይ መልከዩ ሕብሪ (ብራሽ) ሕቶ ንምፍታሕ ድማ፡ ገዚፍ ዕንጸይቲ ጫፉ ከም መወጽ ብምፍታግ ተጠቕሙ። ነቲ ናይ ጀሶ ሕቶ ድማ፡ ፊኖ በጽቢጾም ብምድላው ክምልሱዎ ፈተኑ። ሕብሪታት ንምድላው ድማ ናብ ቀጽለ-መጽሊ ብምጅፋዕ፡ ዝተፈላለየ ሕብሪ ዘለዎ ሓመድን ኣእማንን ደቒሶም ብምንፋይን ብምብኳዕን፡ ናይ ሬድዮ ባተርያታት ብምድቋስ፡ ኣምፕስሊን ዝተባህለ መድሃኒት ብምብጽባጽን ካልእ ነገራትን ኣቃሚሞም ኣብ ስራሕ ኣተዉ። እንተዀነ፡ ናቕፋ ቁሪን ግመን ጠልን ዘለዎ ቦታ ብምዃኑ፡ ስእሊ ዝወዓሉዎ ዓለባታት ለይቲ ዛዕዛዕታ ምስ ወደቐ ተርኪሱ ይስብብን ብኡ ኣቢሉ ይበላሸን ስለዝነበረ፡ ቀትሪ እናዘርግሑ ጽሓይ ከጽልዉዎን ምሸት እናጠቕለሉ ገዛ ከእትዉዎን ይግደዱ ነበሩ። ብኸምዚ መስርሕ ዝሓለፈ ኣዝዩ ብዙሕ ስነ-ጥበባዊ ስርሓት ድማ ኣብ ናቕፋ ከፍርዩ ክኣሉ። እታ ጉጅለ ባህሊ ደርፍታት፡ መዛሙርን ተዋስኣታትን ኣብ እተቕርበሉ ግዜ ከኣ፡ እቲ ናይ ምርኢት መድረኽ ወሰን-ወሰኑ ክሳብ 40 ብዝበጽሕ ማራኺ ስእሊታትን ጭርሖታትን ይሸለም ነበረ።

ኣብ ጀልሃንቲ ኣብ ጨንፈር ስንኩላን ኣብ ዝተጀመረ ባህላዊ ንጥፈታት፡ ስእሊን ቅብኣን’ውን ዳግም ክበራበር ክኢሉ’ዩ። ናይቲ ሞያ ኣፋፍኖት ዝነበሮም ብርኽት ዝበሉ ስንኩላን ስለዝተጸንበሩዎም ድማ፡ እቲ ዝጸንሐ ድሩት ኣፍልጦን ተሞኩሮን ዝያዳ ክዓቢ ክኣለ። ኣብ ፈለማ፡ ናይ መተዓየዩታት ሕጽረት ስለዝነበረ፡ ከምቲ ናይ ናቕፋ፡ ኣብ ከባቢኦም ብዝርከቡ ባህርያውያን ነገራት ክፈትሑዎ ፈቲኖም ነበሩ። ጸኒሖ ግን፡ ብመገዲ ማሕበር ረድኤት ኤርትራን ኢደ-ስርሓት ናይቲ ክፍሊን እቲ ዘድልዮም ነገራት ክማላኣሎም ስለዝክኣለ፡ ነቲ ዕማም ብምሉእ ዓቕሞም ንቕድሚት ከሰጉሙዎ ዘኽእሎም ዕድል ተኸፍተሎም። መብዛሕትኡ ንተጋዳላይን ቃልሱን ዝውክል፡ ንተዓዛቢኡ ኣብ ዓሚቕ ተምሳጥ ዘእቱ ኣደናቒ ስእሊታት፡ ካርታታት ዓለም፡ ጭርሖታትን ምስላታትን ድማ ኣብ መናድቕ፡ ኣጭርቕቲን ካልእን ምስኣል ተተሓሓዙዎ። ጠለብ ኣብያተ-ትምህርቲ ጨናፍር ናይቲ ክፍሊ ንምምላእ’ውን፡ ኣብ መስርሕ ምምሃርን ምስትምሃርን ዝሕግዝ ዝተፈላለየ ኣሳእል ምድላው፡ ኣካል ስርሖም ኮነ። ብዙሕ ካብቲ ብኣታቶም ዝፈሪ ዝነበረ ስእሊታት ናብ ሜዳ ይልኣክ ከምዝነበረ’ውን ኣብ ጸብጻብ ተመዝጊቡ ኣሎ።

ነቲ ብዘይ እኹል ኣፍልጦን ተመኩሮን ብድፍረት ጥራይ ዝጀመሩዎ ሞያ ንምምዕባል፡ ዝቐሰሙዎ ጭቡጥ ስልጠና ኣይነበረን። እንተዀነ፡ ኣብ ጥቓኦም፡ ኣብ ቤት-ትምህርቲ ሰውራ ክሳብ ኣብ ዩኒቨርስቲ ኣዲስ-ኣበባ ዝተማህሩ መምህራን ናይ ስእሊ ስለዝነበሩ፡ ኣብ ገለ እዋን ነቲ ዝጉድሎም

ፍልጠት ካብኣቶም እናመልኡ ይኸዱ ስለዝነበሩ ፍርያቶም ኣዝዩ ተመሓዪሹ። ኣብ ዓመተ 1980 ዘፍረዩዎ ዓበይቲ ቅብኣታትን ስእልታትን ብቑጽሪ ልዕሊ 100 ክበጽሕ ክኢሉ እዩ። ብዘይካ'ዚ፡ ኣብቲ ጋንታታት ስንኩላን ነናተን ኣደራሽ ሃኒጸን ብዝተፈላለየ ኣሳእልን ጭርሖታትን ንምውቃቡ ዘካይድኦ ዝነበራ ሓያል ናይ ውድድር መንፈስ እዞም ሰኣልቲ ተሳትፍኦም ልዑል ነበረ። ገለ ካብቲ ንስእልታቶም መሰነይታ ዝጥቀምሉ ዝነበሩ ጭርሖታት፡ "ኣካል ምጉዳል ንመልክዕ ቃልሲ ይቕይሮ እምበር ካብ ምቅላስ ኣይዓግትን"፡ "ፍልጠት ፍረ ጻዕሪ እምበር ህያብ ናይ ውሱናት ሰባት ኣይኮነን"፡ "ዕዩ ንባህርይ ይቕይሮ"፡ "መሃዚ ክእለት ወድ-ሰብ መሰረት ስነ-ኪነታዊ ምዕባለ" ካልእን ዝብል ነበረ። ቅብኣታት ክፍሊ ማሕበራዊ ጉዳያት ጽባቐኡን ፍቕሪ ሃገርን ናይ ቃልሲ ወኒን ዝቕስቅስ መልእኽቱን ዝርኣየ ዝኮነ በጻሒ፡ እምበረ-መጠን ዘድነቖሉ ግርማ ናይቲ ክፍሊን ነጸብራቕ ንጥፈታቱን ነበረ። ኣብ ዓሬርብ'ውን እቲ ዓቐን'ኳ እንተነከዩ ብውሑዳትን ብዝማዕበለ ኣገባብን ክሳብ ናጽነት ቀጺሉ እዩ። ብተወሳኺ፡ ኣብ ጀልሃንተ፡ እዞም ብንኡስ ኣካል ስእልን ቅርጻን ዝፍለጡ ስነ-ጥበበኛታት፡ ፍርያቶም ዘቐምጥሉ ናይ ገዛእ-ርእሶም ኣደራሽ ኤግዚቢሽን ክሃንጹ'ውን ክኢሎም ነይሮም።

ኣባላት ንኡስ ኣካል ስእልን ቅርጻን፡ ብዘይካ'ዚ፡ ጭቃ፡ ጀሶ፡ ቸሚንቶን ካልእ ጥረ-ነገራትን ተጠቒሞም፡ ወተሃደራዊ፡ ፖለቲካዊ፡ ባህላውን ስነ-ሓሳባውን መልእኽቲታት ዝሓዘሉ ዝተፈላለዩ ቅርጻ ናይ ምድላው ምጡን ፈተነ ገይሮም'ኳ እንተነበሩ ክቕጽል ኣይከኣለን።

ኣጋጣሚታት፥

ኣብ ጀልሃንተ ንባሕቲ መሰከረም፡ ምጅማር ብረታዊ ቃልሲ፡ ዘንጸባርቕ ቅርጻ ክዳሎ ሓሳብ ቀረበ'ም፡ እቶም ኣፋፍኖት እንተዘይኮይኑ ኣፍልጦን ተሞኩሮን ዘይነበሮም ኣባላት ስእልን ቅርጻን 'ዘይከኣል ነገር የለን' ብዝብል እምነት ነቲ ስራሕ ዝኸውን ጥረ-ነገራት ብምቅራብ ኣብ ውሽጢ ሓጺር ግዜ ንኸዳልዉዎ ተበገሱ።

ከምዝፍለጥ፡ ቅርጻ ክዳሎ እንከሎ ብዙሕ መስርሓት'ዩ ዝሓልፍ። ፈለማ እቲ ስራሕ ብጭቃ'ዩ ዝጅምር፣ ብድሕሪኡ ብጀሶ ይልበጥ ወይ ኻስት ይኸውን። ኣብ መወዳእታ ድማ እንተደሊኻ ነቲ ጭቃ ኣሊኻ ነቲ ባዶ ቦታ ብሮንዞ ትመልኦ። እዞም ሰልኣቲን ቀረጽቲን ግን፡ ኣብቲ እዋን'ቲ ብዛዕባ ቅርጻ ኣፋፍኖት'ውን ስለዘይነበሮም፡ ቅርጺ ናይቲ ኣብ ሓሳቦም ዝነበረ ኻላሽን ዝዓተረ ተጋዳላይ ንምቕራጽ፡ ሓደ መስደመምን መስሓቕን ተግባር'ዮም ክፍጽሙ ፈቲኖም። ጋብላ ዝመስል ክንዲ ቁመት ሰብኣይ ዝኸውን ሳንዱቕ ብጣውላ ብምድላው፡ ንሓደ ብርሃነ ዝበሃል ብጸዮም(

ኣብኡ ኣደቂሶም ዝፈልሐ ጀሶ ከፍስስሉ ምስ በሉ፡ ብማዕዶ ዝረኣዩዎም ለባማት፡ "ኢታ እንታይ ተርእዩና ኣለኹም.......!?" እናበሉ ጐይዮም ብምምጻእ ኮለፉዎም። ሻቡ ነቲ ጀሶ እንተዘፍስስሉ፡ እቲ ሰብ ብኡ ንብኡ ንከቢድ ሓደጋ ወይ ነባሪ ስንክልና ክቃላዕ ይክእል ከምዝነበረ ድማ ተሰወጦም።

ስፖርትን ምዝንጋዕን

ክፍሊ ማሕበራዊ ጉዳያት፡ ድሕሪ'ቲ ነዊሕን ኣህላክን ናይ ምዝላቕ እዋን ሰጊሩ ነቶም ኣብ ትሕቲኡ ዝናበዩ ስንኩላን፡ ዕቑባት ህዝብን ህጻናትን ሒዙ ኣብ ጀልሃንቲ ምስ ዓስከረ፡ ንኣኻላውን ስነ-ኣእምሮኣውን ኩነታት ተናበይቱ ንምህናጽ ስፖርታዊ ንጥፈታት እዩ ጀሚሩ። ኣእምሮ ኣብ ምሕዳስ፡ ዝተጉድአ ኣኻላት ኣብ ምጥንኻርን ምዝንጋዕን ዝህልዎ ተራ ብምግምጋም ድማ ኣብ ኩለን ጨናፍር ኮሚቴታት ወዲቡ'ውን ብዕቱብነት ከም ዝኻዬድ ገበረ። ነፍሲ-ወከፍ ጨንፈር ንደቂ-ተባዕትዮን ደቀንስትዮን ዝውክላ ጋንታታት ኩዕሶ-እግሪን ኩዕሶ-መርበብን ብምቛም፡ ኣብ ውሽጢ ጨንፈርን ምስ ከባቢኣን ዝርከባ ኣሃዱታትን ልዑል ምትህልላክ ዝርኣየሉ ስፖርታዊ ውድድር ከኻይዳ በቒዓ።

ጨ/ስንኩላን፡ ስፖርት ንተኣለይቲ ኣብ ኣካላዊ ህንጸቶምን ምምሕያሽ ስንክልናኦምን ውጽኢታዊ ኮይኑ ስለዝረኸቦ፡ ንዓይነታት ስንክልና ኣብ ግምት ብምእታው፡ ሜዳ ኩዕሶ-እግሪን ኩዕሶ-መርበብን ብምድላው፡ ብዕንጨይቲ ልዳት ብምስራሕ፡ ከምኡ'ውን ኩዓሳሱ ካብ ሱዳን ብምግዛእ፡ ናይ ልምምድ ግዜ ፈልዩ ነቲ ንጥፈት ብዕቱብ ኣገባብ የኻይዶ ነበረ። ጀልሃንተ ሰጣሕ ጎልጎል ብምዃኑን፡ ካብ ደብዳብ ነፈርቲ ስክፍታ ስለዘይነበረን ዝተፈላለዩ ስፖርታዊ ምንቅስቓስ ብናጻ ንምክያድ ዝተባብዕ ቦታ እዩ። ስለዚ ድማ ኣብ ኩዕሶ ጥራይ ከይተሓጽረ፡ ከም ጉያ፡ ዝላ መሬት፡ ዝላ ገመድ፡ ያህለል፡ ቅድድም ዕንክሊል ጎማን ኣክሮባትን ዝኣመሰሉ ውድድራት ኣትለቲክስ ተኣታተወ። ቀራጻት እግሪ ከይተረፉ ኣብዚ ንጥፈት'ዚ ብሓገዝ ምርኩስን ብዘይምርኩስን ይሳተፉ ነበሩ። ብዘይካ'ዚ፡ ክብድ ዝበለ ስንክልና ዘለዎም ማለት፡ ዓይነ-ስዉራን፡ ፍርቂ-ጎድኖም ልሙሳት፡ ክልተ እግሮም ቀራጻትን ካልኦትን ዝሳተፉዎ ናይ ቸዝ፡ ዳማ፡ ካርታን ጠረጴዛ-ቴንስን ውድድራት ይካየድ ነበረ።

ህዝቢ መደበር ስለሙና'ውን ልክዕ ከም'ተን ካልኦት ኣሃዱታት መደብ ተጌሩሉ ስፖርታዊ ንጥፈታት የካይድ ነይሩ እዩ። ኣብ ጀልሃንቲ፡ ኣዴታት ቁምጣ ስረ ዓጢቐን ሓድሽ ናይ ስልጠናን ልምምድን መደባት ከኻይዳ

ንብዙሓት ሰባት ንምእማኑ ይጽገሙ ነይሮም። ይኹን'ምበር፡ ተበግሶ እንተሎ ዘይግበር ነገር ስለዘየለ፡ ዕድመ ዝደፍኣ ኣዴታት ምስቲ ሸበት ዘርዘበለ ቁኖኣን ዕጥቀን ዓጢቐን ናብ ሜዳ ወሪደን ክጻወታ ምርኣይ፡ ንተዓዛባይ ዘደንቕ፡ ዘገርምን ዘስሕቕን ፍሉይ ድምቀት ዝውስኽ ነበረ። ክደፋፍኣ ኩዕሶ ስሒተን ንሓድሕደን ክጓነጻ፡ ኩዕሶ ኣሕሚማ ክትሃርመን እንከላ፡ ብዙሕ ጭርቃን ይፍጠረሉ ነይሩ። ሽምጠን ሒዘን "ወይለከይ! ስምዒ'ስኪ! እሉኸ'ዶ ኣለኺ'ዩ? በሊ ኣብ ካልእ ከይንባጻሕ ይኣክለኪ" እናበላ ከም ዝተቋየቛ'ውን ይዕለልልን ነይሩ። እቲ ናይ ኩዕሶ መደብ፡ ነተን ኣዴታት ጥራይ ዘይኮነ፡ ነቶም ብዕድመ ዝደፍኡ ኣቦታት'ውን የሳትፍ ነበረ።

እዚ ስፖርታዊ መደባት'ዚ፡ እቲ ክፍሊ ካብ ጀልሃንቲ ምስ ወጸ ንዘተውሰነ እዋን ኣቋሪጹ ድሕሪ ምጽናሕ፡ ኣብ ዓሬርብ ቀዋሚ ቦታኡ ምስ ሓዘ፡ ሽሞንተ ዝኣባላታ ኣካያዲት ኮሚተ ብምቛም ብዘሰፍሐ ኣገባብ ቀጸለ። ጨንፈር ስንኩላን ዝነበሮ ቦታ ኣዝዩ ጸቢብ ስንጭሮ ብምዃኑ፡ ሜዳ ስፖርት ንክትሰርሓሉ ዝጥዕም ኣይነበረን። እቲ መደብ ግን ግድን ክቕጽል ስለዝነበሮ፡ ተጻቢብኻ ሜዳ ብምስራሕ ስፖርታዊ ንጥፈታትኻ ምክያድ መተኻእታ ዘይብሉ ኣማራጺ ኮነ። ብዘይካ'ቶም ኣብ ላዕሊ ዝተጠቕሱ ንጥፈታት ስፖርት ድማ፡ ስንኩላን፡ ስፖርት ኣብ ምምዕባል ዝተወግአ ኣኻላት ዘለዎ ጥቕሚ ባዕሎም ተረዲኦም፡ ተማዓዳዊ ድልድል (ፓራለል) ብዕንጸይቲ ሰሪሖም፡ ንግሆ ንግሆ ተንሲኦም ኣኻላቶም ከወሳውሱ ምርኣይ ልሙድ ነበረ። እንተላይ ዓይነ-ውስራንን ፓራላይዝን፡ ብኣለይቶም ንዘወሃቦም ሓበሬታ ብምቕባል፡ ኣብ ሰሙን ክሳብ ሰለስተ ግዜ ይንቀሳቐሱ ነበሩ። ከም ዶሚኖ፡ ኻልቾ-ፖሊና፡ ፒምፖምን ናይ ቻይና ገበጣን ዝበሉ ተወሰኽቲ ጸወታታት እውን ኣብቲ መደብ ክምዝተኣታተዉ ተገብረ። ነዚኣቶም ዝኸውን ዓበይቲ ህንጻታት ክዳሎ ስለዝተኻኣለ፡ ዋላ ኣብ ግዜ ምሸት'ውን ውድድራት ይካየድ ነበረ። ዓይነ-ስዉራን ዝፈትዉዎ ዓይነት ጸወታ፡ ካርታን ዶሚኖን ክኸውን ከሎ፡ ፓራላይዝ ድማ ኣብ ጸወታ ኻልቾ-ፖሊና፡ ፒምፖም፡ ቸዝን ዳማን የድህቡ። እዚ መደበ'ዚ ናይ ውድድር ግዜ እናተሰርዓሉ ክሳብ መጨረሻ ዝቐጸለን፡ ብዙሓት ሰዓብትን ቲፎዞን ዝነበሩዎን ተፈታዊ ጸወታን መሕለፍ ጊዜን እዩ ነይሩ።

ስፖርት ኣብ ኩለን ጨናፍር ክፍሊ ማሕበራዊ ጉዳያት ፍቱውን ህቡብን ንጥፈት እናኾነ ምስ ከደ፡ ካብ ኩለን ጨናፍር ዝተዋጽኡ ብሉጻት ተጻወትቲ ዝሓቖፈት ብደረጃ ክፍሊ ሓንቲ ምርጽቲ ጋንታ ኩዕሶ-እግሪ ቀመት'ሞ፡ ምስ ጋንታ ቤት-ትምህርቲ ሰውራ፡ ከምኡ ድማ ናብ መራሬት (ሱዳን) ብምኻድ ምስ'ተን ኣብኡ ዝነበራ ኣሃዱታት መጓዓዝያን ኢደ-ስርሓትን ክትገጥምን ገጢማ ክትስዕርን ዘክእላ ብቕዓት ኣጥረየት። ካብዚ ሓሊፉ'ውን

ናብ ዓጊግ (ሱዳን) ብምኻድ፡ ምስ ወተሃደራት ሱዳን ተጋጢማ ትምለስ ምንባራ ኣብ ሰነዳት ናይቲ ክፍሊ ተጠቒሱ ኣሎ። ኣብ ዓሬርብ'ውን ኣብ መዓስከር ዕቑባትን ኲዕሶ-እግርን ኲዕሶ-መርበብ ካብ ተጋደልትን ዕቑባትን ዝቖመት ጋንታ ደቀንስትዮን ደቂተባዕትዮን ምስ ከባቢ ክፍልታት ክሳብ ምውድዳር ይበጽሓ ነይረን። ጋንታ ኲዕሶ እግሪ ማሕበራዊ ጉዳያት ብዞባ ደረጃ ትውክል ኣዝያ ሓያል ጋንታ ብምቛም ከኣ፡ ምስ ክፍልታት ሕክምና፡ ዜና፡ ኢ.ደ-ስርሓት፡ ቤት-ትምህርቲ ሰውራን ሓለዋ ሰውራን ኣብ 1986 ንኣዋርሕ ዝቐጸለ ዞባዊ ውድድር ዕዉትቲ ኮይና ኢያ። ብዘይካ'ዚ፡ ኣብቲ ብውድብ ደረጃ ብምኽንያት ፈስቲቫል 1987፡ ኣብ ዓሬርብ ዝተዛዘመ ኣብ መንጎ ግንባራትን ዞባታት ደጀንን ዝተኻየደ ሓያል ውድድር ኣባላታ ክትውክል ክኢላ'ያ። ዝተፈላለዩ ናይ ውሽጢ ገዛን ናይ ደገ ስፖርታዊ ንጥፈታት፡ ንህይወትን ጥዕናን ተናበይቲ ክፍሊ ማሕበራዊ ጉዳያት ዘቃልለ ኣገደስቲ ንጥፈት እዩ ነይሩ።

ጋንታ ክ/ማ/ጉዳይ 1986

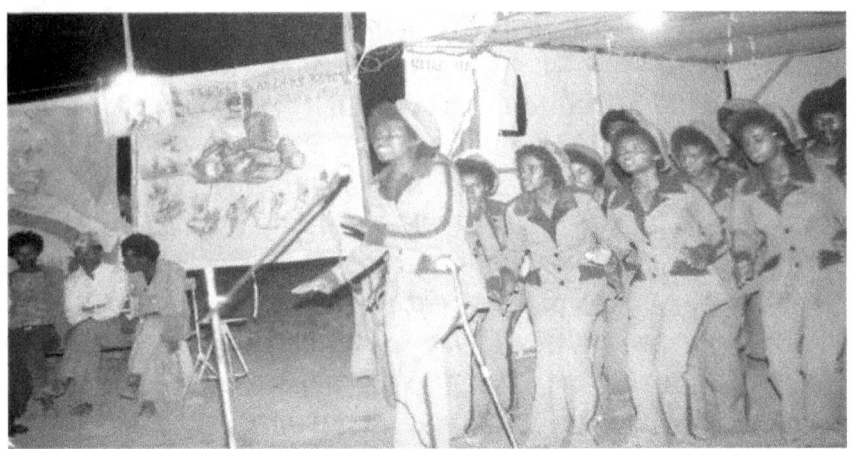

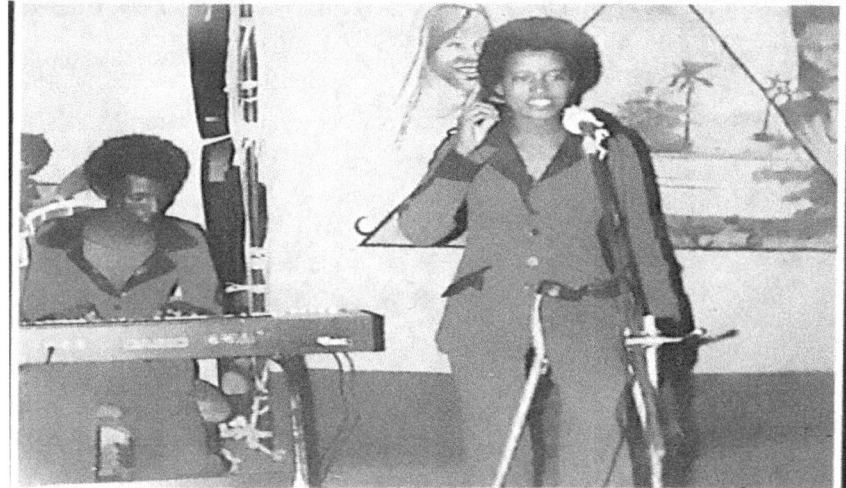

ጉጅለ ባህሊ ኣባላት ክፍሊ ማሕበራዊ ጉዳይ

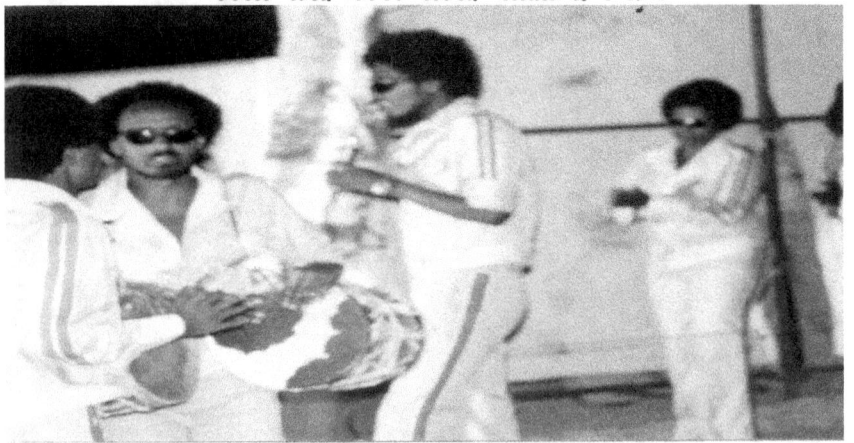

ጉጅለ ባህሊ ዓይነ-ስውራን

ጉጅለ ባህሊ ባና ሓርነት

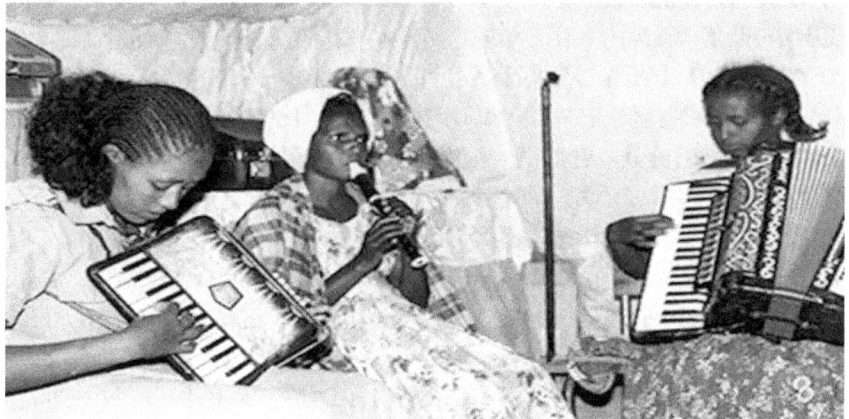

ትምህርቲ ሙዚቃን ልምምድን

ኣባላት ክፍሊ ማሕበራዊ ጉዳያት 1977 – 1991

ኣብ ውሽጢ'ዚ ኣብ ኣርእስቲ ተጠቒሱ ዘሎ 15 ዓመታት፡ ኣባላት ክፍሊ ማሕበራዊ ጉዳያት ኲይኖም ዘገልገሉ ተጋደልቲ - 834 ደቀንስትዮ ዝርከብኦም 1,705 እዮም። ድሕሪ ቀዳማይ ውድባዊ ጉባኤ (1977) ካብ 20-30 ብዘይበዝሑ ተጋደልቲ ዝፈለመ እቲ ክፍሊ፡ ዕማማቱን ዝርጋሐኡን እናዓበየ ስለዝኸደ፡ ኣብ 1983 ክሳብ 412፡ ኣብ 1989 ክሳብ 916፡ ኣብ ግዜ ናጽነት ድማ ክሳብ 768 ኣባላት ከምዝነበሩዎ መዛግብቱ ይሕብሩ። ዋላ'ኳ ብብእዋኑ ታዕሊም ዘወድኡ ሓደስቲ ተጋደልቲ ይምደቡዎ እንተነበሩ፡ ዝበዝሑ ኣባላቱ ግን፡ ኣብ ትሕቲ ምሕደራኡ ዝተዓቑቡ ስንኩላን ተጋደልቲ ቁስሉምን ካልእ ጥዕናዊ ጸገማቶምን ምስ ተመሓየሸ ኣባላት ዝገበሮም እዮም። ክፍሊ ማሕበራዊ ጉዳያት ከም መእለዩ ጽጉማት ስለዝውሰድን፡ ብተዛማዲ ኣብ ውሑስ ደጀን ስለዝዕስክርን፡ ዕድመ ዝደፍኡ፡ ብከቢድ ሕማም ዝተዳኸሙ፡ ከምኡ ድማ ጥንስን ሕርስን ዘጋጥመንን ደቀን ዘዕብያን ተጋደልቲ ብዝያዳ ዝምደቡዎ ክፍሊ እዩ ነይሩ። ብዙሓት ካብቶም ናብ ሜዳ ዝሰለፉ ትሕቲ ዕድመ መንእሰያት መባእታዊ ታዕሊም ድሕሪ ምውሳዶም፡ ዓቕሚ ኣዳም በጺሖም ሙብዛሕትኦም ናብ ተዋጋኢ ሰራዊት ክሳብ ዝጽንበሩ፡ ኣብ ክፍሊ ማሕበራዊ ጉዳያት ተመዲቦም ክሳብ 5ይ ክፍሊ ትምህርቲ እናቐሰሙን ብስራሕ እናተመኮሩን ዝዓብዩ፡ ልዑል ኣበርክቶ ዝነበሮም ኣባላት እዮም ነይሮም።

ክፍሊ ማሕበራዊ ጉዳያት፡ ብቐልጡፍ ምቅይያር ናይ ተኣለይቱን ኣባላቱን ዝፍለጥ ክፍሊ እዩ ነይሩ። ኣባላቱ ጸኒሖም ናብ ተዋጋኢ ሰራዊት ዝፋነዉ ስንክልናኦም ዝተመሓየሸ ተጋደልቲ፡ ደቀን ዘዕብያ ተጋደልቲ ደቀንስትዮን ካልኦት ካብ ታዕሊም ዝተመደቡ ንኣሽቱ ተጋደልትን እዮም ነይሮም። ካብ 1980 ንድሓር ኣብ ዝነበረ ወራራትን ጽንኩር ወተሃደራዊ ኩነታትን ናብ ሰራዊት ዝኸተቱ ኣባላት 468 ከምዝነበሩ ጸብጻባት ናይቲ ክፍሊ የመልክት። ብሞያዊ ብቕዓቶም፡ ብፍሉይ ክእለቶምን ካልእ ምኽንያትን ናብ ካልእ ክፍልታት ውድብ ዝተቐየሩ ኣባላት'ውን 373 ምዃኖም ኣብ ጸብጻባት ናይቲ ክፍሊ ተጠቒሱ ኣሎ። ብዘይካ'ዚ፡ 41 ኣባላት ናይቲ ክፍሊ ብኲናት፡ ብደብዳብ ነፈርቲ፡ ብሕማምን ካልእ ድንገታትን ብመስዋእቲ ክፍለዩ ከለዉ፡ ካልኦት 42 ኣባላት ድማ፡ ካብቲ ገድሊ ሃዲሞም ናብ ሱዳን ከምዝኸዱ ይፍለጥ። ሃለዋቶም ዘይተፈልጠ ውሑዳት ተጋደልቲ ከምዝነበሩ'ውን ኣብ ሰነዳት ናይቲ ክፍሊ ተመዝጊቡ

ኣሎ። ኣብዚ ዝተጠቐሰ ግዜ እምበኣር፡ ብምኽንያት ምቕያር፡ መስዋእቲን ህድማን ካብቲ ክፍሊ ዝጉደሉ ኣባላት 924 እዮም።

ኣባላት ማሕበራዊ ጉዳያት፡ ነቲ ተዓቑብቲ ህዝቢ፡ ህጻናትን ስንኩላን ተጋደልትን ናይ ምእላይ ፍሉይ ዕማማት ንምፍጻም ዝነበሮም ድርኺትን ዘማዕበሉዎ ሞያዊ ባህርያትን ምዝኻሩ ጠቃሚ እዩ። ብዙሓት ተጋደልቲ፡ ነቲ ናይ ምእላይ ዕማም ብግዴታ ዝምደቡዎ ደኣ'ምበር ብድልየት ዝቐበሉዎ ስራሕ ከምዘይነበረ ፍሉጥ እዩ። ስለዝኾነ ድማ፡ ኣብቲ ቀዳማይ መድረኽ፡ ብምረት ናይቲ ኩነታትን ብኽብደት ናይቲ ስራሕን ዝኣክል ኣብቲ ክፍሊ ክጸንሑ ዝደልዩ ዝነበሩ ተጋደልቲ ኣዝዮም ዉሑዳት እዮም። እቲ ክፍሊ፡ ኣብ 1979 ካብ ኩሉ ኣኻላት ዉድብ ዝተኣከቡ ከባቢ 2000 ስንኩላን፡ ድሕሪ ምዝላቕ ኣብ ትሕቲ ህዝባዊ ግንባር ዝተዓቑቡ፡ መብዛሕትኦም ቁልዓ-ሰበይቲ ዝኾኑ 1600 ህዝብን ስድራ ዘይነበሮም ከባቢ 300 ዘኽታማትን ኣብ ሓደ እዋን ኣብ በረኻታት መሬት ሱዳን ናይ ምእላዮም ግዴታ ኣብ ዝተሰከመሉ ጽንኩር እዋን ብዙሕ ሓጉጽጉጽ ከጋጥም ንቡር እዩ ነይሩ። ንኹሎም ድልየታት ናይ መነባብሮ ማለት መዕቀቢ፡ መግቢን መሳርሒታቱን፡ ጥዕናዊ፡ ትምህርታዊን ካልኦት ማሕበራዊ ድልየታትን ንምምላእ ዘድሊ ነገራዊ ትሕዝቶን ምሕደራዊ ዓቕምን ቀሊል ኣይነበረን። ነቲ ኣለይትን ተኣለይቲን ኣብ መዓልታዊ ህይወቶም ዘጋጥሞም ጸገማት፡ ነቲ ኣብ መንጎ ኣለይትን ተኣለይትን ወይ ኣብ ሓድሕድ ተኣለይቲን ኣለይቲን ዘጋጥም ግርጭታትን ዘይምርድዳእን ንምፍኳስ'ውን፡ ስሩዕ ናይ ምዉህሃድን ምትእርራምን ምሕደራዊ ገምጋማት ዝካየደሉ መድረኻት ምፍጣር ግድን እዩ ነይሩ። ምረት ናይቲ ናብራ፡ ብኽብደት ናይቲ ምስ ጸላኢ ዝነበረ ጥምጥምን ስነ-ኣእምሮኣዊ ጸቕጢታቱን ብቀጥታ ዝጸሎ ኮይኑ፡ ካብ ምስልኻይ ዘድሕን ካልእ ዕማማት ዘይምንባሩ ተወሲኹዎ፡ መወዳእታ ዘይብሉ ኣሉታዊ ስምዒታትን ነቐፌታን ኣብ ናይ ኣኼባታት መድረኽ ምንጽብራቑ ዘገርም ኣይነበረን። ክፍሊ ማሕበራዊ ጉዳያት ብሓፈሻ፡ ጨንፈር ስንኩላን ድማ ብፍላይ፡ ዝያዳ ሕሉፍ ምንቕቃፍ ዝካየደሉ ኣካል ህዝባዊ ግንባር ምዃኑ ክሳብ ዝተገመተሉ እዋን'ውን ነይሩ እዩ። ብኣንጻሩ፡ ኣባላቱ ቀስ ብቐስ ዘማዕበሉዎ ዓቕሊ፡ ናይ ግርጭት ኣፈታትሓ፡ ናይ ምትህድዳእ ክእለት፡ ናይ ምጽውዋር ስነ-ምግባር፡ ንጭኑቃት ናይ ምዝናይ ጥበብ፡ ሓደ ካብቲ ክፍሊ ማሕበራዊ ጉዳያት ግዴታኡ ንምፍጻም ዝሓገዞ ዝዓበየ ብልጫኡ ምንባሩ ግን ክኽሓድ ዘይክእል ሓቂ እዩ።

ኣባላት ክፍሊ ማሕበራዊ ጉዳያት፡ ናይ ሓድነትን ፍቕርን ሃውሃው ኣብ ንሓድሕዶምን ምስ ተኣለይቶምን ኣብ ምፍጣር፡ ተራ ናይቲ ስሩዕ ገምጋማትን ሓድሕድ ምትእርራምን ምንቕቃፍን ዝካየደሉ ኣኼባታት ዓቢ እዩ ነይሩ። ሕሉፍ ተመኩሮ ጨንፈር ስንኩላን ድሕሪ ምግምጋሙ፡

ምንቕቃፍ ኣብ እዋናዊ ጉዳያትን ኣብ ዝተጨበጡ ጉድለታትን ጥራይ ክሕጸር፡ ከምኡ ድማ ባዕላዊ ትንታኔ ብዘይብሉን ብፍኹስ ዝበለ ናይ ምትእርራም መንፈስን ክፍጸም ቤት-ጽሕፈት ክፍሊ ዝዘርግሖ መምርሒ ነይሩ። ብተወሳኺ፡ ኣኼባ ነቓፌታ ስሩዕን ሰሙናውን ክኸውን፡ መቕጻዕቲ ዝግብኦ በደላት ብሓለፍቲ ጨንፈር ጥራይ ከምዝጸድቕ ምግባርውን ግድን ኣድላዪ ኮይኑ ነይሩ። ንኣብነት ኣብ 1989፡ ክሳብ 688 ኣኼባታት ምክያዱ ኣብ ጸብጻብ ናይቲ ክፍሊ ተመዝጊቡ ኣሎ። ኣብቲ ዓመት፡ ብደረጃ ክፍሊን ጨንፈርን ዝተኻየደ ናይ ሓለፍቲ ኣኼባታት 38 ኮይኑ፡ ኣባላት ዝተሓወሱዎ ኣኼባታት ድማ 26 ነይሩ። እቲ ዝተረፈ 624 ኣኼባታት ድማ ብደረጃ ጋንታን መስርዕን ዝተኻየደ እዩ ነይሩ። ኣብቲ ኣኼባታት ብጠቕላላ 624 ነቓፌታታት ከምዝነበረ፡ ብዘይካ'ተን 5 ድማ እቲ ዝተረፈ ኩሉ ቀሊልን ኣብቲ ዝተላዕለሉ ኣኼባ ዝተፈትሐን ምዃኑ ኣብቲ ጸብጻብ ተነጺሩ ኣሎ። ኣብ ነቓፌታ ዝቐርቡ ዝነበሩ ጉዳያት - ከም ጸርፍን ባእስን፡ ድክመት ስራሕን ትህኪትን፡ መምርሒ ምንጻግን ጾታዊ ዲሲፕሊን ምጥሓስን ዝኣመሰሉ እዮም። እቲ ቀስ ብቐስ ዝተኹስኰሰ ናይ ሓድሕድ ምክብባርን ምትሕልላይን ባህሊ ድማ፡ ኣብ ዝኾነ ስራሕ ተወፋይነትን ተጻዋርነትን ናይ ዝበዝሑ ኣባላት ቀንዲ መለለዩ ጠባይ ክኸውን ሓጊዙ እዩ።

ኣብቲ መሪር ገድላዊ መድረኽ፡ ዕማማት ክፍሊ ማሕበራዊ ጉዳያት፡ ዝተፈላለዩ ጸገማት ዘለዎም ተኣለይቲ ምንብባር፡ ቁጠባዊን ቀረባዊን ድልየታቶም ምምላእ፡ ፖለቲካዊ እምነቶምን መንፈሶምን ምትራር፡ ኣካዳሚያውን ሞያውን ትምህርቲ ዝረኽብሉ ዕድላት ምፍጣር፡ ካብ ምስልኻይን ኣሉታዊ ስምዒታትን ድሒኖም ብቕሳነት ክነብሩ ምግባር፡ ወዘተ. እዩ ነይሩ። ነቲ ቀንዲ ተልእኾኡ ዝኾነ መነባብሮ ናይ ዝተዓቑብ ህዝቢ፡ ስንኩላንን ዘኽታማትን ንምክያድ ድማ፡ ኣባላቱ ናይ ስንቅን ሎጂስቲካዊ ዕማማትን ንምፍጻም፡ መኻዚኖታትን ናይ ትሕቲ-መሬት ገዛውትን ብምህናጽ ሰፊሕ ናይ ነብሰኻ ምኽኣል መደባት ከካይዱ ዘየዕርፍ ግዴታ ነይሩዎም። መነባብሮ ንምምሕያሽ፡ ኣብ መፍረ እንስሳ - ደርሁ፡ ማናቲለን ጠለ-በጊዕን፡ ኣብ ሕርሻዊ ፍርያት ድማ ኻውሎ፡ ቀስጣን ኻሮቲን ኣብ ናቕፋ ብምፍራይ ነቲ ብመኣዛዊ ስእነት ዝሳቐ ናይ ገድሊ መነባብሮ ዓቢ ፍታሕ ከምጽእሉ ክኢሎም እዮም። ብኻልእ ወገን፡ ኣብ ሜዳ ካብ ዝተረኽበ ናይ ዘይቲ ታኒኻታትን ናይ ኣጽዋር ሳናዱቕን ብዙሕ ናይ ሓጺንን ዕንጸይቲን ውጽኢታት ብምፍራይ፡ ንስንኩላን ዘገልግል ሰብ-ሰርሖ መሓውራት፡ መመገቢ ድስቲታትን ሳንኬሎታትን፡ ጣዋሉን ሰድያታትን፡ ሰሌዳን ሸልፍታትን እውን ኣፍርዮም እዮም። ኣብ ርእሲ'ዚ እውን ብዙሕ

ዘዓይነቱ ካልእ ግዴታታት ነይሩዎም እዩ። ጸዋታዊ ዉሕስነት መዓስከሮምን ከባቢኦምን ንምርግጋጽ፡ ከበድቲ ጸረ-ነፈርቲ ብረታት ኣብ ልዕሊ መደበር ዕቍባት ብምትካል ለይትን መዓልትን ኣብ ሓለዋ ይውዕሉን ይሓድሩን፡ ብስሩዕ ናይ ዕንጸይቲ ወፈራ ናብ በረኻታት ይወፍሩ፡ ብዉሕጅ ዝበላሾ ጽርግያታት ይጽግኑ፡ ወዘተ. ነይሮም።

ዕቍባትን ስንኩላንን ናይ ቃልሲ መንፈሶም ንምትራር ዝካየድ ናይ ፖለቲካዊ ትምህርቲ መደባት'ውን ኣዝዩ ሰፊሕ እዩ ነይሩ። ብብደረጃኡ፡ ብብጉጅለታትን ብብቦታኡን ዝካየድ ስሩዕ ናይ ፖለቲካ ትምህርትን ናይ ውድብ መጽሄታት ምንባብን፡ ንኾነታት ውድብን ምዕባለታት ቃልሲን ዝግንዘብሉ እንኮ ኣገባብ ስለዝነበረ፡ ብዙሓት ኣባላት ዝዋፈርሉ ዓቢ ዕማም እዩ ነይሩ። ብዘይካ'ዚ፡ ኣካዳምያዊ ትምህርቲ፡ ንተኣለይቲ ዕቍባትን ስንኩላንን ጥራይ ዘይኮነ ዝወሃብ ነይሩ፡ ኩሎም'ቶም ኣብ ታሕተዋይ ደረጃ ትምህርቲ ዝነበሩ ኣባላት'ውን ደረጃኦም ዘመሓይሹሉ ሰፊሕ ናይ ትምህርቲ ግዴታታት ነይሩዎም እዩ። መብዛሕትኦም መሃይማን ኣባላት ክሳብ ሓሙሻይ ክፍሊ፡ ገለ ሕሉፍ ተገዳስነት ዝነበሮም ድማ ክሳብ 8ይ ክፍሊ ንምብጽሖም ዝተገብረ ጻዕሪ ዕዉት እዩ ነይሩ። ድሕሪ ናጽነት፡ ዕድል ዝረኸቡ ዉሑዳት ኣባላት ናይ ካልኣይ ደረጃ ትምህርቶም ክፍጽሙ ምክኣሎም ድማ፡ እቲ ኣብ ክፍሊ ማሕበራዊ ጉዳያት ዝተመዝገበ ትምህርታዊ ገስጋስ ቀሊል ከምዘይነበረ ዘመልክት እዩ። ኣብ 1980ታት፡ ክስለፉ ንታዕሊም ካብ ዝመጹ ትሕቲ ዕድመ ቈልዑ፡ ክሳብ ዓቕሚ ኣዳም ዝበጽሑ፡ ጽዑቕ ትምህርቲ ብምሃብ ኣብ ክልተ ዓመት ክሳብ ሓሙሻይ ክፍሊ ንምብጽሖም ዝተኻየደ ተደጋጋሚ ስራሕ ኣህላክን ዕዉትን ምንባሩ'ውን ዝርሳዕ ኣይኮነን።

ዋላ'ኳ ስራሕን ግዴታታትን እንተበዝሑ፡ እቲ ኣብ ዉሸጢ ውጡር ገድላዊ ህይወት ለይትን መዓልትን ብሓባር ዝነብር ህዝብን ተጋዳላይን፡ ብቕሳነትን ሓድነትን ንምንባር ዘድልዩዎ ሰፋሕቲ ባህላውን ስፖርታውን መደባትን'ውን ነይሮም እዮም። ኣባላት ክፍሊ ማሕበራዊ ጉዳያት፡ ብዘይካ'ታ ብኣኣቶም ዝቘመት ጨንፈር ባህሊ፡ ብኣኣቶም ዝእለያ ብዓይነትን ፍሉያት ጉጅለታት ባህሊ ንምቛም በቒዖም እዮም። ብዕቍባት ኣዴታትን ብዓይነ-ስውራንን ጥራይ ዝቖማ ጉጅለታት ባህሊ ከምዝምስረታ ምግባሮም፡ ብኣባላት ውድብ ከይተረፈ ብዓቢ ኣድናቖት ዝተጠመተ ውጽኢት ጻዕሪ ኣባላት ክፍሊ ማሕበራዊ ጉዳያት እዩ ነይሩ። ብተወሳኺ፡ ንተኣለይትን ኣባላትን ዘሳትፍ ስሩዕ ተዋስኦ ዘጠቓለለ ዝተፈላለየ ናይ ምዝንጋዕ መደባት፡ ስፖርታውን ካልእ ሓባራዊ ንጥፈታትን፡ ብስሓቕን ጸወታን እናተሰነየ ንገድላዊ ህይወት ኣብ ምፍኳስ ዕላምኡ ወቒዑ እዩ። ገድላዊ ዕማም

ተዛዚሙ ናጽነት ምስ ኮነ ድማ፡ ኣባላት ማሕበራዊ ጉዳያት ብምኽንያት ምደባን ምጥያስን ክሳብ ዝፈላለዩ ዉህደቶም ኣይተዘርገን።

ኩለን ጨናፍር ክፍሊ ማሕበራዊ ጉዳያት፡ ኣብቲ ጽንኩር እዋን ሓርነታዊ ቃልሲ፡ ምስ ኩሉ ሕጽረታትን ድሩትነት ጸጋታትን ዘሰላስልዎ ዝነበሩ በብዓይነቱ ስርሓት፡ ሳዕቤናት ኲናትን ብዙሕ መልክዓት ዝነበሮ ማሕበራዊ ሕሰምን ኣብ ምቅላል ዝተጻወትኦ ግደ ኣዝዩ ዓቢ እዩ። ነዚ ብዙሕ ዝዓይነቱ ዕማማትን ቀያታትን ንምፍጻም ዘክኣለ ድማ፡ ሓይሊ ገንዘብ፡ ግዳማዊ ሓገዝን ካልእ ጸጋታትን ዘይኮነ፡ ብቐንዱ እቲ ዓቕሚ ክትምጥኖ ዘይክኣል ንቕሓት፡ ተወፋይነት፡ ህርኩትናን ብልሓትን ኣባላት ናይቲ ክፍሊ እዩ። ኣብ ውሽጢ'ዚ ሓፈሻዊ ታሪኽ ናይቲ ክፍሊ፡ ተራ ውልቀ ኣባላት፡ ኣዝዩ ዓቢን ወሳኒን እዩ ነይሩ። እንተኾነ፡ ኣብዚ ናይ እኩባት ታሪኽ፡ ኣበርክቶ ነፍሲ-ወከፍ ኣባል ምንጽብራቕ፡ ኣስማት ኩሎም ፈጸምቲ ታሪኽ ምዝርዛር ዝከኣል ስለዘይኮነ፡ ብዘይካ ንርዱእ ምኽንያት ግድን ክጥቀሱ ዘለዎም ሓለፍቲን ኣባላትን ናይ ኩሎም ኣባላት ኣስማት ምእታው ኣይተኻእለን። ኣብ ርእሲ'ዚ ኣባላት ክፍሊ ማሕበራዊ ጉዳያት፡ ከም ገጸ-ባህርይ ናይ ሓደ መጽሓፍ፡ ኩሎም ካብ መጀመርታ ክሳብ መወዳእታ ኣብቲ ታሪኽ ዝነበሩ ኣይኮኑን። ብዘይካ ውሑዳት፡ እቶም ዝበዝሑ በብግዚኡ እናተተኻክኡ ዝኸዱ ዝነበሩ እዮም። በዚ ምኽንያት ኣብ ዝተፈላለየ መድረኻት ዝነበሩ ኣባላት ናይቲ ክፍሊ ብዙሓት እዮም። ኣብ ሰነዳት ናይቲ ክፍሊ ዝጸንሐ ሓበሬታ ምርኩስ ብምግባር፡ እቶም ኣብ ሓደ ወይ ካልእ እዋን፡ ከም ኣባላት ናይ ክፍሊ ማሕበራዊ ጉዳያት ዝነበሩ 1705 ተጋደልቲ ዝርዝር ኣስማቶም ኣብ ጥብቆ፡ ተጠቒሱ ኣሎ። እንተኾነ፡ ምስቲ ዝነበረ ተደጋጋሚ ምክታት ናብ ቅድመ ግንባራትን ምምዳብ ሓደስቲን ምቅይያር ናይ ስራሕ ቦታታትን፡ እዚ ተዘርዚሩ ዘሎ ኣስማት እውን ጉድለታት ክህልዎ ይክእል ይኸውን። ስለዚ፡ ኣስማቶም ከይተጠቕሰ ዝተረፉ እንተለዉ፡ ሓበሬታ ሰኣን ምርካብ እንተዘይኮይኑ፡ ብኻልእ ምኽንያት ከምዘይኮነ ኣንባቢ ብፍላይ ድማ ኣባላት ክፍሊ ማሕበራዊ ጉዳያት ክርድኡልና ምስናይ ይቕሬታ ንላቦ።

ንክፍሊ ማሕበራዊ ጉዳያት ዝመርሑ ኣካየድቲ ስራሕ ብዙሓት'ኳ እንተኾኑ፡ ቅርጻዊ ኣቃውማ ናይቲ ክፍሊ ግን ብዙሕ ኣይተቐየረን። ካብ 1977 ክሳብ 1987፡ ኣባል ፖለቲካዊ ቤት-ጽሕፈት ዝነበረ መሓመድ-ስዒድ ባርህ ላዕለዋይ ሓላፊ ናይቲ ክፍሊ ነይሩ። ንሱ፡ ኣብ 1977-1978 ኣመሓዳሪ ከተማ ከረን፡ ድሕሪ ምዝላቕ ኣብ ቤት-ጽሕፈት ኻርቱምን ካልእን ዕማም ናይ ወጻኢ ጉዳያት ይስከም ስለዝነበረ፡ ኣብቲ ክፍሊ ጥራይ ተወሲኑ ዝሰርሓሉ ግዜ ካብ 10% ዝሓልፍ ኣይነበረን። ከም ኩለን እተን

11 ክፍልታት ህዝባዊ ግንባር ድማ፡ ክፍሊ ማሕበራዊ ጉዳያት፡ ቀዋሚ ጸሓፊ ክፍሊን ኣብ ገሊኡ ድማ ምክትል ጸሓፊ ክፍሊን ብዝሰየሙ ኣከየድቲ ስራሕ እዩ ዝካየድ ነይሩ። ኣብ መጀመርያ መድረኽ ዝተመደቡ ጸሓፍን ምክትልን ክፍሊ ማሕበራዊ ጉዳያት፡ ሃይለ ገብረሚካኤልን (እምበቲቶ) ኣስኻሉ መንቀርዮስን እዮም። ኣብ 1978፡ ሃይለ ብዳዊት ፍስሃየ ተተኪኡ ክሳብ 1982 ቀጺሉ። ኣብ 1982፡ የማነ ዳዊት ንዳዊት ፍስሃየ ክትክእ እንከሎ፡ ኣብ 1984 ድማ፡ ህይወት ዘሚካኤል ንኣስኻሉ ተኪኣ ምክትል ጽሓፊት ኰይና። ድሕሪ ካልኣይ ውድባዊ ጉባኤ፡ ክፍልታት ውድብ ብኣባል ፖለቲካዊ ቤት-ጽሕፈት ዝምርሓሉ ኣቃውማ ምስተረፈ፡ ኣብ ሚያዝያ 1987 ኣስኻሉ መንቀርዮስ ሓላፊት ክፍሊ ኮይና ስለዝተመደበት፡ የማነ ዳዊት ምክትል ኮይኑ ክሰርሕ ተመዚዙ። ኣብ ጥሪ 1988 ግን፡ ኣስኻሉ ኣብ ጉባኤ ሃ.ማ.ደ.ኤ ተሳቲፋ ኣደ-መንበር ናይቲ ማሕበር ኰይና ስለዝተመርጸት፡ የማነ ዳዊት ንዝሰዓበ ሰለስተ ዓመታት ሓላፊ ክፍሊ ንበይኑ ቀጺሉ። ህይወት ዘሚካኤል ኣብ ታሕሳስ 1990 ሓላፊት ክፍሊ ኰይና ምስተመደበት ድማ፡ የማነ እንደገና ከም ተሓጋጋዚ ኮይኑ ክሳብ ናጽነትን ገለ ኣዋርሕ ድሕሪኡን ቀጺሉ። ድሕሪ ናጽነት ኣብ ሕዳር 1991፡ ዶክተር ኣሰፋው ተኽስተ ሓላፊ፡ የማነ ዳዊት ድማ ምክትል ብምኻን ክሳብ ሓምለ 1992 ሰሪሖም። ኣምና ኑርሑሴን፡ ኣብ ትሕቲ ግዝያዊ መንግስቲ ኤርትራ ነቲ ክፍሊ ናይ ምምራሕ መዝነት ምስተረከበት ድማ፡ ክልተኦም ሓለፍቲ ካብቲ ክፍሊ ተፋነዉ።

ክፍሊ ማሕበራዊ ጉዳያት፡ ድሕሪ ምዝላቕ ማለት ኣብ 1979 ኣብ ገረግር ሱዳን ኣብ ዝገበሮ ዳግመ-ምውዳብ፡ ኣቋውማኡ ካብ ዞባታት ናብ ነናቱ ፍሉይ ተልእኾ ዘለዎ ቅርጺን ዉዳበን ዝሓዘ ጨናፍር ብምልዋጥ፡ ብሽዱሽተ ጨናፍር ክቐውም ከምዝተገብረ ኣብዚ መጽሓፍ ተጠቒሱ ኣሎ። ካብዘን ጨናፍር፡ ጨንፈር ሕክምና ኣብ መወዳእታ ናይ 1980 ካብ ማሕበራዊ ጉዳይ ወጺኣ ናብ ክፍሊ ሓለዋ ጥዕና ክትሰጋገር እንከላ፡ እተን ዝተረፋ ሓሙሽተ ጨናፍራት ግን ግዜን ኵነታትን ዝጠልቦ ኣወዳድባ ኣብ ዉሽጠን እናተኣታተዋ ክሳብ ግዜ ናጽነት ቀጺለን። ዉዳበ ሓለፍቲ ጨናፍር ከኣ፡ ካብ ሓደ ክሳብ ሰለስተ ሓለፍቲ ብዘለዎ ኣካል ዝቐመ ነበረ። እዚ ኣብ 1979 ምስ ምቛም ሓደስቲ ጨናፍር ብሰለስተ ሓለፍቲ (ሓላፊ፡ ኮሚሳርን ምክትልን) ክመሓደር ዝጀመረ ጨናፍር፡ ቀጺሉ ካብ 09/1982 ክሳብ 1986 ብሓደ ሓላፊ ጥራይ፡ ካብ 1987 ክሳብ ናጽነት ድማ ብክልተ ሓለፍቲ (ሓላፊን ምክትልን) ዝቐመ ኣመራርሓ ነይሩዎ። በዚ መሰረት፡ ካብ 1979 ክሳብ 1991 (ግዜ ናጽነት) ዝነበሩ ሓለፍቲ ጨናፍር ክፍሊ ማሕበራዊ ጉዳያት እዞም ዝስዕቡ ነይሮም፦

ዓ.ም	ብብዓመቱ ዝነበሩ ሓለፍቲ ጨናፍር ክፍሊ ማሕበራዊ ጉዳያት				
	መደበር ዕቑባት	ኣኻለ-ስኩላን	መናበዪ ህጻናት	መጽናዕትን ሓበሬታን	መኻዘን
1979	ሰሎሞን ወልደማርያም ሃብተሚካኤል ስዩም ሙሴ ዓንደ	ተኽላይ ኪዳን ኣልኣዛር ዘርአ በረኸት ክፍላይ	እስቲፋኖስ ገብሩ/ገብረብርሃን ኢያሱ	ዘርኣይ በኹሩ	መሓመድኑር እድሪስ ጸሃየ ኪዳን ዑስማን
1980	ሃብተሚካኤል ስዩም ሙሴ ዓንደ	ተኽላይ ኪዳን ኣልኣዛር ዘርአ በረኸት ክፍላይ	እስቲፋኖስ ገብሩ	ዘርኣይ በኹሩ	መሓመድኑር እድሪስ ጸሃየ ኪዳን
1981	ሰመረ ወልደሚካኤል ዮውሃንስ መልኣከ	ተኽላይ ኪዳን ሃብተሚካኤል ስዩም ኣልኣዛር ዘርአ	እስቲፋኖስ ገብሩ ጸጋይ ርእሶም	ዘርኣይ በኹሩ ኣልኣዛር ዘርአ	መሓመድኑር እድሪስ ጸሃየ ኪዳን
1982	ሰመረ ወልደሚካኤል ዮውሃንስ መልኣከ	ተኽላይ ኪዳን ሃብተሚካኤል ስዩም ኣልኣዛር ዘርአ	እስቲፋኖስ ገብሩ ጸጋይ ርእሶም	ዘርኣይ በኹሩ ኣልኣዛር ዘርአ	መሓመድኑር እድሪስ ጸሃየ ኪዳን
1983	ጸሃየ ኪዳን	ገብረብርሃን ኢያሱ	ሃብተሚካኤል ስዩም	ተኽላይ ኪዳን ኣልኣዛር ዘርአ	ኣስመሮም ክፍለኢየሱስ
1984	ጸሃየ ኪዳን	ገብረብርሃን ኢያሱ	ሃብተሚካኤል ስዩም	ተኽላይ ኪዳን ኣልኣዛር ዘርአ	ኣስመሮም ክፍለኢየሱስ
1985	ጸሃየ ኪዳን/ የማነ ገብረስላሰ	ገብረብርሃን ኢያሱ	ሃብተሚካኤል ስዩም	ኣልኣዛር ዘርአ ስብሓት መሓሪ	ኣስመሮም ክፍለኢየሱስ
1986	የማነ ገብረስላሰ	ገብረብርሃን ኢያሱ	ሃብተሚካኤል ስዩም	ኣልኣዛር ዘርአ ስብሓት መሓሪ	ኣስመሮም ክፍለኢየሱስ
1987	የማነ ገብረስላሰ ምስግና ገብሩ	ገብረብርሃን ኢያሱ ዓንደማርያም ኣስገዶም	ሃብተሚካኤል ስዩም ብርሃ ነዘርአ	ኣልኣዛር ዘርአ	ኣስመሮም ክፍለኢየሱስ
1988	የማነ ገብረስላሰ ምስግና ገብሩ	ገብረብርሃን ኢያሱ ዓንደማርያም ኣስገዶም	ሃብተሚካኤል ስዩም ብርሃነ ዘርአ መሓመድ ጃብር	ኣልኣዛር ዘርአ ደስታ ገ/ሚካኤል	ኣስመሮም ክፍለኢየሱስ
1989-1991	የማነ ገብረስላሰ ምስግና ገብሩ	ገብረብርሃን ኢያሱ ዓንደማርያም ኣስገዶም	ብርሃነ ዘርአ መሓመድ ጃብር	ደስታ ገ/ሚካኤል መሓሪ በላይ	ኣስመሮም ክፍለኢየሱስ

ካብ 1979 – 1980 ኣብ ጨንፈር ሕክምና ዝነበሩ ሓለፍቲ፡- ሰመረ ወልደሚካኤል፡ ዮውሃንስ መልኣከ፡ ንርኣዮ ተኽለሚካኣል ኢዮም። ብተወሳኺ፡ ኣብ ዉሽጢ'ቲ ክፍሊ ብዝግበር ዝነበረ ምቅይያራት ገለ ሓለፍቲ ካብ ኣብ ሓደ ጨንፈር ንላዕሊ እናተቐያየሩ ስለዝሰርሑ፡ ኣብ ክልተን ልዕሊኡን ጨናፍር ኣስማቶም ተመዝጊቡ ይርከብ።

ካልኦት ሓለፍቲ ብደረጃ ሓለፍቲ ጨንፈር ዝነበሩ፦

09/1979 - 09/1982 **ሓላፊ ስታፍ ክፍሊ ገብረብርሃን ኢያሱ**

09/1982 - 09/1985 **ሓላፊ ምርምርን መጽናዕትን ዘርኣይ በሹሩ**

1988 -1991 **ሓላፊ መጽናዕቲ ክፍሊ ገብረመስቀል ፍስሃ**

ክፍሊ ማሕበራዊ ጉዳያት፡ ነቲ ናይ ስራሕ ኣፈጻጽማ ዕማማቱ ከከም ኣድላዩነቱ ብጋንታታት፡ መሳርዕ፡ ኣሃዱታትን ጉጅለታትን እናወደበ እዩ ዘሰላስሎ ነይሩ። ናይ ኣለይቲ ጋንታታት፡ ንዉሱናት ስንኩላን ናይ ምእላይ ምሉእ ሓላፍነት ተሰኪመን ኣብ ርእሲ ምስራሕ፡ ናይ ምግብና፡ ናይ ፖለቲካ፡ ናይ ኣኻዳሚ፡ ወዘተ. ዝበሃላ ጉጅለታት እናቐማ ንመዓልታዊ ጠለባት ናይቶም ተኣለይቲ የማልኣ ነይረን። ኣብ መደበር ዕቑባት ድማ፡ ፍሉይ ዕማማት ዝተሰከማ ጋንታታት፡ መሳርዕን ኮሚተታትን፡ ኣብ ቁጠባዊ ንጥፈታት ናይ ህዝቢ፡ ትምህርቲ፡ ፖለቲካ፡ ባህላዊ ምዝንጋዕን ካልእን ዝነጥፋሉ ፍሉይ ኣሰራርሓ ነይሩ።ኣብ መናበዩ ህጻናት'ውን፡ ንምግብናን ኣካላዊ ዕብየትን፡ ንጸወታን ስነ-ኣእምሮኣዊ ምዕባለን፡ ንጽሬትን ኩነታት ድቃስን ህጻናት ንምክትታል ዘኽእል ናይ ጋንታታትን ጉጅለታትን ኣወዳድባ ነይሩ። ጨንፈር መጽናዕትን ሓበሬታን ድማ፡ ኣብ ከባቢ ደጀንን ድሕሪ መስመራት ጸላእን፡ ኣብ ዞባታትን ወረዳታትን ብምምቕቃል ክሳብ ሓደ ሰብ ወይ ክልተ ሰብ ጥራይ ንበይኖም ዝሰርሕሉ ናይ ጉጅለታት ኣወዳድባ ነይሩዎ። ብደረጃ ክፍሊ ኣብዚ ደረጃ'ዚ ዝነበሩ ሓለፍቲ ጋንታ፡ መስርዕ ወይ ጉጅለ፡ ኣብ ቀጻሊ ምክታትን ካብ ኣሃዱ ናብ ኣሃዱ ኣብ ምቕያርን ስለዝነበሩ፡ በብዓመቱ ዝገበሩዎ ምቅይያራት ብግዜን ብቦታን ምስ ዝርዝራቱ ብምሉእነት ክትሰንዶ ኣጸጋሚ እዩ። ስለዝኾነ ድማ፡ ናይ ኩሎም ኣባላት ማሕበራዊ ጉዳያት ዝርዝር ኣስማት ከም ጥብቆ ኮይኑ ኣብዚ መጽሓፍ ክኣቱ ተመሪጹ ኮይኑ ኣሎ።

ክፍሊ ማሕበራዊ ጉዳያት፡ ናይ ዕማማቱን ጸብጻባቱን ሰነዳን ናይ ተኣለይቱን ኣባላቱን ኣተሓሕዛ ዉልቃዊ ፋይላትን ብፍሉይ ጥንቃቐ እዩ

ዝከታተሎ ነይሩ። ሳላ'ቲ ጥርኑፍ ሰነዳቱ ድማ፡ ታሪኽ ናይቲ ክፍሊ ጥራይ ዘይኮነ፡ እቲ ክፍሊ ካብ ዝቖውም ኣትሒዙ ከም ኣባላቱ ናይ ዘገልግሉ ተጋደልቲ ኣስማት ንምርካቡ ኣየሸገረን። ድሕሪ ናጽነት፡ ብዙሓት ኣባላት ብስም ክፍሊ ማሕበራዊ ጉዳያት ናይ ምትሕግጋዝ ማሕበር ስለዝመስረቱ፡ ብብዓመቱ ናይ ምዝንጋዕ መደባት ንምክያድ ተበግሶ ክወስዱ ሓጊዙ። ካብዚ ሓሊፎም ድማ፡ ታሪኽ ክፍሊ ማሕበራዊ ጉዳያት ኣብ መጽሓፍ ንክሰፍር፡ ብግዜ፡ ብገንዘብን ብተወፋይነትን ውሁድን ፍሉይን ጻዕሪ ኣካይዶም። ከም ውጽኢት ጻዕሮም ከኣ፡ እንሆ ኣብ ታሪኽ ህዝባዊ ግንባርን ቃልሲ ህዝቢ ኤርትራን ቅድሚ ሕጂ ብሰፍሓት ዘይተነግረሉ ፍሉይ ኩርናዕ ዛንታ ተሪኹም ንንባብ ኣብቂዖም ኣለዉ።

መደምደምታ

ዕላማ መግዛእቲ ኢትዮጵያ፡ ህዝቢ ኤርትራ ንዘልዓለ ብረታዊ ቃልሲ ንምድምሳስ፡ ብጃምላዊ ህልቂት፡ ብስደትን ብውሽጣዊ ምዝንባላትን ህይወት ህዝቢ ብምዝርራግን ከምዝንብርከክ ምግባር እዩ ዝነበረ። ብኣንጻሩ፡ ህዝባዊ ግንባር ነቲ 'ዓሳ ንምጥፋእ ባሕሪ ምንጻፍ' ዝብል ናይ ጸላኢ ውጥን ንምፍሻልን፡ ንኩሉ'ቲ ኩናትን ግፍዕታት መግዛእቲን ኣብ ልዕሊ ህዝቢ ዝፈጠሮ ሕሰማት ንምቅላልን፡ ሓላፍነት ዝስከም ክፍሊ ከም ዝቖውም ገይሩ። ከምቲ ኣብዚ መጽሓፍ ብዝርዝር ዝተገልጸ፡ ክፍሊ ማሕበራዊ ጉዳያት፡ ስደት ምንኻይ፡ ስደተኛታት ምምላስ፡ ብግፍዒ ጸላኢ ኣብ ውሽጢ ሃገር ዝተዘናበሉ ስድራቤታት ንምሕጋዝን ንምዕቋብን፡ ብድርቂ ዝተጠቕዐ ህዝቢ ምንባይን ቀንዲ ተልእኾኡ እዩ ነይሩ። ኣብ ርእሲ'ዚ፡ ምሕብሓብ ሓድጊ ጃምላዊ ህልቂት ዝኾኑ ዘኽታማትን ካልኦት ናባዪ ዘይብሎም ህጻናትን'ውን ተደራቢ ስራሕ ማሕበራዊ ጉዳያት ነበረ። ኣብ ሓርነታዊ ኩናት ዝሰንከሉ ተጋደልቲ፡ ሕክምናኦም ምስ ወድኡ፡ ንምእላዮምን ኣፍረይቲ ዜጋታት ንክኾኑ ምሕጋዞም'ውን እቲ ካልእ ዝዓበየ ዕማሙ ነበረ። ክፍሊ ማሕበራዊ ጉዳያት፡ መርዓ ኣብ መንጎ ተጋደልቲ ብሕግን ማዕርነትን ንክፍጸም ምክትታልን ምፍቓድን ጥራይ ዘይኮነ፡ ሓዳር ዝነበሮም ተጋደልቲ ምስቶም ደሃይ ናይቶም ኣብ ዓድታቶም ዝገደፉዎም ኣንስቶምን ደቆምን ዝረክብሉ ኩነታት ብምፍጣር፡ ንሳሕል ክመጹ ዝደለዩ ናብ መደበር ዕቑባት ብምምጻእ፡ ንካልኦት ስድራቤታት ተጋደልቲ እናተኸታተለ ንምሕጋዞም ዘኻፈዶ ስራሕ'ውን ብጽማቑ ተገሊጹ ኣሎ። ማሕበራዊ ጉዳያት እምበኣር፡ ብቐጥታ ንውግእ ዘገልግል ክፍሊ'ኳ እንተዘይኮነ፡ እዞም ዝያዳ ሓልዮትን ክንክንን ዝጠልቡ ግዳያት ኩናትን ግፍዕታትን፡ ዝዕቑቡሉን ዝእለዩሉን ናይ ድሕሪት ደጀን ብምዃን፡ ቅድመ-ግንባራት ክቐስን ዘሓገዘን፡ ንሰብኣውነት ህዝባዊ ግንባር ዘግሃደን ኣብ ብረታዊ ቃልሲ ዓቢ እጃም ዝነበሮን ክፍሊ እዩ።

ሰብኣውነት ህዝባዊ ግንባር ሓርነት ኤርትራ ግን ብመገዲ እቲ ክፍሊ ማሕበራዊ ጉዳያት ዝተሰከሞ ሓላፍነት ጥራይ ዝግለጽ ከም ዘይኮነ ክዝንጋዕ የብሉን። ኩናትን ጸበባን ኣብ ዝጸንከረሉ መድረኻት ዓቕሚ'ቲ ውድብ ኣብ ዝተሓተ ደረጃ እንከሎን፡ ንሕሉፍ ሰብኣውነት ዝምስክሩ ንጥፈታት ኣዘዮም ብዙሓት እዮም። ክፍሊ ሕክምና ህዝባዊ ግንባር ንተጋደልቲ ኣባላቱ ጥራይ ከይተወሰነ፡ ንኹሎም ጥዕናዊ ሓገዝ ዝደልዩ ዜጋታት ኤርትራን፡ ንምሩኻት ወተሃደራት፡ ንካልኦት ውድባት ኢትዮጵያን ብናጻን ብምዕሩይ ኣገባብን

ዝዘርግሖ ኣብነታዊ ኣገልግሎታት ብሰፊሑ ኣይተመዝገበን። ኣብ 1976 ኣብ ሜዳ ኤርትራ ዝተመስረተ ቤት ትምህርቲ ሰውራ፡ ንልዕሊ 16 ሽሕካብ 7-18 ዕድመ ዝነበሮም ደቂ ዕቑባትን ዘኽታማትን ካልኦት ዝተዘናበሉ ዜጋታትን ብምእላይን ብምምሃርን ክሳብ ናጽነት ዝፈጸሞ ሓልዮት መዘና ዝርከቦ ኣይኮነን። እዚ ምናልባት ኣብ ዓለም ዝዓበየ ኣሕዳሪ ቤት ትምህርቲ'ዚ፡ ኣብ ጽንኩር ቦታን ኣብ ትሕቲ ስግኣት ደብዳብ ነፈርትን፡ ቀልዑ እናዕበየን ብስነፍልጠትን ስነጥበባትን እናመልመለን ኣፍረይትን ኣድማዕትን ንክኾኑ ዘብቅዐ ስራሕ፡ መርኣያ ናይቲ ብህዝባዊ ማሕበራዊን ሰብኣውን ሓልዮት እዩ። ብኻልእ ወገን፡ ህዝባዊ ግንባር፡ ኣብ ልዕሊ እቶም ካብ ጸላኢ ዝማረኾም ወተሃደራት ኢትዮጵያ ዘካየዶ ሰብኣዊ ኣተሓሕዛ፡ ብዓለምን ቡቶም ብምምራኾም ከም ዝኸሰቡ ዝገልጹ ምሩኻት ባዕሎምን ዝተመስከረ እዩ። ካብቲ ቀዳማይ ምሩክ ህዝባዊ ግንባር ኣብ 1973 ክሳብ መዓልቲ ናጽነት ዝተማረኹ ዓሰርተታት ኣሽሓት ኢትዮጵያውያን ምሩኻት፡ ኣህጉራዊ ቀይሕ መስቀልን ካልኦት ዘይመንግስታውያን ማሕበራትን ግዴታአን ምፍጻም ኣብ ዝነጸጉሉ፡ ህዝባዊ ግንባር፡ ማዕረ ተጋደልቱ ብምክንኻንን መሃይምነትን ስሩዕ መባእታዊ ትምህርቲ ክረክቡን ልምዲ ስራሕ ብምስራጽን ዝናበዮም ምሩኻት ናብ ዝደለይዎ ብናጽነት ክኸዱ ዝገበሮ ሰብኣዊ ሓልዮት፡ ኣብ ዓለም መዘና እንተተረኺብዎ ኣዝዩ ውሑድ እዩ። ናጽነት ኤርትራ ኣብ ዝተጋህደሉ ሰሙናት ዝተማረኹ ልዕሊ ሚእቲ ሽሕ ወተሃደራት ኢትዮጵያ፡ ዘድሊ ክንክን ብምግባር ኣብ ውሑድ መዓልቲ ናብ ሃገሮም ብናጻ ከም ዝሰደዶም'ውን ዝርሳዕ ኣይኮነን። ነዚ ዝተጠቕሰ ኩሉ፡ እቲ ብኣባላት ህዝባዊ ግንባር ዝተዓብለለን ምስ ህዝባዊ ግንባር ብፍጹም ውህደት ዝሰርሕ ዝነበረ ማሕበር ረድኤት ኤርትራ፡ ንዝተሸገረ ህዝቢ ንምርዳእ ዘካየዶ ገና ብሰፊሑ ዘይተዘንተወ ፍጻመታት ምስ ዝድረቦ፡ ታሪኽ ሰብኣውነት ህዝባዊ ግንባር ኣዝዩ ድንቂ ምዃኑ ዘጠራጥር ኣይኮነን። ሰብኣውነት ህዝባዊ ግንባር ሓርነት ኤርትራ እምበኣር፡ ኣቓልቦ ተመራመርቲ ብምስሓብ ዝዓሞቄ መጽናዕቲ ክግበረሉ ኣድላዪ እዩ።

እዚ መጽሐፍ'ዚ ኣብ ውሑድን ኣዝዩ ዝተጸምቄን ንጥፈታት ናይ ክፍሊ ማሕበራዊ ጉዳያት ዝተሓጸረ ምዃኑ ክዝንጋዕ የብሉን። ሕብረተሰብና ታሪኹ ብግቡእ ንክፈልጥን ብተመኩሮኡ ንክህብትምን፡ ኣብ መድረኽ ብረታዊ ቃልሲ፡ ህዝብና ዝተጻወሮም ማሕበራውን ሰብኣውን ሽግራት፡ እዋን ከይሓለፎም ክስነዱ ኣገዳሲ እዩ። ግፍዕታታት ስርዓት ኢትዮጵያ ኣብ ኤርትራ ከምቲ ዝግብኦ ስለዘይተዘንተወን፡ ኣብዚ መጽሓፍ'ዚን ቅድሚኡን ዝተነግረ ድማ ኣዝዩ ውሑድ ምዃኑ ብምግንዛብ፡ ብሕጂ ደቂቕ መጽናዕቲ ከም ዝሓትት ክፍለጥ የድሊ። ካብ ግፍዕታት ጸላኢ ዘምለጡን፡ ቅዝፈት ብዓይኖም ዝመስከሩን ኣብ መደበር ዕቑባትን ኣብ መዓስከራት ሱዳንን

ዝተዓቘቡ ኣሽሓት ስድራቤታት ተመኩሮኦም ጓሕጕሑ ከውጽእ ዝኽእል ሓበሬታ ከይጸነተ እንከሎ ክምዝገብ ይጽበ ኣሎ። ተመኩሮ ናይቶም ብጅግንነት ዝተጋደሉን ኣብ ዓውደ-ኩናት ከቢድ ኣካላዊ ማህረምቲ ዝበጽሖም ስንኩላን ዜጋታት'ውን ከምቲ ዝግብኦ ኣይተነግረን። ብሳዕቤን ግፍዕታት መግዛእቲ ፋሕፋሕ ዝበሉ ስድራቤታትን ዝዘከተሙ ህጻናትን፡ ብናጽነት ዝተኣኻኸቡሉ ኩነታትን ዝጠቕሱ ፍሉያት ዛንታታት'ውን ኣቓልቦ እንተረኺቦም፡ ንብዙሕ ጽሑፋትን ፍርያት ስነጥበብን ከም ቀዳማዊ ምንጪ ከገልግሉ ዝኽእሉ እዮም። እዚ መጽሓፍ'ዚ እምበኣር፡ ኣብ ማሕበራዊ መዳያት ብረታዊ ቃልስና፡ ጸራግ መገዲን መናሃሪን ኮይኑ ብዙሓት ዛንታታትን መጽሓፍቲን ክስዕብዎ ትጽቢት ኣሰናዳእቱ እዩ።

ጥብቆ 1

Pergamon 0277-9536(94)00168-5
Soc. Sci. Med. Vol. 40, No. 8, pp. 1133–1139, 1995

0277-9536/95 $9.50 + 0.00

THE SOLOMUNA ORPHANAGE: A HISTORICAL SURVEY

PETER H. WOLFF,[1] YEMANI DAWIT[2] and BERHANE ZERE[2]
[1]Harvard Medical School and The Children's Hospital, 300 Longwood Avenue, Boston, MA 02115, U.S.A. and [2]Social Affairs Authority, P.O. Box 5232, Asmara, Republic of Eritrea

Abstract—The social-emotional status and behavioral symptoms of Eritrean war orphans were compared before and after a major social reorganization of the institution had been implemented. The comparison was based on direct clinical observations and behavior checklist questionnaires. Two years after the orphanage was restructured, the emotional state of the orphans had improved dramatically. The findings suggest that even when financial and technical resources are severely limited, it is possible to provide humane group care for severely traumatized orphans by applying basic clinical principles of child development.

Key words—orphanage, war, behavioral symptoms, social reorganization

INTRODUCTION

The permanent separation of young children from their parents is thought to be a major cause of psychopathology in later life [1–3]. At the same time,

OVERVIEW

Eritrea is a small country in the Horn of Africa with a population of about three million. The war between Eritrea and Ethiopia had been in progress

ንምሉእ ትሕዝቶ፦

http://pubmed.ncbi.nlm.nih.gov/7597467l/
wolf Ph, Dawit y, Zere B. the solomuna orphanage: a historical survey. soc sci Med. 1995 Apr; 40(8):1133-9. doi: 10. 1016/0277-95 36(94)00168-s. PMID: 7597467

ጥብቆ 2

ዓመታዊ ዝርዝር ሓበሬታ ጨንፈር መናበዪ ህጻናት ክፍሊ ማሕበራዊ ጉዳያት								
	ብዝሒ ህጻናት			ምኽንያት ምጉዳል ህጻናት				
ዓመተ-ምህረት	መበገሲ	ወሰክ	ድምር	ንቤት/ት ሰውራ	ናይ ስድራ	ዝሞቱ	ድምር	ዓመታዊ ሚዛን
1979	137	190	327	90	0	0	90	237
1980	237	62	299	112	0	5	117	182
1981	182	128	310	127	0	1	128	182
1982	182	73	255	0	8	0	8	247
1983	247	67	314	81	2	1	84	230
1984	230	37	267	0	5	1	6	261
1985	261	37	318	100	1	2	103	215
1986	215	19	234	103	1	1	105	129
1987	129	322	451	0	17	0	17	434
1988	434	24	458	85	68	1	154	304
1989	304	0	304	247	2	0	249	55
1990	55	292	347	0	0	0	0	347
1991	347	0	347	0	0	0	0	347
ድምር	-	1271	-	945	104	12	1061	-
ዓመታዊ ገምጋም	227.69	97.77	325.46	72.69	8	0.92	81.62	243.85

ሓበሬታ፦

1. 'ዝተወሰኹ ህጻናት' ዝብል፡ ኣዴታቶም ካብ መደበር ሰለሙና ንክጋደላ ናብ ወተሃደራዊ ታዕሊም ክብገሳ ከለዋ ዘእተዎኦም ወይ ብዝተፈላለየ ምኽንያት ዝዝከተሙን ኣላይ ዝሰኣኑን፡ ወይ ድማ ብርኽት ዝበለ ቁጽሪ ዘለዎም ካብ መናበዪ ህጻናት ክፍላተ-ሰራዊት ዝመጹ እዮም።
2. 'ቤት-ትምህርቲ ሰውራ' ዝብል፡ ህጻናት ብብእዋኑ ኣብ ዝግበረሎም ገምጋም ምዕባለኦም ምርኩስ ብምግባር፡ ዕድመኦም ካብ 7 – 8 ምስ በጽሐ ናብ ቤት-ትምህርቲ ሰውራ ከም ዝሰጋገሩ ይግበር ነይሩ።
3. 'ስድራቤት' ዝብል ከኣ፡ ሓደ ካብ ወላዲ ዉላዱ ክኣልየሉ ዝኽእል ምቹእ ኩነታት ምስ ዝህሉዎ ወይ ኣብ መደበር ሰለሙና ክኣልዮ ዝኽእል ቤተ-ሰብ ምስ ዝህሉዎ፡ ብኣታቶም ንምዕባይ ዝተወሰደ እዩ።

ካብ 1978 ክሳብ 1991 ኣብ ጨንፈር ዕቑባት ዝነበረ ወሰክን ምጉዳልን ተዓቀብቲ ዝርኢ ሰሌዳ

	መበገሲ				ሓደስቲ ዝተወሰኹ			ዝተሰናበቱ			ናብ ታዕሊም ዝኸዱ			ዝሞቱ	ዝተ ጣየሱ	ናብ ቤ/ት ሰውራ	ናብ መናበዪ ህጻናት	ሚዛን				
ዓ/ም	ኣደ	ኣቦ	ቁልዑ	ድምር	ኣደ	ኣቦ	ቁልዑ	ኣደ	ኣቦ	ቁልዑ	ኣደ	ኣቦ	መንእሰይ	ድምር	ድምር	ቁልዑ	ቁልዑ	ኣደ	ኣቦ	ቁልዑ	ድምር
1978	-	-	-	1273	-	-	-	-	-	-	-	-	-	-	774	223	-	111	10	155	276
1979	111	10	155	276	575	47	699	-	-	-	-	-	-	-		0	-	686	57	854	1597
1980	686	57	854	1597	48	-	179	46	-	75	80	-	-	5		3	-	607	57	951	1615
1981	607	57	951	1615	55	2	173	107	7	33	56	5	-	10		170	-	498	47	912	1457
1982	498	47	912	1457	52	5	112	33	7	60	35	1	-	10		318	35	481	44	602	1127
1983	481	44	602	1127	128	3	194	15	4	-	41	4	-	3		273	0	552	39	521	1112
1984	552	39	521	1112	299	9	520	14	3	16	21	2	-	6		97	10	815	43	913	1771
1985	815	43	913	1771	563	99	1374	7	8	28	68	2	3	66		360	32	1257	122	1854	3233
1986	1257	122	1854	3233	74	31	321	135	50	316	29	3	2	21		75	10	1157	98	1763	3018
1987	1157	98	1763	3018	258	63	597	20	3	25	23	12	-	15		37	0	1367	146	2288	3801
1988	1367	146	2288	3801	289	0	626	63	4	159	25	1	-	22		0	0	1561	136	2745	4442
1989	1561	136	2745	4442	284	20	797	11	3	27	16	7	35	2		0	0	1818	146	3478	5442
1990	1818	146	3478	5442	318	20	766	26	6	164	15	4	9	11		0	0	2093	156	4062	6311
1991	2093	156	4062	6311	1	0	29	1	29	1	14	0	-	9		0	0	2076	125	4086	6287
ድምር					2944	299	6387	478	124	904	423	41	49	180	774	1556	87				
					9630			1506			513			180	774	1556	87				

በብዓመቱ ብኢ.ደ ስርሓት ዝተጸገነን ዝተሰርሐን ኣቕሑት													
ዓይነት ኣቕሑት	1979	1980	1981	1982	1983	1984	1985	1986	1987	1988	1989	1990	ድምር
ላትነር	638	1114	1314	2380	1228	1298	-	206	336	493	1140	780	10927
ጽርበት ዕንጸይቲ	336	1459	1401	596	450	292	344	125	32	142	-	-	5177
ጽገና ሰዓት	129	603	575	617	895	606	555	669	961	1029	1416	708	8763
ጽገና ሬድዮ	97	285	264	210	261	268	263	160	537	302	648	312	3607
ስብ - ስርሖ መሓውር	-	-	-	-	135	136	-	-	-	-	7	-	278
ስርሓት ጫማ	-	-	-	1730	215	277	160	-	-	-	12	48	2442
ጠቕላላ	1200	3461	3452	5533	3184	2877	1322	1160	1866	1966	3223	1848	31194

መተሓሳሰቢ፦

1. ላትነሪ - ድስቲ ኩስኩስቲ፡ ራሕባ፡ መጕዲ፡ ሳንኬሎ፡ መኻሰሲ፡ መንከሽከሽ፡ ጀበና፡ ፈርኔሎ፡ ማንኻ፡ ወዘተ.
2. ስርሓት ዕንጸይቲ - ኣርማድዮ፡ ጣውላ፡ ሸልፍ፡ ማዕጾ፡ መስኮት፡ ክራር፡ ሴድያ፡ ጋብያ፡ ገዛውቲ፡ ኺድሮ፡ ምርኩስ መልወሲ፡ ልዓት፡ ወዘተ.
3. ጽገና ሬድዮ - ሬድዮ፡ ቴፕ፡ ናይ ሙዚቃ መሳርሒ.
4. ሰብ-ሰርሖ መሓውር - ባምቡላ፡ ኻሊበር ምስራሕን ምጽጋንን
5. ስርሓት ጫማ - ካብ ጎማ ዝስራሕ ጥላም፡ ዕጥቂ፡ ቁልፊ

እዚ ስርሓት'ዚ፡ ንኹለን ጨናፍር ክፍሊ ማሕበራዊ ጉዳያትን ኣብ ከባቢኡ ዝነበራ ክፍልታት ህ.ግንባርን ዝተዋህበ ኣገልግሎት እዩ።

ካብ 1979 – 1991 ኣብ ትሕቲ ምክትታል ክሊኒክ ፖርት-ሱዳን ዝጸንሑ ስንኩላን ተጋደልቲ				
ኣብ ትሕቲ ምክትታል ማ/ጉዳያት		ኣብ ትሕቲ ምክትታል ክፍሊ ጥዕና		
ዓይነት ስንክልና	1979 – 25/11/1980	26/11/1980 – 25/11/1984	26/11/1984 - ናጽነት	ድምር ፍሉይ ማህረምቲ
ማህረምቲ ሕቖ ወይ መልመስቲ ፍርቒ ኣካል	50	58	73	181
ማህረምቲ ርእሲን መልመስቲ ፍርቒ ኣካልን	121	35	17	173
መቑረጽቲ ክልተ እግሪ	04	07	32	43
ዝተደራረበ ስንክልና	14	07	17	38
ድምር ብዓመተ-ምህረት	189	107	139	435

ሓበሬታ፦ ኣብ ፖርት-ሱዳን ክሊኒክ ዝእለዩ ዝነበሩ ስንኩላን ተጋደልቲ ኩነታት ስንክልናኦም ምስ ተመሓየሸ፡ ክሳብ 1981 ኣብ ዝነበረ ግዜ ንመዓስከር ስንኩላን ጀልሃንቲ ይምለሱ ነይሮም። ድሒሩ ግን፡ ካብ ክሊኒክ ፖርት-ሱዳን ናብ ዝተፈላለየ ኣሃዱታት ህዝባዊ ግንባር (ኣብ ደጀንን ሱዳንን) ተመዲቦም፡ ምስ ኣካላዊ ኩነታቶም ብዝሰማማዕ ዝተፈላለየ ውድባዊ ይፍጽሙ ነይሮም።

መተሓሳሰቢ፦ እዚ ብዝሒ ተማሃሮ፡ ንስንኩላንን ኣለይቶምን ጥራይ ዘጠቓልል እዩ።
ሓበሬታ፦
1. *መቑረጽቲ እግሪ* - 9.5%
2. *ማህረምቲ እግሪ* - 28.8%
3. *መቑረጽቲ ኣእዳው* - 1.9%

ዓመተ ትምህርቲ	ትምህርቲ ቋንቋ ዓረብ					ኣካዳምያዊ ትምህርቲ									ድምር
	ጀመርቲ	1ይ	2ይ	3ይ	4ይ	ጀመርቲ	1ይ	2ይ	3ይ	4ይ	5ይ	6ይ	7ይ	8ይ	
1978-1979	200	45	37	24	15	314	157	67	85	95	-	-	-	-	1039
1980-1981	322	59	49	30	41	-	62	76	71	92	94	59	72	-	1027
1982-1983	-	-	-	-	-	-	15	40	37	66	39	28	19	11	255
1983-1984	-	-	-	-	-	-	28	47	41	51	61	27	16	-	271
1984-1985	-	-	-	-	-	-	6	23	37	19	35	42	14	-	176
1985-1986	-	-	-	-	-	-	9	-	22	24	46	8	-	-	109
1986-1987	-	-	-	-	-	-	42	25	-	30	14	-	-	-	111
1987-1888	-	-	-	-	-	-	21	42	38	15	15	16	26	27	200
1988-1989	-	-	-	-	-	-	56	51	32	25	20	9	-	-	193
1989-1990	-	-	-	-	-	-	41	55	44	27	34	7	-	-	208
1990-1991	-	-	-	-	-	-	84	16	30	21	19	9	14	-	193
													ጠቕላላ ድምር		3847

ኣብ 1996 ኣብ ማሕበር ዝተመዝገቡ ስንኩላን ብዓይነት ማህረምቶም

ዓይነት ማህረምቲ	ተባ	ኣን	ድምር	%
መልመስቲ-ብማህረምቲ ዓንድ ሕቖ	106	23	129	0.86
መልመስቲ - ብማህረምቲ ርእሲ	108	10	118	0.8
ዑረት ዓይኒ (ዓይነስዉራን)	152	18	170	1.1
መቑረጽቲ ክልተ እግሪ	42	3	45	0.3
መቑረጽቲ ሓደ እግሪ	764	125	889	6
መቑረጽቲ ክልተ ኢድ	7	0	7	0.05
መቑረጽቲ ሓደ ኢድ	202	24	226	1.5
ምጽማም ክልተ እዝኒ	55	17	27	0.5
ምጽማም ሓደ እዝኒ	145	40	185	1.24
ማህረምቲ መሓውር	3687	702	4388	29.4
ማህረምቲ ኢድ	1563	285	1848	12.4
ማህረምቲ ዓይኒ	1147	189	1336	9
ማህረምቲ ርእሲ	1686	531	2217	14.8
ማህረምቲ ኩብዲ	465	161	626	4.2
ማህረምቲ ኣፍልቢ	590	204	794	5.3
ማህረምቲ ምንጋጋ	188	54	242	1.6
ማህረምቲ-ሽንቲ	107	16	126	0.8
ማህረምቲ ሕቖ	622	183	805	5.4
ማህረምቲ ክሳድ	58	7	65	0.44
ውሽጣዊ ሕማም	343	203	546	3.65
ቃጸሎ ሓዊ	5	3	8	0.05
ናይ ኣእምሮ	78	14	92	0.6
ድምር	12119	2812	14931	

* * *

ካብ 1978 – 1990 ናብ ጨንፈር ስንኩላን ዝኣተዉ ስንኩላን ብዓይነት ማህረምቶም

ዓይነት ማህረምቲ	1978	1979	1980	1981	1982	1983	1984	1985	1986	1987	1988	1989	1990	ድምር
መቍረጽቲ እግሪ	76	75	37	12	19	3	1	-	-	2	6	5	2	238
ማህረምቲ እግሪ	113	431	131	28	12	-	-	-	-	-	1	1	2	719
መቍረጽቲ ኣእዳው	6	28	8	1	1	-	-	-	-	-	-	-	3	47
ማህረምቲ ኣእዳው	59	174	28	9	2	1	-	-	-	-	-	-	-	273
ማህረምቲ ርእሲ	71	194	35	16	19	26	11	2	11	-	26	17	20	448
ማህረምቲ ምንጋጋን ክሳድን	5	18	14	3	2	-	-	-	-	-	-	-	1	43
ማህረምቲ ኣፍ-ልቢ፡ ከብዲ፡ ሕቖን ሳምቡእን	38	76	14	4	2	-	1	-	3	1	-	3	4	146
ማህረምቲ ዓይኒ	25	51	8	8	13	16	5	12	10	9	22	20	31	230
ማህረምቲ እዝኒ	7	22	5	1	-	-	-	-	-	-	-	-	-	35
ዉሽጣዊ ሕማማት	33	205	40	11	10	2	1	-	-	1	3	4	9	319
ጠቕላላ ብዝሒ	433	1274	320	93	80	48	19	14	24	13	58	50	72	2498

4. ማህረምቲ ኣእዳው - 10.9%
5. ማህረምቲ ርእሲ - 17.9%
6. ማህረምቲ ምንጋጋን ክሳድን - 1.7%
7. ማህረምቲ ኣፍ-ልቢ፡ ከብዲ፡ ሕቖን ሳምቡንእን - 5.8%
8. ማህረምቲ ዓይኒ - 9.2%
9. ማህረምቲ እዝኒ - 1.4%
10. ዉሽጣዊ ሕማማት - 12.8%

መተሓሳሰቢ፦

1. ኣብ 1978 ተጠቒሱ ዘሎ ኣሃዝ፡ ነቶም ኣብቲ ዓመት'ቲ ዝሰንከሉን ቅድሚኡ ስንኪሎም ኣብ ዝተፈላለየ ክፍልታት ተመዲቦም ዝነበሩን ተጋደልቲ ዘጠቓለለ እዩ።
2. ካብ 1982 ንደሓር ስንኩላን ኣብ ስራሕ ዘለዎም ኣድማዕነት ስለዝተረጋገጸ፡ ብዘይካ ዓይነ-ስውራን፡ ማህረምቲ ርእሲን ካልእ ከቢድ ስንክልናን ዘለዎም፡ እቶም ዝተረፉ ብመንገዲ ሰክረታርያን ኣብ ዝተፈላለያ ኣሃዱታት ውድብ ክምዘውዘዑ ይግበር ነይሩ።

ካብ 1983 ክሳብ 1991 ንዝነበረ ብዝሒ ተመሃሮ ዓይነ-ስውራን በብዓመቱ ዘርኢ ሰሌዳ

ዓ/ም	ጀመርቲ	1ይ	2ይ	3ይ	4ይ	5ይ	6ይ	7ይ	ድምር
1983	-	-	6	7	18	15	4	5	55
1984	-	-	3	7	9	18	9	7	53
1985	-	-	-	9	-	12	21	-	42
1986	1ይ ጉጅለ 37		2ይ ጉጅለ 40		3ይ ጉጅለ 17		6ይ ክፍሊ 6		**100**
1989	30	11	5	8	9	14	-	-	77
1988	18	6	6	4	8	8	28	10	88
1989	3	19	13	6	4	19	10	28	102
11/89-5/90	18	4	12	10	7	22	6	19	98
11/90-2/91	-	26	13	15	9	13	10	20	106

መብርሂ፦ ካብ 1983 ክሳብ 1985 ዓ.ም ኣብ ዝነበረ መድረክ፡ ንዓይነ-ስውራን ዝወሃብ ዝነበረ ትምህርቲ ብቃል ዋራይ ኮይኑ፡ ስነ-ፍልጠት፡ ትግርኛ፡ ጂኦግራፍን እንግሊዝን ይመሃሩ ነይሮም።

ኣብ 1986፡ እቲ ዝወሃብ ዝነበረ ትምህርቲ ምልላይ ብረይል ኮይኑ፡ ኩሎም ዓይነ-ስውራን ተማሃሮ ብጉጅለታት ኰይኖም ይመሃሩዎ ነይሮም።

ካብ 1987 ክሳብ 1991 ኣብ ዝነበረ መድረክ፡ ዓይነ-ስውራን ብብረይል ስሩዕ ኣካዳምያዊ ትምህርቲ ይመሃሩ ነይሮም።

ብዘይካ'ዞም ኣብዚ ሰሌዳ ተጠቒሶም ዘለዉ ተማሃሮ፡ ካልኦት 14 ዓይነ-ስውራን እውን ካብ ወጻኢ ብናይ ምልእኣክ ትምህርቲ ይመሃሩ ነይሮም።

* * *

ጥብቆ 3

ዝርዝር ኣስማት፡ ካብ 1977 ክሳብ 1991 እናተተኻኽኡ ዝሰርሑ ኣባላት ክፍሊ ማሕበራዊ ጉዳይ ዝነበሩ ተጋደልቲ፦

1. ሂማን ስዩም ኪዳን
2. ሂማን ገብረስላሴ ወደማርያም
3. ሂወት በራኺ ገብረ
4. ሂወት ተኸለ ተስፋማርያም
5. ሂወት ተወልደ ተኸለሰንበት
6. ሂወት ንጉሰ ተስፋሚካኤል
7. ሂወት ኣብርሃ ባይሩ
8. ሂወት ወልደሚካኤል ተስፋጋብር
9. ሂወት ዑቑባዝጊ መንግስቱ
10. ሂወት ዘሚኪኤል ሓንቢር
11. ሂወት ገብረዝጊ ሰለሙን
12. ሂወት ገብረዝጊሄር መንኣመኖ
13. ሂወት ገ/ገርግስ
14. ሂወት ግርማይ ገረዝጊሄር
15. ሂወት ግደ ኣብረሃ
16. ሂወት ኀይትኦም ገብረመድህን
17. ሂወት ጸጋይ ተድላ
18. ሃብተ ወልደሚካኤል ተስፋጋብር
19. ሃብተ ገ/መስቀል ወለደኣምላክ
20. ሃብተ ገብረእግዚኣብሔር ዑቑባሚካኤል
21. ሃብተ ኀይቶኦም ኣድሓኖም
22. ሃብተሚካኤል ስዩም ተኸለ
23. ሃብተሚካኤል ኣብርሃዮ ተኪኤ
24. ሃብተሚካኤል ክፍለ
25. ሃብተማርያም ተኸለ ተስፋዝጊ
26. ሃብተማርያም ተወልደብርሃን ኣርኣያ
27. ሃብተማርያም ኣብርሃ ገብረሂወት
28. ሃብተማርያም ገብረኣብ ሃብተስላሴ
29. ሃብተኣብ ኢያሱ በራኺ
30. ሃብተኣብ ኣርኣያ ሃይለ
31. ሃብተኣብ ገብራይ ወልደገርጊስ
32. ሃብተገርግስ ዘርአ ተስፋዝጊ
33. ሃብቱ ወ/ገብርኤል ገብረዝጊ
34. ሃብታይ ገብረክርስቶስ ፍጡር
35. ሃብቶም ኣርኣያ
36. ሃብቶም ኣሰፋው በየነ
37. ሃብቶም ጸጋይ ተስፋማርያም
38. ሃብቶም ፍስሃጽዮን
39. ሃና ተኩሉ ሃብተ
40. ሃንሱ ተክስተ ኩብረኣብ
41. ሃንሱ ደብሩ መሓሪ
42. ሃንሱ ግርማይ ገብረስላሰ
43. ሃዋ ዑስማን ዓሊ
44. ሃዋርያት እስፋኖስ ተስፋዝጊ
45. ሄለን ብርሃነ ገብረንጉስ
46. ሃይለ በርሀ ወልደሚካኤል
47. ሃይለ ብርሃነ ባይሩ
48. ሃይለ ብርሃነ ዘምህረት
49. ሃይለ ተኪኤ መድሃኔ
50. ሃይለ ተኸስተ ኣውዓሎም
51. ሃይለ ተኸለ ደባስ
52. ሃይለ ተኸለሃይማኖት እንግዳ
53. ሃይለ ንጉሰ ግደ
54. ሃይለ ኣርኣያ ቡላ
55. ሃይለ ኣስፍሃ ተስፋይ
56. ሃይለ ገ/ሚካኤል መብራህቱ
57. ሃይለ ገ/እግዚኣብሔር ተስፋይ
58. ሃይለመለኮት ኣስመላሽ ኣስፍሃ
59. ሃይለማርያም መዘንግዕ ኣራም
60. ሃይለኢየሱስ ሰለሙን ናስር
61. ሃይሉ ብርሃነ ወልደገርጊስ
62. ሃይሉ ገብረኪዳን ኻሕሳይ
63. ሃይማኖት ሃብተጼን ኣስፈሃ
64. ሃይማኖት ሓየሎም ኣስፍሃ
65. ሃይማኖት ሓጎስ ዘርኡ
66. ሃይማኖት ተወልደ ተስፋ
67. ሃይማኖት ወርቀ ሃይንቱ
68. ሃይማኖት ፍስሃየ ግደ
69. ሄለን ወልዱ ጳውሎስ
70. ሄዋን ሰለሙን ክፍላይ
71. ሄዋን ኩሓሰ ዝግታ
72. ሄዋን ገ/ሂወት
73. ሁብታይ ባህልቢ ዑቑባዝጊ
74. ህድኣት ተስፉ እስፋኖስ
75. ህድኣት ተኸለ ነበራይ
76. ህድኣት ተኸለ ዘርኤ
77. ህድኣት ገብረኣብ ምርእድ
78. ህድኣት ገረዝጊሄር ወልደትንሳኤ
79. ህድኣት ጊለሚካኤል ዘርኢጋብር
80. ህድኣት ግርማይ ኣባይ
81. ለምለም ሃብተሚካኤል ዑቕባሚካኤል
82. ለምለም ሓጎስ ወልደሚካኤል
83. ለምለም ሓጎስ ገብረመድህን
84. ለምለም ምስግና ዑቑባዝጊ
85. ለምለም ሰመረ ግርማጼን
86. ለምለም ኻሕሳይ ደበሳይ
87. ለምለም ወ/ማርያም
88. ለምለም ወልደገብርኤል ወልደሚካኤል
89. ለምለም ይርጋ ኣብረሃ
90. ለምለም ገ/መስቀል
91. ለምለም ፍስሃየ ወልደስላሰ
92. ለተሊባኖስ ኣሰፋ ወልድየ
93. ለተመስቀል ወልደኣረጋይ ገብረማርያም
94. ለተሚካኤል ስዩም ወልደስላሰ
95. ለተሚካኤል ባርያጋብር
96. ለተሚካኤል ዘርኣይ ሰረቐ
97. ለተሚካኤል ገ/ማርያም
98. ለተሩፋኤል ተኸላይ ባህልቢ
99. ለተሩፋኤል የማኑ ዘርኤ
100. ለተስላሰ ሃይለ ገብረመድህን
101. ለተስላሰ ብርሃነ ወለደገርጊስ
102. ለተስላሰ ገብረመስቀል ተኪኤ
103. ለተብርሃን ሃብታይ ዑቑባገርጊስ
104. ለተብርሃን ሃይለ ወልደስላሰ
105. ለተብርሃን መሓሪ ለምለም

106. ለተብርሃን መስገን ገረዝጊሄር
107. ለተብርሃን መብራህቶም ተኪኤ
108. ለተብርሃን ማሪቀስ ኻሕሳይ
109. ለተብርሃን ማዕቀብ ሓደራ
110. ለተብርሃን ሰዩም ኻፈላ
111. ለተብርሃን ኪዳን
112. ለተብርሃን ዑቑባይ ዘይሎ
113. ለተብርሃን ዑቑባሚካኤል ተስፋዝጊ
114. ለተብርሃን ዘርኤ ተኽለ
115. ለተብርሃን ደስታ ጥዑም
116. ለተብርሃን ገብረእግዚኣብሔር ቀላ
117. ለተብርሃን ግደ ኪዳን
118. ለተብርሃን ጸሃየ ገብረገርጊስ
119. ለተንስኤ ተኸስተ ተኽለ
120. ለተንስኤ ተወልደ ወልደገብረኤል
121. ለተንስኤ ኪዳን ይሕደጎ
122. ለተንስኤ ኻሕሳይ ሃብተ
123. ለተንስኤ ዳኒኤል
124. ለተንከኤል ዓንደብርሃን በይን
125. ለተንጉስ ሃብተማርያም
126. ለተንጉስ መስፉን ፍስሃጽዮን
127. ለተኢየሱስ ገብረስላስ ወልደማርያም
128. ለተኣምላክ ፍስሃጽዮን ተስፉ
129. ለተኣብ ታደሰ ገብረሚካኤል
130. ለተኣብ ዘሚካኤል ጎይቶኦም
131. ለተኣብ ገረዝጊሄር ገብረገርጊስ
132. ለተኪዳን መሓረና ተኽለማርያም
133. ለተኪዳን ስብሃቱ ሃብቱ
134. ለተኪዳን ኻሕሱ ገብረዝጊ
135. ለተኪዳን ንጉስ
136. ለተኪዳን ኣሚነ ይሕደጎ
137. ለተኪዳን ወልዱ
138. ለተኪዳን ገብረዝጊ ሃብትዝጊ
139. ለተኪዳን ጸጋይ በራኺ
140. ለተዝጊ ተስፋይ ዑቑባኣብ
141. ለተዝጊ ኻሕሳይ ኪዳን
142. ለተዝጊ ደበሳይ ተኽለሃይማኖት
143. ለተገብረኤል ገብሪሂወት ጎነጽ
144. ለና እስፋኖስ
145. ለታይ ኪዳን በላይ
146. ለኣከ ሰጀር ናይዝጊ
147. ሉላ ገብረመድህን ግደ
148. ሉቺ ጊላሚካኤል ተስፋይ
149. ሉቺያ ተኽለሃይማኖት ግብረስላሰ
150. ሉቺያ ገብረሂወት መሓሪ
151. ሊበን ዑቕባዝጊ ሓጎስ
152. ሊባኖስ ሃይለ ተፈሪ
153. ሊባኖስ ዜናገብረኤል ባህታ
154. ላይነ ሓደራ
155. ልኡል ብርሃነ ገብረኪዳን
156. ልኡል ንጉሰ
157. ልያ ባይሩ ተስፋዝጊ
158. ልያ ገብረታዮስ ገዳም
159. ሑሰን ሓሰን ዒሳ
160. ሓሊማ መሓመድ ፈጊ
161. ሓሊማ ሮመዳን መሓመድ-ዓሊ
162. ሓሊማ ስዒድ እድሪስ
163. ሓሊማ ዑመር ሙሳ
164. ሓሊማ ዓብደላ
165. ሓሊማ ገብረየስ ፈረጅ
166. ሓምድ መሓመድ ዋሊ
167. ሓምድ መሓመድኣደም ሓምድ
168. ሓምድ ሳልሕ
169. ሓምድ ዓብደላ ሑመድ
170. ሓምድ ዓብደላ ሓምድ
171. ሓመድ ኢድሪስ-ስዒድ መሓመድ
172. ሓምድሓምድ ሓሰን ሑመድ
173. ሓመድኑር ማሕሙድ ኣሕመዲን
174. ሓመድኣድም ኢብራሂም ዓሊ
175. ሓረጉ ሃይለ ገብረትንሳኤ
176. ሓረጉ ተስፋገርጊስ ገብረሄት
177. ሓረጉ ኣስመላሽ በርሀ
178. ሓረጉ ኣብረሃም ንጉሰ
179. ሓረጉ ዮውሃንስ ወልዱ
180. ሓረጉ ገብረብርሃን ይሕደጎ
181. ሓርነት ሃብተሚካኤል
182. ሓሰን መሓመድዓሊ ዑመረዲን
183. ሓዋ ኣድም ማሕሙድ
184. ሓይለኣብ ገብረሚካኤል ሰንጋል
185. ሓዱሽ ኣፈወርቂ
186. ሓዱሽ ግርማይ
187. ሓዱሽ ጠዓመ በርሀ
188. ሓዳስ ሰለሙን በለጸ
189. ሓዳስ ተስፋይ ስብሓት
190. ሓዳስ ተኪኤ እምነቱ
191. ሓዳስ ተኽለሰንበት ሃብተስላሴ
192. ሓዳስ ተክልዝጊ ምሕጹን
193. ሓዳስ ተክልዝጊ እምነቱ
194. ሓድጉ ኣስገዶም ትኳር
195. ሓድጉ ኪዳነ ዑቑባይ
196. ሓድጉ ገብረኢየሱስ
197. ሓጀር ተስፋጋብር ወልደገብረኣል
198. ሓጀር ገ/ማርያም ሑመድ
199. ሓጉስ ሰዩም ተስፋይ
200. ሓጉስ ሰዩም ፈቶ
201. ሓጉስ ተስፋማርያም ተወልደ
202. ሓጉሳ ከፈላ ቀለታ
203. ሓጉስ ወልዳይ ሃይለ
204. ሓጉስ ያይነ መኮነን
205. ሓጉስ ገ/ሂወት
206. ሕርይቲ ሃብተ ሰጀር
207. ሕርይቲ መብራህቱ ተኽለሚካኤል
208. ሕርይቲ ቀለታ ጊላዝጊ
209. ሕርይቲ በራኺ ዑቑባይ
210. ሕርይቲ ዓንደ ግርመ
211. ሕብረት ኩብረኣብ መንደር
212. ሕድሪማርያም ተኽለ ደባስ
213 .ሕጉሽ ወልዱ ሰለሙን
214. ሕጉሽ ደስታ ገብረ
215 .ሕጉሽ ግርማይ ገብሩ
216. መለስ መብራህቱ ከሓሰ
217. መልኣከ ሃብተ ኪዳን
218. መልኣከ ዘውደ ኣብርሃ
219. መልኣከ ገ/መስቀል ዘርአ
220. መሓመድ ሓምድ ሑመድ
221. መሓመድ ሓዋድ ሕመድ
222. መሓመድ ሓጂ መሓመድ-ኑር
223. መሓመድ ማሕሙድ ኢድሪስ
224. መሓመድ ሱለማን እድሪስ
225. መሓመድ ሳልሕ ኣሕመድ
226. መሓመድ ኢብራሂም ቃስም
227. መሓመድ ኢድሪስ ኢብራሂም
228. መሓመድ ኣድም ዓምር
229. መሓመድ ዑስማን ስዒዳይ
230. መሓመድ ዑስማን ኣሕመድ
231. መሓመድ ዑስማን እዛዝ
232. መሓመድ ዑስማን ዓሸከራይ
233. መሓመድ ዓብደላ ዓሊ
234. መሓመድ ዓሊ ማሕሙድ
235. መሓመድ ዓብደልቃድር ኑርሕሰን
236. መሓመድ ጃብር ሳልሕ
237. መሓመድ-ሓምድ ኣቡበከር መሓመድ
238. መሓመድሓምድ ኣድም ዓሸከራይ
239. መሓመድሳልሕ ዑስማን ዓብደላ
240. መሓመድስዒድ ዑመር ማሕሙድ
241. መሓመድሸሪፍ ሑመድ ዓሊ
242. መሓመድኑር መሓመድ ኣሕመድ
243. መሓመድኑር ኢድሪስ ሑመድ
244. መሓመድኑር እድሪስ ማሕሙድ
245. መሓመድኣደም መሓመድዓሊ ኣብራሂም
246. መሓመድዓሊ ሑመድ ቢላል
247. መሓመድዓሊ ኢብራሂም መሓመድዓሊ
248. መሓመድዓሊ ኢብራሂም ማሕሙድ
249. መሓመድዓሊ ኢብራሂም ዓሊ

250. መሓመድዓሊ ኢድሪስ መሓመድ
251. መሓረና ሓድጉ ወልደማርያም
252. መሓሪ ምስግና ስጋለት
253. መሓሪ ሰረቐ ተስፋጋብር
254. መሓሪ በላይ ሃይሉ
255. መሓሪ ተስፋማርያም
256. መሓሪ ተኽለ ዓጽመገርጊስ
257. መሓሪ ተክሉ ገምብት
258. መሓሪ ኣለማየሁ
259. መሓሪ ኪዳነ ሰጃር
260. መሓሪ ክብረኣብ ዛምላይ
261. መሓሪ ዮውሃንስ እማን
262. መሓሪ ገ/ሂወት ርእሶም
263. መሓሪ ገ/ሚካኤል ጸጋይ
264. መሓሪተ ተስፋይ ሓጎስ
265. መርሃዊ መሓሪ ማና
266. መርሃዊ ዘርኣይ ገብረማርያም
267. መርሃዊ ፍትዊ ዮውሃንስ
268. መርየም ሃሮን ልባብ
269. መርየም ማሕሙድ መሓመድ
270. መርየም ኣሕመድ የሕያ
271. መርየም ፈረጅ ኢድሪስ
272. መሰረት ገረዝጊሄር ተስፋይ
273. መስቀላ በኲረ ፍስሃ
274. መስቀላ ተኽለሃይማኖት ዑቑባሚካኤል
275. መስፍን ክፍለ ወልደገርጊስ
276. መቐረት ውሂበ ወልደሩፋኤል
277. መቐረት ገብረዮናስ በየነ
278. መብሪሂት ሰለሙን ሓይሊ-ሓጎስ
279. መብራህቱ ተኽለ ወልደጋብር
280. መብራህቱ ተኽለ ገብረዮውሃንስ
281. መብራህቱ ተወልደ ኪዳነ
282. መብራህቱ ክፍላይ
283. መብራህቱ ደብረጽዮን
284. መብራህቶም ብስራት
285. መብራህቶም ጳውሎስ ገብረኣብ
286. መብራት መሓሪ ባህታ
287. መብራት መሓሪ ተፈሪ
288. መብራት ተስፋልደት ገብረስላሰ
289. መብራት ኢሳቕ ተፈሪ
290. መብራት ዓብደልሓይ ሙሳ
291. መንሱር ኣደም መሓመድ ሰዒድ
292. መንሱራ ዓሊ መሓመድ
293. መንገሻ ተስፋማርያም
294. መንግስ ገብረእንድርያስ ገብረኣብ
295. መንግስተኣብ ማሕራይ ተስፋሚካኤል
296. መንግስተኣብ ብርሃነ ምስጉን
297. መንግስተኣብ ኣስፍሃ መሓሪ
298. መንግስተኣብ ዑቑባይ ጉማለ
299. መንግስታኣብ ገ/እግዚኣብሔር ዛምላይ
300. መኣዛ ሃብተማርያም ወልደሳሙኤል
301. መኣዛ መድሃኔ ክፍሊማርያም
302. መኣዛ ምሕጽንቱ ክፍሉ
303. መኣዛ ተስፋጋብር ይሕደጎ
304. መኣዛ ኢሰይያስ
305. መኣዛ ያቆብ ተመልሶ
306. መኣዛ ገ/መስቀል ኣልመደም
307. መኣዛ ገብሩ
308. መኣዛ ጸጋይ ንጉሰ
309. መኣዛ ፍስሃየ ገረዝጊሄር
310. መኮነን ሃይለ ኣርኣያ
311. መኮነን ረዳእ ገብረገርጊስ
312. መኮነን ተወልደ ገብረገርጊስ
313. መኮነን ኣፈወርቂ ገብረመድህን
314. መኮነን ኪዳነ ማእል
315. መኮነን ወልዳይ ገብረመስቀል
316. መኮነን ገብራይ ኻሕሳይ
317. መዓሾ ሓድጉ ዓዘዘ
318. መዓሾ ገብሩ ተክሉ
319. መዘንግዕ ተወልደ ኣብርሃ
320. መዘንግዕ ገረዝጊሄር ተስፋ
321. መዝገብ ብርሃነ ክፍለ
322. መድሃኒት ምስጉን ተስፋሚካኤል
323. መድሃኔ ሃይለ መኮነን
324. መድህን መሓሪ
325. መግበይ ሓድጉ ኣበበ
326. መጎስ ወልደሩፋኤል ተስፉ
327. ሙሉ ክፍለ
328. ሙሉ ይግዛው
329. ሙሉእብርሃን ሓጎስ ተኽለሚካኤል
330. ሙሳ ማሕሙድ መሓመድ
331. ሙሳ ሱሌማን ዓሊ
332. ሙሳ ወሃጅ ምኒበለይ
333. ሙሳ ዓሊ ሰዒድ
334. ሙሴ ሃብተኣብ
335. ሙሴ ሓጉስ ተስፉ
336. ሙሴ ሱልጣን ደባስ
337. ሙሴ ተኪአ ዑቑባዮውሃንስ
338. ሙሴ ኣስገዶም
339. ሙሴ ኣስገዶም ንጉሰ
340. ሙሴ እምባየ ተስፉ
341. ሙሴ ዓንደ
342. ሙሴ ዘመን ገብረመድህን
343. ሙሴ የውሃንስ በርሀ
344. ሙስጠፋ መሓመድ ዑስማን
345. ሚርያም ሓጉስ
346. ሚኪኤለት ገብረመስቀል ገረዝጊሄር
347. ሚካኤል ሙሴ ተኽለ
348. ሚካኤል ተክስተ ዳምር
349. ሚካኤል ተወልደ
350. ሚካኤል ኣድመቐም ክፍለገርጊስ
351. ሚካኤል ወ/ማርያም ተሰማ
352. ሚካኤል ዑቕቡ በርሀ
353. ሚካኤል ገ/ሂወት
354. ሚካኤል ገ/ስላሴ
355. ሚኻአል ጸጋይ ኢዮብ
356. ሚዛን ዶቦም ተስፋዝጊ
357. ማልኻ ዒሳ መሓመድ
358. ማሓሪተ ጽገ መኮነን
359. ማሕሙድ መሓመድ-ዓሊ ዓብደልቃድር
360. ማሕሙድ ዓሊ ማሕሙድ
361. ማሕሙድ ዩሱፍ ሽከር
362. ማሚት ሓጎስ ተስፋይ
363. ማርታ ሚካኤል
364. ማርታ ያቆብ ነደለ
365. ማና ተኽለ
366. ማና ወልደስላሰ ወልደኣብዝጊ
367. ማኤል ጊላዝጊ
368. ማጆር ወልደማርያም ተኪኤ
369. ምልእተ ስብሃቱ መሓሪ
370. ምልእተ ተኪኤ ተስፋጋብር
371. ምልእተ ተክልዝጊ ተድላ
372. ምልእተ ተክስተ ላልሺ
373. ምልእተ ዘሚካኤል ይሕደጎ
374. ምሕረተኣብ ሓጉስ ሃይለ
375. ምሕረተኣብ ተኽለማርያም ተስፋጋብር
376. ምሕረተኣብ ገብረሂወት በርሀ
377. ምሕረት ሃይለማርያም ሃብተጋብር
378. ምሕረት ሃይለኢየሱስ ግርማጼን
379. ምሕረት ሓጉስ
380. ምሕረት መኮነን ሽምባይ
381. ምሕረት ሙሳ ትንጓ
382. ምሕረት ምሕረቱ ዑቑባሚካኤል
383. ምሕረት ሰጊድ ዘርኣይ
384. ምሕረት ቀለታ ተወልደ
385. ምሕረት ተስፋማርያም ወልደሚካኤል
386. ምሕረት ተስፋይ ኣስመላሽ
387. ምሕረት ተወልደ
388. ምሕረት ኢያሱ ሰጊድ
389. ምሕረት ኣባቴ ኣርኣያ
390. ምሕረት ኣብረሃ ገብረሄት
391. ምሕረት ኣብረሃም ገብረኢየሱስ
392. ምሕረት ኣድማስ ኣብረሃ
393. ምሕረት ኪዳነ ገብረገርጊስ

394. ምሕረት ወልዳይ
395. ምሕረት ዘርአ ሰለሙን
396. ምሕረት ገብረሂወት ጽዋ
397. ምሕረት ገ/ስላሴ መኮነን
398. ምሕረት ገብረኪዳን ባይሩ
399. ምሕረት ገዛኢ ተስፋይ
400. ምስግና ሃብቶም ዑቑባሚካኤል
401. ምስግና መስፍን መዕቀባይ
402. ምስግና ተስፋማርያም ኣብረሃ
403. ምስግና ገብሩ ዑቑባይ
404. ምብራቕ መንግስተኣብ ሃብተ
405. ምነት ይስሃቕ ክፍለ
406. ምኒያ መንግስ ገረዝጊሄር
407. ምኒያ ምራጭ ገዘሀይ
408. ምዕራፍ ተኽለ ሃይለሚካኤል
409. ምዕራፍ ገብረክርስቶስ ሃብተሚካኤል
410. ምድገት ሰረቐ ተክሉ
411. ምጽላል መብራህቱ ፍቃዱ
412. ምጽላል ኣለማዮ ኣብረሃ
413. ረዘነ መብራህቱ
414. ረዘነ ብርሃነ ኪዳነ
415. ረዘነ ተስፋማርያም ኣብርሃ
416. ረዘነ ወ/ኣምላክ ገብረኣብ
417. ረዘነ ዓንደ ሰጊድ
418. ረዘነ ግርመ
419. ረዘነት ስብሃቱ ሃይለ
420. ረዘነት ገ/ኪዳን ኪዳነ
421. ረዛን ክበደ ሰለባ
422. ረዳእ በርሀ
423. ረዳእ ገ/ሚካኤል ባህታ
424. ረድኢ ብርሃነ ዘርአ
425. ሩማና ኣወልኬርሩ
426. ሩፋኤል ወ/መንቆርዮስ ማሉ
427. ራሄል ገብረሚካኤል ብርሃነ
428. ራሄት ምርኩብ ዓሊ
429. ራህዋ ሚካኤል
430. ራህዋ ነጋሲ ኣውዓሎም
431. ራህዋ ገብረሚካኤል ሀብትዝጊ
432. ራሕማ መሓመድ ዓሊ
433. ራሕማ ኣሕመዲን ዓብደልሩሕማን
434. ራውዳ ሳልሕ ሓሰን
435. ራየት መሓመድ ኢድሪስ
436. ርስቀ ኣሕመድ ርስቀ
437. ርሻን ተኽለ ተዓረ
438. ርሻን ኢያሱ ሓጎስ
439. ርሻን ኣሰፋው ከበብ
440. ርሻን ወልደሃዋርያት ሃይለ
441. ርሻን ገብረስላሰ ገብረትንሳኤ
442. ርሻን ገ/እግዚኣብሔር
443. ርእሶም ሕዝባይ በኺት
444. ርእሶም ተኽለ መንግስቱ
445. ርእሶም ገ/መስቀል ንጉሰ
446. ርእሶም ጉይትኦም ዳዊት
447. ርግበ ተኽለ ታዓረ
448. ርግበ ኪዳነ መሓሪ
449. ርግበ ወልደስላሰ ተኽለጋብር
450. ርግበ ገብረማርያም ተወልደመድህን
451. ርግኣት በርሀ ተስፋገርጊስ
452. ርግኣት ኪዳነ ተዓገስ
453. ሮማ ሃብተማርያም ሞባእ
454. ሮማ ብርሃነ
455. ሮማ ኪዳነ ሃብቶም
456. ሮማና ኣወልከር ኢብራሂም
457. ሮዚና መለስ የዕብዮ
458. ሰሎሞን ሃብተሚካኤል
459. ሰሎሞን ተወልደመድህን ዓይላይ
460. ሰሎሞን ተድላ ፊደል
461. ሰለሞን እምባየ ስብሃቱ
462. ሰለሞን ድራር ብስራት
463. ሰሎሞን ገ/ሂወት ዘሞ
464. ሰሎሞን ገብረሂወት ገብረማርያም
465. ሰሎሞን ገብረዝጊሄር ሃብተስላስ
466. ሰሎሞን ገብራይ ሰሎሞን
467. ሰሎሞን ጠዓመ
468. ሰሎሞን ጸሃየ
469. ሰመረ ምሕረትኣብ
470. ሰመረ ርእሶም ነጋሽ
471. ሰመረ ነጋሽ
472. ሰመረ ወልደሚካኤል በይን
473. ሰሚራ ፈጊ ኣሰና
474. ሰማይነሽ ሃብተገርግስ
475. ሰማይነሽ ሰመረኣብ ተስፋጽዮን
476. ሰማይነሽ ብርሃነ ሞሳዝጊ
477. ሰማይነሽ ኢሳቅ ገብረማርያም
478. ሰማይነሽ ጸጋይ መንግስቱ
479. ሰበነ ገብረሂወት ተኽለ
480. ሰናይት ልጃም ሕዋርሽከ
481. ሰናይት መልኣከ ተወልደብርሃን
482. ሰናይት በረኸትኣብ ተስፋማርያም
483. ሰናይት ተሾመ ባህታ
484. ሰናይት ተኽለ ምስግና
485. ሰናይት ዘሞ ኣርኣያ
486. ሰናይት ጸጋይ በራኺ
487. ሰንበቱ ተስፋሚካኤል መስለኣብ
488. ሰንበቱ ጸጋይ ንጉሰ
489. ሱለማን ሳልሕ መሓመድ
490. ሱለማን ጃምዕ ጣህር
491. ሱልጣን መስገን ነጋሽ
492. ሱልጣን በራኺ
493. ሱዓድ ሳልሕ ሱለማን
494. ሳሌም ገብረማርያም መንእመኖ
495. ሳልሕ መሓመድኣደም ኢብራሂም
496. ሳልሕ ኢብራሂም እድሪስ
497. ሳልሕ እድሪስ ዑመር
498. ሳልሕ ዓሊ
499. ሳልሕ ዓብደላ መሓመድ
500. ሳልሕ ፈረጅ እድሪስ-ሰዒድ
501. ሳልም ዑስማን
502. ሳሙኤል ሃይለ ማና
503. ሳሙኤል በኹረጽዮን
504. ሳሙኤል ብርሃነ
505. ሳሙኤል እስፋኖስ ገብረኣብ
506. ሳሙኤል ገ/ሂወት
507. ሳምሶን ነጋሽ
508. ሳራ እስቅያስ ቀለተ
509. ሳራ ክፍለኢየሱስ ተኽለ
510. ሳራ ዘሚካኤል
511. ሳራ ፍስሃጽዮን ወልዱ
512. ሳባ መብራህቱ ሃይለ
513. ሳባ በየነ ሰሎሞን
514. ሳባ ተስፋይ ገብረስላሰ
515. ሳባ ተኽለ
516. ሳባ ተኽለማርያም ገብረትንሳኤ
517. ሳባ ኢዮብ ዓንደማርያም
518. ሳባ ኣልኣዛር መስመር
519. ሳባ ገብረማርያም መሓሪ
520. ሳዕዲያ ኢብራሂም እስማዒል
521. ሳዕዲያ እድሪስኑር መሓመድ
522. ሳዕዲያ እድሪስ መሓመድ
523. ሳዕድያ ዓምር መሓመድኑር
524. ስሉስ ጸጋይ ተስፋዝጊ
525. ስላስ ኪዳነ ገብረእዝጊ
526. ስምረት ገ/ሚካኤል
527. ስብሃቱ ኣርኣያ ነጋሲ
528. ስብሃቱ ኩብሮም ኣስፍሃ
529. ስብሃት መሓሪ ሓጉስ
530. ስብሃትለኣብ ወልደገርጊስ ኢሳቕ
531. ስብሓት ተኽለ ብስራት
532. ስተል መሓመድ እድሪስ
533. ስዒድ ነጋሽ ኢድሪስ
534. ስዓደት ዓበ ስፋፍ
535. ስዓዳ እድሪስ ዓሊ
536. ስዩም ብርሃነ ኣስገዶም
537. ስዩም ተኽለ ሰሎሞን

538. ሰዩም ኣበድ ንጉሰ
539. ሶሎሜ ዳኒኤል ወልደማርያም
540. ሶፍያ ሃብተማርያም ሃብተሚካኤል
541. ሶፍያ መሓመድ የሕሚዱ
542. ሽሪፋ ሙሳ መሓመድኑር
543. ሸዊት በርሀ ተድላ
544. ሸዊት ተኪኤ ገብረመድህን
545. ሸዊት ገብረመስቀል ክፍላይ
546. ሸዊት ገዘሀይ ደሞዝ
547. ሻሹ እስፋኖስ ሓጉስ
548. ሻምበል መሓሪ ሰሎሞን
549. ሻግራይ መኒን ዑስማን
550. ሸሞንዲ ገረዝግሄር
551. ሸሻይ ሃይለ
552. ሸሻይ ብርሃነ
553. ሸሻይ ተስፋስላሰ ተስፋሁነይ
554. ሸዋ ተኪኤ ምሕረተኣብ
555. ሸዋ ዳዊት በርሀ
556. ሸፋ ኢብራሂም መሓመድ
557. ቀድሽ ኣብርሃ ሰርጹ
558. ቃልኣብ ገብረሚካኤል መብራህቱ
559. ቃላኣብ ጸጋይ ዑመርጻዕዳ
560. ቅዱሳን ኢሳቅ ገብረሂወት
561. ቅዱሳን ኣማረ ገ/ማርያም
562. ቅዱሳን ኣፈወርቂ ተስፋይ
563. ቅድስቲ ሰረቀ ያቆብ
564. ቅድስቲ ባልዋይ ጋይም
565. በላይ ኣርኣያ ተስፋይ
566. በላይነሽ ተስፋሚካኤል ሃይለ
567. በላይነሽ ኪዳን ወልዱ
568. በላይነሽ ወ/ሚካኤል
569. በላይነሽ ጸጋይ ገብረመድህን
570. በረኸት ተስፋይ ወልደሚካኤል
571. በረኸት ተኽለ
572. በረኸት ተኽለሚካኤል ወልደሚካኤል
573. በረኸት ኣርኣያ
574. በረኸት ኪዳን
575. በረኸት ደብረጽዮን ኣባይ
576. በረኸት ገብረሚካኤል ጊላይ
577. በረኸት ጊላይ ወልደኣብ
578. በሪሁ ገብረሂወት ደበሳይ
579. በሪሀ ወልደገርጊስ ብርሃነ
580. በራኺ ተወልደ ኣስገደ
581. በራኺ ኣማረ ገብረ
582. በራኺ ኣርኣያ ገብረ
583. በርሀ ሰሎሞን
584. በርሀ ባህልቢ መዓሾ
585. በርሀ ተኻ ባህታ
586. በርሀ ኣርኣያ ቀለታ
587. በርሀ ኣርኣያ ክፍለ
588. በርሀ ኣስፈሃ በራኺ
589. በኺታ ኢብራሂም ማሕሙድ
590. በኺታ እስማዒል
591. በየነ ሃይለማርያም ደበና
592. ባህራም ወልደኣብ ተኽለሚካኤል
593. ባህበሎም ገብረጻድቕ ጸጋይ
594. ባህታ ዘርኣም
595. ባርያጋብር ተስፋጼን መረሰዕ
596. ባንቺ ኣርኣያ ትኻቦ
597. ብልጫ ገ/መስቀል
598. ብሩክ ሃብተሚካኤል ሰሎሞን
599. ብሪ የሰፍ ተድላ
600. ብሪ የውሃንስ ገብረሚካኤል
601. ብርሂን ግርማጽዮን ሃብተስላሰ
602. ብርሃነ ሃብተ ኻሕሳይ
603. ብርሃነ ሕድራይ ተስፋሚካኤል
604. ብርሃነ መሓሪ ገብረሚካኤል
605. ብርሃነ መብራህቱ
606. ብርሃነ መንግስቱ ክፍለየሱስ
607. ብርሃነ ሰምኦን ገብረትንሳኤ
608. ብርሃነ ቀስጣንጢኖስ ተስፋማርያም
609. ብርሃነ በርሀ
610. ብርሃነ ባህታ በራኺ
611. ብርሃነ ተኪእ መሓሪ
612. ብርሃነ ተክሎም ንጉስ
613. ብርሃነ እምባዬ ተስፋይ
614. ብርሃነ ኪሮስ ዘርኣይ
615. ብርሃነ ክፍለ ትርፈ
616. ብርሃነ ዘርኤ ሓጉስ
617. ብርሃነ ገ/ሚካኤል
618. ብርሃነ ገብረዝጊሀር ኻሕሱ
619. ብርሃነ ግርማይ በይን
620. ብርሃነ ጴጥሮስ ሃብቱ
621. ብርሃነ ጸጋይ
622. ብርሃና መርእድ መስመር
623. ብርሃና ኣስመላሽ ብርሃነ
624. ብርሃና ዘርኣይ ብርሃነ
625. ብርሃነ በየነ ዛምላይ
626. ብርኩም ሃብተ ተክስተ
627. ብርኽ ተስፋልደት ተስፋሚካኤል
628. ብርኽ ተስፋይ ወልደሃይማኖት
629. ብርኽ ኣብረሃም ገብራት
630. ብርኽ ኣብረሃም ጽጉም
631. ብርኽ የውሃንስ ገብረ
632. ብርኽ ገ/ኢየሱስ ፍረዝጊ
633. ብርኽ ጎይተኦም ብርሃነ
634. ብርኽ ጸጋይ ኣርኣያ
635. ብርኽ ጸጋይ ወልደገርጊስ
636. ብስራት ተስፋጋብር ተክሎም
637. ብስራት ወ/ገብርኤል ተወልደ
638. ብእምነት ሃይለ ፍርዙን
639. ብእምነት ወ/ጋብር
640. ብጹዕኣምላክ በኸረ ሃብተገብረኤል
641. ሽሮኒኻ ዑቑቡ ክፍለ
642. ሺላ ኻሕሳይ ምስግና
643. ተመስገን የውሃንስ ወልደስላሰ
644. ተስፉ ተስፋዝጊ ገብረመስቀል
645. ተስፋሃንስ ገ/ንጉስ
646. ተስፋልደት መንግስቱ ገብረኣምላክ
647. ተስፋሚካኤል ሃይለ ተክሉ
648. ተስፋሚካኤል ወ/ጋብር
649. ተፋሚካኤል ገብረስላሰ ተኽለ
650. ተስፋሚካኤል ገብረገርጊስ ወልደሚካኤል
651. ተስፋማርያም ሰሎሞን ንጉስ
652. ተስፋማርያም በርሀ ክፍለ
653. ተስፋማርያም ተፈሪ መኮነን
654. ተስፋማርያም ኣልኣዛር ገብረ
655. ተስፋስላሰ ዕቑቡ ሃብተጽዮን
656. ተስፋስላሰ ገብረማርያም ባርይኡ
657. ተስፋኣለም ሃብታይ ኣብርሃ
658. ተስፋኣለም ምስግና
659. ተስፋኣለም በርሀ
660. ተስፋኣለም ኣብርሃ ወልደማርያም
661. ተስፋኣለም ገ/ኢየሱስ
662. ተስፋኣለም ገብረኢየሱስ ረታ
663. ተስፋኣለም ገብራይ ገብረኢየሱስ
664. ተስፋእንድርያስ መንግስቱ መሓሪ
665. ተስፋዝጊ ገብረኣብ ሃይለ
666. ተስፋዝጊ ጸሃየ ሃይለ
667. ተስፋይ መብራህቱ ፍስሃ
668. ተስፋይ ርእሶም ደበና
669. ተስፋይ ሰሎሞን
670. ተስፋይ ተስፋጽዮን
671. ተስፋይ ኢሳቅ ሃይሉ
672. ተስፋይ ኢትባርክ ገብረ
673. ተስፋይ ዑቑባይ ዘመሉ
674. ተስፋይ ዘሪጼን መኩነን
675. ተስፋይ ደስታ ኪዳን
676. ተስፋይ ገብረ በኩረ
677. ተስፋይ ገ/ሂወት ሃይለሚካኤል
678. ተስፋይ ገ/ሃዋርያት
679. ተስፋይ ገ/ሚካኤል ኣለማየሁ
680. ሃይለ ገብረሚካኤል (እምቡቱቶ)
681. ተስፋገርጊስ ስእለ ደብረጽዮን

682. ተስፋገብርኤል ተስፋስላሴ
683. ተስፋገብርኤል ኣጽብሃ ተሰማ
684. ተስፋገብረኤል ገብረስላሰ ዑቑቡ
685. ተስፋጋብር ተወልደ ዘሪሁን
686. ተስፋጼን ኣብረሃም ገብረመስቀል
687. ተስፋጼን ኣብረሃ ገብረቃል
688. ተስፎም ገብረክርስቶስ ኣርኣያ
689. ተሾመ ወ/ሚካኤል ምስጉን
690. ተኪአ ሃብተጽዮን ደርማስ
691. ተኪአ ናይዝጊ ዓንደማርያም
692. ተኪኤ ክንፈ ሓጐስ
693. ተኪኤ ተኽለ
694. ተኪኤ ገብረኣብ ገብረገርጊስ
695. ተኽለ ሃይለ በየነ
696. ተኽለ መድሃኔ
697. ተኽለ ተስፋዝጊ
698. ተኽለ ኣፍረንጊ ኣጋር
699. ተኽለ ገ/መስቀል ፍቃዱ
700. ተኽለ ገብረመድህን
701. ተኽለሃይማኖት ኪዳነ
702. ተኽለሃይማኖት ተስፋስላሰ በየነ
703. ተኽለሃይማኖት ወ/ጋብር
704. ተኽለሃይማኖት ዮውሃንስ ሃይሉ
705. ተኽለሃይማኖት ግደ ባህታ
706. ተኽለማርያም ጸጋይ ሰለሙን
707. ተኽለብርሃን ሃይለ
708. ተኽለብርሃን ኣብርሃም
709. ተኽለዝጊ ሃብተስላሰ ወልደኣብ
710. ተኽለዝጊ ተስፋሚካኤል ወልደገርጊስ
711. ተኽለዝጊ ክፍሉ ተዓደል
712. ተኽለዝጊ ዑቑባልደት ኪዳነ
713. ተኽለጽዮን ሃብተጽዮን መሓሪ
714. ተክሉ ተኪኤ ገብረስላሰ
715. ተክሉ ኣበበ
716. ተክሊት ተፈሪ ተመልሶ
717. ተኽላይ ተስፋማርያም
718. ተኽላይ ተስፋዝጊ መብራሁቱ
719. ተኽላይ ኪዳነ ገብረእግዚኣብሀር
720. ተኽስተ ተኽለ ደባስ
721. ተኽስተ ወልዳይ ኣብረሃለይ
722. ተኽስተ ዑቑባሚካኤል ደሞዝ
723. ተኽስተ ዓንደ ወልደስላሰ
724. ተኽስተ ደብረጽዮን ገብረሚካኤል
725. ተኽላይ ወልደገርጊስ ብርሃነ
726. ተኽላይ ወዳጆ ገብረሂወት
727. ተክኣ ተኽለ በየነ
728. ተክኣ ተወልደ በርሀ
729. ተክኣ ዘወልዲ ተኽለ
730. ተክኣ የማነ ሕድሩ
731. ተክኣ ገ/ሚካኤል
732. ተወልደ ሓጐስ ተስፋማርያም
733. ተወልደ መብራሁቱ
734. ተወልደ በራኺ
735. ተወልደ በኹረጽዮን
736. ተወልደ ኣርኣያ ኣድሓኖም
737. ተወልደ ኣርኣያ ገብሩ
738. ተወልደ ኣፈወርቂ ዓንደብርሃን
739. ተወልደ እምባየ
740. ተወልደ ወልደማርያም በራኺ
741. ተወልደ ዘራጼን ሰንጋል
742. ተወልደ ዳኒኤል በራኺ
743. ተወልደ ገብረመስቀል ኣልመዶም
744. ተወልደ ገብሩ ሃብትዝጊ
745. ተወልደብርሃን መድሃኔ ፍስሃጽዮን
746. ተወልደብርሃን ተኽለ ነጋሲ
747. ተዛረ ተወልደ ገብረኣምላክ
748. ተፈሪ ተወልደ ገብረመድህን
749. ታረቐ ወልዱ ኣምላኹ ጓንጉል
750. ታረቐ ፍስሃ ሕድሩ
751. ታበቱ በራኺ ገብረዝጊ
752. ታበቱ ገብረሚካኤል ወልዳይ
753. ታቦት ኣብረሃ ታቦት
754. ታደለሽ ተስፋሁነይ እማሃ
755. ታደለሽ ጊለ ሃብቱ
756. ታደሰ በየነ ባርያጋብር
757. ታደሰ ትኳቦ ንጉሰ
758. ታደሰ ኣብርሃ
759. ታደሰ ገብረሂወት ገብረሚካኤል
760. ታደሰ ገብረኢየሱስ ገደደ
761. ታደሰ ጠዓመ ግደ
762. ቴድሮስ ብርሃነ ገረዝጊሄር
763. ቴድሮስ ገ/መድህን
764. ትርሓስ ሃብተ በይን
765. ትርሓስ ሃብቱ ተስፋይ
766. ትርሓስ ሓጐስ ገብረስላሰ
767. ትርሓስ ተስፋሚካኤል ገብረኪዳን
768. ትርሓስ ተስፋይ ባህታ
769. ትርሓስ በርሀ ሓጎስ
770. ትርሓስ ኢሳቕ ሓጐስ
771. ትርሓስ ኻሕሳይ ጋይም
772. ትርሓስ ክፍለማርያም ገብረማርያም
773. ትርሓስ ደባስ ዘወልዳይ
774. ትርሓስ ገብረመስቀል ዘርኦ
775. ትርሓስ ገብረገርጊስ ተኽለ
776. ትርሓስ ጎይትኦም በርሀ
777. ትብርሀ በኩረጼን ገብረዮናስ
778. ትብርሀ ኣስመላሽ
779. ትብርሀ ኣድሓኖም ባይሩ
780. ትብርሀ ወልደገብረኤል ገብረኪዳን
781. ትብለጽ ሓጎስ ገረዝጊሄር
782. ትብለጽ ሰሎሞን ደበሳይ
783. ትብለጽ ተስፋስላሴ ኣብረሃም
784. ትብለጽ ነጋሽ ጎይትኦም
785. ትብለጽ እምነቱ በራኺ
786. ትብለጽ ገዛኢ ወልደስላሰ
787. ትብለጽ ፍስሓ ግርመ
788. ትንሱእ ተወልደብርሃን ፍስሃ
789. ትንሱእ ገብራይ ተወልደ
790. ትኩእ ሃይለ መሓሪ
791. ትኩእ ተኽለ ኣርኣያ
792. ትኩእ ጉይቶኦም ሃብተሚካኤል
793. ትዕበ ሃብቶም ሰገድ
794. ትዕበ መርሃዊእዝጊ ሰለባ
795. ትዕበ ምሕረተኣብ ነማርያም
796. ትዕበ ተስፋልደት ፋደጋ
797. ትዕበ ተኽለየስ ሃብተጽዮን
798. ትዕበ ገብረሂወት ተስፋማርያም
799. ትገዘኦም ንጉሰ ይፍጠር
800. ኑብያት ሃይለ በርሀ
801. ኑብያት ሃይለ በኩረጽዮን
802. ኑብያት ሃይለ ገብረኪዳን
803. ኑብያት በላይ የዕበዮ
804. ኑብያት ባህልቢ ሃብተሚካኤል
805. ኑብያት ኣልኣዛር ገረዝጊሄር
806. ኑብያት ክፍልዝጊ ወለደኪዳን
807. ኑብያት ገ/እግዚኣብሔር ተስፉ
808. ነገሰት ሓድሽ ሰንቢት
809. ነጋሲ ኣብርሃ ተኽለ
810. ነጋሲ ገብረማርያም ደሞዝ
811. ነጋሽ ተስፋብሩክ ተሰማ
812. ነጸረኣብ ሃብተስላሰ ብርሃነ
813. ኑርሑሴን መሓመድ
814. ኑርዓይኒ መሓመድ ዓብደልረቢ
815. ናትናኤል ሳሙኤል ዳርፍ
816. ናዝሬት ዳኒኤል ትኳቦ
817. ናዝሬት ገብረሚካኤል ዘርኦ
818. ናዝሬት ገብረዝጊሄር ገ/ሚካኤል
819. ናይዝጊ ወልደኣብ ደሞዝ
820. ናጽነት ተስፋሚካኤል ተኽለሚካኤል
821. ናጽነት ተስፋይ ተኪኤ
822. ናጽነት ገ/እግዚኣብሔር በራኺ
823. ንርኣዮ ተኽለሚካኤል
824. ንርኣዮ ታደስ ምራጭ
825. ንኣምን ደብረጼን እምባየ

826. ንጉስ በርሀ
827. ንግስቲ ሃይለ ተኽለ
828. ንግስቲ ስብሓት ጨባፅ
829. ንግስቲ ተኽለ ሰሎሞን
830. ንግስቲ ታትዮስ ፍስሃ
831. ንግስቲ ኣርኣያ
832. ንግስቲ ኣስፈሃ በራኺ
833. ንግስቲ ኣብረሃ ተስፋሚካኤል
834. ንግስቲ እምባዩ ወልደስላሰ
835. ንግስቲ ከሰተ ጸሃዩ
836. ንግስቲ ክፍልዝጊ መሓሪ
837. ንግስቲ ወልደሚካኤል እንግዳ
838. ንግስቲ ወልዱ ግርማይ
839. ንግስቲ ገብረሂወት ተስፋ
840. ንግስቲ ገብረገርጊስ ደስታ
841. ንግስቲ ፍስሃዩ በራኺ
842. ንጽሃ ተስፋጼን ጸሃዩ
843. ንጽሃ ኣርኣያ በርሀ
844. ንጽሀቲ ምስግና መንግስቱ
845. ንጽሀቲ ኩብረኣብ ዘርኣይ
846. ንጽሀቲ ወ/ማርያም
847. ንጽሀቲ ፍስሃዩ
848. ኡምሰይድ መሓመድ ኣልኣሚን
849. ኢለን ተስፋይ ወልደማርያም
850. ኢለን ገረዝጊሄር በርሀ
851. ኢሳቅ እምባዩ
852. ኢሳቅ ዑቕቡ ገብረኢየሱስ
853. ኢሳቅ ፋሲል ሓድጉ
854. ኢሳይያስ ተስፋማርያም ተኽለ
855. ኢሳይያስ ኤርሚያስ ናትናኤል
856. ኢሰይያስ ዳኒኤል ረዳ
857. ኢብራሂም ሑመድ እድሪስ
858. ኢብራሂም ሙሳ ዑስማን
859. ኢብራሂም ሳልሕ
860. ኢብራሂም ሰዒድ ኢብራሂም
861. ኢብራሂም እድሪስ ዑመር
862. ኢትባርክ መዘንግዕ ወልደሃይማኖት
863. ኢትዮጵያ ኢሳቅ ወልደሚካኤል
864. ኢዮብ ሃብተኣብ
865. ኢዮብ ሙሴ ተስፋገርጊስ
866. ኢዮብ ምስግና
867. ኢዮብ ሰለሙን ኢሚልዮስ
868. ኢዮብ ኣብርሀ
869. ኢዮብ ኣስመላሽ በራኺ
870. ኢዮብ ዑ/ሚካኤል
871. ኢዮብ ጊላሚካኤል ገረዝጊሄር
872. ኢዮብ ገብረሚካኤል ነጋሲ
873. ኢድሪስ መሓመድ ኣሕመድ
874. ኢድሪስ መሓመድሰዒድ ኣድም
875. ኢድሪስ ሮሞዳን
876. ኢድሪስ ዑስማን መስመር
877. ኢድሪስ ዑስማን ማሕሙድ
878. ኣለም ልኡል ተኪአ
879. ኣለም መድሃኔ ሓጐስ
880. ኣለም በርሀ ሱዋ
881. ኣለም ተስፋጼን ገብረዮውሃንስ
882. ኣለም ታደሰ ኣብርሃ
883. ኣለም ታደሰ ገብረዝጊ
884. ኣለም ኣርኣያ ንጉሰ
885. ኣለም ኣስመላሽ ክንፋት
886. ኣለም ኣብረሃ ርእሶም
887. ኣለም ገ/እግዚኣብሔር ገብረመድህን
888. ኣለም ገብሩ ገብረኢየሱስ
889. ኣለምጽሃይ ኣብረሃ ርእሶም
890. ኣልማዝ ሃንስ ትኩእ
891. ኣልማዝ ሃይለ ተስፋሚካኤል
892. ኣልማዝ መንስ መሓሪ
893. ኣልማዝ በላይ ለገሰ
894. ኣልማዝ ተስፋይ ገብሪት
895. ኣልማዝ ተኪኤ ገብረኪዳን
896. ኣልማዝ ተኽለሃይማኖት ዑቑባዝጊ
897. ኣልማዝ ታደሰ ገብረኢየሱስ
898. ኣልማዝ ገብረስላሰ ተኽላይ
899. ኣልማዝ ጽገዮውሃንስ ህብት
900. ኣልኣሚን ዓብደልቃድር ዑመር
901. ኣልኣዛር ረድኢ ጸጋይ
902. ኣልኣዛር ዘርአ ትኳቦ
903. ኣልኣዛር ፍረዝጊ
904. ኣልጋነሽ ሃብተገርጊስ ወልደኣብ
905. ኣልጋነሽ መንግስትኣብ ምስግና
906. ኣልጋነሽ ሰዩም ተድላ
907. ኣልጋነሽ በርሀ መንገሻ
908. ኣልጋነሽ በየነ ኣባይ
909. ኣልጋነሽ በየነ ገብረትንሳኤ
910. ኣልጋነሽ ተስፋ ሃይሉ
911. ኣልጋነሽ ተክስተ ሃብሎ
912. ኣልጋነሽ ኣረፋይነ ክፍለ
913. ኣልጋነሽ ኣፈወርቂ
914. ኣልጋነሽ እመሃጼን ዑቑቡ
915. ኣልጋነሽ ኪዳነ ወልዱ
916. ኣልጋነሽ ክፍለ ገብረስላሰ
917. ኣልጋነሽ ክፍሎም በራኺ
918. ኣልጋነሽ ዑቑባይ ኣድሓኖም
919. ኣልጋነሽ ዓንደየስ ነጋሲ
920. ኣልጋነሽ ገብረኣብ ገብረትንሳኤ
921. ኣልጋነሽ ጸጋይ ተስፋሚካኤል
922. ኣሕመድ ሓጂ ዑስማን
923. ኣሕመድ መሓመድኑር ማይበቶት
924. ኣሕመድ ኢብራሂም ሳልሕ
925. ኣሕመድ ዑስማን ኣሕመድ
926. ኣሕፈሮም ገ/ብርሃን ኣርኣያ
927. ኣመተ መብራህቱ ጉብሳ
928. ኣመተ ተክሉ
929. ኣመተ ገብረዝጊ ሃብተሚካኤል
930. ኣመተሚካኤል ሃብተ ዑቑባዝጊ
931. ኣሚነ ተኽለገርግስ ሃብተሚካኤል
932. ኣማረ ረዳእ ገ/ሚካኤል
933. ኣማረ ግርማኡ ተስፋ
934. ኣማረሽ ተኽለገርጊስ ሃብተሚካኤል
935. ኣማረሽ ገ/ማርያም ድበ
936. ኣማኑኤል ሃብተ መዘንግዕ
937. ኣማኑኤል ምሕጽንቱ ኢሳቅ
938. ኣማኑኤል ሰምኦን ተስፋስላሰ
939. ኣማኑኤል ተኽለ
940. ኣማኑኤል ነጋሲ ገብረማርያም
941. ኣማኑኤል ኣብርሃም
942. ኣማኑኤል ወልደማርያም መንግስቱ
943. ኣማኑኤል ዘርኦም መንግስቱ
944. ኣማኑኤል ደሞዝ ባዕሉ
945. ኣማኑኤል ገ/ሚካኤል ደስታ
946. ኣምለሰት ኣሰፋው ገብረስላሰ
947. ኣምለሰት ፍስሃዩ መለሰ
948. ኣምና ሓምድ እስማዒል
949. ኣምና መሓመድ ሙባርክ
950. ኣምና መሓመድዓሊ ማሕሙድ
951. ኣምና መሓመድዓሊ ዳውድ
952. ኣምና ሰዒድ ጣሀር
953. ኣምና ኢድሪስ ዓሊ
954. ኣረጋሽ ብርሃነ ገዛኢ
955. ኣረጋሽ ገብረኣብ
956. ኣርኣያ ክፍለ
957. ኣርኣያ ገብረንጉስ ኪዳነ
958. ኣሮን ክፍሎም
959. ኣስሊ ተስፋሚካኤል ይሕደጎ
960. ኣሰፋሽ ሃይለ
961. ኣሰፋሽ ያሬድ ዕቑባዝጊ
962. ኣሰፋሽ ኀይትኦም ተስፋማርያም
963. ኣሰፋው ተክስተ ገብረኪዳን
964. ኣሰፋው ኣብረሃ መንግስተኣብ
965. ኣሰፋው ኻሕሳይ ክፍለ
966. ኣሰፋው ክፍለ
967. ኣስመላሽ ገብረወልድ
968. ኣስመላሽ ወ/ገብርኤል ወልደገርጊስ
969. ኣስመረት ሃይሉ ፊተውራሪ
970. ኣስመረት ተኪአ ተስፋሚካኤል

971. ኣስመረት ክንፈ ገብረመስቀል
972. ኣስመረት ይግዛው ገብረ
973. ኣስመረት ገብረሃንስ ሃይለ
974. ኣስመረት ጸጋይ ተኸለ
975. ኣስመሮም ተስፋሚካኤል ወልደገብረኤል
976. ኣስመሮም ክፍለየሱስ ዕቑባኣብ
977. ኣስመሮም ደባስ ዘርኢጋብር
978. ኣስመሮም ገብረሂወት ተስፋጽዮን
979. ኣስመሮም ጸጋብርሃን ተድላ
980. ኣስማይት ኣስገዶም በርሀ
981. ኣስራት ሃይለ መንግስቱ
982. ኣስቴር ባህሩ ኢያሱ
983. ኣስቴር ዘርኡ ተኸለ
984. ኣስቴር ዮውሃንስ ገድለ
985. ኣስቴር ገ/ሂወት
986. ኣስቴር ገ/ስላሴ ኣስገዶም
987. ኣስቴር ገ/ኢየሱስ
988. ኣስኻሉ ሃብተስላሴ ተድላ
989. ኣስኻሉ መንቀርዮስ ብርሃነ
990. ኣስኻሉ ተወልደ ነጋሲ
991. ኣስኻሉ ኩብረኣብ ሕምዝ
992. ኣስኻሉ ወልደዮውሃንስ ኢሰት
993. ኣስኻሉ ገ/ሂወት
994. ኣስኻሉ ገ/ሚካኤል ሰለሙን
995. ኣስገደት ገብረወልድ ዘርኢት
996. ኣስገዶም መስፍን ሃብተ
997. ኣስገዶም ተኸለ ገብረሂወት
998. ኣስገዶም ተክሉ ያዘው
999. ኣስፍሃ ጊለ ሃብተ
1000. ኣቕላሲያ ተስፋዮውሃንስ ገብረ
1001. ኣሰፋው ክፍለ
1002. ኣበባ ሃብቶም ዑንቴራ
1003. ኣበባ በየነ ገብረትንሳኤ
1004. ኣበባ ብርሃነ ገብረመድህን
1005. ኣበባ ተስፋማርያም ስብሃቱ
1006. ኣበባ ተስፋማርያም ንጉስ
1007. ኣበባ ተኸለ ሃብተማርያም
1008. ኣበባ ኣለምሰገድ ባህረ
1009. ኣበባ ክንድያ ባይረ ኣበባ ዘርኡ
1010. ኣበባ ደበሳይ ወልደማርያም
1011. ኣበባ ገ/ሚካኤል
1012. ኣበባ ገ/ገርግስ ተስፋማርያም
1013. ኣበባ ገድለ ተኸለሚኻኣኤል
1014. ኣበባ ጉይቶኣም
1015. ኣበድ ተስፋይ ዑቑባሚካኤል
1016. ኣባዲት መብራህቱ ተስፋማርያም
1017. ኣባዲት ገብረሂወት ተስፋሚካኤል
1018. ኣባዲት ገብረብርሃን ወልደገርጊስ
1019. ኣብርሀት ሓደራ ገብረኢየሱስ
1020. ኣብረሀት በርሀ በኩረ
1021. ኣብርሀት ተኸለ ገብረ
1022. ኣብረሀት ነጋሽ ገብሩ
1023. ኣብረሀት ኤልያስ ጋሮይ
1024. ኣብረሀት እስፋኖስ ወልደጋብር
1025. ኣብርሀት ገ/መድህን ወልደገብረኤል
1026. ኣብረሀት ገብረሚካኤል ለባሲ
1027. ኣብረሀት ገብረማርያም ናይዝጊ
1028. ኣብረሀት ገብረእዚኣብሀር ዘርአ
1029. ኣብርሀት ጠዓመ ገብረመድህን
1030. ኣብርሃለይ መለስ ዘለቀ
1031. ኣብርሃለይ ምሕረተኣብ እምሃ
1032. ኣብረሃም ሓጎስ በርሀ
1033. ኣብርሃም መኩነን ሰለባ
1034. ኣብረሃም በርሀ ሰረቐ
1035. ኣብርሃም ተስፋሚካኤል ዓንደመስቀል
1036. ኣብረሃም ኣፈወርቂ ወለደሚካኤል
1037. ኣብርሃም እምባየ
1038. ኣብረሃም ክሰተ ስዩም
1039. ኣብርሃም ዕቑባትንሳኤ
1040. ኣብርሃም ዓንዴት
1041. ኣብርሃም ደብረጽዮን ይልማ
1042. ኣብርሃም ገብረኣብ ኣስገዶም
1043. ኣብርሃጽዮን ሰለሙን ሃብተ
1044. ኣብርሃጽዮን ተወልደብርሃን ወልደኢየሱስ
1045. ኣብረሃጽዮን ኣረጋይ ነጋሽ
1046. ኣንገሶም ኢሳቅ ብርሃነ
1047. ኣንገሶም ፍስሃ ስዩም
1048. ኣኸዛ መዝገቦ ገብረስላሰ
1049. ኣኸዛ ምስግና ዓፋ
1050. ኣኸዛ ገብረኢየሱስ ኻሕሳይ
1051. ኣክበረት ሃብታይ ተስፋስላሰ
1052. ኣክበረት ሙሴ ኣውዓሎም
1053. ኣክበረት ርእሶም
1054. ኣክበረት ሰሎሞን ዘርኣይ
1055. ኣክበረት ሰብሃትለኣብ ነጋሲ
1056. ኣክበረት በየነ ገብረሚካኤል
1057. ኣክበረት ተስፋይ
1058. ኣክበረት ኣርኣያ ሓድጉ
1059. ኣክበረት ኣፈወርቂ ገብረመስቀል
1060. ኣክበረት ገብረስላሰ ፍስሃየ
1061. ኣክበረት ገብረክርስቶስ ጉዓሽም
1062. ኣክበረት ፍረዝጊ ሕድረሚካኤል
1063. ኣውልከር ዓብደልሓይ ስዒድ
1064. ኣወጣሽ የማነ ገደ
1065. ኣወጣሽ ገረዝጊሄር ብሩ
1066. ኣዘለሽ ወልዳይ ኻልብ
1067. ኣዛሚት ሕድራይ ገብረማርያም
1068. ኣዛሚት ንጉስ ተወደመድህን
1069. ኣዜብ ኣሚነ ርስቱ
1070. ኣዜብ ተክሉ ሓይለኣብ
1071. ኣዜብ ዮውሃንስ ዘኻርያስ
1072. ኣዜብ ገረዝጊሄር ኣቶስም
1073. ኣዜብ ፍስሃየ ተስፋሚካኤል
1074. ኣዝመራ ሃይለ
1075. ኣዝመራ ሓድጉ ኣርዓዶም
1076. ኣዝመራ ጸጋይ ሚዒተልኻ
1077. ኣይንኣለም ኣስመላሽ ኪዳነ
1078. ኣይንኣለም ዳኘው ባህታ
1079. ኣይንኣለም ገብረሚካኤል ባህታ
1080. ኣደራ ኣድም ሓሰን
1081. ኣድሓነት ዑቑባዮናስ ተኸለማርያም
1082. ኣድሓነት ዓንዶም ኣባይ
1083. ኣድሓነት ወርቀ ሰመረ
1084. ኣድም ልባብ ኻንቱን
1085. ኣድም መሓመድ ኣሕመድ
1086. ኣድም መሓመድስዒድ ሓምድ
1087. ኣድም ሮመዳን ሸጊ
1088. ኣድም ዓብደላ መሓመድ
1089. ኣጸደ መስፍን ተኸላይ
1090. ኣፈወርቂ ሓጐስ
1091. ኣፈወርቂ በርሀ ጓንጉል
1092. ኣፈወርቂ ተድላ ባይሩ
1093. ኣፈወርቂ ኣብረሃም ዑቑባሚካኤል
1094. ኣፈወርቂ ገብረመስቀል ሞሳዝጊ
1095. ኤልሳ ሃይለሚካኤል በኩረጽዮን
1096. ኤልሳ መልኣከ ክፍለኢየሱስ
1097. ኤልሳ መስፍን
1098. ኤልሳ ስዩም ገብረሚካኤል
1099. ኤልሳ ተኪኤ መድህን
1100. ኤልሳ ተኸለገርጊስ በራኺ
1101. ኤልሳ ተክሉ
1102. ኤልሳ ከበደ ወልደሚካኤል
1103. ኤልሳ ኻሕሱ ገረዝጊሀር
1104. ኤልሳ ያቆብ ኻፈላ
1105. ኤልሳ ገ/ሂወት
1106. ኤልሳ ገ/ስላሴ
1107. ኤልሳ ገብራይ መንያ
1108. ኤልያስ ተኸለ ተኪኤ
1109. ኤርምያስ ጸጋይ ዘወልዲ
1110. ኤርትራ ርእሶም ገብረወልዲ
1111. ኤርትራ በርሀ ሓጎስ
1112. ኤደን ኣሰፋው ገብረማርያም
1113. ኤፍረም ባህታ ኣምባየ
1114. ኤፍረም ብርሃነ ተኩሩራይ

1115. ኤፍረም ኣርኣያ ኣጽበሃ
1116. ኤፍረም ክፍሎም ቀለታ
1117. እልፋይ ኣስመላሽ ሃብተ
1118. እሙና ኪዳነ በራኺ
1119. እምሃ ሃብተማርያም ደሱ
1120. እስማዒል ሓሊቦ እስማዒል
1121. እስማዒል መሓመድ ዓንኛ
1122. እስማዒል ኣደም ዑመር
1123. እስማዒል ከሊፋ ዓብዱ
1124. እስማዒል ዑስማን ሓምድ
1125. እስፋኖስ ሓጐስ ገብረ
1126. እስፋኖስ ርእሶም ግደ
1127. እስፋኖስ ተስፋይ ምሕረተኣብ
1128. እስፋኖስ ተስፋይ ኣርኣያ
1129. እስፋኖስ ኣስመላሽ ገብረስላሰ
1130. እስፋኖስ ገብሩ ተስፋ
1131. እስፋኖስ ግርማጽዮን ሃብተጽዮን
1132. እትመት ገብረሂወት ዘርኢት
1133. እትየማር ገብረእግዚኣብሀር ንጉስ
1134. እዝጊሃርያ መሓሪ ገብረስላሰ
1135. እዝጊሃርያ ተኩሉ ድራር
1136. እዝጊሃርያ ተኽለማርያም ገብረሂወት
1137. እዝጊሃርያ ተወልደ ኣስመዶም
1138. እዝጊሃርያ ንርኣዮ ወልደሃንስ
1139. እዝጊሃርያ ድራር መስፉን
1140. እዝጊኣምን እስፋኖስ ተስፋሚካኤል
1141. ከሰተ ኢሳቕ ዑቑባዝጊ
1142. ከበደሽ ሓድጉ ወልዱ
1143. ከበደሽ እምባየ
1144. ከበዶም ጽሃየ በርሀ
1145. ከዲጃ መሓመድ ዑመር
1146. ከዲጃ መሓመድ ዑስማን
1147. ከዲጃ ሳልሕ ሱለማን
1148. ከዲጃ ኢብራሂም ዓብደኑር
1149. ከዲጃ ኣድም ኢብራሂም
1150. ከዲጃ ዓሊ ዘርኦም
1151. ከዲና በኺት ሰባብ
1152. ኪሮስ ሃብተማርያም ዑቑባዝጊ
1153. ኪሮስ ሃይለማርያም በራኺ
1154. ኪሮስ ዮውሃንስ ሃይሉ
1155. ኪዳነ ሃብተጋብር ጀናይ
1156. ኪዳነ ሃይለ ዑቑባዝጊ
1157. ኪዳነ መብራሀቱ ብርሃነ
1158. ኪዳነ ሳህለ
1159. ኪዳነ ተስፋይ ኣፈወርቂ
1160. ኪዳነ ተስፋዮውሃንስ ሃብተሚካኤል
1161. ኪዳነ ኣርኣያ ሓድጉ
1162. ኪዳነ ዓ/ሚካኤል
1163. ኪዳነ ወልደጋብር ጀናይ
1164. ኪዳነ ገብረኣምላክ በኩረጽዮን
1165. ኪዳነ ገብረኣብ ይሕደጎ
1166. ኪዳነ ገብረድንግል ምሑስ
1167. ኪዳኑ ተወልደ እመሃጼን
1168. ኪዳን መብራሀቱ ብርሃነ
1169. ኻልሹም ኣደም ኢድሪስ
1170. ኻሕሳይ ተድላ ሓጎስ
1171. ኻሕሳይ ገብረሂወት ኣብርሃም
1172. ኻሕሳይ ገብረሃዋርያት ኣብርሃም
1173. ኻሕሳይ ገብራይ
1174. ኻሕሳይ ገዘሀኝ ተኩሉ
1175. ኩብራ ተስፋሚካኤል ተወልደመድህን
1176. ኩብራ ኣርኣያ ገብረማርያም
1177. ኩብራ ጸጋይ ንጉስ
1178. ኩብርኣብ ኣማኑኤል ገብረስላሰ
1179. ኩብርኣብ ኻሕሳይ
1180. ኩብርኣብ ዘራጽዮን ድራር
1181. ኩብርኣብ ዳኒኤል ተስፋማርያም
1182. ኩብሮም ሰመረ ሃይለ
1183. ኩብሮም ናይዝጊ
1184. ክንፈ ወልደስላሰ ተስፋገርጊስ
1185. ክፍለ በይን ተኽለ
1186. ክፍለ ዮውሃንስ ንጉስ
1187. ክፍሊት ፍስሃየ ሃብቱ
1188. ክፍላይ ገብረስላሰ ኻሕሳይ
1189. ክፍላይ ገብረስላሰ ገብረኪዳን
1190. ክፍሎም ዘውደ ገብረስላሰ
1191. ክፍሎም ገብረሂወት ገብረክርስቶስ
1192. ክፍሎም ገብረዝጊሄር ተስፋስላሰ
1193. ክፍለማርያም ወልደሚካኤል ተስፋይ
1194. ኮኾብ ገረዝጊሄር ዑቕባዝጊ
1195. ወልደሚካኤል በርሀ ገብረገርጊስ
1196. ወልደሚካኤል ተኽለ ገብረስላሰ
1197. ወልደሚካኤል ተወልደመድህን ዑቕባጋብር
1198. ወልደማርያም እንግደ ቶምበሳ
1199. ወልደማርያም ፍስሃ ገብረታትዮስ
1200. ወልደሩፋኤል ምስግና ጊለ
1201. ወልደትንሳኤ ተኪአ ገብረማሪያም
1202. ወልደትንሳኤ ግርማይ
1203. ወልደገርግስ ተስፋልደት ምሕረተኣብ
1204. ወልዱ ተኽላይ ገብረኢየሱስ
1205. ወልዱ ዕቑባይ
1206. ወልዳይ ብርሃነ ገብረስላሰ
1207. ወረደምህረት ወልደኢየሱስ ፍቓዱ
1208. ወርሐ ተስፋጽዮን ዘርአ
1209. ወይኒ ሃብተገርጊስ ጎይትኦም
1210. ወይኒ ሃይለ ተስፋጋብር
1211. ወይኒ መሓሪ ወልደገርጊስ
1212. ወይኒ ምስግና ጸጋይ
1213. ወይኒ ኣስፈሃ ዓንደማርያም
1214. ወይኒ ኪዳነ
1215. ወዘነት ጸጋይ ነጋሽ
1216. ዊላ መሓመድ ኣላ
1217. ውሃብ ስዒድ ሓመድሓጎስ
1218. ዉነሽ ስዩም በርሀ
1219. ውዳሰ መሓሪ ኢሳቕ
1220. ዑመር ኢብራሂም ዓሊ
1221. ዑመር ኣሕመዲን ዑመር
1222. ዑመር ኣሕመድ ስዒድ
1223. ዑመር ዓሊ መሓመድ
1224. ዑመር ጅምዕ ሳልም
1225. ዑስማን ሓሰን ሓቢብ
1226. ዑስማን መሓመድ ኢብራሂም
1227. ዑስማን መሓመድ ዑመር
1228. ዑስማን መሓመድ ጀቢብ
1229. ዑስማን መሓመድዓሊ እድሪስ
1230. ዑስማን ሙሳ ዓሊ
1231. ዑስማን ሳልሕ ሱለማን
1232. ዑስማን ኢብራሂም መሓመድ
1233. ዑስማን ኢብራሂም ዑመር
1234. ዑስማን ኣድም ኬር
1235. ዑስማን ዑመር እድሪስ
1236. ዕቑቢት ወልዱ ኣለም
1237. ዕቑቢት ወልዳይ ባህታ
1238. ዕቑባ መሃንሾ ሓጐስ
1239. ዕቑባ በርሀ ግደ
1240. ዕቑባ ተስፉ ብርሃነ
1241. ዕቑባ ገረመድህን ጸጋዝጊ
1242. ዕቑባሚካኤል ዮውሃንስ ተክሉ
1243. ዕቑባሚካኤል ገብሩ ገረዝጊሄር
1244. ዕቑባማርያም ተኽለኣብ ስምረት
1245. ዕቑባዝጊ መንቐርዮስ ብርሃነ
1246. ዕቑባዝጊ ተኽለ ገብረማሪያም
1247. ዕቑባዝጊ ተወልደ
1248. ዕቑባዝጊ ገብረማርያም ኪዳነ
1249. ዕቑባይ ተኽለ ገብረማርያም
1250. ዕቑባይ ኪዳነ ተድላ
1251. ዕቑባይ ኪዳነ ገብረማርያም
1252. ዕቑባይ ገ/ኣምላክ ወልደሚካኤል
1253. ዕቑባገርግስ መርእድ ተወልደ
1254. ዒሳ ሑመድ ዓሊ
1255. ዓሊ መሓመድ ኣድም
1256. ዓሊ ሮብለ ፍሊልኻ
1257. ዓሊ ሳልሕ ዓሊበኺት
1258. ዓሊ ፓውሎ ሉንጊ
1259. ዓሊ ፍሊ

1260. ዓምር ዑስማን መሓመድዓሊ
1261. ዓሻ መሓመድ-ዓሊ
1262. ዓሻ ባሃመድ ዓርሻይ
1263. ዓሻ ኢብራሂም ዓሊ
1264. ዓሻ ኢድሪስ ደኒ
1265. ዓበ ሓሰን ዓበ
1266. ዓብደላ መሓመድ ሓምድ
1267. ዓብደላ መሓመድ ሙሳ
1268. ዓብደላ ሰዒድ መሓመድ
1269. ዓብደላ ኣድም
1270. ዓብደላ ዓሊ ሑመድ
1271. ዓብደልቃድር መሓመድዓሊ ድራር
1272. ዓብደልዓሊም ኢብራሂም መሓመድ
1273. ዓንቀጽ ዘርኣይ ሰለሙን
1274. ዓንደ ያቆብ ወልደሚካኤል
1275. ዓንደመስቀል ተስፋይ ሃይለ
1276. ዓንደማርያም ኣስገዶም በሪህ
1277. ዓንዳይ መልኣከ ምስግና
1278. ዓንዳይ ሃብተስላሰ ገብረስላሰ
1279. ዓንዳይ ወልዳይ በሪህ
1280. ዓንዶም ገብረኢየሱስ ኣርዓዶም
1281. ዓዋተ ዑስማን መሓመድ
1282. ዓውድ ዑስማን
1283. ዓይቡ ብርሃነ ምኒ
1284. ዘሙይ ከፈላ ገብረኢየሱስ
1285. ዘሙይ ገብረእንድርያስ ሃብተ
1286. ዘሚካኤል ሃይለ
1287. ዘሚካኤል ኣብርሃ ገብረመስቀል
1288. ዘራጼን ገ/ሂወት
1289. ዘርትሁን ሃይለማርያም ተኽለ
1290. ዘርአ ገብረሂወት ወልዱ
1291. ዘርኡ ኣብርሃም
1292. ዘርኡ ዛይድ ኣባይ
1293. ዘርኢማርያም ኣብርሃለይ ገብረመድህን
1294. ዘርኢማርያም ኪዳነ
1295. ዘርኣይ መሓረና ኪዳነ
1296. ዘርኣይ ብኩረ ሕድሩ
1297. ዘርኣይ ክፍላይ ሃብተማርያም
1298. ዘርኣይ ግርማይ ተስፋማርያም
1299. ዘርኦም ገ/ሃዋርያት ጊላእዝጊ
1300. ዘቢብ ሰዩም ዓንደመስቀል
1301. ዘቢብ ጣህር ኑር
1302. ዘነበ ሰዩም ገብረኪዳን
1303. ዘናብ ሰለሙን ሰዩም
1304. ዘኻርያስ ነጋሲ ገብረስላሰ
1305. ዘኻርያስ ኣስገዶም ተድላ
1306. ዘኻርያስ ወልደስላሰ ገበይ
1307. ዘኻርያስ ጸጋይ ሓንቢር
1308. ዘውዲ ተወልደገብረመድህን
1309. ዘውዲ ነጋሽ ተግባሩ
1310. ዘውዲ ኣብረሃም ወልደማርያም
1311. ዘውዲ ዑቑባስላሴ
1312. ዘውዲ ዑቑባዝጊ ሰቛር
1313. ዘውዲ ገብረሃንስ ገብሩ
1314. ዘይነብ መሓመድ ኢድሪስ
1315. ዘይነብ መሓመድሰዒድ ሳልም
1316. ዘይነብ መሓምድኣደም ከሊል
1317. ዘይነብ መሓመድኣደም እስማዒል
1318. ዘይነብ መሓመድዓሊ ሳልም
1319. ዙፋን ኣብረሃ ሃብተኢየሱስ
1320. ዛይድ መብራህቱ ተኽለ
1321. ዛይድ ሸሻይ
1322. ዛይድ በየነ ባርያጋብር
1323. ዛይድ ተወልደ መሓሪ
1324. ዛይድ ወልደገርጊስ ርእሶም
1325. ዛይድ ደብረጽዮን ሰለሙን
1326. ዛይድ ገብረመስቀል ሰሎሞን
1327. ዛይድ ገብረመስቀል ተኪኤ
1328. ዛይድ ገብረገርጊስ ተስፋገርጊስ
1329. ዛይድ ገብረገርጊስ ባርያጋብር
1330. ዝማም ታረቐ ጅቦ
1331. ዝማም እንግዳ ቶምበሳ
1332. ዝያዳ ኣብርሃ ምስጉን
1333. ዝግባ ገብረእግዚኣብሀር ዑቑባሚካኤል
1334. ዝፋን ሃብተ ዘርኢት
1335. ዝፋን በላይ ዳምጠው
1336. ዝፋን በኩረጽዮን ተወልደመድህን
1337. ዝፋን ኣብርሃ ገብረመስቀል
1338. ዝፋን ወልደሚካኤል ገብረትንሳኤ
1339. የማነ ሃብተገርጊስ ሃይለ
1340. የማነ መርሃይ ገብረሚካኤል
1341. የማነ በርሀ ንጉሰ
1342. የማነ ተኽለ ሓያል
1343. የማነ ተኽለሃይማኖት ገረዝጊሄር
1344. የማነ ተወልደመድህን ብርሃነ
1345. የማነ ከሰተ ግርማይ
1346. የማነ ንጉሰ ወልዱ
1347. የማነ ኣብረሃ ባይሩ
1348. የማነ ኣብርሃ ክፍለ
1349. የማነ ደስታ ገብሩ
1350. የማነ ዳዊት ግደ
1351. የማነ ገ/ስላሴ ጊላሚካኤል
1352. የማነ ገብረኢየሱስ ሃብተ
1353. የማነ ገብረኣብ መርእድ
1354. የማነ ገ/እግዚኣብሔር
1355. የማነ ጊላጋብር ወልደገርጊስ
1356. የማነኣብ ሃይለ ኪዳነ
1357. የሹ ዘማርያም ገብረኪዳን
1358. የዕብዮ ሃብተስላሰ ተስፋሚካኤል
1359. ዩሱፍ ሱለማን ኣረይ
1360. ያቆብ ሕመድ ቢላል
1361. ይሕደጋ በየነ
1362. ይሕደጋ ወ/ሃይማኖት ወልደሚካኤል
1363. ይሕደጋ ይሓይሽ
1364. ይሕደጋ ይማሲ
1365. ይርጋኣለም ኢልያስ በኩረጼን
1366. ይርጋኣለም ኢያሱ ተኽለሚካኤል
1367. ይርጋኣለም ዑቑባይ ተኽለማርያም
1368. ይብራህ ኣድሓኖም ገብረኪዳን
1369. ዮርዳኖስ ብርሃነ ወልዳይ
1370. ዮርዳኖስ ባይረ መልኣከ
1371. ዮርዳኖስ ተስፋጋብር ዑቑባሚካኤል
1372. ዮሱፍ ሱለማን ኣረይ
1373. ዮሱፍ ዓሊ ዮሱፍ
1374. ዮሴፍ ሃይለ ተስፋይ
1375. ዮሴፍ መብራህቱ ደስታ
1376. ዮሴፍ ሰመረ ዑቑባሚካኤል
1377. ዮሴፍ ተስፋይ ፍስሃጽዮን
1378. ዮሴፍ ተኸስተ ደበሳይ
1379. ዮሰፍ ክፍለማርያም ሰቛር
1380. ዮሴፍ ገ/ኣምላክ ክፍለእዝጊ
1381. ዮሴፍ ገብረዝጊ ሰለሙን
1382. ዮናታን ጸጋይ ንጋቱ
1383. ዮውሃንስ መላኺ ሃብተ
1384. ዮውሃንስ መልኣከ ቀለታ
1385. ዮውሃንስ መንግስታኣብ ወልደስላሰ
1386. ዮውሃንስ ሚካኤል ጠዓመ
1387. ዮውሃንስ ማኤል በለጸ
1388. ዮውሃንስ ስብሃቱ ሰርጸዮናስ
1389. ዮውሃንስ ተስፋማርያም መኮነን
1390. ዮውሃንስ ተስፋይ ኣስፍሃ
1391. ዮውሃንስ ተኽለ ኪዳነ
1392. ዮውሃንስ ተወልደ ሃይለ
1393. ዮውሃንስ ኢያሱ ዑቑባይ
1394. ዮውሃንስ ኣብርሃ
1395. ዮውሃንስ ገብረ ኣባይ
1396. ዮውሃንስ ገ/መስቀል ክፍለማርያም
1397. ዮውሃንስ ፍስሃየ ተሰፎም
1398. ዮዕብዮ ሃብተስላሰ ዘሚካኤል
1399. ዮዲት ሃይለ ሰሎሞን
1400. ዮዲት ኪዳነ ተኽለሃይማኖት
1401. ዮዲት ገብረመስቀል
1402. ደሃብ መሓሪ ተድላ
1403. ደሃብ ተስፋሁነይ

1404. ደሃብ ታደሰ ገብረኢየሱስ
1405. ደሃብ ኣለማየሁ እልፉ
1406. ደሃብ ኣቦ ማሲ
1407. ደሃብ ዓንደሃይማኖት ወልደሱስ
1408. ደሃብ ዘርአ ኣስፍሃ
1409. ደመት ተስፉ ደበሳይ
1410. ደመቀሽ በርሀ ገብረስላሰ
1411. ደመት ገ/ሂወት
1412. ደመት ገ/መድህን ገብረሂወት
1413. ደሳለ ሚካኤል ኣስምዓ
1414. ደሳለ ገብረኣብ ሃብተማርያም
1415. ደስበለ ተኽለ መሓሪ
1416. ደስታ ገብረሚካኤል ገብረዮውሃንስ
1417. ደበሳይ መሓሪ ሓየሎም
1418. ደበሳይ ሰረቐ ወልደሚካኤል
1419. ደበሳይ ብርሃነ ወልደዮውሃንስ
1420. ደበሳይ ተዓገስ ገብረመድህን
1421. ደበሳይ ገብረኢየሱስ ብርሃነ
1422. ደበሳይ ጸጋይ ተስፋጼን
1423. ደማስ ኣፈወርቂ ገብረሚካኤል
1424. ዳኒኤል ሓጎስ ተድላ
1425. ዳኒኤል መንግስቱ ጊላጋብር
1426. ዳኒኤል ተኽለ ኣርኣያ
1427. ዳንጊሽ የማነ ገብረሚካኤል
1428. ዳዊት ሃይለ
1429. ዳዊት ተስፋማርያም ገብረስላሰ
1430. ዳዊት ተኽለማርያም ወልደማርያም
1431. ዳዊት ተኽላይ መንደር
1432. ዳዊት ፍስሃየ ሃብተስላሰ
1433. ዳውድ ዑስማን እስማዒል
1434. ድባብ ኪዳንማርያም ደብረጽዮን
1435. ድንግል ሃይለ ሰሎሞን
1436. ድገ ገብረየስ ዘርእዝጊ
1437. ጀሚላ ዓብዱራሕማን ኣሕመድ
1438. ጀማል መሓመድ ዑስማን
1439. ጀማል ዓሊ ስለማን
1440. ጃምዕ ሕመድ መሓመድ
1441. ጃብር ሑመድ መሓመድ
1442. ጃብር እድሪስ ስለማን
1443. ጅምዕያ ኢብራሂም ጅምዕ
1444. ጅሮም ተኽለ ኪዳን
1445. ጅሮም ጸጋይ ተወለደመድህን
1446. ጆርጆ ሰሎሞን
1447. ገርጊስ ሃንስ ኣስፍሃ
1448. ገርጊስ ሓይለስ ገብረዝጊ
1449. ገርጊስ ሓይለኣብ ገብረዝጊ
1450. ገርግስ ተኽለሚካኤል ግደ
1451. ገርጊስ ተኽለብርሃን ገብረዝጊ
1452. ገብረሂወት ሓጉስ
1453. ገብሪሂወት ኪዳነ ሓድጉ
1454. ገብረሂወት ክፍለ ነጋሽ
1455. ገብረሂወት ዘውደ ገብረመድህን
1456. ገብረሂወት ዮውሃንስ ወልደኣብ
1457. ገብረሂወት ገብረመስቀል ሰለሙን
1458. ገብረሂወት ኀይትኦም ረዳእ
1459. ገብረሂወት ፋሲል ሰለሙን
1460. ገብረሃንስ በርሀ ጉልበት
1461. ገብረልዑል ኣኻሉ ገብረወልድ
1462. ገብረመስቀል ኪዳነ ጋርዛ
1463. ገብረመስቀል ወልዳይ ሃይለሚካኤል
1464. ገብረመስቀል ዘወልዲ ገብረመድህን
1465. ገብረመስቀል ፍስሃ ገብረመድህን
1466. ገብረመድህን መዓሾ ተክሉ
1467. ገብረመድህን ኣስፍሃ ተወልደመድህን
1468. ገብረመድህን ወልደገብረኤል ተድላ
1469. ገብረመድህን ገሹ ገረይ
1470. ገብረመድህን ጸጋይ ዘርኡ
1471. ገብረመድህን ፍስሃ ጓንጉል
1472. ገብረሚካኤል ተስፋገርጊስ ተስፋሚካኤል
1473. ገብረሚካኤል ኣብርሃም
1474. ገብረሚካኤል ደስታ ገብሩ
1475. ገብረማርያም ሃይለ
1476. ገብረማርያም ይፍጠር
1477. ገብረማርያም ጸሃየ
1478. ገብረስላሰ ጸጋይ ዘርኡ
1479. ገብረብርሃን ኢያሱ ገብረገርጊስ
1480. ገብረክርስቶስ ሃይለ ኻሕሳይ
1481. ገብረክርስቶስ መስፉን በኺት
1482. ገብረትንሳኤ ሁብታይ ሓደራንኪኤል
1483. ገብረትንሳኤ ክፍለኢየሱስ ገብረሂወት
1484. ገብረትንሳኤ ገብረሚካኤል ተስፋዝጊ
1485. ገብረትንሳኤ ኀይትኦም ሃይለ
1486. ገብረንጉስ ክፍለማርያም ሰርጹ
1487. ገብረንጉስ ወልደስላሰ ሃብተዮናስ
1488. ገብረንጉስ ዓንደማርያም ገብረኢየሱስ
1489. ገብረንጉስ ገብረኪዳን ሃይለማርያም
1490. ገብረእግዚኣብሀር በራኺ ክፍለ
1491. ገብረእግዚኣብሀር ተስፋዝጊ ስቛር
1492. ገብረእግዚኣብሀር ኣማኑኤል ገብረሂወት
1493. ገብረእግዚኣብሄር ኣብረሃም ተኽለ
1494. ገብረእዚኣብሄር ወልዳይ ግደ
1495. ገብረኪዳን ተወልደብርሃን
1496. ገብረክርስቶስ ሃይለ ኻሕሳይ
1497. ገብረክርስቶስ መስፉን በኺት
1498. ገብረገርጊስ ተኽለ ስምረት
1499. ገብረገርግስ ወልደጽዮን ደብረጽዮን
1500. ገብሩ ባሀታ ማዕቀባይ
1501. ገብሩ ገብረትሳኤ ምስግና
1502. ገብረኤላ ሃብተሚካኤል
1503. ገብረኤላ ሃይለ ገብረመድህን
1504. ገብሪኤላ ዑቁባይ ገብረመድህን
1505. ገብሪኤላ ዳኘው ሃይለ
1506. ገብራይ ምሕረተኣብ ንጉሰ
1507. ጉነት ሃብተ ያኖም
1508. ጉነት ሓጉስ መሓሪ
1509. ጉነት ተስፋልደት ገረዝጊሄር
1510. ጉነት ተኽላይ ፍስሃየ
1511. ጉነት ኪሮስ ገብረኪዳን
1512. ጉነት ኪዳነ መሓረና
1513. ጉነት ኪዳነ ገዛኢ
1514. ጉነት ክፍሎም ጊላምኻኤል
1515. ጉነት ዑቑባኣብ ወልደገርጊስ
1516. ጉነት ዘርኣይ ቀላታ
1517. ጉነት ገብረሚካኤል ትኩእ
1518. ጉነት ገ/ስላሴ ገዘሀይ
1519. ጉነት ገብረእግዚኣብሄር ተስፋዝጊ
1520. ገዛኢ መድሃኔ ፍስሃየ
1521. ገዛኢ ኢትባርክ ገብረ
1522. ገዛኢ እምባየ ነጋሲ
1523. ገደም ክፍለ ወልደሚካኤል
1524. ጉዕቦ መሓሪ ብርሃነመስቀል
1525. ጉያይ ተኽለ
1526. ጉያይ ገብረስላሰ ገብሩ
1527. ጌታቸው ወልዱ
1528. ግምኟ ምስግና ኣስገዶም
1529. ግምኟ ተወልደ ገብረኣምላክ
1530. ግደዎን እስፋኖስ ግደ
1531. ግርማይ ሃብተማርያም
1532. ግርማይ ሃብተኣብ ኣዳል
1533. ግርማይ ሃይለ ባይከዳኝ
1534. ግርማይ መንግስቱ ክፍለማርያም
1535. ግርማይ ኣርኣያ
1536. ግርማይ ክፍሎም
1537. ግርማይ ገ/ሚካኤል
1538. ግርማይ ገብረስላሴ
1539. ግርማይ ገብረኣብ መሓሪ
1540. ግርማይ ገብረኣብ ብርሃነ
1541. ግርማይ ገብረእዚኣብሀር
1542. ግርማይ ዮውሃንስ ኢዮብ
1543. ግርማይ ፍስሃጽዮን ስብሃቱ
1544. ግርማይ ፍትዊ ተስፋዝጊ
1545. ግደይ ብስራት ገብረ
1546. ግደይ ተስፋማርያም ሃብታይ
1547. ግደይ ኣለማየሁ በራኺ
1548. ግደይ ያሬድ ኣሮን

1549. ግደይ ዮውሃንስ ወልዱ
1550. ግደይ ገብረመድህን ወ/ጋብር
1551. ጕይትኦም ተስፋሚካኤል ማረ
1552. ጕይትኦም ተስፋይ ብርሃን
1553. ጕይትኦም በርህ ዑቑባጼን
1554. ጕይትኦም ኣለም ይሕደጎ
1555. ጕይትኦም ኣሰፋው በራኺ
1556. ጕይትኦም ኣስፍሃ
1557. ጕይትኦም ኻሕሳይ ትኻቦ
1558. ጕይትኦም ንጉሰ ገብረሂወት
1559. ጕይትኦም ገብረብርሃን ገብረሚካኤል
1560. ጠዓመ ተኸስተ ኪዳን
1561. ጠዓመ ተክሉ ተስፋማርያም
1562. ጠዓመ ገብረሃንስ ኪዳን
1563. ጣህር ዑስማን ኣድሪስ
1564. ጥምቀቱ ማህደር በርቕ
1565. ጥዑም ተኽለገርግስ ምስጉን
1566. ጥዑምዝጊ ሞጉስ ሕመ
1567. ጸሃየ መንግስ ቀለታ
1568. ጸሃየ ተኪአ
1569. ጸሃየ ኣርዓዶም
1570. ጸሃየ ኣይነኣለም ሰለሙን
1571. ጸሃየ ኪዳን ኢሳቕ
1572. ጸሃይ ሰመረ ተስፋይ
1573. ጸሃይ ገብሩ ተኪኤ
1574. ጸሃይቱ ባብል ብሩ
1575. ጸሃይቱ ተወልደብርሃን ገብረመስቀል
1576. ጸሃይቱ ጣዕማይ ተኽለ
1577. ጸሃይነሽ ኢሳቕ
1578. ጸሃይነሽ ኣሰፋው እምባየ
1579. ጸሃይነሽ እምባየ ተስፋጼን
1580. ጸሃይነሽ ዑቑባሚካኤል ክብረኣብ
1581. ጸሃይነሽ ገ/ሂወት ወልዱ
1582. ጸጉ ኣጉስኖ ጉብሳ
1583. ጸጋ ሃብተ በራኺ
1584. ጸጋ ሃብተማርያም ገብረስላሰ
1585. ጸጋ መኮነን ወልደሃይማኖት
1586. ጸጋ በርሀ ገብረዮውሃንስ
1587. ጸጋ በዛብህ ኣስመላሽ
1588. ጸጋ ብርሃን ፍሰሃጽዮን
1589. ጸጋ ተወልደ ወልደገርጊስ
1590. ጸጋ ዘኻርያስ ተኽለ
1591. ጸጋ ደብልጾም ገብረገርጊስ
1592. ጸጋ ይዕብዮ ይሕደጎ
1593. ጸጋ ዮውሃንስ ምስግና
1594. ጸጋ ደበሳይ ወልደስላሰ
1595. ጸጋ ገብረ ገብራይ
1596. ጸጋ ገብረሂወት ተማኑ
1597. ጸጋ ገብረሚካኤል ከተማ
1598. ጸጋ ፍስሃ ሃብተ
1599. ጸጋዚኣብ ሓጎስ ገብረ
1600. ጸጋዝጊ ተኽለብርሃን
1601. ጸጋይ ሓድጉ ኣድሓኖም
1602. ጸጋይ ርእሶም ሃይለ
1603. ጸጋይ ባህታ መሓሪ
1604. ጸጋይ ተስፋስላሰ ሓጎስ
1605. ጸጋይ ተኪኤ ገብረስላሰ
1606. ጸጋይ ተኽለ ዘሉ
1607. ጸጋይ ንዋይ ብርሃነ
1608. ጸጋይ ኣብርሃ
1609. ጸጋይ ኣስገዶም ገብረሚካኤል
1610. ጸጋይ እማሃጽዮን ደበሳይ
1611. ጸጋይ ዳምር ዑቑባሚካኤል
1612. ጸጋይ ፍታው ምሕረተኣብ
1613. ጸዕዱ ገብረሂወት ኻሕሳይ
1614. ጸዕዱ ገብረንጉስ ወልደማርያም
1615. ጽርሃ ጸጋይ በራኺ
1616. ጽዋ ስዩም ስብሓት
1617. ጽገ ሃይለ ምስግና
1618. ጽገ ተስፋይ ሃብቶም
1619. ጽገ ተስፋጽዮን ወልደማርያም
1620. ጽገ ተስፋልደት ራእሱ
1621. ጽገ ተኽለ ሰቋር
1622. ጽገ ተኽለኢየሱስ
1623. ጽገ ወልደስላሰ ተስፋጽዮን
1624. ጽገ ወልዳይ ባሻይ
1625. ጽገ ዕቑባዝጊ
1626. ጽገ ገ/ስላሴ ገብረዝጊ
1627. ጽገ ገብረብርሃን ገብረስላሰ
1628. ጽገ ገብረኢየሱስ ወልዱ
1629. ጽገሃና ተድላ ሃብተገርጊስ
1630. ጽገሃና ኣስፍሃ ገብረሚካኤል
1631. ጽገሃና ክብረኣብ ተክልዝጊ
1632. ጽገሬዳ ተክስተ ገብረስላሰ
1633. ጽገሬዳ ኢሳቕ ሞኮነን
1634. ጽገሬዳ ኣስፍሃ መሓሪ
1635. ጽገሬዳ ወልደማርያም ቀላ
1636. ጽገሬዳ ዮሰፍ ኣስፈሃ
1637. ጽገሬዳ ገብረትንሳኤ ኣውዓሎም
1638. ጽገሬዳ ፍስሃጼን ተስፋዮውሃንስ
1639. ጽገሮማ ንርኣዮ ዑቑባዝጊ
1640. ጽገወይኒ ሃብተገርጊስ ወልደገብረኤል
1641. ጽገወይኒ ተስፋማርያም
1642. ጽገወይኒ ገብረማርያም ቱርኻይ
1643. ጽገወይኒ ገብረክርስቶስ በራኺ
1644. ፈረጅ ዑስማን ዓሊ
1645. ፋሲል ገብረሚካኤል ባይሩ
1646. ፋኑስ ኣርኣያ ወልደገብርኤል
1647. ፋኑስ ገብረስላሰ ዓስቡ
1648. ፋኑስ ግደይ ሃይለሚካኤል
1649. ፋኑስ ጠዓመ ዑቑባይ
1650. ፈጥና መሓመድ ሓምድ
1651. ፋጥና መሓሙድ ዕጀል
1652. ፋጥና መሓመድኑር ሳልሕ
1653. ፋጥና ታያ ሽጋ
1654. ፋጥና እድሪስ መሓመድ
1655. ፋጥና እድሪስ ኣድም
1656. ፋጥና ያሲን መሓመድኑር
1657. ፋጥናብሩር ኑርሕመድ ኣብራር
1658. ፍረ ኣረጋዊ ሓጎስ
1659. ፍረወይኒ ሓዱሽ
1660. ፍረወይኒ ርእሶም ተክልዝጊ
1661. ፍረወይኒ ስዩም ፍስሃየ
1662. ፍረወይኒ ተስፋይ ተስፋጋብር
1663. ፍረወይኒ ተስፋማርያም ሰቛር
1664. ፍረወይኒ ተኪኤ ብርሃነ
1665. ፍረወይኒ ተኪኤ ተስፋይ
1666. ፍረወይኒ ተክስተ ወልደስላሰ
1667. ፍረወይኒ ተወልደ ቀለታ
1668. ፍረወይኒ ኣብረሃም ሓየሎም
1669. ፍረወይኒ ኣስመላሽ መሓሪ
1670. ፍረወይኒ ኣስመላሽ ገብረሚካኤል
1671. ፍረወይኒ ኣብረሃ ገብረስላሰ
1672. ፍረወይኒ ኣንጀሎ
1673 ፍረወይኒ ከተማ ብርሃነ
1674. ፍረወይኒ ኪዳን መንግስቱ
1675 .ፍረወይኒ ገብረዮውሃንስ ተስፋዝጊ
1676. ፍረዝጊ መንገሻ ባህታ
1677. ፍረዝጊ ኣብረሃ ደበሳይ
1678. ፍረዝጊ ግርማይ
1679. ፍራይ መሓሪ ሃይለ
1680. ፍስሃ ዘሚካኤል የዕብዮ
1681. ፍስሃ ገብረኪዳን ኣድሓኖም
1682. ፍስሃየ ሃብቱ
1683. ፍስሃየ ተስፋሚካኤል
1684. ፍስሃየ ተስፋዮውሃንስ ተስፋሚካኤል
1685. ፍስሃየ ንጉስ ክሕሸን
1686. ፍስሃየ ኣርኣያ ተስፋ
1687. ፍስሃየ ኣብረሃም ሰሎሞን
1688. ፍስሃየ ዑ/ገብርኤል
1689. ፍስሃየ ገብረኢየሱስ ገሰሰው
1690. ፍስሃየ ገብረኪዳን ተስፋይ
1691. ፍስሃየ ገ/ክርስቶስ
1692. ፍስሃየ ገብረወልድ ዑቑባዝጊ
1693. ፍስሃየ ግደ

1694. ፍስሃጽዮን ወ/ሚካኤል
1695. ፍስሃጽዮን ወ/ማርያም ደበሳይ
1696. ፍቃዱ ሚካኤል
1697. ፍቃዱ ተኣምር ገብረ
1698. ፍቃዱ ወ/ስላሰ
1699. ፍቃዱ ወልደኢየሱስ ወልደገብርኤል
1700. ፍቐረ ገ/ገርግስ
1701. ፍጹም ተዓገስ ኣርኣያ
1702. ፍጹም ኣርኣያ ተኽለኢየሱስ
1703. ፍጹም ኣድሓኖም ሓጐስ
1704. ፍጹም ክብረኣብ ዘወልደማርያም
1705. ፍጹም ፍትዊ ይሕደጎ

ጥብቆ 4

ክፍሊ ማሕበራዊ ጉዳያት፡ ኣብ ታሪኹ ንዜጋታቱ ጥራይ ኣይኮነን ኣዕቍቡ፡ ናብዑ፡ ሓኪሙ፡ ኣምሂሩን ኣሰልጢኑን። እንታይ ድኣ፡ መውጋእትን ስንክልናን ዝጋጠሞም ኣባላት ህዝባዊ ወያነ ሓርነት ትግራይ እውን ብመገዲ ማእከላይ ሕክምና ህ.ግ እናተቐበለ የዕቚብ፡ ይናቢ፡ ይሕክም፡ የንቅሕን የምህርን ነይሩ እዩ። ልክዕ ከም'ቶም ስንኩላን ናይ ህዝባዊ ግንባር ድማ፡ በእምሮን ብኣካልን ካብ ጉድሎ ሰብ ናብ ምሉእ ሰብ እናቐየረ ናብ ውድቦም የፋንዎም ነበረ። እዞም ስዒቦም ተዘርዚሮም ዘለዉ ኣባላት ሕ.ወ.ሓ.ት እምበኣር፡ ካብ 1981 ክሳብ 1984 ኣብ ትሕቲ ጨንፈር ስንኩላን - ክ/ማ/ጉዳይ ዝእለዩ ዝነበሩ ኰይኖም፡ መብዛሕትኦም እቲ ውድብ ንህዝቢ ትግራይ ካብ ጭቆናን ወጽዓን ንምንጋፍ ኣብ ውሽጢ ትግራይ ኣብ ዘካይዶ ዝነበረ ውግኣት ተወጊኦም ዝሰንከሉ እዮም። ስንክልናኦም - ዑረት፡ መቚረጽቲ መሓውር፡ መልመስቲ፡ ማህረምቲ ናይ ርእሲ፡ ዓንዲ-ሕቖ፡ መንጋጋን ከብድን፡ ኮታስ እቲ ኣብ ኣባላት ህዝባዊ ግንባር ዝነበረ ስንክልና ኣብኦም ነበረ። ገለኦም ኲነታቶም ቀልጢፉ ምስ ተመሓየሸ ኣብ ውሽጢ ኣዋርሕ ናብ ውድቦም ክፋነዉ ከለዉ፡ ገለኦም ግን ክሳብ ዓመትን ልዕሊኡን ኣብቲ መደበር ይእለዩ ነበሩ።

1. ሃይለ ኣስገለ
2. ሃይለስላሴ ሃይለ
3. ሓይላይ ኻሕሳይ
4. መሓሪ ተ/መድህን
5. መረሳ ገብረዋህድ
6. ሙሉ ኣብራሃ
7. ሚዛን ጸሃየ
8. ማሞ ሃይለማርያም
9. ምንትዋብ ኣጽብሃ
10. በላይ ወልደኣረጋይ
11. በላይ ጠሰው
12. በርሀ ደስታ
13. በየነ ገ/ሚካኤል
14. ብርሃነ ሃይሉ
15. ብርሃነ ወልደኪዳን
16. ብርሃነ ገ/መድህን
17. ብዘኣየነህ ገ/ሒር
18. ተስፋይ ኣረጋዊ
19. ተኩሉ ገ/ማርያም
20. ታደሰ ታረቀ
21. ታፈረ ኻፍን
22. ነጋሽ ኣብርሃ
23. ኣብርሀት ገብረዋህድ
24. ኣብርሃለይ ኣስመላሽ
25. ኣብርሃም ሓጎስ
26. ኣታክልቲ ወልደኣረጋይ
27. ከበደ ኻሳየ
28. ኻሳሁን ወልደማርያም
29. ወልዱ ኣብርሃ
30. ዘርኡ ኪዳነማርያም
31. ዘርኣብሩክ ኣብርሃ
32. ዘርኣይ ወልደገሪማ
33. ደርጋ ኻሕሳይ
34. ደርጋ ገ/ሂወት
35. ዮውሃንስ ብርሃነ-መስቀል
36. ዮውሃንስ ገ/እግዚኣብሔር
37. ገ/መድህን ገ/ጻድቕ
38. ገ/ማርያም ገ/እግዚኣብሔር ዘወልዲ
39. ገ/ጻድቕ ፍስሃ
40. ገ/ማርያም ገ/እግዚኣብሔር ገ/ስላሴ
41. ገብሩ ገብረዋህድ
42. ጉዕሽ ተስፋይ

ኣሰናዳኢት ኮሚቴ

“ዘይተነግረ ገድሊ”፣ ተመኩሮ ክፍልታት ሰውራዊ ደጀን ሳሕል ቅጺ - 1

ላዕሊ ካብ ጸጋም ንየማን፦ ተስፉ ሰለሙን፡ ዮሴፍ ተስፋይ፡ ብርሃነ ዘርኡ፡ ሰውኡ መምህር ገብረብርሃን እያሱ፡ መሓመድኑር እድሪስ

ታሕቲ ካብ ጸጋም ንየማን፦ የማነ ዳዊት፡ ዘግባ ገረዝጊሄር፡ ወልደሚካኤል ተኽለ፡ ገብረገርግሽ ወልደጽዮን

መወከሲታት

ህ.ግ.ሓ.ኤ፡ "ኣቃውማ ክፍሊ ማሕበራዊ ጉዳያትን ዕማማቱን"፡

ዝርዝር ዕማማት ክፍሊ ማሕበራዊ ጉዳያትን ዕማማቱን"፡ 24 ገጽ

ዓመታዊ ጸብጻብ ክፍሊ ማሕበራዊ ጉዳያት፡ 1979፡ 12 ገጽ፡ ኣብ ጥሪ 1980 ዝተጻሕፈ

ዓመታዊ ጸብጻብ ክፍሊ ማሕበራዊ ጉዳያት፡ 1980

ዓመታዊ ጸብጻብ ክፍሊ ማሕበራዊ ጉዳያት፡ 1981፡ 15 ገጽ፡ ኣብ ጥሪ 1982 ዝተጻሕፈ

ዓመታዊ ጸብጻብ ክፍሊ ማሕበራዊ ጉዳያት፡ 1982፡ 30 ገጽ፡ ኣብ ጥሪ 1983 ዝተጻሕፈ

ዓመታዊ ጸብጻብ ክፍሊ ማሕበራዊ ጉዳያት፡ 1983፡ 17 ገጽ፡ ኣብ ጥሪ 1984 ዝተጻሕፈ

ዓመታዊ ጸብጻብ ክፍሊ ማሕበራዊ ጉዳያት፡ 1984፡ 32 ገጽ፡ ኣብ ጥሪ 1985 ዝተጻሕፈ

ዓመታዊ ጸብጻብ ክፍሊ ማሕበራዊ ጉዳያት፡ 1985፡ 27 ገጽ፡ ኣብ ጥሪ 1986 ዝተጻሕፈ

ዓመታዊ ጸብጻብ ክፍሊ ማሕበራዊ ጉዳያት፡ 1986፡ 21 ገጽ ኣብ ጥሪ 1987 ዝተጻሕፈ

ዓመታዊ ጸብጻብ ክፍሊ ማሕበራዊ ጉዳያት፡ 1987፡ 27 ገጽ፡ ኣብ ጥሪ 1988 ዝተጻሕፈ

ዓመታዊ ጸብጻብ ክፍሊ ማሕበራዊ ጉዳያት፡ 1988፡ 12 ገጽ፡ ኣብ ጥሪ 1989 ዝተጻሕፈ

ዓመታዊ ጸብጻብ ክፍሊ ማሕበራዊ ጉዳያት፡ 1989፡ 42 ገጽ፡ ኣብ ጥሪ 1990 ዝተጻሕፈ

ዓመታዊ ጸብጻብ ክፍሊ ማሕበራዊ ጉዳያት፡ 1990፡ 21 ገጽ፡ ኣብ ጥሪ 1991 ዝተጻሕፈ

ገምጋም ስራሕ ክፍሊ ማሕበራዊ ጉዳይ 1977-1984፡ 20 ገጽ፡ ኣብ ታሕሳስ 10 1984 ዝተጻሕፈ

ገምጋም ስራሕ ክፍሊ ማሕበራዊ ጉዳያት 1977-1986፡ ን2ይ ጉባኤ ኣብ ጥሪ 1987 ዝተዳለወ 15 ገጽ

ጸብጻባት ስራሕ ጨንፈር ዕቑባት በብዓመቱ፡ ኣብ ሓጃፊ ፋይላት ዝተጠርነፉ

ጸብጻባት ስራሕ ጨንፈር መናበዩ ህጻናት፡ በብዓመቱ፡ ኣብ ሓጃፊ ፋይላት ዝተጠርነፉ

ጸብጻባት ስራሕ ጨንፈር ስንኩላን፡ በብዓመቱ፡ ኣብ ሓጃፊ ፋይላት ዝተጠርነፉ

ጸብጻባት ስራሕ ጨንፈር መጽናዕቲን ሓበሬታን፡ በብዓመቱ፡ ኣብ ሓጃፊ ፋይላት ዝተጠርነፉ

ጸብጻባት ስራሕ ጨንፈር መርዓ፡ በብዓመቱ፡ ኣብ ሓጃፊ ፋይላት ዝተጠርነፉ

ጸብጻባት ስራሕ ጨንፈር ሕክምና፡ በብዓመቱ፡ ኣብ ሓጃፊ ፋይላት ዝተጠርነፉ

ጸብጻባት ስራሕ ጨንፈር መኸዘን፡ በብዓመቱ፡ ኣብ ሓጃፊ ፋይላት ዝተጠርነፉ

ጸብጻብ ፕሮጀክትታት ክፍሊ ማሕበራዊ ጉዳያት፡ ኣብ ሓቛፊ ፋይላት ዝተጠርነፉ

መጽናዕቲ ኩነታት ድርቂ 1983፡ 37 ገጽ

መጽናዕቲ ኩነታት ድርቂ 1984፡ 28 ገጽ

መጽናዕቲ ኩነታት ድርቂ ናይ ስድራቤታት Case Studies

መጽናዕቲ ትምህርቲ ዓይነ ስዉራን፡ 1989፡ 35 ገጽ

ኣብ ሚኒስትሪ ዕዮን ሰብኣዊ ድሕነትን ዝርከብ ሰነዳትን ኻርድታትን መርዓ

ናይ ኣባላት ክፍሊ ዝርዝር ሓበሬታ በብዓመቱ

ዝተፈላለዩ ጽሑፋት፡ ደብዳቤታት፡ መምርሒታትን ናይ ስራሕ ዝርዝራዊ ግዴታታት ክፍሊ ማሕበራዊ ጉዳያት

ጸብጻባት ስራሕ ማሕበር ረድኤት ኤርትራ

Short Account on the Activities of the Dep't of Social Affairs; July 1988, 24 pages

ከም መወከሲ ዘገልገሉ መጽሓፍቲ

ህ.ግ.ሓ.ኤ፡ "ሰነዳት ጉባኤ"፡ ሜዳ፡ 1977

ህ.ግ.ሓ.ኤ፡ "ምውላድን ተሞክሮን ህ.ግ.ሓ.ኤ"፡ ሜዳ

ህ.ግ.ደ.ፍ፡ "ታሪኽ ኤርትራ፣ ካብ ጥንቲ ክሳብ ናጽነት"፡ ኣስመራ፡ ኣሕተምቲ ሕድሪ፡ 2012

ዛንታታት ተሞኩሮ ገድሊ፡ ቅጺ 5 "ደጀን" ኣሕተምቲ ሕድሪ - 2016

ዛንታታት ተሞኩሮ ገድሊ፡ ቅጺ 7 "ናቕፋ" ኣሕተምቲ ሕድሪ - 2017

ዛንታታት ተሞኩሮ ገድሊ፡ ቅጺ 8 "ግፍዒ" ኣሕተምቲ ሕድሪ - 2017

ግፍዒ፡ መእተዊ፡ ገጽ 1-39 ብሰለሙን በርሀ

ግፍዒ፡ መእተዊ፡ ገጽ 41-63 ሰነዳት ገዛእቲ ብዛዕባ ግፍዕታት፡ ብሙሴ ገብረትንሳኤን መርሃዊ የማነን

ፍጻመታት፡ መጽሄት ህዝባዊ ግንባር ካብ 1978-1987፥- ቁጽርታት 9, 14, 27, 31, 52, 62, 77, 95-107, 125-127, 142, 143, 144, 146, 153, 156, 162, 166, 170, 173, 176, 189, 191,

ሳግም፡ ወግዓዊ መጽሄት ህዝባዊ ግንባር 1987-1991፡ ቅጺ 1 ቁጽርታት፡ 5, 7, 12, 13, 14, 16, 22

ሳግም፡ ቅጺ 2፡- ቁጽርታት 3, 4, 6, 7

ሳግም፡ ቅጺ 3፡- ቁጽሪ 2

ሓዳስ ኤርትራ፡ ቁጽርታት 64, 65 ናይ 1994

ተዘክሮታት መግዛእታዊ ስርዓታት፡ ዶክተር ክብርኣብ ፍረ፥ 2001

ሆስፒታል መኻነ ህይወት ንጎሮሮኣ ትመስክር፥ ኣባ ጠዓመ ገብርዮሃንስ፥ 2005

ታሪኽ ዘበናዊ ሕክምና ኣብ ኤርትራ ተኸስተ ፍቃዱ (ዶክተር)፥ 2018

ትምህርቲ ኣብ ኤርትራ ብመም መሓሪ ወልደማርያም ሓጎስ፥ 1997

ሰውራ ኤርትራ ብኣልኣሚን መሓመድስዒድ፥ 1994

የኢትዮጵያና የኤርትራ ግጭት መንሴና መፍትሔ፡ ዘውደ ገብረስላሰ፥ 2007 (2015)

የኤርትራ ጉዳይ፡ ዘውዴ ረታ፥ 2000

ማሞ ኣፈታ፡ "ኣንቱ በእናት"፥ 2013 (2021)

"እቲ ደቂቕ ፍሩይ ኣሃዱ" ማሕበር ምትሕግጋዝ ተጋደልቲ ወተሃደራዊ ሃንደሳ፡ @ 2016

ሓበን፡ ውግዓዊ መጽሄት ማሕበር ስንኩላን ኲናት ተጋደልቲ ኤርትራ ቁ 20፣ 1999-2001, ኣስመራ፡ ታሕሳስ 2002

ሓበን፡ ውግዓዊ መጽሄት ማሕበር ስንኩላን ኲናት ተጋደልቲ ኤርትራ፣ ቁ 4: 1996,

ሓበን፡ ውግዓዊ መጽሄት ማሕበር ስንኩላን ኲናት ተጋደልቲ ኤርትራ፣ ቁ 6: 1997,

Eritrea: Revolution or Capitulation, (Eritreans For Liberation in North America) EFLNA, AEWNA, October 1978

EPLF, "EPLF in the Economic Field", Meda, 1981

Lionel Cliffe and Basil Davidson, "The Long Struggle of Eritrea for Independece and Constructive Peace", Trenton, The Red Sea Press, 1988.

Frits Eisenloeffel, "The Eritrean Durrah Odyssey: Monitoring Reports On Emergency Relief-Aid" @1983

Social Science and Medicine Journal, Elsevier Ltd, No 40፣ 1995

Dan Connell, "Against All Odds: A Chronicle of the Eritean Revolution", Trenton, The Red Sea Press, 1993.

Habtu Gebreab "Massacre at Wekidiba" 2013

Alemseged Tesfay "The day Weki Burned" (African Arts: Contemporay Forms) (2016)

Babile Tola "To Kill A Generation – The Red Terror In Ethiopia" @ 1989

Tekeste Fikadu, "Abdominal War Wounds, Asmera,2006

Journal of Trauma, Injury, Infection... Lippincott Williams & Wilkins, Volume 54 No 5

Nonfatal Casualties and the changing costs of war. By Tanisha M. Fazai, Https://www.belfercenter.org

ቃለ-መጠይቕን፡ ብስእልን ድምጽን ዝተቐድሐ ዘተን

ቃለ-መሕትት ብኣሰናዳእቲ፡ የማነ ዳዊት ሓላፊ ክፍሊ ማሕበራዊ ጉዳያት ነበር፡፡ (1982-1992)

ቃለ-መሕትት ብኣሰናዳእቲ፡ መምህር ገብረብርሃን እያሱ፡ ሓላፊ ጨንፈር ስንኩላን ክፍሊ ማሕበራዊ ጉዳያት (1980-1993)

ቃለ-መሕትት ብኣሰናዳእቲ፥ ሃብተሚካኤል ስዩም (ኢባ) ገዲም ሓላፊ ጨንፈራት ዕቑባትን መናበይ ህጻናትን (1978-1988)

ቃለ-መሕትት ብኾሚቴ ስነዳ፡ ጽሃዩ ኪዳነ፡ ሓላፊ ጨንፈራት ዕቑባትን (1982-1985)

ቃለ-መሕትት ብኾሚቴ ስነዳ፡

ናይ ኣባላት ክፍሊ ማሕበራዊ ጉዳያት ነበር ናይ ትረኻ ዋዕላታት ብቪድዮ

ኣስመራ 2015 ዝተኻየደ ናይ 20 ሰዓት ቪድዮ

ደቀምሓረ 2015 ዝተኻየደ ናይ 20 ሰዓት ቪድዮ

መንደፈራ 2015 ዝተኻየደ ናይ 20 ሰዓት ቪድዮ

ከረን 2015 ዝተኻየደ ናይ 20 ሰዓት ቪድዮ

ኢንደክስ

ሃበሮ፡ 311፡ 318፡ 336፡ 372
ሃብረንገቃ፡ 308፡ 336
ሃብተሚካኤል ስዩም፡ 512
ሃብተኣብ እያሱ፡ 285
ሃብተኣብ ይፍጠር ዘርኢት፡ 197
ሃብቱ ወልደገብርኤል፡ 465
ሃብቱ ገብርኣብ (ፕሮፈሰር)፡ 303፡ 309፡ 313፡ 315
ሃብቶም ስዩም (ኢባ)፡ 48፡ 85
ሃይለ ብርሃነ፡ 138፡ 139
ሃይለ ገብረሚካኤል (እምበቲቶ)፡ 511
ሃዘሞ፡ 307፡ 331፡ 335
ሃዘጋ፡ 49፡ 360
ሃዳሙ፡ 113፡ 240
ሃጋይ ኤርሊች፡ 315
ህንዳዊ ዶክተር ሱድ፡ 310
ህይወት ዘሚካኤል፡ 511
ሆላንዳዊ ማሕበር ግብረ-ሰናይ (ኖቪብ)፡ 196፡ 201፡ 367
ሆላንዳዊት ኻሪን ቫንዳይክ፡ 201
ሆላንድ ዋይት ለግሆር፡ 457

ላቲን ብረይል፡ 194፡ 195፡ 487

ሓለፍቲ ጨናፍር ክፍሊ ማሕበራዊ ጉዳያት፡ 512
ሓሊበት፡ 90፡ 93፡ 94፡ 152-154፡ 158-162፡ 227፡ 239፡ 246
ሓልሓል፡ 174፡ 335፡ 492
ሓወልዕ፡ 90፡ 93፡ 94፡ 96፡ 135፡ 141፡ 152-158፡ 162፡ 165፡ 166፡ 255፡ 329፡ 446፡ 471፡ 490
ሓድሽ ዓዲ፡ 50፡ 312
ሕርጊጎ፡ 25-29፡ 247፡ 314፡ 315፡ 336፡ 350፡ 360፡ 386
ሕሽክብ፡ 90፡ 96፡ 162፡ 297፡ 402፡ 492
ሕጊ መርዓ፡ 399፡ 401፡ 409፡ 415፡ 434፡ 435

መለብሶ፡ 307፡ 319፡ 335-337፡ 350
መሓመድ ስዒድ ባርህ፡ 22፡ 61፡ 120፡ 150፡ 151፡ 181፡ 379፡ 510
መሓመድኑር እድሪስ፡ 60፡ 62፡ 65፡ 92፡ 488፡ 512
መሓሪ መልደሚካኤል፡ 348
መረብ፡ 72፡ 240፡ 367፡ 368፡ 392፡ 394፡ 456
መረታ ሰበነ፡ 318፡ 337
መራፊት፡ 112፡ 135፡ 149፡ 150፡ 154፡ 160፡ 215፡ 216፡ 247፡ 255፡ 364፡ 502
መትከል ኣብዮት፡ 311፡ 335

መናብዪ ህጻናት: 136: 137: 142: 152: 228: 248: 255: 258: 259: 263-266: 268- 270: 272-281: 285: 290: 454: 458: 459: 512: 513
መንሳዕ: 51: 299: 319: 339: 364
መደበር ሰለሙና: 30: 44: 76: 215-219: 220-234: 237-242: 244: 246: 249: 255: 258: 260: 264: 267-270: 273: 296: 362: 363: 366: 449: 468-470: 473: 474: 486: 492-494: 496: 501
መደበር ዕቁባት: 21: 22: 25-39: 41: 44: 47: 49: 53: 56: 81-83: 91: 99: 119: 132: 133: 135: 164: 165: 149: 158: 159: 181: 197: 215: 216: 219: 224: 225: 227: 228: 231: 233: 237: 240: 241: 244: 247-250: 252: 255: 293: 294: 329: 358: 386: 394: 404: 409: 427: 445: 447: 449: 453-459: 461: 466-469: 472: 474: 481: 486: 591: 492: 512: 516
መንደፈራ: 20: 73: 180: 316: 368
መንዲል ንጽህና: 445: 467
መንድዓት: 91: 109: 176
መዓሚደ: 74: 76: 91: 363
መዓስከር ስንኩላን: 107: 118: 122: 156: 186: 207: 485: 486: 495
መኮነን ሃይለ: 384
መኽዘን: 28: 29: 65: 77: 100: 155: 165: 218: 255: 441: 442: 443: 444: 445: 512
መጽሓፍ ግፍዒ: 304: 306: 307: 311: 312: 314: 316: 318: 320: 321: 328: 330-332: 335: 336: 341: 350
መጽሔት ምኹስኩስ ህጻን: 283
መጽሔት ሳግም: 307: 319: 320: 329: 332: 336: 337: 341-44
መጽሔት ሓበን: 211: 464: 465
መጽሔት ነጸብራቕ: 486
መጽሔት ማሕታ: 63: 120
መጽሔት ፍጸመታት 63: 120: 295: 301-303: 307: 317: 308: 313: 316-318: 329: 331: 335: 336: 345: 351-353: 360: 364: 371: 409: 412
ሙሉጌታ ረመጭ: 485
ሙሳ ራብዓ: 93
ሙሴ ኣስገዶም: 340: 485
ሙሴ ዓንደ: 512
ሚስተር ሁ ዶውኒ: 309
ማሕበር ላልምባ: 309
ማሕበር ሓካይም ኤርትራ: 282
ማሕበር ረድኤት ኤርትራ (ማ.ረ.ኤ): 30: 32: 127: 128: 150: 194: 196: 241: 243: 262: 285: 286: 294: 295: 297-299: 301: 343: 353: 358: 359-370: 372-374: 381: 386: 395: 396: 441-443: 452: 453: 499
ማሕበር ሰራሕተኛት ኤርትራ (ሓ.ማ.ሰ.ኤ.): 132
ማሕበር ስንኩላን ኩናት ኤርትራ: 209: 211
ማሕበር ቀይሕ መስቀልን ወርሕን ኤርትራ: 360

ማሕበር ኤርትራውያን መራሕቲ መካይን: 260
ማሕበር ኤርትራውያን ደቀንስትዮ ሰሜን ኣሜሪካ: 117
ማሕበር ደቀንስትዮ ኤርትራ ሓ.ማ.ደ.ኤ: 132
  ጉባኤ ሓ.ማ.ደ.ኤ: 511
ማሞ ኣፈታ: 409
ማርሳ ተኽላይ: 80: 81: 91
ማርሳ ጉልቡብ: 74: 401
ማርቲ ዶውኒ: 309: 310
ማርያም ግምቢ: 312: 319: 322: 324: 326: 327
ማርያ ጸላምን ቀያሕን: 329: 330: 335
ማዕሚይ: 80: 81
ማዕረባ: 314: 332
ማይ ሓባር: 20: 29: 31: 41: 46: 197
ምለዛናይ: 297: 298: 319: 383
ምልኣተ ዕቝባዝጊ: 87
ምስግና ገብሩ: 512
ምሩኻት ወተሃደራት ኢትዮጵያ: 90: 164: 410: 515
ምጽዋዕ: 82: 180: 310: 320: 332: 337: 338: 368: 396
ሞልቁ: 234: 241: 329

ሰለሙን ድራር: 485
ሰለሙን ጸሃየ: 485
ሰሊም ስዒድ: 92
ሰልዓ: 174: 175
ሰሎሞን ወልደማርያም: 512
ሰሎሞን ግርማይ: 385
ሰመረ ወልደሚካኤል: 512: 513
ሰሜናዊ ባሕሪ: 26: 30: 73-76: 319: 338: 339: 343: 349: 364: 371: 378
ሰራየ: 49: 52: 241: 368: 378
ሰብርቀጠ: 34: 37: 38: 81: 84: 89: 98: 126: 140: 361
ሰበነ: 337
ስነ-ስርዓት መርዓ: 65: 294: 402: 403: 408: 415

ሰንበል: 319: 322
ሰንዓፈ: 180: 296: 385
ሰይድቺ: 20: 41
ሰገነይቲ: 20: 73: 180
ሱዳን: 26: 28: 30: 31: 33: 74: 79: 82: 86: 89-96: 99: 107: 111: 112: 117: 118: 120: 127: 133-136: 141: 147-158: 171: 174: 175: 178: 187: 192: 195: 199-201: 217: 220: 221: 229: 236-239: 244: 245: 247: 248: 260: 263: 271: 278: 352: 353: 358: 359: 362: 363: 367-369: 372: 377-380: 386: 389: 399: 411: 414: 442: 444: 454: 455: 459: 460: 462: 464: 467: 481: 488:

494: 501: 502: 506: 507: 516
ሲቪላዊ ሕጊ: 433: 435
ሳግም: 178: 220: 239: 241: 263: 319: 329: 394
ስላስ ኣብርሃም: 225
ስመጀና: 241: 370: 379: 385
ስብሓት ኤፍሬም: 76
ስትራተጂያዊ ምዝላቕ: 38: 50: 52: 65: 67: 69: 71: 72: 109: 111: 112: 116: 140: 161: 178: 206: 293: 352: 359: 362: 387: 483: 488
ስዑዲ ዓረብ: 353: 377: 378: 383
ስዋኪን: 135: 364: 414
ስየም ኣንደርግስ: 310
ስፖርታዊ ንጥፈት: 125: 129: 160: 155: 266: 289: 411: 483: 501-503

ረድባርና ዎርወይ: 285: 286
ሩባ ሕዳይ: 61: 81: 95: 109
ራእሲ ኣስራተ ኻሳ: 306
ራዛ ፕሮጀክት: 315: 316
ርእሲ ምድሪ: 20: 41: 344
ርእሲ-ዓዲ: 366: 371
ሮሞዳን መሓመድኑርን: 125
ሮራ: 176: 296: 307: 319: 336: 339: 371: 493
ሮራ ሓባብ: 176: 296

ሸባሕ: 308: 311: 319: 332: 335-337: 364: 366: 371
ሸንኮለት: 162: 163: 164
ሻለቃ ዳዊት ወልደጊዮርጊስ: 304: 312: 331
ሻላሎ: 367: 378
ሽማግለ ማሕበራዊ ስርሓት: 222: 223: 225
ሸዕብ: 74: 296: 299: 319: 332: 337: 343: 370

ቀልሃሞት: 79: 329
ቀብርውኣት: 85: 86: 90: 91
ቀይ ሽብር: 304: 305: 314: 322: 356: 357
ቀይሕ መስቀል: 128: 361: 366
ቀይሕ መስቀል: 128: 129
ቀደስ ደባስ: 225: 226
ቀዳማይ ውድባዊ ጉባኤ: 1: 21: 22: 30: 59: 358: 399
ቕሮራ: 20: 23: 82: 89: 92: 94: 97: 107: 293: 464: 492: 496
ቅናፍና: 241: 339
ቅድስቲ ተኽለ: 245
ቆጋይ: 80: 81

በለዛ: 49: 50: 338
በስክዲራ: 308: 309: 336
በረከት ተስፋይ: 285
በርዓሶለ: 316: 336
በይሩት: 207: 465: 466
ባህላዊ ንጥፈታት: 111: 155: 156: 172: 183: 187: 203: 229: 296: 324: 399: 433: 434: 435: 483-486: 488-493: 496: 497: 499: 513
ባይሩ ታፍላ (ዶክተር): 199
ባህልቢ ገብረሚካኤል: 194
ባረንቱ: 20: 177: 194: 233: 241: 274: 298: 301: 319: 338: 343: 383-385: 494
ባቢለ ቶላ: 304: 305: 315: 356
ባድን: 220: 222: 236: 239-241: 249: 456: 459: 474: 481: 494: 496
ባጾዕ: 20: 41-43: 46-49: 52: 72-74: 80: 118: 180: 274: 275: 285: 293: 296: 299: 314: 320: 329: 331: 339: 343: 344: 362
ቤት ትምህርቲ አዮቤልዩ: 473: 474
ቤት ትምህርቲ ሰውራ: 27: 35: 37: 38: 45: 48: 64: 65: 78: 91: 93: 96: 112: 113: 136-138: 141: 152: 166: 198: 227: 228: 247: 248: 249: 267: 268: 272: 275: 277: 284: 340: 351: 358: 361: 364: 414: 442: 446-448: 453: 473: 474: 479: 483: 489: 492: 499: 502: 503: 516
ቤት ትምህርቲ ካድር: 38-40: 64: 65: 119: 230: 273
ቤት-ትምህርቲ ዓይነ ስዉራን አብርሃ ባህታ: 194: 198
ቤት ዕዮ ሰብ-ሰርሖ መሓውር: 465
ቤት ገብሩ: 307: 336
ብሌቃት: 25: 26: 27: 81: 84: 89
ብእምነት አሕመድ (ዶክተር) : 465
ብስራት ምስግና: 219
ብሩክ ሃብተሚካኤል: 485: 486
ብርሃነ ፍስሃዬ: 464
ብረይል ትምህርቲ: 188: 194-198: 200: 213: 214: 454: 470: 487: 495: 496

ተመስገን ዳኒኤል: 79
ተሰነይ: 20: 177: 298: 316: 319: 321: 343: 380: 461: 492
ተስፉ ዘውደ (መምህር): 119
ተስፋይ አርዓዶም (ዶክተር) 282: 285
ተስፋዬ ገብረኪዳን (ጀነራል): 342
ተሾመ እርገቱ (ጀነራል): 306: 308
ተፈሪ ባንተ (ጀነራል): 315
ተኽስተ ፍቃዱ (ዶክተር): 210: 347
ተኽስተ ዓንደ: 385

ተኽለ ዓንዶም: 92
ተኽለጽዮን ሃብተጽዮን: 87
ተኽላይ ኪዳነ: 62: 488: 512
ተድረር: 318: 337
ታረቀ ወልዱ: 385
ትምህርቲ ሙዚቃ: 491: 495: 496: 505
ትምህርቲ ጽሕፈት መኪና: 463
ትርሓስ ወልደሚካኤል: 219
ቾኮር: 135: 380
ቾኾምብያ: 329: 367

ነገደ ጎበዜ: 315
ነፋሲት: 20: 31: 41: 46: 197: 332
ናቕፋ: 20: 23: 24: 31: 32: 38-40: 44: 60-66: 74: 79-81: 86-91: 94: 95: 98: 108: 110: 111: 136: 141: 147: 152: 161: 174-176: 179: 206: 210: 241: 263: 293: 296: 316: 329: 333: 337: 338: 363: 366: 369: 371: 374: 402: 409: 414: 455: 456-458: 463: 471: 479: 483-485: 488: 489: 491-493: 498: 499: 508
ናህባይ: 162: 492
ናራ: 241: 372: 494
ናሮ: 175: 176: 366: 374
ንርእዮ ተኽለሚካኤል (ዶክተር): 34: 161: 480: 513
ንግስቲ ገብረሃንስ: 219
ንኣምን ትኺቦ (መምህር): 219

ኢለን ተስፋይ (ደባባ): 139
ኢሳይያስ ኣፈወርቂ: 69: 72: 125: 242
ኢሳይያስ ጸጋይ: 485
ኢራፋይለ: 308: 368: 371: 427
ኢብራሂም ስዒድ: 236
ኢደ-ስርሓት (ኣንዳ ራሕባ): 21: 60: 64: 132: 134: 135: 154: 156: 164: 165: 186: 247: 266: 455: 460: 471: 492: 499: 502: 503
ኢድሪስ ኣሕመድ: 380
ኢጣልያ: 128: 286: 310: 374
ኣሓዱ ምርምርን መጽናዕቲን: 142
ኣህጉራዊ ኮሚተ ቀይሕ መስቀል: 128: 516
ኣለምሰገድ ተስፋይ: 303
ኣልኣሚን መሓመድስዒድ: 346
ኣልዛቤጥ ጄረግ: 285
ኣልጋነሽ ትኩእ: 219
ኣልጌን: 90: 91: 92: 108: 240: 329
ኣሚና ሃብተ: 309
ኣማኑኤል ተኪኤ ገብረመድህን: 198
ኣምና ኑርሑሴን: 511

551

ኦስመላሽ ወልደገብርኤል: 384
ኦስመሮም ገረዝጊሄር: 93: 236
ኦስመሮም ጸጋብርሃን: 485
ኦስራተ ካሳ: 328: 330: 335
ኦስቴር ዘርአማርያም: 85
ኦስካሉ መንቀርዮስ: 24: 82: 126: 128: 181: 366: 511
ኦስካሉ ወልዱ: 219
ኦቐርደት: 20: 25: 74: 298: 299: 314: 316: 319: 321: 336: 341: 343: 350: 360: 385
ኦባ ጠባመ ገብረዮሃንስ: 308: 313
ኦብርሀት ወልደኣረጋይ: 87
ኦዜብ ተስፋይ: 140
ኦዜብ ፍስሃየ: 139
ኦደይ ርሻን ስብሃቱ: 131: 246
ኦዲስ ኣበባ: 149: 180: 315: 316: 322: 347: 409: 499
ኦዶብሓ: 93: 162: 174: 240: 241: 249: 264: 369: 459: 481: 492
ኦግራዕ: 83: 91: 109: 174: 175: 176: 296: 366: 371
ኦጸደ መስፍን: 235: 493
ኦፈልባ: 313: 314
ኦፋታ: 46: 368
ኦፍዓባት: 20: 23: 36: 44: 74: 76: 78-81: 91: 110: 111: 174: 175: 179: 293: 299: 316: 317: 319: 329: 333: 337: 338: 363: 374: 409: 461: 490
ኦፍጨዋይ: 85: 109
ኤክስፖ: 322: 324
ኤድዋርዶ ኣርኣያ: 485
እማህሚመ: 80: 81: 84: 89: 91
እምሰራይር: 164: 215: 255: 260
እምበረሚ: 25: 29: 46: 47: 74: 247: 308: 314: 331: 332: 335: 360: 386
እምባ ደንደን: 81: 95: 175
እምባህራ: 318: 332: 372: 380
እምባትካላ: 46: 293
እስቲፋኖስ ገብሩ: 512
እስቲፋኖስ ግርማጽዮን (ማርኮ): 139: 472
እንዳ ተስፋምህረት: 220
እንገርነ: 73: 74
እዮብ ሰለሙን: 457: 458
እገላ ሐመስ: 337: 318: 371
ኦምሓጀር: 311: 336
ኦሮታ: 165: 236

ከረን: 20: 23: 24: 31: 36: 39: 41-45: 49: 50: 53: 60-63: 65: 73: 74: 75: 77-81: 88-99: 117: 136: 161: 180: 247: 293: 296: 308:

309፡ 314፡ 316፡ 319፡ 321፡ 336-339፡ 341፡ 343፡ 362፡ 363፡ 387፡ 465፡ 471፡ 483፡ 510
ከሰላ፡ 257፡ 258፡ 271፡ 368፡ 369፡ 386፡ 494
ኪሮስ ያዕቆብ (ኪሮስ ጻጸ)፡ 360፡ 361
ኪዳነ ሐኪም፡ 314
ኪዳን ተስፋሚካኤል፡ 219
ኮሚሽነር ስደተኛት ሕቡራት ሃገራት፡ 149፡ 150
ኻርቱም፡ 128፡ 129፡ 148፡ 149፡ 151፡ 181፡ 195፡ 199፡ 200፡ 244፡ 510
ካርነሾም፡ 31፡ 51፡ 338፡ 343፡ 371
ካልኣይን ሓድነታዊን ጉባኤ፡ 178፡ 179
ክብርኣብ ፍረ (ዶክተር)፡ 312፡ 347
ክሊኒክ ፖርትሱዳን፡ 127፡ 128፡ 131
ክፍሊ ህዝባዊ ምምሕዳር፡ 40-42፡ 48፡ 50-52፡ 76፡ 302፡ 367፡ 426፡ 427፡ 494
ክፍሊ ሓለዋ ሰውራ፡ 22፡ 26፡ 33
ክፍሊ ሕክምና፡ 93፡ 137፡ 140፡ 141፡ 181፡ 206፡ 340፡ 367፡ 412፡ 413፡ 446፡ 479፡ 482
ክፍሊ ቀጠባ፡ 30፡ 61፡ 93፡ 367፡ 371፡ 441-443፡ 448፡ 450፡ 467
ክፍሊ ዜና፡ 152፡ 295፡ 301-303፡ 411፡ 470፡ 486

ዑመር ኣዛዝ፡ 335
ዑስማን ሳልሕ ሳቢ፡ 28፡ 361
ዒላበርዕድ፡ 74፡ 77፡ 308፡ 336፡ 343
ዒላ-ባቡ፡ 220፡ 240፡ 241
ዒላ-ጸዕዳ፡ 91፡ 94
ዒራቅ፡ 481፡ 482
ዒታሮ፡ 162፡ 233
ዓለም በቃኝ፡ 324
ዓሊ ሹም ዑመር፡ 464
ዓላ፡ 343፡ 368፡ 465
ዓምበርብብ፡ 90፡ 94፡ 96፡ 141፡ 162፡ 244፡ 492
ዓሰብ፡ 20፡ 180፡ 275፡ 317፡ 330፡ 339፡ 346
ዓሱስ፡ 335፡ 371
ዓረዛ፡ 332፡ 368፡ 379፡ 384
ዓራግ፡ 84፡ 90፡ 93፡ 94፡ 96፡ 152፡ 162፡ 255፡ 296፡ 366፡ 490፡ 492
ዓንሰባ፡ 51፡ 80፡ 298
ዓንቀር ጸሊም፡ 176፡ 308
ዓንደማርያም ዘርኢማርያም (ጆብ)፡ 88
ዓየት፡ 90፡ 92-94፡ 96-99፡ 107፡ 113፡ 126፡ 127፡ 135፡ 153፡ 479
ዓይነ-ስዉራን፡ 88፡ 91፡ 113፡ 114፡ 121፡ 126፡ 155፡ 162፡ 163፡ 185-196፡ 198፡ 199-203፡ 212፡ 447፡ 454፡ 257፡ 468፡ 470፡ 481፡ 485፡ 487፡ 488፡ 491፡ 494-498፡ 501፡ 502
ዓይለት ግምሆት፡ 308፡ 321፡ 332፡ 335
ዓይተርባ፡ 96፡ 112፡ 120፡ 132፡ 153

ዓይተዋይ: 215: 240: 255
ዓይገት (ጎቦ): 93: 162
ዓደን: 42: 388: 424
ዓዲ ሃብተስሉስ: 50: 313
ዓዲ ቆይሕ: 20: 73: 180: 314: 318: 337: 338: 343: 385
ዓዲ ንፋስ: 313: 338
ዓዲ ኺላ: 20: 72: 73: 111: 299: 343
ዓዲ ያዕቆብ: 73: 74: 50: 313
ዓዲ-ሓዉሻ: 52: 313
ዓዲ ተከሌዛን: 49: 332
ዓዲ ተኽላይ: 49: 50
ዓዲ-ገብሩ: 49: 50
ዓዳይት: 174: 175: 372
ዓድ ሓባብ: 43: 335
ዓድሹማ: 308: 311: 332: 336: 371
ዓድ ኢብርሂም: 307: 335
ዓጊግ: 152: 502
ዓጎምቦሳ: 26: 80
ዓፋርብ: 63: 85: 99: 118: 121: 129: 142: 161-166: 171: 185: 190: 200: 215: 216: 218: 231: 233: 236: 239: 240: 242: 245: 246: 249: 255: 260: 262: 273: 329: 394: 448: 459: 462: 463: 471: 473: 481: 486: 492: 493: 500: 502: 503
ዕግርግር ኣስመራ: 311: 312
ያና: 304: 306: 308-311: 336

ወቂሮ: 308: 332: 335
ወኪድባ: 25: 49: 303: 309: 313: 315: 319: 338
ወያነ: 71: 186: 394: 491
ወደልሒሎ: 30: 33: 359
ወዲ ማዕጡቕ: 86
ወጀባ: 90: 109
ወፍሪ ኣልፋ: 297: 383
ዋራ: 24: 60: 74: 109: 110: 179: 308

ዘምህረት ዮሃንስ: 374
ዘርኣይ በኽሩ: 297: 512: 513
ዘርእማርያም ተስፋይ (ከሉኔል): 313
ዘዉዴ ረታ: 304
ዘዉዴ ገብርስላሴ: 304
ዙላ: 46: 296: 368
ዛይደኮሎም: 379: 384
ዛይድ ርእሶም: 87
ዛግር: 51: 75: 335: 338: 483
ዜሮ: 26: 27: 28: 35: 37: 38: 81: 84: 91: 175: 492

ዝግባ ገረዝግሓር (ጌል ባሻይ): 85
ዘባ ምብራቕ: 41: 47-49: 53: 75: 293: 299: 371: 372: 376: 392: 428
ዘባ ምዕራብ: 41: 298: 299: 372: 384: 389: 393-395: 425: 427: 494
ዘባ ሰሜን: 41: 49-52: 75: 296: 297: 366: 383
ዘባ ደቡብ: 41: 52: 72-74: 293: 318: 362: 371: 385: 392: 494
ዘባዊ ሰራዊት: 220: 384: 388: 393: 395

የማነ ዳዊት: 181: 274: 275: 285: 367: 511
የማነ ንብረስላሴ: 234: 512
ዩኒቨርሲቲ ሊድስ (ዓዲእንግሊዝ): 469
ዩኒቨርስቲ ኣስመራ: 197: 198
ይርጋኣለም ተክሉ: 87
ዮናስ ደበሳይ: 367
ዮሃንስ መልኣከ: 512: 513

ደምቦቤት: 90: 155: 166: 175: 176
ደቀምሓረ: 20: 23: 24: 44: 52: 65: 73: 74: 180: 247: 293: 314: 316: 339: 343-345: 362: 483
ደቂ-ድግና: 318: 337
ደብዳብ ነፈርቲ: 29: 33: 39: 40: 87: 92: 95: 107: 109: 158: 173: 215: 232: 243: 248: 254: 275: 286: 295: 316: 317: 320: 329: 330: 350: 354: 355: 372: 444: 456: 501: 506
ደብዓት: 22: 24: 29-37: 39: 40: 50: 51: 64: 65: 75: 77: 81-86: 89: 90: 91: 97: 131: 132: 135: 161: 247: 293: 386: 457: 459: 466: 471: 479: 492
ደንከል: 111: 296: 316: 336: 346: 352: 368: 377-379: 389: 428
ደንጎሎ: 20: 41: 46: 49: 53: 75: 80: 136: 137: 161
ዳዊት ፍስሃየ: 181: 485: 486: 511
ድርጄ: 26: 73: 366: 371
ድባርዋ: 313: 316
ድግሳ: 20: 317: 329
ዶሚኒኮ ኦርቶላ: 310
ዶጋሊ: 46: 73: 74

ጀልሃንቲ: 96: 98: 107: 112-121: 125: 129: 131-137: 139: 141: 145: 149-158: 161: 186: 216: 217: 236: 246: 248: 255: 256: 262: 263: 293: 364: 366: 387: 443-448: 457: 459: 463: 467: 468: 471: 479-481: 489: 490: 492: 493: 499-502
ጀርበት: 298: 381: 394
ጀብር ሐመድ: 489
ጆምላዊ ቅትለት: 25: 26: 273: 286: 295: 303: 304: 307-310: 313: 314: 319: 322: 330: 332: 334: 336: 350-352: 356: 372: 375: 386

ገረግር ሱዳን: 96፡ 97፡ 99፡ 100፡ 107፡ 113፡ 153፡ 479፡ 511
ገረግር ኣስመራ: 84፡ 91፡ 93፡ 94፡ 161
ገብረሃወት ዕቋባስላሰ: 87
ገብረመስቀል ፍስሃ: 258፡ 282፡ 452፡ 513
ገብረመድህን መዓሾ (ወድ-ምዕሾ): 460
ገብረብርሃን ኣያሱ (መምህር): 188፡ 195፡ 200፡ 205 512፡ 513
ገብረንጉስ (መጋል): 235
ገነት ዘርኣይ: 385
ገንፈሎም: 79፡ 80
ገደም: 26፡ 239
ገድገድ: 308፡ 311፡ 335፡ 336፡ 371
ጉሬቾ: 81፡ 89
ጉለታ (ዶክተር): 310
ጉጅለ ባህሊ ህዝባዊ ግንባር: 483፡ 493
ጉጅለ ባህሊ ቀያሕቲ ዕምበባ: 483፡ 489
ጉጅለ ባህሊ ኣደታት (ባና ሓርነት): 492፡ 493፡ 494፡ 505
ጉጅለ ባህሊ ዓይኒ-ስዉራን: 488፡ 494፡ 496፡ 497
ግንዳዕ: 20፡ 31፡ 41፡ 44፡ 46፡ 47፡ 48፡ 49፡ 53፡ 60፡ 73፡ 74፡ 75፡ 76፡ 247፡ 293፡ 319፡ 337፡ 339፡ 341፡ 343፡ 362፡ 471
ጋዜጣ ሓዳስ ኤርትራ: 247፡ 316
ጌህተብ: 96፡ 98፡ 99፡ 113፡ 479
ግልዕ: 93፡ 96፡ 152፡ 154፡ 158፡ 161፡ 162፡ 255
ግምሆት: 321፡ 335፡ 464
ግርማይ ክፈላ: 464
ግርማይ ዮሃንስ: 199፡ 200፡ 201
ግርማይኻ: 368፡ 492
ግብረ ሰናይ ትካል ማሕበር ላልምባ: 309
ግደይ ኣብርሃ: 240
ኃይትኦም ኣለም: 489፡ 493
ኃዳይፍ: 240፡ 312
ጐዳጉዲ: 109፡ 243፡ 343
ጓል ረቢ: 235

ጥሩቕሩቕ: 94፡ 113፡ 132፡ 162፡ 444፡ 446፡ 448

ጨንፈር መናብዩ ህጻናት: 100፡ 133፡ 137፡ 138፡ 152፡ 161፡ 164፡ 165፡ 255፡ 256፡ 258፡ 267፡ 273፡ 277፡ 280፡ 283፡ 287፡ 351፡ 453
ጨንፈር መጽናዕቲን ሓበሬታን: 100፡ 183፡ 294፡ 297-299፡ 301፡ 323፡ 369-371፡ 385፡ 387-389፡ 391፡ 393፡ 395፡ 396፡ 402፡ 425፡ 456፡ 513
ጨንፈር ህንጻ: 21፡ 60፡ 90፡ 91፡ 94፡ 112፡ 127፡ 164፡ 181፡ 231፡ 233፡ 267፡ 280፡ 326፡ 337፡ 442፡ 502
ጨንፈር ምስናዕ: 450፡ 457፡ 466፡ 467
ጨንፈር ስንኩላን: 24፡ 59፡ 61፡ 62፡ 64-66፡ 100፡ 113፡ 119፡ 121፡ 123፡

124፡ 132፡ 133፡ 158፡ 162፡ 164፡ 165፡ 182፡ 183፡ 185፡ 186፡ 188፡
192፡ 194፡ 195፡ 197-199፡ 201፡ 203፡ 208፡ 231፡ 255፡ 340፡ 454፡
458፡ 460፡ 471፡ 472፡ 481፡ 484፡ 486፡ 487፡ 488፡ 490፡ 492፡ 493፡
498፡ 499፡ 502፡ 507
ጨንፈር መኽዘን፡ 100፡ 132፡ 153፡ 160፡ 163፡ 216፡ 222፡ 255፡ 441፡
443፡ 445
ጨንፈር ምክትታል መርኣ፡ 407

ጸሃይ መንግስ፡ 384
ጸሃይ ኪዳነ፡ 82፡ 86፡ 512
ጸላም ሰንበት፡ 314፡ 336
ጽብራ፡ 142፡ 161
ጽርና፡ 52፡ 241፡ 296፡ 318፡ 337፡ 381፡ 385፡ 392፡ 394

ፈልሒት፡ 94፡ 113፡ 132፡ 335፡ 448
ፈደላት ግእዝ፡ 194፡ 195፡ 472
ፋሕ፡ 23፡ 28፡ 33፡ 81፡ 84፡ 89፡ 152፡ 175፡ 412
ፋገና፡ 30፡ 75፡ 366
ፋጥና ኢድሪስ፡ 380
ፍልፍል፡ 74፡ 75፡ 76፡ 296፡ 332፡ 340፡ 361፡ 362፡ 363፡ 366
ፍልፍል ሰለሙና፡ 74፡ 76፡ 77
ፍስሃየ ክንፈ መንገሻ፡ 197
ፍስሃየ ገረዝጊሃር (ወዲ-ባሻይ)፡ 225
ፍሪዝ ኣይዘንሉፈል፡ 367
ፍግረት፡ 308፡ 335
ፍቓድ መርኣ፡ 430
ፍትሕ ሕቶታት፡ 419፡ 422፡ 432
ፎሮ፡ 46፡ 296፡ 368፡ 371፡ 383

ፒተር ዋልፍ፡ 285
ፓወል ኢናል፡ 201
ፓደሻ፡ 286
ፖርት-ሱዳን፡ 92፡ 94፡ 98፡ 99፡ 197፡ 126፡ 127፡ 113፡ 130፡ 131፡ 135፡
143፡ 144፡ 151፡ 152፡ 212፡ 286፡ 363፡ 364፡ 369፡ 443፡ 481
ፖርትላንድ ፈሬም፡ 202
ፕሮጀክት መደብ ተሃድሶ ዓይና-ስዉራን፡ 201
ፕሮፈሶር ሪቻርድ ግሪንፊልድ፡ 357
ፕሮፈሶር ፒተር ዋልፍ፡ 282

ቮሮና፡ 286

www.ingramcontent.com/pod-product-compliance
Lightning Source LLC
LaVergne TN
LVHW021954060526
838201LV00048B/1573
9789994801817